H
E
E

HANDBUCH
DER
EVANGELISCHEN
ETHIK

Handbuch der Evangelischen Ethik

Herausgegeben von
Wolfgang Huber,
Torsten Meireis und
Hans-Richard Reuter

C.H.Beck

© Verlag C. H. Beck oHG, München 2015
Satz: Janß GmbH, Pfungstadt
Druck und Bindung: Beltz, Bad Langensalza
Umschlaggestaltung: Rothfos & Gabler, Hamburg
Gedruckt auf säurefreiem, alterungsbeständigem Papier
(hergestellt aus chlorfrei gebleichtem Zellstoff)
Printed in Germany
ISBN 978 3 406 66660 5

www.beck.de

INHALT

	Vorwort	7
I	Grundlagen und Methoden der Ethik *Hans-Richard Reuter*	9
II	Rechtsethik *Wolfgang Huber*	125
III	Politische Ethik *Reiner Anselm*	195
IV	Ethik des Sozialen *Torsten Meireis*	265
V	Wirtschaftsethik *Traugott Jähnichen*	331
VI	Ethik der Kultur *Petra Bahr*	401
VII	Ethik der Lebensformen *Frank Surall*	451
VIII	Bioethik des Menschen *Peter Dabrock*	517
IX	Bioethik nichtmenschlicher Lebensformen *Ulrich H. J. Körtner*	585

X Umweltethik ———————————— 649
   Elisabeth Gräb-Schmidt

Personenregister ———————————— 710
Sachregister ———————————— 718
Verzeichnis der Bibelstellen ———————————— 732
Autorinnen und Autoren ———————————— 735

VORWORT

Die Chancen und Risiken wissenschaftlich-technischer Entwicklungen, die Individualisierung vieler Lebensformen sowie die Globalisierung von Kommunikation, Wirtschaft und Politik führen zu einem starken Klärungsbedarf in Fragen der Ethik. Die ethische Orientierung ist zugleich durch einen zunehmenden Wertepluralismus geprägt. Er führt einerseits zu einer Verstärkung der ‹säkularen Option›, andererseits zu einer neuen Aufmerksamkeit für die Erschließungspotentiale der Religion. Beides erfordert eine eigenständige Darstellung protestantischer Ethik in der Vielfalt ihrer Traditionen und gegenwärtigen Argumentationen. Der vorliegende Band stellt sich dieser Aufgabe. Er soll zum einen als Lehrbuch für Studium, Lehre und wissenschaftliche Forschung dienen. Darüber hinaus bietet er einer weiteren Öffentlichkeit in Wissenschaft, Politik, Verwaltung, Justiz, Wirtschaft, Gesundheitswesen, Medien und in den Kirchen zuverlässige Informationen zur Urteilsbildung in den wichtigsten Handlungsfeldern.

Die Publikation stellt für die deutschsprachige evangelische Ethik ein Novum dar. Selbstverständlich gibt es im protestantischen Bereich (neben traditionsreichen Nachschlagewerken) verschiedene Lehrbücher, die das Grundwissen für den Studienbetrieb präsentieren. Daneben stehen monografische Darstellungen, die ausgewählte Felder der materialen Ethik behandeln. Jedoch wurde in der letzten Zeit keine Gesamtdarstellung vorgelegt, die eine Grundlegung evangelischer Ethik mit einer umfassenden, mehr als exemplarischen Bearbeitung der wichtigsten Bereichsethiken verbindet. Angesichts der Ausdifferenzierung der Debatte über Grundlagenfragen sowie der wachsenden Komplexität der materialethischen Themen und der damit einhergehenden Spezialisierung ist dies von einzelnen Verfassern auch kaum noch zu leisten. Deshalb wurden die zehn Kapitel dieses Handbuchs verschiedenen Autorinnen und Autoren anvertraut.

Das *Handbuch der Evangelischen Ethik* (HEE) repräsentiert ein breiteres

Spektrum der im gegenwärtigen Protestantismus vertretenen Ansätze. Bei der Zusammensetzung des Kreises der Autorinnen und Autoren wurde darauf geachtet, dass die positionelle Vielfalt der aktuellen deutschsprachigen evangelischen Ethik zum Ausdruck kommt. Zugleich haben wir uns für eine kompakte Darstellung in einem einzigen Band entschieden und hoffen, damit den Interessen der Nutzerinnen und Nutzer besser zu entsprechen als mit einer mehrbändigen Darstellung, für die es an Stoff nicht fehlen würde. Neben einem ausführlicheren Grundlagenkapitel war deshalb eine Beschränkung auf die wichtigsten Bereichsethiken erforderlich. Die Genderthematik wird als Querschnittsperspektive in verschiedenen Zusammenhängen berücksichtigt. Jedem Kapitel ist ein detailliertes Inhaltsverzeichnis vorangestellt. Auch wenn die Formulierung der Überschriften im Einzelnen variiert, orientieren sich alle Kapitel an folgenden Gliederungsgesichtspunkten: 1. Definitorische Bestimmung und einleitender Überblick, 2. Problemgeschichte, Theorieansätze und Grundbegriffe, 3. Problemfelder, 4. Literatur. Im Text wurde auf Querverweise zwischen den Kapiteln verzichtet; dafür lassen sich entsprechende Bezüge leicht über das Sachregister auffinden. Im Rahmen der konzeptionellen und formalen Vorgaben verantworten alle Autorinnen und Autoren Inhalt und Profil ihrer Beiträge selbst. Die Abkürzungen folgen – soweit nicht anders angegeben – dem Verzeichnis in der 4. Auflage der Fachenzyklopädie *Religion in Geschichte und Gegenwart*.

Unser Dank gilt vor allem den Autorinnen und Autoren, die sich bereitwillig auf die Konzeption dieses Handbuchs eingelassen und jeweils eines der Kapitel übernommen haben. Krankheitsbedingt ließ sich leider die zunächst ausgewogener geplante Beteiligung von Autorinnen nicht verwirklichen. Die Adolf-Loges-Stiftung unterstützte das Projekt sehr großzügig. Henrike Lüers hat unter Mithilfe von Lydia Lauxmann und Marc Bergermann die Manuskripte redigiert und die Register angefertigt. Martina Forstmann erledigte anfallende Sekretariats- und Verwaltungsaufgaben. Ihnen allen gilt unser herzlicher Dank – nicht zuletzt aber Ulrich Nolte vom C.H.Beck Verlag für sein hohes verlegerisches Interesse und Engagement.

Berlin/Bern/Münster, im Juli 2014
Wolfgang Huber
Torsten Meireis
Hans-Richard Reuter

I

GRUNDLAGEN
UND METHODEN
DER ETHIK

Hans-Richard Reuter

1. DEFINITORISCHE BESTIMMUNG UND
   EINLEITENDER ÜBERBLICK   11
1.1. Warum Ethik?   11
1.2. Was ist Ethik?   14
1.2.1. Ethik, Ethos, Moral   14
1.2.2. Deskriptive Ethik, normative Ethik, Metaethik   16
1.2.3. Fundamentalethik, konkrete Ethik und Bereichsethiken   18
1.3. Ethik im Rahmen evangelischer Theologie   20
1.3.1. Ethik als theologische und als philosophische Disziplin   20
1.3.2. Theologische Ethik und Dogmatik   22

2. PROBLEMGESCHICHTE UND THEORIEANSÄTZE   24
2.1. Grundformen ethischer Theorien   24
2.1.1. Der pflichtethische Typus   25
2.1.2. Der güterethische Typus   32
2.1.3. Der tugendethische Typus   39
2.2. Traditionen protestantischer Ethik   45
2.2.1. Der reformatorische Zugang zur Ethik: Martin Luther   45
2.2.2. Ethik im Kulturprotestantismus: Friedrich Schleiermacher   53
2.2.3. Christologische Fundierung der Ethik: Karl Barth   61

3. SYSTEMATISCHE PERSPEKTIVEN   69
3.1. Motive theologischer Ethik   69
3.1.1. Das ethische Subjekt als Basis einer integrativen Ethik   71
3.1.2. Das verantwortliche Selbst im Deutungshorizont des christlichen Ethos   75
3.2. Methoden konkreter Ethik   94
3.2.1. Drei Modelle   95
3.2.2. Regeln der Vorzugswahl   101
3.2.3. Arbeitsschritte ethischer Urteilsbildung   112

4. LITERATUR   116

1. DEFINITORISCHE BESTIMMUNG UND EINLEITENDER ÜBERBLICK

1.1. Warum Ethik?

Im Jahr 1972 schrieb der Philosoph Walter Schulz: «Die ethische Fragestellung scheint gegenwärtig [...] für das *allgemeine Bewußtsein* nicht mehr vorrangig zu sein. Dies hat einen bestimmten Grund. Die *Verwissenschaftlichung* hat sich auf dem Gebiet der Anthropologie dahin ausgewirkt, daß Fragen, die früher dem ethischen Bereich zugerechnet wurden, jetzt von bestimmten Wissenschaften übernommen werden, so vor allem von der Verhaltensforschung, der Psychologie und den Sozialwissenschaften.» (Schulz 1972: 630) Schulz' Diagnose lautete: Unter der Herrschaft der wissenschaftlich-technischen Rationalität spielen die Fragen und Antworten der Ethik kaum noch eine Rolle. Die fortschreitende Verwissenschaftlichung der Welt schien – so die Beobachtung von 1972 – mit einer folgerichtigen Entmoralisierung unserer Lebenswelt und der öffentlichen Debatten verbunden zu sein. In den letzten vier Jahrzehnten hat sich diese Bewusstseinslage rapide verändert. Der Ruf nach Ethik ertönt überall und im unterschiedlichsten Interesse. Während damals die Ethik als akademisches Fach fast nur an den theologischen Fakultäten gelehrt wurde, hat sie seither auch als philosophische Disziplin wieder Hochkonjunktur. Sogar verschiedene Einzel-Wissenschaften haben bereichsspezifische Ethiken etabliert. Zur argumentativen Aufbereitung und Klärung gesellschaftlicher Streitfragen von moralischer Relevanz werden plural und interdisziplinär besetzte Ethik-Kommissionen eingerichtet. Ethik-Coaching für Topmanager liegt im Trend. Entgegen dem in den 1970er-Jahren verbreiteten Eindruck, Ethik sei obsolet, ist gegenwärtig geradezu ein Ethik-Boom zu verzeichnen. Vor allem fünf Ursachen lassen sich nennen:

In seinem Votum von 1972 hatte Walter Schulz die damals zu verzeichnende Geltungsschwäche der Ethik in erster Linie auf die Entwicklung von Wissenschaft und Technik zurückgeführt. Moralische Fragen galten jetzt als nicht mehr wahrheitsfähig, und man vertraute auf die durch Technik mögliche Verwirklichung der Humanität. Dieses Versprechen stößt aber seit geraumer Zeit auf Misstrauen und Unbehagen. Es sind die Erkenntnisse und Innovationen von Wissenschaft und Technik, die die Lebensbedingungen der Menschen ebenso verbessern wie elementar bedrohen können. Die Nukleartechnik hat zu Anforderungen an Sicherheitsvorkehrungen geführt, die das Menschenmögliche übersteigen. Die Folgen technischer Eingriffsmöglichkeiten in die natürlichen Lebensgrundlagen haben die ökologische Frage aufgeworfen. Die revolutionären Resultate der Genforschung und deren Anwendung in medizinischer Wissenschaft und Praxis stellen unser kulturell eingespieltes Verständnis des Humanen auf den Prüfstand. Das Interesse an Ethik verbindet sich hier mit den Fragen, ob wir dürfen, was wir können, wie viel Wissen uns gut tut und wo die Grenzen unseres Handelns liegen.

Eine weitere Ursache für die Ethik-Nachfrage ist die funktionale Ausdifferenzierung der Gesellschaft. Ältere, ganzheitliche Lebensformen sind durch funktionsspezifisch ausdifferenzierte Handlungszusammenhänge abgelöst worden. Die moderne Gesellschaft differenziert sich nicht mehr nach Familienverbänden oder nach in Rang und Ansehen unterschiedenen Schichten, sondern nach den unterschiedlichen Funktionen, deren Erfüllung zur gesellschaftlichen Reproduktion notwendig ist. Verschiedene Teilsysteme bilden sich heraus, die auf je unterschiedliche Bezugsprobleme spezialisiert sind: Beispielsweise verselbständigt sich die Güterproduktion zur Marktwirtschaft, die Herbeiführung kollektiv bindender Entscheidungen wird an das politische System delegiert, die Streitregulierung an das Rechtssystem, für die Wahrheit ist die Wissenschaft zuständig. Auch die früher alle Lebensbereiche durchdringende Religion wird zu einem Teilsystem der Gesellschaft ausdifferenziert; sie reduziert sich in ihrer spezifischen Zuständigkeit auf die Unverfügbarkeiten des menschlichen Lebens, Leid und Tod vor allem, aber auch Freude und Glück. Die funktionale Differenzierung der modernen Gesellschaft wird für ihre Mitglieder zu einem Problem für die Handlungsorientierung. Sie provoziert die Suche nach dem, was die Gesellschaft zusammenhält – ganz unabhängig von der in der soziologischen Differenzierungstheorie kontrovers diskutierten Frage, ob es in einer funktionsdifferenzierten Gesellschaft eine sozialintegrative Instanz geben und die Moral diese Leistung erbringen kann (vgl. Schimank 2007: 94 ff., 167 ff.).

Zu nennen sind ferner die (post-)modernen Prozesse der Individualisierung: Die aufgezeigte funktionale Ausdifferenzierung unterschiedlicher gesellschaftlicher Teilsysteme, aber auch die Pluralisierung der Sinnangebote erweitert die Wahlmöglichkeiten. Damit wird die individuelle Selbstbestimmung der Menschen gesteigert, aber auch erzwungen. Das Individuum ist geradezu zu Selbstbestimmung und Autonomie verurteilt. Jede und jeder muss selbst entscheiden, wie sie oder er die unterschiedlichen Anforderungen an Aufmerksamkeit und Beteiligung, Zeit und Geld, die aus der Gesellschaft herantreten, aufeinander abstimmt. Die noch vor vier bis fünf Jahrzehnten intakten traditionellen Sozial-Milieus und weltanschaulichen Gruppen sind durch die Ausweitung der formalen Bildungsprozesse und die Dynamik des entwickelten Arbeitsmarkts weitestgehend erodiert. Herkömmliche ‹Normalbiographien› von Männern, Frauen und Erwerbstätigen haben an Gültigkeit verloren. Auch die Biographie wird zu einer individuellen Konstruktionsaufgabe. Das gewachsene Interesse an ethischer Orientierung ist insofern eine Reaktion auf die Lasten, die mit der Individualisierung und Enttraditionalisierung der Lebensformen einhergehen.

Ein vierter Faktor lässt sich mit dem Schlagwort der Säkularisierung markieren. Bei aller Mehrdeutigkeit bezeichnet ‹Säkularisierung› im Kern die Folgen, die die Prozesse der Differenzierung und Individualisierung für die Religion haben. Religion und Religionen können vor diesem Hintergrund immer weniger eine Integrationsleistung für die Gesamtgesellschaft erbringen. Auch das Religionssystem ist zu einem Teilsystem der Gesellschaft geworden. Das Christentum ist nicht mehr selbstverständlich durch Tradition und Herkommen legitimiert; es wird selbst zu einer Sache der individuellen Wahl. Es gerät auf dem Markt der Möglichkeiten in Konkurrenz zu anderen ‹Angeboten› und muss sich unter Bedingungen eines wachsenden religiösen Überzeugungspluralismus behaupten. Nach Ethik wird gefragt, weil Religion – im Grunde bereits seit den Konfessionskriegen des 16. und 17. Jahrhunderts – nicht mehr für das Allgemeine und Ganze steht. Das öffentliche Interesse an ‹Ethik› richtet sich heute nicht selten auf eine vermeintlich neutrale Instanz, die in der Nachfolge der Kirche(n) für alle Gesellschaftsmitglieder verbindliche Regeln formulieren soll. Von der Religion wird das nicht mehr unmittelbar erwartet, weil sie einer zunehmenden Pluralisierung unterworfen ist und heute verstärkt als Faktor kultureller Differenz mit potentiell konfliktverschärfender Wirkung gilt. Die aktuelle Ethik-Nachfrage ist darum auch als Folge des Umstands zu verstehen, dass die Religion – hierzulande auch das Christentum – nicht mehr erfolgreich einen Gesamtdeutungsanspruch erheben kann.

Schließlich ist als Grund für das aktuell gestiegene Interesse an Ethik die Globalisierung – nicht zuletzt die Internationalisierung der Güter- und

Kapitalmärkte – zu nennen. Sie hat zu einer empfindlichen Einschränkung der nationalstaatlichen Handlungsmöglichkeiten geführt. Vor allem der Primat der Politik über die Ökonomie ist nur noch schwer einzulösen. Die weltweite Konkurrenz verstärkt die Notwendigkeit, für regelkonformes Verhalten durch freiwillige Selbstbindung der Unternehmen zu sorgen. Außer den ökonomischen gibt es eine Fülle weiterer sozialer und ökologischer Probleme, die wegen ihrer Interdependenz globaler Natur sind und von den Einzelstaaten nicht mehr bewältigt werden können. Nicht zufällig sind die Menschenrechte zum Schlüsselproblem einer gerechten internationalen Ordnung geworden. Von daher wird auch das Interesse an einem ‹Weltethos› verständlich, das auf die Verständigung über wenige, aber elementare Normen und Ideale setzt, die kulturübergreifend geteilt werden (vgl. Küng 1990). Kurzum: Die nicht beherrschbaren Folgen und Nebenfolgen des wissenschaftlich-technischen Fortschritts, die funktionale Differenzierung der modernen Gesellschaft, die Lasten der Individualisierung, die Säkularisierung, das heißt die Schwächung der Religion als gesellschaftlicher Integrationsfaktor, und die mit der Globalisierung verbundenen Deregulierungsprozesse lösen allerorts eine hohe Nachfrage nach ‹Ethik› aus. Moral ist, so zeigt sich, durch die Moderne nicht etwa überholt und aufgehoben worden, sie ist geradezu der «Preis der Moderne» (vgl. Höffe 1993).

1.2. Was ist Ethik?

1.2.1. Ethik, Ethos, Moral

Unter ‹Ethik› soll hier die Reflexion auf das gute Leben und richtige Handeln verstanden werden. Im Zusammenhang mit der Thematisierung einer guten Lebensführung und eines guten und richtigen Handelns sind außer dem Begriff Ethik noch weitere Termini in Gebrauch: Die Rede ist auch von Ethos, von Sitte (und davon abgeleitet: von Sittlichkeit) und von Moral (sowie davon abgeleitet: von Moralität). Für ein genaueres Verständnis dessen, worin die Aufgabe der Ethik besteht, ist zunächst zu klären, in welchem Sinn die genannten Termini im Folgenden gebraucht werden, auch wenn in der Fachsprache keine vollständig einheitliche Sprachregelung besteht:

1. Definitorische Bestimmung und einleitender Überblick

Ethos ist ein Lehnwort aus dem Griechischen, dem im Deutschen am ehesten der Ausdruck ‹Sitte› entspricht. Ethos ist eine eingelebte Üblichkeit des Verhaltens; Sitten sind zur Gewohnheit gewordene Verhaltensweisen. Etymologisch kann das Lehnwort aus zwei griechischen Wortwurzeln abgeleitet werden: *ethos* bedeutet Gewohnheit, Brauch, äußerliche Lebensart – also Sitte im objektiven Sinn; *êthos* bezeichnet darüber hinaus auch das Eigentümliche einer Person und ihrer Handlungsweisen im Sinn ihrer inneren Grundhaltung, ihrer subjektiven Gesinnung, also ihres Charakters, ihrer Sittlichkeit. Das objektive Ethos umfasst demnach Vorstellungen des Guten, die in bestimmten Gruppen oder Gemeinschaften verbindlich sind und von ihnen tradiert werden; das subjektive Ethos betont die individuelle Haltung der solchen Gruppen zugehörigen Einzelnen. *Ein Ethos ist die Gesamtheit der auf ein gutes Leben gerichteten Haltungen und Vorstellungen, an denen sich das Handeln in einer Gruppe oder Gemeinschaft faktisch ausrichtet.*

‹Moral› ist abgeleitet von lat. *mos*, im Plural *mores*. Dabei handelt es sich zwar um nichts anderes als um das lateinische Äquivalent für die griechischen Ethos-Begriffe. Dennoch ist der Begriff der Moral spätestens in der heutigen Verwendung anders akzentuiert. Schon das lateinische *mos/mores* betont weniger den Gewohnheitsaspekt, als vielmehr die normative Seite der Sache: *mos* ist Sitte im Sinn von Ordnung, Regel, Vorschrift. Mit dem Ausdruck Moral sind also weniger beschreibbare, faktische Verhaltensgewohnheiten im Blick, sondern eher die normativen Handlungsmuster, die Gesamtheit von Regeln, die das richtige Handeln ausmachen und die von allen zu befolgen sind. Das Gebot «Du sollst nicht töten» ist demnach ein moralisches Gebot. In der Moral geht es um die Regulierung des Handelns durch Normen, und zwar der Tendenz nach um allgemeingültige Normen. *Moral ist ein System von Normen und Verhaltensregeln, die sich an den Grundunterscheidungen gut/böse oder schlecht, richtig/falsch, geboten/verboten (oder erlaubt) orientieren und für alle gelten.*

Der Begriff der *Ethik* dagegen ist sowohl von Ethos wie von Moral zu unterscheiden. Ethik ist Sitten*lehre* und Moral*theorie*. Dass die Ethik (zuerst beim antiken Philosophen Aristoteles) als eigenständige Disziplin entwickelt wurde, rührte daher, dass die Autorität des Herkömmlichen zur Handlungsorientierung nicht mehr zureichte. Ethik als Theorie gewinnt nicht zuletzt dann an Bedeutung, wenn die sozial und kulturell eingelebte Praxis infrage gestellt wird und eingelebtes Ethos sowie überkommene Moralkodizes in eine Krise geraten sind. Die im Ethos eingespielten Gewohnheiten und die auf der moralischen Ebene erhobenen Geltungsansprüche werden in der

Ethik auf ihre Tragfähigkeit geprüft. Dies erfordert zunächst einmal eine methodische Distanzierung gegenüber Ethos und Moral. Gerade dadurch wirkt die Ethik wiederum auf die konkrete Sitte und Moral ein – wie umgekehrt auch die ethische Theorie niemals im luftleeren Raum entwickelt wird, sondern auf vermittelte Weise Ausdruck von Ethos und Moral ist, und sei es Ausdruck ihrer Krise. *Ethik bezeichnet also die Reflexionsinstanz von Ethos und Moral; in ihr geht es um die theoretische Untersuchung beziehungsweise kritische Prüfung von gelebter Sittlichkeit und geltenden moralischen Normen.*

Während die Adjektive ‹ethisch› und ‹moralisch› in der Umgangssprache synonym verwendet werden, sind sie im strengen Wortgebrauch zu unterscheiden: ‹Moralisch› bezieht sich auf ein für alle geltendes System von Normen und gehört (abgeleitet von ‹Moral›) in den Gegenstandsbereich der Ethik als Reflexion der Moral. Sprachlich schwieriger ist dagegen die eindeutige Verwendung des Adjektivs ‹ethisch›: Abgeleitet von ‹Ethik› charakterisiert es die auf das gute Leben und richtige Handeln bezogene Reflexion; abgeleitet von ‹Ethos› jedoch gehört es wiederum in den Objektbereich der Ethik und bezieht sich auf die in sozialen Gemeinschaften verkörperte Sitte, wofür auch das Adjektiv ‹sittlich› stehen kann. Da die Termini ‹Sittlichkeit› bzw. ‹sittlich› heute weniger gebräuchlich sind und außerdem die Grenzen zwischen sittlicher Alltagspraxis und theoretisch reflektierter Argumentation fließend sind, wird in diesem Kapitel beim adjektivischen Gebrauch gelegentlich die genannte Doppelbedeutung von ‹ethisch› in Kauf genommen. Diese Sprachregelung schließt sich dem Vorschlag von Jürgen Habermas an, der zwischen *ethisch*(-existenziellen) Fragen der für mich (oder uns) guten Lebensform einerseits und (demgegenüber minimal-)*moralischen* Fragen des für alle Betroffenen Richtigen oder Gerechten unterscheidet und davon noch einmal *pragmatische* Fragen der erfolgreichen Wahl von Mitteln zu gegebenen Zwecken abhebt (vgl. Habermas 1991: 100–118; Huber 2013: 17 ff.).

1.2.2. Deskriptive Ethik, normative Ethik, Metaethik

Die für die Ethik kennzeichnende Reflexion von Ethos und Moral kann unterschiedliche Erkenntnisinteressen verfolgen, womit sich jeweils eigene Untersuchungsmethoden verbinden (vgl. Frankena 1994: 20 f.):

Normative Ethiken sehen ihre Aufgabe darin, als Ethik orientierend auf ethische Probleme und Herausforderungen zu reagieren, also selbst Antworten auf die Frage nach dem guten Leben, dem richtigen Handeln oder einer gerechten Ordnung – und den Kriterien hierfür – zu geben. Dieses Verständnis, das der Ethik keine neutrale Rolle zuschreibt, sondern wonach sie selbst ethische Urteile anzuleiten und zu formulieren hat, ist im fachlichen Kontext wie im Alltagsbewusstsein am stärksten verbreitet.

Deskriptive Ethiken enthalten sich dagegen normativer Urteile. Hierher gehören zum einen empirische (sozialwissenschaftliche, psychologische, historische oder auch evolutionstheoretische) Untersuchungen faktisch vorhandener ethischer und moralischer Überzeugungen mit dem Ziel der Erklärung ihrer Ursachen und Entstehung. Eine empirische Ethosforschung dieser Art kann für die normative Ethik wichtige (Hilfs-)Funktionen haben – so beispielsweise psychologische Arbeiten zur Moralentwicklung (vgl. Kohlberg 1996) oder zur Frage eines geschlechtsspezifischen Ethos (vgl. Gilligan 1984, Nunner-Winkler 1991). Wenn ‹deskriptive Ethik› dagegen als Teil eines hermeneutischen Programms konzipiert wird (vgl. Fischer u. a. 2007: 86 ff. u. ö.), erzeugt sie nicht wie ihre empirische Variante Tatsachenwissen, sondern zielt durchaus auf Orientierungswissen. Eine hermeneutisch angelegte deskriptive Ethik gewinnt dieses handlungsleitende Orientierungswissen aber nicht durch die Begründung von Normen, sondern durch das Verstehen der praktischen Implikationen, die vorhandene sittliche und moralische Überzeugungen haben, wenn sich Akteure bei ihrem ethischen Urteil von ihnen leiten lassen.

Auch die *Metaethik* fällt nicht selbst ethische Urteile. Sie fragt danach, was überhaupt unter einem ethischen Urteil zu verstehen ist. Als Metaethik bezeichnet man den vor allem in der analytischen Ethik gepflegten Typus der Reflexion, der es mit logischen, sprachphilosophischen oder erkenntnistheoretischen Fragen zu tun hat: also mit der Logik von Normsätzen, die mit den Operatoren ‹geboten›, ‹verboten›, ‹erlaubt› arbeiten, mit der Bedeutung von Ausdrücken der Moralsprache wie ‹gut› oder ‹richtig› oder mit dem epistemischen Status und der Wahrheitsfähigkeit ethischer Theorien und Urteile (vgl. Scarano 2011).

Fragestellungen der empirisch-deskriptiven Ethik können im Rahmen dieses Kapitels nicht behandelt werden. Hinsichtlich des hermeneutisch-deskriptiven und des normativen Reflexionstypus wird hier die Auffassung vertreten, dass beide einander nicht ausschließen, sondern sich notwendigerweise ergänzen. Das ist schon deshalb der Fall, weil der Gegenstandsbereich ethischer Reflexion sowohl das Ethos wie die Moral umfasst und weil für die handlungsleitende Orientierung die phänomenologisch-hermeneutische Beschreibung gelebter Sittlichkeit ebenso relevant ist wie die spezifisch normative Frage nach allgemeingültigen moralischen Prinzipien und Regeln. Metaethische Probleme können im Folgenden nur insoweit berührt werden, als sie sich mit solchen der Fundamentalethik überschneiden.

1.2.3. Fundamentalethik, konkrete Ethik und Bereichsethiken

Zur Fundamentalethik (auch ‹allgemeine Ethik› genannt) gehören die unter Teil 2. zu besprechenden ethischen Theorien, die nach akademischer Tradition eine Teildisziplin der Philosophie oder der Theologie bilden.

Als Übersetzung der in den 1960er-Jahren in den USA aufgekommenen *applied ethics* ist der Begriff der ‹angewandten Ethik› gebräuchlich geworden. Er soll als Sammelbezeichnung für die theoriegeleitete Bearbeitung konkreter, meist auch öffentlich umstrittener ethischer Problemlagen dienen, wie beispielsweise den Fragen zu Sterbehilfe oder Schwangerschaftsabbruch, zur erlaubten Kriegführung oder zu einem gerechten Steuersystem, zu Klimaschutz oder der Stellung gleichgeschlechtlicher Lebensgemeinschaften. Fragwürdig ist jedoch, dass der Terminus ‹angewandte Ethik› suggeriert, es ginge hierbei lediglich um eine quasi mechanische Anwendung von Theorien auf Praxisprobleme. Es empfiehlt sich daher, allenfalls von ‹anwendungsorientierter›, besser aber von ‹materialer›, ‹spezieller› oder «konkreter» Ethik (vgl. Siep 2004) zu sprechen. Im Unterschied zur allgemeinen Ethik verbindet es die Themen der speziellen Ethik, dass durch sie übergreifende methodologische Fragen der problembezogenen ethischen Urteilsbildung, das heißt der Vermittlung allgemeiner Regeln und Wertorientierungen mit kontingenten Situationen und Kontexten, aufgeworfen werden (vgl. dazu Teil 3.2.).

Da materialethische Fragestellungen teils im Rahmen der individuellen Lebensführung, teils im gesellschaftlichen Kontext auftreten können, wurden die Gegenstandsbereiche der konkreten Ethik früher in ‹Individualethik› und ‹Sozialethik› aufgeteilt, wobei unter der Sozial- (oder Gesellschafts-) Ethik die Ethik der Institutionen und der systemisch verfassten Sozialgebilde, also die Sozialstrukturenethik zu verstehen ist. Allerdings markiert diese ältere Unterscheidung eher einander ergänzende Dimensionen als getrennte Gegenstandsbereiche, da nahezu jedes ethische Problem sowohl unter einem auf individuelle Akteure fokussierten Aspekt wie auch unter Berücksichtigung seiner sozialen und gesellschaftsstrukturellen Dimension behandelt werden kann. So lässt sich im Fall des Schwangerschaftskonflikts einerseits nach dem ethisch vertretbaren Verhalten der betroffenen Frau oder des involvierten Paares fragen, aber ebenso erörtern, welche gesellschaftlich verbindliche, das heißt rechtliche Regelung der Abtreibung moralisch geboten ist. Dazwischen liegt außerdem die Dimension der ‹Professionsethik› – im genannten Beispiel die Frage nach dem ärztlichen ‹Standesethos›.

Insgesamt gilt, dass die Bearbeitung materialethischer Fragen in der komplexen modernen Gesellschaft nur im interdisziplinären Kontakt mit den für das jeweilige Sachgebiet einschlägigen Bezugswissenschaften erfolgen kann. Während die Rechtsphilosophie und die politische Theorie seit alters in enger Beziehung zur Ethik stehen, sind seit einiger Zeit auch die Medizin oder neuerdings die Wirtschaftswissenschaften dazu übergegangen, eigene, bereichsspezifische Ethiken zu institutionalisieren, die damit nicht mehr exklusiv in die Domäne der Philosophie oder der Theologie fallen. Die heutige Spezialisierung der konkreten Ethik folgt der Differenzierung der Praxisfelder, gesellschaftlichen Teilsysteme und/oder wissenschaftlichen Disziplinen, innerhalb derer verstärkt ethisch umstrittene Fragen auftreten, und hat deshalb zur Ausdifferenzierung einer Reihe von Bereichsethiken geführt (vgl. Nida-Rümelin 2005: 63 ff.). Sie ist auch in der evangelischen Ethik längst an die Stelle einer Gliederung nach angeblich vorgegebenen ‹Ordnungen› getreten (vgl. Honecker 2002: 235 ff.). So gehören Sterbehilfe und Abtreibung in die Medizinethik respektive Bioethik des Menschen, das Problem der Finanzmarktregulierung in die Wirtschaftsethik und der Umgang mit gleichgeschlechtlichen Lebensgemeinschaften in die Ethik der Lebensformen. Außerdem werden in diesem Handbuch die Rechtsethik, die politische Ethik, die Umweltethik, die Bioethik der nichtmenschlichen Lebewesen sowie die Ethiken des Sozialen und der Kultur behandelt.

Nicht um eine Bereichsethik, sondern um einen eigenen theoretischen Zugang zur Ethik im Ganzen handelt es sich bei der feministischen Ethik (vgl. Nagl-Docekal/Pauer-Studer 1993; Kuhlmann 1995; Praetorius 1995; Pieper, A. 1998). Ihr geht es aus der Gender-Perspektive, also einem Verständnis von Geschlecht als (mehr oder weniger) sozial konstruierter Kategorien, um die Kritik und Korrektur androzentrischer Denkweisen in der Ethik, die in allen Praxisfeldern als Querschnittsperspektive zu berücksichtigen ist.

1.3. Ethik im Rahmen evangelischer Theologie

1.3.1. Ethik als theologische und als philosophische Disziplin

(Christliche) Theologie soll hier verstanden werden als die wissenschaftliche Reflexion und argumentative Auslegung des überlieferten und gelebten christlichen Glaubens. Gegenstand theologischer Ethik ist das aus dem christlichen Glauben hervorgehende Ethos – im Fall evangelischer Ethik dasjenige Ethos, das mit dem reformatorischen Verständnis des Christentums verbunden ist. Zugleich ist die Ethik seit ihren Anfängen eine philosophische Disziplin, als deren Begründer Aristoteles (384–322 v. Chr.) gilt. Die das abendländische Christentum kennzeichnende und bis ins Hochmittelalter reichende Integration der Philosophie in die Theologie hatte zur Folge, dass auch das christliche Ethos in den Denkformen der ursprünglich philosophischen Ethik expliziert wurde und die umfassend verstandene theologische Ethik die Nachfolge der philosophischen Ethik antrat. Die mit Nominalismus und Reformation einsetzende und in der Aufklärung vollendete Emanzipation der weltlichen Vernunft von religiös begründeter Autorität hat jedoch zu einer zunehmenden Ausdifferenzierung von philosophischer und theologischer Ethik geführt. Während für die theologische Ethik der Bezug auf das christliche Ethos konstitutiv bleibt, ist die philosophische Ethik (seit dem 18. Jahrhundert auch ‹Moralphilosophie› genannt) bestrebt, ihre Geltungsansprüche allein vor dem Forum der allgemeinen Vernunft einzulösen.

Als Ergebnis dieser Entwicklung wird das Unterscheidende theologischer Ethik seitens der Philosophie nicht selten so wahrgenommen, als bestehe es darin, alle moralischen Normen auf die Urheberschaft eines göttlichen Willens zurückzuführen. Dieser könne aber nur für die Gläubigen Geltung beanspruchen, während die philosophische Ethik auf Allgemeinverbindlichkeit zielt und sich dafür auf die Autonomie der menschlichen Vernunft beruft (z. B. Pieper, A. 2003: 134). Unter anderem Vorzeichen gibt es aber auch in der evangelischen Theologie selbst eine gewisse Skepsis gegenüber der Möglichkeit einer spezifisch christlichen Ethik. «Kann christliche Ethik in ihrem Inhalt etwas anderes sein als eine allgemeingültige Verbindlichkeit beanspruchende Auslegung der sittlichen Forderung?» (Honecker 1990: 23)

Eine sachgemäße Zuordnung von philosophischer und theologischer Ethik wird erst nach einem Durchgang durch die wichtigsten Paradigmen der philosophisch-ethischen Theoriebildung einerseits (2.1.) und der evangelischen Ethik andererseits (2.2.) genauer skizziert werden können (3.1.). Vorab ist jedoch festzuhalten, dass eine schlichte Entgegensetzung von Vernunft und Glaube, Autonomie und Heteronomie dem hier zu Grunde gelegten Selbstverständnis evangelischer Ethik nicht gerecht wird. Ein «heteronomer Gebotsfundamentalismus» (Fischer 2002: 85) ist gewiss eine Versuchung religiöser Moral – Gegenstand theologischer Ethik ist aber nicht eine göttlich sanktionierte Normativität, sondern das christliche Ethos, also die im christlichen Glauben implizierte Ausrichtung der menschlichen Lebens- und Handlungsvollzüge. Theologische Ethik ist in diesem Sinn standortgebunden und perspektivisch, doch ist das Offenlegen dieser Positionalität kein Manko, vielmehr der exemplarische Fall des Eingeständnisses, dass es eine nicht perspektivische, nicht standortgebundene Ethik nicht gibt. Jede Ethik geht aus einem gelebten Ethos hervor und setzt – unbeschadet ihres Anspruchs auf allgemeine Akzeptanz – zunächst partikulare kulturelle, religiöse oder weltanschauliche Überzeugungen und Symbolisierungen voraus. Dies zu realisieren ist auch jeder auf ein anderes als das christliche Ethos bezogenen Ethik anzuraten, sofern sie sich der postmetaphysischen Einsicht stellt, dass ‹die› Vernunft selbst plural geworden ist und ihre Einheit allein in der Vielheit ihrer Rationalitäten zugänglich ist (vgl. Habermas 1988: 155).

Von der theologischen Ethik verlangt dies eine doppelte Interpretationsleistung: Erstens und eher nach innen gerichtet hat sie die dem Christentum und seinen Quellen eigentümliche Deutung der menschlichen Praxissituation für die gegenwärtige ethische Orientierung der Christinnen und Christen zu erschließen und zur Klärung und Aufklärung des christlichen *Ethos* beizutragen. Unter diesem Aspekt gehört es zur Stärke theologischer Ethik, an gelebte Sozialformen und in Gestalt der Kirchen an kollektive Subjekte ethischer Verantwortung rückgekoppelt zu sein. Zweitens und stärker nach außen blickend muss die theologische Ethik den universalistischen Gehalt des christlichen Ethos im gesamtgesellschaftlichen Diskurs zur Geltung bringen, das heißt, sie muss auch seine Bedeutung für die moralischen Regeln entfalten, die – unabhängig von weltanschaulich-religiösen Vorgaben – für alle Betroffenen gelten sollen.

1.3.2. Theologische Ethik und Dogmatik

Im wissenschaftsorganisatorischen Rahmen der evangelischen Theologie in Deutschland gehört heute die Ethik zusammen mit der Dogmatik zur Systematischen Theologie. Während sich die ‹Dogmatik› mit den Glaubensinhalten befasst, wie sie als Bezeugung des biblischen Gottesglaubens in den Bekenntnissen der Kirche festgehalten sind, ist der ‹Systematischen Theologie› die Darlegung der Gegenwartsrelevanz christlicher Lehre als Ganzer aufgegeben. Damit verbinden sich jedoch unterschiedliche, historisch variable Bestimmungen des Verhältnisses von Dogmatik und Ethik, die auch mit der Frage zu tun haben, wie die Beziehung zu den Traditionen philosophischer Ethik bestimmt wird.

Für die evangelische Theologie brachte der reformatorische Neuansatz Martin Luthers einen wirkungsmächtigen Einschnitt, indem er die mittelalterliche Integration der aristotelischen Ethik in ein philosophisch-theologisches Gesamtsystem auflöste (vgl. Abschnitt 2.2.1.); allerdings hat Luther keine eigenständige theologische Ethik vorgelegt, sondern sich zu ethischen Themen in programmatischen Gelegenheitsschriften geäußert. Auch bei anderen Reformatoren fand die theologische Ethik noch keine separate Darstellung, sondern wurde im Rahmen der dogmatischen Gesamtdarstellung der christlichen Lehre am Leitfaden der Zehn Gebote konkretisiert, so bei Johannes Calvin (*Institutio Christianae religionis*, 1559) und Philipp Melanchthon (*Loci communes rerum theologicarum*, 1521). Melanchthon legte jedoch daneben in Neurezeption des Aristoteles eigene Lehrbücher der philosophischen Ethik vor (*Epitome philosophiae moralis*, 1538; *Ethicae doctrinae elementa*, 1550), die das meist von protestantischen Juristen ausgeformte frühneuzeitliche Naturrechtsdenken prägten. Dies zeigt exemplarisch, dass es im Umkreis reformatorischer Theologie möglich ist, die Autonomie philosophischer Ethik anzuerkennen und zugleich theologisch zu verantworten. Erste Ausarbeitungen einer selbständigen evangelisch-theologischen Ethik stammen dann von dem Reformierten Lambert Daneau (1530–1595; *Ethices Christianae libri tres*, 1577) und dem Lutheraner Georg Calixt (1586–1656; *Epitomae theologiae moralis*, 1634). Seit dem 18. Jahrhundert hat sich die gesonderte Behandlung von Dogmatik und Ethik – zunächst auch als *theologia dogmatica* und *theologia moralis*, dann als Glaubenslehre und Sittenlehre bezeichnet – durchgesetzt.

Seither sind für die Verhältnisbestimmung beider Fächer als (Teil-)Disziplinen der Systematischen Theologie in der Geschichte der evangelischen Theologie – vereinfacht gesagt – drei Grundmodelle anzutreffen:

Die meist im Kulturprotestantismus bevorzugte Überordnung der Ethik über die Dogmatik geht von der Diagnose aus, in der Neuzeit sei das Christentum in sein ethisches Zeitalter eingetreten. Seither überlagere die allgemeine Relevanz der ethischen Fragen das Interesse an den kirchlich-konfessionsspezifischen Lehrbeständen der Dogmatik. Einen Anstoß bot das aufklärerische Programm Kants, das auf eine moralische Interpretation der christlichen Religion hinauslief. Theologisch vertraten unter anderen Richard Rothe (1799–1867), Ernst Troeltsch (1865–1923) und – jedenfalls in der frühen Fassung seiner ‹ethischen Theologie› – Trutz Rendtorff dieses Modell (Rendtorff 1980: 11 ff.; vgl. aber Rendtorff 2011: 51 ff.). Das Zutrauen, die christliche Wahrheit im Praktischen vermitteln zu können, beruht in diesem Konzept auf der problematischen Annahme einer impliziten Christlichkeit der modernen Gesellschaft.

Hiergegen wendet sich die von einem strikt offenbarungstheologischen Ansatz geforderte Unterordnung der Ethik unter die Dogmatik. Das herausragende Beispiel hierfür bietet Karl Barth (vgl. Abschnitt 2.2.3.), der die Ethik ganz in das dreizehnbändige Monumentalwerk seiner unvollendeten, streng christozentrisch ausgerichteten *Kirchlichen Dogmatik* integriert hat, sodass die ethischen Kapitel immer nur in Korrespondenz zu den Hauptstücken der Dogmatik, der Gotteslehre, der Lehre vom Schöpfer, Versöhner und Erlöser abgehandelt werden. Bei diesem Integrations- und Unterordnungsmodell liegt das «Missverständnis nicht fern, dass die Dogmatik die theologische Wirklichkeitskonstruktion liefert, aus der die theologische Ethik die praktischen Konsequenzen ableitet» (Fischer 2002: 51).

Die Differenzierung und Zuordnung von Dogmatik und Ethik stellt die klassisch von Friedrich Schleiermacher (vgl. Abschnitt 2.2.2.) vertretene und heute meist anzutreffende Verhältnisbestimmung dar. An diesem Koordinationsmodell orientieren sich die folgenden Überlegungen: Als Disziplinen der systematischen Reflexion auf die Gegenwartsrelevanz des Christentums sind beide Fächer einander gleichberechtigt zugeordnet. Denn als Gestalten theologischer Lehre sind sie gleichermaßen bezogen auf den christlichen Glauben, der allen Formen seiner (dogmatischen oder ethischen) Artikulation vorausgeht und zu Grunde liegt. Während die Dogmatik der mit dem christlichen Glauben verbundenen sprachlichen Deutung der Wirklichkeit gewidmet ist, thematisiert die Ethik die aus dem Glauben hervorgehenden Impulse zur praktischen Gestaltung der Wirklichkeit. Von daher setzen beide einander voraus, bewegen sich aber in unterschiedlichen argumentativen Kontexten. Ähnlich wie die dogmatische Rechenschaft über den christlichen Glauben nicht ohne Bezug zur Religionsphilosophie auskommt, ist auch die theologische Ethik als Reflexionsinstanz des christlichen Ethos auf den engen Kontakt mit der philosophischen Ethik sowie die Kenntnis ihrer Denkformen und argumentativen Standards angewiesen. Schon deshalb, vollends aber wegen der mittlerweile weitverzweigten Bereichsethiken, deren Bearbeitung nur noch interdisziplinär geleistet werden kann, ist heute eine sehr viel deutlichere wissenschaftsorganisatorische und curriculare Ausdifferenzierung der Ethik gegenüber der Dogmatik notwendig als noch vor wenigen Jahrzehnten.

2. PROBLEMGESCHICHTE UND THEORIEANSÄTZE

2.1. Grundformen ethischer Theorien

Ethische Theorien begründen auf unterschiedliche Weise, welche Lebensführung und welche Handlungsweise gut oder richtig ist. Im folgenden Abschnitt soll der Überblick über die Vielzahl der ethischen Theorieansätze durch Reduktion auf drei Grundformen strukturiert werden. Auf diese Dreigliederung der wichtigsten Typen ethischer Theoriebildung hat bereits mit besonderem Nachdruck der evangelische Theologe und Philosoph Friedrich Daniel Ernst Schleiermacher (1768–1834) hingewiesen. Aber auch in der gegenwärtigen moralphilosophischen Debatte ist das Drei-Formen-Modell – trotz verschiedener daran anschließender Einzelprobleme – präsent (vgl. Frankena 1994: 78; Baron/Pettit/Slote 1997). Folgt man Schleiermacher, so kann die Ethik unter drei komplementären Leitaspekten entwickelt werden: dem der Tugend (der das Handeln bestimmenden Kraft), dem der Pflicht (der seinen Vollzug normierenden Regel) und dem der Güter (den im Handeln anzustrebenden Zielen und Zwecken) (vgl. Schleiermacher 1816/1927: 550 f.). Tugendethik, Pflichtethik und Güterethik stellen die elementaren Grundformen ethischer Theoriebildung dar, weil sie auf die nicht reduzierbaren Grundelemente des Handelns bezogen sind – Elemente, ohne die eine Handlung gar nicht als Handlung gedacht werden kann: die Kraft oder die Fähigkeit zum Handeln (Tugend), den Vollzug des Handelns nach einer Regel (Pflicht) und den eine Handlung leitenden Zweck (Gut). Obwohl bei jeder Handlung immer alle drei Elemente beteiligt sind, wurde in prominenten Ethikkonzeptionen meist ein Element als das Entscheidende ins Zentrum gerückt; die anderen dagegen sind ihm zu- und untergeordnet worden:

Tugendethiken richten das Augenmerk in erster Linie auf die handelnde Person und fragen, über welche Eigenschaften, Haltungen und Fähigkeiten sie verfügen muss, um gut zu handeln: Wie *können* wir gut handeln?

Pflichtethiken beziehen sich auf die Regeln und Normen, die den Vollzug des sittlichen Handelns regulieren. Diese Normen sind traditionell im Begriff des Gesetzes, des Gebots oder der Pflicht formuliert worden: Was *sollen* wir tun?

Güterethiken lenken den Blick auf die Wirkungen des sittlichen Handelns und seinen Beitrag zur Realisierung erstrebter Ziele oder Zwecke: Wie *wollen* wir leben?

2.1.1. Der pflichtethische Typus

(1) Die Grundfrage des pflichtethischen Theorietypus lautet: Was *sollen* wir tun? Zur Vorgeschichte der Pflichtethik gehört der stoische Begriff der *kathêkonta*, der einem naturgemäßen Leben geziemenden Handlungen. Sie sind von der Art, dass sie durch die menschliche Vernunft, die am göttlichen Logos teilhat, erkannt werden können: Selbsterhaltung, Fortpflanzung, Elternliebe und anderes mehr. Von Cicero (106–43 v. Chr.) wurde die stoische Lehre von der Pflicht (lat. *officium*) in das römische Denken übernommen und von hier aus von Ambrosius von Mailand (339–397) für die christliche Ethik rezipiert (*De officiis ministrorum libri tres*). Die mittelalterliche katholische Ethik ordnete den Pflichtbegriff jedoch in einen anderen Zusammenhang ein, nämlich in die Frage nach dem höchsten Gut, also in die güterethische Frage. Erst die reformatorische Ethik hat sich – soweit sie als Gebotsethik entfaltet wurde – wieder stärker am Pflichtgedanken orientiert. Dabei wurde der Dekalog verbunden mit dem von der Stoa entwickelten Gedanken des natürlichen Gesetzes, das Röm 2,14 f. zufolge allen Menschen offenbar ist. Am profiliertesten wurde diese Synthese von Naturrecht und biblischen Geboten von Melanchthon vollzogen, der zwischen den Pflichten gegen Gott, gegen den Nächsten und gegen sich selbst unterschied (vgl. Melanchthon 1521 / 1997:

98 ff.). Im Rahmen dieser traditionellen Pflichtethiken ging man von einer erfahrungsbezogenen Mehrzahl von Pflichten aus, wie sie sich aus konkreten Lebenszusammenhängen ergeben (Berufspflichten, Freundespflichten, Vertragspflichten usw.).

(2) Bei Immanuel Kant (1724–1804) stieg der Pflichtbegriff in der Ethik zu zentraler Bedeutung auf – jetzt aber im Sinn des unbedingt Verpflichtenden, des Grundes aller Verbindlichkeit (griech. *to deon*). Moderne Pflichtethiken werden deshalb auch als deontologische Ethiken bezeichnet. War zuvor der Ursprung moralischer Pflichten in der Ordnung der Natur, im naturgemäßen Gemeinschaftsleben oder in den Geboten Gottes gesucht worden, so unternahm es Kant zu zeigen, dass auf diese Weise der Anspruch der Moral auf allgemeine und objektive Gültigkeit nicht gedacht werden kann. Die Bedingung der Möglichkeit moralischer Verpflichtung kann nur im Subjekt der praktischen Vernunft selbst liegen. Kant will nichts anderes tun, als das offenlegen, was im Bewusstsein des moralisch Handelnden immer schon als «Faktum der Vernunft» (KpV A 55 f.) enthalten ist. Er behauptet, «daß alle sittlichen Begriffe völlig a priori in der Vernunft ihren Sitz und Ursprung haben» (GMS BA 34), dass also die Prinzipien der Moral niemals von der Erfahrung abhängig sein können. Das Profil einer deontologischen Ethik erschließt sich am besten, wenn man sich die Grundzüge der moralphilosophischen Konzeption Kants vergegenwärtigt (vgl. dazu Höffe 1992: 173 ff.).

Erstens: Für Kant kann das Prädikat ‹gut› allein auf einen guten Willen Anwendung finden: «Es ist überall nichts in der Welt, ja überhaupt auch außer derselben zu denken möglich, was ohne Einschränkung für gut könnte gehalten werden, als allein ein *guter Wille*.» (GMS BA 1) ‹Wille› bezeichnet hier das Vermögen des Menschen, nicht vorgegebenen Gesetzen und Impulsen der Natur folgen zu müssen, sondern sich selbst Gesetze vorstellen und ihnen gemäß handeln zu können. In diesem Vermögen besteht die Würde des Menschen. Nur von der guten Absicht, von der Qualität des Willens – nicht etwa von den Inhalten des Wollens – hängt es ab, ob ein daraus hervorgehendes Handeln richtig ist. Der Besuch beim schwer kranken Vater etwa könnte ja auch der Furcht des Sohnes geschuldet sein, enterbt zu werden. Ob ein Handeln für bestimmte Zwecke geeignet und funktional ist, ob es mit eingelebten Sitten oder existierenden (Rechts-)Vorschriften übereinstimmt, lässt keinen Rückschluss auf den intrinsischen Aspekt zu, der eine Handlung moralisch richtig oder falsch macht. Allein ein guter Wille kann uneingeschränkt ‹gut› sein. Alles andere, einschließlich der Talente und Charaktereigenschaften eines Menschen, ist ambivalent; sie lassen einen guten und einen schädlichen Gebrauch zu.

Das Kriterium für die Güte des Willens ist die Pflicht. Der Pflichtbegriff gibt an, wie der Wille bestimmt sein muss, wenn er gut sein soll. Daran, dass der Begriff der Pflicht zum zentralen Aspekt der Ethik wird, zeigt sich, dass Kant den Menschen als endliches Vernunftwesen betrachtet, für das es neben der Vernunft selbstverständlich noch andere, empirische Bestimmungsgründe gibt. Das Sittliche nimmt die Form des Sollens, der Pflicht an, weil endliche Vernunftwesen nicht notwendigerweise sittlich handeln und deshalb immer wieder der Orientierung an der Pflicht bedürfen. Dabei gibt es prinzipiell zwei verschiedene Möglichkeiten, sich an der Pflicht zu orientieren oder die sittliche Pflicht zu erfüllen: *Pflichtgemäß* handelt jemand, der äußerlich betrachtet die Pflicht befolgt, dabei aber auch von seinem Selbstinteresse bestimmt sein kann: etwa der Geschäftsmann, der einen unerfahrenen Kunden deshalb ehrlich behandelt, weil er befürchtet, sonst in Verruf zu geraten. Oder jemand, der einem Notleidenden nicht deshalb hilft, weil er in Not ist, sondern weil er Sympathie ihm gegenüber empfindet. Kant spricht hier auch von einem Handeln aus *Legalität*. *Aus Pflicht* dagegen handelt jemand, für den allein die Pflicht selbst Bestimmungsgrund seines Handelns ist. Aus Pflicht handelt der, der das sittlich Gute um seiner selbst willen tut, das heißt aus *Moralität*.

Zweitens: Oberstes moralisches Beurteilungskriterium ist das Sittengesetz als kategorischer Imperativ. Ein Imperativ ist die sprachliche Grundform der Pflicht. Der Zusatz ‹kategorisch› bezeichnet ein Sollen, das unbedingt und unter allen Umständen gültig ist. Dies unterscheidet den kategorischen Imperativ von hypothetischen Imperativen. *Hypothetische Imperative* stehen unter einer nicht notwendigen, einschränkenden Voraussetzung: Sie setzen einen bestimmten Zweck voraus, den ich erreichen will, der aber nicht notwendigerweise von allen Menschen geteilt wird. Sie haben die Form: *Wenn ich x möchte, dann muss ich y tun.* Hypothetische Imperative sind entweder pragmatische Imperative der Klugheit, die bezogen sind auf ein natürliches Verlangen (wenn ich meine Gesundheit erhalten will, dann ist es geboten, nicht mehr zu rauchen), oder aber technische Imperative der Geschicklichkeit, die bezogen sind auf beliebige Absichten (wenn ich mein Erspartes mehren will, dann ist es geboten, dass ich weniger Ausgaben als Einnahmen habe). Das Sittengesetz dagegen kann nur ein *kategorischer Imperativ* sein; er muss schlechthin allgemein ausnahmslos und notwendig gelten. Ein kategorisch gebietender Imperativ kann deshalb keinen bestimmten Inhalt haben;

er kann nur die reine Form allgemeiner Gesetzlichkeit ausdrücken. Kant bietet den kategorischen Imperativ in einer Grundformel, die er in drei weiteren Formeln unter verschiedenen Aspekten auslegt. Die Grundformel des kategorischen Imperativs lautet: «[H]andle nur nach derjenigen Maxime, durch die du zugleich wollen kannst, daß sie ein allgemeines Gesetz werde.» (GMS BA 52) Daneben kennt Kant weitere Formeln, die das Sittengesetz in unterschiedlicher Hinsicht auslegen (GMS BA 52, BA 76, BA 81) – besondere Bedeutung kommt in diesem Zusammenhang der sogenannten Selbstzweckformel zu: «Handle so, daß du die Menschheit, sowohl in deiner Person, als in der Person eines jeden andern, jederzeit zugleich als Zweck, niemals bloß als Mittel brauchest.» (GMS BA 67)

Die Grundformel enthält zwei erläuterungsbedürftige Elemente: die *Maxime* und den Gedanken der *Verallgemeinerung*. Maximen sind subjektive Handlungsgrundsätze, persönliche Lebensregeln, die einer Vielzahl konkreter Absichten, Handlungen und Normen Richtung verleihen. Einer Maxime folgt zum Beispiel, wer nach dem Vorsatz lebt, rücksichtsvoll, großmütig, hilfsbereit, wahrhaftig, zuverlässig zu sein – oder eben auch das Gegenteil: rücksichtslos, rachsüchtig, gleichgültig. Maximen bestimmen die Lebensführung, geben ihr einen einheitlichen Sinn und Konsistenz; ob sie jedoch moralisch sind – dies zu prüfen ist Sache des kategorischen Imperativs. Der kategorische Imperativ ist also keine spezielle Handlungsnorm, sondern ein Maßstab für die Überprüfung von Maximen. Das Kriterium, nach dem diese Prüfung erfolgt, ist das *Verallgemeinerungsprinzip*. Zwar steckt bereits in jeder Maxime eine Verallgemeinerung (jemand will etwa immer die Wahrheit sagen, immer pünktlich sein etc.), aber dabei handelt es sich um eine subjektive, für den je individuellen Lebenshorizont gültige Verallgemeinerung. Das Verallgemeinerungsprinzip des kategorischen Imperativs dagegen testet, ob die in einer Maxime gesetzte Handlungsregel auch für den (objektiven) Lebenshorizont prinzipiell aller Vernunftwesen und ihr Verhältnis zueinander Gültigkeit beanspruchen kann. Die kantische Version des Verallgemeinerungsprinzips ist – im Unterschied zu anderen (z.B. Singer, M.G. 1975) – nicht bezogen auf Handlungen, sondern auf Maximen.

Kant erläutert die Anwendung des kategorischen Imperativs am Beispiel von vier Maximen, die nicht verallgemeinerungsfähig sind und daher zu Verboten führen müssen (GMS BA 52 ff.). Dabei greift er auf die traditionelle Unterscheidung von Pflichten gegen sich selbst und Pflichten gegen andere sowie diejenige von vollkommenen und unvollkommenen Pflichten zurück. Das Verbot der Nichtentwicklung eigener Talente und das Verbot der Gleichgültigkeit gegen fremde Not sind unvollkommene Pflichten, weil die zu Grunde liegenden Maximen nicht als allgemeine Gesetze widerspruchsfrei gewollt werden und die betreffenden Pflichten auf unterschiedliche Weise erfüllt werden können. Demgegenüber sind zum Beispiel die Verbote der Selbsttötung und des falschen Versprechens vollkommene (Unterlassungs-) Pflichten. Denn den jeweiligen Handlungen liegen Maximen zu Grunde, die Kant zufolge als allgemeine Gesetze nicht einmal widerspruchsfrei gedacht werden können und deren Beachtung keine Handlungsspielräume erlaubt. So kann die Maxime, sich bei Lebensüberdruss das Leben zu nehmen, niemals als allgemeines Gesetz gedacht werden – vor allem deshalb nicht, weil niemand das Recht hat, das Subjekt der Moral selbst zu zerstören, um sich vor drohenden Übeln zu bewahren. Die Maxime verstieße im Übrigen auch gegen die Selbstzweckformel des kategorischen Imperativs, die die Achtung der Würde des Einzelnen davon abhängig macht, dass niemand ausschließlich zum Mittel gemacht werden darf, sondern immer zugleich als Zweck zu behandeln ist. Ebenso selbstwidersprüchlich wie die Selbsttötung wäre es, wenn ein Versprechen von vornherein in der Absicht gegeben würde, es nicht halten zu wollen. Auch das Verbot falschen Versprechens begründet Kant mit Verweis auf den performativen Selbstwiderspruch, in den sich der Zuwiderhandelnde verstricken würde, nicht etwa mit dem folgenorientierten Argument, dass bei einem Allgemeinwerden falscher Versprechen die Institution des Versprechens ihre Akzeptanz verlöre.

Eine deontologische Ethik, wie sie Kant paradigmatisch vertritt, geht also davon aus, dass es in sich schlechte Maximen gibt, die immer und ohne Rücksicht auf die Handlungsfolgen verwerflich sind. Der deontologischen Argumentation gemäß heiligt der gute Zweck einer Handlung niemals alle Mittel. Eine Verletzung der menschlichen Würde, der Selbstzwecklichkeit der Einzelperson, kann durch keine noch so wünschenswerte Handlungsfolge gerechtfertigt werden. Die Würde, die in der Fähigkeit besteht, sich selbst Zwecke zu setzen, ist etwas, was «über allen Preis erhaben ist, mithin kein Äquivalent verstattet» (GMS BA 77). Der Respekt vor der Freiheit und Selbstbestimmung der Einzelnen geht jedem kollektiven Vorteil vor. Das heißt nicht, dass die Folgen einer Handlung gar keine Berücksichtigung verdienen. Sie können bei der Umsetzung von Maximen in konkreten Situationen relevant sein; ausgeschlossen sind sie jedoch aus der Begründung von Maximen.

Drittens: Die Bedingung der Möglichkeit moralischen Handelns ist die Autonomie des menschlichen Willens. Das Sittengesetz, der kategorische Imperativ, ist kein fremdes Gesetz, das dem Menschen von außen auferlegt würde; es entspringt der Selbstgesetzgebung der menschlichen Vernunft. Die Bedingung der Möglichkeit, moralisch handeln zu können, liegt in der Fähigkeit des moralischen Subjekts, sich nach selbstgesetzten Grundsätzen zu bestimmen. Verpflichtung und Freiheit geraten dann nicht in Gegensatz zueinander, wenn das Gesetz, dem ich Gehorsam schulde, von mir selbst gesetzt und hervorgebracht ist. Grundlage der gesamten Untersuchung ist für Kant die moralische Freiheit, nämlich das Vermögen des Menschen, sein Handeln frei zu bestimmen, unabhängig von empirischen Antrieben. Der Gegenbegriff zur Autonomie, bei der der Wille allein durch die reine gesetzliche Form, der die Maxime zu unterwerfen ist, bestimmt wird, ist die Heteronomie, die Fremdbestimmung des Willens, bei der materiale Bestimmungsgründe den Ausschlag geben. Materiale Bestimmungsgründe sind solche, die aus dem Streben nach Lust (oder der Vermeidung von Unlust) resultieren. Sie alle haben ihr Prinzip im eigenen Vorteil – in der Selbstliebe oder der eigenen Glückseligkeit – und taugen darum nicht zum allgemeinen Gesetz.

Kant will damit nicht bestreiten, dass der Mensch immer ein Bedürfniswesen bleibt, das in sozialen Abhängigkeitsverhältnissen existiert. Autonomie bedeutet, sich seiner Bedürfnisse und Abhängigkeiten bewusst zu sein, sie aber nicht zum letzten Bestimmungsgrund des Handelns werden zu lassen. Das Prinzip der Autonomie schließt nicht aus, dass eine moralische Maxime durch eine natürliche Neigung unterstützt wird. «Nicht derjenige lebt heteronom, der auch seinen Freunden hilft, sondern der, der *nur* ihnen hilft und gegen die Not der anderen gleichgültig bleibt.» (Höffe 1992: 201) Autonom handelt, wer auch die Maximen der Hilfsbereitschaft oder Wahrhaftigkeit beherzigt, wenn ihnen keine natürliche Neigung zu Hilfe kommt.

Wenn man vom Autonomieprinzip ausgeht, kann auch der Wille Gottes moralische Verpflichtungen nicht in letzter Instanz begründen. Nur weil und sofern eine Maxime vernünftig ist, kann sie als von Gott geboten gedacht werden. In diesem Sinn jedoch schreibt Kant in seiner Religionsschrift: «Religion ist [...] das Erkenntnis aller unserer Pflichten als göttlicher Gebote.» (Rel B 230/A 216) Die Religion kann keine konstituierende Bedeutung für die Moral beanspruchen – das wäre Heteronomie –, wohl aber kommt ihr eine Hilfsfunktion zu. Kant hat diese moralpädagogische Hilfsfunktion der Religion zugelassen, weil der Mensch nie nur reines Vernunftwesen, sondern immer auch Sinnenwesen ist. Dem Vernunftwesen genügt das Sittengesetz, das ihm «Achtung» einflößt. Aber als Sinnenwesen kann der Mensch nicht davon absehen, dass sein Handeln auf Zwecke bezogen ist. Er kann nicht davon absehen, dass er letztlich auch – worauf die gesamte antike Ethik aufbaute – nach *eudaimonia*, nach Glück(seligkeit) strebt. Als Sinnenwesen sucht er etwas, das er nicht nur *achten*, sondern *lieben* kann. Mehr noch: Als Sinnenwesen ist der Mensch mit dem Hiob-Problem konfrontiert, dass nämlich der Rechtschaffene, der nach dem Sittengesetz lebt und dem man moralisch «Glück-Würdigkeit» zusprechen kann, faktisch keineswegs immer die Glückseligkeit erlangt. Die Vereinigung von moralischer Würdigkeit und Glückseligkeit – Kant nennt sie das «höchste abgeleitete Gut» (KrV B 839) – wird dem begrenzten irdischen Menschenleben nicht notwendig zuteil. Es gibt den Gerechten, den moralisch Würdigen, der leiden muss. Der Weltlauf folgt nicht dem Gesetz der Moral. Dem Menschen ist es aber nicht gleichgültig, welche Folgen sein Moralisch-Handeln für den Weltlauf und damit auch für ihn selbst hat. Deshalb ist die Existenz Gottes – ebenso wie die Ideen von Freiheit und Unsterblichkeit – ein Postulat der praktischen Vernunft, das der Moral «zuträglich» ist (KpV A 263). Denn Gott verbürgt, dass am Ende des Weltlaufs ein Ausgleich stattfindet zwischen moralischer Rechtschaffenheit (also Glückwürdigkeit durch ein Leben aus Pflicht) und realisierter Glückseligkeit. Gott ist laut Kant das «höchste ursprüngliche Gut» (KrV B 839), weil er der Urheber der Naturwelt wie auch der moralischen Ordnung ist. Obwohl die Religion die autonome Moral nicht begründen kann, führt doch die Moral «unumgänglich zur Religion», indem «sie sich zur Idee eines machthabenden moralischen Gesetzgebers außer dem Menschen erweitert, in dessen Willen dasjenige Endzweck (der Weltschöpfung) ist, was zugleich der Endzweck des Menschen sein kann und soll» (Rel BA IX f.).

(3) Gegenwärtige Modifikationen von Kants Moraltheorie bieten die Diskursethik und der zeitgenössische politisch-ethische respektive institutionenethische Kontraktualismus:

Im Kontraktualismus werden Normen durch wechselseitige vertragliche Übereinkunft gerechtfertigt. Ursprünglich dient der (Gesellschafts-)Vertrag als Metapher zur Legitimation von Recht und Staat. Die Frage lautet dann, welche politische Ordnung rationale Individuen errichten würden, wenn sie sich unter den definierten Bedingungen eines fiktiven vorstaatlichen Zustands zur gleichmäßigen Wahrung der Interessen aller in ihren Eigeninteressen freiwillig und im Konsens beschränken. In dieser Tradition hat John Rawls (1921–2002) seine in der Gegenwart einflussreiche *Theorie der Gerechtigkeit* entwickelt – Gerechtigkeit verstanden als «Tugend» gesellschaftlicher Institutionen (Rawls 1975). Im Unterschied zu älteren Konzeptionen des Gesellschaftsvertrags (Hobbes, Locke, Rousseau) nimmt Rawls das kantische Verallgemeinerungsprinzip in seine Konstruktion des vorstaatlichen «Urzustands» auf, indem er die vertragschließenden Parteien hinter einem Schleier des Unwissens agieren lässt, der ihnen ihre konkreten Eigeninteressen verbirgt und so den Standpunkt der Unparteilichkeit sichert. Neuere kontraktualistische Ansätze setzen das Vertragsmodell über die politisch-rechtliche Sphäre hinaus für eine generelle Moralbegründung ein und versuchen spieltheoretisch zu zeigen, dass es selbst für radikale Egoisten Gründe gibt, moralische Normen und Regeln zu etablieren und zu befolgen (vgl. Gauthier 1986); sie fallen dabei jedoch hinter den Universalismus der Moraltheorie Kants zurück.

Die maßgeblich von Jürgen Habermas vertretene Diskursethik interpretiert das kantische Moralprinzip der Prüfung von Maximen auf ihre Verallgemeinerungsfähigkeit nicht als Kriterium der monologischen Selbstprüfung des Einzelnen, sondern als intersubjektive, kommunikative Normenbegründungspraxis im Rahmen rationaler Argumentation. Der «diskursethische Grundsatz» lautet, «daß nur die Normen Geltung beanspruchen dürfen, die die Zustimmung aller Teilnehmer eines praktischen Diskurses finden (oder finden könnten)». In diesem Zusammenhang ersetzt Habermas den Kategorischen Imperativ durch einen «Universalisierungsgrundsatz», wonach jede gültige Norm der Bedingung genügen muss, «daß die Folgen und Nebenwirkungen, die sich jeweils aus ihrer *allgemeinen* Befolgung für die Befriedigung der Interessen eines *jeden* Einzelnen (voraussichtlich) ergeben, von *allen* Betroffenen akzeptiert […] werden können» (Habermas 1983: 103). Abgeleitet wird dieses Moralprinzip aus der kontrafaktischen Idee des Diskurses selbst als einer unbegrenzten, für alle sprach- und handlungsfähigen Subjekte offenen, chancengleichen und herrschaftsfreien Kommunikation, die jeder Teilnehmer an moralischen Argumentationen implizit voraussetzen und anerkennen muss, wenn er sich nicht in Selbstwidersprüche verwickeln will.

2.1.2. Der güterethische Typus

Wie *wollen* wir leben? – so lässt sich die Leitfrage des güterethischen Typus umschreiben. Der Blick wird hier gerichtet auf die wünschbaren Ziele und Zwecke, Wirkungen oder Folgen des Handelns. Legt man einen weiten Begriff von Teleologie zu Grunde, so können güterethische Ansätze auch als teleologische Theorien (von griech. *telos*, Zweck, Ziel) bezeichnet werden. Gemeinsam ist ihnen, dass die Gutheit einer Handlung davon abhängt, dass ihr

Ziel oder ihre Wirkung als gut bewertet wird. Damit ist noch nichts über das Kriterium dieser Bewertung gesagt, das sich auf zwei Begründungsmuster zurückführen lässt: zum einen auf eine ontologisch vorgegebene, das heißt objektiv im Wesen der Dinge angelegte Zweckhaftigkeit; zum anderen darauf, dass sich eine Handlung funktional verhält zu einem Zweck, der für mich gut ist, also in der subjektiven Perspektive eines Akteurs positiv bewertet wird. Der Ausdruck ‹teleologisch› wird in der neueren ethischen Debatte meist nur auf Theorien bezogen, die im Sinn der letztgenannten Version von einem Unterschied zwischen moralischer Richtigkeit und außermoralischer Gutheit ausgehen. Begriffsgeschichtlich gesehen erscheint es allerdings sinnvoller, diese Variante als ‹konsequentialistisch› zu bezeichnen und den Terminus ‹teleologisch› für solche ethischen Theorien zu reservieren, die auf der ontologischen Annahme einer allem Seienden inhärenten Zweckhaftigkeit beruhen.

(1) Die antike Frage nach dem Guten
Die klassische Güterethik hat seit der Antike die Form einer Strebensethik. Sie nimmt ihren Ausgangspunkt bei dem Faktum des menschlichen Strebens nach etwas, was noch nicht realisiert ist, aber zur Wesensverwirklichung des Menschen unerlässlich ist, auch wenn noch offen ist, worin es besteht. Grundlage ist ein teleologisches Seinsverständnis, das von der Zweckgerichtetheit alles Existierenden ausgeht. Nach Aristoteles ist das Gute das, wonach alles strebt (NE I 1094a 3 f.) – dasjenige, wozu Menschen ihr Leben führen. Die antiken ethischen Schulen stimmen darin überein, dass das höchste Ziel menschlichen Strebens als *eudaimonia*, als Glück, als gelingendes Leben zu bestimmen ist. Sie unterscheiden sich jedoch hinsichtlich des Kriteriums: Die Schule des Hedonismus führte hierfür das empirische Lustempfinden – sei es an Materiell-Sinnlichem, sei es an Geistigem – an. Dagegen betrachtete Platon in seinen späteren Schriften die Lustempfindung als ungeeignetes Kriterium für die Unterscheidung des Guten vom Schlechten und bemühte sich, den Vorrang des Guten und seiner Erkenntnis vor der Lust(empfindung) festzuhalten. Nicht die Lust, sondern die Gegenwart des Guten selbst, wie sie dem Menschen durch die Vernunfterkenntnis vermittelt und zugänglich ist, macht das Handeln gut. Das Gute liegt für Platon außerhalb des nach ihm strebenden Subjekts, schließt aber eine Beziehung zu ihm ein. Das Lustempfinden kommt deshalb als Folge der Gegenwart des Guten in Betracht, aber die Lust kann nicht selbst das Kriterium des Guten sein. Sie ist nur ein Begleitphänomen, eine Art begleitender ‹Gefühlswert› (Nicolai Hartmann) des

Guten – für sich selbst genommen bleibt sie zweideutig. Letztlich ist das Gute für Platon die Idee aller Ideen, «die die Wesensnatur jeder Idee zum Inhalt hat, nämlich [...] die teleologische Beziehung der Dinge auf das Ziel ihrer Wesensverwirklichung. Darum ist das Gute dasjenige, in dessen Gegenwart oder Besitz alles Streben volle Befriedigung finden würde, wenn dieses Ziel nur vollkommen zu erlangen wäre» (Pannenberg 2003: 32).

Augustin (354–430) hat die platonische Frage nach dem Guten christlich umgeformt. Er ging zum einen davon aus, dass das mit dem Wesen des Guten verbundene Streben nach Glückseligkeit im irdischen Leben unerfüllbar bleibt. Zum andern aber hielt er an einer Hoffnung auf Glückseligkeit fest, begründete diese aber in der Verheißung Gottes. Augustin identifiziert das höchste Gut, den Endzweck alles Seienden mit Gott, was sich bei Platon schon angebahnt hatte. Inbegriff des Guten, höchstes Gut ist Gott, bei ihm allein ist vollkommene Seligkeit zu finden, deshalb soll die Liebe der Menschen allein auf Gott gerichtet sein (Belege bei Pannenberg 2003: 36 ff.). «Unruhig ist unser Herz, bis es ruht in dir», schreibt Augustin (Conf I, 1). Die Differenz zwischen dem Verhältnis des Menschen zu Gott als dem höchsten Gut und dem Verhältnis des Menschen zu den irdischen Gütern markiert Augustin durch die terminologische Unterscheidung zwischen *frui* (genießen) und *uti* (gebrauchen): Die (Glück-)Seligkeit des Genusses (*frui*) kann nur Gott gewähren, weil nur Gott zu Recht um seiner selbst willen erstrebt, als Selbstzweck gewollt, also (über alle Dinge) geliebt wird. Alle irdischen Güter dagegen sind solche, die wir als Mittel zum Zweck gebrauchen und nutzen (*uti*) sollen. Alles wahrhaft gute Handeln, auch dasjenige Handeln, bei dem es um den ‹Gebrauch› der irdischen Mittel geht, ist aus der Liebe zu Gott, dem *frui Deo* motiviert, und in dieser Liebe zu Gott ist die künftige Seligkeit schon jetzt gegenwärtig. Während Gott allein um seiner selbst willen zu lieben ist, darf alles andere nur um Gottes willen geliebt werden, das heißt so, dass es auf Gott bezogen, in seiner Hinordnung zu und auf Gott gesehen und ‹gebraucht› wird. Weil dies infolge der menschlichen Selbstliebe nicht von Natur aus geschieht, bedarf es dazu der Ausrichtung durch Gottes Gebot. Augustin deutet das biblische Gebot der Gottes- und Nächstenliebe so, dass dadurch die zwischenmenschliche Liebe ebenso wie die Selbstliebe als Selbstzweck ausgeschlossen wird. Dass ich mich selbst nicht um meiner selbst willen lieben darf, bedeutet, dass auch der Nächste nicht um seiner selbst willen, sondern um Gottes willen geliebt werden soll. Erst recht ist der ‹Gebrauch› aller anderen Dinge zu integrieren in die Liebe zu Gott. Wenn alles menschliche Streben geleitet ist von der Liebe zu Gott, dann sind auch alle anderen Gegenstände unseres Wollens in ihrer Hinordnung auf ihn zu betrachten. Dies schließt einen Gebrauch der innerweltlichen Güter und Mittel ein, der ihre Hinordnung zum göttlichen Endzweck beachtet und sie nicht als Mittel zu einem selbst definierten Zweck benutzt. Das Gebot Gottes als des höchsten, allein Glückseligkeit gewährenden Gutes zielt auf die Integrität einer teleologischen Weltordnung. Grundlage der christlichen Ethik von Augustin bis ins hohe Mittelalter ist die Annahme, dass die Sinnhaftigkeit und Güte menschlichen Handelns von seiner Einbettung in eine kosmische Zweckordnung abhängt.

(2) Der Utilitarismus
In der Neuzeit ist die teleologische Weltsicht zerbrochen, die es erlaubte, alle irdischen Güter und zeitlichen Zwecke auf den Endzweck eines transzendenten höchsten Gutes zu beziehen und den Wert einer Handlung von daher zu bestimmen. Der in der Moderne zur Herrschaft gelangten kausalgesetzlichen Wirklichkeitsauffassung zufolge sind der Natur keine eigenen Zwecke inhärent, diese können nur vom Menschen in Freiheit gesetzt werden. Ohne die Ausrichtung der gesamten Seinsordnung auf ein höchstes Gut kann sich der Wert einer Handlung für die Verwirklichung eines Gutes nur nach einem selbst gesetzten Kriterium richten, das auf die voraussichtlichen innerweltlichen Folgen der Handlung gerichtet ist. Einen solchen ‹Konsequentialismus› in der Ethik hat Max Weber mit dem Begriff der ‹Verantwortungsethik› verbunden (Weber 1919/1992: 57 f.) – allerdings ohne ein Kriterium für die Folgenbewertung anzugeben. Dieser Aufgabe hat sich als prominenteste Version einer konsequentialistischen Moraltheorie der Utilitarismus unterzogen, erstmals entwickelt von Jeremy Bentham (1748–1832) in seinem 1789 erschienenen Werk *An Introduction to the Principles of Moral and Legislation* (Auszug in Höffe 1975: 35 ff.). Benthams Utilitarismus verstand sich im spätfeudalen England als Ethik rationaler Gesellschaftskritik und -reform, die sich am Allgemeinwohl ausrichtet und ihm einen wissenschaftlichen Begriff geben möchte. Grundlage ist eine empirische psychologisch-anthropologische Prämisse: Die Vermeidung von Leid (*pain*) und das Erstreben von Glück beziehungsweise Freude (*pleasure*) stellt das entscheidende ethische Regulativ dar. Als Kriterium für die rationale Wahl zwischen unterschiedlichen Handlungsmöglichkeiten gilt deshalb das Bentham'sche Prinzip: Unter mehreren möglichen Handlungen ist diejenige die sittlich beste, aus der das ‹größte Glück der größten Zahl› (*the greatest happiness for the greatest number*) resultiert. Dabei werden im Utilitarismus auch Unterlassungen als absichtsvolle Handlungen verstanden.

Das Bentham'sche Prinzip enthält mehrere Teilkriterien (vgl. Höffe 1975: 9f.): Erstens werden Handlungen oder Handlungsregeln nicht nach der ihnen zu Grunde liegenden Absicht beurteilt; ihre Richtigkeit ergibt sich vielmehr ausschließlich aus den voraussichtlichen Folgen inklusive ihrer absehbaren Nebenfolgen (Folgenkriterium). Aufgrund dieser exklusiven Folgenorientierung bestreitet der Utilitarismus die moralische Relevanz von Unterscheidungen, die für deontologische Ethiken essenziell sind, wie die zwischen intendierten und nichtintendierten Handlungen oder die zwischen Tun und Unterlassen. Zweitens gilt als Maßstab für die Folgenbeurteilung ihr Nutzen – und zwar der Nutzen für etwas, was in sich selbst erstrebenswert ist (Nutzenkriterium). Drittens ist der höchste Wert, der über den Nutzen entscheidet, das menschliche Glück im Sinn maximaler Bedürfnisbefriedigung beziehungsweise minimaler Frustration. Deshalb gilt diejenige Handlung als moralisch wertvoll oder geboten, die am meisten Freude bereitet und Leiden vermeidet (hedonistisches Kriterium). Schließlich muss viertens die Beurteilung der Handlungsfolgen unparteilich erfolgen, indem unabhängig von besonderen Sympathien und Loyalitäten die Empfindungen, Interessen und Wünsche aller Betroffenen in Betracht gezogen werden (Universalitätskriterium).

Diese vier Elemente lassen sich in der utilitaristischen Maxime zusammenfassen: Handle so, dass die Folgen deiner Handlung oder Handlungsregel für das Wohlergehen aller Betroffenen optimal sind. Die mit diesem Ansatz verbundenen Probleme haben zu zahlreichen Fortentwicklungen des Utilitarismus Bentham'scher Prägung geführt. Nur die wichtigsten Einwände und Präzisierungen seien genannt:

Das hedonistische Kriterium, also das Postulat, das größte Glück der größten Zahl zu verwirklichen, verbindet sich bei Bentham mit der Vorstellung einer Messbarkeit des Glücks. Bentham glaubte, ein ‹hedonistisches Kalkül› vorlegen zu können, das es erlaubt, durch mathematisches Bilanzieren alle individuellen Empfindungen von Freude und Leid gegeneinander aufzurechnen und eine Art kollektiver Gesamtbilanz des Glücks aufzustellen – das größte Glück der größten Zahl. Er addierte die individuellen Nutzenwerte, die eine Handlung voraussichtlich zur Folge haben würde, zu einem kollektiven Nutzenwert und wählte die Handlung mit dem größten kollektiven Nutzen. Dabei wird das Glück rein quantitativ verstanden als Summe des Grades der einzelnen Lustempfindungen, gleichgültig wodurch sie verursacht sind. Der Lustgewinn des Ausschlafens steht dabei gleichberechtigt neben dem des Klavierspielens, das Glück des In-der-Sonne-Liegens gleichberechtigt neben dem der Befriedigung wissenschaftlicher Neugier. Die Hochrechnung individueller Nutzenwerte auf einen kollektiven Nutzenwert führt aber in Schwierigkeiten, denn für die interpersonale Vergleichbarkeit der Nutzenwerte (ob dem einen das Radfahren mehr Lust bringt als dem anderen das Briefmarkensammeln) gibt es keine gemeinsame Maßeinheit. Ein anderer Klassiker des Utilitarismus, John Stuart Mill (1806–1873), hat in seinem Buch *Utilitarianism* (1863) dieses Problem erkannt und deshalb betont, dass es nicht auf die Quantität, sondern auf die Qualität der Lust ankommt (vgl. Mill 1871 / 1985; Auszüge in Höffe 1975: 59 ff.). Bei geistigen Freuden sei man in höherem Maße Mensch als bei sinnlichen Freuden; zwischen Glück (*happiness*) als Resultat geistiger Betätigung und Zufriedenheit (*content*) als Ergebnis sinnlicher Wunscherfüllung wird scharf unterschieden. Mill kommt deshalb zu dem gegen Bentham gerichteten Satz, es sei «besser, ein unzufriedener Mensch zu sein als ein zufriedenes Schwein, besser ein unzufriedener Sokrates als ein zufriedener Narr» (Mill 1871 / 1985: 18). Mit der Einführung einer qualitativen Wertdimension vollzieht Mill die Öffnung zu einem altruistischen Utilitarismus, der sich in Übereinstimmung mit dem Nächstenliebe-Gebot Jesu sieht (Mill 1871 / 1985: 47, 30; vgl. Ahlmann 2008).

Das Folgenkriterium war im klassischen Utilitarismus ganz überwiegend handlungsutilitaristisch gefasst: Die Folgen jeder einzelnen Handlung sollen auf ihren Nutzen geprüft werden. Die Einbindung jeder Einzelhandlung in Interaktionssysteme und die Unüberschaubarkeit der langfristigen Handlungsfolgen und -nebenfolgen machen allerdings das handlungsutilitaristische Folgenkriterium schwer praktikabel. Die utilitaristische Ethik in der zweiten Hälfte des 20. Jahrhunderts ist deshalb vom Akt- oder Handlungsutilitarismus zum Regelutilitarismus übergegangen (vgl. Urmson 1953; Brandt 1967, beide in: Höffe 1975): Der Nutzentest wird jetzt nicht mehr auf einzelne Handlungen bezogen, sondern auf Handlungsregeln beziehungsweise institutionalisierte Handlungssysteme. Nicht nach den zu erwartenden Folgen und Nebenfolgen einer Einzelhandlung wird gefragt, sondern danach, welche Folgen es hätte, wenn die Handlung zur Regel würde.

Ein schwerwiegendes Problem des Utilitarismus wird durch das Nutzenprinzip aufgeworfen, denn es widerstreitet grundlegenden Gerechtigkeitsintuitionen. So sagt die Forderung nach Maximierung des Gesamtnutzens nichts darüber aus, wie Ressourcen auf die Individuen verteilt werden sollen. Zwei unterschiedliche Handlungen, von denen eine den Nutzen auf eine kleine Zahl von Personen verteilt, die andere aber auf viele oder alle, sind in utilitaristischer Perspektive gleichwertig, wenn sie nur beide den gleichen kollektiven Gesamtnutzen hervorbringen. Wenn Gerechtigkeit als Funktion des kollektiven Wohlergehens (des größten Glücks der größten Zahl) betrachtet wird, zählt die Einzelperson nicht als solche, sondern nur als Teil der Gesamtbilanz, nicht in ihrem Eigenwert (ihrer Würde), sondern nur als Träger eines Nutzenwertes. Ein Korrekturversuch besteht in der Einführung das Fairnessprinzips bei Verteilungsfragen (vgl. Sidgwick 1909, in: Höffe 1975). Dessen ungeachtet gibt es kein durchschlagendes Argument gegen die Verletzung der Grundrechte Weniger zugunsten des größeren Wohlergehens Vieler, denn der Utilitarismus kennt keine unbedingten Verbote: Ob man ein voll besetztes, von Terroristen gekapertes Passagierflugzeug, das von den Gewalttätern über einer Großstadt zum Absturz gebracht werden soll, abschießen darf, um einer sehr viel größeren Zahl von Menschen das Leben zu retten, ist in utilitaristischer Sicht eine Frage des Kosten-Nutzen-Kalküls und von Wahrscheinlichkeitsurteilen. Dass man einen gesunden Menschen nicht töten darf, um seine Organe auf mehrere Schwerkranke zu verteilen, gilt nicht aufgrund eines unbedingten Tötungsverbots, sondern deshalb, weil sich andernfalls alle Gesunden ängstigen müssten, dass ihnen das Gleiche widerfährt. Das Prinzip des größtmöglichen Glücks der größtmöglichen Zahl bezieht sich eben nicht auf den distributiven Vorteil jedes Einzelnen, sondern auf den kollektiven Gesamtnutzen aller Betroffenen. Eine verbreitete neuere Variante, der Präferenzutilitarismus, berücksichtigt zwar die Wünsche und Interessen des Einzelnen, macht aber die Interessenfähigkeit von Menschen davon abhängig, dass sie über bestimmte empirische Fähigkeiten (wie Selbstbewusstsein, Sinn für Zukunft und Vergangenheit, Kommunikationsfähigkeit, Neugier usw.) verfügen (vgl. Singer, P. 1994: 118).

Was schließlich das Universalitätskriterium betrifft, so sehen utilitaristische Ansätze meist keine qualitative (soziale, räumliche oder zeitliche) Eingrenzung der Allgemeinheit der ‹Betroffenen› vor, was zu einer Überdehnung der moralischen Verantwortung des Einzelnen führen kann. Ferner existiert eine Spannung zwischen der Fokussierung des individuellen Glücksverlangens als anthropologischer Grundkonstante und dem kollektiven Wohlergehen aller, denn zwischen beidem besteht keine natürliche Harmonie. Während der Frühliberalismus zum Ausgleich von Gemeinwohl und Eigennutz auf die ‹unsichtbare Hand› des Marktes vertraute (Adam Smith), setzte Bentham auf ein wirksames System von staatlichen Sanktionen, das missbräuchlich in den Dienst kollektivistischer und völkischer politischer Ideologien gestellt werden konnte. Der Utilitarismus stützt sich deskriptiv auf eine egoistische Motivationsstruktur, die dem normativen Altruismus widerstreitet, der im Allgemeinheitsprinzip steckt.

2.1.3. Der tugendethische Typus

Wie *können* wir gut handeln? – so lässt sich die Grundfrage der Tugendethik umschreiben. Tugendethiken sind nicht wie deontologische Moraltheorien regelorientiert oder wie Güterethiken ergebnisbezogen. Sie richten sich akteurszentriert auf die Person und ihre Eigenschaften. Bezugspunkt der Bewertung ist nicht primär das Resultat oder die Pflichtmäßigkeit einer Handlung, sondern in erster Linie der ihr zu Grunde liegende Charakter des Handelnden. Natürlich kann der Gesichtspunkt der Tugend auch im Rahmen der anderen ethischen Theorieformen in den Blick kommen, aber dann wird er unter den Primat des Gutes oder der Pflicht gerückt – so bei Kant, bei dem Tugend bedeutet, dass man sich die Pflicht gemäß dem kategorischen Imperativ zum Bestimmungsgrund des Willens macht. Unter der Fernwirkung Kants folgte die neuere deutschsprachige Ethik lange Zeit dem deontologischen Typus; der Tugendbegriff wurde weitgehend gemieden. Auch in der gegenwärtigen Umgangssprache hat ‹Tugend› eher einen antiquierten Klang.

Dessen ungeachtet erwarten wir gerade heute von Managern Mäßigung, von Politikern Verantwortungsbereitschaft, von Staatsbürgern Zivilcourage, von Andersdenkenden Toleranz und von unserem Arzt Empathie. Tugenden sind persönliche Fähigkeiten und Kompetenzen, Charaktereigenschaften und Haltungen, die Menschen das Gute und Richtige von sich aus (spontan), verlässlich (konstant) und treffsicher (situationsadäquat) tun lassen. Gegen das abstrakte Sollen, aber auch gegen die einseitige Fixierung auf die Handlungsziele und -folgen rücken Tugendbegriffe das konkrete Können und damit die individuellen Fähigkeiten, affektiven Antriebe und die Kontextsensibilität der Akteure in den Blick.

(1) Tugendethik bei Aristoteles

Das tugendethische Paradigma geht entscheidend auf Aristoteles zurück (NE II. Buch). Einer breiten antiken Tradition folgend betrachtet auch Aristoteles das vom Menschen letztlich gewollte Gute als *eudaimonia*, als Glück. Während sich aber nach Platon die *eudaimonia* der Einsicht in die transzendente Idee des Guten verdankt, identifiziert Aristoteles das Glück mit einer bestimmten Form des Tätigseins der menschlichen Seele. Er fragt nach derjenigen Lebensweise, die der Natur des Menschen als mit Sprache und Vernunft begabtem Lebewesen am besten entspricht. Ausgehend von der vormoralischen Bedeutung des griechischen Wortes (*aretê*, Vortrefflichkeit, Tüchtigkeit, Tauglichkeit zu etwas) versteht Aristoteles unter Tugend im ethischen Sinn die Fähigkeit eines Menschen, seine Funktion (*ergon*) bestmöglich zu erfüllen. Tugenden sind die Dispositionen, die einem Menschen zur Realisierung seiner Aufgabe als Mensch verhelfen. Die intellektuellen (oder Verstandes-)Tugenden (Weisheit, Kunstfertigkeit und Klugheit) beziehen sich auf das menschliche Erkenntnisvermögen, auf den bestmöglichen Zustand der Vernunft. Sie werden durch theoretischen Unterricht erlernt. Die ethischen (oder Charakter-)Tugenden dagegen beziehen sich auf das Strebevermögen; sie zielen darauf ab, die Antriebskräfte des sinnlichen Begehrungsvermögens in eine vernunftgemäße, die Affekte moderierende Verhaltenswahl zu integrieren. Über Tugend verfügt der, bei dem Vernunft und Affekte eine harmonische Einheit bilden. Ähnlich wie eine Kunst, etwa das Flötespielen, beruhen ethische Tugenden auf praktischer Übung und Erfahrung und können auf diese Weise vervollkommnet werden. Tugenden sind erworbene und optimierbare Haltungen (*hexis*, *habitus*), vermöge deren ein Mensch wissentlich, absichtlich und kontinuierlich gut handeln kann.

Aristoteles entwickelt die einzelnen ethischen Tugenden, indem er mit Bezug auf unterschiedliche menschliche Erfahrungsbereiche und Affekte die jeweils relevante Haltung der Mitte (*mesotês*) zwischen Übermaß und Mangel bestimmt. Die der Moralsprache bereits bekannten Tugenden werden so hermeneutisch rekonstruiert. Ihnen korrespondieren jeweils zwei einander entgegengesetzte fehler- oder lasterhafte Extreme: So bildet Mut die Mitte zwischen Feigheit und Übermut; Großzügigkeit hält die Mitte zwischen Verschwendungssucht und Geiz; Gerechtigkeit wahrt das richtige Verhältnis in der Zuteilung von Vor- und Nachteilen. Unter der *mesotês* ist nicht eine quantitativ exakte Mitte oder ein ‹Mittelmaß› zu verstehen, sondern etwas Qualitatives, nämlich dasjenige, was mit Blick auf einen konkreten individuellen Akteur das Angemessene ist. Dabei kann es Erfahrungskontexte geben, in denen die gesuchte Haltung der richtigen Mitte noch nicht zu anerkannten Tugendbezeichnungen geführt hat.

Die *mesotês* in einem Prozess der Überlegung und Beratung zu bestimmen, ist Aufgabe der Verstandestugend der *phronêsis*. *Phronêsis* ist die intellektuelle Fähigkeit, in Wahrnehmung der konkreten Situation und in Abwägung von Mitteln und Zwecken ein einzelfallbezogenes Urteil so zu treffen, dass damit die Ausrichtung auf die *eudaimonia* gewahrt bleibt. «Sie ist die Fähigkeit, das Nützliche und Gute richtig überlegen zu können, aber nicht im Blick auf einen partikularen Nutzen, sondern im Blick auf das Leben im Ganzen.» (Rapp 2011: 75) *Phronêsis* ist praktische Vernünftigkeit, Urteilskraft oder Klugheit. Wählt man letztere Übersetzung (vgl. Ebert 2006: 171 f.), so ist die hier gemeinte Klugheit als auf das gute Leben bezogene intellektuelle Tugend zu unterscheiden von derjenigen Bedeutung, die das Wort im Deutschen ebenfalls hat, nämlich die einer auf die Wahrung des Eigeninteresses gerichteten Rationalität. Als Tugend orientiert sich die *phronêsis* weder ausschließlich am eigenen Wohlergehen (im Extremfall: Gerissenheit), noch erschöpft sie sich in instrumenteller Geschicklichkeit, der es auf die Wahl geeigneter Mittel zu beliebigen Zwecken ankommt (*cleverness*). Sie ist bei Aristoteles nicht nur orientiert an der je individuellen Konzeption des guten Lebens, sondern darüber hinaus an dem in der *polis* lebendigen Gemeinschaftsethos.

(2) Tugendethik im Christentum
Für die christliche Ethik steht die Rezeption des Tugendbegriffs im Zeichen der Frage, wie eine reale Befähigung des Menschen zum Guten angesichts der Wirklichkeit der Sünde – und das heißt der vom Menschen erlebten faktischen Diskrepanz von Wollen und Vollbringen (Röm 7,18 f.) – gedacht werden kann. In der für die katholische Moraltheologie weithin maßgeblichen Konzeption Thomas von Aquins (vgl. Pieper, J. 2006; Schockenhoff 2007) sind die ethischen Tugenden Weisheit, Besonnenheit, Tapferkeit, Gerechtigkeit, die schon Platon als die grundlegenden (Kardinal-)Tugenden ausgezeichnet hatte, Ausdruck der geschöpflichen Hinordnung des Menschen auf Gott; sie können durch Übung erworben und vervollkommnet werden. Die bei Aristoteles offengebliebene Frage, was die Genese der sittlichen Haltungen in Gang setzt, wenn doch der Akteur, um gerecht, klug, besonnen oder mutig handeln zu können, über die entsprechenden ethischen Tugenden bereits verfügen muss, beantwortet Thomas unter Verweis auf die Geistesgaben aus 1Kor 13,13, die er als ‹theologische Tugenden› begreift: Glaube, Hoffnung und Liebe können nicht durch Gewohnheit angeeignet werden, sondern sind Geschenk der sakramental vermittelten göttlichen Gnade. Sie konstituieren einen übernatürlich ‹eingegossenen› Habitus, der die von der Sünde gestörten Antriebspotentiale aufs Neue an der schöpfungsgemäßen Wesensnatur des Menschen ausrichtet und ihn so zur Teilnahme an Gottes Leben befähigt. Die übernatürliche Liebe ist die ‹Form› aller Tugenden, die prägende Kraft, die den Handlungen ihren Heilswert als ‹verdienstliche Werke› verleiht.

Die rechtfertigende göttliche Gnade als Neukonstitution der Person und ihrer Handlungsfähigkeit zu verstehen war auch das Anliegen Martin Luthers. Es verband sich bei ihm jedoch mit einer deutlichen Reserve gegenüber den anthropologischen und ontologischen Implikationen des überkommenen Tugendkonzepts. Aufgrund seiner Einsicht in die Rechtfertigung allein aus Glauben bestritt Luther, dass der Mensch durch Selbstwirksamkeit und Übung vor Gott gut und gerecht werden kann – selbst dann, wenn dabei die Gnade als mitwirkend gedacht wird. *Vor Gott* gut und gerecht wird die Person nicht durch gute ‹Werke›, sondern durch Gottes zuvorkommende Gerechtigkeit (z. B. WA 4; 3,2.28.32 f. [1513 / 15]; WA 56; 3,13 f. 4,11 [1515 / 16]). Durch die Zueignung von Gottes schenkender Gerechtigkeit, wie sie in Jesus Christus anschaulich geworden ist, ist die Identität des Glaubenden exzentrisch begründet. Die Gnade verändert nicht etwas am Menschen, sondern die Person als Ganze in ihren Relationen zu Gott und zum Anderen, zu sich selbst und zur Welt. Luther denkt die Erfahrung der göttlichen Gnade als ein den ganzen Menschen treffendes passives Widerfahrnis, dem zusammen mit dem Glauben (als Gewissheit des Verdanktseins der menschlichen Existenz) zugleich die Liebe (als Zuwendung zum Nächsten) entspringt (z. B. WA 7; 21,1–4 [1520]). Allein der Glaube setzt die Liebe frei, weil nur der, dem die Sorge um sich selbst und sein eigenes Heil abgenommen ist, ganz offen sein kann für den Dienst am Nächsten.

Luthers Kritik an den substanzontologischen Prämissen der (aristotelisch-)thomasischen Tugendlehre wird verständlich vor dem Hintergrund einer anderen, nicht primär vernunft-, sondern affektzentrierten Auffassung von der Befähigung zum Guten. Obwohl Luther den Gedanken der Tugend als verdienstliche Entfaltung einer im Menschen angelegten Potenz abwehrt – der Christ bleibt Gerechtfertigter und Sünder zugleich –, trägt er doch der Selbsterfahrung Rechnung, wonach sich der Christ im Kampf gegen die Sünde auf dem Weg des ständigen Neuanfangs und damit des täglichen Neuwerdens befindet (vgl. Joest 1967: 320 ff.). Unter diesem Vorzeichen kann auch Luther auf Tugendbegriffe zurückgreifen, um die nicht an äußere Handlungen und Normen gebundene Spontaneität der Liebe zu beschreiben (Belege bei Asheim 1998: 248 ff.).

(3) Tugendethik heute
In der gegenwärtigen Moralphilosophie hat die Tugendethik als attraktive Alternative zu den vorherrschenden Regelethiken kantischer oder utilitaristischer Herkunft eine beachtliche Renaissance erfahren (vgl. Borchers 2001).

Auch die Kritik der feministischen Ethik an deontologischen Konzeptionen, die von Gefühlen des Wohlwollens, der Fürsorge und der Empathie abstrahieren und sich am ‹reinen› Vernunftsubjekt oder am rationalen Eigeninteresse orientieren, greift tugendethische Motive auf.

Zu Beginn der aktuellen Neuentdeckung der Tugendethik spielte folgendes Argument eine prominente Rolle: Unter modernen Bedingungen könne kein Konsens über externe normative Instanzen und Maßstäbe mehr erzielt werden, zumal der deontologische Begriff des moralischen Sollens letztlich nur vor dem Hintergrund religiöser Gebotsethiken verständlich zu machen sei, die heute ihre Plausibilität verloren hätten (vgl. Anscombe 1974). Für eine tugendethische Konzeption spreche darum, dass in ihr der Maßstab des Guten ausschließlich im Handelnden selbst gesucht werde: Gut ist demnach das, was ein tugendhafter Akteur tun würde. Was es bedeutet, ein ethisch kompetenter Akteur zu sein, ist nicht aus allgemeinen Prinzipien oder Normen abzuleiten, sondern hängt von der Einschätzung der konkreten Situation, der emotionalen und motivationalen Verfasstheit der handelnden Person sowie ihrem Charakter und ihrem Selbstverständnis ab.

Das Programm einer freistehenden Tugendethik stößt allerdings auf deutliche Schwierigkeiten, denn Tugend ist nur ein sekundärer Wertbegriff (vgl. Honecker 2002: 88 ff.; Halbig 2013). Aus persönlichen Eigenschaften lassen sich keine allgemeinverbindlichen Handlungsregeln ableiten. Eine Ethik, deren Grundlage ausschließlich in der Bewertung des Charakters von Personen besteht, bleibt defizitär, wenn sie von Handlungen und Handlungsfolgen abstrahiert. Nicht alle Charaktereigenschaften sind in sich selbst gut (wie Gerechtigkeit oder Wahrhaftigkeit), einige können auch für verwerfliche Zwecke eingesetzt werden (wie etwa Pünktlichkeit, Sparsamkeit oder Fleiß). Ist derjenige, der bei der Verteidigung einer Diktatur Mut beweist, tugendhaft zu nennen, oder bewerten wir sein Handeln nicht vielmehr negativ – entweder weil es dem moralischen Gesetz widerspricht oder weil es ein schlechtes Ziel verfolgt? Im ersteren Fall erfolgte die Bewertung nach einem deontologischen Maßstab, im letzteren resultierte sie aus den angestrebten Gütern oder eintretenden Folgen – damit würden die Tugenden doch wieder zu einem abgeleiteten ethischen Phänomen. Die meisten zeitgenössischen Tugendethiken rehabilitieren darum die Tugenden im Rahmen der aristotelischen Idee eines guten Lebens (*eudaimonia*) und verstehen sie als die Eigenschaften, deren Ausübung ein gelingendes Leben im Ganzen ermöglicht. Dabei können unterschiedliche Strategien verfolgt werden:

Der katholische Philosoph Alasdair McIntyre betont, dass das Telos der gelingenden Ganzheit individuellen Lebens auf die Vermittlung durch ein gemeinschaftlich geteiltes Verständnis des Guten angewiesen ist. Die Tugenden, die zu einer für mich guten Lebensführung befähigen, werden durch die Zugehörigkeit zu identitätsstiftenden Gemeinschaften samt ihren Traditionen und Erzählungen erworben (McIntyre 1987). Hieran hat der US-amerikanische evangelische Ethiker Stanley Hauerwas theologisch angeknüpft mit dem Entwurf eines kontrastgesellschaftlichen christlichen Sonderethos (Hauerwas 1981). In pluralistischen Gesellschaften existieren jedoch sehr verschiedene Vorstellungen von dem ‹für mich› oder ‹für uns› guten Leben. Umso problematischer ist es darum, dass sich der Kommunitarismus McIntyres und Hauerwas' von der Möglichkeit eines Konsenses über universelle, allgemeinverbindliche moralische Prinzipien verabschiedet.

Um eine dezidiert nicht-relativistische Tugendethik bemüht sich dagegen Martha Nussbaum (Nussbaum 1999). In Anlehnung an die aristotelische Methode, welche die Tugendbegriffe in Korrelation zu allgemeinmenschlichen Erfahrungen einführt, interpretiert Nussbaum Tugenden als die zum Umgang mit diesen Grunderfahrungen erforderlichen Fähigkeiten (*capabilities*) – wie zum Beispiel die Fähigkeiten, ein volles Menschenleben bis zum Tode zu führen, gute Gesundheit, angemessene Ernährung und Unterkunft sowie sexuelle Befriedigung zu haben, Schmerz zu vermeiden und Lust zu erleben, die fünf Sinne zu benutzen, Natur, Spiel, Erholung und freie Ortswahl zu genießen sowie das Leben im Einklang mit der praktischen Vernunft und in Verbundenheit mit anderen zu führen. So verstanden verweisen die als *capabilities* interpretierten Tugenden zugleich auf die Gerechtigkeitspflicht des politischen Gemeinwesens, alle Bürger zu einem in diesem Sinn guten Leben zu befähigen; allerdings setzen sie relativ starke Annahmen über das objektive Wesen der menschlichen Natur voraus.

Während Nussbaums universalistisches Konzept auf essenzialistischen Prämissen aufruht, betont McIntyre den hermeneutischen Charakter der Tugendethik, bleibt aber dafür partikularen Traditionen verhaftet. In der einen wie in der anderen Version zeigt sich die begrenzte Reichweite freistehender Tugendethiken: So wie sie ohne einen Entwurf des Guten ethisch blind bleiben, so verfehlen sie ohne einen komplementären Begriff des Sollens, der Pflicht oder des Gesetzes den Allgemeingültigkeitsanspruch des moralisch Richtigen. Nur als Teilaspekt einer Haltungen, Ziele und Normen integrierenden Ethik hat die Frage nach Tugenden ihren – dann aber auch guten – Sinn.

2.2. Traditionen protestantischer Ethik

Dem Profil dieses Handbuchs entsprechend beschränkt sich dieser Abschnitt auf wirkungsmächtige ethische Traditionen des Protestantismus. Ebenso wie Teil 2.1. verbindet er Elemente des historischen Überblicks mit einem systematischen Interesse – hier der Einführung in die wichtigsten theologischen Deutungsmuster, die für die Grundlegung der evangelischen Ethik prägend geworden sind. Dies gebietet, ermöglicht aber zugleich die im Folgenden gewagte exemplarische Reduktion auf drei Paradigmen: den durch Martin Luther repräsentierten reformatorischen Zugang zur Ethik, das von Friedrich Schleiermacher initiierte kulturprotestantische Programm und die von dem reformierten Theologen Karl Barth vertretene christologische Begründung der Ethik. Erkennbar sind dies Konzeptionen, die dem deutschsprachigen Kontext entstammen. Diese zusätzliche, aber aus Umfangsgründen nicht zu vermeidende Einschränkung erscheint vertretbar, weil es sich um Klassiker handelt, die im weltweiten Protestantismus vielfältige Resonanz erfahren haben.

2.2.1. Der reformatorische Zugang zur Ethik: Martin Luther

(1) Gesetz und Freiheit

Die Pointe von Luthers Verständnis des Gesetzes wird vor dem Hintergrund der mittelalterlichen Lehre vom Naturrecht deutlich: Thomas von Aquin hatte den stoischen Begriff des ewigen Gesetzes (*lex aeterna*) mit der Vernunft und Weisheit Gottes selbst identifiziert und das natürliche Gesetz (*lex naturalis*) als Übertragung des ewigen Gesetzes in die Schöpfung interpretiert. Das oberste formale Prinzip des natürlichen Gesetzes lautet bei Thomas: Das Gute ist zu tun und zu befolgen, das Böse ist zu meiden; für seine materiale Füllung wird auf die dem Menschen wesenseigenen natürlichen Neigungen (*inclinationes naturales*) wie Selbsterhaltung, Fortpflanzung, Wahrheitssuche und Gemeinschaftstrieb zurückgegriffen. Die Partizipation der menschlichen an der göttlichen Vernunft ermöglicht die Erkenntnis dieses natürlichen Gesetzes; durch die in der Bibel geoffenbarten göttlichen Gebote (*lex divina*) wird es lediglich wiederholt und bestätigt. *Lex naturalis* und *lex divina* verhalten sich wie Urbild und Abbild; Letztere modifiziert jedoch das natürliche Gesetz im Blick auf die konkreten historischen Umstände (etwa indem Gott für das Volk Israel anstelle der religiösen Feiertagsheiligung im Allgemeinen die Sabbatruhe anordnet). Die Dekaloggebote werden also material weitestgehend mit dem Naturrecht identifiziert und gelten als göttliche Vorschriften (*praecepta divina*), an denen die Legitimität aller von Menschen erlassenen Gesetze und Rechtsordnungen zu messen ist. Die darüber hinausgehenden Gebote des Neuen Testaments, insbesondere die Radikalforderungen der Bergpredigt, werden als Ratschläge (*consilia evangelica*) zur Erlangung der Vollkommenheit und damit als Sondermoral für Klerus und Ordensleute aufgefasst.

Luther dagegen verabschiedete ein ontologisches – das heißt als Ausdruck einer zeitlosen Seinsordnung gefasstes – Verständnis des Gesetzes. Sein Hintergrund ist die vom spätmittelalterlichen Nominalismus (Duns Scotus 1270–1308, Wilhelm von Ockham 1285–1349) eingeleitete voluntaristische Fassung des Gottesbegriffs, die die Synthese von *lex divina* und rational weltlichem, natürlichem Gesetz sprengt. Es gibt keine sichere Erkenntnis der *lex naturalis* mehr; dafür erhält die geoffenbarte *lex divina* höheres Gewicht. Gott will, so die nominalistische These – das Gute nicht deshalb, weil es gut ist, sondern das Gute ist gut, weil Gott es will. ‹Gut› wird jetzt nicht mehr durch eine dem Menschen kraft seiner natürlichen Vernunft mögliche Erkenntnis definiert, sondern durch Gottes souveränen Willen, der in seinen Geboten zum Ausdruck kommt. Luther setzt den Menschen nicht in ein rationales, sondern in ein existenzielles Verhältnis zu Gott. Die Grundsituation des Menschen ist die des affektiven Angesprochenwerdens durch das Wort Gottes, das als Gesetz und Evangelium ergeht. Vom Gesetz muss deshalb in einem klar unterschiedenen Sinn gesprochen werden: einmal was seine Bedeutung für die Ordnung des menschlichen Zusammenlebens betrifft; zum andern hinsichtlich seiner Relevanz für die Gottesbeziehung des Menschen. Luther kennt infolgedessen einen zweifachen Gebrauch des Gesetzes:

Da die Christen Gerechtfertigte und Sünder zugleich sind, bleiben sie in ihrem Verhältnis zueinander auf das Gesetz als Ordnung des sozialen Zusammenlebens angewiesen. Deshalb hält Luther am zivilen oder politischen Gebrauch (*usus civilis* oder *politicus legis*) als erster Funktion des Gesetzes (*primus usus legis*) fest. Auf dem Gebiet des weltlichen sozialen Zusammenlebens ist Christus kein neuer Gesetzgeber; hier behalten die bewährten weltlichen Verhaltensregeln eine eigenständige Bedeutung. Gegen die Schwärmer betont Luther, dass das Evangelium nicht als neue moralische Norm an die Stelle des Gesetzes treten darf: Die Bergpredigt ist kein neues Gesetz für die weltliche Ordnung. Im bürgerlich-politischen Gebrauch, für das weltliche

Gemeinwesen, in dem Christen und Nichtchristen koexistieren, behält das Gesetz seine das Leben ordnende und erhaltende, Recht und Gerechtigkeit ermöglichende Bedeutung. Dem Gesetz im zivilen Gebrauch wird eine innerweltlich-soziale Funktion zugewiesen mit der Aufgabe der Einhegung der Sündenfolgen und der Aufrechterhaltung der weltlichen Ordnung im Sinn vorläufiger bürgerlicher Gerechtigkeit (*iustitia civilis*). Was die inhaltliche Konkretion des Gesetzes betrifft, kann Luther pragmatisch an Inhalte der scholastischen Naturrechtslehre – jetzt aber als geschichtlich wandelbaren Normenbestand – anknüpfen. Am Gedanken des natürlichen Gesetzes hält er nur in der abgeschwächten Form eines ‹relativen Naturrechts› (Ernst Troeltsch) fest. Dessen Erkenntnis ist dem Menschen zwar nach Röm 2,15 ins Herz geschrieben, bleibt aber infolge der Sünde nur bruchstückhaft zugänglich. In seinem sachlichen Gehalt wird das natürliche Recht oder Gesetz bezeugt durch die Weisheit der Völker, die Goldene Regel und die zweite Tafel des Dekalogs (4. bis 10. Gebot), die ihrerseits hingeordnet sind auf das in Christus erfüllte Doppelgebot der Liebe.

Beim theologischen Gebrauch des Gesetzes (*usus theologicus legis*, auch *secundus usus*) geht es um dessen Relevanz für das Gottesverhältnis des Menschen. Der Mensch erkennt sich im Spiegel des Gesetzes als jemand, der hinter der moralischen Forderung zurückbleibt, der vor den Zehn Geboten oder dem Liebesgebot immer wieder schuldig wird, der auf dem Weg der ‹guten Werke› nicht vor Gott gut und gerecht werden, also durch moralischen Lebenswandel niemals seine Bestimmung verwirklichen kann. Im theologischen Gebrauch des Gesetzes erkennt der Mensch, dass ihn die Befolgung des Sittengesetzes nicht rechtfertigen kann, sondern im Gegenteil seines Sünderseins überführt. Das Gesetz ist in dieser Funktion Indikator der Sünde: Indem es entweder zur Verzweiflung (*desperatio*) oder zur falschen Selbstgerechtigkeit (*securitas*) führt, deckt es die Wirklichkeit des von Gott getrennten Menschen auf und verweist auf die allein heilswirksame Verkündigung des Evangeliums als des befreienden Zuspruchs von Gottes zuvorkommender Gnade.

Angelpunkt der Ethik Luthers ist somit die allem menschlichen Handeln vorausliegende Befreiung von der anklagenden und versklavenden Macht des Gesetzes – mit anderen Worten: die aus der Rechtfertigung allein aus Glauben folgende christliche Freiheit. Sein Traktat *Von der Freiheit eines Christenmenschen* (1520) stellt das kühne Unterfangen dar, das zu seiner Zeit exklusive Gottesprädikat der Freiheit nunmehr als Kennzeichen christlicher Existenz im Ganzen vorzustellen (vgl. Jüngel 1978: 89). Ermöglicht wird dies

I. GRUNDLAGEN UND METHODEN DER ETHIK

durch die christologische Einheit von Gott und Mensch sowie durch die im Glauben stattfindende Vereinigung der Seele mit Christus. Luther deutet sie als «fröhlichen Wechsel» (Luther 1520a/1982: 246), vermöge dessen der Mensch seine Sünde auf Christus überträgt, während dieser umgekehrt dem Menschen Anteil an seiner Gerechtigkeit schenkt. Die Freiheit des Christenmenschen ist identisch mit dem Glauben als dem unbedingten Vertrauen, der gewissen Zuversicht auf die durch Christus vermittelte und im Evangelium zugesprochene Gemeinschaft mit Gott.

Dass Luther den befreienden Wechsel ganz und gar im «inwendigen Menschen» verortet und das Ereignis der christlichen Freiheit nicht mit den «leiblichen» oder «äußerlichen» (also weltlichen, sozialen oder politischen) Freiheiten vermittelt, ist oft und nicht zu Unrecht kritisch vermerkt worden. Dabei darf jedoch nicht übersehen werden, dass es Luther bei der Auszeichnung des inneren gegenüber dem äußeren Menschen nicht um eine Abwertung der äußeren, weltlichen Verhältnisse geht, sondern um die Begründung personaler Handlungsfähigkeit als solcher. Sie lässt sich nicht vom «leiblichen, alten und äußerlichen Menschen» her einsichtig machen, sondern nur unter dem Aspekt des «geistlichen, neuen, innerlichen Menschen», nämlich des Glaubens. Das externe Wort des Evangeliums trifft aber den in Selbstbezogenheit verschlossenen «alten» Menschen zuinnerst so, dass er ganz «neu» aus sich herausgehen kann. Der Glaube setzt allererst die Liebe frei, weil der, dem die Sorge um sich selbst und sein eigenes Heil abgenommen ist, sich spontan, ohne Reflexion auf den eigenen Nutzen oder die eigene Moralität öffnen kann für den Dienst am Nächsten. Deshalb deutet Luther die christliche Freiheit in der Dialektik von Herrschaft und Knechtschaft, Freiheit und Dienstbarkeit: «Ein Christenmensch ist ein freier Herr über alle Dinge und niemandem untertan. Ein Christenmensch ist ein dienstbarer Knecht aller Dinge und jedermann untertan.» Daraus ergibt sich, «daß ein Christenmensch nicht in sich selbst lebt, sondern in Christus und in seinem Nächsten; in Christus durch den Glauben, im Nächsten durch die Liebe. Durch den Glauben fährt er über sich in Gott, aus Gott fährt er wieder unter sich durch die Liebe und bleibt doch immer in Gott und göttlicher Liebe». (Luther 1520a/1982: 239, 263)

Die ethischen Konsequenzen des Glaubens, die Luther in der Freiheitsschrift als die vom unbedingten Vertrauen auf Gott freigesetzte Liebe, als spontanes Handeln zum Nutzen des Nächsten beschreibt, expliziert er im Sermon *Von den guten Werken* (1520) als Befolgung der Zehn Gebote. Dazu interpretiert er die Gebote der zweiten Tafel gegen den alttestamentlichen

Wortlaut nicht als handlungsbezogene Verbote (nicht töten, nicht ehebrechen, nicht stehlen usw.), sondern als Ausdruck negativer Affekte («Zorn und Rachsucht», «Unkeuschheit», «Geiz»), die durch den Glauben in Haltungen wie «Sanftmut», «Mäßigkeit» und «Freigebigkeit» transformiert werden (Luther 1520b/1982: 133 ff.). Luther arbeitet hier als positiven Sinn des Dekalogs affektive Tugenden heraus (vgl. Bartmann 1998: 209 ff.) – allerdings ist es das Gottvertrauen bzw. der Glaube, dem als «erste[m] und höchste[m] Werk» beziehungsweise als alle guten Werke hervorbringendem «Werkmeister» (Luther 1520b: 42) die Umformung der Affekte zugetraut wird und der der aristotelischen Klugheit («Weisheit») vorgeordnet ist. Vor dem Hintergrund dieser Konzeption, die sich durchaus zu einem tugendethischen Paradigma in Beziehung setzen lässt, kann Luther sagen, dass es im Glauben möglich ist, situationsgerecht «neue Dekaloge» zu schaffen (vgl. WA 39/1 47).

(2) Die zwei Reiche und Regimente
Der Unterscheidung zwischen Gesetz und Evangelium sowie zwischen äußerem und innerem Menschen korrespondiert Luthers sogenannte Zwei-Reiche-Lehre. Strenggenommen handelt es sich hierbei nicht um eine begrifflich konsistente Lehre, auch nicht um eine ethische Theorie, sondern um eine Hermeneutik des (differenzierten) Zusammenwirkens von Gott und Mensch in der Wirklichkeit der Welt. Mit ihr reagiert Luther vor allem in seiner Schrift *Von weltlicher Obrigkeit, wie weit man ihr Gehorsam schuldig sei* (1523) auf Grundfragen der Ethik des Politischen wie die nach der Reichweite der politischen Gehorsamspflicht und nach der Vereinbarkeit der Gewaltverzichts-Gebote der Bergpredigt (Mt 5,38–48) mit der Ausübung politischer Zwangsgewalt (Röm 13,1–7).

Zur Verarbeitung dieser Spannung dient zunächst die die gesamte Menschheit betreffende Unterscheidung zwischen zwei Reichen (Luther 1523/1982: 42 f.): Zum Reich Gottes gehören die wahrhaft Glaubenden in Christus, die das Gute von Herzen und von sich aus tun und kein weltliches Schwert oder Recht brauchen. Da die Menschheit nach dem Sündenfall aber nicht nur aus wahren Gläubigen besteht, ist vom herrschaftsfreien Reich Gottes das Reich der Welt zu unterscheiden, in dem Recht und Gesetz herrschen müssen. Die Differenz zwischen Reich Gottes und Reich der Welt bezieht sich nicht auf verschiedene, äußerlich abgrenzbare Menschengruppen. Vielmehr findet sich jeder Mensch (auch der Christ als Gerechtfertigter und Sünder zugleich) in ein universelles Kampfgeschehen hineingestellt, in dem die eschatologische Auseinandersetzung Gottes mit der Macht des Bösen auf dem Spiel steht. Luthers Reichelehre arbeitet hier mit dem augustinischen Vorstellungsmaterial der beiden von Anbeginn der Welt miteinander streitenden Bürgerschaften (*civitates*): der *civitas Dei* als der Gemeinschaft derer, die Gottes Willen tun, und der *civitas terrena* als des Verbands der Menschen, die sich von Gott abwandten – wobei bei Augustin die immanente Tendenz der *civitas terrena* darin bestand, als *civitas diaboli* hervorzutreten.

Neben das Konfliktgeschehen zwischen dem Reich Gottes und dem Reich der Welt beziehungsweise des Bösen tritt die andere (wenn auch bei Luther terminologisch nicht immer klar abgehobene) Differenz zwischen dem *weltlichen* und dem *geistlichen Regiment*. Hierbei geht es nicht um unterschiedliche Personenverbände (Herrschafts*bereiche*), sondern um zwei einander ergänzende Herrschafts*weisen*, mit denen sich Gott gegen die Mächte des Bösen, der Sünde und des Egoismus im Reich der Welt durchsetzt. Beides sind Formen der Weltregierung Gottes, der auf diese Weise verschiedene Zwecke mit verschiedenen Mitteln verfolgt: Im geistlichen Regiment weckt er den Glauben durch Wort und Geist und befreit den Sünder von der Anklage des Gesetzes durch den Zuspruch des Evangeliums. Mittel des weltlichen Regiments sind das ‹Schwert›, also die zwangsbewehrte Rechtsordnung, und das Gesetz in seinem zivilen, politischen Gebrauch. Sie haben ausschließlich die Aufgabe, öffentliche Störungen des menschlichen Zusammenlebens zu verhindern oder zu beseitigen, die als äußere Folgen der Sünde entstehen. Herausragendes Mittel in allen Feldern des weltlichen Regiments ist aber im Übrigen die Vernunft, die in der weltlichen Sphäre und für deren Mittel einen ähnlichen Rang besitzt wie das Evangelium im Rahmen der geistlichen Sphäre (vgl. Duchrow 1970: 497f.). Luthers Fassung der Zwei-Regimentenlehre stellt eine folgenreiche Umformung der mittelalterlichen Lehre von den zwei Gewalten (*duae potestates* oder zwei Schwertern) dar: Mit ihr bestritt er dem geistlichen Amt eine eigenständige *potestas* in weltlichen oder geistlichen Dingen und gründete es ohne jede hierarchische Vermittlung allein auf die Verkündigung des Evangeliums als Mittel des geistlichen Regiments Gottes. Der politischen Obrigkeit hingegen sprach er eine von kirchlicher Legitimation unabhängige *potestas saecularis* zu, die in einem direkten Dienstverhältnis zu Gottes weltlichem Regiment steht. Die weltliche *potestas* ist insofern nicht autonom, sondern theonom. Sie bedient sich der Mittel von Zwang und physischer Gewalt, ist dabei aber auf die Regelung der äußeren Sozialverhältnisse beschränkt. In die Gewissen und in die Sphäre des Glaubens einzugreifen ist ihr strikt versagt. Zum Glauben darf weder die Kirche, noch weniger die Obrigkeit zwingen. Deshalb ist der

Glaube auch kein wesensnotwendiges, prinzipiell unverzichtbares Merkmal der Ausübung des obrigkeitlichen Amtes. Auch wenn der spätere Luther vom Grundsinn seiner Regimentenlehre abgewichen ist, indem er der weltlichen Obrigkeit die Sorgepflicht auch für die Geltung der wahren Gottesverehrung übertrug, so begründet die lutherische Grundunterscheidung von weltlicher und geistlicher Gewalt aufseiten des Protestantismus doch prinzipiell die Akzeptanz der weltanschaulichen Neutralität des säkularen Staates.

Zur Strukturierung der gesamten weltlichen Sozialsphäre hat Luther im Übrigen auf die sozialphilosophische Tradition der Drei-Ständelehre zurückgegriffen (vgl. Schwarz 1978). (Sichtbare) Kirche (*ecclesia*), wirtschaftendes Hauswesen (*oeconomia*) und politische Ordnung (*politia*) sind die drei Stände oder Ämter, denen jede Person ihrem Beruf entsprechend auf unterschiedliche, aber von Gott prinzipiell gleichgeachtete Weise angehört. Die Aufwertung der weltlichen Berufstätigkeit aller Christinnen und Christen und die damit verbundene radikale Neubewertung des alltäglichen Lebens gehören zu den bedeutenden kulturgeschichtlichen Folgen der Reformation. Der Grundsatz, dass sich das Wirken in allen Ständen an der christlichen Liebe orientieren soll, gilt auch für den Kontext des Politischen: Billigkeit hat Vorrang vor dem starren Recht, Vernunft vor Gewalt. Im Fall des rechtmäßigen Zwangs spitzt sich allerdings das Problem der Vereinbarkeit von Gewaltgebrauch und Liebesgebot in besonderer Weise zu. Luther wahrt den differenzierten Zusammenhang von Liebe und Recht durch eine weitere Unterscheidung, nämlich die zwischen «Christperson» (*persona privata*) und «Weltperson» (*persona publica*): Für sich selbst (als Christperson) soll man der Bergpredigt folgen, also Gewaltverzicht üben und Unrecht nicht vergelten, sondern ertragen. In der Verantwortung für andere und zu ihrem Schutz (als Weltperson) kann dagegen die zwangsbewehrte Durchsetzung des Rechts notwendig sein. Deshalb sollen sich die Christen gemäß Röm 13,1 ff. und 1Petr 2,13 ff. nicht nur der Rechtsinstanz unterordnen, sondern auch selber bereit sein, obrigkeitliche Aufgaben zu übernehmen. Damit kann Luther den einheitlichen, an alle Christenmenschen gerichteten Verbindlichkeitsanspruch der Bergpredigt festhalten und die herkömmliche mittelalterliche Zweistufenethik verwerfen, die die göttlichen Gebote in *praecepta* und *consilia evangelica* aufgespalten und die Bergpredigtforderungen in eine Sondermoral monastischer Lebensformen umgedeutet hat. Luther stellt die christliche Ethik des Politischen «von einer korporativ-sektoralen auf eine individuell-funktionale Orientierung» um (Korsch 1997: 140). Das meint: Der Christ muss bei jeder von ihm zu vollziehenden Handlung (oder Unterlassung) aufs Neue differenzieren, ob sie nur ihn persönlich betrifft oder ob er in seiner Verantwortung für andere gefordert ist.

(3) Die Ambivalenz des Luthertums
In seinen *Soziallehren der christlichen Kirchen und Gruppen* behauptete Ernst Troeltsch, in Luthers Ethik stehe eine «radikale religiöse Liebesethik [...] völlig fremd dem ganzen Bereich der Vernunft, der Macht, des Rechtes, der Gewalt gegenüber». Die «christliche Ethik im Sündenstande» sei nach Luther «eine doppelte [...], eine rein und radikal christliche Ethik der *Person* und der Gesinnung einerseits und eine natürlich-vernünftige, nur relativ christliche, d. h. von Gott verordnete und zugelassene Ethik des *Amtes* andererseits». Aus dieser ‹Doppelmoral› folgerte Troeltsch, bis in seine Gegenwart vertrügen sich «Darwinisten, Gewaltpolitiker und Herrenmenschen mit den lutherischen Konservativen leichter als mit den Vertretern des liberalen ethischen Individualismus» (Troeltsch 1922b: 478, 486, 537). Damit war allerdings weniger Luther selbst getroffen, als eine bestimmte Lutherinterpretation, die sich bereits im 19. Jahrhundert angebahnt hatte. Auf die zunehmende Ausdifferenzierung von Recht, Politik, Wirtschaft, Wissenschaft und Religion wurde mit der Trennung der beiden Regimente reagiert; und (erst in diesem Zusammenhang) kam das Schlagwort von der ‹Zwei-Reiche-Lehre› auf.

Vertreter des Neuluthertums vertraten eine dualistische Lehre von den zwei (fälschlicherweise mit den beiden Reichen gleichgesetzten) Regimenten. Weltliches und geistliches Regiment, Gesetz und Evangelium, Weltperson und Christperson wurden jetzt nicht nur unterschieden, sondern getrennt. Das Liebesgebot gelte nur für den innerlichen Bereich des Glaubens und Gewissens; im weltlichen Regiment sei die ‹Eigengesetzlichkeit› der Ordnungen verbindlich. Diese Ordnungen wurden theologisch als Schöpfungsordnungen qualifiziert, das heißt als natürlich vorgegebene Gemeinschaftsformen, die je nach eigenen Gesetzen funktionieren. Das Gesetz in seinem zivilen Gebrauch wurde wieder als Gesetz natürlicher Seinsordnungen verstanden. Ehe, Volk, Rasse, Staat, Wirtschaft und so weiter kamen als solche statisch und unveränderlich vorgegebene Ordnungen in Betracht.

Dass Luthers aristotelisch geprägte Ständelehre einseitig von den Schöpfungsordnungen her interpretiert und in neuzeitliche Verhältnisse übertragen wurde, war besonders für die Staatslehre ruinös. Unter Berufung auf die Trennung von Schöpfungsordnung und Erlösungsordnung konnten Nationalismus und Imperialismus, Krieg und Diktatur theologisch legitimiert werden. Schon im 19. Jahrhundert hat das konservative Luthertum die antidemokratische politische Restauration unterstützt. Im 20. Jahrhundert gingen lutherische Ordnungstheologen dazu über, völkische Bewegungen und den Nationalsozialismus zu verharmlosen oder gar zu begrüßen.

Dass auf dem Boden lutherischer Theologie auch eine andere Ethikkonzeption möglich ist, hat im 20. Jahrhundert vor allem Dietrich Bonhoeffer gezeigt (vgl. Bonhoeffer 1992). Während Luther nicht durchweg sichergestellt hatte, dass der Gott der Weltregierung identisch ist mit dem Gott der Heilsverwirklichung, denkt Bonhoeffer zunächst die Einheit der beiden Regimente von der Menschwerdung Gottes in Jesus Christus, von der «Christuswirklichkeit» her. Aus dem Inkarnationsgedanken folgt, dass «die Wirklichkeit Gottes nie ohne die Wirklichkeit der Welt und die Wirklichkeit der Welt nie ohne die Wirklichkeit Gottes» verstanden werden kann. Zweitens sind von daher die beiden Regimente nicht im Sinn eines räumlichen Dualismus zu verstehen. An dessen Stelle treten vielmehr zeitliche Kategorien, nämlich die Unterscheidung des Letzten vom Vorletzten. Christliches Leben bedeutet weder Zerstörung noch Verherrlichung des Vorletzten, sondern ist als Teilnahme an der Begegnung Christi mit der Welt «Wegbereitung». Das Leben im Vorletzten steht unter der Aufgabe, den Weg zum Letzten zu bereiten, das heißt das Vorletzte zu erhalten und offenzuhalten für das Kommen der Gnade (Bonhoeffer 1992: 152 ff.). Schließlich entfaltet Bonhoeffer drittens die Struktur des christlichen Lebens vom Begriff der Verantwortung her und beschreibt den Raum der Verantwortung nicht mehr mit dem Begriff der Stände oder der Ordnungen, sondern mit dem der Mandate. Der Begriff des Mandats (von Ehe und Familie, Arbeit, Obrigkeit, Kirche, Kultur) soll zum Ausdruck bringen, dass es sich hierbei nicht um ein für alle Mal fixierte Strukturen handelt, sondern um Bereiche, die einem göttlichen Auftrag unterstehen (Bonhoeffer 1992: 56 f.).

2.2.2. Ethik im Kulturprotestantismus: Friedrich Schleiermacher

Der zu Beginn des 20. Jahrhunderts aufgekommene Begriff ‹Kulturprotestantismus› steht für Formen protestantischer Frömmigkeit, Theologie und Religionsphilosophie, die sich seit dem späten 18. Jahrhundert um ein affirmatives Verhältnis zwischen reformatorischer Tradition und moderner Kultur bemühen (vgl. Graf 1990). In dieser Tradition einer Ethik der christlich geprägten Welt stehen etwa Albrecht Ritschl (1822–1889), Ernst Troeltsch (1865–1923) und Trutz Rendtorff (geb. 1931). Als erster programmatischer Theoretiker des Kulturprotestantismus gilt jedoch Friedrich Daniel Ernst Schleiermacher (1768–1843). Er hat die Ethik in zweifacher Gestalt, nämlich in den differenzierten Rollen des Philosophen und des Theologen, dargestellt.

(1) Die philosophische Ethik
Schleiermacher tritt mit seiner Ethikkonzeption in einen klaren Gegensatz zu Kant – und zwar in allen vier Punkten, die wir als für Kants Moraltheorie charakteristisch hervorgehoben haben: *Erstens* – so Schleiermacher – abstrahiere der Ansatz beim moralischen Subjekt respektive beim guten Willen von dem kulturell und gesellschaftlich bereits verwirklichten Guten. Ähnlich wie Hegel, der den Überschritt von der Moralität des abstrakten Sollens zur konkreten gelebten Sittlichkeit forderte, aber doch im Einzelnen sehr anders, vertrat Schleiermacher das Programm einer objektiven Ethik, die in der Lage ist, die implizite Sittlichkeit sozialer Institutionen zu reflektieren. *Zweitens* übte er scharfe Kritik an Kants juridischer Konzeption des Sittengesetzes: Der kategorische Imperativ verfahre wie ein Gerichtshof, der die Inhalte des Guten nicht selbst hervorbringt, sondern nur über sie richtet. Das gesamte Leben werde hier in eine rechtliche Perspektive gebracht, die der Kreativität menschlichen Handelns äußerlich bleibt. *Drittens* werde mit dem kantischen Autonomiegedanken nur auf den Menschen als allgemeines Vernunftwesen abgehoben, womit eine Vergleichgültigung der Individualität und der unverwechselbaren Besonderheit jedes Einzelnen in seiner Handlungssituation verbunden sei. Die Ethik dürfe nicht nur auf die Gleichheit der Menschen als Vernunftwesen abstellen, sie müsse auch ihre Verschiedenheit und ihr Zusammenwirken als Verschiedene berücksichtigen. *Viertens* missbilligte Schleiermacher Kants Instrumentalisierung der Religion für die Moral. Kant hatte ja aus der Idee des höchsten Gutes das Postulat Gottes gefolgert, weil kein endlicher Mensch gewiss sein könne, dass ihm die seiner Pflichterfüllung gemäße Glückseligkeit auf Erden zuteilwerde. Religion ist aber nach Schleiermacher keine nachträgliche Stütze der Moral, sondern eine eigenständige Dimension menschlicher Erfahrung, die allem Wissen und Handeln immer schon voraus und zugrunde liegt.

Schleiermachers Abwendung vom deontologischen Ethiktypus findet ihre Pointe in der These, die Ethik sei nicht als präskriptive, sondern als deskriptive Disziplin zu konzipieren, nämlich als Beschreibung dessen, was im Phänomen der Handlung mitgesetzt ist (vgl. Moxter 1992; Reuter 2007). Von daher wird verständlich, warum Tugendlehre, Pflichtenlehre und Güterlehre die drei möglichen Grundformen der Ethik umschreiben – je nachdem, ob es um die Kraft zum sittlichen Handeln (die Tugend), um die Verfahrensart oder Regel des Handelns (die Pflicht) oder um das durch die Handlung nach Zweckbegriffen Hervorgebrachte (das Gut) geht (Schleiermacher 1803/1928a: 70 ff.; Ders. 1816/1927: 550 f.): Zur vollständigen Erfassung der ethischen Aufgabe bedarf es der Komplementarität aller drei Aspekte genau deshalb, weil sich ein Ereignis gar nicht als Handlung beschreiben lässt, wenn es nicht unter der Trias von Motiv beziehungsweise Wille, regelgemäßem Vollzug und schließlich gewolltem Zweck der Handlung betrachtet wird. Der unauflösliche Zusammenhang von Wille, Vollzug und Zweckbegriff macht für Schleiermacher die Einheit der Handlung aus; konstitutiv für diese Einheit jedoch ist der Zweckbegriff (1803/1928a: 78), ausschlaggebend ist die teleologische Struktur des Handelns. Deshalb ist es für Schleiermacher der güterethische Standpunkt, von dem aus sich die anderen Aspekte der Ethik erst erschließen. Denn die Beschreibung von etwas als Handlung unterstellt notwendigerweise den Bezug auf einen Zweck, und zwar so, dass dieser Einzelzweck stets zu einem System von Zwecken, das heißt zum Kontext einer institutionell geregelten Praxis gehört. Wird zum Beispiel die Ortsveränderung eines Gegenstandes von A nach B als ‹stehlen› interpretiert, so setzt diese Beschreibung das Institut des Eigentums schon voraus; wird das gleiche Ereignis der Bewegung einer Sache als Besitzübertragung, als ‹Verkauf› beschrieben, so ist dies nur im Rahmen vorab geregelter Tauschverhältnisse möglich (1803/1928a: 136). Der zur Identifikation von Handlungen erforderliche Bezug auf Zweckbegriffe ist somit seinerseits nur unter der Voraussetzung eines Kontextes von Zweckbegriffen und Interaktionen möglich. Einen solchen Kontext bezeichnet Schleiermacher als ein ‹Gut›, und deshalb gebührt der Güterlehre innerhalb dieser Trias der Primat.

Ethik als Güterlehre ist für Schleiermacher spekulative Wissenschaft von den Prinzipien der Geschichte; ihr Gegenstand ist das Handeln der Vernunft auf die Natur (1816/1927: 497 ff.). Die Einigung von Vernunft und Natur ist der Prozess, den man Kultur nennen kann. Die philosophische Güterethik bietet eine handlungstheoretische Herleitung von vier Gütersphären, die aus dem Kulturprozess hervorgehen (1830/1928b: 474 ff.). Dazu wird zunächst zwischen zwei Arten des Handelns als Ausdruck der menschlichen Vernunfttätigkeit unterschieden: Das organisierende Handeln ist die gestaltende Einwirkung der Vernunft auf die Natur; es bildet Naturgegebenheiten in Werkzeuge der Vernunft, in Mittel beziehungsweise Organe für die Vernunft um. Dagegen macht das symbolisierende Handeln das natürlich Gegebene zum Darstellungs- und Ausdrucksmittel der Vernunft; es ist das vernunftgemäße Bezeichnen der Natur. In ihm wird das Geeinigt-Sein von Natur und Vernunft durch die menschliche Zeichenverwendung ausgedrückt. Beide Handlungsweisen werden dann noch einmal unter dem Aspekt des individuellen (von den Einzelnen auf jeweils eigentümliche Weise vollzogenen) Handelns und des identischen (von allen in gleicher Weise vollzogenen) Handelns differenziert. So treten das Individuum und das Individuelle als gleichberechtigter Pol dem Identischen beziehungsweise Allgemeinen gegenüber. Insgesamt ergeben sich durch Kreuzkombination der Handlungsarten vier elementare Interaktionssphären: Staat und Recht als Sphäre des identischen Organisierens (des Bildens der Natur nach allgemeinen Regeln), die ‹freie Geselligkeit› als Sozialform des individuellen Organisierens (des je eigentümlichen Gestaltens), die Wissenschaft als Institution des identischen Symbolisierens (der allgemeinverbindlichen Zeichenverwendung); Religion (und Kunst) als Sphäre des individuellen Symbolisierens (des je eigentümlichen kulturellen Ausdrucks). Auf der Basis der Familie als Ursprungsort der sozialisatorischen Einigung von Vernunft und Natur werden die genannten vier Interaktionsbereiche als vernunftnotwendig ausdifferenzierte Sphären handlungstheoretisch abgeleitet. Dabei bemisst sich die sittliche Vollkommenheit der Person daran, inwieweit es ihr gelingt, an allen gesellschaftlichen Teilbereichen ausgewogen zu partizipieren. An die Stelle der hierarchischen Struktur der traditionellen Ständegesellschaft sind ausdifferenzierte Kultursphären getreten, von denen keine die anderen oder Teile von ihnen dominieren darf (vgl. Scholtz 1995). Schleiermachers Ethik kennt keinen Hiatus zwischen wertfreier Soziologie und normativer Ethik. Seine Güterlehre ist Theorie der Kultur und Gesellschaftstheorie in einem.

Für die Begriffe des ‹Gutes› oder des ‹Guten› knüpft Schleiermacher bemerkenswerterweise nicht an den adjektivischen, sondern an den substantivischen Gebrauch des Wortes ‹Gut› an. Die politische und ökonomische Bedeutung von ‹Gut› weise nämlich die «größte Analogie» mit dem ethischen Gebrauch auf, «indem wir die einzelnen Örter des Nationalreichthums, Grundstücke, Bergwerke, zum Erwerb bestimmte Gebäude, Güter nennen». Der Vergleichspunkt zwischen sozioökonomischen Gütern und ethischen Gütern ist darin zu sehen, dass ein Gut etwas Produziertes ist, das das Potential zur Fortsetzung der Produktion besitzt. Die sozioökonomischen Güter «nämlich sind immer etwas aus der menschlichen Thätigkeit hervorgegangenes, aber zugleich dieselbe in sich schließendes und fortpflanzendes. Vermögen sie das letzte nicht mehr, wie etwa eine abgebaute Grube oder ein ganz ausgesogener und deshalb verlassener Acker: so hören sie auf ein Gut zu sein» (1830/1928b: 455, 456). Das stillgelegte, aber jetzt für kulturelle Events genutzte Zechengelände oder das zum Golfplatz verwandelte Ackerland – beide bleiben so gesehen ein Gut: ein Handlungsprodukt, das das Potential für weitere Handlungen, für weiteres Praktisch-werden-Können in sich trägt. Im Begriff des ethischen Gutes verhält sich das Produkt zum Produzieren nicht wie das Resultat zu einem davon verschiedenen Herstellen. Güter konstituieren sich nicht durch Herstellung, sondern durch Handeln, das meint: durch eine Praxis, die durch Güter ebenso ermöglicht wird, wie sie sich in ihnen manifestiert. Ganz aristotelisch ist also Handlung – anders als Herstellung – kein bloßes Mittel, dem das Gut äußerlich bliebe. Güter zählen zwar zu den Folgen des Handelns, aber so, dass sie zugleich allem weiteren Handeln zu Grunde liegen. Ein Gut ist etwas, das dem gesellschaftlichen Produktionsprozess nicht entzogen wird, sondern an seiner Zirkulation teilnimmt. Güter zeichnen sich dadurch aus, dass andere von ihrem Nutzen nicht prinzipiell ausgeschlossen sind. Insofern sind sie – ganz anders, als es die analoge Anknüpfung bei den sozioökonomischen Gütern zunächst nahelegen könnte – keine außersittlichen, sondern ethische Güter.

Die neben der sozioökonomischen Bedeutung andere Möglichkeit des substantivischen Gebrauchs von ‹Gut›, nämlich die religiöse Rede von Gott als ‹höchstem Gut›, lehnt Schleiermacher ausdrücklich ab. Zum einen legt sie das Missverständnis nahe, Gott sei als Endliches in einer Reihe von anderen endlichen Dingen zu denken; zum andern leistet sie dem Irrtum Vorschub, das höchste Gut sei Abschluss einer aufsteigenden Hierarchie von Gütern, deren jeweils höheres zwar die niederen unter sich hat, sie aber zugleich auch ausschließt, weil das höhere Gut anstelle der (ihm äußerlichen) niederen Güter angestrebt wird. Schleiermacher verabschiedet damit die augustinische Konzeption, in der die hierarchisch niederen Güter oder Zwecke nur angestrebt werden dürfen um des höheren, letztlich des obersten Gutes willen. Bei Schleiermacher bezeichnet der Ausdruck ‹höchstes Gut› kein oberstes Gut, dessen Elemente *unter* ihm sind, sondern den Inbegriff aller Güter, die als Teile eines Ganzen *in* ihm sind (1830/1928b: 456 f.). Das höchste Gut ist der (nie abschließend zu realisierende) Zielbegriff aller immanenten Güter, die durch das Handeln der Vernunft hervorgebracht werden können – und zwar in der nach Art eines Organismus gedachten Ausdifferenzierung seiner Teile (1830/1928b: 459). Das immer bestimmtere Auseinandertreten ursprünglich ungeschiedener Handlungssphären wird als wechselseitige Entlastung und so als Bedingung ihrer Optimierung gedacht. Dem Plural der Gütersphären entsprechend erscheint auch das höchste Gut nicht im Singular eines objektiven Telos, sondern nur im Plural unterschiedlicher geschichtsphilosophischer Topoi: aus der Sicht von Staat und Recht als «der ewige Friede in der wohlverteilten Herrschaft der Völker über die Erde», von der freien Geselligkeit aus als «das goldene Zeitalter in der ungetrübten und allgenügenden Mitteilung des eigentümlichen Lebens», auf dem Feld der Wissenschaft als «die Vollständigkeit und Unveränderlichkeit des Wissens in der Gemeinschaft der Sprachen», aus der Perspektive der Religion als «das Himmelreich in der freien Gemeinschaft des frommen Glaubens» (1830 / 1928b: 465).

(2) Die christliche Sitte
Schleiermachers Güterethik hat den Ort der Religion in der modernen Kultur aufgewiesen. Deshalb stellt er seiner Darstellung der christlichen Glaubenslehre Lehnsätze aus der philosophischen Ethik voran. Religion und religiöse Gemeinschaften sind Ausdruck der Entfaltung einer geschichtlichen Vernunft, die offen ist für die individuellen Formen des Lebens und niemals restlos unter die Herrschaft von Allgemeinbegriffen zu bringen ist. Nicht zuletzt die Religion vertritt das Recht des Individuums, des Nicht-Identischen gegen die Herrschaft des Allgemeinen. Als individuelles Symbolisieren beruht sie auf einem unser gesamtes Dasein, unsere individuelle Existenz bestimmenden «Gefühl» oder «unmittelbaren Selbstbewusstsein», einem vorreflexiven Gewahr- und Innewerden «unseres ganzen, ungeteilten Daseins», das jedem Wissen und Tun beziehungsweise Denken und Wollen als eigenständige, den «Übergang» zwischen beiden vermittelnde Dimension der Erfahrung schon vorausliegt (Schleiermacher 1830 f. / 2003: § 3,4; § 4,2). Das religiöse Gefühl ist ein «Gefühl schlechthinniger Abhängigkeit»; es ist das Bewusstsein, dass wir uns nicht selbst gemacht haben, uns nicht selbst verdanken, sondern unvordenklich abhängig sind von einem absoluten Grund unseres Lebens.

Anders als die philosophische Güterlehre ist die christliche Sittenlehre keine Ethik des Wissens, die sich als Wissenschaft von den Prinzipien der Geschichte im Medium von Allgemeinbegriffen bewegt. Vielmehr setzt sie beim christlich modifizierten religiösen Selbstbewusstsein an. Wie die christliche Glaubenslehre, so beruht auch die christliche Sittenlehre auf der Explikation des besonderen christlichen Bewusstseins vom Verhältnis des Menschen zu Gott und zur Welt. Während dieses Bewusstsein in der Glaubenslehre entfaltet wird am Leitfaden der Frage: «Was muß *sein*, weil die religiöse Form des Selbstbewußtseins […] ist?», fragt die christliche Sittenlehre: «Was muß *werden*, […], weil das religiöse Selbstbewußtsein ist?» Auch die christliche Sittenlehre verfährt deskriptiv, aber als «Beschreibung des christlichen Selbstbewußtseins, sofern es Impuls ist» (Schleiermacher 1884: 23, 33, 35). Die Beschreibung der praktischen Folgen des Glaubens und der Stellung des Christen zu Kultur und Gesellschaft ist an dessen Binnenperspektive gebunden und muss an die Verfasstheit des christlichen Selbstbewusstseins und seine historischen Manifestationsformen anknüpfen. Schleiermachers theologische Ethik hat darum den Titel: *Die Christliche Sitte nach den Grundsätzen der evangelischen Kirche im Zusammenhange dargestellt* (vgl. dazu Birkner 1964).

Schleiermacher bestimmt das Wesen des christlichen Glaubens wie folgt: «Das Christentum ist eine der teleologischen Richtung der Frömmigkeit angehörige monotheistische Glaubensweise, und unterscheidet sich von andern solchen wesentlich dadurch, daß alles in derselben bezogen wird auf die durch Jesum von Nazareth vollbrachte Erlösung.» (1830 f. / 2003: § 11) «Teleologische» Glaubensweise bedeutet, dass im Christentum alles bezogen wird auf das Reich Gottes. Christen sind ausgerichtet auf das Reich Gottes, weil es dank der Erlösung durch Christus ebenso in ihnen ist wie sie in ihm. Dem christlich-religiösen Selbstbewusstsein ist das – selber unanschauliche – Telos des sittlichen Prozesses durch das Wirken des Geistes eingeschrieben. Wie erwähnt, entzieht sich für die philosophische Ethik das höchste Gut der abschließenden begrifflichen Bestimmung und geht – je nachdem, aus welcher Güterperspektive man es betrachtet – in eine Pluralität geschichtsphilosophischer Hoffnungsbilder auseinander. Für die christliche Sittenlehre ist «Reich Gottes» der biblisch-theologische Ausdruck für das höchste Gut – und zwar nicht nur als «Idee einer Gesamtheit sittlicher Zwecke» (1830 f. / 2003: § 9,2), sondern ebenso als Darstellung der Erlösung in der Geschichte des Menschengeschlechts. Deshalb ist «das Reich Gottes das höchste Gut oder für den einzelnen ein Ort im Reiche Gottes» (1884: 78). Das Gottesreich ist also nicht nur zukünftig, sondern ist schon jetzt im Werden begriffen. Als Beschreibung des auf das Reich Gottes ausgerichteten christlichen Selbstbewusstseins bilden Güter-, Tugend- und Pflichtenlehre für die christliche Ethik einen organischen Zusammenhang: Denn zum einen sind «Beschreibung der Tugend und Beschreibung des Reiches Gottes gar nicht zu trennen», zum andern ersetzt die Beschreibung des «Ort[es] eines jeden im Reiche Gottes» die imperativische Form der Ethik, «weil jede Pflicht nur in und mit der Totalität aller Pflichten aufgefaßt und dargestellt» werden kann (1884: 79 f.).

‹Erlösung› heißt für Schleiermacher: Aufhebung der Sünde, das meint Aufhebung der Trennung von Gott. Erlösung bedeutet Überwindung von Lebenshemmung, Leichtigkeit des Gottesbewusstseins. Die christliche Ethik beschreibt den Kulturprozess unter dem Gesichtspunkt des Faktums der Sünde, also der angesichts einer immer noch bestehenden Hemmung des Gottesbewusstseins stets nur «werdenden Seeligkeit» (1884: 38). Zum Handlungsimpuls wird das christliche Selbstbewusstsein dadurch, dass das Bewusstsein der Gemeinschaft mit Gott als «höhere Lebenspotenz» (biblisch: das Leben im ‹Geist›) anthropologisch nur zusammen mit der «niederen Lebenskraft», der Sinnlichkeit (biblisch: dem Leben im ‹Fleisch›), vorkommt und damit an dem affektiven Gegensatz von Lust und Unlust partizipiert (1884: 41 ff.) Wo sich die Einigung zwischen Gottesbewusstsein und sinnlichem Selbstbewusstsein leicht vollzieht, stellt sich das christlich-religiöse Bewusstsein als Lust dar, wenn sie Hemmungen zu überwinden hat, als Unlust. Freude oder Lust (und Schmerz oder Unlust) sind demnach begleitende Gefühlswerte der Nähe (oder Ferne) der durch Christus vermittelten Gottesgemeinschaft.

Daraus ergeben sich drei Handlungsformen, die den Aufbau der Christlichen Sittenlehre sowohl im Blick auf die kirchliche als auch auf die allgemeingesellschaftliche Lebenssphäre strukturieren: Aus dem Gefühl der Unlust entsteht das ‹wiederherstellende› oder ‹reinigende› Handeln, das darauf zielt, die widerstrebende niedere Lebenskraft der höheren unterzuordnen. Hier kommen bezogen auf die christliche Gemeinde Themen wie Kirchenzucht und Kirchenreform zur Sprache, bezogen auf Gesellschaft und Politik Überlegungen zur Reform des Strafrechts, zur Abschaffung der Todesstrafe, zur Etablierung eines Völkerrechts und zur Kritik am Kolonialismus. Aus dem Gefühl der Lust folgt das ‹verbreitende› oder ‹erweiternde› Handeln, das aus der mit dem ausbleibenden Widerstand verbundenen Leichtigkeit hervorgeht. Hier finden sich unter anderem Ansätze zu einem partnerschaftlichen Eheverständnis und zu einem an der Individualität der Kinder orientierten Erziehungskonzept sowie frühe Denkanstöße zur Notwendigkeit einer Sozialversicherung. Beide, reinigendes und verbreitendes Handeln, sind Formen des wirksamen Handelns, weil sie auf die Veränderung eines gegebenen Zustands zielen. Wirksames Handeln ist Ausdruck des christlichen Selbstbewusstseins in relativer Bewegung. Diesem wirksamen Handeln steht das darstellende Handeln gegenüber, bei dem es um den reinen Ausdruck der im Werden befindlichen Seligkeit respektive Gottesgemeinschaft geht. Darstellendes Handeln ist Ausdruck des christlichen Selbstbewusstseins in relativer Ruhe. Unter diesem Gesichtspunkt werden in der inneren kirchlichen Sphäre vor allem Gottesdienst und Kultus thematisch, in der allgemein-gesellschaftlichen Sphäre Geselligkeit und Fest, Kunst und Spiel.

Schleiermacher geht somit von einer eigenständigen Begründung der theologischen Ethik im religiösen Bewusstsein aus mit der Folge, dass sie von der inneren Sozialsphäre des christlichen Gemeinschaftslebens aus entfaltet wird und ihr Geltungsanspruch zunächst auf die Christinnen und Christen beschränkt bleibt. Dies ist jedoch nicht im Sinn eines antagonistischen Konkurrenz- oder Ausschlussverhältnisses zur philosophischen Ethik zu verstehen. Vielmehr liegt der Gedanke einer Konvergenz von Christlicher Sittenlehre und philosophischer Ethik zu Grunde, wonach sich beide in Bezug auf die Gestaltung der äußeren, allgemeingesellschaftlichen Sphäre inhaltlich gar nicht widersprechen können. Die christliche Sittenlehre setzt den Gesamtprozess der Einigung von Vernunft und Natur voraus, ihre Aufgabe besteht jedoch darin, dass sie die Gesinnung beziehungsweise «das sittliche Gefühl im allgemeinen schärft» (1884: Beil. D 192). Diese korrigierende und modifizierende Funktion kann der christlichen Ethik aber nur deshalb zugeschrieben werden, weil die fortschreitende Realisierung des humanen Richtungssinns der modernen Gesellschaftsentwicklung ihrerseits – symbolisiert im Gedanken des Reiches Gottes – im Christentum wurzelt. Zwar kann diese Auslegung der Reich-Gottes-Idee durchaus an die im Neuen Testament anzutreffende Vermittlung von Gegenwart und Zukunft, präsentischer und futurischer Eschatologie anknüpfen. Jedoch kritisierte schon Ernst Troeltsch zu Recht, dass in Schleiermachers fortschrittsoptimistisch getönter Konzeption die potentielle Spannung zwischen dem christlichen Ethos und den vorgegebenen Formen der weltlichen Kultur unterbestimmt geblieben ist (vgl. Troeltsch 1922a: 565 ff.).

2.2.3. Christologische Fundierung der Ethik: Karl Barth

Der reformierte Schweizer Karl Barth (1886–1968) gilt als der bedeutendste evangelische Theologe des 20. Jahrhunderts. In der liberalen Theologie aufgewachsen, dann vom religiösen Sozialismus beeinflusst, nahm Barth die Katastrophen des 20. Jahrhunderts als Krise der christlich geprägten bürgerlichen Kultur wahr. Er wurde zum führenden Repräsentanten einer strengen Offenbarungstheologie und zum maßgeblichen Kopf der Bekennenden Kirche im Abwehrkampf gegen den Nationalsozialismus. Gegen die kulturprotestantische wie gegen die lutherische Tradition versuchte er in seinem reifen Werk – wie im Abschnitt 1.3.2. erwähnt –, die theologische Ethik vollständig in seine *Kirchliche Dogmatik* zu integrieren. Eine antimodernistische, ‹neoorthodoxe› Deutung der Theologie Karl Barths wäre allerdings vollständig verfehlt – bietet doch gerade seine Dogmatik eine großangelegte Umformung überkommener Topoi der christlichen Lehre, die wesentliche Gehalte der Aufklärungstradition rezipiert.

(1) Gottes Gebot
Unter dem programmatischen Titel *Evangelium und Gesetz* vertritt Barth in einer gleichnamigen Schrift (Barth 1935) die Vorordnung des Evangeliums vor das Gesetz, das heißt den unbedingten Primat der Gnadenzusage vor jeder moralischen Norm. Für Luther folgte – wie wir sahen – das lebendig machende Evangelium auf die Erfahrung des tötenden Gesetzes. Die individuelle Erfahrung dieses paradoxen Umschlagens von Gericht in Gnade stand im Zentrum seiner Theologie – eine innere Erfahrung, die die äußeren Vorgänge in Welt und Geschichte weitgehend im Dunkeln lässt. Im weltlichen Regiment ist Gottes Wirken oft genug unbegreiflich, verborgen und unerkennbar. Für Barth dagegen ist Grundlage aller christlichen Theologie die Selbstoffenbarung Gottes in Jesus Christus. In ihm als dem wahren Menschen sind alle Menschen erwählt und zu Bundesgenossen Gottes, zu Partnern seiner freien Gnadenwahl bestimmt. Barth stellt darum die am Individuum orientierte Rechtfertigungslehre Luthers in den größeren Zusammenhang der Bundes-, Erwählungs- und Versöhnungsgeschichte hinein. Die Partner des Bundes und der Erwählung sind kollektive Größen (das Volk Israel, die Kirche als Gemeinschaft der Glaubenden), während Luthers Rechtfertigungslehre ganz auf das Individuum bezogen war. Die lutherische Reihenfolge – erst das tötende ‹Gesetz›, dann das lebendig machende ‹Evangelium› – spiegele zwar zutreffend die wirkliche Erfahrung des Menschen als Sünder wider, blende aber den wahren Sinn des Gesetzes aus (Röm 7,12 f.).

Aufgrund des gesamtbiblischen Zeugnisses wagt Barth die These: Gottes Wort ist in der Bibel ‹Evangelium› auch dort, wo es in der Gestalt des ‹Gesetzes›, also in der Sprachform der Forderung auftritt (etwa im Dekalog oder in der Bergpredigt). Dass nämlich Gott überhaupt zum Menschen rede, sei bereits ein Akt der Zuwendung und damit der Gnade, auch wenn dies im Modus der Kundgabe seines fordernden Willens geschehe. Erst recht ist natürlich Gottes Offenbarung in Jesus Christus, der das Gesetz erfüllt hat, Gnade. Gesetz und Evangelium sind zwei Seiten derselben Sache, des einen in Jesus Christus geoffenbarten Wortes Gottes: «Das Gesetz ist die notwendige Form des Evangeliums, dessen Inhalt die Gnade ist.» (Barth 1935: 11) Das Gesetz ist die Form des Evangeliums – denn: Mit jedem Zuspruch ist immer schon ein Anspruch verbunden. Und umgekehrt: Das Evangelium ist der Inhalt des Gesetzes – denn: Dass Gott überhaupt mit uns redet, ist Gnade, auch wenn er uns fordert. Das Gesetz hat somit dem Evangelium gegenüber keinerlei eigenständige Bedeutung. Biblische Normenkataloge wie der Dekalog und die Bergpredigt sind nicht als allgemeine, situationsunabhängige Normen zu verstehen, die vom Evangelium, vom Zuspruch der Gnade losgelöst wären. Erst recht gilt das für das Gesetz im Sinn eines allgemeinen natürlichen (Moral-)Gesetzes oder eines durch die autonome Vernunft gegebenen Sittengesetzes. Weil sie in Gottes Gnade begründet ist, ist die theologische Ethik Teil der Dogmatik. Was das Gesetz als Form des Evangeliums betrifft, so spricht Barth lieber vom Gebot als vom ‹Gesetz›, weil es das Gesetz Gottes nicht gibt wie eine «allgemeine Regel» (Barth 1942: 740 ff.), sondern nur als Ereignis des konkreten, lebendigen göttlichen Gebietens.

Die in Christus geschehene Versöhnung des Menschen, also seine Umkehrung zu Gott, hat nicht nur die Gestalt der Rechtfertigung, sondern auch die Gestalt der Heiligung, das heißt der Unterstellung des Menschen unter Gottes Weisung und Gebot; sie hat darüber hinaus die Gestalt der Berufung, das heißt der Einsetzung des Menschen zum Träger der göttlichen Verheißung. Für den gerechtfertigten und geheiligten Menschen enthüllt Gottes Gebot erst seinen wahren Sinn: Er besteht nicht in der Forderung ‹Du sollst!›, sondern in der Verheißung ‹Du wirst sein!›, nicht in einem rigiden Sollen, sondern einem Dürfen und Können. Christen erfüllen das Gebot gern. Exegetisch nimmt Barth hier das alttestamentliche Verständnis des Gesetzes als einer guten Gabe Gottes ernst, derer sich der Fromme freut (Ps 119). Theologiegeschichtlich knüpft er an die reformierte Tradition an: Weil auch der gerechtfertigte Mensch zu seiner Lebensorientierung dem Gebot Gottes unterstellt bleibt, kommt der Sache (wenn auch nicht dem Terminus) nach so etwas wie ein dritter Brauch des Gesetzes für die Gemeinschaft der Christen in den Blick (vgl. Calvin Inst II,7). Und mit dem Heidelberger Katechismus von 1563, der die Ethik am Leitfaden des Dekalogs, aber unter der Überschrift «Von der Dankbarkeit» entwickelt, betont Barth: Gott will Gehorsam nur als freien, ungezwungenen Gehorsam, als freie, dankbare Antwort auf seine befreiende Gnade. Schließlich kann man Barths Lehre von Gottes Gebot systematisch als Reaktion auf das neuzeitliche Autonomieproblem verstehen: In seiner Zuwendung zum Menschen fordert Gott nicht, ohne zugleich die Freiheit zu schenken, seine Forderung von selbst zu erfüllen – und er schenkt nicht die Freiheit, ohne zugleich die Realisierung ihrer Folgen zu erwarten.

Der traditionell lutherischen Auffassung zufolge ändert das Evangelium am bürgerlichen Gebrauch des Gesetzes, am *usus civilis legis* nichts: Das Evangelium spricht den Menschen im Innern von der Anklage des Gesetzes frei (das ist sein theologischer Gebrauch), aber im *usus civilis* bringt das Evangelium keine neuen Gesetze für das weltliche Zusammenleben. Die neulutherische Theologie konnte auf Grund dessen auch die vom NS-Staat geschaffenen Gesetze des ‹Dritten Reiches› als eine Angelegenheit der weltlichen politischen Ordnung betrachten, die das Evangelium nicht berührte. Nach Barths Konzeption des Gebotes Gottes dagegen gibt es keine normative Instanz, die – wie das ‹natürliche Gesetz› im katholischen Naturrecht oder wie die ‹Eigengesetzlichkeit› der ‹Schöpfungsordnungen› im Neuluthertum – dem Evangelium vorgeordnet oder unabhängig von ihm erkennbar ist. Mit den Worten der von Barth entworfenen *Barmer Theologischen Erklärung* von 1934: «Wie Jesus Christus Gottes Zuspruch der Vergebung aller unserer Sünden ist, so und mit gleichem Ernst ist er auch Gottes kräftiger Anspruch auf unser ganzes Leben [...]. Wir verwerfen die falsche Lehre, als gebe es Bereiche unseres Lebens, in denen wir nicht Jesus Christus, sondern anderen Herren zu eigen wären, Bereiche, in denen wir nicht der Rechtfertigung und Heiligung durch ihn bedürften.» (Heimbucher/Weth 2009: 38) Es gibt somit spezifische Gestaltungsimpulse des christlichen Glaubens für alle Bereiche des weltlichen Zusammenlebens.

(2) Konkretionen
Die in die *Kirchliche Dogmatik* integrierte spezielle Ethik hat Barth als Lehre vom Gebot Gottes des Schöpfers, des Versöhners und des Erlösers entworfen, wobei die Erlösungslehre nicht mehr zur Ausführung gekommen ist und der Versöhnungslehre auch in ethischer Hinsicht der Primat zukommt. Das Verhältnis von Schöpfung und Versöhnung wird nämlich so bestimmt, dass die Schöpfung den «äußeren Grund» (den Schauplatz und Rahmen) der Versöhnung, die Versöhnung Gottes mit den Menschen in Jesus Christus jedoch den «inneren Grund» der Schöpfung (die Realisierung ihrer Bestimmung) darstellt (Barth 1945: 103, 258).

Barths materialethische Optionen im Rahmen der Schöpfungslehre laufen deshalb auf einen in der Menschwerdung Gottes begründeten christlichen Humanismus hinaus. Leitend ist hier nicht die Orientierung an vorgegebenen Ordnungen, sondern die Berufung des Menschen zur geschöpflichen Freiheit, die freilich in relativ konstanten anthropologischen Beziehungsstrukturen zu bewähren ist – nämlich in freier Verantwortung vor Gott, in sozialer Gemeinschaft, in der Bejahung des leiblichen Lebens und in der Endlichkeit menschlichen Daseins. Als Beispiel für das Ineinandergreifen der Schöpfungs- und der Versöhnungsperspektive kann die Ablehnung der Todesstrafe dienen (Barth 1951: 499 ff.). Das menschliche Leben soll geschützt werden, weil Gott den Menschen in Jesus Christus geliebt hat. Das Gebot ‹Du sollst nicht töten› schützt das natürliche menschliche Leben gegen Mord, das heißt «gegen willkürliche und darum frevelhafte Auslöschung» (1951: 453). Darüber hinaus ist für Barth aber auch das Rechtsinstitut der Todesstrafe abzulehnen, weil der Sinn staatlichen Strafens nicht vom Gedanken der Vergeltungsgerechtigkeit oder der Sühne her begründet werden kann. Denn aus christlicher Sicht hat sich die vergeltende Gerechtigkeit Gottes im Tod Jesu Christi «ja schon ausgewirkt; die von ihm geforderte Sühne für alle menschliche Übertretung ist ja *schon* geleistet, die geforderte Todesstrafe des menschlichen Rechtsbrechers ist ja *schon* vollzogen» (1951: 506). Barth fügt allerdings hinzu, das Tötungsverbot gelte unbedingt, aber nicht absolut, das bedeutet: Sein Maß ist der Wille des Schöpfers selbst. Nur wo die Möglichkeit besteht, dass Gottes Wille selbst sein unbedingtes Gebot durchbricht, da kann der Grenzfall einer Ausnahme vom Tötungsverbot gegeben sein, so zum Beispiel bei Landesverrat im Krieg oder bei der Beseitigung eines Tyrannen.

Als zweites Beispiel aus der Schöpfungsethik sei die Lehre von der Arbeit genannt. Der Begriff der ‹Arbeit› wird nicht auf Erwerbsarbeit eingeschränkt, sondern als eine Form des «tätigen Lebens» (1951: 538 ff.) beschrieben, die im äußeren Kreis der Schöpfung lokalisiert ist und der kreatürlichen Selbsterhaltung dient. In dieser Funktion ist sie aber nur «Beiwerk», nur eine sekundäre Form des tätigen Lebens. Das von Gott primär gebotene tätige Leben vollzieht sich in Entsprechung zu seinem Versöhnungshandeln und wird von Barth mit dem Begriff des «Dienstes» umschrieben: Durch den wechselseitigen Dienst aneinander, wie er als Antwort auf Gottes Versöhnungshandeln im inneren Kreis der christlichen Gemeinde geschieht, findet die primäre Entsprechung menschlicher Tätigkeit zum Lebensvollzug Jesu Christi statt. Damit werden zwei Extreme vermieden: Einerseits findet keine Apotheose des menschlichen Arbeitsethos statt, was die Folge sein könnte, wenn man die Arbeit ungebrochen als Ausdruck des mit der Schöpfung gegebenen Herrschafts- und Kulturauftrags der Menschheit (Gen 1,28 und Gen 2,15) auffassen würde. Andererseits wird die Arbeit aber auch nicht einseitig als Folge der Sünde (Gen 3,17 ff.) betrachtet. Barth versteht sie vielmehr als Tätigkeit zur geschöpflichen Selbsterhaltung, die zugleich dem versöhnungstheologischen Gedanken des wechselseitigen Dienstes entspricht. Daraus resultiert ein Plädoyer für die Humanisierung der Arbeitswelt, also für die Herstellung von Bedingungen nicht-entfremdeter, kooperativer Arbeit.

Die Institutionen von Recht und Staat haben ihren Ort in der Versöhnungsethik. Der Staat kommt so nicht als ‹Schöpfungsordnung›, sondern im Gegenüber zur Kirche – und wie diese – als «Bundesordnung» (Barth 1951: 343) in den Blick. Die systematische Entfaltung der Versöhnungsethik erfolgt entlang der Bitten des Vaterunser-Gebets. Sie ist zwar Fragment geblieben (vgl. Barth 1976), aber Entscheidendes ist zwei schon erheblich früher publizierten Aufsätzen zu entnehmen. In *Rechtfertigung und Recht* (Barth 1938) legt Barth dar, dass zwischen Staat und Kirche eine notwendige, positive Beziehung besteht, weil auch die rechtsetzende Instanz des Staates christologisch, nämlich im Licht der von Gott im Tod Jesu Christi vollzogenen Rechtfertigung des Sünders zu deuten und zu beurteilen ist. Jede Staatsmacht bleibt – indirekt, aber real – auch dann der Herrschaft Christi unterworfen, wenn sie das Recht pervertiert. Barth illustriert dies an der Verurteilung Jesu durch Pilatus, die ja paradoxerweise unserer Rechtfertigung und damit der Selbstdurchsetzung des Evangeliums dient. Der im Glauben Gerechtfertigte kann deshalb nur den Rechtsstaat wollen. Als Minimalkriterium der Rechtsstaatlichkeit wiederum gilt die Freigabe der Predigt von der Rechtfertigung, denn damit räumt der Staat ein Freiheitsrecht ein, «das die Begründung, die Erhaltung, die Wiederherstellung alles Menschenrechtes» bedeutet (1938: 46). Barth überwindet die bei den Reformatoren zu verzeichnende Beziehungslosigkeit von Rechtfertigungsbotschaft und weltlichem Recht, indem er auch die nichtintendierten Nebenfolgen der Evangeliumsverkündigung mittels der christologischen Hermeneutik als Ausdruck des göttlichen Wirkens in der Welt deutet.

Nach dem Zweiten Weltkrieg hat Barth diesen Ansatz in *Christengemeinde und Bürgergemeinde* (Barth 1946) weitergeführt. Unter diesem Titel werden Kirche und Staat nicht als hoheitlich geordnete Mächte, sondern als von Menschen gestaltete Gemeinwesen thematisiert – als Verbände, die unterschiedlichen Aufgaben dienen, aber durch ihre überlappende Mitgliedschaft aufeinander bezogen bleiben, und deren Sinn sich von Leben und Geschick Jesu Christi her erschließt. Dies wird veranschaulicht im Bild zweier konzentrischer Kreise: Im engeren Kreis vollzieht sich das Leben der Christen in Glaube, Liebe und Hoffnung sowie in Bekenntnis, Anbetung und Danksagung. Im weiteren Kreis koexistieren alle Bürger unabhängig von Konfession und Weltanschauung zum Zweck der äußeren, vorläufigen Freiheits-, Friedens- und Humanitätssicherung. Gottes Heilshandeln in Jesus Christus als Zentrum beider Kreise ist dem «geistlich blind[en]» (1946: 5) staatlichen Gemeinwesen verborgen und nur den Christen klar erschlossen, bleibt aber aus deren Perspektive die bestimmende Mitte auch des politischen Zusammenlebens. Diese – weltlich betrachtet – Leerstelle der Macht politisch offenzuhalten ist Sache der Christengemeinde. Ihre Aufgabe gegenüber der Bürgergemeinde besteht erstens darin, durch ihre Verkündigung den weltanschaulich neutralen Staat von existenziellen Sinn- und Wahrheitsfragen zu entlasten. Zweitens erkennt die Kirche im Rechtsstaat eine Anordnung göttlicher Gnade und Geduld, die vor dem Chaos schützt, um Zeit zu geben für die Verkündigung des Wortes Gottes. Drittens hat die Christengemeinde die Aufgabe aktiver politischer Mitverantwortung im Sinn der (sozialen) Demokratie, und zwar in der «bestimmte[n] *Richtung* und *Linie*», die sich aus der Gleichnisfähigkeit und Gleichnisbedürftigkeit des Politischen für das Reich Gottes ergibt (1946: 17). Es gibt somit Entsprechungen respektive Analogien zwischen der Gottesherrschaft und dem Politischen: zwischen der Menschwerdung Gottes und der Achtung von Würde und Recht des Menschen, zwischen der Gleichheit der Glieder am Leib Christi und der Rechtsgleichheit vor dem Gesetz, zwischen dem göttlichen Erbarmen und der menschlichen Parteilichkeit für die Schwachen und so weiter. Maßstäblich für die Gerechtigkeit des Staates ist somit nicht ‹das› Naturrecht, sondern die Existenz des Staates als Gleichnis des Reiches Gottes.

(3) Problemanzeigen
Während Luther nur sehr begrenzt die Frage zu reflektieren vermochte, wie man gewiss sein kann, dass der Gott der Weltregierung identisch ist mit dem Gott der Heilsverwirklichung, gelingt es Barth durch die strikt christozentrische Fundierung der Ethik, jedem Dualismus von weltlichem und geistlichem Regiment, von Schöpfung und Erlösung, von Gesetz und Evangelium zu wehren. Es gibt grundsätzlich keinen Bereich menschlichen Lebens, der der Herrschaft Christi und damit dem Gebot Gottes entzogen wäre, wobei die recht verstandene Unterscheidung von geistlichem und weltlichem Regiment integraler Bestandteil der Konzeption Barths bleibt. Mit der offenbarungstheologischen Grundlegung tritt Barth für die prinzipielle Autonomie der theologischen Ethik gegenüber der philosophischen ein, was einerseits auf weite Strecken zu einer scharfen Abgrenzung führt. Andererseits ist dies im Rahmen von Barths Gesamtkonzeption weder zwingend noch die alleinige Tendenz. Denn die von der Interpretation der Christusoffenbarung geleitete theologische Ethik ist zwar exklusiv in ihrer Begründung (sie kennt keine

anderen Offenbarungsquellen), sie ist aber zugleich inklusiv in ihrer Reichweite (in Christus ist die ganze Menschheit erwählt), und damit ist sie auch «komprehensiv» im Blick auf die «berechtigten Probleme, Anliegen, Motive und Aufstellungen aller sonstigen Ethik» (Barth 1942: 585).

Barth vertritt ein aktualistisches Verständnis des Gebotes Gottes. Gottes Gebieten ist keine allgemeine Norm, der der Einzelfall subsumiert werden könnte, sondern die Kundgabe seines Willens in der je einmaligen Situation. Menschliche Ethik kann deshalb nur Hinweis auf das Ereignis der Begegnung zwischen Gottes Gebot und dem Menschen sein, die sich rationalen Regeln und Kriterien entzieht. Das Subjekt der Entscheidung ist in erster und letzter Instanz Gott selbst in seiner Souveränität, sodass dem Aktualismus zum Teil ein Absolutismus des göttlichen Gebietens zur Seite tritt (1942: 701 ff.), der in Spannung gerät zur Vorordnung des Evangeliums vor das Gesetz (vgl. Maßmann 2011: 155 ff.). Gegen eine dezisionistische Situationsethik grenzt sich Barths Konzeption dadurch ab, dass sie mit einer gewissen Kontinuität von Gottes Gebieten rechnet, der sich als Schöpfer, Versöhner und Erlöser treu bleibt. Zu einer konsistenten methodischen Klärung, wie eine «unterweisende Vorbereitung» (Barth 1951: 18 f.) auf das Vernehmen des Gebots vorzugehen hat, ist Barth jedoch nicht vorgedrungen.

Dass Gott immer souveräner Herr seines Gebietens bleibt, wird im Rahmen der Schöpfungsethik mit Bezug auf Akte der Verfügung über Leben und Tod anhand der Kategorie des Grenzfalls reflektiert. Das Tötungsverbot gilt zwar unbedingt, aber nicht absolut. So lehnt Barth zum Beispiel die Lehre vom ‹gerechten Krieg› ab, und kehrt – die unbedingte Friedenspflicht betonend – die einschlägige antik-römische Maxime um: «*Si non vis bellum, para pacem!*» Gleichzeitig rechnet er mit der Möglichkeit gebotener militärischer Selbstverteidigung im Fall eines äußersten Notstands, «wo ein Volk ernsten Grund hat, die Preisgabe seiner Selbstständigkeit nicht verantworten zu können» (1951: 517, 528). Im Notstandsfall sei der Griff zur Waffe unabhängig von jedem Erfolgskalkül gefordert. Es macht die Absolutheit von Gottes lebendigem Gebieten aus, dass es mit der zwingenden Evidenz eines individuellen Gewissensspruchs jede rationale Abwägung durchbricht. Kehrseite dieser Konzeption: Indem der Grund zum Krieg nicht mehr als Problem der weltlichen Gerechtigkeit, sondern als eine Frage des Glaubensgehorsams betrachtet wird, tritt an die Stelle des nach normativen Kriterien gerechtfertigten Kriegs der durch Gottes Gebot geheiligte (Notwehr-)Krieg.

In versöhnungstheologischer Perspektive orientiert sich Barths Ethik am Gedanken der Entsprechung, der Analogie oder des Gleichnisses. Anders als vielfach kritisiert, dient die Kategorie der Entsprechung gerade nicht als Deduktionsbasis für zeitlos gültige Normen und Handlungsanweisungen, sondern als «historisch-dialektischer Begriff» (Geyer 2003: 403): Es geht um die exemplarische Entdeckung der Gleichnisfähigkeit und -bedürftigkeit der weltlichen Verhältnisse für die kommende Gottesherrschaft, die im geschichtlichen Prozess jeweils neu zu artikulieren ist, und die kontextbezogen, das heißt in bestimmter Negation oder Affirmation, in konkretem Widerspruch oder konkreter Zustimmung zu faktischen Zuständen, Ereignissen und Entwicklungen bewährt werden muss.

3. SYSTEMATISCHE PERSPEKTIVEN

3.1. Motive theologischer Ethik

Ethik ist nicht nur eine Theorie des für alle richtigen und insofern *gesollten* Handelns. Sie tritt ebenso auf als Lehre vom Guten, des vom Handelnden *gewollten* Lebens. Und außerdem kann sie verstanden werden als Instanz der Reflexion auf das situationsangemessene Handeln*können*. Vielleicht gehen diese drei Hauptformen ethischer Theorie auf eigenständige lebensweltliche Wurzeln zurück. Womöglich ist aber ihre Verselbständigung auf theoretischer Ebene auch erst das Resultat eines historischen Prozesses. Dann stellt die in der Moderne erfolgte Herauslösung der reinen Sollensmoral aus einer ethischen Reflexion, die zuvor vor allem auf das Können und Wollen des Guten gerichtet war, eine besonders einschneidende Zäsur dar, die insgesamt zu reduktionistischen Auffassungen von Ethik geführt hat:

Tugendethisch steht die Frage nach dem habituellen Können im Zentrum, also danach, welche Haltungen und Charaktereigenschaften zu einer guten Lebensführung befähigen. Als oberstes Regulativ gilt dabei, was ein tugendhafter Akteur unter gegebenen Umständen tun würde. Die Stärke dieses Ansatzes erweist sich in Fällen, in denen allgemeine Normen der besonderen Situation nicht gerecht zu werden vermögen. Wie das Problem der für verwerfliche Zwecke einsetzbaren Sekundärtugenden zeigt, lassen sich aber

Charaktereigenschaften nicht zum einzigen Kriterium der ethischen Bewertung machen. So wie Tugenden ohne einen Begriff des erstrebten Guten ethisch blind bleiben, so verfehlen sie ohne einen komplementären Begriff des Sollens die Allgemeingültigkeit des moralisch Richtigen. Güterethiken beziehen sich auf das Wollen, die erstrebten Ziele oder wünschenswerten Folgen. Weil in teleologischen, erst recht aber in konsequentialistischen Konzeptionen das Gute *de facto* abhängig gemacht wird von etwas außer- oder vormoralisch Gutem, weil ferner die Menschen in dem, was sie als das Gute oder das Glück anstreben, nicht übereinstimmen, ging in der Moderne der deontologische Ansatz in Führung und bot ein Kriterium für die Suche nach dem allgemeingültigen kategorischen Sollen. Dabei blieb allerdings die hierfür entscheidende und richtungweisende deontologische Moralkonzeption Kants viel stärker von inhaltlich-anthropologischen Annahmen der älteren teleologischen Ethiken abhängig, als es sein Programm einer formalen Pflichtethik vorspiegelt. Den aus der Moralphilosophie ausgeklammerten elementaren Sachverhalt, dass es dem Menschen nicht nur (als Vernunftwesen) um moralische Rechtschaffenheit geht, sondern auch (als Sinnenwesen) um die Erfüllung erstrebter Glückseligkeit, hat Kant erst in seiner Religionsphilosophie wieder einzuholen versucht.

Als gegeneinander verselbständigte und miteinander konkurrierende Konzeptionen bleiben Pflicht-, Güter- und Tugendethiken offensichtlich defizitär. Für die in der christlichen Ära dominierende theologische Sicht war ohnedies klar, dass es sich um mehrdimensionale Perspektiven auf die menschliche Praxissituation handelt, die durch den Gottesgedanken zusammengehalten werden. Dass Gott als oberster Gesetzgeber der Urheber unbedingten Sollens (Thema der Pflichtethiken), als Schöpfer und Erhalter der Garant der Glückserfüllung (Thema der Strebensethiken) und als Erlöser mit der Befähigung zum sittlichen Können (Thema der Tugendethiken) befasst ist, bildete noch bei Kant den Hintergrund für die moralphilosophische Beerbung der christlichen Religion.

Unter nachmetaphysischen, pluralistischen Denkvoraussetzungen lässt sich eine nicht-reduktionistische Ethikkonzeption heute nicht mehr im Rückgriff auf die Erkennbarkeit eines objektiven höchsten Gutes oder auf eine von Natur aus vorgegebene kosmische Ordnungsstruktur begründen. Ebenso wenig zu Gebote stehen hierfür ein ‹starker›, überzeitlicher Vernunftbegriff oder der Rekurs auf eine religiöse Einheitskultur. Auch die theologische Ethik muss die relative Selbstständigkeit des Ethischen gegenüber dem Religiösen respektieren – dies gilt schon deshalb, weil sie nur so die ebenfalls zu beachtende Eigenständigkeit der Religion gegenüber der Ethik wahren kann. Dabei erscheint es aussichtsreich, das Projekt einer ‹integrativen Ethik› (vgl. Krämer 1995) auf die fundamentalanthropologische Grundlage einer Theorie des ethischen Subjekts zu stellen (ähnlich Frey 2014: 303 ff.). Einen überzeugenden Vorschlag hierzu hat – in der phänomenologisch-hermeneutischen Theorietradition stehend – Paul Ricoeur in der nur im Umfang ‹kleinen› Ethik seines Werkes *Das Selbst als ein Anderer* vorgelegt (Ricoeur 1996: 7.–9. Abh.; vgl. dazu Mandry 2002). Im Anschluss an Ricoeur wird im Folgenden zunächst die Konzeption einer integrativen Ethik skizziert, die in ihrer formalen Gestalt unabhängig von religiösen Voraussetzungen Geltung beansprucht, jedoch in besonderer Weise mit Grundstrukturen biblischer Anthropologie konvergiert (3.1.1.). Dann ist nach der inhaltlichen Bedeutung eines christlich-religiösen Selbstverständnisses für das Ethos und insofern nach dem Spezifischen einer theologischen Ethik zu fragen (3.1.2.).

3.1.1. Das ethische Subjekt als Basis einer integrativen Ethik

Orientiert man sich im Grundriss an Ricoeurs Konzeption einer integrativen Ethik, so bieten die drei Typen ethischer Theorien unterschiedliche, aber in sich verschränkte Reflexionsperspektiven des Subjekts auf sein Handeln – und zwar in Bezug auf sich selbst, auf den Anderen und auf den konkreten Handlungskontext:

(1) Mit dem *Streben nach dem Guten*, der Wertschätzung von Zielen als Elementen eines erfüllten Lebens, beziehen wir uns nicht nur auf die Vervollkommnung des eigenen Selbst, also das für uns gute Leben, sondern zugleich auf das Leben mit Anderen und für sie – und dies nicht nur interpersonal, sondern auch in sozialen Strukturen, das heißt in gerechten Institutionen. Es geht um ein Streben nach Erfüllung, das sich in dialogischer Interaktion und im kollektiven Zusammen-leben-Wollen verwirklicht. Ricoeur fasst die Fürsorge für andere beziehungsweise das Wohlwollen ihnen gegenüber als integralen Bestandteil des Strebens nach einem guten Leben auf, das zunächst abhängig ist von dem für mich oder uns Guten – genauer gesagt von dem, was nach meiner oder unserer Einsicht vom Guten ‹gut› ist. Es bleibt eingebunden in Gütestandards eingespielter sozialer Praktiken, in individuelle Lebenspläne und zuletzt in die Vorstellung eines gelingenden Lebens im Ganzen. Die Bedingung der Möglichkeit jedoch, solche Lebenspläne zu ver-

folgen und sich auf ein erfülltes Leben hin auszurichten, besteht darin, dass wir uns als Handelnde erfahren, uns Ereignisse als eigene Handlungen zurechnen können. Das ethische Selbst steht so auf dem evaluativen Boden einer Selbstschätzung, die auf der Gewissheit beruht, handlungsfähig zu sein. Woher rührt aber diese Gewissheit?

Ricoeur zeigt, dass eine Vergewisserung der Handlungsfähigkeit durch Selbstreflexion für ein in der Zeit existierendes Subjekt – wie es durch die Kategorie des ‹Selbst› angezeigt wird – in Aporien gerät. Denn das Selbst (die ‹Selbstheit›, *ipséité*), das seine Kontinuität in der Zeit durch eigene Akte stiften muss, ist ein Anderer als derjenige, der als derselbe («die Selbigkeit», *mêmeté*) über die Zeit hinweg identifiziert werden kann. Die Vergewisserung von Handlungsfähigkeit kommt nicht durch reflexive Selbstidentifizierung, sondern durch dialogische Vermittlung zustande: Sie setzt den Anruf, die Aufforderung des Anderen voraus, dem das Selbst in Freiheit antwortet, indem es sich als handelndes und engagiertes bezeugt (vgl. Ricoeur 1996: 408 f.). Die Selbstschätzung als Fundament ethischen Strebens ist von vornherein durch den Anderen konstituiert, weil die Erfahrung von Handlungsfähigkeit nur in der responsiven Wechselseitigkeit von Selbst und Anderem, Anspruch und Antwort zustande kommt. Die affektive Ausrichtung auf die Fürsorge für den Anderen, die «wohlwollende Spontaneität», kommt deshalb zur Selbstschätzung nicht von außen hinzu, sondern folgt aus der Empfänglichkeit des Selbst für den Anspruch des Anderen: Zur Fürsorge und zur «Güte» ist – wie Ricoeur schreibt – nur ein Wesen fähig, «das sich nicht so stark verabscheut, dass es die Aufforderung des Anderen nicht vernehmen könnte» (Ricoeur 1996: 230 f.).

(2) Die Ethik des erstrebten Guten besitzt einen erkenntnistheoretischen Primat vor dem moralisch Richtigen, weil der strebensethischen Ausrichtung der Bezug auf den Anderen bereits eingeschrieben ist. Dennoch ist es erforderlich, das spontane, zunächst ‹naive› Wollen des Guten der distanzierten Kontrolle und Prüfung durch die *moralische Verpflichtung* zu unterwerfen. Moralische Normen rechnen mit der Fehlbarkeit des Wollens, mit der Möglichkeit des Konflikts zwischen konkreten Lebensentwürfen und setzen diese der Frage aus, ob sie mit den Strebungen des (oder der) Anderen zusammen bestehen können. «Weil es das Böse gibt, muß die Ausrichtung auf das ‹gute Leben› die Prüfung der moralischen Verpflichtung auf sich nehmen» (Ricoeur 1996: 264); insofern gibt es einen geltungslogischen Vorrang des moralisch Richtigen vor dem ethisch Guten.

Das Paradigma einer deontologischen Moralkonzeption bietet – wie wir sahen – Kant, der hier als (Meta-)Kriterium das Verallgemeinerungsprinzip des Kategorischen Imperativs eingeführt hat. Die Rigorosität der formalen Pflichtmoral Kants, die von der Zielbestimmung des empirischen Wollens auf den vernunftgesetzlichen Bestimmungsgrund des Willens umstellt, geht allerdings mit einem Widerstreit einher, der durch die Spaltung des moralischen Subjekts provoziert wird (Ricoeur 1996: 251 ff.): Indem Kant den Gegensatz von Gesetz und Freiheit im Begriff der Selbstgesetzgebung aufhebt, vereinigt er die gesetzgebende und die gehorchende Instanz in ein und demselben Subjekt und verweist für das Bewusstsein der Autonomie auf die apodiktische Gewissheit eines «Faktums der Vernunft» (KpV A 55 f.), das sich in seiner Evidenz selbst bezeugt. Darin liegt aber ein uneingestandenes Rezeptivitätsmoment der Moral, denn die Freiheit schließt offenkundig ein inneres Affiziertsein durch das Gesetz ein. Die gleiche Aporie wiederholt sich im Motiv der «Achtung» vor dem Sittengesetz, die zwar ein «Gefühl», aber kein passiv empfangenes, sondern ein «durch einen Vernunftbegriff selbst gewirktes Gefühl» sein soll (GMS BA 16 f. Anm.; KpV A 128 ff.). Vollends aporetisch erscheint der Gedanke der selbstgesetzgebenden Freiheit, wenn man – wie Kant in seiner Religionsschrift – die Affizierung der Freiheit durch den bestehenden «Hang zum Bösen» in Betracht zieht. Denn diesem Hang zufolge ist es der Wille selber, der aus Freiheit die Selbstliebe zur Bedingung der Befolgung des moralischen Gesetzes macht und damit die Rangordnung moralischer und natürlicher Triebfedern bei der Maximenbildung umkehrt (Rel B 34).

Die Aporien einer Verabsolutierung des Gedankens der Selbstgesetzgebung legen es nahe, die moralisch gebotene ‹Achtung› als Achtung für die Person und damit als Moment eines dialogischen Interaktionsverhältnisses zwischen dem Selbst und dem Anderen, der eigenen und der fremden Person zu deuten (Ricoeur 1996: 265 ff.). Dem kommt die zweite Formel des kategorischen Imperativs, die sogenannte Selbstzweckformel nahe: «Handle so, daß du die Menschheit, sowohl in deiner Person, als in der Person eines jeden anderen, jederzeit zugleich als Zweck, niemals bloß als Mittel brauchst.» (GMS BA 66 f.) Diese Formulierung bringt mit dem Begriff der Person als Zweck an sich selbst etwas Neues ins Spiel, das nicht ohne weiteres auf das Prinzip der Selbstgesetzgebung zurückgeführt werden kann. Dem Faktum, dass es Autonomie und Moralität gibt, korrespondiert gleichursprünglich das Faktum, dass Personen als Selbstzweck, als Subjekte von Handlungsfähigkeit existieren und wir eine Person deshalb immer schon unterscheiden von einer Sache, die als bloßes Mittel benutzt und gebraucht werden kann.

In dieser Lesart schärft die deontologische Moral die Norm einer symmetrischen, ausgeglichenen Gegenseitigkeit zwischen Personen ein. Das Ideal interpersonaler Gegenseitigkeit ist immer durch den Wechsel von Geben und Empfangen, Tun und Erleiden, Aktivität und Rezeptivität und insofern durch die reziproke Gleichheit des Tun-Könnens geprägt. Die moralische Norm schützt das Gleichgewicht dieser Pole der Gegenseitigkeit vor dem Abgleiten in Formen erzwungener Asymmetrie, in denen das rezeptive Erleiden des Einen nichts anderes bedeutet, als zum Opfer des Anderen zu werden. Die Pflichtmoral reagiert somit auf die Verletzlichkeit der Handlungssubjekte durch subtile Missachtung und manipulative Machtausübung, im Extremfall durch das Umschlagen von Interaktionen in offene Gewalt. Sie schützt die leibliche Integrität gegen physische Gewalt, aber ebenso die Selbstachtung gegen Demütigung. Die moralische Norm der Personachtung dient der reziproken Handlungsfähigkeit von Personen: Zum einen verbietet sie jede Verminderung oder Zerstörung des personalen Handlungsvermögens; zum andern gebietet sie seine Erhaltung und – bis zu einem gewissen Grade – Beförderung.

(3) Für Ricoeur repräsentiert die tugendethische Perspektive vor allem das Moment des angemessenen Urteilens und Handelns in einer konkreten Situation. Als Teil einer integrativen Ethik ist auch dieses Strukturmoment unverzichtbar. Denn moralische Normen führen auch innerhalb ihrer eigenen Domäne, der allgemeingültigen Handlungskoordinierung und -regulierung, oft in Konflikte, die nicht gelöst werden können ohne «praktische Weisheit» – so übersetzt Ricoeur die aristotelische *phronêsis*, um sie von bloß instrumenteller Klugheit zu unterscheiden (Ricoeur 1996: 291 ff.). Wenn es um die Normenbefolgung unter gegebenen Umständen geht, bedarf es *praktischer Urteilskraft*, eines Sinns für Angemessenheit, der nicht in der Anwendung von Prinzipien oder Regeln aufgeht. Normen tendieren wegen ihrer Allgemeinheit und Abstraktheit zu einer schematischen Regelung, die der konkreten Praxis nicht angemessen ist. Von möglichen Norm- oder Pflichtenkollisionen ganz abgesehen kann umstritten sein, was die Moral angesichts eines konkreten Anderen denn exakt gebietet.

Die eine Konfliktmöglichkeit resultiert hier aus dem Widerstreit zwischen der Allgemeinheit der Personachtung und der Singularität des betroffenen Anderen. Eine allgemeine Norm wie die, aus Achtung vor der Menschheit unter allen Umständen und ungeachtet der Folgen die Wahrheit zu sagen, kann in Konflikt mit der konkreten Situation eines Kranken geraten, sodass intuitiv ein normabweichendes Verhalten angemessen erscheint. So stellt zum Beispiel Kants Verbot, aus Menschenliebe zu lügen, die moralische Integrität des agierenden Subjekts in den Vordergrund, blendet jedoch den betroffenen Anderen aus. Eine schematische Anwendung der Norm kann ihren auf den Schutz der Gegenseitigkeit bezogenen Sinn verkennen und sie geradezu selbst in ein Gewaltinstrument verwandeln. In der praktischen Urteilskraft geht es darum, dass im Rückgang auf das Wohlwollen für den Anderen die moralische Norm und der konkrete Einzelfall so vermittelt werden, dass weder die prinzipielle Allgemeingültigkeit der Norm aufgegeben noch die Ausnahme zugunsten des Anderen zur Regel erhoben wird. Praktische Urteilskraft besteht «in der Erfindung von Verhaltensformen, die der von der Fürsorge verlangten Ausnahme weitestgehend entsprechen und zugleich die Regel so wenig wie möglich verletzen» (Ricoeur 1996: 325).

Ein weiteres, noch gesteigertes Konfliktpotential erzeugen jene Fälle, die sich aus der Entwicklung der modernen Medizin an den Rändern des Menschseins ergeben. Denn hier wird die Forderung, die Person als Selbstzweck zu achten, selbst problematisch, weil unklar und umstritten ist, auf welche Wesen sie sich überhaupt erstreckt. In der modernen Reproduktionsmedizin und Embryonenforschung und ihrem Umgang mit frühem menschlichem Leben verliert die Forderung der Personachtung an Eindeutigkeit, weil umstritten ist, wann Personsein beginnt und was ‹Achtung› dann bedeuten würde. Hier kommen grundsätzliche Einstellungen zum Menschsein ins Spiel, die unlöslich mit der Ethik des Guten verbunden und daher mit kulturellen Prägungen und Wirklichkeitsdeutungen verwoben sind, die nicht von vornherein allgemein geteilt werden.

3.1.2. Das verantwortliche Selbst im Deutungshorizont des christlichen Ethos

Bisher wurde für eine relative Eigenständigkeit des Ethischen gegenüber der Religion plädiert. Das heißt einerseits: Es gibt ethisches Selbst- und Subjektsein auch ohne Religion. Relative Eigenständigkeit des Ethischen bedeutet aber andererseits keine Trennung des Ethischen gegenüber jener tieferen Dimension des Selbst, in der die Religion ihren Ort hat. Ein Ethos ist immer geprägt von Hintergrundüberzeugungen und umfassenden Deutungen der Wirklichkeit, die religiös, philosophisch oder in anderer Weise weltanschaulich geprägt sind. Und im christlichen Sinn gibt es kein religiöses Selbstverständnis, das nicht zugleich das ethische Subjektsein inhaltlich ausrichten würde. Die christlich-religiöse Identität ist eine bestimmte, geschichtlich-kulturell vermittelte Möglichkeit, die ethische Subjektivität mit Gehalt zu versehen.

Die christliche Identität verdankt sich der prägenden Kraft der biblischen Überlieferungen und der Geschichte ihrer Auslegung in Verkündigung und Bekenntnis. Die Bibel ist in ethischer Hinsicht nicht (zuerst) Normenquelle, sondern Quelle der Identitätsbildung. Die in der Bibel überlieferten Normenbestände können keinesfalls ohne die notwendige historisch-kritische Distanzierung, also nicht ohne Beachtung ihrer Zeit- und Kontextbedingtheit in die Gegenwart übertragen werden. Evangelische Ethik soll ‹schriftgemäß› sein. Aber das ‹Schriftprinzip› der Reformation war ursprünglich eine gegen die Autorität des kirchlichen Lehramts gerichtete hermeneutische Kategorie, der es um die ‹Sache› der Schrift, das heißt um die Selbstoffenbarung Gottes in Jesus Christus, zu tun war (vgl. Ebeling 1966). Der reformatorische Grundsatz *sola scriptura* zielt nicht etwa auf eine Unfehlbarkeit aller Aussagen der Schrift – schon gar nicht was die Gesamtheit der in ihr anzutreffenden Verhaltensnormen angeht. In Bezug auf den Geltungsanspruch der in der Bibel überlieferten moralischen und sozialen Normen ist – je nach ihrem Konkretisierungsgrad – zu unterscheiden, ob sie eher einen prinzipiellen Status besitzen (wie zum Beispiel das Liebesgebot oder der Dekalog), ob sie eher paradigmatische oder exemplarische Bedeutung haben (wie zum Beispiel das Sozialrecht der hebräischen Bibel) oder ob sie situativ dem gesellschaftlichen und kulturellen Kontext verhaftet sind (wie zum Beispiel die Verwerfung der Homosexualität oder das Schweigegebot für Frauen in den Versammlungen der Gemeinde) (zu ähnlichen Abstufungen vgl. Rich 1984: 233 f.; Haspel 2011: 213 f.). Die konstitutive Bedeutung der biblischen Schriften für das Ethos besteht jedoch darin, dass sie im Medium unterschiedlicher literarischer Gattungen das Selbst- und Weltverhältnis ihrer Leserinnen und Leser neu orientieren – und zwar durch die Bezugnahme ihrer Erzählungen, Dichtungen, Bilder und Gebote auf ‹Gott›. Die Bibel enthält Zeugnisse menschlicher Existenz, denen gemeinsam ist, dass sie sich in bestimmter Weise als Ausdruck der Erfahrung Gottes beziehungsweise als Antwort auf die Anrede durch ihn verstehen. Der daraus für die Ausrichtung des christlichen Ethos zu gewinnende ‹Mehrwert› soll im Folgenden anhand von vier zentralen Topoi verdeutlicht werden. Ausgehend vom biblisch-anthropologischen Modell des herausgerufenen und antwortenden Selbst lässt sich an ihnen die Neuorientierung erläutern, die die biblische Symbolik für die drei Dimensionen einer integralen Ethik erbringt:

(1) Gewissen und Verantwortung

Im protestantischen Ethos kommt bekanntlich dem individuellen Gewissen als Vermögen eigener ethischer Einsicht, Prüfung und Entscheidung ein zentraler Stellenwert zu (vgl. Wolf 1975: 79 ff.; Ebeling 1985; Jüngel 2002). Als sich Luther 1521 in Worms vor Kaiser und Reich auf sein in Gottes Wort gefangenes Gewissen berief, «weil gegen das Gewissen zu handeln weder sicher noch heilsam ist», zog er gegenüber der Zwangsbefugnis jeder menschlichen, auch politischen oder religiösen Autorität eine äußerste Grenze (vgl. WA 7, 838, 2–9). Das Gewissen bezeichnet das den Einzelnen begleitende reflexive ‹Mit-wissen› (griech. *syn-eidesis*, lat. *con-scientia*) um die sittliche Qualität seines Handelns, wobei dieses Handeln entweder in der Vergangenheit (*conscientia consequens*) oder als gedanklich antizipiertes in der Zukunft liegen kann (*conscientia antecedens*). Das Gewissen ist ein auf eigene Handlungen bezogenes reflexives Selbstbewusstsein, in das unterschiedliche Elemente eingehen:

Erstens fungiert das Gewissen im allgemeinen Sprachgebrauch seit der Antike als Normbewusstsein, als an der Unterscheidung von Richtig und Falsch orientiertes moralisches Selbstbewusstsein. Die im hellenistischen Judentum begegnende Metapher vom Gewissen als innerem Gerichtshof, einem Ort, an dem sich das Gesetz allen Menschen bezeugt und sich «die Gedanken [...] untereinander verklagen oder auch entschuldigen», wird auch von Paulus aufgegriffen und bildet eine Brücke zwischen christlichem Ethos und der allgemeinen, auf die *lex naturalis* gegründeten Moral (Röm 2,15). Aufgrund eines Abschreibfehlers des griechischen *syneidesis* etablierte Thomas von Aquin für diese auf die Erkenntnis der Prinzipien des Naturrechts gerichtete Funktion des Gewissens die Bezeichnung *synderesis*. Noch Kant, der die Normativität des Gewissens durch den Kategorischen Imperativ formalisierte, knüpfte an die Metapher des inneren Gerichtshofs an, bemerkte allerdings die «ungereimte Vorstellungsart», dass sich dabei Richter respektive Ankläger und Angeklagter in «zwiefacher Persönlichkeit» gegenüber stehen, sodass «der Ankläger jederzeit verlieren» würde. Daraus schloss er, dass «das Gewissen als subjektives Prinzip einer vor Gott seiner Taten wegen zu leistenden Verantwortung gedacht werden» muss (MdS. Tl A 101 f.).

Als Normbewusstsein wäre das Gewissen aber nur unzureichend beschrieben. Der im Gewissen erfahrene Widerspruch zwischen moralischer Norm und eigenem Handeln könnte gar nicht als Gegensatz erfahren werden, wenn ihm nicht eine zweite und elementarere Funktion zukäme, nämlich die der Bewahrung personaler Identität und Integrität. Diese Bedeutung des Gewissens hat bereits Paulus im Blick, wenn er dazu rät, die Gewissen derer zu schonen, die nicht anders können, als sich von einem rigiden Normbewusstsein bestimmen zu lassen (vgl. 1Kor 8; 10). Als Identitätsbewusstsein bezeugt das Gewissen auf eine für das betroffene Individuum unbestechliche Weise, dass es sich durch sein Handeln mit sich selbst entzweit hat oder zu entzweien droht. Das Gewissen meldet sich warnend, wenn Einheit und Ganzheit des Selbst auf dem Spiel stehen. Diese Einheit kann gefährdet sein, weil eine Handlung dem moralischen Sollen widerspricht oder aber weil einem allgemeingültigen Sollen ein individuelles Nicht-Können entgegensteht, das im Selbstverständnis und den identitätsbildenden Überzeugungen des Einzelnen begründet ist. Dietrich Bonhoeffer hat deshalb das Gewissen vormoralisch gedeutet als «Ruf der menschlichen Existenz zur Einheit mit sich selbst» (Bonhoeffer 1992: 277; vgl. Tillich 1965: 56).

Drittens steht das Gewissen herkömmlich auch für die Fähigkeit zum fallbezogenen Urteilen und Entscheiden. Anders als das, was das Gewissen dem Einzelnen untrüglich über sich selbst sagt, kann das situative Gewissensurteil allerdings irren. Um den Unterschied zur unfehlbaren *synderesis* zu markieren, bezeichnete die ältere philosophisch-theologische Tradition diese Funktion des Gewissens, also die Anwendung verinnerlichter Normen und Überzeugungen auf einen Fall, mit dem lateinischen Terminus *conscientia*. Dagegen schrieb Kant, um die Untrüglichkeit des Gewissens nicht zu gefährden, die Applikation auf die konkrete Handlung nicht dem Gewissen selber, sondern dem praktischen Vernunfturteil zu (vgl. Rel B 288 f.).

Im Grunde sind aber im Phänomen des Gewissens alle drei Dimensionen des Ethischen vereinigt: das allgemeingesetzliche moralische Sollen, die individuelle strebensethische Ausrichtung auf ein gutes Leben, das sich in Übereinstimmung befindet mit meiner Identität, und das situationsangemessene praktische Urteilen. Das Gewissen bezeugt die Herausforderung zur Treue zu sich selbst, und zwar in den Grenzen der allgemein und wechselseitig geschuldeten Achtung – und dies in einer konkreten Praxissituation. Zugleich aber erfährt sich der Einzelne im Gewissen angesprochen auf die Verfehlung seiner selbst, seine Missachtung des Anderen und die Unangemessenheit seines Situationsurteils.

Diese Ambivalenz des Gewissensspruchs verweist auf eine Andersheit, die das christliche Ethos von der Beziehung des Selbst zu Gott als dem Grund seiner Existenz her interpretiert. Das Gewissen ist nicht *per se* die Stimme Gottes in uns. Wie Luther mit der Unterscheidung von Gesetz und Evangelium hervorgehoben hat, ist das Gewissen als das über die eigenen Taten urteilende Vermögen zunächst eine innere Instanz der Anklage, die den Menschen in Verzweiflung und Anfechtung treibt, weil er als Handelnder hinter der moralischen Forderung des Gesetzes zurückbleibt. Damit ist das Gewissen aber auch der Ort, an dem der Einzelne von einem Urteil getroffen werden kann, über das er nicht selbst verfügt, weil hier nicht über die Tat, sondern über die Person geurteilt wird: Durch das freisprechende Wort des Evangeliums, die ‹Rechtfertigung allein aus Gnade› wird dem Gewissen seine anklagende Macht genommen und die Person vom Täter unterschieden: Die Person ist immer mehr als die Summe ihrer Taten und Handlungen, ja sogar mehr als die Summe ihrer Untaten und Verfehlungen. Sie bleibt nicht auf das festgelegt, was sie aus sich gemacht hat. Im Gewissen werden das rechtfertigende Wort und der es an- und aufnehmende Glaube – wie Luther sagt – ‹ein Kuchen› (vgl. WA 10/3, 271, 31 f.). Der Glaube ist Antwort auf ein Wort, das von dem auf die Taten fixierten Gewissen befreit. Das ‹gute Gewissen› ist identisch mit dem Glauben als dem Akt, in dem der Mensch sein Vertrauen nur auf Gott, nicht auf sich selbst richtet. Es zeichnet sich geradezu dadurch aus, dass es «sich *als Gewissen* nicht (mehr) bemerkbar macht» (Jüngel 2002: 371). Denn im Akt des Antwortens korrespondiert der Glaubende dem von Selbstverurteilung befreienden Wort eben so, dass er von jeder Selbstreflexion ablässt. Dieses mit dem Glauben identische ‹gute Gewissen› ist niemals Folge ‹guter Werke›, es ist aber ihre Voraussetzung: «Es ist also die christliche oder evangelische Freiheit eine Freiheit des Gewissens, durch die das Gewissen von den Werken befreit wird, nicht daß keine geschehen, sondern daß man auf keine sich verlasse» (vgl. WA 8, 606, 30 ff.).

Die Domäne des Gewissens bleibt jedoch die Reflexion, nicht die Inspiration und die daraus folgende Aktion. Das Gewissen sagt, was nicht zu tun ist, aber nicht, was zu tun ist. Eine Deutung des christlichen Ethos vom Glauben als «Gewissensreligion» her (Holl 1923: 35 ff.), die im Sinn Luthers ganz auf den Widerstreit von Gesetz und Evangelium und damit die Befreiung aus Anfechtung und Verzweiflung fixiert ist, blendet aus, was – etwa bei Barth und Ricoeur – im Konzept einer Verschränkung von Evangelium und Gebot, Zuspruch und Anspruch, mitgedacht ist: dass nämlich auch das im Glauben befreite Selbst aufgerufen bleibt zur Treue zu sich selbst und zum Anderen, zur Rechenschaft vor dem Anderen und zum situationsangemessenen Urteilen. Zudem muss eine ‹gewissensreligiöse› Interpretation des christlichen Ethos weitgehend auf den Einzelnen beschränkt bleiben, denn nur das Individuum, nicht eine Gemeinschaft oder ein Kollektiv, kann ein Gewissen haben.

Sucht man nach einem Vokabular, das die drei Dimensionen des Ethischen mit der antwortenden, responsiven Grundstruktur des Glaubens vermitteln und darüber hinaus auch soziale Bezüge umfassen kann, so bietet sich die Semantik der ‹Verantwortung› an (zur Begriffsgeschichte Bayertz 1996; Kaufmann 1992; Wieland 1999). Formal handelt es sich um einen mehrstelligen Relationsbegriff: Ein *Subjekt* verantwortet sich *für* etwas (oder jemanden) *vor* einer Instanz *in* einer konkreten Praxissituation. Schöpft man den Bedeutungshorizont des Begriffs der Verantwortung voll aus, dann bezieht er sich auf ein zeitlich beziehungsweise geschichtlich situiertes ethisches Subjekt, das im Wechselspiel von Wort und Antwort, *challenge and response*, gebildet und hervorgebracht wird. Antwortend reflektiert das Selbst nicht zuerst darauf, was es soll, will oder kann, sondern richtet sich auf das, was geschieht. Sein Antworten schließt aber die zukunftsgerichtete Dimension des ‹Sorgens für› wie auch den auf zurückliegende Taten bezogenen Aspekt des ‹Rechenschaft-Ablegens vor› ein. Dass Verantwortung als ursprünglich retrospektive Rechenschaftspflicht zugleich die Bedeutung einer zukunftsbezogenen Sorgebereitschaft annehmen konnte, war gewiss nicht ohne den Einfluss des jüdisch-christlichen Motivs eines göttlichen Endgerichts möglich. Denn durch den Gedanken des göttlichen Gerichts wird die Verantwortung vor einer ultimativen Instanz artikuliert, die alle Vergangenheit und Zukunft übergreift (vgl. Picht 1969). Hinzu kommt: Verantwortungssubjekte sind zwar zunächst natürliche Personen; dank der Sozialtechnik der Stellvertretung gibt es aber auch durch natürliche Personen repräsentierte korporative, institutionelle Verantwortungsträger (zum Beispiel ‹Rechtspersonen›), sodass der Begriff der Verantwortung gleichermaßen individuelle, intersubjektive und sozialstrukturelle Bezüge umfassen kann. Das erklärt und begründet, warum es naheliegt, eine integrative Ethik in protestantischer Perspektive als ‹Verantwortungsethik› anzulegen (vgl. Bonhoeffer 1992; Niebuhr 1963; Tödt 1988: 49 ff.; Huber 2012: 57 ff., 73 ff.; u. a.). Für eine solche Konzeption ist es wichtig, die Verweisungszusammenhänge des Verantwortungsbegriffs unverkürzt in den Blick zu nehmen:

Wegen der etymologischen Herkunft des Terminus aus dem Rechtsleben ist auch hier traditionell der Vergangenheitsbezug im Blick. Das Verb ‹verantworten› bedeutete ursprünglich, für eine Sache advokatorisch vor Gericht einzutreten oder sich selbst zu rechtfertigen vor einer Rechenschaft fordernden normativen Instanz. Das (erst seit der zweiten Hälfte des 15. Jahrhunderts belegte) Substantiv ‹Verantwortung› meinte zunächst ebenfalls die juridische *Rechenschaft vor* einem (menschlichen) Gericht und wurde dann auf die moralische Verantwortung vor dem Richterstuhl Gottes bezogen. Es geht um die *ex post* vorgenommene Zurechnung von Handlungsfolgen. Um die Folge einer Handlung ihrem Urheber retrospektiv als Schuld zurechnen zu können, muss über die kausale Verursachung hinaus moralische Verantwortlichkeit gegeben sein. Dazu bedarf es einerseits bestimmter subjektiver Voraussetzungen (wie beispielsweise Selbstbestimmungsfähigkeit, Intentionalität und Voraussehbarkeit der Folgen), andererseits eines normativen Bewertungsmaßstabs, der es erlaubt, die bewirkten Folgen als negativ oder unerwünscht zu qualifizieren.

Die im vorigen Jahrhundert einsetzende ethische Karriere des Begriffs verbindet sich demgegenüber in erster Linie mit der Aufgabe prospektiver *Verantwortung für* gute Zustände der Welt. Angesichts des Ausmaßes negativer Effekte, die sich in der technisierten Welt aus kollektiven Praktiken ergeben können, wurde das Zurechnungsmodell immer weniger anwendbar. Verantwortung bedeutet jetzt vor allem die Erhaltung von Gütern und die Vermeidung von Übeln – also Fürsorge, Vorsorge und Prävention. So hat Hans Jonas angesichts des Selbstzerstörungspotentials der wissenschaftlich-technischen Zivilisation Verantwortung als Prinzip der Fürsorge für eine Ethik des Überlebens der Menschheit exponiert (Jonas 1979). Bei ihm wird dies jedoch mit der problematischen Rückkehr zu einer objektiven Teleologie verbunden, die das Wofür der Verantwortung aus dem Sein der Natur ableitet.

Besonders wirkungsvoll wurde der schon 1919 von Max Weber in seinem Vortrag *Politik als Beruf* eingeführte Begriff der ‹Verantwortungsethik›, den er der ‹Gesinnungsethik› gegenüberstellte. Weber reduziert Verantwortung auf Folgenverantwortung. Die verantwortungsethische Maxime besage, «daß man für die (voraussehbaren) *Folgen* seines Handelns aufzukommen hat», während der Gesinnungsethiker «religiös geredet» unter der Maxime handele, «der Christ tut recht und stellt den Erfolg Gott anheim». Der Verantwortungsethiker bewerte Handlungen in der Komplexität ihres Gesamtzusammenhangs und ertrage die «ethische Irrationalität der Welt», wonach «die Erreichung ‹guter› Zwecke in zahlreichen Fällen daran gebunden ist, daß man sittlich bedenkliche oder mindestens gefährliche Mittel und die Möglichkeit oder auch die Wahrscheinlichkeit übler Nebenfolgen mit in Kauf nimmt» (Weber 1992: 237 f., 240). Der Gesinnungsethiker halte eine Handlung (oder Unterlassung) ohne Folgenabwägung, nur wegen der ihnen zu Grunde liegenden Absicht für geboten oder verboten. Verantwortungsethik liefe dann letztlich auf eine konsequentialistische Ethik hinaus, ohne dass allerdings ein Bewertungsmaßstab für die Handlungsfolgen ausgewiesen wird.

Genau betrachtet – und diese Beobachtung konvergiert mit Max Webers zentralem Interesse an der «Entwicklung des Menschentums» (vgl. Hennies 1987) – geht es Weber aber gar nicht um reflektierte Ethiken, sondern um eine persönliche Haltung, nämlich die Haltung menschlicher Reife: «Während es unermeßlich erschütternd ist, wenn ein *reifer* Mensch – einerlei ob alt oder jung an Jahren –, der diese Verantwortung für die Folgen real und mit voller Seele empfindet und verantwortungsethisch handelt, an irgendeinem Punkte sagt: ‹Ich kann nicht anders, hier stehe ich›. Das ist etwas, was menschlich echt ist und ergreift. Denn diese Lage muß freilich für *jeden* von uns, der nicht innerlich tot ist, eintreten *können*. Insofern sind Gesinnungsethik und Verantwortungsethik nicht absolute Gegensätze, sondern Ergänzungen, die zusammen erst den echten Menschen ausmachen, der den ‹Beruf zur Politik› haben *kann*.» Die Entscheidung für das eine oder das andere sei freilich nicht rationalisierbar: «Ob man [...] als Gesinnungsethiker oder als Verantwortungsethiker handeln *soll*, und wann das eine und das andere, darüber kann man niemandem Vorschriften machen.» (Weber 1992: 249 f.) Darauf kommt es Weber an: Es gibt keine allgemeine Regel, die sagt, wann man gesinnungsethisch und wann verantwortungsethisch handeln soll, das heißt wann und in welchem Umfang ein Zweck die Mittel heiligt. Diese im Grunde tugendethische Pointe folgt bei Max Weber daraus, dass letzte Zwecke und Werte für ihn ohnehin keiner Begründung, sondern nur einer weltanschaulichen Entscheidung zugänglich sind.

Verantwortung ist – so zeigt sich in allen drei Dimensionen des Ethischen – kein primärer Wertbegriff. Ihr Inhalt ergibt sich erst aus der Einbettung in den evaluativen Rahmen von Hintergrundüberzeugungen und umfassenderen Wirklichkeitsdeutungen. Eine Verantwortungsethik bleibt von Normen, Wertungen und Voraussetzungen abhängig, die sie selbst nicht begründen kann. Als theologische Verantwortungsethik gewinnt sie Signifikanz, indem sie das verantwortliche Selbst in den Deutungshorizont der biblischen ‹großen Erzählung› rückt.

(2) Gottebenbildlichkeit und höchstes Gut
In der *güterethischen* Dimension haben in der Moderne – wie wir sahen – konsequentialistische Theorien wie der Utilitarismus die Erbmasse der traditionellen Güterethik angetreten. Bei seiner Bewertung der Strebensziele, Wünsche und Interessen von Akteuren kann der Utilitarismus Bentham'scher Prägung aufgrund seiner empiristischen Anthropologie aber nur zu ‹schwachen› Wertungen gelangen. Schwache Wertungen sind nach Charles Taylor

(Taylor 1992; vgl. Joas 1999: 200 ff.; Reuter 2007) dadurch charakterisiert, dass sie Wünsche lediglich quantitativ, nach dem Kriterium der größtmöglichen und kurzfristig zu erzielenden Wunsch- und Bedürfniserfüllung gewichten. Personen werten aber auch ‹stark›. Starke Wertungen betreffen den Wert der Wünsche, also ihre Wünschbarkeit – nicht nur in Berücksichtigung der Handlungsfolgen, sondern unter dem Gesichtspunkt unserer Identität, also einer Vorstellung davon, wer wir sein wollen. Der Drogenabhängige zum Beispiel, der den Wunsch, sich einen Schuss zu setzen, (nur) deshalb zurückstellt, weil er für andere Drogenabhängige spenden möchte, wertet schwach. Stark wertet er dann, wenn er seine Sucht als etwas betrachtet, das seiner Selbstachtung widerstreitet. «Im Falle schwacher Wertungen genügt es, daß etwas gewünscht wird, damit es als gut beurteilt wird», während starke Wertungen die Verwendung eines evaluativen Ausdrucks erfordern, durch den «manche Wünsche oder gewünschten Ziele als schlecht, niedrig, unehrenhaft, oberflächlich, unwürdig usw. bewertet werden» (Taylor 1992: 14). Um einer Lebensgeschichte einen kohärenten Zusammenhang zu verleihen, braucht es den einheitsstiftenden Bezug auf ein höheres Gut, das es erlaubt, konkurrierende Güter in eine abgestufte Ordnung zu bringen.

Das Wort ‹Gut› wird in diesem Zusammenhang im allgemeinsten Sinn verwendet, sodass es alles bezeichnet, «was als wertvoll, würdig oder bewundernswert gilt» (Taylor 1994: 177). Starke Wertungen resultieren aus vorreflexiven, emotionalen Reaktionsformen auf die Welt. Bereits Situationswahrnehmungen, die Empfindungen wie Schuld oder Stolz, Abscheu oder Zuneigung, Empörung oder Bewunderung auslösen, führen zu ethischen Gefühlen, die eine qualitative Wertung der Situation ermöglichen (vgl. Taylor 1994: 22 f.). Aus dem durch eine bestimmte Situationswahrnehmung – etwa der Folterung eines Menschen – hervorgerufenen Gefühl der Empörung wird der Satz: Diese Handlung ist empörend. Die Rekonstruktion ethischer Gefühle in einer evaluativen Sprache, die die vorreflexiven Intuitionen mit bewusst vertretenen Konzepten des Guten verknüpft, bezeichnet Taylor als «Artikulierung». Als Wesen der Selbstinterpretation streben Menschen danach, zu immer besseren Artikulationen zu gelangen, die einerseits auf die ethischen Gefühle verändernd zurückwirken, andererseits auch dazu führen können, die kulturell etablierten Deutungen des Guten zu modifizieren. Durch solche Artikulationen kann es gelingen, zu «konstitutiven Gütern» vorzudringen, zu Vorstellungen von einem höchsten Gut(en) als einer letzten «moralischen Quelle» (Taylor 1994: 177). Folgt man Taylor, so entzieht sich der Geltungsstatus solcher Artikulationen eines höchsten Gutes, wie sie etwa mit einem religiösen Selbstverständnis verbunden sind, der Alternative von Wertrealismus und Wertsubjektivismus: Es geht um Aussagen über etwas, was wir als existent voraussetzen müssen, um unseren Erfahrungen den bestmöglichen Sinn und unserem Selbstverständnis die authentischste Fassung zu geben.

Im Wege einer solchen hermeneutischen Rekonstruktion des Guten und Wertvollen kann die evangelische Ethik nicht an eine Metaphysik anknüpfen, die das höchste Gut als objektives Telos des Weltlaufs behauptet. Aber auch Schleiermachers philosophisch-ethischem Begriff des höchsten Gutes als des summarischen Inbegriffs aller durch menschliches Handeln hervorzubringenden immanenten Güter kommt aus christlicher Sicht lediglich ein sekundärer, abgeleiteter Status zu. Als Artikulation religiöser Erfahrung kann das höchste Gut nur der unverfügbare Ursprung aller weltlichen Güter sein. Dem christlich-religiösen Selbst gilt als höchstes Gut die im Glauben eröffnete Beziehung zu Gott, die sich in der Liebe zum Nächsten bewährt und in der erhofften Gemeinschaft der Menschen mit Gott und untereinander, dem kommenden ‹Reich Gottes›, vollendet. Christinnen und Christen verstehen ihr ganzes Leben und damit ihren Umgang mit irdischen Gütern als Teilhabe an Gottes schöpferischem Wirken. Die für die güter- und strebensethische Dimension so entscheidende Initialerfahrung, gut zu sein und deshalb bezogen auf eine werthafte Wirklichkeit handeln zu können, ist für sie eingebettet in einen umfassenden Deutungsrahmen:

Der Gott, der die Welt in schöpferischer Freiheit ins Leben ruft, bleibt von seiner Schöpfung unterschieden. Den Menschen stellt er sich vor als der «Ich-werde-sein-der-ich-sein-werde» (Ex 3,14), das heißt, er lässt sich mit nichts, was ‹ist›, identifizieren. Der jüdisch-christliche Schöpfungsglaube schärft die Wesensdifferenz zwischen Gott und Welt ein und bewirkt eine Entsakralisierung der Welt, die das Geschaffene nicht länger Gegenstand frommer Scheu sein lässt (Gen 1,3 ff.). Nur der transzendente Gott ist heilig. Die Welt und alle innerweltlichen Güter sind profan. Wie alles, was ist, erfährt sich auch der Mensch ohne sein Zutun ins Leben gerufen und damit – ein jedes menschliche Wesen gleichermaßen – als Teil der geschaffenen Welt und als leibhafte Natur. Zugleich aber ist ihm die endliche Freiheit geschenkt, auf die Gabe des Lebens und den nicht endenden Ruf des Schöpfers zu antworten – oder aber sich ihm zu verschließen. In dieser Freiheit ist der Mensch dasjenige Geschöpf, das gewürdigt und dazu bestimmt ist, als Person, als «Bild» des transzendenten Gottes (Gen 1,26 f.), als sein Repräsentant in der geschaffenen Welt zu existieren – damit nur «wenig niedriger gemacht» als Gott selbst (Ps 8). Im Gedanken der Gottebenbildlichkeit (*imago Dei*) verbindet die biblische Tradition die einzigartige Beziehung des Menschen zu Gott als dem höchsten ursprünglichen Gut mit seiner Berufung zur Sorge für die Wohlordnung der irdischen Güter und ihrer kreativen Mit-Gestaltung.

Die Erfahrung eines unbedingten, ursprünglichen Bejahtseins – «Und Gott sah alles, was er gemacht hatte, und siehe, es war sehr gut» (Gen 1,31) – bildet für das religiöse Selbst das starke Motiv für die Wertschätzung seiner selbst und des Anderen. Indem der Mensch im Unterschied zur übrigen geschaffenen Natur mit Freiheit begabt, aber auch zur freien Verantwortung berufen ist, existiert er als Zweck an sich selbst. Darin besteht sein intrinsischer Wert – anders gesagt: seine bei sich selbst und allen seiner Gattung zu achtende, und zwar in gleicher Weise zu achtende Würde. Für das Christentum ist die nicht instrumentalisierbare Würde des Menschen das höchste abgeleitete, das heißt innerweltliche Gut. Zugleich verleiht das bejahende Urteil des Schöpfers allem Geschaffenen die Bedeutung einer Welt, die im Ganzen zum Guten bestimmt ist und deren Güter deshalb für uns bedeutsam sind als etwas, um das wir uns sorgen. Trotz der durch den menschlichen Hang zum Bösen verschuldeten (Zer-)Störung der Wohlordnung der Schöpfung (Gen 4; 6; 7) steht alles Geschaffene unter der Verheißung einer göttlichen Neuschöpfung und damit der Hoffnung, dass es immer noch ‹sehr gut› werden könnte. Der christliche Glaube deutet das Gute als Teilhabe an der Geschichte Gottes mit den Menschen, als Inklusion in eine «Ökonomie der Gabe» (Ricoeur 1990: 44). In biblischer Symbolik umfasst sie die mit der ‹Schöpfung› geschenkte Existenz, die lebensdienlichen ‹Gebote›, die Befreiung von Knechtschaft und ‹Sünde› sowie die Erneuerung des Menschen zum ‹Bild Gottes› und zur vollendeten Gemeinschaft mit ihm.

(3) Das Gesetz der Gegenseitigkeit und das Gebot der Liebe
Weil sie mit dem Anspruch des Anderen kollidieren kann, muss die güterethische Ausrichtung die normative Prüfung auf das für alle moralisch Richtige bestehen. Hinsichtlich der deontologischen beziehungsweise *pflichtethischen* Dimension erscheint das Verhältnis zwischen Religion und Ethik prekärer als in der güterethischen Perspektive. Auch wenn man den kantischen Gedanken einer ‹Selbstgesetzgebung› der Vernunft dekonstruiert und Autonomie im Rahmen ‹kommunikativer Freiheit› (Huber 2012), das heißt auf die Freiheit des Anderen antwortender Freiheit versteht, ändert das nichts daran, dass moralische Normen reziprok, mit den Mitteln diskursiver Vernunft gerechtfertigt werden müssen. Verträgt deshalb die

für moralische Normen spezifische Allgemeingültigkeit überhaupt eine religiöse Begründung?

Als Begründung und Rechtfertigung von Normen müsste der bloße Verweis auf eine autoritative religiöse Instanz – etwa Gottes offenbarte Gebote – für das moderne Bewusstsein in der Tat den Rückfall in die Heteronomie bedeuten, weil sie die Berufung auf einen transzendenten Gesetzgeber an die Stelle der praktischen Vernunft setzt. Doch schon die Normen der zweiten Tafel des Dekalogs, die das zwischenmenschliche Verhalten regeln (Ex 20,12–17; Dtn 5,16–21), sind keineswegs sakralen Ursprungs. Sie haben selbständige Wurzeln im Reziprozitätsethos des profanen Familien- und Prozessrechts und wurden erst sekundär göttlicher Autorität unterstellt – freilich der Autorität des Gottes, der als Grund und Garant realer Freiheit (Ex 20,2; Dtn 5,6) erfahren wurde (vgl. Crüsemann 1983: 16 ff.; Otto 1994: 112 ff.). Außerdem ist daran zu erinnern, dass die biblische Tradition alle moralischen Normen und das ‹Gesetz›, die Tora im Ganzen, zurückführt auf das Liebesgebot. Der Sinn des ‹Gesetzes› wird im Neuen Testament – anknüpfend an die hebräische Bibel (Dtn 6,5; Lev 19,18) – auf das Doppelgebot der Liebe zurückgeführt: «‹Du sollst den Herrn, deinen Gott, lieben von ganzem Herzen, von ganzer Seele und von ganzem Gemüt.› Dies ist das höchste und größte Gebot. Das andere aber ist dem gleich: ‹Du sollst deinen Nächsten lieben wie dich selbst.› In diesen beiden Geboten hängt das ganze Gesetz und die Propheten.» (Mt 22,37–40 parr; vgl. Röm 13, 8–10)

Es gehört zu den Eigentümlichkeiten des sogenannten Liebesgebots, dass es sich dem einfachen Gegensatz von Autonomie und Heteronomie entzieht: Liebe zu gebieten ist strenggenommen paradox und ein ebenso sinnloser Befehl wie ‹Sei spontan!›. Das Liebesgebot ist absurd, wenn es als moralischer Imperativ verstanden wird, denn Liebe kann man nicht fordern. Mit Franz Rosenzweig ist das ‹Liebesgebot› vielmehr zu verstehen als ‹Gebot der Liebe› in dem Sinn, dass es die Liebe selbst ist, die sich ‹gebietet› (vgl. Ricoeur 1990: 17 f.) – und zwar dadurch, dass sie eine ihr korrespondierende, freie und spontane Antwort hervorruft: Wer geliebt wird, muss nicht, kann aber lieben. Karl Barths Ethik hat dem durch die Unterscheidung zwischen Gottes Gebot und ‹Gesetz› Rechnung getragen: Der biblische Gott ist ein Gebietender, der aufseiten des Menschen die freie Befolgung seines Gebots ermöglicht, indem er sie als der bedingungslos Liebende allererst hervorruft. So verstanden bedeutet der Rückbezug des moralischen Gesetzes auf das Gebot der Liebe keinen Rückfall in die Heteronomie, sondern eine Vertiefung der Autonomie. Gottes Gebot konterkariert nicht die menschliche Freiheit, sondern befähigt zu ihrem Gebrauch.

Wenn das Ethos der Liebe der moralischen Autonomie nicht widerspricht, so stellt sich doch die Frage nach dem genaueren Verhältnis zwischen beiden. Was trägt das Ethos der Liebe für die Sphäre der moralischen Verpflichtung aus, in der über das für alle Richtige nach dem Verallgemeinerungsprinzip entschieden wird? Hierfür ist aufschlussreich, dass das moralische ‹Gesetz› im Neuen Testament außer auf das Gebot der Liebe noch auf eine andere Grundnorm zurückgeführt wird, nämlich die sogenannte Goldene Regel: «Alles nun, was ihr wollt, dass euch die Leute tun sollen, das tut ihnen auch!» (Mt 7,12a) Oder nach der synoptischen Parallelstelle: «Wie ihr wollt, dass euch die Leute tun sollen, so tut ihnen auch!» (Lk 6,31) Die Goldene Regel selber ist allerdings gar keine religiöse Norm, sondern entstammt einem interkulturell verbreiteten, paganen *common sense* (vgl. Dihle 1962). Sie bezeichnet es als Regel der Vernunft, das eigene Handeln an den Wünschen, Erwartungen und Interessen zu orientieren, die man an das auf einen selbst gerichtete Handeln des Anderen heranträgt. Allerdings ist der Gehalt der Regel nicht eindeutig. Deutlich ist nur, dass es sich um eine Norm symmetrischer Gegenseitigkeit handelt; doch lässt sie unterschiedliche Interpretationen zu, weil sie gegen jeweils andere Formen faktischer Asymmetrie gewendet werden kann (vgl. Reuter 1982):

Die ‹unterste› Stufe kommt in der Volksmundfassung der Goldenen Regel gut zum Ausdruck, die negativ formuliert ist: ‹Was du nicht willst, das man dir tu, das füg auch keinem andern zu!› So verstanden verkörpert die Norm eine Minimalmoral, die die Begrenzung gewaltförmiger Handlungen zum Ziel hat und auf dem Gedanken der Vergeltungsgerechtigkeit aufbaut. Sie limitiert das mögliche Spektrum asymmetrischer Interaktionen, an deren extremem Ende die Vernichtung des Anderen steht.

Auf einer höheren, mittleren Stufe ist die bedingt positive Fassung der Goldenen Regel angesiedelt. So kann einem antiken Machthaber geraten werden: ‹Wenn du [...] alles Gute erfahren willst, dann tue dasselbe deinen Untertanen!› Hier soll sich der Akteur an dem Vorteil orientieren, den sein auf den Anderen gerichtetes Handeln für ihn selbst erwarten lässt. Als Maxime eines *do ut des* (‹ich gebe, damit du gibst›) appelliert diese Variante der Regel an das Eigeninteresse im Sinn der Tauschgerechtigkeit, das jedoch nur dann zu einem ausgeglichenen Verhältnis der Akteure führt, wenn zuvor schon eine Symmetrie ihrer Handlungsfähigkeiten bestand. Auf diese Bedeutung der Norm als pragmatischer oder eigennütziger ‹Klugheits›-Regel, die noch nicht den moralischen Gesichtspunkt der Unparteilichkeit erreicht, wird vermutlich auch in Lk 6,31 Bezug genommen. Denn dort steht sie für ein Verhalten, dem die Radikalforderung der (Feindes-)Liebe entgegensteht, weil sie eine Erstinitiative verlangt, die gerade nicht auf einen eigenen Vorteil spekuliert.

Um diese Uneigennützigkeit geht es auf einer dritten Stufe der Goldenen Regel. Sie begegnet in der unbedingt positiven Version, wie sie im Matthäusevangelium überliefert ist, und besagt hier: ‹Alles, wovon ihr wollt, dass es euch die Leute tun, das tut auch ihr ihnen!› Die Formulierung selbst lässt zwar offen, welches der Inhalt des Wollens ist, das über diese Vorgabe entscheidet. Bleibt er vom Eigeninteresse des Handelnden bestimmt, dann verkörpert die Regel weiterhin ein rein instrumentelles Klugheitsethos. Wenn der Inhalt des Wollens aber – wie es im Kontext des Evangeliums der Fall ist – auf die kommende Gemeinschaft im Reich Gottes und seine Gerechtigkeit bezogen ist, dann läuft die Goldene Regel in der unbedingt positiven Variante auf eine indirekte Mitteilung des Gebotes der Nächstenliebe hinaus. Sie zielt dann auf ein Verhältnis ausgeglichener Gegenseitigkeit, jedoch unter dem Vorzeichen einer einseitigen Vorgabe. Sie wendet sich nicht länger an das rationale Eigeninteresse, sondern an das jeder geschaffenen Person eigene basale Streben nach Selbstschätzung und setzt es in Beziehung zur Person des Nächsten, der – was dieses Streben angeht – so ist wie ich (vgl. Erikson 1966). Analog zum Liebesgebot kann diese Variante der Goldenen Regel darum ebenfalls als Angelpunkt von ‹Gesetz und Propheten› (Mt 7,12b) und als Inbegriff der ‹besseren Gerechtigkeit› (Mt 5,20) bezeichnet werden. Im religiösen Kontext hebt das Gebot der Nächstenliebe die Gegenseitigkeitsnorm auf eine höhere Stufe und gibt ihr eine universalistische Ausrichtung.

Damit nähert sich die auf das Nächstenliebe-Gebot hindeutende Version der Goldenen Regel dem vernünftigen Sittengesetz Kants, insbesondere der Selbstzweckformel des kategorischen Imperativs: «Handle so, dass du die Menschheit sowohl in deiner Person, als in der Person eines jeden andern, jederzeit zugleich als Zweck, niemals bloß als Mittel brauchest!» (GMS BA 67) Die Selbstzweckformel kann als Übersetzung des Liebesethos in die Sprache der Moral verstanden werden – allerdings als eine nach beiden Seiten hin unvollkommene Übersetzung. Vom Standpunkt der Vernunftmoral ist der Formalismus des Sittengesetzes in der Goldenen Regel nur unzureichend durchgeführt. Denn sie bleibt auf konkretes Wollen und Wünschen bezogen, ohne wie der kategorische Imperativ ein von Neigungen unabhängiges Kriterium zur Beurteilung des Wollens zu nennen, das Auskunft darüber geben könnte, welche Wünsche der eigenen wie der anderen Person Achtung verdienen. Das Sittengesetz bringt an dieser Stelle den Begriff der ‹Menschheit› ins Spiel, als deren Exemplar ich den Anderen ebenso wie mich selbst respektieren soll. Umgekehrt kann man aus der Sicht des Liebesethos fragen: Geht damit nicht die konkrete Beziehung zwischen dem Selbst und dem Anderen verloren, weil beide in ihrer individuellen Andersheit dem Allgemeinbegriff der Menschheit subsumiert werden – und zwar nur gedanklich? Im Unterschied zum Imperativ der Moral ist die Liebe kein *kriterion*, sondern *kritês* (vgl. Rich 1984: 168), das bedeutet: Sie ist nicht Urteilsprinzip, sondern Urteilskraft, nicht selber Norm, sondern spontanes Tun. Als Ethos der Nächstenliebe zielt die Goldene Regel darauf ab, den Anderen nicht (nur) als Fall eines Allgemeinen – und sei es des Prinzips ‹Menschheit› – zu behandeln, sondern leitet dazu an, ihm als ‹Nächstem›, das heißt als einem singulären, konkreten Anderen zu begegnen, der in jedem Individuum begegnen kann (vgl. Fischer u. a. 2007: 63 u. ö.).

Mit Bezug auf die Sphäre der Moral gehen deshalb für die evangelische Ethik Liebe und Vernunft, Spontaneität und Norm unvermischt, aber zugleich ungetrennt zusammen: Der Vernunft obliegt die autonome Rechtfertigung moralischer Normen (des ‹Gesetzes›). Die Liebe dagegen ist des Gesetzes Erfüllung (Röm 13,10) – und zwar in doppelter Hinsicht. Zum einen im Sinn seiner Verwirklichung: Im religiösen Ethos der Liebe findet die rational nicht zu lösende Frage, warum man überhaupt moralisch sein soll, eine Antwort. Zum andern bedeutet Erfüllung des Gesetzes auch seine konkrete ‹Füllung›: Durch die Liebe, die dem Nächsten in prinzipiell jedem Anderen zugewandt ist, wird die der Form nach universale Moral dahin gelenkt, ihre realen Anwendungsbereiche und -bedingungen zu erweitern, indem bisher ausgegrenzte Personen, Gruppen oder Ansprüche entdeckt und einbezogen werden.

(4) Sünde und Erneuerung
Die spezifische Ausrichtung, die das Ethos von einem christlich-religiösen Selbstverständnis her gewinnt, ist schließlich noch im Blick auf die *tugendethische Dimension* zu bedenken. Luther war in seinem reformatorischen Neuansatz zur aristotelisch-thomistischen Tugendkonzeption auf Distanz gegangen, weil er zu Recht die Möglichkeit des Menschen bestritt, durch aktives Wirken vor Gott gut und gerecht werden zu können. Dennoch bleibt der Problembegriff der Tugend auch für die evangelische Ethik von nicht zu umgehender Relevanz (vgl. Herms 1992; Stock 1995; Bartmann 1998). Während die deontologische Moral auf das Faktum des Bösen, also die destruktive Verkehrung des menschlichen Strebens, mit der Grenzziehung durch das Gesetz reagiert, wird in der tugendethischen Dimension eine weiter-

reichende Frage aufgeworfen: Wie ist angesichts der Wirklichkeit des Bösen und der Sünde eine Neukonstitution des ethischen Subjekts in seiner Handlungs- und Urteilsfähigkeit zum Guten überhaupt möglich? Hier sind Missverständnisse zu korrigieren, die mit der Bedeutung der ‹Sünde› für die Verfasstheit des ethischen Subjekts zusammenhängen.

Ausgangspunkt muss die Feststellung sein, dass die Sünde als Entfremdung des Menschen von Gott nach dem biblischen Zeugnis nicht mit dem Verlust seiner Gottebenbildlichkeit einhergeht, wie dies weniger bei Luther, wohl aber im Altprotestantismus weithin vertretene Lehre gewesen ist (vgl. Pannenberg 1991: 232 ff.). Schon die Metapher des ‹Bildes› gibt zu verstehen, dass ein (Ab-)Bild nicht mit dem Urbild identisch ist. Mit der *imago Dei* ist darum kein Zustand ursprünglicher (‹paradiesischer›) Vollkommenheit gemeint, sondern die im geschichtlichen Prozess zu realisierende Bestimmung der Menschen zur Gemeinschaft mit Gott und untereinander. Für sie steht in der Verkündigung Jesu das Symbol des ‹Reiches Gottes›, als dessen Repräsentant er selbst gilt. ‹Sünde› ist die Verfehlung der Bestimmung des Menschen, als Abbild Gottes zu existieren, und somit die Entfremdung von ihm. Zugleich wird von daher verständlich, dass der christliche Glaube die volle Verwirklichung der Gottebenbildlichkeit erst in der Menschwerdung Gottes in Jesus von Nazareth findet. In diesem Sinn spricht das paulinische Schrifttum des Neuen Testaments von Jesus Christus als dem einen vollkommenen Ebenbild Gottes und als dem «neuen Menschen» (2Kor 4,4), an dem alle übrigen teilhaben werden durch ihre Verwandlung in das unvergängliche Bild Christi (1Kor 15,49 ff.; 2Kor 3,18). Die eschatologische Neugestaltung der menschlichen Gottesbeziehung geschieht jetzt schon durch die Kraft des Geistes, wie sie im Ritus der Taufe symbolisiert wird. Sie bekräftigt die Gleichheit in Christus, die alle natürlichen, sozialen und religiösen Unterschiede zwischen den Menschen aufhebt (Gal 3,27 ff.; Kol 3,10 f.). Außerdem hat sie eine neue, dem Bild Christi konforme Identität und eine dem entsprechende Lebensführung zur Folge. Der Mensch wird erneuert «in wahrer Gerechtigkeit und Heiligkeit» (Eph 4,24), also in der ihm als Ebenbild Gottes verliehenen Fähigkeit sowohl zum Urteilen über das Gute und Richtige als auch zu dessen praktischem Vollzug. Damit sind zentrale Aspekte der Tugendethik berührt.

Aber wie verhält sich die Behauptung, die Erneuerung des Menschen schließe die Wiederherstellung seines ethisch-moralischen Urteilsvermögens ein, zum Mythos vom ‹Sündenfall›, der das Streben nach der Erkenntnis von Gut und Böse als Sein-wollen-wie-Gott und als Ursünde darzustellen scheint? Offenbar existiert hier ein Widerspruch. Er löst sich aber auf, wenn man die traditionelle Auslegung von Gen 3 korrigiert und neuere bibelwissenschaftliche Befunde auch systematisch ernst nimmt (vgl. Albertz 1992). Es kann demnach keine Rede davon sein, dass das Unterscheidenkönnen von Gut und Böse als ‹Ursünde› zu gelten hätte. Dies wäre schon deshalb abwegig, weil die in Gen 3,5 zur Umschreibung der entsprechenden Kompetenz eingesetzten Begriffe sonst im gesamten Alten Testament positiv bewertet werden. Sie bezeichnen «die Fähigkeit zur klugen, zwischen Nützlichem und Schädlichem abwägenden Daseinsgestaltung [...], welche den mündigen Erwachsenen vom unmündigen Kind oder Greis unterscheidet» (Albertz 1992: 15 f.). Es geht um die normale Befähigung des Menschen mit ‹Weisheit›, die über die intellektuelle Komponente hinaus die erfolgreiche praktische Umsetzung von Einsichten umfasst und recht genau dem entspricht, was mit Klugheit als intellektueller Tugend gemeint ist. Diese praktische Vernünftigkeit kann ohne negativen Unterton als Indiz für die Teilhabe des Menschen an der Sphäre des Göttlichen betrachtet werden (2Sam 14,17.20; 19,28). ‹Sein wie Gott›, indem man über praktische Urteilskraft verfügt, ist deshalb gar keine Hybris, sondern eine der gottebenbildlichen Bestimmung des Menschen adäquate Existenzform.

Wenn nun die Erzählung das Erlangen dieser Fähigkeit als Übertretung eines göttlichen Verbots darstellt, bedeutet das nicht, dass der Mensch auf sie hätte verzichten sollen – es handelt sich ja um ein Erwachen zur Mündigkeit, zu dem es gar keine ernsthafte humane Alternative gibt. Durch das Verbot und die Sanktionierung seiner Übertretung (Gen 3,16 ff.) wird vielmehr die Verantwortlichkeit des Menschen für den konkreten Gebrauch seiner Urteilskraft eingeschärft. Die biblische Tradition enthält in ethischer Hinsicht ein präzises Wissen um die Ambivalenz des praktischen Vernunft- und Urteilsvermögens. Der Mensch kann seine Gottebenbildlichkeit verfehlen durch den Gebrauch, den er von der ‹Klugheit› genannten, abwägenden Vernunft macht: Er kann sie bestimmungsgemäß gebrauchen als intellektuelle Tugend, die orientiert ist am höchsten ursprünglichen und am höchsten abgeleiteten Gut – das heißt an der Liebe zu Gott und dem Nächsten – und die die affektiven Antriebe integriert in eine auf das Gute und Richtige ausgerichtete Lebensform. Er kann seine praktische Urteilskraft aber auch verkehren zu einer bloß instrumentellen Rationalität, die zur Wahl geeigneter Mittel für beliebige Zwecke und damit zur Maximierung der Eigeninteressen auf Kosten Anderer einsetzbar ist. Die erste Manifestation der Sünde in der biblischen Urgeschichte ist deshalb nicht das Erlangen der Klugheit, sondern der Brudermord als Folge der Herrschaft der Affekte über die Einsicht in das Richtige (Gen 4,6–8).

Vollends Paulus macht deutlich: Nicht das Wissen um Gut und Böse ist Ursache der Sünde; die Sünde besteht vielmehr darin, dass der Mensch infolge der Diskrepanz von Wollen und Können nicht Herr seiner Handlungen ist: «Wollen habe ich wohl, aber das Gute vollbringen kann ich nicht. Denn das Gute, das ich will, das tue ich nicht; sondern das Böse, das ich nicht will, das tue ich. Wenn ich aber tue, was ich nicht will, so tue nicht ich es, sondern die Sünde, die in mir wohnt. [...] Denn ich habe Lust an Gottes Gesetz nach dem inwendigen Menschen. Ich sehe aber ein anderes Gesetz in meinen Gliedern, das widerstreitet dem Gesetz in meinem Gemüt und hält mich gefangen im Gesetz der Sünde, das in meinen Gliedern ist. Ich elender Mensch! Wer wird mich erlösen von diesem todverfallenen Leibe?» (Röm 7,18–24) Wenn die Sünde auf die mangelnde affektive Übereinstimmung mit dem Willen Gottes zurückgeht – und zwar nicht aufgrund fehlender Einsicht, sondern wegen des Widerspruchs zwischen Wollen und Können –, dann ist die Neukonstitution des Selbst nur zu erwarten von einer Transformation, die seine intellektuellen und emotionalen, seine kognitiven und affektiven Kräfte umfasst.

Als anthropologischer Ort dieses Neuwerdens gilt in der hebräischen Bibel das menschliche Herz (vgl. Tanner 2012). Ein «weises und verständiges Herz» ist erforderlich, um zu «verstehen, was Gut und Böse ist» (1Kön 3,9.12); die Handlungsfähigkeit zum Guten wird von der Gabe eines «neuen Geistes» und eines «neuen Herzens» erwartet, in das das Gesetz geschrieben ist (Jer 31,33; Ez 11,19 f.; Ez 36,26 f.). Die christliche Tradition spricht von der Notwendigkeit der ‹Heiligung›, das heißt einer Erneuerung der ethischen Urteils- und Handlungsfähigkeit, die nicht durch eigene Willensanstrengung bewirkt werden kann. Im Neuen Testament steht der profangriechische Begriff für Tugend (*aretê*) bezeichnenderweise sowohl für den Erweis der Macht Gottes (1Petr 2,9) als auch für eine menschliche Einstellung (2Petr 1,5–7). Schon dadurch, aber ebenso durch den seltenen Gebrauch des Wortes wird der Gedanke einer habituellen Verfügbarkeit der Tugenden abgewehrt. Der Sache nach sind allerdings Haltungen, die in der Antike mit Tugenden assoziiert werden, vielfältig präsent. Nur gelten sie nicht als Resultate von Übung und Gewohnheit, vielmehr werden sie als Früchte des Geistes Gottes (*charismata*) gesehen, das meint: Sie sind ekstatisch konstituiert. Die (in der katholischen Tradition missverständlich so genannten) ‹theologischen Tugenden› Glaube, Hoffnung und Liebe (1Kor 13,13) sind Manifestationen des Geistes, die zur Gemeinschaftsbildung führen. Allen voran der Geist der Liebe richtet den Gebrauch der praktischen Urteilskraft dahingehend aus, dass sie das Interesse des Anderen über das rationale Eigeninteresse stellt und ihn in seiner konkreten Situation wahrnimmt.

Auch die im Neuen Testament genannten ethischen Tugenden werden als geistgewirktes affektives Ergriffensein gedeutet. Die Bindung an Werte und Ideale geht auf Erfahrungen der Selbsttranszendenz zurück (vgl. Joas 1999). Dies gilt insbesondere von den Haltungsbildern, die als Konsequenz der Christusbegegnung ausgezeichnet werden, so zum Beispiel Freude, Friede, Geduld, Freundlichkeit, Güte, Sanftmut und Selbstbeherrschung (Gal 5,22 ff.; vgl. Eph 4,2 f.; Kol 3,12 ff.). Auch wenn sie weitgehend aus dem paganen Ethos übernommen sind, gewinnen sie ihr besonderes Profil für das christliche Selbstverständnis daraus, dass sie durch Gesinnung und Lebensweg Jesu Christi geprägt sind (Phil 2,5). Die neutestamentlichen Schriften haben aus den zeitgenössischen Traditionsbeständen vornehmlich solche Tugenden aufgenommen und transformiert, die dem im Glauben geschenkten Gott- und Selbstvertrauen gemäß sind (wie etwa die *parrhêsia*, der nonkonformistische Mut zur Wahrheit), ferner Haltungen, in denen sich die eschatologische Hoffnung auf die vollendete Gottesgemeinschaft verbindet mit der illusionslosen Zuwendung zur noch nicht erlösten Welt (wie Freude und Demut, Wachsamkeit und Geduld, Friedensfähigkeit und Gelassenheit), schließlich und vor allem Verhaltensweisen, in denen sich die Zuwendung zu den Bedürftigen und Schuldiggewordenen manifestiert (wie Mitgefühl, Erbarmen und Vergebungsbereitschaft).

Die evangelische Ethik würdigt das Leitbild eines christusgemäßen Lebens und Handelns als Ausdruck einer Verinnerlichung des Guten, hält aber an der Differenz zwischen ‹Nachahmung› und ‹Nachfolge› fest. Sie sperrt sich gegen die Vorstellung einer *imitatio Christi*, die ihn zum äußeren Vorbild und Mittel eigenen Vollkommenheitsstrebens macht; sie kann aber das Thema der Tugenden im Rahmen eines Ethos der Nachfolge aufnehmen – einer Lebensform, die Ausdruck der Prägung durch das innere Bild Jesu Christi ist (vgl. Stock 1995: 91 ff.).

3.2. Methoden konkreter Ethik

Gibt es ein Repertoire von Methoden, nach denen Fälle der anwendungsorientierten oder konkreten Ethik, also ethische Situationsurteile respektive Einzelfallentscheidungen begründet und gerechtfertigt werden können? Die evangelische Ethik verfügt in dieser Beziehung über keine spezifische Methode, sondern partizipiert an den in der allgemeinen Ethik entwickelten argumentativen Instrumenten. Letztere sind aufgrund ihres weitgehend formal-prozeduralen Status für inhaltliche Prägungen unterschiedlicher Art offen, damit in Gebrauch und Reichweite aber auch von der Einbettung in umfassendere ethische Konzeptionen abhängig.

Die Grundstruktur der hier erforderten praktischen Kompetenz ist auf unterschiedliche Weise sowohl in der aristotelischen Tradition – unter dem Titel der Klugheit – wie auch von Kant – unter dem Begriff der Urteilskraft – thematisiert worden. Aristoteles definierte die Verstandestugend der Klugheit (*phronêsis*) als «untrüglichen Habitus vernünftigen Handelns […] in Dingen, die für den Menschen Güter oder Übel sind» (NE 1140b, 4–6). Kant hat sich zwar in seiner praktischen Philosophie auf das oberste Moralprinzip konzentriert, aber durchaus gesehen, dass es zu dessen praktischer Umsetzung einer «durch Erfahrung geschärfte[n] Urteilskraft» bedarf (GMS BA IX), und das betreffende Vernunftvermögen in seiner *Kritik der Urteilskraft* analysiert. In seiner ganz anders angelegten *Ethik* hat auch Dietrich Bonhoeffer in Aufnahme der neutestamentlichen Aufforderungen zur situativen Prüfung des Willens Gottes (Röm 12,2; Eph 5,9 f.; Phil 1,9 f.; 1Thess 5,21) davon gesprochen, dass hierzu «Verstand, Erkenntnisvermögen, aufmerksame Wahrnehmung des Gegebenen […] in lebhafte Aktion» treten müssen. Wenn Bonhoeffer den hier notwendig miteinanderwirkenden Kräften «Verstand, Beobachtung, Erfahrung» nahezu beiläufig das «Herz» voranstellt (Bonhoeffer 1992: 326, 324), so wird damit unterstrichen, dass es in der Sicht christlicher Ethik darauf ankommt, dass alles Urteilen im Geist der Liebe erfolgt – der Liebe nicht als Urteilsprinzip, sondern als «Wahrnehmung» und «Verstand» ausrichtende Urteilskraft. Für das ethische Urteilen bedeutet das die Ausrichtung der Wahrnehmung auf den Blick ‹von unten›, vom Einzelnen und von den Benachteiligten her.

Im handlungsleitenden Urteil geht es um die komplexe Vermittlung von Allgemeinem und Besonderem, Gesetzmäßigem und Kontingentem. Das moralische Urteil wird konstituiert durch kognitive, situative und voluntative Elemente: der Einsicht in die richtigen Ziele und Prinzipien, der Wahl der situationsangemessenen Mittel und den Vorsatz oder Willen, die entsprechende Handlung zu vollziehen. Im Folgenden wird zunächst erörtert, wie in gegenwärtigen Modellen anwendungsorientierter Ethik das Zusammenspiel zwischen Allgemeinem (Prinzipien oder Normen) und Besonderem (also dem konkreten Einzelfall) genauer gefasst und verstanden wird (3.2.1.). Es folgt ein Überblick über Priorisierungs- und Abwägungsregeln (3.2.2.). Abschließend wird ein Schema von Arbeitsschritten vorgeschlagen, das die Erarbeitung konkreter ethischer Situationsurteile anleiten kann (3.2.3.).

3.2.1. Drei Modelle

Etwas vereinfacht gesagt, werden heute drei Paradigmen konkreter oder anwendungsorientierter Ethik unterschieden: ein fundamentistisches, ein kontextualistisches und ein kohärentistisches Begründungsmodell (vgl. Ach u. a. 2008: 169 ff.).

(1) Fundamentismus
Im Fundamentismus – der Begriff wurde zur Unterscheidung vom ‹Fundamentalismus› vorgeschlagen (vgl. Bayertz 1999) – werden aus allgemeinen ethischen Theorien moralische Prinzipien mittlerer Reichweite hergeleitet, aus denen wiederum spezielle moralische Regeln folgen, die auf den konkreten Fall oder die konkrete Situation ‹angewandt› werden. Anders gesagt: Das ethische Urteil wird durch einen mehrstufigen Prozess zunehmender Generalisierung gerechtfertigt, sofern sich das Einzelfallurteil durch übergeordnete Regeln und Prinzipien und diese wiederum durch eine umfassende ethische Theorie begründen lassen. An der Spitze der Hierarchie steht so eine allgemeine Moraltheorie – etwa der Kantianismus oder der Utilitarismus. Diese Theorie bildet das Begründungsfundament. Daraus folgen auf der nächsten Ebene Prinzipien – zum Beispiel das Instrumentalisierungsverbot oder das Gebot der Maximierung des Kollektivnutzens. Diese lassen sich auf einer weiteren Konkretisierungsstufe in spezielle Regeln überführen – zum Beispiel ‹Einen Terroristen zu foltern ist immer verboten› oder aber ‹Einen potenziellen Bombenattentäter zu foltern, ist erlaubt, wenn dadurch Gefahr von einer Großstadt abgewendet werden kann›. Daraus resultiert dann auf der untersten Ebene des Einzelfalls die der speziellen Regel ent-

sprechende Handlungsanweisung respektive das singuläre Urteil ‹Diese Verhörmethode ist verwerflich (oder aber geboten beziehungsweise erlaubt)›. Ein solches *top-down*-Modell wird bereits durch den Terminus ‹angewandte Ethik› nahegelegt, der suggeriert, beim ethischen Urteil handele es sich dem Urteil eines Richters vergleichbar um die Subsumtion eines singulären Falls unter ein allgemein geltendes Gesetz. Zur Urteilsfindung des Richters gehört es ja, zu prüfen, ob eine bestimmte Handlung (etwa die Tötung eines Menschen) unter die im Gesetz festgelegten strafrechtlichen Tatbestandsmerkmale des Mordes (niedrige Motive, verwerfliche Begehungsweise oder Zielsetzung) fällt, sodass die Handlung als ‹Mord› zu bewerten und der Täter entsprechend zu verurteilen ist. Charakteristisch für den Fundamentismus ist die hierarchische Struktur ethischer Urteilsbildung, wonach die Richtigkeit des Einzelfallurteils begründet wird durch die Richtigkeit des übergeordneten Prinzips oder der übergeordneten Prinzipien, die ihrerseits durch die Richtigkeit der ihm zu Grunde liegenden Moraltheorie verbürgt werden.

Das heißt: Im fundamentistischen Modell hängt die Validität des Einzelfallurteils letztlich von der Geltung oder Akzeptanz der vorausgesetzten ethischen Theorie ab. Diese begründungstheoretische Stärke bedeutet jedoch zugleich eine Schwäche. Denn, so lautet ein erster Einwand, unter Bedingungen eines weltanschaulichen Pluralismus kann keine umfassende Ethikkonzeption – eine philosophische ebenso wenig wie eine theologische – einen Monopolanspruch auf Richtigkeit mehr erheben. Keine noch so perfekte Begründung des Einzelfallurteils im Rahmen einer bestimmten Moraltheorie ist in der Lage, Bewertungsdissense im Konkreten aus der Welt zu schaffen, weil diese abhängig bleiben von den ethiktheoretischen Grundannahmen. Zweitens kann man fragen, ob es überhaupt möglich ist, aus allgemeinen Prinzipien durch logische Ableitung eindeutige Handlungsanweisungen für den Einzelfall zu gewinnen. Denn das allgemeine Prinzip wird dabei niemals nur ‹angewandt›; indem es zur Bewertung der konkreten Situation herangezogen wird, wird es vielmehr zugleich auch interpretiert – etwa dergestalt, dass das Gebot ‹Du sollst nicht töten› eine präzisierende Deutung erfährt im Sinn von ‹Du sollst nicht morden›. Somit bedarf es zur Subsumtion des Besonderen unter das Allgemeine der – mit Kant gesprochen – «bestimmenden Urteilskraft» (KdU B XXVII f.). Drittens schließlich werden ethische Probleme nicht selten durch die Kollision unterschiedlicher Prinzipien – etwa den Konflikt zwischen dem Nichtschadensgebot und dem Hilfegebot – aufgeworfen. Das deduktivistische Modell kommt deshalb nicht ohne Regeln für die Gewichtung konfligierender

Prinzipien aus, die ebenfalls (be-)deutungsabhängig sind und ein interpretatives Moment einschließen.

(2) Kontextualismus
Das entgegengesetzte Begründungsmodell bezeichnet man heute meist als Kontextualismus (vgl. Ach u. a. 2008: 18 f., 170 f.). Hier wird ein *bottom-up*-Ansatz verfolgt, der von der kontextsensiblen Beobachtung der konkreten Problemlage ausgeht und durch Analyse ihrer Entstehung und ihrer spezifischen Merkmale sowie durch den Vergleich mit anderen paradigmatischen Fällen zu einer Beurteilung des Problems zu kommen versucht. Die Beurteilung eines neuen Falls ergibt sich aus der bereits vorhandenen, möglichst unstrittigen Beurteilung von anderen Fallkonstellationen, wobei die zwischen den Fällen bestehenden Ähnlichkeiten und Verschiedenheiten berücksichtigt werden. So könnte man bei der Frage, ob es Ausnahmen vom Tötungsverbot gibt, an die klassischen Problemlösungen im Fall der Tyrannentötung oder der Tötung aus Notwehr anknüpfen. Allgemeine Prinzipien werden in diesem Modell zunächst einmal eher als hinderlich betrachtet, da sie den Einzelfall in seiner Einmaligkeit ohnehin nicht zureichend erfassen können. Das prominenteste und älteste Beispiel für kontextualistisches Denken in der Ethik ist die Kasuistik, die im Rahmen der Beicht- und Bußpraxis entstand und in der Moraltheologie der Jesuiten im 16. Jahrhundert ihre Blütezeit erfuhr. Hier wurde bereits der Kasus nicht nur als Anwendung einer allgemeinen Regel auf die konkrete Situation verstanden, sondern als Spezifizierung der Regel unter Berücksichtigung des singulären Falles. Die daran anknüpfende Weiterentwicklung der Kasuistik in der neueren Diskussion (vgl. Jonsen/Toulmin 1988) stellt drei Schritte heraus: Erstens geht es um ein adäquates Verständnis der Situation und deren ethisch relevanter Aspekte. Zweitens kommt es darauf an, das jeweilige Problem im Licht des gelebten Ethos und tradierter Normen sowie von Präzedenzfällen und Analogien zu erörtern. Drittens gilt es, durch Abgleich verschiedener Fälle zu einer handlungsorientierenden Entscheidung zu gelangen. Hierzu bedarf es des Sinns für Angemessenheit beziehungsweise der – aristotelisch gesprochen – praktischen Klugheit (*phronêsis*) oder – in kantischer Terminologie – der reflektierenden Urteilskraft, die zum gegebenen Besonderen das gesuchte Allgemeine erst kreativ findet, entdeckt oder (re)konstruiert (vgl. KdU B XXVII f.).

Die Situationsorientierung und die Berücksichtigung empirischer Sachverhalte gehört zu den Stärken kontextualistischer Ansätze. Kritisch ist aber zu bemerken, dass die ausschließliche Orientierung am *common sense* des gelebten Ethos zum Einfallstor von Vorurteilen werden kann, die sich angesichts des Fehlens übergeordneter Prinzipien vor keinem Prüfkriterium mehr ausweisen müssen. Außerdem setzt der Gedanke der einzelfallbezogenen Entdeckung einer Regel voraus, dass überhaupt allgemeinere Regeln existieren, die einer Mehrzahl von Fällen gemeinsam sein können. Eine Regel, die so spezifiziert und detailliert wäre, dass sie nur für einen Fall gilt, wäre keine. Ein entsprechendes Konzept würde sich in Situationsethik auflösen, wozu es – als Konsequenz der Orientierung am Gebot der Nächstenliebe – in der evangelischen Ethik des 20. Jahrhunderts starke Tendenzen gab (vgl. Fletcher 1967). Faktisch wurde die Kasuistik aber selten ohne jeden Bezug auf allgemeinere Regeln, Grundsätze oder Maximen praktiziert.

(3) Kohärentismus
Eine dritte Begründungsmethode ethischer Urteile, die die jeweiligen Stärken von Fundamentismus und Kontextualismus aufnehmen, aber ihre Schwächen vermeiden will, bietet das kohärentistische Modell. Als das gegenwärtig wohl verbreitetste Paradigma der konkreten oder anwendungsorientierten Ethik versucht der Kohärentismus den *top-down-* und den *bottom-up*-Ansatz zu verbinden. Die Annahme lautet, dass jeder kompetente Moralbeurteiler immer schon über beides verfügt: über allgemeine moralische Prinzipien und über wohlüberlegte, einzelfallbezogene Urteile, Überzeugungen oder Intuitionen. Die ethische Urteilsbildung kennt hier keine statischen Geltungsgrundlagen, sondern zielt auf die Herstellung eines Überlegungsgleichgewichts zwischen beiden Polen im Wege der wechselseitigen Prüfung und Korrektur der Einzelfallurteile durch die Prinzipien und umgekehrt. Der Kohärentismus macht die Gültigkeit eines ethischen Urteils von seiner Passung im Rahmen eines Überzeugungssystems abhängig. Dabei ist weder der Schluss vom Allgemeinen auf das Besondere noch vom Besonderen aufs Allgemeine maßgeblich, vielmehr kommt es darauf an, dass sich ein Urteil logisch konsistent, also widerspruchsfrei in den Gesamtzusammenhang der Argumente und Urteile eines Überzeugungssystems einbetten lässt. Nun garantiert allerdings die logische Konsistenz eines Überzeugungssystems noch nicht *per se* dessen Gültigkeit, denn logisch konsistent kann auch das Überzeugungssystem einer Räuberbande sein. Im Blick auf kohärentistische Theorien ist deshalb zu unterscheiden zwischen begründungsorientiertem und problemorientiertem Kohärentismus (vgl. Badura 2011). Während das Kohärenzkriterium in der begründungstheoretischen Variante eine notwendige *und* hinreichende Bedingung für die Gültig-

keit ethischer Urteile darstellt, nimmt der problemorientierte Kohärentismus an, dass Kohärenz zwar ein notwendiges, aber keineswegs schon hinreichendes Geltungskriterium darstellt, sondern die Offenheit für neue Einsichten und externe kritische Gesichtspunkte einschließen muss (vgl. Fischer u. a. 2007: 107).

Als methodisches Modell eines Kohärentismus in der Ethik gilt weithin das sogenannte Überlegungsgleichgewicht. John Rawls hat zuerst das Konzept des *engen* Überlegungsgleichgewichts *(reflective equilibrium)* vertreten und es als Balance zwischen (a) einzelfallbezogenen Intuitionen – in seinem Sprachgebrauch: etablierten wohlerwogenen Urteilen oder Überzeugungen – und (b) moralischen Prinzipien respektive allgemeinen Normen oder Regeln konzipiert (Rawls 1951 / 2000; Ders. 1975: 37 f.). Ausgangspunkt sind die vorhandenen Intuitionen, von denen sich kompetente Moralbeurteiler in der Alltagspraxis leiten lassen – zum Beispiel: ‹Telefonieren beim Autofahren ohne Freisprechanlage ist schlecht›. Daraus werden im nächsten Schritt die Prinzipien rekonstruiert, die in diesen Intuitionen enthalten sind – hier: ‹andere Verkehrsteilnehmer sollen nicht gefährdet werden›. Für die Bioethik etwa sind das Autonomie-, das Nichtschadens-, das Fürsorge- und das Gerechtigkeitsprinzip als ‹Prinzipien mittlerer Reichweite› herausgestellt worden, die mit allgemeiner Akzeptanz rechnen können (vgl. Beauchamp / Childress 2009: Kap. 10). Schließlich kommt es darauf an, dass das Zusammenspiel von Intuitionen und Prinzipien auch mit unseren sonstigen, auf andere Fälle bezogenen Urteilen zusammenpasst, also kohärent ist – zum Beispiel: ‹wegen der Gefährdung anderer Verkehrsteilnehmer ist das Überfahren der Ampel bei Rot ebenfalls schlecht›. Die Inkohärenz einzelner Urteile und Überzeugungen mit den anderen Elementen eines Überzeugungssystems ist ein Indiz für die Korrektur- oder Revisionsbedürftigkeit sei es der einzelnen Überzeugung, sei es der bislang unterstellten Stimmigkeit des Überzeugungssystems und der darin enthaltenen Prinzipien. Letzteres wäre beispielsweise dann der Fall, wenn sich jemand durch einen Schwangerschaftskonflikt in seinem Freundeskreis in seiner generellen Verurteilung jeder Abtreibung infrage gestellt sähe.

Während sich das ‹enge› Reflexionsgleichgewicht auf den wechselseitigen Abgleich von vorhandenen singulären Urteilen und Prinzipien beschränkt, ist dieses Modell im weiten Überlegungsgleichgewicht dahingehend modifiziert worden, dass in ethische Urteile neben relevantem empirischem Faktenwissen mindestens drei Elemente eingehen: (a) wohlerwogene Urteile, (b) allgemeine Prinzipien, Normen und Regeln, darüber hinaus aber auch

(c) normative Hintergrundtheorien und weltanschauliche Wirklichkeitsdeutungen (vgl. Daniels 1979). Auch ‹holistische› Moraltheorien betonen die Bedeutung von «Weltbildern religiöser, ästhetischer oder philosophischer Art» (Siep 2004: 119). So stützt sich etwa die intuitive Ablehnung verbrauchender Forschung an menschlichen Embryonen nicht nur auf ein Prinzip (wie das Verbot der Instrumentalisierung von Menschen), sondern ebenso auf Hintergrundannahmen – oder in anderer Terminologie: starke Wertungen – hinsichtlich der Frage, ob und inwiefern Embryonen am Status des Menschseins teilhaben. Als ein damit zusammenhängendes Beispiel für die Relevanz von Hintergrundtheorien sei die Kontroverse um den Begriff der ‹Person› genannt, dem in bioethischen Streitfragen Schlüsselbedeutung zukommen kann: Bindet man den Personbegriff exklusiv an empirische Merkmale wie Selbstbewusstsein und (aktuelle) Interessenfähigkeit – oder versteht man ‹Person› zum Beispiel im Horizont der christlichen Tradition relational, als Verhältnisbegriff, und als Ausdruck der Gottebenbildlichkeit, die jedem Menschen rein aufgrund seiner Zugehörigkeit zur Menschheit zukommt? Die Lenkung des moralischen Urteils erfolgt in den meisten Fällen durch mehr oder weniger umfassende und artikulierte Wertungen im Blick auf Mensch, Gesellschaft und Wirklichkeit, die das Überlegungsgleichgewicht in inhaltlicher Hinsicht bestimmen. Sie können sich auf der Ebene der mittleren Prinzipien treffen und überschneiden oder aber zu Überzeugungskonflikten führen, die durch das auf Konsensstiftung angelegte kohärentistische Paradigma nicht überwunden werden können.

Auch gegen dieses Modell konkreter Ethik gibt es Einwände. Sie betreffen unter anderem seine Tendenz zum Konservatismus und seinen latenten Partikularismus. Beide Vorbehalte hängen zusammen: Der Partikularismusverdacht ist nicht von vornherein von der Hand zu weisen, da es ja auf die Einbettung des moralischen Urteils in ein durch Kohärenz gerechtfertigtes Überzeugungssystem ankommt, für das «kein universeller Geltungsanspruch [...] erhoben werden kann, sondern nur ein Geltungsanspruch für diejenigen, die an diesem Überzeugungssystem partizipieren» (Fischer u. a. 2007: 125). Doch kann man darin auch umgekehrt eine Stärke des Modells sehen, sofern die ethischen Probleme, auf die es sich bezieht, eben solche sind, die sich als Problem immer im Kontext vorhandener Überzeugungen stellen und nur unter deren Berücksichtigung einer Lösung zugeführt werden können. Die Konservativismuskritik bezieht sich darauf, dass als Ausgangspunkt das gelebte Ethos und die vorhandenen Intuitionen gewählt werden, während die im Fundamentismus zu Grunde gelegten ethischen

Theorien oberste Leitprinzipien enthalten, die in der Lage sind, den faktischen Verhältnissen auch kritisch gegenüberzutreten – wie man an den sozialreformerischen Impulsen des Utilitarismus oder der freiheitsrechtlichen Stoßrichtung des Kantianismus sehen kann (vgl. Fischer u. a. 2007: 126). Dieser Einwand kann entkräftet oder doch relativiert werden, wenn der Kohärentismus problemorientiert verstanden wird und wenn der Reflexionsprozess im Sinn des weiten Überlegungsgleichgewichts offen bleibt für die Korrektivfunktion von Hintergrundtheorien, aber auch Situationswahrnehmungen und Erfahrungen.

3.2.2. Regeln der Vorzugswahl

Das Kohärenzkriterium gibt lediglich eine notwendige Bedingung für die Gültigkeit ethischer Urteile an; Regeln für den Fall des Widerstreits zweier gültiger Urteile enthält es nicht. Zur ethischen Urteilskompetenz gehört es jedoch, bei einer Entscheidung zwischen konkurrierenden Handlungsalternativen die richtige Wahl zu treffen. Wenn hinter diesen Alternativen lediglich widerstreitende Interessen stehen, fehlt es der anstehenden Entscheidung streng genommen an normativer Relevanz im Sinn der Ethik – vielmehr geht es dann politisch-pragmatisch um einen Interessenausgleich zwischen unterschiedlichen Partnern oder Gruppen, also um die Findung eines fairen Kompromisses. Auch bei sogenannten strategischen Dilemmata, bei denen der Akteur nicht wissen kann, welche Folgen seine Entscheidung hat, weil diese von der Entscheidung anderer abhängen, handelt es sich nicht *per se* um einen ethischen Konflikt. Ebenfalls relativ einfach zu lösen sind – zumindest argumentativ – sogenannte gemischte Dilemmata, bei denen von den beiden Handlungsalternativen nur eine ethisch relevant ist: so etwa, wenn sich jemand zwischen dem Antritt einer lange gebuchten Urlaubsreise und dem Beistand für ein todkrankes Familienmitglied entscheiden muss. Für die Ethik primär relevant sind jedoch solche Situationen, in denen zwischen einander ausschließenden Handlungsalternativen zu wählen ist, für die jeweils ähnlich starke Gründe sprechen, ohne dass es eine Ausweichmöglichkeit gäbe (echtes Dilemma).

Ethische Dilemmata sind somit charakterisiert durch die Notwendigkeit einer Wahl zwischen zwei Handlungsoptionen, die beide normatives Gewicht im Sinn der Ethik besitzen, weil in ihnen konkurrierende Güter oder Pflichten auf dem Spiel stehen, die nicht gleichzeitig verwirklicht werden können: So kann es sein, dass ein hohes Gut nur auf Kosten eines anderen erreichbar ist – etwa im Fall des Notarztes, der in der Kürze der Zeit nur einem von mehreren Schwerverletzten helfen kann. Oder es scheint ein Übel (zum Beispiel der Tod einer an einen unbekannten Ort entführten Geisel) nicht ohne den Einsatz eines anderen Übels (der Folterung des Geiselnehmers) verhindert werden zu können. Oder jemand kann eine Handlung, die er als Pflicht empfindet, nur ausführen, wenn er eine andere Pflicht verletzt – so derjenige, der die Pflicht, die Wahrheit zu sagen, brechen muss, um einem Verfolgten das Leben zu retten; oder der junge Franzose in Sartres berühmtem Beispiel, der sich im von den Nazis besetzten Frankreich fragt, ob er seine Mutter pflegen oder sich der *résistance* gegen Hitler anschließen soll (vgl. Sartre 2000: 156 f.). In anderer Weise schwierig sind Fälle, in denen es sich bei den konfligierenden Optionen um im Sinn der Ethik zwar relevante, aber inkommensurable Größen handelt. Ein Standardbeispiel bildet die Entscheidung des Malers Paul Gauguin, um seiner Berufung als Künstler willen seinen bürgerlichen Beruf aufzugeben und damit die Verpflichtungen seiner sechsköpfigen Familie gegenüber zurückzustellen. Wiederum anders gelagert ist der Fall, dass man zur Erreichung eines guten Zwecks (wie der Verhinderung von Völkermord) gefährliche Mittel (wie das Bombardement einer Stadt) mit üblen Nebenfolgen (wie Opfern unter der Zivilbevölkerung) einsetzen muss und damit vor der Wahl steht, ob der Zweck die Mittel ‹heiligen› kann oder ob die Handlung zu unterlassen ist.

Gibt es in solchen Fällen Vorzugsregeln für die richtige Handlungswahl, an denen sich das ethische Urteil orientieren kann? Während die katholische Moraltheologie und die meisten Richtungen philosophischer Ethik auf der rationalen Erkennbarkeit des moralisch Richtigen bestehen, hat eine breite Strömung evangelischer Ethik traditionell eine eher vernunftskeptische Position vertreten, die auf die Ausweglosigkeit menschlicher Schuld als Folge der Sünde verweist. Dabei wird jedoch oftmals Sünde respektive Schuld in der religiösen Dimension nicht zureichend von moralischer respektive rechtlicher Schuld unterschieden (vgl. Huber 2006: 390 ff.). Der Satz von der Ausweglosigkeit menschlicher Schuld gilt in der religiösen Dimension, das heißt unter dem Aspekt der Verfehlung der Grundbestimmung des Menschen, nicht aber in gleicher Weise in der moralischen (oder juridischen) Hinsicht, in der es darum geht, eine Handlungswahl im Bewusstsein ihrer zwischenmenschlichen, intersubjektiven Zurechenbarkeit zu treffen. Deshalb wird im Folgenden dafür plädiert, die pragmatische Relevanz von Regeln der Vorzugswahl für die ethische Urteilsbildung anzuerkennen (1–3), ohne ihre nicht nur fehlbare, sondern in Ausnahmesituationen auch scheiternde Leistungskraft zu übersehen (4). Dass die abwägende menschliche Vernunft nicht vom ‹Letzten› her, das heißt aus der Gottesperspektive urteilen kann, bedeutet nicht, dass ihr jede Orientierungsfähigkeit ‹im Vorletzten› abzusprechen wäre.

(1) Prima-facie-Pflichten
Manche der aufgezeigten ethischen Dilemmata lassen sich eher als Pflichtenkollisionen verstehen, so zum Beispiel der Fall, dass jemand nur dann Schaden von einem anderen abwenden kann, wenn er ein gegebenes Versprechen bricht. Kant hat die Möglichkeit einer echten Pflichtenkollision ausgeschlossen, weil für ihn absolute Pflichten kategorisch gelten. Eine Pflicht ist ihm zufolge die objektive praktische Notwendigkeit einer Handlung nach dem einen Sittengesetz der Vernunft, sodass, wenn nach einer Regel zu handeln Pflicht ist, nach der entgegengesetzten zu handeln nur pflichtwidrig sein kann. Die kantische Ethik vermeidet echte Pflichtenkollisionen außerdem durch die Präferenzregel, dass im Konfliktfall negative Unterlassungspflichten als vollkommene Pflichten Vorrang vor positiven Handlungspflichten haben, die unvollkommene Pflichten darstellen. Die Regel geht auf die bereits von Cicero (De officiis I, 42 f.) getroffene Unterscheidung zwischen *iustitia* (Gerechtigkeit verstanden als Gebot, niemandem zu schaden) und *beneficientia* (Wohltätigkeit als aktive Hilfe) zurück. Sie findet sich bei Kant in der Tugendlehre der *Metaphysik der Sitten* als Unterscheidung der Rechtspflichten von den Tugendpflichten – eine Differenz, mit der Kant den Dual von vollkommenen und unvollkommenen Pflichten aus der *Grundlegung zur Metaphysik der Sitten* fortgebildet hat (vgl. Kersting 1993: 181 ff.). Nicht aus Gründen höherer Verbindlichkeit, sondern wegen ihrer distinkten Erkennbarkeit haben Rechtspflichten Priorität vor Tugendpflichten: Als negative Unterlassungsgebote sind Rechtspflichten inhaltlich präzise bestimmt und verbieten in jeder Situation, während sich Tugendpflichten als positive Gebote für die Maximenbildung auf die Verwirklichung von Zwecken richten, die von kontingenten Bedingungen abhängt. «Unterlassungspflichten brechen Tugendpflichten, Rechtspflichten setzen der Erfüllung von Liebespflichten eine Grenze» (Schockenhoff 2007: 478), das Richtige hat den Vorrang vor dem Guten – und zwar in dem Sinne, dass negative Pflichten den positiven Pflichten lexikalisch vorgeordnet sind, also jederzeit Vorrang haben. Wenn das Gute nur um den Preis einer Unrechtshandlung getan werden kann, muss auf die Realisierung noch so hochstehender Zwecke verzichtet werden. «Im

Fall der Kollision positiver und negativer Verpflichtungen, die nicht durch die Beachtung einer zeitlichen Reihenfolge (zuerst das Dringlichere, dann das Aufschiebbare) aufgelöst werden kann», ist etwa in der Medizinethik das Nichtschadensprinzip dem Prinzip des Wohltuns vorgeordnet (Schockenhoff 2007: 480).

Anders als Kant hält ein pluralistischer Deontologe wie David Ross objektive Kollisionen zwischen verpflichtenden Regeln für möglich. Er spricht diesbezüglich von *prima-facie*-Pflichten (vgl. Ross 1930). *Prima-facie*-Pflichten sind solche, die ihre Evidenz aus den moralisch relevanten menschlichen Beziehungen beziehen und ‹auf den ersten Blick› für absolut gehalten werden. Dazu werden gerechnet: allgemeine Pflichten, die darauf abzielen, das größtmögliche Gut zu verwirklichen (Wohltätigkeit, Selbstvervollkommnung, Verteilungsgerechtigkeit), besondere Pflichten, die sich aus früheren Handlungen ergeben (Wiedergutmachung, Dankbarkeit) und besondere Pflichten, die sich aus Handlungen ergeben, deren Sinn darin besteht, das Eingehen solcher Verpflichtungen zu ermöglichen (wie etwa das Halten von Versprechen) (vgl. Ross 1930: 24 ff.). Die absolute Gültigkeit von *prima-facie*-Pflichten besteht aber nur *ceteris paribus*, das heißt unter dem Vorbehalt, dass bei Berücksichtigung der konkreten Handlungssituation keine neuen Bedingungen hinzukommen. So geht nach Ross normalerweise das Einhalten des gegebenen Versprechens der Pflicht zur Wohltätigkeit vor, ebenso rangiert die Pflicht zur Schadensvermeidung vor der Pflicht zur Wohltätigkeit. Die Befolgung der entsprechenden *prima-facie*-Pflicht kann aber so katastrophale Folgen haben, dass ihre Übertretung zugelassen werden muss oder gar geboten ist. Ob eine Pflicht überwiegt und als geboten bezeichnet werden muss, oder ob beide die gleiche Verbindlichkeit besitzen, sodass die Entscheidung freigestellt ist, was also bei einer konkreten Pflichtenkollision unsere tatsächliche Pflicht ist, kann durch kein übergeordnetes Prinzip geregelt werden, sondern ist von Fall zu Fall durch genaue Situationsbetrachtung zu entscheiden. Dazu gehören nicht nur die voraussehbaren Folgen, sondern auch die Eigenschaften, Fähigkeiten, Möglichkeiten der beteiligten Personen, ihre sozialen Bindungen und anderes mehr. Bei Beachtung aller Umstände kann sich herausstellen, dass ein Versprechen zu halten zwar *prima facie* richtig ist, dass aber in der konkreten Situation die Pflicht überwiegt, einem anderen nicht zu schaden. Ein sicheres Kriterium dafür, welcher *prima-facie*-Pflicht der Vorzug einzuräumen ist, gibt es nach Ross allerdings nicht, weil wir die Folgen unserer Handlungen nicht vollständig überschauen können.

(2) Handlungen mit Doppelwirkung

Gesetzt den Fall, eine Handlung hat sowohl ein ethisch gerechtfertigtes Ziel, aber gleichzeitig moralisch schlechte Folgen oder Nebenfolgen – gibt es ein Kriterium, nach dem sich entscheiden lässt, ob der Vollzug der Handlung zulässig oder aber ihre Unterlassung geboten ist? Erwähnt wurde eingangs dieses Abschnitts das Beispiel eines im Ganzen legitimen Einsatzes militärischer Gewalt, der sogenannte Kollateralschäden unter der Zivilbevölkerung verursacht. Ein vergleichbarer Standardfall ist die ‹indirekte› Sterbehilfe, bei der der Arzt einem Todkranken die hohe Dosis eines sedierenden Medikaments mit der Absicht der Schmerzlinderung verabreicht, aber zugleich dessen mögliche lebensverkürzende Wirkung in Kauf nimmt. Man spricht hier von indirekter Sterbehilfe, weil die ‹direkte› Intention des Arztes nicht etwa auf die Tötung des Patienten gerichtet ist, sondern auf die Schmerzlinderung; der Tod des Patienten wird nicht gewollt, sondern als indirekte Folge der Therapie zugelassen.

Die Relevanz der Unterscheidung direkter von indirekten Wirkungen ist in den Intuitionen der Alltagsmoral verankert und findet sich auch im Strafrechtsdenken. Sie ist als Prinzip der Doppelwirkung in der katholischen Moraltheologie entwickelt und ausgearbeitet worden. Mit der Fokussierung auf die Absicht des Handelnden schließt das Doppelwirkungsprinzip zunächst an ein deontologisches Normverständnis an. Meistens geht es dabei um die Frage, ob Ausnahmen vom deontologischen Verbot der Tötung Unschuldiger zulässig sein können. Thomas von Aquin hat die Lehre von den Handlungen mit Doppeleffekt zunächst am Beispiel der Notwehrtötung entwickelt (STh II/II q. 64 a.7): Diese lasse sich – so der Aquinate – nicht unter die Tötungshandlungen subsumieren, weil in der Absicht (*in intentione*) des Akteurs ausschließlich die Rettung des eigenen Lebens liege, die Tötung des Angreifers dagegen der Intention des Handelnden äußerlich (*praeter intentionem*) sei.

Seit dem 19. Jahrhundert werden in der katholischen Moraltheologie in leicht variierender Formulierung vier Bedingungen genannt, unter denen ein zur Erreichung eines Gutes notwendiges physisches Übel verursacht oder zugelassen werden darf: (a) Die Handlung, aus der sich die üble Nebenfolge ergibt, muss in sich selbst gut oder doch indifferent sein. (b) Die Absicht des Akteurs muss gut sein, das heißt, sie darf nur auf die gute, nicht auf die schlechte Wirkung gerichtet sein. (c) Die üble Wirkung darf nicht Mittel zur Realisierung des guten Zwecks sein, sondern muss ebenso unmittelbar wie die gute Wirkung aus der Handlung hervorgehen. (d) Für die Inkaufnahme der üblen Wirkung muss ein schwerwiegender Grund vorliegen; üble Wirkungen müssen also gegenüber den guten Folgen verhältnismäßig sein. Im Ergebnis wird damit «die schlechte Folge einer Handlung beim Vorliegen eines hinreichenden Grundes unter Ausschluß der *direkten* Willensintention als eine *unbeabsichtigte* Nebenwirkung *gerechtfertigt*; die traditionelle Anwendung des Prinzips der Doppelwirkung gründet also wesentlich in der Unterscheidung von direkt und indirekt Gewolltem, wodurch die Kollision mit deontologisch verstandenen Normen vermieden ist» (Böckle 1978: 312). In der neueren Diskussion ist die Lehre vom Doppeleffekt vielfach kritisiert und neu interpretiert worden (vgl. Schockenhoff 2007: 462 ff.).

Zunächst kann gefragt werden, ob es sich bei den durch das Prinzip der Doppelwirkung gedeckten üblen Folgen um solche handelt, deren Eintreten ungewiss ist, oder um solche, die mit Sicherheit eintreten. Nach der weiten Version sind auch sicher vorhersehbare Übel als nicht-intendierte Nebenfolgen zulässig; die enger gefasste Variante nimmt dies nur für nicht (sicher) erwartbare Übel an. Eine zusätzliche Einschränkung erfährt die engere Version des Prinzips bei Michael Walzer im Rahmen seiner Diskussion der Regeln der Kriegführung (*ius in bello*): Opfer unter der Zivilbevölkerung dürfen nach Walzer nur dann in Kauf genommen werden, wenn der gerechtfertigte Einsatz militärischer Gewalt nicht ausschließlich dem Kriterium der Verhältnismäßigkeit der Mittel unterworfen wird, sondern dem einer doppelten Intention: Die Absicht des Handelnden muss auf die legitime Wirkung der Militäraktion gerichtet sein – darüber hinaus und zugleich aber darauf, ihre mögliche illegitime Nebenwirkung zu erkennen und sie (auch unter Inkaufnahme eigener Nachteile oder höherer Gefahren) auf ein Mindestmaß zu beschränken (vgl. Walzer 1977: 151 ff.).

Weitergehende Kritiken setzen beim Begriff der Intention an und stellen die Relevanz der darauf bezogenen ‹direkt/indirekt›-Unterscheidung als solche infrage. Hier wird bezweifelt, dass eine in Kauf genommene Nebenwirkung zutreffend als gleichsam nur mitgewollte Wirkung beschrieben werden kann. Zwar könne es sein, dass eine Nebenwirkung nicht um ihrer selbst willen intendiert werde, sie lasse sich dann aber durchaus als unverzichtbares Mittel für einen übergeordneten Zweck interpretieren. Dies liege jedenfalls dann nahe, wenn man unter Intentionen nicht psychologisierend Wünsche und Motive versteht, sondern Handlungspläne mit aufeinander aufbauenden Mitteln und Zwecken. Unter dieser Beschreibung sei die Rede vom indirekt Gewollten erschlichen und lediglich eine psychologische Fiktion, da sich jedes Mittel zu einem intendierten Ziel als direkt Gewolltes herausstelle. Diese Kritik läuft im Ergebnis darauf hinaus, die auf die subjektive Absicht des Handelnden bezogene Unterscheidung von direkt und indirekt Gewolltem als Kriterium aufzugeben und als rationalen Maßstab für die Zulässigkeit der üblen Folge allein den hinreichenden Grund beziehungsweise die Angemessenheit eines Mittels für den übergeordneten Zweck anzunehmen – also die unter (d) genannte Bedingung des Doppelwirkungsprinzips. Damit fällt die Entscheidung über die zulässige Inkaufnahme eines physischen Übels vollständig in den Bereich einer konsequentialistischen Ethik und wird zu einer Sache der Güter- bzw. Übelabwägung.

(3) Güterabwägungen
Im Begriff der Güterabwägung ist der Terminus ‹Gut› (oder ‹Übel›) weit zu verstehen: Er bezeichnet jede Art von Vorteil (oder Nachteil) respektive jedes Objekt eines Strebens oder Wünschens. Das hinter dem Gedanken der Güterabwägung stehende Grundprinzip lässt sich auf folgende Formel bringen: «Unter ansonsten gleichen Bedingungen (*ceteris paribus*) ist stets das wichtigste zur Wahl stehende Gut oder das geringste mögliche Übel zu wählen.» (Horn 2011: 391) Dieses Grundprinzip erscheint evident, wenn für die Wichtigkeit eines Gutes oder für die Geringfügigkeit eines Übels ausschließlich ein quantitativer Maßstab angelegt werden kann. So wird man ein Übel, das möglichst wenige Personen schädigt, demjenigen vorziehen, bei dem viele Betroffene zu befürchten sind. Oder man wird eine Handlung, deren positive Folgen mit größerer Wahrscheinlichkeit eintreten, derjenigen vorziehen, die die geringere Erfolgsaussicht hat. Auch wird man einen zeitlich befristeten Nachteil eher in Kauf nehmen, als einen, der sich auf längere Sicht negativ auswirkt. Angesichts der Komplexität konkreter Handlungssituationen reichen jedoch solche einfachen Vorzugsregeln nicht aus. Für eine prioritätenbegründende Rangordnung bedarf es einer ausgearbeiteten Güterkonzeption, die allerdings je nach vorausgesetzter ethischer Theorie unterschiedlich ausfällt:

Für utilitaristische Ethiken, die Handlungen von den Folgen her beurteilen, gehören Güterabwägungen zum Kerngeschäft. Dabei vertritt der Utilitarismus jedoch einen Gütermonismus beziehungsweise eine monistische Wertauffassung: Er bestimmt die Zentralität oder Ranghöhe der konkurrierenden Güter ausschließlich nach dem mit ihnen verbundenen kollektiven Nutzen und lässt die Handlungswahl von der Maximierung der Nutzensumme abhängig sein. Die Entscheidungstheorie fügt dem noch die Wahrscheinlichkeit des eintretenden Nutzens hinzu und orientiert sich am Erwartungsnutzen. Stets fungiert aber der Nutzen als gemeinsame ‹Währung›, hinsichtlich derer alle im Spiel befindlichen Güter vergleichbar sein sollen. Da der Utilitarismus den nach der Lustbilanz ermittelten Nutzen als gemeinsame Maßeinheit unterstellt, können auch vollkommen inkommensurable Güter gegeneinander abgewogen werden. Zu den schon besprochenen Problemen der meisten utilitaristischen Theorien gehören die Annahme einer Berechenbarkeit und der interpersonalen Vergleichbarkeit des Nutzens ebenso wie die Reduktion auf lediglich schwache Wertungen.

Der traditionellen Güterethik naturrechtlicher Provenienz entstammt dagegen die Regel, das höhere Gut habe zwar prinzipiell Vorrang vor dem niederen, unter bestimmten Umständen müsse jedoch ein niederes Gut als das dringlichere dem höheren Gut vorgezogen werden. Die Kriterien der Ranghöhe und der Dringlichkeit deuten also nicht in die gleiche Richtung: Während nach dem Dignitätsprinzip gilt, dass dem höheren Gut größeres Gewicht zukommt, weil es dem niederen erst seinen Ort anweist und ihm seinen eigentlichen Sinn verleiht, ist nach dem Fundamentalitätsprinzip im Konfliktfall das niedere Gut vorzuziehen, weil und sofern es die Bedingung darstellt, von der die Realisierung des höheren Gutes abhängt. Die Regel ergibt sich in vormodernen Güterethiken aus der teleologischen Ordnung alles Seienden: Alles, was ist, erhält seine Sinnerfüllung erst in der Hinordnung auf den ihm eingeschriebenen höheren Zweck. Das gute Leben ist die Erfüllung des ‹nackten Lebens›, aber das ‹nackte Leben› ist die Bedingung und Voraussetzung des guten Lebens. Deshalb sagt ein altes Sprichwort *primum vivere deinde philosophari* – oder mit den Worten Thomas von Aquins: «Es ist dringlicher, einen Verhungernden zu speisen, als ihn zu unterrichten, so wie es ja auch […] für einen Notleidenden besser ist, zu Besitz zu kommen, als zu philosophieren.» (STh II–II q 30a 3)

Der hinter der onto-teleologischen Konzeption traditioneller Güterethiken stehende Gedanke einer objektiv vorgegebenen und erkennbaren Güterordnung (*ordo bonorum*) ist zwar nicht zu erneuern, weil unter modernen pluralistischen Bedingungen von individuell unterschiedlich starken Wertungen und Präferenzordnungen auszugehen ist. Dennoch laufen verschiedene – wenn auch im Einzelnen unterschiedliche – aktuelle Konzeptionen darauf hinaus, eine Priorisierung der Güter im Sinn des Dignitätsprinzips nach dem Kriterium der Relation des jeweiligen Gutes zur Handlungsfähigkeit (vgl. Gewirth 1978: 52 ff.) oder zur realen bzw. konkreten Freiheit (vgl. Sen 2003: 13 ff.) des Akteurs vorzunehmen. Dies konvergiert mit der dem christlichen

Ethos eigenen Auszeichnung der selbstzwecklichen personalen Würde als höchstem innerweltlichem Gut. Im Sinn einer groben Typisierung wäre demnach – je nach dem Ausmaß, in dem die Verletzung eines Gutes die menschliche Handlungsfähigkeit berührt – zu differenzieren zwischen unmittelbaren und mittelbaren (Grund-)Gütern (zum Folgenden Ricken 1998: 190 ff.). Zu den unmittelbaren (oder intrinsischen) Gütern zählen zunächst die mit der leib-seelischen Existenzform des Menschen verbundenen Grundfunktionen und -fähigkeiten – das heißt: naturale Güter wie Leben, körperliche Integrität und Gesundheit; ferner soziale Güter wie soziale Beziehungen und Kooperationsmöglichkeiten; und schließlich auch erworbene individuelle Fähigkeiten wie die Entfaltung von Anlagen und Begabungen, Wissen und Fertigkeiten. Die mittelbaren (oder instrumentellen) Güter umfassen im Wesentlichen materielle Ressourcen, bei denen es sich eher um zu verteilende (Einkommen, Eigentum, Nahrungsmittel) oder um eher kollektive Güter (etwa Institutionen, Infrastruktur, Umwelt) handeln kann. Quer zu der am Dignitätsprinzip orientierten Unterscheidung zwischen unmittelbaren und mittelbaren Gütern liegt die am Fundamentalitätsprinzip ausgerichtete Differenz von bedingenden (oder konditionalen) und bedingten (oder nicht-konditionalen) Gütern.

Für Abwägungen ergeben sich daraus etwa folgende Vorzugsregeln: (a) Unmittelbare Güter haben im Grundsatz Vorrang vor instrumentellen Gütern. Denn unmittelbare (oder intrinsische) Güter sind die notwendige Voraussetzung von Handlungsfähigkeit und freier Zweckverfolgung überhaupt, während die Bedeutung der instrumentellen Güter darin besteht, Mittel zur erfolgreichen Zweckrealisierung zu sein. (b) Bei Konflikten zwischen unmittelbaren Gütern haben bedingende (oder konditionale) Güter Vorrang vor bedingten Gütern (Gesundheit hat Vorrang vor der Entfaltung individueller Fähigkeiten, da diese ohne jene nicht verwirklicht werden können). (c) Die Einschränkung eines nicht-konditionalen unmittelbaren Gutes (wie zum Beispiel der freien Berufswahl bei der Zulassung zum Arztberuf) zugunsten der Gewährleistung konditionaler kollektiver Güter (wie zum Beispiel der medizinischen Versorgung der Allgemeinheit) kann dann gerechtfertigt werden, wenn ohne erstere die letztere nicht gesichert ist. (d) Bei Konflikten zwischen instrumentellen Gütern (etwa der Erhaltung der Ökosysteme und dem Ausbau der Verkehrswege) ist dasjenige Gut vorzuziehen, das mittelbar als Voraussetzung für die als konditional ausweisbaren naturalen Güter des Menschen gelten kann. (e) Bei Konflikten zwischen gleichrangigen Gütern ist nach einem schonenden Ausgleich zwischen beiden zu suchen.

(4) Ausnahmesituationen
Keineswegs alle ethischen oder moralischen Dilemmata lassen sich jedoch durch Güterabwägungen oder andere Vorzugsregeln eindeutig auflösen (vgl. Fischer u. a. 2007: 152 ff.). Dazu gehören regelmäßig solche Situationen, in denen jede Abwägung deshalb ausgeschlossen ist, weil einer der beiden konfligierenden Handlungsoptionen kein Gut- oder Pflichtcharakter zuzuschreiben ist. Im Blick auf solche Ausnahmesituationen wurde oben bereits von der nur begrenzten Leistungskraft von rationalen Regeln der Vorzugswahl gesprochen.

Folgt man einer deontologischen Argumentation, wie sie der Moralphilosophie Kants oder dem Topos der Gottebenbildlichkeit des Menschen in der christlichen Ethik entspricht, so ist dies vor allem dann der Fall, wenn durch eine der beiden Optionen die Menschenwürde berührt wird. Denn als etwas, was kein innerweltliches Äquivalent besitzt, ist die Menschenwürde jeder Wert-Preis-Relation und damit jeder Güterabwägung entzogen. Ein Beispiel ist das oben erwähnte Entführungsszenario, bei dem die Polizei vor der Frage steht, ob sie das Leben der entführten Geisel retten darf, indem sie gegenüber dem vermutlichen Entführer Folter androht oder anwendet. Im Rahmen einer deontologischen Ethik verletzt Folter, weil sie die Selbstzwecklichkeit eines Menschen restlos negiert, immer die Menschenwürde und ist darum kategorisch verboten. Daran ändert sich nichts, wenn man das herangezogene Szenario so beschreibt, dass darin gleichgewichtig Würde gegen Würde – nämlich diejenige des Entführungsopfers gegen diejenige des Geiselnehmers – steht. Das kategorische Folterverbot wird nämlich dann zusätzlich durch den Vorrang der Unterlassungspflicht vor der Hilfspflicht gestützt. Dadurch – und darauf kommt es jetzt an – wird der verantwortliche Polizeibeamte aber nicht aus dem moralischen Dilemma befreit: Obwohl es intuitiv einen Unterschied darstellen mag, ob er ein moralisches Gebot durch aktives Tun verletzt oder gegen ein anderes ‹nur› durch Unterlassen verstößt, bleibt es dabei, dass er so oder so moralisch (und gegebenenfalls auch rechtlich) Schuld auf sich lädt. Im Zusammenhang mit seiner Beteiligung an den Attentatsplänen gegen Hitler hat für die evangelische Ethik besonders eindringlich Dietrich Bonhoeffer davon gesprochen, dass in Grenz- oder Ausnahmesituationen dieser Art verantwortliches Handeln die Bereitschaft zur Schuldübernahme voraussetzt (vgl. Bonhoeffer 1992: 275 ff.). Das heißt, dass die Durchbrechung des moralischen oder juridischen Gesetzes in der Ausnahmesituation nicht normativ gerechtfertigt und damit zum Regelfall gemacht werden darf; vielmehr muss sie vor dem Gesetz (bzw. der gebietenden Instanz) verantwortet werden, wozu auch die Bereitschaft gehört, die aus der Normverletzung folgenden Sanktionen zu tragen.

Weitere Konflikte, die nicht durch Vorzugsregeln gelöst werden können, sind solche, bei denen ein Gut oder eine *prima-facie*-Pflicht gegen ein subjektives Nicht-Können steht. Der Grundsatz *ultra posse nemo obligatur* – also: ‹Sollen impliziert Können› – bezieht sich unter anderem auf körperliche und geistige Fähigkeiten sowie materielle und soziale Möglichkeiten, aber ebenso auf dasjenige (Nicht-)Können, das mit der existenziellen Tragkraft des oder der Handelnden zu tun hat. Ist es im Fall eines Schwangerschaftskonflikts angemessen, zu sagen: Hier stehen sich objektivierbare Güter gegenüber wie das Leben des Ungeborenen einerseits und das Selbstbestimmungsrecht der Schwangeren andererseits, sodass, was aus einer kompromisslosen Lebensschutzperspektive strikt zu verurteilen ist (‹Abtreibung ist Mord›), aus liberaler Perspektive eine legitime Konsequenz der Entscheidungsautonomie der Frau darstellt (‹Mein Bauch gehört mir›)? Oder ist es die angemessenere Beschreibung, dass es Fälle gibt, in denen die allgemeine Norm nicht gegen das existenzielle Nicht-Können eines Menschen durchzusetzen ist – schon gar nicht mit staatlichem Zwang (vgl. Fischer u. a. 2007: 157)? Die evangelische Ethik nähert sich der Problematik des Schwangerschaftsabbruchs primär vom Gewissenskonflikt der betroffenen Frau oder der Eltern her, die es zwar als ihre Pflicht betrachten, das ungeborene Kind anzunehmen und auszutragen, sich dazu aber – etwa wegen einer zu erwartenden Behinderung des Kindes oder einer schweren sozialen Notlage – existenziell und psychisch nicht in der Lage sehen (vgl. Huber 2006: 427). Auch hier bleibt es bei der schuldverstrickten Unauflösbarkeit des Konflikts zwischen genereller moralischer Norm und Nichtbefolgen-Können der Norm aus Gründen der individuellen Identität und Integrität.

Unlösbare Dilemmata sind nicht Fälle für allgemeine Regeln, sondern erfordern individuell verantwortete Entscheidungen in singulären Situationen. Die ‹Moralisierbarkeit› und Rationalisierbarkeit dilemmatischer Situationen kommt hier an eine definitive Grenze. Hierfür auf den in der noch nicht erlösten Welt stets notwendigen Kompromiss zu verweisen wäre aber ebenso verharmlosend und irreführend. In der religiösen Dimension sind vielmehr Ausnahmesituationen dieser Art aus der Akteursperspektive, also für den Handelnden selbst, mit der Unausweichlichkeit der Schuldübernahme verbunden. Für den Urteilenden, also aus der Beobachterperspektive, zeigt sich an dieser Stelle die im Rahmen evangelischer Ethik zentrale Bedeutung der

I. GRUNDLAGEN UND METHODEN DER ETHIK

Epikie (*epieikeia*, Billigkeit): Sie zielt nach ihrer klassischen Definition durch Aristoteles auf «eine Korrektur des Gesetzes, da wo dasselbe wegen seiner allgemeinen Fassung mangelhaft bleibt» (NE 1137b, 27 ff.). Luther zufolge soll die Billigkeit (*aequitas*) das abstrakte Recht regieren (Belege bei Duchrow 1970: 498). Epikie ist die menschliche Tugend der einzelfallbezogenen besseren Gerechtigkeit: die Fähigkeit, diejenigen konkreten äußeren und inneren Lebensumstände eines Handelnden zu berücksichtigen, die von generellen Normen und Prinzipien nicht zureichend erfasst werden können.

3.2.3. Arbeitsschritte ethischer Urteilsbildung

Für die Erarbeitung konkreter moralischer Situationsurteile ist es hilfreich, unterschiedliche Aspekte oder Elemente der Urteilsbildung zu unterscheiden. Schon länger hat der methodische Dreischritt ‹Sehen – Urteilen – Handeln› durch die lateinamerikanische Befreiungstheologie Verbreitung erfahren (vgl. dazu Schäfers 1998: 47–58). In der neueren Diskussion der Ethik sind elaboriertere, zugleich im Einzelnen divergierende Schemata moralischer Urteils- und Entscheidungsfindung vorgelegt worden (Tödt 1977; Höffe 1979; Rich 1984: 224–227; Tödt 1988: 21–48; Bender 1988: 174–185; Lange 1992: 519 ff.; Härle 2011: 207–227; Bleisch/Huppenbauer 2011). Sie sollen hier unter Berücksichtigung des oben (3.2.1. und 3.2.2.) Ausgeführten zu einem eigenen Vorschlag modifiziert werden. Demnach können vier Arbeitsschritte unterschieden werden; der erste betrifft das ‹Sehen›, der zweite und dritte das ‹Urteilen› und der vierte das ‹Handeln›:

(1) Beschreibung des Kontextes
Am Beginn eines reflektierten ethischen Urteils steht eine deskriptive Aufgabe, nämlich die Beschreibung der Situation beziehungsweise des Kontextes, in dem sich ein ethisches Problem stellt.

Dazu gehört (a) die Analyse und Kenntnisnahme der relevanten empirischen Fakten und Rahmenbedingungen, wofür die Erschließung des einschlägigen Expertenwissens im weiteren Sinn sozial-, human- oder naturwissenschaftlicher Art unerlässlich ist. Alltägliche Bewertungen und Stellungnahmen bauen häufig auf impliziten oder expliziten Faktenannahmen auf, die im reflektierten ethischen Urteil der Überprüfung bedürfen. Ob zum Beispiel eine bestimmte sexuelle Orientierung angeboren ist oder nicht, ob die Einführung eines gesetzlichen Mindestlohns eher Arbeitsplätze kostet oder eher die öffentlichen Haushalte entlastet – dies sind zunächst keine ethischen, sondern empirische Streitfragen. Um die möglichst zuverlässige wissenschaftliche Klärung solcher empirischer Kontroversen muss sich auch das ethische Urteil im Fall der Bewertung der Homosexualität oder bei der Frage des angemessenen Lohns bemühen – selbst wenn sie sich nicht immer eindeutig entscheiden lassen.

Die Kontextbeschreibung schließt (b) die Kenntnis der in dem jeweiligen Sachgebiet geltenden rechtlichen Regelungen ein – dies unter anderem deshalb, weil die Rechtsbefolgung *prima facie* selbst als moralische Pflicht zu betrachten ist, weil mit unterschiedlicher rechtlicher Regelungsdichte auch die moralischen Verantwortungsspielräume variieren und weil Rechtsnormen und moralische Normen einander korrespondieren oder aber widersprechen können.

Zur Analyse der Situation gehört (c) die Frage nach den von einem ethischen Problem direkt oder indirekt Betroffenen, den unterschiedlichen Interessen und Ansprüchen, die mit bestimmten Lösungsvorschlägen einhergehen, sowie den gegebenen Machtverhältnissen und Einflussmöglichkeiten. Noch unabhängig von und vor einer ethischen Bewertung gebietet es die Fairness, möglichst alle im Spiel befindlichen Interessen zu registrieren und zur Kenntnis zu nehmen.

Zu einer Beschreibung des Kontextes gehört (d) die Frage nach dem gelebten Ethos und den darin verkörperten problemspezifischen Intuitionen und etablierten Überzeugungen. Bereits die Beschreibung der Problemlage ist oftmals von ethos- und kulturspezifischen Prägungen abhängig, die dann auch das ethische Urteil bestimmen. Diese Prägungen können auf individuelle Wahrnehmungsmuster oder auf kollektive Grunderfahrungen zurückgehen. Dass es in den USA schwierig ist, Prinzipien einer solidarischen Krankenversicherung durchzusetzen, hat ebenso mit der historisch vermittelten politischen Kultur des Landes zu tun wie die starke Reserve gegen aktive Sterbehilfe in Deutschland.

(2) Identifizierung der ethischen Perspektive(n), Kriterien und Orientierungen
Das im Blick auf den beschriebenen Kontext zu findende ethische Urteil unterscheidet sich von einem ästhetischen, juristischen, politischen oder empirisch-wissenschaftlichen Urteil. Auch wenn das ethische Urteil je nach Sachverhalt außermoralische Aspekte wie die genannten zur Kenntnis nehmen muss und mit ihnen verwoben ist, bringt es spezifische Perspektiven, eben diejenigen der Ethik, zur Geltung. Dabei wäre es eine Verkürzung, die

ethische Frage nur auf den *moral point of view*, also den im engeren Sinn moralischen Gesichtspunkt der am Verallgemeinerungsprinzip orientierten Unparteilichkeit zu reduzieren. Vielmehr bieten – wie wir sahen – die ethischen Theorien mehrdimensionale Perspektiven und damit verbundene höchste Leitkriterien an.

Zum einen kann natürlich im Sinn deontologischer Ethik präskriptiv nach moralischen Pflichten und Normen gefragt werden (‹Was sollen wir tun?›). Als oberste Beurteilungskriterien kommen hier ein – wie auch immer gedeutetes – kategorisches Sollen, das Verallgemeinerungsprinzip im Sinn des Kategorischen Imperativs oder die unantastbare Würde des Einzelnen in Betracht.

Das ethische Urteilen ist jedoch nicht auf diese eng verstandene normative Perspektive zu verkürzen. Im Sinn der Frage ‹Wie wollen wir leben?› kann es sich ebenso evaluativ auf die Güter und Ziele richten, die tangiert oder anzustreben sind. Dem untergeordnet können die voraussehbaren Handlungsfolgen eine Rolle spielen. Übergeordnetes ethisches Kriterium ist aber die Leitvorstellung von einem erfüllten, gelingenden Leben im Ganzen.

Schließlich kann das ethische Urteil auch konsultativ die Frage fokussieren, welche Einstellungen, Grundhaltungen und Charaktereigenschaften, also Tugenden aufseiten der Beteiligten angemessen sind (‹Was befähigt dazu, gut handeln zu können?›). Oberstes Regulativ ist hier das, was ein tugendhafter Akteur unter gegebenen Umständen tun würde. Das ethische Urteil mit beratendem Charakter ist besonders einschlägig in Fällen, in denen die Orientierungskraft genereller Normen versagt, weil sie der besonderen Situation nicht gerecht werden.

In diesem zweiten Arbeitsschritt ist also zunächst (a) zu präzisieren, unter welcher dieser in den ethischen Theorien thematisierten Hinsichten – normativ, evaluativ oder konsultativ – und der mit ihnen verbundenen Leitkriterien das jeweilige Problem bearbeitet werden soll. Sodann sind (b) die umfassenden, religiösen oder philosophischen Wirklichkeitsannahmen zu thematisieren, die den Hintergrund ethischer Theorien darstellen und deren Leitkriterien mit einer tieferen Deutung versehen. So kann aus christlicher Sicht das unbedingte Sollen als aktuelles göttliches Gebieten, die Würde des Menschen durch Verweis auf seine Gottebenbildlichkeit, das gelingende Leben im Ganzen als vollendete Gemeinschaft mit Gott oder die praktizierte Einzelfallgerechtigkeit als Ausdruck des Geistes der Liebe gedeutet werden. Schließlich sind (c) die konkreteren handlungsleitenden Orientierungen zu identifizieren, die im Blick auf den in Rede stehenden sachlichen Kontext relevant sind und aus denen sich gegebenenfalls ‹mittlere Prinzipien› rekonstruieren lassen. Dazu gehören vor allem bereichsspezifische Pflichten und Normen, sozial geteilte Güter und Werte oder zum Beispiel berufsethische Tugenden, Haltungen und Fähigkeiten.

(3) Prüfung, Bewertung und Abwägung
Wie oben zum Modell des Kohärentismus ausführlicher erläutert, kann ein auf konkrete Problemkontexte bezogenes Urteil weder aus Prinzipien abgeleitet noch aus Einzelfallbetrachtungen gewonnen werden. Im Sinn der Metapher des (weiten) *reflective equilibrium* vollzieht sich das ethische Urteilen als praktische Überlegung, als kreativer Reflexionsprozess, in dessen Verlauf etablierte Überzeugungen, mittlere Prinzipien sowie relevante Hintergrundtheorien so gegeneinander abgeglichen und mit der Situationsbeschreibung vermittelt werden, dass sich ein kohärenter Verweisungszusammenhang zu den übrigen Elementen unseres Überzeugungssystems einstellt.

Damit dies nicht auf eine lediglich zirkuläre Stabilisierung des vorhandenen Überzeugungssystems hinausläuft, kommt im Rahmen eines problemorientierten kohärentistischen Urteilsmodells der Berücksichtigung von Hintergrundannahmen besondere Bedeutung zu – also der ausdrücklichen Einbeziehung von religiösen, philosophischen oder weltanschaulichen Wirklichkeitsdeutungen sowie expliziter ethischer Theorien. Diese und die mit ihnen verbundenen obersten Leitprinzipien haben gegenüber den Orientierungen mittlerer Reichweite den übergeordneten Status von Prüfkriterien. Der Reflexionsprozess des ethischen Urteilens schließt darum die Aufgabe einer Hierarchisierung der handlungsleitenden Orientierungen ein. Zum Handlungsurteil gehört ferner die Bewertung der erforderlichen Mittel und der zu erwartenden Folgen. Für den Fall kollidierender Pflichten oder Güter sowie konfligierender Ziele und Nebenfolgen ist auf die erörterten Vorzugs- und Abwägungsregeln zu verweisen.

(4) Entscheidung und Umsetzung
Die Ethik kann alltagsweltliche Urteile beziehungsweise Intuitionen klären, normative Orientierungen und Prinzipien untersuchen, Argumente prüfen und gewichten sowie Entscheidungen empfehlen und vorschlagen – sie kann jedoch niemandem seine eigene Entscheidung abnehmen. Dies fällt letztlich in die Kompetenz der Akteure selbst, deren Rolle natürlich auch von den Ethikerinnen und Ethikern selbst eingenommen werden kann. Die voranstehenden Arbeitsschritte beschreiben somit die Voraussetzung eines reflek-

tierten ethischen Urteils, aber noch nicht dessen Anerkennung und Umsetzung (vgl. Bleisch / Huppenbauer 2011: 98 ff.):

Hierfür müssen als Erstes (a) aufseiten der Akteure die «willentliche Zustimmung» und «praktische Bejahung» (Höffe 1979: 402) hinzutreten, also der «(willentliche) verhaltensbestimmende Entschluß», der mit der «(urteilenden) kognitiven Einsicht» (Tödt 1988: 42) zusammenkommt.

Ferner ist (b) zu prüfen, wie mit Spannungen zwischen dem Resultat der Urteilsbildung und den ihm möglicherweise entgegenstehenden gesellschaftlichen Normen und Werten, Fakten und Sachgesetzlichkeiten umzugehen ist. Hier ist Phantasie (‹moralische Imagination›) gefragt, aber ebenso ist hier der Ort, um die Spielräume (und Grenzen) ethisch legitimer Kompromisse auszuloten. Der Kompromiss gehört also nicht in das abwägende Prüfen, sondern in seine praktische Umsetzung hinein – also in der befreiungstheologischen Trias gesprochen nicht in das ‹Urteilen› selbst, sondern erst in das ‹Handeln›, das auf die praktische Realisierungsmöglichkeit des im Urteil für gut und richtig Erkannten bedacht sein muss.

Daran schließt sich (c) die Frage nach Mitteln und Wegen der Umsetzung eines ethischen Urteils an. Maßnahmen zur gesellschaftlichen Implementierung der gefundenen Entscheidung können unter anderem sein: rechtliche Kodifizierungen (in Verfassungen, Gesetzen und Verordnungen), freiwillige Vereinbarungen (zum Beispiel durch unternehmensspezifische *Codes of Conduct* oder berufsethische Richtlinien), ökonomische Anreize, Nutzung massenmedial gestützter öffentlicher Kommunikation und anderes mehr. Dabei kann es sein, dass bestimmte Implementierungsmaßnahmen ihrerseits ethisch fragwürdige oder strittige Folgen haben können, sodass ein erneuter Abwägungsprozess erforderlich wird.

4. LITERATUR

Ach, Johann S. / Bayertz, Kurt / Siep, Ludwig (Hg.): Grundkurs Ethik. Grundlagen, Paderborn 2008.

Ahlmann, Frank: Nutz und Not des Nächsten. Grundlinien eines christlichen Utilitarismus im Anschluss an Martin Luther, Berlin 2008.

Albertz, Rainer: «Ihr werdet sein wie Gott» (Gen 3,5), in: Frank Crüsemann / Christof

4. Literatur

Hardmeier/Rainer Kessler (Hg.): Was ist der Mensch? Beiträge zur Anthropologie des Alten Testaments, Gütersloh 1992, 11–27.

Anscombe, Elizabeth: Moderne Moralphilosophie, in: Günther Grewendorf/Georg Meggle (Hg.): Sprache und Ethik. Zur Entwicklung der Metaethik, Frankfurt a. M. 1974, 217–243.

Aristoteles: Nikomachische Ethik (NE), hg. von Günther Bien, Hamburg 1972.

Asheim, Ivar: Lutherische Tugendethik?, in: Neue Zeitschrift für Systematische Theologie 40 (1998), 239–260.

Badura, Heinrich: Kohärentismus, in: Düwell/Hübenthal/Werner 2011: 194–205.

Baron, Marcia W./Pettit, Philip/Slote, Michael: Three Methods of Ethics, Malden/Oxford/Carlton 1997.

Barth, Karl: Evangelium und Gesetz (Theologische Existenz heute 32), München 1935.

Ders.: Rechtfertigung und Recht, Zürich 1938.

Ders.: Die Kirchliche Dogmatik, Bd. II/2, Zürich 1942.

Ders.: Die Kirchliche Dogmatik, Bd. III/1, Zürich 1945.

Ders.: Christengemeinde und Bürgergemeinde (Theologische Studien 20), Zürich 1946.

Ders.: Die Kirchliche Dogmatik, Bd. III/4, Zürich 1951.

Ders.: Das christliche Leben. Die Kirchliche Dogmatik IV/4, Fragmente aus dem Nachlaß, Vorlesungen 1959–1961, Zürich 1976.

Bartmann, Peter: Das Gebot und die Tugend der Liebe. Über den Umgang mit konfliktbezogenen Affekten, Stuttgart 1998.

Bayertz, Kurt (Hg.): Verantwortung – Prinzip oder Problem?, Darmstadt 1996.

Ders.: Moral als Konstruktion. Zur Selbstaufklärung der angewandten Ethik, in: Peter Kampitz/Anja Weiberg (Hg.): Angewandte Ethik, Wien 1999, 73–89.

Beauchamp, Tom/Childress, James F.: Principles of Biomedical Ethics, 6. Aufl. New York 2009.

Bender, Wolfgang: Ethische Urteilsbildung, Stuttgart/Berlin/Köln/Mainz 1988.

Birkner, Hans-Joachim: Schleiermacher. Christliche Sittenlehre im Zusammenhang seines Gesamtdenkens, Berlin 1964.

Ders.: Das Verhältnis von Dogmatik und Ethik, in: Anselm Hertz/Wilhelm Korff/Trutz Rendtorff/Hermann Ringeling (Hg.): Handbuch der christlichen Ethik, Bd. 1, Freiburg i. Br./Gütersloh 1978, 281–296.

Bleisch, Barbara/Huppenbauer, Markus: Ethische Entscheidungsfindung. Ein Handbuch für die Praxis, Zürich 2011.

Böckle, Franz: Fundamentalmoral, 2. Aufl. München 1978.

Bonhoeffer, Dietrich: Ethik (DBW 6), München 1992.

Borchers, Dagmar: Die neue Tugendethik – Schritt zurück im Zorn?, Paderborn 2001.

Brandt, Richard B.: Einige Vorzüge einer bestimmten Form des Regelutilitarismus, in: Höffe 1975, 133–162.

Calvin, Johannes: Unterricht in der christlichen Religion. Institutio Christianae Religionis (Inst), nach der letzten Ausgabe übersetzt und bearbeitet von Otto Weber, 2. Aufl. Neukirchen-Vluyn 1963.

Crüsemann, Frank: Bewahrung der Freiheit. Das Thema des Dekalogs in sozialgeschichtlicher Perspektive, München 1983.
Daniels, Norman: Wide reflective equilibrium and theory acceptance in ethics, in: The journal of philosophy 76 (1979), 256–282.
Dihle, Albrecht: Die Goldene Regel. Eine Einführung in die Geschichte der antiken und frühchristlichen Vulgärethik, Göttingen 1962.
Duchrow, Ulrich: Christenheit und Weltverantwortung. Traditionsgeschichte und systematische Struktur der Zweireichelehre, Stuttgart 1970.
Düwell, Marcus/Hübenthal, Christoph/Werner, Micha H. (Hg.): Handbuch Ethik, 3. Aufl. Stuttgart 2011.
Ebeling, Gerhard: ‹Sola Scriptura› und das Problem der Tradition, in: Ders.: Wort Gottes und Tradition. Studien zu einer Hermeneutik der Konfessionen, 2. Aufl. Göttingen 1966, 91–143.
Ders.: Das Gewissen in Luthers Verständnis, in: Ders.: Lutherstudien Bd. III, Tübingen 1985, 108–125.
Ebert, Theodor: Phronesis – Anmerkungen zu einem Begriff der Aristotelischen Ethik (VI 5 und 8–13), in: Höffe 2006, 165–185.
Erikson, Erik H.: Die Rolle des Ethischen in der Psychoanalyse, Stuttgart 1966.
Fischer, Johannes: Theologische Ethik. Grundwissen und Orientierung, Stuttgart/Berlin/Köln 2002.
Fischer, Johannes/Gruden, Stefan/Imhof, Esther/Strub, Jean Daniel: Grundkurs Ethik. Grundbegriffe philosophischer und theologischer Ethik, Stuttgart 2007.
Fletcher, Joseph: Moral ohne Normen?, Gütersloh 1967.
Frankena, William K.: Analytische Ethik. Eine Einführung, 5. Aufl. München 1994.
Frankfurt, Harry: Freiheit und Selbstbestimmung, Berlin 2001.
Frey, Christofer: Wege zu einer evangelischen Ethik. Eine Grundlegung, Gütersloh 2014.
Gauthier, David: Morals by Agreement, Oxford 1986.
Gewirth, Alan: Reason and Morality, Chicago 1978.
Geyer, Hans-Georg: Einige vorläufige Erwägungen über Notwendigkeit und Möglichkeit einer politischen Ethik in der evangelischen Theologie, in: Ders.: Andenken. Theologische Aufsätze, Tübingen 2003, 394–434.
Gilligan, Carol: Die andere Stimme. Lebenskonflikte und Moral der Frau, München 1984.
Graf, Friedrich-Wilhelm: Art. Kulturprotestantismus, in: Theologische Realenzyklopädie Bd. 20, Berlin/New York 1990, 230–243.
Habermas, Jürgen: Moralbewußtsein und kommunikatives Handeln, Frankfurt a. M. 1983.
Ders.: Nachmetaphysisches Denken. Philosophische Aufsätze, Frankfurt a. M. 1988.
Ders.: Erläuterungen zur Diskursethik, Frankfurt a. M. 1991.
Härle, Wilfried: Ethik, Berlin/New York 2011.
Halbig, Christoph: Der Begriff der Tugend und die Grenzen der Tugendethik, Frankfurt a. M. 2013.

Haspel, Michael: Sozialethik in der globalen Gesellschaft. Grundlagen und Orientierung in protestantischer Perspektive, Stuttgart 2011.
Hauerwas, Stanley: A Community of Character. Towards a Constructive Christian Social Ethic, Notre Dame/IN/London 1981.
Heimbucher, Martin/Weth, Rudolf (Hg.): Die Barmer Theologische Erklärung. Einführung und Dokumentation, 7. Aufl. Neukirchen 2009.
Hennies, Wilhelm: Max Webers Fragestellung. Studien zur Biographie des Werks, Tübingen 1987.
Herms, Eilert: Virtue. A Neglected Concept in Protestant Ethics, in: Ders.: Offenbarung und Glaube: Zur Bildung des christlichen Lebens, Tübingen 1992, 124–137.
Höffe, Otfried (Hg.): Einführung in die utilitaristische Ethik. Klassische und zeitgenössische Texte, München 1975.
Ders.: Ethik und Politik. Grundmodelle und Probleme der praktischen Philosophie, Frankfurt a. M. 1979.
Ders.: Immanuel Kant, 3. Aufl. München 1992.
Ders.: Moral als Preis der Moderne. Ein Versuch über Wissenschaft, Technik und Umwelt, Frankfurt a. M. 1993.
Ders. (Hg.): Aristoteles. Nikomachische Ethik, 2. Aufl. Berlin 2006.
Holl, Karl: Was verstand Luther unter Religion?, in: Ders.: Gesammelte Aufsätze zur Kirchengeschichte, Bd. I: Luther, 3. Aufl. Tübingen 1923, 1–110.
Honecker, Martin: Einführung in die theologische Ethik, Berlin/New York 1990.
Ders.: Wege evangelischer Ethik. Positionen und Kontexte, Freiburg/Wien 2002.
Horn, Christoph: Wege evangelischer Ethik. Positionen und Kontexte, Freiburg i. Br./Wien 2002.
Ders.: Güterabwägung, in: Düwell/Hübenthal/Werner 2011, 391–396.
Huber, Wolfgang: Gerechtigkeit und Recht. Grundlinien christlicher Rechtsethik, 3. Aufl. Gütersloh 2006.
Ders.: Von der Freiheit. Perspektiven für eine solidarische Welt, München 2012.
Ders.: Ethik. Die Grundfragen unseres Lebens von der Geburt bis zum Tod, München 2013.
Joas, Hans: Die Entstehung der Werte, Frankfurt a. M. 1999.
Joest, Wilfried: Ontologie der Person bei Luther, Göttingen 1967.
Jonas, Hans: Das Prinzip Verantwortung. Versuch einer Ethik für die technologische Zivilisation, Frankfurt a. M. 1979.
Jonsen, Albert R./Toulmin, Stephen: The Abuse of Casuistry. A History of Moral Reasoning, Berkeley/Los Angeles 1988.
Jüngel, Eberhard: Zur Freiheit eines Christenmenschen. Eine Erinnerung an Luthers Schrift, München 1978.
Ders.: Gewissen – was ist das? Zur theologischen Bestimmung der Funktion und der Grenzen des Gewissens, in: Festschrift für Jochen F. Kirchhoff zum 75. Geburtstag, Köln 2002, 351–374.
Kant, Immanuel: Kritik der reinen Vernunft (KrV), in: Kant-Studienausgabe, Bd. II, Wiesbaden 1956, 1–717.

Ders.: Grundlegung zur Metaphysik der Sitten (GMS), in: Kant-Studienausgabe, Bd. IV, Wiesbaden 1956, 7–102.
Ders.: Kritik der praktischen Vernunft (KpV), in: Kant-Studienausgabe, Bd. IV, Wiesbaden 1956, 105–302.
Ders.: Kritik der Urteilskraft (KdU), in: Kant-Studienausgabe, Bd. V, Wiesbaden 1956, 233–633.
Ders.: Metaphysik der Sitten. Tugendlehre (MdS. Tl), in: Kant-Studienausgabe, Bd. IV, Wiesbaden 1956, 307–634.
Ders.: Die Religion innerhalb der Grenzen der bloßen Vernunft (Rel), in: Kant-Studienausgabe, Bd. IV, Wiesbaden 1956, 647–879.
Kaufmann, Franz-Xaver: Der Ruf nach Verantwortung. Risiko und Ethik in einer unüberschaubaren Welt, Freiburg i. Br. 1992.
Kersting, Wolfgang: Wohlgeordnete Freiheit. Immanuel Kants Rechts- und Staatsphilosophie, Frankfurt a. M. 1993.
Kohlberg, Lawrence: Die Psychologie der Moralentwicklung, Frankfurt a. M. 1996.
Korsch, Dietrich: Martin Luther zur Einführung, Hamburg 1997.
Krämer, Hans: Integrative Ethik, Frankfurt a. M. 1995.
Küng, Hans: Projekt Weltethos, München 1990.
Kuhlmann, Helga (Hg.): Und drinnen waltet die tüchtige Hausfrau. Zur Ethik der Geschlechterdifferenz, Gütersloh 1995.
Lange, Dietz: Ethik in evangelischer Perspektive. Grundfragen christlicher Lebenspraxis, Göttingen 1992.
Lienemann, Wolfgang: Grundinformation Theologische Ethik, Göttingen 2008.
Luther, Martin: Werke. Kritische Gesamtausgabe, Bd. 39/1 (WA 39/1), Weimar 1926.
Ders.: Von der Freiheit eines Christenmenschen (1520a), in: Ders.: Ausgewählte Schriften, Bd. I,2. Aufl. Frankfurt a. M. 1982, 238–263.
Ders.: Von den guten Werken (1520b), in: Ders.: Ausgewählte Schriften, Bd. I,2. Aufl. Frankfurt a. M. 1982, 38–149.
Ders.: Von weltlicher Obrigkeit, wie weit man ihr Gehorsam schuldig sei (1523), in: Ders.: Ausgewählte Schriften, Bd. IV,2. Aufl. Frankfurt a. M. 1982, 36–84.
Mandry, Christoph: Ethische Identität und christlicher Glaube. Theologische Ethik im Spannungsfeld von Theologie und Philosophie, Mainz 2002.
Maßmann, Alexander: Bürgerrecht im Himmel und auf Erden. Karl Barths Ethik, Leipzig 2011.
Maurer, Christian: Art. Synoida/syneidesis, in: Theologisches Wörterbuch zum Neuen Testament, Bd. VII, Stuttgart 1964, 897–918.
McIntyre, Alasdair: Der Verlust der Tugend. Zur moralischen Krise der Gegenwart, (1981), dt. Frankfurt a. M. 1987.
Meilaender, Gilbert C.: The Theory and Practice of Virtue, Notre Dame 1984.
Melanchthon, Philipp: Loci Communes (1521). Lateinisch-Deutsch, 2. Aufl. Gütersloh 1997.
Mill, John Stuart: Der Utilitarismus (1871), Stuttgart 1985.

Moxter, Michael: Güterbegriff und Handlungstheorie. Eine Studie zur Ethik Friedrich Schleiermachers, Kampen 1992.

Nagl-Docekal, Herta / Pauer-Studer, Herlinde (Hg.): Jenseits der Geschlechtermoral. Beiträge zur feministischen Ethik, Frankfurt a. M. 1993.

Nida-Rümelin, Julian (Hg.): Angewandte Ethik. Die Bereichsethiken und ihre theoretische Fundierung – Ein Handbuch, 2. Aufl. Stuttgart 2005.

Niebuhr, H. Richard: The Responsible Self. An Essay in Christian Moral Philosophy, New York 1963.

Nunner-Winkler, Gertrud (Hg.): Weibliche Moral. Die Kontroverse um eine geschlechtsspezifische Ethik, Frankfurt a. M. 1991.

Nussbaum, Martha C.: Gerechtigkeit oder das gute Leben, dt. Frankfurt a. M. 1999.

Otto, Eckart: Theologische Ethik des Alten Testaments, Stuttgart / Berlin / Köln 1994.

Pannenberg, Wolfhart: Systematische Theologie, Bd. 2, Göttingen 1991.

Ders.: Grundlagen der Ethik. Philosophisch-theologische Perspektiven, 2. Aufl. Göttingen 2003.

Picht, Georg: Der Begriff der Verantwortung, in: Ders.: Wahrheit – Vernunft – Verantwortung. Philosophische Studien, Stuttgart 1969, 318–342.

Pieper, Annemarie: Gibt es eine feministische Ethik?, München 1998.

Dies.: Einführung in die Ethik, 5. Aufl. Tübingen 2003.

Pieper, Josef: Schriften zur Philosophischen Anthropologie und Ethik: Das Menschenbild der Tugendlehre, 2. Aufl. Hamburg 2006.

Praetorius, Ina: Skizzen zur feministischen Ethik, Mainz 1995.

Rapp, Christof: Aristoteles, in: Düwell / Hübenthal / Werner 2011, 69–81.

Rawls, John: Ein Entscheidungsverfahren für die normative Ethik (1951), dt. in: Dieter Birnbacher / Norbert Hoerster (Hg.): Texte zur Ethik, 11. Aufl. München 2000, 124–138.

Ders.: Eine Theorie der Gerechtigkeit (1971), dt. Frankfurt a. M. 1975.

Rendtorff, Trutz: Ethik. Grundelemente, Methodologie und Konkretionen einer ethischen Theologie, Bd. I, Stuttgart / Berlin / Köln / Mainz 1980.

Ders.: Ethik. Grundelemente, Methodologie und Konkretionen einer ethischen Theologie, 3. Aufl. Tübingen 2011.

Reuter, Hans-Richard: Liebet eure Feinde! Zur Aufgabe einer politischen Ethik im Licht der Bergpredigt, in: Zeitschrift für Evangelische Ethik 26 (1982), 159–187.

Ders.: Das Gute, das höchste Gut und die Güter. Fundamentalethische Überlegungen im Anschluss an Friedrich Schleiermacher und Charles Taylor, in: Ders. / Torsten Meireis (Hg.): Das Gute und die Güter. Studien zur Güterethik, Berlin 2007, 19–41.

Rich, Arthur: Wirtschaftsethik. Bd. 1: Grundlagen in theologischer Perspektive, Gütersloh 1984.

Ricken, Friedo: Allgemeine Ethik, 3. Aufl. Stuttgart / Berlin / Köln 1998.

Ricoeur, Paul: Liebe und Gerechtigkeit. Amour et Justice, Tübingen 1990.

Ders.: Das Selbst als ein Anderer, aus dem Französischen von Jean Greisch, München 1996.

Rippe, Klaus Peter / Schaber, Peter (Hg.): Tugendethik, Stuttgart 1998.
Ross, David: The Right and the Good, Oxford 1930.
Sartre, Jean Paul: Der Existenzialismus ist ein Humanismus und andere philosophische Essays 1943–1948. Gesammelte Werke, Bd. 4, Reinbek 2000.
Scarano, Nico: Metaethik – ein systematischer Überblick, in: Düwell/Hübenthal/Werner 2011, 25–35.
Schäfers, Michael: Prophetische Kraft der kirchlichen Soziallehre? Armut, Arbeit, Eigentum und Wirtschaftsethik, Münster 1998.
Schimank, Uwe: Theorien gesellschaftlicher Differenzierung, 3. Aufl. Wiesbaden 2007.
Schleiermacher, Friedrich: Die christliche Sitte nach den Grundsätzen der evangelischen Kirche im Zusammenhange dargestellt. Sämtliche Werke I. Abt. Bd. 12 (SW I / 12), 2. Aufl. Berlin 1884.
Ders.: Ethik. Allgemeine Einleitung (1816), in: Ders.: Werke. Auswahl in vier Bänden, Bd. 2, 2. Aufl. Leipzig 1927, 485–557.
Ders.: Grundlinien einer Kritik der bisherigen Sittenlehre (1803), in: Ders.: Werke. Auswahl in vier Bänden, Bd. 1, 2. Aufl. Leipzig 1928, 1–346 (1928a).
Ders.: Über den Begriff des höchsten Gutes I und II (1830), in: Ders.: Werke. Auswahl in vier Bänden, Bd. 1, 2. Aufl. Leipzig 1928, 445–494 (1928b).
Ders.: Der christliche Glaube nach den Grundsätzen der evangelischen Kirche im Zusammenhange dargestellt, 2. Auflage 1830 / 31 (KGA I.13,1), Berlin / New York 2003.
Schockenhoff, Eberhard: Grundlegung der Ethik. Ein theologischer Entwurf, Freiburg i. Br. 2007.
Scholtz, Gunter: Ethik als Theorie der modernen Kultur. Mit vergleichendem Blick auf Hegel, in: Ders.: Ethik und Hermeneutik. Schleiermachers Grundlegung der Geisteswissenschaften, Frankfurt a. M. 1995, 35–64.
Schulz, Walter: Philosophie in einer veränderten Welt, Pfullingen 1972.
Schwarz, Reinhard: Luthers Lehre von den drei Ständen und die drei Dimensionen der Ethik, in: Lutherjahrbuch 45 (1978), 15–34.
Sen, Amartya: Ökonomie für den Menschen, 2. Aufl. München 2003.
Sidgwick, Henry: Die Methoden der Ethik (1909), in: Höffe 1975, 70–86.
Siep, Ludwig: Konkrete Ethik. Grundlagen der Natur- und Kulturethik, Frankfurt a. M. 2004.
Singer, Marcus George: Verallgemeinerung in der Ethik. Zur Logik moralischen Argumentierens, Frankfurt a. M. 1975.
Singer, Peter: Praktische Ethik. Neuausgabe, Stuttgart 1994.
Stock, Konrad: Grundlegung der protestantischen Tugendlehre, Gütersloh 1995.
Tanner, Klaus: «Ein verstehendes Herz». Über Ethik und Urteilskraft, in: Zeitschrift für Evangelische Ethik 56 (2012), 9–23.
Taylor, Charles: Negative Freiheit? Zur Kritik des neuzeitlichen Individualismus, Frankfurt a. M. 1992.
Ders.: Quellen des Selbst. Die Entstehung der neuzeitlichen Identität, Frankfurt a. M. 1994.

Thomas von Aquin: Summa theologica (STh), dt.-lat. Die deutsche Thomas-Ausgabe, Graz/Wien/Köln u. a. 1933 ff.
Tillich, Paul: Das religiöse Fundament des moralischen Handelns. Schriften zur Ethik und zum Menschenbild, Gesammelte Werke Bd. 3, Stuttgart 1965.
Tödt, Heinz Eduard: Versuch zu einer Theorie ethischer Urteilsfindung, in: Zeitschrift für Evangelische Ethik 21 (1977), S. 81–93.
Ders.: Die Bedeutung von Luthers Zwei-Reiche- und Regimentenlehre für heutige Theologie und Ethik, in: Niels Hasselmann (Hg.): Gottes Wirken in seiner Welt. Zur Diskussion um die Zwei-Reiche-Lehre, Bd. 1, Hamburg 1980, 53–135.
Ders.: Perspektiven theologischer Ethik, München 1988.
Troeltsch, Ernst: Grundprobleme der Ethik, in: Ders.: Gesammelte Schriften, Bd. 2: Zur religiösen Lage, Religionsphilosophie und Ethik, 2. Aufl. Tübingen 1922, 552–672 (1922a).
Ders.: Die Soziallehren der christlichen Kirchen und Gruppen, Tübingen 1922 (1922b).
Urmson, James O.: Zur Interpretation der Moralphilosophie J. St. Mills, in: Höffe 1975, 87–95.
Walzer, Michael: Just and Unjust Wars. A Moral Argument with Historical Illustrations, New York 1977.
Weber, Max: Politik als Beruf (1919), in: Gesamtausgabe Abt. I, Bd. 17, Tübingen 1992, 157–252.
Wieland, Wolfgang: Verantwortung – Prinzip der Ethik?, Heidelberg 1999.
Wolf, Ernst: Sozialethik. Theologische Grundfragen, Göttingen 1975.

II

RECHTSETHIK

Wolfgang Huber

1. BEGRIFF UND THEMATIK DER RECHTSETHIK 127
1.1. Die Frage nach der Rechtsgeltung als Ausgangspunkt der Rechtsethik 127
1.2. Zwischen rechtsethischem Nihilismus und rechtsethischem Essentialismus 129
1.2.1. Rechtsethischer Nihilismus 129
1.2.2. Rechtsethischer Essentialismus 130
1.2.3. Rechtsethischer Reduktionismus 131
1.2.4. Rechtsethischer Normativismus 132
1.3. Philosophische und theologische Rechtsethik 134
1.3.1. Theologisch geprägte Rechtsethik 134
1.3.2. Die Entdeckung des weltlichen Rechts 135
1.3.3. Erneutes theologisches Interesse am Recht 137
1.4. Neue Fragestellungen 138
1.5. Rechtsethik als Bürgerethik, Professionsethik und Institutionsethik 139

2. ANSÄTZE DER RECHTSETHIK 142
2.1. Der Prozess der Ausdifferenzierung von Religion, Moral und Recht 142
2.2. Traditionen des Naturrechts 144
2.3. Reformation und Recht 147
2.4. Traditionen des Vernunftrechts 149
2.5. Gewaltmonopol und Rechtsstaat 151
2.6. Menschenwürde und Menschenrechte als Geltungsgrund des Rechts 154
2.6.1. Genealogie der Menschenrechte 154
2.6.2. Menschenwürde 156
2.6.3. Völkerrechtliche Kodifizierung der Menschenrechte 158
2.7. Gerechtigkeit und Recht 160

3. EXEMPLARISCHE PROBLEMFELDER DER RECHTSETHIK 164
3.1. Recht und Leben: Die Regelung bioethischer Konflikte durch das Recht 164
3.1.1. Der Grundsatz der Menschenwürde 165
3.1.2. Die Konkordanz von Grundrechten 167
3.1.3. Indikationen- und Stichtagsregelungen 168
3.2. Recht und Person: Ethik des Vertrags 171
3.3. Recht und Urteil: Ethik der Justiz 175
3.3.1. Rechtsprechung als Dritte Gewalt 175
3.3.2. Rechtssicherheit, Rechtsfrieden, Gerechtigkeit 176
3.3.3. Legitimität und Grenzen staatlichen Strafens 177
3.4. Recht und Rechtsgewalt: Ethik des staatlichen Gewaltmonopols 182
3.5. Die Religionen in der Rechtsordnung 185
3.6. Fazit und Ausblick 188

4. LITERATUR 189

1. BEGRIFF UND THEMATIK DER RECHTSETHIK

1.1. Die Frage nach der Rechtsgeltung als Ausgangspunkt der Rechtsethik

«Was rechtens sei? – darum kommt man nicht herum» (Bloch 1961: 11). Mit diesem schlichten Satz hat der Philosoph Ernst Bloch an die allgemeine Einsicht appelliert, dass sich niemand der Frage nach dem Recht entziehen kann (vgl. Reuter 1996: 25). Es prägt alle Lebensverhältnisse so grundlegend, dass immer wieder von deren durchgreifender Verrechtlichung die Rede ist. Doch keine Beschwerde über ein Übermaß an Recht kann den Blick dafür verdunkeln, dass geordnete, vor Überwältigung schützende, die Freiheit der Einzelnen respektierende Formen des Zusammenlebens ohne Recht kaum als denkbar erscheinen.

Mit dem Hinweis auf die Allgegenwart und Unentbehrlichkeit des Rechts ist allerdings noch nichts darüber gesagt, was denn unter ‹Recht› zu verstehen ist. So elementar das Recht zum Leben gehört, so schwer ist es doch zu definieren. Das liegt daran, dass sich im Begriff des Rechts zwei Dimensionen miteinander verbinden, über deren Verhältnis zueinander in allen Debatten über diesen Begriff offen oder unterschwellig gerungen und gestritten wird. Denn dieser Begriff kann entweder den Anspruch eines Einzelnen oder die Ordnung eines Sozialverbands bezeichnen (Reuter 2013: 192). Die Aussage: «Ich habe ein Recht auf ...» bezieht sich auf den Anspruch einer Rechtsperson und ein in diesem Sinn ‹subjektives› Recht; wer sich auf die ‹Rechtslage› beruft und ‹Rechtsbefolgung› verlangt, verweist dagegen auf ein Element der ‹objektiven› Ordnung, die für alle Angehörigen eines Sozialverbands verbindlich ist. Wer beispielsweise seinen Anspruch auf staatliche Bafög-Leistungen einklagt, geht davon aus, dass er ein Recht auf diese Leistungen hat. Wer sich an die Straßenverkehrsordnung hält, glaubt, zur Rechtsbefolgung verpflichtet zu sein.

Indessen ist weder mit dem Anspruch auf ein subjektives Recht noch durch den Verweis auf eine objektive Ordnung bereits etwas über deren Gel-

II. RECHTSETHIK

tung gesagt. Subjektive Ansprüche sind darauf angewiesen, sozial anerkannt und durch die Rechtsordnung inhaltlich legitimiert zu sein. Objektive Regeln müssen nicht nur ordnungsgemäß zustande kommen, sondern brauchen soziale Wirksamkeit; um inhaltliche Geltung zu erlangen, dürfen sie zumindest Minimalstandards der Gerechtigkeit nicht unterschreiten. Hinsichtlich seiner subjektiven wie seiner objektiven Seite ist das Recht nicht nur auf legale, sondern auch auf soziale und inhaltliche Geltung angewiesen (Dreier 1991: 108 ff.; Huber 2006: 59 f.).

Wer diese drei Geltungsdimensionen – die legale, die soziale und die inhaltliche Geltung – miteinander verknüpfen will, betritt das Gebiet der Rechtsethik. Sie trägt der Einsicht Rechnung, dass die Positivität des Rechts allein noch nicht für dessen Legitimität bürgt und dass mit der faktischen Geltung des Rechts noch nicht über dessen moralische Gültigkeit entschieden ist (Reuter 1996: 13). Für die Legitimität oder moralische Gültigkeit des Rechts ist entscheidend, ob es dazu verhilft, dass Menschen einander wechselseitig anerkennen; es kommt darauf an, ob sie einander bei allen Unterschieden als Gleiche begegnen können. Auf der Basis wechselseitiger Anerkennung soll das Recht durch ein Gefüge von Ansprüchen und Pflichten Konfliktlösung ermöglichen und Kooperation eröffnen (Berman/Greiner 1980).

Für die Gestaltung des menschlichen Zusammenlebens hat das Recht grundlegende Bedeutung. Deshalb wird das Angewiesensein auf Recht in der Menschheitsgeschichte schon früh zum Thema. Das Nachdenken über die Regelmäßigkeiten des Kosmos, so wird vermutet, entstammt dem Interesse an der Lebensordnung der Menschen. Das Interesse an der moralisch-rechtlichen Regelung des Zusammenlebens ist insofern vielleicht älter als das Interesse an der Beschreibung der Natur. Wenn das stimmt, so geht der Begriff des Rechtsgesetzes dem des Naturgesetzes voraus (Gerhardt 2006: 908).

Die Belege dafür, dass das Zusammenleben in hohem Maß auf rechtliche Regeln angewiesen und von rechtlichen Vorgaben geprägt ist, haben sich im Lauf der Geschichte vervielfacht. Zugleich haben sich die kulturellen Bereiche ausdifferenziert. Während auf frühen Stufen der Gesellschaftsgeschichte Recht, Moral und Religion einen weithin ungeschiedenen Zusammenhang bilden, treten sie in der geschichtlichen Entwicklung auseinander. Die Unterscheidung zwischen Recht und Ethik beziehungsweise zwischen Recht und Moral tritt in den Vordergrund; die Verbindung zwischen beiden versteht sich nicht mehr von selbst, sie wird vielmehr problematisch. Dieses problematische Verhältnis bildet heute den Ausgangspunkt aller Bemühungen um die Rechtsethik.

1.2. Zwischen rechtsethischem Nihilismus und rechtsethischem Essentialismus

Das Verhältnis zwischen Recht und Ethik wird üblicherweise ausgehend von den Polen der Naturrechtslehre und des Rechtspositivismus erörtert. Den mit diesen beiden Begriffen bezeichneten Positionen wird dabei häufig eine Eindeutigkeit unterstellt, die in Wirklichkeit nicht besteht. So variiert der Begriff des Naturrechts je nach dem vorausgesetzten Begriff der ‹Natur›. Während die einen damit das ‹von Natur› beziehungsweise durch den Schöpfergott Vorgegebene verstehen, sehen andere darin das vom Menschen kraft seiner ‹Vernunftnatur› als richtig Erkannte. Die Berufung auf unveränderliche Schöpfungsordnungen kann darüber hinaus auch vertreten werden, ohne dass man sich dafür auf eine Naturrechtstheorie beruft. So unterschiedlich insofern schon der Begriff des Naturrechts verwendet wird, so variationsreich ist auch die Rede vom Rechtspositivismus. Die einen legen das Gewicht darauf, dass Gesetze menschliche Befehle sind, und leiten deshalb die Geltung dieser Gesetze ausschließlich aus ihrem regelkonformen Zustandekommen ab. Andere halten das Recht für ein in sich geschlossenes System, sodass die Auslegung des gegebenen Rechts auf keine zusätzlichen externen Quellen angewiesen ist. Die dritten heben darauf ab, dass es zwischen dem Recht, wie es ist, und dem Recht, wie es sein soll, keinen Zusammenhang gibt und dass Recht und Moral voneinander völlig unabhängig sind.

Die Variationsbreite der Diskussion über Naturrecht und Rechtspositivismus zeigt, dass die grundsätzliche Verhältnisbestimmung zwischen Recht und Moral sich eher erschließt, wenn man zwischen verschiedenen Typen dieser Verhältnisbestimmung unterscheidet. Dietmar von der Pfordten hat dafür vier Typen vorgeschlagen; er bezeichnet sie als rechtsethischen Nihilismus, rechtsethischen Reduktionismus, rechtsethischen Normativismus und rechtsethischen Essentialismus (vgl. Pfordten 2005: 225 ff., der die vier Gruppen allerdings zum Teil anders interpretiert, als es im Folgenden geschieht).

1.2.1. Rechtsethischer Nihilismus

Ein rechtsethischer Nihilismus liegt implizit überall dort vor, wo die Möglichkeit einer normativen Ethik generell bestritten wird. Wann immer die

Auffassung vertreten wird, dass sich für eine Unterscheidung zwischen ‹richtig› und ‹falsch› beziehungsweise zwischen ‹gut› und ‹schlecht› keine Gründe angeben lassen, hat das auch Folgen für die Frage nach dem Recht. Darüber hinaus gibt es eine Reihe spezifisch auf das Recht bezogene Argumentationen, die in einen rechtsethischen Nihilismus münden. Dazu gehören insbesondere die Positionen des Rechtsrealismus. Ihr bekanntester Vertreter ist der amerikanische Richter Oliver Wendell Holmes, der unter ‹Recht› die Prognose darüber verstand, wie Richter einen Fall entscheiden werden (*what the courts will do in fact*). Für den skandinavischen Rechtsrealismus hat die faktische Bindungswirkung des Rechts nichts mit einem normativen Geltungsanspruch zu tun; sie ergibt sich vielmehr ausschließlich aus einem psychischen Mechanismus, kraft dessen Bürgerinnen und Bürger eines Staates dessen Gesetze in der Regel befolgen. Die Frage der normativen Geltung wird auch dann bedeutungslos, wenn man im Recht ein autopoietisches, selbstreferentielles System sieht (Luhmann 2001); denn nach dieser Vorstellung bringt das Recht seine Geltung selbst hervor.

Das Recht, das an keinem externen Maßstab mehr gemessen werden kann, trägt jedoch die Gefahr in sich, tyrannisch zu werden. Es verlangt ganz unabhängig davon, wie nah oder fern es der Gerechtigkeit ist, unbedingte Befolgung; es kennt keine Maßstäbe für seine Veränderung; die Berufung vom schlechteren auf ein besseres Recht ist ihm fremd.

1.2.2. Rechtsethischer Essentialismus

Einem solchen rechtsethischen Nihilismus steht ein rechtsethischer Essentialismus gegenüber. Nach dieser Auffassung entspricht eine Norm nur dann dem Begriff des Rechts, wenn sie dessen Wesen zum Ausdruck bringt. Folgerichtig ist ungerechtes Recht überhaupt kein Recht. Ungerechtes oder unrichtiges Recht nicht zu befolgen ist nicht etwa ein Akt passiver Resistenz oder zivilen Ungehorsams; die Nichtbefolgung ergibt sich vielmehr zwingend daraus, dass es sich gar nicht um Recht handelt. Die überpositive Ordnung hat in dieser Auffassung einen unbedingten Vorrang vor dem positiven Recht.

Die Geltung dieses Rechts ist nicht auf ein bestimmtes Gemeinwesen beschränkt, sondern gilt universal. Deshalb hat die Philosophie der Stoa die Beschränkung der Rechtsgeltung auf die jeweilige *polis* durch die Vorstellung aufgehoben, dass das ‹ewige Gesetz› (*lex aeterna*) für alle Menschen in gleicher Weise gelten soll. In dieser Form hat der Gedanke des Naturrechts auch in die christliche Theologie Eingang gefunden und deren Auffassungen vom Recht in dem Jahrtausend zwischen Augustins Schrift *De civitate Dei* und der Hochscholastik geprägt.

Durch die Berufung auf eine objektive Ordnung wird indessen die Frage nicht gegenstandslos, wer denn diese objektive Ordnung definiert. Wenn es kein allseits anerkanntes Lehramt gibt, das über die entsprechende Definitionsmacht verfügt, wird der Inhalt des Naturrechts strittig. Dieser Prozess vollzieht sich im Übergang zur Neuzeit. Rechtsdenker wie Hugo Grotius, Samuel Pufendorf und Christian Thomasius erklären die menschliche Vernunft zum Kriterium richtigen Rechts. Ihre Position wird deshalb auf den Begriff des ‹Vernunftrechts› gebracht.

1.2.3. Rechtsethischer Reduktionismus

Angesichts der Aporien, in welche diese beiden Extrempositionen führen, finden die beiden vermittelnden Positionen umso mehr Aufmerksamkeit. Der rechtsethische Reduktionismus schließt zwar die Möglichkeit, Recht ethisch zu legitimieren, nicht grundsätzlich aus; er spricht sich jedoch dafür aus, auf solche Legitimationsverfahren so weit wie möglich zu verzichten. So tritt zwar der Begründer des modernen Rechtspositivismus John Austin (1790–1859) dafür ein, dass die Gesetzgebung sich am größtmöglichen Glück der größtmöglichen Zahl orientieren solle; doch die Geltung des Rechts macht er unabhängig davon, ob das Recht diesem Ziel wirkungsvoll dient. Eine utilitaristische Theorie der Gesetzgebung wird auf diese Weise konsequent von der Rechtslehre selbst getrennt (vgl. Huber 2006: 88–91). Auch Hans Kelsen (1881–1973) spricht sich in seiner *Reinen Rechtslehre* dafür aus, die Rechtstheorie von allen ihr fremden Elementen, auch solchen der Ethik, zu befreien (Kelsen 1934/1960: 1). Die formale Ermächtigung zum Erlass eines Gesetzes genügt nach seiner Auffassung als Geltungsgrund des Rechts; die Rechtstheorie muss sich auf eine derart formal gedachte Grundnorm beschränken; denn eine unbedingt geltende materiale Grundnorm lässt sich nicht finden. Je radikaler ein solcher Reduktionismus durchgeführt wird, desto näher kommt er einem Dezisionismus, also der Konzentration auf den Akt der Entscheidung als solchen, wie sie beispielsweise von dem deutschen Juristen Carl Schmitt (1888–1985) vertreten wurde (Schmitt 2009). Eine solche Theorie lässt keinerlei diskursive Bemühung um besseres Recht und deshalb auch keinerlei Kritik an schlechtem Recht zu; denn sie bindet die Geltung des Rechts ausschließlich an den Akt der Entscheidung, der Dezision.

Dennoch bleibt der Wahrheitskern des Positivismus stets zu berücksichtigen. Er liegt darin, dass Recht stets in einem festgelegten, öffentlich erkennbaren Verfahren in Kraft gesetzt werden muss, wenn es als gegebenes Recht anerkannt werden soll. Selbst wenn man sich für die Geltung bestimmter Rechtsregeln auf das Gewohnheitsrecht oder eine durchgängige Rechtspraxis beruft, ist es ein ‹Verfahren› allseitiger Anwendung und Anerkennung über lange Zeit, das die Geltung des Rechts gewährleistet. Auf derartige formale Kriterien der Rechtsgeltung zu verzichten, hieße, das Recht der Willkür auszuliefern. Das Dilemma hat Hans Blumenberg mit treffender Schärfe beschrieben: «Wer den Positivismus bevorzugt, lebt ärmlich, wer sich von ihm entfernt, lebt gefährlich» (Blumenberg 2006: 481; vgl. Moxter 2014). Insofern erscheint ein Reduktionismus, der sich auf das Recht konzentriert, wie es nun einmal ist, als durchaus nachvollziehbar. Auf dieser Ebene ist es auch einsichtig, wenn die Frage, was zum geltenden Recht gehört, mit Hilfe der Kelsen'schen Grundnorm und deshalb unter Berufung auf die Regeln gestellt wird, nach welchen das Recht zustande kommt, nämlich durch Gesetzgebung oder Rechtsprechung.

Doch problematisch wird dieser Reduktionismus dann, wenn das unverzichtbare Gesetztsein des Rechts nicht nur als notwendige, sondern zugleich als hinreichende Bedingung für dessen Geltung angesehen wird. Dann wird nämlich keine Grenze mehr erkennbar, jenseits deren ungerechtes Recht auch dann nicht mehr als Recht anerkannt werden kann, wenn es regelkonform erlassen worden ist. Deshalb erscheint zumindest ein rechtsethisch reflektierter Rechtspositivismus als notwendig – also einer, der sich nicht scheut, die Brücke zu einem rechtsethischen Normativismus zu betreten.

1.2.4. Rechtsethischer Normativismus

Der rechtsethische Normativismus lässt Raum für eine rechtsethische Überprüfung des Rechts. Damit nach den Gründen für die inhaltliche Geltung des Rechts gefragt werden kann, muss das geltende Recht nicht essentialistisch mit einem zeitlos gültigen Wesen des Rechts gleichgesetzt werden. Erforderlich ist es aber, die für die Legitimität des Rechts maßgeblichen Prinzipien nicht auf Kelsens formale Grundnorm zu beschränken, so unentbehrlich diese ist. Vielmehr muss dieser eine ethische Grundnorm zumindest als regulative Idee zur Seite treten (vgl. Alexy 1992: 154 ff.). Der rechtsethische Normativismus respektiert, dass Recht durch festgelegte Verfahren in Kraft gesetzt wird. Doch er verbindet damit die Einsicht, dass das Recht sich nicht in seiner Positivität erschöpft. Denn es ist, wie Gustav Radbruch (1878–1949) in seiner epochemachenden *Rechtsphilosophie* 1932 feststellt, eine Kulturerscheinung, die auf eine Rechtsidee bezogen ist. Die durch verlässliche Verfahren verbürgte Rechtssicherheit muss sich mit der Orientierung an der Idee der Gerechtigkeit verbinden. Programmatisch erklärt Radbruch: «Recht kann ungerecht sein [...] aber es ist Recht nur, weil es den Sinn hat, gerecht zu sein.» (Radbruch 2003a: 12)

Die Erfahrung der systematischen Rechtsbeugung durch die nationalsozialistische Herrschaft in Deutschland veranlasste Radbruch dazu, seine These zu verschärfen. Die Radbruch'sche Formel, in welcher der Autor das nationalsozialistische Unrechtsregime zu verarbeiten sucht, rechnet mit der Möglichkeit, dass mit den Mitteln des Rechts die Gerechtigkeit dermaßen verleugnet wird, dass dieses Recht keinen Anspruch mehr auf Legitimität und Rechtsbefolgung erheben kann. Doch ausdrücklich sieht Radbruch darin eine Ausnahme von der Regel, dass auch das als ungerecht und unzweckmäßig empfundene Recht Befolgung verlangt. Die entscheidende Passage in dem Aufsatz über *Gesetzliches Unrecht und übergesetzliches Recht* aus dem Jahr 1946 macht dies unzweideutig klar: «Der Konflikt zwischen der Gerechtigkeit und der Rechtssicherheit dürfte dahin zu lösen sein, dass das positive durch Satzung und Macht gesicherte Recht auch dann den Vorrang hat, wenn es inhaltlich ungerecht und unzweckmäßig ist, es sei denn, dass der Widerspruch des positiven Gesetzes zur Gerechtigkeit ein so unerträgliches Maß erreicht, dass das Gesetz als ‹unrichtiges Recht› der Gerechtigkeit zu weichen hat. Es ist unmöglich, eine schärfere Linie zu ziehen zwischen den Fällen des gesetzlichen Unrechts und den trotz unrichtigen Inhalts dennoch geltenden Gesetzen, eine andere Grenzziehung kann aber mit aller Schärfe vorgenommen werden: wo Gerechtigkeit nicht einmal erstrebt wird, wo die Gleichheit, die den Kern der Gerechtigkeit ausmacht, bei der Setzung positiven Rechts bewusst verleugnet wurde, da ist das Gesetz nicht etwa nur ‹unrichtiges Recht›, vielmehr entbehrt es überhaupt der Rechtsnatur.» (Radbruch 2003b: 216) Mit dieser Formulierung nimmt Radbruch eine doppelte Grenzziehung vor: Zum einen kann die Abweichung des Rechts von der Gerechtigkeit ein so unerträgliches Maß erreichen, dass es zu ‹unrichtigem Recht› wird, das um der Gerechtigkeit willen zu überwinden ist. Zum anderen aber kann die Setzung positiven Rechts zu Zwecken missbraucht werden, die zur

Gerechtigkeit in eklatantem Gegensatz stehen, weil sie die Gleichheit der Menschen missachten. In diesem Fall handelt es sich nicht nur um ‹unrichtiges Recht›, sondern um ‹gesetzliches Unrecht›; solchen Setzungen fehlt der Rechtscharakter als solcher.

Rechtsethischer Normativismus setzt den positiven Charakter des Rechts und dessen damit verbundene Änderbarkeit voraus. Zugleich beachtet er, dass das Recht Vertrauen in wechselseitige Verhaltenserwartungen stiften muss und dafür eine gewisse Stabilität braucht. Um dieser Stabilität willen bedarf das Recht eines inhaltlichen Bezugs auf ethische Prinzipien. Auch bei der Änderung des Rechts oder der rechtlichen Regelung neuer und neuartiger Herausforderungen kann ein Bezug auf ethische Prinzipien nötig oder jedenfalls hilfreich sein. Vorausgesetzt ist bei einer solchen ‹Ethisierung des Rechts›, dass die herangezogenen ethischen Prinzipien argumentativ ausgewiesen sind und ihrerseits der Kritik zugänglich sind. Diesen Voraussetzungen kann die explizite Diskussion ethischer Voraussetzungen des Rechts in Ethikkommissionen oder vergleichbaren Gremien dienen (vgl. Vöneky 2010, 2013b). Die Einbeziehung solcher Gremien darf jedoch nicht zu einer Delegation der politischen Verantwortung an derartige Gremien führen; die Verantwortung für die Rechtssetzung muss vielmehr beim Gesetzgeber bleiben.

1.3. Philosophische und theologische Rechtsethik

Die bisherigen Überlegungen haben bereits gezeigt, dass die Rechtsethik sowohl in einer philosophischen als auch in einer theologischen Gestalt begegnet. Das Wechselverhältnis zwischen beiden Zugangsweisen zur Ethik (s. dazu Teil 1) ist in diesem Fall besonders intensiv, weil die Theologie nicht nur philosophische Impulse aufgenommen, sondern sie zugleich auf ihre Weise weiterentwickelt hat.

1.3.1. Theologisch geprägte Rechtsethik

Von Anfang an macht die christliche Theologie von der (spät-)antiken Philosophie einen intensiven Gebrauch. Als sie sich im Gefolge der konstantinischen Wende verstärkt mit Fragen der politischen Ordnung zu beschäftigen hat, knüpft sie dafür auch an die Vorstellung vom Naturrecht an und arbeitet sie aus. Rechtsinstitutionen, die von ihrer Herkunft her eng mit der römischen Staatsreligion verbunden waren, werden nun im Licht jüdischer und christlicher Moralvorstellungen verändert. Das lässt sich am deutlichsten an der Institution der Ehe zeigen, die nun als heterosexuelle, monogame und lebenslange Gemeinschaft konzipiert wird (vgl. Witte 2008: 31 ff.).

Eine wichtige Zäsur vollzieht sich durch diejenigen Vorgänge, die Harold Berman zusammenfassend als die «päpstliche Revolution» der Zeit zwischen 1050 und 1200 gekennzeichnet hat (Berman 1991: 144 ff.). Zuerst im kanonischen Recht kommt es zu einer umfassenden Systematisierung rechtlicher Regelungen; die Konkordanz der Bestimmungen in verschiedenen Rechtsbereichen entwickelt sich zu einem wichtigen Maßstab. Folgenreich ist ferner das Bild der menschlichen Person, von dem sich das westliche Rechtsdenken von nun an leiten lässt. Sie wird als Individuum, genauer: als christliches Individuum konzipiert, das durch den Akt der Taufe konstituiert wird. Zugleich differenzieren sich die Rechtsgebiete des kirchlichen und des weltlichen Rechts. Der geschichtliche Charakter des westlichen Rechts wie die Pluralität von Rechtssystemen, der Anspruch des Rechts auf innere Konsistenz und die Entstehung einer Profession für dessen Interpretation, Anwendung und Weiterentwicklung sowie schließlich die Vorstellung, dass das Recht den geistlichen wie weltlichen Institutionen übergeordnet ist, werden seit der epochalen Wende des 11./12. Jahrhunderts zu zentralen Bestandteilen der westlichen Rechtstradition (Berman 1991: 15 ff.). Dabei ist die theologische These von der Überordnung des göttlichen Rechts (*ius divinum*) über das weltliche Recht (*ius humanum*) für die Überordnung des Rechts über die Macht von ausschlaggebender Bedeutung.

1.3.2. Die Entdeckung des weltlichen Rechts

Genau diese These wird im Reformationsjahrhundert in Zweifel gezogen. Die Anerkennung der Eigenständigkeit der Welt durch Renaissance und Reformation ist auch für das Verständnis des Rechts von großer Bedeutung. Die Umformung des kanonischen Rechts sowie die Entwicklung der neuen Vernunftrechtslehren erfolgen unter maßgeblicher Einwirkung reformatorischen Denkens; sowohl die lutherischen als auch die reformierten Beiträge zu diesem Prozess sind in neueren Studien detailliert dargestellt worden (vgl. Witte 2002; Berman 2003; Witte 2007; Strohm 2008; Graf 2008). Die Freiheit des Gewissens und der Religion wird als Grenze für die Herrschaftsansprüche der politischen Macht zur Geltung gebracht. Zusammen mit Impulsen des Renaissancehumanismus und der Spätscholastik bereitet die Reformation so eine Wende des Menschenbildes vor, die auf die Anerkennung der gleichen Würde aller Menschen drängt.

Die konfessionellen Kämpfe der nachreformatorischen Ära führen zu der Einsicht, dass die Rechtsordnung des Staates auf andere Fundamente aufgebaut sein muss als diejenigen der Religion. Nun wird der Staat selbst zur Quelle des Rechts; das Zeitalter des Positivismus kündigt sich an. Diese Etappe lässt sich als eine Zeit der Verstaatlichung des Rechts bezeichnen. Sie provoziert die Forderung nach Gegengewichten, die der Ausdehnung staatlicher Gewalt Einhalt gebieten sollen. Solche Gegengewichte sieht man in den Menschen- und Bürgerrechten, die im Zuge der amerikanischen und französischen Revolutionen zum ersten Mal feierlich kodifiziert werden. Damit wird die Autonomie der Person zu einem wichtigen Bezugspunkt der Rechtsentwicklung. Die Unabhängigkeit der menschlichen Selbstbestimmung von allen – göttlichen wie weltlichen – Verfügungsansprüchen tritt in der Aufklärung als wichtiges rechtsethisches Postulat in den Vordergrund.

Bis zur Reformation ist die Rechtsethik im Wesentlichen theologisch bestimmt; erst in der nachreformatorischen Entwicklung wird sie als eigenständige juristische Aufgabe wahrgenommen. Mit der aufklärerischen Betonung personaler Autonomie wendet sich die Philosophie der Rechtsethik zu. Immanuel Kant (1724–1804) macht dabei mit seiner Zweiteilung der Metaphysik der Sitten in Tugend- und Rechtslehre auf die notwendige Unterscheidung zwischen Moralität und Legalität aufmerksam (MdS 309 ff., 503 ff.). Georg Friedrich Wilhelm Hegel (1770–1831) sieht in der Frage nach dem Recht den Schlüssel für das Verständnis von Staat und Gesellschaft überhaupt (Hegel 1970: 29 ff.). Für beide bildet die Rechtsphilosophie einen unentbehrlichen Bestandteil der philosophischen Gesamtkonzeption.

Nach dem Ende des philosophischen Idealismus tritt mit der materialen Ethik insgesamt auch die Rechtsethik philosophisch eher in den Hintergrund. Auch in der theologischen Ethik wird dem Recht als Gegenstand ethischer Reflexion nur selten die Bedeutung zugemessen, die sich aus dessen Schlüsselbedeutung für die Gestaltung des menschlichen Lebens in all seinen Bereichen ergibt. In beiden Disziplinen wird der Grundlegung der Ethik beziehungsweise metaethischen Fragen der Vorrang vor den Themen der materialen Ethik zuerkannt. Erst mit der *Rehabilitation der Praktischen Philosophie* gewinnen solche Fragestellungen auch in der deutschsprachigen

Philosophie wieder an Bedeutung (Riedel 1972, 1974). Besonders markant sind einerseits neuere philosophische Vorschläge zur Gerechtigkeitstheorie (vgl. insbesondere Rawls 1975; Nussbaum 2010; Sen 2010), andererseits diskurstheoretische Zugänge zum Verständnis des Rechts (vgl. insbesondere Dworkin 1984; Habermas 1992). Auf diesem Hintergrund wird der Versuch unternommen, die Rechtsethik als eigenständige Disziplin im Rahmen der Rechtsphilosophie zu etablieren (Pfordten 2005, 2011).

1.3.3. Erneutes theologisches Interesse am Recht

Auch in der Theologie zeigen sich in den letzten Jahrzehnten neue Ansätze zur Erörterung rechtsethischer Fragen (vgl. für die deutschsprachige evangelische Theologie Reuter 1996; Welker 1997, 2002; Huber 2006; Herms 2008; Kreß 2012). Dabei erweist sich der Dialog zwischen Theologie und Philosophie in wachsendem Maß als fruchtbar – insbesondere im Blick auf grundlegende Weichenstellungen im Verständnis des Menschen, in der Interpretation der universalen Geltung der Menschenrechte oder in der Beurteilung rechtspolitischer Konsequenzen aus den neuen ethischen Herausforderungen, die vor allem mit der wissenschaftlich-technischen Entwicklung und dem Prozess der Globalisierung verbunden sind.

Christliche Theologie deutet die Wirklichkeit der Welt im Horizont der Universalität Gottes; in diesem Horizont erscheinen Relativität, Vorläufigkeit und Korrekturfähigkeit als hervorgehobene Kennzeichen der Weltwirklichkeit. Sie deutet diese Wirklichkeit im Horizont der Gegenwärtigkeit des inkarnierten Gottes; der Umgang mit der Wirklichkeit der Welt ist deshalb durch die Hoffnung auf Gottes umfassende Gerechtigkeit bestimmt. Der Umgang mit irdischem Recht im Horizont dieser Hoffnung ist das Thema einer christlich verstandenen Rechtsethik.

Eine solche Rechtsethik befindet sich nur dann auf der Höhe moderner Herausforderungen, wenn sie die relative Eigenständigkeit des Rechts anerkennt, ohne damit eine Beziehungslosigkeit zwischen Recht und Moral zu behaupten. Theologische Rechtsethik tritt heute nicht mit dem Anspruch auf, eine theologische *Begründung* des weltlichen Rechts bereitzustellen. Denn sie versteht das Recht als Teil der Weltwirklichkeit und als Aufgabe menschlicher Gestaltung. Indem es Möglichkeiten wechselseitiger Anerkennung und friedensstiftende Konfliktlösungen anbietet, eignet ihm selbst ethische Qualität zu. Diese entsteht nicht erst dadurch, dass rechtsethische

II. RECHTSETHIK

Forderungen an künftiges Recht gerichtet werden; sie ist auch darin zu erkennen, dass gegebenes Recht in einer für das Zusammenleben der Menschen förderlichen Weise angewandt wird. Doch neben das Ethos der Rechtsbefolgung tritt die ethische Verantwortung für besseres Recht, also die Mitverantwortung der Bürgerinnen und Bürger für eine Weiterentwicklung der Rechtsordnung, die der Ermöglichung und Gewährleistung wechselseitiger Anerkennung unter sich wandelnden Bedingungen zugutekommt. Eine theologische Rechtsethik in evangelischer Perspektive entwickelt deshalb ein spezifisches Interesse an einem *ius humanum semper reformandum*.

1.4. Neue Fragestellungen

Die verstärkte Aufmerksamkeit für die Rechtsethik in Theologie und Philosophie erklärt sich auch aus neuen Fragestellungen, die der Bearbeitung und Klärung bedürfen.

Die Grundlegung der Rechtsethik wird unter den Bedingungen eines verstärkten gesellschaftlichen Pluralismus auf neue Weise problematisch. Die Vorstellung von universalisierbaren Prinzipien, an denen sich die Rechtsethik orientieren und von denen aus sie das gegebene Recht kritisch prüfen kann, gerät ins Wanken. Es wird gefragt, ob nicht alle derartigen Prinzipien, die Menschenwürde eingeschlossen, kulturell geprägt sind und deshalb keine allgemeine Gültigkeit beanspruchen können. Der Orientierung am Einzelnen als Träger subjektiver Rechte treten in der globalisierten Welt neue Varianten kollektivistischen Denkens gegenüber, in denen die Gruppe und nicht der Einzelne als Rechtsträger erscheint. Die Rechtsethik muss sich mit der ‹Relativismusfalle› auseinandersetzen.

Der gesellschaftliche Wertewandel, der mit der Pluralisierung und Globalisierung einhergeht, hat in vielen Feldern rechtsethische Auswirkungen. Unterschiedliche religiöse Rechtskonzeptionen stellen die Einheitlichkeit des Rechts vor allem dadurch infrage, dass aus ihnen beispielsweise in den Bereichen des Familien-, Erb- und Eigentumsrechts unterhalb der Ebene gerichtlicher Auseinandersetzungen Schiedsverfahren gefordert werden, in denen von der allgemeinen Rechtsordnung abweichende religiöse und kulturelle Rechtsvorstellungen zur Geltung gebracht werden sollen. Damit ist die Frage aufgeworfen, wie die religiöse und kulturelle Selbstbestimmung von Migranten mit der Einheitlichkeit der Rechtsordnung vereinbar gehalten werden kann.

Auch auf andere Weise ergeben sich aus dem gesellschaftlichen Wandel neue rechtsethische Herausforderungen. Eine konsequentere Orientierung an der Gleichberechtigung von Männern und Frauen, veränderte Vorstellungen von Ehe und Familie, die Anerkennung einer Pluralität von Lebensformen sowie die verstärkte Gegenwehr gegen Gewalt, Misshandlung und sexuellen Missbrauch erfordern neue, grundsätzliche Erwägungen und praktische Regelungen.

Die schnelle Fortentwicklung der Lebenswissenschaften mit ihren neuen Handlungsmöglichkeiten in Bereichen wie beispielsweise der Reproduktionsmedizin, der Organtransplantation, der Altersmedizin und der Intensivmedizin verbindet sich mit großen rechtsethischen Fragestellungen. Sie beziehen sich auf so grundlegende Fragen wie das Verständnis der menschlichen Person, auf Beginn und Ende des menschlichen Lebens, auf den moralischen Status von Embryonen und Gestorbenen, auf den Zeitpunkt des Todes und die Bedingungen für die Entnahme von Organen zu Gunsten Schwerkranker. Nahezu alle bioethischen Fragen haben rechtliche Implikationen; ethische Stellungnahmen zu lebenswissenschaftlichen Entwicklungen münden in der Regel in Vorschlägen für gesetzliche Regelungen.

Die wirtschaftliche Globalisierung verbindet sich mit neuartigen Notwendigkeiten internationaler Kodifizierung; gelingen diese nicht, bleiben auch die Gefahren ungebändigt, die sich mit den Machtkonzentrationen in der globalisierten Wirtschaft, insbesondere mit der Eigendynamik der weltweit agierenden Finanzwirtschaft verbinden. Neuartig sind auch die Herausforderungen im Bereich der politischen Ethik, insbesondere im Blick auf die Fragen von Krieg und Frieden. Der friedensethische Grundsatz, dass die Gewalt dem Recht zu unterwerfen sei, erfordert neue Formen der Konkretisierung und Operationalisierung.

1.5. Rechtsethik als Bürgerethik, Professionsethik und Institutionsethik

Die im Vorstehenden genannten Themen sind Gegenstand der jeweiligen Bereichsethiken. Doch die Rechtsethik hat an all diesen Herausforderungen deshalb einen unmittelbaren Anteil, weil sie die Schnittstelle zwischen der Ordnung der Institutionen und der Wahrnehmung individueller Freiheit bildet. Das Recht strukturiert die Institutionen des gemeinsamen Lebens, die Formen des persönlichen Lebens und die Gestaltungsmöglichkeiten der Zivilgesellschaft ebenso wie die Organisationsformen der Wirtschaft und die Strukturen der politischen Körperschaften. Das Recht prägt aber auch die Rahmenbedingungen für das berufliche Handeln innerhalb des jeweiligen Verantwortungsbereichs. Und es prägt wichtige Rahmenbedingungen für den Gebrauch der eigenen Freiheit und das Handeln im Feld persönlicher Verantwortung. Die Unterscheidung zwischen den personalethischen, professionsethischen und institutionsethischen Dimensionen der Ethik bewährt sich gerade im Blick auf das Recht (vgl. Huber 2013: 22).

Nicht nur im Blick auf die Auswirkungen des Rechts auf verschiedene Handlungsbereiche, sondern auch im Blick auf das Recht als Handlungsfeld selbst, lassen sich institutionsethische, professionsethische und personalethische Dimensionen voneinander unterscheiden. Institutionsethisch werden die Geltungsbedingungen des Rechts, die Verknüpfungen zwischen Recht und Moral und die Konsequenzen für die Gestaltung der Rechtsordnung sowie die Regelung einzelner Materien erörtert. Fragen der Völkerrechtsordnung oder der demokratischen Mitwirkung, die Ausgestaltung des Eigentumsrechts oder die Weiterentwicklung von Strafrecht und Strafvollzug sind klassische Beispiele für die institutionsethische Dimension der Rechtsethik. Zentrale Bedeutung für die institutionelle Seite der Rechtsethik hat die Einsicht, dass die staatlichen Institutionen genauso wie alle anderen Institutionen dem Recht unterworfen sind. Die Unterwerfung der Macht unter das Recht bildet den Kern des Rechtsstaats. Die Rechtstreue des Staates bildet eine entscheidende Voraussetzung für die Rechtstreue seiner Bürgerinnen und Bürger. Unter rechtsethischem Gesichtspunkt muss eine Rechtserosion kritisiert werden, die beispielsweise dann eintritt, wenn Rechtsnormen durch staatliche Akteure opportunistisch uminterpretiert oder offen missachtet werden.

Professionsethisch beschäftigt sich die Rechtsethik mit dem Recht als Beruf (Huber 2000). Rechtsethische Überlegungen, die sich dabei vorrangig am Beruf des Richters und der ihm obliegenden Unparteilichkeit orientieren, stehen neben anderen, die den Beruf des Anwalts als Beispiel nehmen und der Frage nachgehen, wie dessen Parteilichkeit sich zu der professionsethischen Verpflichtung verhält, als ‹Organ der Rechtspflege› tätig zu sein. Richter und Anwälte sind indessen schon längst nicht mehr die einzigen juristischen Berufe – man denke nur an die Rolle von Juristinnen und Juristen in Verwaltungen und Wirtschaftsunternehmen. Sie haben die Aufgabe, die Gestaltungsangebote des Rechts zu nutzen, um Verträge rechtssicher zu gestalten, um Verwaltungsakte regelkonform zu erlassen oder die Durchführung von Gesetzesaufträgen sicherzustellen. Der Blick auf das Recht ist in den verschiedenen juristischen Berufen unterschiedlich; die Achtung vor dem Recht und die Wahrung seiner Unparteilichkeit haben für eine rechtsethisch reflektierte Ausübung dieser Berufe gleichwohl einen hohen Rang.

Doch wie stünde es um das Recht, wenn nur die Juristen das Recht als ihren Beruf ansähen? So unersetzlich der Dienst der Juristen am Recht auch sein mag, so sehr droht er ins Leere zu laufen, wenn das Recht nicht von einem ausreichend großen Teil der Glieder einer Rechtsgemeinschaft zur eigenen Sache gemacht wird. Das Recht gehört zu den grundlegenden Gegebenheiten des menschlichen Lebens, denen all diejenigen sich zuwenden müssen, denen die Verantwortung für das gemeinsame Leben überhaupt wichtig ist. Die Juristen – als Experten der Rechtsauslegung und Rechtsanwendung – gewiss zuerst, aber nicht sie allein sind berufen, das Recht zu wahren und zu gestalten. Das Recht ist vielmehr zugleich ein Beruf aller Bürgerinnen und Bürger. Sie sind nicht nur Staatsbürger, Wirtschaftsbürger oder Kulturbürger – sie sind in all diesen Rollen stets zugleich auch Rechtsbürger. Ethisch haben sie mit dem Recht nicht nur unter dem Gesichtspunkt zu tun, dass sie zur Rechtsbefolgung – oder wie man früher sagte: zum Rechtsgehorsam – verpflichtet sind; zu ihrer Verantwortung gehört es vielmehr auch, sich für eine Verbesserung des Rechts einzusetzen, wenn sie gegebene Regelungen nicht mehr für zureichend halten. Virulent wird das Ethos des Rechtsbürgers nicht nur in der Befolgung des gegebenen Rechtes, sondern auch im Einsatz für besseres Recht. Deshalb eignet der Rechtsethik nicht nur eine institutionsethische und eine professionsethische, sondern auch eine personalethische Dimension. Die Rechtsethik ist nicht nur eine Ethik für Experten, sondern ebenso eine Ethik für alle Bürgerinnen und Bürger.

2. ANSÄTZE DER RECHTSETHIK

2.1. Der Prozess der Ausdifferenzierung von Religion, Moral und Recht

Bevor es auch nur erste Anfänge einer Rechtsethik gibt, gibt es doch schon ein Nachdenken darüber, woraus die Ordnungen des Gemeinschaftslebens ihre Geltung beziehen. Frühe Gesellschaften kennen keine Alternative zu einer religiösen Fundierung für die Regeln des Gemeinschaftslebens. Sie unterscheiden auch noch nicht zwischen moralischen und rechtlichen Gesetzen. Die frühesten Rechtscorpora, die wir kennen, verbinden Regeln, in denen wir heute moralische Gebote sehen würden, mit anderen, durch Sanktionen belegte, die wir als Rechtsregeln ansehen würden.

Die ungeschiedene Einheit von Religion, Moral und Recht ragt in unser heutiges kulturelles Bewusstsein vor allem dadurch hinein, dass sie durch die religiöse Überlieferung der monotheistischen Religionen bis in die Gegenwart hinein tradiert wird. Erst durch die Historisierung dieser Traditionen ist bewusst geworden, dass eine Anwendung dieser Regelungen auf die Fragen der eigenen Gegenwart schon dadurch erschwert ist, dass wir heute eine unmittelbare Zusammengehörigkeit von Religion, Moral und Recht nicht mehr voraussetzen können.

Die Wegweisung für das Volk Israel, die sich in der biblischen Tora findet, geht von einer solchen selbstverständlichen Einheit aus. Sie beruft sich explizit auf eine religiöse Legitimation: Gott selbst gilt als Gesetzgeber; seine Befreiungstat bildet den Grund dafür, dass er das von ihm aus der Sklaverei geführte Volk für seinen Weg durch die Wüste und in das Gelobte Land mit den notwendigen Wegweisungen der Freiheit versieht (Ex 20,1–17; Dtn 5,1–21). Um diesen Kernbestand der ‹zehn Gebote› legen sich wie konzentrische Kreise weitere Gesetzescorpora, unter ihnen insbesondere das Bundesbuch (Ex 20–23), das Deuteronomium und das Heiligkeitsgesetz (Lev 17–26). Vor allem aber ist hervorzuheben, dass die fünf Bücher Mose insgesamt als ‹Gesetz› (*Tora*) bezeichnet werden und damit den Charakter eines normativen Textes annehmen (Konrad Schmid in Welker/Etzelmüller 2013: 120). In den Weisungen der Tora finden sich kultische Vorschriften neben Geboten für das Zusammenleben, strafrechtliche Normen, die noch an der Talionsregel orientiert sind – «Auge um Auge, Zahn um Zahn» (Ex 21,24; Lev 24,20; vgl. Mt 5,38) –, neben sozialrechtlichen Gerechtigkeitsregeln, in denen die vorrangige Aufmerksamkeit für Marginalisierte, vom Ausschluss aus der Gemeinschaft Bedrohte erkennbar wird, vor allem für Witwen, Waisen und Fremde (Dtn 16,11–15; 24,17–22; vgl. Otto 1994: 83 ff., 215 ff.).

Ein anderes Beispiel für die Verbindung von Religion, Moral und Recht bildet die islamische Tradition. In ihr ist die Moral integraler Bestandteil der religiösen Lehre, wie sich an der zentralen Stellung der ‹fünf Säulen› des Islam anschaulich zeigt: Das Bekenntnis zu Allah und das tägliche Gebet verbinden sich mit der Pflicht zum Almosen, zum Fasten sowie zur Pilgerreise nach Mekka. Die Glaubensgemeinschaft, die Umma, ist zugleich eine politisch-soziale Realität; die Scharia, die religiös begründete Ordnung des gemeinsamen Lebens, ist moralische und rechtliche Anweisung in einem (vgl. Rohe 2011).

Solche Einheitskonzeptionen stoßen unter den Bedingungen der Moderne auf die Strukturen einer differenzierten Gesellschaft; diese Differenzierung wurde im Wesentlichen durch die Entwicklung von Wissenschaft und Technik sowie durch die mit ihr verbundene wirtschaftliche Dynamik vorangetrieben. In diesen Zusammenhängen kommt es auch zu einer weitergehenden Differenzierung zwischen den Sphären der Religion, der Moral und des Rechts. Die Konflikte zwischen der Moderne und religiösen Positionen, die häufig als ‹fundamentalistisch› bezeichnet werden, erklären sich aus der Spannung zwischen religiös-moralisch-rechtlichen Einheitskonzeptionen und gesellschaftlichen Differenzierungsprozessen.

Prozesse religiöser Pluralisierung bilden eine wichtige Vorstufe für das Auseinandertreten von Religion, Moral und Recht. Die Entstehung des Christentums ist dafür ein wichtiges Beispiel. Das Bekenntnis zu Gott und das Bekenntnis zur Autorität des Kaisers treten für diejenigen in einen Konflikt zueinander, für die aus Glaubensgründen eine religiöse Verehrung des Kaisers nicht infrage kommt. Die Lösung liegt in der Unterscheidung zwischen dem Bekenntnis zu Gott und der Anerkennung der politischen Autorität: «Gebt dem Kaiser, was des Kaisers ist, und Gott, was Gottes ist» (Mt 22,21). Diese Unterscheidung schließt nicht aus, dass auch die politische Ordnung als von Gott eingesetzt gilt (Röm 13,1–7); doch der Gehorsam Gott gegenüber trägt einen anderen Charakter als derjenige, der von der politischen Autorität gefordert werden kann: «Man muss Gott mehr gehorchen als den Menschen» (Apg 5,29).

Diese – im zitierten Zinsgroschenwort ausdrücklich mit der Autorität Jesu versehenen – Grundsätze gewinnen prägende Bedeutung für die Ent-

II. RECHTSETHIK

wicklung des Verhältnisses der christlichen Kirchen zur politischen Ordnung, ja zur politischen Kultur des Westens insgesamt (Winkler 2007: 180 ff.). Augustin (354–430) gibt ihnen mit der Unterscheidung zwischen der Bürgerschaft bei Gott (*civitas Dei*) und der irdischen Bürgerschaft (*civitas terrena*) eine theologisch wirkungsmächtige Gestalt. In den mittelalterlichen Investiturstreitigkeiten wird diese grundlegende Differenzierungsleistung auf die Abgrenzung zwischen politischer und kirchlicher Macht zugespitzt und verkürzt. Auf diesem Umweg tritt die Unterscheidung zwischen geistlicher und weltlicher Sphäre neu ins Bewusstsein; soweit die Inhaber geistlicher Ämter zugleich eine weltliche Funktion wahrnehmen, bedarf es nun, wie das Wormser Konzil im Jahr 1122 feststellt, einer doppelten Investitur, also einer doppelten Einsetzung in das entsprechende Amt.

Von diesen mittelalterlichen Ansätzen führt ein langer und verschlungener Weg zur Ausbildung moderner, funktional differenzierter Gesellschaften. Die Entflechtung der Sphären von Familie, Wirtschaft, Religion, Recht, Kultur und Politik ist dafür entscheidend. All diese Bereiche gewinnen eine relative Autonomie, sind aber zugleich funktional aufeinander bezogen. Sie werden also nicht segmentär voneinander getrennt; ihre jeweilige Eigenständigkeit verhilft vielmehr dazu, dass sie füreinander produktive Leistungen erbringen können. Der evolutionäre Leistungsgewinn moderner Gesellschaften kann geradezu darauf zurückgeführt werden, dass sie im Prozess der gesellschaftlichen Differenzierung die Eigenständigkeit der Gesellschaftssphären mit den Leistungen, die sie füreinander erbringen, verknüpfen.

2.2. Traditionen des Naturrechts

Für die Traditionen des Naturrechts ist der Gedanke ausschlaggebend, dass allem von Menschen hervorgebrachten Recht ein für sie unverfügbares Recht vorausgeht und zu Grunde liegt. Dieses Recht fundiert alles positive, insbesondere staatlich gesetztes Recht. Karl-Heinz Ilting definiert das Naturrecht als ein «System rechtlicher Normen, die für alle Menschen als Vernunftwesen, auch ohne und im Konfliktfalle sogar gegen alle positiven, insbesondere staatlichen Gesetze und Weisungen, überall und jederzeit verbindlich sind» (Ilting 1978: 245; vgl. zum Folgenden Huber 2006: 106–116). In erstaunlichem Maß hat der Naturrechtsgedanke, der zuerst im fünften vorchristlichen Jahrhundert grundsätzlich formuliert wird, die Jahrtausende überdauert; er ragt so wirksam auch noch in unsere eigene Gegenwart hinein, dass man von einem «langen Schatten des Naturrechts» sprechen kann (Tanner 1993). Obwohl auch in anderen Kulturen solche Denkweisen nachzuweisen sind, beruft man sich in der Regel für die Anfänge des Naturrechtsdenkens vor allem auf die griechische Kultur (Böckenförde 2002: 13 ff.).

Der Begriff der ‹ungeschriebenen Gesetze› (*agraphoi nomoi*) gewinnt mit der Tragödie *Antigone* des Sophokles (497/96–406/05 v. Chr.) eine Schlüsselbedeutung für das Verständnis des Naturrechts; dessen vorstaatlicher und überpositiver Charakter kommt darin deutlich zum Ausdruck. Aber erst bei den Sophisten treten das von Natur (*physis*) aus Rechte und das positive, gesetzte Recht (*nomos*) einander antithetisch gegenüber. Platon (427–348/47 v. Chr.) ordnet diesen Gedanken in das Grundmuster seiner Ideenlehre ein: Während das Naturrecht auf der Ebene der unwandelbaren Ideen angesiedelt ist, gehört das menschliche Recht zur Welt der Erscheinungen, die dem Wandel unterworfen sind. Aristoteles (384–322 v. Chr.) ordnet das Recht in ein Wirklichkeitsverständnis ein, das von der Zielbestimmtheit (Entelechie, *entelecheia*) alles Wirklichen ausgeht. Die Entelechie des Rechts ist die Gerechtigkeit; deshalb ist sie der Maßstab des Rechts, das als Ordnung der Gemeinschaft in der *polis* verstanden wird. Aristoteles (*Nikomachische Ethik V*, 1134) unterscheidet in diesem Zusammenhang zwischen einem ‹von Natur aus Rechten› (*physikon dikaion*) und einem ‹gemäß dem Gesetz Rechten› (*nomikon dikaion*).

Die Stoa versteht das Naturrecht als eine Emanation der Weltvernunft (*logos*). Deshalb treten nun *logos* und *nomos* im Verständnis des Rechts einander gegenüber. Cicero (106–43 v. Chr.) fügt diesen Gedanken in seine Vorstellung von der Bestimmung des Menschen ein (*De officiis* III, 5); zu ihr gehört die Pflicht zum Gehorsam gegenüber dem von der Gottheit gefügten Gesetz. Für diese Pflicht sind zwei Maximen grundlegend. Die eine Maxime fordert dazu auf, das Sittliche zu tun und das Unsittliche zu unterlassen (*honeste vivere*); die andere verpflichtet dazu, jedem das Seine zuzuerkennen und auch zukommen zu lassen (*suum cuique tribuere*).

Augustin, der sich bei dieser Thematik in Ciceros Bahnen bewegt, kann für den Gedanken des von Natur aus Rechten auf ein Zitat des Paulus zurückgreifen. Dieser beruft sich darauf, dass die Forderungen des Gesetzes den Juden wie den Heiden «in ihre Herzen geschrieben» sind, sodass ihr Gewissen ihre gesetzwidrigen Verhaltensweisen selbst anklagt (Röm 2,14 f.). Augustin nimmt diesen Gedanken so auf, dass er zwischen dem ewigen, dem natürlichen und dem menschlichen Gesetz (*lex aeterna, naturalis, humana*) unterscheidet. Besonders wichtig ist an dieser Unterscheidung einerseits die Differenzierung zwischen göttlichem und natürlichem Gesetz, andererseits die Vergeschichtlichung des menschlichen Gesetzes.

Die Verknüpfung zwischen Naturrechtslehre und biblischer Überlieferung, um die schon Augustin sich bemühte, wird in der klassischen Ausprägung der mittelalterlichen Naturrechtslehre dadurch erweitert und vertieft, dass die Goldene Regel (Mt 7,12) zum Inbegriff des Naturrechts erklärt wird (*Decretum Gratiani* 1, c.1). Ihr zufolge soll jeder dem anderen das tun, was er auch sich selbst zugefügt wissen möchte, und alles unterlassen, was er auch vom anderen unterlassen wissen möchte. Die stoische Maxime des *honeste vivere* findet durch diese Verknüpfung mit einem biblischen Motiv Eingang in das christliche Nachdenken über Moral und Recht.

Umso wichtiger ist es für das Denken der Scholastik, den vernunftgemäßen Charakter des Naturrechts hervorzuheben. Insbesondere für Thomas von Aquin (1225–1274) folgt die rationale Struktur zwingend aus der göttlichen Stiftung des Naturrechts. Dem liegt die Überzeugung von der Konkordanz von Gott und Vernunft zu Grunde. Zugleich erfordert die vernunftgemäße Klarheit des Naturrechts, dass es sich auf wenige einfache Prinzipien zurückführen lässt. Für Thomas treten dabei die Bewahrung des Lebens, die Weitergabe des Lebens und die Wahrheitserkenntnis in den Vordergrund (*Summa Theologica* I–II, qu.94). In der Befolgung dieser drei Prinzipien wird der Mensch seiner Stellung in der Natur gerecht; das Naturrecht bezieht sich sowohl auf das, was ihn mit anderen Lebewesen verbindet, als auch auf das, was ihn von diesen unterscheidet.

Die nominalistische Strömung der Scholastik, deren wichtigste Vertreter Duns Scotus (um 1266–1308) und Wilhelm von Ockham (um 1285–1349) sind, versieht das Nachdenken über das Naturrecht mit wichtigen neuen Akzenten. Es wird nun im göttlichen Wollen verankert, das in seiner Freiheit auf das gerichtet ist, was das Zusammenleben der Menschen fördert. Zugleich tritt neben dem objektiven auch ein subjektives Naturrecht in den Blick, also ein Anspruch, der dem Menschen von Natur aus zukommt. In diesen unterschiedlichen Schattierungen gibt die Scholastik dem Naturrechtsdenken eine Weite, dank deren es auch die reformatorische Kritik überdauert und insbesondere in Gestalt des Vernunftrechts in die Moderne tradiert wird. Die Umbrüche des 19. und 20. Jahrhunderts tragen zugleich dazu bei, dass das scholastische Denken in neuscholastischer Form wiederbelebt wird. Daraus erklärt sich die Vielfalt der Formen, in denen naturrechtliches Denken in aktuellen rechtsethischen Diskursen präsent ist.

2.3. Reformation und Recht

Die Reformation teilt die vernunftoptimistische Sicht des Naturrechts nicht. Vielmehr hat die reformatorische Einsicht, dass der Mensch seine Rechtfertigung vor Gott nicht eigener Gesetzeserfüllung, sondern allein der rechtfertigenden Gnade Gottes verdankt, auch Konsequenzen für den Umgang mit den Traditionen des Naturrechts. Zwar übernehmen die Reformatoren die paulinische Überzeugung, dass dem Menschen das göttliche Gesetz ins Herz geschrieben sei, doch die menschliche Fähigkeit, dieses Gesetz zu erkennen, gilt als durch die Sünde korrumpiert. Deshalb erhält das Gesetz als Teil der biblischen Offenbarung den eindeutigen Vorrang vor naturrechtlichen Gedanken. Diesem Gesetz Gottes werden von Martin Luther (1483–1546) zwei Gebrauchsweisen zugeschrieben: ein theologischer Gebrauch, in dem das Gesetz den Menschen seiner Sünde überführt und ihm so vor Augen stellt, dass er seine Rechtfertigung der göttlichen Gnade verdankt; und ein politischer Gebrauch, in dem das Gesetz die Sündenfolgen eindämmt und die menschliche Neigung zum Bösen in die Schranken weist (vgl. Christiane Tietz in Welker/Etzelmüller 2013: 358 ff.). Johannes Calvin (1509–1564) folgt Luther in der Überzeugung, dass die Menschen nicht von sich aus dazu im Stande sind, sich selbst zu regieren, sondern dafür auf eine äußere, mit den nötigen Machtmitteln ausgestattete Gewalt angewiesen sind. Ebenso wie Calvin ergänzt auch Philipp Melanchthon (1497–1560) den von Luther vertretenen doppelten Gebrauch des Gesetzes um einen dritten, zivilen Gebrauch; in ihm fördert das Gesetz ein gedeihliches Zusammenleben der Menschen. Auf diesem Weg erhalten naturrechtliche Gedanken bei Melanchthon und ihm folgend auch in der altprotestantischen Orthodoxie Eingang in das protestantische Rechtsdenken.

Die große Bedeutung, die der rechtlichen Ordnung des Gemeinwesens bei den Reformatoren zuerkannt wird, zeigt sich insbesondere an der Intensität, mit der diese sich um die rechtlich angemessene Regelung von Konflikten kümmern. Ausdrücklich unterstützen sie die Weiterentwicklung der Gerichtsbarkeit durch die Errichtung des Reichskammergerichts im Jahr 1495 und formulieren Grundsätze eines eigenen christlichen Rechtsunterrichts. Bei Martin Luther geschieht dies exemplarisch in seiner Auslegung des *Magnificat*. Mit dem Hinweis auf grundlegende («grobe») menschliche Rechte stellt Luther, Anregungen des Nominalismus aufnehmend, dem Recht als

II. RECHTSETHIK

Gemeinschaftsordnung subjektive Rechte des Einzelnen entgegen, die insbesondere an seiner elementaren Bedürftigkeit ausgerichtet sind (vgl. Scharffenorth 2013: 227 ff.).

Soweit die Reformatoren an den Naturrechtsgedanken anknüpfen, setzen sie das Naturrecht nicht mehr mit dem göttlichen Recht gleich; sie verstehen es vielmehr als weltliches Recht (Böckenförde 2002: 384 ff.). Dadurch kann der weltliche Charakter des Rechts insgesamt deutlich hervortreten. Berühmt ist das Beispiel, dass Martin Luther die Ehe in ihrem Rechtscharakter als ein ‹weltlich Ding› bezeichnet. Doch im selben Zusammenhang erklärt er, die Ehe habe «Gottes Wort für sich» und sei «nicht von Menschen erdichtet oder gestiftet». Ausdrücklich bezeichnet er die Ehe als einen «göttlichen, seligen Stand» (vgl. Barth 2009: 434 ff.). Luther sieht in der Verbindung von Mann und Frau in der Ehe eine gute Schöpfungsgabe und bejaht, dass für sie um Gottes Segen gebetet wird. Doch hinsichtlich ihrer rechtlichen Ordnung eignet ihr – wie allen Formen menschlichen Rechts – ein weltlicher Charakter. Die Formel vom ‹weltlich Ding› ist deshalb missverstanden, wenn sie so verwendet wird, als sei der besondere Charakter der Lebensgemeinschaft von Mann und Frau theologisch irrelevant; aber einer theologischen Überhöhung ihrer rechtlichen Ausgestaltung und damit – modern gesprochen – ihres Verhältnisses zu anderen Lebensformen wird damit gewehrt. Diese sind vielmehr ebenfalls einer rechtlichen Ordnung zugänglich. Wenn man in diesem Sinn das Naturrecht als weltliches Recht versteht, liegt die Konsequenz nahe, Naturrechtsargumentationen nicht absolut, sondern perspektivisch anzulegen (Lohmann 2002: 409 ff.). Wer mit naturrechtlichen Denkfiguren argumentiert, versucht, aus der ihm zugänglichen Perspektive Rechtsprinzipien zu formulieren, für die universale Geltung in Anspruch genommen werden kann.

Konsequenterweise bezieht die Reformation auch die rechtliche Gestalt der Kirche in den Bereich des menschlichen Rechts ein. Zwar ist der in der Gottesbeziehung begründete Auftrag der Kirche unverfügbar. Er besteht darin, das Evangelium zu verkündigen und die Sakramente dem Evangelium gemäß zu administrieren (*Confessio Augustana* Art. 7). Durch das ihr anvertraute Evangelium selbst ist die Kirche als eine ‹Gemeinschaft der Heiligen› ausgezeichnet; als Ganze hat sie den Auftrag zur Weitergabe dieses Evangeliums wahrzunehmen. Doch in welchen Formen das geschieht, ist eine Frage der menschlichen Traditionen, die gestaltbar und veränderbar sind. Nur deshalb konnten die Reformatoren sich angesichts der Kämpfe ihrer Zeit dazu entscheiden, sich unter das Dach des landesherrlichen Kirchenregiments zu begeben und die evangelische Kirche in einem landeskirchlichen System auszugestalten, das in Deutschland bis zum Ende der Monarchie im Jahr 1918 Bestand hatte und sich darüber hinaus bis in die Gegenwart auf die Kirchenstrukturen auswirkt. Die Auseinandersetzungen des 20. Jahrhunderts gaben dazu Anlass, den Zusammenhang zwischen Bekenntnis und Recht stärker zu bedenken und von einem ‹bekennenden Kirchenrecht› zu sprechen. Doch an der Einsicht, dass das Kirchenrecht menschliches und damit weltliches Recht ist, wurde damit nicht gerüttelt. Nur wurde klargestellt, dass die ‹Ordnung› der Kirche ihrer ‹Botschaft› nicht widersprechen darf, sondern zu dienen hat (*Barmer Theologische Erklärung*, These III).

2.4. Traditionen des Vernunftrechts

Die reformatorische Rechtskritik hat nicht unerheblich dazu beigetragen, dass sich im modernen Rechtsdenken die Vorstellung von einer Konkordanz zwischen dem durch die Vernunft erkannten Naturrecht und dem göttlich offenbarten Recht auflöst. Diese Tendenz wird dadurch verstärkt, dass die gegebene Rechtsordnung durch die konfessionellen Bürgerkriege der nachreformatorischen Zeit einer großen Belastung ausgesetzt wird; die Vorstellung, dass die Fundierung dieser Rechtsordnung im göttlichen Recht deren Friedensfunktion stärken könne, verliert dadurch an Plausibilität. Hugo Grotius (1583–1645) leitet daraus die Aufgabe ab, eine europäische Friedensordnung als Rechtsordnung so zu konstruieren, «als ob es Gott nicht gäbe» («*etsi Deus non daretur*»; vgl. Huber 2006: 31–36). Für das Vernunftrechtsdenken, wie es außer durch Grotius vor allem durch Samuel von Pufendorf (1632–1694) und Christian Thomasius (1655–1728) entwickelt wird, gilt demgemäß der Grundsatz, dass von Naturrecht nur insoweit die Rede sein kann, als es aus der bloßen Vernunft hergeleitet werden kann. Das göttliche Recht (*ius divinum*) wird konsequenterweise aus dem Bereich der Rechtswissenschaft ausgeschieden und ausschließlich dem Bereich der Moral zugeordnet. Die Rechtswissenschaft behandelt dagegen allein das mit den Mitteln der Vernunft erkennbare Naturrecht sowie das positive Recht. Moses Mendelssohn (1729–1786) übernimmt die Trennung zwischen Moral und Recht, wobei er die Rechtspflichten als ‹vollkommene Pflichten› von den Humanitäts- und Gewissenspflichten als ‹unvollkommene Pflichten› unterscheidet. Vollkommen sind die Rechtspflichten deshalb, weil der Staat ihre Befolgung fordern

II. RECHTSETHIK

und gegebenenfalls mit Zwang durchsetzen kann. Die moralischen Pflichten dagegen sind unvollkommen, weil sie nicht erzwingbar sind. Die damit festgestellte Freiheit religiöser und moralischer Überzeugungen ist von den Mitmenschen und dem Staat, aber ebenso von den Religionsgemeinschaften zu beachten (vgl. Kreß 2012: 64 ff.).

Die damit aufgeworfene Frage, wie weit Religionsgemeinschaften, deren Grundlage in einer gemeinsamen religiösen Überzeugung besteht, die Freiheit der Religion nicht nur nach außen fordern, sondern auch im Innern ermöglichen und gewährleisten müssen, ist nach wie vor umstritten und auch zwischen den christlichen Konfessionen kontrovers. Zumindest wird man fordern müssen, dass bei Konflikten zwischen einer kirchlich eingeforderten Verpflichtung auf die gemeinsame religiöse Überzeugung und der Religionsfreiheit des Einzelnen die Ansprüche an rechtliches Gehör, unabhängige Rechtsprechung und Gleichheit vor dem Gesetz nicht unterschritten werden, für die sich die Kirchen außerhalb ihrer Mauern einsetzen.

Die mit der theoretischen Begründung und schrittweisen praktischen Verwirklichung des Rechtsstaats vollzogene Trennung der Jurisprudenz nicht nur von der Theologie, sondern von allen Moralwissenschaften hat weitreichende Konsequenzen. Sie bereitet die Unterscheidung zwischen Moralität und Legalität vor, die von Immanuel Kant zusammenfassend formuliert wird, und bahnt den Weg zur Säkularisierung von Recht und Staat, die sich im Prozess der Pluralisierung von religiösen und weltanschaulichen Überzeugungen als entscheidende Voraussetzung für die Wahrung der Religionsfreiheit erweist. Sie bereitet auch einem gemäßigten Positivismus den Boden, soweit er die rechtliche Geltung des Rechts an dessen Positivität bindet, aber dessen inhaltliche Geltung an Rechtsprinzipien zu prüfen bereit ist. Für diese Rechtsprinzipien ist die Vernunft nun allerdings nicht nur das Erkenntnismittel – das galt bereits für die Naturrechtslehren der Scholastik –, sondern auch der Erkenntnisgrund. Das macht Kant daran deutlich, dass er die Universalisierbarkeit von Normen nicht nur zum kritischen Maßstab der Morallehre, sondern auch der Rechtslehre erklärt. Der Unterschied besteht allein darin, dass gemäß der Morallehre der Einzelne sich das Gesetz aus eigener Autonomie gibt, während die Rechtslehre auch das Problem lösen muss, wie ein «Volk von Teufeln (wenn sie nur Verstand haben) regiert werden kann» (Kant 1795 f. / 1964: 224).

Mit der Ausbildung eines historisch-kritischen Bewusstseins muss zugleich die Einsicht verarbeitet werden, dass naturrechtliche Erkenntnisse, auch wenn sie allein aus der Vernunft begründet werden, geschichtlichen

Charakter tragen und ihre Formulierungen sich demgemäß im Lauf der Geschichte wandeln. Auch wenn eine transzendentale Reflexion nach den Bedingungen der Möglichkeit von Recht fragt, oder eine idealtypische Konstruktion die notwendigen Bestimmungsmomente von Recht zu ermitteln versucht, so hängen auch derartige Versuche mit der konkreten Entdeckung von Rechtsprinzipien unter den Bedingungen der jeweiligen Gegenwart zusammen. Das ist zwar kein Anlass zu einem allgemeinen Relativismus; aber es nötigt dazu, neben den Begründungswegen für Rechtsprinzipien auch deren Entdeckungszusammenhänge in der Geschichte – insbesondere die Erfahrungen der Rechtsverletzung, aus denen sie geboren werden – in den Blick zu nehmen und in ihre Genealogie einzubeziehen (vgl. Joas 2011: 108–146). Daraus folgt, dass auch als richtig erkannte und von der Rechtsgemeinschaft anerkannte Rechtsprinzipien immer wieder kritisch zu überprüfen und weiterzuentwickeln sind.

2.5. Gewaltmonopol und Rechtsstaat

Der Übergang zur Moderne ist nicht nur durch eine Säkularisierung der Rechtsordnung, sondern zugleich durch deren Vereinheitlichung geprägt. Die Voraussetzung dafür liegt in der Bildung von Territorialstaaten, die für sich das Gewaltmonopol zur Durchsetzung des Rechts in Anspruch nehmen. Die entscheidenden Weichenstellungen dafür vollzogen sich für das Gebiet des Deutschen Reiches mit der Reichsrechtsreform von 1495. Nicht mehr einzelne lokale Herrschaften, sondern die regionalen Obrigkeiten waren von nun an für die Gewährleistung und Durchsetzung des Rechts zuständig. In Ansätzen wurde ein Instanzenzug der Rechtsprechung, mit dem Reichskammergericht an der Spitze, etabliert. Vor allem aber wurde der Gedanke der einzelstaatlichen Souveränität in dieser Zeit formuliert. Dabei wurden die Monarchen als Inhaber der Souveränität angesehen; der Absolutismus brach sich Bahn. Mit dem Machtzuwachs der größeren europäischen Staaten kam es einerseits zu erheblichen Hegemonialkonflikten; andererseits verstärkte sich die Wohlfahrtsfunktion der Staaten im Innern.

Diese beiden Seiten des Absolutismus riefen Gegenbewegungen hervor. Der Widerspruch gegen den absolutistischen Ständestaat bündelte sich in der Forderung, dass auch die staatliche Gewalt dem Recht unterworfen und an das Recht gebunden sei. Der Rechtsstaat, nach dem man verlangte, sollte durch eine angemessene Beteiligung zumindest seiner finanziell selbständigen Bürger an der Rechtssetzung, durch die Gleichheit vor dem Gesetz und durch eine unabhängige Rechtsprechung gekennzeichnet sein.

Der in der Folge solcher Entwicklungen an der Wende vom 18. zum 19. Jahrhundert geprägte Begriff des Rechtsstaats hat in anderen Rechtskulturen keine präzise Parallele; aber er entspricht im Wesentlichen der *rule of law* im britischen und dem *limited government* im US-amerikanischen Rechtssystem. Dieser Begriff steht, systematisch betrachtet, für den Ausgleich zwischen der objektiven und der subjektiven Komponente im Begriff des Rechts. Die Ordnungsfunktion des Rechts soll so ausgestaltet sein, dass die persönliche Freiheit geschützt und gewahrt wird. Dafür darf das Recht nicht nur die ‹Untertanen› verpflichten, sondern muss auch für die ‹Obrigkeit› verbindlich sein. Ein durchgängiger, mehrstufiger Rechtsschutz ist dafür ein entscheidendes Instrument.

Durch die Entwicklung des Rechtsstaats werden gewichtige ethische Kriterien in das Rechtssystem inkorporiert; unter ihnen stehen die Partizipation der Bürgerinnen und Bürger an der Rechtssetzung, die Bindung der staatlichen Gewalt an das Recht, die Unabhängigkeit einer ordentlichen Gerichtsbarkeit und die Gleichheit aller vor dem Gesetz obenan. Die rechtsstaatlichen Verfahren der Rechtssetzung, Rechtsanwendung und Rechtsprechung sind insofern nicht ‹formaljuristisch›; ihnen eignet vielmehr eine eigene ethische Qualität. Das zeigt sich immer dann besonders deutlich, wenn gegenüber willkürlichen Vorgehensweisen die Einhaltung des rechtsstaatlichen Verfahrens eingefordert wird.

Mit der steigenden Bedeutung des staatlichen Gewaltmonopols, der Entwicklung der Rechtsstaatsidee und dem durch die gesellschaftliche Modernisierung zunehmenden Regelungsbedarf wächst auch die Nötigung zur einheitlichen Kodifizierung des Rechts. Beispiele dafür sind das Preußische Allgemeine Landrecht (1794), der Code Napoléon (1804) mit den anschließenden spezialrechtlichen Kodifizierungen sowie im späteren Verlauf des 19. Jahrhunderts das Strafgesetzbuch (1871) und das Bürgerliche Gesetzbuch (1896) des Bismarck'schen Reichs. Während diese Kodifikationen sich im Wesentlichen auf Strafrecht, Bürgerliches Recht und Handelsrecht sowie auf Öffentliches Recht konzentrieren, treten in der Entwicklung zum sozialen Rechtsstaat insbesondere sozialrechtliche Normierungserfordernisse in den Vordergrund; sie münden in Deutschland in das Sozialgesetzbuch, das mit seinen zwölf Teilen im Verlauf von dreißig Jahren (1976–2005) verabschiedet wurde und angesichts seiner Materie der dauernden Novellierung bedarf. Auch in vielen anderen Bereichen sind neue Rechtssetzungen notwendig geworden; erwähnt seien nur die Regelungsbedürfnisse, die sich aus der Entwicklung von Wissenschaft und Technik ergeben. Die europäische Rechtssetzung hat ebenso an Bedeutung gewonnen wie das weltweit gültige Völkerrecht. Das Konzept der einzelstaatlichen Souveränität ist starken Wandlungen ausgesetzt. Die Vorstellung von der Geschlossenheit der einzelstaatlichen Rechtssysteme lässt sich nicht mehr aufrechterhalten. Die Rechtssysteme sind vielmehr füreinander und für die übergeordnete Rechtssetzung regionaler Verbünde und der internationalen Staatengemeinschaft durchlässig geworden.

Die klassischen Kodifikationen folgten noch der Idee des ‹Rechtsgesetzes›; sie wollten grundlegende Sachverhalte für alle potentiell Betroffenen in gleicher Weise und auf Dauer regeln. Mit dem Fortschreiten der gesellschaftlichen Differenzierung und angesichts einer Fülle von Krisenphänomenen, die staatliche Interventionen erfordern, tritt eine Fülle von ‹Maßnahmegesetzen› neben das klassische Rechtsgesetz (vgl. Schneider 2002: 195 ff.). Dadurch stellt sich im demokratischen und sozialen Rechtsstaat mitsamt den ihm eigenen ethischen Qualitäten zugleich ein bisher unbewältigtes ethisches Problem. Es besteht in der wachsenden Komplexität und Undurchschaubarkeit der gesetzlichen Regelungen; sie schränken die Autonomie der Bürgerinnen und Bürger schon insofern ein, als diese in erheblichem Maß von der Beratung durch Rechtskundige abhängig werden, auf deren Kompetenz sie vertrauen müssen. Zugleich birgt die Überflutung mit einer Vielzahl von Gesetzen die Gefahr in sich, dass das Gesetz als solches dadurch an Autorität verliert. Als rechtsethische Postulate werden deshalb immer wieder Forderungen nach Vermeidung von Überregulierung, nach Plausibilität und Verständlichkeit der getroffenen Regelungen, nach einer größeren Transparenz der einzelnen Rechtsgebiete und in dem allem nach der Gerechtigkeit des Rechts erhoben. An der Debatte über das Steuerrecht werden exemplarisch die tiefgreifenden, ja umstürzenden Konsequenzen gezeigt, die sich aus der Umsetzung dieser rechtsethischen Forderungen ergeben können (vgl. Kirchhof 2004).

2.6. Menschenwürde und Menschenrechte als Geltungsgrund des Rechts

2.6.1. Genealogie der Menschenrechte

Für die Klärung derjenigen Prinzipien, die der Gestaltung der Rechtsregeln vorausliegen, bildet die Formulierung und Kodifizierung der Menschen- und Bürgerrechte einen entscheidenden Schritt (vgl. Alexy 1986: 71 ff.). Denn damit werden auch diese Prinzipien selbst in den Bereich des kodifizierten Rechts einbezogen. Der Verweis auf solche Prinzipien steht damit nicht im Widerspruch zur Forderung nach bindender Geltung der Verfahrensregeln zur Erzeugung geltenden Rechts. Innerhalb des positiven Rechts selbst wird vielmehr zwischen den Ebenen des Verfassungsrechts und des einfachgesetzlichen Rechts so unterschieden, dass das Verfassungsrecht der Ort ist, an dem diese Prinzipien kodifiziert sind, während das einzelgesetzliche Recht mit diesen Prinzipien vereinbar gehalten werden muss. Zum Verfassungsrecht können internationale Konventionen, die von dem betreffenden Staat ratifiziert sind, oder völkerrechtliche Kernbestimmungen hinzutreten, die unabhängig von jeder schriftlichen Fixierung gelten und deshalb auch dann für die Staaten verpflichtend sind, wenn sich das nicht in einem Akt der Ratifikation niedergeschlagen hat (Vöneky 2013a). Die Mindeststandards der Menschenrechte und die elementaren Bestandteile des humanitären Völkerrechts sind deshalb heute mit einem universalen Geltungsanspruch versehen.

Für die Entwicklung dieser Zweistufigkeit im Recht kommt den Menschenrechten eine Schlüsselbedeutung zu (vgl. Huber 2006: 269–293). Zu ihren Wurzeln gehört die stoische Vorstellung von der allen Menschen gemeinsamen Würde ebenso wie die jüdisch-christliche Lehre von der Gottebenbildlichkeit des Menschen. Virulent wurden diese Ansätze in politischen Kämpfen, die zunächst auf die Durchsetzung ständischer Rechte und in einer zweiten Stufe auf die Durchsetzung der gleichen Rechte jedes Menschen, unabhängig von seiner Standeszugehörigkeit, gerichtet waren. Diese Transformation bahnt sich in den englischen politischen Konflikten des 17. Jahrhunderts an. Unter dem Einfluss dieser politischen Konflikte sowie gefördert durch die Vorstellungen des Vernunftrechts transformiert sich die christliche in eine politische Freiheit. Der Durchbruch vollzieht sich in den englischen Kolonien in Nordamerika. Er beginnt mit der Anerkennung der Religionsfreiheit in einzelnen Kolonien; mit der Proklamation der Unabhängigkeit von der englischen Krone kommt es zu umfassenden Rechteerklärungen, die das Recht auf Selbstregierung aus der naturgegebenen Freiheit aller Menschen herleiten. Die Verpflichtung auf unantastbare Menschenrechte vollzieht sich in einem Akt politischer Emanzipation. Sie erfolgt zuerst in der *Virginia Bill of Rights* vom 12. Juni 1776. Der von Thomas Jefferson formulierten Unabhängigkeitserklärung vom 4. Juli 1776 sind die programmatischen Sätze vorangestellt: «Wir halten diese Wahrheiten für selbstverständlich, dass alle Menschen gleich geschaffen wurden, dass sie von ihrem Schöpfer mit gewissen unveräußerlichen Rechten ausgestattet sind, darunter Leben, Freiheit und Streben nach Glück; dass zur Sicherung dieser Rechte Regierungen eingesetzt sind, die ihre gerechten Vollmachten von der Einwilligung der Regierten herleiten.» Die starke Betonung der politischen Selbstbestimmungs- und Partizipationsrechte unterstreicht den engen Zusammenhang des Bekenntnisses zu unveräußerlichen Menschenrechten mit dem Unabhängigkeitskampf. Der amerikanischen Verfassung wird in den 1791 in Kraft getretenen ersten zehn *Amendments* eine *Bill of Rights* beigefügt (vgl. Winkler 2009: 287 ff.).

Zwischen den amerikanischen Rechteerklärungen und der französischen *Erklärung der Rechte des Menschen und Bürgers* vom 27. August 1789 besteht ein enger Zusammenhang. Doch hier wird nicht mehr im Geist einer christlichen Aufklärung der Schöpfer als Geber unveräußerlicher Rechte bezeichnet; vielmehr wirkt sich die kirchenkritische Haltung der Revolutionäre so aus, dass auch das Bekenntnis zu den Menschenrechten den Charakter einer Abwendung vom Christentum annimmt. Die französische Erklärung wird demgemäß «in Gegenwart und unter dem Schutze des höchsten Wesens» erlassen. Dieser säkularistische Hintergrund hat die Rezeption des Menschenrechtsgedankens in den christlichen Kirchen erheblich erschwert und verzögert. Eine Einsicht, die sich der Transformation der christlichen Freiheitsidee verdankte, musste deshalb in der Folgezeit gegen den anhaltenden Widerstand der Kirchen durchgesetzt werden.

Das 19. Jahrhundert bringt Fortschritte in der Anerkennung und Gewährleistung von staatsbürgerlichen Grundrechten; der Durchbruch zur Formulierung universaler Menschenrechte dagegen vollzieht sich erst angesichts der schrecklichen Verletzung dieser Rechte durch das diktatorische Regime in der ersten Hälfte des 20. Jahrhunderts. Die Allgemeine Erklärung der Menschenrechte vom 10. Dezember 1948 erkennt diese Rechte als grundlegende Normen der internationalen Staatengemeinschaft an. Das markiert einen Paradigmenwechsel im Verständnis des Völkerrechts. Bis zur Zeit des Ersten Weltkriegs waren allein die souveränen Staaten Subjekte des Völkerrechts. Nun treten auch die Individuen als Völkerrechtssubjekte in Erscheinung, indem ihnen auch auf dieser Ebene ein Rechtsstatus zuerkannt wird.

2.6.2. Menschenwürde

Zur Begründung der Menschenrechte wird schon in der Präambel der Allgemeinen Erklärung der Menschenrechte auf die Menschenwürde verwiesen. Dieser Begriff verdankt seinen universalistischen und egalitären Grundzug christlichen Impulsen, die über den Renaissancehumanismus Eingang in das Denken der Aufklärung gefunden haben. Nun verbinden sie sich mit einer Konzentration auf die Vernunftnatur des Menschen, kraft derer der Mensch zur Autonomie bestimmt ist und, wie Kant sagt, niemals bloß als Mittel zu fremden Zwecken, sondern stets zugleich als Zweck in sich selbst betrachtet werden muss. Denn der Mensch hat nicht nur einen Wert, für den «ein Äquivalent verstattet ist», der also gegen einen anderen Wert getauscht werden kann; sondern er hat Würde, für die es kein Äquivalent gibt (GMS 68). Auch wenn ein Mensch seine Arbeitskraft am Arbeitsmarkt anbietet und darüber einen Arbeitsvertrag eingeht, darf er nicht auf die damit übernommene Funktion reduziert werden; denn damit würde er «bloß als Mittel» angesehen. Vielmehr muss respektiert werden, dass er stets mehr und anderes bleibt als eine Arbeitskraft. Würde er lediglich im Blick auf seine Funktion betrachtet, so würde er allein als Objekt angesehen. Deshalb hat man die Unantastbarkeit der menschlichen Würde (Art. 1 des deutschen Grundgesetzes) auch so erläutert, es sei damit verboten, einen Menschen zum bloßen Objekt zu machen (vgl. Epping 2007: 582).

In einem säkularen Verfassungsstaat und einer säkularen Völkerrechtsgemeinschaft muss die gleichberechtigte Pluralität von Religionen und weltanschaulichen Überzeugungen geachtet werden. Von Staats wegen ist der Bezug zwischen Menschenrechten und Menschenwürde deshalb begründungsoffen zu formulieren. Die christliche Begründung der unantastbaren Würde des Menschen in seiner Gottesbeziehung – in der Erschaffung zum Gott entsprechenden Lebewesen ebenso wie in der Erneuerung der Gottesbeziehung durch Gottes vergebende Gnade in Jesus Christus – kann nicht für alle Bürgerinnen und Bürger verpflichtend gemacht werden. Doch Glaubens- und Überzeugungsgemeinschaften können solche Begründungen einbringen, um so dem egalitären Universalismus des Menschenrechtsdenkens Substanz und Tiefe zu verleihen. Solche Begründungen können bei aller Differenz der Perspektiven Gemeinsames erkennen lassen und einen Lernprozess auslösen, der für alle Beteiligten einen Gewinn darstellt. Das wird unterschätzt, wenn man lediglich von einer ‹Partikularität› derartiger religiöser Begründungen spricht (Kreß 2012: 136 f.). Es erscheint als angemessener, statt von einem partikularen vom perspektivischen Charakter solcher Begründungen zu sprechen.

In zwei Hinsichten kann sich eine Interpretation von Menschenwürde und Menschenrechten aus christlicher Perspektive als besonders fruchtbar erweisen: im Blick auf das Verhältnis von Gleichheit und Verschiedenheit sowie im Blick auf den Umgang mit Verletzungen der Menschenwürde. Dass die Menschen trotz ihrer offenkundigen und tief reichenden Verschiedenheiten hinsichtlich ihrer Würde gleich sind, gewinnt dann an Plausibilität, wenn diese Würde nicht als etwas vom Menschen selbst Hervorgebrachtes verstanden, sondern in der Selbsttranszendenz des Menschen verankert und als dem Menschen von Gott her zugeeignet verstanden wird. Dass Menschen unabhängig von ihrem Tun – und sei dieses würdelos – ihrer Würde gemäß zu behandeln sind, wird dann nachvollziehbar, wenn – der Rechtfertigung des Sünders gemäß – zwischen dem Täter und seiner Tat unterschieden wird und deshalb aus der Verurteilung einer Tat nicht die Entwürdigung des Täters folgt.

Der fragmentarische und brüchige Charakter des menschlichen Lebens wird nicht geleugnet, wenn dem Menschen eine unverlierbare Würde zugesprochen wird. Die Person wird nicht durch die Zuerkennung einer solchen Würde ‹geheiligt›, also sakralisiert; aber sie wird als Selbstzweck geachtet. Gerade aus einer theologischen Perspektive ist der Begriff der ‹Sakralisierung der Person› mit einem Vorbehalt zu versehen (vgl. Joas 2011: 18); dieser Vorbehalt kann es nahelegen, stattdessen von der Unantastbarkeit der Person und ihrer Würde zu sprechen.

Rechtsethisch entscheidend ist am Begriff der Menschenwürde, dass er nicht nur den Auftrag an das Recht, die Macht so zu bändigen, dass sie die Würde des Menschen nicht verletzt, sondern zugleich auch dem Recht selbst eine Grenze setzt. «Die Würdekategorie repräsentiert *im* Recht die Grenze des Rechts, und zwar als Norm für Rechte» (M. Moxter in Bahr/Heinig 2006: 90).

2.6.3. Völkerrechtliche Kodifizierung der Menschenrechte

Die zentrale Bedeutung der Menschenrechte hat sich seit ihrer programmatischen Verkündung im Jahr 1948 darin bestätigt, dass es in der internationalen Staatengemeinschaft zu umfangreichen Kodifizierungsvorgängen kam. Von zentraler Bedeutung sind die internationalen Pakte über bürgerliche und politische Rechte (der sogenannte ‹Zivilpakt›) einerseits, über soziale, wirtschaftliche und kulturelle Rechte (der sogenannte ‹Sozialpakt›) andererseits. Diese Pakte wurden von den Vereinten Nationen im Jahr 1966, also zur Zeit des amerikanisch-sowjetischen Hegemonialkonflikts, verabschiedet. Das führte dazu, dass diese beiden Pakte häufig antagonistisch interpretiert oder als ‹zwei Generationen› von Menschenrechten angesehen wurden. Jedoch basieren beide Gruppen von Rechten auf einer Grundfigur des Menschenrechts, in der Freiheit, Gleichheit und Teilhabe miteinander verbunden sind. Es wird diesen beiden Gruppen von Menschenrechten nicht gerecht, wenn man die einen als ‹individuell› und die anderen als ‹kollektiv› bezeichnet. Denn auch im Fall der sozialen, wirtschaftlichen und kulturellen Rechte ist nicht ein Kollektiv, sondern jeder einzelne Mensch als Rechtsperson Träger dieser Rechte.

Wenn sich deshalb die Rede von ‹zwei Generationen› der Menschenrechte als problematisch erweist, betrifft dieser Vorbehalt auch den Gedanken, dass in der weiteren Ausdifferenzierung eine ‹dritte Generation› von Menschenrechten hinzugetreten sei. Damit sollen elementare gemeinschaftliche Ansprüche wie das Recht auf Entwicklung, das Recht auf Frieden oder das Recht auf eine gesunde Umwelt mit den Menschenrechten auf eine Stufe gestellt werden. Doch mit der Zuordnung dieser ohne Zweifel dringlichen politischen Aufgaben zu den Menschenrechten verbindet sich die Gefahr, dass die Bindung der Menschenrechte an die einzelne menschliche Person gelockert wird. Die Ausweitung der Menschenrechte kann so zu einer Aushöhlung ihres Kerns führen.

Die Bindung der Menschenrechte an die Person des Einzelnen wird freilich zugleich von einer anderen Seite problematisiert. Gegen sie wird geltend gemacht, dass die Vorstellung von der Selbstbestimmung des Einzelnen und der damit verbundene Personbegriff in vielen Teilen der Welt als Besonderheit der westlichen Kultur angesehen werden. Mit solchen Argumenten wird in manchen Fällen die Universalität des Menschenrechtsgedankens selbst infrage gestellt (vgl. Reuter 2013). Zwar kann man gegen die These vom westlichen Charakter der Menschenrechte einwenden, dass schon an der Vorbereitung der Allgemeinen Erklärung der Menschenrechte Vertreter unterschiedlicher Kulturkreise beteiligt waren (vgl. Joas 2011: 265–281). Gleichwohl sollten solche Einsprüche ernst genommen werden. Sie können ein Anlass dazu sein, eine verengt individualistische, selbstbezügliche Interpretation der Menschenrechte infrage zu stellen und dem unlöslichen Zusammenhang zwischen der Individualität und der Sozialität des Menschen neue Aufmerksamkeit zuzuwenden. Diese Einwände sollten jedoch nicht dazu führen, dass die Schutzfunktion der Menschenrechte für jeden einzelnen Menschen geschwächt wird. Körperliche Unversehrtheit, Gewissensfreiheit, der Schutz vor ungerechter Inhaftierung oder Folter gelten nicht einem Kollektiv, sondern jedem Einzelnen. Das ist überall bewusst, wo Menschen unter der Verletzung solcher Rechte leiden oder gelitten haben.

Neben die beiden Internationalen Pakte von 1966 ist ein aufgefächertes Menschenrechtsinstrumentarium der Vereinten Nationen getreten, das unterschiedliche Menschengruppen und Lebenssituationen sowie unterschiedliche Formen von Menschenrechtsverletzungen differenziert in den Blick nimmt. Die stattliche Reihe solcher Instrumente beginnt mit der Konvention über die Verhütung und Bestrafung des Völkermords (1948). Ein besonderes Gewicht kommt auch in der Folgezeit Fragen der Diskriminierung zu; von gesellschaftlichem Ausschluss betroffene oder bedrohte Menschengruppen gleichberechtigt einzubeziehen ist ein zentrales Anliegen der internationalen Menschenrechtskodifikation, wie zuletzt die Konvention über die Rechte von Menschen mit Behinderungen zeigt (2006).

Die Instrumente des Menschenrechtsschutzes auf der Ebene der UNO und ihrer Unterorganisationen werden durch regionale Menschenrechtsdokumente ergänzt. Der Europarat, die Organisation Amerikanischer Staaten und die Organisation für Afrikanische Einheit haben solche Menschenrechtskonventionen verabschiedet, im europäischen und amerikanischen Fall sogar unter Eröffnung einer zusätzlichen gerichtlichen Kontrolle. Doch im Allgemeinen verbleibt die Zuständigkeit dafür, die Menschenrechte zu gewährleisten und Menschenrechtsverletzungen zu ahnden, in der Verantwortung der einzelnen nationalen Staaten. Mit dem Konzept der ‹Schutzverantwortung› (*Responsibility to Protect*) haben die Vereinten Nationen für besonders massive Eingriffe in die Rechte vulnerabler Bevölkerungsgruppen eine international getragene Unterstützung der Menschenrechtsverantwortung der Einzelstaaten ins Auge gefasst; die Implementierung dieses Programms geht jedoch nur sehr langsam voran. Dadurch bleibt das Dilemma manchmal von den UN mandatierter, oft aber unzureichend autorisierter Militärinterventionen von Staatengruppen auf der Tagesordnung (vgl. Huber 2012).

Zur Stärkung der grundlegenden Bedeutung der Menschenrechte für die Legitimität des Rechts sind weitere Fortschritte auf zwei Ebenen erforderlich: auf der Ebene ihrer Begründung und Interpretation aus den Perspektiven unterschiedlicher Kulturen und Überzeugungen sowie auf der Ebene ihrer Implementierung und ihres Schutzes. Fortschritte auf beiden Ebenen können den Menschenrechten die Autorität verleihen, die sie als entscheidender Anker für die Vereinbarkeit von Ethik und Recht benötigen.

2.7. Gerechtigkeit und Recht

Seit der Antike werden Gerechtigkeit und Recht so eng miteinander verknüpft, dass die Befolgung des Rechts zugleich als Erfüllung der Gerechtigkeit anerkannt wird. Dieser *iustitia legalis* wird die *iustitia correctiva* zur Seite gestellt; sie tritt dann in Aktion, wenn das Recht verletzt wurde und um der Gerechtigkeit willen wiederhergestellt werden muss. Diese grundlegenden Verknüpfungen von Recht und Gerechtigkeit werden oft verkannt, wenn man sich vorrangig auf die berühmte Unterscheidung des Aristoteles zwischen der ausgleichenden und der austeilenden Gerechtigkeit, der *iustitia commutativa* und der *iustitia distributiva*, bezieht. Neuerdings wird sie um die Beteiligungsgerechtigkeit, die *iustitia contributiva*, ergänzt (vgl. Huber 2013: 78–81, 150 f.).

Während diese drei Grundformen Maßstäbe der sozialen Gerechtigkeit sind, die durch persönliches Verhalten wie durch die politische Gestaltung des Gemeinwesens gefördert werden soll, sind die Formen der *iustitia legalis* und der *iustitia correctiva* für das Verhältnis von Recht und Gerechtigkeit unmittelbar relevant. Allerdings beziehen sich beide darauf, dass die Gerechtigkeit bereits im gegebenen Recht enthalten sei. Das Recht ist zu befolgen, weil es selbst ein Unterpfand der Gerechtigkeit ist; es ist wiederherzustellen, weil die Verletzung des Rechts auch die Gerechtigkeit beschädigt.

Anders stellt sich die Frage nach dem Verhältnis von Gerechtigkeit und Recht dar, wenn das geltende Recht hinter den Forderungen der Gerechtigkeit zurückbleibt und sich als verbesserungsbedürftiges, ja als ‹unrichtiges

Recht› erweist (s. Teil 1.2.). Dann ergibt sich aus dem Bezug auf die Gerechtigkeit die Forderung nach einem Rechtswandel; rechtspolitische Vorschläge werden nötig, die sich auf ein besseres Recht richten. Die Gerechtigkeit erweist sich in diesen Zusammenhängen, wie man in Analogie zu den bisher verwendeten Begriffen sagen kann, als eine *iustitia transformativa*, als verändernde Gerechtigkeit.

Schließlich ist der Fall zu erwägen, dass das Recht so geartet ist oder so verändert wird, dass es mit der Gerechtigkeit schlechterdings unvereinbar ist. Wenn das Maß des auf der Grundlage des derart deformierten Rechts verursachten ‹gesetzlichen Unrechts› ein unerträgliches Maß erreicht, muss das Gesetz der Gerechtigkeit weichen. Dieser Fall lässt sich als *iustitia resistens*, als widerständige Gerechtigkeit bezeichnen.

Die Konzeptionen, die sich an die griechische Tradition anschließen, betrachten die Gerechtigkeit als Tugend. Dabei werden Tugenden zunächst als persönliche Haltungen verstanden, die durch Übung und Erfahrung erworben werden und zu moralischem Verhalten befähigen. Diesen Ansatz erweiternd, hat man die Gerechtigkeit als «erste Tugend sozialer Institutionen» bezeichnet (Rawls 1975: 19); sie prägt wohlgeordnete Institutionen so, dass diese sich förderlich auf das gemeinsame Leben auswirken. Aus einer solchen Betrachtungsweise ergibt sich ein deutlicher Vorrang der legalen und der wiederherstellenden Gerechtigkeit vor den Aspekten der verändernden oder gar der widerständigen Gerechtigkeit.

Zusätzliche Aspekte ergeben sich, wenn man das biblische Verständnis der Gerechtigkeit in die Überlegungen einbezieht und die Gerechtigkeit als Ziel oder Verheißung versteht. In der hebräischen Bibel wird mit Gerechtigkeit (*sedaqa*) die Richtigkeit des Verhaltens wie von Verhältnissen bezeichnet. Der Angeklagte, der vor Gericht freigesprochen wird, ist gerecht. Auch das Handeln Gottes kann als richtig, nämlich als heilschaffend bezeichnet werden. Maßstab gerechten Handelns ist dabei das Heilsein einer Gemeinschaft, die Integrität des gemeinsamen Lebens. Daraus erklärt sich die Nähe zwischen Frieden (*shalom*) und Gerechtigkeit (*sedaqa*). Insbesondere wird mit *sedaqa* die Bundestreue Gottes bezeichnet, in der er sein Volk bewahrt, befreit und in das verheißene Land führt. In der Antwort auf Gottes Bundestreue pflegen Menschen Gemeinschaftsbeziehungen, die durch wechselseitige Achtung sowie durch Barmherzigkeit für die Schwachen gekennzeichnet sind. Die «vorrangige Option für die Armen» (vgl. Bedford-Strohm 1993: 150 ff.) hat in dieser Verbindung von Gerechtigkeit und Barmherzigkeit ihren Ursprung. Daran knüpft die prophetische Sozialkritik an, wenn sie Verhältnisse geißelt, unter denen Armut ausgenutzt und die Schwachen gedemütigt werden (vgl. Jes 5,23; 11,4 f.; 29,21; Am 2,6; 5,7; 6,12). Gerechtigkeit enthält ein gegenüber den gegebenen Verhältnissen überschießendes Element. Der Verheißungscharakter, der in der Entwicklung der Prophetie immer deutlicher hervortritt, kommt in besonders knapper Form zur Sprache, wenn die Verheißung dahin zusammengefasst wird, «dass Güte und Treue einander begegnen, dass Gerechtigkeit und Friede sich küssen» (Ps 85,11).

Das Gerechtigkeitsverständnis des Neuen Testaments knüpft an die Parteilichkeit des alttestamentlichen Gerechtigkeitsdenkens an. Das Urteil des Weltenrichters entscheidet sich am Verhalten gegenüber den Geringsten (Mt 25,31–46). Das alttestamentliche Gesetz wird nicht ermäßigt, sondern radikalisiert, wie die Antithesen der Bergpredigt zeigen (Mt 5,21–48). Doch die Heilszusage gilt zuerst nicht denen, die sich der Gerechtigkeit gemäß verhalten, sondern die sie entbehren müssen. Insofern klingt die Hoffnung auf die Gerechtigkeit als eine Gabe Gottes schon in den Evangelien an vielen Orten an. Systematisch entfaltet wird sie in der paulinischen Vorstellung von der Gerechtigkeit Gottes (*dikaiosyne theou*), die dem Menschen durch Gottes Gnade dank der Heilstat Jesu Christi zuteil wird. Deshalb tritt dem Versuch, durch die Werke des Gesetzes vor Gott Gerechtigkeit zu erlangen, diejenige Gerechtigkeit entgegen, die ohne die Werke des Gesetzes, allein durch Glauben gilt (Röm 3,9–28). Doch das Handeln der Glaubenden wird dadurch nicht unwesentlich; vielmehr geht es darum, dass die Zusage der Rechtfertigung im Leben der Glaubenden ihre Entsprechung findet.

Doch solche Entsprechungen bleiben gleichnishaft. Der Gerechtigkeit eignet stets das Moment einer Verheißung, die noch nicht eingelöst ist; der Blick auf die Gerechtigkeit ist ein Blick nach vorn. Die Verheißung der Gerechtigkeit macht sensibel für relative Fortschritte in deren Verwirklichung. Die eschatologische Ausrichtung theologischen Gerechtigkeitsdenkens enthält eine Affinität zu gradualistischen Überlegungen, die sich auf die Frage konzentrieren, wie unter gegebenen Bedingungen ein Mehr an Gerechtigkeit zu verwirklichen ist.

Solche Überlegungen finden auch in neueren philosophischen Gerechtigkeitstheorien eine Entsprechung. Während John Rawls (1921–2002) in seiner epochemachenden *Theorie der Gerechtigkeit* in einer transzendentalphilosophischen Herangehensweise die Bedingungen der Möglichkeit von Gerechtigkeit zu ermitteln versuchte, gehen Martha Nussbaum (geb. 1947) und Amartya Sen (geb. 1933) von den konkreten Lebensmöglichkeiten und deren Verbesserung aus. Rawls (1975: 74 ff.) entwirft ein System gleicher Freiheiten;

Nussbaum (2010) und Sen (2010) messen gesellschaftliche Entwicklungen daran, ob das Leben der Gesellschaftsglieder umfassend geschützt wird, ob sie unter gesundheitsfördernden Bedingungen leben können und ob sie die Chance dazu erhalten, ihre Begabungen so umfassend wie möglich zu entfalten. Rawls sieht sich durch seine Aufmerksamkeit für die Bedingungen gleicher Freiheit dazu veranlasst, die relativen Vorteile, die sich durch den Freiheitsgebrauch der Einzelnen ergeben, an das Kriterium zu binden, dass sie auch für die Benachteiligten von Vorteil sind. Nussbaum und Sen sehen ein entscheidendes Kriterium der Gerechtigkeit daran, dass alle Glieder der Gesellschaft zu aktiver Beteiligung befähigt werden.

Auch in diesen neueren Ansätzen der Gerechtigkeitstheorie zeigt sich die Fruchtbarkeit der Impulse, auf die wir beim Blick auf das biblische Gerechtigkeitsverständnis gestoßen sind. Die Orientierung an der Gerechtigkeit veranlasst zu einer vorrangigen Aufmerksamkeit für die Schwächeren und damit zu einer Gestaltung des Rechtssystems, bei der jede und jeder ihr Recht finden können. Eine solche Orientierung achtet das gegebene Recht als ein Instrument der Gerechtigkeit und anerkennt deshalb die ethische Bedeutung der Rechtsbefolgung wie der Wiederherstellung des Rechts. Aber sie bringt zugleich das überschießende Moment der Gerechtigkeit zur Geltung und drängt deshalb zur Arbeit für ein besseres Recht dort, wo die vorhandenen rechtlichen Instrumente sich unter Gerechtigkeitsgesichtspunkten als unzureichend erweisen. Sie respektiert schließlich widerständiges Handeln im Namen der Gerechtigkeit dort, wo der Zusammenhang von Recht und Gerechtigkeit aufgelöst wird. Eine Bestimmung des Verhältnisses von Gerechtigkeit und Recht, in die nicht nur die Impulse der philosophischen, sondern auch der theologischen Tradition Eingang finden, wird deshalb *iustitia legalis* und *iustitia correctiva* mit *iustitia transformativa* und *iustitia resistens* verbinden.

3. EXEMPLARISCHE PROBLEMFELDER DER RECHTSETHIK

3.1. Recht und Leben: Die Regelung bioethischer Konflikte durch das Recht

Unter den neuen Herausforderungen der Rechtsethik haben die Konfliktfragen, die durch die Entwicklung der Lebenswissenschaften hervorgerufen werden, am meisten Aufmerksamkeit auf sich gezogen. In vielen Ländern wurden Ethikräte oder Ethikkommissionen eingerichtet, die im Vorfeld von gesetzgeberischen Entscheidungen Alternativen prüfen, Konsense aufzeigen oder divergierende Voten transparent darstellen sollten (vgl. Vöneky 2010). Dabei stellte sich heraus, dass es in vielen Fällen nicht möglich ist, unter ethischen Perspektiven eine Lösung vorzuschlagen, die für alle Beteiligten in gleicher Weise akzeptabel ist. Denn bioethische Konflikte sind häufig durch die Frage nach der Universalisierbarkeit der leitenden Maximen allein nicht zu lösen; die Frage nach dem Richtigen, das für alle in gleicher Weise gelten kann, reicht häufig nicht zu. Vielmehr hängen sie eng mit starken Wertungen zusammen, mit denen Menschen auf die Frage nach ihrem jeweiligen Bild vom guten, gelingenden Leben antworten. Zwischen unterschiedlichen Bildern dieser Art muss dann ein Ausgleich gesucht werden. Schließlich müssen die komplexen Problemlagen und die sie erschließenden wissenschaftlichen Einsichten sowie die mit den wissenschaftlich-technischen Entwicklungen verbundenen Erwartungen angemessen einbezogen werden. Die bioethischen Fragestellungen gewinnen deshalb einen exemplarischen Charakter dafür, dass die Bearbeitung derartiger Fragen ein weites Überlegungsgleichgewicht erfordert.

Im vorliegenden Zusammenhang geht es nicht darum, die bioethischen Fragen als solche zu erörtern. Es soll hier lediglich um die rechtsethischen Prinzipien gehen, von denen aus nach Lösungen für bioethische Konfliktfälle gesucht wird; die dafür herangezogenen Beispiele beschränken sich auf den Bereich der Bioethik des Menschen. Drei solche Prinzipien sollen knapp erörtert werden: der Grundsatz der Menschenwürde, die Orientierung an der Konkordanz der Grundrechte sowie die Reichweitenbegrenzung durch Indikationen- und Stichtagsregelungen.

3. Exemplarische Problemfelder der Rechtsethik

3.1.1. Der Grundsatz der Menschenwürde

Die Bioethik des Menschen hat in der Menschenwürde ihren zentralen Bezugspunkt; der Umgang mit bioethischen Konflikten gilt deshalb als eine Bewährungsprobe für die Unantastbarkeit der Menschenwürde. Allerdings wird in solchen Zusammenhängen häufig vor einer Überstrapazierung des Menschenwürde-Prinzips gewarnt; von manchen wird die ‹Menschenwürde› auch als ein Grundsatz ohne klar erkennbare rechtspolitische Konsequenzen dargestellt. Damit soll begründet werden, dass Eingriffen in das menschliche Leben, jedenfalls auf den frühen Stufen des menschlichen Lebens, nicht unter Berufung auf die Menschenwürde Einhalt geboten werden könne. Ernst-Wolfgang Böckenförde hat solche Argumentationen unter der Überschrift *Die Würde des Menschen war unantastbar* scharf kritisiert und den Umgang mit neuen bioethischen Herausforderungen zum Prüfstein dafür erklärt, dass die zentrale Stellung der Menschenwürde im Grundrechtsteil des Grundgesetzes ernst genommen werde (Böckenförde 2003).

Doch auch wenn man, der Tradition der ‹Objektformel› folgend, unter Berufung auf den umfassenden Schutz der Menschenwürde im Artikel 1 des Grundgesetzes jede Instrumentalisierung des Menschen verwirft, weil sie ihn zum Objekt fremder Verfügungsansprüche macht, bleibt die Frage zu beantworten, welche Entwicklungsstufen menschlichen Lebens vom Menschenwürdeschutz umfasst sind. Gibt es zwischen diesen Stufen Zäsuren, die so erheblich sind, dass menschliches Leben erst dann am Würdeschutz partizipiert, wenn es diese Stufen erreicht hat? Will man den Würdeschutz nur für Rechtspersonen gelten lassen, also auf geborene Menschen beschränken, dann betrachtet man die Würde als etwas, was dem Menschen mit dem Status als Rechtsperson zuerkannt wird. Zum Verständnis der Menschenwürde als unantastbar und damit unverfügbar gehört es indessen, dass sie nicht von der Rechtsgemeinschaft zuerkannt, sondern von ihr als vorgegeben anerkannt wird. Daraus folgt, dass der Würdeschutz mit dem Beginn des menschlichen Lebens und nicht erst mit der Geburt beginnt. Als Zeitpunkt für diesen Beginn wird in weiten Teilen der Diskussion die Verschmelzung von Eizelle und Samenzelle, also die ‹Befruchtung› angenommen. Dass von diesem Zeitpunkt an von einer Person (wenn auch nicht einer Rechtsperson) zu reden ist, der Würdeschutz zukommt, wird mit den Argumenten der Spezieszugehörigkeit, der kontinuierlichen Entwicklung, der bleibenden Identität und der bereits im frühen Embryo angelegten Potentialität begründet (sogenannte SKIP-Argumente; vgl. Schockenhoff 2013: 508–521). Mit der Bezugnahme auf den Termin der Befruchtung wird freilich eine zeitliche Eindeutigkeit unterstellt, die angesichts der Komplexität des Befruchtungsvorgangs nicht besteht; doch dieser Einwand gilt auch für andere Zeitpunkte wie die Einnistung im mütterlichen Uterus, also die Nidation, oder den Ausschluss der Möglichkeit der Zwillingsbildung. Aber auch die mit der Wahl solcher Zeitpunkte verbundene Aussage, dass der Embryo sich von diesem Zeitpunkt aus nicht zum Menschen, sondern als Mensch entwickle, dass es sich also nicht um einen menschlichen Embryo, sondern um einen embryonalen Menschen handle, suggeriert mit einer sprachlich eindeutig klingenden Gegenüberstellung eine Alternative, die dem Prozess der ‹Hominisation› nur schwer gerecht wird (vgl. Henke/Rothe 2003). Zwar gibt es gute Gründe dafür, den Würdeschutz möglichst weit an den Anfang des menschlichen Lebens zu legen, um eine möglichst willkürarme Festlegung zu treffen; doch willkürfrei kann eine solche Festlegung nur schwer genannt werden. Deshalb empfiehlt es sich, zwei ergänzende Überlegungen anzustellen.

Die eine Überlegung hat es mit der Frage nach der Reichweite menschlicher Verantwortung zu tun. Der Umgang mit Embryonen auf den frühesten Stufen ihrer Entwicklung ist durch deren reproduktionsmedizinische Erzeugung zum Problem geworden; denn erst dadurch werden sie zum Gegenstand ärztlicher Intervention. In dieser Hinsicht muss gelten, dass menschliches Leben, das durch medizinisches Handeln entsteht, auch Gegenstand verantwortlicher Fürsorge sein muss. Deshalb ist es kein Wertungswiderspruch, wenn künstlich hergestellte Embryonen schon zu einer Zeit rechtlich geschützt sind, zu der dies bei im Mutterleib entstehenden Embryonen gar nicht der Fall sein kann. Der Maßstab für diese Verantwortung wird durch das deutsche Embryonenschutzgesetz von 1990 eindeutig festgestellt. Er besteht, wie dessen § 1 sagt, darin, dass menschliche Embryonen zu keinen anderen Zwecken als zu denen der menschlichen Reproduktion hergestellt werden dürfen.

Deshalb ist ein menschliches Lebewesen bereits auf den frühesten Stufen seiner Entwicklung «in Antizipation seiner Bestimmung wie eine zweite Person» (also wie ein Mensch, den wir mit ‹Du› anreden können) zu behandeln. Wir haben also im Umgang mit ihr zu antizipieren, dass sie «sich, wenn sie geboren würde, zu dieser Behandlung verhalten könnte» (Habermas 2001b: 120). Embryonen sind also unter dem Gesichtspunkt zu betrachten, dass sie zum Personsein bestimmt sind. Von Personen gilt im Unterschied zu Sachen, dass sie nicht nur einen Wert haben, sondern eine Würde, und dass sie deshalb niemals vollständig fremden Zwecken dienstbar gemacht werden dürfen, sondern einen Zweck in sich selbst darstellen (vgl. Spaemann 2006).

Embryonen auf ihr Personsein zu betrachten, bedeutet nicht zwingend, sie als menschliche Personen anzusehen. Auch wenn ihnen noch nicht Menschenwürde im Sinn der Personwürde zuerkannt wird, haben sie doch, wenn auch in anonymer Form, Anteil an der Würde des menschlichen Lebens und sind dieser Würde gemäß zu achten (Habermas 2001b: 68).

In dieser von Jürgen Habermas angeregten Unterscheidung zwischen ‹Menschenwürde› und ‹Würde des menschlichen Lebens› wird die Geburtlichkeit des Menschen nicht geleugnet (Arendt 1981: 15 f., 243). Die Einsicht, dass dem Menschen erst mit der Geburt eigene personale Rechte zuerkannt werden (vgl. Gerhardt 2001: 38 ff.), steht deshalb zur Anerkennung der Würde menschlichen Lebens auf diesen frühen Stufen nicht im Widerspruch. Zugleich vermeidet eine solche Betrachtungsweise eklatante Wertungswidersprüche, die sich andernfalls zur Regelung von Schwangerschaftskonflikten, aber auch zur Zulassung nidationshemmender Mittel der Empfängnisverhütung (wie der ‹Pille danach› oder zumindest möglicherweise dem Pessar) ergeben (vgl. Huber 2013: 43–46).

3.1.2. Die Konkordanz von Grundrechten

Oft entstehen im Zusammenhang mit bioethischen Konfliktthemen Grundrechtskonflikte. Ethisch hochrangige, grundrechtlich geschützte Güter geraten miteinander in Konflikt: der Schutz des Lebens von Anfang an mit dem Selbstbestimmungsrecht der Mutter, die Betrachtung eines Embryos als anfängliche Person mit dem Interesse an der Freiheit der Forschung, die Hoffnung auf neue Heilungsmöglichkeiten für schwere Krankheiten mit dem Verbot, Formen menschlichen Lebens lediglich als Mittel zum Zweck und deshalb als bloße Sache anzusehen. Die Geschöpflichkeit des Menschen und die damit verbundene Unantastbarkeit seines Lebens gewinnt in solchen Debatten an Bedeutung. Jürgen Habermas hat dem Widerspruch gegen die Vernutzung menschlichen Lebens, der aus solchen Motiven heraus vorgebracht wird, eine so große Bedeutung gegeben, dass er vorgeschlagen hat, solchen Einwänden den Rang eines aufschiebenden Vetos zuzuerkennen (Habermas 2001a: 22).

Die dadurch ermöglichte gründliche Erörterung solcher Fragen muss auf Lösungen zielen, die nach Möglichkeit auf eine Konkordanz der betroffenen

II. RECHTSETHIK

Grundrechte ausgerichtet sind. Exemplarisch wurde das an der Debatte über die Beschneidung von männlichen Kindern oder Jugendlichen aus anderen als medizinischen Gründen deutlich. Der Ritus, der im Judentum wie im Islam wesentliche Bedeutung für die Zugehörigkeit zur betreffenden Religionsgemeinschaft hat, wurde in einem Urteil des Landgerichts Köln vom Juni 2012 als Körperverletzung gebrandmarkt; die Folge hätte sein können, dass dieser Ritus mit Rücksicht auf das Kindeswohl und die körperliche Unversehrtheit des Kindes verboten worden wäre. Doch dem steht entgegen, dass dieser Ritus für das religiöse Selbstverständnis von Judentum und Islam von großer Bedeutung ist; ferner halten es jüdische wie islamische Eltern für einen Teil ihrer Erziehungspflicht, diesen Ritus an ihren männlichen Kindern zu vollziehen. Die angemessene Lösung wurde deshalb zu Recht darin gesehen, dass auf Wunsch der Eltern dieser Ritus dann an ihren männlichen Nachkommen vollzogen werden kann, wenn er gemäß den Regeln der ärztlichen Kunst und deshalb unter Berücksichtigung des Kindeswohls durchgeführt wird (§ 1631 d BGB vom 27. 12. 2012).

3.1.3. *Indikationen und Stichtagsregelungen*

Der Ausgleich zwischen unterschiedlichen Rechtsgütern kann auch so versucht werden, dass die Reichweite einer bioethisch problematischen Handlungsweise durch Indikationen und Stichtagsregelungen begrenzt wird.

Einige Beispiele für den Rückgriff auf *Indikationen* seien genannt. So gelten bei Schwangerschaftskonflikten diejenigen Schwangerschaftsabbrüche nicht als rechtswidrig, die auf einer medizinischen Indikation beruhen, also im Blick auf Leben und Gesundheit der Frau notwendig sind; das Gleiche gilt für den Fall einer kriminologischen Indikation. Die Präimplantationsdiagnostik gilt in den Fällen nicht als rechtswidrig, in denen aus der Familiengeschichte begründete genetische Belastungen eine diagnostische Überprüfung der in der Petrischale erzeugten und zur Implantation vorgesehenen Embryonen nahelegen. Die Forschung mit embryonalen Stammzellen wird nur in solchen Fällen zugelassen, in denen es sich nach dem Urteil einer unabhängigen Ethik-Kommission um hochrangige Forschungsziele handelt, für welche der Einsatz dieses Mittels gerechtfertigt werden kann. Solche Indikationen sollen den Einsatz eines ethisch problematischen Mittels begrenzen.

Die mit solchen Indikationsregelungen verbundene Gefahr besteht darin, dass die mit ihrer Hilfe rechtlich fixierten Grenzen ausgedehnt werden oder dass sich aus solchen Indikationsregelungen stillschweigend problematische Rückwirkungen ergeben. So wird die medizinische Indikation im Fall des Schwangerschaftsabbruchs weithin im Sinn einer embryopathischen Indikation angewandt. Nicht die bedrohlichen Auswirkungen für Leben und Gesundheit der Mutter, sondern die befürchtete genetisch bedingte Beeinträchtigung des Kindes ist dann der maßgebliche Grund für den Abbruch der Schwangerschaft; eine solche Begründung wurde jedoch vom Gesetzgeber ausdrücklich ausgeschlossen. Da die gesetzliche Regelung somit in vielen Fällen zu einem Auffangtatbestand der embryopathischen Indikation geworden ist, stellt sich die Frage, ob dadurch mögliche Spätabtreibungen wegen befürchteter genetischer oder chromosomaler Beeinträchtigungen des Kindes noch mit der Intention des Gesetzgebers und dem Wortlaut des Gesetzes vereinbar sind (vgl. Schumann 2008). Aus der indikationenbezogenen Zulassung der Präimplantationsdiagnostik ergab sich die Rückwirkung, dass für deren Durchführung eine weit höhere Zahl von Embryonen reproduktionsmedizinisch hergestellt wird, als in der im § 1 des Embryonenschutzgesetzes enthaltenen Dreier-Regel vorgesehen war. Damit führt die begrenzte Zulassung der Präimplantationsdiagnostik zu einer Relativierung des Embryonenschutzes. So plausibel der Einsatz von Indikationen als Mittel dafür ist, ethisch problematische, aber gleichwohl in bestimmten Fällen sinnvolle oder gar erforderliche Maßnahmen zu begrenzen, so fragwürdig ist es, wenn solche Regelungen zur Ausweitung derartiger Handlungsweisen über den ursprünglich intendierten Bereich hinaus benutzt werden.

Fragestellungen eigener Art verbinden sich mit dem Einsatz von *Fristenregelungen*. So ist im Fall von Schwangerschaftskonflikten die Straffreiheit von weiterhin rechtswidrigen Schwangerschaftsabbrüchen nicht nur an die Voraussetzung einer Beratung, sondern darüber hinaus an die Frist von höchstens zwölf Wochen nach Beginn der Schwangerschaft gebunden worden. Nur Konflikte, die sich in dieser Frühphase der Schwangerschaft nicht auf andere Weise lösen lassen, dürfen zur Konsequenz eines Schwangerschaftsabbruchs führen.

Auch die Regelung der Forschung mit embryonalen Stammzellen durch das Stammzellgesetz von 2002 enthält neben dem Erfordernis hochrangiger Forschung ein Stichtagselement. Um einen Verstoß gegen die Bestimmung des Embryonenschutzgesetzes, nach der Embryonen nur zu Zwecken der menschlichen Reproduktion hergestellt werden dürfen, zu vermeiden, zugleich aber das hohe Interesse an solchen Forschungen und damit den Schutz der Forschungsfreiheit zu berücksichtigen, wurde die Forschung mit Stammzelllinien zugelassen, die aus Embryonen stammen, die im Ausland zu einem Zeitpunkt entstanden sind, der zum Zeitpunkt der Gesetzesverabschiedung bereits in der Vergangenheit lag. Da die zu dem Stichtag 1. Januar 2002 verfügbaren Stammzellen den Erfordernissen der Forschung nicht entsprachen, wurde der Stichtag einmalig verschoben, nämlich auf einen zum Zeitpunkt der Gesetzesänderung ebenfalls zurückliegenden Zeitpunkt, den 1. Mai 2007.

Gegen diese Regelungen wird eingewandt, es handle sich um willkürlich gewählte Stichtage, für die es keine wissenschaftlich plausible Begründung gebe (Kreß 2012: 202 f., 246 f.). Dieses Argument verkennt, dass es darum ging, eine mit der Forschungsfreiheit vereinbare Lösung zu finden, die gleichzeitig das im Embryonenschutzgesetz festgelegte Verbot achtete, in Deutschland Embryonen zu anderen als zu Zwecken der menschlichen Reproduktion herzustellen, und zugleich vermied, dass in anderen Ländern durch die deutsche Gesetzgebung ein Anreiz zur Herstellung von Embryonen zu Forschungszwecken entstand. Deshalb war die Wahl eines zum Zeitpunkt der Gesetzesverabschiedung zurückliegenden Zeitpunkts für die Erfüllung des Gesetzeszwecks von entscheidender Bedeutung. Als sich herausstellte, dass der ursprünglich gewählte Stichtag unter Forschungsgesichtspunkten problematisch war, kam es zu einer einmaligen Verschiebung. Aus der Tatsache, dass seit dieser Gesetzesnovellierung im Jahr 2008 keine erneute Verschiebungsdebatte entstand, kann man bei aller gebotenen Vorsicht schließen, dass die seitdem zugänglichen Stammzelllinien den Erfordernissen der Forschung genügen.

Eine vergleichbare Kontroverse hat sich an die Entscheidung angeschlossen, im Gendiagnostikgesetz von 2009 vorgeburtliche gendiagnostische Untersuchungen zu untersagen, die auf die Diagnose von Krankheiten gerichtet sind, die sich nach dem Stand der Wissenschaft erst nach der Vollendung des 18. Lebensjahres manifestieren. Der Einwand heißt erneut, dass die Festlegung dieses Stichtags für spät manifestierende Krankheiten unter naturwissenschaftlich-medizinischen Gesichtspunkten willkürlich sei (Kreß 2012: 247 ff.). Doch dafür werden Kriterien angelegt, vor denen kein Stichtag bestehen kann; auch der Stichtag für die Straffreiheit von Schwangerschaftsabbrüchen nach der Beratungsregelung müsste dann in Zweifel gezogen werden. Die Orientierung an Krankheiten, die nach dem Stand der wissenschaftlichen Erkenntnis erst ausbrechen, wenn die betroffene Person volljährig ist und über medizinische Fragen in informierter Selbstbestimmung zu entscheiden hat, erscheint keineswegs als willkürlich, sondern durchaus als sachgemäß. Dasselbe gilt für den Versuch, auf diese Weise zwischen dem elterlichen Sorgerecht und dem Recht des Kindes auf Nichtwissen einen angemessenen Ausgleich zu finden.

Ein Verzicht auf das Instrument des Stichtags würde viele Versuche dazu, gegenläufige grundrechtlich abgestützte Interessen zu einem Ausgleich zu bringen, im Keim ersticken; ohne dieses Instrument wäre eine Begrenzung bioethisch problematischer, aber gleichwohl aus Gründen der Selbstbestimmung, des elterlichen Sorgerechts oder der Forschungsfreiheit erwünschter Eingriffe kaum mehr möglich. Eine ‹Liberalisierung› kann man in einem solchen Verzicht auf Begrenzung gerade nicht sehen; vielmehr handelt es sich bei einem solchen Vorgehen um eine einseitige Bevorzugung bestimmter Grundrechtspositionen gegenüber anderen, die gleichfalls relevant sind. Eine an der grundrechtlich gesicherten Freiheit orientierte Lösung muss aber gerade darauf gerichtet sein, diese gegenläufigen Grundrechtspositionen zu einem schonenden Ausgleich zu bringen.

3.2. Recht und Person: Ethik des Vertrags

Für die Rechtsperson sind zwei Charakteristika ausschlaggebend: die Schuldfähigkeit und die Vertragsfähigkeit. In beiden Fällen wird vorausgesetzt, dass eine Person über die Freiheit verfügt, Handlungen von sich aus anzufangen. Im einen Fall ergibt sich daraus die Pflicht, sich wegen des Verstoßes gegen rechtliche Regeln zu verantworten. Im anderen Fall ergibt sich daraus die Möglichkeit, aus freien Stücken mit anderen eine rechtlich verbindliche Vereinbarung einzugehen.

Am Vertrag zeigt sich besonders deutlich, dass das neuzeitliche Rechtsverständnis unlöslich mit der Anerkennung der Freiheit der Person verbunden ist. Dass diese Freiheit unter den kontingenten Bedingungen des menschlichen Lebens immer nur eine begrenzte Freiheit sein kann, ändert an der konstitutiven Bedeutung der Freiheit für das Recht nichts. Die Suche der Neurowissenschaften nach somatischen Entsprechungen zur Willensfreiheit hebt die Prämisse allen Rechts nicht auf, dass der Mensch als Person und als Rechtssubjekt als frei zu betrachten ist – es sei denn, er wird aus zwingenden individuellen oder situationsspezifischen Gründen als ‹unzurechnungsfähig› betrachtet. In rechtlicher Hinsicht wird diese Freiheit wesentlich als Handlungsfreiheit angesehen, also als die Fähigkeit, von sich aus die Initiative zu bestimmten Handlungen zu ergreifen und Verpflichtungen aus freien Stücken einzugehen; daraus ergibt sich die Pflicht, sich die eigenen Handlungen auch zurechnen zu lassen.

Für diese Handlungsfreiheit ist der Vertrag so grundlegend, dass man sich auch die Konstitutionsbedingungen von Gesellschaften an der Fiktion verdeutlicht, sie seien durch einen Gesellschaftsvertrag zustande gekommen. Durch dieses Gedankenexperiment wird veranschaulicht, dass der Zusammenschluss der Einzelnen zur Gesellschaft nicht der Beschränkung, sondern der Sicherung der Freiheit dienen soll. Diese Freiheit haben die Väter der Lehre vom Gesellschaftsvertrag – Thomas Hobbes (1588–1679) und John Locke (1632–1704) – vor allem als negative Freiheit verstanden; die Wortführer des Utilitarismus wie Jeremy Bentham (1748–1832) und John Stuart Mill (1806–1873) sind ihnen darin gefolgt. Negative Freiheit bedeutet die Unabhängigkeit von Einschränkungen, sei es durch den Staat, sei es durch andere Personen. Aus diesem Freiheitsverständnis ergibt sich, dass das Recht nur über solche Freiheitsbeschränkungen verfügen darf, die um der Freiheit selbst willen notwendig sind. Dafür hat Immanuel Kant die Formel geprägt, das Recht habe dafür zu sorgen, dass «der freie Gebrauch deiner Willkür mit der Freiheit von jedermann nach einem allgemeinen Gesetz zusammen bestehen könne» (MdS 338). In diesem harten Kriterium für Freiheitsbeschränkungen durch das Recht liegt der maßgebliche Gewinn des neuzeitlichen Rechtsbegriffs.

Doch Handlungsfreiheit ist nicht nur negativ. Sie verbindet die Freiheit des Menschen mit der Möglichkeit, sein Leben gemeinsam mit anderen zu gestalten. Sie setzt voraus, dass Menschen auf Grund ihrer gleichen Freiheit Kooperationen eingehen und diese auf Dauer stellen können; sie erfahren darin eine «wirkliche Freiheit», weil sie «ihre Handlungsvollzüge jeweils als Erfüllungsbedingung der Handlungsziele des Gegenübers begreifen können» (Honneth 2011: 222).

Für die Gestaltung dieser kooperativen Handlungsfreiheit ist der Vertrag das entscheidende Instrument. Er beruht auf der Voraussetzung, dass die vertragschließenden Parteien einander wechselseitig anerkennen und insoweit als Gleiche betrachten. Um dieser Gleichheit als entscheidender Voraussetzung des Vertragsgedankens willen nimmt John Rawls für den ursprünglichen Gesellschaftsvertrag an, dass die Frage, ob sich für die einzelnen Gesellschaftsglieder in ihrem künftigen Leben und Handeln bessere oder schlechtere Chancen ergeben, unter einem «Schleier des Nichtwissens» verborgen ist (Rawls 1975: 159 ff.). Wenn man das voraussetzt, ergibt sich folgerichtig, dass allein diejenige Ordnung der Gerechtigkeit genügt, die auf ein System gleicher Freiheiten gegründet ist.

Der Zusammenhang von Freiheit und Vertrag lässt sich exemplarisch an der Theorie des Vertrags in Hegels *Rechtsphilosophie* verdeutlichen. Hegel bezeichnet den Vertrag grundlegend als «Einheit zweier sich anerkennender als freier»; er kann deshalb nur zwischen selbständigen Personen geschlossen werden, die auch durch den Vertrag ihre Selbständigkeit nicht einbüßen. Hegel verdeutlicht dies an der Bildung von Eigentum als einem exemplarischen, durch Vertrag konstituierten Vorgang. Die Übertragung von Eigentum vollzieht sich «durch den Erwerb einer Sache, die einem andern freien Willen angehört» (Hegel 1970: 156). Den ‹formellen› Erfordernissen eines Vertrags genügen auch Schenkungsverträge, weil die eine Seite sich einer Sache entäußert und die andere Seite diese Sache annimmt. Doch der ‹reelle› Sinn des Vertrags kommt erst zur Geltung, wenn einer Leistung eine Gegenleistung entspricht und es sich deshalb um einen Tauschvertrag handelt. Im Blick auf Tauschverträge unterscheidet Hegel im Anschluss an Kant vier Arten: den Tausch einer Sache gegen eine andere, Kauf oder Verkauf gegen Geld, Vermietung und Lohnvertrag.

Am wichtigsten an dieser Aufzählung ist, dass auch der Lohn- oder Arbeitsvertrag als ein Tauschvertrag verstanden wird. Denn das setzt zunächst voraus, dass derjenige, der seine Arbeitskraft einem anderen durch einen Vertrag zur Verfügung stellt, eine selbständige Person bleibt. Nicht seine Person ist Gegenstand des Vertrags; denn dann würde die Person wie eine Sache behandelt und verlöre ihre Selbständigkeit. Es geht allein um seine Arbeit in einem vertraglich definierten Umfang. Für diese Leistung wird eine in Geld oder auf andere Weise zu erbringende Gegenleistung vereinbart. Die Achtung vor der Integrität der Person und die Äquivalenz der Gegenleistung sind damit entscheidende Folgerungen aus der vertraglichen Ausgestaltung von Arbeitsverhältnissen.

Eine weitere, gleichgewichtige Konsequenz aus Hegels Verständnis des Vertrags besteht darin, dass die Ehe nicht als Vertrag zu verstehen ist. In dieser Frage widerspricht Hegel (1970: 157) Kant in aller Schärfe, dessen Auffassung der Ehe als Vertrag (MdS 389 ff.) er als ‹schändlich› betrachtet. Denn als Gegenstand eines Vertrags kommt nur eine ‹äußerliche Sache› infrage, deren man sich entäußern kann. Mag man in definierten Grenzen das Zurverfügungstellen der eigenen Arbeitskraft noch mit diesem Verständnis als ‹äußere Sache› für vereinbar halten, so gilt das für die Art und Weise, in der

II. RECHTSETHIK

sich Menschen in einer Ehe miteinander verbinden, mit Gewissheit nicht. In ihr binden sich nämlich zwei Personen aneinander und versprechen einander, in guten wie in schweren Tagen füreinander einzustehen. Ein solches Versprechen wechselseitiger Treue überschreitet die Grenzen des Vertrags. Deshalb vermag ein ‹Ehevertrag› nur Ehefolgen, nicht jedoch die Ehe selbst zu regeln.

Für Verträge ergibt sich aus dieser im Anschluss an Hegel erläuterten Bedeutung das Erfordernis fairer Bedingungen und der ‹Waffengleichheit› im Konfliktfall. Die Gestaltung des Rechts hat dafür zu sorgen, dass Ungleichheit nicht missbräuchlich ausgenutzt wird: Die Sozialpflichtigkeit des Eigentums, die Sicherung fairen Wettbewerbs oder die Ausgestaltung von Tarifpartnerschaft und Arbeitsrecht beispielsweise sollen Rahmenbedingungen dafür sichern, dass sich «zwei sich anerkennende als freie» einigen. Als gesellschaftliche Schlüsselaufgabe erweist es sich vor diesem Hintergrund, Menschen dazu zu befähigen, von ihrer Freiheit einen eigenständigen Gebrauch zu machen und in diesem Sinn vertragsfähig zu sein. Im Blick auf ‹reelle› Verträge muss in der Wirklichkeit sichergestellt werden, dass Mächtige und Schwache, Reiche und Arme, Arbeitgeber und Arbeitnehmer, Vermieter und Mieter an die gleichen Bedingungen für deren Rechtsgültigkeit gebunden sind.

Verträge dienen der Kooperation zwischen Menschen: dem Kauf von Waren oder Dienstleistungen, der Regelung von Arbeitsverhältnissen, der Gestaltung des Güterstandes in einer Ehe, der fairen Regelung von Erbauseinandersetzungen, der Vermietung oder Verpachtung und so fort. Es handelt sich um ein koordinationsrechtliches Gestaltungsinstrument, das durch die gleiche Freiheit der Beteiligten geprägt ist. Darin liegt ihr ethischer Sinn. Die ethische Aufgabe aber besteht darin, den Beteiligten zu ermöglichen, dass sie Verträge aus freier Entscheidung eingehen können. Notwendig ist es ferner, den Inhalt von Verträgen daraufhin zu prüfen, ob sie dem Gebot der Fairness genügen, und dem jeweils Schwächeren besondere Schutzrechte zukommen zu lassen. Daraus erklärt sich, warum im Mietrecht die Rechte der Mieter, im Arbeitsrecht die Rechte der Arbeitnehmer, im Eherecht die Rechte des wirtschaftlich Schwächeren (in aller Regel der Frau) besonders geschützt werden müssen.

3.3. Recht und Urteil: Ethik der Justiz

3.3.1. Rechtsprechung als Dritte Gewalt

Vor der Aussage, die Justiz diene der Gerechtigkeit, scheuen deren Vertreter ungefähr im gleichen Maß zurück wie die Vertreter der Wissenschaft vor der Aussage, die Wissenschaft diene der Wahrheit. Zu verbreitet ist die Furcht, überzogene Ansprüche könnten die Aufgabe der Rechtsprechung unlösbar machen. Dafür, wohin das kompromisslose Verlangen nach Gerechtigkeit führen kann, bietet Heinrich von Kleists (1777–1811) *Michael Kohlhaas* eindrucksvolles Anschauungsmaterial: Der unerbittlich das Recht fordert, wird am Ende zum Räuber und Rebellen (Kleist 1966: 587 ff.).

Doch der Justiz ist der Bezug auf die Gerechtigkeit (*iustitia*) im wahrsten Sinn des Wortes eingeschrieben. Sie hat ihre geschichtlich ursprüngliche und nach wie vor unverzichtbare Aufgabe darin, den Menschen Gerechtigkeit widerfahren zu lassen (vgl. Höffe 2010: 53 ff.). An den beiden Grundformen der Gerichtsbarkeit, den Urteilen in Zivil- und in Strafsachen, wird das besonders anschaulich. Im zivilrechtlichen Verfahren geht es darum, einem Menschen zu dem Recht zu verhelfen, das ihm aus einem geschlossenen Vertrag zusteht. Im Strafverfahren geht es darum, einen Tatvorwurf ohne Ansehen der Person zu prüfen, eine Strafe nur zu verhängen, wenn die Strafbarkeit schon vor der Tat gesetzlich feststand, nur Schuldige in angemessenem Verhältnis zur Schwere ihrer Tat zu bestrafen und Unschuldige freizusprechen. Die Objektivität der Justiz soll durch ihr Sinnbild verdeutlicht werden: *Iustitia* urteilt mit verbundenen Augen, ohne Ansehen der Person; nur am Recht orientiert, wägt sie belastende und entlastende Faktoren gegeneinander ab.

Objektivität erfordert Unabhängigkeit. Deshalb wird seit Charles Montesquieus (1689–1755) Theorie der Gewaltenteilung die rechtsprechende Gewalt neben der legislativen und der exekutiven Gewalt in ihrer eigenständigen Bedeutung gewürdigt. Damit wird zugleich verdeutlicht, dass es sich um eine Staatsaufgabe handelt und dass deshalb nur die öffentliche Justiz Recht schaffen und sichern darf; jede Form der ‹Privatjustiz› ist ausgeschlossen. Die Freiheit von legislativer oder exekutiver Bevormundung darf allerdings nicht die Vorstellung einer richterlichen Unfehlbarkeit unterstützen. Deshalb ist das rechtsstaatliche Gerichtswesen durch ausgefeilte Systeme des Instanzenzugs und somit einer umfangreichen richterlichen Selbstkontrolle gekennzeichnet. Der Ausdifferenzierung der modernen Gesellschaft folgend, hat sich die Judikative zudem in eine verzweigte Fachgerichtsbarkeit ausdifferenziert, die insbesondere durch die Verfassungsgerichtsbarkeit zusammengehalten wird.

Je stärker die Judikative dadurch wird, desto notwendiger ist es, dass sie sich einer richterlichen Selbstbeschränkung unterwirft und weder Aufgaben der Legislative noch der Exekutive an sich zieht. Sonst stünde am Ende eines Prozesses, der an seinem Beginn nur rudimentäre Ansätze zu einer eigenständigen Gerichtsbarkeit kannte, ein Richterstaat. Die Gerichtsbarkeit muss sich bewusst sein, dass sie das Recht nicht zu setzen, sondern anzuwenden, und politische Entscheidungen nicht zu treffen, sondern gegebenenfalls auf ihre Verfassungsmäßigkeit zu prüfen hat.

3.3.2. Rechtssicherheit, Rechtsfrieden, Gerechtigkeit

Verbreitet ist die Auffassung, Gerichte trügen zwar zur Rechtssicherheit bei und könnten, auch gegen anhaltendes Widerstreben der streitenden Parteien, schließlich ein gewisses Maß an Rechtsfrieden bewirken. Doch auf die Frage nach dem Beitrag der Gerichtsbarkeit zur Gerechtigkeit gehen Theorien der Gerechtigkeit nur äußerst selten ein. Gericht, Rechtsprechung, Urteil sind Begriffe, die man in ihren Sachregistern meist vergeblich sucht (vgl. z. B. Rawls 1975; Walzer 1992). Einleuchtende Gründe für eine solche Zurückhaltung finden sich in der Rechtsphilosophie Gustav Radbruchs. Im Blick auf die praktischen Erfahrungen von Rechtssuche und Rechtsprechung bemerkt er: «*Dass* dem Streite der Rechtsansichten ein Ende gesetzt werde, ist wichtiger, als dass ihm ein *gerechtes* und *zweckmäßiges* Ende gesetzt werde, das Dasein einer Rechtsordnung wichtiger als ihre Gerechtigkeit und Zweckmäßigkeit, diese die zweite große Aufgabe des Rechts, die erste, von Allen gleichermaßen gebilligte aber die Rechtssicherheit, d. h. die Ordnung, der Friede» (Radbruch 2003a: 74).

Schon in dieser Aussage von 1932 wird – bei klarer Vorordnung der Rechtssicherheit – der Bezug der Rechtsprechung auf die Gerechtigkeit nicht völlig gelöst. Aber erst unter dem Schock der nationalsozialistischen Gewaltverbrechen modifiziert Radbruch seine Auffassung, indem er das Recht ausdrücklich an die Gerechtigkeit bindet (s. Abschnitt 1.2.4.). Nun rechnet er mit der Möglichkeit, dass mit den Mitteln des Rechts die Gerechtigkeit dermaßen verleugnet wird, dass dieses Recht keinen Anspruch mehr auf Legitimität und Rechtsbefolgung erheben kann. Doch ausdrücklich sieht er darin eine Ausnahme von der Regel, nach der auch das als ungerecht und unzweckmäßig empfundene Recht Befolgung verlangt.

Die Spannung, die in solchen Aussagen liegt, löst sich, wenn man sorgfältiger darauf achtet, dass im Bewirken von Rechtssicherheit und Rechtsfrieden selbst ein Beitrag zur Gerechtigkeit liegt. Willkür einzudämmen, verlässliche Streitschlichtung zu verbürgen, die Strafbarkeit von Rechtsverletzungen sicherzustellen, dient unmittelbar der Gerechtigkeit, nämlich der gleichen Freiheit aller Beteiligten. Es trägt zur Verlässlichkeit von Vertragsverhältnissen wie zur Pflicht von Rechtsbrechern bei, die Folgen ihrer Taten zu tragen. Allerdings gilt dies nur unter der Voraussetzung, dass zwischen der Tat und ihrer strafrechtlichen Ahndung, aber auch zwischen dem zivilrechtlichen Schaden und seinem Ausgleich ein nachvollziehbarer zeitlicher Zusammenhang besteht. Dass auf die Straftat eine Strafe und auf den materiellen Schaden ein Ausgleich erfolgt – und zwar in einer zeitlichen Nähe, die noch etwas mit dem subjektiven Erleben zu tun hat –, ist eine elementare Gerechtigkeitserwartung. Nur dann kann eine gerichtliche Entscheidung im günstigsten Fall heilende Wirkung entfalten. Insofern ist die Gerechtigkeitsbedeutung fairer Verfahren nur schwer zu überschätzen. Eine ausreichende Ausstattung und eine effektive Arbeitsorganisation der Justiz sind entscheidende Voraussetzungen dafür, dass sie ihrem Namen gerecht zu werden vermag. Dass Rechtsuchende wie Rechtsbrecher erwarten können, dass in überschaubarer Zeit Recht gesprochen wird, ist für den Zusammenhang zwischen Recht und Gerechtigkeit unerlässlich.

3.3.3. *Legitimität und Grenzen staatlichen Strafens*

Wie sind die staatliche Strafverurteilung sowie die Maßnahmen staatlicher Strafvollstreckung und Sicherheitsverwahrung ethisch zu beurteilen? Theologisch ist diese Frage von der Unterscheidung zwischen der Person und ihren Taten her zu betrachten. Sie ergibt sich aus dem biblischen Rechtfertigungsgedanken. «Der Gerechte lebt aus Glauben», heißt es beim Apostel Paulus (Röm 1,17). Die Gerechtigkeit, die vor Gott gilt, ist nicht durch menschliches Handeln zu erwirken; sie ergibt sich nicht aus der Erfüllung des Gesetzes. Sondern Gott lässt dem Menschen eine Anerkennung zukommen, die dieser niemals von sich aus erwirken kann. In seiner rechtsethischen Bedeutung ist dieser Kern des Rechtfertigungsgedankens exemplarisch in der Begegnung Jesu mit der Ehebrecherin zu erkennen. Dass kein Mensch ein für alle Mal auf seine Schuld festgelegt ist, wird durch die Aufforderung an die Umstehenden verdeutlicht: «Wer unter euch ohne Sünde ist, der werfe den ersten Stein auf sie» (Joh 8,7).

Weil kein Mensch seine endgültige Anerkennung als Person durch seine Taten erwirken oder durch seine Untaten verwirken kann, ist die Personwürde des Menschen selbst dann zu achten, wenn er sich unwürdig, also in einer dieser Würde widersprechenden Weise verhält. Auch darin bewährt sich der entscheidende Maßstab des Rechts. Er besteht darin, dass es die Personwürde des Menschen respektiert und dazu hilft, dass Menschen einander in dieser Würde anerkennen und achten.

Dieser Grundgedanke hat in das moderne Rechtsdenken Eingang gefunden. Bei Ronald Dworkin beispielsweise heißt es: Anerkennung und Achtung verdienen die Menschen «nicht kraft ihrer Herkunft oder bestimmter Merkmale oder Verdienste oder Vortrefflichkeit […], sondern einfach deswegen, weil sie menschliche Wesen sind, die die Fähigkeit haben, Pläne zu machen und Gerechtigkeit zu üben» (Dworkin 1984: 300; Übersetzung korrigiert; vgl. Huber 2006: 250). An dem Respekt vor dem voraussetzungslosen Recht des Menschen, Rechte zu haben, trennen sich Rechtssysteme von Gewaltsystemen. Immanuel Kant formuliert diesen Grundsatz in einprägsamer Kürze: «Ein jeder Mensch hat rechtmäßigen Anspruch auf Achtung von seinem Nebenmenschen, und wechselseitig ist er dazu auch gegen jeden anderen verbunden» (MdS 600).

Die rechtsethische Folgerung heißt: Der Angriff auf die Würde – also auf Leben und Integrität – eines anderen Menschen tastet die elementaren Grundlagen des Rechts an; er muss deshalb eine Reaktion der Rechtsgemeinschaft hervorrufen. Aber Anerkennung und Achtung gebühren jedem Menschen – auch dem noch, der die Würde anderer missachtet hat. Auch wer sich selbst würdelos verhalten hat, behält den Anspruch auf Achtung seiner Würde. Darin zeigt sich die humane Qualität einer Rechtsordnung. Sie steht nirgendwo mehr auf dem Prüfstand als im Bereich des Strafrechts, des Strafprozesses wie des Strafvollzugs.

Angesichts dieses Ausgangspunkts erstaunt das unproblematische Verhältnis, das die Theologie über lange Zeit zur Strafautorität des Staates entwickelt hat. Dass sogar die Todesstrafe zum staatlichen Strafhandeln gehörte, wurde nur selten und zögerlich kritisiert. Erst mit der anthropologischen Wende der Aufklärungszeit bahnte sich wie in der Philosophie auch in der Theologie ein Wandel an.

Theorien der Strafe orientieren sich in der Regel an der Frage nach den Strafzwecken. Vergeltung, Generalprävention und Spezialprävention sind die Kurzbezeichnungen für die wichtigsten derartigen Strafzwecke. Die Theorien, die sich auf einen dieser Zwecke beschränken, gehören der Vergangenheit an. Doch für eine ‹Vereinigungstheorie›, wie sie heute häufig angestrebt wird, genügt es nicht, die Zwecke der Vergeltung, der Generalprävention und der Spezialprävention additiv zusammenzufügen. Stattdessen empfiehlt es sich, nach den legitimen Aufgabenstellungen staatlichen Strafhandelns im Rahmen des Rechts zu fragen (Reuter 1996: 171). Denn die Strafe muss vom Recht und nicht das Recht von der Strafe aus verstanden werden. So betrachtet, macht das Strafen keineswegs den Kern des Rechts aus: vielmehr trägt das Strafrecht einen subsidiären Charakter. Es greift dann ein, wenn Verhältnisse wechselseitiger Anerkennung und Achtung verletzt werden. Da das Recht der Sicherung der Freiheit dient, lässt sich nur diejenige Strafe im Rahmen des Rechts begründen, die um der Freiheit willen notwendig ist. Die Freiheitsstrafe ist demnach nur dann legitim, wenn der Entzug der Freiheit um der Freiheit willen geboten ist.

Eine solche Begründung ist im Blick auf die drei grundlegenden Funktionen nötig, die im staatlichen Strafen miteinander verbunden sind. Das staatliche Strafrecht droht Strafen an; es verhängt Strafen; es vollzieht Strafen. Anders gesagt: Das Strafrecht verbietet, verurteilt und vollstreckt.

Warum ist es dem Staat erlaubt, bestimmte Handlungen zu *verbieten*? Aus einer allgemeinen Erziehungsaufgabe des Staates ergibt sich die Antwort nicht. Selbst soweit dem Staat Erziehungsaufgaben zukommen – zum Beispiel im Rahmen der staatlichen Schulträgerschaft –, bildet das Strafrecht dafür kein einschlägiges Mittel. Es ist lediglich dann anzuwenden, wenn nur dadurch ein relativ ungefährdetes Zusammenleben der Bürgerinnen und Bürger gewährleistet werden kann. Neben die individuellen Rechtsgüter wie Leben, körperliche Integrität, Freiheit der Meinungsäußerung, des Zusammenschlusses und der Betätigung des eigenen Willens oder Eigentums treten dabei im Rahmen des modernen Leistungsstaats auch staatliche Leistungen der Daseinsvorsorge, die gegebenenfalls ebenso durch strafrechtliche Verbote gesichert werden müssen. Unter diesem Gesichtspunkt treten politische Straftaten oder Angriffe gegen öffentliche Versorgungseinrichtungen in den Blick. Wo immer diese Rechtsgüter durch andere Mittel zu sichern sind, hat das Strafrecht zurückzutreten; denn es ist die *ultima ratio* der Staatsordnung. Eine Politik von *law and order* dagegen verkennt den subsidiären Charakter des Strafrechts (vgl. Roxin 1973: 81).

II. RECHTSETHIK

Das hier vorgeschlagene Verständnis des staatlichen Verbietens vermeidet die Gleichsetzung von Recht und Moral ebenso wie deren Trennung. Die durch staatliches Recht verbotenen Handlungen sind auch moralisch verboten, da und sofern sie das Zusammenleben gefährden und damit Beziehungen wechselseitiger Anerkennung und Achtung beeinträchtigen. Aber nicht alles, was moralisch untersagt ist, wird allein deshalb auch strafrechtlich verfolgt. Die Selbstbeschränkung des Strafrechts enthält also keineswegs ein generelles moralisches Urteil über Handlungen, die nicht oder nicht mehr mit Strafe belegt sind. An der Entwicklung des Sexualstrafrechts lässt sich das leicht verdeutlichen. Es ist ein Kurzschluss, aus der Selbstbeschränkung des Strafrechts auf die sittliche Gleichgültigkeit aller nicht strafrechtlich sanktionierten sexuellen Handlungen und aller damit verbundenen Lebensformen zu schließen.

In der Abfolge der Schritte staatlichen Strafens folgt auf das Verbot das Urteil. Über das staatliche *Verurteilen* einschließlich der Strafzumessung wird häufig gesagt: Die Verurteilung im Einzelfall soll der gesetzlichen Drohung zur allgemeinen Wirksamkeit verhelfen. Wie schon im Blick auf das Verbieten wird dabei der Gedanke der Generalprävention ins Feld geführt. Doch es gibt wichtige Strafverfahren, für die eine generalpräventive Wirkung nur schwer vorstellbar ist. Wie kann man mit diesem Argument beispielsweise die Fortsetzung von Verfahren wegen Verbrechen in der NS-Zeit legitimieren? Kann man unter diesem Gesichtspunkt erklären, warum die Verfahren wegen DDR-Kriminalität durchgeführt und mit rechtskräftigen Urteilen abgeschlossen werden mussten, statt solchen Urteilen mit einer allgemeinen Strafbefreiung zuvorzukommen? Nicht um der Generalprävention, sondern um der Rechtssicherheit willen erscheinen solche Verfahren als notwendig. Denn Rechtssicherheit setzt Rechtsvertrauen voraus. Dieses Rechtsvertrauen würde ausgehöhlt, wenn Verbrechen von einer solchen Schwere im einen Fall geahndet würden, im andern aber straffrei blieben.

Die Strafzumessung orientiert sich am Grundsatz schuldentsprechenden Strafens. Er soll den Einzelnen «davor […] sichern, dass der Staat seine Strafgewalt im Interesse der General- oder Spezialprävention weiter ausdehnt, als es der Verantwortlichkeit eines als frei und schuldfähig gedachten Menschen entspricht» (Roxin 1973: 21). Nicht zur Begründung einer Vergeltungstheorie der Strafe, sehr wohl aber zur Begrenzung der staatlichen Strafgewalt ist das Schuldprinzip ein unentbehrliches Mittel.

Der dritte Schritt staatlichen Strafens ist der Vollzug der im Urteil verhängten Strafe. Auch für den *Strafvollzug* bildet das relativ ungefährdete

Zusammenleben der Menschen den entscheidenden Maßstab, und zwar in Übereinstimmung mit der Achtung vor der Personwürde der Bestraften. Wenn der Gedanke der Schuldentsprechung strafbegrenzend ins Spiel gebracht wird, dann ergibt sich daraus nicht, dass durch die Schwere der Strafe die Schuld gesühnt und der verursachte Schaden wiedergutgemacht werden kann. Denn die Sühne ist, theologisch betrachtet, aus den Möglichkeiten staatlichen Strafens ausgeschlossen. Die Wiedergutmachung aber kann nicht durch die Verbüßung einer staatlichen Strafe erfolgen; sie ist vielmehr – zumindest ansatzweise – in einen Täter-Opfer-Ausgleich einzubeziehen (Bundesministerium für Justiz 2011). Ebenso ist die Abschreckung der Allgemeinheit kein möglicher Zweck des staatlichen Strafens. Denn damit würde der Delinquent als bloßes Mittel zum Zweck betrachtet; er würde im Interesse einer allgemeinen Abschreckung instrumentalisiert. Nur die Wiedereingliederung der Delinquenten in die Rechtsgemeinschaft lässt sich als Ziel des Strafvollzugs anerkennen. Das deutsche Strafvollzugsgesetz bezeichnet diesen Zweck mit den Worten, es gehe im Strafvollzug darum, dass die Inhaftierten «fähig werden, künftig in sozialer Verantwortung ein Leben ohne Straftaten zu führen» (§ 2 Abs. 1 Strafvollzugsgesetz). Integration, nicht Segregation ist das Ziel des Strafvollzugs.

Für den freiheitsverbürgenden Rechtsstaat gilt insgesamt, dass er für das Sicherheitsbedürfnis freiheitsverträgliche Lösungen finden und für die Gestaltung der Freiheit die notwendigen Sicherheitsvoraussetzungen schaffen soll. Aus dieser Doppelaufgabe erklärt sich, warum Vorschläge zu alternativen Formen der Kriminalitätsbekämpfung bisher nur eine begrenzte Wirksamkeit entfaltet haben. Entscheidend waren die Schritte zur Abschaffung der Todesstrafe wie der lebenslangen Freiheitsstrafe; denn die Bestreitung des Lebensrechts des Straftäters und die vollständige Aufhebung seines Selbstbestimmungsrechts negieren den Respekt vor Würde und Integrität der Person, der auch dem Straffälligen gilt. Nicht zum Erfolg führten dagegen Vorschläge zur vollständigen Abschaffung der Freiheitsstrafe. Motiviert sind solche Vorschläge häufig durch eine an Michel Foucault anschließende Kritik am Gefängnis als geschlossener Institution, die schon wegen ihres heterotopen Charakters zur Resozialisation nicht geeignet ist (Foucault 2008). Obwohl der Vollzug von Haftstrafen die mit ihnen verbundene Hoffnung auf Resozialisierung der Täter in vielen Fällen keineswegs bestätigt, wird an ihr vor allem mit der Begründung festgehalten, dass die Sicherung der Gesellschaft vor Straftätern eine solche Beschränkung ihrer Bewegungsfreiheit notwendig macht. Tatsächlich sind die Fälle nicht auszuschließen, in denen wegen einer Wiederholungsgefahr nicht nur die Gesellschaft vor dem Straffälligen, sondern auch der Straftäter vor sich selbst geschützt werden muss. Wo die Wiederholungsgefahr mit einer schweren psychischen oder geistigen Störung begründet ist, kann eine Sicherungsverwahrung notwendig werden, die jenseits des Strafrechts und seiner Möglichkeiten liegt. Sie ist dann aber auch konsequent nicht unter Gesichtspunkten der Strafe zu sehen, sondern auf die verminderte Zurechnungsfähigkeit und auf die Möglichkeiten einer Therapie auszurichten. Auch wenn realistische Möglichkeiten dazu bestehen, die Verhängung von Freiheitsstrafen zu reduzieren, bleibt zu bedenken, dass Alternativen zur Freiheitsstrafe in der Regel die freiwillige Zustimmung des Opfers wie die freiwillige Mitwirkung des Täters voraussetzen. Freiwilligkeit kann aber nicht in allen Fällen zur Voraussetzung der Kriminalitätsbewältigung gemacht werden.

Obwohl sie die Freiheitsstrafe nicht generell ablösen können, haben alternative Vorgehensweisen der *restorative justice*, wie insbesondere der Täter-Opfer-Ausgleich, zu Recht an Bedeutung gewonnen (vgl. Umbreit/Peterson Armour 2010). Ein solcher Ausgleich kann eine heilende Wirkung entfalten, die über die Möglichkeiten des Strafrechts weit hinausweist.

3.4. Recht und Rechtsgewalt: Ethik des staatlichen Gewaltmonopols

Für die christliche Ethik hat die Frage nach der Legitimität des Rechts den Vorrang vor der Frage nach der Legitimität der Gewalt. Denn die Gewalt ist als ethisch legitime Handlungsform für den christlichen Glauben ausgeschlossen: «Du sollst nicht töten» (Ex 20,13). In der Bergpredigt verdeutlicht Jesus, dass Gewalt auch als Mittel der Vergeltung nicht infrage kommt (Mt 5,38–42). Im Fall des Konflikts gilt für die christliche Ethik der Vorrang der Gewaltlosigkeit vor allen Mitteln der Gewalt. Auch soweit sie einräumt, dass es in einer Welt, deren Erlösung aussteht, Situationen der Verstrickung gibt, die ohne den Rückgriff auf das äußerste Mittel der Gewalt nicht lösbar sind, gibt es für sie keine eigenständige, sondern allenfalls eine abgeleitete Legitimität der Gewalt. Legitim ist sie nur als äußerstes Mittel; legitim kann sie nur sein, soweit sie im Dienst des Rechts steht. Diese Legitimität bleibt zudem stets dilemmatisch: Um des Rechts willen wird zu einem Mittel gegriffen, das im Widerspruch zum Recht steht. Denn das Recht zielt auf die Anerkennung des andern; die Gewalt verweigert ihm diese Anerkennung. Wer zu der Überzeugung kommt, um des Rechts willen Gewalt androhen oder anwenden zu müssen, sieht sich in Schuld verstrickt. Er bewegt sich in einer Sphäre, die Dietrich Bonhoeffer mit dem Begriff der «Schuldübernahme» gekennzeichnet hat (Bonhoeffer 1992: 275 ff.; s. zum Folgenden Huber 2012).

Mit einer Legitimation des staatlichen Rechts aus den Menschenrechten (s. Teil 2.6.) verträgt es sich nicht, wenn dieses Recht mit den Mitteln direkter physischer Gewalt durchgesetzt wird. Deshalb lassen sich in einem menschenrechtsgebundenen Strafrecht weder die Folter zur Erzwingung von Geständnissen noch die Todesstrafe als Mittel der Kriminalitätsbewältigung rechtfertigen. Das Ziel des Rechts ist die Vermeidung von Gewalt und der Schutz vor ihr; deshalb ist die Gewalt kein reguläres Mittel des Rechts. Sie kann vielmehr nur im äußersten Notfall eingesetzt werden – dann nämlich, wenn dies zur Rettung von Menschenleben und zur Verteidigung des Rechts als unvermeidlich erscheint.

Aus der Perspektive der ethischen Qualität des Rechts gibt es nur eine einzige Begründung, die den Einsatz physischer Gewalt zu legitimieren vermag: die Überzeugung nämlich, dass dieser Einsatz von Gewalt zur Bewahrung oder Wiederherstellung, zur Erhaltung oder Ermöglichung des Rechts unvermeidlich ist (vgl. Reuter 2013). Die Gewaltthematik hat ihren Ort innerhalb einer Ethik der Erhaltung und Ermöglichung des Rechts (vgl. EKD 2007: 57 ff.). Die Frage nach den Kriterien, denen ein Einsatz von Gewalt in solchen Fällen unterliegt, ist vor allem im Blick auf die Gewalt im Krieg breit erörtert worden; doch unter der Voraussetzung, dass Gewalt nur im Dienst an der Erhaltung und Ermöglichung des Rechts legitim sein kann, muss erwartet werden, dass solche Kriterien auch in allen anderen infrage kommenden Fällen, also insbesondere in denjenigen der polizeilichen Gewalt, des Widerstands und der Notwehr, Anwendung finden. Es kann aus ethischer Sicht gerade keine Sonderethik nur für den Kriegsfall geben. Vielmehr muss das Verhältnis zwischen Recht und Gewalt für alle einschlägigen Konstellationen von den gleichen Grundsätzen aus bestimmt werden.

Sieht man all diese Fälle im Zusammenhang, dann lassen sich die ursprünglich in der Lehre vom gerechten Krieg entwickelten Kriterien auch anders systematisieren, als dies im Rahmen dieser Lehre selbst geschieht. Aus systematischer Perspektive verbindet sich die Betrachtung der Gewalt als äußerstem Mittel mit einem Plausibilitätsgebot, einem Mäßigungsgebot und einem Autorisierungsgebot. Die Aussage, es handle sich um eine Situa-

II. RECHTSETHIK

tion des äußersten Mittels, genügt allein nicht; es muss vielmehr gefragt werden, ob dieses äußerste Mittel auch zum angestrebten Ziel führen kann. Doch die Wahrscheinlichkeit eines Erfolgs allein reicht auch nicht; es muss vielmehr gefragt werden, ob dabei die Verhältnismäßigkeit der Mittel gewahrt wird. Positive Ergebnisse bei der Prüfung dieser beiden Fragen genügen jedoch allein ebenfalls nicht; es muss vielmehr gefragt werden, ob die Unterordnung der Gewalt unter das Recht darin gewahrt wurde, dass die Entscheidung gemäß den Regeln des Rechts, also von einer dazu autorisierten Instanz getroffen wurde. Das Plausibilitätsgebot verpflichtet demnach dazu abzuwägen, ob eine realistische Chance besteht, das Ziel der Erhaltung bzw. Ermöglichung des Rechts durch die Gewalt, die als äußerstes Mittel eingesetzt werden soll, zu erreichen; das Mäßigungsgebot verpflichtet zur Begrenzung der eingesetzten Gewaltmittel und zur Schonung Unbeteiligter; das Autorisierungsgebot verpflichtet dazu, dass Gewalt nur eingesetzt wird, wenn sie unter Beachtung des staatlichen Gewaltmonopols von der dazu bestimmten Instanz autorisiert ist. Dabei bezeichnen militärische und polizeiliche Gewalt zwei Fälle, in denen die Autorisierung streng an den Inhaber des staatlichen Gewaltmonopols gebunden ist, während mit Widerstand und Notwehr diejenigen Grenzfälle genannt sind, in denen der Träger einer staatlichen Autorität ausfällt und das Wagnis der eigenen Tat als unausweichlich erscheint. Daraus ergibt sich, dass mit Widerstand und Notwehr zwei Fälle in den Blick treten, die den Charakter einer doppelten Ausnahme tragen. Sie verletzen nicht nur die Regel des generellen Gewaltverbots, sondern darüber hinaus auch die Regel des staatlichen Gewaltmonopols. In diesem doppelten Sinn handelt es sich um ethische Grenzfälle.

Doch generell ausschließen lassen sich diese Grenzfälle nicht. Das generelle Gewaltverbot hat seinen inneren Grund in dem Respekt vor dem gleichen Lebensrecht und der gleichen Würde jeder menschlichen Person. Dieser Respekt verbietet einen gewaltsamen Angriff auf einen anderen Menschen; er verbietet es aber auch, einen solchen Angriff einfach geschehen zu lassen. Ebenso wie man auf Abhilfe sinnen muss, wenn man sich selbst oder einen anderen Menschen in seinem Leben bedroht sieht (die Situation der Notwehr oder der Nothilfe), muss man auch auf Abhilfe sinnen, wenn man das Recht, das ein gewaltfreies Zusammenleben sichern soll, in seiner Substanz bedroht sieht (die Situation des Widerstands). Deshalb lenkt die ethische Qualität des Rechts den Blick auf diejenigen Grenzsituationen, in denen das Recht seine innere Legitimität dadurch einbüßt, dass es jeden Zusammenhang mit den Gründen seiner inhaltlichen Geltung verliert. Ein legales System, das zum

Ausdruck von Gewalt- statt von Anerkennungsverhältnissen wird, kann keinen ethischen Anspruch auf Rechtsbefolgung erheben. Wenn seine äußeren Regeln auch in solchen Grenzsituationen Beachtung finden, so geschieht dies nur mit Rücksicht auf die Bewahrung des Lebens und den Schutz der Mitmenschen; im Kern aber ist in einem solchen Extremfall nicht Rechtsbefolgung, sondern Widerstand die ethisch angemessene Reaktion. Gemeint ist damit der «große Widerstand» in Gestalt der «aktiven und gewaltsamen Auflehnung gegen ein evidentes Unrechtsregime» (Reuter 2005: 1526). Er ist zu unterscheiden von der gewissensbestimmten Verweigerung gegenüber staatlichen Eingriffen in die Glaubens- und Gewissensfreiheit sowie vom zivilen Ungehorsam, der bei Anerkennung des Rechtssystems im Ganzen bestimmten Einzelentscheidungen des Gesetzgebers mit gezielten Regelverletzungen zeichenhaft entgegentritt.

In demokratischen Rechts- und Verfassungsstaaten stellt sich in der Regel nicht als Erstes die Frage nach Widerstand oder zivilem Ungehorsam; denn ihr geht die Verantwortung für die Gestaltung des Rechts voraus. Neben das Ethos der Rechtsbefolgung tritt die ethische Verantwortung für das bessere Recht, also die Mitverantwortung der Bürgerinnen und Bürger für eine Weiterentwicklung der Rechtsordnung, die der Ermöglichung und Gewährleistung wechselseitiger Anerkennung unter sich wandelnden Bedingungen zugutekommt. Erst in den Fällen, in denen die guten Gründe der Rechtsbefolgung entfallen, weil die Form des Gesetzes zur Verweigerung der Gerechtigkeit missbraucht wird, tritt die Situation des Widerstands ein. Nur wo die Überzeugung gute Gründe für sich hat, dass die Verantwortung für das bessere Recht in zentralen Fragen nicht zureichend wahrgenommen wird, kann zum Mittel des zivilen Ungehorsams gegriffen werden, um gewaltlos und zeichenhaft für besseres Recht einzutreten.

3.5. Die Religionen in der Rechtsordnung

Weltweit betrachtet verstärkt sich die öffentliche Präsenz der Religionen. In Europa bricht sich diese Entwicklung mit Prozessen, die durch Traditionsabbrüche und abnehmende Religiosität gekennzeichnet sind. Dadurch sind für das Verhältnis von Religion und Recht in Europa auch zwei gegenläufige Tendenzen zu beobachten. Auf der einen Seite wird die Forderung nach einem

II. RECHTSETHIK

weltlichen, säkularen Charakter der Rechtsordnung bis hin zu laizistischen Positionen gesteigert, denen zufolge Religion keinen genuinen Anspruch auf Präsenz im öffentlichen Raum hat. Auf der anderen Seite verteidigen die etablierten Kirchen ihre öffentliche Stellung; gleichzeitig aber pluralisiert sich die öffentliche Präsenz von Religion unter Einschluss von Positionen, die auf eine neue Verbindung von Religion und Recht drängen. Daraus ergeben sich im Blick auf die Integrations- und Demokratiefähigkeit der Religionen neue Herausforderungen (vgl. EKD 2006). Das Verhältnis von Religion und Recht wird zu einem entscheidenden Prüfstein für diese Herausforderungen. Die Religionsfreiheit als Ausgangspunkt für die Integration der Religionen in die Rechtsordnung, die Religionsneutralität als Basis für das staatliche Verhalten gegenüber den Religionen sowie die Differenz zwischen religiösen Forderungen und Rechtsgestaltung sind dafür von exemplarischer Bedeutung.

Die Integration der Religion in eine gegebene Rechtsordnung kann grundsätzlich zwei Gestalten annehmen: Entweder erhebt eine bestimmte Religion einen Ausschließlichkeitsanspruch für ein bestimmtes Territorium; oder eine Mehrzahl von Religionen – oder Konfessionen – existiert gleichberechtigt in ein und derselben Gesellschaft. Mit dem Übergang zur religiös pluralen Gesellschaft musste staatlicherseits die Religionsfreiheit als Grundrecht Anerkennung finden. Seit der Allgemeinen Erklärung der Menschenrechte von 1948 (Art.18) hat sich die Anerkennung der Religionsfreiheit auch völkerrechtlich durchgesetzt. Sie hat nicht nur den individuellen Charakter einer Überzeugungsfreiheit und beschränkt sich deshalb nicht auf das *forum internum* des Einzelnen; zu ihr gehört vielmehr die Freiheit, den eigenen Glauben allein und in Gemeinschaft mit anderen zu praktizieren; sie hat deshalb auch eine korporative Seite. Religionen haben deshalb auch einen Anspruch darauf, sich gemeinschaftlich zu organisieren; die Religionsfreiheit schließt deshalb auch einen institutionellen Aspekt ein.

Ethisch folgt aus dieser Bedeutung der Religionsfreiheit für den Einzelnen die Aufgabe, von seiner eigenen Religionsfreiheit – sei es positiv oder negativ – einen eigenständigen Gebrauch zu machen sowie für die Religionsfreiheit dort, wo sie verletzt oder beeinträchtigt wird, aktiv einzutreten. Die völkerrechtliche Anerkennung der Religionsfreiheit ändert nichts daran, dass sie in vielen Ländern im Argen liegt. Im Namen der herrschenden Religion werden die Rechte religiöser Minderheiten eingeschränkt. Die Freiheit zur Religion wird in einer Weise gedeutet, die das Recht zum Religionswechsel oder den Verzicht auf eine religiöse Bindung ausschließt. Laizistische Bestrebungen bringen die Balance zwischen positiver Religionsfreiheit – also

Freiheit zur Religion – und negativer Religionsfreiheit – also Freiheit von der Religion – in Gefahr. Insbesondere in all den Fällen, in denen Menschen wegen ihrer religiösen Überzeugung um Leib, Leben und Freiheit fürchten müssen, sind praktizierte Solidarität und deutlich wahrnehmbare Intervention unerlässlich.

Im Verhalten von Einzelnen wie von Überzeugungsgemeinschaften ist Toleranz das unerlässliche Korrelat der Religionsfreiheit. In ethisch überzeugender Weise kann nur derjenige die Religionsfreiheit für sich in Anspruch nehmen, der sie auch für Andersglaubende gelten lässt. Wenn dabei der Überzeugungscharakter von Religion selbst ernst genommen wird, kann es sich bei dieser Toleranz nicht um relativistische Indifferenz, sondern nur um überzeugte Anerkennung des Anderen handeln. Sie schließt den Dialog über Wahrheitsfragen und das gewaltfreie Zeugnis für die eigene Glaubensgewissheit nicht aus. Zur Toleranz gehört aber auch der klare Widerspruch gegen Überzeugungen und Haltungen, die es an der Anerkennung der Personen und ihrer Würde fehlen lassen und damit die Voraussetzungen der Toleranz aufheben. Gruppenbezogene Menschenfeindlichkeit, fundamentalistische Überlegenheitsbehauptungen oder die Rechtfertigung von Gewalt zur Durchsetzung der eigenen Überzeugungen oder Ziele sind Haltungen, die elementare Bedingungen von Toleranz negieren.

Für den Staat bedeutet dies, dass er Religion respektiert, ohne sich mit ihr zu identifizieren, dass er den Glauben achtet, ohne über ihn zu verfügen, dass er Glaubensgemeinschaften Raum gewährt, ohne sie in seine Abhängigkeit oder sich in ihre Abhängigkeit zu bringen. Zu dieser Neutralität gehört eine Selbstbeschränkung des Staates: Er setzt «säkulare Rahmennormen zum Schutz des religiösen Selbstverständnisses in den Schranken des Gemeinwohls» (Heckel 2013: 565). Seine Neutralität hat eine negative Seite, insoweit sich der Staat von Interventionen in das Selbstbestimmungsrecht der Religionen fernhält; sie hat aber auch eine positive Seite, insoweit der Staat die Wahrnehmung der Religionsfreiheit und die Rolle der Religionsgemeinschaften für die Gesellschaft in einer Weise fördert, die dem Gebot der Nichtidentifikation gerecht wird, aber gegenüber den Unterschieden zwischen den Religionsgemeinschaften nicht blind ist. Es besteht also kein Vorrang für die negative Neutralität; die Neutralität, zu der er um der Religionsfreiheit willen verpflichtet ist, hat vielmehr eine positive und eine negative Seite. Die nach einer Formulierung des Bundesverfassungsgerichts «offene und übergreifende, die Glaubensfreiheit für alle Bekenntnisse gleichermaßen fördernde» Neutralität muss auch die Präsenz der säkularen Option in der

Gesellschaft in angemessener Weise berücksichtigen (vgl. Waldhoff 2010; Heinig/Munsonius 2012: 168 ff.).

Aus der Religionsneutralität des Staates ergibt sich – unter Wahrung der Religionsfreiheit – ein Mäßigungsgebot für Vertreterinnen und Vertreter des Staates. Wie die Achtung vor der Religionsfreiheit mit der Pflicht zur Selbstzurücknahme bei religionsbestimmten Handlungen zum Ausgleich gebracht werden kann, wird beispielhaft am Tragen des Kopftuchs durch muslimische Lehrerinnen diskutiert. Das Bemühen um einen gesellschaftlichen Konsens in solchen Fragen ist dabei wichtiger als die Vorstellung, solche Konflikte ließen sich abschließend durch Gesetze und Gerichtsentscheidungen regeln.

Eine andere Form von Selbstzurücknahme ist von den Religionen im Blick auf die Vorstellung zu erwarten, sie könnten ihre spezifischen religiösen Vorstellungen mit den Mitteln des staatlichen Gesetzes durchsetzen. Das staatliche Recht gilt für alle Bürgerinnen und Bürger. Es ist auf ethische Legitimation angewiesen; Einsprüche aus der Sicht von Glaubensgemeinschaften haben für die Gestaltung dieses Rechts deshalb eine klärende und weiterführende Bedeutung. Doch diese Einsprüche müssen die Gestalt verallgemeinerungsfähiger rechtlicher Vorschläge annehmen, wenn sie in der Gesetzgebung des Staates Berücksichtigung finden sollen. Die Religionsgemeinschaften müssen bei aller Bereitschaft, ihre Vorschläge einzubringen, den Vorrang des für alle geltenden staatlichen Rechts vor den eigenen Rechtsvorstellungen anerkennen. Denn es kann in ein und demselben Staat zwar unterschiedliche Religionen geben, aber nicht ein unterschiedliches Recht. Deshalb ist der säkulare Charakter des Staates auch von den Religionen als Bedingung gleicher Freiheit zu bejahen und zu respektieren. Ebenso notwendig ist, dass alle Formen einer religiösen Legitimation von Gewaltanwendung, von Herabsetzung Andersgläubender und anderen Formen von Diskriminierung überwunden werden.

3.6. Fazit und Ausblick

Alle Themen der Ethik haben eine rechtsethische Dimension. Denn auf die eine oder andere Weise ist das Recht an der Gestaltung aller Lebensverhältnisse beteiligt. Jede Rechtsethik kann jedoch nur eine Auswahl von Themen behandeln (vgl. zu einer Reihe hier nicht behandelter Themen Huber 2006:

347–384). Doch zugleich lassen sich an jeder ausgewählten Fragestellung Einsichten gewinnen, die auch für andere Problemfelder von Bedeutung sind. Immer wieder erweist es sich als hilfreich, praktische Regelungen zu den leitenden Prinzipien einer Rechtsordnung in Beziehung zu setzen und deren ethischen Gehalt in die Suche nach besseren Regelungen einzubringen. Ebenso erweist es sich als fruchtbar, das Anregungs- und Orientierungspotential religiöser Überlieferungen und Einstellungen für die Beantwortung rechtsethischer Herausforderungen fruchtbar zu machen. Dazu ist es freilich erforderlich, die verallgemeinerungsfähigen Gehalte dieser Überlieferungen und Einstellungen zu entschlüsseln und zur Sprache zu bringen. An der Rechtsethik zeigt sich besonders deutlich, dass theologische Ethik sich nicht darauf beschränkt, das Binnenethos einer religiösen Gemeinschaft zu beschreiben und zu bestärken. Theologische Rechtsethik beteiligt sich vielmehr an der Suche nach rechtsethischen Prinzipien und mit ihnen vereinbaren Rechtsnormen, die unter den Bedingungen von religiöser, weltanschaulicher und kultureller Pluralität das Zusammenleben der Verschiedenen ermöglichen und angesichts neuer, insbesondere durch wissenschaftlich-technische Entwicklungen beeinflusster Herausforderungen einer zukunftsfähigen Gestaltung der Gesellschaft dienlich sein können.

4. LITERATUR

Alexy, Robert: Theorie der Grundrechte, Frankfurt am Main 1986.
Ders.: Begriff und Geltung des Rechts, Freiburg i. Br./München 1992.
Arendt, Hannah: Vita activa oder Vom tätigen Leben, München 1981.
Bahr, Petra/Heinig, Hans Michael (Hg.): Menschenwürde in der säkularen Verfassungsordnung, Tübingen 2006.
Barth, Hans-Martin: Die Theologie Martin Luthers. Eine kritische Würdigung, Gütersloh 2009.
Bedford-Strohm, Heinrich: Vorrang für die Armen. Auf dem Weg zu einer theologischen Theorie der Gerechtigkeit, Gütersloh 1993.
Berman, Harold J./Greiner, William J.: The Nature and Functions of Law, 4. Aufl. Minneola, N. Y. 1980.
Ders.: Recht und Revolution. Die Bildung der westlichen Rechtstradition, Frankfurt am Main 1991.

Ders.: Law and Revolution II. The Impact of the Protestant Reformations on the Western Legal Tradition, Cambridge / Mass. 2003.
Bloch, Ernst: Naturrecht und menschliche Würde, Frankfurt am Main 1961.
Blumenberg, Hans: Beschreibung des Menschen, Frankfurt am Main 2006.
Böckenförde, Ernst-Wolfgang: Geschichte der Rechts- und Staatsphilosophie: Antike und Mittelalter, Tübingen 2002.
Ders.: Die Würde des Menschen war unantastbar. Abschied von den Verfassungsvätern: Die Neukommentierung von Art. 1 des Grundgesetzes markiert einen Epochenbruch, in: Frankfurter Allgemeine Zeitung, 3. 9. 2003, 33, 35.
Bonhoeffer, Dietrich: Ethik (DBW 6), München 1992.
Bundesministerium für Justiz: Täter-Opfer-Ausgleich in Deutschland, Berlin 2011.
Dalferth, Ingolf: Naturrecht in protestantischer Perspektive, Baden-Baden 2008.
Dreier, Ralf: Recht – Staat – Vernunft. Studien zur Rechtstheorie 2, Frankfurt am Main 1991.
Dworkin, Ronald: Bürgerrechte ernstgenommen, Frankfurt am Main 1984.
Ders.: Law's Empire, Cambridge / Mass. 1986.
Epping, Volker: Grundrechte, 3. Aufl. Berlin 2007.
Evangelische Kirche in Deutschland (Hg.): Klarheit und gute Nachbarschaft. Christen und Muslime in Deutschland. Eine Handreichung des Rates der Evangelischen Kirche in Deutschland, Hannover 2006 (EKD 2006).
Dies. (Hg.): Aus Gottes Frieden leben – für gerechten Frieden arbeiten. Eine Denkschrift des Rates der Evangelischen Kirche in Deutschland, Gütersloh 2007 (EKD 2007).
Foucault, Michel: Überwachen und Strafen. Die Geburt des Gefängnisses, 8. Aufl. Frankfurt am Main 2008.
Gerhardt, Volker: Der Mensch wird geboren. Kleine Apologie der Humanität, München 2001.
Ders.: Art. Rechtsphilosophie, in: Lexikon für Theologie und Kirche, durchges. Ausgabe der 3. Aufl., Bd. 8, Freiburg i. Br. 2006, 908–911.
Graf, Friedrich Wilhelm: Protestantismus und Rechtsordnung, in: Horst Dreier / Eric Hilgendorf (Hg.): Kulturelle Identität als Grund und Grenze des Rechts (Archiv für Rechts- und Sozialphilosophie, Beiheft 113), Stuttgart 2008, 129–161.
Habermas, Jürgen: Faktizität und Geltung. Beiträge zur Diskurstheorie des Rechts und des demokratischen Rechtsstaates, Frankfurt am Main 1992.
Ders.: Glauben und Wissen, Frankfurt am Main 2001 (2001a).
Ders.: Die Zukunft der menschlichen Natur. Auf dem Weg zu einer liberalen Eugenik?, Frankfurt am Main 2001 (2001b).
Heckel, Martin: Gesammelte Schriften: Staat – Kirche – Recht – Geschichte, Bd. 6, Tübingen 2013.
Hegel, Georg Wilhelm Friedrich: Grundlinien der Philosophie des Rechts, in: Theorie-Werkausgabe, Bd. 7, Frankfurt am Main 1970.
Heinig, Hans Michael / Munsonius, Hendrik (Hg.): 100 Begriffe aus dem Staatskirchenrecht, Tübingen 2012.
Henke, Winfried / Rothe, Hartmut: Menschwerdung, Frankfurt am Main 2003.

Herms, Eilert: Politik und Recht im Pluralismus, Tübingen 2008.
Höffe, Otfried: Gerechtigkeit. Eine philosophische Einführung, 4. Aufl. München 2010.
Honneth, Axel: Das Recht der Freiheit. Grundriss einer demokratischen Sittlichkeit, Berlin 2011.
Huber, Wolfgang: Recht als Beruf. Verantwortung für das Recht im Horizont der Gerechtigkeit, in: Archiv für Rechts- und Sozialphilosophie, Beiheft 74, Stuttgart 2000, 39–55.
Ders.: Rechtsethik, in: Religion in Geschichte und Gegenwart, Bd. 7, 4. Aufl. Tübingen 2004, 94–96.
Ders.: Gerechtigkeit und Recht. Grundlinien christlicher Rechtsethik, 3. Aufl. Gütersloh 2006.
Ders.: Legitimes Recht und legitime Rechtsgewalt in theologischer Perspektive, in: Torsten Meireis (Hg.): Gewalt und Gewalten. Zur Ausübung, Legitimität und Ambivalenz rechtserhaltender Gewalt, Tübingen 2012, 225–242.
Ders.: Ethik. Die Grundfragen unseres Lebens von der Geburt bis zum Tod, München 2013.
Ilting, Karl-Heinz: Naturrecht, in: Geschichtliche Grundbegriffe 4, Stuttgart 1978, 245–313.
Joas, Hans: Die Sakralität der Person. Eine neue Genealogie der Menschenrechte, Berlin 2011.
Kant, Immanuel: Grundlegung zur Metaphysik der Sitten (GMS), in: Kant-Studienausgabe, Bd. IV, Wiesbaden 1956, 7–102.
Ders.: Metaphysik der Sitten (MdS), in: Kant-Studienausgabe, Bd. IV, Wiesbaden 1956, 303–634.
Ders.: Zum ewigen Frieden. Ein philosophischer Entwurf (1795/1796), in: Kant-Studienausgabe, Bd. VI, Wiesbaden 1964, 191–251.
Kelsen, Hans: Reine Rechtslehre, 2. Aufl. Wien 1960.
Kirchhof, Paul: Der sanfte Verlust der Freiheit. Für ein neues Steuerrecht – klar, verständlich, gerecht, München 2004.
Kleist, Heinrich von: Werke in einem Band, München 1966.
Kreß, Hartmut: Ethik der Rechtsordnung. Staat, Grundrechte und Religionen im Licht der Rechtsethik, Stuttgart u. a. 2012.
Lohmann, Friedrich: Zwischen Naturrecht und Partikularismus. Grundlegung christlicher Ethik mit Blick auf die Debatte um die universale Begründbarkeit der Menschenrechte, Berlin 2002.
Luhmann, Niklas: Das Recht der Gesellschaft, 3. Aufl. Frankfurt am Main 2001.
Moxter, Michael: Recht und kommunikative Freiheit, in: Heinrich Bedford-Strohm/Paul Nolte/Rüdiger Sachau (Hg.): Kommunikative Freiheit. Interdisziplinäre Diskurse mit Wolfgang Huber, Leipzig 2014.
Nussbaum, Martha: Die Grenzen der Gerechtigkeit. Behinderung, Nationalität und Spezieszugehörigkeit, Berlin 2010.
Otto, Eckart: Theologische Ethik des Alten Testaments, Stuttgart u. a. 1994.

II. RECHTSETHIK

Pfordten, Dietmar von der: Rechtsethik, in: Julian Nida-Rümelin (Hg.): Angewandte Ethik. Die Bereichsethiken und ihre theoretische Fundierung. Ein Handbuch, 2. Aufl. Stuttgart 2005, 202–301.
Ders.: Rechtsethik, 2. Aufl. München 2011.
Radbruch, Gustav: Rechtsphilosophie (1932), hg. von Ralf Dreier und Stanley L. Paulson, 2. Aufl. Heidelberg 2003 (2003a).
Ders.: Gesetzliches Unrecht und übergesetzliches Recht (1946), in: Ders.: Rechtsphilosophie, 2003, 211–219 (2003b).
Rawls, John: Eine Theorie der Gerechtigkeit, Frankfurt am Main 1975.
Reuter, Hans-Richard: Rechtsethik in theologischer Perspektive. Studien zur Grundlegung und Konkretion, Gütersloh 1996.
Ders. (Hg.): Ethik der Menschenrechte. Zum Streit um die Universalität einer Idee I, Tübingen 1999.
Ders.: Widerstandsrecht III. Ethisch, in: Religion in Geschichte und Gegenwart, Bd. 8, 4. Aufl. Tübingen 2005, 1525–1527.
Ders.: Recht und Frieden. Beiträge zur politischen Ethik, Leipzig 2013.
Riedel, Manfred (Hg.): Rehabilitierung der Praktischen Philosophie, 2 Bde., Freiburg i. Br. 1972/1974.
Rohe, Mathias: Das islamische Recht. Geschichte und Gegenwart, 3. aktualisierte und erw. Aufl. München 2011.
Roxin, Claus: Strafrechtliche Grundlagenprobleme, Berlin 1973.
Scharffenorth, Gerta: Den Glauben ins Leben ziehen ... – Studien zu Luthers Theologie, 2. Aufl. Berlin 2013.
Schmitt, Carl: Politische Theologie. Vier Kapitel zur Lehre von der Souveränität, 9. Aufl. Berlin 2009.
Schneider, Hans: Gesetzgebung. Ein Lehr- und Handbuch, 3. Aufl. Heidelberg 2002.
Schockenhoff, Eberhard: Naturrecht und Menschenwürde. Universale Ethik in einer geschichtlichen Welt, Mainz 1996.
Ders.: Ethik des Lebens. Grundlagen und neue Herausforderungen, 2. Aufl. Freiburg i. Br. 2013.
Schumann, Eva (Hg.): Verantwortungsbewusste Problemlösungen bei embryopathischem Befund, Göttingen 2008.
Sen, Amartya: Die Idee der Gerechtigkeit, München 2010.
Spaemann, Robert: Personen. Versuche über den Unterschied zwischen ‹etwas› und ‹jemand›, Stuttgart 2006.
Strohm, Christoph: Calvinismus und Recht. Weltanschaulich-konfessionelle Aspekte im Werk reformierter Juristen in der frühen Neuzeit, Tübingen 2008.
Tanner, Klaus: Der lange Schatten des Naturrechts. Eine fundamentalethische Untersuchung, Stuttgart u. a. 1993.
Umbreit, Marc/Armour, Marilyn Peterson: Restorative Justice Dialogue: An Essential Guide for Research and Practice, Berlin 2010.
Vöneky, Silja: Recht, Moral und Ethik. Grundlagen und Grenzen demokratischer Legitimation für Ethikgremien, Tübingen 2010.

Dies.: Implementation and Enforcement of International Humanitarian Law, in: D. Fleck (Hg.): The Handbook of International Humanitarian Law, 3. Aufl. Oxford 2013, Kap. 14 (2013a).

Dies. u. a. (Hg.): Ethics and Law – The Ethicalization of Law/Ethik und Recht – Die Ethisierung des Rechts, Heidelberg 2013 (2013b).

Waldhoff, Christian: Neue Religionskonflikte und staatliche Neutralität. Erfordern weltanschauliche und religiöse Entwicklungen Antworten des Staates? Gutachten D zum 68. Deutschen Juristentag, München 2010.

Walzer, Michael: Sphären der Gerechtigkeit. Ein Plädoyer für Pluralität und Gleichheit, Frankfurt am Main 1992.

Welker, Michael: Recht in den biblischen Überlieferungen in systematisch-theologischer Sicht, in: Gerhard Rau/Hans-Richard Reuter/Klaus Schlaich (Hg.): Das Recht der Kirche, Bd. 1, Gütersloh 1997, 390–414.

Ders.: Moral, Recht und Ethos in evangelisch-theologischer Sicht, in: Wilfried Härle/Reiner Preul (Hg.): Ethik und Recht, Marburg 2002, 67–82.

Ders./Etzelmüller, Gregor (Hg.): Concepts of Law in the Sciences, Legal Studies, and Theology, Tübingen 2013.

Winkler, Heinrich August: Was heißt westliche Wertegemeinschaft?, in: Ders.: Auf ewig in Hitlers Schatten? Über die Deutschen und ihre Geschichte, München 2007, 180–201.

Ders.: Geschichte des Westens. Bd. I: Von den Anfängen in der Antike bis zum 20. Jahrhundert, München 2009.

Witte Jr., John: Law and Protestantism. The Legal teachings of the Lutheran Reformation, Cambridge, U. K./New York 2002.

Ders.: The Reformation of Rights. Law, Religion, and Human Rights in Early Modern Calvinism, Cambridge, U. K./New York 2007.

Ders.: Vom Sakrament zum Vertrag. Ehe, Religion und Recht in der abendländischen Tradition, Gütersloh 2008.

III
POLITISCHE ETHIK

Reiner Anselm

1. DEFINITORISCHE BESTIMMUNG UND EINLEITENDER ÜBERBLICK   197

2. PROBLEMGESCHICHTE, THEORIEANSÄTZE UND SYSTEMATISCHE LEITLINIEN   199
2.1. Der Ausgangspunkt: Die theologische Legitimation des Staates als Zentrum und Erbe des politischen Denkens der Reformationszeit   199
2.2. Die Ambivalenz der Neuzeit: Verdiesseitigung und Re-Sakralisierung des Staates   205
2.3. Kontinuitätslinien zu Beginn des 20. Jahrhunderts: Die Skepsis gegenüber dem säkularen Staat und die erneute Betonung seiner metaphysischen Grundlagen   211
2.4. Neubesinnung im Schatten des Kirchenkampfes: Zwei-Reiche-Lehre, Königsherrschaft Christi und erste Bemühungen um einen konzeptionellen Neuansatz   215
2.5. Fortdauer und Überwindung des theologischen Legitimationsdiskurses: Auf dem Weg zur Akzeptanz der Demokratie   221
2.6. Die Transformation der protestantischen Staatslehre durch die Demokratiedenkschrift   226
2.7. Zusammenfassende Beobachtungen und aktuelle Herausforderungen   231
2.8. Leitlinien für eine evangelische Ethik des Politischen   238
2.8.1. Freiheit in der Gemeinschaft ermöglichen   238
2.8.2. Die Weltlichkeit der Welt respektieren   239
2.8.3. Die Zukunftsfähigkeit menschlichen Lebens gewährleisten   243

3. EBENEN UND THEMEN KONKRETER VERANTWORTUNG   245
3.1. Der Bürger als Wähler   246
3.2. Die Beteiligung in zivilgesellschaftlichen Organisationen und Parteien   249
3.3. Amts- und Funktionsträger der repräsentativen Demokratie   253
3.4. Staatsform und Staatsverwaltung   255
3.5. Ausblick: Zukünftige Fragestellungen   256

4. LITERATUR   259

1. DEFINITORISCHE BESTIMMUNG UND EINLEITENDER ÜBERBLICK

In kaum einem anderen Bereich werden die neuzeitspezifischen Transformationsprozesse der evangelischen Ethik so sichtbar wie bei der politischen Ethik. Zunächst und lange Zeit auf das Verhältnis von Obrigkeit und Untertan fokussiert, weitet und wandelt sich der Gegenstandsbereich der politischen Ethik. Sie lässt nicht nur die Konzentration auf die Obrigkeit und deren theologische Legitimation hinter sich, sondern nimmt nun den Staat als Ort der Lebensführung des Einzelnen in den Blick. Auf der Grundlage einer positiven Rezeption des neuzeitlichen Menschenrechtsdenkens lösen nun Fragen der partizipativen Mitgestaltung und der sozialen Demokratie das überkommene Ordnungsdenken ab. Vor dem Hintergrund gesellschaftlicher Pluralisierung und einer verstärkten Bedeutung transnationaler Zusammenarbeit rücken darüber hinaus auch die Selbstverortung von Christentum und Kirche in einer Demokratie sowie die mit der globalen Vernetzung gegebenen Herausforderungen in den Mittelpunkt. Zugleich vollzieht sich eine grundlegende Neubestimmung der Aufgaben einer evangelischen Ethik des Politischen: Ihr obliegt es nun nicht mehr, die staatliche Ordnung mit einer theologischen Legitimation auszustatten, sondern sie legt die Grundelemente des christlichen Glaubens – Schöpfung, Versöhnung und Erlösung – auf die Lebensführung von Christinnen und Christen in einem vorgefundenen Staatswesen hin aus und fragt danach, welche Konsequenzen sich aus diesen Grundelementen für die Aneignung, Deutung und Gestaltung der staatlichen Ordnung, insbesondere der Staatsform, durch die Ethik ergeben. Parallel zur Differenzierung der Bereiche staatlichen Handelns ergibt sich dabei auch eine erneute thematische Fokussierung: Politische Ethik im engeren Sinne konzentriert sich auf die grundlegenden Fragen staatlicher Ordnung, zu denen in den Mitgliedstaaten der Europäischen Union auch das Verhältnis von nationaler und europäischer Ebene gehört, während die einzelnen Bereiche staatlicher Tätigkeit sowie des Zusammenlebens in der Gesellschaft Gegenstand eigener Bereichsethiken geworden sind. Namentlich die Rechts-

und Friedensethik als innen- und außenpolitische Hauptformen des politischen Handelns sind hier zu nennen, aber auch die Wirtschaftsethik, die Bioethik, die Ethik der Lebensformen sowie der Bildung und der Kultur.

Mit diesem kurzen Überblick sind zugleich die Themen und die Gliederung dieses Kapitels umrissen. Die Darstellung nimmt ihren Ausgang bei der Rekonstruktion der maßgeblichen Traditionslinien: In Aufnahme des biblischen Zeugnisses ist die evangelische Ethik des Politischen zunächst um den Gedanken der Obrigkeit konzipiert, die von Gott eingesetzt wurde, um dem durch die Sünde des Menschen drohenden Chaos zu wehren. Mit der Aufklärung und dem modernen politischen Denken gerät dieses Konzept zwar in die Krise, bleibt aber in der deutschen protestantischen Theologie dominant. In großer, schulenübergreifender Übereinstimmung halten evangelische Theologen und Staatsrechtslehrer daran fest, dass der Staat eine theologische Legitimation benötige. Gegen ihren Willen statten sie damit den Staat mit einer Autorität aus, die nicht nur das Versagen des Protestantismus gegenüber dem nationalsozialistischen Staat maßgeblich beeinflusste, sondern ihm auch den Weg zum demokratischen Denken nach 1945 nachhaltig erschwerte. Erst als die Weltlichkeit des Staates anerkannt werden konnte, wird eine positivere Beurteilung der Demokratie möglich, erst jetzt öffnet sich auch die Perspektive von der dominierenden Fokussierung auf das Verhältnis von Obrigkeit und Untertan zu der Frage nach dem Zusammenleben gleichberechtigter Bürgerinnen und Bürger in der Demokratie.

Parallel dazu trat das Thema einer möglichen Begründung der Demokratie weitestgehend in den Hintergrund. Stattdessen konzentrieren sich die Debatten auf die Frage, wie eine möglichst umfassende Partizipation der Bürger an den politischen Prozessen erreicht und damit die Legitimationsgrundlage des Staates auch ohne den Rückgriff auf metaphysische Begründungsmuster verbreitet und zugleich verhindert werden kann, dass der notwendige Ausbau des Sozialstaates mit der erneuten Überordnung des Staates über die einzelnen Bürger einhergeht. Demokratie bedeutet nun nicht mehr nur eine Staatsform, sondern weitet sich zu einer Lebensform, zu der protestantische Kirche und Christentum ihren Beitrag leisten.

Um diesen Beitrag präziser umreißen zu können, werden die Ergebnisse der Problemgeschichte im Sinne einer «normativen Rekonstruktion» (Axel Honneth) zu drei Leitlinien verdichtet: die Freiheit in der Gemeinschaft ermöglichen, die Weltlichkeit der Welt respektieren sowie die Zukunftsfähigkeit menschlichen Lebens gewährleisten. Auf dieser Grundlage werden abschließend aktuelle und künftige Herausforderungen für die christliche

Lebensführung auf den unterschiedlichen Ebenen der Verantwortung, der des Einzelnen, der zivilgesellschaftlichen Organisationen und Einrichtungen, des Politikers und der Exekutive, diskutiert. In diesem Zuschnitt folgen diese Überlegungen dem Programm einer ethischen Theologie. Ethische Theologie versteht sich nicht einfach als die Anwendung der durch die Dogmatik rekonstruierten Lebenswirklichkeit auf das Handeln. Sie entfaltet vielmehr die grundlegenden Lehrbestände des evangelischen Glaubens selbstständig an den konkreten Orten der Lebenswirklichkeit und deutet diese im Horizont der christlichen Botschaft.

2. PROBLEMGESCHICHTE, THEORIEANSÄTZE UND SYSTEMATISCHE LEITLINIEN

2.1. Der Ausgangspunkt: Die theologische Legitimation des Staates als Zentrum und Erbe des politischen Denkens der Reformationszeit

Von Anbeginn an war die Verhältnisbestimmung zum Politischen ein zentrales Thema des Protestantismus. In der während des ganzen Mittelalters andauernden Kontroverse um das Verhältnis von *imperium* und *sacerdotium* bezogen die Wittenberger Reformatoren eine gegen die Ansprüche des Papsttums gerichtete Position, indem sie dessen Forderung nach einem Primat der geistlichen Herrschaft und vor allem nach dem Recht des Papstes auf weltliche Gewaltausübung zurückwiesen. Stattdessen beharrten sie auf der Selbstständigkeit der weltlichen und der geistlichen Sphäre und sahen beide gleichermaßen als Gottes Anordnung. Damit profilierten sich Luther und seine Mitstreiter nicht nur als Kritiker der Kurie; sie ergriffen zugleich auch Partei für die Fürsten, die entsprechende Bestrebungen der römischen Kirche als Übergriff in den eigenen Aufgabenbereich ablehnten. Mochten die Beweggründe für die Reformation auch im Kern einem religiösen Motiv folgen und in der Anerkennung der Souveränität Gottes und damit zugleich der Unmöglichkeit für den Menschen, sich aus eigener Kraft Zugang zu Gottes

III. POLITISCHE ETHIK

Gnade zu verschaffen, begründet sein: In ihren Wirkungen war die Botschaft der Reformation eminent politisch – und diese politische Dimension trug maßgeblich zur Verbreitung und Verteidigung der neuen Lehre gegen die Kritik der Altgläubigen bei. Denn in einer Mischung aus Überzeugung und Interesse wendeten sich zahlreiche Fürsten und besonders auch das Bürgertum der Reichsstädte der reformatorischen Lehre zu; deren Kritik an der weltlichen Macht der Bischöfe entsprach durchaus ihren eigenen Vorstellungen. Dass Luther selbst in der Schrift *An den christlichen Adel deutscher Nation* diesen zur Unterstützung der Reformation und zur Zurückweisung päpstlicher Machtansprüche aufrief, verstärkte das Band zwischen Reformation und Obrigkeit zusätzlich. In den evangelischen Territorien werden die Fürsten zu Schutzherren der Reformation – ohne die Unterstützung durch die Landesherren wäre den reformatorischen Ideen wohl kaum längerfristiger Erfolg beschieden gewesen. Dieses Patronat bezieht sich dabei nicht nur auf die Verteidigung gegenüber den Altgläubigen, sondern die Landesherren sind auch dafür zuständig, nach der Loslösung von der römischen Kirche die Verwaltungsstruktur der Kirche nach innen sicherzustellen. Sie übernehmen damit die Funktion, die bislang den Bischöfen oblag und die nach der Trennung der reformatorischen Kirchen von den Altgläubigen vakant geworden war.

Das Ziel der Reformation, die Entsakralisierung des Weltlichen und damit die Unterscheidung von kirchlichem und weltlichem Regiment zu erreichen, führte in der Folge zwar zur Abwehr kirchlicher Machtansprüche und zum Bruch mit der römischen Kirche, es führte aber auch zu einer faktischen Aufwertung der Rolle der Landesherren in den neu entstandenen reformatorischen Kirchen. Der Landesherr wird zum *praecipuum membrum ecclesiae*, zum hervorgehobenen Mitglied der Kirche. Ihm wird umfassend die *cura religionis*, die Aufsicht über die evangelische Religion und deren Förderung, übertragen. Zwar sollte damit nur der anderweitig, nämlich von der Theologie formulierte rechte Glaube sichergestellt und die Erziehung sowie die Lebensführung der einzelnen Kirchenmitglieder gewährleistet werden; faktisch aber ergaben sich aus dieser Figur umfassende Einflussrechte der Landesherren in der Kirche. Dazu trug auch bei, dass die Zurückdrängung des Chaos ein wichtiges Motiv der reformatorischen Theologie darstellte. Chaos herrscht überall dort, wo durch falsches menschliches Handeln die gottgestiftete Ordnung des Kosmos infrage gestellt wird. Die Unterscheidung der drei Stände – *status ecclesiasticus* (kirchliche Amtsträger), *status politicus* (weltliche Obrigkeit) und *status oeconomicus* (der Hausstand in einem umfassenden Sinne) – und die Einhaltung ihrer Grenzen sind dabei ein besonders wichtiges und deutliches Zeichen für ein wohlgeordnetes Gemeinwesen. Umgekehrt aber stellt die Überschreitung der dem jeweiligen Stand zugeschriebenen Aufgaben ein besonders aussagekräftiges Indiz für ein vom Chaos und damit vom Aufstand der Sünde geprägtes Zusammenleben dar. Der Kampf gegen die Machtausübung der Fürstbischöfe und die schroffe Zurückweisung der Ideen der Täufer und Bauern speisen sich aus derselben Überzeugung: In beiden Fällen werden die von Gott gegebenen Standesgrenzen missachtet. Die Aufgabe des Landesherrn ist es somit, über die Einhaltung der ständischen Ordnung zu wachen – und darin zugleich eine ihnen von Gott aufgetragene Funktion auszuführen: Gerade für Luther ist Gott der eigentlich in der Geschichte Handelnde, er wählt sich weltliche Machthaber für das Erreichen seiner Ziele aus, kann sie aber auch wieder fallen lassen, wenn sie sich gegen ihn erheben. In der Verwirklichung von Gottes heilsschaffendem Handeln gegen die satanische Unordnung findet die Obrigkeit zugleich ihre Legitimation und ihre Grenze. Sie führt das Schwert, um die Ordnung und die rechte Lebensführung zu garantieren, wenn sie sich aber selbst gegen Gott erhebt, wenn sie sich der Verbreitung des Evangeliums entgegenstellt oder sich anmaßt, selbst über die rechte Lehre zu entscheiden, verliert sie ihre Legitimität und das Recht, Gehorsam seitens der Untertanen einzufordern. Denn so sehr von den Christen mit Röm 13,1 Gehorsam gegenüber der Obrigkeit gefordert ist, so sehr gilt auch mit Joh 18,36: «Mein Reich ist nicht von dieser Welt.» Die Obrigkeit darf sich daher nicht in die Aufgaben des geistlichen Amtes einmischen.

So klar diese Aufgabenteilung auf den ersten Blick aussieht, so schnell ergaben sich in der Praxis Probleme. Denn diese Funktionszuschreibung ist eindeutig aus der Perspektive des *status ecclesiasticus* entworfen: Ihre Vertreter bestimmen darüber, welche Aufgaben der Obrigkeit legitimerweise zukommen. Dementsprechend kennt auch Luther eine klare Rangfolge der Stände: Es ist «wohl wahr, daß die weltliche Obrigkeit oder Amt auf gar keine Weise dem geistlichen Predigtamt zu vergleichen ist, wie es Paulus Kol. 1,25 nennt. Denn es ist nichts so teuer und hoch erworben durch das Blut und Sterben des Sohnes Gottes wie das Predigtamt. […] Um so viel nun das ewige Leben das zeitliche Leben übertrifft, so weit und hoch geht auch das Predigtamt über weltliche Ämter hinaus» (Luther 1530: 245).

Doch trotz dieser scheinbar so eindeutigen Zielrichtung führen die grundlegenden Theoriefiguren, mit denen die Reformatoren und die ihnen nachfolgenden Theologen das Verhältnis von weltlicher Macht und kirchlichen Amtsträgern bestimmen wollten, immer eine Ambivalenz mit sich: Die zugrunde gelegte Lehre von den drei Ständen ist getragen von dem Bemühen, gesellschaftliche Wirklichkeit theologisch nicht nur zu interpretieren, sondern auch zu legitimieren. Darum kann sowohl die Einsetzung der Obrigkeit als auch die ihr übertragene Aufsicht über die Kirche – sie kann nicht nur Visitationen anordnen, sondern auch Synoden einberufen, Häretiker verfolgen und, im Fall konkurrierender Lehrbildungen, den Frieden in der Kirche wiederherstellen – als göttlicher Wille gedeutet werden, wie sich auch die Beschränkung ihrer Macht durch die Kompetenzen des *status ecclesiasticus* als Konsequenz des göttlichen Ordnungswillens verstehen lässt. Je nach gesellschaftlichem und politischem Kontext, vor allem je nach Abgrenzungsbedürfnis zu den Altgläubigen, betonen die Theologen des Luthertums jeweils die eine oder die andere Seite. Ihnen liegt dabei besonders daran, beide, die Sphäre der Religion sowie die der Politik, als Ausdruck des Wirkens Gottes verstehen zu können. Das rechte Verhältnis zwischen einer zu geringen Bewertung der Obrigkeit und zu weitreichenden ihr zugeschriebenen Kompetenzen kann der Jenaer Theologe Johann Gerhard, einer der wirkmächtigsten Dogmatiker der Barockzeit, als das Lavieren zwischen Scylla und Charybdis beschreiben: Dem christlichen Magistrat dürfen die ihm zustehenden Rechte in der Kirche nicht entzogen werden, es muss aber auch dafür Sorge getragen werden, dass dieser die von der Theologie bestimmten Grenzen nicht überschreitet (vgl. Gerhard 1776: 23 f.).

Durch die Legitimation des obrigkeitlichen Handelns in der Kirche als Ausdruck des ordnenden Willens Gottes enthielt die Theologie der Reformatoren ein Element, das der Sakralisierung des Politischen entgegen der ursprünglichen Intention gerade Vorschub leistete: Indem die Obrigkeit als Anordnung Gottes und als dessen legitimes Mittel angesehen wurde, unterminierte die Reformation letztlich ihre eigenen Zielsetzungen. Zugleich zeigt sich hier, wie weit die reformatorische Lehrbildung von modernen Vorstellungen entfernt ist. Von einer Säkularisierung des Staates im neuzeitlichen Sinn kann bei den Reformatoren gerade nicht die Rede sein, auch wenn sich manche Äußerungen zur Rolle der Vernunft in der Politik im Sinne einer Verweltlichung des Politischen lesen lassen. Denn die Obrigkeit selbst bleibt trotz dieser Einschränkungen doch Anordnung Gottes. So aufgewertet, konnte es nicht verwundern, dass die Obrigkeit selbst versuchte, das geistliche Amt zu dominieren und für die eigenen Zwecke zu verwenden. Die Reformation hatte dem seit dem Mittelalter kontinuierlich wachsenden Selbstbewusstsein der weltlichen Macht zusätzliche Schubkraft verliehen.

2. Problemgeschichte, Theorieansätze und systematische Leitlinien

Gerade in den lutherischen Territorien mündete dies in eine stets kontroverse Verhältnisbestimmung zwischen dem *status ecclesiasticus* und dem *status politicus*: Schon die lutherischen Dogmatiker der Barockzeit betonten zwar die Grenzen zwischen dem weltlichen und dem geistlichen Amt, sie leisteten jedoch auch dem frühabsolutistischen Staatsdenken Vorschub, indem sie den Fürsten nicht nur umfassende Pflichten, sondern auch weitreichende Rechte der *cura religionis*, der Fürsorge für die Religion, zumaßen (vgl. Lehmann 1980: 29 ff.).

Die Reformation in den Stadtrepubliken Zürich und Genf trug diesbezüglich eine etwas andere Signatur. Mit den Wittenbergern gehen sowohl Zwingli als auch Calvin davon aus, dass nicht nur das Predigtamt, sondern auch die weltliche Obrigkeit von Gott eingesetzt (vgl. *Confessio Helvetica prior* 1536: Art. 26) oder, so der Genfer Reformator, von ihm gebilligt und beauftragt wurden (vgl. Calvin 1559: 1035 f.). Daher ist der Einzelne der Obrigkeit grundsätzlich Gehorsam schuldig. Darüber hinaus haben die Konzepte der Schweizer Reformation einen noch stärkeren Zug zur Theokratie, denn das Gegenüber von Obrigkeit und Predigtamt wird bei ihnen überstrahlt durch das Konzept einer Staatskirche, die in ihrem Kern eine Tendenz zur geistlich geleiteten Herrschaft beinhaltet. Der Staat hat die *custodia utriusque tabulae*, das Wächteramt im Blick auf beide Tafeln des Dekalogs; er ist zuständig nicht nur für den äußeren Schutz der Kirche, sondern auch umfassend für die sittliche Bildung der Bürger und die Verehrung Gottes. Dass die Staatsvorstellung bei Calvin dennoch einen grundlegend anderen Zug bekommt als im Bereich des Luthertums, ist vor allem zwei Theorieelementen geschuldet: Zunächst dem über den Humanismus vermittelten Gedanken, Staat und Obrigkeit als ein allgemeinmenschliches Phänomen zu verstehen und sie dementsprechend nicht mit einer eigenen theologischen Begründung zu versehen. Gott billigt die Obrigkeit, verleiht ihr Autorität und Auftrag. Staat und Obrigkeit sind das Werkzeug für Gottes Willen und Vorsehung, sind aber selbst nicht göttlich (vgl. Calvin 1559: 1035 f.). Dieser Vorstellung korrespondiert das zweite Element: Es ist der Geist Gottes, der sich den Staat als Werkzeug erwählt. Diesen Geist kann das weltliche Regiment niemals vollständig binden. So sehr also die theokratischen Züge an die Sakralisierung des Staates im Luthertum erinnern und diese noch zu verstärken scheinen, so sehr versieht die scharfe Trennung zwischen Gott und Welt die reformierte Staatsauffassung mit einem Element, das in eine andere Richtung weist. Denn der Geist Gottes ist nicht nur dem Staat nicht vollständig verfügbar, er leitet auch die Gewissen der Christen, die darum der Staatsgewalt kritisch gegenübertreten können – bis hin zum Widerstand. Zwar kennt auch die lutherische Staatslehre das Widerstandsrecht, doch dieses zielt auf die Sicherung der von Gott gegebenen Aufgabenteilung zwischen weltlichem und geistlichem Regiment, stellt also in seinem Kern ein theologisches, kein politisches Recht dar. In der reformierten Tradition werden somit die Balance und auch die Konkurrenz zwischen *status politicus* und *status ecclesiasticus*, die für das Luthertum charakteristisch sind, durch den Gedanken der grundsätzlichen Unverfügbarkeit des Geistes und damit durch die Möglichkeit der Kritik staatlicher Ordnung durch ausgewählte Mitglieder der Gemeinde ersetzt. Eine stärkere Stellung des Einzelnen ist die Folge, die allerdings auch durch das aristokratisch geprägte Umfeld von Zürich und Genf ebenso wesentliche Impulse erhalten haben dürfte, wie sie diese stärkere Stellung auch begrenzte: Die entsprechende Kritik ist nur denen erlaubt, die nach dem Vorbild der antiken Ephoren zur Kontrolle der Obrigkeit eingesetzt sind (vgl. Calvin 1559: 1057).

Trotz unterschiedlicher Akzente konvergieren damit die Vorstellungen der beiden großen reformatorischen Konfessionen in einem für die politische Ethik wesentlichen Punkt: Staat und Obrigkeit werden als dem Einzelnen vorgegebene Strukturen modelliert, die entweder von Gott selbst eingesetzt sind oder von ihm als Instrument verwendet werden. Dabei sind sowohl die Wittenberger als auch die Schweizer bemüht, den darin liegenden Zug zu großer staatlicher Machtausübung zu kontrollieren. Nicht zuletzt durch die Trennung von der römischen Kirche waren sie aber genötigt, dem Staat als äußere Struktur für den neuen Glauben eine maßgebliche Rolle zuzubilligen. Dem erklärten Interesse einer Säkularisierung des Weltlichen lief dies allerdings entgegen. Die daraus resultierende – faktische – Sakralisierung des Staates stellt ein wesentliches, allerdings ambivalentes und aus heutiger Sicht durchaus problematisches Erbe der Reformation an die nachfolgenden Epochen bis in die Gegenwart hinein dar. Sie begünstigte zwar die Bindung der Obrigkeit an Regeln und ein theologisch begründetes Recht, denn das reformatorische Verständnis der Obrigkeit beinhaltet eben auch die Aussage, dass deren Souveränität immer als abgeleitet und auf göttliche Einsetzung zurückgeführt verstanden werden müsse. Da diese Legitimation ebenso wie die Konstitution des Staates und die Bindung an das Recht als Aussage des christlichen Glaubens durch Theologie und Kirche autorisiert werden musste, kam es darüber hinaus aber auch zu einem sich gegenseitig kontrollierenden Nebeneinander von Kirche und Obrigkeit. Zwischen beiden bleibt allerdings kein Raum für eine selbstständige Entfaltung der einzelnen Christen, des dritten Standes. Dessen Rolle ist es, sich einzufügen in die von Staat und Kirche formulierten und autorisierten Strukturen. Die Freiheitsimpulse der Reformation liefen sich ebenso wie ihre egalitären Ansätze fest an der für die Vormoderne typischen ständischen Gesellschaftsordnung. Nicht ohne Süffisanz kommentiert Ernst Troeltsch: «In der Theorie regierten Christus und die Schrift in der Gemeinde, praktisch regierten die Landesherrn und die Theologen» (Troeltsch 1912: 518). Die Reformation gewann die Unterstützung der Eliten, allerdings um den Preis einer erneuten Distanzierung von den einzelnen Christen. Unter den Bedingungen des 16. Jahrhunderts mochte diese Herangehensweise noch verständlich sein: In Aufnahme der antiken Tradition war man ja der Auffassung, dass das Wohl des Einzelnen sich am besten im Kontext des Allgemeinen entwickeln könne – und dieses Allgemeine repräsentierten eben Kirche und Staat.

2.2. Die Ambivalenz der Neuzeit: Verdiesseitigung und Re-Sakralisierung des Staates

Mit dem Übergang in die Moderne änderte sich das Koordinatensystem für die Verhältnisbestimmung von Individuum und Allgemeinheit maßgeblich: Das einzelne Subjekt, der einzelne Bürger rückt nun ins Zentrum der Ethik und von dort aus auch in das der politischen Diskurse. Die Pointe aufklärerischer Ethik besteht darin, das Allgemeine, das Gemeinwohl nun nicht mehr als dem Handeln des Einzelnen vorgeordnet zu verstehen, sondern gerade umgekehrt das allgemeine Wohl als Konsequenz rational reflektierten Handelns. Die Ausrichtung des Handelns an den Prinzipien vernünftiger Moral garantiert jene Allgemeinheit, die die von Staat und Kirche tradierten Formen unter den Bedingungen konfessioneller und staatlicher Pluralität und der daraus resultierenden Konflikte nicht mehr sicherstellen können. Für das Staatsverständnis bedeutet das, dass dieses sich selbst den Grundsätzen der allgemeinen Vernunft unterordnen muss und nicht mehr als der ihr vorgegebene und von ihr lediglich zu gestaltende Rahmen expliziert werden kann. Die Konsequenzen aus dieser neuen Auffassung finden sich in großer Klarheit in Thomas Hobbes' *Leviathan*. Hobbes führt mit dieser Figur zwar den Gedanken des sakralen Staates weiter, allerdings ist dieser Leviathan ein sterblicher Gott, abhängig von dem souveränen Akt der Bürger. Diese treten

III. POLITISCHE ETHIK

ihre Freiheiten in einem Gesellschaftsvertrag an den Herrscher ab, der dadurch selbst die absolute Souveränität gewinnt, auch über die Kirche. Hobbes konnte damit den Schwierigkeiten entgehen, die sich den ebenfalls mit einem Vertragsschluss des souveränen Volkes als Legitimationsgrundlage für die Obrigkeit operierenden Theoretikern der Renaissance gestellt hatten: Ist der Herrscher, dem die Macht vom Volk übertragen wird, an bestimmte Rechtsgrundsätze gebunden? Und: Wie verhält sich dieser Vertragsschluss zum neutestamentlichen Zeugnis, das in Röm 13,1 die Obrigkeit als von Gott eingesetzt bestimmt? Für Hobbes erübrigten sich beide Fragen, indem er zum einen die Machtübertragung als einen Unterwerfungsvertrag konzipierte, zum anderen die Verbindung zwischen Gott und der Staatsgewalt grundsätzlich anders darstellte: Göttliche Eigenschaften hat der Staat nicht wegen seiner Einsetzung, sondern wegen seiner Allmacht, die aus der vollständigen Unterwerfung der Bürger resultiert.

Für die deutsche Tradition nahm Immanuel Kant Hobbes' Grundgedanken auf, sah aber nicht in der Unterwerfung unter den allmächtigen Souverän, sondern in der Akzeptanz des Rechts durch die Vernunft den Schlüssel zur Überwindung des von Natur aus gegebenen Widerstreits zwischen den Menschen. Dementsprechend definiert er: «Ein Staat (civitas) ist die Vereinigung einer Menge unter Rechtsgesetzen.» (MdS 431) Das Recht, verstanden als «Inbegriff der Bedingungen, unter denen die Willkür des einen mit der Willkür des andern nach einem allgemeinen Gesetze der Freiheit zusammen vereinigt werden kann» (MdS 337), werde sich, so Kants Überzeugung, aufgrund der zwingenden Kraft der Vernunft sowohl in der Staatenbildung als auch im Verhältnis der Staaten untereinander durchsetzen. Der Korrelation von Vernunft, Recht und Staat ist es geschuldet, dass Kant den den Staat begründenden Gesellschaftsvertrag nicht als historisches Ereignis, sondern als Idee der Vernunft begreift (vgl. Kant 1793/1983: 153). Nur auf diesem Wege vermögen der Vertrag und die in ihm begründete Rechtsordnung die Bindung zu erzeugen, die notwendig ist, um das Zusammenleben trotz unterschiedlicher Vorstellungen vom guten Leben zu ermöglichen. Das bedeutet aber zugleich, dass der Ursprung des Rechts wie des Staates vom Einzelnen nicht hinterfragt, sondern nur anerkannt werden kann; die das Recht und den Staat begründende Vernunft wird Kant dementsprechend zum Äquivalent für die göttliche Anordnung der Obrigkeit aus Röm 13 (vgl. MdS 438). Diese Äquivalenz ist dann weiter auch dafür verantwortlich, dass – in großer Parallele zu Hobbes – die Untertanen gegenüber der gesetzmäßigen Obrigkeit kein legitimes Widerstandsrecht haben. Trotz aller Anklänge an ein

2. Problemgeschichte, Theorieansätze und systematische Leitlinien

modernes, rechtsstaatlich verfasstes Gemeinwesen bleibt damit auch Kants Konzeption der klassischen Obrigkeitslehre verhaftet, allerdings mit einem signifikanten Unterschied zu den voraufklärerischen Entwürfen: Die göttliche Legitimation erfolgt im Rahmen der vernünftigen Konstitution von Recht und Staat; sie geht dieser Konstitution weder voraus, noch ist sie Domäne der Kirche. Sie bleibt an den Ort des einzelnen Subjekts gebunden. Auch wenn die Konsequenzen für das Verhalten im Staat, insbesondere die Gehorsamsforderung gegenüber der Obrigkeit, dieselben problematischen Züge zeigen wie in der Vormoderne, ist eine fundamentale Veränderung doch nicht zu übersehen: Die Integration des Gemeinwesens erfolgt nicht mehr über den Gedanken, dass der Einzelne sich am besten innerhalb des für alle geltenden Rahmens entwickeln könnte, sondern dem Einzelnen wird das Verfolgen individueller Ziele ausdrücklich zugestanden, solange er sich dem in der Vernunft gegründeten Recht unterwirft, das gewährleistet, dass unterschiedliche Lebensentwürfe nebeneinander existieren können.

Das Erbe der Aufklärung an die deutsche Theoriebildung im 19. Jahrhundert war damit ein doppeltes: auf der einen Seite die Vorstellung, dass es sich beim Staat um etwas dem Einzelnen Vorgegebenes handelt, auf der anderen Seite der Gedanke, dass das Recht lediglich die Freiräume für das Verwirklichen des für den Einzelnen Guten bereitstellt, sich selbst aber einer näheren Bestimmung dieses Guten enthalten sollte. Während dabei insbesondere Kant mit seinem Hinweis auf den transzendentalen Grund der Vernunft ein Fundament für die universale Gültigkeit gerade auch der liberalen Selbstbeschränkung des Rechts suchte, schlägt das Staatsdenken des Idealismus und der Romantik einen anderen Weg ein, der die liberalen Interessen nicht nur infrage stellt, sondern letztlich konterkariert.

Zu dieser Entwicklung kommt es, da im Nachklang zu den Entwicklungen der Französischen Revolution, aber auch als Reaktion auf die Pluralisierungserfahrungen, die mit dem raschen industriellen Wandel am Beginn des 19. Jahrhunderts verbunden sind, die liberale Enthaltsamkeit im Blick auf das Gute nicht mehr als plausibel erscheint. Die Frage, wie die einzelnen Interessen zu einem Ganzen zusammengebracht werden können, bestimmt nun maßgeblich auch das protestantische Staatsdenken. In den Vordergrund rückt jetzt die Vorstellung einer verbindenden Idee, die für die Integration der mit Macht auseinanderstrebenden Individualinteressen sorgen soll. Diese Idee kann dabei als Gemeingeist oder auch als heiliger Geist gedeutet werden, theologische und philosophische Kategorien gehen so ineinander über. Besonders einflussreich wird das schon seit der Antike verwendete

Paradigma vom Staat als Organismus. Während aber in der Antike – und auch bei Kant – das Bild vom Organismus als Metapher verstanden worden war, wird unter dem Einfluss der Romantik der Staat immer stärker selbst als lebendige Einheit gesehen und erhält, wenn auch auf einer ganz anderen argumentativen Grundlage, dieselben ihn über die Bürger hinaushebenden Merkmale wie Hobbes' sterblicher Gott.

Deutlich zu erkennen ist diese Entwicklung bei Johann Gottlieb Fichte. Er hatte zunächst eine liberale, vertragstheoretische Auffassung des Staates vertreten, sich dann aber mehr und mehr einem Denken genähert, bei dem der Staat eben nicht mehr die Freiheit des Einzelnen garantieren soll, sondern die Interessen des Einzelnen gerade durch die Einordnung in den Organismus des Staates befriedigt werden. «Der Bürger hingegen hat mancherlei zu tun und zu lassen, nicht um sein selbst, sondern um der anderen willen; dagegen werden seine höchsten Bedürfnisse befriedigt, ohne sein Zutun, durch das Handeln der andern. In dem organischen Körper erhält jeder Teil immerfort das Ganze, und wird, indem er es erhält, selbst erhalten» (Fichte 1796: 213). Von dieser Grundlage aus ist es nur ein kleiner Schritt zu einer religiösen Überhöhung des Staates und zur Gleichsetzung von Geschichte und Offenbarung: Im Staat zeigt sich der Wille Gottes, zeigt sich das Ziel der Geschichte. Im Einzelnen mögen sich dabei die Argumentationsfiguren, die etwa von Hegel, Stahl oder auch Schleiermacher vorgebracht werden, unterscheiden, in der Grundtendenz, das Gute für den Einzelnen in der Einordnung in den kollektiven Organismus zu erblicken, sind sich die meisten Theoretiker des deutschen protestantischen Staatsdenkens einig. Gerade die Theologen des Luthertums neigen zudem dazu, aus Skepsis gegenüber den Einzelnen und ihren Interessen die Einordnung in eine solchermaßen vorgegebene Ordnungsstruktur als Ausdruck von Gottes Willen zu deuten und damit theologisch zu überlegitimieren. Besonders wirkmächtig wird dabei die wohl zunächst von Theodor Kliefoth eingeführte Vorstellung der Schöpfungsordnung als Grundlage der Gemeinschaftsordnung, die als Gegenkonzept zu dem vermeintlich in die gemeinschaftszersetzende Vereinzelung führenden liberalen Denken profiliert wurde (vgl. Lange 1994).

Im Ergebnis kehrt damit das protestantische Staatsdenken zu den Problemen zurück, die sich bereits in seiner Formierungsphase gezeigt hatten: Das Verständnis des Staates als von Gott eingesetzter Ordnung wertet diesen – gegen die ursprüngliche Intention – theologisch so auf, dass das über die Figur der zwei Reiche oder Regierweisen angelegte Korrekturpotenzial verloren geht. Gerade die Rede von den Ordnungen oder Ständen, die sich fast nahtlos mit den Organismusvorstellungen verbinden kann, wirkt sich hier problematisch aus. Das Sich-Einfügen in das Vorgegebene stellt das Idealbild dar, die Kritik an den bestehenden Verhältnissen muss demgegenüber als Ausnahmefall oder überhaupt als illegitim erscheinen. Zwar beanspruchen Theologen und Kirchenvertreter, die Vorgaben für einen christlichen Sittlichkeitsstaat zu formulieren, faktisch aber ist das Staatswesen selbst bereits mit einer solchen Legitimationsfülle ausgestattet, dass die Resonanz, insbesondere nach der Reichsgründung von 1866/71, auf solche durch das konservative Luthertum verbreitete Aussagen gering bleibt.

Die Schwierigkeiten, die sich gewissermaßen als «Nebenfolge» (Ulrich Beck) aus der theologisch begründeten Aufwertung weltlicher Ordnungsstrukturen in der Reformationszeit ergeben, werden durch zwei weitere Faktoren verstärkt: Das organologische Paradigma konnte nicht nur die Ständelehre als das dominierende Schema lutherischer Sozialphilosophie fast nahtlos in sich aufnehmen. Die Vorstellung vom Staat als Organismus verband sich ebenso leicht mit den Gedanken von Volk und Nation. Denn in beiden Fällen handelt es sich um eine vitale, auf natürliche Lebens- und damit auch auf Abstammungsverhältnisse gegründete Gemeinschaft. Eine Sichtweise, nach der der Einzelne seine Interessen denen des Volkes und der Nation unterordnen muss und bei der dann später die Volkszugehörigkeit zum entscheidenden Maßstab für die Gewährung elementarer Bürgerrechte wird, ist die Konsequenz dieses Denkens. Zudem beförderte die Verbindung von Ständelehre und romantischem Organismusdenken die Abkehr von dem egalitären Element, das der evangelischen Sozialphilosophie ebenso eigen war wie den Theoretikern der Aufklärung: Da alle Stände gleichermaßen von Gott geschaffen sind, gebührt auch keinem der Vorrang. Indem aber der Staat selbst als ein Organismus aufgefasst wird, gewinnt nun die Vorstellung die Oberhand, dass jeder Organismus eines koordinierenden Zentrums, eines leitenden Geistes bedürfe. Die romantische Hochschätzung des Genies, aber auch die Sympathie der evangelischen Ethik für die ‹großen Männer›, in der zugleich die hervorgehobene Stellung des Landesherrn als des *summus episcopus* mitschwingt, dürften die treibenden Kräfte für diese Entwicklung gewesen sein.

Die Konsequenzen dieser Entwicklungen waren nicht nur die Ablehnung der Demokratie und die Hochschätzung des «monarchischen Princips» (Friedrich Julius Stahl), sondern vor allem die Abwertung des dritten Standes und besonders die Vernachlässigung der entstehenden Arbeiterschaft. Hier hatten bereits die liberal-aufgeklärten Konzepte eine entscheidende

III. POLITISCHE ETHIK

Schwäche, insofern ihr Grundkonzept, das Recht als Ermöglichung der unterschiedlichen, individuellen Vorstellungen vom guten Leben zu fassen, die Bedingungen dafür zu wenig in den Blick nahm, überhaupt eigene Interessen verwirklichen zu können. Sie waren auf die negative Freiheit fokussiert, auf die Zurückweisung staatlicher oder kirchlicher Ansprüche auf das eigene Leben, nahmen aber die positive Freiheit, die Voraussetzungen, die notwendig sind, um einen eigenen Lebensentwurf zu realisieren, als Aufgabenbereich des Rechts zu wenig in den Blick. Die organologischen Theoriebildungen wiederum banden den Einzelnen sowie seine Rechte und Interessen von vornherein an die übergeordnete Vorstellung von Staat und Nation, sodass das Ausüben individueller Freiheiten immer schon als problematisch angesehen wurde. Während zumindest theoretisch das Gegenüber von Staat und Kirche noch als eine Begegnung auf Augenhöhe modelliert wurde, wurden dem dritten und erst recht dem sich entwickelnden vierten Stand nur eine passive Rolle zugemessen. Deren Partizipation an politischen Prozessen war faktisch ebenso ausgeschlossen, wie sie gesellschaftlich an den Rand gedrängt wurden. Die späte Entdeckung der sozialen Frage änderte an der grundsätzlichen Konfiguration wenig. Zwar linderte das sozialdiakonische Engagement der Kirchen die Nöte der Verarmung und bot die Einführung der Sozialversicherung einen ersten Schutz vor den Risiken von Krankheit und Alter, eine konzeptionelle Gleichberechtigung in Konstitutionsfragen von Staat und Gesellschaft erfolgte aber auch im Kaiserreich nicht. Auch hier wirkte sich das Grundbestreben der politischen Ethik des deutschen Protestantismus aus, den Staat als Äquivalent der antik-mittelalterlichen Obrigkeitsvorstellung zu begreifen und in ihm eine eigenständige Manifestation von Gottes Schöpferwillen zu sehen. Gemeinsam mit dem Gedanken, dass der Staat als das Widerlager gegen das in der Sünde begründete destruktive Potenzial der Einzelnen fungieren solle, führte dies zu einer grundsätzlichen Fixierung auf die Ebene des Staates. Die Bedeutung der demokratischen Legitimation wurde demgegenüber konsequent ausgeblendet: Vorstellungsmodelle wie die der *pilgrim fathers*, die eine theologisch positive Deutung der vertragsbasierten Legitimation des Staats entwickelten und die Aufgabe, sich selbst eine Verfassung zu geben und staatliche Strukturen auszubilden, selbst als Gottes Anordnung verstanden, finden in der europäischen Tradition keine Entsprechung.

Waren die Vertreter der politischen Ethik des Protestantismus der Überzeugung, über das von ihnen vertretene Modell einer theologisch begründeten Legitimation des Staates dessen Macht regulieren und beschränken zu können, so zeigt der Seitenblick auf die Staatsrechtslehre des 19. und beginnenden 20. Jahrhunderts, dass diese Figur dort nur wenig Resonanz erzeugen konnte. Die Konstitutionalisierungsprozesse des 19. Jahrhunderts wurden hier in erster Linie als Selbstbegrenzungen einer bestehenden Herrschaft begriffen. Die Staatsrechtswissenschaft entfernte sich damit zugleich von ihrem Gegenüber in Theologie und Religion. Die Regulierung staatlicher Macht sah sie in einer – jederzeit allerdings auch wieder zurückzunehmenden – souveränen Entscheidung des Staates selbst, nicht in einer von außen kommenden Instanz begründet. Die Staatsrechtswissenschaft emanzipierte sich damit von ihrem regulativen Gegenüber. Trotz aller anderslautenden Bestrebungen braucht der sich selbst konstituierende Staat die religiöse Legitimationsgrundlage nicht mehr, er ist sich selbst genug (vgl. Möllers 2008: 15–29). Das bedeutet aber auch, dass der Protestantismus aus dem Gleichklang mit der Staatsrechtslehre der Weimarer Zeit im Blick auf die Ablehnung des Parlamentarismus und der gleichzeitigen Hochschätzung von Exekutive und Verwaltung letztlich keinen Gewinn ziehen konnte (vgl. Tanner 1989).

2.3. Kontinuitätslinien zu Beginn des 20. Jahrhunderts: Die Skepsis gegenüber dem säkularen Staat und die erneute Betonung seiner metaphysischen Grundlagen

Die hier nachgezeichnete Entwicklung prägt in großer Konstanz auch die protestantische politische Ethik in der ersten Hälfte des 20. Jahrhunderts. Das gilt ebenso für die Skepsis gegenüber den Konzepten parlamentarischer Selbstlegitimation des Staates wie für den Versuch, der Emanzipation des neuzeitlichen Staates durch den Verweis auf dessen notwendige Legitimation als Einrichtung Gottes entgegenzuwirken. Die sogenannte Zwei-Reiche-Lehre, um die sich bei dem Bemühen, die Umbrüche und Katastrophen zwischen 1918 und 1945 zu deuten und theologisch zu verarbeiten, nach dem Zweiten Weltkrieg eine heftige Kontroverse entspann, stellt das wohl prominenteste Beispiel für einen solchen Versuch dar. Dabei ist die von Karl Barth und seinen Weggefährten vorgebrachte Kritik an der Zwei-Reiche-Lehre oft mit dem Hinweis verbunden worden, mit diesem Denkmodell habe das Luthertum einer Eigengesetzlichkeit weltlicher Ordnungen das Wort geredet und so den Anspruch von Theologie und Kirche auf eine normierende Weltgestaltung von den eigenen Glaubensgrundlagen her negiert. Die barbarische Entartung, die im Nationalsozialismus so unendliches Leid über die Völker gebracht habe, stelle die fürchterliche Konsequenz einer solchen Abkehr vom Anspruch Gottes auf die Gestaltung aller Lebensbereiche dar. So sehr diese Einschätzung gerade aus der Perspektive einer der *Barmer Theologischen Erklärung* verpflichteten Theologie verständlich ist, so wenig bringt sie allerdings das Grundproblem gerade der lutherischen politischen Ethik adäquat zum Ausdruck. Zwar lassen sich zu Beginn des 20. Jahrhunderts durchaus Belege für eine solche Argumentationsstruktur festmachen – besonders bei dem Erlanger Kirchenhistoriker Hermann Jordan (vgl. Jordan 1917). Im Wesentlichen ist die Verwendung des Zwei-Reiche-Paradigmas jedoch durch ein apologetisches Interesse bestimmt, das gerade die Relativierung der Eigengesetzlichkeiten intendiert: Vor dem Hintergrund einer diagnostizierten Abwendung weiter Kreise vom Christentum und der bereits angesprochenen wachsenden Eigenständigkeit des Staates – insbesondere nach dem Ende des landesherrlichen Kirchenregiments 1918 – dient die Figur der beiden Reiche dazu, die Sphären von Kirche und Staat nur als relative Aspekte eines einheitlichen Weltbildes zu interpretieren, für dessen soziale und politische Integration Theologie und Kirche zuständig sind. Auf diesen Sachverhalt hat – unbeschadet seiner Kritik an einer lutherischen Doppelmoral – schon Ernst Troeltsch hingewiesen: Das Fundament des Luthertums, so diagnostiziert er in den *Soziallehren*, «ist überall der Gedanke einer kirchlichen, von religiösen Ideen zwangsmäßig beherrschten Kultur, so sehr auch in ihm theoretisch weltliche und geistliche Gewalt von einander unabhängig gemacht sind». Es kommt darum zum «Zusammenfall des Kirchlichen und des Politischen in dem Begriff einer christlichen Gesellschaft». «Das ist nichts anderes, als die mittelalterliche Idee des Corpus Christianum, innerhalb dessen es überhaupt eine Scheidung von Staat und Kirche, von Geistlichem und Weltlichem im modernen Sinne noch nicht gibt» (Troeltsch 1912: 513, 521, 523).

Das bedeutet zugleich: Nicht ein als Doppelmoral oder fromme Innerlichkeit ohne politische Verantwortung zu kritisierendes Denken dominierte im Luthertum der 1920er- und 1930er-Jahre, sondern im Gegenteil ein Denken, das die Unterscheidung zweier Verantwortungsbereiche gerade zurücknehmen möchte und über die theologische Legitimation des Staates versucht, dessen Emanzipationsbestrebungen zu kompensieren. Diese Struktur schwächte allerdings vornehmlich die Widerstandskräfte des Protestantismus gegenüber den totalitären Systemen des 20. Jahrhunderts, ohne diesen weitergehende Zugeständnisse abzuringen. Denn die Vorstellung, dass es sich beim Staat – und zwar in dessen historischer Formation – um eine Anordnung Gottes handele, entfaltete ihre Wirkkraft nur nach innen, gegenüber den kirchlich gebundenen Protestanten. Sie schuf hier die Akzeptanz für ein Politikverständnis, das im Handeln der politischen Elite, besonders natürlich im Handeln des Führers, den Ausdruck des Willens Gottes sah und darum politische Kontroversen nur in einem binären Muster als Unterordnung unter oder Aufstand gegen diesen Willen deuten konnte. Nach dem Vorbild der meisten Theologen scheute sich darum die Mehrheit der Protestanten viel zu lange, die Opposition gegen den vermeintlichen Willen Gottes theologisch zu formulieren und politisch zum Ausdruck zu bringen.

Seitens der Vertreter des nationalsozialistischen Staates wurde dieser theologisch formulierte Legitimitätszuwachs gern zur Kenntnis genommen, ohne sich allerdings darum auch den Vorgaben von Kirche und Theologie anzupassen oder die Vorstellung eigener Souveränität zu revidieren. Ihre aus heutiger Sicht hoch problematischen Konsequenzen konnte diese Vorgehensweise allerdings nur deswegen entfalten, weil vor allem das Luthertum in seiner Ethik des Politischen auf Staat und Obrigkeit fixiert blieb, in denen man das gottgewollte Bollwerk gegen die Macht der Sünde sah. Die Überzeugung von der Erlösungsbedürftigkeit des Menschen, der die Sündhaftigkeit vorausgeht, zeigt hier ihre negativen Konsequenzen. Bereits Ernst Troeltsch hatte darauf hingewiesen, dass neben dem Persönlichkeitsprinzip, das eigentlich die Brücke zu den Idealen von Aufklärung und Humanismus gewiesen hatte, im Christentum die Vorstellung von der Erlösungsbedürftigkeit als zweites für die Stellung zum Politischen wichtiges Prinzip getreten sei und den Boden für eine theologisch legitimierende Deutung der herrschenden aristokratischen Gesellschaftsordnung bereitet habe (vgl. Troeltsch 1904: 28–31). In seiner Analyse der Gründe für das Versagen der Kirchen in der Auseinandersetzung mit dem Nationalsozialismus legte Karl Barth interessanterweise ebenfalls den Akzent auf die Rede von der Sündhaftigkeit – und sehr viel weniger auf die Frage der Zwei-Reiche-Lehre (vgl. so wohl zuerst Barth 1945: 42 f.; prägnanter 1946: 38 f.). Irritierend ist allerdings, dass Barth selbst in der ebenfalls 1946 erschienen Schrift *Christengemeinde und Bürgergemeinde* die Kennzeichnung des Staates als des durch Gottes Gnade gegebenen Schutzes vor der destruktiven Macht der Sünde beibehält (vgl. Barth 1946/1998: 51–53).

Die Formulierungen der fünften These der *Barmer Theologischen Erklärung* zum Auftrag des Staates folgten dem Grundsatz nach dem etablierten Modell protestantischer Staatsethik. Auch hier wurde mit dem Dual von Kirche und Staat operiert und damit die Tradition der Drei-Stände-Lehre fortgeschrieben, ein Hinweis auf die nach modernem Verständnis den Staat und die politische Ordnung konstituierenden Bürger fehlt. Dieses Desiderat wiegt umso schwerer, als die dritte These die Kirche selbst als «Gemeinde von Brüdern» bestimmt und damit ebenso wie durch die Formulierungen der vierten These durchaus Sensibilität für eine aus dem Zusammenschluss von Einzelnen gebildete Organisationsform zeigt. Dass die Formulierungen der *Barmer Theologischen Erklärung* dennoch als Grundlage für ein kritisches Verhältnis zum nationalsozialistischen Staat und dann auch für eine Neuorientierung der politischen Ethik nach 1945 gedeutet werden konnten, verdankt sich einer Gedankenführung, die Elemente der reformierten Tradition aufnahm und darin trotz deutlicher Anklänge an das traditionelle Modell deutscher evangelischer Staatsethik andere Lesarten möglich machte. So wird nun nicht mehr explizit vom Staat als einer göttlichen Ordnung gesprochen, sondern lediglich davon, dass die *Aufgabe* des Staates sich Gottes Anordnung verdanke. Diese Aufgabe besteht darin, für Recht und Frieden zu sorgen und damit, ganz im Sinne der Tradition, sich gegen das Unrecht zur Wehr zu setzen. Die Maßstäbe für dieses Handeln entstammen jedoch der Vernunft, nicht unmittelbar einem göttlichen Gebot. Der dadurch gegebenen theologischen Depotenzierung des Staates entspricht es, dass er als Bestandteil der noch nicht erlösten Welt klassifiziert und so eschatologisch relativiert wird. Die *Barmer Theologische Erklärung* distanziert sich so von der neulutherischen Staatsmetaphysik, wie sie insbesondere von Paul Althaus, Werner Elert, Emanuel Hirsch und Friedrich Gogarten vertreten worden war. Eine Staatskritik bietet der Text allerdings noch nicht, die dafür notwendigen Kriterien und Verfahrensweisen sind noch nicht ausgearbeitet. Die in Barmen formulierte Position weist damit zum einen zurück auf die ursprünglichen Anliegen der Reformation und ihr Bestreben nach einer Säkularisierung der Sphäre des Politischen, sie weist aber zum anderen auch voraus in die Zeit nach 1945, in der die furchtbaren Verirrungen und Gräueltaten der Nationalsozialisten eine ungebrochene Rede vom Staat als Ordnung Gottes nicht mehr zuließen.

2.4. Neubesinnung im Schatten des Kirchenkampfes: Zwei-Reiche-Lehre, Königsherrschaft Christi und erste Bemühungen um einen konzeptionellen Neuansatz

Diese Vorverweise können aber nicht darüber hinwegtäuschen, dass die Staatsauffassung der *Barmer Theologischen Erklärung* ebenso wie deren Fortführung durch Karl Barth stärker an den grundsätzlichen Problemen der in der Reformationszeit begründeten Position partizipierten, als das im Kontrast zu den neulutherischen Theoriefiguren zunächst scheinen mochte. Zwar hielt die christologische Begründung fest, dass weder Nation noch Rasse, Staat oder Volk eine eigenständige Heilsbedeutung haben könnten, und errichtete damit eine wirksame Brandmauer gegen die theologische Legitimation des nationalsozialistischen Staates. Doch der Akzent auf der christologischen Begründung des Rechts, der die Argumentation Barths in *Rechtfertigung und Recht* von 1938 bestimmt und nach 1945 in eine grundsätzliche Diskussion zur theologischen Rechtsbegründung mündet, unterscheidet sich von der traditionellen Sicht im Luthertum durch die Ablehnung von Rechtsquellen wie der Natur oder von einem im Grunde schwärmerischen Denken, das – wie etwa im *Ansbacher Ratschlag* – in den natürlichen Ordnungen den Willen Gottes zu erkennen meinte (vgl. *Ansbacher Ratschlag zur Barmer Theologischen Erklärung* 1935: 103). Es unterscheidet sich aber gerade nicht in der Auffassung, dass eine solche theologische Begründung unverzichtbar sei. Die Überzeugung, dass «nur da, wo Grundsätze christlicher Lebensordnung sich im öffentlichen Leben auswirken, die politische Gemeinschaft vor der Gefahr dämonischer Entartung gewahrt» bliebe, wie Gerhard Ritter auf der Kirchenkonferenz von Treysa im August 1945 formulierte (*Kundgebung der Kirchenkonferenz der Evangelischen Kirche in Deutschland zur Verantwortung der Kirche für das öffentliche Leben* 1945: 3), wurde schnell Gemeingut. Sie fügte sich ein in die dominierende Sicht auf den Nationalsozialismus, die dessen Aufstieg und barbarische Konsequenzen mit dem Verlust metaphysischer Bindungen und insbesondere dem Abfall vom Christentum zu verstehen suchte. Im Blick auf das Recht galt die Kritik dann vor allem dem Rechtspositivismus als Folge der Aufklärung. An dessen Stelle sollte eine Theoriebildung treten, die imstande ist, sowohl das Recht als auch die politische Gewalt aus der Gewalt Christi zu begründen (vgl. Barth 1938 / 1998: 16–22).

III. POLITISCHE ETHIK

So nachvollziehbar diese Position für den sein mochte, der die Pervertierung christlich-europäischer Wertvorstellungen durch die Nationalsozialisten und das Vakuum nach Katastrophe und Befreiung erlebt hatte, so sehr fehlte es der Diagnose doch an Tiefenschärfe. Denn der Weg des Nationalsozialismus war eben gerade nicht allein durch dessen Lossagen von der religiösen Bindung geebnet worden, sondern auch dadurch, dass seine Ideologie flankiert wurde durch eine Staatsmetaphysik, die den Akzent auf die theologische Begründung des Staates und des Rechtes, nicht aber auf die Hochschätzung der einzelnen Bürgerinnen und Bürger legte. So blieb die Vorstellung dominant, der Staat müsse dem aus der Sündhaftigkeit resultierenden destruktiven Potenzial der Einzelnen entgegentreten. Das Rechtsstaatsparadigma wird dieser Zielsetzung zugeordnet und nicht im Sinne der liberalen Ideen fortgeschrieben. Das bedeutet aber zugleich, dass das Demokratieprinzip nur sehr langsam und vorsichtig Raum gewinnen kann. So hält Karl Barth zwar auch nach 1945 daran fest, dass der Staat, die «Bürgergemeinde», Gottes Zeichen der Gnade ist: Durch sie wird die der Sünde verfallene Menschheit vor dem Chaos geschützt (vgl. 1946/1998: 51–53). Dennoch klingen in dieser Schrift erneut die Vorverweise in Richtung einer Hinwendung zur Demokratie an und nimmt die Argumentation eine etwas andere Wendung als die etablierte Profilierung des Staates als Widerlager der Sünde: Zwar kann es aufgrund der unmittelbaren Bindung der Christen an Christus und seine Herrschaft keine christliche Staatsform geben, denn das würde die Exklusivität der Offenbarung durch das Wort unterminieren und möglicherweise erneut eine politische Struktur in den Rang einer Offenbarungsquelle heben. Allerdings ist, so Barth, «doch nicht zu übersehen und zu leugnen, daß das christlich politische Unterscheiden, Urteilen, Wählen, Wollen, Sicheinsetzen auf der ganzen Linie eine Tendenz auf die Gestalt des Staates hat, die in den sogenannten ‹Demokratien› wenn nicht verwirklicht, so doch mehr oder weniger ehrlich und deutlich gemeint und angestrebt ist». Dieser Öffnung zur Demokratie und der Neubewertung des Einzelnen entspricht es, dass Barth von der Christengemeinde, nicht von der Kirche spricht, die die Bürgergemeinde als ihre eigene Aufgabe begreifen soll (1946/1998: 74, 54). Ihr entspricht es auch, dass Barth unter dem Eindruck des eskalierenden Ost-West-Konflikts die Aufgabe der Kirche darin sieht, «mit lauter Stimme zu rufen, daß der Mensch wichtiger ist als die Dinge und als die Ideen. Alle Güter der Welt, alle Wahrheiten der Welt bedeuten gar nichts gegen ein einziges Menschenleben, gegen das Leben eines einzelnen Menschen» (Barth 1952: 162).

Dennoch: Auch wenn diese Position an die menschenrechtsbasierten Verfassungsentwürfe der Nachkriegszeit anschlussfähig war, ist doch nicht zu übersehen, dass auch dieser Zugang zur Ethik des Politischen noch weitgehend an den Schwierigkeiten partizipierte, die für das protestantische Staatsdenken insgesamt charakteristisch waren. In großer Übereinstimmung mit der Tradition bleibt auch Barths Denken im Bann der Bemühungen um eine theologische Legitimation des Staates. Seiner Figur, der zufolge die Christengemeinde die unmittelbare, die Bürgergemeinde dagegen die mittelbare Manifestation des Wortes Gottes sei, eignet eine gewisse Ambivalenz: Sie lässt sich – in Weiterführung der von Calvin herkommenden und vor allem in der fünften These der *Barmer Theologischen Erklärung* festgehaltenen Traditionslinie – als eine Begrenzung der theologischen Legitimation des Staates lesen, insbesondere dann, wenn man die Denkform der Analogie, die die Ausführungen Barths zu konkreten Elementen politischen Handelns prägt, als maßgebliches Strukturelement dieser Konzeption der politischen Ethik hinzuzieht. Dieselbe Figur lässt sich aber auch verstehen als eine Neuauflage der Überzeugungen altprotestantischer Dogmatiker, die argumentiert hatten, dass dem *status ecclesiasticus* der Primat gegenüber dem *status politicus* zukomme. Die Einsicht, dass diese Begründungsfiguren stets prekär sind, weil sie zwar ein Legitimationsdefizit in einer Krisensituation wie der unmittelbaren Nachkriegszeit zu kompensieren vermögen, grundsätzlich aber dazu tendieren, politische Ordnungen mit einer theologischen Fundierung ausstatten zu wollen, ist demgegenüber zu schwach ausgeprägt.

Der allgemeine Grund für den prekären Charakter entsprechender Theoriemodelle liegt darin begründet, dass die von der Theologie angebotenen Legitimationsversuche in der Weise von den politischen Akteuren absorbiert werden können, dass diese als kritisches Gegenüber gedachte Fundierung staatlichen Handelns umgedeutet werden kann in eine zusätzliche, theologische Aufwertung des Politischen. Eben dies geschieht nun in dem Moment, in dem der neuzeitliche Staat über ein entsprechendes Selbstbewusstsein verfügt und das, was von Theologie und Kirche als kritisches Korrektiv gedacht war, vom Staat in eine zusätzliche Legitimation seiner selbst umfunktioniert wird. Da dieser seinem Selbstverständnis nach keiner von außen kommenden Begründung bedarf, kann er die von Religion und Theologie angebotene Legitimation für seine eigenen Zwecke nutzen. Die absolutistischen haben sich ebenso wie die nationalreligiösen und die totalitären Regime dieses Musters bedient und ihr Handeln mit einer explizit oder implizit vertretenen Staatsreligion unterfüttert. Ein weiteres Element erleichtert ein solches Vorgehen zusätzlich: Da die Quellen des Christentums für konkrete politische und rechtliche Fragen nur wenige Anhaltspunkte bereitstellen, gelingt es kaum, ein eigenständiges Orientierungspotenzial in einfachgesetzlichen Fragen generieren zu können. Das bedeutet aber zugleich: In konkreten Handlungsoptionen bleibt die theologische Position viel zu sehr abhängig von der Rezeption außertheologischer Kenntnisse, als dass sie eine eigenständige Begründungsfigur liefern könnte. Eben dieses Defizit lässt die theologische Argumentation stets in die Gefahr geraten, über ihre eigene Ableitung lediglich das Bestehende zu affirmieren. Beides zusammen führt zu einem Problembündel, das sich als theologische Überlegitimierung des Staates beschreiben lässt: Anstatt diesen – nach dem Vorbild der hier am staatsethischen Denken Calvins sowie dessen Rezeption in der fünften Barmer These verdeutlichten Muster – in seiner Funktionalität für das gesellschaftliche Zusammenleben anzuerkennen und ihn als weltliche Ordnungsstruktur zu beschreiben, kommt es immer wieder dazu, das staatliche Handeln als gesonderten Ausdruck göttlichen Handelns begreifen zu wollen.

Es ist nicht ohne Ironie, dass die darin liegenden Gefahrenpotenziale, die in der Theoriegeschichte immer wieder zu identifizieren waren, nach 1945 auch dadurch entschärft wurden, dass sich die Gesellschaft selbst zunehmend als eine säkulare verstand und dementsprechend den Kirchen wie der Theologie einen Platz als zivilgesellschaftliche Akteure zuwies. Die besonderen Privilegien des Religionsverfassungsrechts verleihen ihnen – wie anderen Religionsgemeinschaften auch – zwar eine Sonderstellung gegenüber anderen Gruppen in der Zivilgesellschaft, zugleich machen sie aber auch deutlich, dass diese Sonderstellung durch die weltanschaulich neutrale Verfassung verliehen wird.

Obwohl also diese Entwicklung den Ansprüchen von Kirche und Theologie eigentlich entgegenlief, kam sie ihnen letztlich zugute. Denn dadurch, dass die Verfassung den Kirchen ihren Platz zuwies und sie gleichermaßen mit Privilegien und Schranken ausstattete, entwickelte sich parallel zu der Akzeptanz der Kirchen für die Demokratie auch eine – von wenigen Ausnahmen wie dem FDP-Papier von 1974 und gelegentlichen, nur selten auf größere Resonanz stoßenden Initiativen laizistischer Gruppen einmal abgesehen – weitgehend spannungsfreie Anerkennung der Rolle der Kirchen als gesellschaftliche Akteure in der Demokratie. Zugleich aber warf das erneut die Frage nach einer theologischen Interpretation dieser Vorgänge auf. Und hier zeigte sich zunächst, dass weder die Theoriefiguren der Zwei-Reiche-Lehre noch die in der Nachfolge der *Barmer Theologischen Erklärung* und der

Theologie Karl Barths entwickelte Konzeption der «Königsherrschaft Christi» hierfür ein geeignetes Instrumentarium bereitstellen konnten. Denn beide Modelle, um die in der Nachkriegszeit heftig gestritten wurde, standen noch zu sehr im Bann der Überzeugung, dass der Staat seine Legitimität nicht selbst herstellen könne, sondern ihm diese von außen zugesprochen werden müsse. Da es sich, der Sache und der Leidenschaftlichkeit nach, mit der diese Auseinandersetzung ausgetragen wurde, um den Versuch handelte, die notwendigen Konsequenzen aus dem Versagen der Kirchen im Gegenüber zum nationalsozialistischen Staat zu ziehen, war diese Vorgehensweise durchaus verständlich. Die Abwendung vom Christentum und die Akzeptanz des Nationalsozialismus hatte man zunächst mit der Dominanz des Rechtspositivismus und dem Verlust weltanschaulicher Bindung zu erklären versucht. Darüber hinaus sahen sich evangelische Theologen angesichts der Renaissance, die das Naturrecht als normative Grundlage für die juristische Aufarbeitung des nationalsozialistischen Unrechts in den Nürnberger Prozessen erfahren hatte, herausgefordert, eine analoge Legitimationsgrundlage für Recht und Staat zu präsentieren – dies umso mehr, als sich der Rekurs auf das aufklärerisch-humanistische Naturrecht durch die Alliierten leicht mit der etablierten katholischen Naturrechtslehre verbinden ließ. So lassen sich, in großer Kontinuität zu der bereits skizzierten Traditionslinie der protestantischen Ethik des Politischen, beide Programme als Versuche lesen, einer Säkularität des Staates entgegenzutreten oder doch zumindest den Staat, der sich als säkular versteht, mit einem theologischen Legitimationsfundament auszustatten.

Anders als es die scharfen Debatten vermuten ließen, standen sich die konkurrierenden Programme dabei konzeptionell näher, als es den Anschein hatte. Sie teilten dieselbe Grundannahme und auch dasselbe Interesse, nämlich alle menschlichen Lebensformen als durch das eine Wort Gottes bestimmt zu denken. Während allerdings die lutherische Lesart dabei eher die gegebenen Strukturen als Ausdruck des göttlichen Willens verstand und der Kirche so die Aufgabe einer Interpretation des Vorgefundenen als von Gott gewollt zuschrieb, setzte das der reformierten Tradition verpflichtete Modell eher darauf, dass der Wille Gottes sich nur durch den Geist am Ort des einzelnen Glaubenden identifizieren lasse und dementsprechend auch nur durch das Handeln des Einzelnen Gestalt gewinnen könne. Das immer wieder identifizierte Grundproblem der politischen Theoriebildung im Protestantismus, die Überlegitimierung staatlichen Handelns, konnte sich dabei mit beiden Theoriemustern verbinden: Auf der einen Seite legte die von den

Lutheranern besonders betonte Aussage, das eine Wort Gottes zeige sich in der Doppelgestalt von Gesetz und Evangelium, eine Parallelisierung von Staat und Gesetz nahe, sodass der Gehorsam als die gebotene Konsequenz erscheinen konnte. Auf der anderen Seite aber konnte die Aussage, das Wort Gottes erschließe sich letztlich dem Einzelnen im Geist, in der Weise missverstanden werden, als handele es sich hier um die theologische Ermächtigungsfigur für einen charismatischen Führer (zur daraus in den 1970er-Jahren resultierenden Kontroverse um die Zwei-Reiche-Lehre bzw. die Königsherrschaft Christi vgl. Rendtorff 1975; Rendtorff 1984 und Huber 1985). In beiden Fällen entsprachen die Missdeutungen nicht den ursprünglichen Intentionen, dennoch boten die Theoriebildungen zu wenig Widerlager gegen entsprechende Folgewirkungen. Der Sachverhalt, dass die politisch-ethischen Optionen keineswegs strikt den konfessionellen und theologischen Lagern folgen mussten, fügt sich in diese grundsätzliche konzeptionelle Nähe ein: Als Ende der 1950er-Jahre Otto Dibelius mit pointierten Worten die Legitimität der DDR infrage stellte (Dibelius 1963), war es Karl Barth, der nun seinerseits die Auffassung vertrat, auch bei der DDR handele es sich um eine politische Ordnung, in die sich im Sinne von Röm 13 einzuordnen den Christen geboten sei. Und obwohl Barth eine gewisse Scheu gegenüber geschichtsphilosophischen Argumentationsmustern bekannte, hinderte ihn das nicht daran, in der Beschneidung gewisser Privilegien der Kirche, insbesondere in der Beschneidung ihres Öffentlichkeitsauftrags, ein «göttliches Liebeswerk» zu sehen, das der sozialistische Staat an der Kirche, ohne es zu wissen, vollbringt (vgl. Barth 1984: 425 f., 430).

Führt man sich diese Parallelen vor Augen, dann kann es nicht mehr verwundern, dass keineswegs alle Unterstützer der *Barmer Theologischen Erklärung* sich von den Zielen der Nationalsozialisten distanzieren mussten, dass es aber auch umgekehrt theologisch begründeten Widerstand gab, der mit der Zwei-Reiche-Lehre argumentierte. Grundsätzlich lässt sich festhalten, dass die konkurrierenden Modelle ihre Plausibilität weniger durch ihre genuin theologische Begründung, als vielmehr durch die jeweilige Gegenwartsdeutung bekamen. Gemeinsam führen sie aber vor Augen, dass Wolfgang Trillhaas mit seiner 1956 getroffenen Bemerkung, die Demokratie stelle das «eigentlich unbewältigte Thema» (Trillhaas 1956: 26) dar, nicht nur gegenüber der lutherischen politischen Ethik im Recht war.

2.5. Fortdauer und Überwindung des theologischen Legitimationsdiskurses: Auf dem Weg zur Akzeptanz der Demokratie

Wie sehr die politische Ethik des Protestantismus auch nach 1945 in dem Bann eines solchen legitimatorischen Denkens stand, wird deutlich, wenn man sich die Kontroverse vor Augen führt, die Heinz-Dietrich Wendland und Heinz Eduard Tödt um die Aufgabenbestimmung evangelischer Ethik austrugen. Bei dieser Debatte handelte es sich letztlich um einen Streit um das Erbe Ernst Troeltschs, der bereits in der Einleitung zu seinen *Soziallehren der christlichen Kirchen und Gruppen* 1912 die Frage gestellt hatte, ob die Kirchen, die sich ganz selbstverständlich zu politischen Fragen der Gegenwart äußern, aus ihrer Tradition heraus etwas «für die moderne Lage Brauchbares und Wertvolles» (Troeltsch 1912: 2) beitragen könnten. Dabei setzte Troeltsch selbstverständlich voraus, dass es die Aufgabe der Kirchen sein müsse, diejenigen Werte und Normen zu vermitteln, die die Gesellschaftslehre und die Ökonomie nicht aus sich heraus erzeugen können. Am Ende seiner umfangreichen Studie kommt Troeltsch dann aber zu dem Ergebnis, dass die christlichen Ideen immer nur vermittelt, in Verbindung und in gegenseitiger Beeinflussung mit anderen gesellschaftlichen Entwicklungen wirksam werden und es Kirche und Theologie letztlich unmöglich ist, ein letztes Ziel der Geschichte oder einen unverrückbaren Fixpunkt einer bestimmten Gesellschaftsgestaltung zu identifizieren. Vielmehr realisiere sich eine solche Vorstellung stets nur am Ort des Einzelnen, eine Einsicht, die zur Hochschätzung der Persönlichkeit im Christentum geführt und das Christentum als Persönlichkeitsreligion profiliert habe. «Es bleibt dabei – und das ist das alles zusammenfassende Ergebnis – das Reich Gottes ist inwendig in uns. Aber wir sollen unser Licht in vertrauender und rastloser Arbeit leuchten lassen vor den Leuten, daß sie unsere Werke sehen und unseren himmlischen Vater preisen. Die letzten Ziele aber alles Menschentums sind verborgen in seinen Händen» (Troeltsch 1912: 986). Allerdings verlange diese Persönlichkeitsreligion stets auch die Ausrichtung an den vorgegebenen Ordnungen, wenn sie für eine Gesellschaftsgestaltung prägend werden wolle. Wer das vernachlässige, begehe denselben Fehler, den Hegel bereits an Kant kritisiert habe, dass nämlich eine Fokussierung allein auf die Frage, wie unterschiedliche individuelle Perspektiven nebeneinander bestehen können, ohne sich gegenseitig unmöglich zu machen, keine tragfähige Gesellschaftsordnung hervorbringen könne. Wie allerdings die Kombination beider Teile, der Hochschätzung der Persönlichkeit auf der einen und der Orientierung an den vorgegebenen sittlichen Gütern auf der anderen Seite, erfolgen könne, ließ Troeltsch offen. Die beiden prominentesten theologischen Ethiker der Weimarer Republik und der Zeit des Nationalsozialismus, Troeltschs Berliner Kollege Reinhold Seeberg und dessen Schüler Dietrich Bonhoeffer, hatten das Troeltsch'sche Programm mit jeweils entgegengesetzten Akzentsetzungen weitergeführt. Bei beiden findet sich der von Troeltsch inspirierte Gedanke einer Veränderbarkeit der gesellschaftlichen Institutionen, die aber dennoch als Manifestationen des göttlichen Willens zu gelten hätten. Während Seeberg aber wesentlich direkter mit einem Handeln Gottes in der Geschichte rechnete, argumentierte Bonhoeffer stärker mit dem Gedanken, dass durch das Handeln der Christen die Wirklichkeit Gottes in der Welt zum Ausdruck gebracht werden müsse.

Mit den Schlagworten ‹Theologie der Gesellschaft› auf der einen, ‹theologische Sozialethik› auf der anderen Seite verbanden sich zwei unterschiedliche Konsequenzen, die man aus Troeltschs Analyse ziehen konnte: auf der einen Seite die Feststellung, dass es letztlich eine den Strom der Geschichte gestaltende Kraft des Göttlichen gebe, die sich in bestimmten Strukturen der Gesellschaft, insbesondere in den Institutionen manifestiere. Aufgabe der Theologie sei es dabei, so die Auffassung von Heinz-Dietrich Wendland und dann auch der meisten seinem Münsteraner Institut für christliche Gesellschaftswissenschaften entstammenden theologischen Schüler, der Dämonisierung der Institutionen zu wehren, und zwar ihrer Verneinung ebenso wie ihrer Absolutsetzung. Theologie der Gesellschaft bedeutet dementsprechend eine an sozial- und gesellschaftswissenschaftlichen Methoden geschärfte christliche Kulturtheorie.

Auf der anderen Seite kamen auch Theologen wie Heinz-Eduard Tödt auf Troeltschs Einsichten zurück und führten sie noch pointierter weiter. Hier wurde in Aufnahme von Bonhoeffers Rede von der «mündigen Welt» und auch von Überlegungen Karl Mannheims zur Säkularität der Werte (vgl. Mannheim 1951: 159 ff.) argumentiert, die für die Gesellschaft leitenden Vorstellungen seien rein weltlicher Natur und es könne hier nicht die Aufgabe der Theologie sein, diese mit einem theologischen Legitimationsgrund auszustatten. Deshalb, so etwa Tödts Schlussfolgerung, «ist es der Gemeinde versagt, eigene Werte zu produzieren und sie der Gesellschaft anzubieten; sie verfügt in dieser Hinsicht nicht über eine Sondererkenntnis. Wohl aber muß ihr alles daran gelegen sein, daß der Umgang mit begegnenden Normsystemen und Wertvorstellungen aus dem Gehorsam des Glaubens heraus erfolge und paradigmatischen Charakter für die ganze Gesellschaft gewinne. Hier liegt die Aufgabe der theologischen Sozialethik, die das menschliche Tun und Lassen unter die Frage stellt, ob es sich als gehorsame Antwort auf Gottes Anrede erweist» (Tödt 1961: 240).

Während also bei Wendland die Legitimation über eine letztlich hegelianisierende Rekonstruktion von Gottes Wirken in der Geschichte erfolgen sollte, ist es für Tödt das durch die theologische Sozialethik ausgelegte Wort Gottes, das die Legitimation gesellschaftlichen Handelns sicherstellt. Obwohl damit zwei unterschiedliche Konsequenzen aus den Arbeiten Ernst Troeltschs gezogen werden sollten, zeigt sich bei näherer Analyse eine deutliche Konvergenz der Argumentation, die erneut auf die große Problemkonstanz in der evangelischen politischen Ethik verweist: In beiden Fällen ergibt sich zwar eine vorsichtige Öffnung zur Demokratie, beide sind aber weit davon entfernt, politische Strukturen unmittelbar mit theologischer Legitimation auszustatten. An der grundsätzlichen Legitimationsbedürftigkeit des politischen Handelns halten beide jedoch fest. So überwinden sie zwar einen politischen Sakramentalismus (Paul Tillich), der sich durch eine Überbetonung der politischen Strukturen als Ausdrucksformen des Willens Gottes in der nationalsozialistischen Zeit so problematisch ausgewirkt hatte, bleiben aber auch noch weit entfernt von einer verfassungsgebundenen Demokratie, die ihre Legitimation auf die politische Willensbildung der Bürger stützt. Ebenso wie die Ausrichtung an einem christlichen Personalismus, dem Leitbild des Freiburger Widerstandskreises, das mit seiner Kritik an Vermassung und einer möglichen Anarchie lose verbundener Individualitäten im kirchlichen Milieu weit verbreitet war, ebenso auch wie die Rede vom Öffentlichkeitsauftrag der Kirche setzen all diese Konzepte auf ein im Grunde dem Organismusgedanken entnommenes Elitekonzept, das die Kirche oder doch zumindest die Christen in einer hervorgehobenen Rolle gegenüber der Gesellschaft sieht. In diesem Zuschnitt ist die Zustimmung zur Demokratie im Wesentlichen die Zustimmung zu einer spezifischen Form der Elitedemokratie, bei der demokratische Elemente zur Auswahl des Führungspersonals genutzt werden, nicht aber für weitergehende partizipative Elemente. Die Rolle der Kirche wird, im Einklang mit den Konzepten, die vor allem im Umkreis von Joseph Schumpeter vertreten wurden (vgl. Schumpeter 1950), darin gesehen, dem Wankelmut, Individualismus und auch der Irrationalität der Wähler die orientierungsstiftende Kraft der eigenen Soziallehre entgegenzuhalten. Deutlich erkennbar ist dieser Grundzug etwa bei Ernst Wolf, der zwar den geistvermittelten Aktualismus der Ethik Karl Barths übernimmt, diesen aber durch eine Rückbindung an die Gemeinde gegenüber einer möglichen individualistischen Fehldeutung schützen möchte und dabei ‹Gemeinde› nicht etwa mit Bürgern, sondern mit christlicher Bruderschaftlichkeit gleichsetzt (vgl. Wolf 1958: 56). Hier zeigen sich nicht nur Fermente der Organismusvorstellung, vor allem zeigt sich hier das Elitebewusstsein, das für die egalitär-pluralistischen Herangehensweisen einer Demokratie als Lebensform nicht anschlussfähig war und auch nicht anschlussfähig sein wollte. Jedoch ist auch nicht zu übersehen, dass bei Wolf, ebenso wie schon zuvor bei Barth, erste Ansätze sichtbar werden, die Demokratie eben nicht nur als Verfassungs-, sondern als Lebensform zu begreifen – die allerdings auf den moralischen Grundauffassungen des Christentums basiert (vgl. Wolf 1958: 59).

Die Grundfigur politischer Ethik im Protestantismus bleibt damit trotz gewisser unterschiedlicher Akzentsetzungen stets gleich. Sie beinhaltet den Gedanken eines grundsätzlichen Legitimationsdefizits des Staates, das durch die Theologie ausgeglichen werden müsse. Von den ersten Anfängen protestantischen Staatsdenkens bis in die jüngste Gegenwart hinein zieht sich diese Argumentationsform durch. Ihren derzeit wohl populärsten Ausdruck findet sie in der Rezeption des viel zitierten Diktums von Ernst-Wolfgang Böckenförde: «Der freiheitliche, säkularisierte Staat lebt von Voraussetzungen, die er selbst nicht garantieren kann. Das ist das große Wagnis, das er, um der Freiheit willen, eingegangen ist» (Böckenförde 1991: 112). Im Hintergrund steht stets das Interesse, den Emanzipationsbestrebungen des Staates entgegenzuwirken und für die Kirche ein Monopol im Blick auf die Legitimitätsbeschaffung staatlichen Handelns zu reklamieren. Diese Strategie hat sicherlich in Umbruchsituationen ihr Recht und ihre Stärke, sie steht aber beständig in der Gefahr, dem Staat – beabsichtigt oder unbeabsichtigt – eine besondere theologische Legitimation zukommen zu lassen. Nur im Gegenüber zu einem verfallenden Staat erweist sich diese Vorgehensweise als funktional. Die besondere Bedeutung des Böckenförde-Theorems wie der ihm zugrunde liegenden Theoriebildung der Schule um Joachim Ritter lag darum auch darin, dem deutschen Konservatismus den Weg in die Demokratie zu öffnen, indem die Bejahung von Verwestlichung und Modernisierung mit der Notwendigkeit legitimatorischer und weltanschaulicher Kompensation kombiniert werden konnte (vgl. Hacke 2006: 21; Müller 2003). Dass diese Strategie zwar rückblickend als Teil der Erfolgsgeschichte bundesrepublikanischer Demokratie gewertet werden kann, gleichzeitig aber auch Probleme in sich barg und birgt, zeigte sich in den Kontroversen, die in der Revolte von 1968 gipfelten, die sich zumindest auch als Aufstand gegen die Kontinuität antidemokratischen Denkens im Gewand des Gemeinwohlstaates verstehen lässt. Diese Auseinandersetzungen verweisen stets zurück auf dasselbe Problemmuster: Das legitimatorisch-kompensatorische Denken steht immer in der Gefahr, einer Sakralisierung und Entpolitisierung staatlicher Entscheidungen das Wort zu reden; Konflikte und widerstreitende Interessen gelten aus dieser Perspektive als Ausdruck von Individualismus und mangelndem Gemeinsinn. Dem Staat wird dementsprechend die Aufgabe zugewiesen, solche Eigeninteressen im Sinne des durch ihn zu gewährleistenden Gemeinwohls zurückzuweisen. Das bedeutet allerdings zugleich, dass nicht der Einzelne, sondern eine dem Einzelnen übergeordnete Perspektive zum Referenzpunkt staatlichen Handelns erklärt wird – eine Perspektive, für deren Vertretung die Kirchen zuständig sein sollten und wollten. Dem entspricht zugleich ein Selbstverständnis der Kirche, die zwar für sich einen Öffentlichkeitsauftrag reklamiert, diesen aber als Institution wahrnehmen möchte und darum gleichzeitig die individuelle Religionsausübung eher als Privatsache begreift.

Es liegt auf der Hand, dass eine solche Herangehensweise mit Demokratisierungsbestrebungen, die über eine Elitedemokratie hinaus nun den Staat weniger als eine dem Einzelnen übergeordnete Instanz, sondern als Instrument zum deliberativen Abgleich individueller Perspektiven und Interessen verstehen wollten, nicht vereinbar war. Eine Sichtweise, die nicht von einer vorgegebenen Ordnung des kollektiven Miteinanders ausgeht, die es adäquat zu artikulieren und gegenüber den destruktiven Potenzialen der Eigeninteressen durchzusetzen gilt, kann auf dem Boden der dargelegten, bei Weitem dominanten Tradition evangelischen Staatsdenkens nicht auf Zustimmung stoßen. Der innere Widerspruch dieser im Protestantismus erarbeiteten Konzeptionen, deren Ausstrahlungs- und Einflussbereich etwa durch die von Rudolf Smend und seiner Schülerschaft erarbeitete Integrationslehre (vgl. Smend 1928; zur Wirkung vgl. van Ooyen 2008) weit über den direkten Einflussbereich von Theologie und Kirche hinausging, zu den Emanzipationsprozessen der 1960er- und 1970er-Jahre ist unübersehbar. Dieser Widerspruch dürfte maßgeblich zur inneren Distanzierung und schließlich auch zur äußeren Abwendung vieler Sympathisanten dieser Emanzipationsbewegungen von der Kirche beigetragen haben. Die Gesellschaft, nicht die Kirche ist nun das Forum für eine politische Artikulation.

Das bedeutet zugleich, dass die problematischen Folgen der geschilderten Grundauffassung des Protestantismus gegenüber dem Politischen – die

III. POLITISCHE ETHIK

handlungsleitende Überzeugung, dass der Staat zusätzlicher, theologisch bereitgestellter Legitimation bedürfe – sich nach 1945 weniger in einer Sakralisierung des Staates und dementsprechend in einer Stellungnahme zum Staat und einem Verhalten ihm gegenüber ausdrückten, das auf eine Affirmierung und ein Sich-Einfügen gegenüber dem Staat gerichtet war. Vielmehr werden die Konfliktpotenziale, die in dieser Struktur liegen, nun abgeschliffen und durch eine zunächst nur langsam entstehende, dann aber seit den 1960er-Jahren sich beschleunigende Kirchendistanz kompensiert. Das bedeutet aber auch, dass entgegen der eigenen Überzeugung die Stimme der Kirche faktisch im politischen Prozess an Gewicht verliert. Es ist interessant, dass diese Entwicklung sich erst dort wieder veränderte, wo die Kirchen sich als das politische Forum der Bürgerinnen und Bürger präsentieren konnten, die sich durch den Staat selbst nicht adäquat repräsentiert sahen. Insbesondere in der Friedensbewegung war dies in Westdeutschland der Fall, aber auch die Umweltbewegung in der DDR, die dann in die Opposition gegen den SED-Staat mündete, ist hier als Beispiel zu nennen.

2.6. Die Transformation der protestantischen Staatslehre durch die Demokratiedenkschrift

Erst wenn man sich diese Struktur vor Augen führt, ist der Schritt, den die Demokratiedenkschrift von 1985 hin zur Weiterentwicklung des protestantischen Staatsverständnisses machte, richtig zu ermessen: Hier wird nicht mehr von der Legitimationsbedürftigkeit des Staates gesprochen, auch nicht davon, dass der Staat sich den destruktiven Tendenzen des Einzelnen entgegen stellen solle und müsse. Sündhaftigkeit und Fehlbarkeit werden dagegen nun so profiliert, dass nicht die negativen Folgen einseitig auf der Seite der Bürger verortet werden, sondern die Demokratie diejenige Staatsform darstellt, die aufgrund ihrer eigenen Korrekturmechanismen in der Lage ist, die Fehler der Regierenden wie der Regierten durch den Grundgedanken der Begrenzung und der Kontrolle der Macht zu kompensieren. Mit der Formulierung, die Fokussierung auf die der Sünde wehrende Ordnungsfunktion des Staates habe «in der Kirche zu einer tiefen Skepsis gegenüber der modernen Demokratie bis hin zu ihrer grundsätzlichen Ablehnung geführt» (EKD 1985: 16), nimmt die Denkschrift die Analysefigur wieder auf, die Karl Barth bereits unmittelbar nach dem Zusammenbruch der nationalsozialistischen Herrschaft profiliert hatte. Der Demokratiebegriff, der demgegenüber zur Geltung kommt, ist das Konzept einer grundsätzlich auf den durch die Kodifizierung der Menschenwürde und der Grundrechte gesicherten Freiheiten der Bürger aufbauenden Staatsordnung, die ihre Legitimität durch die Bürger erhält. Diese werden ihrerseits zur Wahrnehmung von politischer Verantwortung und zur Gestaltung des Staates aufgerufen. Unmissverständlich hält die Denkschrift fest: «Die Zustimmung zur Demokratie schließt evangelische Selbstkritik ein an solchen theologischen Überzeugungen, die sich der Forderung nach politischer Selbständigkeit der Bürger in den Weg gestellt haben. Diese *Korrektur* ruft zugleich dazu auf, unsere eigene evangelische Tradition neu zu verstehen. Die politische Verantwortung ist im Sinne Luthers ‹Beruf› aller Bürger in der Demokratie» (EKD 1985: 16). Die biblische Vorstellung vom Staat als göttlicher Anordnung wird entsprechend ausgelegt als Aufforderung an die Bürger, ihre politische Verantwortung als diejenigen, die den Staat bilden, wahrzunehmen, und diese Auslegung wird explizit als Weiterentwicklung der *Barmer Theologischen Erklärung* verstanden: «Wenn wir heute von der nach ‹göttlicher Anordnung› dem Staat zukommenden Aufgabe (Barmen V) sprechen, dann richtet sich diese ‹Anordnung› in einer Demokratie in erster Linie an die politische Verantwortung der Bürger, die den Staat bilden. Die Art und Weise, wie der Staat durch die Staatsorgane seine Aufgabe wahrnimmt, ist von der politischen Verantwortung der Bürger abgeleitet; sie ist ihr nicht übergeordnet» (EKD 1985: 17; zur Weiterentwicklung der 5. These der *Barmer Theologischen Erklärung* vgl. Huber 1983).

In diesem Zuschnitt markiert die Demokratiedenkschrift eine wichtige Zäsur im politischen Denken des Protestantismus (vgl. von Scheliha 2013: 197 ff.). Diese besondere Bedeutung liegt dabei weniger darin begründet, dass hier innovative Denkfiguren erstmalig formuliert worden wären. Die Argumentation der Denkschrift beruht auf Vorarbeiten, wie sie in verschiedenen Bereichen der akademischen theologischen Ethik geleistet worden waren. Namentlich zu nennen sind hier die Diskussionen um die Neubewertung des Einzelnen und die daraus resultierenden Konsequenzen für die politische Ordnung in der liberalprotestantischen Diskussion (vgl. Tanner 1988), deren positive Rezeption des Menschenrechtsgedankens besonders in den 1960er- und 1970er-Jahren ihre Fortsetzung findet (vgl. Huber/Tödt 1988), aber auch die an Dietrich Bonhoeffers Fragmente zum Verhältnis von Kirche und Welt anknüpfenden Überlegungen zur Stellung der Kirche in der pluralen Öffentlichkeit (vgl. Thielicke 1947 und Huber 1973). Die herausgehobene Stellung der Denkschrift ergibt sich daraus, dass sie diese Diskurse bündelt und als eine vom Rat und der Synode der EKD getragene, gemeinsame Stellungnahme zum demokratischen Verfassungsstaat präsentiert und damit zugleich die weitere innerprotestantische Diskussion zur politischen Ethik maßgeblich beeinflusst (vgl. Tanner 1988).

Mit der Demokratiedenkschrift vollzieht sich im politisch-ethischen Denken des Protestantismus ein Wandel, der sich in der Staatstheorie bereits deutlich abgezeichnet hatte: Die Begründung des Staates verläuft nicht mehr über den Verweis auf dessen metaphysische, überpositive Grundlagen, sondern der Staat bildet die Lebensform der Bürger, die sich zu dieser Gemeinschaft zusammenschließen und so von der gegenseitigen Unterstützung profitieren können. Der demokratische Staat wird somit von seiner Funktion für die Entfaltung der Einzelnen bestimmt, er hat sicherzustellen, dass die Aufgaben, die für ein gemeinsames Zusammenleben notwendig sind, wahrgenommen werden und die «Menschen als Bürger gleichberechtigt und gleichermaßen gefordert an der Gestaltung des politischen Zusammenlebens» (EKD 1985: 18) teilhaben können. Partizipation der Bürger als legitimierende Grundlage des Staates schließt dann ein, dass die staatlichen Instanzen nicht nur für den Schutz des Lebens und die Zurückweisung von Gewalt zuständig sind, sondern sich auch dafür einsetzen, dass durch die Korrektur sozialer Ungerechtigkeiten eine umfassende Teilnahme am öffentlichen Leben sichergestellt und ein eigener Lebensentwurf verfolgt werden kann. Da die Legitimation des Staates auf der Zustimmung der Bürger beruht, muss dieser im Interesse seiner eigenen Fundierung sich dafür einsetzen, dass seine Struktur als eine dem Wohl aller dienliche begriffen und erlebt werden kann.

In der Fokussierung auf die Hochschätzung des Einzelnen, der seinen Lebensentwurf durch die Einbettung in die politische Ordnung am besten realisieren kann, erweist sich die Demokratie als eine Staatsform, die der christlichen Überzeugung von der Würde, der Freiheit und der Gleichheit der Menschen genauer als andere Staatsformen zu entsprechen vermag. Dabei verweisen insbesondere die letzten beiden Punkte, Freiheit und Gleichheit, auf eine signifikante Verschiebung der evangelischen Staatslehre gegenüber den in der unmittelbaren Nachkriegszeit vertretenen Positionen. Denn hier wird die dort noch dominante Auffassung einer Elitedemokratie abgelöst durch das Konzept der pluralistisch-repräsentativen Demokratie, bei der das Verhältnis von Freiheit und Gleichheit nicht von vornherein feststeht, sondern immer wieder in einem durch die Spielregeln der Verfassung und des Rechts vorgegebenen Rahmen ausgehandelt werden muss. Die Kirchen können sich für die Einhaltung der Spielregeln und insbesondere für den Respekt vor der Gleichheit und der Freiheit aller Bürger stark machen, ihnen obliegt es aber nicht, eine bestimmte Fassung des Gemeinwohls für verbindlich zu erklären.

Diese Zustimmung zur pluralistisch-repräsentativen Demokratie, die den Dissens in Fragen des Politischen einschließt, solange er sich in dem von der demokratischen Grundordnung umrissenen Rahmen bewegt, umfasst dabei auch die innere Verfasstheit der Kirche. Sie soll sich ebenfalls in ihrer Organisationsstruktur den demokratischen Prinzipien verpflichtet fühlen. Dazu gehört mehr als nur eine auf Mitbestimmung und Repräsentation ausgerichtete Kirchenverfassung, dazu gehört vor allem auch, unterschiedliche Einschätzungen in politischen Fragen nicht zum Kriterium für die Kirchenmitgliedschaft werden zu lassen.

Mit dieser Neuvermessung verließ der deutsche Protestantismus die Linie, die bis dahin seine Staatslehre in all den verschiedenen Abschattungen dominiert hatte; der Einzelne, der sich in der Gemeinschaft entfalten kann und soll, wird jetzt zum Referenzpunkt der politischen Ethik. Von daher ist es durchaus gerechtfertigt, in der Demokratiedenkschrift die entscheidende Zäsur für das evangelische Staatsverständnis zu sehen. Gleichwohl sollte dabei nicht übersehen werden, dass diese Neuorientierung, so sehr sie ihren konkreten Anlass in den während der kontroversen Diskussion des NATO-Doppelbeschlusses von 1979 aufgetretenen (kirchen-)politischen Spannungen hatte, auf der Grundlage eines veränderten Verständnisses von Gesellschaft entstand, das seinerseits maßgeblich durch Elemente der protestantischen Tradition möglich geworden war. Eine wesentliche Rolle dürfte dabei in der Tat die Verarbeitung der Ereignisse des Kirchenkampfs gespielt haben, allerdings nicht in der Weise, die in den scharfen Auseinandersetzungen der 1950er-Jahre zunächst zum Ausdruck kam. Prägend dürfte hier die Einsicht geworden sein, dass das Versagen gegenüber dem nationalsozialistischen Staat ganz wesentlich nicht durch die politische Apathie, sondern durch die organisationale Zersplitterung des Protestantismus, durch die lähmenden Antagonismen der unterschiedlichen Konfessionen und Traditionen begründet worden war. Demgegenüber stand trotz manchen Versuchen, politische Optionen erneut zu Bekenntnisfragen zu stilisieren, die Überzeugung im Vordergrund, unbeschadet aller unterschiedlichen Auffassungen an der Kirchengemeinschaft festzuhalten. Das markanteste Datum dafür stellte die Spandauer Synode von 1958 dar, deren ‹Ohnmachtsformel› im Blick auf die Positionierung zur Wiederbewaffnung im Jahr darauf noch einmal in die

Heidelberger Thesen eingegangen ist. Dies kann durchaus als Kapitulation vor der Herausforderung, eine einheitliche, aus dem Evangelium begründete Stellung zu dieser zentralen Frage der Nachkriegszeit zu finden, gelesen werden. Allerdings lässt sich die Aussage, «die unter uns bestehenden Gegensätze in der Beurteilung der atomaren Waffen sind tief. [...] Wir bleiben unter dem Evangelium zusammen und mühen uns um die Überwindung dieser Gegensätze» (Howe 1959: 226–236), auch als die Einsicht deuten, dass politische Fragen eben nicht aus dem Evangelium heraus entschieden werden und das gemeinsame Bekenntnis über den unterschiedlichen politischen Optionen steht. Ein Pluralismus innerhalb der Kirche nimmt hier seinen Anfang (so auch Inacker 1994: 372), der sich in den nachfolgenden Konflikten, insbesondere um die Ost-Denkschrift und die dort ausgesprochene Möglichkeit der Anerkennung der Oder-Neiße-Grenze, aber auch in den kontroversen Debatten um die Reform des Ehe- und Sittlichkeitsstrafrechts immer mehr etablierte (vgl. ausführlicher Anselm 1994; aus der Perspektive des Rechts vgl. Löhnig/Preisner/Schlemmer 2012). Als weiterer, oft übersehener Faktor ist die Ablehnung der Kasuistik und die Betonung eines letztlich vom Einzelnen im Glauben zu verantwortenden Verhaltens im ‹Grenzfall› in der Ethik Karl Barths zu nennen, die der Situationsethik den Boden bereitete und darüber hinaus auch die spezifische Perspektive des Einzelnen aufwertete, wie überhaupt die in der Gesellschaft wachsende Sensibilität für den Einzelnen auch im Protestantismus und seinen ethischen Entwürfen nachvollzogen wurde. In den strittigen und konflikthaften Auseinandersetzungen der späten 1960er- und den 1970er-Jahren führte dies zwar mitunter zu einer Verschärfung der Tonlage, insgesamt aber war eine wachsende Akzeptanz des Pluralismus und eine entsprechende Distanzierung von den Versuchen, ihn durch eindeutige Stellungnahmen zu normieren, die Folge.

Diese Akzeptanz des Pluralismus dürfte auch dafür verantwortlich sein, dass die Rolle der Kirche in den gesellschaftlichen Meinungsbildungsprozessen in Deutschland auch nach der Vereinigung 1990 nicht nachhaltiger infrage gestellt wurde, obwohl sich durch die neuen Bundesländer der Anteil der Kirchenmitglieder prozentual verringerte. Die Diskussionen, die vor allem in den USA und dort wiederum in verstärkter Weise nach den Ereignissen des 11. September 2001 um die Legitimität religiös begründeter Stellungnahmen im politischen Raum geführt wurden und werden, haben im deutschen Sprachraum zumindest auf das Christentum bezogen keine entsprechende Resonanz ausgelöst. Der Grund dafür dürfte darin zu suchen sein, dass die im Zentrum der Debatte stehende Forderung von John Rawls nach einer liberalen Selbstbeschränkung der Religion durch die theologische Ethik des Politischen bereits vorweggenommen worden war (vgl. dazu Grotefeld 2006). Im Rahmen ihrer Auseinandersetzungen um die eigene Rolle in gesellschaftlichen und politischen Debatten hat die deutschsprachige evangelische Ethik bereits selbst zu einer Position gefunden, die ihre Beiträge als Stellungnahme zu einem demokratischen Meinungsbildungsprozess profiliert und damit weder die Religion auf die Privatsphäre eingrenzt noch einen Unbedingtheitsanspruch für sie reklamiert. Die Auseinandersetzung um den Islam, aber auch um das Agieren anderer christlicher Kirchen im politischen Raum zeigt aber, dass eine solche, an der Selbstbegrenzung orientierte Sicht keineswegs selbstverständlich ist und zudem der beständigen Reflexion durch die Theologie bedarf.

Zu dieser Reflexion gehört auch, die verschiedenen Zielrichtungen, die sich mit der in den letzten Jahren verstärkt in den Fokus des Interesses gerückten *public theology* verbinden (als Überblick vgl. von Sinner 2011), einer kritischen Beobachtung zu unterziehen und dabei darauf zu achten, dass aus der berechtigten Stellungnahme der Kirche nicht erneut die Reklamation eines besonderen Legitimationsgrundes für die eigene Position wird, dass durch eine legitime Anwaltschaftlichkeit für Andere deren Position nicht religiös überhöht wird und dass sich Fragen der politischen Einschätzung nicht mit denen religiöser Überzeugung vermischen. Die entsprechenden Grenzziehungen bedürfen der steten Überprüfung und Revision und damit der fortgesetzten wissenschaftlichen Analyse durch die Theologie (vgl. dazu Lienemann 2008: 244 ff.). Ihr Auftrag besteht, mit Friedrich Wilhelm Graf gesprochen, darin, Religion durch Religion zu domestizieren (Graf 2014: 246 ff.): Da Religion stets einen ihr inhärenten Absolutheitsanspruch trägt, kann eine solche Selbstbegrenzung nur sehr eingeschränkt von außen an die Religion herangetragen werden, sondern muss aus ihrem Zentrum heraus entwickelt werden. Eben hier liegt die Bedeutung einer theologischen Ethik des Politischen.

2.7. Zusammenfassende Beobachtungen und aktuelle Herausforderungen

Als Ergebnis dieser knappen Rekonstruktion der Problemgeschichte im Protestantismus ergibt sich, dass ein konstruktives Verhältnis zur Demokratie erst in dem Augenblick möglich war, als Kirche und Theologie den Zugang

III. POLITISCHE ETHIK

zu den Fragen der politischen Ethik nicht mehr über eine theologische Legitimation des Staates als Widerlager gegen die individuellen Interessen des Einzelnen profilierten, indem sie auch eine Position aufgaben, der zufolge der Staat gerade als Sittlichkeitsstaat auf die Formulierung dieser Sittlichkeit durch die Kirche angewiesen sei, und stattdessen die Begründung des Staates aus dem Leitgedanken der Entfaltungsmöglichkeiten der einzelnen Persönlichkeit erfolgte. Erst dann gelingt es, den Begründungsüberschuss gegenüber dem Staat abzubauen, der so lange prägend für die protestantische Staatslehre war, erst dann wird es auch möglich, die Hochschätzung des Einzelnen als Fundament einer Ethik des Politischen, nicht als deren Problemhorizont, zu begreifen. Mit dem «entmythologisierten Staat» (Arthur Rich) war eine Hinwendung zur pluralistisch-repräsentativen Demokratie möglich (vgl. ausführlicher Rich 1961; Schweitzer 1968). Die Aufgabenstellung, die sich daraus für eine evangelische Ethik des Politischen ergibt, reicht allerdings deutlich über eine Umstellung von dem Bemühen um eine theologische Legitimation des Staates hin zu seiner ausdrücklichen Anerkennung hinaus. Die bleibende Herausforderung für die Theologie besteht darin, sich für die Limitierung jedweder religiösen oder religionsäquivalenten Absolutheitsansprüche im Bereich des Politischen einzusetzen.

Ehe es nun gilt, in einem zweiten Teil die Orientierungspunkte für eine politische Ethik zu entwickeln, ist noch ein Blick auf die weitere Problemgeschichte zu werfen. Insbesondere zwei Knotenpunkte verdienen hier Aufmerksamkeit: das Hervortreten des Gedankens der sozialen Demokratie seit den 1970er-Jahren und, daraus resultierend, die erneute Stärkung des Staates gegenüber den ihn tragenden Bürgern. Darüber hinaus ist die veränderte Rolle der christlichen Kirchen in einem weltanschaulich pluraler – und säkularer – werdenden Staat zu fokussieren.

Zunächst zur sozialen Demokratie: Der Fokus auf die Freiheit und grundsätzliche Gleichheit aller Menschen, der seit den 1960er-Jahren im Mittelpunkt der gesellschaftlichen Debatten steht und der auch den Schwerpunkt der theologisch-ethischen Argumentation bildet, regt eine Weiterentwicklung im Verständnis des Staates und seiner Aufgaben an. Dessen Verpflichtung kann nun nicht mehr nur darin gesehen werden, die Rahmenbedingungen für einen Ausgleich unterschiedlicher individueller Interessen und Vorstellungen vom Guten zu garantieren. In einer komplexen, differenzierten Gesellschaft ist vielmehr die Freiheit, einen eigenen Lebensentwurf zu verwirklichen, an vielfältige Vorbedingungen geknüpft. Zu ihnen gehören nicht nur die Garantie der Rechtsstaatlichkeit, sondern etwa auch das Vorhandensein eines leistungsfähigen Bildungssystems, einer Infrastruktur und der Möglichkeiten einer effektiven Gesundheitsvorsorge. Gemeinsam mit den Bestrebungen, Freiheit nicht nur als Abwesenheit von Zwang und damit in der Linie Kants zu definieren, sondern stärker den Akzent auf die Wirklichkeit der Freiheit zu legen, führt dies auch zu Überlegungen, die dem Staat in höherem Maße als bisher die Aufgabe zuweisen, sich um den Abbau von Ungleichheiten zu bemühen.

Demokratie soll in dieser Sichtweise nicht nur als Regelwerk verstanden werden, das Teilhabe und Kontrolle ermöglicht, sondern als eine Lebensform, die nach der Wirklichkeit solcher Partizipations- und Kontrollmöglichkeiten fragt. Die Konzentration auf die Wirklichkeit der Freiheit bewirkt dabei in Deutschland eine Hinwendung zu den Idealen der Sozialdemokratie, in internationaler Perspektive führt sie zu einer gestiegenen Aufmerksamkeit für die Interessen des Südens und mündet in die scharfe Auseinandersetzung innerhalb des Ökumenischen Rats der Kirchen um die Frage, inwieweit Kirchen und Christen sich unmittelbar mit sozialrevolutionären Zielsetzungen identifizieren können und sollen. Da es sich bei diesen Themen auch immer um eine Auseinandersetzung mit den Idealen des Marxismus handelte, waren die entsprechenden Optionen im Protestantismus stark umstritten – national wie international. Während es dabei in der international-ökumenischen Diskussion um die Frage nach dem Widerstand gegen etablierte Staatsformen ging, galt die deutsche Debatte vorrangig der Modifikation bestehender Staatsaufgaben.

Die Ausweitung des Sozialstaates, bereits Anfang der 1960er-Jahre beschlossen, sowie das Engagement für Gleichstellung, an dem sich die Kirchen maßgeblich beteiligen, bewirkt auf der einen Seite eine erfolgreiche Integration bislang am Rande stehender Teile der Gesellschaft und damit eine Verbreiterung bürgerlicher Partizipation. Besonders sinnenfällig ist dies bei der Gleichstellung der Frauen, bei der zumindest hinsichtlich der Rechtsstellung, des Zugangs zum Bildungssystem und der reproduktiven Selbstbestimmung deutliche Fortschritte erzielt werden. Allerdings zeigt sich auf der anderen Seite auch, dass diese Emanzipationsideale für ihre Durchsetzung und vor allem für ihre Implementierung auf die Hilfe des Staates angewiesen sind. Nur mit der Unterstützung der staatlichen Organe lassen sich die vielfältigen Lebensformen auch realisieren, die der Hochschätzung des Individuellen entsprechen. So ergibt sich ein gewisses Paradox: Die Zurückdrängung der Einflüsse der Gesellschaft auf das individuelle Leben ist nur um den Preis verstärkter Einflussnahme des Staates zu bekommen. Darum kann es auch nicht verwundern, dass der Staat nun selbst versucht, die Lebensführung zu normieren. Gerade mit dem Ausbau des Sozialstaats entsteht ein wirkmächtiges Instrument, mit dem individuelle Lebensentwürfe neu normiert werden. Jugendfürsorge, Gesundheitsvorsorge, Bildungsappelle und Mobilitätsanreize sind allesamt Indizien einer solchen neuen Abhängigkeit, nun allerdings nicht von männlichen Haushaltsvorständen, sondern von Sozialkassen, Planungs- bzw. Bildungsabteilungen. Das bedeutet aber zugleich, dass nun der Staat selbst in die Rolle gerät, die über lange Zeit die Kirchen für sich reklamierten, und so die Gefahr besteht, dass die ursprünglich auf Emanzipation gerichtete Staatstätigkeit selbst in einen die Freiheit unterdrückenden Paternalismus umschlägt. Die Folge ist der Fürsorgestaat, der sich umfangreiche Übergriffe in den Bereich der individuellen Lebensführung vorbehält und der durch das Interesse legitimiert ist, sich für eine umfassende Chancengleichheit und Daseinsvorsorge einzusetzen. Sowenig verwerflich dies im Grundsatz ist, so sehr führt es zu einer neuen Entfremdung zwischen Staat und Bürgern, im äußersten Falle auch dazu, dass der Staat nicht nur für das Wohl der Bürger sorgt, sondern sich auch anmaßt, über das gute Leben der Einzelnen entscheiden zu können. Das Instrumentarium dafür ist allerdings nicht mehr eine direkte, normierende Gesetzgebung, sondern das Setzen von entsprechenden Förderanreizen. Eine solche Entfremdung kann dabei von zwei Seiten her angestoßen werden, nämlich sowohl von denen, die sich durch die jedem sozialen Handeln notwendig zugrunde liegenden Vorstellungen materialer Gerechtigkeit bevormundet fühlen, als auch von denen, denen die durch staatliche Maßnahmen vorgenommene Durchsetzung einer solchen Gerechtigkeitsvorstellung nicht weit genug geht. Gerade die soziale Demokratie setzt an den diskursiven Interessenausgleich aller Betroffenen hohe Ansprüche (so schon Habermas 1962/1984: 263 ff.).

Auch wenn sich diese Ziele grundsätzlich mit den Interessen des Protestantismus decken, sind doch die daraus resultierenden Schwierigkeiten nicht zu übersehen: Diese Entwicklung führt nicht nur zu einer erneuten Auffassung der Bürger als Untertanen, sie führt auch dazu, dass es zu einer direkten Konkurrenz zwischen Staat und Kirche hinsichtlich der durchzusetzenden und zu bevorzugenden Lebensformen kommen kann. Das Bildungswesen, insbesondere die Wertevermittlung in der schulischen Erziehung, stellt ein besonders sensibles Feld für die möglichen Konkurrenzen dar. Das bedeutet zugleich, dass sich die Aufgabe der politischen Verantwortung der Kirche etwas anders darstellt: Sie hat nun nicht durch Verzicht auf eine eigene theologische

Überlegitimation die Säkularität des Staates und damit die Sicherung von Freiräumen für eine individuelle Gestaltung des Lebens zu sichern, sondern sie muss auch selbst diese Offenheit gegenüber dem Staat einklagen und ihn auf die Notwendigkeit seiner Selbstbeschränkung um der Freiheit willen hinweisen. Dass dies unter dem Stichwort ‹Generationengerechtigkeit› auch aufgrund der Lasten, die ein überbordender Sozialstaat der nachfolgenden Generation überträgt, auch aus ökonomischen Gründen geboten ist, sei hier nur am Rande erwähnt. Ziel einer protestantischen Ethik des Politischen muss es daher sein, die Balance zu wahren zwischen der Ermöglichung von gesellschaftlicher Partizipation und der Verwirklichung von Freiheit auf der einen, der Zurückweisung eines zu sehr auf die Lebensführung der Einzelnen und damit deren Freiheit erneut gefährdenden Sozialstaates auf der anderen Seite.

Die zweite Modifikation ergibt sich aus einer veränderten Rolle von Kirche und Christentum. Konnten die Entwürfe zur politischen Ethik bis zur Mitte der 1980er-Jahre im Wesentlichen von einer christlichen Bevölkerung ausgehen, so hat sich das nach der deutschen Einheit und der Integration der weitgehend konfessionslosen neuen Bundesländer in den deutschen Bundesstaat nachhaltig geändert. Konstant hohe Austrittszahlen sowie eine migrationsbedingt steigende Anzahl von Angehörigen anderer Religionen haben dazu geführt, dass das Christentum und damit auch der Protestantismus eine unter mehreren Religionen ist und die Zahl derer, die sich keiner Religion zugehörig fühlen, steigt. Dazu kommt, dass die Individualisierungsprozesse, die für moderne Gesellschaften charakteristisch sind, dazu führen, dass sich deutlich weniger Glaubende in ihren Ansichten von der Kirche vertreten fühlen. Diese Entwicklungen gehen allerdings nicht oder zumindest nicht notwendig einher mit einem Absterben der Religion, wie dies klassische Säkularisierungstheoreme angenommen hatten (vgl. grundlegend Casanova 1994; für Deutschland vgl. Pollack 2003). Vielmehr führen sie vor allem zu einem Rückgang institutionell gebundener Religion. Für eine protestantische Ethik des Politischen ist dies darum bedeutsam, weil sie nicht mehr selbstverständlich davon ausgehen kann, die Verantwortungsträger im Staat als Kirchenmitglieder oder zumindest als Christen adressieren zu können. Zudem stellt sich die Frage, ob und inwieweit es den Kirchen gelingt, dauerhaft die christliche Religiosität zu binden und dadurch Bestrebungen religiöser Radikalisierung vorzubeugen. Dieser Funktion der Religionsorganisationen, als Makler zwischen den divergierenden ethischen Auffassungen jeweils individueller Privatreligionen zu vermitteln, kommt aufgrund des Postulats eines in Religionsfragen zurückhaltenden Staates besondere

III. POLITISCHE ETHIK

Bedeutung zu. Eine solche Aufgabe ist ihnen möglich, weil sie den individuellen Glauben selbst noch einmal der Logik der Organisation unterwerfen und damit zugleich für einen Ausgleich zwischen dessen unterschiedlichen Ausprägungen und ethischen Zielrichtungen sorgen. Dies zu leisten stellt die kirchenbezogene Aufgabe der theologischen Ethik dar. Sie nimmt damit auf, was Karl Barth im Blick hatte, wenn er von der Theologie als «Selbstprüfung» (Barth 1932: 2) der Kirche sprach.

Eine theologische Ethik des Politischen muss darum gerade auch unter diesen Bedingungen nicht nur die Sphäre des Politischen adressieren und danach fragen, welche Normen, Handlungsformen und Strukturen eine im Horizont gegenwärtigen Christentums verantwortbare Form politischer Praxis darstellen. Sie muss auch erneut danach fragen, wie eine verantwortete Praxis des Christentums in einer weltanschaulich pluralen, demokratischen Gesellschaft aussehen kann. Dabei gilt es zu berücksichtigen, dass Religionen strukturell intolerant sind, sodass die Berufung auf religiöse Grundsätze noch nicht automatisch eine humane Ordnung garantiert. Gerade die hier skizzierte Geschichte des protestantischen Staatsdenkens legt ein durchaus deutliches Zeugnis davon ab. Das Christentum ist daher auch keineswegs per se toleranter als etwa der Islam. Der entscheidende Differenzpunkt liegt nicht direkt im Lehrsystem der jeweiligen Religion begründet. Vielmehr ist es die Bereitschaft der jeweiligen Religion, ihre Ansprüche auf Weltgestaltung, die die unabdingbare Voraussetzung bildet für eine lebensdienliche Ausgestaltung der kulturell-gesellschaftlichen Außenwirkung der Religion, kritisch zurückzunehmen. Das aber bedeutet letztlich nichts anderes, als dass eben die Religion sich selbst in ihrer Reichweite beschränkt und sich allen Versuchungen widersetzt, die mit ihr einhergehenden Vorstellungen letzter Gewissheit in Glaubensfragen unmittelbar auf die Weltgestaltung zu übertragen. Eine solche Begrenzung der Gewissheit der Religion, die im Kontext des Christentums allein in der europäischen Aufklärung entstanden ist, gilt es daher unter den gegenwärtigen gesellschaftlichen Bedingungen nachdrücklich zu vertreten. Dabei ist der Menschenrechtsgedanke der Aufklärungszeit, der zwar gegen den erbitterten Widerstand der christlichen Kirchen durchgesetzt werden musste, den aber sich Protestantismus wie Katholizismus in den Umbildungsprozessen seit den 1960er-Jahren zu eigen gemacht haben, die Voraussetzung dafür, dass die Religion nicht in einen menschenverachtenden Fundamentalismus im Namen letzter Wahrheiten umschlägt. So sehr es dabei richtig ist, dass die entsprechenden Transformationsprozesse der Religion von außen, nämlich durch eine liberaldemokratische

Rechtsordnung aufgenötigt wurden (vgl. Meyer 2006: 69 f.), so wichtig ist es für die dauerhafte Akzeptanz dieser Umformungen durch die Angehörigen der Religion, dass es den Religionsgemeinschaften gelingt, diese Veränderungen als nicht nur vereinbar, sondern als strukturverwandt mit der eigenen Überzeugung zu deuten. Die Übernahme des Menschenrechtsgedankens, der Respekt vor der Freiheit des Einzelnen, die sich in den Strukturen gelebter Sittlichkeit verwirklicht, sowie die Anerkennung demokratischer Verfahren zur Entscheidungs- und Kompromisssuche auch bei strittigen Themen und damit die Akzeptanz eines Primats des Politischen in den Fragen des gesellschaftlichen Zusammenlebens sind daher unabdingbare Voraussetzungen für eine evangelische Ethik des Politischen. Den Überlegungen, die Jürgen Habermas zur Vereinbarkeit von religiösen Überzeugungen und aufgeklärten, liberaldemokratischen Gemeinwesen gemacht hat, ist daher aus einer evangelisch-theologischen Perspektive vorbehaltlos zuzustimmen (vgl. Habermas 2001; Ders. 2005).

Zu einer solchen Sichtweise haben die evangelische Theologie und die evangelischen Kirchen in einem mühevollen Lern- und Umformungsprozess gefunden. Unter den Bedingungen der Gegenwart wird es nun darauf ankommen, die so erreichten Zugewinne nicht durch überbordende Ansprüche an die Ergebnisse politischer Entscheidungsprozesse, insbesondere im Blick auf das Erreichen sozialer Gerechtigkeit und die Orientierung an langfristigen Zielen, wieder auszuhöhlen. Zur Bejahung der Demokratie gehört immer auch die Einsicht, dass Mehrheiten irren können. Kirche und Theologie haben, ebenso wie andere Institutionen und Experten, die Aufgabe, solche Fehlentscheidungen zu identifizieren und zu kritisieren. Dies ist umso notwendiger und legitimer, als gesellschaftlicher Fortschritt, Technisierung und Globalisierung in wachsendem Maß Entscheidungsfragen aufwerfen, deren Konsequenzen über eine Wahlperiode oder auch über die Grenzen des Nationalstaats hinausreichen. Eine solche Kritik kann allerdings nur Impulse geben für eine erneute Behandlung und eine mögliche Korrektur der ursprünglich gefundenen Regelungen in den Instanzen demokratischer Entscheidungsfindung. Sie darf nicht dazu führen, dass Entscheidungen auf Gremien verlagert werden, die selbst nicht oder nur schwach demokratisch legitimiert sind, seien es Gerichte, Kommissionen oder Religionsgemeinschaften. An der Frage, ob das Agieren von Kirche und Theologie diesen Anforderungen genügt, entscheidet sich, welchen Platz sie in den Meinungsbildungs- und Entscheidungsprozessen einer pluralen, rechtsstaatlichen Demokratie einnehmen können.

2.8. Leitlinien für eine evangelische Ethik des Politischen

Überblickt man so die Theoriegeschichte und die dabei identifizierten Problemkonstellationen, so lassen sich die Eckpunkte einer gegenwärtigen protestantischen Ethik des Politischen nun in den nachfolgenden, nach der Verfahrensweise der ethischen Theologie gewonnenen Leitlinien zusammenfassen:

2.8.1. *Freiheit in der Gemeinschaft ermöglichen*

Eine evangelische Ethik des Politischen nimmt ihren Ausgangspunkt bei der neutestamentlich begründeten Überzeugung, dass evangelische Lebensführung eine Lebensführung aus Freiheit darstellt. Die Grundlage dieser Freiheit bildet die von den Reformatoren wieder in den Mittelpunkt gerückte neutestamentliche Botschaft von Gottes gnädiger Zuwendung zur Welt und zu den Menschen. Ihre näheren Konturen gewinnt diese Freiheit, wenn sie auf die drei Hauptbereiche des Glaubens bezogen wird. So gilt es mit Blick auf den ersten Glaubensartikel, den Gedanken der Geschöpflichkeit so zu explizieren, dass Schöpfung gerade die Freiheit gegenüber der Kausalität und damit gegenüber der Natur zum Ausdruck bringt. Geschaffen zu sein bedeutet, sich selbst und die Mitmenschen nicht als Produkte des Zufalls, aber auch nicht als Folge von naturgesetzlichen und damit zwangsläufig ablaufenden Prozessen zu verstehen. Mit der Aussage, der Mensch sei ein Geschöpf Gottes, verbindet sich die Überzeugung, dass sich jeder Einzelne jeweils einem freien Entschluss des Schöpfers verdankt. Daraus resultiert eine Hochschätzung des Einzelnen und seiner Entwicklungsmöglichkeiten, die ebenso als Orientierungspunkt für die Gestaltung der Lebenswirklichkeit dient, wie die Geschöpflichkeit auch die grundsätzliche Angewiesenheit des Einzelnen auf ein Gegenüber zum Ausdruck bringt. Im Blick auf die konkreten Handlungsfelder des Politischen bedeutet das, im Vorfindlichen nicht zugleich auch die Maßstäbe für das eigene Handeln zu sehen, sondern die gegebenen Formen des Zusammenlebens ebenso wie die natürliche Ausstattung des Menschen als gestaltungsfähigen und gestaltungsbedürftigen Rahmen zu begreifen, in dem sich das eigene Leben und die gemeinsame Kultur entfalten.

In der Auslegung des zweiten und dritten Glaubensartikels werden diese Konturen weiter verdeutlicht: Versöhnung lässt sich dann – durchaus in Anknüpfung an Karl Barth – verstehen als Freiheit in der Gemeinschaft. In der Perspektive ethischer Theologie bedeutet Versöhnung, die konstitutive Sozialität des Menschseins in Einklang zu bringen mit dem Ziel der individuellen Lebensführung und dem Verfolgen eines eigenen Lebensentwurfs. Versöhnung bedeutet die Überwindung des selbst empfundenen Zwangs, das eigene Leben nur an den Idealen der Gemeinschaft auszurichten, ohne dabei die Bedeutung der Gemeinschaft für das eigene Leben zu negieren. Erlösung schließlich ist als Freiheit von der Geschichte zu interpretieren, als die Möglichkeit, die das individuelle Leben unhintergehbar prägende Abhängigkeit von der Geschichte so zu verstehen, dass sich die gewordenen Strukturen, in denen sich ein eigener Lebensentwurf verorten muss, nicht als unwandelbar, sondern trotz ihrer das sittliche Leben strukturierenden Funktion als gestaltbar erweisen. Insgesamt ist das christliche Freiheitsverständnis nicht als Willkür, sondern als die eigene Stellungnahme zu vorgegebenen Gütern und Lebensformen zu profilieren. Diese eigene Stellungnahme ist dabei ausdrücklich als eine Realisierung der Freiheit zu verstehen, sodass die Bedingungen für eine solche Realisierung stets auch Thema einer politischen Ethik sein müssen – in ihrer grundlegenden Bedeutung, aber auch in ihrer geschilderten Ambivalenz.

2.8.2. Die Weltlichkeit der Welt respektieren

Die Weltlichkeit der Welt und damit auch ihrer Strukturen festzuhalten und sie als Ort der Verwirklichung menschlicher Lebensführung, nicht aber als Heilsordnung zu begreifen, stellt ein weiteres Merkmal einer evangelischen Ethik des Politischen dar. Auch hier lassen sich die näheren Umrisse vor dem Hintergrund der dargestellten Problemgeschichte durch eine Korrelation mit den drei Hauptartikeln des Glaubens verdeutlichen. Den Staat im Horizont der Schöpfungslehre zu interpretieren bedeutet dann, die Unterschiedenheit zwischen Schöpfer und Schöpfung zu akzentuieren und so den Staat und die politischen Ordnungsstrukturen als vorläufige Gestalten anzuerkennen. Das bedeutet zugleich, vom ersten Glaubensartikel her, nicht den Gesichtspunkt der Legitimation aus dem Willen des Schöpfers und damit zugleich den Charakter einer Offenbarungsquelle hervorzuheben, wie das die lutherische Tradition mehrheitlich intendierte, sondern in Anlehnung an die reformierte

III. POLITISCHE ETHIK

Lehrbildung und mit der *Barmer Theologischen Erklärung* die Vorläufigkeit weltlicher Ordnung zu akzentuieren. Der Staat ist in allen seinen Ausprägungen Teil der noch nicht erlösten Welt (5. Barmer These), daher bilden Säkularisierung und eine vom ersten Glaubensartikel her entworfene Sicht des Staates keine Gegensätze, im Gegenteil: Die Interpretation der Welt als Schöpfung leitet dazu an, eben die Weltlichkeit der Ordnungen anzuerkennen und sie nicht zu sakralisieren oder zu sakramentalisieren, wie das in der Tradition protestantischer Staatslehre allzu häufig der Fall war. Diese Betonung des weltlichen Charakters gilt dabei keineswegs nur für den Staat und seine Organe, sondern auch für die gesellschaftlichen Ordnungen, wie Ehe, Wirtschaft und auch die verfasste Kirche.

Unter dem Blickwinkel des zweiten Glaubensartikels kann der Gedanke der Weltlichkeit der Welt über die Affinität zur menschenrechtsgebundenen Demokratie westlichen Typs beschrieben werden. Der Menschenrechtsgedanke lässt sich dann als Äquivalent zu der ethischen Interpretation von Versöhnung, zu Freiheit in der Gemeinschaft, interpretieren. So bringen die Menschenrechte zunächst den Respekt vor dem Einzelnen zum Ausdruck, indem sie grundlegende, die individuelle Entfaltung gewährleistende Zusicherungen festhalten, die dem Mehrheitsprinzip enthoben sind. Diese ermöglichen es, den Lebensentwurf als eigenen auch dann zu gestalten, wenn dieser nicht den Vorstellungen der Mehrheit entspricht. Da diese Rechte allen Menschen in gleichem Maße zukommen, markieren sie aber zugleich die Grenzen individuellen Handelns. Der Freiheit in der Gemeinschaft und dem Prinzip der Weltlichkeit der Welt entspricht es zudem, Menschenrechte nicht als vorstaatlich verliehene Rechte zu verstehen, sondern als eine bewusste Selbstbeschränkung des Gemeinwesens, die politisch beschlossen und über Gesetzgebungsverfahren als für alle Menschen gleichermaßen verbindlich erklärt wird. Menschenrechte verweisen zwar auf einen absoluten Grund, doch dieser absolute Grund muss in staatlichen Vollzügen verborgen bleiben, damit einem totalen Zugriff des Politischen auf den Einzelnen gewehrt wird. Mit der Betonung der Weltlichkeit der Welt ist darum ebenfalls hervorzuheben, dass ein solcher absoluter Grund nur den Einzelnen binden kann und damit notwendig individuell bleibt. Als gemeinschaftlich beschlossene Rechte können demgegenüber die Menschenrechte Allgemeingültigkeit beanspruchen, wenn im Rahmen ihrer Implementierung spezifische Begründungsmuster abgeschliffen wurden. Diese Allgemeingültigkeit ist wiederum die Voraussetzung dafür, dass die Menschenrechte nicht im Deklarativen stecken bleiben, sondern durch die Vollzüge von Staat und Gesellschaft tatsächlich wirksam werden (vgl. ausführlicher Haller 2013: 103–112, 203–206). Weltlichkeit der Welt bedeutet in dieser Perspektive aber auch, die Verhältnisse des Zusammenlebens zwischen Menschen nüchtern zu analysieren und nicht idealisierend zu verklären. Die Ausübung von rechtserhaltender Gewalt, sowohl nach innen als auch, im Verteidigungsfall, nach außen, gehört daher zu den Aufgaben des Staates. Diese Gewaltanwendung ist dabei strikt an das Recht zu binden, der Einsatz von Gewalt zur Erlangung politischer Ziele, sei es im Inneren, sei es nach außen, ist strikt abzulehnen. Der Parlamentsvorbehalt für Militäreinsätze sowie die Bindung der eigenen Streitkräfte an die Charta der Vereinten Nationen sind wesentliche Aspekte, die hier zu beachten sind. Doch auch im Fall einer grundsätzlich legitimierten Anwendung staatlicher Gewalt stellen sich gewichtige Probleme, die im Rahmen einer ethischen Konkretisierung zu berücksichtigen sind. Die Gewaltanwendung selbst ist an den Maßstäben auszurichten, die für ein der Freiheit verpflichtetes Gemeinwesen gelten (vgl. zu dieser Figur insbesondere Rendtorff 1978a). Willkürliche, unverhältnismäßige Gewalt, etwa bei Demonstrationen oder auch im Strafvollzug, ist damit ebenso unvereinbar wie Folter und Unproportionalität der Mittel im Falle von Militäreinsätzen. Fragen eigener Art werfen darüber hinaus die Nothilfe für Bedrohte in anderen Ländern sowie der Einsatz an friedenssichernden und friedensschaffenden Maßnahmen im Rahmen internationaler, durch die Vereinten Nationen legitimierter Interventionen auf: Unter welchen Bedingungen darf in die Souveränität anderer Staaten eingegriffen werden? Wie viel Risiko für die eigenen Einsatzkräfte darf ein Staat in Kauf nehmen, um anderenorts der Gewalt Einhalt zu gebieten? Unter welchen Umständen muss Gewalt, etwa bei humanitären Interventionen, angewendet werden, um Recht zu schaffen? Sosehr zur Weltlichkeit der Welt auch deren Konflikte gehören, so sehr ist bei all diesen Erwägungen in Rechnung zu stellen, dass in einer christlichen Perspektive die Versöhnung stets das leitende Ziel politischen Handelns darstellen muss.

In Korrelation zur ethischen Dimension des dritten Glaubensartikels ist noch einmal auf den vorläufigen Charakter weltlicher Strukturen zu verweisen. Damit geht eine Entideologisierung der Sphäre des Politischen einher, die den strikt funktionalen Charakter von Staat und Politik betont: Die Staatsordnung ist keine Heilsordnung. Der Zweck des Staates besteht darin, den Einzelnen individuelle Freiheiten zu ermöglichen und dafür Sorge zu tragen, dass die Lebensentwürfe Aller möglichst miteinander koexistieren können. Darüber hinaus bedeutet Entideologisierung, den Staat zwar als un-

III. POLITISCHE ETHIK

verzichtbar anzusehen, gleichzeitig aber auch das Bewusstsein dafür wachzuhalten, dass der Staat selbst seine Grenzen überschreiten kann und daher die Kontrolle der Macht und die Bindung der Staatsgewalt an das Recht unabdingbar sind. Zu dieser Kontrolle gehört im Übrigen auch eine Präferenz für die repräsentativ-parlamentarische Demokratie, insofern hier konkrete Verantwortung zugeschrieben werden kann. Schließlich geht Entideologisierung einher mit der Einsicht, dass politische Entscheidungen Schnittsetzungen in einem prinzipiell offenen Diskursprozess darstellen und somit auch Fehlentwicklungen korrigiert werden können.

Entideologisierung und Depotenzierung des Staates, auch der Hinweis auf die Vorläufigkeit und die Verbesserungsbedürftigkeit dürfen aber nicht dazu führen, die Bedeutung des Staates für den Einzelnen und seine Lebensführung gering zu achten. Vielmehr ist anzuerkennen, dass die staatliche Ordnung für die Ermöglichung individueller Freiheitsspielräume und Zukünftigkeiten weit mehr tut, als nur die Kompatibilität der Freiheit des Einen mit den – gleichberechtigten – Freiheiten der Anderen zu sichern. Gerade demokratische, am Individuum orientierte Staaten stellen ein differenziertes System staatlicher Leistungen bereit, die das Erlangen solcher Freiheiten und die Entwicklung eines individuellen Lebensentwurfs überhaupt ermöglichen. Insofern sind moderne Staaten hoch differenzierte Organisationen, die, ähnlich wie die Technik, als Hilfsmittel für den Einzelnen fungieren. Gerade in hochentwickelten Gesellschaften sind die Einzelnen zur Realisierung ihrer Lebensentwürfe und damit ihrer Freiheiten auf vielfältige Unterstützungsleistungen angewiesen. Freiheit und Staatlichkeit sind darum insbesondere in modernen Gesellschaften keine Gegensätze, sondern bedingen einander. Der von der älteren liberalen Tradition, etwa von Ernst Troeltsch, so sehr herausgestellte Gedanke der Verwirklichung der Freiheit im Gegenüber zum Obrigkeitsstaat (vgl. Troeltsch 2001) wird im Prozess der fortgeschrittenen Modernisierung abgelöst durch die in Ansätzen schon bei Georg Wilhelm Friedrich Hegel diskutierte Frage, auf welchen Grundlagen solche Freiheitsrechte wahrgenommen werden können. Damit aber wird dem im Selbstverständnis als Geschöpf und in der Rechtfertigung aus Glauben, nicht aus den Werken angelegten Gedanken der prinzipiellen Gleichberechtigung aller erst adäquat Rechnung getragen. Denn nun ist die Einsicht leitend, dass eine auf der prinzipiellen Gleichberechtigung aller aufgebaute Gesellschaft auf Mechanismen angewiesen ist, die den Einzelnen die Teilhabe am Gemeinwesen auch dann ermöglichen sollen, wenn sie aktuell – aufgrund ihrer Herkunft oder ihrer gegenwärtigen Verfassung – dazu nicht in der Lage sind. Die Ausbildung zum Beispiel von leistungsfähigen Medizinsystemen lässt sich durchaus als ein Prozess der Demokratisierung deuten. Ähnliches ließe sich natürlich auch für die anderen Bereiche der sozialen Sicherung, aber auch für die Verbesserung der individuellen Ausbildung namhaft machen.

2.8.3. Die Zukunftsfähigkeit menschlichen Lebens gewährleisten

Die letzten Überlegungen berühren sich bereits mit dem dritten Leitgedanken einer evangelischen Ethik des Politischen: die Ausrichtung des Politischen an dem Ziel, dem Einzelnen eine Zukunft als einen selbstgewählten Lebensentwurf zu ermöglichen und ihn nicht auf das Vorgegebene festzulegen, weder hinsichtlich seiner physischen Ausstattung noch im Blick auf seinen sozialen Status. Dabei ist zunächst daran zu erinnern, dass das klassische Staatsdenken die Ermöglichung von Zukunft hauptsächlich als Sicherung des individuellen Lebens gegen Übergriffe von Anderen verstanden hatte. Dieser Zuschnitt, der vor allem aus der Erfahrung einer schwachen Staatsmacht und einem von ihr nur unzureichend durchgesetzten Gewaltmonopol resultierte, ist unter modernen Bedingungen zu erweitern. Ermöglichung von Zukunft bedeutet nun zusätzlich, jedem Einzelnen zumindest die Grundlagen für eine selbstbestimmte Ausgestaltung des eigenen Lebensentwurfs zukommen zu lassen, sei es materieller Art wie im Falle der notwendigen Infrastruktur, der Krankenversorgung oder einer finanziellen Grundsicherung, sei es immaterieller Art wie etwa im Blick auf das Bildungssystem. Auch hier lassen sich nähere Konturen wiederum durch eine Korrelation mit den drei Glaubensartikeln zeichnen. Im Unterschied zu dem Weltbild der klassischen Physik, das über weite Teile das naturwissenschaftliche – und von dort aus auch das naturrechtliche – Denken bestimmt, setzt das Schöpfungsdenken den Akzent darauf, dass sich die Welt und vor allem jeder einzelne Mensch nicht einer naturwissenschaftlichen Gesetzmäßigkeit, sondern dem freien Willen Gottes verdankt. Das bedeutet zugleich, dass mit Schöpfung kein abgeschlossener, sondern ein zukunftsoffener Prozess beschrieben wird, der seine Vollendung erst am Ende der Zeit erreichen wird. Übertragen auf die Lebensführung folgt daraus, deren Ziel nicht in der Rückkehr zu einem Ausgangszustand zu sehen und im Kontrast dazu das faktische Verhalten vorrangig als Abweichung von diesem Ideal zu interpretieren. Die Entwicklung auf ein in der

Zukunft liegendes Ziel, die zugleich die Restriktionen der Gegenwart zu überwinden hilft, bildet dann den Fokus des Geschichtsdenkens (vgl. ausführlicher Anselm 2012). Die Aufgabe des Staates kann sich dann ebenfalls nicht darauf beschränken, den Abweichungen von der ursprünglich gegebenen, guten Ordnung zu wehren, sondern sie besteht auch darin, darauf zu achten, den Weiterentwicklungsprozess zu ermöglichen, zu gestalten und zu moderieren. Die Bürger sind entsprechend als Mitwirkende an diesem Prozess zu achten und zu fördern, nicht als diejenigen, deren Verhalten in erster Linie als Bedrohung für die gegebene Ordnung zu verstehen ist. Das Agieren des Politischen an der Ermöglichung von Zukunft auszurichten heißt sodann auch, keiner vorfindlichen Realisierung der Freiheit den Status der Unbedingtheit zuzumessen, sondern an einer steten Verbesserung der Lebensverhältnisse wie auch der politischen und gesellschaftlichen Ordnungsstrukturen zu arbeiten.

Der ethische Fokus des Versöhnungsgedankens, Freiheit immer in intersubjektiver Perspektive zu thematisieren, konkretisiert den Aspekt der Zukunftsorientierung politischen Handelns weiter. Wenn Gottes Handeln in Schöpfung, Versöhnung und Erlösung nicht einem Einzelnen, sondern allen Menschen gilt, dann muss daraus für die Lebensführung folgen, den Anderen als gleichberechtigten Nächsten zu behandeln. Das bedeutet, die kontinuierliche Suche nach Handlungs- und Gestaltungsalternativen, die die Entwicklungsperspektiven möglichst aller, besonders auch derer, die am Rande stehen, in den Blick zu nehmen. Für die politische Ethik stellt dies eine nicht unbeträchtliche Herausforderung dar, insofern eine solche, an der Eröffnung von Zukunftsmöglichkeiten für alle ausgerichtete Zielsetzung es notwendig macht, nicht nur das eigene Land und die Bedürfnisse seiner derzeitigen Bürger zu berücksichtigen, sondern eine intergenerationelle und eine internationale Perspektive einzunehmen. Gerade bei der Sozial-, Wirtschafts- und Umweltpolitik sowie der Flüchtlings- und Entwicklungspolitik stellt dies die politisch Verantwortlichen vor große Herausforderungen. Hier müssen Aspekte berücksichtigt und durch die demokratische Willensbildung legitimiert werden, die über die eigenen Interessen, zum Teil auch über die eigene Lebensspanne hinausreichen.

Im Licht des dritten Glaubensartikels schließlich bedeutet die Ausrichtung der politischen Ethik an der Zukunftsfähigkeit, die politischen Akteure noch einmal in einer etwas anderen Hinsicht an die Vorläufigkeit des eigenen Handelns zu erinnern. Vorläufigkeit bedeutet nicht nur negativ, auf Absolutheitsansprüche in einzelnen kontroversen Fragen zu verzichten, sondern auch positiv, Räume freizugeben und freizuhalten für diejenigen zivilgesellschaftlichen Aktivitäten, in denen die für den Einzelnen letztverbindlichen Bestände vermittelt und der Sinn der eigenen Existenz erschlossen werden können. Zukunftsfähigkeit konkretisiert sich hier in einer Gestaltung des Politischen, das für die Präsenz der Religion in ihren konkreten Vollzügen offen ist und den Religionsgemeinschaften eine entsprechende Unterstützung gewährt – unter der Bedingung allerdings, dass auch die Religionsgemeinschaften diesen ihnen zugewiesenen Ort respektieren und ihrerseits darauf verzichten, die von ihnen vertretenen Absolutheitsansprüche auf den Bereich der Politik zu übertragen.

3. EBENEN UND THEMEN KONKRETER VERANTWORTUNG

Der Wandel vom Obrigkeitsstaat zur parlamentarischen Demokratie nötigte der politischen Ethik tief greifende Umstrukturierungsprozesse ab: Der Demokratisierung des Staatswesens korrespondiert eine Demokratisierung der theologischen Legitimationsfiguren. Nun ist es nicht mehr die Obrigkeit, die als von Gott eingesetzt verstanden wird und daher die Aufgabe und das Recht erhält, den Einzelnen ihren Platz im Gemeinwesen zuzuweisen und dabei nötigenfalls auch Gewalt anzuwenden, sondern die besondere Wertschätzung des Einzelnen, in der das neuzeitliche Menschenrechtsdenken sowie die neuprotestantische Anthropologie konvergieren, wird nun zum Ausgangspunkt des theologischen Staatsdenkens. Die Legitimität des Staates ergibt sich fortan aus seiner Funktion für die Einzelnen, deren Zusammenleben er sichert und deren Entfaltung er ermöglicht und unterstützt. Während also die politische Ethik bis weit in das 20. Jahrhundert hinein eine hierarchisch gegliederte Gesellschaft vor Augen hatte, ist seitdem ein grundsätzlich egalitäres Modell leitend, in dem nur funktionale Differenzierungen legitim sind, um das Wohl aller sicherzustellen, vor allem auch derer, die besondere Unterstützung benötigen. Klassisch ist diese Position von John Rawls als sogenanntes «Differenzprinzip» formuliert worden: «[...] das sogenannte Differenzprinzip, dem zufolge die mit Ämtern und Positionen verbundenen sozialen und ökonomischen Ungleichheiten so eingerichtet sein müssen, daß sie, wie groß oder klein sie auch sein mögen, zum größtmöglichen Vorteil der am wenigsten begünstigten Gesellschaftsmitglieder wirken» (Rawls 1998: 70 f.; vgl. auch Ders. 1975: 95 f.).

3.1. Der Bürger als Wähler

Zu dieser Herangehensweise, die auf dem Gedanken der grundsätzlichen Gleichberechtigung aller basiert, gehören auch die gewachsenen Ansprüche an den Einzelnen. Er wird von der Ethik nicht mehr nur als derjenige wahrgenommen, der sich in die vorgegebenen Ordnungsstrukturen einzufügen hat, als Untertan also, sondern wird selbst zum politischen Subjekt. Der einzelne Bürger, nicht mehr nur der Fürst, ist es nun, dem politische Verantwortung übertragen wird. Parallel dazu verlagert sich das Interesse von den klassischen Freiheitsrechten auf die Partizipationsrechte. Mit dieser Verlagerung steigern sich die Schwierigkeiten noch einmal, die bereits beim Übergang von der Elitendemokratie zur sozialen Demokratie und damit bei der Akzentverschiebung von den negativen zu den positiven Freiheitsrechten identifiziert werden konnten: Wer sich um die Verwirklichung der Freiheit kümmern möchte, muss immer schon ein gehaltvolles Bild von Freiheit in Anspruch nehmen, das seine Bemühungen steuert. Dadurch aber gerät er unweigerlich in die Gefahr, die Vielfalt möglicher Lebensentwürfe der Normierung durch seine eigenen Leitvorstellungen zu unterminieren. Dieser Aspekt ist besonders von Isaiah Berlin in seinem Essay *Two Concepts of Liberty* 1958 herausgestellt worden, der die weitere Diskussion zur politischen Ethik in dieser Frage – in Zustimmung wie in Kritik – maßgeblich beeinflusst hat (vgl. Berlin 2006; zur Kritik an Berlin vgl. Taylor 1992). In der Frage der Partizipation liegen die Probleme in einem ähnlichen Bereich. Während Schutz- und Abwehrrechte jedem Menschen aufgrund seines Menschseins zuerkannt werden können, müssen politische Partizipationsrechte notwendig an bestimmte Bedingungen geknüpft werden. Hier sind nicht nur Grenzen zu ziehen, es muss auch dafür Sorge getragen werden, dass die Möglichkeit der Inanspruchnahme von Partizipationsrechten gegeben ist. Solche Grenzen, wie etwa die Kriterien für die Verleihung des aktiven und passiven Wahlrechts, stützen sich zwar selbst auf schwache empirische Indizien und, bei der Koppelung des Wahlrechts an die Bürgerrechte, auf systematische Überlegungen. Letztlich aber stellen sie im Wesentlichen das Ergebnis von Konventionen dar, über deren Angemessenheit ein steter Verständigungsprozess herbeizuführen ist. Der Kreis derer, die nicht nur formal zur Partizipation berechtigt sind, sondern auch zu einer konkreten Wahrnehmung ihrer Rechte befähigt werden sollen, ist im Kontext der Demokratisierungsprozesse seit Mitte der 1960er-Jahre massiv ausgeweitet worden. Stand zunächst der Gedanke im Vordergrund, keiner Gruppe die ihnen zukommenden Rechte zu entziehen, so wird nun diese Frage immer stärker von der Debatte um die Befähigung zur Partizipation abgelöst. Diese Diskussion nahm bei der Durchsetzung der gesellschaftlichen Gleichberechtigung der Frauen ihren Ausgangspunkt, später schlossen sich die Debatten um Kinderrechte sowie, jüngst, um Inklusion in einem umfassenden Sinn an. Wie sehr sich dabei die Frage – aber auch die Problemstellung – seit der Aufklärung verschoben hat, zeigt ein Blick auf den entsprechenden Passus in Immanuel Kants *Metaphysik der Sitten*: Kant konstatiert, dass neben der Freiheit und der Gleichheit auch die «bürgerliche Selbständigkeit», mithin die Fähigkeit, «seine Existenz und Erhaltung nicht der Willkür eines anderen im Volke, sondern seinen eigenen Rechten und Kräften, als Glied des gemeinen Wesens verdanken zu können», zu den für die Qualifikation zum Staatsbürger notwendigen Bedingungen gehört. Dementsprechend muss dann zwischen aktiven und passiven Staatsbürgern unterschieden werden, wobei Kaufmannsgesellen, «alle Frauenzimmer», Hauslehrer und andere abhängig Beschäftigte nicht als aktive Staatsbürger gelten können (MdS 432 f.).

Die besondere Herausforderung der politischen Partizipationsrechte liegt nun darin, dass diese nicht nur die grundsätzliche, sondern auch eine konkrete Urteilsfähigkeit voraussetzen. Partizipation ist ohne Bildung, ohne das Beherrschen elementarer Kulturtechniken, nicht denkbar. Bildung wiederum hat nicht nur, wie es die sozialen Sicherungsrechte nahelegen könnten, eine objektive, sondern vor allem auch eine subjektive Seite: Im Unterschied zu materiellen Ressourcen lässt sich Bildung nicht ohne Zutun der Einzelnen verteilen. Das bedeutet aber auch, dass der Wahrnehmung eigener Pflichten, nämlich der zur Bildung und zur Information, dieselbe Bedeutung zukommt wie der Bereitstellung entsprechender Angebote durch die Gemeinschaft. Demokratie als Lebensform setzt voraus, dass die Einzelnen nicht nur ihr Wahlrecht ausüben, sondern sich tatsächlich um eine informierte Entscheidung bemühen und sich die dafür notwendigen Voraussetzungen selbst aneignen. Das Minimalkriterium sind ausreichende Sprachkompetenzen. Was Jürgen Habermas als Voraussetzung für die Teilnahme an den Diskursen genannt hat, die allein in der Lage sind, moralisch begründbare Handlungsoptionen zu formulieren, gilt ebenso für die politische Willensbildung und die Ausübung der eigenen Partizipationsrechte. Die Demokratie mutet damit ihren Bürgern zu, im Gegenzug für die ihnen zugesicherten Rechte sich auch selbst in die Pflicht nehmen zu lassen. Denn der demokratische Staat kann seine eigene Legitimation nur dann aus sich selbst erzeugen und dadurch Schwierigkeiten überwinden, die durch eine von außen herangetragene Begründungsstrategie hervorgerufen werden, wenn er sich auch der verantworteten Partizipation seiner Bürger sicher sein kann. Diese konzentriert sich zunächst auf die Formulierung eines wohlverstandenen Eigeninteresses, das diese Perspektive zugleich im Kontext anderer Ausarbeitungen individueller Optionen verortet. Dabei gebietet es der Respekt vor dem Anderen als gleichberechtigtem Bürger, dessen Interessen gelten zu lassen und wahrzunehmen, den Abgleich der unterschiedlichen Sichtweisen jedoch den politischen Prozessen zu überlassen. Das bedeutet aber auch, dass die Akzeptanz der getroffenen Entscheidungen und damit die Befolgung des Rechts sowie der Respekt vor den staatlichen Einrichtungen und Verfassungsorganen einen wichtigen Aspekt der politischen Verantwortung darstellen, die von den Bürgern gefordert ist. Gegen demokratisch legitimierte Entscheidungen ist außerhalb der durch die Verfassungsordnung vorgegebenen Wege – Opposition, öffentliche Kritik sowie das Beschreiten des Rechtswegs – Widerstand nur in den engen Grenzen einer individuellen Gewissensentscheidung zulässig, deren Konsequenzen zu tragen dann jedoch dem Einzelnen obliegt.

In Aufnahme der oben angestellten Überlegungen zur Zukunftsfähigkeit, in Aufnahme aber auch des Bewusstseins, dass gerade in modernen Gesellschaften die Verwirklichung eigener Ziele sich immer als eigene Stellungnahme zu dem Vorgegebenen entfaltet, deckt sich das wohlverstandene Eigeninteresse nicht einfach mit dem Verfolgen momentaner Präferenzen, sondern orientiert sich an Zielsetzungen, die über eine solche kurzfristige Betrachtungsweise hinausgehen: Ein Lebensentwurf zeichnet sich gerade dadurch aus, dass er die Zukunft des eigenen Handelns mit berücksichtigt und gleichzeitig dieses Handeln als das der nachfolgenden Generation vorgegebene begreift.

3.2. Die Beteiligung in zivilgesellschaftlichen Organisationen und Parteien

Die Ausübung des Wahlrechts und die Auseinandersetzung mit den zur Debatte stehenden Positionen stellt jedoch nur das Mindestmaß politischer Beteiligung dar, das von den Einzelnen zu verlangen ist. Denn wenn für die Gegenwart die Frage der Partizipation und der Verwirklichung eigener Ziele von Bedeutung, wenn damit zugleich die Vorstellung vom Minimalstaat unzureichend ist, dann ist eine Beteiligung des Einzelnen am Staatswesen über das Ausüben des Wahlrechts hinaus die nur konsequente Weiterführung dieses Gedankens. Eine entsprechende Beteiligung umfasst die verschiedenen Formen zivilgesellschaftlichen Engagements, in denen die für eine partizipative Gesellschaft notwendigen, vielgestaltigen Unterstützungsleistungen erbracht werden. Als solches sind derartige Tätigkeiten auch Gegenstand einer Ethik des Politischen; sie erkennt an, dass ein demokratisches Staatswesen und eine demokratische Gesellschaft selbst ein Ensemble von verschiedenen, auf das Gemeinwohl bezogenen Aktivitäten bilden. Klassische Vereinsstrukturen, neue soziale Bewegungen und individuelle bürgerschaftliche Mitarbeit sind in diesem Zusammenhang ebenso hervorzuheben wie die vielfältigen Organisations- und Mitgestaltungsoptionen, die sich im Bereich von Kirche und Diakonie ergeben. Neben dieser Anerkennung ist seitens einer Ethik des Politischen aber auch darauf aufmerksam zu machen, dass zivilgesellschaftliches Engagement nicht notwendig eine Stütze einer demokratischen Gesellschaft sein muss (vgl. dazu grundlegend v. Beyme 1980; Habermas 1998: 399–467; aber auch Bedford-Strohm 1999: 421 ff.). So kann die Asymmetrie zwischen leicht und weniger leicht organisierbaren Interessen sogar zur Gefährdung einer demokratischen Gesellschaft werden, dann nämlich, wenn entsprechend organisierte Gruppen ihren Einfluss auf politische Entscheidungen dazu nutzen, ihre Partikularinteressen durchzusetzen und damit ihren strukturellen Vorteil in eine erhöhte Machtausübung umzusetzen. Diese Problematik kennzeichnete nicht nur die Weimarer Republik und die erste österreichische Republik, in der jeweils starke Interessenverbände ihre häufig ideologische Sicht kompromisslos durchzusetzen vermochten und damit die parlamentarische Demokratie delegitimierten (vgl. Berman 1997). Sie lässt sich in Gestalt des Neokorporatismus auch als ein Faktor für die Strukturen der Nachkriegsgesellschaft identifizieren, die

die 1968er als Gegenentwurf zu einer partizipatorischen Demokratie verstanden. Auch wenn durch eine fortgesetzte Modernisierung die Bindungskraft solcher Korporationen gesunken ist, erscheint es doch notwendig, sich dieses Spannungsfeldes zu erinnern. Dies umso mehr, als gerade auch die Kirchen in den 1950er- und 1960er-Jahren sich als solche neokorporatistischen Interessenverbände formierten. Produktives zivilgesellschaftliches Engagement setzt voraus, dass der Horizont des Handelns die Gesellschaft und nicht der eigene Interessenverband ist und dass zudem das grundsätzlich pluralistische Nebeneinander verschiedener Interessenartikulationen und Organisationsformen anerkannt wird. Das Beispiel der Moscheevereine zeigt dabei, dass religiöse Akteure in der Zivilgesellschaft keineswegs immer eine auf gesellschaftliche Integration und demokratische Partizipation zielende Rolle einnehmen müssen. Das bedeutet dann allerdings auch, die Bindung zivilgesellschaftlicher Organisationsformen an die demokratische Rechts- und Staatsstruktur nicht nur deskriptiv zu konstatieren – anders als es die Selbstdarstellung zumeist zum Ausdruck bringt, sind die meisten zivilgesellschaftlichen Akteure ohne die Unterstützung des Staates etwa im Vereins-, Stiftungs- und Steuerrecht nicht denkbar –, sondern auch normativ zu fordern. Sosehr zivilgesellschaftliches Engagement gerade für eine partizipative und soziale Demokratie unerlässlich erscheint, so sehr gilt es doch, kritisch zu bleiben gegenüber all denjenigen Ausprägungen zivilgesellschaftlichen Engagements, die nicht auf demokratische Integration, sondern auf Exklusion setzen. Das Agieren religiöser Gruppen ist dabei ebenso zu nennen wie das Erbringen sozialstaatlicher Leistungen durch rechtsextreme Gruppierungen in sozial schwachen Gebieten.

Dem Grundsatz nach gelten die vorangegangenen Überlegungen auch für das Engagement in politischen Parteien, die in differenzierten, repräsentativ-demokratischen Gesellschaften einen wichtigen Transmissionsriemen zwischen der Perspektive der Bürger und der Tätigkeit gewählter Repräsentanten darstellen. So sehr Parteien – wie alle Organisationsformen – dazu neigen, im Zuge weitergehender Institutionalisierungsprozesse ihren funktionalen Charakter in den Hintergrund treten zu lassen, so sehr bleiben sie unverzichtbar, weil sie die individuellen Perspektiven bündeln und so mögliche divergente Positionen überhaupt erst als Alternativen abstimmungsfähig machen. Gemeinsam mit den im vorpolitischen Raum angesiedelten zivilgesellschaftlichen Aktivitäten – und in gewisser Hinsicht darauf aufbauend – übernehmen Parteien einen Gutteil der diskursiven Bearbeitung von Sachthemen. Zudem machen sie es, indem sie unterschiedliche politische Programmatiken repräsentieren, möglich, innerhalb des politischen Prozesses unterschiedliche Konzeptionen und Zielsetzungen zu verfolgen. Sie leisten damit etwas, das für demokratische Gesellschaften charakteristisch ist, nämlich die auf Weiterentwicklung zielende Kritik nicht als Kritik am System, sondern im System zu vertreten. Oppositionsarbeit, ein zentrales Element der Demokratie, ist ohne Parteien nur schwer möglich. Aller Kritik an den Parteien zum Trotz gehört darum das Eintreten für die Parteien zu den Grundbedingungen für eine funktionsfähige Demokratie (vgl. u. a. stellvertretend für viele Lösche 1999; die Problemlage in der Demokratiedenkschrift: EKD 1985: 32–34, 38: vgl. auch Rendtorff 1978). Dies gilt umso mehr, als die vielfach geforderten, stärkeren plebiszitären Elemente keineswegs gegen die Gefahr immun sind, durch die Einzelinteressen der Initiierenden dominiert zu werden. Bei Volksabstimmungen fehlt gerade das vermittelnde und diskursstrukturierende Element der Parteien, deren interne Auseinandersetzung selbst eine Mehrperspektivität abbilden kann. Das kann durchaus dazu führen, dass in direktdemokratischen Abstimmungen sich diejenige Position durchsetzt, hinter der die stärkste Lobby und damit die effizienteste Öffentlichkeitsarbeit steht. Plebiszite repräsentieren daher nicht notwendig einen größeren Teil der Bevölkerung als Entscheidungen, die im Rahmen der parlamentarischen und durch die Parteien vorgeprägten Verfahren zustande kommen. Zudem können Parteien durch ihren eigenen Apparat denjenigen Sachverstand bereitstellen, der sie zumindest grundsätzlich unabhängiger von einzelnen Sichtweisen macht. Gerade in komplexen Gesellschaften und den entsprechenden vielschichtigen Problemlagen politischer Meinungsbildung können daher direktdemokratische Elemente zu einer unproduktiven Vereinfachung oder einer polarisierenden Zuspitzung führen.

Wichtiger als die Frage, ob es eine christliche Partei geben könne, erscheint daher die Feststellung, dass Parteien überhaupt ein zentrales Element in der Demokratie sind. Ebenso ist festzuhalten, dass die Kirchen ihren Ort in den zivilgesellschaftlichen Aktivitäten des vorpolitischen Raumes haben, nicht aber die Funktion von Parteien haben oder gar ein übergeordnetes Korrektiv darstellen können. In ihrer ganzen Vielfalt bieten die Kirchen Raum, Zeit und das vielfältige Traditionsgut der christlichen Sicht auf die Welt, ohne allerdings eine geschlossene Soziallehre oder ein geschlossenes, politisches Programm vertreten zu können. Im Blick auf die Möglichkeit und Notwendigkeit einer christlichen Partei wird man allerdings gerade aus dem Blickwinkel einer protestantischen politischen Ethik eine gewisse Zurückhaltung anmelden müssen: Sosehr es keinem Einzelnen und auch keiner

Gruppe verwehrt sein kann, eine Position, die sich innerhalb des recht breiten Spektrums christlich möglicher Auffassungen verorten lässt, auch als christlich zu bezeichnen und dies auch zur Grundlage einer Parteiprogrammatik werden zu lassen, so sehr wird auch darauf hinzuweisen sein, dass einer solchen Programmatik nie ein Alleinvertretungsanspruch für das Christliche oder auch das Protestantische eignen darf. Mit Recht hat gerade der Protestantismus nur in sehr wenigen Fragen Einheitlichkeit verlangt – und bei diesen Fragen handelt es sich nicht um ethische, sondern um dogmatische Kontroverspunkte. Hinsichtlich der Themen der politischen Ethik stellt sich dabei die Frage, ob nicht die Anerkennung der Menschenrechte, insbesondere die Anerkennung von Freiheit und Gleichheit aller Menschen als Konsequenz des Glaubens an Gott den Schöpfer, Versöhner und Erlöser eine solche Einheit verlangende Grundentscheidung darstellt. Jedenfalls würde eine solche Vorgehensweise die Schwierigkeiten vermeiden, die sich an die großen Diskurse um den *status confessionis* angesichts ethischer Konfliktlagen im 20. Jahrhundert anschlossen. So fokussiert die *Barmer Theologische Erklärung* – ungeachtet der Tatsache, dass sie selbst nicht als kirchenkonstituierendes Dokument wirksam wurde – eine falsche dogmatische Lehrbildung; Fragen der Lebensführung kommen demgegenüber nur als abgeleitete Konsequenzen in den Blick. Ebenso stützte sich auch die Proklamation des *status confessionis* im Blick auf die Stellung der Kirche gegenüber der Apartheid in Südafrika auf der Vollversammlung des Lutherischen Weltbundes 1977 in Daressalam in ihrer Begründung auf ein ekklesiologisches Argument, nämlich auf die Verweigerung der aus der Bekenntnisgemeinschaft resultierenden Abendmahlsgemeinschaft. Ähnliches gilt für das *Belhar-Bekenntnis* von 1986: Das Bekenntnis wehrt falsche dogmatische Lehrbildungen ab, die die Apartheid begründen können. In allen drei Fällen wird die Korrelation zwischen diesem Bekenntnis und konkreten politischen Maßnahmen insinuiert; über eine Anerkennung der Menschenrechte wäre diese Korrelation jedoch stabiler herzustellen gewesen. Aus dieser Perspektive zeigen sich sodann aber auch die erheblichen Schwierigkeiten, die die Argumentation mit dem *status confessionis* angesichts der atomaren Bewaffnung auf sich ziehen musste; hier lässt sich die Verbindung zu den Menschenrechten wesentlich weniger eindeutig herstellen, und das ist sicher ein Grund, warum die Debatte seitdem weitgehend zum Erliegen gekommen ist (vgl. als ersten Überblick dazu Wischnath 1984 und Lorenz 1983).

Wie gezeigt, gehörte die Tendenz, das Politische theologisch überzulegitimieren, zu den großen Problembereichen einer protestantischen, insbesondere einer lutherischen Ethik des Politischen. Hinter die Überzeugung, das Politische als weltlichen Handlungsraum zu begreifen, ist auch im Blick auf eine christliche Partei nicht zurückzufallen.

3.3. Amts- und Funktionsträger der repräsentativen Demokratie

Das Prinzip der repräsentativen Demokratie, das auf den gleichen Rechten aller Bürger aufbaut, ist auf Funktionsträger angewiesen, die sich selbst dem Repräsentationsprinzip verpflichtet fühlen. Ihre Aufgabe besteht darin, auf der Grundlage der durch direkte oder indirekte Wahl ausgesprochenen Legitimation Verantwortung für das Gemeinwesen zu übernehmen und damit gleichzeitig der Vielfältigkeit der Lebensorientierung der Bürger Ausdruck zu verleihen, als deren Repräsentanten sie fungieren. Das bedeutet, dass die Grundlage für das Handeln zwar die grundsätzlich partikulare Legitimation durch die Mehrheit der Wahlberechtigten darstellt, die mit ihrem Votum die von dem Amts- oder Funktionsträger vertretene Sichtweise in Fragen der politischen Gestaltung teilen, dass aber gleichzeitig die Amtsausübung dem Grundsatz verpflichtet ist, Entscheidungen zu treffen, die das Wohl aller im Blick haben. Im Konkreten ergeben sich hier häufig Zielkonflikte, da die Aufgabe, Repräsentant nicht nur der eigenen Wählerschaft, sondern als Abgeordneter eines Wahlkreises oder eines bestimmten Territoriums Repräsentant der Gesamtbevölkerung zu sein, mit den Interessen der eigenen Wiederwahl und damit der Orientierung des Handelns an der eigenen Klientel in Widerstreit geraten kann. Ähnliche Spannungen ergeben sich, wenn die eigene Perspektive, die bei Abgeordneten zusätzlich durch die Ablehnung eines imperativen Mandats oder einer sonstigen Weisungsgebundenheit durch die Rechtsordnung geschützt sein kann, mit der Partei-, Fraktions- oder Kabinettsdisziplin kollidiert. Hier stoßen zwei jeweils gut begründbare Prinzipien aufeinander: das Interesse an einer Verantwortungsübernahme durch die politisch Handelnden auf der einen, die Notwendigkeit und die eigene Bedeutung eines funktionsfähigen, vor allem verlässlichen politischen Systems auf der anderen Seite. Die jeweils auftretenden Spannungen lassen sich nicht grundsätzlich, sondern nur situationsbezogen auflösen; wer in der Demokratie ein politisches Wahlamt bekleidet, muss grundsätzlich mit solchen Schwierigkeiten rechnen. Allerdings sind Rahmenbedingungen erstrebenswert, die den Einzelnen einen reflektierten Umgang mit den hier skizzierten Konflikten ermöglichen: eine entsprechende materielle Absicherung, die dem Einzelnen auch über die Wahlperiode hinaus ein Auskommen sichert und ihn dadurch möglichst unabhängig gegenüber der Klientelorientierung und Formen der Korruption macht, öffentliche Kontrolle, sowohl in Gestalt der Medien als auch durch Opposition und Justiz sowie nicht zuletzt die Sensibilisierung der politisch Verantwortlichen für ethische Fragen ihres Berufes.

Dem letztgenannten Aspekt kommt dabei auch deshalb eine hervorgehobene Bedeutung zu, weil sich in den letzten Jahren eine signifikante Verschiebung in der Berufsethik ergeben hat. Wurde seit dem Entstehen des Privatbereichs in den frühmodernen Differenzierungsprozessen der Aufklärungszeit bis vor Kurzem zwischen der Ausübung eines Amtes und dem Privatleben unterschieden und wurden die Kriterien für die Beurteilung der Amtstätigkeit ganz überwiegend dem Bereich des professionellen Handelns entnommen, so wird in fortgeschrittenen, differenzierten und individualisierten Gesellschaften die private Lebensführung zunehmend zum Kriterium der Amtsausübung. Im Hintergrund steht dabei die Erfahrung, dass sich in einer hoch pluralen und differenzierten Gesellschaft auch für das Ausüben von Ämtern und vor allem für öffentliche Funktionen keine allgemeingültigen Regeln mehr angeben lassen. Besonders für Außenstehende lässt sich kaum angemessen beurteilen, welche fachlichen Kompetenzen und Expertisen für die jeweilige Berufsausübung notwendig oder angemessen sind. Stattdessen entscheiden die persönliche Integrität und Vorbildhaftigkeit darüber, ob eine Amtsführung als angemessen oder inadäquat empfunden wird. Pointiert formuliert: Die Ausweitung des Privaten geht mittlerweile so weit, dass die privaten Tugenden auch der Maßstab für die adäquate Berufsausübung geworden sind. Auch wenn diese Verschiebung den Spiegel einer gesellschaftlichen Entwicklung darstellt und zweifelsohne Repräsentanten in der Demokratie eine hohe persönliche Integrität aufweisen sollten, ist doch auf die Probleme einer solchen Fokussierung auf das Private hinzuweisen: Die Maßstäbe für die persönliche Lebensführung sind selbst volatil, darum kann die Fokussierung auf das Private und die persönliche Integrität schnell in eine destruktive Moralisierung umschlagen, insbesondere, wenn sich eine solche Konzentration mit der Aufmerksamkeitslogik der Massenmedien verbindet. Eine ethische Reflexion kann dem gegensteuern, indem sie auch hier auf die Weltlichkeit verweist: Den Maßstab für die persönliche Integrität bildet kein weltenthobenes Idealbild, sondern der ethische Common Sense. Diesen haben Politiker zu erfüllen – nicht weniger, aber auch nicht mehr.

3.4. Staatsform und Staatsverwaltung

Über die Perspektive der Bürger, der zivilgesellschaftlichen Einrichtungen und Parteien sowie der Amts- und Funktionsträger hinaus sind schließlich auch systemische Fragen ethisch zu reflektieren. Die Zustimmung und die Präferenz für die Staatsform der parlamentarisch-rechtsstaatlichen Demokratie stehen dabei außer Zweifel. Nur diese Staatsform ist mit der Hochschätzung individueller Freiheiten, wie sie charakteristisch ist für westliche Gesellschaften, vereinbar, nur sie entspricht in dieser Fokussierung auf die Lebensführung des Einzelnen, deren Voraussetzungen und Realisierungsbedingungen sie im Sinne einer partizipativ-sozialen Demokratie sicherstellt, den Überzeugungen des gegenwärtigen Protestantismus. Doch die systembezogenen Themen für eine politische Ethik lassen sich nicht auf die Staatsform und die Verfahren der Rechtsetzung und Rechtsprechung beschränken. Vielmehr muss auch die Exekutivgewalt der Demokratie als Lebensform in dem oben entwickelten Sinne entsprechen. Zwei Aspekte sind dabei besonders hervorzuheben: einmal die weltanschauliche Zurückhaltung des Staates, sodann ein Selbstverständnis der Exekutive als Dienstleistungsinstanz gegenüber den Bürgern. Zur weltanschaulichen Zurückhaltung der Exekutive gehört es, Eingriffe in die positive wie die negative Religionsfreiheit auf das unbedingt notwendige Maß zu beschränken und im Zweifelsfall der Freiheit den Vorrang vor der Regulierung zu gewähren – unter dem Vorbehalt, dass die im politischen Prozess gefundenen Lösungen auch von denen akzeptiert werden können, die die weltanschaulichen oder religiösen Grundlagen der Argumentation nicht teilen. Zum Selbstverständnis der Exekutive als Dienstleistungsinstanz gehört vor allem eine transparente Bürokratie, die mit nachvollziehbaren Entscheidungswegen dem Partizipationsideal entspricht. Das Vorhandensein einer Verwaltungsgerichtsbarkeit, die Entscheidungen der Exekutive überprüfbar und einklagbar macht, ist hier ebenso unabdingbar wie das Vorhandensein klarer Zuständigkeiten, die einer Verantwortungsdiffusion entgegenwirken. Die in jüngster Zeit aufgekommenen Vorstellungen von *liquid democracy*, von vollständiger, netzbasierter Transparenz und Mitgestaltungsoffenheit, sind aus dieser Perspektive skeptisch zu beurteilen, da sie möglicherweise einer solchen Verantwortungsdiffusion Vorschub leisten und Entscheidungen an die Wahlberechtigten zurückverlagern, die jedoch ihrerseits dafür weder Verantwortung übernehmen noch zur Verantwortung gezogen werden können. Der weiterführende Impuls, der mit dem Gedanken der *liquid democracy* verbunden ist, verdient jedoch Beachtung: Wie der Staat als solcher gewinnen die Verwaltungsapparate ihre Legitimation daraus, dass sie dem Einzelnen dazu verhelfen, seinen eigenen Lebensentwurf zu verfolgen. Wie andere Teile des politischen Systems ist jedoch auch die Exekutivgewalt ständig der Versuchung ausgesetzt, sich und ihre Eigenrationalitäten zum Maßstab des Handelns zu erheben. Im Extremfall kann das, wie schon bei der sozialen Demokratie angedeutet, zur Rückkehr des Obrigkeitsstaats führen, der seine Bürger als Untertanen betrachtet, für deren Versorgung er sorgt, deren Freiheiten er aber im Interesse des Machterhalts der Exekutive zugleich beschneidet. Die Übergriffe der Exekutive bei Demonstrationen, aber auch das Sammeln von Informationen über die eigene Bevölkerung sind Beispiele für die mögliche Rückkehr eines solchen Obrigkeitsstaates.

3.5. Ausblick: Zukünftige Fragestellungen

Abschließend sind nun – über die genannten Themen- und Problembereiche hinaus – noch einige weiterführende Fragestellungen in den Blick zu nehmen. Dabei liegt das Hauptaugenmerk auf drei Fragekomplexen: Wie lassen sich die fortschreitende Differenzierung und Technisierung mit der Notwendigkeit demokratischer Partizipation vereinbaren? Wie lässt sich demokratische Legitimation im europäischen Einigungsprozess erzielen? Und schließlich: Vor welche Herausforderungen sieht sich die politische Ethik durch die Globalisierung gestellt? Mit allen drei Bereichen stehen wir in der unmittelbaren Gegenwart. Daher können die Überlegungen hier nur skizzenhaften Charakter haben.

Zunächst zur ersten Frage: Moderne Gesellschaften sind durch zwei gleichzeitig stattfindende Prozesse gekennzeichnet: auf der einen Seite eine fortlaufende Differenzierung, auf der anderen Seite ein stark gestiegenes Bedürfnis nach Partizipation. Beide Entwicklungen sind dabei komplementär: Die Erfahrung der Differenzierung und, damit einhergehend, der Individualisierung führt dazu, dass das Verbindende für das gesellschaftliche Zusammenleben nicht mehr über einen gemeinsamen Bezugspunkt, sei es eine gemeinsame Weltanschauung oder gemeinsam akzeptierte Institutionen, geleistet werden kann. Nur auf dem Weg diskursiver Integration kann es noch gelingen, das für alle Verbindliche und Verbindende festzulegen. Damit aber wird gerade bei kontroversen Steuerungsfragen im Bereich des Politischen die bereits bei den Ebenen der Verantwortung angesprochene Frage akut, wie sich segmentspezifisches Fachwissen und gemeinsame Entscheidung zueinander verhalten. Deliberative Formen wie der Parlamentarismus kommen dort an ihre Grenzen, wo die Komplexität der notwendigen Sachinformationen eine eigene Meinungsbildung unmöglich macht oder doch zumindest stark erschwert: Die Entscheidungsfindung wird damit abhängig von Experteneinschätzungen; für deren Auswahl, aber auch für deren Glaubwürdigkeit gibt es keine eindeutigen Kriterien. Die kontroversen Fragen im Bereich der Biomedizin, der Energieversorgung und der Finanzmarktkrise haben die hierin liegende Problematik deutlich hervortreten lassen. Die damit einhergehenden Veränderungen, die teils auf eine Schwächung des Staates zugunsten externer Experten, teils aber auch auf eine Stärkung des Staates durch den Machtzugewinn der Exekutive, die über die nötigen Sachinformationen in politischen Prozessen verfügt, hinauslaufen, zeichnen sich erst in den ersten Konturen ab und werden die Debatten in den nächsten Jahren nachhaltig prägen.

Die bisherige politische Ethik bewegt sich nach wie vor hauptsächlich in den Bahnen territorial- oder nationalstaatlicher Entscheidungsprozesse. Allerdings gilt für die Mitgliedstaaten der Europäischen Union bereits heute, dass wesentliche Entscheidungen nicht mehr auf der Ebene der Einzelstaaten, sondern der Union gefällt werden. Durch diese Europäisierung wird allerdings die Frage nach einem tragfähigen Konzept für Europa dringend: Die Europäische Union ist längst mehr als ein loser Staatenbund oder eine Wirtschaftsgemeinschaft. Als ein gemeinsames Projekt kann die Europäische Union aber wohl nur auf Dauer funktionieren, wenn sie von einer verbindenden Idee getragen wird. Dabei ist nach der durch die eigene Attraktionskraft und den Zusammenbruch des Ostblocks gleichermaßen bedingten Erweiterung der Europäischen Union der ursprüngliche, auf dem Gedanken der katholischen Abendland-Idee gegründete Weg einer europäischen Integration auf der Basis weltanschaulicher Homogenität nicht mehr gangbar. Zu plural, aber auch zu säkular präsentiert sich die Europäische Union heute. Daher bleibt nur der Weg einer Integration über das Recht. Hier ist im Blick auf die Europäische Union besonders das auf den gemeinsamen Markt bezogene Recht zu erwähnen, darüber hinaus auch der Europäische Gerichtshof für Menschenrechte, der über die Europäische Union hinaus auch für die im Europarat versammelten Staaten verbindlich ist. Integration über das Recht erfolgt damit sowohl auf der Ebene der Rechtsetzung wie der Rechtsprechung. Gerade weil dieser Weg jedoch bestimmend ist, werden die legitimatorischen Defizite der europäischen Politik immer wieder kritisch betrachtet. Im Mittelpunkt steht dabei regelmäßig die Frage, ob die Tatsache, dass bei vielen maßgeblichen Entscheidungen die Positionierung der Mitgliedsstaaten und damit auch die Repräsentation der jeweiligen Bevölkerungsinteressen über die Regierungsebene und nicht über das Parlament erfolgt, nicht ein schwerwiegendes legitimatorisches Defizit ist. So eingängig diese Kritik auf den ersten Augenblick zu sein scheint, so sehr zeigen sich aber bei näherer Betrachtung auch die Grenzen dieser Argumentation: Auf europäischer Ebene wird die Repräsentation der Bevölkerung nicht automatisch besser über das Parlament gesichert – gerade das Europäische Parlament bildet ja nicht präzise die Proportionen der Bevölkerungsverhältnisse ab; zudem ist die Legitimation des Parlaments in der Bevölkerung eher schwach. Dazu kommt, dass die Dissense zwischen nationalen und europäischen Interessen im Europäischen Parlament keineswegs grundsätzlich besser verhandelt werden können als in der Europäischen Kommission oder im Ministerrat. Das Europäische Parlament und der Ministerrat sollten daher nicht konkurrierend gegeneinander ausgespielt werden, wie das eine populäre Kritik an der Struktur der Europäischen Union gerne tut. Sachgemäßer erscheint es, sie mit Jürgen Habermas als komplementär zu verstehen und daher für eine erweiterte Zustimmung der Bürger zu beiden, zum Parlament als Bürger der Union und zum Ministerrat als Angehörige der Nationalstaaten, zu werben (vgl. Habermas 2011: 67, 73).

Schließlich die Fragen transnationaler Regulierung: Ausgelöst vor allem durch die Überlegungen zur Friedenssicherung, aber auch in den Fragen des globalen Umweltschutzes und der Verwerfungen auf den internationalen Finanzmärkten operiert die evangelische Ethik in diesem Bereich vorrangig mit dem Gedanken einer Stärkung der Vereinten Nationen, ohne dass hinreichend deutlich wird, wie eine so gestärkte Institution von der Idee eines transnationalen Superstaates abgehoben werden kann (vgl. EKD 2007: 80 ff.; differenzierter EKD 2014). Nicht nur aufgrund der divergierenden Interessen der Mitgliedstaaten, sondern vor allem aufgrund der Erwartungen, die an eine solche Instanz herangetragen werden, ist hier erhebliche Skepsis angebracht: Zu leicht könnte gerade aus theologischer Sicht eine solche Instanz mit den Erwartungen und der Legitimation ausgestattet werden, die sich in der Problemgeschichte des evangelischen Staatsdenkens so negativ ausgewirkt haben.

4. LITERATUR

Ansbacher Ratschlag zur Barmer Theologischen Erklärung, in: Kurt Dietrich Schmidt: Die Bekenntnisse und grundsätzlichen Äußerungen zur Kirchenfrage, Bd. 2: Das Jahr 1934, Göttingen 1935, 102–104.

Anselm, Reiner: Jüngstes Gericht und irdische Gerechtigkeit. Protestantische Ethik und die deutsche Strafrechtsreform, Stuttgart 1994.

Ders.: Schöpfung als Deutung der Lebenswelt, in: Konrad Schmid (Hg.): Schöpfung, Tübingen 2012, 225–294.

Barth, Karl: Die Kirchliche Dogmatik I/1: Die Lehre vom Wort Gottes, Zürich 1932.

Ders.: Die Deutschen und wir, in: Ders.: Zur Genesung des deutschen Wesens. Ein Freundeswort von draußen, Stuttgart 1945, 9–55.

Ders.: Die Evangelische Kirche in Deutschland nach dem Zusammenbruch des Dritten Reiches, Stuttgart 1946.

Ders.: Die Kirche und der Friede, in: Junge Kirche 13 (1952), 161 f.

Ders.: Offener Brief an einen Pfarrer in der Deutschen Demokratischen Republik 1958, in: Karl Barth Gesamtausgabe, Bd. V/3: Offene Briefe 1945–1968, hg. von Diether Koch, Zürich 1984, 401–439.

Ders.: Rechtfertigung und Recht (1938), in: Ders.: Rechtfertigung und Recht. Christengemeinde und Bürgergemeinde. Evangelium und Gesetz, Zürich 1998, 5–45.

Ders.: Christengemeinde und Bürgergemeinde (1946), in: Ders.: Rechtfertigung und Recht. Christengemeinde und Bürgergemeinde. Evangelium und Gesetz, Zürich 1998, 47–80.

Bedford-Strohm, Heinrich: Gemeinschaft aus kommunikativer Freiheit. Sozialer Zusammenhalt in der modernen Gesellschaft. Ein theologischer Beitrag, Gütersloh 1999.

Berlin, Isaiah: Zwei Freiheitsbegriffe, in: Ders.: Freiheit. Vier Versuche, Frankfurt am Main 2006, 197–256.

Berman, Sheri: Civil Society and the Collapse of the Weimar Republic, in: World Politics 49 (1997), 401–429.

Beyme, Klaus von: Interessengruppen in der Demokratie, 5. Aufl. Müchen 1980.

Böckenförde, Ernst-Wolfgang: Die Entstehung des Staates als Vorgang der Säkularisation, in: Ders.: Recht, Staat, Freiheit. Studien zur Rechtsphilosophie, Staatstheorie und Verfassungsgeschichte, Frankfurt am Main 1991, 92–114.

Brink, Bert van den/Reijen, Willem van (Hg.): Bürgergesellschaft, Recht und Demokratie, Frankfurt am Main 1999.

Calvin, Jean: Unterricht in der christlichen Religion (1559), hg. von Otto Weber, 6. Aufl. Neukirchen-Vluyn 1997.

Casanova, José: Public Religions in the Modern World, Chicago 1994.

Dibelius, Otto: Obrigkeit, Stuttgart 1963.

Dreier, Horst: Säkularisierung und Sakralität, Tübingen 2013.

III. POLITISCHE ETHIK

Evangelische Kirche der Union (Hg.): Für Recht und Frieden sorgen. Auftrag der Kirche und Aufgabe des Staates nach Barmen V. Theologisches Votum der Evangelischen Kirche der Union, Gütersloh 1986 (EKU 1986).

Evangelische Kirche in Deutschland (Hg.): Evangelische Kirche und freiheitliche Demokratie. Der Staat des Grundgesetzes als Angebot und Aufgabe. Eine Denkschrift der EKD, Gütersloh 1985 (EKD 1985).

Dies. (Hg.): Aus Gottes Frieden leben – für gerechten Frieden sorgen. Eine Denkschrift des Rates der EKD, Gütersloh 2007 (EKD 2007).

Dies. (Hg.): Auf dem Weg der Gerechtigkeit ist Leben. Nachhaltige Entwicklung braucht Global Governance. Eine Studie der Kammer der EKD für nachhaltige Entwicklung, Hannover 2014 (EKD 2014).

Fichte, Johann Gottlieb: Grundlage des Naturrechts (1796), in: Ders.: Werke. Auswahl in sechs Bänden, hg. von Fritz Medicus, Bd. 2, Leipzig 1911.

Gerhard, Johann: Loci Theologici, cum pro adstruenda veritate tum pro destruenda quorumvis contradicentium falsitate per theses nervose solide et copiose explicati (1610–1622), hg. von Johann Friedrich Cotta, Bd. 14, Tübingen 1776.

Gollwitzer, Helmut: Bürger und Untertan (1957), in: Hans G. Ulrich (Hg.): Evangelische Ethik. Diskussionsbeiträge zu ihrer Grundlegung und ihren Aufgaben, München 1990, 177–204.

Graf, Friedrich Wilhelm: Die Wiederkehr der Götter. Religion in der modernen Kultur, München 2004.

Ders.: Götter global. Wie die Welt zum Supermarkt der Religionen wird, München 2014.

Greschat, Martin: Der Protestantismus in der Bundesrepublik Deutschland 1945–2005, Leipzig 2011.

Großbölting, Thomas: Der verlorene Himmel. Glaube in Deutschland seit 1945, Göttingen 2013.

Grotefeld, Stefan: Religiöse Überzeugungen im liberalen Staat. Protestantische Ethik und die Anforderungen öffentlicher Vernunft (Forum Systematik 29), Stuttgart 2006.

Habermas, Jürgen: Strukturwandel der Öffentlichkeit (1962), 15. Aufl. Frankfurt am Main 1984.

Ders.: Faktizität und Geltung. Beiträge zur Diskurstheorie des Rechts und des demokratischen Rechtsstaats, Frankfurt am Main 1998.

Ders.: Glauben und Wissen. Friedenspreis des deutschen Buchhandels 2001, Frankfurt am Main 2001.

Ders.: Religion in der Öffentlichkeit. Kognitive Voraussetzungen für den «öffentlichen Vernunftgebrauch» religiöser und säkularer Bürger, in: Ders.: Zwischen Naturalismus und Religion. Philosophische Aufsätze, Frankfurt am Main 2005, 119–154.

Ders.: Zur Verfassung Europas – ein Essay, Frankfurt am Main 2011.

Hacke, Jens: Philosophie der Bürgerlichkeit. Die liberalkonservative Begründung der Bundesrepublik, Göttingen 2006.

4. Literatur

Haller, Gret: Menschenrechte ohne Demokratie? Der Weg der Versöhnung von Freiheit und Gleichheit, Berlin 2013.

Herms, Eilert: Theologie und Politik. Die Zwei-Reiche-Lehre als theologisches Programm einer Politik des weltanschaulichen Pluralismus, in: Ders.: Gesellschaft gestalten. Beiträge zur evangelischen Sozialethik, Tübingen 1991, 93–124.

Ders.: Die weltanschaulich/religiöse Neutralität von Staat und Recht aus sozialethischer Sicht (1995), in: Ders.: Politik und Recht im Pluralismus, Tübingen 2008, 170–194.

Hobbes, Thomas: Leviathan (1651), Stuttgart 1986.

Honecker, Martin: Grundriß der Sozialethik, Berlin/New York 1995.

Howe, Günter (Hg.): Atomzeitalter, Krieg und Frieden, Witten 1959.

Huber, Wolfgang: Kirche und Öffentlichkeit, Stuttgart 1973.

Ders.: Aufgaben und Grenzen des Staats. Politische Ethik im Anschluß an die 5. Barmer These, in: Ders: Folgen christlicher Freiheit. Ethik und Theorie der Kirche im Horizont der Barmer Theologischen Erklärung, Neukirchen-Vluyn 1983, 95–112.

Ders.: Prophetische Kritik und demokratischer Konsens, in: Trutz Rendtorff (Hg.): Charisma und Institution, Gütersloh 1985, 110–127.

Ders./Tödt, Heinz-Eduard: Menschenrechte. Perspektiven einer menschlichen Welt, 3. Aufl. München 1988.

Inacker, Michael J.: Zwischen Transzendenz, Totalitarismus und Demokratie. Die Entwicklung des kirchlichen Demokratieverständnisses von der Weimarer Republik bis zu den Anfängen der Bundesrepublik, Neukirchen-Vluyn 1994.

Jordan, Hermann: Luthers Staatsauffassung. Ein Beitrag zu der Frage des Verhältnisses von Religion und Politik, München 1917.

Kant, Immanuel: Über den Gemeinspruch: Das mag in der Theorie richtig sein, taugt aber nicht für die Praxis (1793), in: Ders.: Werke in 10 Bänden, hg. von Wilhelm Weischedel, Bd. 9, Darmstadt 1983.

Ders.: Metaphysik der Sitten (MdS), in: Ders.: Werke in 10 Bänden, hg. von Wilhelm Weischedel, Bd. 7, Darmstadt 1983.

Kundgebung der Kirchenkonferenz der Evangelischen Kirche in Deutschland zur Verantwortung der Kirche für das öffentliche Leben. Treysa – August 1945, zit. nach: Friedrich Merzyn (Hg.): Kundgebungen. Worte und Erklärungen der Evangelischen Kirche in Deutschland, Hannover o. J.

Lange, Dietz: Schöpfungslehre und Ethik, in: Zeitschrift für Theologie und Kirche 91 (1994), 157–188.

Lehmann, Hartmut: Das Zeitalter des Absolutismus. Gottesgnadentum und Kriegsnot, Stuttgart u. a. 1980.

Leisering, Lutz: Der Sozialstaat in der «zweiten Moderne». Ambivalenzen und Zukunftsperspektiven des neuzeitlichen Individualisierungsprozesses, in: Siegfried Lamnek/Jens Luedtke (Hg.): Der Sozialstaat zwischen «Markt» und «Hedonismus»?, Opladen 1999, 75–92.

Lienemann, Wolfgang: Grundinformation Theologische Ethik, Göttingen 2008.

III. POLITISCHE ETHIK

Löhnig, Martin/Preisner, Mareike/Schlemmer, Thomas (Hg.): Reform und Revolte. Eine Rechtsgeschichte der 1960er und 1970er Jahre, Tübingen 2012.

Lösche, Peter: Parteienstaat in der Krise? Überlegungen nach 50 Jahren Bundesrepublik Deutschland. Vortrag und Diskussion einer Veranstaltung des Gesprächskreises Geschichte der Friedrich-Ebert-Stiftung in Bonn am 19. August 1999, Bonn 1999.

Lorenz, Eckehart: Politik als Glaubenssache? Beiträge zur Klärung des Status Confessionis im südlichen Afrika und anderen soziopolitischen Kontexten, Erlangen 1983.

Luther, Martin: Eine Predigt, dass man Kinder zur Schule halten solle (1530), in: Luther Deutsch, hg. von Kurt Aland, Bd. 7, Göttingen 1991, 230–262.

Mannheim, Karl: Diagnose unserer Zeit. Gedanken eines Soziologen, Zürich 1951.

Meyer, Thomas: Die Ironie Gottes. Die politische Kultur der Moderne zwischen Resakralisierung und Religiotainment, in: Tobias Mörschel (Hg.): Macht Glaube Politik? Religion und Politik in Europa und Amerika, Göttingen 2006, 61–83.

Möllers, Christoph: Der vermisste Leviathan, Frankfurt am Main 2008.

Müller, Jan-Werner (Hg.): German Ideologies since 1945. Studies in the political thougt and culture of the Bonn republic, New York 2003.

Ooyen, Robert Ch. van: Die Integrationslehre von Rudolf Smend und das Geheimnis ihres Erfolgs in Staatslehre und politischer Kultur nach 1945, in: Journal der Juristischen Zeitgeschichte 2 (2008), 52–57.

Plasger, Georg (Hg.): Reformierte Bekenntnisschriften. Eine Auswahl von den Anfängen bis zur Gegenwart, Göttingen 2005.

Pollack, Detlef: Säkularisierung – ein moderner Mythos?, Tübingen 2003.

Rawls, John: Eine Theorie der Gerechtigkeit, Frankfurt am Main 1975.

Ders.: Politischer Liberalismus, Frankfurt am Main 1998.

Rendtorff, Trutz (Hg.): Die Realisierung der Freiheit. Beiträge zur Kritik der Theologie Karl Barths, Gütersloh 1975.

Ders.: Macht und Gewalt heute – eine Orientierungshilfe, in: Hermann Greifenstein (Hg.): Macht und Gewalt. Leitlinien lutherischer Theologie zur politischen Ethik heute, Hamburg 1978, 13–40.

Ders.: Politische Ethik und Christentum, München 1978 (Rendtorff 1978a).

Ders.: Demokratieunfähigkeit des Protestantismus, in: Zeitschrift für Evangelische Ethik 27 (1984), 253–256.

Ders.: Ethik. Grundelemente, Methodologie und Konkretionen einer ethischen Theologie, 3. Aufl. Tübingen 2011.

Rich, Arthur: Christlicher Glaube in politischer Entscheidung, Zürich 1961.

Scheliha, Arnulf von: Protestantische Ethik des Politischen, Tübingen 2013.

Schieder, Rolf: Sind Religionen gefährlich?, Berlin 2008.

Schrey, Heinz-Horst (Hg.): Reich Gottes und Welt. Die Lehre Luthers von den zwei Reichen, Darmstadt 1968.

Schumpeter, Joseph A.: Kapitalismus, Sozialismus und Demokratie, 2., erw. Aufl. Bern 1950.

Schweitzer, Wolfgang: Der entmythologisierte Staat. Studien zu einer Revision der evangelischen Ethik des Politischen, Gütersloh 1968.

Sinner, Rudolf von: Öffentliche Theologie. Neue Ansätze in globaler Perspektive, in: Evangelische Theologie 71 (2011), 324–340.
Smend, Rudolf: Verfassung und Verfassungsrecht, München 1928.
Stein, Tine: Himmlische Quellen und irdisches Recht. Religiöse Voraussetzungen des freiheitlichen Verfassungsstaates, Frankfurt am Main 2007.
Strohm, Theodor/Wendland, Heinz-Dietrich (Hg.): Kirche und moderne Demokratie, Darmstadt 1973.
Tanner, Klaus: Späte Taufe der Demokratie? Zur Rezeption der Denkschrift der EKD «Evangelische Kirche und freiheitliche Demokratie», in: Zeitschrift für Evangelische Ethik 32 (1988), 119–128.
Ders.: Die fromme Verstaatlichung des Gewissens. Zur Auseinandersetzung um die Legitimität der Weimarer Reichsverfassung in Staatsrechtswissenschaft und Theologie der zwanziger Jahre, Göttingen 1989.
Taylor, Charles: Der Irrtum der negativen Freiheit, in: Ders.: Negative Freiheit? Zur Kritik des neuzeitlichen Individualismus, Frankfurt am Main 1992, 118–144.
Thielicke, Helmut: Kirche und Öffentlichkeit, Hamburg 1947.
Tödt, Heinz Eduard: Theologie der Gesellschaft oder theologische Sozialethik? Ein kritischer Bericht über Wendlands Versuch einer evangelischen Theologie der Gesellschaft, in: Zeitschrift für Evangelische Ethik 5 (1961), 211–241.
Trillhaas, Wolfgang: Die lutherische Lehre von der weltlichen Gewalt und der moderne Staat, in: Hans Dombois/Erwin Wilkens (Hg.): Macht und Recht. Beiträge zur lutherischen Staatslehre der Gegenwart, Berlin 1956, 22–33.
Troeltsch, Ernst: Politische Ethik und Christentum, Göttingen 1904.
Ders.: Die Bedeutung des Protestantismus für die Entstehung der modernen Welt (1906), in: Ders.: Kritische Gesamtausgabe Bd. 8: Schriften zur Bedeutung des Protestantismus für die moderne Welt, Berlin/New York 2001, 199–316.
Ders.: Die Soziallehren der christlichen Kirchen und Gruppen. Gesammelte Schriften Bd. 1, Tübingen 1912.
Wischnath, Rolf (Hg.): Frieden als Bekenntnisfrage, Gütersloh 1984.
Wolf, Ernst: Die Königsherrschaft Christi und der Staat, in: Ders./Werner Schmauch: Königsherrschaft Christi. Der Christ im Staat, München 1958, 20–61.

IV
ETHIK DES SOZIALEN

Torsten Meireis

1. BEGRIFF UND GEGENSTANDSFELD EINER ETHIK DES SOZIALEN 267
1.1. Ethik des Sozialen und Sozialethik 267
1.2. Die Ethik des Sozialen im Kontext der Bereichsethiken 270
1.3. Der Gegenstandsbereich der Ethik des Sozialen 273

2. NORMATIVE PRINZIPIEN EINER ETHIK DES SOZIALEN 276
2.1. Freiheit 277
2.2. Gleichheit 283
2.3. Solidarität 287
2.4. Soziale Gerechtigkeit 293
2.4.1. Die liberale Theorie John Rawls' 294
2.4.2. Die Konzeption der Verwirklichungschancen Nussbaums und Sens 296
2.4.3. Sphären der Gerechtigkeit nach Michael Walzer 299
2.4.4. Zur protestantischen Konzeption der Gerechtigkeit 300

3. ANWENDUNGSFELDER DER ETHIK DES SOZIALEN 305
3.1. Materielle Teilhabe: Arbeit, Armut und Reichtum 306
3.2. Teilnahme und Beteiligung: Bildung und Befähigung 314
3.3. Anerkennung: Wertschätzung und Diskriminierung 318
3.4. Ausblick 322

4. LITERATUR 323

1. BEGRIFF UND GEGENSTANDSFELD EINER ETHIK DES SOZIALEN

Im Folgenden sollen der Gegenstand, die normativen Ansätze, Themen und Problembereiche der Ethik des Sozialen in vier Abschnitten vorgestellt werden. Der erste Abschnitt dient der begrifflichen Abgrenzung und Bestimmung der Ethik des Sozialen, die von der klassischen Sozialethik zu unterscheiden und in den Zusammenhang der Bereichsethiken einzuordnen ist.

Der zweite Abschnitt dient anhand der Grundbegriffe von Freiheit, Gleichheit, Solidarität und sozialer Gerechtigkeit einem Überblick über die unterschiedlichen normativen Ansätze in diesem Bereich.

Im dritten Abschnitt werden konkrete Problemfelder der Ethik des Sozialen vorgestellt und erörtert, während im vierten Abschnitt eine Auswahl grundlegender und weiterführender Literatur geboten wird.

1.1. Ethik des Sozialen und Sozialethik

Die Ethik des Sozialen beschäftigt sich vorrangig mit den Fragen sozialer Gerechtigkeit, also der angemessenen gesellschaftsstrukturellen Verteilung von Anerkennungs-, Teilnahme- und Teilhabechancen, wie sie etwa in wohlfahrtsstaatlichen Arrangements, in internationalen Vereinbarungen zu Arbeits- und Wirtschaftsrecht oder in menschenrechtlichen Debatten thematisch sind. Im Gesamt der Bereichsethiken steht sie dabei besonders der Ethik des Politischen, der Wirtschafts- und Rechtsethik nahe und kommt im Rahmen der Sozialethik zu stehen, mit der sie freilich nicht zu verwechseln ist.

Sozialethik: Auch wenn Gestaltungen des Sozialen schon früh Gegenstand ethischer Reflexion sind, wie dies in den biblischen Erwägungen etwa zu sozialen Schutzregeln (z. B. Ex 22,20–26) und zum Königtum (1Sam 8) oder in der politischen Philosophie Platons oder Aristoteles' der Fall ist, bleiben

IV. ETHIK DES SOZIALEN

diese Überlegungen doch in der Regel individualethisch fokussiert, sofern es um die politische und soziale Tugend der Bürger oder Amtsinhaber und ihre Bildung oder einzelne Rechtsregeln, nicht aber um die «Tugend sozialer Institutionen» (Rawls 1971 / 1988) geht. Eine Sozialethik im modernen Sinn, die weniger das Handeln der Individuen als vielmehr die Vorzüglichkeit sozialer Strukturen zum Gegenstand hat, entsteht erst im Kontext der modernen sozialwissenschaftlichen Perspektive auf menschliches Handeln, die einerseits davon ausgeht, dass gesellschaftliche Grundstrukturen nicht unveränderlich gegeben, sondern menschlich gestaltbar sind, und andererseits das Handeln der Individuen durch die Sozialisation und kulturelle Prägung in ebendiesen Strukturen mitbestimmt sieht (vgl. Giddens 1988: 77–81).

Eine disziplinäre Sozialethik in diesem Sinne bildet sich daher auch erst im Kontext der Einsichten und Herausforderungen des 19. und 20. Jahrhunderts aus. Besonders im Kontext der ‹sozialen Frage›, der Konflikte um Anerkennung und Verteilung innerhalb der sich herausbildenden modernen Industriegesellschaften, setzt sich langsam die Einsicht durch, dass eine allein auf das Handeln der Individuen zentrierte Ethik zu kurz greift, weil sie die Bedeutung der gesellschaftlichen Bedingungen dieses Handelns regelmäßig unterschätzt und weil die Folgen des Handelns im Kontext der funktional ausdifferenzierten Handlungszusammenhänge moderner Gesellschaften nicht ohne Weiteres individuellen Intentionen zuzurechnen sind. Der Begriff der Sozialethik wird dabei in der Regel auf den protestantischen Theologen Alexander von Oettingen (von Oettingen 1874: 14, 610, 759) zurückgeführt, dem es freilich in seiner *Moralstatistik* unter dem Etikett der *Socialethik* vor allem um die soziale Wirkung ethischer Prinzipien im Kontext einer organologischen Gesellschaftsvorstellung geht. Während sich im römisch-katholischen Raum eine disziplinäre Sozialethik im Gefolge der entstehenden päpstlichen Sozialllehre herausbildet, deren Beginn durch die Enzyklika *Rerum novarum* (Leo XIII. 1891) markiert wird, entwickeln sich entsprechende Ansätze im protestantischen Raum weiterhin vor allem im Zusammenhang praktischer sozialpolitischer Diskurse, wie sie im Verein für Socialpolitik, aber auch im Zusammenhang des Evangelisch-sozialen Kongresses geführt werden, der im wilhelminischen Kaiserreich ein protestantisches Forum für Fragen der Verteilung und Beteiligung bietet.

Angesichts der Verschiebungen im Kontext moderner Gesellschaft findet sich im Protestantismus der ersten Hälfte des zwanzigsten Jahrhunderts auch der Versuch eines Rückgriffs auf naturrechtliche Argumentationsfiguren, die soziale Institutionen und gesellschaftliche Strukturen auf überzeitliche, vorgegebene Anordnungen zurückführen, um so ein stabiles normatives Orientierungsfundament zu gewinnen. Unter dem Titel von Schöpfungs- und Erhaltungsordnungen oder Mandaten werden soziale Bereiche und Einrichtungen – wie Staat, Ehe oder auch Wirtschaft – auf die Anweisung des Schöpfergottes zurückgeführt (vgl. Althaus 1935; Brunner 1932; Elert 1949). Als problematisch erweist sich dabei einerseits die letztlich unvermittelte Legitimation und Fixierung bestimmter historischer Gestalten des Sozialen, die etwa in der Überhöhung der Kategorie des ‹Volks› im Nationalsozialismus grell ins Auge sticht, andererseits aber auch die ungeklärte Differenz von kultureller Gestaltbarkeit und behaupteter göttlicher Setzung.

In wirkungsvoller Weise wird der Begriff der Sozialethik im evangelischen Raum dann erst in der zweiten Hälfte des zwanzigsten Jahrhunderts in den Entwürfen etwa von Helmut Thielicke (1968), Heinz-Dietrich Wendland (1971), Ernst Wolf (1975) oder Martin Honecker (1995) wieder aufgenommen und bezeichnet dann das Gesamt derjenigen ethischen Überlegungen, die sozialen Strukturen gewidmet sind. Dabei werden in der Tradition protestantischer sozialpolitischer Intervention in der Regel zunächst konkrete sozialpolitische Probleme fokussiert – Fragen von Beruf und Arbeit, Eigentum, Institutionen oder globaler Entwicklung (vgl. Wendland 1969), wobei auch die in den sechziger Jahren neu entstehende Gattung der evangelisch-kirchlichen Denkschriften (EKD 2004) zu berücksichtigen ist –, während die umfassendere Frage nach Gestalt und Gehalt sozialer Gerechtigkeit im Hintergrund bleibt.

Mit der Entwicklung der sogenannten Bereichsethiken, die dem Sachverhalt Rechnung tragen, dass die funktional differenzierten Handlungszusammenhänge moderner Gesellschaften spezifischen Eigenlogiken folgen und dass die Spezialisierung der Wissenschaften auch eine Ausdifferenzierung der Ethik erfordert, differenziert sich auch das Gebiet der Sozialethik aus – neben die Rechtsethik und die Ethik des Politischen treten etwa die Bioethik, die Wirtschaftsethik, die Ethik der Lebensformen oder die Ethik internationaler Beziehungen. Freilich lassen sich die Ausdifferenzierungen der Ethik nicht ohne weiteres auf die funktional ausdifferenzierten Handlungszusammenhänge abbilden, denn es bleibt stets zu berücksichtigen, dass neben der Funktionslogik sozialer Systeme eine lebensweltliche Handlungslogik besteht, die mit der systemischen Logik auch in Spannung stehen kann (Habermas 1987b: 171–293) – etwa wenn in der Entscheidung über die Schließung einer Einzelhandelsfiliale ökonomische Effizienzimperative mit dem Gut dörflicher Lebensqualität kollidieren, das nicht ohne Weiteres in den ökonomischen Code übersetzbar sein muss.

IV. ETHIK DES SOZIALEN

Ethik des Sozialen: Die Ethik des Sozialen, die als Bereichsethik ebenso wie die Wirtschaftsethik oder die Ethik des Politischen ein Teilgebiet der klassischen Sozialethik fokussiert, nimmt diese Dualität von System und Lebenswelt auf und beschäftigt sich mit der Frage einer angemessenen Verteilung individueller und kollektiver Chancen des Erwerbs von Anerkennung, von materiellen Gütern und sozialen Gestaltungsmöglichkeiten.

Genauer bedeutet dies, dass die Ethik des Sozialen die normativen Grundlagen von Anerkennungs- und Verteilungsansprüchen thematisiert, wie sie etwa im Konzept der Menschenwürde oder den damit zusammenhängenden Menschenrechten aufgerufen werden. Dabei kommen neben den bürgerlichen und politischen Freiheitsrechten auch die wirtschaftlichen, sozialen und kulturellen Menschenrechte in den Blick, sofern sie die Bedingung der Inanspruchnahme der Freiheitsrechte darstellen. Dahinter steht die Überlegung, dass nur diejenige Person ihre Rechte auch auszuüben vermag, die über grundlegende Ressourcen verfügt. Schließlich sind dabei auch die sogenannten Solidarrechte zu erwägen, bei denen es um die Ausstattung von Gesellschaften mit den zur Gewährleistung der wirtschaftlichen, sozialen und kulturellen Rechte nötigen Mitteln geht.

1.2. Die Ethik des Sozialen im Kontext der Bereichsethiken

Die Ethik des Sozialen hat es konkret mit Themen zu tun, die im Schnittpunkt von Fragen politischer Gestaltung und Mitwirkung, ökonomischer Strukturen und Prozesse und rechtlicher Verfahrensweisen liegen, wie sie sich im staatlichen und überstaatlichen Rahmen darstellen. Damit bildet die Ethik des Sozialen einen Knoten in einem Netz, dessen benachbarte Verknüpfungen politische Ethik, Wirtschaftsethik und Rechtsethik bilden. Die Ethik des Sozialen ist mit der politischen Ethik verbunden, weil die Bedingungen der Verteilung von Anerkennungs-, Teilnahme- und Teilhabechancen mit der Konstitution von Märkten und der Einrichtung sozialer Sicherungs- und gesellschaftlicher Bildungsinstitutionen im Rahmen des Politischen etabliert werden. Allerdings lässt sich die Ethik des Sozialen aus zwei Gründen nicht einfach der Ethik des Politischen unterordnen: Erstens geht es dort vorrangig um die Gestalt der Ordnung des Gemeinwesens, die konkreten Ziele politischer Gestaltung und den Umgang mit sozialer Macht, während in der

Ethik des Sozialen die Bedingungen des Zugangs zum Bereich des Politischen thematisch sind; zweitens aber ist die Ethik des Sozialen nicht nur mit dem Bereich des Politischen, sondern auch mit dem der Wirtschaft und des Rechts eng verknüpft. Die Ethik des Sozialen reflektiert also die Voraussetzungen politischer Beteiligung und die Konsequenzen politischer Entscheidungen für Anerkennungs-, Teilnahme- und Teilhabechancen von Kollektiven und Individuen.

Die Verbindung mit der Rechtsethik ergibt sich einerseits bereits aus der Tatsache, dass die strukturellen Bedingungen der Verteilungschancen in der Regel rechtlich codiert sind: Sowohl die soziale Sicherung wie die Arbeitsbedingungen oder die Regeln des Zugangs zu Bildungsinstitutionen sind rechtlich fixiert. Andererseits gilt – ähnlich wie im Bereich des Politischen – auch hier, dass im Bereich der Ethik des Sozialen die Möglichkeiten der Beteiligung an der Formulierung des Rechts wie des Umgangs mit dem Recht thematisch werden. Die Ethik des Sozialen benennt somit Voraussetzungen der Rechtstreue und des Rechtserhalts und erwägt Konsequenzen der Rechtskultur für die Anerkennungs-, Teilnahme- und Teilhabechancen.

Weil es im Kontext des Funktionssystems der Wirtschaft um die Produktion und Primärverteilung derjenigen materiellen und finanziellen Ressourcen geht, die ihrerseits nicht nur für die Lebensführung, sondern auch für den Zugang zu politischer Willensbildung und rechtlicher Interessenvertretung bedeutsam sind, besteht auch hier ein zentraler Konnex zur Ethik des Sozialen, zumal in modernen Arbeitsgesellschaften Produktion und Güterverteilung durch den Arbeitsvertrag gekoppelt werden (Offe 2005). Auch in der Wirtschaftsethik aber kann die Ethik des Sozialen nicht aufgehen, weil sie die Individuen nicht nur als ökonomische Akteure, sondern auch in ihren politischen und rechtlichen Rollen sowie in ihrer lebensweltlichen Perspektive wahrnimmt und aus diesem Grund auch die dem ökonomischen Prozess jeweils vorausgesetzte, investiv ins Spiel zu bringende Verteilung thematisiert. Knapp lässt sich formulieren, dass die Ethik des Sozialen auf Voraussetzungen und Konsequenzen von Teilhabe und Produktivität reflektiert.

Die Themen, mit denen es die Ethik des Sozialen als Bereichsethik in besonderem Maße zu tun hat, sind also vielfältig.

Erstens geht es um Fragen der Wohlfahrtsstaatlichkeit, die nicht mehr nur im nationalstaatlichen Rahmen, sondern auch angesichts der Einbindung in europäische und globale Kontexte zu stellen sind und in der Regel auch arbeitspolitische Fragen implizieren. Welche Rechte sollten aus Erwerbsarbeit folgen? Wie viel staatliche Regulation ist an dieser Stelle sinnvoll und akzeptabel? Sollte sich diese Regulierung etwa auch auf den Prozess der Lohnfindung beziehen, wie es in unterschiedlicher Weise im System der Tarifbindung oder in der Festlegung von Mindestlöhnen geschehen kann? Welche soziale Absicherung soll im Fall des temporären oder dauerhaften Erwerbsausfalls greifen, und wie wird sie finanziert? Soll die wohlfahrtsstaatliche Unterstützung nur armutsverhindernd oder auch lebensstandardsichernd sein? Wie sollen Gesundheits- oder Pflegekosten getragen und finanziert werden? Welche Steuerbelastung ist akzeptabel, und wie soll sie verteilt werden? Wie sind dabei die Rechte von ansässigen Migranten ohne Bürgerstatus zu gestalten und zu berücksichtigen?

Zweitens sind in diesem Kontext Fragen öffentlicher Güter thematisch, bei denen unter dem Aspekt der Chancenverteilung vor allem Bildungsinstitutionen zu bedenken sind. Dabei geht es einerseits um die Probleme primärer und sekundärer Ungleichheit im Bildungssystem, aber auch um die Gestalt und Zugänglichkeit von Bildungsinstitutionen und -einrichtungen primärer, sekundärer und tertiärer Bildung. In welchem Maße ist Bildung als öffentliches Gut zu behandeln, welche Bildungsinstitutionen sollen öffentlich finanziert werden? An welcher Stelle sind Marktprinzipien angemessen? Welche Art der Beteiligung der Adressaten ist sinnvoll? Neben die Fragen nach der Gestaltung von Bildungsinstitutionen treten solche der Zugangsermöglichungen, der Freizügigkeit oder der wechselseitigen Anerkennung nationaler Qualifikationsstandards etwa im Falle von Migranten. Neben der Frage nach Bildung als öffentlichem Gut lässt sich unter dem Gesichtspunkt der Verteilung von Teilnahme-, Teilhabe- und Anerkennungschancen auch die Frage stellen, welche Güter als öffentliche und welche als private und marktgängige Güter zu konzipieren sind: Strittig ist hier etwa der Umgang mit Personennahverkehr, Kommunikationseinrichtungen oder Energieversorgung. Während mit privaten, marktlichen Regelungen in der Regel die Hoffnung auf erhöhte Effizienz verbunden ist, sehen Befürworter öffentlicher Angebote die Gefahr der verkehrs- oder kommunikationstechnischen Abkopplung etwa bevölkerungsarmer und dadurch renditeschwacher Gebiete oder die Gefahr ungenügender Absicherung gegen Energieengpässe.

Drittens sind Fragen der Verteilung von Partizipations- und Anerkennungschancen zu erwähnen, die es mit positiver oder negativer Diskriminierung zu tun haben. Hierzu gehören etwa die Debatten um positive oder negative Quotierungen, die den Zugang bestimmter Personen zu einem bestimmten Tätigkeitsfeld regulieren – umstrittene Themen sind hier etwa die auf Gender oder auf körperliche Beeinträchtigungen bezogene Quotierung im Bereich bestimmter Arbeitsverhältnisse, aber auch im Kontext von Bildungsinstitutionen.

1.3. Der Gegenstandsbereich der Ethik des Sozialen

Sofern es in der Ethik des Sozialen grundlegend um Verteilungsfragen im weiteren Sinne geht, sind drei Fragen zu klären: Welche Güter stehen überhaupt zur Verteilung? Wo wird über die Verteilung entschieden, und wer kommt als Subjekt der Verteilungsentscheidungen infrage? An wen sollen Güter verteilt werden?

Gegenstände der Verteilung: Bei den zur Verteilung stehenden Ressourcen ist vor allem an unterschiedliche Arten des Kapitals oder Vermögens zu denken, die man mit dem französischen Soziologen Pierre Bourdieu (1983) in drei Typen einteilen kann. ‹Kulturelles Kapital› beschreibt gesellschaftlich relevantes Wissen, Kompetenzen und Fähigkeiten – etwa über Bestand und Anwendung rechtlich geregelter Bürgerpflichten und -rechte –, die sich über Abschlüsse und Qualifikationen nachweisen oder unmittelbar einsetzen lassen. ‹Soziales Kapital› beschreibt Beziehungen, Kontakte und Beteiligungsmöglichkeiten, die zur Durchsetzung eigener Interessen oder sozialer Gestaltungsvorstellungen genutzt werden können. ‹Ökonomisches Kapital› schließlich beschreibt gebundene oder liquide finanzielle Mittel, die ebenfalls zur sozialen Gestaltung eingesetzt werden können. Als Kapitalien lassen sich die unterschiedlichen Vermögen beschreiben, weil sie als Ressourcen sozialer Gestaltung verwendet werden können, wobei die drei Kapitalsorten zwar nicht aufeinander reduzierbar, aber bis zu einem gewissen Grade ineinander transformierbar sind: Kulturelles Kapital kann zum Erwerb ökonomischen Kapitals eingesetzt, ökonomisches Kapital zum Erlangen kulturellen oder sozialen Kapitals verwendet, soziales Kapital zur Kompensation kulturellen Kapitals genutzt werden. Schon der Begriff des Vermögens, der sich sowohl auf materielle Ressourcen wie Befähigungen richten kann (Hegel 1821/1970: 353 f.; vgl. Meireis 2008b: 131 f.), macht deutlich, dass das Konzept der Verteilung im Kontext einer Ethik des Sozialen nicht allein auf die Allokation von Gütern zu reduzieren ist, zumal Anerkennungs-, Teilhabe- und Teilnahmechancen in der Regel gekoppelt sind, wie bereits der Kapitalbegriff signalisiert: Intensive soziale Anerkennung erhöht die Chancen auf materielle Teilhabe und soziale Teilnahme, intensive soziale Partizipation erhöht die Chancen auf Anerkennung und materielle Teilhabe, hohe materielle Teilhabe erhöht die Chancen der Partizipation und der Anerkennung. Insofern sind auf kulturelles Kapital zielende Befähigung, auf soziales Kapital zielende Beteiligung und auf ökonomisches Kapital zielende Ermächtigung nicht voneinander zu isolieren. Von Anerkennungs-, Teilnahme- und Teilhabe*chancen* ist dabei die Rede, sofern die infrage stehende strukturelle Verteilungsordnung stets nur die Bedingung der Möglichkeit der Erlangung entsprechender sozialer Güter darstellt, weil solche Güter im Rahmen individueller oder kollektiver Präferenzen auch abgelehnt werden können, wie es beispielsweise im Rahmen eines religiösen Ethos der Besitzlosigkeit möglich ist.

Wer verteilt und wo wird über Verteilungsfragen entschieden? Fragen der Ethik des Sozialen stellen sich auf den verschiedenen Ebenen sozialer Beziehungen, wobei man mit Soziologie und Ökonomik mindestens drei gebräuchliche Kategorien in Anwendung bringen kann.

Auf der Makroebene der ordnungspolitischen Entscheidungen geht es in der Regel um die Rechtsetzung im politischen Kontext von Wohlfahrtsstaatlichkeit, der Entscheidung über öffentliche und private Güter und die Debatte um Beteiligungsmöglichkeiten. Während sie klassisch nationalstaatlich verfasst ist, hat etwa der europäische Einigungsprozess dafür gesorgt, dass zunehmend auch sozialpolitische Entscheidungen den rechtlichen Rahmen der Europäischen Union zu berücksichtigen haben – so hat etwa die Dienstleistungsrichtlinie Folgen für die Gestaltung des öffentlichen Dienstes gezeitigt (vgl. Brandt/Schulten 2008: 575). Dazu kommt natürlich die Notwendigkeit der Berücksichtigung der Folgen globaler ökonomischer und politischer Verflechtung.

Auf der Mesoebene, die es mit dem Handeln von Organisationen und Verbänden wie Unternehmen, Gewerkschaften, Parteien, Initiativen und zivilgesellschaftlich agierenden Bewegungen zu tun hat, stehen vor allem politische Entscheidungen im sozialen Kontext zur Debatte, die zum Teil von regionaler Bedeutung sind, vor allem aber zur zivilgesellschaftlichen politischen Willensbildung beitragen.

Von dieser ist die Mikroebene zu unterscheiden, auf der vor allem Entscheidungen einzelner Akteure thematisch sind. Daneben ist freilich auch die im Rahmen der Sozialisation erfolgte Prägung durch gesellschaftliche Strukturen zu bedenken, sofern diese Strukturen im Verhalten fortlaufend reproduziert oder modifiziert werden und so selbst – gleichsam ohne Absicht der Akteurinnen und Akteure – die Gesellschaft in einer bestimmten Weise prägen, wie es etwa das soziologische Konzept des Habitus (Bourdieu 1979: 164–202) zu erklären erlaubt: Der Habitus als Anordnung durch die gesellschaftliche Position geprägter, in der Regel vorbewusster Wahrnehmungs- und Urteilsweisen vermag zu erklären, wie etwa Entscheidungen im Bildungskontext oder in der Personalauswahl durch bestimmte schicht- oder genderspezifische Kommunikations- oder Verhaltensstile geprägt werden und so etwa für die Reproduktion und Verfestigung bestehender Ungleichheiten sorgen.

An wen wird verteilt? Auch diese Frage lässt eine Spanne möglicher Antworten zu. Selbstverständlich kommen die Organe, die den verschiedenen Ebenen zugeordnet wurden, auch als Adressaten von Verteilung infrage – so können etwa regionale Akteure mittels Strukturfonds der EU zur Erhöhung der Beschäftigungsfähigkeit beitragen. Von besonderem Interesse ist jedoch die Frage der individuellen Akteure. Sollen etwa von einem gegebenen öffentlichen Gut – beispielsweise Schnellstraßen und Autobahnen – nur Staatsbürger zusatzkostenfrei profitieren? Oder auch Bürger des nächstgrößeren Staatenverbands, etwa EU-Bürger, obgleich diese die deutschen Straßen nicht mit ihren Steuergeldern finanziert haben? Sind zum Erhalt von sozialstaatlichen Transfers nur die Staatsbürger berechtigt? Oder nur Steuerzahler, auch wenn sie keine Staatsbürger sind? Oder alle Einwohner? Gibt es Leistungen des Gemeinwesens, die allen Menschen – unabhängig von ihrem Bürgerstatus – unter bestimmten Bedingungen zustehen? Ein Beispiel wäre das Recht auf Asyl. Im Bereich marktlicher Transaktionen, die prinzipiell jedem rechtsfähigen Subjekt offenstehen, sofern es über das notwendige ökonomische Kapital verfügt, stellen sich Fragen der Regulierung des Marktzugangs, die ihre Brisanz daraus gewinnen, dass sie tief in die Freiheitsrechte der Marktteilnehmer eingreifen können – so wurde etwa im Europaparlament die Implementierung des Rechts zur Eröffnung eines Girokontos begonnen, das letztlich Banken zur Gewährleistung dieser Möglichkeit verpflichtet (Europäische Union 2014).

2. NORMATIVE PRINZIPIEN EINER ETHIK DES SOZIALEN

Die Frage nach der angemessenen Verteilung individueller und kollektiver Chancen des Erwerbs von Anerkennung, von materiellen Gütern und sozialen Gestaltungsmöglichkeiten setzt nicht nur auf der deskriptiven, sondern auch auf der normativen Ebene Vorentscheidungen über Gegenstände, Subjekte und Adressaten sowie über Verfahren der Verteilung voraus, die üblicherweise unter dem Titel der ‹sozialen Gerechtigkeit› erörtert werden. Allerdings ist schon der Begriff der sozialen Gerechtigkeit keineswegs unumstritten; zudem wird darüber debattiert, welche Prinzipien im Kontext von Verteilungsfragen in welchem Maße Gewicht beanspruchen dürfen. Insbesondere drei Grundprinzipien sind in der Debatte um Sinn und Bedeutung von sozialer Gerechtigkeit und in der Frage, ob die Kategorie überhaupt in Anschlag zu bringen ist, von besonderer Bedeutung.

Libertäre Autoren wie Friedrich August von Hayek oder Robert Nozick suchen Ansprüche sozialer Gerechtigkeit unter Berufung auf die individuelle Freiheit von kollektivem Zwang auf ein Minimum zu begrenzen oder sprechen der Kategorie sozialer Gerechtigkeit überhaupt die Berechtigung ab. In der Konsequenz kann sich dann eine Begrenzung wohlfahrtsstaatlicher Transfers auf ein Minimum ergeben. Andere, wie etwa Charles Taylor oder Amartya Sen, argumentieren von einem Begriff positiver Freiheit her und kommen auch hinsichtlich sozialer Gerechtigkeit zu anderen Konsequenzen, die im Licht der Bestimmungen evangelischer Freiheit zu erwägen sind.

Hinsichtlich der Maßstäbe sozialer Gerechtigkeit spielt ferner die Frage der Gleichheit eine besondere Rolle. Während die klassischen Positionen sozialer Gerechtigkeit, wie etwa die John Rawls', ein Primat der Gleichheit in der Weise vorsehen, dass soziale Ungleichheit begründungspflichtig erscheint, ist diese Voraussetzung in jüngerer Zeit fraglich geworden. Einerseits nämlich wird heute gefragt, in Bezug worauf eigentlich eine Gleichheit wünschenswert oder gar verpflichtend sei, andererseits aber unter Verweis etwa auf menschenrechtliche Standards das Konzept der Gleichheit ganz abgelehnt: Zentral sei nicht, wie man in Bezug auf andere zu stehen komme, sondern ob bestimmte Grundgegebenheiten gewährleistet seien. Im Kontext einer Ethik in evangelischer Perspektive ist dabei vor allem die Frage der Gleichheit als Ausgangspunkt sozialer Gerechtigkeit von Bedeutung.

Eine dritte, für das Konzept der sozialen Gerechtigkeit zentrale Kategorie, die klassisch unter der Rubrik der Brüderlichkeit verhandelt wurde und heute mit dem Begriff der Solidarität versehen wird, zielt auf die Frage nach der Verbundenheit zu wechselseitiger Unterstützung und dem Maß ihrer Verpflichtung – worauf kann sich Solidarität begründen und wie weit reicht ihre Verbindlichkeit: Lässt sich tatsächlich von einer ‹Solidarität unter Fremden› sprechen?

Ausgehend von diesen Grundprinzipien werden dann in der Regel konkrete Bemessungsprinzipien für die zur Verteilung stehenden Güter in Anschlag gebracht. Die bekanntesten sind dabei das Leistungs- oder Verdienstprinzip, das Bedürfnisprinzip, das Prinzip der Tauschgerechtigkeit, bei dem der ungezwungen zustande gekommene Tausch als gerechtfertigt gilt, und das Beteiligungsprinzip, das darauf abhebt, dass es allen Betroffenen möglich sein soll, an der Gestaltung der Verteilungsregeln teilzunehmen. Auch die Bemessungsprinzipien sind dabei nicht unproblematisch: Schon welches Prinzip jeweils in Anschlag zu bringen ist, ist nämlich keineswegs stets offensichtlich. Hinsichtlich des Leistungsprinzips kann gefragt werden, wie individuelles Verdienst in einer hoch arbeitsteiligen Gesellschaft überhaupt bestimmt werden kann, Bedürfnisse sind in der Regel nur schwer objektivierbar, unter welchen Bedingungen ein Tausch als frei gelten kann, ist stark umstritten, und wessen Beteiligung in welcher Form akzeptabel ist, scheint ebenfalls kaum evident.

Je nachdem, wie diese Kategorien bestimmt und die damit verbundenen Fragen beantwortet werden, ergeben sich unterschiedliche Konzepte sozialer Gerechtigkeit, von denen einige exemplarisch dargestellt werden: neben dem von John Rawls vorgetragenen Konzept die Gerechtigkeitstheorie Michael Walzers, der *capability approach* Martha Nussbaums und protestantische Perspektiven auf die soziale Gerechtigkeit.

2.1. Freiheit

Im Kontext von Verteilungsfragen spielt der Freiheitsbegriff eine wichtige Rolle. Zwei grundlegend unterschiedliche Positionen lassen sich dabei unterscheiden. Während die einen die ‹negative› Freiheit vom Zwang dritter betonen und daher umverteilende wohlfahrtsstaatliche Eingriffe höchst skeptisch beurteilen, setzen andere bei der ‹positiven› Freiheit im Sinne der Handlungsmöglichkeit an und tendieren zur Befürwortung wohlfahrtsstaatlicher Maßnahmen.

Eine klassische Formulierung der Position negativer Freiheit findet sich bei dem Ökonomen und Sozialphilosophen Friedrich August von Hayek. Er versteht Freiheit als «Zustand des Menschen, in dem Zwang auf einige durch andere Menschen so weit herabgemindert ist, als dies im Gesellschaftsleben möglich ist» (Hayek 1983: 13). Zentral für diese enge Definition, die Hayek als die ursprüngliche und eindeutigste versteht, ist eine dreifache Bestimmung des Begriffs. Erstens wird allein der konkrete physische Zwang anderer Menschen als relevant für den Freiheitsbegriff angesehen. Einschränkungen der Handlungsmöglichkeiten durch strukturelle oder natürliche, von individuellen Menschen nicht ohne Weiteres beeinflussbare Ursachen gelten als unerheblich für die eigene Freiheit. Die Tatsache, dass ein Mensch weniger Vermögen besitzt als ein anderer, mag für diesen unerfreulich sein, hat aber mit Freiheit in Hayeks Verständnis zunächst einmal nichts zu tun. Zweitens bezieht sich Freiheit in Hayeks Sinn nur auf die Abwesenheit unmittelbaren menschlichen Zwangs, nicht auf die innere Bestimmung des Willens, die er als Unabhängigkeit von den eigenen leidenschaftlichen Antrieben von Freiheit zu unterscheiden sucht. Drittens schließlich schärft Hayek ein, dass Freiheit nicht mit politischer Partizipation zu verwechseln sei, weil Freiheit von Zwang auch ohne politische Partizipation denkbar sei und politische Teilnahme ihrerseits zur Aufgabe der individuellen Freiheit führen könne. Die auch nach Hayek notwendige Einschränkung der Freiheit bezieht sich auf die Regeln der Achtung fremder Freiheit, wie sie etwa im rechtlichen Schutz von Leben und Eigentum gewährleistet wird. Die Plausibilität dieser Bestimmungen beruht auf zwei grundlegenden politisch-ökonomischen Annahmen. Die erste Annahme besteht in der Idee, dass der im Rahmen einer Marktwirtschaft mögliche Einsatz individuellen Wissens und individueller Ressourcen nach dem je eigenen Gutdünken dazu führt, dass Ressourcen letztlich auf die jeweils effizienteste Art und Weise eingesetzt werden. Weil der Markt eine spontane Ordnung darstellt, die durch die Informationsfunktion der Preise effizienter und genauer gelenkt wird, als es eine menschliche Zentralinstanz angesichts der Menge und Komplexität der Parameter je vermöchte, beruhen in Hayeks Sicht die Stabilität und der Fortschritt einer komplexen Gesellschaft auf der negativen Freiheit jedes Einzelnen, die letztlich auf Tauschgerechtigkeit hinausläuft: Solange diese gewährleistet bleibt, ergeben sich Verbesserungen der Handlungsmöglichkeiten aller Gesellschaftsmitglieder durch die Dynamik der Gesellschaft von selbst. Die zweite Annahme verdankt sich der Beobachtung staatssozialistischer totalitärer Regime des damaligen Ostblocks. Für Hayek führt jeder politisch gelenkte Versuch, die Handlungsmöglichkeiten der Gesellschaftsmitglieder – etwa durch eine Umverteilung – zu erweitern, zu einer Einschränkung derjenigen individuellen Freiheit, die allein die effiziente Selbstverbesserung der Gesellschaft ermöglicht, zumal die politisch-gesellschaftliche Organisation dadurch mit einer Aufgabe überlastet wird, die sie schlechterdings nicht erfüllen kann, sondern der spontanen Ordnung des Marktes überlassen sollte. Individuelle Freiheit im Sinne der möglichst weitgehenden Abwesenheit des Zwangs anderer Menschen wird so zum wichtigsten politischen Prinzip, für das materielle Ungleichheit oder individuelle Not als unvermeidliche Kosten des Systems gesamtgesellschaftlicher Entwicklung prinzipiell in Kauf zu nehmen sind. Wiewohl Hayek den freiwilligen Zusammenschluss zur Behebung von existenzieller Not nicht ausschließt, bleibt das individuelle ökonomische Scheitern geradezu Bedingung erfolgreichen gesellschaftlichen Fortschritts. Soziale Gerechtigkeit muss in dieser Perspektive in modernen Gesellschaften daher als Illusion gelten: Denn erstens verunmöglicht die Komplexität der Selbstorganisation der Gesellschaft denjenigen Überblick, dessen eine Gerechtigkeitsinstanz bedürfte, und zweitens ist der umverteilende Eingriff in die Freiheit der Individuen weder normativ noch ökonomisch zu rechtfertigen (vgl. Hayek 1981: 93–138).

Sozialphilosophisch sekundiert dieser Position die libertäre Sicht Robert Nozicks. Er argumentiert, dass die Freiheitsrechte des Individuums so fundamental sind, dass nur ein Minimalstaat, der Freiheit im Sinne des Schutzes vor Gewalt, Diebstahl, Betrug und der Gewährleistung der Vertragserfüllung ermöglicht, gerechtfertigt werden kann (Nozick 1974: 26). Die Pointe in Nozicks Konzept liegt dabei in einer historischen Gerechtigkeitstheorie, die er als Theorie legitimer Ansprüche (*entitlement theory*) beschreibt (vgl. Nozick 1974: 150 ff.). Ihr zufolge sind Eigentumsrechte dann absolut gültig, wenn sie erstens legitim erworben wurden oder zweitens legitim übertragen wurden. Eine staatliche Umverteilung aus anderen Gründen, vor allem solchen, die aus strukturellen Prinzipien (*patterns*) gewonnen werden, fällt daher aus, weil solche *patterns* Nozick zufolge stets mit den ursprünglicheren Eigentumsrechten konfligieren müssten (vgl. Nozick 1974: 155–164). Allerdings muss diese Theorie als normativ hoch voraussetzungsreich gelten. Wolfgang Kersting hat darauf hingewiesen, dass jede Verteilungsstruktur, die historisch zu irgendeinem Zeitpunkt durch illegitime Erwerbung zustande ge-

IV. ETHIK DES SOZIALEN

kommen ist, auf Grund dieser Theorie prinzipiell als illegitim gelten müsste: «Amerika den Indianern: Das ist das Ergebnis der Anwendung der entitlement theory auf die gegenwärtigen Eigentumsverhältnisse in den USA.» (Kersting 2000: 307)

Gegen eine solche Position negativer Freiheit, die die Freiheitsrechte der Individuen gleichsam gegen die gesellschaftliche Organisation ausspielt, opponieren die Proponenten positiver Handlungsfreiheit, die Freiheitskonzeptionen als irreduzibel mit der Sozialität verbunden ansehen (vgl. auch Huber 1983). So argumentiert etwa Charles Taylor, die Vorstellung einer allein negativ ausgerichteten Freiheit innerhalb der liberalen Tradition beruhe auf einer Selbsttäuschung (vgl. Taylor 1992a: 123). Freiheit, so Taylor weiter, impliziere nämlich stets einen Gegenstand, in Bezug auf den sie betätigt werde, also konkrete Handlungsziele – auch die negative Freiheit wird erst in der Konkretion deutlich; erst wenn ich weiß, was ich tun möchte, kann ich angeben, ob meine Freiheit zu diesem Tun von anderen eingeschränkt wird. Doch schon das Wissen darum, was ich tun möchte, ist alles andere als trivial. Denn es setzt in aller Regel unterschiedliche Gewichtungen von Handlungszielen voraus, die dann auch bestimmen, was in welcher Weise als Freiheitseinschränkung empfunden wird: So wird die mit einer roten Ampel verbundene Handlungsbegrenzung in der Regel als weit weniger freiheitsbedrohlich erlebt als ein Verbot freier Rede oder freier Religionsausübung (vgl. Taylor 1992a: 128 ff.). Taylor verbindet dies mit dem Konzept starker Wertungen (vgl. Taylor 1992a: 133): Es besagt, dass Personen nicht nur unmittelbare Wünsche und Ziele verfolgen, sondern Vorstellungen darüber hegen, wer sie sein möchten und welche Wünsche in dieses Identitätskonzept passen. In gleicher Weise sind auch Gefühle der Präferenz keine ‹rohen Fakten›, sondern beruhen auf sozialen Bedeutungszuschreibungen. Damit ergibt sich ein reiches Tableau von gewichteten Vorstellungen über Handlungsziele, deren Erfolg Freiheit bedeutet: Ein solches Tableau ist aber nicht ohne eine Vorstellung der Welt und desjenigen in ihr, das als erstrebenswert gelten kann, zu haben, Taylor spricht dabei von einem Hintergrundverständnis (vgl. Taylor 1992a: 141). Diese Hintergrundverständnisse wiederum kommen nicht aus dem Nichts, sondern setzen geteilte Vorstellungen des Guten und Erstrebenswerten voraus, die nur sozial entstehen. Weil nun aber auch schon das moderne Konzept des Individuums ein historisch und sozial formiertes ist, gilt Taylor als evident, dass sich ethische wie politische Diskurse nicht auf die Idee einer Begrenzung staatlichen Handelns zur Sicherung negativer individueller Freiheit zurückziehen können, sondern konkrete

Erwägungen zur Vorzugswürdigkeit bestimmter Ziele, positiver Freiheiten, führen müssen (vgl. Taylor 1992b: 175 f.).

Ein solcher positiver Freiheitsbegriff kommt dann etwa in der Konzeption Amartya Sens zum Tragen, der Freiheit als Verwirklichungschancen jeweils selbstgesetzter Ziele interpretiert und dabei an der Bemessung der dazu notwendigen Ressourcen interessiert ist (vgl. Sen 2010). Sens Freiheitsbegriff umfasst dabei sowohl den Prozessaspekt der Entscheidungs- wie den Chancenaspekt der Handlungsfreiheit. Freiheit wird so jeweils als instrumentierte Fähigkeit zum Erreichen von Zielen verstanden (vgl. Sen 2010: 256 ff.). Zentral ist für den Ökonomen Sen dabei die Bestimmung derjenigen Mittel, die für die Wahlfreiheit und das Erreichen der jeweiligen Ziele nötig sind. Weil aber diese Ziele nicht normativ präjudiziert werden, sondern Einzelnen und Gruppen überlassen bleiben, impliziert ein gehaltvoller Freiheitsbegriff ihm zufolge vor allem die Bestimmung eines Informationsschwerpunkts. Um diesen zu gewinnen, muss über allgemeine Vermögens- oder Einkommensdaten hinaus die konkrete Lebenssituation und Lebensführung in den Blick kommen (vgl. Sen 2010: 258 ff.). Der große Objektbereich dieses Freiheitsbegriffs impliziert freilich eine hohe Komplexität der Analyse, denn unterschiedlichste Lebenssituationen und Zielkonzepte müssen erwogen werden, von denen viele kaum kommensurabel sein dürften – dies aber ist für Sen unproblematisch, weil er von einem pragmatischen, lebensweltlich zentrierten Vernunftgebrauch ausgeht, für den die Abwägung des Inkommensurablen zum Alltagsgeschäft gehört (vgl. Sen 2010: 266 ff.). Weil Freiheit in so starker Weise positiv verfasst ist, kann ihre Erfassung auch nicht universal sein, sondern muss die jeweiligen kulturellen, religiösen und sozialökonomischen Bedingungen berücksichtigen, wobei ein Kulturrelativismus durch die prozedurale Idee der – als öffentlicher Vernunftgebrauch verstandenen – Demokratie vermieden wird (vgl. Sen 2010: 347 ff.). Durch die Idee des «unparteiischen Zuschauers» (Sen 2010: 273) sucht Sen dann zusätzlich zu sichern, dass ein komparatives Verständnis von Freiheit möglich wird. Zentrale Einsicht Sens bleibt dabei, dass Freiheit nicht nur als positive Freiheit zur Gestaltung verstanden werden muss, sondern als solche nur dann zu verstehen ist, wenn die mit ihr einhergehenden Ressourcen thematisiert werden.

In einer reformatorischen Perspektive impliziert Freiheit immer zweierlei: die negative Freiheit von einem Rechtfertigungszwang gegenüber Gott und damit verbunden auch der Determinationsmacht menschlicher sozialer Verbände, also einer ‹Herrschaft über die Gewissen› einerseits (vgl. etwa Gal 5,1); die positive Freiheit zur selbstbestimmten, verantwortlichen sozialen

Gestaltung andererseits (vgl. etwa Röm 12,1 f.). Nach gemeinreformatorischer Auffassung ist eine Rechtfertigung gegenüber Gott durch gute, von Gott gebotene Werke oder eine besondere Lebensführung nicht möglich, weil die Sünde, verstanden als Trennung von Gott, ein Leben in vollständiger Übereinstimmung mit Gott nicht zulässt. Weil Gott aber in Christus diese Hindernisse der Gottesgemeinschaft gnädig aufhebt und die Sünderinnen und Sünder mit sich versöhnt, dürfen wir vor Gott im Glauben als Gerechtfertigte gelten, auch wenn wir die Sünde von uns aus nicht zu überwinden vermögen und die Erlösung noch aussteht. Sofern wir uns aber in Christus vor Gott gerechtfertigt und also angenommen glauben dürfen, sind wir vom Zwang der Selbstrechtfertigung befreit: Wer wir wirklich sind, ist in Christus vor Gott offenbar (vgl. 1Kor 13,12). Damit verbindet sich nicht nur die Vorstellung einer – bereits im Schöpfungsgeschehen durch die Ansprache Gottes gesetzten – menschlichen Würde (Gen 1,27 f.), sondern auch die Idee einer bedingungslosen Wertschätzung, die als Liebe Gottes ausgedrückt werden kann (vgl. etwa Mt 5,45b). Schon aus der gabetheoretisch verfassten Vorstellung einer unverlierbaren menschlichen Würde ergeben sich basale Menschen- und Freiheitsrechte (vgl. Huber 1992; Reuter 1999); aus der im Glauben vollziehbaren Wahrnehmung, Gottes geliebtes Kind zu sein, ergibt sich die je und je neu zu aktualisierende Freiheit von Identitätszuschreibungen Dritter (vgl. Rendtorff 1990: 70 ff.). Aus ihr ergibt sich aber auch die positive Freiheit zur Zuwendung zu den in diesem Licht als Nächsten erscheinenden Mitmenschen und zur damit verbundenen verantwortlichen sozialen Gestaltung, die im Begriff der Berufung bzw. des Berufes ausgedrückt wird (vgl. Meireis 2008a: 505–536). Auch aus diesem Grund ist bereits in der protestantischen Spielart wirtschaftsliberalen Denkens, dem Ordoliberalismus (vgl. Jähnichen 2008: 123–134; Manow 2001), die Idee einer strikt negativen Freiheit deutlich schwächer ausgeprägt. Weil das Einleuchten dieser Zusammenhänge im Kontext der Mitteilungszusammenhänge des christlichen Glaubens geschieht, lässt sich von kommunikativer Freiheit (vgl. Huber 1983) sprechen, in deren Kontext sich Individualität und Sozialität wechselseitig bestimmen. Die jeweilige individuelle Identität bildet sich, so gesehen, nur im Kontext der Sozialität heraus, erweist sich aber ihrerseits als eigenständig und mitkonstitutiv gegenüber dieser. Die Gestaltungsfreiheit des Berufes wiederum erfordert Investitionen kulturellen, sozialen und ökonomischen Kapitals, sodass von einer Thematisierung der Ressourcen der Freiheit auch in protestantischer Perspektive nicht abgesehen werden kann und der Freiheitsbegriff auch in dieser Sicht verteilungsrelevant ist.

2.2. Gleichheit

Als zweites bedeutsames und umstrittenes Prinzip im Kontext der mit Verteilungsfragen befassten Ethik des Sozialen muss dasjenige der Gleichheit gelten. Bedeutsam ist es sowohl in jenem Fall, in dem die Annahme einer produktions- oder verteilungsrelevanten Gleichheit prinzipiell bestritten wird und also eine wesens-, verdienst- oder bedürfnisbasierte Ungleichheit zum Konstitutionsprinzip der Ethik des Sozialen erhoben wird, als auch in jenem, in dem man von einem moralisch relevanten Gleichheitskonzept ausgeht, wie es mit der Durchsetzung der Annahme einer grundlegenden Menschenwürde in der Moderne zunehmend plausibel wird. Wenn nämlich jedem Menschen eine unverlierbare Würde zugesprochen werden muss, dann muss auch in Bezug auf diese Würde von einer basalen Gleichheit ausgegangen werden. So hat etwa Immanuel Kant argumentiert, dass jedem Menschen aufgrund der in der menschlichen Gattung angelegten Fähigkeit zur Autonomie eine Besonderheit zukomme, die als Würde zu bezeichnen sei (vgl. Kant 1786/1974: BA 64–78). Allerdings ist damit noch keineswegs ausgemacht, ob damit auch Verteilungsentscheidungen einhergehen sollten.

In diese Richtung hat jedoch der moderne Klassiker der Ethik des Sozialen, John Rawls (1971/1988), argumentiert. Aus der fundierenden Idee, dass die würdegleichen Subjekte eines Gesellschaftsvertrags, sofern sie von ihren unmittelbaren Interessen abstrahieren, an einer prinzipiellen Gleichheit festhalten müssten, entwickelt er das Differenzprinzip seiner – unter 2.4 dieses Kapitels vorgestellten – Theorie der Gerechtigkeit, das die Abweichung von der Gleichheit möglich, aber rechtfertigungspflichtig macht. Der amerikanische Philosoph Ronald Dworkin hat weitergehend gegen die Vorstellung der Wohlergehensgleichheit – die er für nicht operationalisierbar hält – für ein Konzept der Ressourcengleichheit votiert, das davon ausgeht, dass jedes Gesellschaftsmitglied über gleiche Ressourcen verfügen muss, die es für die Ziele seiner Wahl im Wettbewerb mit anderen einsetzen kann (vgl. Dworkin 2011).

Allerdings wird das Prinzip der Gleichheit, das sich politisch vor allem im Zuge der amerikanischen und französischen Revolutionen durchzusetzen beginnt, sozialphilosophisch unter Verweis auf die Abstraktheit des Konzepts bestritten. So hat der bereits erwähnte Amartya Sen die Frage aufgeworfen, in Bezug worauf eigentlich Gleichheit anzustreben sei, und hat als

IV. ETHIK DES SOZIALEN

Lösung sein Konzept der Verwirklichungschancen vorgeschlagen, weil gleiche Ressourcen allein den Kontext der je individuellen Möglichkeiten, kulturellen Präferenzen und eigenen Wünsche ausblenden (vgl. Sen 1999). Noch weiter gehen Vertreter einer Position, die das Konzept der Gleichheit für prinzipiell problematisch halten und aus diesem Grund aus den Verteilungsdebatten eliminieren wollen. So hat der Philosoph William Frankena die Idee der Gleichbehandlung mit dem Beispiel des Herrschers, der seine Untertanen in heißem Öl kocht und zum Schluss selbst in den Bottich springt, ad absurdum geführt (vgl. Krebs 2000: 12). Allerdings impliziert eine Kritik an der Gleichheit nicht automatisch einen Verzicht auf die Verteilungsfragen, wie sich an der paradigmatischen Position des Philosophen Harry Frankfurt zeigen lässt.

Frankfurt (2000) argumentiert zunächst, dass Gleichheit kein intrinsischer Wert zukommt, weil der Vergleich zweier sozialer Positionen über ihre Angemessenheit und Akzeptabilität nichts aussagt. Hintergrund dieser These ist die Unterscheidung von sozialer Position und Lebensqualität: Wenn eine Person ihre Lebensqualität als befriedigend empfindet, muss die Tatsache, dass eine andere Person von einem bestimmten Gut mehr besitzt, nicht problematisch sein. Die Schwierigkeit des Gleichheitskriteriums liegt daher Frankfurt zufolge in seinem rein formalen Charakter – wenn es um Gerechtigkeit und die Ethik des Sozialen geht, kommt es ihm zufolge aber auf substantielle und materielle Kriterien an: Wer hungert, erlebt dies nicht deswegen als Übel, weil er sich mit seinem satten Nachbarn vergleicht, sondern weil er unter Magenknurren und Mangelerscheinungen leidet. An die Stelle eines abstrakten Vergleichs sollte daher eine differenzsensible und achtende Wahrnehmung treten: «Jeder Person sollten die Rechte, die Achtung, die Rücksicht und die Anteilnahme zukommen, auf die sie kraft dessen, was sie ist und was sie geleistet hat, Anspruch erheben kann.» (Frankfurt 2000: 42) In der Frage, wie mit den Fällen umzugehen ist, in denen Güter tatsächlich durch eine Instanz verteilt werden, plädiert Frankfurt für das Konzept der Unparteilichkeit – wer auf Gleichheit abhebe, mache sich einer Verwechslung schuldig, weil es nicht auf die mechanische Gleichheit von allgemeinen Ressourcen, sondern auf die angemessene und unparteiische Wahrnehmung der jeweils individuellen Situation und Persönlichkeit ankomme. Nur in zwei Fällen kann es dabei so scheinen, als gehe es um Gleichheit. In dem berühmten, von Isaiah Berlin stammenden Beispiel einer Mutter, die einen Kuchen an zehn Kinder zu verteilen hat, scheint es ursprünglich angemessen, allen Kindern ein gleich großes Stück zuzumessen. Allerdings, so Frankfurt, geht es hier nicht um Gleichheit, sondern um Unparteilichkeit: Solange die verteilende Person über die einzelnen Kinder nichts weiß, erscheint die Zumessung des Gleichen aus Unparteilichkeitsgründen angemessen, sobald sie aber jedes Kind kennt, kann die Lage sehr anders aussehen. In einer zweiten Hinsicht lässt sich – mit dem oben genannten Menschenwürdeargument – vertreten, dass Menschen etwa als Menschen gleiche Achtung beanspruchen. Frankfurt zufolge aber liegt der Grund der Achtung auch hier nicht im Sachverhalt der Gleichheit, sondern in der Humanität der Beteiligten begründet. Angelika Krebs fasst dieses Argument als Verwechslung von Allgemeinheit mit Gleichheit (Krebs 2000: 9).

Die Gegenposition, die von einer bleibenden Bedeutung der Gleichheit ausgeht, setzt in der Regel prozedural an: Denn das Maß dessen, was genau einem bestimmten Menschen, einer bestimmten Leistung oder einer bestimmten Situation angemessen ist, ergibt sich nicht von selbst. Das Urteil der verteilenden Person über die jedem Kind angemessene Größe des Kuchenstücks ist alles andere als unanfechtbar, sofern diese Person nicht göttliche Qualitäten hat. Vertreter einer fortgeschrittenen Gleichheitstheorie setzen daher in der Regel Verfahren der Deliberation der angemessenen Maße voraus, an denen alle Betroffenen in gleicher Weise beteiligt sind, und zielen so auf beteiligungsgerechte Konzeptionen. Eine solche Theorie wird etwa von dem Berliner Philosophen Stefan Gosepath vertreten. Weil es ihm nicht um Ergebnisgleichheit, sondern um eine Gleichheit in der Bestimmung der Regeln und Maße geht, spricht er von konstitutivem Egalitarismus, für den fünf Gleichheitsprinzipien zentral sind: Formale Gleichheit (1) impliziert die unparteiliche Behandlung aller und die durch eine Generalisierungsregel bestimmte Subsumtion gleicher Fälle unter gleiche Regeln. Proportionale Gleichheit (2) bedeutet eine ungleiche Verteilung, die sich proportional zur Ungleichheit signifikanter Merkmale verhält. Moralische Gleichheit oder Würdegleichheit (3) macht den Kern der Gosepath'schen Konzeption aus. «Jede Person bzw. jeder Mensch hat einen moralischen Anspruch, mit gleicher Achtung und Rücksicht behandelt zu werden wie jede(r) andere.» Sie impliziert, dass jeder Mensch in der Bestimmung von Maßstäben und Verteilungsregeln in gleicher Weise berücksichtigt werden muss: «Eine Regel ist moralisch gerechtfertigt genau dann, wenn sie als Teil eines Systems von Normen von allen Adressaten als allgemeine Richtlinie ihres Handelns aus allgemeinen und wechselseitigen Gründen gleichermaßen als Basis für eine aufgeklärte, ungezwungene und generelle Übereinkunft angenommen werden kann.» (Gosepath 2003: 285, 288) Aus diesen drei Grundregeln folgt dann die Präsumtion der Gleichheit (4), also die Idee, dass so lange, wie keine Kenntnisse über signifikante Unterschiede vorliegen, die die Anwendung eines proportionalen Gleichheitsprinzips erforderten, alle Personen zunächst gleich zu behandeln sind. Das Verantwortungsprinzip (5) schließlich besagt, dass nach Ausgleich aller unverdienten Ungleichheiten jede Person für die Folgen ihrer eigenen Wahl selbst verantwortlich ist: «Gerecht ist eine Ordnung also dann, wenn sie alle unverschuldeten Nachteile von Personen so weit wie möglich und normativ vertretbar egalisiert und den Personen zugleich zumutet, die Folgen ihrer Entscheidungen und absichtlichen Handlungen nach Maßgabe ihrer Autonomiefähigkeit selbst zu tragen.» (Gosepath 2003: 296) Im Hintergrund dieser Konzeption steht die Kritik an einer durch subjektive moralische Verletzungsgefühle oder eine Theorie des Guten bestimmten Verteilungsregulierung. Moralische Gefühle sind Gosepath zufolge unzuverlässig, weil sie unmittelbar nicht allgemein einsichtig zu machen sind, subjektive Präferenzen aber stehen, weil durch eigene Entscheidung steuerbar, unter dem Verdikt des Verantwortungsprinzips. Jede Theorie des Guten andererseits bedarf – ebenso wie die Beurteilung subjektiver Gefühle – eines Verfahrens, das die konsensuelle Anerkennung der angesetzten Maßstäbe und Kriterien verbürgt, auch wenn diese essentialistischen Charakter tragen sollen. Ein solches Verfahren muss aber allgemein und reziprok gestaltet werden, wenn es wirksam sein soll, und so mindestens das Prinzip der moralischen Gleichheit voraussetzen. Gleichheit, so lässt sich resümieren, ist in Gosepaths Entwurf gleichsam in der Wurzel jeder Verteilungserwägung präsent, nicht aber im Ergebnis: Weil nämlich die Konsequenzen individueller Entscheidungen nicht mehr ausgleichsrelevant sein sollen, kann im Ergebnis eine starke soziale Ungleichheit die Folge sein, die Gosepath freilich durch ein Proviso für den Fall außerordentlicher Bedürftigkeit abzumildern sucht, die die persönliche Autonomie bedroht (vgl. Gosepath 2004: 407, 447–463).

In christlicher Perspektive ist Gleichheit vor allem in Bezug auf die Gottesrelation thematisch. Indem Gott die Menschen der Zuwendung als verantwortliche Geschöpfe und rechtfertigungsbedürftige Sünder würdigt (Gen 1,27–29; Röm 3,19–24), kommt Menschen ein besonderer Status zu, der als zugesprochene Würde verstanden werden kann. Hinsichtlich dieser Würde sind alle Menschen in der Tat gleich, auch wenn sie sich als Individuen ansonsten in allen möglichen Aspekten unterscheiden. Aus dieser Würde aber folgt das Recht, als Person angesprochen zu werden, das jedem Menschen in gleicher Weise zukommt. Die Differenz dieser modernen christlichen Sicht zu klassischen Positionen liegt nun in der Betonung der Relevanz solcher gleichen Würde für die Bestimmung sozialer Relationen in der unerlösten Welt. Während altkirchliche und mittelalterliche Theologie stets davon ausging, dass die basale Menschenwürde durch die Sünde angegriffen werde und so auch Nichtchristen gänzlich abgesprochen wurde, blendete die Reformation Konsequenzen solcher Würde für die menschlichen Beziehungen weitgehend ab, sofern sie die Existenz in dieser Welt als Bewährungsfeld für das ewige Leben ansah und den Akzent auf das Problem der Welterhaltung im Angesicht der Sünde legte. Insofern mussten sich auch Christinnen und Christen durch die Aufklärung erst wieder an das Faktum einer zugesprochenen allgemeinen und gleichen Würde und an mögliche Konsequenzen solcher gleichen Würde erinnern lassen (vgl. insgesamt Huber 1992: 578–582). Es spricht nun vieles dafür, als Konsequenzen solch gleicher Würde ein moralisches Grundrecht zur gleichen Beteiligung an der Regelung der alle betreffenden Angelegenheiten des Sozialen zu postulieren, wie es in unterschiedlicher Art und Weise etwa in den Theorien John Rawls' (1971 / 1988) oder Rainer Forsts (2007) geschieht.

2.3. Solidarität

Bedeutsam für die gesellschaftlichen Verteilungsfragen ist in der Moderne neben den Prinzipien der Freiheit und Gleichheit vor allem der Solidaritätsbegriff geworden. Er ist eine Prägung vorwiegend französischer Juristen des 19. Jahrhunderts und speist sich historisch aus zwei Quellen: einerseits dem römischen Recht der Gesamthaftung, das wiederum auf die hellenistische Bürgergemeinschaft zurückverweist, andererseits aber der christlichen Idee der geschwisterlichen Liebe (*philadelphia*), die etwa im Konzept der Brüderlichkeit aufgenommen worden ist (vgl. Zoll 2000: 38–49). Jeweils geht es dabei um eine Verbindung zwischen Menschen, die zu wechselseitiger Verantwortung motiviert. Während der Solidaritätsbegriff vor allem im Kontext der Arbeiterbewegung des 19. Jahrhunderts das Konzept der Brüderlichkeit ablöst und dabei die Bedeutung einer durch prinzipiell gleiche Interessen motivierten Verbindung annimmt, wird er sowohl soziologisch wie ethisch in unterschiedlicher Weise zu einem zentralen Begriff aufgebaut. Seine soziologische Prägung geht vor allem auf die Thesen Émile Durkheims (vgl.

IV. ETHIK DES SOZIALEN

Durkheim 1893/1992) zurück. Dieser unterschied eine durch vergleichbare Lagen verursachte soziale Bindung – die er vor allem in vormodernen Gesellschaften und im Strafrecht verortete – als ‹mechanische Solidarität› von einer durch die moderne Arbeitsteilung verursachten universalen Verbundenheit aus wechselseitiger Abhängigkeit, die er ‹organische Solidarität› nannte. Wiewohl Durkheims These auch deswegen nicht mehr vertreten wird, weil sie nicht plausibel zu machen vermag, inwiefern wechselseitige Abhängigkeit zwangsläufig moralische Bindung generieren soll (vgl. Müller/Schmid 1992: 511–518), hat sich die Vorstellung eines im Bewusstsein der Menschen repräsentierten sozialen Bandes gehalten, das zu wechselseitiger Unterstützung motiviert. In ähnlicher Weise hat sich auch die Spannung von Partikularität und Universalität im Solidaritätsbegriff bewahrt, sofern das Konzept als Bezeichnung eines Hilfe gewährenden Zusammenhalts innerhalb einer Gemeinschaft fungiert oder als Titel einer universalen menschlichen Bindung mit entsprechenden wechselseitigen Unterstützungen verstanden wird. Eine zweite Spannung ergibt sich aus dem Verhältnis von Interessengleichheit und Gerechtigkeit: So lässt sich Solidarität entweder als Begriff für diejenige wechselseitige Unterstützung auffassen, die sich aus der besonderen gemeinsamen Lage der durch sie verbundenen Menschen ergibt, oder als Konzept der allgemeinen Gerechtigkeit zurechnen (Steinvorth 1998: 54 f.). Folgt man der zweiten Option, fällt die Solidarität unter die Anspruchs- und Verpflichtungsregeln universal gedachter Gerechtigkeit, folgt man der ersten, ist dies nicht der Fall.

Beispielhaft für die erste Variante der Deutung des Solidaritätsbegriffs, die sich auf die gemeinsame Lage bezieht, lässt sich die im katholischen Kontext ausgebildete, maßgeblich auf Heinrich Pesch zurückgehende und von Oswald von Nell-Breuning ausgebaute Konzeption des Solidarismus nennen, für die zweite Richtung soll hier die von Hauke Brunkhorst explizierte Konzeption der Solidarität als demokratischer Wechselseitigkeit stehen.

Zentral für die solidaristische Position ist die naturrechtliche Konzeptualisierung der Solidarität als eines ‹logischen Seinsprinzips› (vgl. Nell-Breuning 1990: 28). Solidarität wird als im Schöpferwillen Gottes fundiertes soziales Grundprinzip gefasst, das seine Basis in der menschlichen Verfassung selbst hat und damit Sozialität sowohl beschreibt als auch normiert. Als deskriptiver Ausgangspunkt gilt dabei die wechselseitige Abhängigkeit der Menschen in Geschlechterfolge und Arbeitsteilung, die als ‹Gemeinverstrickung› verstanden wird und es erlaubt, menschliche Gruppen stets als normativ aufeinander bezogene Gemeinschaften zu verstehen. Sofern über die Schöpfungsvorstellung diese ‹Gemeinverstrickung› als Bestimmung des Menschen aufgefasst werden kann, lässt sich die ‹Gemeinhaftung› als normative Folge der Gemeinverstrickung verstehen: Weil die Menschen als aufeinander bezogene Wesen geschaffen sind, gehört es zu ihrer Bestimmung, diese wechselseitige Beziehung auch handelnd zu realisieren. Die Wechselseitigkeit wird dabei als «Bindung und Rückbindung» (Nell-Breuning 1990: 21) von Einzelnem und Gemeinschaft gefasst: Der Einzelne ist für das Wohl der Gemeinschaft, diese für das Wohl des Einzelnen mitverantwortlich. Die naturrechtliche Konzeption macht Solidarität so zur universalen Norm: «Gemeinverstrickung und Gemeinhaftung erfließen mit Notwendigkeit aus der *Natur* des Menschen. Darum ist das Solidaritätsprinzip, das diese Gemeinhaftung ausspricht, nicht bloß, wie oben dargetan, ein Strukturprinzip, sondern ein echtes Seinsprinzip der Gemeinschaft. Es gibt keine Gemeinschaft und es *kann* keine geben, in der das Solidaritätsprinzip nicht gilt.» (Nell-Breuning 1990: 25 f.)

Indem Solidarität in der anthropologischen Verfassung der Menschen wurzelt, wirkt sie sich je nach sozialer Lage unterschiedlich aus. Im Solidarismus wird die Menschheit nämlich als Gemeinschaft von Gemeinschaften konzipiert, die sich durch ihr jeweiliges Gemeingut, ihr zentrales, zu realisierendes Ziel, unterscheiden und aus diesem Grund auch unterschiedliche Ausprägungen des Gemeinwohls, der zur Realisierung des jeweiligen Gemeingutes nötigen organisatorischen Bedingungen, kennen (vgl. Nell-Breuning 1990: 30). Allerdings werden dabei nicht alle Gemeingüter als gleichermaßen wertvoll gedacht, sondern sind ihrerseits von abgestuftem Wert, wobei eine Gesamtordnung von Menschheit, Staat und Familie in den Blick rückt, der als universal gedachten römisch-katholischen Kirche als Verkörperung Christi aber der höchste Wert zukommt (vgl. Nell-Breuning 1990: 38 f.). Sofern Solidarität nicht nur als deskriptives, sondern auch als präskriptives Prinzip gilt, enthält es als ‹Baugesetz› auch Hinweise zur angemessenen internen Strukturierung der Gemeinschaften wie zur Verhältnisbestimmung der Gemeinschaften überhaupt: Indem sich Menschen ihrer Lage bewusst werden, vergegenwärtigen sie sich auch die normativen Konsequenzen, sodass das Solidaritätsprinzip als dynamisches ethisches Prinzip und als Rechtsprinzip fungiert, das zu einer emergenten Ordnung führt. Die Arbeiterbewegung kann so als Gemeinschaft beschrieben werden, die aus der Wahrnehmung der sozialen Lage durch die Arbeiter selbst entsteht und ihrerseits auf die angemessene Eingliederung in die größere Gemeinschaft der Gesellschaft zielt, die sich dann «unter Druck und Gegendruck» vollzieht (Nell-Breuning 1990: 54 ff.).

IV. ETHIK DES SOZIALEN

Dass das Solidaritätsprinzip auch normative Qualität hat, bewährt sich für den Solidarismus an seiner orientierenden Wirkung. «Das vom Schöpfer in ihn hineingelegte Seinsgesetz besagt nicht immer eine unausweichliche Notwendigkeit oder Zwangsläufigkeit, der er nicht zuwiderhandeln könnte; sehr oft bedeutet es eine Aufforderung an seine Einsicht und seine freie Selbstbestimmung, im Einklang mit seiner Natur zu handeln, als Mensch die Übereinstimmung mit dem Seinsgesetz seiner Menschennatur zu wahren. Das ist ein Gottesgebot, ein Gebot, das der Schöpfer in seiner Weisheit und Heiligkeit seinem vernunftbegabten Geschöpf auferlegt, ein *sittliches* Gebot, ein ethisches Prinzip. Die Bindung und Rückbindung, wie sie zwischen dem einzelnen und der Gemeinschaft besteht, sollen wir achten.» (vgl. Nell-Breuning 1990: 47) So ist das Solidaritätsprinzip freilich nicht nur eine individualethische, sondern auch eine sozialethische Norm: «Es beruft sich nicht nur auf die bestehenden Gesetze, sondern im Namen der Gerechtigkeit stellt es an die Gemeinschaft Forderungen, welche Gesetze erlassen werden und wie diese Gesetze beschaffen sein sollen; im Namen der Gerechtigkeit stellt es an uns […] die Forderung, […] aus eigener Gewissenhaftigkeit das zu tun, was […] das Gemeinwohl erheischt. Diese Gerechtigkeit nennen wir ‹soziale Gerechtigkeit› […]» (Nell-Breuning 1990: 49 f.). Dem Solidaritätsprinzip entspricht dabei das Konzept der Subsidiarität, das die Integrität der jeweils ein- bzw. untergeordneten Gemeinschaften positiv durch Unterstützung und negativ durch die Abwehr der Eingriffe übergeordneter Instanzen sichern soll (vgl. Nell-Breuning 1990: 83–100). Konkret werden so dann sowohl wohlfahrtsstaatliche Sicherungen wie wirtschaftspolitische Regelungsfunktionen des Staates, etwa hinsichtlich der Sozialbindung des Eigentums, gerechtfertigt.

Aus einer an Durkheim erinnernden Auffassung der wechselseitigen sozialen Abhängigkeit der Menschen wird so ein normatives Prinzip gefolgert, das in Verbindung mit einer theologisch feststehenden Hierarchie der Güter auf eine emergente Gesamtordnung zielt. Durch die Vorstellung einer letztlich vorherbestimmten, emergenten Ordnung wird die Spannung von Partikularität und Universalität bearbeitet, durch die naturrechtliche Verbindung von Deskription und Präskription die Spannung von Interessenvertretung und Gerechtigkeit aufgelöst: Denn wenn Solidarität immer die angemessene naturrechtliche Erkenntnis der eigenen Lage und der sich aus ihr ergebenden normativen Forderungen bedeutet, ist die Spannung von Interessenkonflikt und Gerechtigkeit gegenstandslos.

Wie unschwer zu sehen, setzt die solidaristische Konzeption die universale Einsicht in die universale Gültigkeit eines römisch-katholisch gedeuteten Naturrechts voraus – erst mit dieser Prämisse lassen sich Universalität und Partikularität, Interessengemeinschaft und Gerechtigkeit ausgleichen. Dies aber scheint angesichts der faktischen gesellschaftlichen wie globalen Pluralität keineswegs unproblematisch.

Am entgegengesetzten Ende des Spektrums wird Solidarität nicht aus der gemeinsamen Lage, sondern aus einer normativen Konzeption der Demokratie abgeleitet.

Hauke Brunkhorst (2002) rekonstruiert Solidarität letztlich als demokratische Realisierung weltbürgerlicher Freiheit. Dazu bedient er sich eines genealogischen Verfahrens. Zunächst bestimmt er als Wurzeln der modernen Solidaritätskonzeption die antike Bürgerfreundschaft, das römische Rechtsinstitut der Gemeinschaftshaftung und die christliche Bruderliebe und sucht dann zu zeigen, wie diese Vorstellungen im Kontext der französischen Revolution von 1789 und ihrer Nachwirkungen umgeprägt und verschmolzen werden. Die Tradition antiker Bürgerfreundschaft setzte die Freiheit der Einzelnen voraus, war jedoch stets auf einen kleinen Kreis von Vollbürgern oder Patriziern begrenzt. Die römische Solidarhaftung zielte auf einen Verbund, der in sich in der Regel asymmetrisch strukturiert war. Die christliche Brüderlichkeitsvorstellung implizierte zwar universale Gleichheit, die aber faktisch zunächst nur unter Mitgliedern der Glaubensgemeinschaft galt, wobei gegenwärtige soziale Ungleichheiten durch die Idee einer jenseitigen Realisierung als vorübergehend gerechtfertigt werden konnten. In der Folge der Revolutionen von 1776, 1789 und 1848 werde nun die Idee einer aus der Bürgerfreundschaft entstehenden Freiheit unter dem Einfluss der christlichen Brüderlichkeitsidee auf alle Stände ausgedehnt, was gleichzeitig eine Verdiesseitigung und politische Deutung der Brüderlichkeitskonzeption zur Folge habe. Weil auch die Vorstellung der Solidarhaftung im Licht von Bürgerfreundschaft und Brüderlichkeitskonzeption gedeutet werde, ergebe sich die Idee einer symmetrischen und reziproken Verantwortlichkeit, die sich nun auf alle (männlichen) Bürger in gleicher Weise beziehe. Als Kern der sich so herausbildenden modernen Solidaritätskonzeption, in die das Gleichheitsmoment der christlichen Brüderlichkeitsethik, das Freiheitsmoment der antiken Bürgerfreundschaft und der Verantwortungsaspekt des Solidarhaftungsgedankens eingegangen seien, identifiziert Brunkhorst dann einen auf Rousseau zurückzuführenden emphatischen Demokratiebegriff, der auf die Identität von Herrschenden und Beherrschten durch das Element der Gesetzesherrschaft abzielt. Das Dokument seiner Geltung ist die Verfassung, die die allgemeine Selbstbestimmung zur Grundlage erhebt. Die Lücke zwischen verfassungsmäßig konstatierter Norm und performativer Gesetzeskraft möchte Brunkhorst dabei als utopisch-überschießendes Moment verstehen, das kritisch gegen die Realität der Herrschaft in einer Gesellschaft gewendet werden kann. Der emphatische Demokratiebegriff hebt dann auf die Identität von Bestimmenden und Bestimmten bei vorliegender Differenz der gesellschaftlichen Individuen, Gruppen, Parteien, Organisationen, Kulturen und Funktionssystemen ab. «Volkssouveränität, die das Differenzprinzip republikanischer Gesetzesherrschaft mit dem Identitätsprinzip demokratischer Selbstverpflichtung integriert, besteht in nichts anderem als in der gleichen Freiheit einer jeden von Rechtsnormen betroffenen Person, alles zu tun, was die selbstgegebenen Gesetze nicht verbieten.» (Brunkhorst 2002: 102) Weil das Prinzip der Identität von Bestimmenden und Bestimmten sich aber genau genommen auf alle Menschen erstreckt, die vom Bestimmen einer politischen Körperschaft betroffen sind, lässt sich in einer global vernetzten Welt genau genommen niemand von den Solidaritätsrechten ausnehmen. Der Überbrückung dieser Spannung von prinzipiell globaler demokratischer Solidarität und nationalstaatlich verfasster Realität dienen Brunkhorst zufolge die Menschenrechte: «Da das Demokratieprinzip aber nicht mehr und nicht weniger verlangt, als dass alle einzelnen Angehörigen des ‹tatsächlichen Volks als legitimierender Faktor staatlichen Verhaltens ernst genommen und als maßgeblich behandelt werden›, müssen die Menschenrechte in die Lücke einspringen. Sie sind *Platzhalter demokratischer Autonomie*. Sie verweisen auf den kategorischen Imperativ der Volkssouveränität: Es soll keine Herrschaft sein! Sie verpflichten jede naturwüchsig wuchernde Herrschaft auf das praktische Projekt der *Herrschaftsminimierung durch politische Vollinklusion*.» (Brunkhorst 2002: 109) Solidarität wird so zum Programmbegriff einer universalen wechselseitigen politischen Verpflichtung der Anerkennung, Beteiligung und Gewährleistung derjenigen materiellen Bedingungen, die solche Beteiligung ermöglichen. «Durch die Menschenrechte verwandelt sich der bürgerlich *beschränkte* Republikanismus und die bürgerlich *beschränkte* Demokratie zur existierenden Idee einer sich ständig durch Selbstrevision erweiternden, expandierenden, alle Anderen und Fremden Zug um Zug einbeziehenden Gemeinschaft. [...] Der normative Horizont des Staatsbürgers ist seit 1789 der Status des Weltbürgers, der die alten Ideen der Bürgersolidarität und der Nächstenliebe in das praktische Projekt einer *egalitären und selbstbestimmten Solidarität unter Fremden* verwandelt.» (Brunkhorst 2002: 109 f.)

Wurzelt die Solidarität nach Auffassung des Solidarismus in der letztlich gleichen, göttlich gesetzten menschlichen Lage und Bestimmung, ist sie

Brunkhorst zufolge als menschliches Projekt moderner, menschenrechtlich verstandener Demokratie – also gleichsam republikanische Solidarität (vgl. Bayertz 1998: 34) – zu verstehen, das auf die ‹politische Vollinklusion› aller Menschen zielt. Dabei wird freilich deutlich, dass der Begriffsgehalt der Solidarität als partikularer Verbundenheit mit einer bestimmten Gruppe von Menschen in beiden Fällen überboten wird: Im ersten Fall wird jede solche Solidarität der Menschheit als letztlich göttlich strukturiertem Organismus eingegliedert, im zweiten durch den Bezug auf ein projektiertes Weltbürgertum entgrenzt. Solidarität als Verpflichtung aus faktischer Verbundenheit mit einer bestimmten Gruppe bleibt damit zwar möglich, aber normativ hoch ambivalent, weil bereits die Abgrenzung solcher Gruppierungen moralisch nur schwer zu rechtfertigen ist und der Umschlag in Gruppenegoismus nahe liegt (vgl. Bayertz 1998: 49 ff.). Entgrenzte Solidarität aber, auf die hin auch in protestantisch-christlicher Perspektive etwa die Konzeption der Nächsten- und Feindesliebe gedeutet werden kann (Mk 12,30 f. par, Mt 6,44), erscheint einerseits kontraintuitiv, weil sie den lebensweltlich plausiblen Bezug auf konkrete Gemeinschaften auflöst, und steht andererseits immer unter der Frage, ob ihre Ansprüche nicht letztlich in Forderungen universaler Gerechtigkeit einmünden (vgl. auch Steinvorth 1998: 81 ff.).

2.4. Soziale Gerechtigkeit

Wie die Debatten um Freiheit, Gleichheit und Solidarität zeigen, ergeben sich je nach moralischer Perspektive sehr unterschiedliche Zugänge zur Frage nach der strukturellen Gerechtigkeit als Kern der Ethik des Sozialen. Für diejenige Perspektive, in der die Freiheit besondere Aufmerksamkeit genießt, soll hier der liberale Ansatz John Rawls' dargestellt werden. Für diejenige Sicht, in der ein bestimmter Typus von Bedürfnisgleichheit leitend ist, kann Martha Nussbaums essentialistische Ethik als Beispiel dienen. Eine Perspektive, die auf die in Gemeinschaften ausgebildeten Vorstellungen der Gerechtigkeit zielt und insofern eine gewisse Nähe zur Solidaritätsperspektive bietet, lässt sich an Michael Walzers Ansatz verdeutlichen. In protestantischer Sicht schließlich ist diejenige moralische Perspektive leitend, die auf eine Perspektivübernahme im Interesse derjenigen zielt, die Entwürdigung und Entrechtung erfahren.

2.4.1 Die liberale Theorie John Rawls'

Die Frage nach der sozialen Gerechtigkeit schien im 20. Jahrhundert durch den Wettlauf der Systeme weitgehend in den Bereich der Politik verschoben. Die Rückkehr des Gerechtigkeitsbegriffs in die Arenen der politischen Philosophie und der Ethik markiert ein zu Anfang der 1970er-Jahre erschienenes Werk, das in den USA entstand – sein Autor, der amerikanische Philosoph John Rawls, ist zutiefst durch den Systemvergleich zwischen dem autoritären Sozialismus nach sowjetischem Muster und der (wirtschafts-)liberalen Demokratie nach dem Muster der Vereinigten Staaten geprägt. In seinem epochemachenden Werk *A Theory of Justice* (dt. *Eine Theorie der Gerechtigkeit*) (1971 / 1988), stellt er sich der Frage, welche Gesellschaft eigentlich als ‹gerecht› gelten könne und wie dieser Maßstab zu ermitteln wäre.

Rawls bezeichnet Gerechtigkeit als ‹Tugend sozialer Institutionen›, hat also eindeutig strukturelle Gerechtigkeit vor Augen. Als Vertreter einer angelsächsischen sozialphilosophischen Perspektive geht Rawls zunächst von der utilitaristischen Tradition aus und fragt sich, wie man in einer Gesellschaft zu allgemeingültigen Gerechtigkeitsprinzipien kommen kann, wenn doch jeder und jede zunächst seine eigenen Interessen verfolgt, insofern also vermutlich Prinzipien vorschlagen und fördern wird, die seiner jeweiligen Interessenlage entsprechen. Zur Ermittlung allgemeingültiger Gerechtigkeitsprinzipien entwickelt er aus diesem Grund einen Kunstgriff, der sich der Idee des Gesellschaftsvertrages bedient. Rawls entwirft ein Gedankenexperiment, eine fiktive Ursituation: Man stelle sich Menschen in einem solchen Urzustand vor, die gemeinsam im Konsens Gerechtigkeitsprinzipien einer Gesellschaft entwickeln sollen. Rawls setzt nun drei Dinge voraus: Erstens sind alle Partizipanten dieser Prinzipienfindung vernünftig und gelten als Gleiche. Zweitens wissen sie über die Funktionsweise der Gesellschaft, deren Prinzipien sie entwerfen, gut Bescheid: Sie kennen den Stand der Technik, die politische Theorie der Moderne und die wirtschaftlichen Grundprinzipien. Drittens aber kennen sie eines nicht: ihre natürliche, materielle und soziale Ausstattung in dieser Gesellschaft sowie ihre soziale Position darin, sie wissen also nicht, ob sie in der entsprechenden Gesellschaft oben, unten oder in der Mitte stehen werden und welche weltanschaulichen und religiösen Positionen sie darin vertreten. Rawls nennt dies einen ‹Schleier des Nichtwissens›. Dieser dient genau der Abstraktion von den eigentlichen Interessenpositionen, hat also eine ähnliche Funktion wie die formale Verallgemeinerungsprüfung im kategorischen Imperativ Kants, die letztlich sicherstellen soll, dass ein Prinzip unabhängig von der je eigenen kulturellen Prägung und sozialen Position zustande kommt und damit universal zustimmungsfähig ist. Rawls entwickelt so in der Kombination von Utilitarismus, Kantianismus und der Idee des Gesellschaftsvertrags ein Verfahren, das zur Ermittlung universal gültiger Gerechtigkeitsprinzipien taugen soll. Dabei geht er davon aus, dass die in der Ursituation unter dem Schleier des Nichtwissens Versammelten zwei Prinzipien implementieren würden. Das erste lässt sich als Freiheitsprinzip, das zweite als Differenzprinzip bezeichnen. An erster Stelle steht ein System von möglichst umfangreichen politischen Grundfreiheiten, das mit denselben Freiheiten aller anderen vereinbar ist. Freiheit, so meint Rawls, wäre also das erste und unverzichtbare Prinzip, weil Freiheit die zentrale Bedingung für die Verfolgung jedes weiteren möglichen individuellen oder kollektiven Ziels darstellt. An zweiter Stelle – und dementsprechend der Freiheit untergeordnet – steht das sogenannte Differenzprinzip. Es besagt, dass soziale Ungleichheit nur dann akzeptabel ist, wenn sie auch die Situation der Schlechtestgestellten optimiert und mit prinzipieller sozialer Mobilität verbunden ist. Die Prinzipien im Wortlaut, hier nach der revidierten Version zitiert: «a) Jede Person hat den gleichen unabdingbaren Anspruch auf ein völlig adäquates System gleicher Grundfreiheiten, das mit demselben System von Freiheiten für alle vereinbar ist. b) Soziale und ökonomische Ungleichheiten müssen zwei Bedingungen erfüllen: erstens müssen sie mit Ämtern und Positionen verbunden sein, die unter Bedingungen fairer Chancengleichheit allen offenstehen; und zweitens müssen sie den am wenigsten begünstigten Angehörigen der Gesellschaft den größten Vorteil bringen (Differenzprinzip).» (Rawls 2003: 78)

Drei Aspekte sind dabei festzuhalten. Erstens ist deutlich, dass der Freiheit besondere Bedeutung zukommt: Die soziale Gleichstellung wird der Freiheit untergeordnet, eine Diktatur, die soziale Gleichheit herstellen soll, ist also ausgeschlossen – damit kommt natürlich auch ein System nach dem Muster der damaligen Ostblockstaaten nicht infrage. Der Systemwettbewerb bestimmt auch das zweite Prinzip. Hier ist zentral, dass Rawls nicht die soziale Gleichheit, sondern die soziale Ungleichheit in einer Gesellschaft für legitimationspflichtig hält. Das ist schon deshalb nicht irrelevant, weil der empirische, faktische Ausgangspunkt gesellschaftstheoretischer Reflexion in der Regel eben nicht Situationen der Gleichheit, sondern der Ungleichheit sind: Damit steht jede Gesellschaft von Anfang an für ihre Ungleichheiten, oder, plakativ gesagt, ihre Armen, Marginalisierten und Ausgeschlossenen in der

Rechtfertigungspflicht. Dabei ist – drittens – das Kriterium so gebaut, dass es vor allem im Systemvergleich einleuchtet: Die Ungleichheit einer Gesellschaft, so Rawls, ist nämlich letztendlich nur dadurch zu rechtfertigen, dass diese Ungleichheit auch das Los der Schlechtestgestellten im Vergleich zu einer homogeneren Gesellschaft verbessert. Eine Gesellschaft darf dann als gerecht gelten, wenn sie Freiheitsrechte verbürgt und es denen am unteren Rand immer noch besser geht als denen in einer vergleichbaren egalitäreren Gesellschaft. Dahinter darf man den Vergleich von (höchst ungleichem) Kapitalismus und (egalitärerem, aber politisch repressivem und deutlich weniger effizientem) Sozialismus vermuten. In der Durchführung plädiert Rawls dann für eine Reihe staatlicher Institutionen, die sicherstellen sollen, was er die faire Chancengleichheit nennt. Dabei sind vor allem Bildungsinstitutionen, Organisationen zur Sicherstellung effizienter Märkte und soziale Sicherungsinstitutionen im Blick, die dafür sorgen sollen, dass alle Bürger bestimmte Chancen erhalten. Die Tatsache unterschiedlicher materieller Ausstattungen, die dafür sorgen, dass der Wert der Freiheit für manche Bürger sehr viel höher ist als für andere (zum Beispiel, weil sie sich gegebenenfalls einen privaten Nachhilfelehrer für ihre Kinder leisten können), bleibt für Rawls allerdings unhintergehbar, da sonst eine zu starke Einschränkung der Freiheit gegeben sei – aus diesem Grund hält er auch seine Auflistung derjenigen (Grund-)Güter, die vermutlich alle Menschen erstreben, relativ klein. Rawls' Ansatz gehört damit zu den liberalen, durch Verfahren begründeten Gerechtigkeitstheorien; wie unschwer zu sehen, ist die Idee der Beteiligungsgerechtigkeit leitend. Allerdings schränkt Rawls die Geltung der Prinzipien auf die liberalen, demokratisch verfassten Gesellschaften ein, sodass eine globale Anwendung nicht infrage kommt: Im Hintergrund stehen dabei die Auffassungen, dass es unterschiedliche Typen achtbarer Gesellschaften geben kann, dass die politische Wohlordnung einer Gesellschaft nicht von einer anderen oktroyiert werden darf und auch nicht vom Wohlstand dieser Gesellschaft abhängt (vgl. Rawls 2002: 77–79, 100–101, 132–145).

2.4.2. Die Konzeption der Verwirklichungschancen Nussbaums und Sens

Ganz anders argumentieren hier Martha Nussbaum und Amartya Sen. Nussbaum, amerikanische, vom Protestantismus zum Judentum konvertierte Philosophin und Aristoteles-Expertin, und Sen, indischstämmiger amerikanischer Ökonom, lernten sich im Kontext der Entwicklungsorganisation der

Vereinten Nationen kennen. Dort waren beide an der Erarbeitung von Indikatoren für das Messen menschlicher Entwicklung, dem sogenannten Human Development Index, beteiligt und mussten daher kulturübergreifende Maßstäbe entwerfen (Nussbaum 2011). Beide gehen sehr viel weniger von allgemeinen Verfahren und sehr viel stärker von konkreten materialen Maßstäben aus. Sen, dem es auf eine ökonomische Darstellung dessen ankommt, was man unter Gerechtigkeit verstehen könnte, entwickelte dabei das Konzept der ‹Verwirklichungschancen›: Gerechtigkeit könne nicht an abstrakten Indikatoren, sondern nur an konkreten Möglichkeiten gemessen werden, das zu tun, was man aufgrund seines kulturellen und religiösen Hintergrunds für erstrebenswert halte (vgl. Sen 1999). Diese – stets mit Ressourcen gedachten – Verwirklichungschancen nennt er *capabilities*. Der Begriff ist im Deutschen allerdings etwas missverständlich, weil er sich auch mit dem Terminus Fähigkeiten übersetzen lässt, ‹Fähigkeiten› aber zunächst auf ein Subjekt verweisen, nicht auf Mittel. Martha Nussbaum arbeitet methodisch anders, aber sachlich ähnlich. Ausgehend von einem aristotelischen (allerdings um das Moment des Aristokratismus bereinigten) Ansatz entwirft sie eine Liste derjenigen menschlichen Funktionen, die ihrer Auffassung zufolge das gerechte und angemessene Minimum eines menschlichen Lebens bilden und für deren Ermöglichung der Staat zuständig ist. Damit ist nicht die Freiheit, etwas zu tun, sondern die Entfaltung der menschlichen Potentiale der zentrale Maßstab der Gerechtigkeit. Dabei spricht Nussbaum von einem zugleich starken und vagen Konzept des Guten: Stark ist dieses Konzept in Bezug auf das Gute, weil es das Gute, das alle Menschen suchen, zum Ausgangspunkt der Erörterung der Gerechtigkeit macht und nicht vorrangig die Freiheit, dasjenige zu tun, was man möchte. Das ist schon deswegen ein starkes Konzept des Guten, weil sie voraussetzen muss, dass feststellbar sei, was die Menschen unabhängig von Herkunft und Weltsicht als basal gut ansehen. Vage ist das Konzept, weil sie – anders etwa als katholische naturrechtliche Theorien – keine privilegierte Einsicht in dieses Gute beansprucht, sondern ihre Liste der Grundfunktionen als erörterbar und erweiterbar ansieht, also auf konkrete Verständigung darüber setzen muss, was ein gutes menschliches Leben ist. Auf der Liste der Grundfähigkeiten finden sich unter anderem die folgenden: «1. Die Fähigkeit, ein volles Menschenleben bis zum Ende zu führen; nicht vorzeitig zu sterben oder zu sterben, bevor das Leben so reduziert ist, dass es nicht mehr lebenswert ist. 2. Die Fähigkeit, sich guter Gesundheit zu erfreuen; sich angemessen zu ernähren; eine angemessene Unterkunft zu haben; Möglichkeiten zu sexueller Befriedigung zu haben; sich von einem

IV. ETHIK DES SOZIALEN

Ort zum anderen zu bewegen. 3. Die Fähigkeit, unnötigen Schmerz zu vermeiden und freudvolle Erlebnisse zu haben. 4. Die Fähigkeit, die fünf Sinne zu benutzen, sich etwas vorzustellen, zu denken und zu urteilen. 5. Die Fähigkeit, Bindungen zu Dingen und Personen außerhalb unserer selbst zu haben, diejenigen zu lieben, die uns lieben und für uns sorgen, und über ihre Abwesenheit traurig zu sein, allgemein gesagt: zu lieben, zu trauern, Sehnsucht und Dankbarkeit zu empfinden. 6. Die Fähigkeit, sich eine Vorstellung vom Guten zu machen und kritisch über die eigene Lebensplanung nachzudenken. 7. Die Fähigkeit, für andere und bezogen auf andere zu leben, Verbundenheit mit anderen Menschen zu erkennen und zu zeigen, verschiedene Formen von familiären und sozialen Beziehungen einzugehen. 8. Die Fähigkeit, in Verbundenheit mit Tieren, Pflanzen und der ganzen Natur zu leben und pfleglich mit ihnen umzugehen. 9. Die Fähigkeit, zu lachen, zu spielen und Freude an erholsamen Tätigkeiten zu haben. 10. Die Fähigkeit, sein eigenes Leben und nicht das eines anderen zu leben. 10a. Die Fähigkeit, sein eigenes Leben in seiner eigenen Umgebung und in seinem eigenen Kontext zu leben.» (Nussbaum 1999: 57 f.)

Eine der Konsequenzen dieses essentialistischen, nämlich an Auffassungen über das Wesen des Menschen ansetzenden Konzeptes ist es, dass es nicht vorrangig um gleiche Startbedingungen und Chancen für alle geht, sondern um die Erreichung grundlegender gleicher Ziele und die Befriedigung zentraler Bedürfnisse, von denen aus dann die Menschen ihre Absichten weiter verfolgen können – insofern kann man sagen, dass im Hintergrund dieser Konzeption das Bemessungsprinzip der Bedürfnisgerechtigkeit steht. Das bedeutet dann aber, dass es nicht genügt, etwa grundlegende Bildungsinstitutionen öffentlich bereitzustellen, sondern dass man bereit sein muss, jedem Menschen diejenige Unterstützung zu gewähren, die er benötigt, um ein definiertes Bildungsziel auch zu erreichen: Wenn das – etwa im Falle eines Menschen, der für seine Fortbewegung auf einen Rollstuhl angewiesen ist – bedeutet, dass er oder sie einen speziellen Fahrdienst benötigt, um zur Schule zu kommen, dann muss dies als Gebot der Gerechtigkeit gelten, auch wenn diese Person dann mehr Fördermittel des Gemeinwesens bekommt als diejenige, der nur die Nutzung des Bildungsangebots kostenfrei ermöglicht wird.

Während sich aber nach Rawls nun ein Verfahren angeben lässt, das für die Angleichung der oder die Abstraktion von den unterschiedlichen kulturellen, religiösen und mentalitätsbedingten Wertunterschiede sorgt, ist dies bei Nussbaum so nicht der Fall. Die Behauptung, alle Menschen könnten sich auf die angegebenen Grundzüge einigen, ist zunächst nur das: eine Behauptung, wobei allerdings in jüngerer Zeit auch liberale Interpretationen, die den Fähigkeitenkatalog im Sinne eines *overlapping consensus* interpretieren, zu finden sind (vgl. Dabrock 2012: 154–169).

2.4.3. Sphären der Gerechtigkeit nach Michael Walzer

Weder verfahrensorientiert noch essentialistisch geht das Gerechtigkeitskonzept Michael Walzers (1983) vor, sondern er setzt auf die Formierungsprozesse konkreter Kulturen und Gemeinschaften. Walzer geht davon aus, dass zur Verteilung stehende Güter sozial und kulturell konstituiert werden, sodass jedes im Kontext einer bestimmten Kultur verteilungsrelevante Gut auch seine kulturell geformten, normativen Verteilungsprinzipien bereits enthält (vgl. Walzer 1983: 6–10). Damit setzt er die Bedeutung einer bestimmten, durch Traditionen und Aushandlungsprozesse gedeuteten gemeinsamen Lage bereits voraus. Die Pointe dieser Gerechtigkeitstheorie liegt jedoch vor allem in der Unterscheidung der Güter und Verteilungsprinzipien, die er als Sphären konzipiert. Konkret unterscheidet er dann etwa Mitgliedschaft und Zugehörigkeit (vgl. Walzer 1983: 31–63) von Anerkennung (249–280) einerseits, Verwandtschaft und Liebe (227–242) andererseits; Sicherheit und Wohlfahrt (64–94) von Geld und Waren (95–128); öffentliche Ämter (129–164) von politischer Macht (281–311) und anderes mehr. Sofern jedes Gut eigene Verteilungsprinzipien impliziert, kann es uniforme Gleichheit nicht geben: Liebe wird nach anderen Kriterien ‹verteilt› als politische Macht oder Geld, materielle Wohlfahrt und wertschätzende Anerkennung fungieren nach jeweils unterschiedlichen moralischen Regeln. Konkret nennt er dabei das Prinzip des freien Austauschs, des Verdienstes und des Bedürfnisses – keines dieser Prinzipien ist freilich universal gültig, sondern je nach Gut in sehr unterschiedlicher Weise, es kommen also die Bemessungsprinzipien je nach gesellschaftlichem Gut zum Einsatz (vgl. Walzer 1983: 21–26).

Doch auch wenn so die Verteilungsregeln güterspezifisch variieren, gibt es Walzer zufolge doch zwei übergreifende Gesichtspunkte, die berücksichtigt werden müssen. Erstens sind Monopole in allen Sphären problematisch, weil sie nichtlegitimierte Herrschaft konstituieren. Zweitens und vor allem anderen ist eine Entwicklung zu vermeiden, in der das Gut einer Sphäre zum dominanten Gut wird, also zu einem, mit dessen Hilfe man alle anderen

Güter erwerben kann, denn dann werden die güterspezifischen Verteilungsregeln außer Kraft gesetzt. Am problematischsten ist die Situation, in der eine Gruppe von Menschen das Monopol auf ein dominantes Gut innehat, weil aus ihr diejenige unbeschränkte Herrschaft folgt, die Walzer Tyrannei nennt. Er argumentiert, dass die Vermeidung dominanter Güter sehr viel höhere Priorität beanspruchen dürfe als der Kampf gegen Monopole, weil monopolartige Ungleichheiten nur durch eine weitreichende Beschränkung der Freiheit der Akteurinnen und Akteure zu umgehen seien. Die Vermeidung dominanter Güter jedoch sei einerseits leichter zu bewerkstelligen und andererseits effizienter: Denn zwar können sich dann in jedem Bereich problematische Ungleichheiten ergeben, sie lassen sich aber nicht zur übermächtigen Tyrannei verdichten, weil niemand seine Vorherrschaft in einer Sphäre zur Erlangung der Übermacht auch in anderen Sphären zu nutzen vermag (vgl. Walzer 1983: 10–20).

Wiewohl Walzer sich nicht an der soziologischen Theorie funktionaler Differenzierung orientiert, kommt seiner Gerechtigkeitskonzeption besonders im Kontext moderner, funktional differenzierter Gesellschaften Plausibilität zu – denn im Unterschied zum Verteilungsmodus stratifizierter Gesellschaften kann die Eigenständigkeit der kommunikativ unterschiedenen gesellschaftlichen Bereiche als Hürde der Konzentration sozialer Gestaltungsmacht in den Händen weniger Menschen wirken. Allerdings bleibt in seiner Konzeption – wie in Nussbaums Entwurf – im Unterschied zu den Entwürfen liberaler Provenienz unklar, wie eine über die Grenzen bestimmter Traditionen und Kulturen gedachte Gerechtigkeit möglich ist. Zudem bleibt die Erörterung der Grenzen bestimmter Distributionssphären stark deutungsabhängig.

2.4.4. Zur protestantischen Konzeption der Gerechtigkeit

Im evangelischen Kontext ist soziale Gerechtigkeit ein vergleichsweise junges Konzept. Denn obgleich bereits die Reformatoren durchaus Elemente sozialpolitischer Innovation eingeführt hatten, christliche Sozialpolitiker im 19. Jahrhundert für eine Bearbeitung der sozialen Frage eintraten und die entstehende Sozialethik des 20. Jahrhunderts Fragen der Eigentumsverteilung oder des Wohlfahrtsstaates thematisierte (vgl. Meireis 2014), blieb doch die Frage nach einer Konzeption sozialer Gerechtigkeit weithin unbearbeitet, wiewohl in Schrift und Tradition nicht wenige Anknüpfungspunkte vorliegen. Wo Gerechtigkeit im theologisch-ethischen Kontext nicht in Anlehnung an das klassische Naturrecht ordnungstheologisch behandelt wurde (vgl. Brunner 1943), konzentrierte man sich auf im strengen Sinn theologische Probleme wie das Verhältnis von menschlicher und göttlicher Gerechtigkeit (vgl. Wolf 1975: 111 ff.), auf individualethische Themen (vgl. Honecker 1990: 188 f.) oder ethische Einzelfragen wie die Relationierung von Individuum und Gesellschaft sowie das Verhältnis von Recht und Gerechtigkeit (vgl. Thielicke 1968: 3–197, 295–338). Demgegenüber war es vor allem die Rezeption der oben bereits skizzierten Gerechtigkeitstheorie Rawls', die zu einem neuen Interesse an struktureller Gerechtigkeit als Kern einer evangelischen Ethik des Sozialen führte.

Dabei kann diese auf unterschiedliche Motive zurückgreifen. Zunächst ist hier der – von der aristotelischen Tradition durchaus zu unterscheidende – biblische Gerechtigkeitsbegriff zu nennen. Der Begriff der *zedakah* erschließt sich formal zunächst als Konzept angemessener Wechselseitigkeit, das aber inhaltlich nicht so sehr berechenbare gegenseitige Ansprüche zum Thema hat, wie sie sich in der Vorstellung einer aristotelischen *iustitia commutativa* oder *distributiva* finden, als vielmehr auf beziehungsförderliches Handeln zielt (vgl. etwa Am 5,11–15.24). Denn Gerechtigkeit fließt zuallererst aus dem Gottesverhältnis, das sich einerseits nicht nach dem Muster des Vertrags unter gleichgestellten Partnern verstehen lässt, sondern immer asymmetrisch bleibt, andererseits aber als Gestaltung dieser Asymmetrie durch die vorlaufende Liebe und Barmherzigkeit Gottes konzipiert wird, die sich historisch immer wieder im Erwählungs- und Befreiungshandeln Gottes an Israel konkretisiert, dem im menschlichen Handeln entsprochen werden soll (vgl. Ex 20,1 f.). Moralische Gebote im Verhältnis zwischen Gott und Menschen, aber auch zwischen den Menschen selbst – nicht zuletzt diejenigen des Dekalogs –, werden daher in der Regel auf dieses gemeinschaftsbegründende Handeln Gottes zurückgeführt, sodass Gerechtigkeit im biblischen Sinn auch als Gemeinschaftstreue bezeichnet werden kann (vgl. Johnson 1989: 912 ff.). Konkrete soziale Schutzrechte (vgl. etwa Lev 19,9 f.13) und die immer erneuerte prophetische Kritik verweisen auf dieses Gerechtigkeitsverständnis, um auf gemeinschaftsförderliche Verhaltensweisen – etwa den Verzicht auf die Nutzung sozialer und ökonomischer Machtposition zur Ausbeutung der Unterlegenen – zu dringen. Zugleich lässt sich schon im israelitischen Kontext die Tendenz zur Ausweitung des Begünstigtenkreises solcher Gerechtigkeitsforderungen auf solche Menschen wahrnehmen, die als gemeinschaftsfremd gelten (vgl. Lev 19,33 f.). Während das Neue Testament an die klassische Gerechtigkeitskonzeption des Alten anzuknüpfen vermag, sofern auch *dikaiosyne* auf Gott zurückzuführen ist und sich die gemeinschaftsstiftende Gerechtigkeit Gottes vorrangig als Freiheit ermöglichende Gnade und Barmherzigkeit konkretisiert, setzt es die bereits angelegte Ausweitungstendenz der Adressaten zwischenmenschlicher Gerechtigkeit durch die Universalisierung des Begriffes des Nächsten (vgl. Lk 10,25–37) und die Forderung der Nächstenliebe fort (vgl. Meireis 2008a: 403 ff.).

In der protestantischen Diskussion der Moderne ist die Motivation der Liebe öfter gegen die Gerechtigkeit im Sinne wechselseitiger gerechtfertigter Ansprüche ausgespielt worden (vgl. Nygren 1954: 35–67; Schrage 1989: 73–93, 135–153). Eine als vollständige Hingabe verstandene Liebe nämlich schien jeder Vorstellung der Reziprozität zu widersprechen, sofern diese zwingend auch mit der Verteidigung eigener Ansprüche einhergehen muss. Der protestantische Philosoph Paul Ricoeur hat allerdings gezeigt, dass eine solche Entgegensetzung problematisch ist und zugunsten eines komplementären Verständnisses aufgegeben werden sollte (vgl. Ricoeur 1990). Denn erstens findet sich auch im biblischen Zeugnis der Aspekt der Reziprozität – etwa im Kontext der Darlegung der goldenen Regel (Mt 7,12). Zweitens bedeutete vollständige Hingabe unter Aufgabe der Reziprozität den Verzicht darauf, ungerechte Ansprüche zu beschränken. Damit würde einerseits nicht ernst genommen, dass die menschliche Sozialität immer auch als Konfliktzusammenhang widerstreitender Interessen zu verstehen ist, und andererseits faktisch der Ungerechtigkeit Vorschub geleistet. Drittens, so Ricoeur, bietet gerade die Komplementarität von Liebe und Gerechtigkeit die Chance, die Reziprozität vom Odium kalter Rechenhaftigkeit zu befreien und die Ausbeutung der Hingabe zu vermeiden.

Sofern die durch göttliche Liebe gestaltete Asymmetrie zwischen Gott und Mensch für die Fragilität der Position der Schwächeren sensibilisiert und weil die Bewahrung der Gemeinschaft die Perspektivübernahme zugunsten jener fordert, die am stärksten von Entwürdigung und Entrechtung bedroht sind (vgl. Mk 2,17; Lk 1,46–55), impliziert Gerechtigkeit in christlicher Perspektive einen Blick, der die Perspektive der Bedrohten privilegiert und mit der Bereitschaft verbunden ist, denjenigen eine Stimme zu geben, die durch Entwürdigung und Entrechtung zum Verstummen gezwungen wurden (vgl. Bedford-Strohm 1993) – beides ist mit der Metapher eines Blicks von oder nach unten ausgedrückt worden (vgl. Barth 1919/1985: 490; Huber 1996: 149 ff.; Meireis 2012). Noch vor der eigentlichen Abwägung von Gerechtigkeitsprinzipien geht es dabei um die Wahl der grundlegenden Urteilsperspektive, aus der heraus überhaupt abgewogen wird.

Somit lässt sich zusammenfassen: Weil in der beauftragenden und damit würdigenden Ansprache des Menschen durch Gott, wie sie im Schöpfungsbericht in mythischer Sprache tradiert wird, die Idee gleicher Würde aller Menschen transportiert wird, ist die Würdegleichheit aller Menschen zu berücksichtigen, die auch Konsequenzen für die Frage gleicher Freiheit hat. Weil Gottes gnädiges, barmherziges und rechtfertigendes Befreiungshandeln in christlicher Perspektive grundlegend für die Konstitution der Moralität ist, spielt die Idee der Freiheit in der christlichen Ethik eine zentrale Rolle. Und die in der Vorstellung der Nächstenliebe gedachte universale Verbundenheit impliziert eine Affinität zur Solidaritätskonzeption.

Ausgehend von einer Urteilsperspektive, die die Sicht der Entrechteten und Entwürdigten privilegiert, sind dann die Bemessungsprinzipen der Verteilung im zwischenmenschlichen Bereich zu erwägen. Sofern es in der genannten Urteilsperspektive letztlich um die Befähigung zu eigener Beteiligung an den zentralen Entscheidungen über die Verteilungsregeln geht, kommt der auch der Rawls'schen Konzeption zugrundeliegenden Idee der Beteiligungsgerechtigkeit Vorrang zu, deren grundlegende Form das jedem Menschen zukommende Recht auf Rechtfertigung (Forst 2007) ausmacht, auch wenn die vertragstheoretische Ausgestaltung Rawls', die letztlich von Personen ausgeht, die nicht nur hinsichtlich ihrer Würde, sondern auch nach ihren Fähigkeiten gleich sind, nicht vollständig zu überzeugen vermag. Die insbesondere von Sen und Nussbaum propagierte Einsicht, dass eine Befähigung der an Würde gleichen Menschen zur Beteiligung stets auch Ressourcen voraussetzt, impliziert eine befähigende Verteilung noch vor dem Eintritt in konkrete Aushandlungsprozesse. In solchen gesellschaftlichen Aushandlungsprozessen wird dann über die konkrete Anwendung und Ausgestaltung der Bemessungsprinzipien von Leistung, Tausch und Bedürfnis im Rekurs auf die jeweilige Verteilungssphäre entschieden. Soziale Gerechtigkeit beginnt also mit der Perspektivübernahme im Interesse derjenigen, deren Würde und Recht bedroht sind. Sie zielt von dort aus auf Beteiligung bei der Aushandlung der gesellschaftlich geltenden Regeln und auf die dazu notwendige differenzierte Befähigung angesichts ungleicher Ausgangsbedingungen, die eine Ermächtigung durch Ressourcen impliziert. Schließlich erfordert sie eine differenzierte Anerkennung der Verschiedenen.

Allerdings hat sich bereits in den reformatorischen Zusammenhängen ein – wenn auch noch schwaches – Bewusstsein für die notwendige Selbstbegrenzung der Christinnen und Christen hinsichtlich der Verallgemeinerbarkeit ihrer Einsichten herausgebildet, das mit der Einsicht in die Differenz

IV. ETHIK DES SOZIALEN

von Gott und Mensch zusammenhängt – so hat etwa Martin Luther in den berühmten Invokavit-Predigten betont, dass religiöse Einsicht von Menschen nicht erzwungen werden kann (vgl. Luther 1522/1905). Auch im Zuge der konfessionellen Kriege des 17. Jahrhunderts ist in modernen, kulturell und religiös pluralen gesellschaftlichen Kontexten die Sensibilität für den Umgang mit Pluralität geschärft worden, was sich in der Herausbildung moderner Rechtsverständnisse und Politikkonzeptionen zeigte, aber auch Konsequenzen für die Auffassung von Gerechtigkeit zeitigt. Insgesamt wird dieser Einsicht im Kontext der Ethik des Sozialen durch die Unterscheidung von Gutem und Richtigem entsprochen.

Während Christinnen und Christen darauf hoffen, dass Gottes versöhnende und erlösende Offenbarung in Christus allen Menschen einleuchten möge, bleibt ihnen diese Selbsterschließung Gottes doch unverfügbar, sodass die christliche Moral unter Bedingungen der unerlösten Welt hypothetischen Charakter hat: Sie gilt zunächst nur für diejenigen, die von sich zu bekennen vermögen, dass ihnen der Glaube in Christus eröffnet wurde, und versteht sich insofern als Ethik des Guten, die die Anerkennung einer bestimmten Sicht der Welt voraussetzt, weil sie die Gabe der Freiheit auf das schaffende und rechtfertigende Handeln Gottes in Christus, die gleiche Würde aller Menschen auf die würdigende Indienstnahme der Menschen durch Gott und die solidarische Verbundenheit der Menschheit untereinander und mit der außermenschlichen Kreatur auf Schöpfung und Versöhnung in Christus zurückführt. Christliche Gerechtigkeitsforderungen zielen prinzipiell auf alle Menschen, lassen sich aber im Respekt vor Gottes Souveränität und der Freiheit der Menschen nicht unmittelbar als universal vertreten, zumal es der christlichen Einsicht in die Realität der Sünde und der menschlichen Fehlbarkeit entspricht, anzunehmen, dass auch unter Christinnen und Christen der Konflikt der Interessen und Deutungen und damit die moralische Debatte nicht sinnvoll stillzustellen ist.

Weil sich die Ethik des Sozialen aber in evangelischer Perspektive mit den allgemeinen Fragen sozialer Gerechtigkeit beschäftigt und so die angemessene gesellschaftsstrukturelle Verteilung von Anerkennungs-, Teilnahme- und Teilhabechancen untersucht, bringen Christinnen und Christen ihre Einsichten auch in die Debatten der Ethik des Richtigen ein, die auf Prinzipien zielt, die ungeachtet kultureller oder religiöser Differenzen verallgemeinert werden können, und im Kontext staatlicher oder überstaatlicher Institutionen erforderlich ist, die auf das Zusammenleben der Verschiedenen ausgerichtet sind. Daher ist es angemessen, christliche normative Vorstellungen einer Verallgemeinerungsprüfung zu unterziehen, wie sie in liberalen Gerechtigkeitskonzeptionen vorgesehen und in der öffentlichen Debatte tendenziell möglich ist.

Sofern Christinnen und Christen also von der eigenen Begrenztheit im Bezug auf Gottes Willen ausgehen, die Realität christlich-kirchlicher wie gesellschaftlicher Pluralität ernst nehmen und insofern immer mit je eigenen Lernerfahrungen in Diskurs und Dialog rechnen, bringen sie ihre Einsichten im Sinne öffentlicher Theologie in ethische und politische Verallgemeinerungsverfahren ein, die auf überlappende Konsense gerichtet sind, und nehmen insofern an den gesellschaftlichen sozialphilosophischen und sozialpolitischen Debatten aus ihrer Perspektive teil.

3. ANWENDUNGSFELDER DER ETHIK DES SOZIALEN

Die Anwendungsfragen der verteilungsorientierten Ethik des Sozialen lassen sich für die Zwecke eines Überblicks heuristisch in drei Kategorien einteilen, wobei dann jeweils die konkrete Distributionslage der zur Verteilung stehenden Güter und die Verteilungsinstanzen, -adressaten und -modi, die normativen Grundlagen sowie die sozialpolitischen Konkretionen erörtert werden.

Zunächst geht es um die Frage der Verteilung materieller Güter, hier mit dem Begriff der materiellen Teilhabe gefasst, die in den modernen Erwerbsarbeitsgesellschaften für die Mehrheit der Bevölkerungen in der Regel durch die unmittelbare oder indirekte Teilnahme an Arbeitsmärkten geregelt wird und so eng mit der Wirtschaft gekoppelt ist, aber auch über diese Kopplung hinausreicht, sofern einerseits bestimmte Gruppen der Bevölkerung (Heranwachsende, ältere Menschen und temporär oder permanent erwerbsunfähige Personen) durch politischen Konsens von der Zumutung der Erwirtschaftung ihres eigenen Lebensunterhalts ausgenommen sind, andererseits aber die aufgrund unterschiedlicher Voraussetzungen ungleich verteilten Risiken des Wirtschafts- und Erwerbslebens durch Institutionen solidarischer Sicherung abgefedert werden. Besondere Aufmerksamkeit ist hier der Frage nach ungleichen Möglichkeiten der materiellen Teilhabe zu widmen, die in der Regel auf ungleiche Möglichkeiten der Teilnahme zurückgeht und sich – als ungleich verteiltes ökonomisches Kapital – auch wieder in ungleich verteilten Teilnahmechancen auswirkt. Dies betrifft etwa die Lage der Frauen, die Situation von Migranten und Migrantinnen sowie diejenige von geistig oder körperlich beeinträchtigten Personen, aber natürlich auch die Folgewirkungen von Armut; konkret ist das Verhältnis von Armut und Reichtum thematisch.

Sodann sind Fragen der Chancenverteilung selbstbestimmter Teilnahme von Interesse, die in der hier gewählten Anordnung als Voraussetzungen der Güterverteilung in den Blick kommen, wobei vor allem der unterschiedliche Zugang zu dem und die ungleiche Förderung durch das Bildungswesen im Fokus stehen, weil hier jedenfalls für alle Menschen, die nicht durch vererbtes Vermögen ökonomisch unabhängig sind, die zentrale Instanz zur Gewinnung von politischen und ökonomischen Teilnahme- und also sozialen Gestaltungschancen – im Sinne von kulturellem Kapital – vorliegt.

Schließlich muss es um Anerkennung und Wertschätzung gehen, die als Bedingungen von Chancen- und Güterverteilung und somit jedenfalls auch als soziales Kapital thematisiert werden. Es bleibt freilich zu beachten, dass es sich dabei um regelkreisartige Prozesse handelt, sodass die Blickrichtung auch umgekehrt werden kann: Wertschätzungs- und Chancenverteilung kommen dann auch als Folgen der Güterverteilung in den Blick.

3.1. Materielle Teilhabe: Arbeit, Armut und Reichtum

«In allen Gesellschaften ist für den Einzelnen die Frage, in welchem Maße er über materielle Ressourcen verfügen kann, von hohem Gewicht. Denn materielle Ressourcen haben nicht nur einen direkten Gebrauchswert, sondern ermöglichen durch Tausch gegen andere Güter oder Leistungen indirekt Problemlösungen in einer Vielzahl wichtiger Lebenslagen.» (BMAS 2013a: 323) Insofern ist die Teilhabe an materiellen Ressourcen für eine Gerechtigkeitsperspektive, die die Ermöglichung der Beteiligung an der Gestaltung der Verteilungsregeln betont, von besonderer Bedeutung – aus diesem Grund wird in kirchlichen Stellungnahmen auch regelmäßig betont, dass Verteilung und Befähigung nicht gegeneinander auszuspielen sind (EKD/DBK 1997: 72 ff., Ziff. 177–223; EKD 2006: 43 ff., Ziff. 59–61) –, entsprechende Positionen werden nicht nur auf evangelischer, sondern auch auf katholischer Seite vertreten (vgl. Möhring-Hesse 2004). Diese materielle Teilhabe ist in einer kapitalistischen Arbeitsgesellschaft für die Mehrheit der Bevölkerung, die nicht über großes Eigentum verfügt, das sie als ökonomisches Kapital gewinnbringend und lebenssichernd einsetzen kann, von der aktiven Teilnahme am Arbeitsmarkt abhängig. Dabei ist nicht nur die direkte Erwerbstätigkeit, sondern auch die rechtlich abgesicherte familiäre Verbindung mit Erwerbsteilnehmern verteilungsrelevant: Regelmäßig sind Eltern für ihre noch nicht erwerbsfähigen Kinder, Ehe- und Lebenspartner wechselseitig füreinander und Kinder – jedenfalls partiell – für ihre nicht mehr erwerbsfähigen Eltern materiell verantwortlich. Diejenigen, die ihre Arbeitskraft am Arbeitsmarkt anbieten, suchen sie durch Qualifizierung aufzuwerten, da in der Regel höhere Qualifikationen auch höhere Löhne und Gehälter zur Folge haben. Allerdings richten sich diese vorrangig nach dem Gesetz von Angebot und Nachfrage, sodass auch hohe Qualifikation keinen vollständigen Schutz gegen Erwerbslosigkeit oder Armut in Erwerbstätigkeit bietet. Damit diejenigen, die nicht durch Erbschaft oder eigene unternehmerische Tätigkeit über Kapitalreserven in einer Höhe verfügen, die sie gegenüber konjunkturellen Schwankungen sichert, nicht durch solche Schwankungen des Arbeitsmarktes, für die sie weder verantwortlich sind, noch die sie selbst beeinflussen können, in Armut geraten, wurden in den modernen Wohlfahrtsstaaten im Zuge vieler sozialer Kämpfe einerseits staatlich organisierte oder zumindest sanktionierte, oft verpflichtende Absicherungssysteme auf Versicherungsbasis etabliert, andererseits ebenfalls staatlich geregelte steuerfinanzierte Hilfen in besonderen Lebenslagen implementiert (vgl. Ritter 2010; Esping-Andersen 1990). In der Bundesrepublik Deutschland ist die Mehrheit der Erwerbstätigen in der verpflichtenden Arbeitslosen- und Rentenversicherung sowie den gesetzlichen Krankenkassen gegen die Risiken von Krankheit, Pflegebedürftigkeit und Erwerbslosigkeit sowie für das Rentenalter versichert. Daneben treten steuerfinanzierte soziale Hilfen des Staates für Menschen in besonderen Lebenslagen, wie sie etwa in SGB II (Grundsicherung für Arbeitssuchende), SGB VIII (Kinder- und Jugendhilfe), SGB IX (Rehabilitation und Teilhabe behinderter Menschen) oder SGB XII (Sozialhilfe) geregelt sind. Dazu kommen staatliche Transfers wie etwa das Kindergeld, das unabhängig von der finanziellen Lage an alle Eltern von Kindern einer bestimmten Altersspanne ausgeschüttet wird.

Allerdings haben alle diese Maßnahmen materielle Gleichheit weder zum Ziel noch zur Konsequenz. Im Gegenteil zeigen empirische Studien,

IV. ETHIK DES SOZIALEN

dass die Ungleichheit zwischen mehr und weniger Vermögenden in den letzten Jahren zugenommen hat (BMAS 2013a: 324 ff.; vgl. auch Bundeszentrale 2013: 160): Im Jahr 2008 verfügten die vermögendsten 30 % der Bevölkerung über knapp 50 % des Nettoäquivalenzeinkommens[1], die reichsten 10 % immerhin noch über 22,7 %, die ärmsten 50 % mussten sich insgesamt mit 30,6 % zufriedengeben (BMAS 2013a: 325). Beim Nettovermögen verfügt das vermögendste Dezil über 52,9 %, während den unteren 50 % nur 1,2 % gehören (vgl. BMAS 2013a: 365). Dabei ist auch die Ungleichheit ungleich verteilt: Frauen, Menschen mit Migrationshintergrund und solche mit körperlichen oder geistigen Beeinträchtigungen sind überdurchschnittlich oft am unteren Ende der Einkommens- und Vermögensskalen anzutreffen (vgl. Klammer u. a. 2000; BMAS 2013a: 348; Bundeszentrale 2013: 198 f.; BMAS 2013b: 159 f.). Dass materielle Ungleichheit Auswirkungen auf Lebens- und soziale Gestaltungschancen auf allen Ebenen der Gesellschaft hat, wird mittlerweile kaum noch bestritten (vgl. Wilkinson/Pickett 2009), kontrovers ist freilich, welches Ausmaß an Ungleichheit als akzeptabel gelten soll: Hier ist der Begriff der Armut von Bedeutung.

Während absolute Armut den physisch lebensbedrohenden Mangel an Gütern zur Stillung der Grundbedürfnisse bezeichnet, ist im Kontext der industrialisierten Länder des Nordens in aller Regel die relative Armut thematisch, die auf eine deutliche Unterschreitung der in einer Gesellschaft als angemessen angesehenen materiellen Teilhabe abhebt, daher die Teilnahme am gesellschaftlichen Leben gefährdet und mit einem niedrigen Lebensstandard, mit Gesundheitsproblemen, reduzierten Bildungschancen und Stigmatisierung einhergehen kann. Für die Charakterisierung der Armut spielt also nicht nur das Maß der zur Verfügung stehenden materiellen Güter eine Rolle, sondern auch ihre gesellschaftliche Einbettung: Ist Armut gesellschaftlich weit verbreitet, spricht man von integrierter Armut – anders als im Fall der marginalisierten Armut gibt es Entbehrungen, diese führen aber nicht zur sozialen Stigmatisierung (vgl. Paugam 2008: 70–118). Um solche Marginalisierungen als Ausgrenzung zu kennzeichnen, hat sich auch der Begriff der Exklusion eingebürgert, der allerdings sehr unterschiedlich aufgefasst wird – verstehen die

---

1 Dies wird ermittelt, indem das primäre Markteinkommen mit den Transfers und Abgaben (etwa: Steuern und Kindergeld) verrechnet (Haushaltsnettoeinkommen) und dann nach einer Gewichtungsskala, die die Zahl der Haushaltsmitglieder und ihre unterschiedlichen Bedarfe bzw. die Spareffekte gemeinsamen Wirtschaftens berücksichtigt, auf die Individuen umgerechnet wird.

einen darunter lediglich den fehlenden Einbezug in die gesellschaftlichen Funktionssysteme, der auch im Nichtbestehen einer Prüfung, einer rechtswirksamen Verurteilung oder Langzeitarbeitslosigkeit gegeben ist (vgl. Nassehi 1997: 128 ff.), suchen die anderen damit «das Zusammentreffen von marginaler Position am Arbeitsmarkt und gesellschaftlicher Isolation» zu erfassen. «Marginale Position am Arbeitsmarkt› schließt Unterbeschäftigung, Langzeitarbeitslosigkeit und erzwungenen Rückzug vom Arbeitsmarkt ein. ‹Gesellschaftliche Isolation› bezieht sich auf die Zersetzung sozialer Netzwerke, aufgezwungene Vereinzelung oder die Reduzierung der Sozialkontakte auf das Milieu der Benachteiligten.» (Kronauer 1998: 123; vgl. auch Ders. 2002)

Weil relative Armut ein kontextbezogenes Konzept darstellt, ist ihre Bemessung nicht trivial – man unterscheidet in der Regel einen Ressourcenansatz, der auf Einkommen und Vermögen abhebt, von einem Lebensstandardansatz, der auf Lebenslagen und Verwirklichungschancen zielt. Im Ressourcenansatz wird Armut durch bestimmte Kennzahlen definiert: So besteht nach EU-Konvention ein Verdacht auf Armut – ein Armutsrisiko –, wenn das Einkommen 60 % des gemittelten Medianeinkommens unterschreitet, das in der Bundesrepublik für Alleinstehende 2012 bei rund 980 Euro (BMAS 2014: 30) lag. Während die entsprechenden Quoten relativ leicht zu gewinnen sind, ist die Kennzahl vergleichsweise wenig aussagekräftig, weil einerseits das Vermögen ausgeblendet bleibt, andererseits aber auch die besonderen Lebensumstände nicht berücksichtigt werden: So mag sich eine Studierende nicht zwingend als arm empfinden, auch wenn ihr Einkommen die genannte Summe unterschreitet, weil sie in einem sozialen Milieu lebt, in dem die meisten mit ähnlichen Budgets wirtschaften müssen, weil sie durch ihren besonderen Status Vergünstigungen wahrnehmen kann und – angesichts der Arbeitsmarktaussichten für Akademikerinnen – diesen Status als Übergangsphänomen erlebt. Ganz anders kann sich dies für eine alleinerziehende Verkäuferin darstellen, deren Arbeitsplatz durch konjunkturelle Schwankungen unsicher ist, deren Kolleginnen durch eine Ehe über zusätzliche Absicherung und Einkünfte verfügen und für deren Kinder das höhere Konsumniveau der Klassenkameradinnen leitend ist: Für sie mag auch eine Überschreitung dieser Maßgrenze das Erleben von Unsicherheit und Stigmatisierung nicht beheben. Aus diesem Grund wird auch von einem Armutsrisiko, nicht von Armut selbst, gesprochen. In Deutschland beträgt die Quote der von Armut bedrohten Menschen nach Auskunft der Erhebung ‹Leben in Europa› (EU-SILC) für 2010 vor Sozialtransfers 25,1 %, nach diesen Transfers immerhin noch 15,8 %. Frauen (16,8 %) sind stärker betroffen als

IV. ETHIK DES SOZIALEN

Männer (14,9 %), Ostdeutsche (22,2 %) stärker als Westdeutsche (14,3 %). Besonders stark betroffen sind Alleinerziehende (37,1 %) und Arbeitslose (67,8 %) (alle Zahlen vgl. BMAS 2013a: 461).

Aussagekräftiger, aber schwieriger zu begründen und zu erheben sind die Kriterien der Lebenslage, die auf die «Wechselwirkungen zwischen den Handlungsmöglichkeiten in unterschiedlichen Lebensbereichen» (BMAS 2013b: 10) abhebt – hier wird oft in einem weiteren Sinne von Teilhabe gesprochen (ebd.: 28, 435).[2] Allerdings ist der Teilhabebegriff in dieser umfassenden Bedeutung relativ unscharf (vgl. Bartelheimer 2007); suchte man ihn im dritten Armuts- und Reichtumsbericht der Bundesregierung durch das Sen'sche Konzept der Verwirklichungschancen zu präzisieren, hat man dies im vierten Bericht aufgegeben (BMAS 2013a: 23 f.). In der Europäischen Union hat sich diesbezüglich der Indikator zur materiellen Benachteiligung oder Entbehrung (*material deprivation*) durchgesetzt. Hier wird der Erwerb von neun Schlüsselgütern aufgeführt (Miete, Wasser/Strom sowie Verbindlichkeiten begleichen können; angemessene Beheizung der Wohnung; unerwartete Ausgaben tätigen können; jeden zweiten Tag eine Mahlzeit mit Fleisch, Fisch oder gleichwertiger Proteinzufuhr zu sich nehmen; jährlich einen einwöchigen Urlaub an einem anderen Ort verbringen; ein Auto, eine Waschmaschine, einen Farbfernseher oder ein Telefon erwerben). Wer sich vier oder mehr dieser Güter nicht leisten kann, leidet nach diesem Indikator unter erheblicher materieller Entbehrung – während dies in der EU 27 im Schnitt 8 %, in Ungarn 22 %, in Lettland 27 %, in Rumänien 31 % und in Bulgarien 35 % der Bevölkerung betrifft, sind es im reichen Deutschland immerhin noch etwa 5 % der Bevölkerung (vgl. BMAS 2013a: 350 f.).

Doch nicht nur Einkommen und Vermögen sind ungleich verteilt, sondern auch Zugänge zu der für die Güter- und Chancenverteilung zentralen Erwerbsarbeit. So wurden seit Beginn des 21. Jahrhunderts mit der Reform der Arbeitsförderungs- und Absicherungspolitik rechtliche und politische Regeln implementiert, die die Beteiligung an Erwerbsarbeit zuungunsten der Sicherheit aus dieser Arbeit steigerten: Neben das sogenannte Normalarbeitsverhältnis, das durch unbefristete Anstellung, soziale Absicherung, Vollzeitbeschäftigung und wirtschaftliche Mitbestimmungsrechte gekennzeichnet ist (vgl. Mückenberger 1985), trat zunehmend sogenannte atypische

---

2 Dabei bezieht man sich auf den ICF-Standard (s. Abschnitt 3.3.), im englischen Originaltext ist allerdings etwas deutlicher aktivisch von *participation*, Teilnahme, die Rede.

Beschäftigung, die vor allem von Frauen ausgeübt wird und gegenüber konjunkturellen Schwankungen, aber auch biographischen Problemlagen wesentlich schwächer sichert, sodass sich hier auch der Ausdruck ‹prekäre Arbeit› eingebürgert hat (vgl. Castel 2000; Dörre 2005). Auch hier sind Frauen überproportional betroffen. Das Phänomen atypischer Beschäftigung vermag auch zu einem Teil zu erklären, dass Erwerbsbeteiligung und Armut sich keineswegs ausschließen. So gelten insgesamt 7,7 % der Erwerbstätigen als arm, und auch hier sind Frauen (8,2 %) deutlich stärker betroffen als Männer (7,2 %), junge Menschen (18–24, 9,6 %) stärker als ältere (55–64, 7,5 %), Teilzeitbeschäftigte (10,5 %) stärker als Vollzeitbeschäftigte (6,1 %) (alle Zahlen für 2010 nach EU-SILC, BMAS 2013a: 479).

Während nun aber weitgehend Konsens darüber herrscht, dass auch relative Armut ein unerfreuliches Phänomen ist, bleibt durchaus umstritten, ob sie auch ein Problem sozialer Gerechtigkeit darstellt – und dies gilt in noch höherem Maße in Bezug auf die soziale Ungleichheit als solche. Neben Sichtweisen, die von einem bestimmten Freiheitskonzept her das Prinzip der Tauschgerechtigkeit favorisieren, lässt sich in der Beurteilung der Ungleichheit auch mit den Prinzipien der Bedürfnis-, Leistungs- oder Beteiligungsgerechtigkeit argumentieren.

Die Argumentation mit dem Prinzip der Leistungsgerechtigkeit zielt auf den Nachweis, dass die ungleiche Güterverteilung Ergebnis individuell ungleicher Leistung und Leistungsbereitschaft sei – in diese Richtung weisen auch die periodisch auftretenden ‹Faulenzerdebatten›, in denen von Armutsrisiko Betroffenen oder Transferempfängern Leistungsverweigerung unterstellt wird (vgl. Oschmiansky 2003). Doch selbst wenn dies in Einzelfällen zutreffen mag, lässt sich eine solche tugendethische Vermutung angesichts der statistischen Evidenzen kaum halten, zumal Verteilung in Arbeitsgesellschaften vorrangig als Ergebnis struktureller Settings und konjunktureller Schwankungen gelten muss und Kennzahlen wie die der Produktivität etwa in personennahen Dienstleistungen wenig aussagekräftig sind (vgl. Hengsbach 2003; Schaarschuch 2003).

Nicht unproblematisch sind allerdings auch Konzepte, die auf Bedürfnisgerechtigkeit zielen, weil Bedürfnisse objektiv kaum feststellbar sind (vgl. Gosepath 2003: 278–280). So ist es in Kontexten relativer Armut auch nicht leicht, einen Maßstab festzulegen, der das Mindestmaß abzuleiten erlaubt, und die Bemessungsversuche – aktuell in der Regel als Abschläge des per Einkommens- und Verbrauchsstichprobe ermittelten Durchschnitts – sind keineswegs unumstritten (vgl. Martens 2006; aus juristischer Sicht Heinig 2008: 315–543).

IV. ETHIK DES SOZIALEN

Vertreter einer neoliberalen, auf Freiheit und Tauschgerechtigkeit zielenden Perspektive, wie sie in Rekurs auf F. A. von Hayek dargestellt wurde (s. Abschnitt 2.1.), argumentieren demgegenüber anders: Sie sehen Ungleichheit weitgehend als Ergebnis freier Präferenzentscheidungen und relative Armut zwar als für die Betroffenen betrüblich, aber in einer Marktökonomie systemisch weitgehend unvermeidlich an und halten soziale Gerechtigkeit für eine Illusion, die zugunsten negativer Freiheit und einer Privilegierung der Tauschgerechtigkeit aufzugeben ist: Gerechtigkeitsrelevant ist dann allein individuelles Verhalten, zentral der ungezwungen zustande gekommene Tausch, dessen Ergebnisse als gerecht gelten müssen; abzulehnen aber sind in dieser Sicht staatliche Umverteilungsmaßnahmen.

In der evangelischen Perspektive, in der die Beteiligungsgerechtigkeit besondere Beachtung genießt, ist diese Sicht jedoch nicht ohne Weiteres haltbar. Wie oben bereits erörtert, ist schon die vorausgesetzte Freiheitskonzeption problematisch. Überdies ist zu berücksichtigen, dass auch der Markt kein Naturphänomen darstellt, sondern eine soziale Institution, die unter Beteiligung aller politisch und rechtlich konstituiert werden muss und sehr unterschiedlich gestaltet werden kann. Zudem impliziert eine evangelische Gerechtigkeitskonzeption die Urteilsperspektive derjenigen, die Entrechtung oder Entwürdigung erfahren, und genau dies ist der Fall, wenn Menschen aus Gründen, für die sie nicht verantwortlich sind – wegen ihres Geschlechts, ihres Alters, ihrer Herkunft, ihrer genetischen Ausstattung –, systematisch schlechtergestellt werden als andere: Darauf aber deutet der empirische Befund.

Konkret äußert sich die Kontroverse dann etwa in der Gestaltung des Verhältnisses der Verteilungsinstitutionen, des politischen Gemeinwesens und des Marktes, wie es etwa im sogenannten Lohnabstandsgebot thematisch wird, dem zufolge auch die höchsten staatlichen Transfers ihre Bezieher nicht besserstellen dürfen als die niedrigsten am Markt gezahlten Löhne. Während Vertreter einer stärker neoliberal ausgerichteten Position marktliche Mechanismen bevorzugen und daher befürchten, dass zu hohe soziale Transfers an Menschen in relativer Armut den falschen Anreiz setzen, sich in ihrer Situation einzurichten, statt sich an der gesellschaftlichen Erwirtschaftung der Güter zu beteiligen, betonen Vertreter einer sozialen Gerechtigkeitskonzeption in der Regel, dass diese Erwägung einer genauen Prüfung bedarf: Wenn nämlich gesellschaftliche Ungleichheit legitimationsbedürftig ist, muss etwa in der Rawls'schen Konzeption gezeigt werden können, dass diese Ungleichheit die Situation der Schlechtestgestellten tatsächlich optimiert. Das ist aber schon in ökonomischer Hinsicht nicht der Fall, wenn die Verringerung der Transfers und die Zunahme prekärer Erwerbsverhältnisse dazu beitragen, soziale Positionen nicht nur intragenerationell, sondern auch über die Generationen hinweg zu verfestigen (Wissenschaftszentrum Berlin 2011: 217–238). Zudem hat eine zu starke Spreizung der materiellen Teilhabemöglichkeiten auch Konsequenzen für den Zugang zu sozialen Gestaltungschancen: Aus diesem Grund ist nicht nur die relative Armut, sondern auch die Konzentration der Einkommen und Vermögen, also der Reichtum, nicht unproblematisch. Denn durch diese Konzentration ergibt sich die Gefahr einer Übermacht hinsichtlich der sozialen Gestaltung, die nicht nur der Idee der Bedürfnis- und Befähigungsgerechtigkeit, sondern auch der Beteiligungsgerechtigkeit widerspricht und in Bezug auf die schon einer der Ahnväter liberaler Theorien, John Stuart Mill, die strikte Begrenzung des Erbinstituts zur Gewährleistung gleicher Startbedingungen gefordert hatte (vgl. Mill 1885: 593–594). Insofern ist in der auf Beteiligungsgerechtigkeit zielenden Perspektive evangelischer Ethik nicht nur die Höhe eines ‹decent minimum› (vgl. Dabrock 2012) bleibend strittig, sondern auch die Frage, ob es ein ‹decent maximum› geben könne.

Angesichts der zunehmenden Einbindung der Nationalstaaten in internationale Wirtschafts- und Politikverbünde, die etwa Handelsfreiheit und Freizügigkeit vorsehen, wird die bisher gepflegte Vorstellung einer wechselseitigen Hilfe in Notlagen als Funktion nationalstaatlich-bürgerlicher Solidarität, die immer auch eine Grenze hinsichtlich der Verpflichtung gegenüber Auswärtigen markierte, problematisch, weil ihre Abgrenzung nicht mehr zu begründen ist: Damit aber ergibt sich die Herausforderung, auch praktisch regionale bzw. einzelstaatliche Solidaritäten in Hinsicht auf universalisierbare Gerechtigkeit zu überschreiten, sofern solche Binnensolidaritäten zur Entrechtung und Entwürdigung Dritter führen (vgl. etwa Pogge 2011: 117–149).

Das Verhältnis von Armut und Reichtum stellt in evangelischer Perspektive nicht nur eine Frage der Ethik des Richtigen und der Gerechtigkeit, sondern auch ein Thema des guten Lebens dar. In der christlichen Tradition besteht ein weitgehender Konsens darüber, dass irdischer Wohlstand oder Reichtum für sich genommen noch nicht bedenklich ist, allerdings zum Problem werden kann, wenn das Streben nach materiellen Gütern die Liebe zu Gott und dem Nächsten verdunkelt (vgl. Meireis 2008b). Unfreiwillige Armut ist nicht nur deswegen problematisch, weil sie in Not und Kriminalität treibt, sondern auch dann, wenn sie den Dienst am Nächsten – zu dessen Ausbildung es der Befähigung und einer gewissen Sicherheit bedarf – verunmög-

IV. ETHIK DES SOZIALEN

licht (vgl. Meireis 2008a: 464–488). Sofern jeder Christin und jedem Christ nach evangelischer Auffassung durch Gott ein auch auf das Handeln im Dienst am Nächsten zielender Beruf zukommt, gehört diejenige Grundausstattung mit Gütern, die solchen Dienst nach menschlicher Einsicht ermöglicht, zum guten christlichen Leben hinzu.

3.2. Teilnahme und Beteiligung: Bildung und Befähigung

Neben der jeweiligen Ausgangsverteilung der materiellen Teilhabe an ökonomischem Kapital – etwa durch Erbschaften – bestimmt vor allem die Ermöglichung der Aneignung von kulturellem Kapital, von Bildung und Qualifikation in unterschiedlichen Formen, die Chancen auf Konsum und soziale Gestaltung und damit auch auf die Beteiligung an der Gestaltung der Verteilungsregeln. Denn Wissen und Qualifikation beeinflussen nicht allein die Ausübung von aktivem und passivem Wahlrecht, sondern auch das weitere politische und soziale Engagement sowie die Fähigkeit, sich im Rechtskontext bewegen und dabei Rechte und Pflichten wahrnehmen zu können. Auch hier ergibt sich gegenwärtig eine erhebliche und problematische Ungleichheit.

So spielt etwa im bundesdeutschen Bildungssystem nach wie vor die Herkunft eine zentrale Rolle und bestimmt über weite Strecken die Bildungsbeteiligung: Am bedeutsamsten ist dabei die soziale Situation und der Bildungshintergrund der Eltern: 61,3 % der Schüler und Schülerinnen an Gymnasien kommen aus Elternhäusern mit Hochschul- oder Fachhochschulreife und immerhin noch 40,4 % aus solchen mit Hochschulabschlüssen, nur 8,2 % aus solchen mit Hauptschul- oder ohne Bildungsabschluss. An Hauptschulen verhält es sich umgekehrt: Hier kommen 55,7 % der Jugendlichen aus Elternhäusern mit Hauptschul- oder ohne Bildungsabschluss, aber nur 13 % aus solchen mit Hochschul- oder Fachhochschulreife (Autorengruppe Bildungsbericht 2014: 38 f., Tab B 4–9web; die folgenden Nachweise beziehen sich auf diesen Bericht) und nur 4,9 % aus solchen mit Hochschulabschlüssen (Tab B 4–10web). Ähnlich sieht es hinsichtlich der Kinder aus Elternhäusern mit sozialen Risikolagen (Erwerbslosigkeit, niedriger Bildungsabschluss, Armutsrisiko) aus: In der Hauptschule stammen 50,3 % der Kinder aus Haushalten mit mindestens einer, 7,7 % der Kinder aus solchen mit allen drei Risikolagen; in den Gymnasien haben nur 17,8 % der Jugendlichen mit einer, nur 0,7 % mit allen drei Risikolagen zu tun (Tab B 4–11web). Und trotz der Zunahme der Studierwilligen besteht immer noch eine starke Differenz in der Wahrscheinlichkeit der Studienaufnahme, die bei Kindern, von denen mindestens ein Elternteil einen Universitätsabschluss hat, 2012 bei 82 %, bei solchen mit abgeschlossener Berufslehre oder ohne Abschluss aber nur bei 61 % liegt (124 f., Tab F 2–5web). Auch wenn der Migrationshintergrund als Faktor in der Bestimmung der Bildungsbeteiligung abgenommen hat, besitzt er doch nach wie vor Relevanz. So ist etwa die Differenz von Hochschulstudierenden mit und ohne Migrationshintergrund trotz starker Angleichungen immer noch signifikant (38); vor allem aber haben es Jugendliche mit Migrationshintergrund sehr viel schwerer beim Übergang von der Hauptschule in das System der dualen Berufsausbildung (100). Das Geschlecht spielt demgegenüber eine geringere Rolle. Obgleich Frauen in Erwerbsbeteiligung und Spitzenpositionen nach wie vor zurückstehen, stehen im Anteil der Studierberechtigten 49,5 % der Männer 57,7 % der Frauen gegenüber (295). Dabei lassen sich nicht nur primäre Ungleichheiten ausmachen wie Leistungsunterschiede, die sich auf unterschiedliche Ausgangsvoraussetzungen zurückführen lassen, sondern auch sekundäre – Differenzen in der Bewertung, die auf die unterschiedliche Einschätzung durch Lehrkräfte zurückgehen: So hat eine Untersuchung an Grundschulen ergeben, dass die Wahrscheinlichkeit einer Gymnasialempfehlung bei gleichem Notenschnitt (2,0) im Fall der Kinder aus der hohen Einkommens- und Bildungsgruppe 96,5 %, aber bei Kindern aus der niedrigsten Bildungs- und Einkommensgruppe nur 75,5 % betrug; bei einem Notenschnitt von 2,5 variiert die Wahrscheinlichkeit sogar zwischen 19,5 und 70 % (vgl. Schulze/Unger/Hradil 2008: 45).

Allerdings ist auch hier umstritten, ob diese Ungleichheit im Bildungswesen aufgrund ihrer Auswirkung auf die Verteilung als gerechtigkeitsrelevant gelten muss. Im Hintergrund steht dabei die Unterscheidung von beeinflussbaren und unbeeinflussbaren Bildungsfaktoren, die im allgemeinen mit der Differenz von Vererbung und Erziehung, *nature or nurture*, bezeichnet wird. Wer vertritt, dass es in Bildungsfragen allein um die möglichst genaue Einschätzung der natürlichen Ausstattung und die angemessene Zuordnung dieser Ausstattung zu Qualifikationswegen geht, wird Gerechtigkeitsfragen in diesem Zusammenhang eher abweisen. Wer jedoch davon ausgeht, dass soziale Prägung und Erziehung in Bildungsprozessen eine bedeutsame Rolle spielen, kann den Zugang zu möglichst vorteilhaften Bildungsbedingungen als Gerechtigkeitsfrage verstehen (vgl. Meireis 2009).

IV. ETHIK DES SOZIALEN

Verteilungswirksam ist Bildung, weil Bildungsprozesse arbeitsgesellschaftlich mit Qualifikation und so mit Erwerbszugängen gekoppelt sind, die mehr oder weniger Teilhabe- und Teilnahmechancen bedeuten: Bildungserfolge vermitteln sich so leicht in Qualifikations- und damit dann auch in Teilhabe- und Teilnahmeerfolge. Doch selbst wenn dies zugestanden wird, bleibt strittig, welche solcher Erfolge gerechtigkeitsrelevant sind: Denn Begabungen und Fähigkeitenkonglomerate sind so individuell und die konjunkturellen Lagen am Markt so divers, dass nicht einfach festzulegen ist, wie eine gerechtigkeitsförderliche Bildungsförderung aussehen könnte, wenn es kein verallgemeinerbares Kriterium gibt. So mag eine musikalische Förderung insgesamt erfreulich und den Begabungen eines Kindes angemessen sein, sie führt aber keineswegs zwingend zu einer sinnvollen Erwerbsperspektive – eine technische Förderung mag bei entsprechenden Talenten in ganz anderer Weise relevant werden.

Im genannten Beispiel ist zudem von Bedeutung, dass Bildung und Qualifikation auch kategorial zu unterscheiden sind. Denn der letztlich auf christliche Konzepte zurückgehende Bildungsbegriff impliziert stets selbstzweckliche Prozesse, die – jedenfalls seit der Aufnahme des Begriffs in der pädagogischen Philosophie des 19. Jahrhunderts (vgl. Humboldt 1792/1965: 22, 28 f.) – auch Mündigkeit und Selbstbestimmung implizieren. Der Qualifikationsbegriff dagegen hat instrumentellen Charakter, weil er auf die Zurüstung zu bestimmten Tätigkeiten zielt. Während daher die Förderung von umfassenden kulturellen, religiösen und sozialen Bildungsprozessen, die das Potential einer Person zu entfalten geeignet sind, prinzipiell plausibel gemacht werden kann, ist Qualifizierung an ökonomische Bedarfe und individuelle Eignungen geknüpft. Weil unser Erziehungssystem – trotz der Unterscheidung von Bildung und Ausbildung – letztlich beides eng verbindet, sind Zielkonflikte nicht auszuschließen. Während etwa eine breite Allgemeinbildung, wie sie im Curriculum der Gymnasien vorgesehen ist, nicht nur für potentielle Studierende förderlich sein dürfte, kann sie unter Qualifikationsaspekten als Fehlsteuerung verstanden werden – im protestantischen Raum ist jedoch immer wieder darauf hingewiesen worden, dass eine Verengung von Bildung auf Qualifikation problematisch ist (vgl. EKD 2003: 66–88).

Weil die Bedürfnisse und Leistungen so unterschiedlich und die Anwendungsgebiete nur schwer zu überschauen sind, werden im Bereich von Bildung und Qualifikation in der Regel moralische Kriterien wie Chancen- oder Befähigungsgerechtigkeit in Anschlag gebracht, die auf vergleichbare Chancen oder die Möglichkeiten der Ausbildung je eigener Befähigungen und

Potentiale hinweisen sollen. Als basale Gerechtigkeitsförderung wird dann das Angebot standardisierter Grundbildungsinstitutionen verstanden, von der aus als äquivalent angesehene, aber unterschiedliche Sekundärinstitutionen abzweigen, deren Besuch jeweils von standardisierten Leistungskriterien abhängig gemacht wird. Strittig ist aber nun, ob das bloße Angebot solcher Institutionen bereits ausreicht, wie es Ansätze der Chancengerechtigkeit annehmen. Wer mit Amartya Sen und Martha Nussbaum von Verwirklichungschancen oder Befähigungsgerechtigkeit ausgeht, nimmt an, dass nicht vergleichbare institutionelle Bildungsressourcen, sondern eine individuell unterschiedliche Förderung zur Erreichung eines vergleichbaren Standards eine Pflicht der Gerechtigkeit darstellen (vgl. Dabrock 2008). Offen ist dann vor allem die Frage nach dem zu erreichenden Mindeststandard, den dazu aufzuwendenden Mitteln und dem Ort ihres Einsatzes – so war im ersten Jahrzehnt des 21. Jahrhunderts vor allem die Einführung obligatorischer Studiengebühren politisch kontrovers, während private Beiträge zu Kindertagesstätten- und Kindergartenplätzen nach wie vor üblich sind. Dies hängt auch damit zusammen, dass nach wie vor umstritten ist, ob es sich bei der Tätigkeit solcher Einrichtungen vorrangig um Betreuung oder um frühe Bildung handelt. Empirisch scheint allerdings erwiesen (vgl. Feinstein 2003), dass gerade die frühe Bildung und Förderung im Alter von zwei bis sechs Jahren entscheidende Weichenstellungen leistet, sodass eine solcherart ausgebaute, frühe und öffentlich getragene Bildung am stärksten zum Ausgleich ungünstiger sozialer Bildungsvoraussetzungen und damit zur Befähigungsgerechtigkeit beitrüge, sofern so geförderte Bildung im Sinne der Entfaltung individueller Potentiale den Einzelnen auch ein breiteres Spektrum von Qualifikationsperspektiven eröffnen könnte.

In den Raum der Zielkonflikte zwischen Bildung und Qualifikation fallen so gesehen auch die Debatten um die inklusive Schulerziehung, die auch körperlich und geistig beeinträchtigte Schülerinnen und Schüler umfasst. Während dies im Bereich der Primarbildung inzwischen über weite Strecken möglich ist, ergeben sich im Kontext der Sekundarbildung intensive Kontroversen, die auch auf die Frage zielen, ob es um Bildung oder Qualifikation geht – wem es vorrangig um die Erreichung und positive Selektion bestimmter, z. B. kognitiver Qualifikationsstandards in beschränkter Zeit zu tun ist (vgl. Vereinigung der Bayerischen Wirtschaft 2007: 12, 20, 23 f., 26, 47 u. ö.), dem können differenzsensible Unterrichtskonzepte eher hinderlich erscheinen. Wenn aber Inklusion unter möglichst hoher Selbstbestimmung als Bildungsziel einleuchtet, wie es in einer theologischen Perspektive der Fall ist, die von der unverlierbaren Würde der Einzelnen ausgeht und darin die möglichst hohe Selbstbestimmung im Kontext des Gemeinwesens als Bedingung ansieht (vgl. Eurich 2008: 150–161, 389), dann vermag ein solcher inklusiver Weg auch moralisch geboten erscheinen, zumal wenn etwa staatsbürgerliche Grundqualifikationen, die *hard skills* und *soft skills* umfassen, zur politischen Beteiligung für alle Gesellschaftsmitglieder als grundlegend erscheinen, selbst wenn Bildung auch in solchen Qualifikationen nicht aufgehen kann.

3.3. Anerkennung: Wertschätzung und Diskriminierung

Die gesellschaftliche Verteilung materieller Güter und Befähigungen wird durch die sehr viel schwerer messbare, aber gleichwohl bedeutsame Zumessung von Anerkennung und Wertschätzung unterfüttert und komplementiert, wiewohl sich Anerkennung und Güterverteilung nicht aufeinander reduzieren lassen (vgl. Fraser/Honneth 2003). Solche Anerkennung und Wertschätzung kann sich nicht nur in materieller Verteilung oder der Unterstellung oder Abrede von Befähigungen, sondern auch in der Zulassung zu oder dem Ausschluss von Mitgliedschaften, in der Zuteilung oder Vorenthaltung von Rechten sowie der Gewährung oder Verweigerung von öffentlicher Aufmerksamkeit manifestieren; kann also ökonomisches, kulturelles und soziales Kapital betreffen.

Im Kontext der Anerkennung lassen sich vier Ebenen unterscheiden: Eine grundlegende Achtung als Zweck in sich selbst ist jedem Menschen aufgrund der unverlierbaren Menschenwürde geschuldet, sie kann als überpositives Recht auf Rechtfertigung (vgl. Forst 2007) rekonstruiert werden. Die politische Anerkennung als gleichberechtigter Bürger bzw. Bürgerin, die auf die Erwartung und Befähigung zur Ausübung politischer Verantwortung zielt, kommt den Mitgliedern der politischen Gemeinschaft zu. Der Respekt der Rechtsperson impliziert die Berücksichtigung der persönlichen Autonomie einer jeden Person in den Grenzen des Rechts. Die Wertschätzung in engeren, immer auch durch ein geteiltes Ethos bestimmten Gemeinschaften schließlich konstituiert Identität (vgl. Forst 1994: 424–437).

Während die grundlegende Achtung jedem Menschen bedingungslos zukommen muss, sind andere Anerkennungsformen an Bedingungen gebunden, wobei die Abgrenzungen zwischen den Ebenen unter dem Druck politischer Internationalisierung, globaler Krisen und in ihrer Folge auftretender Migrationsströme strittig sein können, wie etwa die Debatte um die Zukunft des Nationalstaats zeigt (Dallmann 2013; vgl. auch Ders. 2002). Politische Anerkennung ist in der Regel primär an eine Staatsbürgerschaft gebunden, rechtlicher Respekt an die Zurechenbarkeit des Handelns. Wertschätzung in Gemeinschaften wie wirtschaftlichen oder zivilgesellschaftlichen Organisationen und Gruppierungen, Freundeskreisen oder Familien hängt jedenfalls immer auch mit dem Einsatz für die Verwirklichung und Weiterentwicklung der gemeinsam vertretenen moralischen Prinzipien und Werte zusammen.

Eine pauschale Vorenthaltung von Anerkennung aufgrund von zugeschriebenen Negativeigenschaften, die an äußeren Merkmalen – soziales Geschlecht, sexuelle Orientierung und Lebensform, ethnische Herkunft, körperliche oder geistige Beeinträchtigung, wirtschaftlicher Misserfolg oder Armut – haften, lässt sich als Diskriminierung bezeichnen. Diese kann sich in allen oben beschriebenen Hinsichten äußern: dem formellen oder informellen Ausschluss von Mitgliedschaften (etwa aus Vereinen), der Vorenthaltung von Rechten der persönlichen Entfaltung und Autonomie (wie etwa im Fall des berüchtigten § 175 StGB), aber auch des Rechtsschutzes (wie im Fall gesellschaftlich geduldeter sexueller Übergriffe), in der Nichtgewährung wirtschaftlicher Gratifikationen oder dem öffentlichen Entzug von Wertschätzung (wie in den erwähnten ‹Faulenzerdebatten›) oder in der alltäglichen verbalen Missachtung.

Dass Formen der Diskriminierung und der pauschalen Verweigerung von Anerkennung auch in Deutschland und Europa keineswegs der Vergangenheit angehören, wird in vielen Hinsichten deutlich. So zeigen Studien, dass Frauen nach wie vor überproportional von Diskriminierung und Missachtung betroffen sind (European Union 2014: 7 ff.; Bundesministerium für Familie 2004: 104 ff.), dass körperlich und geistig beeinträchtigte Personen Schikanen und Hänseleien ausgesetzt sind (BMAS 2013b: 234 f.) und dass auch Ausgrenzung von Migranten und Personen mit Migrationshintergrund aus rassistischen Motiven nach wie vor zum Alltag gehört (vgl. Heitmeyer u. a. 2002–12).

Die solcherart abwertende Unterscheidung ist auch der christlichen Tradition keineswegs fremd. Über lange Zeit hat sie bestimmte Ausprägungen des sozialen Geschlechts, Lebensformen und sexuelle Orientierungen – etwa klassische Geschlechterrollen, das zölibatäre Leben oder die heterosexuelle Ehe –, als exklusiv und göttlich geboten verstanden, an hierarchischen For-

IV. ETHIK DES SOZIALEN

men festgehalten, andere Lebensformen abgewertet, und zum Teil ist dies auch heute noch der Fall. Allerdings haben sich im Verlauf theologischer Lernprozesse und unter dem Eindruck neuerer humanwissenschaftlicher Erkenntnisse neue Sichtweisen ergeben, die eine solche Abwertung ausschließen. Theologisch ist darunter vor allem diejenige selbstkritische Haltung zu verstehen, die gegenüber einem exklusiven Auslegungsanspruch göttlicher Gebote aus Respekt vor Gott selbst Vorsicht walten lässt; humanwissenschaftlich geht es um die Einsicht, dass soziale Institutionen und Normalitätsannahmen als zwar nicht intendierte, aber gleichwohl menschlich sozial konstruierte Gebilde zu betrachten sind, die prinzipiell als veränderbar gelten müssen. Damit wird zunehmend nach Formen und Kriterien gesucht, in denen sich unterschiedliche Orientierungen im christlichen Rahmen einbringen können. Zudem wurden vor allem im Rahmen ökumenischer Begegnungen seit den 1950er-Jahren Initiativen entwickelt, die auf Diskriminierungen im Kontext von ethnischer Herkunft oder sozialem Geschlecht hingewiesen haben (vgl. Adler 1997).

Eine besondere Bedeutung kommt den Diskursen um die Rechte von körperlich und geistig beeinträchtigten Personen zu, weil hier die Fragen nach Anerkennung und Beteiligung konvergieren. Denn bereits die Feststellung, dass Menschen unter körperlichen oder geistigen Beeinträchtigungen leiden, impliziert die Annahme eines als normal geltenden funktionalen Standards. Eine solche Annahme ist dann notwendig, wenn etwa aus Gründen der Beteiligungsgerechtigkeit im Rahmen eines Befähigungsansatzes besondere Unterstützungs- oder Förderungsmaßnahmen legitimiert werden sollen – zumal wenn gilt, dass die bloße Bereitstellung von Teilnahmemöglichkeiten zugunsten einer Befähigungsperspektive überboten werden muss, wie es in der deutschen Eingliederungshilfe nach SGB IX und XII zum Teil auch der Fall ist (vgl. Eurich 2008: 23, 410 ff.). Genau diese Annahme jedoch kann problematische Auswirkungen haben, weil Menschen, die von solcher Normalität abweichen, dann als defizitär angesehen und stigmatisiert werden. ‹Behinderung› kann somit gleichzeitig Index der besonderen Berechtigung zu staatlichen kompensatorischen Maßnahmen wie Stigma sozialer Ausgrenzung sein. Aus diesem Grund haben sich Gemeinschaften gebildet, die Kulturformen, die der Bewältigung bestimmter Arten physischer Beeinträchtigung dienen, als schutzwürdig reklamieren, wie es etwa im Kontext der *deaf culture* geschieht, die auch menschenrechtlich Berücksichtigung findet (United Nations 2006: Art. 30.4). Dabei ist freilich darauf zu achten, dass physische Ungleichheit nicht zu kultureller Differenz verharmlost wird, da diese eine Gleichheit von politischer Anerkennung und Beteiligungsmöglichkeiten erfordert (Eurich 2008: 258). Das seit 2001 unter dem Namen *International Classification of Functioning, Disability and Health* (ICF) in Geltung stehende Klassifikationssystem der WHO sucht daher die Wahrheitsmomente des ‹medizinischen› und des ‹soziologischen› Zugriffs auf Behinderung zu verbinden, indem nur noch zwei Indikatorensysteme unterschieden werden: Auf der einen Seite stehen Indikatoren der Körperfunktionen und -strukturen, bezüglich derer von Beeinträchtigungen (*impairments*) gesprochen wird. Auf der anderen Seite geht es um Aktivitäten (*activities*) sowie um Teilnahmemöglichkeiten (*participations*), die durch sie bedingende Umweltfaktoren ergänzt werden: Behinderung (*disability*) entsteht erst, wenn Beeinträchtigungen zu mangelnden Partizipationsmöglichkeiten führen. Die Pointe besteht dabei vor allem in der Aufhebung der Grenze zwischen ‹normaler› Krankheit und Behinderung (vgl. WHO 2002: 4). Das Problem tritt allerdings in verschärfter Weise auf, wenn Beteiligung und Selbstbestimmung etwa aus Gründen starker geistiger Beeinträchtigung und daraus folgender Selbstgefährdung hochproblematisch sind. In solchen Fällen sind advokatorische Verfahren, «nicht-bevormundende Formen der helfenden Sorge» (Eurich 2008: 263) kaum zu umgehen, auch wenn sie in den Horizont größtmöglicher Selbstbestimmung gestellt werden müssen.

Weil auch im Rahmen einer Ethik des Richtigen die Würde jedes Menschen zu achten ist und dies die Beteiligung in der Regelung der Verteilungsprinzipien von Wertschätzung und Respekt erfordert, ist in evangelischer Perspektive auch in Anerkennungsfragen die Beteiligungsgerechtigkeit von großer Bedeutung. Allerdings bildet die Idee der Menschenwürde im Rahmen der christlichen Ethik des Guten nur einen Aspekt des zwischenmenschlichen Anerkennungszusammenhangs, wie er im Liebesgebot durch die Liebe Gottes fundiert und durch die Nächstenliebe konkretisiert wird. Denn in der Liebe kommt der oder die Nächste nicht nur als Gottes geliebtes (Mit-)Geschöpf und insofern als Adressat der Würde, sondern auch als Zeichen der Versöhnung und Vorschein der Erlösung in den Blick: Zeichen der Versöhnung ist er oder sie, sofern wir ihn oder sie als Anlass der Betätigung unserer Freiheit statt als deren Grenze wahrnehmen; Vorschein der Erlösung, wenn er oder sie uns zum Ort der Sehnsucht unserer Sympathie, Empathie oder Barmherzigkeit wird (Meireis 2008a: 353–358; vgl. auch Eurich 2008: 268–280).

IV. ETHIK DES SOZIALEN

3.4. Ausblick

Zu den zentralen Fragen zukünftiger Ethik des Sozialen gehören im Bereich der materiellen Teilhabe und Güterverteilung vor allem die Verhältnisbestimmungen von primär politisch geregelter und durch – letztlich ebenfalls politisch konstituierte – Märkte geregelter Verteilung. Sie gewinnt vor allem im Maß zunehmender politischer Internationalisierung an Bedeutung, sofern etwa liberalisierende transnationale Handelsabkommen dazu führen können, dass der Aktionsradius lokaler, nationalstaatlicher Wohlfahrtspolitiken zugunsten kapitalkräftiger, international agierender Akteure eingeschränkt wird. In diesem Zusammenhang ist nicht nur die Frage nach einem kontextbezogenen ‹decent minimum› von Bedeutung, sondern auch diejenige nach der demokratischen Einhegung der Gestaltungsmacht solcher globaler Akteure. Schließlich wird die Unterscheidung von allgemein verpflichtender Gerechtigkeit und bürgerlicher Solidarität im Verteilungskontext in dem Maße schwierig, wie die auf bestimmte Gruppierungen begrenzte Solidaritätskonzeption, die immer auch Ausschluss impliziert, mit der Öffnung der nationalstaatlichen Grenzen brüchig wird.

Im Zusammenhang der Teilnahme und der ressourcengestützten Befähigung dazu wird zu klären sein, wie unter Bedingungen globalen Wettbewerbs und demokratischer Beteiligungskultur verhindert werden kann, dass zunehmend Menschen benachteiligt und mit Folgen für kommende Generationen von Bildungsressourcen ausgeschlossen werden. Dazu dürfte vor allem die Frage der frühen Bildung von Bedeutung sein. Gleichermaßen wird die Balance von Bildung und Qualifikation geklärt werden müssen: Wird Qualifizierung unter rigidem Effizienzdruck einseitig auf Kosten sozialer, kultureller und religiöser Bildung betont, kann dies zu Fehlsteuerungen führen, die die lebensweltlichen Kontexte der Zusammengehörigkeit aufbrechen und soziale Bindungen erodieren lassen (vgl. Sennett 1998).

Hinsichtlich der Anerkennungsfragen wird das Verhältnis von Anerkennung und Verteilung und die Balance von Beteiligungsgleichheit, kultureller Differenz und der Möglichkeit individueller Entfaltung im Rahmen der gesellschaftlichen und kulturellen Kontexte in dem Maße weitere Aufmerksamkeit beanspruchen, wie die Pluralität und Diversität unserer Kulturen im globalen Zusammenhang zunimmt.

4. LITERATUR

Adler, Elisabeth: Art. Rassismus II. Praktisch-Theologisch, in: Theologische Realenzyklopädie Bd. 28, 1997, 152–161.

Althaus, Paul: Theologie der Ordnungen, 2. Aufl. Gütersloh 1935.

Autorengruppe Bildungsberichterstattung (Hg.): Bildung in Deutschland 2014. Ein indikatorengestützter Bericht mit einer Analyse zur Bildung von Menschen mit Behinderungen, Bielefeld 2014 (Autorengruppe Bildungsbericht 2014).

Bartelheimer, Peter: Politik der Teilhabe. Ein soziologischer Beipackzettel, Fachforum Analysen und Kommentare der Friedrich-Ebert-Stiftung 1/2007.

Barth, Karl: Der Römerbrief (Erste Fassung 1919), hg. von Hermann Schmidt (GA II/16), Zürich 1985.

Bayertz, Kurt: Begriff und Problem der Solidarität, in: Ders. (Hg.): Solidarität. Begriff und Problem, Frankfurt am Main 1998, 11–53.

Bedford-Strohm, Heinrich: Vorrang für die Armen. Auf dem Weg zu einer theologischen Theorie der Gerechtigkeit, Gütersloh 1993.

BMAS siehe Bundesministerium für Arbeit und Soziales (Hg.)

Bourdieu, Pierre: Entwurf einer Theorie der Praxis auf der ethnologischen Grundlage der kabylischen Gesellschaft, Frankfurt am Main 1979.

Ders.: Ökonomisches Kapital, kulturelles Kapital, soziales Kapital, in: Reinhard Kreckel (Hg.): Soziale Ungleichheiten (Soziale Welt Sonderband 2), Göttingen 1983, 183–198.

Brandt, Torsten/Schulten, Thorsten: Liberalisierung und Privatisierung öffentlicher Dienstleistungen und die Erosion des Flächentarifvertrags, WSI-Mitteilungen 10 (2008), 570–576.

Brunkhorst, Hauke: Solidarität. Von der Bürgerfreundschaft zur globalen Rechtsgenossenschaft, Frankfurt am Main 2002.

Brunner, Emil: Das Gebot und die Ordnungen. Entwurf einer protestantisch-theologischen Ethik, Zürich 1932.

Ders.: Gerechtigkeit. Eine Lehre von den Grundgesetzen der Gesellschaftsordnung, Zürich 1943.

Bundesministerium für Arbeit und Soziales (Hg.): Lebenslagen in Deutschland. Armuts- und Reichtumsberichterstattung der Bundesregierung. Der vierte Armuts- und Reichtumsbericht der Bundesregierung, Bonn 2013 (BMAS 2013a).

Dass. (Hg.): Teilhabebericht der Bundesregierung über die Lebenslagen von Menschen mit Beeinträchtigungen. Teilhabe – Beeinträchtigung – Behinderung, Bonn 2013 (BMAS 2013b).

Dass. (Hg.): Nationaler Sozialbericht 2014, Bonn 2014 (BMAS 2014).

Bundesministerium für Familie, Senioren, Frauen und Jugend (Hg.): Lebenssituation, Sicherheit und Gesundheit von Frauen in Deutschland. Eine repräsentative Untersuchung zu Gewalt gegen Frauen in Deutschland. Hauptstudie (2004).

IV. ETHIK DES SOZIALEN

Bundeszentrale für politische Bildung: Statistisches Bundesamt (Destatis)/Wissenschaftszentrum Berlin für Sozialforschung (Hg.): Datenreport 2013. Ein Sozialbericht für die Bundesrepublik Deutschland, Bonn 2013.

Castel, Robert: Die Metamorphosen der sozialen Frage, Konstanz 2000.

Dabrock, Peter, Befähigungsgerechtigkeit als Ermöglichung gesellschaftlicher Inklusion, in: Hans-Uwe Otto, Holger Ziegler (Hg.): Capabilities – Handlungsbefähigung und Verwirklichungschancen in der Erziehungswissenschaft, Berlin 2008, 17–53.

Ders.: Befähigungsgerechtigkeit. Ein Grundkonzept konkreter Ethik in fundamentaltheologischer Perspektive. Unter Mitarbeit von Ruth Denkhaus, Gütersloh 2012.

Dallmann, Hans-Ulrich: Das Recht, verschieden zu sein. Eine sozialethische Studie zu Inklusion und Exklusion im Kontext von Migration (Öffentliche Theologie Bd. 13), Gütersloh 2002.

Ders.: Migration und die Grenzen nationalstaatlicher Souveränität, Ethik und Gesellschaft 1/2013, unter: www.ethik-und-gesellschaft.de.

Dörre, Klaus: Prekarität – Eine arbeitspolitische Herausforderung, WSI-Mitteilungen 58 (2005), 250–258.

Durkheim, Emile: Über soziale Arbeitsteilung (1893). Studie über die Organisation höherer Gesellschaften, Frankfurt am Main 1992.

Dworkin, Ronald: Was ist Gleichheit?, Berlin 2011.

EKD siehe Evangelische Kirche in Deutschland (Hg.)

Elert, Werner: Das christliche Ethos. Grundlinien der lutherischen Ethik, Tübingen 1949.

Esping-Andersen, Gøsta: The Three Worlds of Welfare Capitalism, Cambridge 1990.

Eurich, Johannes: Gerechtigkeit für Menschen mit Behinderung. Ethische Reflexionen und sozialpolitische Perspektiven, Frankfurt am Main/New York 2008.

Europäische Union 2014: Legislative Entschließung des Europäischen Parlaments vom 15. April 2014 zu dem Vorschlag für eine Richtlinie des Europäischen Parlaments und des Rates über die Vergleichbarkeit von Zahlungskontogebühren, den Wechsel von Zahlungskonten und den Zugang zu Zahlungskonten mit grundlegenden Funktionen (COM(2013)0266 – C7-0125/2013 – 2013/0139(COD)) (Ordentliches Gesetzgebungsverfahren: erste Lesung) sowie Standpunkt des Europäischen Parlaments festgelegt in erster Lesung am 15. April 2014 im Hinblick auf den Erlass der Richtlinie 2014/.../EU des Europäischen Parlaments und des Rates über die Vergleichbarkeit von Zahlungskontogebühren, den Wechsel von Zahlungskonten und den Zugang zu Zahlungskonten mit grundlegenden Funktionen (1) (Text von Bedeutung für den EWR) (P7_TC1-COD(2013)0139), unter: http://www.europarl.europa.eu/sides/getDoc.do?pubRef=-//EP//TEXT+TA+P7-TA-2014-0356+0+DOC+XML+V0//DE&language=DE#BKMD-33 (25. 06. 2014).

European Union Agency for Fundamental Rights: Violence against women: An EU-wide survey. Main results, Louxembourg 2014.

Evangelische Kirche in Deutschland (Hg.): Maße des Menschlichen. Evangelische Perspektiven zur Bildung in der Wissens- und Lerngesellschaft. Eine Denkschrift des Rates der Evangelischen Kirche in Deutschland, Gütersloh 2003 (EKD 2003).

Dies. (Hg.): Die Denkschriften der Evangelischen Kirche in Deutschland 1962–2002, CD-ROM, Hannover 2004 (EKD 2004).

Dies. (Hg.): Gerechte Teilhabe. Befähigung zu Eigenverantwortung und Solidarität. Eine Denkschrift des Rates der Evangelischen Kirche in Deutschland zur Armut in Deutschland, Gütersloh 2006 (EKD 2006).

Evangelische Kirche in Deutschland/Sekretariat der Deutschen Bischofskonferenz (Hg.): Für eine Zukunft in Solidarität und Gerechtigkeit. Wort des Rates der Evangelischen Kirche in Deutschland und der Deutschen Bischofskonferenz zur wirtschaftlichen und sozialen Lage in Deutschland, Hannover/Bonn 1997 (EKD/DBK 1997).

Feinstein, Leon: Inequality in the Early Cognitive Development of British Children in the 1970 Cohort, Economica 70 (2003), 73–97.

Forst, Rainer: Kontexte der Gerechtigkeit. Politische Philosophie jenseits von Liberalismus und Kommunitarismus, Frankfurt am Main 1994.

Ders.: Das Recht auf Rechtfertigung. Elemente einer konstruktivistischen Theorie der Gerechtigkeit, Frankfurt am Main 2007.

Frankfurt, Harry: Gleichheit und Achtung, in: Angelika Krebs (Hg.): Gleichheit oder Gerechtigkeit. Texte der neuen Egalitarismuskritik, Frankfurt am Main 2000, 38–49.

Fraser, Nancy/Honneth, Axel: Umverteilung oder Anerkennung? Eine politisch-philosophische Kontroverse, Frankfurt am Main 2003.

Giddens, Anthony: Die Konstitution der Gesellschaft. Grundzüge einer Theorie der Strukturierung, Frankfurt am Main/New York 1988.

Gosepath, Stefan: Verteidigung egalitärer Gerechtigkeit, in: Deutsche Zeitschrift für Philosophie 51 (2003), 275–297.

Ders.: Gleiche Gerechtigkeit. Grundlagen eines liberalen Egalitarismus, Frankfurt am Main 2004.

Habermas, Jürgen: Theorie des kommunikativen Handelns, 2 Bde., 4. Aufl. Frankfurt am Main 1987 (1987a, b).

Hayek, Friedrich August von: Recht, Gesetzgebung und Freiheit, Bd. 2: Die Illusion der sozialen Gerechtigkeit, Landsberg am Lech 1981.

Ders.: Die Verfassung der Freiheit, 2. Aufl. Tübingen 1983.

Hegel, Georg Wilhelm Friedrich: Grundlinien der Philosophie des Rechts oder Naturrecht und Staatswissenschaft im Grundrisse (1821). Werke in zwanzig Bänden, auf Grundlage der Werke von 1832–1845 neu edierte Ausgabe, Redaktion Eva Moldenhauer und Karl Markus Michel, Bd. 7, Frankfurt am Main 1970.

Heinig, Hans Michael: Der Sozialstaat im Dienst der Freiheit. Zur Formel vom «sozialen Staat» in Art. 20 Abs. 1 GG, Tübingen 2008.

Heitmeyer, Wilhelm u. a. (Hg.): Deutsche Zustände. Folge 1–10, Frankfurt am Main/Berlin 2002–2012.

Hengsbach, Friedhelm: Soziale Dienste unter dem Anspruch von Gerechtigkeit und Gleichheit, in: Institut für Sozialarbeit und Sozialpädagogik e. V., Beobachtungsstelle für die Entwicklung der Sozialen Dienste in Europa (Hg.): Dokumentation

IV. ETHIK DES SOZIALEN

der Tagung «Indikatoren und Qualität sozialer Dienste im europäischen Kontext» 16.–17. Oktober 2002, Berlin/Frankfurt am Main 2003, 116–126.

Honecker, Martin: Einführung in die Theologische Ethik, Berlin/New York 1990.

Ders.: Grundriss der Sozialethik, Berlin/New York 1995.

Huber, Wolfgang: Freiheit und Institution. Sozialethik als Ethik kommunikativer Freiheit, in: Ders.: Folgen christlicher Freiheit. Ethik und Theorie der Kirche im Horizont der Barmer Theologischen Erklärung, Neukirchen-Vluyn 1983, 113–127.

Ders.: Art. Menschenrechte/Menschenwürde, in: Theologische Realenzyklopädie 22, 1992, 577–602.

Ders.: Gerechtigkeit und Recht. Grundlinien christlicher Rechtsethik, Gütersloh 1996.

Humboldt, Wilhelm von: Ideen zu einem Versuch, die Grenzen der Wirksamkeit des Staates zu bestimmen (1792), Stuttgart 1965.

Jähnichen, Traugott: Wirtschaftsethik. Konstellationen – Verantwortungsebenen – Handlungsfelder, Stuttgart 2008.

Johnson, Bo: Art. zedakah, in: G. J. Botterweck/H. Ringgren/H.-J. Fabry (Hg.): Theologisches Wörterbuch zum Alten Testament, Bd. 6, Stuttgart, Berlin/Köln/Mainz 1989, 898–924.

Kant, Immanuel: Grundlegung zur Metaphysik der Sitten (1786), in: Ders.: Werkausgabe in zwölf Bänden, hg. von Wilhelm Weischedel, Bd. VII, Frankfurt am Main 1974, 7–102 (BA III-128).

Kersting, Wolfgang: Theorien sozialer Gerechtigkeit, Weilerswist 2000.

Klammer, Ute/Klenner, Christina/Ochs, Christiane/Radke, Petra/Ziegler, Astrid: WSI FrauenDatenReport, Forschung aus der Hans-Böckler-Stiftung Bd. 26, Berlin 2000.

Krebs, Angelika: Einleitung: Die neue Egalitarismuskritik im Überblick, in: Dies. (Hg.): Gleichheit oder Gerechtigkeit. Texte der neuen Egalitarismuskritik, Frankfurt am Main 2000, 7–37.

Kronauer, Martin: «Exklusion» in der Armutsforschung und der Systemtheorie. Anmerkungen zu einer problematischen Beziehung, SoFI-Mitteilungen 26 (1998), 117–125.

Ders.: Exklusion. Die Gefährdung des Sozialen im hoch entwickelten Kapitalismus, Frankfurt am Main 2002.

Leo XIII.: Rerum novarum, unter: http://www.vatican.va/holy_father/leo_xiii/encyclicals/documents/hf_lxiii_enc_15051891_rerum-novarum_en.html (10. 07. 2014).

Luther, Martin: Acht Sermone D. M. Luthers, von im geprediget zu Wittemberg in der Fasten (1522), in: Werke. Kritische Gesamtausgabe, Bd. 10/3 (WA 10/3), Weimar 1905, 1–64.

Manow, Philipp: Ordoliberalismus als ökonomische Ordnungstheologie. Leviathan 29/2001, 179–198.

Martens, Rudolf: «Zum Leben zu wenig ...» Für eine offene Diskussion über das Existenzminimum beim Arbeitslosengeld II und in der Sozialhilfe. Expertise: Der Vorschlag des Paritätischen Wohlfahrtsverbands für einen sozial gerechten Regelsatz als sozialpolitische Grundgröße, Berlin 2006.

Meireis, Torsten: Tätigkeit und Erfüllung. Protestantische Ethik im Umbruch der Arbeitsgesellschaft, Tübingen 2008 (2008a).
Ders.: Der Reichtum und das gute Leben. Eine evangelische Perspektive, in: Zeitschrift für Evangelische Ethik 52 (2008), 119–133 (2008b).
Ders.: Befähigungsgerechtigkeit und Bildung, Ethik und Gesellschaft 1/2009, unter: www.ethik-und-gesellschaft.de.
Ders.: Der Blick nach unten. Provokationen zur Gerechtigkeit bei Karl Barth, in: Zeitschrift für Dialektische Theologie 28 (2012), 24–43.
Ders.: Beruf und Arbeit. Protestantismus und Wohlfahrtsstaat, in: Karl Gabriel/Hans-Richard Reuter (Hg.): Religion und Wohlfahrtsstaatlichkeit in Deutschland. Konfession und Semantik, Tübingen 2014 (erscheint vorauss. Ende 2014).
Mill, John Stuart: Principles of Political Economy. Abridged, with Critical, Bibliographical, and Explanatory Notes, and a Sketch of the History of Political Economy, by J. Laurence Laughlin, New York 1885.
Möhring-Hesse, Matthias: Die demokratische Ordnung der Verteilung. Eine Theorie der sozialen Gerechtigkeit, Frankfurt am Main 2004.
Mückenberger, Ulrich: Die Krise des Normalarbeitsverhältnisses. Hat das Arbeitsrecht noch Zukunft?, in: Zeitschrift für Sozialreform 31 (1985), 415–475.
Müller, Hans-Peter/Schmid, Michael: Arbeitsteilung, Solidarität und Moral. Eine werkgeschichtliche und systematische Einführung in die «Arbeitsteilung» von Emile Durkheim, in: Emile Durkheim: Über soziale Arbeitsteilung. Studie über die Organisation höherer Gesellschaften, Frankfurt am Main 1992, 481–521.
Nassehi, Armin: Inklusion, Exklusion, Integration, Desintegration. Die Theorie funktionaler Differenzierung und die Desintegrationsthese, in: Wilhelm Heitmeyer (Hg.): Was hält die Gesellschaft zusammen? Bundesrepublik Deutschland: Auf dem Weg von der Konsens- zur Konfliktgesellschaft, Bd. 2, Frankfurt am Main 1997, 113–148.
Nell-Breuning, Oswald von: Baugesetze der Gesellschaft. Solidarität und Subsidiarität, Freiburg i. Br./Basel/Wien, durchges. Neuausgabe 1990.
Nozick, Robert: Anarchy, State, and Utopia, New York 1974.
Nussbaum, Martha C.: Der aristotelische Sozialdemokratismus, in: Dies.: Gerechtigkeit oder Das gute Leben, Frankfurt am Main 1999, 24–85.
Dies.: Creating Capabilities. The Human Development Approach, Cambridge/London 2011.
Nygren, Anders: Eros und Agape. Gestaltwandlungen der christlichen Liebe, 2. Aufl. Gütersloh 1954.
Oettingen, Alexander von: Die Moralstatistik in ihrer Bedeutung für eine christliche Socialethik, 2. Aufl. Erlangen 1874.
Offe, Claus: Nachwort: Armut, Arbeitsmarkt und Autonomie, in: Philippe van Parijs/Yannick Vanderborght: Ein Grundeinkommen für alle? Geschichte und Zukunft eines radikalen Vorschlags, Frankfurt am Main 2005, 131–150.
Oschmiansky, Frank: Faule Arbeitslose? Zur Debatte über Arbeitsunwilligkeit und Leistungsmissbrauch, in: Aus Politik und Zeitgeschichte B 6–7 (2003), 10–16.

Paugam, Serge: Die elementaren Formen der Armut, Hamburg 2008.
Pogge, Thomas: Weltarmut und Menschenrechte. Kosmopolitische Verantwortung und Reformen, Berlin/New York 2011.
Rawls, John: Eine Theorie der Gerechtigkeit (1971), 4. Aufl. Frankfurt am Main 1988.
Ders.: Das Recht der Völker, Berlin/New York 2002.
Ders.: Gerechtigkeit als Fairness. Ein Neuentwurf, Frankfurt am Main 2003.
Rendtorff, Trutz: Ethik. Grundelemente, Methodologie und Konkretionen einer ethischen Theologie, Bd. 1, 2. Aufl. Stuttgart/Berlin/Köln 1990.
Reuter, Hans-Richard: Relativistische Kritik am Menschenrechtsuniversalismus? Eine Antikritik, in: Ders. (Hg.): Ethik der Menschenrechte. Zum Streit um die Universalität einer Idee, Tübingen 1999, 75–102.
Ricoeur, Paul: Liebe und Gerechtigkeit, hg. v. Oswald Bayer, Tübingen 1990.
Ritter, Gerhard A.: Der Sozialstaat. Entstehung und Entwicklung im internationalen Vergleich, 3. Aufl. München 2010.
Schaarschuch, Wolfgang: «Qualität» Sozialer Dienstleistungen – ein umstrittenes Konzept, in: Institut für Sozialarbeit und Sozialpädagogik e. V./Beobachtungsstelle für die Entwicklung der Sozialen Dienste in Europa (Hg.): Dokumentation der Tagung «Indikatoren und Qualität sozialer Dienste im europäischen Kontext» 16.–17. Oktober 2002, Berlin/Frankfurt am Main 2003, 50–56.
Schrage, Wolfgang: Ethik des Neuen Testaments, 5. Aufl. Göttingen 1989.
Schulze, Alexander/Unger, Rainer/Hradil, Stephan: Bildungschancen und Lernbedingungen an Wiesbadener Grundschulen am Übergang zur Sekundarstufe I. Projekt- und Ergebnisbericht zur Vollerhebung der GrundschülerInnen der 4. Klasse im Schuljahr 2006/07, hg. von der Projektgruppe Sozialbericht zur Bildungsbeteiligung, Amt für Soziale Arbeit, Abteilung Grundsatz und Planung, Landeshauptstadt Wiesbaden 2008.
Sen, Amartya: Ökonomie für den Menschen. Wege zu Gerechtigkeit und Solidarität in der Marktwirtschaft, München/Wien 1999.
Ders.: Die Idee der Gerechtigkeit, München 2010.
Sennett, Richard: Der flexible Mensch, Berlin 1998.
Steinvorth, Ulrich: Kann Solidarität erzwingbar sein?, in: Kurt Bayertz (Hg.): Solidarität. Begriff und Problem, Frankfurt am Main 1998, 54–85.
Taylor, Charles: Der Irrtum der negativen Freiheit, in: Ders.: Negative Freiheit? Zur Kritik des neuzeitlichen Individualismus, Frankfurt am Main 1992, 118–144 (1992a).
Ders.: Wesen und Reichweite distributiver Gerechtigkeit, in: Ders.: Negative Freiheit? Zur Kritik des neuzeitlichen Individualismus, Frankfurt am Main 1992, 145–187 (1992b).
Thielicke, Helmut: Theologische Ethik, Bd. III/3: Ethik der Gesellschaft, des Rechtes, der Sexualität und der Kunst, 2. verb. Aufl. Tübingen 1968.
United Nations: Convention on the Rights of Persons with Disabilities and Optional Protocol, 2006 (UN 2006).
Vereinigung der Bayerischen Wirtschaft (Hg.): Hans-Peter Blossfeld/Wilfried Bos/Dieter Lenzen/Detlef Müller-Böling/Jürgen Oelkers/Manfred Prenzel/Ludger Wöß-

mann: Aktionsrat Bildung, Bildungsgerechtigkeit, Jahresgutachten 2007, Wiesbaden 2007.
Walzer, Michael: Spheres of Justice. A Defense of Pluralism and Equality, New York 1983.
Wendland, Heinz-Dietrich: Über den gegenwärtigen Stand der Sozialethik, in: Ders. (Hg.): Sozialethik im Umbruch der Gesellschaft. Arbeiten aus dem Mitarbeiter- und Freundeskreis des Instituts für Christliche Gesellschaftswissenschaften an der Universität Münster, Göttingen 1969, 15–28.
Ders.: Einführung in die Sozialethik, Berlin/New York 1971.
Wilkinson, Richard/Pickett, Kate: Gleichheit ist Glück. Warum gerechte Gesellschaften für alle besser sind, Berlin 2009.
Wissenschaftszentrum Berlin für Sozialforschung, Institut für Arbeitsmarkt- und Berufsforschung (Hg.): «Soziale Mobilität, Ursachen für Auf- und Abstiege». Studie für den 4. Armuts- und Reichtumsbericht der Bundesregierung im Auftrag des Bundesministeriums für Arbeit und Soziales. Überarbeitete Version, Berlin, 20. Dezember 2011.
Wolf, Ernst: Sozialethik. Theologische Grundfragen, Göttingen 1975.
World Health Organization: Towards a Common Language for Functioning, Disability and Health, Geneva 2002 (WHO 2002).
Zoll, Rainer: Was ist Solidarität heute?, Frankfurt am Main 2000.

V

WIRTSCHAFTSETHIK

Traugott Jähnichen

1. AUFGABEN UND FRAGESTELLUNGEN DER WIRTSCHAFTSETHIK 334
1.1. Hinweise zu Begriff und Aufgabe evangelischer Wirtschaftsethik 334
1.2. Zur Abgrenzung von deskriptiver und normativer Wirtschaftsethik 336
1.3. Möglichkeiten und Grenzen einer ethischen Beeinflussung der marktwirtschaftlich-kapitalistischen Wirtschaftsform 337
1.4. Klassifizierender Überblick über wirtschaftsethische Ansätze 340

2. NORMATIVE GRUNDLAGEN EVANGELISCHER WIRTSCHAFTSETHIK 343
2.1. Wirtschaftsethik als Verantwortungsethik 343
2.2. Die unterschiedlichen Ebenen wirtschaftsethischer Verantwortung 345
2.3. Die Bedeutung des Gebots der Nächstenliebe im Kontext wirtschaftlichen Handelns 347
2.4. Freiheit, Gerechtigkeit und Nachhaltigkeit als Grundnormen wirtschaftlichen Handelns 352
2.4.1. Freiheit und der Schutz der Eigentumsrechte 352
2.4.2. Kriterien der Gerechtigkeit im Blick auf die Produktion und Verteilung gesellschaftlicher Güter 356
2.4.3. Nachhaltigkeit als Kriterium zur Sicherung der Zukunftsfähigkeit wirtschaftlichen Handelns 361

3. DIE EBENEN WIRTSCHAFTSETHISCHER VERANTWORTUNG:
DIE ORDNUNGSPOLITISCHE GESTALTUNG DER RAHMENORDNUNG
UND DIE ETHIK DER AKTEURE WIRTSCHAFTLICHEN HANDELNS 364
3.1. Die Ethik der Rahmenordnung wirtschaftlichen Handelns (Makroebene) 364
3.1.1. Die Option für die Soziale Marktwirtschaft 364
3.1.2. Die Globalisierung als Herausforderung des Modells der Sozialen Marktwirtschaft 370
3.1.3. Überlegungen zu einer verantwortlichen Neugestaltung der internationalen Finanzmärkte 375
3.1.4. Die Aufgabe der Sicherung der Zukunftsfähigkeit wirtschaftlichen Handelns 379
3.2. Die Ethik der Akteure wirtschaftlichen Handelns (Meso- und Mikroebene) 381
3.2.1. Die wirtschaftsethische Verantwortung der Sozialparteien im Sinn des Leitbildes der Sozialpartnerschaft 381
3.2.2. Das Konzept der «Corporate Social Responsibility» als europäisches Leitbild für eine ethisch verantwortliche Unternehmensführung 384
3.2.3. Arbeit als ‹Beruf› – Das protestantische Berufsethos als motivationale Basis wirtschaftlichen Handelns 387
3.2.4. Die wirtschaftsethische Verantwortung der Konsumenten 390
3.3. Ausblick: Wirtschaftsethik als dialogische Suche nach lebensdienlichen Formen des Wirtschaftens 393

4. LITERATUR 394

1. AUFGABEN UND FRAGESTELLUNGEN DER WIRTSCHAFTSETHIK

1.1. Hinweise zu Begriff und Aufgabe evangelischer Wirtschaftsethik

Der Begriff ‹Wirtschaftsethik› ist mehrdeutig und provoziert die Frage, inwieweit wirtschaftliches Handeln, das vorrangig auf Effizienz und Effektivität ausgerichtet ist, und ethische Perspektiven eines guten Handelns in eine tragfähige Verbindung gebracht werden können. Wenn die Aufgabe der Wirtschaftsethik dahingehend zu bestimmen ist, dass wirtschaftliches Handeln und wirtschaftliche Strukturen im Blick auf ethische Bewertungen zu thematisieren sind, konstituiert sie sich im Dialog der Wirtschaftswissenschaften und der wissenschaftlichen Ethik, wobei insbesondere die Grundentscheidungen und Zielbestimmungen wirtschaftlichen Handelns zu erörtern sind (Meckenstock 1997: 4).

Zu Beginn des 20. Jahrhunderts haben zunächst Philosophen und Theologen wirtschaftsethische Fragen aufgegriffen, während unter Ökonomen lange Zeit eine gewisse Skepsis dominierte, da sich der Siegeszug der Wirtschaftswissenschaften seit dem Beginn des 19. Jahrhunderts mit der Abkehr von sozialphilosophischen Fragen und der Konstituierung der Ökonomik als Erfahrungswissenschaft vollzogen hat, deren «relative Genauigkeit und Objektivität» (Stigler 1988: 95) zu den komplexen und nicht immer eindeutig fassbaren ethischen Überlegungen in einem Kontrast zu stehen schien. Dass sich nunmehr speziell seit den 1980er-Jahren ein wachsendes öffentliches Interesse an Fragen der Wirtschafts- und nicht zuletzt der Unternehmensethik feststellen lässt, liegt in einer Vielzahl von Faktoren begründet. Zunächst besteht angesichts einer Pluralisierung der Wertemuster und einer abnehmenden Bindekraft tradierter Normen ein erhöhter Koordinierungsbedarf in vor allem transnational ausgerichteten Unternehmen, sodass Unternehmensethik zu einem wesentlichen Bereich der Personalführung geworden ist. Hinzu kommen eine steigende Sensibilität der Verbraucher sowie zivilgesellschaftliche und politische Anfragen an die Legitimität ökonomischen Handelns angesichts negativer externer Effekte im Blick auf ökologische und soziale Folgekosten. In Verbindung mit krisenhaften wirtschaftlichen Entwicklungen wie einer lang anhaltenden Massenarbeitslosigkeit in fast allen OECD-Staaten seit der Mitte der 1970er-Jahre, in vielen Ländern verschärft durch die Finanzmarktkrise des beginnenden 21. Jahrhunderts, werden ökonomische Strukturen und wirtschaftliches Handeln zunehmend mit kritischen Anfragen konfrontiert.

Die Besonderheit einer evangelischen Wirtschaftsethik besteht darin, dass im Dialog mit den Wirtschaftswissenschaften spezifisch theologisch-sozialethische Perspektiven für wirtschaftliches Handeln plausibilisiert und in ihrer Bedeutung fruchtbar gemacht werden. In diesem Sinn geht es um eine Vermittlung der sachlichen Anforderungen wirtschaftlichen Handelns mit theologisch-normativen Überlegungen, wobei gegenüber einer autoritativen Argumentation ein Prozess der offenen Suche nach Problemlösungen «im Hin und Her zwischen theologischen und durch Sachanalyse geleiteten Erwägungen» (EKD 1970: 71) anzustreben ist. Da wichtige Glaubenstraditionen in vorindustriellen Zeiten geprägt worden sind, besteht eine wesentliche Herausforderung darin, deren Gestaltungsimpulse für aktuelle Problemstellungen darzulegen. So können konkrete biblische Weisungen, die sich einer früheren Lebenswelt verdanken, nicht direkt auf heutige ökonomische Problemlagen bezogen werden, sie können jedoch im Sinn einer offenen, heuristischen Perspektive Anregungen zur «Bemeisterung» (Troeltsch 1912: 985) der gegenwärtigen Herausforderungen geben. Darüber hinaus ist die «historische Gesamtentfaltung des Christentums» (Troeltsch 1904: 12), das meint das in der Christentumsgeschichte «festgehaltene Traditionswissen» (Honecker 1995: VII), als Quelle der sozialethischen Urteilsbildung heranzuziehen.

Da evangelische Sozialethik auf die Erarbeitung von Gestaltungsimpulsen für eine gemeinwohlverträgliche Gesellschaftsentwicklung zielt und insofern auf Allgemeinheit und Rationalität hin angelegt ist, sind die entsprechenden sozialethischen Urteile auf der Ebene handlungsrelevanter Maximen (vgl. Rich 1984: 222 ff.) allgemein verständlich und einsichtig zu formulieren. Gerade angesichts der hohen Prägekräfte der Ökonomie in modernen Gesellschaften hat evangelische Wirtschaftsethik jede Form der Selbstzwecklichkeit wirtschaftlichen Handelns abzuweisen und stattdessen die Frage nach deren «Lebensdienlichkeit» (Rich 1990: 23) in Erinnerung zu rufen. Dies ist verbunden mit einer Würdigung ökonomischer Effizienz und

Effektivität mit dem Ziel des Aufweises neuer, verbesserter Gestaltungsmöglichkeiten angesichts der skizzierten krisenhaften Entwicklungen.

1.2. Zur Abgrenzung von deskriptiver und normativer Wirtschaftsethik

In der Wirtschaftsethik lassen sich systematisch eine deskriptive und eine normative Perspektive unterscheiden. Während es der normativen Wirtschaftsethik darum geht, ethische Maßstäbe zur Beurteilung und zur Gestaltung wirtschaftlichen Handelns zu entwickeln, fragt eine deskriptive Wirtschaftsethik nach den Konsequenzen eines bestimmten Ethos für das wirtschaftliche Handeln und untersucht darüber hinaus, welche ethischen Wirkungen von der dominanten Form des Wirtschaftens ausgehen (vgl. Traub 1904: 1). Klassisches Beispiel einer deskriptiven Wirtschaftsethik ist Max Webers berühmte Schrift *Die protestantische Ethik und der Geist des Kapitalismus*, welche die besondere Bedeutung des protestantischen Ethos für die Herausbildung der okzidentalen Rationalität und die durch das protestantische Berufsverständnis motivierte Haltung der «innerweltlichen Askese» (Weber 1904 f. / 1993: 57) herausgestellt hat. Neben dieser klassischen Studie kann auf verschiedene neuere Arbeiten hingewiesen werden, welche nach den Prägekräften des Protestantismus im Prozess der Entwicklung und Begründung des Konzepts der Sozialen Marktwirtschaft fragen (vgl. Jähnichen 2008: 38 ff., 123 ff.; vgl. Reuter 2010: 46 ff.).

In Webers klassischer Studie findet sich noch eine weitere Perspektive deskriptiver Wirtschaftsethik, indem gegenwartsdiagnostisch eine weitgehende Verdrängung religiöser und berufsethischer Einstellungen durch den etablierten und siegreichen Kapitalismus aufgezeigt wird. Dieser bestimmt nach Weber die Lebensführung der Menschen «mit überwältigendem Zwange», sodass die moderne technisch-ökonomische Wirtschaftsordnung mit «unentrinnbarer Macht über den Menschen, wie niemals zuvor in der Geschichte» herrscht (vgl. Weber 1904 f. / 1993: 153).

Im Unterschied zu solchen deskriptiven Perspektiven, die vornehmlich Gegenstand soziologischer und historischer Analysen sind, besteht die Aufgabe einer normativen Perspektive der Wirtschaftsethik darin, angesichts aktueller Problemkonstellationen gegenwärtiges wirtschaftliches Handeln zu bewerten und weiterführende oder auch alternative Gestaltungskonzepte aufzuzeigen. In der folgenden Darstellung wird vorrangig den normativen Perspektiven der Wirtschaftsethik nachgegangen.

1.3. Möglichkeiten und Grenzen einer ethischen Beeinflussung der marktwirtschaftlich-kapitalistischen Wirtschaftsform

Die gegenwärtig dominierende Wirtschaftsordnung im nationalen wie im globalen Rahmen ist im Blick auf die Koordination der wirtschaftlichen Akteure und die sich daraus ergebenden Signale der Preisbildung, welche die Entscheidungsgrundlage für Produktion und Konsum bilden, als Marktwirtschaft zu kennzeichnen. Durch staatliche Direktiven nicht gebunden, erfolgen die Entscheidungen über Produktion und Konsum von Gütern und Dienstleistungen dezentral über den Markt. Marktwirtschaften sind, solange eine hinreichende Konkurrenz auf den Märkten besteht, durch das Wettbewerbsprinzip geprägt. Die einzelnen Wirtschaftsakteure versuchen, in diesem Wettbewerb ihren eigenen Nutzen zu maximieren, indem sie durch neue, verbesserte oder verbilligte Produkte, Produktions- oder Organisationsformen ihren Gewinn steigern, während die Konsumenten möglichst günstige Produkte und Dienstleistungen erwerben wollen. Insofern ist das Handeln auf Märkten wesentlich durch das Eigeninteresse motiviert, was aufgrund der Wettbewerbsdynamik im Idealfall zu besseren und kostengünstigeren Gütern und Dienstleistungen führt und somit – klassisch in der nicht unproblematischen Metapher der «unsichtbaren Hand» zum Ausdruck gebracht (vgl. Smith 1974: 371) – letztlich das Gesamtinteresse fördern soll.

Da die Produktion von Gütern und Dienstleistungen – seit dem Beginn der Industrialisierung arbeitsteilig unter den Bedingungen des Einsatzes von Maschinen und anderen Technologien in großbetrieblichen Strukturen – einen erheblichen Kapitaleinsatz erfordert, ist die möglichst optimale Kapitalverwertung zur entscheidenden Bestimmungsgröße wirtschaftlichen Handelns geworden. Die Wohlstandssteigerung, in der Regel stark vereinfacht in dem quantitativen Wachstum des Bruttonationalprodukts ausgedrückt, basiert auf dem Zusammenspiel von Kapitaleinsatz, der Wertschöpfung im Produktionsprozess unter Indienstnahme von menschlicher Arbeitskraft und Naturgütern, einem Kapitalgewinn und erneuter Investition. Da die Kapitalverwertung im Mittelpunkt dieses Prozesses steht, spricht man zu Recht von einer kapitalistischen Wirtschaftsweise, wobei aus der in der Regel privaten Verfügung über Kapital in erheblicher Weise ökonomische und soziale Macht resultiert. Aus dem skizzierten Zusammenspiel ergibt sich zudem ein monetärer Wachstumszwang kapitalistischen Wirtschaftens, da bei einem Verfehlen der Gewinnziele nicht erneut investiert werden kann, was zu einem sozial folgenreichen Abbau der Arbeitsplätze in einzelnen Volkswirtschaften führt.

Ernst Troeltsch hat von der Struktur modernen Wirtschaftens bereits vor rund einhundert Jahren behauptet, dass es «nur eines Wortes» bedürfe, um sie zu charakterisieren: Diese Struktur «ist der ‹Kapitalismus›, und zwar der Kapitalismus nicht bloß als Industrie und Geldgeschäft, sondern als Handwerk und Landwirtschaft gleicherweise ergreifende kapitalistische Betriebsform überhaupt» (Troeltsch 1925: 308). Diese Betriebsform strebt eine optimale Verwertung des investierten Kapitals an, indem möglichst erfolgreich für den Markt produziert wird. Das dieses Verwertungsinteresse zum Ausdruck bringende Kalkül setzt sich in allen Bereichen wirtschaftlichen Handelns durch und überwindet nach und nach überkommene Traditionen und Beschränkungen, was vielfach als Verlust kooperativer Wirtschaftsformen erlebt worden ist (vgl. Wegner 2014b: 85 ff.). Letztlich führt dieser Prozess zu einer «ungeheure(n) Rationalisierung des Lebens», indem eine «beständige Berechnung des Ertrages», die konsequente Anwendung der «rationell-wissenschaftliche(n) Methode der Technik, die rationelle Kunst der Arbeitsteilung, die Berechenbarkeit jedes Wertes in bestimmten Tauschwerten» sowie letztlich «die Konstruktion des ganzen Daseins aus wirtschaftlichen Gesetzen» (Troeltsch 1925: 309) gefördert werden.

Die bereits hier zum Ausdruck kommende Tendenz zu einer fortschreitenden Ökonomisierung der Lebenswelt ist dem Kapitalismus inhärent und setzt eine Rationalisierungsdynamik frei, die immer neue Bereiche der Gesellschaft erfasst und mit dem Verweis auf eine sich steigernde Effizienz legitimiert werden kann. Die marktvermittelte Koordination wirtschaftlichen Handelns durch das Preissystem lässt ein hohes Maß von Anpassungsleistungen an veränderte Umweltbedingungen zu und setzt einen stetigen Prozess der Optimierung von Aufwand und Ertrag in Gang. Die damit verbundene, historisch einmalige Produktivitätsentwicklung mit der «Konkurrenz der neuen Ware, der neuen Technik, der neuen Versorgungsquelle, des neuen Organisationstyps» (Schumpeter 1950: 140) hat zu einer Hebung des allgemeinen Wohlstands in den Industrienationen durch eine Verbilligung von

Gütern und Dienstleistungen sowie zu einer beträchtlichen Verkürzung der Arbeitszeit geführt. Auf der anderen Seite hat diese Dynamik stets auch massive Zerstörungen ausgelöst: Neben der Verdrängung bisheriger, nunmehr veralteter Produktions- und auch Lebensstrukturen sind insbesondere die beträchtlichen Folgekosten dieses Prozesses, humane und soziale Krisen, die dramatischen Umweltzerstörungen sowie Verheerungen in ehemaligen Kolonien und Ländern des Südens, kritisch zu bedenken. Der Ökonom Joseph Schumpeter hat die tiefe Ambivalenz der kapitalistischen Entwicklung prägnant als einen «Prozeß schöpferischer Zerstörung» (Schumpeter 1950: 134) beschrieben, weshalb jeweils nach der Legitimation der zerstörerischen Konsequenzen gefragt werden muss. Angesichts dieser Ambivalenz drängt sich die Frage nach den Zielen wirtschaftlicher Entwicklung sowie nach den Konsequenzen für Menschen und Mitwelt auf: Die ethische Dimension wirtschaftlichen Handelns tritt in den Blick.

Seit der Herausbildung kapitalistischer Wirtschaftsstrukturen sind die Versuche einer ethischen Normierung wirtschaftlichen Handelns aufgrund der ökonomisch motivierten tendenziell «moralfreien Anreizstruktur» (Wegner 2014b: 91) schwieriger geworden, es stellt sich somit die Frage nach deren Möglichkeiten und Bedingungen. Verschiedene Theoretiker haben daraus die Konsequenz gezogen, eine quasi naturwissenschaftlich interpretierte ‹Eigengesetzlichkeit› wirtschaftlicher Abläufe und damit eine nur sehr eng begrenzte oder gar nicht gegebene ethische Beeinflussung dieses Handelns zu behaupten. Gegenüber dieser Position wie auch gegenüber den oft hilflosen ethischen Appellen vieler Vertreter etwa der Kirchen haben Wirtschaftsethiker aufzuzeigen versucht, dass differenzierte ethische Reflexionen notwendig sind, welche die Besonderheiten und Anforderungen des wirtschaftlichen Sachgebiets einbeziehen. In diesem Sinn bezeichnet der Begriff ‹Eigengesetzlichkeit› nur eine relative, keine absolute Geltung der entsprechenden Gesetze (vgl. Baumgarten 1921: 116). Aufgrund der hohen Varietät wirtschaftlicher Gesetze ist auch dieser Handlungsbereich einer Ethisierung zugänglich, die allerdings im Blick auf die Logik wirtschaftlichen Handelns deutlich zu spezifizieren ist.

Die impliziten und expliziten Hinweise auf die Möglichkeiten ethischer Beeinflussung sogenannter ‹eigengesetzlich› geprägter Kulturbereiche – vorgebracht etwa von Friedrich Naumann, Max Weber und Otto Baumgarten – können dahingehend zusammengefasst werden, dass vor dem Hintergrund eines ersten grundlegenden Verständnisses der funktionalen Differenzierung moderner Gesellschaften solche Möglichkeiten vorausgesetzt werden und die Entwicklung von Fähigkeiten zur Spezifizierung der ethischen Bewältigung der neuartigen gesellschaftlichen Problemlagen eingefordert worden ist. Abgewiesen ist damit eine Position, welche sich auf die Logik der Sachgesetzlichkeiten im Sinn eines Sachzwangs bezieht. Eine solche Position wird in den heutigen wirtschaftsethischen Diskursen in der Regel mit dem Begriff ‹Ökonomismus› bezeichnet, den man als eine Selbstimmunisierung der ökonomischen Logik respektive als «den «Glaube(n) der ökonomischen Rationalität an nichts als an sich selbst» (Ulrich 1998: 127) beschreiben kann. Im Hintergrund der Behauptung solcher ‹Sachzwänge› steht ein deterministisches Wirklichkeitsverständnis, das auf einen naturalistischen Begriff des Sachzwangs verweist. Da sich im Bereich des sozialen Handelns solche Gesetzmäßigkeiten streng genommen nicht aufweisen lassen, sondern lediglich spezifische, kontextabhängige Regelmäßigkeiten, lässt sich der Verweis auf Sachzwänge faktisch als ein «Reflexionsabbruch» bezeichnen, der die Analyse der «empirischen Bedingungen bzw. [...] (der) hinter ihnen als gegeben gesetzten Interessen» (Ulrich 1998: 151) kurzschlüssig negiert.

Stattdessen sind die sogenannten Sachzwänge oder Eigengesetzlichkeiten angemessener als Sachgesetzlichkeiten zu bezeichnen, die grundsätzlich einer ethischen Beurteilung zugänglich sind. Zwar begrenzen bestimmte Kontexte und Regelmäßigkeiten, auf welche die ökonomische Rationalität verweist, die Entscheidungsspielräume der Akteure, heben diese jedoch nicht grundsätzlich auf, sodass immer wieder Gestaltungsspielräume aufzuzeigen sind und somit die Herausforderung der «Wirtschaftsethik notwendig und sinnvoll» (Hengsbach 1991: 41) bleibt.

1.4. Klassifizierender Überblick über wirtschaftsethische Ansätze

Nachdem das ‹Dass› der Möglichkeit von Wirtschaftsethik durch die Zurückweisung der Konzeption einer ‹Eigengesetzlichkeit› wirtschaftlichen Handelns aufgezeigt wurde, stellt sich in einem weiteren Schritt die Frage nach dem ‹Wie› wirtschaftsethischer Argumentation. Diese Frage soll mithilfe eines Überblicks über gegenwärtige wirtschaftsethische Modelle diskutiert werden. Dabei empfiehlt es sich, diese anhand der Vermittlungen der ethischen und der ökonomischen Rationalität zu unterscheiden. Wenn man dem Konzept einer Überbietung solcher Vermittlungsmodelle durch die Erarbeitung einer «Supertheorie», welche die wechselseitige Übersetzbarkeit von ökonomischen und ethischen Aussagen auf der Basis von Disziplinen übergreifenden Strukturaussagen eröffnen will (anders Wagner 1975: 197 ff.), skeptisch gegenübersteht, lassen sich idealtypisch drei Vermittlungsmodelle von Ethik und Ökonomie aufzeigen: ein Modell der korrektiven Zuordnung von Ethik und Ökonomik, eine funktionalistische Indienstnahme der Ethik im Horizont der Ökonomik sowie Modelle einer synthetisierenden Vermittlung von Ethik und Ökonomik.

Der Konzeption einer kritischen Begrenzung der ökonomischen Logik durch ethische Impulse lassen sich die meisten wirtschaftsethischen Positionen zuordnen. Nach diesem Modell werden die ökonomische Sachanalyse und die normativen ethischen Aussagen zunächst grundlegend unterschieden, wobei der Ethik eine die normativen Defizite der Ökonomie ausgleichende Bedeutung zukommt. Im Horizont dieser Modelle gelingt jedoch eine «wirkliche, d. h. dialogische Verzahnung zwischen Ökonomik und Ethik» (Rich 1990: 172) in der Regel nicht. Häufig werden additiv ethische Impulse neben ökonomische Analysen gestellt, wobei bisweilen recht pauschale ethische Appelle angesichts realer oder auch vermeintlicher negativer externer Effekte wirtschaftlichen Handelns formuliert werden.

Im Unterschied hierzu fragen die Ansätze funktionaler Wirtschaftsethik vorrangig nach der im wirtschaftlichen Handeln selbst angelegten Moralität und versuchen zu zeigen, dass gerade die Form marktwirtschaftlicher Koordination ethisch begründbare Zielsetzungen in geeigneter Weise zu erfüllen vermag. Darüber hinaus wird im Rahmen dieser Modelle diskutiert, inwieweit bestimmte ökonomische und moralische Haltungen aufeinander angewiesen sind und sich wechselseitig verstärken, sodass von einer der Marktvergesellschaftung entsprechenden Ethik gesprochen werden kann. Dementsprechend ist für diese Ansätze die ethische Relevanz der Systemlogik marktwirtschaftlicher Ordnungen konstitutiv. Eine entsprechende Konzeption ist von Karl Homann in einem anspruchsvollen Modell ökonomischer Ethik entwickelt worden, das im Sinn der Implementierung und Durchsetzbarkeit ethisch gewünschten Handelns von einem Überbietungsgestus der Ökonomik gegenüber der Ethik geprägt ist (vgl. Homann 2002).

Während die beiden genannten Modelle der Zuordnung von ökonomischer und ethischer Rationalität jeweils auf der Dominanz der Ethik respektive der Ökonomik beruhen, sind schließlich Ansätze der Wirtschaftsethik zu nennen, die von dem Bemühen einer gleichgewichtigen Vermittlung oder von einem Integrationsversuch geprägt sind. Die meisten aktuellen theologischen Beiträge, exemplarisch sind die Ansätze von Eilert Herms (vgl. Herms 2004: 2 ff.) und von Arthur Rich zu nennen, argumentieren im Horizont einer normativen Anthropologie. Im Hintergrund steht die Überzeugung, dass «in der Anthropologie [...] der Punkt (liegt s. c. Jähnichen), an dem sich ökonomische und ethische Rationalität treffen» (Dietzfelbinger 1998: 201), da sowohl jede Form der Ethik als auch die Gesellschafts- und Sozialwissenschaften inklusive der Ökonomik auf anthropologischen Basisannahmen beruhen. Dementsprechend versuchen diese Ansätze, normative Perspektiven eines humanen Ethos mit den Sachanforderungen einer menschengerechten Ökonomie auszubalancieren. Die Anthropologie fungiert somit als Brücke zwischen Ethik und Ökonomik, wobei der Wirtschaftsethik die Aufgabe der Suche nach Vermittlungen zukommt. Vorausgesetzt wird in diesen Konzeptionen die klassisch von Rich ausgedrückte Annahme, dass Menschengerechtes und Sachgemäßes letztlich nicht in einem antagonistischen Gegensatz stehen, sondern unter bestimmten Bedingungen konvergieren (Rich 1990: 174). Demgegenüber zielt der von Peter Ulrich entwickelte Integrationsansatz auf eine «Transformation der ökonomischen Rationalität» (Ulrich 1987) und kann als eine wirtschaftsethische Konkretion der Theorie kommunikativen Handelns angesehen werden. Dabei dient das Konzept der kommunikativen Rationalität als Bezugsrahmen einer sozialwissenschaftlichen Handlungstheorie und einer neu zu formulierenden ökonomischen Sachlogik.

Unterzieht man die genannten Modelle einer kritischen Revision, lässt sich zeigen, dass sie zwar jeweils berechtigte Anliegen der Wirtschaftsethik formulieren, jedoch bestimmte Defizite aufweisen: Die jeweiligen Subordinationsmodelle sind stark von einer einseitig ethischen oder ökonomischen Problemsicht bestimmt, während die Versuche einer systematischen Verzahnung der beiden Rationalitäten entweder zu abstrakt bleiben oder sich faktisch doch einer der beiden Logiken verpflichtet wissen.

Angesichts dieser Problematik lässt sich – so der hier skizzierte Vorschlag – Wirtschaftsethik prozessorientiert als ein methodisch reflektierter, kontinuierlich voranzutreibender interdisziplinärer Dialog von Ökonomik und Ethik verstehen. Dieser Dialog kann sich für die Beteiligten als produktiv erweisen, wenn sie auf den ‹blinden Fleck› ihrer jeweiligen Beobachterperspektive hingewiesen werden, indem die Ökonomik auf die Relevanz normativer Gehalte und die Ethik auf die Bedeutung der Ökonomik zur Erklärung menschlicher Verhaltensmuster und als Anwendungsbedingung ethisch begründeter Überlegungen aufmerksam gemacht wird. Darüber hinaus ist anzustreben, die Anregungen der jeweils anderen Disziplin zu einer für beide Seiten relevanten Fragestellung in die eigene wissenschaftliche Perspektive durch Formen sinnparalleler Argumentation zu integrieren und darauf produktiv zu reagieren (vgl. Jähnichen 2008: 108 ff.). Eine solche Dialogkonzeption der Wirtschaftsethik ist für die folgenden Ausführungen leitend, wobei zunächst die normativen Grundlagen einer evangelischen Wirtschaftsethik dargestellt werden.

2. NORMATIVE GRUNDLAGEN EVANGELISCHER WIRTSCHAFTSETHIK

2.1. Wirtschaftsethik als Verantwortungsethik

Der Begriff der Verantwortung ist – wesentlich geprägt durch Max Webers Plädoyer für eine Verantwortungs- in Abgrenzung zu einer Gesinnungsethik (Weber 1919/1958: 491 ff.) – im 20. Jahrhundert zu einer «ethischen Schlüsselkategorie» (Bayertz 1995: 3) geworden. Formal bezeichnet Verantwortung einen mehrstelligen Relationsbegriff, der es erlaubt, unterschiedliche Relationen und Ebenen von Verantwortung auszudifferenzieren. Prägnant entfaltet Ropohl Verantwortung vieldimensional mithilfe der Frage: Wer verantwortet was, wofür, weswegen, wovor, wann und wie? (vgl. Ropohl 1985: 74) Diese Bestimmungen machen deutlich, dass Verantwortung unter Berücksichtigung technischer und sachlicher Gegebenheiten auf eine kommunikative Auseinandersetzung über moralisch relevante Sachverhalte zielt und das «Ergebnis einer sozialen Konstruktion» (Bayertz 1995: 21) beschreibt.

Die Grundtypen der Verantwortung sind im Rahmen von zwei Perspektiven zu unterscheiden: Danach bedeutet Verantwortung zum einen, für die eigenen Handlungen und Überzeugungen gegenüber Dritten einzustehen und bereit zu sein, Rechenschaft für vergangene Handlungen abzulegen. Zum anderen impliziert Verantwortung, worauf seit Max Weber in den verantwortungsethischen Debatten des 20. Jahrhunderts ein besonderer Akzent liegt, Abschätzungen für Handlungsfolgen vorzunehmen und somit Verantwortungsethik als Zukunftsethik zu konzipieren. Dabei sind jeweils moralische und juristische sowie individuelle und kollektive Verantwortung zu unterscheiden, und es sind zur Vermeidung von Überforderungen nicht zuletzt die Grenzen der jeweiligen Verantwortungsbezüge zu benennen.

Der Begriff der Verantwortung meint im formalen Sinn somit ein kommunikatives Zurechnungsgeschehen, das die Notwendigkeit einschließt, Rechenschaft über Handlungen und deren Folgen abzugeben. Insofern bedeutet die Kommunikation über ‹Verantwortung› die Abweisung jeder deterministisch interpretierten Vorstellung von sozialen oder technischen Zwängen, da bei einer Zurechnung von Handlungen stets die Möglichkeiten alternativer Entscheidungen unterstellt werden. Der Verantwortungsbegriff ist in diesem Sinn die Basis der Ethik, die als Rechenschaftspflicht gegenüber Dritten die Anerkennung potenziell aller anderen Beteiligten als Personen impliziert (vgl. Körtner 1997: 136 ff.). Diese Perspektive bedarf der daran anknüpfenden und weiterführenden Bestimmung durch ein inhaltliches Normensystem, das Gründe für die jeweils zu verantwortenden Entscheidungen – hier des wirtschaftlichen Handelns – anzugeben vermag.

In theologischer Perspektive ist diesbezüglich an die Tradition der evangelischen Berufsethik anzuknüpfen, welche unter den Bedingungen funktional ausdifferenzierter Handlungsbereiche als Bereichsethik neu zu profilieren ist. Dabei gilt es, die theologischen Deutungen der Wirklichkeit, allgemeine ethische Orientierungen, bereichsspezifische ethische Anforderungen und die Sachlogik des jeweiligen Kulturgebiets in ein Überlegungsgleichgewicht (vgl. Rawls 2003: 61; vgl. Dabrock 2012: 23 ff.) zu bringen. Eine Wirtschaftsethik in der Tradition des Protestantismus hat in diesem Sinn ihre genuinen Hintergrundannahmen – das heißt anthropologische Grundannahmen, ein bestimmtes Wirklichkeitsverständnis und ein entsprechendes normatives Konzept – und ihre normativen Konzepte in den Diskurs einzubringen und nach Vermittlungen mit den ökonomischen Sachanforderungen zu fragen. Insofern sind die zu entwickelnden wirtschaftsethischen Maximen offen für unterschiedliche Formen der Weltdeutung, sie sind jedoch kohärent in einem christlichen Menschen- und Wirklichkeitsverständnis verankert und sollen entsprechende Perspektiven der Verantwortungsübernahme und -gestaltung in dem Lebensbereich wirtschaftlichen Handelns aufzeigen. Dabei ist es sinnvoll und dient der Konkretion, unterschiedliche Ebenen und Zuständigkeiten von Verantwortung zu unterscheiden.

2.2. Die unterschiedlichen Ebenen wirtschaftsethischer Verantwortung

Zur Klärung der jeweiligen Verantwortungsbezüge ist es hilfreich, Ebenen der Verantwortung zu unterscheiden. In diesem Sinn «lassen sich vier Ebenen wirtschaftsethischer Verantwortung identifizieren:
- Die Ebene der ‹bestimmenden Weltsicht› (EKD 1991: Nr. 98), welche die historisch-kulturell geprägten Traditionen, die Wirklichkeitsdeutungen und die normativen Perspektiven wirtschaftlichen Handelns thematisiert,
- die Makroebene ordnungspolitischer Grundentscheidungen,
- die Mesoebene des Handelns von Organisationen, wie Verbänden, Unternehmen u. a.,
- sowie die Mikroebene des individuellen Verhaltens der ökonomischen Akteure.

Die Ebene der ‹bestimmenden Weltsicht› fragt nach den historischen Voraussetzungen, welche die Kultur und den Stil gerade auch des wirtschaftlichen Handelns nachhaltig bestimmen. In Aufnahme der von Max Weber aufgezeigten Wahlverwandtschaft von protestantischem Christentum und dem ‹Geist› des Kapitalismus wird heute in neuer Weise danach gefragt, welchen Einfluss kulturelle Traditionen – insbesondere auch die Religionen – auf die Organisation der Sozialpolitik und die jeweiligen Formen der sozialen Regulierung von Märkten bis in die Gegenwart ausüben» (Jähnichen 2008: 106). Kulturen und die ihnen häufig zugrunde liegenden religiösen Traditionen zählen zu den wesentlichen Bedingungen, welche Wahrnehmungsmuster und dementsprechende Handlungsmöglichkeiten grundlegend strukturieren.

Davon abzugrenzen ist die Makroebene im Sinn der Rahmenordnung wirtschaftlichen Handelns, welche wesentlich durch die Gesetzgebung bestimmt ist und sich in ordnungspolitischen Grundentscheidungen verdichtet. In den wirtschaftsethischen Debatten des 20. Jahrhunderts ist diese Perspektive vor allem im Blick auf die Rolle des Staates im Bereich wirtschaftlichen Handelns reflektiert worden, wobei, herausgefordert durch die radikale Kritik marktwirtschaftlicher Ordnungen seitens des Marxismus, weithin der Systemgegensatz zwischen marktwirtschaftlichen und staatssozialistischen Modellen diskutiert worden ist (vgl. Rich 1990). Auch nach dem Zusammenbruch der staatssozialistischen Ordnungen im Gefolge der Ereignisse von 1989/90 und der Transformation der Ökonomien dieser Staaten hin zum

Marktmodell bezeichnet die Reflexion der Ordnungsebene eine zentrale wirtschaftsethische Aufgabe. Angesichts der unterschiedlichen, insbesondere historisch-kulturell bedingten Ausprägungen marktwirtschaftlicher Ordnungen – der «*varieties of capitalism*» (Busch 2006: 249) – ist nunmehr zu fragen, welche dieser Modelle unter Berücksichtigung ökonomischer wie vor allem ethischer Gesichtspunkte vorzuziehen sind.

Der wirtschaftsethische Diskurs auf der Mesoebene organisierter Sozialsysteme konzentriert sich gegenwärtig vielfach auf Fragen der Unternehmensethik, da Unternehmen die wichtigsten organisierten Akteure im Bereich wirtschaftlichen Handelns sind. Darüber hinaus ist auf der Mesoebene auch eine ethische Analyse des Verhaltens von Verbänden, etwa Gewerkschaften und Arbeitgebervereinigungen, relevant. «Organisationen sind durch die Ordnungsentscheidungen der Makroebene wesentlich bestimmt, allerdings bestehen relevante Handlungsspielräume im Blick auf die Ausgestaltung der Binnenverhältnisse in Organisationen, vor allem in Unternehmen, wie auch im Blick auf das Verhalten gegenüber der Umwelt. Diese Spielräume von und in Organisationen hängen stark von den Wahrnehmungsmustern in Organisationen ab. Dementsprechend ist nach ‹kollektiven Deutungsmustern zu suchen› (Staehle 1988: 161), wie sie wichtige Gruppen in den Organisationen – z. B. das Management oder die Betriebsräte – vertreten, die mit Hilfe der Kategorie des ‹Spielraums› auf die Möglichkeiten nicht-determinierten Handelns hin zu untersuchen sind, nicht zuletzt um ethische Beurteilungen von Handlungsalternativen zu eröffnen. In diesem Sinn sind sowohl das Bestehen von Freiräumen wie auch das Vorhandensein von Begrenzungen nicht als objektive Tatbestände zu verstehen, sondern diese werden jeweils von Akteuren vor dem Hintergrund ihrer Wahrnehmungs- und Deutungsmuster sowie ihrer Interessen als relevant gesetzt, verändert oder auch be- bzw. missachtet. Da die Definition von Freiräumen wie von Begrenzungen immer auch sozial ausgehandelt wird, verweist dieser Sachverhalt auf das Phänomen der Macht in Organisationen, welche als die Fähigkeit verstanden werden kann, für Dritte Handlungsspielräume zu definieren (Staehle 1988: 162). In diesem Sinn hat die Ethik organisierter Sozialsysteme grundlegend das Phänomen von Macht in Organisationen einzubeziehen.» (Jähnichen 2008: 107 f.)

Handlungsspielräume und damit die Möglichkeiten rechenschaftspflichtiger Entscheidungen bestehen schließlich auch auf der Ebene der individuellen Wirtschaftsakteure. Die Mikroebene der Wirtschaftsethik thematisiert vorrangig die Wahrnehmung persönlicher Spielräume in Unternehmen und

Verbänden einerseits sowie die individuelle Arbeitsethik und das Konsumverhalten andererseits, wobei in Analogie zur traditionellen Berufsethik Hinweise für persönliches Verantwortungsbewusstsein und individuelle Gewissensentscheidungen gegeben werden sollen. Auf dieser Ebene wirtschaftsethischen Handelns, die speziell in der theologischen Tradition häufig als die entscheidende Ebene verstanden worden ist (vgl. Thielicke 1951: 711), ist differenziert danach zu fragen, welche Möglichkeiten der Entscheidung real gegeben sind, da sehr häufig die individuelle Verantwortung im Kontext systemisch vermittelten, organisierten Handelns überfordert, bisweilen sicherlich auch unterfordert wird.

2.3. Die Bedeutung des Gebots der Nächstenliebe im Kontext wirtschaftlichen Handelns

Kennzeichnend für den Verantwortungsbegriff ist in einem grundlegenden Sinn das formale Kriterium der Rechenschaftspflicht für das eigene Handeln, das, da sich diese Rechenschaftspflicht nicht willkürlich begrenzen lässt, eine Anerkennung aller direkt oder indirekt von den Auswirkungen des Handelns Betroffenen einschließt. Dies impliziert die Anerkennung der Betroffenen und damit potenziell aller Anderen als Personen. Die Anerkennung eines Menschen als Person bedeutet Kant zufolge, ihn «jederzeit zugleich als Zweck, niemals bloß als Mittel» (GMS 61) anzusehen. Dieses Kriterium ist nicht zuletzt für wirtschaftliches Handeln grundlegend, da in Wirtschaftsbeziehungen andere Menschen durchaus als Mittel zur Erreichung von Zwecken – so bei der Anstellung von Arbeitnehmern zur Erfüllung einer bestimmten Aufgabe – behandelt werden. Dies darf im Sinn des Kriteriums der Anerkennung Anderer als Personen nie eine reine Zweck-Mittel-Beziehung konstituieren, sondern diese sind immer auch als Selbstzweck zu behandeln, was die Achtung ihrer Würde gerade auch in wirtschaftlichen Produktionsprozessen einschließt (vgl. EKD 2008: Nr. 33). Die Anerkennung der Personalität ist Ausdruck der Würde jedes Menschen, die theologisch in der Gottebenbildlichkeit begründet ist. Die Gottebenbildlichkeit des Menschen bezeichnet die Relationalität des Menschen in seinen Bezügen zu Gott, zu den Mitmenschen und zur Mitwelt (vgl. Westermann 1974), sodass sie nicht an bestimmten Eigenschaften des Menschen, etwa kognitiven Fähigkeiten, orientiert, sondern prozessual und relational zu bestimmen ist. Die Gottebenbildlichkeit drückt die Bestimmung jedes Menschen zu einer qualifizierten Gemeinschaft mit Gott und seinen Mitmenschen sowie seine Herrschafts- und Verantwortungshaltung in der Schöpfung aus. Als Konsequenz folgt aus dieser Deutung der Gottebenbildlichkeit des Menschen die «praktische Anerkennung seines Menschenrechtes und seiner Menschenwürde» (Barth 1956: 16).

Ein solches Verständnis der Würde des Menschen ist eng verknüpft mit der «fundamentalen Bedeutung von Liebesbedürftigkeit und Liebesfähigkeit für das Zustandekommen und Gelingen des individuellen und sozialen Lebens» (Meckenstock 1997: 92). Die Nächstenliebe ist eine Konkretion der Achtung der Würde eines Menschen, da sie der ethischen Forderung der Selbstzweckhaftigkeit des Menschen entspricht. Die Nächstenliebe impliziert, andere Menschen nicht wie Sachen oder als Mittel zu behandeln, sondern bedeutet, den Anderen so zu behandeln, wie man selbst behandelt werden möchte, wie es die positive Fassung der ‹Goldenen Regel› in Matthäus 7,12 zum Ausdruck bringt. Nächstenliebe bewährt sich somit in der Anerkennung der Personalität des Anderen, da sie eine Reziprozität der Beziehungen impliziert und die Würde des Anderen achtet. Allerdings scheint sie in einem zumindest vordergründigen Spannungsverhältnis zu dem grundlegenden Axiom der modernen Wirtschaftsweise zu stehen, der Orientierung an dem Selbstinteresse.

In der theologischen Tradition ist es vornehmlich die ökonomisch begründete Würdigung des Selbstinteresses, die «tief verwurzelte und traditionsreiche christliche Vorbehalte gegen die kapitalistische Wirtschaftsweise und ihren Einfluss auf die Einstellung und die alltägliche Lebensführung der Menschen» (EKD 1991: Nr. 4) hervorruft. Klassisch und bis in die Gegenwart aufweisbar ist der theologisch begründete Vorwurf, dass die Verfehlung der modernen, kapitalistisch geprägten Wirtschaftsweise darin bestehe, «dass man statt der Liebe den Eigennutz als oberste Regel proklamiert» (Uhlhorn 1882 / 1990: 126). Sehr häufig wird antithetisch das Selbstinteresse oder der Eigennutz als verfehltes Wollen des Menschen in einen radikalen Gegensatz zur Nächstenliebe gestellt. Dieser Gegensatz ist allerdings problematisch und zu pauschal, da er weder den ökonomischen Überlegungen zum Selbstinteresse noch einer genaueren theologischen Analyse des Gebotes der Nächstenliebe gerecht wird.

In ökonomischer Perspektive wird, begründet durch die moralphilosophischen Arbeiten von Adam Smith, das Selbstinteresse als natürliches

Gefühl des Menschen verstanden, das im Wirtschaftsleben ein Leitmotiv für jeden Leistungswillen ist. Es unterscheidet sich deutlich vom Egoismus, da dieser die Regeln des fairen Umgangs verletzt und anderen Menschen Schaden zufügt. In ähnlicher Weise wird von Smith fehlendes Selbstinteresse moralisch missbilligt, da es letztlich zu Faulheit und Leistungsverweigerung führe (Smith 1985: 1, 45 u. a.). Selbstinteresse kann somit ethisch positiv bewertet werden, wenn es der Selbstverantwortung und dem Willen zu persönlicher Entfaltung entspricht. Im Denken von Smith wird es darüber hinaus, da der Mensch ein soziales Wesen ist und Wert auf wechselseitige Akzeptanz legt, durch das Motiv der Sympathie begrenzt.

Noch stärker als Smith hat der Theologe und Ökonom Thomas R. Malthus das Selbstinteresse als letztlich von Gott eingesetzte Ordnung zur «Erhaltung des Menschengeschlechts» gewürdigt, da dieses Prinzip zur Selbstvorsorge und Selbstverantwortung motiviert und somit indirekt für die Förderung des allgemeinen Glücks sorgt. Demgegenüber würde das Wohlwollen beziehungsweise die Barmherzigkeit dieses Ziel nicht erreichen, da ein «so kurzsichtiges Wesen wie der Mensch» aufgrund seiner Irrtümer die Zivilisation recht bald «in ein trauriges Bild voll Mangel und Verwirrung verwandeln» (Malthus 1900: 786, 787) würde. Allerdings hält auch Malthus das Wohlwollen als ergänzendes Prinzip für notwendig, um ein Übermaß an Selbstinteresse zu begrenzen.

In Aufnahme und Weiterführung dieser moralphilosophischen Begründungen des Selbstinteresses wird in der Ökonomik nutzenmaximierendes Verhalten vorausgesetzt, wobei dieses jedoch – anders als bei Smith und Malthus – nicht als eine anthropologische Norm, sondern als durchschnittliches, akkumuliertes Verhalten der Mehrheit der Wirtschaftsakteure anzusehen ist. Dementsprechend ist es als methodologisches Prinzip und weniger als normatives Kriterium im Sinn eines selbstbezogenen Individualismus zu verstehen. Die Annahme eigeninteressierter Nutzenmaximierung ermöglicht es, durchschnittliches Handeln von Wirtschaftsakteuren im Sinn idealtypischer Aussagen zu erfassen, da Menschen in der Regel aus der Menge der Handlungsalternativen diejenigen auswählen, die ihnen ein Maximum an Nutzen auf der Basis von individuellen Kosten-Ertrags-Kalkulationen stiften (vgl. Behrens 1991: 5). Ethisch bedenklich sind solche Handlungsmuster dann, wenn sie anderen Schaden zufügen, was durch gesetzliche Rahmenvorgaben nach Möglichkeit auszuschließen ist. Daher ist das Selbstinteresse nicht per se als Egoismus zu verurteilen, sondern bezeichnet im ökonomischen Kontext ein durchschnittliches Verhaltensmodell, das eines Ordnungsrahmens bedarf. Zudem ist es in der ökonomischen Klassik, die sich der moralphilosophischen Tradition verpflichtet wusste, durch das Prinzip der Sympathie respektive des Wohlwollens begrenzt, was ein problematisches Übermaß an Selbstinteresse verhindern soll.

Im biblischen Kontext begegnet das Gebot der Nächstenliebe erstmals in Leviticus 19,18, wo es im Kontext verschiedener alltagsweltlicher Vorschriften zum Verhalten gegenüber wirtschaftlich und sozial Abhängigen als positiv formuliertes Gebot die «Summe des Verhaltens zum Nächsten» (Crüsemann 1992: 378) bezeichnet. Das Gebot vergleicht die Nächstenliebe mit der Selbstliebe, wobei diese als Besinnung auf die eigenen Wünsche zum Maß und Antrieb des Verhaltens gegenüber anderen zu verstehen ist (vgl. Wolff 1973: 276). Im Neuen Testament wird dieses Gebot aufgenommen und von Jesus mit dem Gebot der Gottesliebe eng verknüpft. Provokativ und über manche zeitgenössischen Diskussionen im Judentum hinausgehend ist Jesu Beantwortung der Frage, wer denn der Nächste sei, indem er den prinzipiell «grenzüberschreitenden Charakter der Liebe» (Schrage 1989: 79) herausstellt und das Liebesgebot bis hin zur Feindesliebe entgrenzt. Insofern wird das Liebesgebot in einem Ausmaß universalisiert, dass es jede enge Gruppensolidarität sprengt (vgl. Schrage 1989: 83).

Die damit angedeutete Tendenz zur Selbsthingabe wird bei Paulus explizit formuliert, wenn er betont, dass sich die Liebe ganz und gar – bis hin zu einer möglichen Selbstentäußerung (vgl. Röm 9,3) – an dem Anderen orientiert und sich für ihn engagiert. In Aufnahme dieser Tendenz wird in der weiteren Theologiegeschichte, nicht zuletzt bei Luther und Calvin, die Nächstenliebe in einer am Vorbild Christi orientierten Weise interpretiert, sodass nicht die eigenen Anliegen zu verfolgen, sondern primär die Sache des Nächsten zu bedenken und zu fördern ist (vgl. Luther WA 2: 41–47, 143–152). Insbesondere im Blick auf das Handeln im privaten Bereich stellt Luther in Anlehnung an die Bergpredigt das Motiv heraus, dem Bösen nicht zu widerstehen und letztlich auf das eigene Recht und das Verfolgen der eigenen Interessen zu verzichten.

Speziell diese reformatorische Tradition hat in der Geschichte des Protestantismus vielfach dazu geführt, die Nächstenliebe und die Selbstliebe geradezu in einen Gegensatz zu stellen, wie es etwa Karl Barth formuliert hat, wonach sich Selbstliebe und Nächstenliebe ausschließen: «Wo diese anfängt, da hört jene auf und umgekehrt. Sich selbst lieben, liebt der Mensch noch nicht oder nicht mehr im Sinne der Kinder Gottes»; Nächstenliebe dient hier der «Begrenzung» (Barth 1938: 427, 499) und vor allem der Korrektur der

Selbstliebe. Demgegenüber ist es eine Minderheit innerhalb der evangelischen Theologie, die eine positive Anknüpfung an die Selbstliebe als Grundlage der Nächstenliebe formuliert hat. So betonte der religiöse Sozialist Leonhard Ragaz emphatisch die «Berechtigung, ja Notwendigkeit der Selbstliebe» (Ragaz 1922: 17), die in Abgrenzung zur Selbstsucht erst die Voraussetzung einer positiv auf den Mitmenschen bezogenen Lebensführung eröffnet.

Eine solche Argumentationslinie haben in jüngerer Zeit Trutz Rendtorff und ihm folgend die Wirtschaftsdenkschrift der EKD *Gemeinwohl und Eigennutz* aufgenommen, wonach sich die «Sorge für das eigene Leben (Selbsterhaltung) und Liebe zum Nächsten [...] keineswegs gegenseitig» ausschließen (Rendtorff 1991: 83). In diesem Sinn versucht die EKD-Denkschrift *Gemeinwohl und Eigennutz* zu zeigen, dass es «in der Konsequenz der Nächstenliebe liegt [...], Eigennutz in eine Ordnung der Gegenseitigkeit einzubinden» (EKD 1991: Nr. 139). In Anknüpfung an die ‹Goldene Regel› wird hervorgehoben, dass Nächstenliebe und Eigeninteresse in der alltäglichen Realität oft eng miteinander verbunden sind. Zwar erschöpft sich das Liebesgebot «nicht in Nützlichkeitserwägungen» (EKD 1991: Nr. 143), da die Nächstenliebe eine persönliche Zuwendung zum Nächsten intendiert, die den Anderen auch ohne eigene Interessen annimmt und ihm in Not hilft, wie es das Gleichnis vom barmherzigen Samariter (vgl. Lk 10,31 ff.) zum Ausdruck bringt. Obwohl somit eine Spannung zwischen eigennutzorientiertem Handeln und der Nächstenliebe bleibt, lässt sich ein positiver Bezug zwischen beiden Größen herstellen. Die Nächstenliebe ist nämlich zu unterscheiden von einem radikalen Altruismus einerseits, der die Sorge um das eigene Leben außer Acht lässt, und einem Egoismus andererseits, der als uneingeschränkter Eigennutz zu interpretieren ist (vgl. EKD 1991: Nr. 145). Vielmehr können Nächstenliebe und Selbstinteresse aufeinander bezogen werden, indem die Sorge um das eigene Leben und die Fürsorge für Andere sich mit Rücksicht auf das Gemeinwohl der Gesellschaft verbinden. Allerdings ist vor dem Hintergrund der biblisch-reformatorischen Tradition eine gleichrangige Würdigung von Selbstinteresse und Nächstenorientierung problematisch, und es ist die notwendige Begrenzung des Selbstinteresses gerade im Blick auf die Anliegen und Bedürfnisse des Nächsten herauszustellen.

Ökonomisches Handeln – so haben es auch die Begründer der Konzeption der Sozialen Marktwirtschaft betont – kann nicht «ausschließlich an den Eigennutz als Triebfeder appellieren», da dies «weder individuell versittlichend noch sozial integrierend wirkt» (Rüstow 1950: 50). Allerdings lässt sich das Selbstinteresse in eine Gesamtordnung einbinden, die offen für die

Anliegen des Nächsten und für das Wohl des Gemeinwesens ist. Diese Perspektive ist im Folgenden im Blick auf die grundlegenden ethischen Normen der Freiheit, der Gerechtigkeit und der Nachhaltigkeit unter Berücksichtigung der ökonomischen Produktionsfaktoren des Eigentums respektive des Kapitals, der menschlichen Arbeitskraft und der Naturgüter zu konkretisieren.

2.4. Freiheit, Gerechtigkeit und Nachhaltigkeit als Grundnormen wirtschaftlichen Handelns

2.4.1. Freiheit und der Schutz der Eigentumsrechte

Die Anerkennung der Personalität der Mitmenschen und die Achtung ihrer Menschenwürde impliziert die Forderung nach einem möglichst hohen Maß individueller und sozialer Selbstbestimmung. Freiheit als Abwesenheit von Zwang und Willkür sowie als Bereitschaft zu einem rechenschaftspflichtigen Handeln gehört zu den konstitutiven Bedingungen eines Ethos der Verantwortung.

Freiheit, die über eine individualistische Selbstbestimmung hinausgeht, bedarf der sozialen Einbindung sowie einer rechtlichen Sicherung und ist somit auf die Gestaltung einer entsprechenden Gesellschaftsordnung bezogen. Der Sinn der so verstandenen Freiheit steht nicht im Gegensatz zur Sozialität des Menschen und bedeutet nicht, den Anderen in erster Linie als Grenze der eigenen Freiheit wahrzunehmen oder gar sich ihm gegenüber konfrontativ durchzusetzen (vgl. Huber 1999: 178 f.). Da der Mensch in seiner Würde als Gottes Ebenbild wesentlich ein Beziehungswesen ist, muss die Freiheit des Menschen immer auch in seiner Relation zu Gott, zu den Mitmenschen und der Mitwelt entfaltet werden. Das christliche Freiheitsverständnis versteht Freiheit wesentlich als Geschenk, da der Mensch seine Freiheit nicht selbst herstellen, verwirklichen und sichern kann, sondern von Gott dem Schöpfer als freies Gegenüber angesprochen und angesichts des Verspielens der eigenen Freiheit durch Christus von der Macht der Sünde befreit ist. Diese von Gott geschenkte Freiheit verwirklicht sich im zwischenmenschlichen Bereich «in Gemeinschaft und in wechselseitiger Verständigung, in communio und communicatio» (Huber 2012: 63). Freiheit kann sich somit nur in der wechselseitigen Anerkennung der Freiheit anderer und in dialogischer Verständigung mit ihnen vollziehen, sie «trägt also den Charakter kommunikativer und kooperativer Freiheit» (Huber 1999: 180). Das kommunikative Element findet seinen Ausdruck in der «zweckfreien Verständigung und Gemeinschaft», das kooperative Element verwirklicht sich in «zweckrationaler Kooperation [...] auf der Grundlage [...] der freien Übereinstimmung der Beteiligten» (ebd.).

Dieses Freiheitsverständnis erfordert eine Begrenzung von willkürlicher Machtausübung einzelner Gesellschaftsglieder sowie insbesondere einer omnipotenten Machtausübung staatlicher Gewalt. Eine wesentliche und historisch gesehen frühe und grundlegende Begrenzung der Machtausübung der ‹Obrigkeit› besteht darin, dass Individuen über individuelle Eigentumsrechte verfügen können, die ihnen einen Freiraum von Handlungsmöglichkeiten eröffnen, die sich nicht zuletzt in wirtschaftlichen Freiheiten konkretisieren. Insofern gehören im Blick auf die Durchsetzung individueller Freiheiten seit der Magna Charta die Wahrung individueller Freiheiten und die Sicherung von Eigentumsrechten eng zusammen. Dieser Zusammenhang, der ursprünglich nur für männliche Besitzbürger (vgl. McPherson 1980) galt und erst nach und nach über diesen Kreis ausgeweitet werden konnte, ist im Übrigen bereits im Blick auf das biblische Freiheitsverständnis aufweisbar.

In alttestamentlicher Perspektive ist das theologische Leitmotiv des Exodusgeschehens und die dadurch konstituierte Freiheit der Israeliten eng mit der Sicherung von Eigentumsrechten für eine selbstbestimmte Lebensführung verknüpft. Exemplarisch lässt sich dies anhand des Dekalogs zeigen, der offenkundig erwachsenen Männern gilt, die «durch Land- und Viehbesitz» (Crüsemann 1983: 28) charakterisiert sind. Bereits die Präambel verweist mit dem Hinweis auf die Befreiung aus dem Sklavenhaus Ägyptens (vgl. Ex 20,2) auf den von Gott ermöglichten Freiraum für ein Zusammenleben in Eigenverantwortung. Dieses Leben in Freiheit verdankt sich nach der Logik des Dekalogs nicht zuletzt ökonomischen Voraussetzungen, insbesondere dem als Erbbesitz zu verstehenden Grundbesitz, der die Basis für die freie Lebensgestaltung der Israeliten bildet. In diesem Sinn sind es insbesondere die Begehrensverbote des Dekalogs, die eine Unantastbarkeit der ökonomischen und materiellen Grundlagen des Nächsten zum Ausdruck bringen, da hierauf nicht nur der Besitz, sondern wesentlich auch die Freiheit des jeweils anderen basiert (vgl. Seiler 2013: 198). Insgesamt lässt sich der Dekalog als «Grenzmarkierung» (Seiler 2013: 202) charakterisieren, da in diesen Geboten Grenzen abgesteckt werden, in deren Rahmen eigenverantwortlich in Frei-

V. WIRTSCHAFTSETHIK

heit gelebt werden kann. Es lässt sich zeigen, dass Überschreitungen der Gebote jeweils mit einem erheblichen Verlust an Freiheit der Betreffenden verbunden sind. Dieser Gedanke der Freiheit, die auf konkreten materiellen Voraussetzungen beruht und die Sphäre des Nächsten respektiert, lässt sich nicht allein am Beispiel des Exodus und des Dekalogs, sondern auch anhand anderer Rechtssammlungen und nicht zuletzt am Beispiel der prophetischen Kritik als grundlegend erweisen. So zeigen etwa die Kritiken des Amos und des Micha (vgl. Am 8,6 und Mi 2,1 f.), wie Mächtige versuchen, die Armen durch die Übernahme ihres Besitzes zu verdrängen und letztlich in die Schuldsklaverei zu verkaufen, wodurch sich ebenfalls die «Zusammengehörigkeit von Freiheit und Grundbesitz» (Crüsemann 1983: 31) zeigt. Vor diesem Hintergrund wird schließlich auch deutlich, dass die Restitutionsgesetze im Alten Testament, die Bestimmungen zur Sklavenfreilassung (vgl. Ex 21,2–11), der periodische Schuldenerlass im Erlassjahr (vgl. Dtn 15) oder die Wiederherstellung der traditionellen Landbesitzverhältnisse (vgl. Lev 25) von dem Grundgedanken geprägt sind, angesichts der Entwicklung großer gesellschaftlicher Ungleichheiten durch Verschuldungsprozesse oder gar Schuldsklaverei die Möglichkeit eines Neuanfangs in Freiheit zu eröffnen.

Diese positive Bewertung von Eigentumsrechten beruht allerdings nicht auf einem absoluten Eigentumsverständnis etwa des *ius utendi et abutendi* des römischen Rechtes, sondern ist von einem ständigen Rückverweis an Gott als Geber des Landes und damit des Eigentums geprägt. Die Deutung des Landes als Geschenk Gottes (vgl. Dtn 4,38) konkretisiert sich im alltäglichen Lebensvollzug vor allem durch verschiedene Formen der Abgaben. Sowohl die drei großen, durch das Erntejahr geprägten Jahresfeste mit einer entsprechenden Abgabepraxis wie auch die sozial motivierte Brache der Felder alle sieben Jahre (vgl. Ex 23,11) oder die im dreijährigen Turnus als Sozialsteuer zu verstehende Abgabe des «Zehnten» (vgl. Dtn 14,26 ff.) halten die Erinnerung an Gott als Garanten der materiellen Voraussetzungen des Lebens im Bewusstsein und implizieren eine soziale Verantwortung.

Die neutestamentliche Botschaft ist demgegenüber deutlicher von reichtumskritischen Impulsen geprägt, ohne die Bedeutung von Eigentum als Grundlage einer eigenverantwortlichen Lebensführung infrage zu stellen. Die Jesusbewegung stellt sich als eine solidarische Praxis für die und mit den Armen dar, wobei durch eine Praxis des Teilens und der wechselseitigen Fürsorge eine Sicherung des gemeinsamen Lebens (vgl. Lk 10,30 par; Apg 2; 4) angesichts der sozialen Krisen in Palästina während des ersten Jahrhunderts angestrebt worden ist. Zu den Konsequenzen der Nachfolge Jesu in einem solchen solidarischen Miteinander gehört ein ‹Lohn›, der auch eine materielle Dimension umfasst. Auch einzelne Ermahnungen Jesu (vgl. Mk 7,9 f.; Mt 5,42) machen deutlich, dass Eigentum vorausgesetzt wird, in der Jesusnachfolge jedoch vorrangig solidarisch genutzt werden soll.

Anknüpfend hieran wird in neueren kirchlichen Stellungnahmen die Bedeutung des Eigentums als Grundlage persönlicher Freiheit und als Voraussetzung eines individuellen Verantwortungsbewusstseins positiv gewürdigt. Eigentum gehört «zur Freiheit und zu den Grundrechten des Menschen» (EKD 1991: Nr. 130) und sichert den Einzelnen gegenüber der Gesellschaft. Dabei gehören in theologisch-sozialethischer Sicht Freiheit und Verantwortung untrennbar zusammen, da Eigentum «zur Freiheit der Person» gehört, «und zugleich wird die Person darin auf ihre Verantwortung angesprochen» (EKD 1991: Nr. 132). Darüber hinaus wird die Bedeutung des Eigentums darin gesehen, dass es dem Einzelnen ermöglicht, zumindest in gewissen Grenzen «selber Vorsorge zu treffen, [...] seine sittlichen Entscheidungen in größerer wirtschaftlicher Unabhängigkeit zu treffen [... sowie] Wirtschaft und Gesellschaft als Ganzes interessiert und verantwortlich mitzubestimmen» (EKD 1962: 21). Diese positive Würdigung von Eigentumsrechten als Ausdruck individueller Freiheit ist in Aufnahme der biblischen Tradition der Abgabepraxis untrennbar mit der Sozialbindung des Eigentums verknüpft, sodass Rechte der Gesellschaft die Eigentumsrechte Einzelner begrenzen können. Die entsprechenden Rechte der Gesellschaft konkretisieren sich unter anderem in einem an der wirtschaftlichen Leistungsfähigkeit orientierten Steuersystem oder in der Förderung einer möglichst breiten Eigentumsverteilung. Ferner ist angesichts des einseitig verteilten Eigentums an Produktionsmitteln, das die Freiheitsrechte abhängig Beschäftigter begrenzt, die Gewährung von Mitbestimmungsrechten als ein wesentlicher Ausdruck der kooperativen Struktur wirtschaftlichen Handelns anzusehen. Eigentumsschutz als Ausdruck der Freiheit sowie eine im Sinn der Sozialbindung rechtlich geordnete Eigentumsordnung gehören in dieser Perspektive untrennbar zusammen. Da Eigentum als den Menschen von Gott anvertrautes Gut verstanden wird, sind Eigentumsrechte in dieser Perspektive kein Selbstzweck, sondern haben das Ziel, in wirtschaftlicher Hinsicht die Freiheit der Menschen zu schützen und es möglichst allen zu ermöglichen, «an den Gütern dieser Welt teilzuhaben» (EKD / DBK 1973: 178).

2.4.2. Kriterien der Gerechtigkeit im Blick auf die Produktion und Verteilung gesellschaftlicher Güter

Die Idee der Gerechtigkeit ist die grundlegende ethische Norm, die im Spannungsfeld von individuellen Freiheiten, solidarischen Verpflichtungen und gesellschaftlichen Regeln Kriterien für den Austausch sowie die Verteilung von Gütern und für die Ermöglichung gesellschaftlicher Teilhabe zu begründen versucht. Individuelle Freiheiten und Gleichheit im gesellschaftlichen Austauschprozess erzeugen bei ungleichen Ausgangsbedingungen und ungleichem Leistungsvermögen zwangsläufig Ungleichheiten im Ergebnis. Demgegenüber ist es ebenfalls ein Anliegen der Idee der Gerechtigkeit, ein höheres Maß an Chancengleichheit, einen Ausgleich hinsichtlich einer bedarfsorientierten Verteilung der Güter sowie Verwirklichungschancen für individuelle Ziele zu eröffnen. Fundamental ist diesbezüglich die aristotelische Unterscheidung von distributiver und kommutativer Gerechtigkeit (vgl. Aristoteles NE V,5–7), wobei einerseits nach dem Motto ‹Jedem das Seine› verfahren wird und die Stellung in der Gesellschaft, der Bedarf oder die Eröffnung von Verwirklichungschancen (vgl. Sen 2010) ausschlaggebend sind, während andererseits das Motto ‹Jedem das Gleiche ohne Ansehen der Person› insbesondere vor Gericht oder bei Leistungs- und Tauschprozessen gilt.

Die *iustitia commutativa* im Sinn der Tauschgerechtigkeit versucht, Leistungen und Gegenleistungen bei marktvermittelten Austauschprozessen zu bestimmen. Sie ist von dem Gedanken eines arithmetischen Austauschverhältnisses bestimmt, wonach jeder gemäß einer quantitativen Leistungsäquivalenz das ihm Zustehende erhalten soll. Grundlegend für solche Austauschprozesse in modernen Gesellschaften ist ein abstraktes Verständnis von Arbeit, das gegenüber bestimmten Formen der Arbeit wie der agrarischen Produktion oder dem industriellen Prozess gleichgültig ist und alle Formen von Arbeit einheitlich ökonomisch bewertet. Arbeit in dem ökonomischen Sinn als marktvermittelte Erwerbsarbeit, die nicht das Ganze der Arbeit, aber in der Moderne die zentrale Dimension von Arbeit umfasst (vgl. kritisch dazu Meireis 2011: 25 ff.), bedeutet zweckgerichtete, dem Prinzip der Arbeitsteilung unterworfene Tätigkeit, die sich in unterschiedlichen wirtschaftlichen Zusammenhängen als leistungseffizient erweist und im Sinn der *iustitia commutativa* bewertet wird, das heißt, dass der «Äquivalenz von Leistung und Gegenleistung [...] bei der Besetzung gesellschaftlicher Rollen» (EKD 1982a: Nr. 22) und bei der Entlohnung eine wesentliche Bedeutung zukommt.

Die Erwerbsarbeit bestimmt die Normalbiographie der überwiegenden Mehrzahl der Menschen, da sie die Grundlage des bürgerlichen Lebens bildet, auf welcher der soziale und demokratische Rechtsstaat gründet. Für den Einzelnen leitet sich aus dem Erwerbsarbeitsplatz nicht allein die Höhe des Einkommens und somit weitgehend die Art seiner Lebensführung ab, sondern ebenfalls die soziale Sicherheit, da deren Systeme – exemplarisch in Deutschland, ähnlich in vielen Industrienationen – von der Kranken- über die Altersvorsorge bis hin zur Pflegeversicherung wesentlich auf die Erwerbsarbeit bezogen sind. Des Weiteren hängen soziale Aufstiegschancen, gesellschaftliche Anerkennungsverhältnisse und auf dieser Grundlage Möglichkeiten der politischen Partizipation sowie Deutungen des individuellen und kollektiven Lebenssinns wesentlich von der Art der Integration in die Erwerbsarbeit und deren konkreter Gestaltung ab (vgl. Meireis 2008).

Vor dem Hintergrund der zentralen Bedeutung von Arbeit für die Lebensführung bezeichnet es eine wesentliche theologische Aufgabe, diese Arbeit zu würdigen und entsprechende Bezüge zur Idee der Gerechtigkeit aufzuzeigen. Theologisch lässt sich Arbeit als Mandat des Schöpfergottes an die zu seinem Ebenbild geschaffenen Menschen verstehen. Der den Menschen gegebene Herrschaftsauftrag zur Gestaltung der Welt vollzieht sich in der Form der Arbeit in treuhänderischer Verantwortung vor Gott, was zunächst nicht allein Erwerbsarbeit, sondern jede aktive Tätigkeit des Menschen beinhaltet. In biblisch-reformatorischer Sicht sind alle menschlichen Tätigkeitsformen, die an der Aufgabe der Weltgestaltung partizipieren und die im Dienst des Mitmenschen stehen, unabhängig von dem Grad der Entlohnung Ausdruck dieses göttlichen Mandates (vgl. Brakelmann 1989: 71). Arbeit vollzieht sich in biblischer Perspektive in der Spannung von Mühe und Last einerseits sowie Segen und Erfüllung andererseits. Die Verheißung des Segens für die menschliche Arbeit, wie sie in der Schöpfungsgeschichte eröffnet und im Noah-Bund bekräftigt wird, kontrastiert mit der Realität von Zwang und Entfremdung der Arbeit, wie sie biblisch im Anschluss an die Erzählung vom Sündenfall thematisiert wird. Arbeit nach dem Fall vollzieht sich für den Menschen unter den Bedingungen von Knappheit (vgl. Gen 3,18), und der Mensch muss mit großer Mühe und Anstrengung die Natur in den Dienst seines Lebensunterhaltes stellen. Zudem kann die Weltgestaltung auch in Gefährdungen umschlagen, wie die Berichte über hybride Großprojekte antiker Kulturen (vgl Gen 11,1 ff.; Ex 1,11 ff.) zum Ausdruck bringen. Weil der Arbeit in biblischer Perspektive für die Lebensführung der Menschen eine zentrale Bedeutung zukommt, gilt es, Perspektiven einer gerechteren Gestaltung der Arbeitsverhältnisse aufzuweisen.

Vor diesem Hintergrund ist zunächst Arbeitslosigkeit als dramatischer Ausschluss von der Teilhabe am gesellschaftlichen Leistungsprozess zu charakterisieren. Dementsprechend lautet die diesbezügliche Grundforderung der Gerechtigkeit, dass eine «breite Beteiligung an Erwerbsarbeit als wichtiger Ausdruck gesellschaftlicher Teilhabe» (EKD / DBK 2014: 45) zu ermöglichen ist. Damit jede Person selbstbestimmt die Chance hat, «die Dinge zu tun, die sie mit gutem Grund hochschätzt» (Sen 2010: 259), bedarf es in der Gegenwart wesentlich der Integration in die Erwerbsarbeit. Daher sind im Sinn einer Verbesserung der Verwirklichungschancen eines selbstbestimmten Lebens grundlegende Verbesserungen im Blick auf die «Gesetzgebung, Ausgestaltung und Praxis der Arbeitsvermittlung» (EKD / DBK 2014: 42) vorzunehmen, um Arbeitslosigkeit zu minimieren. Arbeitslosigkeit ist – so in vielen kirchlichen Stellungnahmen – als eine «ernste Bedrohung der Humanität» (EKD 1982b: Nr. 52) zu bezeichnen und widerspricht dem Gedanken gesellschaftlicher Integration und somit der Idee der Gerechtigkeit.

Als Konkretion der Tauschgerechtigkeit stellt sich für diejenigen, die in den Arbeitsmarkt integriert sind, die Frage nach einem gerechten Lohn. Grundlegend ist zunächst die bereits im biblischen Schrifttum zu findende Forderung, dass der vereinbarte Lohn pünktlich und in voller Höhe ausgezahlt werden muss (vgl. Dtn 24,14 f.; Jak 5,4). Die Frage einer angemessenen Höhe dieses Lohns ist demgegenüber umstritten. Traditionelle kirchliche Antworten haben immer wieder versucht, einen am Bedarf der Familie orientierten standesgemäßen Unterhalt als gerechten Lohn zu formulieren. Da jedoch Löhne unter den Bedingungen freiheitlicher Gesellschaften stets Individuallöhne sind – Familienleistungen daher nicht durch den Lohn, sondern durch sozialpolitische Maßnahmen zu regeln sind – und zudem der Aspekt der Standesgemäßheit eine feudale Orientierung beinhaltet, wird in der Gegenwart keine konkrete Lohnsumme als ‹gerechter Lohn› angegeben, sondern weithin eine formale Bestimmung des gerechten Lohns vorgenommen, indem nach den Bedingungen der Lohnfestsetzung gefragt wird. In diesem Zusammenhang kommt dem Tarifvertragssystem eine zentrale Bedeutung zu, da Tarifverträge auf der Grundlage der Tarifautonomie als Instrumente einer gleichberechtigten Festlegung der Lohnhöhe und anderer Arbeitsbedingungen bewertet werden können. Unter der Voraussetzung eines uneingeschränkten Koalitionsrechts der Arbeitgeber wie auch der Arbeitnehmer können durch Tarifverhandlungen soziale Konflikte fair und in gesetzlicher Weise ausgetragen werden, sodass Tarifverträge insgesamt als ‹Friedensverträge› zu würdigen sind. Lediglich in den Bereichen, wo es keine tarifvertraglichen Regelungen gibt, sind andere Instrumente, etwa die Festlegung von Mindestlöhnen, angemessen, um einen gerechten Lohn zu ermitteln.

Neben der Lohnhöhe spielt bei der Festlegung der Arbeitsbedingungen die Arbeitszeit eine wesentliche Rolle, wobei in theologischer Perspektive insbesondere die Grenze der menschlichen Arbeit, wie sie durch das Sabbatrespektive Sonntagsgebot zum Ausdruck kommt, zu betonen ist. In theologischer Hinsicht bilden Arbeit und Ruhe eine Einheit, da der Rhythmus von Arbeit und Ruhe als Ausdruck der Komplementarität zu verstehen ist und die Permanenz der Arbeit unterbricht, wie es die Begründungen des biblischen Sabbatgebots speziell in Abgrenzung zum ‹Sklavenhaus› Ägypten belegen (vgl. Dtn 5,12–15). Gegenüber Tendenzen einer Entgrenzung der Arbeit in modernen Gesellschaften ist die Begrenzung durch Sonn- und Feiertage in theologischer Sicht wesentlicher Ausdruck der Würde der Arbeit als göttliches Mandat.

Ein weiterer Aspekt der gerechten Gestaltung der Arbeitsverhältnisse betrifft die Sicherung der Würde der Arbeitenden im Arbeitsprozess selbst. Die entsprechende Entwicklung des Arbeitsrechts beinhaltet in diesem Sinn «eine Berechtigung des Arbeiters nicht nur aus seiner Arbeit, sondern in und an seiner Arbeit» (Heimann 1980: 249). Gerechtigkeit im Arbeitsprozess bedeutet somit die Überwindung der bloßen Objektstellung der menschlichen Arbeit beziehungsweise ihrer Eingliederung als bloßes Mittel für den Betriebszweck, indem Partizipationsrechte an den Entscheidungen über die Ausgestaltung der Arbeitsbedingungen einzuräumen sind. Gegen ein einseitiges kapitalgebundenes Entscheidungs- und Direktionsrecht in den Unternehmen und Betrieben erfordert eine Partizipation, die der Würde der Arbeitenden entspricht, die reale Veränderung der Entscheidungsstrukturen, indem ergänzend, kontrollierend und mitbestimmend unterschiedlich abgestufte Partizipationsrechte sichergestellt werden. Diese Partizipationsrechte lassen sich aus der grundlegend kooperativen Struktur menschlicher Arbeitsbedingungen begründen: Soll die Welt im Sinne des göttlichen Mandats in Freiheit und Mitverantwortung gestaltet werden, entspricht dieser Würde der Arbeit ein «partnerschaftliches Verhältnis» (EKD 1968: Nr. 5) zwischen den Sozialparteien.

Gerechtigkeit im Prozess der Produktion der zum Leben notwendigen Güter und Dienstleistungen zielt somit auf eine solche rechtliche Ausgestal-

V. WIRTSCHAFTSETHIK

tung der Arbeitsbedingungen, die sicherstellt, dass auf der Grundlage einer möglichst umfassenden Integration in den Arbeitsmarkt die Arbeitsbedingungen durch gerechte Löhne als Ausdruck der Tauschgerechtigkeit und durch Partizipationsrechte im Prozess der Arbeit gestaltet werden. Ergänzend hierzu ist nach gerechten Verteilungskriterien für materielle Güter für diejenigen zu fragen, die noch nicht, nicht mehr und aufgrund bestimmter Einschränkungen kaum oder gar nicht am gesellschaftlichen Produktionsprozess beteiligt sind. Somit ist die Frage nach der Verteilungsgerechtigkeit über den Austauschprozess und die Tauschgerechtigkeit hinaus zu stellen. In biblischer Perspektive ist hier an die Vorstellung von Gerechtigkeit als ‹Gemeinschaftstreue› respektive Solidarität anzuknüpfen (vgl. Jähnichen 2011), wobei die Perspektive der Armen, Schwachen und Benachteiligten den konkreten Maßstab für Gerechtigkeit bildet (vgl. Bedford-Strohm 1993). Das Engagement für die Benachteiligten ist «in den wechselseitigen Solidaritätspflichten begründet und wird exemplarisch in der Sozialgesetzgebung des Deuteronomiums […] weiterentwickelt, so dass den Armen und Schwachen ein von Gott her verbürgter und institutionell gesicherter Rechtsanspruch […] eröffnet wird» (Jähnichen 2011: 45). Diese Perspektive ist in modernen sozialphilosophischen Entwürfen aufgenommen worden, etwa in dem von John Rawls formulierten Differenzprinzip, das den am schlechtesten gestellten Gesellschaftsmitgliedern einen Vorrang einräumt mit dem Ziel, dass «allen Bürgern […] ein fairer Anteil an materiellen Gütern zu sichern [ist;], so dass sie genügend unabhängig sind und ihre gleichen Grundrechte, Grundfreiheiten und Chancen zum eigenen Vorteil nutzen können» (Rawls 1992: 321).

Über die Orientierung an einer Ressourcenverteilung hinausgehend hat Amartya Sen das Konzept der Gerechtigkeit stärker auf «soziale Verwirklichungen […] als auf […] Zustände» (Sen 2010: 247) gerichtet, um die Bedeutung von Verwirklichungschancen aller Gesellschaftsmitglieder zu betonen. Ihm geht es darum, dass Menschen mehr Freiheiten erhalten, um selbstbestimmt zu leben, und er hat daher den Chancenaspekt mit dem Gedanken von Freiheit verknüpft, indem er Armut vor allem als Mangel an Chancen der Verwirklichung eigener Ziele interpretiert hat. Wenn Sozialpolitik in dieser Perspektive die soziale und kulturelle Dimension von Armut stärker in den Blick nimmt, geht es im Sinn der Gerechtigkeitsidee darum, «soziale Chancen zu eröffnen und damit Freiheit neu zu ermöglichen» (EKD/DBK 2014: 44), das heißt, «reale und kommunikative Freiheit» als «eigentliche(s) Ziel der sozialen Gerechtigkeit» (Dabrock 2012: 194) zu fördern. Die Idee der Gerechtigkeit eröffnet somit eine mehrdimensionale Perspektive, indem neben einer grundlegenden materiellen Ausstattung für die nicht oder unzureichend im Produktionsprozess Beteiligten eine soziale und kulturelle Infrastruktur bereitgestellt wird, die sie befähigt, ihre selbstgewählten Ziele zu verwirklichen.

2.4.3. Nachhaltigkeit als Kriterium zur Sicherung der Zukunftsfähigkeit wirtschaftlichen Handelns

In Anlehnung an die in der klassischen Ökonomie genannten drei Produktionsfaktoren Arbeitskraft, Kapital und Boden sind neben der menschlichen Arbeit und der im Eigentum oder Kapital als Ermöglichung neuer Wertschöpfung geronnenen Arbeit die natürlichen Grundlagen des wirtschaftlichen Produktionsprozesses zu erörtern. Die natürlichen Ressourcen werden in theologischer Perspektive als ‹Schöpfung› verstanden. Dies bedeutet, «dass die Wirklichkeit der Welt und des Menschen sich nicht selbst trägt, sondern durch Gott konstituiert und qualifiziert wird» (Meckenstock 1997: 142). Dieses Vertrauen auf den das Leben schaffenden und erhaltenden Gott bewahrt menschliches Handeln vor Überforderungen und eröffnet die Perspektive, die natürlichen Ressourcen zu schützen. Eng verknüpft ist damit der Zukunftshorizont menschlichen Handelns, da die notwendige Kooperation bei der Produktion der zum Leben notwendigen Güter nicht nur die gegenwärtigen, sondern auch die zukünftigen Generationen einbezieht. Theologisch ist damit die Hoffnung auf die durch Gott eröffnete neue Zukunft der Wirklichkeit thematisiert. Der christliche Glaube konstituiert die Zeitlichkeit menschlichen Lebens in der Spannung zwischen dem Vertrauen in die Geschöpflichkeit und der Erwartung der von Gott verheißenen neuen Welt, welche «das Wirtschaften aus der Atemlosigkeit der Aktualitätshascherei» (Meckenstock 1997: 144) befreit. Auf diese Weise wird eine längerfristige Perspektive des Handelns eröffnet, die eine kritische Distanz zu derjenigen beispiellosen Inanspruchnahme und Vernichtung der natürlichen Ressourcen markiert, die die industrielle Produktion seit ihren Anfängen kennzeichnet.

Beispiele für eine in diesem Sinn langfristig orientierte Perspektive wirtschaftlichen Handelns finden sich selbst im biblischen Schrifttum. Zu erinnern ist an die Weisung Dtn 22,6 f., wonach man aus einem Vogelnest die Eier zwar herausnehmen darf, die brütende Vogelmutter jedoch schützen muss: «Scheuche in jedem Fall erst die Mutter davon, bevor du das Nest ausnimmst, dir zum besten, damit du lange lebst.» Die sich hier findende Verhei-

V. WIRTSCHAFTSETHIK

ßung eines langen Lebens lässt sich ohne weiteres als «Sicherung der Generationenfolge» (Ebach 2012: 12) interpretieren, da der Sinn des Verschonens der Vogelmutter darin besteht, den Fortbestand der Art und somit die Eröffnung neuer Generationen von Vögeln, die auch den Menschen zugute kommen können, zu sichern. Frappierend ist hier die Ähnlichkeit zur Verheißung eines langen Lebens, wie sie sich im Elterngebot des Dekalogs findet. Dort geht es neben einer würdigenden Haltung explizit auch um die Versorgung der alt gewordenen Eltern, somit um die Wahrung der Generationenabfolge. Weil und indem alte Menschen angemessen versorgt werden, können die Erwachsenen darauf vertrauen, dass sie im Alter von ihren Kindern, welche die solidarische Praxis gegenüber den Großeltern erlebt haben, ihrerseits versorgt werden. Die Wahrung der Generationenfolge im menschlichen wie im kreatürlichen Leben ist somit als eine Grundperspektive des biblischen Glaubens festzuhalten.

Eine weitere biblische Konkretion der Sicherung der Zukunftsfähigkeit wirtschaftlichen Handelns bezieht sich auf die Rückführung von Erträgen zur Hegung der Naturgüter: «Wenn über mich mein Acker schrie, seine Furchen miteinander weinten, wenn seinen Ertrag ich verzehrte, ohne zu bezahlen [...] sollen Dornen wachsen statt Weizen, statt Gerste stinkendes Kraut» (Hi 31,38–40). Hier findet sich die Überlegung, dass auch der Acker als Subjekt auftritt, der schreien kann, wenn er nicht angemessen ‹bezahlt› wird, wodurch zum Ausdruck gebracht wird, dass Naturgüter einen eigenen Rechtsanspruch haben und dass ein Teil des Sozialproduktes an die Natur zurückgeführt werden muss. Diesen biblischen Traditionen entsprechen aktuelle Überlegungen, Tieren und Pflanzen «rechtsanaloge Ansprüche» zuzuerkennen mit dem Ziel, dass «menschlichen Interessen nicht beliebig der Vorzug gegeben werden kann» (Hübner 2012: 238, 239). Die langfristige Sicherung des kreatürlichen Lebens durch wirtschaftliches Handeln ist in theologischer Perspektive nur möglich, wenn die Ansprüche der Natur geachtet werden und die Generationenfolge bewahrt bleibt. Hierin konkretisiert sich das Motiv des Bebauens und Bewahrens der Schöpfung (vgl. Gen 2,15).

Aufgrund der durch den technologischen Fortschritt ermöglichten ungeheuren Ausweitung des menschlichen Vermögens in eine ferne Zukunft hinein (vgl. Jonas 1979: 26 ff.) ist es unumgänglich, «ökologische Ethik als Zukunftsethik zu konzipieren» (Honecker 1995: 239). Ökologische Verantwortung im Sinn einer Zukunftsethik zielt wesentlich darauf, heutige Entscheidungen auf ihre Umkehrbarkeit und auf Möglichkeiten der natürlichen Regenerierbarkeit zu prüfen, sodass heutiges Handeln auch den Schutz zukünftiger Generationen und der Mitwelt zu berücksichtigen hat. Dies meint die klassische Definition von ‹Nachhaltigkeit›, wie sie der sogenannte Brundtland-Bericht der Vereinten Nationen festgehalten hat, wonach Nachhaltigkeit bedeutet, die Bedürfnisse heutiger und zukünftiger Generationen angemessen zu sichern (vgl. WCED 1987: 9). Nachhaltigkeit zielt somit auf einen Ausgleich der Interessen zwischen den Generationen und umfasst nicht allein die Naturgüter, sondern alle zum Leben notwendigen Güter im Sinn der Forderung nach der Weitergabe eines konstanten oder steigenden Güterbestandes an nachfolgende Generationen. Dieser Güterbestand, der eine mindestens ebenso gute Ausgangsbedingung zukünftiger Generationen wie in der Gegenwart garantieren soll, setzt sich aus Naturgütern, aus der Infrastruktur sowie dem Sach- und Humankapital zusammen. Grundsätzlich gilt, dass Stärken in einem Bereich Schwächen in einem anderen ausgleichen können, sodass die Gesamtausstattung zu bewerten ist. Somit bestehen zwischen Natur- und Sachkapital substitutive, vielfach auch komplementäre Beziehungen. Je nachdem, in welcher Weise die Beziehungen zwischen Natur- und Sachkapital bestimmt werden, lassen sich unterschiedliche Formen der Nachhaltigkeit unterscheiden. Eine sehr schwache Nachhaltigkeit fordert lediglich die Konstanz des jährlichen Sozialprodukts, eine schwache Form, dass der Güterbestand insgesamt konstant bleiben soll. Als kritische Nachhaltigkeit gilt unter der Annahme, dass Grenzen der Substituierbarkeit von Naturgütern markiert werden, ein Maß an Naturkapital, das nicht unterschritten werden darf (*Safe Minimum Standards*). Demgegenüber schließen Formen einer starken Nachhaltigkeit die Forderung einer Konstanz der Naturgüter ein, wobei im Einzelnen Nutzungsregeln für den Abbau von Naturgütern sowie die Emissionen bis hin zu der Zielsetzung der Erhaltung einer hohen Biodiversität entwickelt worden sind (vgl. Lerch/Nutzinger 1998: 216 ff.).

Dementsprechend sind weder ein schuldenfinanzierter Wohlstand, der die Tilgungslasten in die Zukunft verschiebt (vgl. EKD/DBK 2014: 28 ff.), noch eine umweltzerstörende Wirtschaftsweise mit der Norm der Nachhaltigkeit vereinbar. Da jedoch zukünftige Generationen und die kreatürliche Mitwelt bei gegenwärtigen Entscheidungen nicht angemessen vertreten sind, ist im Blick auf den Aspekt der Nachhaltigkeit der Gedanke der Stellvertretung, wie er explizit dem Konzept der Verantwortungsethik Bonhoeffers entspricht (vgl. Bonhoeffer 1992: 256 ff.), grundlegend. So benötigen die Natur wie auch kommende Generationen Anwälte ihrer Interessen in der Gegenwart, wobei jedoch problematisch und stets neu zu prüfen ist, wer sich mit welchem Recht und mit welchen Argumenten als Träger einer solchen advokatorischen Ethik erweisen kann.

Die von den Kirchen formulierte, jedoch sehr allgemein gehaltene Maxime, dass weltweit eine «grundlegende Transformation der Wirtschafts- und Lebensstile» (EKD/DBK 2014: 35) erforderlich ist, um Verantwortung für kommende Generationen wahrzunehmen, lässt die Frage nach den Subjekten der Verantwortung im Blick auf die Sicherung der Nachhaltigkeit offen. So ist zwar der theoretische Grundsatz, dass jedem Produktions- und Konsumakt entsprechende Kosten für die Nutzung von Umweltgütern zugeordnet werden müssen, gut begründbar, jedoch im Blick auf konkrete Zahlungen (wieviel, wofür, an wen?), welche diese Problemstellung in eine ökonomisch relevante Kommunikation übersetzen (vgl. Luhmann 1986), kaum konkretisiert. Dies ist ein wesentlicher Grund dafür, dass der normative Gesichtspunkt der Nachhaltigkeit im Vergleich zur Sicherung von Freiheits- und Eigentumsrechten oder auch der Durchsetzung von Gerechtigkeitsansprüchen im Kontext ökonomischen Handelns nur schwach entwickelt ist.

3. DIE EBENEN WIRTSCHAFTSETHISCHER VERANTWORTUNG: DIE ORDNUNGSPOLITISCHE GESTALTUNG DER RAHMENORDNUNG UND DIE ETHIK DER AKTEURE WIRTSCHAFTLICHEN HANDELNS

3.1. Die Ethik der Rahmenordnung wirtschaftlichen Handelns (Makroebene)

3.1.1. Die Option für die Soziale Marktwirtschaft

Evangelische Wirtschaftsethik geht grundlegend von der mit dem Verantwortungsbegriff gesetzten Norm der Anerkennung der Anderen als Personen aus. Diese Anerkennung lässt sich in theologischer Perspektive mithilfe des Gebots der Nächstenliebe näher umschreiben, womit gleichzeitig eine konstruktive Spannung zu dem für die Ökonomie grundlegenden Axiom des Selbstinteresses gesetzt ist. Anstelle einer Entgegensetzung zielt evangelische Wirtschaftsethik darauf ab, das Selbstinteresse in eine gemeinwohlverträgliche Balance zur Nächstenorientierung zu setzen. Darauf aufbauend sind die grundlegenden ethischen Normen der Freiheit, der Gerechtigkeit und der Nachhaltigkeit, die sich aus Anerkennungsverhältnissen unter lebenden und zukünftigen Personen ergeben, im Blick auf die wirtschaftlichen Produktionsfaktoren des Eigentums bzw. Kapitals, der menschlichen Arbeit und der Naturgüter diskutiert worden. Die Funktion dieser grundlegenden normativen Erörterungen, die in einer biblisch-theologischen Weltsicht verankert sind, besteht darin, exemplarische Handlungsmuster für die Gestaltung der Makro-, der Meso- und der Mikroebene wirtschaftlichen Handelns aufzuzeigen, wobei der Makroebene im Blick auf die Implementierung und Durchsetzung der Normen ein Vorrang einzuräumen ist (vgl. Jähnichen 2008: 106 f.).

Im Blick auf die Makroebene ist nach der Überwindung des Gegensatzes von Markt- und Zentralverwaltungswirtschaft (vgl. Rich 1990: 257 f.) die Frage leitend, welche konkrete Ausgestaltung der marktwirtschaftlichen Ordnung am ehesten den sozialethischen Normen entspricht. Die folgenden Ausführungen zeigen die sowohl historische (vgl. Jähnichen 2008: 123 ff.) wie auch systematische Nähe evangelischer Sozialethik zu dem Ordnungsmodell der ‹Sozialen Marktwirtschaft› als einem paradigmatischen Modell einer regulierten Marktwirtschaft. Dieses Modell ist allerdings durch zwei Faktoren spätestens seit den 1970er-Jahren zunehmend infrage gestellt: Zum einen stellt der hohe Naturverbrauch der industriellen Produktionsweise mit einer die natürlichen Grenzen ignorierenden Ressourcenverschwendung die Zukunftsfähigkeit dieses Wirtschaftsmodells infrage. Zum anderen bedeutet die forcierte Globalisierung seit dem Ende der 1970er-Jahre einen deutlichen Kompetenzverlust der nationalstaatlichen Regulierungen, was exemplarisch anhand des Ordnungsdefizits der internationalen Finanzmärkte zu diskutieren ist.

Als normativen Ausgangspunkt stellten die Begründer der Konzeption der ‹Sozialen Marktwirtschaft› die Sicherung der Subjektstellung des Menschen im Wirtschaftsgeschehen heraus: Die Personalität des Menschen sollte gegenüber kollektivem Zwang ebenso geschützt werden wie vor einer Unterordnung unter die Kapitalinteressen. Ausgehend von diesen Überlegungen gehört es zum Realismus der Sozialen Marktwirtschaft, sowohl gegenüber einer ethischen Indifferenz wie auch gegenüber einer ethischen Überforderung der Menschen eine Wirtschaftsordnung anzustreben, welche «Mindestanforderungen» stellt, um Menschen zu ermöglichen, «christlich zu leben und [...] Raum [zu lassen], um sie auf gute Wege zu weisen» (von Dietze 1994: 368). In diesem Sinn versucht die ‹Soziale Marktwirtschaft› Handlungsmöglichkeiten in der Balance zwischen Eigeninteresse und Gemeinwohl zu ermöglichen.

Als entscheidender Vorteil der marktwirtschaftlichen Ordnung wurde in Einklang mit den anthropologischen Grundentscheidungen die Wahrung der Freiheit angesehen. Rüstow charakterisierte sie als «einzige Wirtschaftsform, die mit der menschlichen Freiheit im Sozialen und Staatlichen vereinbar ist». In diesem Zusammenhang stellten die Theoretiker der ‹Sozialen Marktwirtschaft› die hohe Affinität eines freiheitlichen Ethos zu dem marktwirtschaftlichen Ordnungsmodell wie auch zur politischen Demokratie, die man «theoretisch wie praktisch» (Rüstow 1955: 59, 58) als eng verbunden ansah, heraus. Eine Nähe besteht damit ebenso zu dem ökumenischen Leitbild der «verantwortlichen Gesellschaft» (vgl. Hübner 2003: 189 ff.), das die Forderung nach grundlegenden Partizipationsrechten beinhaltet. Dementsprechend ist die Soziale Marktwirtschaft eine auf ethischen Werten beruhende Wirtschaftsordnung, welche auf der Grundlage der Menschenwürde und der daraus folgenden individuellen Freiheitsrechte in gleicher Weise eine Lösungsperspektive zur Bewältigung der ‹sozialen Frage› aufzeigt. Sie geht, wie alle ethisch begründeten Ordnungsmodelle, «nie aus dem Zweckdenken [...] allein [...] (hervor), sondern bedarf der tieferen Begründung durch sittliche Ideale, welche erst die innere Berechtigung verleihen. Zwei großen sittlichen Idealen fühlen wir uns verpflichtet, der Freiheit und der sozialen Gerechtigkeit» (Müller-Armack 1974: 90), wobei beide Werte in neuartiger Weise integrativ verknüpft werden sollen. Diese Konzeption beruht somit auf einem «anthropologisch-soziologischen Rahmen» (Röpke 1958: 22), das heißt auf einer bestimmenden ethischen Weltsicht, die wesentlich protestantisch geprägt ist und korrespondiert mit konkreten ordnungspolitischen Grundentscheidungen.

Dass eine freiheitliche Ordnung gleichzeitig eine hohe Wirtschaftlichkeit aufweist, haben die Begründer der Konzeption als «ein glückliches Zusammentreffen» (Müller-Armack 1955: 90) bezeichnet. Allerdings gilt diese Koinzidenz nicht generell für jede marktwirtschaftliche Ordnung, sondern «nur innerhalb eines ganz bestimmt abgegrenzten Bereichs und unter ganz bestimmten Voraussetzungen» (Rüstow 1955: 63). Dieser Bereich und die entsprechenden Voraussetzungen müssen durch staatliches Handeln geschaffen, überwacht und reguliert werden, sodass es zur Realisierung der Sozialen Marktwirtschaft «eines starken und neutralen Staates» (ebd.) bedarf. Die Adjektive ‹stark› und ‹neutral› bezeichnen die notwendige Fähigkeit des Staates, souverän und ohne Parteinahme für bestimmte Partikularinteressen die Rahmenordnung wirtschaftlichen Handelns zu setzen.

Der durch das staatliche Handeln abgegrenzte Bereich, in dem die positiven Wechselwirkungen von Einzel- und Gesamtinteressen greifen, ist derjenige der fairen Leistungskonkurrenz. Die sich auf Wettbewerbsmärkten bildenden Preise ermöglichen eine dezentrale Organisation der Produktion, sodass durch die Berücksichtigung der Nachfrage in effizienter Weise die allgemeine Güterversorgung sichergestellt und darüber hinaus die Freiheit des Konsums ermöglicht wird. Die konstituierenden Prinzipien einer Wettbewerbsordnung sind somit neben den genannten rechtsstaatlichen Voraussetzungen offene Märkte mit Leistungskonkurrenz und ein sich daraus entwickelndes funktionsfähiges Preissystem (vgl. Eucken 1959: 254 ff.).

Allerdings ist eine marktwirtschaftliche Ordnung nach Auffassung der Begründer der Sozialen Marktwirtschaft – im Unterschied zum klassischen Wirtschaftsliberalismus – keine in sich selbst stabile Ordnung, sondern sie bedarf insbesondere angesichts von Monopolisierungsbestrebungen der Marktteilnehmer gewisser regulierender Prinzipien. Monopole oder auch Oligopole stellen ebenso wie Kartelle problematische Machtstrukturen dar und bedeuten eine schwere Störung der Leistungskonkurrenz. Da auf monopolistischen oder durch Kartelle beherrschten Märkten die Leistungskonkurrenz mehr oder weniger ausgeschaltet ist, werden die Preise und die sonstigen Bedingungen des Handelns nicht frei ausgehandelt, sondern «durch Macht diktiert» (Rüstow 1955: 71). Der Sinn der marktwirtschaftlichen Ordnung ist jedoch der, die ökonomische Macht einzelner Akteure durch «ein Gegensystem von Kräften» (Müller-Armack 1955: 92) zu binden. Weil dies in der realen Wirtschaftsgeschichte seit dem Beginn des 19. Jahrhunderts nur unzureichend geschehen sei, könne im Blick auf die Vergangenheit nicht von einer echten Wettbewerbsordnung gesprochen werden, sondern lediglich von einer «verschlackten und verdorbenen Form» (Röpke 1958: 75) derselben. Da zudem öffentliche Macht aus demokratietheoretischen Gründen ein Monopol des Staates sein soll, ist die «Monopolbekämpfung» ein «entscheidender Punkt, wo der Weg der sozialen Marktwirtschaft sich vom Weg der unsozialen Marktwirtschaft scheidet» (Rüstow 1955: 71).

Neben der ordnungspolitischen Sicherung der Funktionsfähigkeit des Wettbewerbs kommen dem staatlichen Handeln im Rahmen der Konzeption

V. WIRTSCHAFTSETHIK

der Sozialen Marktwirtschaft die Aufgaben einer aktiven Wirtschafts- und einer gestaltenden Sozialpolitik zu. Das Verdienst, die Probleme staatlicher Interventionen in das Wirtschaftsgeschehen in einem systematischen Zusammenhang mit der marktwirtschaftlichen Ordnung reflektiert zu haben, gebührt Alexander Rüstow, der diesbezüglich den «paradoxen Begriff des liberalen Interventionismus» (Rüstow 1955: 63) geprägt hat. Diese spannungsvolle Formulierung signalisiert die damit verbundenen Schwierigkeiten: Der Begriff ‹Interventionismus› steht für die Absage an den klassischen Wirtschaftsliberalismus, der aus dogmatischen Überlegungen heraus jede Form der Staatsintervention abwies. Das Adjektiv ‹liberal› bezeichnet die Aufgabe, einen prinzipienlosen Interventionismus, der letztlich die Wettbewerbsordnung aufhebt, zu vermeiden, und markiert die Suche nach Formen der Intervention, die mit der marktwirtschaftlichen Ordnung verträglich sind.

Röpke hat in Aufnahme und Weiterentwicklung der Impulse Rüstows zwei Prinzipien formuliert, welche die Form des ‹liberalen Interventionismus› näher bestimmen. Er hat zum einen den Grundsatz der «Anpassungsinterventionen» vertreten, die im Unterschied zu «Erhaltungsinterventionen», die er als «gefährlich und irrationell» abgelehnt hat, darauf zielen, bestimmte Härten und Brüche bei ökonomischen Umstellungen durch Innovationen oder Korrekturen abzumildern und insbesondere die Benachteiligten in der Gesellschaft zu unterstützen (Röpke 1948: 77). Dabei ist – in Abgrenzung zu Erhaltungsinterventionen, die einen notwendigen ökonomischen Strukturwandel lediglich verzögern und letztlich erschweren – darauf zu achten, dass die Form der Intervention «in der Wirkungsrichtung der Marktgesetze» verläuft die damit also «nur das in vernünftiger Weise vorwegnimmt, was bei voller Wirtschaftsfreiheit ‹auf die Dauer›, spät und unter sozial unverträglichen Reibungsverlusten, eintreten würde» (Rüstow 1955: 63).

Das andere Prinzip des ‹liberalen Interventionismus› hat Röpke aufgrund der Unterscheidung von konformen und nichtkonformen Eingriffen gewonnen. Gemeint ist hiermit der Grundsatz, dass alle Interventionen mit den Prinzipien der marktwirtschaftlichen Ordnung verträglich sein müssen, das heißt, dass der Preismechanismus nicht gestört werden darf. Müller-Armack hat an diese Überlegungen anknüpfend den Begriff der «marktkonform(en)» (Müller-Armack 1955: 87 u. a.) Eingriffe verwandt, wobei er darunter solche wirtschaftspolitischen Eingriffe und sozialpolitischen Schutzmaßnahmen verstand, welche nicht in den marktwirtschaftlichen «Ablauf selbst schädigend einwirken» (Müller-Armack 1955: 96).

3. Die Ebenen wirtschaftsethischer Verantwortung

In Einklang mit dieser Systematik ist schließlich die ‹Struktur- und Sozialpolitik› als eine weitere Form staatlicher Einflussnahme auf das Wirtschaftsgeschehen zu nennen, da «die Wirtschaftsordnung [...] der Ergänzung durch eine Sozialordnung» (von Dietze 1994: 367) bedarf. Nach Müller-Armack ist die «Schaffung eines sozialen Rechtes [...] geradezu Voraussetzung für das Funktionieren der Marktwirtschaft», und es sind «bestimmte Lücken der privaten Wirtschaft durch soziale Veranstaltungen auszufüllen» (Müller-Armack 1948: 152). Sozialpolitik wird somit in doppelter Perspektive als Voraussetzung wie als Konsequenz marktwirtschaftlichen Handelns verstanden.

Hauptaufgabe der Struktur- bzw. Sozialpolitik sind die wesentlich aus sozialen Erwägungen vorzunehmenden Einkommenskorrekturen zugunsten derjenigen, die sich in Notlagen selbst nicht helfen können, sowie für bestimmte Gruppen mit abgeleiteten Einkommen. Solche Korrekturen sind notwendig, da ein Teil der Einkommen – exemplarisch sind hier Renteneinkommen zu nennen – nur indirekt von marktwirtschaftlichen Prozessen abhängt und weil die Verteilung im Rahmen der Wettbewerbsordnung generell nach einem rein sachlichen Mechanismus – also «sozial blind» (Müller-Armack 1955: 85) – geschieht und auf besondere Lebenslagen keine Rücksicht nimmt. Dementsprechend hat die staatliche Sozialpolitik distributiv die marktvermittelte Einkommenserzielung aufgrund sozialpolitischer Erwägungen mit dem Ziel eines sozialen Ausgleichs zu korrigieren, wobei nach Auffassung der Ordoliberalen als wichtigstes Mittel die progressive Einkommensbesteuerung einzusetzen ist (vgl. Eucken 1959: 300 f.).

Neben der nachsorgenden, distributiven Sozialpolitik sind von den Theoretikern der Sozialen Marktwirtschaft mit Nachdruck auch vorsorgende Elemente eingefordert worden. Dazu zählt in erster Linie die Herstellung einer «Startgerechtigkeit» im Sinn «einer möglichst gleichmäßigen Verteilung der Chancen» (Rüstow 1955: 68 f.). Daher ist seit dem Ende der 1950er-Jahre die Bedeutung der Bildung als grundlegender Weg zur Eröffnung von höherer Chancengleichheit und damit als Schlüssel zur Teilhabe am wirtschaftlichen Geschehen betont worden. Weitere Elemente der Sozialordnung sind Vorschriften für die Arbeitsbedingungen sowie eine auf Mitbestimmungsrechten beruhende Ordnung der Betriebe.

Generell hängt die Qualität der Sozialen Marktwirtschaft davon ab, inwieweit eine bewusste Eingliederung sozialer Ziele in die Wirtschaftsordnung gelingt. Das laut Würdigung der EKD-Wirtschaftsdenkschrift «Erfolgsmodell» der Sozialen Marktwirtschaft ermöglicht ein sachgemäßes sowie «menschengerechtes wirtschaftliches Handeln» (EKD 1991: Nr. 66, Nr. 172) von Christen in der Wirtschaft, die sich von biblisch-theologischen Richtungsimpulsen bestimmen lassen wollen. Diese positive Bewertung schließt die Forderung ein, dass die Soziale Marktwirtschaft konstruktiv weiterzuentwickeln und auf neue Herausforderungen, wie die ökologischen Folgeprobleme modernen Wirtschaftens oder die Perspektive einer gerechten Weltwirtschaftsordnung zur Gestaltung der Globalisierungsprozesse, angemessen einzustellen ist.

3.1.2. Die Globalisierung als Herausforderung des Modells der Sozialen Marktwirtschaft

Das Modell der Sozialen Marktwirtschaft unterscheidet sich charakteristisch von anderen marktwirtschaftlichen Konzeptionen. Die Rahmenordnung der Sozialen Marktwirtschaft mit ihren sozialen Ausgleichsmechanismen gaben der westdeutschen Wirtschaft ihre «ruhige Stärke» (Fulcher 2007: 117), welche sich aufgrund einer hohen Produktivität und einer außergewöhnlichen Produktqualität im internationalen Wettbewerb über Jahrzehnte gut behauptet und zu einer sehr hohen Exportquote geführt hat. Spätestens seit den 1960er-Jahren ist sie aus diesen Gründen auch von internationalen Beobachtern als beispielhaft herausgestellt worden (vgl. Busch 2006: 251 f.). Demgegenüber sind jedoch angesichts der sich verschärfenden Wettbewerbsbedingungen durch die Globalisierung speziell seit dem Ende der 1990er-Jahre vermehrt kritische Anfragen hinsichtlich der Zukunftsfähigkeit der Sozialen Marktwirtschaft gestellt worden. Unter ökonomischen Gesichtspunkten lassen sich die wichtigsten dieser Anfragen im Horizont der Globalisierungsdebatte erörtern. Indem die Globalisierung die wirtschaftspolitische Bedeutung der Nationalstaaten tendenziell untergräbt sowie die Erwartung einer zunehmenden Konvergenz der verschiedenen nationalen Wirtschaftsmodelle angesichts wachsender weltweiter Verflechtungen fördert, wird die Ordnungskonzeption der Sozialen Marktwirtschaft grundsätzlich infrage gestellt, da sie wesentlich auf einer national geprägten Wirtschaftskultur beruht.

Der vieldeutige und umstrittene Begriff der ‹Globalisierung› bezeichnet den Prozess der Intensivierung und Beschleunigung weltweiter Handelsbeziehungen, der in der Neuzeit bis in die Anfänge des Handelskapitalismus im 17. Jahrhundert zurückreicht und der zwischen dem letzten Drittel des 19. Jahrhunderts und dem Ersten Weltkrieg, der Zeit des klassischen Imperialismus, eine erste Hochphase erreichte. Der Prozess einer fortschreitenden Integration der weltweiten Märkte ist aufgrund der politischen Entwicklungen in der Zeit zwischen dem Ersten Weltkrieg bis zum Niedergang des sowjetisch beherrschten Imperiums ins Stocken geraten, hat aber in der Gegenwart eine neue Dynamik gewonnen: In wirtschaftspolitischer Hinsicht ist seit dem Ende der 1970er-Jahre eine starke Tendenz der Liberalisierung des Welthandels sowie insbesondere der Weltfinanzmärkte zu beobachten. Diese Dynamik hat zu einem geradezu exponentiellen Anwachsen der internationalen Finanzströme geführt, aber auch der Welthandel sowie Direktinvestitionen in anderen Ländern haben sich im Vergleich zum allgemeinen Wirtschaftswachstum überproportional entwickelt. Im Unterschied zur Zeit des klassischen Imperialismus, die von einem durch militärische Eroberungen geschützten interindustriellen Handel, das heißt einer klaren Arbeitsteilung im internationalen Maßstab geprägt war, ist die gegenwärtige Phase der Globalisierung neben der zentralen Bedeutung der internationalen Finanzmärkte stark von einem intraindustriellen Handel gekennzeichnet, der zu einer qualitativen Verschärfung des Wettbewerbs geführt hat (vgl. Hübner 2003: 39).

Die gegenwärtige Phase der Globalisierung hat sich auf der Grundlage von Veränderungen der politischen Rahmenbedingungen wie auch aufgrund bedeutender technologischer Innovationen in den letzten knapp drei Jahrzehnten besonders stark durchsetzen können. Neben den allgemeinen politischen und wirtschaftspolitischen Veränderungen – vor allem den durch die angelsächsischen Länder forcierten Finanz- und Handelsliberalisierungen sowie der Implosion der realsozialistischen Staaten mit der Folge der Grenzöffnungen fast aller Länder der Erde – haben die revolutionären Entwicklungen der Informations- und Kommunikationstechnologien, welche einen weltweiten Umgang mit Informationen in ‹Echtzeit› erlauben, neue Bedingungen ökonomischen Handelns eröffnet. Ferner haben sich die Verkehrs- und Transportmittel in einer Weise entwickelt, dass sowohl der Warentransport wie auch die menschliche Mobilität eine neue Qualität erreicht haben.

Der Prozess der Globalisierung hat zu einem fortschreitenden «Bedeutungsverlust räumlicher Distanzen» geführt, «so dass immer mehr Ereignisse weltweit gleichzeitig wahrgenommen und mit immer kürzeren Verzögerungen an unterschiedlichen Orten der Welt wirksam werden können» (Kaufmann 1998: 6). Diese sich über immer größere Entfernungen vollziehenden Interaktionsbeziehungen zwischen Menschen erhöhen die Komplexität des Handelns. Wirtschaftliches wie auch politisches und kulturelles Handeln geraten in eine wachsende Abhängigkeit von Faktoren, auf die kaum oder nur indirekt Einfluss genommen werden kann. Ein wesentlicher Grund hierfür liegt darin, dass lokales soziales Handeln immer stärker von räumlich entfernten Einflüssen – etwa von Preisentwicklungen auf fernen Märkten oder auch von ökologischen Schäden, die in ganz anderen Teilen der Welt verursacht worden sind – bestimmt und geprägt wird. «Der lokale Schauplatz wird nicht bloß durch Anwesendes strukturiert, denn die ‹sichtbare Form› des Schauplatzes verbirgt die weit abgerückten Beziehungen, die sein Wesen bestimmen» (Giddens 1996: 30). Aufgrund dieser Entwicklungen ist es in den letzten drei Jahrzehnten zu einem Führungswechsel von den stärker normativ geprägten Systemen von Politik und Recht hin zu den auf Wissen, Veränderung und Dynamik angelegten Systemen von Wissenschaft, Technik und Wirtschaft gekommen. Damit ergeben sich deutlich eingeschränkte Handlungsmöglichkeiten des Politischen mit der Konsequenz einer «Relativierung des Nationalstaates» (Kaufmann 1997: 114), in dessen Rahmen sich der demokratische Rechts- und Sozialstaat und die Ordnungskonzeption der Sozialen Marktwirtschaft entwickelt hatten. Verstärkend auf die skizzierten systemischen Bedingungen haben – ausgehend von den angelsächsischen Ländern – Politikkonzepte gewirkt, die in der Konsequenz neoliberaler Ideen weitreichende Maßnahmen wirtschaftspolitischer Deregulierung, der Privatisierung von staatlichen Unternehmen und Einrichtungen sowie Flexibilisierungen der Arbeitsbedingungen durchgesetzt haben. Vor dem Hintergrund dieser Entwicklungen wird von der Herausbildung einer neoliberal geprägten, postnationalen Konstellation gesprochen, welche die Gestaltungsmöglichkeiten des Nationalstaates, der wesentlichen Orientierungsgröße des Konzeptes der Sozialen Marktwirtschaft, stark einschränkt.

Es ist nicht zufällig, dass im Rahmen des Prozesses der Globalisierung den internationalen Finanzmärkten eine Vorreiterrolle zugekommen ist, da die Veränderung der Raum-Zeit-Strukturen unmittelbar mit dem Einsatz und den Wirkmechanismen von Geld verknüpft ist. Der englische Soziologe Anthony Giddens hat «Geld» als wirksamstes «Mittel der raumzeitlichen Abstandsvergrößerung» (Giddens 1996: 37) bezeichnet, da es zu einer beliebig großen räumlichen und zeitlichen Entfernung des Geldes von einem jetzigen oder künftigen Besitzer kommen kann, was beiden ein hohes Maß an Eigenbewegungen erlaubt. Die Wirkmechanismen des Geldes stehen beispielhaft für die zunehmende Entgrenzung ökonomischen Handelns in der Moderne.

3. Die Ebenen wirtschaftsethischer Verantwortung

Aufgrund wirtschaftspolitischer Entscheidungen sowie bedeutender institutioneller Veränderungen und technischer Erleichterungen ist es in den letzten 25 Jahren zu einem exponentiellen Wachstum der internationalen Finanz- und Devisenmärkte gekommen. Ausgehend von der Aufgabe der 1944 getroffenen Bretton-Woods-Vereinbarungen in den siebziger Jahren mit der Schaffung eines Systems freier Wechselkurse und den folgenden Deregulierungen des Kapitalverkehrs in Europa – die Deregulierung des Londoner Finanzmarktes 1986 markierte den Beginn, weitere Liberalisierungen folgten in der EU 1990 –, entstand ein weitgehend unregulierter Weltmarkt für Aktien, Devisen und andere Finanzierungsinstrumente, dessen durchschnittliche tägliche Umsätze die Gesamtheit der offiziellen Währungsreserven aller Mitglieder des Internationalen Währungsfonds weit überschreiten.

Ökonomisch bedeutet dieser permanente Handel mit den wichtigsten nationalen Währungen auf den weltweiten Finanzmärkten eine strikte, erfolgsorientierte Kontrolle aller nationalen Volkswirtschaften: Jede Regierung hat die eigene Währung durch eine solide Haushaltspolitik und eine wachstumsfreundliche Wirtschaftspolitik möglichst stabil zu halten. Negativdaten einer nationalen Ökonomie – etwa im Blick auf die Inflation oder die Entwicklung der Verschuldung eines Staates – führen zu unmittelbaren Reaktionen auf den Finanzmärkten, wodurch ein permanenter Druck auf die Regierungen entsteht. Die Ausgaben für den Sozialstaat oder für ökologische Aufgaben erhalten engere Finanzierungsspielräume, da die klassischen Formen des Umgangs mit Verteilungskonflikten in «Wohlfahrtsstaaten, nämlich Inflation und Staatsverschuldung, [...] immer riskanter» (Kaufmann 1997: 128) werden. Zudem erleichtert es die Freizügigkeit dieses lohnenden weltweiten Finanzsystems, Geldvermögen oder Kapital der Kontrolle eines Nationalstaates zu entziehen. Die gesteigerte Mobilität des Kapitals und dessen sinkende Kontrolle und Einflussnahme durch den Nationalstaat führt zu Ausfällen bei den Steuereinnahmen, sodass sich auch aus diesem Grund die Situation öffentlicher Haushalte verschärft. Hinzu kommt, dass Investitionsentscheidungen von Unternehmen angesichts der Rendite an den Finanzmärkten sowie der Erwartungen professioneller Anleger viel stärker unter dem alleinigen Gesichtspunkt kurzfristiger Rentabilität beurteilt werden als zu früheren Zeiten.

Neben den Entwicklungen der Finanzmärkte signalisieren der kontinuierlich steigende Welthandel und die nach wie vor ansteigende Summe der Direktinvestitionen von Unternehmen in Ländern außerhalb ihres Herkunftslandes das Ausmaß der ökonomischen Globalisierung. Beide Prozesse werden technologisch erleichtert, wodurch sich die Konkurrenz für ökonomische Güter und Dienstleistungen auf den Weltmärkten verschärft und die Arbeitsbedingungen durch globale Fertigungsprozesse und zunehmend durch globale Telearbeit in tiefgreifender Weise verändert werden. Arbeitsintensive Produktionen lassen sich in Länder mit einem niedrigeren Lohnniveau auslagern, welche auf diese Weise ihre komparativen Kostenvorteile nutzen können. Nach und nach ist ein weltweites Angebot von Arbeitskräften entstanden, das die Machtposition von Unternehmen, insbesondere von transnationalen Unternehmen, deren Zahl sich im letzten Viertel des 20. Jahrhunderts ungefähr vervierfacht hat, gegenüber der in Gewerkschaften organisierten Arbeitnehmerschaft stärkt (vgl. Fulcher 2007: 126 ff.). Das besser zu erschließende weltweite Arbeitskräfteangebot eröffnet zahlreiche Möglichkeiten, Arbeitnehmer gegeneinander auszuspielen, deren Rechtsstellung zu schwächen sowie auf eine große Reservearmee von Arbeitskräften zurückgreifen zu können. Um diese Entwicklungen einzudämmen, hat die EKD-Unternehmensdenkschrift die «Geltung weltweit gültiger Spielregeln» (EKD 2008: 98) eingefordert, die im sozialen Bereich insbesondere durch die Internationale Arbeitsorganisation und deren Einfluss auf die Mitgliedsregierungen realisiert werden sollen.

In Deutschland ist die Beschäftigung entgegen eines weit verbreiteten Eindrucks im Kontext der Globalisierung bisher nicht gesunken, da die deutsche Ökonomie ihre Stellung als Standort für technisch hochwertige Produktionsverfahren behaupten und zum Teil sogar ausbauen konnte.

Neben der ökonomischen wird auch die institutionelle Stärke des deutschen Wirtschaftsmodells speziell seit den Erfahrungen der weltweiten Finanzmarktkrise wieder deutlicher betont. So hat die EKD in ihrer Stellungnahme *Wie ein Riss in einer hohen Mauer* einen Mangel an Verantwortung im Umgang mit Risiken und entsprechende Ordnungsdefizite als wesentliche Gründe dieser Krise benannt (vgl. EKD 2009). Zur Bewältigung ist daher das Anknüpfen an die Tradition der Sozialen Marktwirtschaft notwendig mit dem Ziel, die ordnungspolitischen Defizite zu beheben. Dies gilt nicht allein im Blick auf die Finanzmärkte, sondern generell im Blick auf die Ordnung der internationalen Märkte hinsichtlich sozialer und ökologischer Standards.

Arthur Rich, der Klassiker der evangelischen Wirtschaftsethik, hat bereits angesichts der ersten Anzeichen der neuen Globalisierungsdynamik in der Mitte der 1980er-Jahre das Fehlen eines konstitutiven Ordnungsrahmens auf weltwirtschaftlicher Ebene konstatiert. Hierin sah er den wesentlichen Grund von sich deutlich abzeichnenden, höchst problematischen Tendenzen einer «konfrontativen Unordnung» (Rich 1990: 327) des internationalen Wirtschaftsgeschehens. Um diesen Tendenzen erfolgreich entgegenwirken zu können, hielt er «weltwirtschaftliche Marktregulierungen» für unabdingbar. Ungeachtet der Schwierigkeiten einer Umsetzung bezeichnete Rich solche Regulierungen als das zentrale, «noch zu lösende(s) Problem», dessen Ausgang er für ungewiss hielt: «Ob dieses schwierige Unterfangen gelingen wird, ist für die Zukunft einer weltweit orientierten Marktwirtschaft die Schicksalsfrage» (Rich 1990: 362, 364).

3.1.3. Überlegungen zu einer verantwortlichen Neugestaltung der internationalen Finanzmärkte

In besonderer Weise stellt sich die von Rich diagnostizierte ‹Schicksalsfrage› der Etablierung weltweiter Regulierungen im Blick auf die internationalen Finanzmärkte. Eine sozialethische Beurteilung der Entwicklungen auf diesen Märkten greift in der Regel auf die bereits bei dem ersten evangelischen Wirtschaftsethiker Gottfried Traub und dem Klassiker der katholischen Soziallehre Oswald von Nell-Breuning zu Beginn des 20. Jahrhunderts eingeführte Unterscheidung von nützlicher Spekulation, die auf investives Handeln abzielt, und kurzfristigem Casinospiel zurück. Dort, wo Kapital für Investitionszwecke bereitgestellt wird, ist dies aufgrund der Schaffung von Arbeitsplätzen und der damit verbundenen allgemeinen Wohlfahrtsgewinne ethisch positiv zu würdigen, während die Finanzmärkte «vor allem von reinen Gewinnspielern» (Traub 1904: 167; vgl. Nell-Breuning 1928: 137 ff.) lediglich missbraucht werden. Schwierig ist es jedoch, diese Unterscheidung im Blick auf Finanzmarkttransaktionen zu konkretisieren. Als ein Maßstab hierfür kann der Grad der Verarbeitung von Informationen über Unternehmen im Rahmen der jeweiligen Investments genutzt werden: je höher die Informationsverarbeitung, desto größer die Wahrscheinlichkeit für ein zumindest mittelfristiges Engagement des Investors. Überwiegt das ‹gewinnspielerische› Element, besteht die Gefahr, dass ohne Rücksicht auf die gesamtwirtschaftlichen und gesellschaftlichen Folgen lediglich mit der Aussicht auf kurzfristig hohe Gewinne operiert wird.

Empirische Daten lassen einige Zweifel an einer positiven investiven Wirkung vieler neuer Finanzierungsinstrumente, speziell der Private-Equity-Firmen oder der Hedge-Fonds, aufkeimen. Während sich seit den frühen 1960er-Jahren bis zur Mitte der 1980er-Jahre in den USA wie in Deutschland

V. WIRTSCHAFTSETHIK

Gewinne und Investitionen weitgehend parallel entwickelten, ist seither – mit Ausnahme der kurzen Phasen des deutschen Vereinigungsbooms und des New-Economy-Booms in den USA Ende der 1990er-Jahre – eine immer stärkere Entkoppelung von Gewinnen und Investitionsraten zu verzeichnen. Ein wesentlicher Grund für diese Entwicklung liegt darin, dass Industrieunternehmen vermehrt als Kreditgeber auftreten oder sich anderweitig direkt auf den Finanzmärkten engagieren, da hier zumindest kurzfristig größere Renditemöglichkeiten erwartbar sind als durch realwirtschaftliche Investitionen. Vor diesem Hintergrund ist die Angleichung der Real- und der Finanzvermögen deutscher Unternehmen seit den 1990er-Jahren ebenso zu erklären wie die Tatsache, dass sich seit dieser Zeit deren Marktkapitalisierung deutlich dynamischer entwickelt hat als der nominelle Realkapitalstock. Die Hoffnungen, durch die Deregulierungen des Finanzmarktes in Deutschland vermehrt Kapital für Investitionen anzulocken und damit Arbeitsplätze zu schaffen, haben sich somit bestenfalls teilweise erfüllt. Ohne die positiven Beispiele des investiven Engagements neuer Investmentformen zu bagatellisieren, besteht auf der anderen Seite die Problematik, dass durch Finanzmarktanlagen, Aktienrückkäufe und anderes vielfach Geld gebunden wird, das für Investitionen zunächst nicht zur Verfügung steht. Die Forderung der beiden großen Kirchen, dass jede Form von Eigentum, «auch das international mobile Kapital» (EKD/DBK 1997: Nr. 162) stets sozialpflichtig ist, impliziert wesentlich, dass es investiv zur Schaffung von Arbeitsplätzen einzusetzen ist.

Die ökonomisch grundlegende Aufgabe der Finanzmärkte, den Kapitalbedarf der Unternehmen und den Anlagebedarf des Kapitals optimal zu verknüpfen, also eine «dienende Funktion» (Hübner 2009: 93) einzunehmen, bedarf ständiger institutioneller Verbesserungen und ist nach den starken Veränderungen der letzten Jahrzehnte keinesfalls optimal gelöst. Im Gegenteil scheint im Zuge einer zunehmenden Abkoppelung der Finanzmärkte von der Realwirtschaft deren dienende Funktion eher in den Hintergrund und das reine Casinospiel in den Mittelpunkt gerückt zu sein. Dies hat problematische Konsequenzen, wie die seit rund 25 Jahren periodisch auftretenden Krisen der Finanzmärkte zeigen. Der Ausbruch der jüngsten Finanzmarktkrise, die in den größeren Zusammenhang von Finanzmarktinstabilitäten in Folge unter anderem der Lateinamerika-, der Asien- oder der Russlandkrise seit Mitte der 1980er-Jahre gestellt werden muss, macht dies in besonders markanter Weise deutlich. Die aktuelle Krise ist weniger aufgrund individuellen Versagens, sondern vorrangig durch sich wechselseitig verstärkende Formen von Staats- und Marktversagen verursacht worden (vgl. Busch 2009: 120 ff.; EKD/DBK 2014: 24).

3. Die Ebenen wirtschaftsethischer Verantwortung

Die expansive Geldpolitik in den USA im Zeichen einer Niedrigzinspolitik verbunden mit einer wenig risikobewussten Kreditvergabe an private Immobilienkäufer führte zu dem Zeitpunkt, als die Zinsen ab 2006 wieder leicht anstiegen und zunehmend Schuldner ihre Immobilienkredite nicht mehr bedienen konnten, zum ‹Platzen› der US-Immobilienblase, was den historischen Ausgangspunkt der jüngsten Krise seit 2007 markiert. Das für diese und andere Kredite notwendige Kapital wurde vielfach durch den weltweiten Verkauf von Verbriefungen in der Form kurzfristiger Wertpapiere aufgebracht, wobei immer neue Tranchierungen und Bündelungen von Krediten mit unterschiedlichen Risiken vorgenommen wurden. Diese Formen der Verbriefung von Krediten dienten ursprünglich der Risikostreuung, führten allerdings faktisch zu einer Vervielfachung der Risiken durch immer größere Kredithebel, wobei eine fehlende Transparenz der neu geschaffenen Finanzprodukte sowie eine mangelnde internationale Finanzaufsicht letztlich die Risiken verschleiert und nicht ausbalanciert haben. Als problemverschärfend kommt die Rolle der Rating-Agenturen hinzu, die ihrerseits in einem Interessenkonflikt standen, da sie einerseits Finanzfirmen im Blick auf deren Produkte beraten und gleichzeitig diese Produkte für Kunden bewerten sollten. Gerade diese *double-bind*-Struktur verstärkte die Intransparenz, denn die von den Rating-Agenturen gelieferten Informationen erwiesen sich häufig als falsch oder stark verzerrt.

Als die kurzfristigen Refinanzierungen, auf die dieses System angewiesen war, nach Ausbruch der US-Immobilienkrise ausblieben, gerieten insbesondere die auf dieses Geschäft spezialisierten Investment-Banken in Bedrängnis. Banken liehen sich auf dem Interbankenmarkt nur noch Geld gegen deutlich erhöhte Risikozinsen, was zu einer Vielzahl von Insolvenzen von Banken führte, wobei die Insolvenz von Lehman Brothers im Herbst 2008 der spektakulärste Fall mit weitreichenden Folgen für Anleger und andere Banken war. Als die Auswirkungen auf die Realwirtschaft aufgrund fallender Aktienkurse und der Verteuerung von Investitionskrediten absehbar wurden, spannten die nationalen Regierungen sogenannte ‹Rettungsschirme› in Form von garantierten Krediten für einheimische Banken und auch für andere Unternehmen auf. Die institutionellen Veränderungen der Finanzmärkte haben sich als wenig nachhaltig erwiesen und gerieten ausgerechnet in einer Zeit einer abflachenden Weltkonjunktur in die Krise. Problematisch ist aus Sicht der Ordnungskonzeption der Sozialen Marktwirtschaft, dass als ‹systemrelevant› eingestufte Finanzmarktakteure, speziell große Banken, staatlich gestützt worden sind. Dies ist im Kern ein systemwidriges

Staatshandeln, schien wegen der Besonderheiten des Bankensektors für die gesamte Volkswirtschaft jedoch schwer zu umgehen. Aufgrund der Finanzkrise hat sich für ‹systemrelevante› Banken faktisch eine Staatsgarantie ergeben, weshalb das grundlegende Prinzip der Haftung für wirtschaftliches Verhalten letztlich außer Kraft gesetzt wurde (vgl. EKD/DBK 2014: 24 ff.). Immerhin hat die EU im Rahmen der im Frühjahr 2014 ratifizierten und ab 2016 greifenden Bankenunion festgelegt, dass in erster Linie Eigentümer und Gläubiger für eine Bankenrettung haften sollen.

Insgesamt hat die Finanzmarktkrise klar die Notwendigkeit der Schaffung von verlässlichen Rahmenbedingungen deutlich gemacht, wie sie der Konzeption der Sozialen Marktwirtschaft entsprechen. Allerdings ist es bisher zumeist nur im nationalen oder regionalen Rahmen gelungen, relevante Maßnahmen durchzusetzen, eine weltweite Regulierung der Finanzmärkte ist trotz eines gewissen politischen Aktionismus nicht erfolgt und kaum absehbar. Am ehesten scheint ein internationales Regelwerk im Blick auf eine bessere Risikoabsicherung der Banken, etwa durch eine höhere Eigenkapitaldeckung, durchsetzbar zu sein (vgl. Hübner 2009: 161 ff.). Immerhin ist die Schaffung einer internationalen Finanzaufsicht in die Wege geleitet worden. In Europa werden zudem die Aufsichtsbehörden für Banken, Wertpapiere und Versicherungen aufgewertet und besser vernetzt, wodurch bei effizienter Arbeit der Behörden Krisen besser vorgebeugt werden kann.

Ein zentrales Problemfeld bleibt die Regulierung der Rating-Agenturen, wobei insbesondere eine verbesserte Standardisierung der Bewertungsmodelle für die unterschiedlichen Finanzinstrumente notwendig ist. Insofern sind wichtige Aspekte einer angemessenen Regulierung der Finanzmärkte, die bereits in der EKD-Unternehmerdenkschrift als besonders vordringlich beschrieben und in der kirchlichen Sozialinitiative von 2014 bekräftigt worden sind (vgl. EKD 2008: 75 ff.; vgl. EKD/DBK 2014: 24 ff.), bisher nicht berücksichtigt worden.

Darüber hinaus besteht die grundlegende wirtschaftsethische Problematik der Finanzmärkte in einer nach wie vor dominierenden Kurzfrist-Orientierung, die als Indikator für eine Casinomentalität im Unterschied zu seriösen Investitionsinteressen angesehen werden kann. Anreize für einen mittel- und langfristigen Erwerb von Unternehmensanteilen, etwa eine Ausweitung der Spekulationssteuerfrist oder andere steuertechnische Maßnahmen für eine Senkung der Attraktivität von Kurzfrist-Anlagen, sind ebenfalls nicht umgesetzt worden. Insgesamt ist die Regulierung der Finanzmärkte somit kaum gelungen, obwohl dies gerade auch aus ökonomischen Gründen notwendig ist, da sich die Finanzmärkte als wenig effizient und stabilisierend erwiesen haben.

Die Soziale Marktwirtschaft befindet sich angesichts der Finanzmarktkrise, welche die Herausforderungen der Globalisierung besonders deutlich werden lässt, in einer neuen Bewährungsprobe. Der nationalstaatliche Rahmen allein ist in dieser Situation nicht ausreichend. Insofern kommt es darauf an, die Grundideen der Sozialen Marktwirtschaft auf internationaler Ebene umzusetzen. Ein wichtiger Zwischenschritt zwischen der nationalen und der internationalen Ebene sind die regionalen Wirtschaftsblöcke, speziell die EU, die immerhin einzelne Regelungen beschlossen hat. Bereits Arthur Rich hat in seiner Wirtschaftsethik auf deren zunehmende Bedeutung verwiesen und gefordert, die EU durch exemplarische Regulierungen zu einem wesentlichen Schrittmacher hin zu einer «weltwirtschaftlichen Marktregulierung» (Rich 1990: 362) zu machen. Die Wirtschaftspolitik der EU im Sinn der Sozialen Marktwirtschaft weiterzuentwickeln, bezeichnet somit die Ebene, auf der sich deren Leitbildcharakter in einem nächsten Schritt bewähren könnte. Voraussetzung hierfür ist ein entsprechender politischer Wille, der die Gestaltungskraft der Politik gegenüber sich entgrenzenden ökonomischen Prozessen umsetzt. Nur so kann eine sowohl sachgemäße wie auch menschengerechte, an den Erfordernissen realwirtschaftlicher Prozesse orientierte Gestaltung der internationalen Finanzmärkte gelingen.

3.1.4. Die Aufgabe der Sicherung der Zukunftsfähigkeit wirtschaftlichen Handelns

Die zentrale Herausforderung für jedes zukunftsfähige wirtschaftliche Handeln ist die Sicherstellung der Nachhaltigkeit. Dieses Leitbild hat zwar spätestens seit den 1980er-Jahren weite Anerkennung gefunden, doch ist der Ressourcenverbrauch seitdem nicht gestoppt worden, sondern hat weiterhin zugenommen: Während sich in den letzten 35 Jahren die Weltbevölkerung ungefähr verdoppelt hat, verdreifachte sich der weltweite Energieverbrauch, und die CO_2-Emissionen vervierfachten sich (vgl. Müller 2014: 5). Zu diesem Befund haben nicht nur die nachholende Industrialisierung großer Teile Asiens und Südamerikas beigetragen, sondern vor allem der trotz aller Effizienzverbesserungen und Einsparungen weiterhin stark ressourcenverbrauchende Lebens- und Wirtschaftsstil in den Industrieregionen, wie es exemplarisch die anwachsend negative Ökobilanz des Mobilitätsverhaltens

V. WIRTSCHAFTSETHIK

und in allgemeiner Form der sogenannte ‹ökologische Fußabdruck› zum Ausdruck bringen. Letzterer versucht, auf der Grundlage von Berechnungen der Ressourcen- und Abfallströme den Flächenbedarf von Gesellschaften zu bestimmen, wobei die Größe dieses Fußabdrucks in den meisten hochindustrialisierten Staaten die real zur Verfügung stehende Fläche übertrifft (vgl. EKD 2014: 44 ff.). Ungeachtet der Berechnungsprobleme solcher Modelle ist deutlich, dass vielfach die planetarischen Belastungsgrenzen erreicht oder sogar überschritten sind, sodass die Gefahr des Erreichens von ‹Kippprozessen› etwa im Klimasystem mit unvorhersehbaren Konsequenzen näher rückt (vgl. EKD/DBK 2014: 34).

Die seit der UN-Umweltkonferenz von Rio 1992 formulierten Einsparziele sowie die UN-Milleniumsziele oder auch die 2012 im Rahmen der Rio+20-Konferenz diskutierten Nachhaltigkeitsziele der Vereinten Nationen (vgl. EKD 2014: 70 ff.) haben aufgrund der Schwäche der bisher entwickelten Institutionen einer globalen Kooperation den zunehmenden Ressourcenverbrauch bisher nicht stoppen oder gar verringern können. Die seit dem Kyoto-Protokoll 1997 formulierte besondere Verantwortung der Industrienationen hat ebenfalls bisher kaum zu entsprechenden Konsequenzen geführt. Auch die Hoffnung auf eine «Koalition der innovationsbereiten Staaten» (EKD 2014: 100) für Nachhaltigkeit, wobei die EU eine wesentliche Rolle spielen sollte, ist recht vage, obwohl sie gegenwärtig eine der wenigen realistischen Perspektiven darstellt.

Die bisherigen Diskussionen um eine Postwachstumökonomie sind wenig konkret, da diese im Kern einen radikalen Umbau des auf ökonomischem Wachstum basierenden Wirtschaftssystems nach sich ziehen würde. Eine realistischere Perspektive stellt gegenwärtig eine strikte Entkoppelung von «Wirtschaftswachstum und Naturverbrauch» mit dem vorrangigen Ziel der «absoluten Senkung des Energieverbrauchs» (Müller 2014: 7) dar.

Wesentliche Voraussetzung hierfür ist eine angemessene ökonomische Bewertung von Naturgütern, damit der ökonomische Wachstumszwang, der im Kern ein monetärer Wachstumszwang ist, durch eine Entkoppelung des bisher unzureichend oder gar nicht monetär bewerteten Naturverbrauchs mit dem Leitbild einer nachhaltigen Wirtschaft in Einklang gebracht werden kann. Während die Nutzung von Flächen oder Bodenschätzen ökonomisch stets bewertet worden ist, wenngleich selten in einer Weise, die Nachhaltigkeit sicherstellt, haben sich verschiedene andere Formen der Ressourcennutzung – etwa Wasser und Luft – nur wenig oder gar nicht als Kostenfaktor niedergeschlagen. Ökonomisch handelt es sich dabei um sogenannte freie

Güter, die «von den Verwendern als freie und damit als beliebig verschwendbare Produkte behandelt» (Watrin 1994: 119) worden sind, weil sich kein Eigentümer oder starker Anwalt dieser Güter gefunden hat. Der entsprechende Raubbau lässt sich dadurch erklären, dass es bei der Schädigung von freien Gütern nicht oder nur unzureichend gelungen ist, jedem Produktions- und auch Konsumakt die entsprechenden Kosten und jeweiligen Eigentumsrechte zurechnen zu können, damit «aus dem jeweiligen Umweltgut ein Kapitalgut wird» (Watrin 1994: 119), was zu einem schonenden Umgang mit diesen Gütern beitragen würde.

Vor diesem Hintergrund ist es nötig, wirkungsvolle Instrumente zur Verankerung eines nachhaltigen Wirtschaftens in die wirtschaftliche Ordnungsstruktur zu implementieren. Im Sinn der Konzeption der Sozialen Marktwirtschaft sind insbesondere diejenigen Instrumente zu favorisieren, die – sei es durch Steuern und Abgaben, sei es durch den Emissionshandel mit Zertifikaten – über die Preise Signale an den Markt übermitteln. Bereits die EKD-Wirtschaftsdenkschrift *Gemeinwohl und Eigennutz* hat in diesem Sinn argumentiert und den Grundsatz aufgestellt, dass «umweltschonendes Produzieren und Konsumieren [...] über den Preis zum Bestandteil des Marktgeschehens gemacht werden» (EKD 1991: Nr. 190) sollte. Nur wenn es gelingt, die ökologischen Kosten von Produktion und Konsum in die Preise zu integrieren, lässt sich letztlich der Naturverbrauch senken. Daher ist es eine vorrangige Aufgabe der Politik, insbesondere der EU, durch die genannten Regelungen den Naturverbrauch angemessen ‹einzupreisen› und Anreize für eine die Ressourcen schonende Wirtschaftsweise zu setzen.

3.2. Die Ethik der Akteure wirtschaftlichen Handelns (Meso- und Mikroebene)

3.2.1. Die wirtschaftsethische Verantwortung der Sozialparteien im Sinn des Leitbildes der Sozialpartnerschaft

Im Prozess der Ausgestaltung der Wirtschaftsordnung spielen, wie bereits angedeutet, neben der Gesetzgebung vor allem die Sozialparteien, also die Arbeitgeberverbände und Gewerkschaften, eine zentrale Rolle. Eine wesentliche Aufgabe dieser Verantwortungsebene betrifft die Ergänzung des indi-

V. WIRTSCHAFTSETHIK

viduellen Arbeitsrechts einerseits durch das kollektive Arbeitsrecht, das durch die Rahmenordnung, das heißt durch Gesetzgebung sowie Rechtsprechung und durch das Verhandeln der Verbände der Sozialparteien weiterzuentwickeln ist.

Als ein dem «sozial-irenischen» (Katterle 1989: 35) Charakter der Sozialen Marktwirtschaft entsprechendes Leitbild für die Gestaltung der Beziehungen der Verbände der Unternehmer und der Arbeitnehmer ist seit den Anfängen der Bundesrepublik die Idee der Sozialpartnerschaft entwickelt worden, wie sie in verschiedenen Gesetzeswerken – exemplarisch in der Präambel des Betriebsverfassungsgesetzes von 1952 – ihren Niederschlag gefunden hat. In einer stark harmonisierenden Weise betont man die gemeinsamen Aufgaben und die gemeinsame Verantwortung von Unternehmern und Arbeitnehmern, wobei auf der Basis der grundgesetzlich verankerten Koalitionsfreiheit (Art. 9 GG) die unterschiedlichen Interessen zu einem Ausgleich gebracht und der Orientierung am Gemeinwohl untergeordnet werden sollten. Seit der EKD-Synode von Espelkamp im Jahr 1955, die sich erstmals dem Thema der Arbeitswelt zuwandte, ist in der evangelischen Sozialethik der Partnerschaftsgedanke zu einem grundlegenden Leitbild geworden. «Soziale Partnerschaft» wird in diesem Kontext als eine fundamentale menschliche Haltung angesehen, welche «die Verschiedenartigkeit des Menschen und seines Auftrages nicht leugnet, aber auf gegenseitigem Ernstnehmen und Verstehen beruht» (von Bismarck 1955: 74). Dementsprechend sollte in der Arbeitswelt eine Kultur der Mitverantwortung und der Sozialpartnerschaft vertieft werden. Allerdings zielt die so verstandene Partnerschaft nicht allein auf das Verhalten des Einzelnen, sondern schließt wesentlich die Ebene institutioneller Regelungen ein, wie bereits Heinz-Dietrich Wendland mit Nachdruck betont hat (vgl. Wendland 1959: 232). Sozialpartnerschaft meint somit wesentlich die Bereitschaft zur Verständigung, zum Interessenausgleich und zur gemeinsamen Verantwortungsübernahme der Sozialparteien. In diesem Sinn werden gemeinsame Abkommen zur Weiterentwicklung der sozialen und wirtschaftlichen Ordnung wie auch im Blick auf konkrete Tarifvereinbarungen begrüßt und als wesentliche Schritte hin zur partnerschaftlichen Einigung im Sinn einer Überwindung des beiderseitigen Klassenkampfgedankens interpretiert.

Die Betonung einer gemeinsamen Verantwortung der Sozialparteien, die Suche nach einem fairen Interessenausgleich, die Einbeziehung von Arbeitnehmervertretern in die Unternehmensentscheidungen durch Organe der Mitbestimmung, Programme zur Humanisierung der Arbeit sowie die

Orientierung der Sozialparteien am Gemeinwohl zur Aufrechterhaltung und Stabilisierung des sozialen Friedens können als die wesentlichen sozialethischen Gesichtspunkte des Leitbildes der Sozialpartnerschaft bezeichnet werden.

Insgesamt hat diese Form der Sozialpartnerschaft zu einer Befriedung der wirtschaftlichen Interessengegensätze und Konflikte in Deutschland geführt und ein «Netzwerk von Institutionen zur Regulierung der Arbeitsbeziehungen und Lebensbedingungen» (Jablonowski 2001: 1468) aufgebaut, sodass hinsichtlich der Gestaltung der Arbeits- und auch der Ausbildungsbedingungen ein hohes Maß an nationaler Koordination entwickelt worden ist. Neben der Tarifpolitik ist das duale deutsche System der Berufsausbildung in besonderer Weise für die Kooperation der Sozialparteien kennzeichnend, das zu einer hochqualifizierten Arbeitnehmerschaft geführt hat und eine wesentliche Basis der hohen Qualitäts- und Fertigungsniveaus der deutschen Wirtschaft bildet. Dieses Modell ist verschiedentlich als wenig dynamischer ‹Korporatismus› angesichts der Globalisierungsprozesse infrage gestellt worden, allerdings hat nicht zuletzt die auf sozialpartnerschaftlicher Kooperation beruhende Bewältigung der Finanzmarktkrise seit 2008 in Deutschland die Vorteile von konsensorientierten Mechanismen gezeigt.

Insofern ist das Ethos der Sozialpartnerschaft zu fördern. Ein Engagement in den Unternehmensverbänden und Gewerkschaften gehört in diesem Sinn zu einem christlich geprägten Arbeitsethos. Exemplarisch ist diesbezüglich eine Stellungnahme der EKD aus dem Jahr 1955, die ausführt, dass die Mitarbeit in der Einheitsgewerkschaft – das Gleiche gilt im Prinzip auch für die Mitwirkung in den Verbänden der Arbeitgeber – ein «notwendiges Zeichen der gemeinsamen Verantwortung [...] für die Verwirklichung sozialer Gerechtigkeit» ist; das Bemühen in den Verbänden «um eine gerechte gesellschaftliche und wirtschaftliche Ordnung» wird als selbstverständliche Aufgabe von Christen angesehen (EKD 1956: 31). Dabei geht ihre Perspektive über das eigene, wohlverstandene Eigeninteresse hinaus, indem im Sinn einer erweiterten Solidarität die Anliegen des Gemeinwohls angemessen berücksichtigt und insbesondere ein Eintreten für Randgruppen und Schwache, die keine eigene Lobby haben, praktiziert werden sollen (vgl. Naumann 1964: 830 f.).

3.2.2. Das Konzept der «Corporate Social Responsibility» als europäisches Leitbild für eine ethisch verantwortliche Unternehmensführung

Die Europäische Union hat seit einigen Jahren, beginnend mit dem EU-Grünbuch *Europäische Rahmenbedingungen für die soziale Verantwortung der Unternehmen* (Juli 2001), die Bedeutung eines integrativen Managementansatzes für die zukünftige Entwicklung unternehmerischen Handelns in Europa herausgestellt und einen EU-weiten Konsultationsprozess zu diesem Thema initiiert. Die Zielsetzung einer gesellschaftlichen Verantwortung der Unternehmen – Corporate Social Responsibility: CSR – bezeichnet ein Konzept, «das den Unternehmen als Grundlage dient, auf freiwilliger Basis soziale Belange und Umweltbelange in ihre Unternehmenstätigkeit und in die Wechselbeziehungen mit den Stakeholdern zu integrieren» (EU-Grünbuch 2001: Nr. 20).

Das Konzept der CSR ist eng mit dem unternehmensethischen Stakeholder-Modell zur Beschreibung der Aufgaben eines Unternehmens verknüpft, das alle Anspruchsgruppen eines Unternehmens, also neben den Anteilseignern auch Beschäftigte, Kunden, das gesellschaftliche Umfeld und die Umwelt bei Entscheidungen mitberücksichtigt. In diesem Sinn ist seit Ende 2002 das Europäische Multistakeholder-Forum etabliert, das im Rahmen themenspezifisch eingerichteter ‹Runder Tische› den Dialog zwischen Unternehmern und den ‹Stakeholdern› organisiert. Darauf aufbauend hat die EU seit dem Frühjahr 2006 eine ‹Europäische Allianz für CSR› mit dem Ziel lanciert, durch die Integration sozialer und ökologischer Anliegen in die Unternehmensführung die Unternehmen in Europa zu einem *pool of excellence for CSR* zu entwickeln (vgl. www.csreurope.org), wobei die bindende Einführung entsprechender Audit-Systeme zur Bewertung der sozialen und ökologischen Performance der Unternehmen als unabdingbar angesehen wird.

Eine große Sensibilität für das CSR-Konzept ist allerdings nur bedingt vorauszusetzen, wie empirische Erhebungen zum Ethos von Führungskräften belegen. Nach einer methodisch komplexen Analyse der Werthaltungen von Führungskräften in Schweizerischen Unternehmen lassen sich 33 % der Führungskräfte dem Einstellungstyp eines an ökonomischen Sachzwängen ausgerichteten Handelns und 55 % der Befragten, eher ältere Führungskräfte, einem stark legalistisch orientierten, konventionalistischen Verantwortungsethos zuordnen. Nur bei einer Randgruppe von ca. 10 % der Führungskräfte, die sogenannten ‹Reformer›, ist die Auffassung vorherrschend, dass die Struktur ökonomischen Handelns einer ethisch motivierten Änderung oder Weiterentwicklung bedarf (vgl. Ulrich/Thielemann 1992). Eine aktuelle Erhebung unter den Vorständen und Aufsichtsratsvorsitzenden der einhundert größten Unternehmen in Deutschland ergibt drei ungefähr gleich große Einstellungsmuster, nach denen die Moral für unternehmerisches Handeln eine große, eine ambivalente oder eine geringe Rolle spielt. Eine Minderheit von rund 10 % vertritt gar die Auffassung, dass erfolgreiches wirtschaftliches Handeln ein bestimmtes Maß an Amoralität verlange, was insbesondere für das Handeln in anderen Kulturen gelte. Insgesamt unterstreichen diese Ergebnisse den Trend, dass moralischen Grundsätzen bei der Führung von Unternehmen ein geringer Stellenwert zugemessen wird. Ausnahmen sind diesbezüglich Führungskräfte mit einer starken religiösen Überzeugung, die ethische Dilemmata in ihrer Berufspraxis häufiger wahrnehmen und deutlicher nach Handlungsalternativen suchen (vgl. Graafland u. a. 2006).

Die Berücksichtigung der Interessen aller Anspruchsgruppen unternehmerischen Handelns ist vor dem Hintergrund dieser Befunde nur dann einsichtig zu machen, wenn sich deren Berücksichtigung für den Aufbau ökonomischer Erfolgspotentiale zumindest mittel- und langfristig als ökonomisch funktional erweist. Die Bedeutung einer sozialen und ökologischen Verantwortlichkeit von Unternehmen geht zwar nicht in diesem zweckrationalen Kalkül auf, muss aber auch keineswegs in einem Gegensatz hierzu stehen. Die im EU-Grünbuch entwickelte Perspektive, nach der das Konzept der CSR – zumindest in einer längerfristigen Perspektive – die Ertragskraft von Unternehmen steigert, kann ökonomisch mithilfe der Transaktionskostentheorie einsichtig gemacht werden. Transaktionskosten sind alle organisationsinternen Kontroll- und Überwachungskosten, die organisationsextern zu berücksichtigenden Kosten für die Anbahnung von Kooperationsbeziehungen mit anderen Akteuren sowie die Pflege der Kommunikation im gesellschaftlichen Umfeld (vgl. Williamson 1990). Je komplexer sich die Umwelt von Unternehmen entwickelt, desto schwieriger wird die Sicherung der organisationsinternen Kooperation, da unterschiedliche Werthaltungen und Kulturen von Mitarbeitern zu koordinieren sind. Organisationsextern gilt es, den Aufbau der Reputation eines Unternehmens in der Öffentlichkeit zu stabilisieren.

Im Blick auf das Außenverhältnis von Unternehmen sind insbesondere die nicht einfach zu erfassenden Anforderungen der Gesellschaft einzubeziehen, welche für die Kostenstruktur und Zukunftsfähigkeit eines Unternehmens aufgrund der Akzeptanz von Produkten und Produktionsmethoden sowie durch die Berücksichtigung bürgerschaftlicher Anliegen – etwa bei Standort- und Beschäftigungsfragen sowie im Blick auf ökologische Aspekte – von nicht zu vernachlässigender Bedeutung sind (vgl. Wieland 1993: 25 f.). In ähnlicher Weise lässt sich die Bedeutung eines Konsensmanagements nach innen als funktional für den Erfolg eines Unternehmens erweisen. Gerade angesichts hoch qualifizierter Mitarbeiter verlieren die Kontroll- und Anreizmechanismen der Hierarchie an Effektivität, während sich die Motivation und Loyalität der Mitarbeitenden durch die Delegation von Entscheidungs- und Verantwortungskompetenzen deutlich steigern lässt. Die Ermöglichung von Partizipation und die auf Konsens orientierte Leitung eines Unternehmens können in der Praxis weniger Abgänge, ein effektiveres Lösen von Problemen sowie vor allem die schnellere Implementation von Problemlösungsstrategien bedeuten.

Die ethischen Selbstbindungen gehen über die gesetzlichen Standards hinaus und streben in der Regel die Perspektive einer Vergrößerung der Schnittmenge von ökonomischem Erfolg und ethisch begründbarem Verhalten an. Demgegenüber bleibt aus ethischer Sicht kritisch zu fragen, inwieweit auch die Interessen schwacher gesellschaftlicher Gruppen ohne explizite Machtbasis berücksichtigt werden (vgl. Ulrich 1987: 441). Die Bewährungsprobe der Umsetzung solcher ethischer Selbstbindungen, die möglicherweise kostenverursachend sind, betrifft insbesondere unternehmerisches Handeln in rechtlich vergleichsweise wenig regulierten Bereichen, vor allem in vielen Ländern des Südens, die durch die Globalisierung in die Wertschöpfungsketten transnationaler Unternehmen einbezogen sind. Vielfach sind in diesen Ländern soziale oder ökologische Belange kaum durch Gesetzesvorgaben geschützt, zudem können Korruption und anderes Verhalten, das mit menschenrechtlich basierten Moralvorstellungen nicht vereinbar ist – etwa Sexismus oder Formen des Rassismus –, verbreitet sein. Häufig lassen sich in solchen Ländern ethische Verhaltensstandards, die deutlich über die gesetzlichen Auflagen hinausgehen, nur dann realisieren, wenn eine kritische, als relevant eingeschätzte Öffentlichkeit darauf reagiert (vgl. Hengsbach 1991: 64). Dementsprechend, so lässt sich resümieren, haben die jeweils beteiligten *stakes* an einem Unternehmen eine umso höhere Durchsetzungschance, je stärker ihre Machtposition ist.

3.2.3. Arbeit als ‹Beruf› – Das protestantische Berufsethos als motivationale Basis wirtschaftlichen Handelns

Die im antiken Vergleich überaus positive biblische Bewertung der menschlichen Arbeit ist in der Reformationszeit in kritischer Abgrenzung gegenüber der antiken und der mittelalterlichen Vorordnung der *vita contemplativa* vor der *vita activa* erneut in den Mittelpunkt gerückt worden. Ausgehend von der grundlegenden Entdeckung Luthers, dass alle Christen durch die Taufe «wahrhaft geistlichen Standes» (WA 6: 407) sind, dürfen nunmehr alle Menschen – und nicht allein die Geistlichen – ihre jeweilige ‹weltliche› Tätigkeit als Gottesdienst oder als ‹Beruf› betrachten. «In der als ‹Sinnform Beruf› fokussierten Arbeit kommen die religiöse Berufung durch Gott und die Ordnung der Gesellschaft sinnfällig zusammen» (Wegner 2014a: 7).

Dementsprechend ist die für die mittelalterliche Welt typische Überordnung des geistlichen Standes über die anderen Stände aus theologischen Gründen abgeschafft worden. Stattdessen ist in jedem Stand der Dienst am Nächsten als ‹Beruf› zu realisieren: ‹Beruf› meint nunmehr die Ausweitung der im Mittelalter allein für Geistliche geltenden ‹Berufung› auf alle Christen. Eine entsprechende Lebensführung hat Luther in Anlehnung an Paulus, der die Christen zu einem «vernünftigen Gottesdienst» im alltäglichen Leben ermahnt hat (vgl. Röm 12,1 f.), als Gottesdienst bezeichnet. ‹Beruf› meint folglich den konkreten Ort der Verantwortungsübernahme jedes Christen, indem dort die jeweiligen Gaben, die Charismen, in der Berufsverantwortung zu entfalten sind.

Luthers Leistung ist darin zu sehen, dass er den Berufsbegriff von der ursprünglichen Beziehung auf das Ordensleben gelöst und für die Kennzeichnung aller weltlichen Tätigkeiten verwandt hat, die sich im Sinn der Nächstenliebe an den Bedürfnissen der anderen orientieren. Während das Mönchsleben als selbstgewählte Existenz sich der alltäglichen Sorgen zu entledigen trachtet, wird die pflichtgemäße Berufsarbeit von Luther theologisch als ‹Kreuz› interpretiert, wobei er auf die mit jedem Beruf verbundenen Schwierigkeiten als Beleg heranzieht. Letztlich bekämpft somit die mit dem Beruf gegebene Verantwortung das selbstsüchtige Wesen des Menschen.

Die praktische Umsetzung der Verantwortung in der von Gott verordneten Berufsarbeit hat Luther einseitig im Blick auf die Sekundärtugenden des Fleißes und der Pflichterfüllung näher beschrieben. Diejenigen, die ihre Berufspflichten vernachlässigen, machen sich faktisch des Diebstahls schuldig, da sie in einem solchen Fall – wie im *Großen Katechismus* ausgeführt – des Nächsten Gut «verwahrlosen und versäumen aus Faulheit, Unfleiß oder Bosheit» (WA 30: 616). Luthers konkrete Ausführungen zum Berufsverständnis sind somit stark von der ständischen Wirklichkeit seiner Zeit bestimmt, indem sie den Einzelnen an den durch die Geburt bestimmten, in dieser Sichtweise als von Gott angewiesenen Platz verweisen, den es verantwortlich und zuverlässig auszufüllen gilt.

Mobilität und Dynamik im Berufsleben sind mit einer solchen Wirklichkeitsdeutung schwerer zu vereinbaren. Sie sind in der weiteren Entwicklung vorrangig durch das calvinistische Ethos vermittelt worden, das die eigene Arbeit auf die Ehre Gottes bezogen hat und in diesem Sinn auch zu einem Wechsel des Berufs ermuntern und damit eine Dynamik wirtschaftlichen Handelns aufzeigen konnte. In der Linie des lutherischen Berufsethos, der calvinistischen Weiterführung dieser Tradition und in letzter Zuspitzung unter dem Einfluss puritanischer Deutungen, die auf eine Haltung innerweltlicher Askese mit einer streng kontrollierten Lebensführung zielten, ist die Berufsarbeit zu einer entscheidenden, motivationalen Wurzel bei der Herausbildung des neuzeitlichen Kapitalismus geworden (vgl. Weber 1904 f. / 1993). In protestantischer Perspektive erwächst bis in die Gegenwart sowohl für unternehmerisches wie für ausführendes Handeln die «Motivation» wesentlich «aus Gottes Berufung» (EKD 2008: 47).

Seit der Aufwertung der *vita activa* durch die Reformation und durch die theologische Bestimmung der Arbeit als ‹Beruf› ist das tätige Leben zum zentralen Ort der Bewährung des christlichen Glaubens geworden. Die Ausrichtung auf die Muße oder ein Leben in der Kontemplation, welche nicht weltgestaltend wirken, sind seither in der protestantischen Tradition delegitimiert worden. Der Protestantismus konzentriert das religiös begründete Streben der Menschen auf die alltägliche Wirklichkeit, die als exemplarisches Begegnungsfeld von Gott und Mensch betrachtet wird, indem der Mensch durch seinen ‹Beruf› dem Nächsten dienen soll. Als ‹Beruf› wurden alle Tätigkeitsformen legitimiert, wie beispielhaft Luthers Hochschätzung der Familien- und Reproduktionsarbeit zeigt.

Erst mit dem Zeitalter der Aufklärung setzte eine Entwicklung ein, welche das in der Reformationszeit begründete Aktivierungspotenzial tendenziell verselbständigt hat. Ein wichtiger Legitimationsgrund dieser Haltung war die Hoffnung, die Menschheit könne sich durch Arbeit und Selbstbestimmung emanzipieren und einen unendlichen menschlichen Fortschritt herbeiführen. Diese Tendenzen haben zu einer Verabsolutierung des Arbeitsverständnisses geführt, wie es in manchen bürgerlichen Verherrlichungen der Arbeit und nicht zuletzt in der marxistischen Doktrin der Menschwerdung des Menschen durch Arbeit einen Ausdruck fand (vgl. Meireis 2008: 93 ff.; Jähnichen 1998: 105 ff.).

Spätestens seit der beginnenden Industrialisierung lässt sich eine immer einseitigere Würdigung der Erwerbsarbeit und eine Reduzierung von Arbeit auf Erwerbsarbeit feststellen. Während die Menschen in der Blütezeit des Puritanismus und der Aufklärung Berufsmenschen sein wollten, zwingt das «stahlharte Gehäuse» (Weber 1904 f. / 1993: 153) der Moderne zum Berufsmenschentum. Die Industriegesellschaft mit der «Herausbildung rein maschinengetriebener Arbeitstätigkeiten wie im Taylorismus und Fordismus» (Wegner 2014a: 26) bedarf kaum noch der Stützen einer religiös begründeten Berufspflicht, da an deren Stelle der äußere Zwang ökonomischer und technischer Verhältnisse getreten ist.

Die damit bezeichnete Entfremdung der menschlichen Arbeit zwingt dazu, die Sinnfrage der Arbeit unter den Bedingungen der Moderne neu zu stellen. In der Industriegesellschaft lässt sich die biblische Spannung von Segen und Fluch der Arbeit als Ambivalenz einer einerseits steigenden materiellen Wohlfahrt und eines Berufsstolzes im Blick auf die Herstellung bestimmter Produkte sowie andererseits zunehmender Erfahrungen der Entfremdung in der Arbeitswelt – etwa in der Fließbandarbeit – reformulieren. Unter diesen Bedingungen ist für viele Menschen das Erleben der Erwerbsarbeit als ‹Beruf› kaum mehr nachvollziehbar. Häufig wird Erwerbsarbeit im Sinn des *job-holding* instrumentell als bloßes Mittel des Lebenserwerbs verstanden.

Demgegenüber deutet sich seit den 1980er-Jahren durch neue Formen der Selbstorganisation der Facharbeit in der Produktion, durch wissensbasierte Projektarbeit und andere Gestaltungen im Erwerbskontext eine «Wiedergeburt dessen, was mit Beruflichkeit gemeint war, [...] an» (Wegner 2014a: 28). Daneben gibt es – häufig eng verknüpft mit spezifischen Qualifikationen – nach wie vor ein ausgeprägtes, eher traditionelles Berufsethos, beispielhaft in den Bereichen des Handwerks und vieler freier Berufe.

Die traditionelle Berufsvorstellung des Protestantismus gilt es somit angesichts der gegenwärtigen Arbeitswirklichkeit im Sinn eines «tätigen Leben(s) im Dienst am Nächsten» (Meireis 2008: 511 u. a.) zu reformulieren. Dabei sind die ökonomischen und arbeitsrechtlichen Bedingungen oder auch Einschränkungen eines solchen «erfüllungsoffenen Lebens nach menschlichem Maß» (Meireis 2008: 514) zunächst zu thematisieren, bevor nach der individuellen Lebensführung und möglichen Deutungen der Arbeit gefragt werden kann. Ein solches tätiges Leben dient dem Lebensunterhalt und Erwerb, «schließt auch den Genuss nicht aus» und zielt wesentlich «auf den Nächsten»; es ist «durch die Ruhe Gottes konstituiert und begrenzt» (Meireis 2008: 537, 538) und nimmt in dieser religiösen Perspektive wesentliche Aspekte der reformatorisch geprägten Berufsvorstellung auf.

3.2.4. Die wirtschaftsethische Verantwortung der Konsumenten

Die Freiheit des Konsums ist für eine freiheitliche Gesellschaft und Wirtschaft grundlegend. Da in theologischer Perspektive Freiheit stets an ihren verantwortlichen Gebrauch gekoppelt ist, gilt es, wirtschaftsethische Verantwortung gerade auch im Bereich des Konsums wahrzunehmen, der als eine nicht zu unterschätzende Einflussgröße der wirtschaftlichen Entwicklung zu bewerten ist (vgl. Hübner 2012: 320 ff.). In diesem Sinn ist die Diskussion einer «Moralisierung der Märkte» (vgl. Stehr 2007) durch ethisch bewusste Kaufentscheidungen von großer Bedeutung. Zunächst ist allerdings zu erörtern, über welche Freiheits- und Verantwortungsspielräume Konsumenten verfügen.

Klassisch ist der Streit zwischen Vertretern der ‹Konsumentensouveränität›, wonach Konsumenten die Entscheidungsberechtigten, die ‹Souveräne› über knappe Ressourcen sind, und den Kritikern der Marketing-Gesellschaft, welche Kunden als manipulierte Objekte der Meinungsindustrie bezeichnen. Diese Kontroverse ist unfruchtbar, wie empirische Studien zum Kaufverhalten zeigen. Danach lässt sich weder das Bild des rational entscheidenden Konsumenten noch das Bild des durch Stimuli manipulierten Käufers bestätigen (vgl. Behrens 1991). Untersuchungen zeigen, dass etwa Routinekäufe, die einen beträchtlichen Teil des Konsumentenverhaltens darstellen, nur begrenzt beeinflussbar sind. Wichtig sind zudem persönliche Erfahrungen sowie das soziale Umfeld der Konsumenten. Das Konsumentenverhalten ist somit weitaus komplexer, als es die Alternative ‹Konsumentensouveränität› versus ‹Manipulation durch die Meinungsindustrie› suggeriert. Je nach Art, Bedeutung und Langfristigkeit der Kaufentscheidungen sind in unterschiedlicher Weise emotive und kognitive Formen der Informationsverarbeitung und damit unterschiedliche Formen der Meinungsbildung oder der Beeinflussung zu unterscheiden.

Grundsätzlich beruht jeder Konsum somit auf einer Entscheidung, die auch ethisch bewertet werden kann. In seiner Studie *Die Moralisierung der*

Märkte hat Stehr die These entwickelt, dass in Zukunft das Marktverhalten immer mehr «unter Verweis auf Fairness, Authentizität, goodwill, Ängste, Nachhaltigkeit, Ausgleich, Rache, Exklusivität, Originalität, Solidarität, Alter, Mitgefühl sowie viele andere moralische Maximen abläuft» (Stehr 2007: 12). Angesichts eines wachsenden Wohlstands – der Anteil der Ausgaben für Ernährung, Kleidung und Unterkunft sinkt in OECD-Staaten kontinuierlich (vgl. Stehr 2007: 359 ff.) – sowie eines steigenden Wissensstandes in der Bevölkerung sind nicht-ökonomische Ziele zu neuen Motiven des Konsumverhaltens geworden, sodass die These der «Moralisierung der Märkte» laut Stehr «soziale Tatbestände» (2007: 20) beschreibt. Diese These ist allerdings hinsichtlich ihrer empirischen Evidenz genauer zu prüfen.

Die Propagierung ethisch bewusster Konsumentscheidungen wird wesentlich von Konsumentenbewegungen des ‹fairen Handels› respektive eines umweltbewussten Konsums getragen. Aktionen des ‹fairen Handels› – oft in enger Partnerschaft mit kirchlichen Hilfswerken – verbinden politische Aufklärungsarbeit über problematische Strukturen des Welthandels mit exemplarischen Projekten, die gerechtere Handelsbedingungen verwirklichen sollen. Dabei unterstützen sie durch die Garantie fairer Preise die Produzenten in den Ländern des Südens und versuchen, durch besondere Siegel für fair hergestellte Produkte in der Öffentlichkeit der Industrienationen ein entsprechendes Bewusstsein für die Lebens- und Arbeitsumstände in vielen Regionen der Welt zu entwickeln. Noch öffentlichkeitswirksamer wird durch Bio-Siegel versucht, Verbraucher auf ökologisch verträgliche Produkte aufmerksam zu machen und auf diese Weise das Leitbild eines «zukunftsfähigen Konsums» (Hansen / Schrader 1999: 472) zu verbreiten.

Generell zielt das Engagement der neuen Konsumentenbewegungen darauf, dass auf die Einhaltung ökologischer und sozialer Standards, für die es international gültige Bewertungen gibt, bei der Produktion und dem Vertrieb entsprechender Konsumgüter geachtet wird (vgl. Hübner 2003: 228 ff., 305 ff.). Ob und inwieweit sich Konsumenten nach Preis-Leistungs-Gesichtspunkten entscheiden oder stärker an nicht-ökonomischen Maximen ausrichten, ist allerdings unzureichend untersucht. Empirische Erkenntnisse über den Konsum von Umwelt-Produkten zeigen ein unklares Bild. Zwar hat sich ein Umweltbewusstsein der Bevölkerung entwickelt, die beobachtbaren Verhaltensmuster der Konsumenten hinken jedoch deutlich hinterher. Trotz des Booms der Umwelt-Produkte in den letzten Jahren lässt sich insgesamt nur ein geringer Einfluss des Umweltbewusstseins auf das Konsumverhalten zeigen. Insofern ist die Einschätzung der EKD-Unternehmensdenkschrift, dass sich bei Konsumentscheidungen «die Berücksichtigung ökologischer Standards [...] weitgehend durchgesetzt» (EKD 2008: 75) habe, immer noch deutlich zu optimistisch.

Ähnliches gilt für ‹Fair-Trade-Produkte›, die in den letzten Jahren zwar hohe Zuwachsraten erzielt haben, deren Anteil etwa am Lebensmittelkonsum aber immer noch unter 2 % liegt. Schließlich zeigt der große Erfolg der Discounter mit ihrem rigiden Kampf um niedrige Preise die geringe Bedeutung sozial- und ökologieverträglicher Anliegen – trotz der Bio- und Fair-Trade-Nischen. Das Konsumentenverhalten ist nach wie vor mehrheitlich davon geprägt, die ökonomisch günstigsten Produkte zu bevorzugen, bei vielen Menschen – jedoch bei Weitem nicht bei allen – wesentlich aufgrund enger ökonomischer Spielräume.

Vor dem Hintergrund dieses ernüchternden Bildes ist es notwendig, nicht allein auf den intrinsisch motivierten, gut informierten und ethisch reflektierten Konsumbürger zu setzen. Insbesondere ist durch eine Verbesserung der gesetzlichen Rahmenordnung eine ethische Prägung des Konsumentenverhaltens zu erleichtern. Dies kann vor allem durch eine Verbesserung der Transparenz für Verbraucher geschehen, indem durch neue Formen von «Kennzeichnungspflichten [...] auf Gesundheitsgefährdungen und Umweltbelastungen wie auch auf soziale Indikatoren des Produkts (Fair Trade, Kinderarbeit)» (EKD 2008: 76) deutlich hingewiesen wird. Ferner kommt kritischen Konsumentengruppen eine wichtige Rolle zu, da sie durch ihre Informationsarbeit und Kampagnen die Themen ethisch reflektierter Konsumentscheidungen in der Öffentlichkeit präsent halten und die Konsumenten zu einer kritischen Reflexion ihres Konsums anleiten.

Im Blick auf den Konsum lassen sich exemplarisch die Chancen, aber auch die Grenzen individueller Spielräume wirtschaftlichen Handelns verdeutlichen. Der Appell an die individuelle Kauf-Verantwortung ist notwendig, selbst wenn es nur Einzelne sind, die entsprechend handeln. Andererseits führen solche Appelle leicht zur Überforderung, wenn im Alltag kaum realistische Chancen bestehen, nach ethischen Gesichtspunkten einkaufen zu können. Die Bereitschaft zu verantwortlichem Konsum ist umso eher zu erwarten, wenn die jeweiligen Produktions- und Transportketten transparent dargestellt werden und die Konsumenten wissen können, was sie durch ihre Kaufentscheidungen bewirken. Insofern ist es die Aufgabe der Verbraucherpolitik, die Bedingungen für die Konsumenten so zu gestalten, dass die entsprechenden «Prozesse für den Einzelnen wieder transparent und beherrschbar werden» (Hansen/Schrader 1999: 484). Christlichem Engagement kommt in diesem Prozess eine Pionier-Rolle zu, indem faire Projekte unterstützt werden und sich Einzelne zu ethischem Konsum verpflichten.

3.3. Ausblick: Wirtschaftsethik als dialogische Suche nach lebensdienlichen Formen des Wirtschaftens

Wirtschaftsethik erfordert den ständigen interdisziplinären Dialog, um angesichts jeweils aktueller Herausforderungen die Fragen der Lebensdienlichkeit wirtschaftlicher Entwicklungen zu thematisieren. Eine besondere theologische Aufgabe besteht darin, die im Prozess der Ökonomie begründete Tendenz einer Verabsolutierung der ökonomischen Logik kritisch zu hinterfragen. Den Begründern der Konzeption der Sozialen Marktwirtschaft war diese Problematik bewusst, indem sie deutlich auf die Gefahren eines «Überquellen(s) des Marktes und seiner Maßstäbe auf Bereiche, die jenseits von Angebot und Nachfrage liegen sollten» (Röpke 1958: 190), aufmerksam gemacht haben. Die Kultur der Gesellschaft hat in dieser Perspektive Gegengewichte gegen eine durchrationalisierte und -ökonomisierte Gesellschaftsentwicklung zu setzen. Ökonomischer Wettbewerb und die Marktlogik dürfen «nicht zum beherrschenden Prinzip» (Röpke 1958: 191) erhoben werden, damit die dienende Funktion der Wirtschaft nicht in ihr Gegenteil verkehrt wird.

Daher ist es die Aufgabe der Zivilgesellschaft, diskursiv zu thematisieren, welche Lebensbereiche durch das Wettbewerbsprinzip geordnet werden sollen und welche nicht, es ist also danach zu fragen, unter welchen Bedingungen sich die ökonomische Logik als «lebensdienlich» erweist. Dabei ist die Einbettung des wirtschaftlichen Handelns in eine kulturelle Rahmenordnung und in die politische Ordnung der Gesellschaft einzufordern: «Das eine und das andere – Marktwirtschaft und unkommerzialisierte Gesellschaft – ergänzen und stützen sich wechselseitig. Beides verhält sich wie Hohlraum und Rahmen, wie eine konvexe und eine konkave Linse, die zusammen das photographische Objektiv ergeben» (Röpke 1948: 85 f.).

In diesem Zusammenhang kommt den Religionen, speziell der christlichen Tradition, eine besondere Bedeutung zu. Diese ist in ihren Kernbereichen anti-ökonomisch, da die Heilsökonomie Gottes jeder auf Knappheit basierenden Ökonomie widerstreitet. Diese Heilsökonomie kann als eine

«Ökonomie der Gabe» charakterisiert werden, deren «Logik der Überfülle» der utilitaristisch geprägten, berechnenden «Entsprechungslogik der Alltagsethik», wie sie speziell die Ökonomie repräsentiert, «völlig entgegengesetzt ist» (Ricoeur 1990: 44, 49). Der christliche Glaube weiß darum, dass Gott seine Heilsgüter ‹umsonst› gibt und allein darauf das eigene Vertrauen gesetzt werden kann. In diesem Sinn besteht eine wesentliche Aufgabe theologisch-ethischer Beiträge zur Ökonomie darin, eine Distanz zu ökonomischen Prozessen und ihren die Lebenswelt dominierenden Tendenzen einzunehmen.

Aus dieser Distanz heraus hat evangelische Wirtschaftsethik ihr Menschenbild und ihre normativen Perspektiven in einen Dialog mit Wirtschaftswissenschaftlern und -praktikern einzubringen, um nach einer lebensdienlicheren Gestaltung wirtschaftlichen Handelns zu suchen. Damit ist die Aufgabe bezeichnet, nach jeweils neuen Vermittlungen der ökonomischen und der ethischen Rationalität zu fragen. Als ein in diesem Sinn überzeugendes Vermittlungsmodell lässt sich die Tradition der Sozialen Marktwirtschaft bezeichnen. Deren Zukunftsfähigkeit hängt wesentlich davon ab, ob die politischen Regulierungs- und sozialen Ausgleichsmechanismen auf transnationaler Ebene zu implementieren sind und inwieweit eine nachhaltige Entkoppelung von dem immer noch steigenden Ressourcenverbrauch gelingt. Dies ist vorrangig, aber nicht allein durch ordnungspolitische Entscheidungen umzusetzen, es bedarf ebenso des Engagements von Unternehmen, Verbänden und individuellen Akteuren.

4. LITERATUR

Aristoteles: Nikomachische Ethik. Übersetzt und Nachwort von Franz Dirlmeier, Stuttgart 1969.
Barth, Karl: Die Kirchliche Dogmatik, Bd. I/2, Zürich 1938.
Ders.: Die Menschlichkeit Gottes, Zürich 1956.
Baumgarten, Otto: Bergpredigt und Kultur der Gegenwart, Tübingen 1921.
Bayertz, Kurt: Verantwortung – Prinzip oder Problem?, Darmstadt 1995.
Bedford-Strohm, Heinrich: Vorrang für die Armen. Auf dem Weg zu einer theologischen Theorie der Gerechtigkeit, Gütersloh 1993.

4. Literatur

Behrens, Gerold: Konsumentenverhalten. Entwicklung, Abhängigkeiten, Möglichkeiten, Heidelberg 1991.
Bismarck, Klaus von (Hg.): Die Kirche und die Welt der industriellen Arbeit. Die EKD-Synode 1955 in Espelkamp, Witten 1955.
Bonhoeffer, Dietrich: Ethik (DBW 6), München 1992.
Brakelmann, Günter: Zur Arbeit geboren, Bochum 1989.
Busch, Andreas: Globalisierung und nationale Wirtschaftsmodelle: Kann das deutsche Modell überleben?, in: Zeitschrift für Evangelische Ethik 50 (2006), 249–263.
Ders.: Die Krise auf den Finanzmärkten. Eine Ursachenanalyse, in: Zeitschrift für Evangelische Ethik 53 (2009), 120–132.
Crüsemann, Frank: Bewahrung der Freiheit. Das Thema des Dekalogs in sozialgeschichtlicher Perspektive, München 1983.
Ders: Die Tora. Theologie und Sozialgeschichte des Alten Testaments, München 1992.
Dabrock, Peter: Befähigungsgerechtigkeit. Ein Grundkonzept konkreter Ethik in fundamentaltheologischer Perspektive. Unter Mitarbeit von Ruth Denkhaus, Gütersloh 2012.
Dahm, Karl Wilhelm: Ethische Erziehung von Führungskräften? Die US-amerikanische Corporate-Ethics-Bewegung, Bochum 1988.
Dietze, Constantin von: Aussagen evangelischer Christen zur Wirtschafts- und Sozialordnung, in: Günter Brakelmann/Traugott Jähnichen (Hg.): Die protestantischen Wurzeln der Sozialen Marktwirtschaft. Ein Quellenband, Gütersloh 1994, 363–368.
Dietzfelbinger, Daniel: Soziale Marktwirtschaft als Wirtschaftsstil: Alfred Müller-Armacks Lebenswerk, Gütersloh 1998.
Ebach, Jürgen: Zwischen Lebenskampf und Utopie. Die Tiere im Alten Testament, in: Traugott Jähnichen/Clemens Wustmans (Hg.): Tierethik. Biblisch-historische Grundlagen. Normative Perspektiven aktueller Herausforderungen, Kamen 2012, 9–17.
Eucken, Walter: Grundsätze der Wirtschaftspolitik, hg. von Edith Eucken und K. Paul Hensel, Hamburg 1959.
Evangelische Kirche in Deutschland (Hg.): Entschließung des Rates der EKD zur Neubildung christlicher Gewerkschaften (1955), in: Die Mitarbeit, 4 (1956), 31 (EKD 1956).
Dies.: Eigentumsbildung in sozialer Verantwortung (1962), in: Die Denkschriften der EKD. Soziale Ordnung, Bd. 2, hg. von Eberhard Müller, Gütersloh 1978, 19–33 (EKD 1962).
Dies.: Sozialethische Erwägungen zur Mitbestimmung (1968), in: Die Denkschriften der EKD. Soziale Ordnung, Bd. 2, hg. von Eberhard Müller, Gütersloh 1978, 81–111 (EKD 1968).
Dies.: Aufgaben und Grenzen kirchlicher Äußerungen zu gesellschaftlichen Fragen. Eine Denkschrift (1970), in: Die Denkschriften der evangelischen Kirche in Deutschland. Frieden, Versöhnung und Menschenrechte, Bd. 1/1, Gütersloh 1978, 43–77 (EKD 1970).

V. WIRTSCHAFTSETHIK

Dies.: Leistung und Wettbewerb. Sozialethische Überlegungen zur Frage des Leistungsprinzips und der Wettbewerbsgesellschaft. Eine Denkschrift der Kammer der EKD für soziale Ordnung, Gütersloh 1982 (EKD 1982a).

Dies.: Solidargemeinschaft von Arbeitenden und Arbeitslosen. Sozialethische Probleme der Arbeitslosigkeit. Eine Studie der Kammer der EKD für soziale Ordnung, hg. im Auftrag des Rates der EKD, Gütersloh 1982 (EKD 1982b).

Dies.: Gemeinwohl und Eigennutz. Eine Denkschrift der EKD, Gütersloh 1991 (EKD 1991).

Dies.: Gerechte Teilhabe. Befähigung zu Eigenverantwortung und Solidarität. Eine Denkschrift zu Fragen der Armut, hg. vom Rat der EKD, Gütersloh 2006 (EKD 2006).

Dies.: Unternehmerisches Handeln in evangelischer Perspektive. Eine Denkschrift des Rates der EKD, Gütersloh 2008 (EKD 2008).

Dies.: «Wie ein Riss in einer hohen Mauer». Wort des Rates der EKD zur globalen Finanzmarkt- und Wirtschaftskrise, Hannover 2009 (EKD 2009).

Dies.: Auf dem Weg der Gerechtigkeit ist Leben. Nachhaltige Entwicklung braucht Global Governance. Eine Studie der Kammer der EKD für nachhaltige Entwicklung, Hannover 2014 (EKD 2014).

Evangelische Kirche in Deutschland/Deutsche Bischofskonferenz (Hg.) (1973): Soziale Ordnung des Baubodenrechts. Ein gemeinsames Memorandum, in: Die Denkschriften der EKD. Soziale Ordnung. Bd. 2, Gütersloh 1978, 167–190 (EKD/DBK 1973).

Dies. (Hg.): Für eine Zukunft in Solidarität und Gerechtigkeit. Wort des Rates der EKD und der DBK zur sozialen und wirtschaftlichen Lage in Deutschland, Hannover/Bonn 1997 (EKD/DBK 1997).

Dies. (Hg.): Gemeinsame Verantwortung für eine gerechte Gesellschaft. Initiative des Rates der EKD und der DBK für eine erneuerte Wirtschafts- und Sozialordnung, Hannover/Bonn 2014 (EKD/DBK 2014).

Fulcher, James: Kapitalismus, Stuttgart 2007.

Giddens, Anthony: Konsequenzen der Moderne, Frankfurt am Main 1996.

Graafland, Johan/Kaptein, Muel/Mazereeuw, Corrie: Business Dilemmas and Religious Belief, in: Journal of Business Ethics 66 (2006), 53–70.

Hansen, Ursula/Schrader, Ulf: Ethische Aspekte wirtschaftlichen Handelns in privaten Haushalten, in: Handbuch der Wirtschaftsethik, Bd. 3, hg. von Wilhelm Korff u. a., Gütersloh 1999, 449–509.

Heimann, Eduard: Soziale Theorie des Kapitalismus. Theorie der Sozialpolitik. Mit einem Vorwort von D. Badura, Frankfurt am Main 1980.

Hengsbach, Friedhelm: Wirtschaftsethik. Aufbruch, Konflikte, Perspektiven, Freiburg i. Br. 1991.

Herms, Eilert: Die Wirtschaft des Menschen, Tübingen 2004.

Homann, Karl: Vorteile und Anreize. Zur Grundlegung einer Ethik der Zukunft, hg. von Christoph Lütge, Tübingen 2002.

Honecker, Martin: Grundriß der Sozialethik, Berlin/New York 1995.

Huber, Wolfgang: Kirche in der Zeitenwende. Gesellschaftlicher Wandel und Erneuerung der Kirche, Gütersloh 1999.
Ders.: Von der Freiheit: Perspektiven für eine solidarische Welt, München 2012.
Hübner, Jörg: Globalisierung – Herausforderung für Kirche und Theologie, Stuttgart 2003.
Ders.: «Macht euch Freunde mit dem ungerechten Mammon!» Grundsatzüberlegungen zu einer Ethik der Finanzmärkte, Stuttgart 2009.
Ders.: Ethik der Freiheit. Grundlegung und Handlungsfelder einer globalen Ethik in christlicher Perspektive, Stuttgart 2012.
Jablonowski, Harry W.: Art. «Sozialpartnerschaft», in: Evangelisches Soziallexikon, Neuausgabe, hg. von Martin Honecker u. a., Stuttgart 2001, Sp. 1468–1471.
Jähnichen, Traugott: Sozialer Protestantismus und moderne Wirtschaftskultur, Münster 1998.
Ders.: Wirtschaftsethik. Konstellationen – Verantwortungsebenen – Handlungsfelder, Stuttgart 2008.
Ders.: Gerechtigkeit als Solidarität – eine biblische Erinnerung, in: Marco Hofheinz/Frank Mathwig/Matthias Zeindler (Hg.): Wie kommt die Bibel in die Ethik? Beiträge zu einer Grundfrage theologischer Ethik, Zürich 2011, 41–58.
Jonas, Hans: Das Prinzip Verantwortung. Versuch einer Ethik für die technologische Zivilisation, Frankfurt am Main 1979.
Kant, Immanuel: Grundlegung zur Metaphysik der Sitten (GMS), in: Ders.: Werke in zwölf Bänden, Bd. VII, hg. von Wilhelm Weischedel, Frankfurt am Main 1968, 11–102.
Katterle, Siegfried: Alternativen zur neoliberalen Wende, Bochum 1989.
Kaufmann, Franz-Xaver: Herausforderungen des Sozialstaates, Frankfurt am Main 1997.
Ders.: Globalisierung und Gesellschaft, in: Aus Politik und Zeitgeschichte, Beiheft 18 (1998), 2–10.
Körtner, Ulrich H. J.: Verantwortung als Prinzip? Begründungsprobleme heutiger Verantwortungsethik, in: Glauben und Lernen 12/2 (1997), 136–147.
Lerch, Achim/Nutzinger, Hans G.: Nachhaltigkeit. Methodische Probleme der Wirtschaftsethik, in: Zeitschrift für Evangelische Ethik 42/3 (1998), 208–223.
Luhmann, Niklas: Ökologische Kommunikation, Opladen 1986.
Malthus, Thomas R.: Versuch über das Bevölkerungsgesetz oder eine Betrachtung über seine Folgen für das menschliche Glück in der Vergangenheit und Gegenwart. Nach der 7. Ausgabe des englischen Originals übersetzt von F. Stölpel, Berlin 1900.
McPherson, Crawford B.: Die politische Theorie des Besitzindividualismus. Von Hobbes bis Locke, 2. Aufl. Frankfurt am Main 1980.
Meckenstock, Günther: Wirtschaftsethik, Berlin/New York 1997.
Meireis, Torsten: Tätigkeit und Erfüllung. Protestantische Ethik im Umbruch der Arbeitsgesellschaft, Tübingen 2008.
Ders.: Arbeit als Beruf – eine protestantische Perspektive, in: Jahrbuch Sozialer Pro-

testantismus 5: Arbeitswelten, hg. von Heinrich Bedford-Strohm u. a., Gütersloh 2011, 15–41.

Müller, Michael: Die Neuvermessung der Welt, in: Neue Gesellschaft/Frankfurter Hefte, 3 (2014), 4–7.

Müller-Armack, Alfred: Die Wirtschaftsordnungen sozial gesehen, in: Ordo 1 (1948), 125–154.

Ders.: Wirtschaftspolitik in der sozialen Marktwirtschaft, in: Patrick M. Boarman (Hg.): Der Christ und die soziale Marktwirtschaft, Stuttgart/Köln 1955, 75–100.

Ders.: Genealogie der Sozialen Marktwirtschaft, Bern/Stuttgart 1974.

Naumann, Friedrich: Wie lassen sich die sittlichen Ideale des Evangeliums in das gegenwärtige Leben überführen?, in: Ders.: Werke. Bd. 1: Religiöse Schriften, Opladen 1964.

Nell-Breuning, Oswald von: Grundzüge der Börsenmoral, Freiburg i. Br. 1928.

Ragaz, Leonhard: Selbstbehauptung und Selbstverleugnung, Zürich/München/Leipzig 1922.

Rawls, John: Die Idee des politischen Liberalismus. Aufsätze 1978–1989, Frankfurt am Main 1992.

Ders.: Gerechtigkeit als Fairness. Ein Neuentwurf, Frankfurt am Main 2003.

Rendtorff, Trutz: Ethik. Grundelemente, Methodologie und Konkretionen einer ethischen Theologie, Bd. II, 2., erw. und überarb. Aufl. Stuttgart/Berlin/Köln 1991.

Reuter, Hans-Richard: Die Religion der Sozialen Marktwirtschaft. Zur ordoliberalen Weltanschauung bei Walter Eucken und Alexander Rüstow, in: Zauberformel Soziale Marktwirtschaft? Jahrbuch Sozialer Protestantismus 4 (2010), 46–76.

Rich, Arthur: Wirtschaftsethik, Bd. 1: Grundlagen in theologischer Perspektive, Gütersloh 1984.

Ders.: Wirtschaftsethik, Bd. 2: Marktwirtschaft, Planwirtschaft, Weltwirtschaft aus sozialethischer Sicht, Gütersloh 1990.

Ricoeur, Paul: Liebe und Gerechtigkeit, hg. von Oswald Bayer, Tübingen 1990.

Röpke, Wilhelm: Civitas humana. Grundfragen der Gesellschafts- und Wirtschaftsreform, Zürich 1948.

Ders.: Jenseits von Angebot und Nachfrage, Zürich 1958.

Ropohl, Günter: Die unvollkommene Technik, Frankfurt am Main 1985.

Rüstow, Alexander: Das Versagen des Wirtschaftsliberalismus, 2. Aufl. Düsseldorf 1950.

Ders.: Wirtschaftsethische Probleme, in: Patrick M. Boarman (Hg.): Der Christ und die soziale Marktwirtschaft, Stuttgart/Köln 1955, 48–71.

Schrage, Wolfgang: Ethik des Neuen Testaments, 5., erw. Aufl. Göttingen 1989.

Schumpeter, Joseph A.: Kapitalismus, Sozialismus und Demokratie, 2., erw. Aufl. Bern 1950.

Seiler, Stefan: Weisungen zur Freiheit. Normen und Werte aus alttestamentlicher Sicht, in: Zeitschrift für Evangelische Ethik 57 (2013), 195–212.

Sen, Amartya: Die Idee der Gerechtigkeit, München 2010.

Smith, Adam: Der Wohlstand der Nationen. Eine Untersuchung seiner Natur und seiner Ursachen, aus dem Englischen von Horst Claus Recktenwald, München 1974.
Ders.: Theorie der ethischen Gefühle, hg. von Walter Eckstein, Hamburg 1985.
Staehle, Wolfgang H.: Macht und Kontingenzforschung, in: Willi Küpper/Günther Ortmann (Hg.): Mikropolitik. Rationalität, Macht und Spiele in Organisationen, Opladen 1988, 155–163.
Stehr, Nico: Die Moralisierung der Märkte, Frankfurt am Main 2007.
Stigler, George J.: Sechs Aufsätze, Zürich 1988.
Thielicke, Helmut: Theologische Ethik, Bd. I, Tübingen 1951.
Traub, Gottfried: Ethik und Kapitalismus. Grundzüge einer Sozialethik, Heilbronn 1904.
Troeltsch, Ernst: Die christliche Ethik und die heutige Gesellschaft, in: Verhandlungen des evangelisch-sozialen Kongresses 1904 in Breslau, Göttingen 1904, 11–40.
Ders.: Die Soziallehren der christlichen Kirchen und Gruppen. Gesammelte Schriften Bd. 1, Tübingen 1912.
Ders.: Das Wesen des modernen Geistes (1907), in: Ders.: Gesammelte Schriften Bd. 4, Aufsätze zur Geistesgeschichte und Religionssoziologie, Tübingen 1925, 297–337.
Uhlhorn, Gerhard: Das Christentum und das Geld (1882), in: Ders.: Schriften zur Sozialethik und Diakonie, hg. von Martin Cordes und Hans Otte, Hannover 1990.
Ulrich, Peter: Transformation der ökonomischen Vernunft. Fortschrittsperspektiven der modernen Industriegesellschaft, Bern/Stuttgart 1987.
Ders./Thielemann, Ulrich: Ethik und Erfolg. Unternehmensethische Denkmuster von Führungskräften, Bern/Stuttgart 1992.
Ders.: Integrative Wirtschaftsethik. Grundlagen einer lebensdienlichen Ökonomie, 2. Aufl. Bern u. a. 1998.
Wagner, Falk: Sozialethik als Theorie des Geistes, in: Zeitschrift für Evangelische Ethik 19 (1975), 197–214.
Watrin, Christian: Zur Entwicklungsfähigkeit der sozialen Marktwirtschaft, in: Paul Bocklet/Gerhard Fels/Hartmut Löwe (Hg.): Der Gesellschaft verpflichtet. Kirche und Wirtschaft im Dialog, Köln 1994, 102–123.
Weber, Max: Politik als Beruf (1919), in: Ders.: Gesammelte politische Schriften, 2. Aufl. Tübingen 1958, 493–548.
Ders.: Die protestantische Ethik und der Geist des Kapitalismus. Neuherausgabe der Erstausgabe von 1904/05, eingeleitet und hg. von Klaus Lichtblau und Johannes Weiss, Bodenheim 1993.
Wegner, Gerhard: Beruf, (Reformation heute), Hannover/Friedewald 2014 (Wegner 2014a).
Ders.: Moralische Ökonomie. Perspektiven lebensweltlich basierter Kooperation, Stuttgart 2014 (Wegner 2014b).
Weltkommission für Umwelt und Entwicklung (WCED): Unsere gemeinsame Zukunft, Greven 1987.
Wendland, Heinz-Dietrich: Botschaft an die soziale Welt, Hamburg 1959.
Westermann, Claus: Genesis. Biblischer Kommentar I,1, Neukirchen 1974.

Wieland, Joseph: Formen der Institutionalisierung von Moral in amerikanischen Unternehmen. Die amerikanische business-ethics- Bewegung: why and how they do it, Bern/Stuttgart/Wien 1993.

Williamson, Oliver E.: Die ökonomischen Institutionen des Kapitalismus. Unternehmen, Märkte, Kooperationen, Tübingen 1990.

Wolff, Hans Walter: Anthropologie des Alten Testaments, München 1973.

VI
ETHIK DER KULTUR

Petra Bahr

1. EINLEITENDE ÜBERLEGUNGEN 403
1.1. Zwischen Allerweltswort und identitätspolitischer Chiffre – Tücken des Kulturbegriffs 403
1.2. Kultur in der globalisierten Weltgesellschaft 405
1.3. Kultur und Kult 411

2. PROBLEMGESCHICHTE 413

3. KONFLIKTFELDER UND PROBLEMBEREICHE 420
3.1. Der Mensch als *homo ludens* 421
3.2. Sport – Ethik am Leitfaden des Leibes 423
3.3. Künste als Schule der Wahrnehmung und der Kritik 427
3.4. Kulturelle Teilhabe zwischen Beteiligungs- und Befähigungsgerechtigkeit 430
3.5. Bildkonflikte als Religions- und Kulturkonflikte 432
3.6. Medien zwischen Aufklärung, Verschleierung und Skandalisierung 436
3.7. Der Algorithmus des Menschen und die digitalen Grundrechte 438
3.8. Reflexive Orientierung in der Welt – Ethik der Bildung 441

4. LITERATUR 445

1. EINLEITENDE ÜBERLEGUNGEN

1.1. Zwischen Allerweltswort und identitätspolitischer Chiffre – Tücken des Kulturbegriffs

‹Kultur› ist ein Allerweltswort, das in so vielen und unterschiedlichen Zusammenhängen gebraucht wird, dass sich seine Bestimmungen nur durch den jeweiligen Kontext erschließen lassen. ‹Kultur› ist gleichzeitig ein Totalbegriff, ähnlich wie ‹Leben› oder ‹Welt›, ein Wort, das sich so lange von selbst versteht, wie es unbefragt bleibt (vgl. Eagleton 2009). Schon die Etymologie trägt zu dieser Unbestimmtheit bei. Das lateinische *cultura* bedeutet gleichzeitig die Domestizierung der Natur und, als *cultura animi*, die Pflege des Geistes. Kultur ist demnach eine Chiffre für die Weise, in der der Mensch sich in der Welt einrichtet. Der Mensch ist notwendig ein kulturelles Wesen. ‹Kultur› ist in diesem Sinne ‹Lebenswelt›, ein unhintergehbarer, in allen Aktivitäten des Menschen mitlaufender Horizont an Selbstverständlichkeiten und Gewissheiten, wie die eigene Sprache (vgl. Moxter 2000). Man kann sich reflexiv zu ihr verhalten, sie verstehen lernen, kritisch sehen oder gar da und dort verändern; man kann sie sprechend weiterentwickeln, aber man kann nicht aus ihr aussteigen. Hinter der Abbreviatur ‹Kultur› verbirgt sich weniger ein Zustand oder eine objektivierbare Größe, also das, was gemeinhin als ‹kulturelles Erbe› bestimmt wird, als vielmehr ein Prozess, in dem Menschen, Gruppen oder ganze Gesellschaften um Bedeutsamkeit ringen. Dieser Prozess vollzieht sich nicht im geschichtslosen Raum. Geschichte und Kultur verdanken einander; in steter Beziehung und Abstoßung wird darum gerungen, was wichtig war und was bedeutsam bleiben wird. Traditionen, Riten, Wissens- und Wertarchive, überlieferte Lebensformen und Überzeugungen werden sowohl individuell als auch kollektiv immer wieder neu angeeignet. Kultur ist auch das Gedächtnis der Gesellschaft. So wie das individuelle Gedächtnis kein objektiver Speicher aller Begebenheiten ist, die einem Menschen je zugestoßen sind, sondern ein komplizierter Prozess der Konstruktion und Rekonstruktion, inklusive Amnesien, Verdrängungen und Übertreibungen, ist auch das ‹kollektive Gedächtnis› eine Metapher für die stete Arbeit am Vergangenen und Überlieferten.

Schon hier gilt: Wenn es um Bedeutsamkeit geht, ist Ethik im Spiel. Kultur verhandelt die Güter des Lebens. Hier werden starke Überzeugungen geprägt, verarbeitet und umgedeutet, hier werden Konsense gefördert oder behindert, hier wird Neues entwickelt und Altes entdeckt. Alles, aber auch wirklich alles, sogar die Natur als das vermeintlich definitorische Gegenteil von ‹Kultur›, lässt sich als kulturelles Phänomen verstehen. Umso schwerer ist es, die Bedeutung von ‹Kultur› für die Ethik genau zu bestimmen. Wenn Ethik nicht die bloße Anwendung von Prinzipien, Normen und Tugenden, sondern eine reflexive Begleiterscheinung aller menschlichen Handlungen und Äußerungsformen ist, ist eine mögliche ‹Ethik der Kultur› nicht einfach eine Bereichsethik, die sich neben Wirtschaftsethik, politischer Ethik oder Ethik der familiären Lebensformen einreiht. Wo ‹Kultur› identifiziert wird, sei es in der Umgangssprache oder in den anspruchsvollen Studien der Kulturwissenschaften, ergibt sich Ethikbedarf.

Manchmal liegt dieser Bedarf allerdings so nahe, dass die ethischen Fragen latent bleiben. Im ‹Kulturbeutel› sind die Utensilien zur Körperpflege verstaut. Die Fragen nach dem kulturell bestimmten Umgang mit dem Körper, nach Geschlechterbildern, Schönheitsidealen und Gesundheitsvorstellungen sind schnell im Raum. Schon der Hinweis auf ‹Bilder› und ‹Vorstellungen› macht deutlich, dass auch Faktoren wie ‹Gesundheit› oder ‹Geschlecht› nicht nur biologisch und medizinisch bestimmbar sind. Sie sind ebenso kulturell codiert und werden in den Medien der Kultur verändert.

Wer sein Silberbesteck auf weißem Damast auslegt, hat ‹Tischkultur›. Aus vermeintlichen Geschmacksfragen lassen sich Fragen nach Status, Macht und gesellschaftlicher Exklusion ableiten (vgl. Bourdieu 1989), die zu ethischen Fragestellungen führen. Mit dem Bleistift in der Hand üben Kinder die basale Kulturtechnik des Schreibens. Fragen der Bildungsgerechtigkeit, der Wissenschaftsethik oder der sozialen Mobilität schließen sich ohne weiteres an. Bereits diese willkürlich gewählten Beispiele machen deutlich, dass eine ‹Ethik der Kultur› nicht auf Fragen der ‹Lebenskunst›, also auf das Feld des individuellen Lebensstils und seiner moralischen und ästhetischen Haltung reduziert werden kann, obwohl in der Tradition der ‹Lebenskunst› ein wichtiger Ausgangspunkt liegt, von dem aus die Alltagskultur als Ort tugendethischer Reflexion in den Blick gerät. Die starke Betonung von grenzethischen Fragen (Bioethik, Technikethik, Umweltethik) unter verantwortungsethischem Gesichtspunkt könnte durchs Okular einer Ethik der Kultur alltagsethisch flankiert werden. Die alten Tugendlehren mit ihren Klugheitsregeln bedürfen natürlich einer modernen Rekonstruktion, können die evangelischen Ethikdiskurse aber schon deshalb bereichern, weil sie die affektive Grundierung der Moralen präziser in den Blick nehmen (vgl. Haller 2014). Fragen des Lebensstils, der Ökologie der Zeit und des Umgangs mit natürlichen und kulturellen Ressourcen, aber auch sozialethisch unterbelichtete Themen wie die Ethik der Freundschaft, also Themen, die in Predigten, Erbauungsbüchern und Lebenshilfe stark nachgefragt werden, können so mit sozialethischen und institutionenethischen Fragestellungen verbunden werden. In den Ethiken der katholischen Tradition geschieht dies aufgrund ihrer anderen Ethikgeschichte schon in stärkerem Maße (vgl. Schockenhoff 2007).

1.2. Kultur in der globalisierten Weltgesellschaft

Ein Ägyptologe schreibt einen Bestseller über den Untergang von ‹Hochkulturen› und meint damit nicht die Schließung von Opernhäusern. Wer beruflich von einem Unternehmen ins andere wechselt, wird mit einer neuen ‹Unternehmenskultur› konfrontiert. Global agierende Unternehmen beschäftigen Kultur- und Religionswissenschaftler, um die möglichen Konflikte, die aus dem Kontakt zwischen verschiedenen Unternehmens- und Arbeitskulturen erwachsen, vorherzusehen und einzudämmen. Wer den Kulturbegriff in Anschlag bringt, der versucht oft, komplexe Zusammenhänge und unentwirrbare Einflussstränge so zu bestimmen, dass ein Unbestimmbares im Raum bleibt. Mit dem Hinweis auf Konfessionskulturen wird nicht einfach der Unterschied zwischen Menschen katholischen und Menschen evangelischen Glaubens beschrieben. Stile, Lebenshaltungen und Überzeugungen, historisch Gewordenes, klischeehafte Zuschreibungen und empirische Ereignisse, Selbstbilder und Fremdbilder bilden ein Amalgam. Mit dem Hinweis auf ‹Kultur› schwingt vieles mit, ohne dass es sichtbar würde. Diese bestimmte Unbestimmtheit macht die Leistungsfähigkeit des Kulturbegriffs aus, deutet aber auch auf seine Grenzen.

Das Pragma des Kulturbegriffs, also die Frage, wer ihn mit welcher Intention gebraucht, ist entscheidend. Sogenannte ‹Leitkultur›-Debatten zeigen, dass es ‹Kultur› immer nur im Plural gibt. Wo Vergleiche angestellt werden, wird schnell um Vorherrschaft und Deutungshoheit gestritten. ‹Kultur› ist vor allem eine Chiffre für Identität, aus der neue Identitätsmarker kommen. So gibt es in der ‹westlichen Kultur› oder in der ‹Kultur des Abendlandes› als weitere Identitätskonzepte zum Beispiel Nationalkulturen, Volkskulturen, Religionskulturen, Sprachkulturen, die neue Unterscheidungen, aber auch neue Aus- oder Abgrenzungen möglich machen.

In der Weltgesellschaft, in der sich Beobachter und Sprecher wechselseitig wahrnehmen und aufeinander reagieren, kommt man an der Chiffre ‹Kultur› erst recht nicht vorbei. Auch hier gilt: Wer ‹Kultur› anführt, gebraucht in der Regel ein normativ geprägtes Konzept. Diese latente Normativität aufzudecken, ist die erste Aufgabe einer Ethik der Weltgesellschaft, die aus einem Ethos des Sprechens ‹über Kultur› kommt. Die Rede von ‹Kultur› ist auch im 21. Jahrhundert nicht harmlos. Manchmal wird sie zum Ersatz für Politik oder verleitet zur Politisierung. Selbst ein Kulturverständnis, das versucht, rein beschreibend zu bleiben, ist nie davor gefeit, Wertungen zu transportieren.

Die neuen kriegerischen Konflikte auf dem Balkan, im Nahen Osten und in Afrika zeigen, wie schnell durch demagogische Inanspruchnahme von ‹Kultur› Konflikte geschürt werden können, unter Umständen sogar in einigermaßen befriedeten Gesellschaften. Solche neuen Kulturkämpfe knüpfen oft an jahrhundertelang erinnerte Kränkungen und kollektive Traumata an. Auch in der Beobachterperspektive erscheinen die Kulturalisierung, die Ethnisierung und die religiöse Aufladung globaler und regionaler Konflikte als offenbar unvermeidbar. Dass Kriege nicht nur unter Verweis auf Kultur, sondern auch im Medium der Kultur, also mithilfe von starken Narrationen in wirkmächtigen Bildern, in Musik und Ritualen, auch mit den Mitteln von Mode und Alltag inszenierten Feindbildern geführt wurden, zeigen die jüngsten Forschungen zur Entstehung des Ersten Weltkriegs (vgl. Piper 2013). Künftige Beiträge zur Friedens- und Konfliktforschung können an Tiefenschärfe gewinnen, wenn sie den Krieg der Bilder und Symbole ernster nehmen, als dies bisher üblich ist. Am Beispiel der Kriegsursachen- und Friedensforschung und ihrer Ethik kann man exemplarisch zeigen, dass eine ‹Ethik der Kultur› alle Bereiche der Ethik bereichern kann.

Trotz der vielen latenten und offensichtlichen Bezüge war ‹Kultur› bis zum Ende der 90er-Jahre des 20. Jahrhunderts kein zentrales Thema der evangelischen Ethik. Wie noch zu zeigen sein wird, heißt das nicht, dass ‹Kultur› gar kein Thema war. Sie wurde sporadisch als Teilbereich evangelischer Ethikentwürfe durchaus wahrgenommen. Einen Status als Grundlagenfrage für ethische Urteilsbildung gewinnt sie allerdings erst allmählich. Das liegt auch daran, dass die ‹kulturwissenschaftliche Wende› der Geisteswissenschaften die Theologie und Philosophie beeinflusst hat Auch einschneidende historische Daten haben Fragen nach der ‹Ethik der Kultur› in neuerer Zeit Schubkraft verliehen. In dem Maße, in dem nach der Zerstörung des World Trade Centers am 11. September 2001 ‹Kultur› ihren Aggregatzustand verändert und von einem weichen, fluiden Thema des Feuilletons zu einem harten Thema der öffentlichen Auseinandersetzung wird, gewinnt auch deren ethische Reflexion neues Gewicht. Konfliktthemen werden entdeckt, die ‹Kultur› tritt allmählich aus ihrem Nischendasein heraus in die Mitte ethischer Reflexion.

Wenn etwa wegen Karikaturen, die den Propheten Mohammed zeigen, in einem westeuropäischen Land Morddrohungen ausgesprochen werden und viele tausend Kilometer vom Publikationsort Dänemark entfernt Massen auf die Straßen gehen und Menschen sterben, dann wird schnell deutlich, dass nicht einmal ein boshafter Comicstrip harmlos bleiben muss. Ein Konflikt über Tabubrüche, schlechten Geschmack und heilsame Grenzen, wie man ihn nur in besonders religiös geprägten Landstrichen vermutet hätte, stößt mitten in die offenen Gesellschaften des Westens vor. Selbstverständlichkeiten wie Presse-, Kunst- und Meinungsfreiheit stehen plötzlich in einem gesellschaftlichen Klima der Angst zur Disposition. Längst vergessene Debatten wie die über Blasphemie prägen das Feuilleton. Wer die ‹Kultur des Westens› gegen die ‹muslimische Welt› verteidigt, redet in der Regel nicht vom Musiktheater oder von europäischen Kunsttraditionen, sondern von individuellen Grundrechten, demokratisch verfassten, offenen Gesellschaften oder von der ‹Kultur der Freiheit›, die sich mit einer ebenso mächtigen wie verkürzenden Pathosformel vom Gegenteil abzugrenzen versucht.

Der Hinweis auf Kultur taugt je nach Sprechsituation als Argument, als Entschuldigung oder als Ausrede. Vor allem wird er als Identitätsmarker gebraucht und ist deshalb in der Regel normativ gesättigt. Die verkappte Normativität hinter einem oft im Gestus der reinen Beschreibung gebrauchten Begriff offenzulegen, ist die erste Aufgabe einer Ethik der Kultur. Als Identitätschiffre mischt der Verweis auf ‹Kultur› auch Diskurse im Recht, in der Wirtschaft und in der Politik auf. Sollen kulturelle Prägungen strafmindernd berücksichtigt werden? Wie viele Ausnahmetatbestände von allgemeinen Regeln dürfen zugelassen werden, wenn Menschen sich auf die Ausübung ihrer Religion berufen? Wo werden kulturelle Prägungen mit religiösen Überzeugungen verwechselt – und wer soll über diese Verwechslung urteilen? Wie kann die verfassungsrechtliche Idee vom ‹Kulturstaat› in einer Einwanderungsgesellschaft ausgelegt werden? Oder muss diese Idee weiterentwickelt werden? Fragen des Umgangs mit der ‹Kultur› als Deutungsmuster tauchen in der politischen Ethik genauso auf wie in der Rechtsethik und müssen in diesen Bereichsethiken abgearbeitet werden. Sie sollen hier aber zumindest genannt sein.

Die übliche Empfehlung zur Entschärfung solcher Kulturkonflikte zwischen oder innerhalb von Gesellschaften lautet ‹Dialog der Kulturen›. Doch auch hier ist Vorsicht geboten. Es gibt eine «Banalität des Guten», die paradoxe Effekte zeitigt. Kulturdialoge zur Befriedung von Differenzen verleiten bisweilen zur eilfertigen Moralisierung. Schwerer wiegt die – oft nicht intendierte – Stigmatisierung. Kulturdialoge leben von latenten Unterscheidungen zwischen dem Eigenen und dem Fremden, dem Besseren und dem Schlechteren – vor allem da, wo auf alte Asymmetrien gepocht wird, nach denen die Deutungsmacht für das, was gut und gerecht ist, in den theologischen und philosophischen Traditionen des Westens liegt. Die Welt ist aber in ihren ethischen Diskursen längst polyzentrisch geworden. Die Herausforderung an die evangelische Ethik der Kulturen wird es sein, Sprecher und Sprecherinnen zu finden, die die Mühen der Mehrsprachigkeit auf sich nehmen und Übersetzungen anbieten, ohne in ein moralisches Esperanto zu verfallen, das nirgendwo in der Welt verstanden wird. Ethische Kompetenz als Übersetzungskompetenz zu verstehen, die mit Differenzen produktiv umgeht, sie aushält und gerade so zu neuen Modellen des Verstehens führt, gehört zu den Herausforderungen der Weltgesellschaft. Ethik muss diese Fähigkeit zur Übersetzung gemeinsamer Güter wie Würde, Respekt, Gewaltfreiheit, Empathie unter den Bedingungen differenter kultureller Zugänge und Herkünfte einüben.

Im Diskurs über die Universalität der Menschenrechte sind schon beispielhafte Versuche unternommen worden, die sich auch auf andere Diskussionen übertragen lassen. Kann eine als universal postulierte Idee aus partikularen Moralen, religiösen oder geistigen Überzeugungen begründet werden, die nicht von vornherein mit der abendländischen Idee des freien und gleichen Individuums überein zu bringen sind? Können individuelle Grundrechte mit Bildern des gemeinsamen Lebens vereinbar gemacht werden, in denen der Vorrang der Gemeinschaft vor dem Einzelnen als selbstverständlich gilt? Allgemeiner formuliert: Gibt es eine Ethik mit universalem Anspruch, die kulturelle Unterschiede in den Begründungen oder in politischen Argumentationen nicht verwischt oder für unüberwindbar erklärt, sondern für die je kontextgebundene Akzeptanz produktiv macht, um gerade nicht in der Falle des Kulturalismus zu enden?

Das Konzept des «Dialogs der Kulturen» muss noch in einer anderen Hinsicht gründlich überprüft werden. Wer kulturelle Unterschiede überwinden will, um ein die Grenzen sprengendes Allgemeines zu suchen, erzeugt oft genug gerade eine partikulare Kollektivmoral. Denn erst wenn eine Gruppe als Gruppe mit kulturellen Eigenarten identifiziert ist, wird das, was kommuniziert wird, als Kollektivmerkmal zugerechnet. Erst wenn der kulturelle Hintergrund zum Thema wird, müssen ja auch Kennzeichen und Kriterien definiert werden. Damit schnappt aber schnell eine Zuschreibungsfalle zu (vgl. Sen 2007). Doch selbst wenn die Zuschreibungen aus einem bestimmten Blickwinkel passen, ist ‹Kultur› als Gruppenzuschreibung problematisch, weil weder auf die unterschiedlichen Rollen noch auf die vielfachen Überlagerungen und Verschmelzungen von Kulturen und biographischen Werdegängen Rücksicht genommen wird. So kommt es, dass beispielsweise jede Äußerung eines Migranten, sei sie künstlerisch oder politisch, auf seinen Migrationsstatus verrechnet wird. Seine anderen möglichen Rollen, als Künstler, als Elternteil, als Staatsbürger, als Konsument verschwinden hinter der einen Identifizierung. Nicht nur die borniertierten Verfechter einer Überlegenheit der eigenen kulturellen Herkünfte, auch Verfechter der multikulturellen Vielfalt und des friedlichen Ausgleiches inszenieren auf diese Weise neue Gruppen und Kollektive, in denen Individuen kaum eine Chance haben, weil sie ungefragt immer auf ihre Gruppe verrechnet werden. Als Navid Kermani, ein deutscher Schriftsteller iranischer Herkunft, der im Siegerland aufgewachsen ist, 2014 aus Anlass des 65. Jahrestages des Grundgesetzes eingeladen wurde, im Deutschen Bundestag zu reden, beschimpften die einen ihn in einem vorhersehbaren aufgeregten Reflex als Ausländer, der am Rednerpult des Reichstagsgebäudes nichts zu suchen habe. Aber auch die anderen, die seine Rede begeistert feierten, machten es kaum besser. Der Redner wurde zum Paradigma einer neuen deutschen Einwanderungskultur, zum Avantgardisten einer gastfreundlichen Gesellschaft stilisiert, in der auch Muslime im Parlament reden dürfen. Nur war der Redner kein von außen kommender Gast, er wollte nicht als der Sprecher von religiösen Verbänden und schon gar nicht als besonders gelungenes Exemplar vorbildhafter Integration gelten, obwohl sein Blick auf das Grundgesetz auch diesen Aspekt einschloss. Doch in der einen wie in der anderen Reaktion ging das, was er zu sagen hatte, hinter stereotypen Zuordnungen verloren. Seine künstlerische und intellektuelle Individualität verschwand hinter dem Kollektiv, zu dem er zu gehören hatte.

VI. ETHIK DER KULTUR

Die ethische Herausforderung scheint angesichts solcher Eindrücke in der Weise zu liegen, in der multiple Differenzen, hybride Kulturen und vielfältige Zugehörigkeiten im Horizont eines Gemeinwesens gleichzeitig gedacht werden können. Vielleicht sind eine Ethik der freundlichen Indifferenz und die Umgangsform höflichen Desinteresses manchmal hilfreicher als ein Dialog zwischen ‹Dialogexperten›, die als Einzelne für ein Ganzes sprechen wollen oder müssen. Takt und Höflichkeit helfen zumindest im Alltag, dass die Grenzen des Verstehens nicht zwangsläufig zu Konflikten führen, und sind unter Umständen befriedender als ein Dialogmodell, in dem nicht mehr Individuen, sondern nur noch Vertreter von Kollektiven gemeint sind. Das wechselseitige Anderssein müssen wir einander in einer demokratischen Gesellschaft mit fließenden Identitäten zumuten (vgl. Möllers 2008). Die anwaltliche Funktion Einzelner soll damit ebenso wenig bestritten werden wie die Tatsache, dass die Integration pluraler Herkünfte und kultureller Erbverhältnisse Vorbilder – und natürlich rechtliche Rahmenbedingungen – braucht. Aber erst, wenn auch Migranten und Migrantinnen über alles Mögliche reden, worüber in modernen Gesellschaften so gestritten wird, über Filme, über Politik, über Unternehmensführung, ja sogar über den Umgang mit der eigenen Migrationserfahrung, wird die unwillentliche oder willentliche Identitätspolitik unterlaufen. Eine evangelische Ethik, die die verantwortete Freiheit des Individuums betont, wird den Einzelnen immer vor Kollektivzuschreibungen zu schützen suchen. Tückischerweise bricht die Beschwörung kultureller, auch religionskultureller Identitäten nicht zuletzt mit einer der wichtigsten Errungenschaften des modernen Rechts, das Menschen nicht als Kollektivsingulare sieht, sondern als Gleiche behandelt wissen will. Eine emphatische Individualität, wie sie von der protestantischen Auslegung des Christentums betont wird, lässt sich auch in den handfesten Debatten um kulturellen Pluralismus und seine Grenzen mit guten Gründen verteidigen.

Wo allzu viel und affirmativ von Kultur die Rede ist, also so, dass ‹Kultur› entweder als Grund für die Entschuldung oder als Hinweis auf die Unveränderbarkeit der eigenen Perspektive in Anspruch genommen wird, ist auch im Alltag der Konflikt oft nicht mehr weit. Diesen Prozess der Exklusion und Inklusion mittels Kulturverweis gilt es ethisch zu reflektieren. Die elementarste Form, dies zu tun, besteht darin, dem Begriff als solchem ein Ethos des Sprechens an die Seite zu stellen, das weniger den Begriff und seine Tragfähigkeit befragt, sondern auf seinen Gebrauch achtet. Eine Ethik der Kultur wäre dann in einem tiefen Sinn Sprachkritik.

Der deutsche Kulturbegriff wirft ein besonderes Problem auf. Während die englische Sprache zwischen *arts, culture* und *civilization* unterscheiden kann, muss der deutsche Kulturbegriff alle drei symbolischen Formen aufsaugen, zu Lasten ihrer Kenntlichkeit. Das führt vor allem in internationalen Verständigungsprozessen fortlaufend zu Missverständnissen (vgl. Bollenbeck 1996). Mit Händen zu greifen ist diese Anfälligkeit für Missverständnisse bei der Übersetzung von Samuel Huntingtons Bestseller *The Clash of Civilizations*. Im deutschen Sprachraum kam das Buch 1996 unter dem Titel *Kampf der Kulturen* auf den Markt. Die Kombination von Kampf und Kultur knüpft an den ‹Kulturkampf› an. Mit einer solchen Übersetzung wird ein semantischer Raum aufgestoßen, der im kollektiven Unterbewussten der Deutschen die Erinnerung an den Kulturkampf im Kaiserreich wachruft. Eine mögliche Antwort auf Huntington lautet, nicht der ‹Kampf der Kulturen› sei die Herausforderung der Weltgesellschaft, sondern der ‹Kampf um Kultur›. Diese plakative Gegenformel gibt die Richtung vor, aus der der kulturpessimistischen Weltdeutung in geopolitischer Absicht Paroli geboten werden kann, doch das Missverständnis, das im Kulturbegriff liegt, wird auch diese Antwort nicht los.

1.3. Kultur und Kult

Zu den Grenzen der Übersetzbarkeit kommt die klangliche Nähe von Kultur und Kult, die vor allem bei der Bestimmung des Verhältnisses von Religion und Kultur für Verwirrung sorgt. Dass es Religion immer nur im Modus kultureller Formen gibt, ist nicht trivial. Diese Grundeinsicht sieht sich mit Theoriemodellen konfrontiert, die entweder davon ausgehen, dass sich Kultur aus der Religion ableitet, oder die Religion in Kultur aufgelöst sehen. In beiden Deutungsschemata, der Ableitung aus oder der Auflösung in Kultur, kommt es zu einer unzulässigen Entdifferenzierung. Nach dem ersten Deutungsversuch ist die Kultur aus dem Kult entstanden und bleibt deshalb unrettbar religiös imprägniert. Nach der anderen Auffassung ist Religion längst in Kultur aufgegangen, also als eigenständige symbolische Form neben anderen letztlich irrelevant geworden. Beide Denkbewegungen haben Folgen für das Verständnis einer möglichen evangelischen Ethik der Kultur. Entweder verliert diese ihren religiösen Eigensinn und löst sich in kulturphilo-

VI. ETHIK DER KULTUR

sophische Ethik auf. Oder sie kommt triumphal daher, weil sie sich zur Tiefengrammatik jeglicher Kultur erklärt und im kulturkritischen Gestus ihren eigentlichen Sinn sieht.

Solchen Entdifferenzierungen gegenüber wird hier eine andere Verhältnisbestimmung ins Spiel gebracht: Kultur, sowohl verstanden als das Ensemble der Künste, der symbolischen Zeichen und Bedeutungen, als auch als Lebenswelt, als vorbereitete Weltvertrautheit mit Praktiken, Wertungen, Haltungen und Präferenzen, erscheint in theologischer Perspektive als Gabe. Nichts anderes meint Martin Luther, wenn er den Schöpfungsbegriff nicht an der Unterscheidung von Kultur und Natur ausrichtet, sondern an der Verhältnisbestimmung von göttlichem und menschlichem Werk. Schöpfung ist für den Reformator nicht die nur anfängliche Setzung der Welt. Gegen diese Engführung spricht schon die exegetische Einsicht, dass die Erzählungen von den Anfängen kultureller Leistungen Teil der Urgeschichte sind. Gegen sie spricht aber auch der schlichte Befund, dessentwegen Luther im *Kleinen Katechismus* sagt, dass auch «Kleider und Schuh, Essen und Trinken, Haus und Hof, [...] Acker, Vieh und alle Güter» (KK: 510) zu dem gehören, wofür die Gläubigen Gott dem Schöpfer danken. Der Hinweis auf die Ambivalenz aller Kultur, die Zweideutigkeit des kulturellen Lebens, die Verstrickungen in Zivilisationsbrüche und Schädigungen der Kultur sind kein Gegenargument gegen diesen Gabecharakter der Kultur. In der theologischen Rede vom Menschen berühren sich Gelingen und Scheitern, schuldhaftes Verstricktsein und glückliche Fügung. Kultur ist Gabe und Gestaltungsaufgabe des Menschen, der sich in diesem «Spielraum der Freiheit» (Dietrich Bonhoeffer 1998: 291) bewähren muss. Die Ambivalenz, die in der Kulturgestaltung des Menschen liegt, muss allerdings in der Ethik reflektiert werden. Aus deren Wahrnehmung entspringt protestantische Kulturkritik, nicht aus der Beschwörung von Welt- oder Abendlandsuntergängen.

Menschen prägen nicht nur Kultur, Kultur prägt auch die Menschen. Diese Einsicht hat Konsequenzen für das Verhältnis von Ethik und Kultur respektive für das Verständnis des in jeder ethischen Reflexion vorausgesetzten moralischen Selbst (vgl. Taylor 1996). Zum Gabecharakter des Lebens gehört auch das Gegebensein der kulturellen Existenz. So wie alle kulturellen Phänomene Gegenstand ethischer Reflexion sein können, ist die Ethik zutiefst und unhintergehbar kulturell. Hier kann die evangelische Ethik von ihren Nachbardisziplinen, von den Kulturwissenschaften und von der Kulturphilosophie, lernen. Jede Skizze einer ‹Ethik der Kultur› muss zum einen diese Verflechtung zwischen Ethik und Kultur und ihre sprach- wie kulturkritische Aufgabe im Blick haben. Sie sollte jedoch zugleich exemplarisch bestimmte kulturelle Gestaltungsfelder wie Kunst, Medien, Wissenschaft und Bildung thematisieren können. Für beides ist es nötig, sich der Geschichtlichkeit der eigenen Perspektive bewusst zu sein.

2. PROBLEMGESCHICHTE

Auch wenn dies nur selten ausdrücklich reflektiert wurde, lässt sich nicht leugnen, dass Glanz und Elend des deutschen Kulturbegriffs eng mit Geistesströmungen zusammenhängen, die aus der evangelischen Theologie oder zumindest aus protestantischen Denkstilen erwachsen sind. Unbeschadet der großen kulturellen Auswirkungen des Protestantismus wird das Kulturthema als solches erst zu dem Zeitpunkt aufgegriffen, zu dem sich die Ethik im modernen Sinn als theologische Disziplin verselbständigt. Deshalb wird die Behandlung der Kultur in der theologischen Ethik gemeinhin auf Friedrich Schleiermachers *Christliche Sitte* zurückgeführt. Sie ist als die «erste große Kulturtheologie des Protestantismus» bezeichnet worden (Trillhaas 1970: 236). Auch Richard Rothes Ethik kann insgesamt als Kulturethik bezeichnet werden. Hans-Lassen Martensens *Christliche Ethik* enthält in ihrem dritten Band eine ausgeführte Kulturlehre. Explizit als ‹Kulturlehre des bürgerlichen Zeitalters› hat Albrecht Ritschl, insbesondere im dritten Band von *Die christliche Lehre von Rechtfertigung und Versöhnung* (1874), seine Lehre vom Reich Gottes entfaltet. Mit der Vorstellung, dass sich die christliche Vollkommenheit in den Kulturleistungen des beruflichen Wirkens erfüllt, hat er das bürgerliche Kulturbewusstsein im Deutschland der zweiten Hälfte des 19. Jahrhunderts prägnant erfasst.

Im weit verstandenen Kulturbegriff sind nicht nur religiöse Vorstellungen von Sittlichkeit und Menschenbildung, sondern auch vermeintliche Geistesgröße und kollektive Überlegenheit konfessionell maßgeschneidert. Die Humboldt'schen Wissenschaftsideale, die das Ethos der deutschen Universität bis heute prägen, leben ebenso von der protestantischen Imprägnierung von Kultur und Bildung wie von den Sittlichkeitsvorstellungen bei Georg Wilhelm Friedrich Hegel und Friedrich Daniel Ernst Schleiermacher.

VI. ETHIK DER KULTUR

Der Streit der großen Geister des 19. Jahrhunderts setzte diese Einigkeit im Kulturverständnis seltsam unbefragt voraus: Das protestantische Christentum, durch die Aufklärung in eine große Krise geraten, erschien nicht nur als eine partikulare Gestalt der Moderne. Vielmehr hat der Protestantismus die Aufklärung selbst so gründlich beeinflusst, dass er jenseits der kirchlichen Traditionsabbrüche als geronnene Kultur überlebt, so die Vorstellung. Die Kirchen mögen an Einfluss verlieren, Religion und Kultur faktisch immer weiter auseinandertreten, doch das Christentum durchfeuchte nun alle Kulturbereiche im Sinne einer progressiven Offenbarung. Was aus dieser vermeintlich autonomen Kultur wächst, hat demnach immer schon christlich genährte Wurzeln. Das Religiöse wird geschichtlich oder ästhetisch und mündet politisch in das Modell des preußischen Kulturstaates.

Die theologische Ausweichbewegung in die Kultur hat nicht nur geistesgeschichtliche Gründe. Kultur wird im 19. Jahrhundert auch zu einem Rückzugsort, weil der politische Raum durch eine immer noch ständisch verfasste Ordnung ohne demokratische Strukturen Gestaltungsmöglichkeiten des protestantischen Bürgertums kaum zulässt (vgl. Bollenbeck 1996). Die Religion ist, je nach geschichtstheologischer Erzählung, entweder Fundament oder Ferment dieses modernen Kulturprozesses. Kultur erhält eine regulative Einheitsfunktion gegen die Ausdifferenzierung der Moderne.

‹Kulturprotestantismus› meint hier die sozial- und frömmigkeitsgeschichtliche Kategorie, den Wertekosmos und die Haltungen des protestantischen Bildungsbürgertums. Hier wird der Westen wahlweise wegen der katholischen Prägung (Frankreich) abgelehnt oder deshalb, weil in den ältesten Demokratien nicht eine paternalistische Ordnung, sondern das Volk regiert (Frankreich, USA und England). Das Reich Gottes wird in einem christlichen Kulturstaat realisiert, getragen durch die «protestantische Persönlichkeit», die die fragmentierten modernen Lebenswelten zusammenhält (Troeltsch 1906: 315).

Neben dem optimistischen Chor von der allmählichen Perfektionierung der Kultur aus dem Geiste der protestantischen Religion verschaffen sich um 1900 auch kulturkritische Stimmen Gehör. Gegenüber dem Optimismus einer allmählichen Verschmelzung von Kultur und Religion sieht beispielsweise Franz Overbeck, der Freund Friedrich Nietzsches, in dieser Synthese als dem Gelingensbild des protestantischen Bürgertums keinen Kulturgewinn, sondern einen Religionsverlust, in dem die radikal kulturkritische Pointe des Christentums, seine konstitutive Weltfremdheit, verloren gehe.

Die Verschmelzungssehnsüchte des deutschen Bürgertums evangelischer Konfession sind nun allerdings mitnichten zu verrechnen auf die Denker, die später weniger beschreibend als polemisch als ‹Kulturprotestanten› bezeichnet werden, weil sie an der Umformung traditioneller Glaubensinhalte in bürgerliche Kulturideale und Ethiken mitgearbeitet haben, in denen vor allem die starke Rolle individueller Freiheit zum Ausdruck kommt. Bei Ernst Troeltsch sind beide Dimensionen, die affirmative und die kritische Kulturdeutung, angelegt. Seinem Verständnis nach ist die gesamte Theologie historische Kulturwissenschaft des Christentums und ethische Geschichtsphilosophie. Kultur ist bei Troeltsch wesentlich doppelt bestimmt: als abendländische Kulturgeschichte, in die das Christentum immer schon verflochten ist, und als Prozess der Moderne, in den das Christentum als aufgeklärter Protestantismus ebenso eingegangen ist, wie er diese Aufklärung seinerseits befördert hat. Gleichzeitig bleibt Religion die Quelle für eine mitlaufende kritische Reflexion und korrigierende Gestaltung dieses Kulturprozesses. Sie verschwindet keineswegs. Das Christentum bleibt auch im Kulturprotestantismus kritische Kulturpotenz. Das zeigen exemplarisch die Thesen, die der Berliner Pfarrer Paul Kirmß 1911 auf dem Protestantentag unter dem Generalthema ‹Religion als Kulturmacht› vorstellt. Er formuliert jenes Selbstverständnis einer ‹Ethik der Kultur› und das kulturpolitische Selbstverständnis der liberalen Theologen: «1. Echte Kultur umfasst das gesamte, geistige, sittliche und materielle Menschenleben. Sie ist in der Tat sittliche Freiheit, die Durchdringung und Gestaltung der Welt durch den Geist und ihre Unterwerfung unter die sittlichen Zwecke der Menschheit. 2. Das Christentum schafft diese sittliche Freiheit, indem es den Menschen innerlich von der Welt loslässt und zur sittlichen Herrschaft über die Welt erhebt. […] 4. Trennt sich die Kultur von der Religion, so sinkt sie in die Knechtschaft der von ihr geschaffenen materiellen Güter. An die Stelle kraftvoller Kulturfreudigkeit tritt schlaffe Kulturmüdigkeit. Die übermächtig gewordene materielle Kultur erstickt das sittliche Leben. 5. Trennt sich die Religion von der Kultur, so zerbricht das innere Volksleben in Bigotterie und Materialismus, und die Religion verliert ihre weltdurchdringende Kraft» (zitiert nach Graf 1984: 221 f.). Hundert Jahre später klingen manche kirchliche Stellungnahmen zur Kultur nicht viel anders, sieht man einmal von ein paar altertümlichen Formulierungen ab.

Der Kulturkampf im Kaiserreich, der politische Ordnung und religiöse Homogenität trotz eines sich abzeichnenden Pluralismus der Religionen und Weltanschauungen gleichzeitig erhalten will, markiert das Ende dieser Entwicklung der kritischen Versöhnung von Protestantismus und Kultur. Das Trauma des Ersten Weltkriegs führt zu einer kulturpessimistischen und antibürgerlichen Grundstimmung, die auch die Theologie erfasst. Die Ge-

VI. ETHIK DER KULTUR

schichte, die ein paar Jahre vorher noch als allmähliche Vervollkommnung des Menschen geglaubt wurde, endet auf den Schlachtfeldern Europas. Der als gescheitert geltenden Vermittlung von Theologie und Kultur setzt die junge Generation evangelischer Geistlicher und Wissenschaftler die Dialektische Theologie entgegen. Sie reißen einen Gegensatz zwischen Offenbarung und Geschichte auf. Dabei berufen sie sich auf den Philosophen Søren Kierkegaard, der nicht nur das kulturselige dänische Bildungsbürgertum verspottet, sondern auch das einigende Band von Ethik und Ästhetik sprengt. Auch Franz Overbeck wird wiederentdeckt. In seiner durch historische Forschung gewonnenen Grundlagenarbeit hatte Overbeck den Gegensatz zwischen Christentum und Kultur für unüberbrückbar erklärt. Seine Aufsätze zu diesem Thema erschienen posthum im Jahr 1919, genau zu dem Zeitpunkt, zu dem die evangelische Theologie in Deutschland vor der Aufgabe stand, das Zerbrechen bisheriger Denkgewohnheiten im Ersten Weltkrieg zu verarbeiten. In der radikalen Differenz von Gottes Wort und menschlicher Rede kündigt sie auch die Verbindung von Religion und Kultur auf. Wie in den Künsten dieser Zeit setzt auch die Theologie auf expressionistische Eskalation, auf die Zerstörung der gefälligen Form und auf die Irritation von Hörgewohnheiten. Wie die Künste, so soll nun auch die Theologie irritieren und beunruhigen. Seltsamerweise ist auch hier für ethische Diskussionen kaum Platz. Figuren der Negation und der Paradoxien, die verschwisterten Pathosformeln ‹Kairos› und ‹Krise› prägen die Wahrnehmung. Nur Paul Tillich interessiert das spannungsgeladene Verhältnis von Kultur und Religion, das auch mittelbar Folgen für die Ethik hat. Religion ist für ihn doppelt kodiert. Sie ist nicht nur «Sinngrund», sondern auch «Sinnabgrund» aller Kulturtätigkeit des Menschen (Tillich 1924/2008b). Tillich erfasst die Zweideutigkeit aller Kulturprozesse. Als nach der ihm aufgezwungenen Emigration in die USA seine Theologie seit Ende der 1940er Jahre auch in Deutschland – wohin er aber nie dauerhaft zurückkehrt – wieder zu wirken beginnt, interessieren sich nur wenige für seine Versuche, eine Theologie der Kultur zu entwerfen, die den Erfahrungen von Zivilisationsbruch und Barbarei nicht ausweicht. Der Verweis auf Kultur scheint erledigt, seit vermeintlich geistig verfeinerte Kulturmenschen Mozartquartette hörten, nachdem sie Menschen allen Alters und jeder Herkunft in die Gaskammern geschickt hatten. Die Beanspruchung sittlicher ‹Überlegenheit› der eigenen Kultur endete in einem Desaster. Auch die kulturwissenschaftliche Orientierung der Theologie um 1900 gehörte nun zu einer versunkenen Welt. In den ethischen Debatten setzte sich, wie an den Theologischen Fakultäten und beim kirchlichen Nachwuchs, eine sich auf Karl Barth zurückführende Theologie durch, die aus der negativen Theologie des Bruchs zu einer kirchlichen Theologie wurde. Aber auch Theologen, die sich auf diese theologische Schule nicht verrechnen lassen, wie Werner Elert oder Walter Künneth und Karl Heim, haben sich nicht darauf eingelassen, evangelische Ethik im Horizont der Kultur zu entwickeln.

Die Beschränkung auf eine Betrachtung der Kirche als partikularer Institution in der Moderne kann man durchaus als Eingeständnis werten. Das evangelische Christentum kann nicht als Sinnintegral und Letzthorizont der Kultur fungieren. Es muss seinen Öffentlichkeitsanspruch mit seiner Partikularität in der Pluralität der Stimmen und Weltzugänge abgleichen. Diese Einsicht paart sich allerdings mit dem Gestus der Überlegenheit, ein Vorwurf, den man zu der Zeit eigentlich an die Adresse der Kulturprotestanten formuliert hat. Die theologische Rede vom ‹prophetischen Wächteramt› wird aus dem Kontext einer Kirche in der Diktatur beinahe umstandslos in die ethischen Debatten der Demokratie mitgebracht. An die Stelle der ‹Kultur› tritt in der evangelischen Ethik das Interesse an der ‹Gesellschaft›. Die Theologie erweist sich hier als ähnlich absorptionsfähig für die zeitgenössischen geistigen Leitkonzepte wie zur Zeit des Kulturprotestantismus. Hatte der sich um 1900 stark an den entstehenden Kulturwissenschaften orientiert und sie gleichzeitig weiterentwickelt, werden nun die großen sozialwissenschaftlichen und sozialphilosophischen Theorien für die Ethik rezipiert. Vor allem die politischen Katastrophen des 20. Jahrhunderts fordern eine theologische Reflexion. Theologische Ethik wird im Wesentlichen als ‹Sozialethik› formatiert.

Dennoch verschwand das Kulturthema nicht vollständig. H. Richard Niebuhr entwickelte eine Grundlegung der Ethik insgesamt am Leitfaden der Frage nach dem Verhältnis von Christus und Kultur (vgl. Niebuhr 1951). Paul Tillich formulierte den Gedanken einer «protestantischen Profanität» als kulturgestaltendes Prinzip (Tillich 1966: 57–75). Helmut Thielicke behandelte die Künste im Rahmen einer «Ethik des Bildnerischen», die allerdings kaum – auch nicht kritisch – rezipiert wurde (Thielicke 1964: 813 ff.). Einen systematisch herausgehobenen Ort erkannte Wolfgang Trillhaas der Ethik der Kultur zu. Er lässt sich dabei, vor allem durch die Diskussionen der philosophischen Anthropologie, insbesondere von Helmuth Plessner, inspirieren (vgl. Plessner 1928). Dabei unterschied er in der Ethik zwischen einer ‹Ethik der Person›, einer ‹Ethik der Natur und der Kultur› sowie einer ‹Sozialethik›. Während die Ethik der Person sich mit den allgemeinen sittlichen Grunderfahrungen und der Verantwortung für das eigene Leben befasste und die Sozialethik das Leben in Gemeinschaft und die gesellschaftlichen Mächte zum Thema hatte, bildete ‹die uns anvertraute Welt› das Thema der Ethik der Natur und der Kultur. Dass Natur und Kultur unter dem Gesichtspunkt der zur Gestaltung anvertrauten Gabe zusammengefasst werden, verdient dabei besondere Aufmerksamkeit. Kultur ist für Trillhaas in diesem Sinne ‹zweite Natur›. Unter den Themen einer Kulturethik treten bei Trillhaas Technik, Wissenschaft und Kunst besonders hervor (vgl. Trillhaas 1970: 236–299). Quer zu diesem denkbar weiten Kulturverständnis als Gabe und Gestaltungsraum stehen seine Überlegungen zur Kultur als wesenhaftem Ausdruck von Luxus und Überschuss, die das Menschsein wesentlich bestimmt. Kultur ist «mehr als ein Minimum» (Trillhaas 1970: 242). «Der Raum des Lebens, den die Kultur erschließt, ist Sinn für den Luxus. Der Raum, in dem die Kultur angelegt ist, ist ein Raum mit Bildern, mit offenem Ausblick auf Wege, Häuser und Gärten, es ist ein Raum, in dem Musik erklingt, […] er ist kein Gefängnis. Er ist Lachen, Gastlichkeit, der Genuss und der Reichtum.» Kultur ist ‹volles Leben›. Die Ambivalenz im Kulturbegriff, die er an anderer Stelle einführt, geht in dieser Bestimmung wieder verloren.

Ähnlich wie Trillhaas und in Pfadtreue zu den kulturprotestantischen Meistererzählungen zählt Trutz Rendtorff die Kultur zu den ‹elementaren Verbindlichkeiten›, zu denen sich eine christlich verantwortete Lebensführung zu verhalten hat. Dabei versteht er Kultur als ‹ethische Form humaner Weltgestaltung› und konkretisiert dies an den Themenfeldern von Bildung und Schule, von technischer Kultur und Alltagskultur. Dabei ordnet er die kulturelle Nutzung der Natur und damit die Umweltethik ebenso wie den Umgang mit Krankheit und Gesundheit sowie mit Altern und Sterben dem Kulturthema zu (vgl. Rendtorff: 1991). In seiner Folge können deshalb vor allem medizinethische und technikethische Fragen in den kulturethischen Fokus gelangen. Doch solche Vorschläge finden in der theologischen Ethik bislang nur selten Resonanz, weil auch bei den Schülern und Schülerinnen von Trillhaas und Rendtorff zunächst die sozialethischen und dann die bioethischen Fragen in den Vordergrund traten. An die kulturethischen Beobachtungen von Rendtorff hat, vor allem was die Kritik der Religion und ihrer Selbstansprüche in der Moderne angeht, Friedrich Wilhelm Graf angeknüpft (vgl. Graf 2004).

So wie um 1800 und um 1900 die Einsichten der Kulturphilosophie in die kulturtheologischen Überlegungen eingegangen sind, können im 21. Jahrhundert neuere Forschungen der Kulturwissenschaften die künftige Ethik der Kultur um manche Einsichten erweitern. Eine Rekonstruktion der Kulturphilosophie Ernst Cassirers, der auch Wirtschaft, Recht, Politik und Bildung als symbolische Formen begreift, in denen ‹Bedeutung im Werden› ist, steht immer noch aus. Michael Moxter hat in seiner systematischen Grundlegung einer Theologie der Kultur schon angedeutet, worin die Bedeutung dieser kritischen Rekonstruktion und Weiterführung liegen könnte (vgl. Moxter 2000). Sie versöhnt zum einen die Ansätze von Karl Barth und Paul Tillich durch die zeichentheoretische und symboltheoretische Rekonstruktion des Kulturbegriffs als ‹Lebenswelt›. Symbolische Ordnungen können sich nämlich nur als in einem permanenten Zeichenprozess befindliche in Variation, Kritik, Abbau und Umbau bewähren. Vorübergehende Bestimmtheit und Unbestimmtheit wechseln sich ab, weil zu jeder Zeichenordnung eine beständige Verschiebung ihres Gefüges gehört. «Kulturarbeit ist Transformation symbolischer Formen» (Moxter 2000: 361). Für die Ethik heißt das, dass auch die Orte der Ethik immer wieder neu bestimmt werden. Moxters Entwurf erlaubt es einer Ethik der Kultur zum anderen, unterschiedliche theologische Begründungsfiguren nebeneinander zu setzen. So kann die ethische Reflexion kultureller Prozesse sowohl von der Schöpfungslehre als auch von der Pneumatologie oder der Sündenlehre zehren, immer vorausgesetzt, dass die theologischen Leitunterscheidungen sich in ethische Diskurse so übersetzen lassen, dass nicht verschwiegen wird, von woher die Rolle des Sprechers oder der Sprecherin bestimmt ist. Religiöse Sprache und ethische Urteilsbildung gehen so eine neue Verbindung ein.

Die kulturphilosophischen und kulturgeschichtlichen Debatten, etwa zur «Geschichte der Gefühle» (vgl. Frevert 2014), die tiefere Einsicht in die kulturelle Vermittlung von Lebensformen und Geschlechterrollen, das kulturgrundierte Verständnis von Sterbe- und Geburtskünsten samt seinen Wandlungen können helfen, die evangelische Ethik, die sich von den Leitbegriffen Freiheit und Verantwortung getragen weiß, um ein tieferes Verständnis von menschlicher Moralität zu erweitern, ohne dass die ethische Urteilskraft im bloßen Moralismus endet (vgl. Lotter 2012). Gelingensbilder und Grundvorstellungen, die anders als im Medium der Sprache wirksam werden, können so auch als Quellen der Ethik erschlossen werden.

Erste Schritte auf dem Weg zu einer Ethik der Kultur sind gemacht. Die Debatte über das Verhältnis von Ethik und Ästhetik nimmt in der evangelischen Theologie größeren Raum ein. Vor allem in der Praktischen Theologie gibt es viele Vorarbeiten, von denen schon Pfade in die Ethik führen, die nun ausgebaut werden können (vgl. Grözinger 1995; Gräb 2006). Die evangelischen Kirchen haben sich mit einer neuen Verhältnisbestimmung von Religion und Kultur auch auf kirchenleitender Ebene zu einem Perspektivenwechsel bekannt. Im Zusammenhang der *Räume der Begegnung*, wie eine Denkschrift der Evangelischen Kirche in Deutschland aus dem Jahr 2002 heißt, gibt es noch viel zu entdecken (EKD 2002).

3. KONFLIKTFELDER UND PROBLEMBEREICHE

Im Folgenden werden diejenigen Konfliktfelder und Problembereiche eingeführt, die einem engen alltagssprachlichen Verständnis von Kultur zuzuordnen sind. Damit soll die Aussage, dass eine Bereichsethik der Kultur die Chancen verschenkt, die für die Ethik im Kulturthema liegen, nicht zurückgenommen werden. Es wäre wissenschaftlich ertragreich, auch andere ethische Bereiche in den Fokus der Kultur zu nehmen. Doch ein solches Unterfangen würde den Rahmen dieses Kapitels sprengen. Es bedürfte zudem umfangreicherer Vorarbeiten, als bislang greifbar sind.

Eine Reduktion auf die Bereiche, die auch in der Umgangssprache oder als ressortspezifische Politikfelder mit ‹Kultur› verbunden werden, lässt sich rechtfertigen, weil diese Bereiche sich soziologisch durchaus als gesellschaftliche Teilbereiche beschreiben lassen, in denen die Rekursivität und Reflexivität des Nachdenkens über Kultur stellvertretend für die ganze Gesellschaft unternommen wird. Bildung und Wissenschaft sind wie Medien und Künste solche ausgezeichneten Orte, an denen ‹Bedeutung im Werden› sich nicht nur vollzieht, sondern beobachtet wird. Außerdem sind diese Orte vorzügliche Quellen der Ethik. Sie haben auf die eine oder andere Weise Teil an der Urteilsbildung, durch öffentliches Nachdenken und die Schärfung von Argumenten, durch die Erziehung zur Urteilskraft, aber auch durch Narrationen, Gelingensbilder und Stimmungen. Doch sie sind zugleich Konfliktfelder und Problembereiche der Ethik, wie im Folgenden zu zeigen ist.

3.1. Der Mensch als *homo ludens*

Das Spiel ist der ursprünglichste Ausdruck menschlicher Freiheit, der Mensch ist als kulturelles Wesen ein *homo ludens*. Der Historiker Johann Huizinga hat diese These in einer materialreichen Studie schon im Jahr 1939 vorgelegt. In diesem Klassiker der Kulturtheorie versteht er das Spiel als «eine freiwillige Handlung oder Beschäftigung, die innerhalb gewisser festgesetzter Grenzen von Zeit und Raum nach freiwillig angenommenen, aber unbedingt bindenden Regeln verrichtet wird, ihr Ziel in sich selber hat und begleitet wird von einem Gefühl der Spannung und der Freude und einem Bewusstsein des Andersseins als das gewöhnliche Leben» (Huizinga 1939/ 2009: 37). Auch in der philosophischen Anthropologie, in der Entwicklungspsychologie und in den frühen Kulturtheorien ist Spiel Ursprung und Grundform der Kultur (vgl. Pannenberg 1983: 312–328). In der spielerischen Aneignung und Verwandlung der Welt lernen schon Kleinkinder, sich in ihr zurechtzufinden, indem sie sich vermeintlich von ihr abwenden. Diese Möglichkeit der Distanzierung von alltäglichen Zusammenhängen eröffnet ihnen die Bildung eines eigenen Verhältnisses zu der Welt, in der sie leben (vgl. Gebauer 2002). Sie versinken förmlich in einer eigenen Welt, die von Einbildungskraft, Nachahmungstrieb und freier Aneignung geprägt ist. Der selbstzweckhafte Charakter dieses kindlichen Zeitvertreibs, dem Absicht und äußerliche Zwecke fehlen, sollte die Bedeutung des Spiels deshalb nicht schmälern, sondern steigern. Die lustvolle Intensivierung des Lebens, die da spürbar wird, wo an einem verregneten Nachmittag im Kinderzimmer ein Südseeabenteuer mit Mutproben, Desastern und Glücksmomenten entsteht, ist Ausdruck einer Fähigkeit, die später einem Erwachsenen helfen wird, in offenen wie scheinbar ausweglosen Situationen Phantasie einzusetzen. Der mimetische Charakter des kindlichen Spiels ist für die moralische wie für die religiöse Entwicklung bedeutsam. Hier lernen Kinder, Regeln zu beachten, die sie imitieren oder selbst erfinden. Spielend eignen sie sich Rollen an und verwerfen sie wieder, sie üben Empathiefähigkeit und beginnen, sich in den Anderen hineinzuversetzen. Sie üben Unterscheidungen ein, entdecken die Grautöne zwischen ‹Gut› und ‹Böse›, lernen Rivalitäten ohne körperliche Gewalt zu lösen und Auswege aus vertrackten Situationen zu finden. Sie entwickeln Möglichkeiten, unbekannte Erfahrungen im Lichte vielfach durchgespielter Szenen zu interpretieren, eine Fähigkeit, die für die ethische Beurteilung unklarer Konstellationen später elementar ist. Ethik braucht Kreativität, die nur durch das freie Spiel entwickelt werden kann. Gerade weil das Spiel keinen Nutzen hat, weil es sich selbst genügt und ohne erkennbare Absicht passiert, hilft es zur Ausbildung eines moralischen Selbst, das sich immer wieder neu unbekannten Situationen und Menschen aussetzen kann, ohne die Orientierung zu verlieren. Kein Ethikkurs an der Universität und kein moralischer Appell wird die so entstehende Sensibilität für ethische Konflikte, das entwickelte Moralgefühl und den plastischen Umgang mit Gelingensbildern, Normen und Prinzipien ersetzen können (vgl. Joas 1996).

Das kindliche Spiel zu erhalten gehört deshalb zu den vornehmsten Aufgaben einer humanen Gesellschaft. Der Trend zur totalen Pädagogisierung der Kindheit, der oft mit dem hehren Ziel von Frühförderung und Chancenoptimierung verbunden ist, lässt die Gestaltungsräume für Kinder kleiner werden. Heranwachsenden unter Dauerbeobachtung, deren Spielmaterial nur noch unter bildungsförderlichen Gesichtspunkten ausgewählt wird, deren Freizeitgestaltung in Nachmittagskursen zum Malen, Schauspielern, Forschen und dergleichen gerastert ist, wird jene Erfahrung vorenthalten, die für die Förderung einer eigenständigen ethischen Urteilskraft unerlässlich ist: die freie Selbsttätigkeit. Während die einen eine Kindheit erleben, die von kulturellen Angeboten unter Aufsicht überfrachtet ist, müssen Kinder, die in Armut leben, oft ebenfalls auf spielerische Entfaltung verzichten. Mangel an Platz, aber auch Mangel an Zuwendung und Aufmunterung zur schöpferischen, neugierigen Erkundung der Welt im Spiel, bei Eltern oder Elternteilen, die selbst oft nie eine solche Begleitung erfahren haben, verhindern die freie Entfaltung einer mündigen moralischen Persönlichkeit ebenfalls. Auch die virtuellen Spielräume, die sich Kindern als Ersatz für wilde Gärten und andere erwachsenenfreie Zonen anbieten, verengen den Spieltrieb, schon allein deshalb, weil die körperliche Erfahrung aufs Sitzen beschränkt bleibt. Für einen kulturpessimistischen Rundumschlag gegen die Computerspiele gibt es indes keinen Anlass. Die virtuelle Spielewelt eröffnet durchaus Gemeinschaftserfahrungen und lässt Kinder nicht automatisch vereinsamen oder verdummen. Spieledesigner entwickelten in den letzten Jahren nicht nur gewaltverherrlichende ‹Ballerspiele›, sondern auch anspruchsvolle, witzige, den kindlichen Geist, die sozialen Fähigkeiten, ihr intellektuelles Vermögen und ihre Kreativität durchaus anregende Formate. Eine evangelische Ethik, die sich nicht in reflexhafter Kulturkritik erschöpft, wird genauer hinsehen.

3.2. Sport – Ethik am Leitfaden des Leibes

Im Sport wird die Ambivalenz des kulturellen Selbstausdrucks ‹am Leitfaden des Leibes› offensichtlich. Sport macht zuallererst Spaß und fördert nebenbei die Gesundheit. Wer Sport treibt, erfährt sich selbst als leibhaft-seelisches Wesen. Mentale und körperliche Zustände verbinden sich zu einem Ganzen. Sport ist aber immer mehr als Sport. Er drängt zur Darstellung. Er erzeugt eigene, bisweilen sogar weltweit gültige Festkalender, die nicht nur enge Fankreise binden. Die Nähe zur Inszenierung und zum Fest lässt den Sport zum Medium des Abstands gegenüber dem Alltag werden. Um Sportarten herum bilden sich Subkulturen, die von der Mode und der Musik bis zu den sozialen Beziehungen viele Lebensbereiche durchziehen. So entwickeln sich aus Sportarten Denkstile und Lebensformen, die weit über das hinausgehen, was üblicherweise mit dem Sport verbunden wird. Die «Theatralisierung des Sports» wird durch die Massenmedien befördert (Florschütz 2005: 7). Aber auch außerhalb großer medialer Aufmerksamkeit bilden sich Subkulturen aus und um Sportarten. Skater, Bodybuilder, Snowboarder, Mountainbiker, Yogaenthusiasten verbinden mit ihrer Leidenschaft mehr als nur körperliche Fitness, Wettkampf und Lust an der Verausgabung.

Einem ersten Blick erscheint der Sport in ethischer Perspektive nicht nur als unverdächtig, sondern als empfehlenswert. Die körperliche Ertüchtigung zwischen Hedonismus und Askese, zwischen schweißtreibender Disziplin und glücksstreibenden Adrenalinausschüttungen nach absolviertem Marathon, einer gelungenen Übung am Stufenbarren oder einer neuen Bestzeit im Schwimmen erschöpft nicht nur, sondern weckt Glücksgefühle. Sport verspricht Grenzerfahrungen und Gemeinschaftserlebnisse. Er fördert den Teamgeist. Eine geordnete Rivalität nach Regeln ist dem Grundprinzip des Fair Play verpflichtet und wird schon deshalb oft genug als Gleichnis für andere Lebensbereiche herangezogen. Das tägliche Joggen am Morgen macht den Kopf frei für den Tag, das wöchentliche Rudertraining bei Wind und Wetter hilft dabei, die Erfahrungen der Woche hinter sich zu lassen. Der Abstand vom Alltag und wirksame Entspannungen tragen eine moralische Bedeutung in sich, weil Menschen, die entspannt, gesund, seelisch und körperlich mit sich im Reinen sind, nachgewiesenermaßen weniger Konflikte haben, freundlicher zu ihren Nachbarn sind, ihre Kinder gelassener erziehen und dazu noch leistungsfähiger sind. Die sozialisierende Kraft des Sports

VI. ETHIK DER KULTUR

und seine positiven Effekte für Intellektualität und Gefühlshaushalt bei Kindern werden zu Recht oft bemüht. Längst ist die positive Wirkung des Sports auch für die Leistungsfähigkeit im Alter, für die Begleitung von Menschen mit Depressionen, Krebserkrankungen oder Demenz und für Menschen mit geistigen und körperlichen Behinderungen bekannt. Die Paralympics finden nicht mehr verschämt und ohne mediale Öffentlichkeit statt, sondern in direkter Nähe zu den Olympiaden, auch wenn die Inklusion im Breitensport noch in den Kinderschuhen steckt. Auch Menschen mit Handicaps werden wegen herausragender sportlicher Leistungen als Helden und Heldinnen verehrt. Im Sport finden Leib, Seele und Geist zusammen. Diese Ideale gelten auch für den Spitzensport. In der olympischen Idee wird das spielerische Kräftemessen geradezu als Mittel gegen Krieg und Bürgerkrieg empfohlen. Der Gründer der neuzeitlichen Spiele, Pierre de Coubertin, dessen Ideen auch im modernen Gewand immer noch die hohe Bedeutung des Sports für das friedliche Miteinander von Nationen betonen, sieht im geregelten Wettkampf junger Männer – mit Frauensport tat er sich Ende des 19. Jahrhunderts schwer – eine vorzügliche Weise, Körper und Geist so zu bilden, dass eine friedliche Menschengemeinschaft entsteht. In seiner Idee, über den Leistungssport eine Elite egalitären Ursprungs zu schaffen, steckt für viele ein säkulares Heilsversprechen, das bis heute wirkt. Dem Sport wird deshalb eine hohe gesellschaftliche Bedeutung zugeschrieben.

In einer Gesellschaft, in der sich die Milieus stärker separieren und Herkunft, Einkommen, Rasse, Geschlecht, Bildungsstand allen Idealen der offenen Gesellschaft zum Trotz nach wie vor Bedeutung haben, gilt der Sport als ein Ort, an dem Unterschiede ihre trennende Wirkung verlieren können. Er gilt als Inklusionschance. Bisweilen sind die Erwartungen allerdings übertrieben. Für einige Bereiche des Breitensports und des Spitzensports mag die Inklusionserwartung gelten. Sport gilt in den meisten westlichen Gesellschaften als Motor sozialer Mobilität. Hier kann jeder und jede den Aufstieg in die Elite schaffen. Sport ist aber ebenso sehr ein Statussymbol der Abgrenzung. Er ist selbst elitär. Was auf Bolzplätzen längst geschieht, ist auf Golfplätzen nach wie vor äußerst selten. Deshalb kommt das Integrationsversprechen schnell an Grenzen, bezieht es sich doch nur auf wenige populäre Mannschaftssportarten. In Deutschland hat vor allem der Fußball diese integrierende Funktion. Die Spieler der deutschen Nationalmannschaft zeigen das beispielhaft.

Auch im Sport gibt es nach wie vor unsichtbare, durch Bedingungen der Zugehörigkeit erzeugte, und sichtbare, über hohe Mitgliedsbeiträge und zur

Schau gestellte Exklusivität gesteuerte Ausgrenzung. Die Selbstabschließung von Sportarten wirft nicht nur ein Licht auf die Übertreibung, die darin liegt, den Sport sozialpolitisch in Dienst zu nehmen, kulturphilosophisch zu überhöhen und ihn so zu überfordern. Die Sportethik muss auch fragen, warum neben den sportimmanenten Regeln von Leistungsbereitschaft und Fairness solche Zugangsbeschränkungen über Geld oder Milieu selten Thema sind. Die Skepsis gegenüber den gesellschaftlichen Leistungen der Künste ist längst Allgemeingut. Auch im Fall des Sports ist daran zu erinnern, dass er, wie alle kulturellen Äußerungsformen, ein zweideutiges Phänomen ist. Wenn es gut läuft, können Sportereignisse gesellschaftliche Spannungen und individuellen Alltagsdruck verwandeln, sowohl für die Sportler wie für die, die ihren Mannschaften beistehen. Ein Stadionbesuch bei jedem wichtigen Fußballspiel macht deutlich, dass immer mehr als der Sport selbst auf dem Spiel steht. Die Mannschaft wird mit Gesängen angefeuert, die Choreographie der Laolawelle oder anderer Anspornrituale erzeugen eine Gemeinschaftserfahrung, die den Alltag vergessen lässt. Die Ästhetik des Sports beginnt bei muskulösen Oberkörpern, führt über schöne Spielzüge bis zur Meisterschaftsfeier, bei der jubelnde Massen durch die Straßen ziehen. Menschen, die ansonsten gänzlich unanfällig für patriotische Gefühle sind, vergießen Tränen der Freude oder der Trauer, je nachdem, ob die Mannschaft des eigenen Landes den Sieg nach Hause trägt oder verliert. Für die deutsche Gesellschaft ist diese nationale Begeisterung ohne nationalistisches Pathos vergleichsweise neu. Wenn junge Frauen mit Kopftuch stolz die deutsche Flagge an das Auto montieren, wird der Fußball zum Symbol für Pluralismus.

Die Schattenseite des Sports liegt ausgerechnet in der Übertreibung seiner positiven Effekte. Die Freude am Gewinnen verführt nicht nur im Leistungssport, sondern auch im Breitensport dazu, die gewünschten Ziele mit illegalen Mitteln der Leistungssteigerung zu erreichen. Wo der Körper im Mittelpunkt steht, sind Gesundheitswahn und übertriebene, am perfektiblen Menschen orientierte Fitnessideale nicht weit, für Frauen und für Männer. Gerade weil Sport ein relevanter Teil der Freizeitkultur geworden ist, begleitet durch eine Sportindustrie, die mit den richtigen Turnschuhen auch Versprechen auf das Lebensglück macht, kann es schnell zu problematischen Formen kommen, die bis zur Selbstzerstörung führen. Wer keinen Sport treibt, wer seine Pfunde um Bauch und Hüften nicht los wird, wer den Idealen des gesunden, durchtrainierten Körpers nicht entsprechen kann oder will, muss dagegen längst mit gesellschaftlichen Sanktionen rechnen. Sport taugt als Suchtmittel. Im Schatten von Vergemeinschaftungserfahrungen entsteht vor allem in den Mannschaftssportarten eine Fankultur, in der übertriebene Männlichkeitsrituale und offener Sexismus noch das kleinste Problem sind. Die totale Identifikation mit dem Verein führt dazu, dass der spielerische Charakter des Sports gegen die Identitätsfalle eingetauscht wird, in der die sich verfangen, für die es nichts anderes als den Sport und das Fansein gibt. Auf der Rückseite der Integrationsmaschine des Fußballs lauert die rassistische Herabsetzung der Gegner. Homophobie existiert nicht nur in den radikalen Fanblöcken, Ausgrenzung und Tabuisierung führen tief in die Gänge der Vereinshäuser. Sexismus findet sich sogar in den Live-Kommentaren anerkannter Moderatoren. Mittlerweile werden Diskriminierungen wie offener Rassismus und Antisemitismus von offizieller Seite nicht mehr hingenommen, andere Formen der Herabsetzung jedoch stillschweigend geduldet. Offene Gewalt am Rande der Begegnung sogenannter feindlicher Mannschaften steigert sich zu bürgerkriegsähnlichen Zuständen, bei denen sogar Menschen sterben. Gesteigerte Emotionen entladen sich nicht nur in Begeisterung, sondern auch in Wut, Demütigung und Verzweiflung, die aus anderen Lebensbereichen in die Sportstätten getragen werden. Das Diktum von ‹Brot und Spielen› drängt sich vor allem da auf, wo sozialen Notständen nur noch im Stadion Ausdruck verliehen wird, weil die Politik, das Rechtssystem und die Gesellschaft die Wut in den Sport kanalisieren lassen.

Längst ist der Sport auch ein Milliardengeschäft. Die größten Fußballvereine der Welt agieren teilweise wie DAX-Unternehmen, können aber mit Verweis darauf, dass sie nach wie vor Vereine sind, auf Compliance-Standards internationaler Unternehmen verzichten. Die Sportverbände der großen nationalen Ligen, aber auch das Internationale Olympische Komitee und die internationalen Fachverbände treten nicht nur als Institutionen der Völkerverständigung hervor, sondern gleichzeitig als korrupte Unternehmen, in denen Schmiergeldaffären und Bestechungsskandale das Bild prägen. Hohe Sportfunktionäre machen kein Geheimnis daraus, dass demokratisch legitimierte Abstimmungsverfahren über Durchführungsorte von sportlichen Megaevents lästig sind, weil sich mit Diktatoren leichter verhandeln lässt als mit den Vertretern demokratischer Regierungen. Mit dem Verweis auf die vermeintliche ‹Politikferne› des Sports werden zweifelhafte Abkommen mit autoritären Regimen geschlossen, internationale Sportfeste auf Kosten von Menschenrechten und mit minimalen Umweltstandards durchgeführt. Dopingskandale werden systematisch vertuscht oder nur halbherzig aufgearbeitet, den Opfern dieser Skandale wird oft nicht nur die finanzielle Wiedergutmachung, sondern auch die Anerkennung ihrer Leidensgeschichte verwehrt. Auch in der Sportberichterstattung der Leitmedien werden diese Themen nur selten aufgearbeitet, noch seltener zur besten Sendezeit in den einschlägigen Sendeformaten. Eine institutionenethische Betrachtung des Sports wird deshalb eine Sportwirtschaftsethik brauchen und in der politischen Ethik den nationalen und internationalen Lobbyismus der einflussreichen Sportverbände berücksichtigen müssen.

Die Kulturgeschichte des Sports verweist auch auf seinen rituellen Charakter, der mit seinen immer gleichen Abläufen, seinen Gesängen und seinen Inszenierungen Formen der Zugehörigkeit schafft, die ansonsten nur Religionsgemeinschaften zugeschrieben werden. Der Sport wird auch für die, die ihn nicht aktiv betreiben, sondern nur betrachten, zu einer Pause vom Alltag, zu einem Ausstieg auf Zeit, der dem Fest als heilsamer Unterbrechung des Alltags mindestens so ähnlich ist wie dem Spiel. Die Verwechslungsbereitschaft, die durch Metaphern wie den ‹Fußballgott› und den Vergleich von Pokal und Kelch verstärkt wird, ist dagegen problematisch. Sprachliche Metaphernspiele mögen die Nähe vielleicht anzeigen, es mag auch sein, dass die Entlastungsfunktion des Sports bisweilen religionsähnliche Züge aufweist, Fragen nach der Hoffnung, die im Leben und im Sterben trägt, muss der Sport nicht beantworten. Wenn er es versucht, ist das eine Anmaßung, die religionskritisch kommentiert werden kann. Zur evangelischen Ethik gehört durchaus eine gewisse Entdifferenzierungstoleranz, aber die Eigenbedeutung von Sport und Religion verpflichtet dazu, die Grenzen zwischen beiden zu beachten.

3.3. Künste als Schule der Wahrnehmung und der Kritik

Künste entziehen sich dem ethischen Anspruch. Die Freiheit von moralischen, religiösen, politischen und sonstigen Zumutungen machen den modernen Kunstbegriff aus. In einem mühsamen Prozess hat sie sich von den Einflussmächten aus Kirche und weltlicher Herrschaft emanzipiert. Gleichzeitig verwahrt sie sich gegen den Anspruch, bloß dekorativ oder gar illustrativ zu veranschaulichen, was an anderer Stelle gedacht wurde. Eine Ethik der Künste hat dieses Autonomiepostulat ernst zu nehmen. Sie sollte sich allerdings nicht von der Autonomie als Joker beeindrucken lassen, der immer dann gezückt wird, wenn die Frage nach der gesellschaftlichen Funktion der Künste gestellt wird (vgl. Ullrich 2007). Kunst, die ohne jeden Kontakt zu anderen gesellschaftlichen Bereichen auszukommen glaubt, sieht sich entweder in einem leeren Raum oder ist totalitär. Mit Kunst wird viel Geld verdient, dabei ist die Unterscheidung von populärer und sogenannter ernster Kunst für ihre kommerzielle Nutzung schon lange kein Unterscheidungskriterium mehr. Geigerinnen werden genauso vermarktet wie Sängerinnen. Sammler nutzen Kunst als Geldanlage, Politik und Wirtschaft nutzen sie als imagefördernde Kulisse. Kunst braucht Institutionen und Orte, die sie zeigen oder aufführen, an denen sie produziert und bekannt gemacht wird. In der sogenannten Kreativwirtschaft, die von der Werbe- und Konzertagentur über das Eventmanagement bis zum Buchverlag reicht, haben die Künste ihren eigenen Wirtschaftszweig. Deshalb kann auch nach der ethischen oder nach der politischen Relevanz der Künste gefragt werden, ohne ästhetische Kriterien durch moralische Ansprüche und ethische Reflexion zu ersetzen.

Kunst zeigt die Welt, in der wir leben, auf eigene Weise, im Modus der Ästhetik. Sie hat kein eigenes Thema, sie ist ein eigener Weltzugang. Das freie Spiel der Kunst kann ernst oder heiter sein, verständlich oder hermetisch, ironisch, boshaft oder leicht und eingängig. Entscheidend ist die ästhetische Brechung der Wirklichkeit, die in den Kunstformen unterschiedlich geschieht. Im Tanz kann die Wucht menschlicher Emotionen, von Zärtlichkeit bis zur Gewalt, zum Ausdruck kommen. Ein Roman kann das Scheitern oder Gelingen von Lebensmodellen vorführen, Weltgeschichte in Lebensgeschichten auffächern, Schuld und Vergebung, Liebe und Opfer so erzählen, dass aus großen Begriffen der Ethik packende Geschichten werden. In den Künsten sind Fragen des Guten und des Gerechten ebenso aufgehoben wie bittere Wut über ungerechte und ungute Zustände, auch wenn Popkultur und Avantgarde diese Fragen unterschiedlich thematisieren. In monochromen Bildflächen, in denen nur Farbe und Strich aufeinander verweisen, wird sichtbar, was sonst unsichtbar bleibt: Strukturen und Formen, ohne die es keine inhaltliche Bestimmtheit gibt. Im Jazz wird das Verhältnis von Regel und Abweichung hörbar. Filme können das Elend eines Menschen so nahebringen, wie es keine Sozialstudie je könnte. Künste eröffnen uns Zugänge zu anderen Kulturen und in fremde Köpfe. Ob Liebe im Alter, Demenz, der Verlust eines Kindes, im Medium der Kunst gehen existenzielle Fragen unter die Haut. Die Veränderung der Geschlechterverhältnisse kann auf der Bühne oder in Vorabendserien komödiantisch werden, ohne dass die Abbruchkanten von Lebensabschnittsbeziehungen und Patchworkfamilien verschwiegen werden. In der ästhetischen Brechung der Welt liegen Verzückung und Irritation, Nachdenklichkeit und die Lust zur eigenen Tat nahe beieinander. In den Künsten werden ethische Konfliktfelder sichtbar oder hörbar. Künste sind aber auch eine Quelle ethischer Urteilsfindung. Menschenbilder werden nicht diskursiv gegeneinander abgewogen, sondern vor Augen gestellt, Sprachformen für Urteilsbildung und Argumente werden vorgefunden und weiterentwickelt, Auswege aus Dilemmata narrativ verflüssigt. Vor allem prägen ästhetische Weltzugänge in hohem Maße Haltungen, Werte und Gelingensbilder.

Die Künste sind auf die eine oder andere Weise immer an der Ausbildung ethischer Kompetenz beteiligt, gerade wenn sie frei von moralischen Inanspruchnahmen oder pädagogischer List sind. Deshalb muss die evangelische Ethik ein Interesse an der Freiheit der Künste haben. Im Umgang mit den Künsten üben Menschen eine basale Fähigkeit, die für alle ethische Urteilsbildung empfehlenswert ist: genau hinsehen oder hinhören, einen Sinn für Details entwickeln, Erfahrungen des Nichtverstehenkönnens ertragen, sich Fremdes zumuten. Künste wollen nichts lehren. Gerade deshalb sind sie eine Schule der Wahrnehmung.

Der ästhetische Zugang zur Welt kann brisant sein. Künste gehen nicht sehr pfleglich mit Ideologien und Selbstbildern um, weil sie auf Grenzüberschreitung aus sind und das Vertraute in einem anderen Licht erscheinen lassen, weil sie unbarmherzig ausleuchten, was im Dunkel bleiben soll. Es kommt nicht von ungefähr, dass Künstler und Journalisten in der Regel die Ersten sind, die in autoritären Regimen mit Berufsverboten belegt werden. In offenen Gesellschaften haben die Künste diese kritische, ja subversive Funktion in der Regel eingebüßt. Die Künste haben einen Einflussverlust erlitten, der ausgerechnet daran festzumachen ist, dass Kunstwerke, die vor einigen Jahrzehnten noch zu wütenden Bilderstürmen Anlass boten, nun hinter den Rücken von Vorstandsvorsitzenden oder Ministerpräsidenten hängen. Trotzdem können Künste dazu verhelfen, Distanzen aufzubauen, um latente Konflikte und kulturelle Schieflagen zu erkennen.

Ihre Bedeutung kann in ethischer Hinsicht wachsen, weil Bilder aller Art eine immer größere Rolle in Kommunikationsprozessen spielen und der Umgang mit Bildern nach diesem *iconic turn* zu einer basalen Kulturtechnik wird, die alle gesellschaftlichen Bereiche betrifft (vgl. Maar/Burda 2004). Bilder muss man lesen lernen. Der Kompetenz im Umgang mit Bildern wird deshalb auch eine Ethik der Kultur mehr Bedeutung beimessen. Bilder sind Abkürzungsverhältnisse. Sie erzeugen unmittelbare Evidenzen, sie überwältigen, sie suggerieren erfolgreicher als Worte. Die positive wie die negative Macht der Bilder muss ein Thema der Ethik werden.

Besonders in protestantischer Tradition wurden der Eigenwert und die Macht von Bildern lange unterschätzt. Die skeptische Grundhaltung der Reformatoren hatte durchaus nachvollziehbare Gründe und wäre ein Ausgangspunkt für eine Theorie der Bilder, die nicht bilderfeindlich, sondern bilderkritisch ist. In den Wissenschaften, in der Politik, im Alltag gewinnen Bilder an Bedeutung. Sie sind längst aus dem Schatten der Sprache herausgetreten und lassen sich nicht auf Sprache zurückführen. Bildgebende Verfahren in der Medizin und in den Wissenschaften, Kriege, in denen Bilder zur Waffe werden, zeigen, dass Bilder ihre illustrative Funktion überschreiten. Sie konstituieren Macht- und Sympathieverhältnisse, Abwehr oder Neugier, Nähe oder Distanzen zum Gegenstand, der sich zeigt, sie konstituieren Wirklichkeit (vgl. Bredekamp 2010). Bilder, die immer auch auf das verweisen, was sie nicht zeigen, bedürfen einer neuen theoretischen Gewichtung wie einer begleitenden ethischen Reflexion. Dieser Prozess ist längst im Gang. In den Bildwissenschaften, die längst ihre Beschränkung auf die Kunstwissenschaften gesprengt haben, werden auch Debatten über die Ethik der Bilder geführt. Hier kommt den Künsten, die selbst mit stillen oder bewegten Bildern arbeiten, eine bildkritische Funktion zu (vgl. Sofsky 2011). Sie entlarven den blinden Bilderglauben, sie zerlegen mediale Bilder in ihre Einzelteile und zeigen, was Bilder alles können. So schaffen sie Distanzen, die die Bilder entmachten. In Museen, Galerien und öffentlichen Kunstprojekten, aber auch im Kino wird das eingeübt, was die evangelische Ethik als Programm noch vor sich hat: ‹visuelle Mündigkeit›.

3.4. Kulturelle Teilhabe zwischen Beteiligungs- und Befähigungsgerechtigkeit

Wenn die Chance zur Ausbildung visueller Mündigkeit und der Zugang zu den Künsten nicht nur einer kleinen Elite eröffnet werden sollen, muss sichergestellt werden, dass die Begegnung mit Kunst für alle offen steht. Im deutschen Verfassungssystem wird Kultur als föderale Gemeinschaftsaufgabe verstanden. Der kulturelle Föderalismus verbindet sich in Deutschland mit der kommunalen Selbstverwaltung, die eine eigenständige Kulturverantwortung der Städte und Gemeinden einschließt. Diese dezentrale Struktur, dank derer städtische Bühnen, Orchester, Musikschulen, Akademien und Fördereinrichtungen über das ganze Land verteilt sind, ist ein hohes öffentliches Gut. Die öffentlich subventionierte Kultur übernimmt dem Selbstanspruch nach eine Stellvertreterrolle für alle, also auch für die, die niemals über die Schwelle eines Opernhauses treten und sich nur schwer vorstellen können, dass das eigene Kind Cello spielt. Die Künste und ihre öffentlichen Institutionen sollen deshalb als öffentliche Güter behandelt werden. Allerdings erscheinen breite Teile der Kultur, vom Musical über viele Schauspiel- und Tanzschulen bis zu Techno-Werkstätten und Popakademien, gar nicht als öffentliche Güter, insofern sie privatwirtschaftlich finanziert sind. Auch das Kino ist nur selten öffentlich gefördert. Die öffentlich-rechtlichen Sendeanstalten haben zwar einen Anteil an der Filmproduktion, private Sendeanstalten beteiligen sich aber ebenfalls daran. Das, was unter Kunst und Kultur verstanden wird, ist nicht automatisch öffentlich finanziert. Wer das stolze Wort vom ‹Kulturstaat› gebraucht und für Zugangsgerechtigkeit und kulturelle Teilhabe aller eintritt, steht deshalb unter größerem Begründungsdruck, weil sich die Ausdrucksformen wie die Organisationsformen von Kunst und Kulturangeboten vervielfacht haben. Der Spardruck der Kommunen und der demographische Wandel, eine größere Ausdifferenzierung der Kultur in viele freie Szenen und neue Modelle kultureller Selbstorganisation führen dazu, dass neu überlegt werden muss, wie die öffentlichen Kulturgüter unter den Bedingungen dieses mehrfachen Wandels erhalten werden können. Argumente der Art, dass das Stadttheater immer schon da war und die Musikschule noch nie Instrumente aus anderen Musikkulturen lehrte, werden keine Zukunft haben. Auch kulturelle Bildung ist eine Forderung, die umzusetzen viel künstlerische und institutionelle Phantasie erfordert. Dazu gehören Crossover-Projekte zwischen Hoch- und Popularkultur, zwischen Klassik und neuen Kunstformen. Vielversprechend sind Projekte, in denen die Künste zu den Menschen kommen und das Selbermachen, die Förderung des eigenen Selbstausdrucks im Mittelpunkt steht. Kulturelle Bildung darf aber durchaus neben der Expressivität des eigenen Lebens Leistungswillen und abrufbare Kenntnisse fördern. Kulturelle Bildung ist auch Wissensvermittlung. Denn auch kulturelles Wissen macht mündig und selbstbewusst im Umgang mit den kulturellen Herausforderungen. Wenn Kinder schon in der Grundschule die Möglichkeit haben, ein Instrument zu lernen, werden ihre Eltern es nicht mehr befremdlich finden, mit ihnen ein Sinfoniekonzert zu besuchen. Der Hinweis darauf, dass ja nicht jeder ins Sinfoniekonzert gehen muss, weil Popmusik doch auch Kultur sei, wird nämlich oft zu einer Entschuldigung für die milieuspezifischen Zugänge zur etablierten öffentlichen Hochkultur. Erst wenn jeder und jede grundsätzlich die kulturelle Bildung und damit auch das Selbstbewusstsein hat, dass auch bislang verschlossene Kulturräume für ihn oder sie zugänglich sind, ist das Argument legitim, die Oper sei faktisch nur ein Raum für wenige.

Kulturelle Bildung ist keine Forderung, die der evangelischen Ethik äußerlich ist. Im Bildungsverständnis des Protestantismus ist eine kulturelle Orientierung, die den Menschen ganzheitlich als sinnlich-geistiges Wesen wahrnimmt, schon angelegt. Kreativität und musische Kompetenz sind genauso förderungswürdig wie das logische Denkvermögen oder ein reflexives Verhältnis zur eigenen Religion. Gerechte Teilhabe an Kulturangeboten bezieht sich aber nicht nur auf Kinder. In einer alternden Gesellschaft ist der Zugang zur Kultur wesentliches Element von Lebensqualität. Die Altersforschung zeigt, dass künstlerischer Selbstausdruck und die Auseinandersetzung mit den Künsten die mentale Mobilität ebenso fördern wie das reflektierte Selbst- und Weltverhältnis. Die Kirchen können an den Modellprojekten für kulturelle Zugänge übrigens selber lernen, wie sie für die Milieus offener werden, die sie aus dem Blick verloren haben. Als mächtige Kulturträger wurden sie erst wieder in den letzten Jahren wahrgenommen (vgl. Zimmermann/Geißler 2007). Als kulturelle Institutionen tragen sie eine Verpflichtung, die sie nicht nur an den Staat adressieren können, sondern auch selbst einlösen müssen.

3.5. Bildkonflikte als Religions- und Kulturkonflikte

Kulturelle Lesefähigkeit, Kreativität und ästhetische Urteilskraft sind nicht zuletzt angesichts von Bildkonflikten nötig, in denen es nur auf der Oberfläche um Kunstskandale geht. Das prominenteste Beispiel dafür (vgl. Bahr 2012): Im Frühling 1928 kommt es vor dem Landgericht in Berlin-Charlottenburg zu einem geschichtsträchtigen Prozess. Der Maler George Grosz muss sich wegen des Vorwurfs der Gotteslästerung verantworten. Das Bild, das Anlass für diese Anklage ist, geht noch heute unter die Haut: Ein sterbender Christus am Kreuz, die Gasmaske vor dem Gesicht. Der leidende Christus in der Montur eines einfachen Soldaten aus dem Ersten Weltkrieg. Die Bildunterschrift dieser modernen Passion: «Maul halten und weiter kämpfen». Was sich nun zwischen dem Gericht, der Öffentlichkeit, der Kirche, dem Künstler und den intellektuellen Beobachtern der Zeit abspielt, ist eine Studie zum Konflikt zwischen Kunst, Meinungsfreiheit und Religion wert, die in verschiedener Hinsicht beispielhaft für die ethische Dimension von öffentlich ausgetragenen Konflikten um Kunstwerke steht. Drei Jahre und durch fünf Instanzen kämpft der Künstler für seine Freiheit in der Darstellung des Christusbildes, während die Justiz ihren Blasphemievorwurf auf Druck der Öffentlichkeit noch verschärft. Grosz wehrt sich aber auch immer wieder gegen den Verdacht, er wolle den christlichen Glauben beleidigen. Gotteslästerung oder eindringliche Kritik an der Kriegstreiberei der Kirche? Verletzt das Bild die religiösen Gefühle der Christenmenschen, oder stellt diese moderne Kreuzigungsszene die kritische Ursprungsaussage des Christentums gegen ihre Verfälschungstendenzen allererst her? Ist die Bildunterschrift als Ausspruch des Gekreuzigten zu verstehen oder als zynischer Kommentar der Schaulustigen unter dem Kreuz? Ist das Ensemble aus Bild und Text eine unverschämte Parodie oder eine ausdrucksstarke Mahnung im Medium der Kunst, die aus der Verstörung der Betrachter gutartige Aufmerksamkeit gewinnen will?

Der Fall Grosz ist deshalb so aufschlussreich, weil während des Prozesses unermüdlich über die Bedeutung des Bildes gestritten wird. Geht der Künstler in seiner Kritik am Krieg zu weit? Die Frage wird nicht gestellt, sie wird aufgeführt, auf der öffentlichen Gerichtsbühne und im Spektakel öffentlicher Meinungsäußerungen. Was darf die Kunst im Umgang mit Religion? Wie kritisch darf sich Kunst gegenüber Vorstellungen von Kirchen, Staat und der Mehrheit einer Gesellschaft stellen? Wo verlaufen die Grenzen zwischen ästhetischer Religions- und Kulturkritik, zwischen der eigensinnigen künstlerischen Auslegung religiöser Sujets, Bildtraditionen und Gehalte einerseits und der Verhöhnung der Religion andererseits? Wie viel Satire verträgt die Religion? Und wie viel die Gesellschaft? Wo protestiert Kunst gegen problematische religiöse Festlegungen und moralische Interpretationsverbote, um so den verschütteten Sinn religiöser und ethischer Grundfragen aus dem Geröll bürgerlicher Gewohnheiten zu befreien, und wo spielt sie, um der Effekte willen, leichtfertig und unernst mit Stoffen, die anderen Menschen der letzte Halt im Leben und im Sterben sind? Wo verläuft die Grenze zwischen kalkulierter Kritik und der reinen Lust an der Provokation, bei der die öffentliche Erregung nicht nur billigend in Kauf genommen wird, sondern die Erregung selbst das Ziel der Aktion ist?

In der Kunstgeschichtsschreibung steht der Fall Grosz für den zähen Kampf um künstlerische Freiheit. 1969 wurde der Blasphemieparagraph abgeschafft. Schutzgut bei der Religionsbeschimpfung ist nur noch der öffentliche Frieden. Wie sollte der weltanschaulich neutrale, säkulare Staat auch entscheiden können, was eigentlich nur theologisch, also aus der reflektierenden Innenperspektive der Religion heraus, recht zu beurteilen gewesen wäre? Mit der Reform des § 166 StGB schien auch das Problem der Blasphemie selbst zu den Geschichtsakten gelegt zu sein. Das hat sich inzwischen dramatisch geändert. Seit dem Karikaturenstreit um die Darstellung Mohammeds verschärfen sich die Konflikte zwischen Kunstfreiheit, Meinungsfreiheit und Religion.

Die Frage ist für die evangelische Ethik nicht nur von historischem Interesse, etwa, weil in diesem Streit noch einmal an die traurige Rolle der ‹protestantischen Leitkultur› im Umgang mit Künstlerdissidenten wie George Grosz erinnert wird. Die Konflikte werden heute, anders als im Fall von George Grosz, weniger vor Gerichten denn vor dem Tribunal der öffentlichen Meinung ausgetragen. Das ist deshalb bemerkenswert, weil sich die Gesellschaft in der Breite nur noch selten an Debatten um die Rolle der Religion beteiligt. Nur Konflikte über religiöse Symbole im öffentlichen Raum werden ähnlich emotional und mit ähnlichen Verweisen auf ‹Kultur› ausgefochten, entweder mit Verweis auf die ‹christliche› oder sogar ‹christlich-jüdische› Prägung oder auf die ‹muslimische Kultur›, je nachdem, um wessen Symbole es sich handelt. Die Gegenseite argumentiert hingegen mit der ‹säkularen Kultur›. Beide Zuschreibungen sind problematisch und helfen nur wenig zur Zähmung des Konflikts. Meistens geht es in diesen Symbolkonflikten um die Frage öffentlicher Sichtbarkeit oder Unsichtbarkeit von Religion, die an Bildern und Symbolen selbst symbolisch ausagiert wird. Konflikte um die Grenzen der Religionsfreiheit, etwa bei der Frage, ob die Lehrerin an einer öffentlichen Schule ihr Kopftuch abnehmen muss oder ob die Kreuze in Gerichtsgebäuden hängen bleiben dürfen, werden selbst im Medium starker Bilder, Karikaturen, Filme oder optischer Übertreibungen ausgetragen. Sogar die Debatte um die Beschneidung jüdischer und muslimischer Jungen ist mit stark emotionalisierenden Bildern geführt worden. Die verfassungsrechtlichen, religionspolitischen und medizinischen Dissense sind oft auch als Symbol- und Bildkonflikte rekonstruierbar, mehr noch, «sie werden selbst symbolisch» (Heinig 2013: 81).

Diskussionen um die Grenzen der Kunstfreiheit bei anderen Tabuüberschreitungen, wie etwa der inszenierte Hitlergruß des Jonathan Meese, der vor einem Verwaltungsgericht verhandelt wurde, schaffen es hingegen nicht mehr auf die große Bühne der Aufmerksamkeit. Zwischen kleinen und großen Skandalen gibt es einen unheimlichen Überschneidungsbereich: Im Zentrum steht das religiöse Gefühl, das verletzt ist. Religiöse Gefühle mögen, wie der Theologe Schleiermacher 1799 in seinen *Reden über die Religion* formulierte, einmal eine ‹eigene Provinz› im Gemüte gewesen sein, hochgradig individuell und nur in Grenzen darstellbar (vgl. Schleiermacher 1799 / 1999). In den neuen Konflikten um die Grenzen dessen, was über Religion gesagt oder gezeigt werden darf, treten sie anders auf: als kollektive Erregungszustände und als gemeinschaftliche Empfindlichkeiten, auf die man sich mit Macht bezieht, auch wenn der aufgeklärte Protestantismus in weiten Teilen gegen diese Art der Erregungsbereitschaft immun zu sein scheint. An seinen Rändern gibt es ähnliche Entwicklungen. Die Gefühle, die verletzt sind, brauchen nicht einmal eine argumentative Erklärung. Was passiert in einer Gesellschaft, deren Mitglieder sich wechselseitig verletzte Gefühle vorwerfen? Möglicherweise stehen wir vor einer Renaissance des Ehrdiskurses, der zu keiner Selbstrelativierung mehr fähig ist, da Gefühle als ‹unverhandelbar› gelten. Aber die Kategorie der Ehre ist nicht individuell. Sie ist eine Kategorie, die sich ursprünglich auf die Sippe und Familie und heute zunehmend auf kollektive Empfindlichkeiten bezieht (vgl. Wils 2007).

Meinungsfreiheit und Kunstfreiheit mögen nicht nur für religiöse Menschen bisweilen eine arge Zumutung sein. Dies ist der Preis einer offenen Gesellschaft. Aber sie braucht eine Verwandlung von Gefühlen in Argumente, im Falle von Kunstwerken vor allem in ästhetische Argumente. Wer das Verbot zu Ende denkt, der endet bei der Zensur. Zensur aber ist, wie die Gewalt, die die Freiheit Anderer nicht achtet, die ärgste Feindin der Freiheit. Das Verbot, das ich heute fordere, kann über kurz oder lang auch mich selbst betreffen.

Gegen die Überwältigung durch den eigenen Affekt ist die Erinnerung an die Tradition der Tugendlehre vielleicht das Gebot der Stunde. Besonnenheit etwa oder das rechte Maß verschaffen für den Moment Distanz vom eigenen Gefühl. Die Kränkung ist nicht mehr ganz so stark, wenn Überlegung und Nachdenklichkeit der eigenen Aktion vorgeschaltet sind. Respekt und Freimut, aber auch Gelassenheit und Humor könnten die neuen Tugenden werden, mit denen sich die Gesellschaft aus den Fängen der Angst und der Gruppenerregung befreit. Bürgerliche oder christliche Tugenden lassen sich aber nicht erzwingen. Sie müssen an anderer Stelle eingeübt worden sein.

Verletzte Gefühle haben übrigens auch eine Geschichte – wie die Geschichte des Bildes von George Grosz: Heute findet das Bild sich in beinahe jedem Religionsunterrichtsbuch.

3.6. Medien zwischen Aufklärung, Verschleierung und Skandalisierung

Eine evangelische Ethik der Kultur, die sich an einem Ethos des Sprechens, an visueller Mündigkeit und an kultureller Bildung orientiert, muss die Medien einbeziehen, in denen sich kulturelle Selbstverständigung vollzieht. Wird der öffentliche Bildungsauftrag eingelöst? Halten sich Reporter, Journalisten, Filmemacher, Blogger an die Selbstverpflichtung zur gründlichen Recherche? Sind sie der Wahrheit und der Aufklärung verpflichtet? Unterscheiden sie die journalistischen Gattungen, sodass deutlich wird, wann Berichte in Kommentare wechseln? Medienethische Überlegungen haben sich in den letzten Jahren vor allem an professionsethischen Fragestellungen orientiert. Medienkritik hat vor allem die Verletzung des öffentlichen Bildungsauftrags durch reißerische, menschenverachtende oder auf Vortäuschung falscher Tatsachen beruhende Fernseh-, Radio- und Presseformate gebrandmarkt. Diese Kritik ist auch weiterhin gerechtfertigt, ebenso wie pornographische oder sexistisch verunglimpfende Formate thematisiert werden müssen. Da Medien wiederum andere Medien beobachten und die Selbstbindungskräfte durch Journalistenverbände hoch sind, werden hier auch die medienethischen Debatten auf hohem Niveau geführt. Schwieriger wird es, wenn nicht einzelne Sendungen oder Beiträge zu Diskussionen führen, sondern der Stil der Berichterstattung medien- und medienhausübergreifend fragwürdig wird. Die Skandalisierung des Scheiterns von Politikern oder anderen Prominenten bis weit in die bürgerliche Presse ist schon deshalb ethisch relevant, weil mit den Einzelfällen auch eine generelle Entwicklung zu Verschärfungen und Übertreibungen möglich ist. Wenn Medien die Rolle öffentlicher Tribunale übernehmen, dann mag im Hintergrund das Selbstverständnis stehen, die ‹vierte Gewalt› im Staate zu sein. Doch oft ist weniger das Ethos der Aufklärung als die lukrative Auflage für die bisweilen menschenverachtenden Übertreibungen entscheidend (vgl. Kepplinger 2012).

   Die klassischen Medien sind in einen dramatischen Veränderungsprozess einbezogen, in dem nicht nur die Zukunft der Printmedien und des Fernsehens auf dem Spiel steht. Durch die Digitalisierung der Information hat sich vor allem das Tempo, mit dem Informationen ausgewertet, verkauft und in die Welt geschickt werden, beschleunigt. Echtzeitformate verändern aber auch das Selbstverständnis des journalistischen Berufs. Ethischer Begleitung bedürfen nicht nur Ausfallerscheinungen, Regelverstöße oder Medienskandale. In Frage steht, wie Menschen sich heute informieren, wie sie über Hintergründe komplexer Entscheidungen informiert werden – und welche Rolle sie als Mediennutzer spielen. Die alte Unterscheidung zwischen Produzenten und Konsumenten wird tendenziell hinfällig, wo durch offene Kommentarfunktion und andere Beteiligungsformen aus dem Konsumenten selbst ein Produzent wird. Die unilaterale Kommunikationsrichtung wird aufgebrochen, Informationsflüsse gehen in beide Richtungen. Auch professionsethische Fragen stellen sich anders, wenn neben die ausgebildeten Journalisten Blogs von Laien oder Experten treten, die nicht auf ein medienethisches Berufsethos verpflichtet sind. Die Frage nach der öffentlichen Aufklärungsfunktion der Medien stellt sich so ebenfalls. Wem sind Blogger und Informationsagenturen großer Konzerne oder Nichtregierungsorganisationen verpflichtet, außer ihrem Anliegen? Wie kann anspruchsvoller Journalismus ökonomisch überleben, wenn Infotainment-Angebote kostenfrei für ihre Nutzer sind, weil sie sich durch Werbung finanzieren? Durch die Kommentarfunktion unter elektronischen Zeitungsbeiträgen werden Leser schon jetzt zu Mitautoren. Jeder Blick in diese Kommentarfunktion bestätigt, dass die Kultivierung der neuen Technologie noch aussteht. Die Drohungen mit roher Gewalt, die Pöbeleien, das ungehemmte Ressentiment, die massenhafte Aggressivität, die sich in Foren und Kommentaren austoben, verweisen auf einen Abgrund menschlicher Erregtheit, bleiben aber vermutlich auch für die, die Adressatinnen und Adressaten dieser Art von veröffentlichter Meinung sind, nicht ohne Wirkung. Compliance-Regeln für Mediennutzer gibt es nur selten, noch seltener sind sie verbindlich.

Im Schutz der Anonymität können Menschen so aus sich herausgehen, dass man ahnt, wie dünn die Decke der Zivilisation bisweilen ist. Die ‹Schwarmdummheit› ist keineswegs harmlos. Ihr fallen nicht nur Prominente und politische Repräsentanten zum Opfer. Stimmungen im Internet haben durchaus politische Folgen. Gleichzeitig ist diese Anonymität auch ein Instrument, um kritische Gegenöffentlichkeiten zu erzeugen. Diese Art der anonymisierten Berichterstattung in Bild und Wort hat in diktatorischen Regimen die Bewegung des Arabischen Frühlings befördert und erlaubt es unter den Bedingungen von Krieg, Nachrichtensperren und regierungskontrollierten Medien, Informationen und Berichte zugänglich zu machen. Auch demokratietheoretische Fragen drängen sich auf: Was hat es zu bedeuten, wenn parallel zu den zivilisiert über Argument und Gegenargument geführten öffentlichen Debatten, beispielsweise über Sterbehilfe, Beschneidung oder familienpolitische Förderungsprogramme, eine Schattenwelt existiert, in der die Debatte anders geführt wird? Verabschieden sich ganze Teile der Bevölkerung von den Diskursen in der analogen Welt, weil sie sich ungehört, unbeachtet oder in ihren Positionen nicht vertreten glauben? Cybermobbing ist mittlerweile strafbar, doch der rasante Kulturverlust, der in der Verwahrlosung der Sprache liegt, lässt sich nicht mit den Mitteln des Rechts verhindern. Eine Sprache, die diffamiert, Hassreden schürt oder durch Ressentiments gesteuert ist, ist deshalb auch ethisch anders zu bewerten als die neuen Hybridsprachen, die Jugend- oder die Szenesprachen. Die Einübung in eine Kultur des selbstverantwortlichen Sprechens ist nötig.

In dem Maße, in dem elektronische Medien allgegenwärtig sind, stellt sich auch die Frage nach einer Ökonomie der Aufmerksamkeit (vgl. Franck 1998). Aufmerksamkeit ist längst eine Währung geworden. Gegen kostenfreie Nutzung von Angeboten werden Portale zu Oberflächen individualisierter Werbung, die die klassische Vermarktung von Waren auf ein neues Niveau treibt. Waren- und Erlebnisästhetik, Informationen und Dienstleistungen verschmelzen. Folgerichtig wäre es auch, an einer Ökologie der Aufmerksamkeit zu arbeiten, wie es der evangelische Medienethiker Günter Thomas vorschlägt (vgl. Thomas 2003). Der Professionsethik für Medienberufe und der institutionenethischen Perspektive auf die Zukunft der Medien insgesamt ist deshalb eine Ethik des Mediengebrauchs an die Seite zu stellen (vgl. Mitchell 2010).

3.7. Der Algorithmus des Menschen und die digitalen Grundrechte

Ein noch bedeutsamerer Gegenstand ethischer Reflexion sind die Folgen des medialen Wandels, wenn die Digitalisierung als Kulturrevolution in den Blick kommt (vgl. Rendtorff 1991: 86 f.). Deshalb ist Medienethik auch Ethik der Technik. Das Internet ist mehr als ein technischer Sprung wie der vom Radio zum Fernsehen. Mit der Digitalisierung aller Lebensbereiche verändern sich Politik, Medizin, Bildung, Konsum und Wirtschaft, weil Kommunikation sich insgesamt verändert. Es gibt gute Gründe, von einem neuerlichen «Strukturwandel der Öffentlichkeit» zu sprechen (vgl. Nassehi 2014). Das internetfähige Handy und das Tablet werden zu einer Art von Prothesen, die dem Menschen Hilfestellungen aller Art versprechen. Die kulturelle

Errungenschaft, die darin liegt, tausend Bücher gleichzeitig als E-Book mit sich herumzutragen, die Museen der Welt über virtuelle Räume zu begehen, aus Berlin an Vorlesungen an der Universität in Harvard zu folgen, der Freundin in Kanada das Rezept für den leckersten Apfelkuchen samt Film für die Herstellung zu schicken, schnelle Informationsabfragen, anonyme Portale für den Austausch oder gar seelsorgerlichen Rat zu finden, mit Gleichgesinnten in der ganzen Welt über die Entwicklung der evangelischen Ethik zu chatten, wird flankiert durch vorsortierte Suchabfragen, die Umwege und eigene Glückstreffer nur noch schwer möglich machen, weil die großen Internetkonzerne die Dienstleistungen nach eigenen Interessen sortieren. Mit der Debatte über die Netzneutralität deutet sich an, dass aus dem Traum von einem herrschaftsfreien Raum des Internets, ein vermachtetes Revier wurde, bei dem die Zugänge zunehmend mit Grenzposten versehen werden. Das Internet kann zur politischen Knebelung eines ganzen Volkes benutzt werden, wie man an der Firewall in China sieht, die nicht weniger undurchlässig ist als die Berliner Mauer.

Die Chancen, das Internet zu einem rechtsbestimmten Raum zu machen, der die Kultur humaner macht, stehen vielleicht noch offen. Kulturpessimismus und melancholische Technikkritik vertragen sich nicht mit dem Grundsatz der evangelischen Ethik, die Ambivalenz kultureller Leistungen in den Blick zu nehmen. Das «Neuland» (Angela Merkel) urbar, bewohnbar und im Sinne guter Ordnungen gestaltbar zu machen, ist eine drängende Herausforderung und bedarf gewaltiger Anstrengungen.

Im «Goldrausch der Datenausbeutung» (Juli Zeh) findet eine Massenüberwachung von solchen Ausmaßen statt, dass viele Menschen es vorziehen, sich der neuen Normalität anzupassen: Wenn alle elektronischen Spuren lesbar bleiben, hilft nur eine möglichst gute Performance. Die Selbstbilder, die in Facebook und anderen «sozialen Medien» massenhaft vorgeführt werden, zeugen davon, dass die Digitalisierung eine Achsendrehung im Begriff des Menschen vornimmt. Das geschah lange Zeit so schleichend, dass die Debatte darüber sich weithin auf Datenschützer und Technikfreaks, auch kulturkritische Technikfreaks, beschränkte. Erst Affären wie diejenige um Edward Snowden, einen IT-Spezialisten bei der Nationalen Sicherheitsbehörde der USA, machen deutlich, dass die permanente Überwachung aller gespenstische Ausmaße hat – gespenstisch deshalb, weil die Datensammelwut von Staaten und Konzernen nur schwer zu greifen ist. Weder mit dem bisherigen Instrumentarium des Rechts noch mit den Handlungsmöglichkeiten der Politik ist dieses Gespenst zu greifen.

VI. ETHIK DER KULTUR

In der systematischen Massenüberwachung lauern unbekannte Gefahren. Heute weiß niemand, welche elektronische Bestellung, welche E-Mail, welcher Facebook-Eintrag zu einer Herabstufung der Kreditwürdigkeit oder der Versicherungsfähigkeit führt. Vorlieben, ja sogar Charaktereigenschaften lassen sich aus dem Algorithmus aus zufälligen Einzelelementen der jeweiligen Lebensführung ermitteln. Der eine Ausweg aus dieser Entwicklung ist die Positivierung dieses bislang nur als Verlust und Gefährdung erlebten Raums totaler Transparenz. Die Privatsphäre als solche wird in den *postprivacy*-Theorien zu einer veralteten Kategorie erklärt, die aus der analogen Welt kommt. Schon die Rede vom ‹sozialen Netzwerk› weist auf das Versprechen neuer Gemeinschaften, die sich eher an dem Agora-Modell der attischen Demokratie als an den Formen repräsentativer Demokratie orientieren, die als Korrektiv für Eliten und Herrschaftswissen fungieren, und neue, virtuelle Gemeinschaften und *smart mobs* erzeugen (vgl. Rheingold 1993). Auf der anderen Seite stehen die Mahner, die mit den Verschiebungen im Begriff des Privaten gleich dessen Ende erwarten und totalitäre Strukturen befürchten.

Für die evangelische Ethik ist diese Entwicklung eine besondere Herausforderung, ist doch das Individuum als sich selbst und anderen im Grunde entzogenes Subjekt (*ineffabile*) wesentlich über sein Geheimnis bestimmt. Privatheit, verstanden als der Raum, in dem das Individuum souverän und unbeobachtet handeln kann, gehört zum Vorraum dieser Individualitätskonzeption. Wenn der religiöse Topos, dass nur Gott das Herz ansieht, digitalisierungskritisch gewendet wird, könnte das, theologisch gesprochen, heißen, dass eben nur Gott den Menschen total durchschauen darf. Die Frage ist nicht trivial, was die Leitunterscheidung Gott/Mensch als Kriterium für die Bewertung von Datenschutz und digitalen Rechten bedeutet. Natürlich ist jedes Individuum immer mehr als die Spuren, die es im Netz hinterlassen hat. Da aus Daten aber auch Neigungsprofile, Vorlieben, ja Charaktereigenschaften und Gefühlslagen lesbar werden können, ist diese Art unfreiwilliger Durchsichtigkeit für Andere auch ethisch relevant – und zwar unabhängig davon, ob mit den Daten Missbrauch betrieben wird. Es kann sein, dass die geringeren Schmerzgrenzen, die anscheinend viele US-Amerikaner im Vergleich zu Europäern gegenüber dieser Art technologisch begünstigter Durchsichtigkeit haben, auch mit den Konfessionskulturen zu tun haben, die im Hintergrund stehen. Der Puritanismus als die amerikanische Kultur prägende Religionsform hat ein anderes Verhältnis zu öffentlichen Bußritualen. Pönalisierung durch Beobachtung gehört zu den alten Kirchenstrafen und findet sich bis heute in den medialen Bußinszenierungen ehebrechender

Präsidenten, Sportler oder Schauspielerinnen. Auch das Trauma von 9/11 hat natürlich eine andere Einstellung gegenüber präventiven Überwachungen auf allen Ebenen gefördert. Deshalb braucht es auch beim Umgang mit ‹Big Data› wechselseitige Übersetzungskompetenz, zu der nicht zuletzt die Kirchen ihren Beitrag leisten könnten. Allerdings gilt auch hier: «Wer sich für Privatheit 2.0 interessiert, sollte zunächst wissen, was eigentlich Privatheit 1.0 war» (Nassehi 2014: 33). Hier kann auch die Geschichte der evangelischen Ethik einen Beitrag leisten.

Der gläserne Mensch, der gläserne Patient, der gläserne Bürger, der gläserne Kunde – nimmt die evangelische Ethik den Grundgedanken der menschlichen Würde mit seinem Bezug auf ein unantastbares Geheimnis ernst, muss diese Art humanitätsgefährdender Transparenz öffentlich angesprochen werden. Wenn etwa in der Reformation die freiwillige Beichte an die Stelle der Beichtpflicht tritt, wenn die Berufung auf die Freiheit der Gewissen zu den rechtlichen und politischen Folgen der Reformation gehört, deretwegen Motivforschung von außen zu unterbleiben hat, wenn die ‹fromme Seele› als ideengeschichtliche Figur im 18. Jahrhundert zu einer modernen Form geschützter Individualität weiterentwickelt wird, dann zeugt das von den vielen Fäden, die sich zu einem anspruchsvollen Konzept zusammenschließen, das es zu verteidigen gilt. Diese Kernstücke eines reformatorisch geprägten Selbstverständnisses leisten einen unentbehrlichen Beitrag zur ethischen Beurteilung der Digitalisierung aus dem Geist des evangelischen Christentums. Es braucht eine Kultur der Diskretion und der Scham, vor allem aber eine Agenda zur Klärung und Sicherung digitaler Grundrechte, also eine Repolitisierung des Problems der Privatsphäre unter den Bedingungen des Web 2.0 (vgl. Morozov 2014).

3.8. Reflexive Orientierung in der Welt – Ethik der Bildung

Dem Bildungsbegriff können alle Probleme angelastet werden, die der Kulturbegriff mit sich herumschleppt. In begriffsgeschichtlicher Hinsicht sind sie sogar konvertierbar. Bildung und Kultur konnten einander in der deutschen Tradition lange wechselseitig vertreten. Bildung trägt in sich selbst schon eine kulturelle Ausdrucksform und ist unhintergehbar an die christliche Vorstellung vom Menschen gebunden – der enge Zusammenhang von

VI. ETHIK DER KULTUR

Bild und Bildung wurzelt im *Imago-Dei*-Gedanken und in der Vorstellung vom geistlichen Leben als einer *Imitatio Christi* (vgl. Meyer-Drawe/Witte 2007). Aufgrund einer Bedeutungsinflation fungiert der Bildungsbegriff wie ein Passepartout für das Gelingen kultureller Wertsetzung und Sinnvermittlung ebenso wie für die Beherrschung von Rechtschreibregeln oder die passgenaue Ausbildung für prognostizierten Bedarf auf dem Arbeitsmarkt.

Die evangelische Bildungsethik kann an zwei Traditionen anknüpfen, die allerdings nur dann Deutungskraft für gegenwärtige Debatten entfalten, wenn sie weiterentwickelt werden. Zum einen ist der Protestantismus unbestreitbar ‹Bildungsreligion›. Schon in der Frühphase der Reformation setzen sich deren Protagonisten für ein Elementarschulwesen ein, das möglichst allen, Mädchen wie Jungen, zugänglich ist. Philipp Melanchthon erarbeitet nicht nur eine protestantische Bildungstheorie, die die alten *artes* mit neuen Bildungsvoraussetzungen verknüpft, er erarbeitet auch Lehrpläne und Programme für Schulgründungen, mischt sich also aktiv in die Bildungspolitik seiner Zeit ein.

Zum anderen entwickelt sich in der protestantischen Tradition die Vorstellung einer höheren Geistesbildung, die auch die Humboldt-Schleiermachersche Bildungsidee geformt hat und immer noch als – wenn auch angekratztes – Leitbild der Universität in aktuellen hochschulpolitischen Kontroversen mitschwingt. Dieses Bildungsverständnis verbindet selbstreflexive Aspekte der Selbst- und Weltdeutung mit der Lesefähigkeit von Gegenwart und Geschichte, neigt allerdings dazu, bloßes Wissen, Fertigkeiten und Kompetenzen, berufliche Ausbildung und wissenschaftliche Welterkundung gegenüber philologischen und philosophischen Bildungsprozessen abzuwerten. Daraus folgt beispielsweise die schlichte Entgegensetzung von instrumentellem Wissen und Orientierungswissen, aus der eine Hierarchie der Bildungsgüter spricht. Der Topos von der ‹höheren Bildung› ist dafür ein sprachliches Indiz. Eine Aufarbeitung dieser Tradition gehört zu einer der Kritik ihrer zweifelhaften Geschichte verpflichteten Bildungsethik. Denn dieses Bildungsverständnis ist lange elitär und exklusiv interpretiert worden (vgl. Bollenbeck 1996). Gegen eine vermeintlich höhere Dignität der Geistesbildung gegenüber der Berufsausbildung, naturwissenschaftlicher und technischer Kompetenz und handwerklicher Fähigkeit steht Martin Luthers Neuentdeckung des ‹Berufs› als des weltlichen Bewährungsorts christlicher Nächstenliebe und evangelischer Freiheit. Seine Würdigung von Handwerkstechniken, sein steter Kampf für Elementarschulen für alle und sein Interesse an institutionellen Folgen einer solchen ‹Bildung für alle›, also an Schulorganisation und der präzisen Bestimmung des individuellen und kollektiven Nutzens, den eine gute Ausbildung stiftet, können die alte Spannung, die in der Abwertung handwerklicher und lebenspraktischer Fähigkeiten liegt, dämpfen. Die lutherische Verbindung von Bildung und Beruf erinnert daran, bildungsethische Debatten nicht nur auf die Zukunft des Gymnasiums und den Zustand der Universitäten zu beschränken.

Bildung, die von den ersten frühkindlichen Schritten bis zur Bildung im dritten Lebensalter verläuft, ja auch das vierte Lebensalter einschließen kann, und zwar innerhalb wie außerhalb öffentlicher oder privater Bildungsinstitutionen, muss als lebenslange Herausforderung aller wahrgenommen werden. Die Orte der Bildung müssen präziser bestimmt werden. Familie, Zivilgesellschaft, Kultur- und Sporteinrichtungen wie auch Medien sind je eigensinnige Räume für Bildungsvollzüge, die nicht gegen die offenkundigen Bildungseinrichtungen ausgespielt werden müssen – schon gar nicht, wenn nach der Bildung des ethischen Bewusstseins gefragt wird. Vornehme evangelische Bildungsziele wie verantwortliche Selbstgestaltung, Selbstbestimmung und Selbstreflexion im Horizont des Anderen können nicht gegen das vermeintlich bloß Nützliche ausgespielt werden. Anspruchsvolle Bildungskritik muss vielmehr fragen, wie es gelingen kann, reflexive Bildung in alle Bereiche von Erziehung und Ausbildung, in akademische Lernwege und Forschungszusammenhänge einfließen zu lassen. Denn Globalisierung, technische Neuerungen und die daran anschließende Flexibilisierung der Arbeit, neue Forschungslagen und transdisziplinäre Forschungsvorhaben verlangen nach gebildeten Subjekten in allen Bereichen. Bildung von ethischer Urteilskraft ist dem Bildungsbegriff inhärent. Bildung unter den Bedingungen des 21. Jahrhunderts muss kulturelles Überlebenswissen einschließen.

Wenn der Begriff der «Wissensgesellschaft» (Liessmann 2006: 26 ff.) sinnvoll sein soll, dann ist Bildung, also die reflexive Verarbeitung des möglichen Wissens und des Nichtgewussten, die entscheidende Ressource für die gesellschaftliche Zukunft der eigenen Gesellschaft wie der Weltgesellschaft.

Schon um des Überlebens der eigenen Spezies willen darf möglichst niemand von Ausbildung und von Bildung als einem auf Dauer gestellten kritischen Selbstbezug ausgeschlossen werden. Dass Bildungserfolge in Deutschland signifikant stärker als in den Nachbarländern von Herkunft und Bildungshintergrund der Eltern und Großeltern abhängen (vgl. Autorengruppe Bildungsberichterstattung 2014; Sünker 2003), ist in der Perspektive der evangelischen Ethik schon deshalb nicht entschuldbar, weil der Protestantismus als ‹Bildungsreligion› zur Entfaltung anspruchsvoller Bildungskonzepte für alle wie ihrer Institutionen beigetragen hat. Die Erfindung des Gymnasiums und die Gründung der am protestantischen Humanismus gereiften Universitäten waren seinerzeit wegweisend für die Welt. Im globalen Wandel des frühen 21. Jahrhunderts befinden sie sich in einer Krise und bedürfen der sorgsamen Weiterentwicklung.

Eine besondere Herausforderung verbindet sich mit der Inklusion von Menschen mit Einschränkungen in Bildungsinstitutionen, die seit dem Inkrafttreten der UN-Behindertenrechtskonvention im Jahr 2009 zu einem wichtigen Thema der bildungspolitischen Debatte geworden ist. Die Diskussion über geeignete Maßnahmen und deren Umsetzung in Deutschland steht in den meisten Bildungsbereichen und Bildungseinrichtungen noch in den Anfängen. Evangelische Bildungsethik wird diese Schwierigkeiten nicht leugnen und trotzdem weiter daran arbeiten, dass möglichst viele Kinder, Jugendliche und Erwachsene voneinander und zusammen lernen. Gibt es eine das Melanchthon'sche Konzept des Gymnasiums für die Gegenwart weiterentwickelnde Schule? Wie sähe eine Schule aus, die Ernst macht mit der Einsicht, dass alle anders sind, aber alle viel, wenn auch Unterschiedliches können und noch mehr lernen dürfen? Wann und wofür brauchen Menschen mit besonderen Einschränkungen auch besondere Räume, um unter geschützten Bedingungen und mit einem hohen Maß an Zuwendung ihre Möglichkeiten weiterzuentwickeln? Wo werden die Begabten besonders gefördert und in ihrer Verantwortung für Andere gestärkt? Die evangelischen Schulen können zum Proberaum und Zukunftslabor für eine solche Art inklusiver Exzellenz werden.

Kann die Universität sich aus der radikalen Ökonomisierung befreien, in der Exzellenz an Geldeinwerbungserfolgen gemessen wird (vgl. Münch 2009)? Die Steuerung von Wissenschaft, die sich an Kennziffern und möglichen wirtschaftlichen Erfolgen, an unsicheren Arbeitsmarktprognosen und an anderen Verwertbarkeitskriterien orientiert, wird dem Anspruch nicht gerecht, ein ausgezeichneter Ort der Selbstreflexion von Kultur und Gesellschaft zu sein. Nur wenn für diese Reflexion Platz bleibt, im besten Falle durch das ständige Gespräch zwischen Natur- und Kulturwissenschaften, löst die Universität das Versprechen ein, stellvertretend für die ganze Gesellschaft an immer wiederkehrenden Fragen zu arbeiten und sich zugleich neuen Fragen zu stellen.

Wenn Bildung anspruchsvoll ist, löst sie nicht nur Probleme. Sie schafft auch neue. Sie kratzt am Unbefragten und erzeugt möglicherweise sogar neuen ethischen Orientierungsbedarf. Die wissenschaftliche Begleitung politischer, kultureller, rechtlicher und kirchlicher Institutionen mag bisweilen unbequem sein, entspricht aber der Aufgabe von Bildung und Wissenschaft. Deshalb erschöpfen sich Bildung und Wissenschaft nicht in der bloßen Imitation von Markt und Konkurrenz. Eine solche Selbstbeschränkung, verbunden mit den Nachteilen umständlicher bürokratischer Verfahren, ist im Übrigen nicht nur in wissenschaftlicher, sondern auch in wirtschaftlicher Hinsicht zweifelhaft.

Die Zukunftssicherung der Gesellschaft ist auf neue Technologien, neue Modelle des Wirtschaftens und neue Formen des Umgangs mit dem demographischen Wandel ebenso angewiesen wie auf mehrsprachige Subjekte, die keine Angst vor Fremdem haben, Differenzen aushalten können, weil sie in eigenen Traditionen kundig und verwurzelt sind, und Visionen für die Welt entwickeln, die nicht nur am eigenen Vorteil orientiert sind. Zögern und unter hohem Druck entscheiden, Neugier mit Fragen nach dem Ziel des Wissenwollens verbinden, kulturelle Selbstverständigung mit kreativen Forschungsleistungen und neuen Entdeckungen in Abgleich bringen – das sind Bildungshaltungen, die auf allen Stufen menschlichen Lebens eingeübt und weiter entwickelt werden müssen (vgl. EKD 2003).

4. LITERATUR

Albrecht, Christian: Bildung in der praktischen Theologie, Tübingen 2003.
Assmann, Aleida: Der lange Schatten der Vergangenheit. Erinnerungskultur und Geschichtspolitik, München 2006.
Dies.: Geschichte und Gedächtnis. Von der individuellen Erfahrung zur öffentlichen Inszenierung, München 2007.
Autorengruppe Bildungsberichterstattung (Hg.): Bildung in Deutschland 2014, Bielefeld 2014 (www.bildungsbericht.de).
Bahr, Petra/Kaiser, Klaus-Dieter: Protestantismus und Kultur. Einsichten eines Konsultationsprozesses (Kirchliches Jahrbuch 2001), Gütersloh 2004.
Dies./Heinig, Hans Michael (Hg.): Menschenwürde in der säkularen Verfassungsordnung. Rechtswissenschaftliche und theologische Perspektiven, Tübingen 2006.
Dies.: Religion und Säkularität in Europa – ein gezähmter Widerspruch, in: Dies./ Aleida Assmann/Wolfgang Huber/Bernhard Schlink (Hg.): Protestantismus und europäische Kultur, Gütersloh 2007, 85–96.
Dies.: Protestantische Theologie im Horizont der Kulturwissenschaften, in: Friedrich

Jaeger/Jürgen Straub (Hg.): Handbuch der Kulturwissenschaften, Bd. 2: Paradigmen und Disziplinen, Stuttgart/Weimar 2011, 656–670.
Dies.: Kultur des Digitalen, in: Politik und Kultur 2 (2012), 1.
Boehm, Gottfried: Wie Bilder Sinn erzeugen. Die Macht des Zeigens, Berlin 2007.
Bollenbeck, Georg: Bildung und Kultur. Glanz und Elend eines deutschen Deutungsmusters, Frankfurt am Main 1996.
Bonhoeffer, Dietrich: Widerstand und Ergebung. Briefe und Aufzeichnungen aus der Haft, (DBW 8), Gütersloh 1998.
Bourdieu, Pierre: Die feinen Unterschiede. Kritik der gesellschaftlichen Urteilskraft, Frankfurt am Main 1989.
Bredekamp, Horst: Theorie des Bildakts. Frankfurter Adornovorlesungen 2007, Frankfurt am Main 2010.
Brumlik, Micha: Bildung und Glück. Versuch einer Theorie der Tugenden, Berlin/Wien 2002.
Brunozzi, Philippe/Dhouib, Saran,/Pfannekuche, Walter (Hg.): Transkulturalität der Menschenrechte. Arabische, chinesische und europäische Perspektiven, Freiburg i. Br. 2013.
Dabrock, Peter: Befähigungsgerechtigkeit. Ein Grundkonzept konkreter Ethik in fundamentaltheologischer Perspektive. Unter Mitarbeit von Ruth Denkhaus, Gütersloh 2012.
Deutscher Kulturrat (Hg.): Kulturelle Bildung. Aufgaben im Wandel, Berlin 2009.
Eagleton, Terry: Was ist Kultur? Eine Einführung, München 2009.
Evangelische Kirche in Deutschland/Vereinigung evangelischer Freikirchen (Hg.): Räume der Begegnung. Religion und Kultur in evangelischer Perspektive. Eine Denkschrift der Evangelischen Kirche in Deutschland und der Vereinigung evangelischer Freikirchen, Gütersloh 2002 (EKD 2002).
Evangelische Kirche in Deutschland (Hg.): Maße des Menschlichen. Evangelische Perspektiven zur Bildung in der Wissens- und Lerngesellschaft. Eine Denkschrift des Rates der Evangelischen Kirche in Deutschland, Gütersloh 2003 (EKD 2003).
Florschütz, Gottlieb: Sport im Film und Fernsehen. Zwischen Infotainment und Spektakel, Wiesbaden 2005.
Franck, Georg: Ökonomie der Aufmerksamkeit. Ein Entwurf, München 1998.
Frank, Arno: Meute mit Meinung. Über die Schwarmdummheit, Zürich/Berlin 2013.
Frevert, Ute u. a.: Emotional Lexicons. Continuity and Change in the Vocabulary of Feeling 1700–2000, Oxford 2014.
Früchtl, Josef, Vertrauen in die Welt. Eine Philosophie des Films, Paderborn 2013.
Funiok, Rüdiger: Medienethik. Verantwortung in der Mediengesellschaft, Stuttgart 2007.
Gebauer, Gunter: Körper- und Einbildungskraft. Inszenierung des Helden im Sport, Berlin 1988.
Ders./Wulf, Christof: Mimesis. Kultur – Kunst – Gesellschaft, Reinbek 2002.
Gräb, Wilhelm: Sinnfragen. Transformationen des Religiösen in der modernen Kultur, Gütersloh 2006.

4. Literatur

Graf, Friedrich Wilhelm: Kulturprotestantismus, in: Archiv für Begriffsgeschichte 28 (1984), 214–268.
Ders.: Die Wiederkehr der Götter. Religion in der modernen Kultur, München 2004.
Grözinger, Albrecht: Praktische Theologie als Kunst der Wahrnehmung, Gütersloh 1995.
Grunenberg, Manfred: «Jedem Kind ein Instrument». Interkulturell – ein Praxisbericht, in: Kulturbüro des Rates der EKD (Hg.): Kirchenkulturkongress. Ein Nachlesebuch, Berlin 2012, 114–117.
Grupe, Ommo: Sport als Kultur, Zürich/Osnabrück 1987.
Haller, Martin: Urteilen lernen durch Habitus-Erwerb. Vorüberlegungen zu einer evangelischen Tugendethik, in: Ingrid Schoberth (Hg.): Urteilen lernen II: Ästhetische, politische und eschatologische Perspektiven moralischer Urteilsbildung, Göttingen 2014, 69–88.
Hausmanninger, Thomas/Capurro, Ralf: Netzethik. Grundlegungsfragen der Internetethik, München 2002.
Heinig, Hans Michael: Gerichtliche Auseinandersetzungen um Kreuz und Kopftuch im öffentlichen Raum. Thesen und Beobachtungen, in: Karlies Abmeier/Michael Borchard/Matthias Riemenschneider (Hg.): Religion im öffentlichen Raum, München/Wien/Zürich 2013, 79–88.
Herzog, Markwart: Von der «Fußlümmelei» zur «Kunst am Ball». Über die kulturgeschichtliche Karriere des Fußballsports, in: Ders. (Hg.): Fußball als Kulturphänomen, Stuttgart 2002, 11–46.
Huber, Wolfgang: Sport als Kult – Sport als Kultur?, in: Ommo Grupe (Hg.): Einblicke, Aspekte olympischer Sportentwicklung, Schorndorf 1999, 13–22.
Ders.: Ethik. Die Grundfragen unseres Lebens von der Geburt bis zum Tod, München 2013.
Huizinga, Johann: Homo ludens. Vom Ursprung der Kultur im Spiel (1939), Reinbek 2009.
Huntington, Samuel Phillips: Kampf der Kulturen. Die Neugestaltung der Weltpolitik im 21. Jahrhundert, München 2002.
Joas, Hans: Die Kreativität des Handelns, Frankfurt am Main 1996.
Ders.: Die Entstehung der Werte, Frankfurt am Main 1997.
Kepplinger, Hans Mathias: Die Mechanismen der Skandalisierung. Zu Gutenberg, Kachelmann, Sarrazin & Co.: Warum einige öffentlich untergehen – und andere nicht, München 2012.
Konersmann, Ralf (Hg.): Handbuch Kulturphilosophie, Stuttgart/Weimar 2013.
König, Andrea: Medienethik aus theologischer Perspektive. Medien und Protestantismus, Marburg 2006.
Leggewie, Claus/Siepmann, Marcel (Hg.): Provokation über Kreuz. Positionen zur Blasphemiedebatte, Duisburg 2013.
Liessmann, Konrad Paul: Theorie der Unbildung, Wien 2006.
Lotter, Marie-Sibylla: Scham, Schuld, Verantwortung. Über die kulturellen Grundlagen der Moral, Frankfurt am Main 2012.

VI. ETHIK DER KULTUR

Luther, Martin: Kleiner Katechismus (KK), in: BSLK, 12. Aufl. Göttingen 1998, 499–542.
Maar, Christa/Burda, Hubert (Hg.): Iconic Turn. Die neue Macht der Bilder, Köln 2004.
Macho, Thomas/Marek, Kristin (Hg.): Die neue Sichtbarkeit des Todes, München 2007.
Markschies, Christoph: Zur Freiheit befreit. Bildung und Bildungsgerechtigkeit in evangelischer Perspektive, Frankfurt am Main 2011.
Meyer-Drawe, Käte/Witte, Egbert: Art. Bilden, in: Ralf Konersmann (Hg.): Wörterbuch der philosophischen Metaphern, Darmstadt 2007, 61–79.
Mieth, Dietmar/Grupe, Ommo: Lexikon der Ethik des Sports, Mainz 2001.
Mitchell, Joylon: Media Violence and Christian Ethics, Cambridge 2010.
Mittelstraß, Jürgen: Bildung und ethische Maße, in: Nelson Kilius/Jürgen Kluge/Linda Reisch (Hg.): Die Zukunft der Bildung, Frankfurt am Main 2002, 151–170.
Möllers, Christoph: Demokratie – Zumutungen und Versprechungen, Berlin 2008.
Morozov, Evgeny: «Wir brauchen einen neuen Glauben an die Politik!», in: Frankfurter Allgemeine Zeitung vom 14. 01. 2014.
Moxter, Michael: Kultur als Lebenswelt. Studien zum Problem der Kulturtheologie, Tübingen 2000.
Münch, Richard: Globale Eliten, lokale Autoritäten. Bildung und Wissenschaft unter dem Regime von Pisa, McKinsey & Co., Frankfurt am Main 2009.
Muri, Gabriela: Pause! Zeitordnungen und Auszeiten aus alltagskultureller Sicht, Frankfurt am Main 2007.
Nassehi, Armin: Die Zurichtung des Privaten, in: Kursbuch 3 (2014), 27–46.
Niebuhr, H. Richard: Christ and Culture, New York 1951.
Overbeck, Franz: Christentum und Kultur. Gedanken und Anmerkungen zur modernen Theologie, aus dem Nachlass hg. von Carl Albrecht Bernoulli, Basel 1919, Nachdruck Darmstadt 1973.
Pannenberg, Wolfhart: Anthropologie in theologischer Perspektive, Göttingen 1983.
Piper, Ernst: Nacht über Europa. Kulturgeschichte des Ersten Weltkriegs, Berlin 2013.
Plessner, Helmuth: Die Stufen des Organischen und der Mensch. Einleitung in die philosophische Anthropologie, Berlin 1928.
Rendtorff, Trutz: Ethik. Grundelemente, Methodologie und Konkretionen einer ethischen Theologie, Bd. II, 2. Aufl. Berlin/Köln 1991.
Rheingold, Howard: The Virtual Community. Homesteading on the Eletronic Frontier, Reading 1993.
Ritschl, Albrecht: Die christliche Lehre von Rechtfertigung und Versöhnung, Bd. 3, Bonn 1874.
Schleiermacher, Friedrich Daniel Ernst: Grundlinien einer Kritik der bisherigen Sittenlehre (1803), in: Schleiermachers Werke, hg. von Otto Braun und Johannes Bauer, Bd. 1, Aelen 1967, 1–346.
Ders.: Über die Religion. Reden an die Gebildeten unter ihren Verächtern (1799), hg. von Günter Meckenstock, Berlin/New York 1999.
Ders.: Die christliche Sitte nach den Grundsätzen der evangelischen Kirche im Zu-

sammenhange dargestellt (1843). Sämtliche Werke I, Bd. 12, 2. Aufl. Berlin 1884, Nachdruck Waltrop 1999.
Schockenhoff, Eberhard: Grundlegung der Ethik. Ein theologischer Entwurf, Freiburg i. Br. 2007.
Schwemmer, Oswald: Die kulturelle Existenz des Menschen, Berlin 1997.
Sen, Amartya: Die Identitätsfalle. Warum es keinen Krieg der Kulturen gibt, 3. Aufl. München 2007.
Sofsky, Wolfgang: Todesarten. Über Bilder der Gewalt, Berlin 2011.
Soosten, Joachim von: Krieg und Spiele, in: Wolfgang Insenberg/Matthias Sellmann (Hg): Konsum als Religion. Über die Wiederverzauberung der Welt, Mönchengladbach 2000, 13–28.
Stock, Konrad: Grundlegung der protestantischen Tugendlehre, Gütersloh 1995.
Stoellger, Philipp/Gutjahr, Marco (Hg.): An den Grenzen der Bilder. Zur visuellen Anthropologie, Würzburg 2014.
Sünker, Heinz: Politik, Bildung und soziale Gerechtigkeit, Frankfurt am Main u. a. 2003.
Taylor, Charles: Quellen des Selbst. Die Entstehung neuzeitlicher Subjektivität, Frankfurt am Main 1996.
Thielicke, Helmut: Theologische Ethik, Bd. III/3: Ethik der Gesellschaft, des Rechtes, der Sexualität und der Kunst, Tübingen 1964.
Thomas, Günter: Umkämpfte Aufmerksamkeit, in: Zeitschrift für Evangelische Ethik 47/2 (2003), 89–104.
Tillich, Paul: Über die Idee einer Theologie der Kultur (1919), in: Ders.: Ausgewählte Texte, hg. von Christian Danz u. a., Berlin/New York 2008, 25–41 (2008a).
Ders: Kirche und Kultur (1924), in: Ders.: Ausgewählte Texte, hg. von Christian Danz u. a., Berlin/New York 2008, 109–122 (2008b).
Ders: Der Protestantismus als kritisches und gestaltendes Prinzip, in: Ders.: Ausgewählte Texte, hg. von Christian Danz u. a., Berlin/New York 2008, 199–222 (2008c).
Trillhaas, Wolfgang: Ethik, 3., neu bearb. und erw. Aufl. Berlin 1970.
Troeltsch, Ernst: Die Bedeutung des Protestantismus für die Entstehung der modernen Welt. Vortrag, gehalten auf der IX. Versammlung deutscher Historiker zu Stuttgart am 21. April 1906, in: Ders.: Kritische Gesamtausgabe Bd. VIII, Berlin/New York 2012, 199–316.
Ullrich, Wolfgang: Gesucht: Kunst! Phantombild eines Jokers, Berlin 2007.
Wagner, Petra u. a. (Hg.): Handbuch Inklusion. Grundlagen vorurteilsbewusster Bildung und Erziehung, Freiburg i. Br. 2013.
Wienberg, Günther: Von der Integration zur gesellschaftlichen Inklusion von Menschen mit Behinderungen – rein realistisches Ziel oder Utopie, in: Zeitschrift für Evangelische Ethik, 58/2 (2014), 99–109.
Wils, Jean-Pierre: Gotteslästerung, Frankfurt am Main 2007.
Witte, Egbert: ‹Bildung› und ‹Imagination›. Einige historische und systematische Überlegungen, in: Thomas Dewender/Thomas Welt (Hg.): Imagination – Fik-

tion – Kreation. Das kulturschaffende Vermögen der Phantasie, München 2003, 317–340.

Wulf, Christoph/Kamper, Dietmar/Gumbrecht, Hans Ulrich (Hg.): Ethik der Ästhetik, Berlin 1994.

Zimmermann, Olaf/Geißler, Theo (Hg.): Die Kirchen, die unbekannte kulturpolitische Macht. Nachdruck von Beiträgen aus Politik und Kultur, der Zeitung des Deutschen Kulturrates, Berlin 2007.

VII
ETHIK DER LEBENSFORMEN

Frank Surall

1. DEFINITORISCHE BESTIMMUNG UND EINLEITENDER ÜBERBLICK   454
1.1. *Sex* und *Gender* – die Geschlechtlichkeit des Menschen und seine ethische Verantwortung   454
1.2. Ethik der Lebensformen – zum thematischen Aufriss des Kapitels   456

2. PROBLEMGESCHICHTE, THEORIEANSÄTZE UND GRUNDBEGRIFFE   459
2.1. Sexualität – natürliche Anlage und kulturelle Gestaltung   459
2.1.1. Sexualität als Schöpfungsgut   459
2.1.2. Sexualität als Spiel und als Sprache   461
2.1.3. Keuschheit als Ganzheitlichkeit   462
2.1.4. Die sexuelle Freiheit des Christenmenschen   463
2.1.5. Sinn und Grenze der Verhandlungsmoral   464
2.1.6. Sexualität und Menschenwürde   465
2.2. Liebe und Freundschaft – Gemeinschaft in und neben den Institutionen   466
2.2.1. Eros – Begehren und Leidenschaft   467
2.2.2. Philia – die Liebe zum Freund   468
2.2.3. Agape – Liebe als Hingabe   469
2.3. Ehe und alternative Lebensformen – Ganzheitlichkeit und Verbindlichkeit   470
2.3.1. Biblische Grundlinien   470
2.3.2. Die Lehre der Ehezwecke   471
2.3.3. Reformatorische Ehelehre: die Ehe als «weltlich Ding»   473
2.3.4. Freiheit zur Ehe und in der Ehe   476
2.3.5. Treue als Verbindlichkeit   477
2.4. Familie – intergenerationelle Verantwortung   479
2.4.1. Biblische Grundlinien   479
2.4.2. Die reformatorische Familienethik   482
2.4.3. Moderne Entwicklungen   483
2.4.4. Theologisch-ethische Reflexionen   486

3. PROBLEMFELDER 489
3.1. Homosexualität und gleichgeschlechtliche Lebenspartnerschaft 489
3.1.1. Biblische und geschichtliche Grundlinien 489
3.1.2. Theologisch-ethische Reflexionen 491
3.2. Partnerlosigkeit – Zölibat und Single 495
3.2.1. Lebensform ‹Zölibat› 495
3.2.2. Lebensform ‹Single› 498
3.3. Am Lebensanfang – Schutz, Beteiligung und Förderung von Kindern 500
3.4. In der Lebensmitte I – verantwortliche Familienplanung 503
3.5. In der Lebensmitte II – das Scheitern von Lebensentwürfen am Beispiel der Ehescheidung 506
3.6. Am Lebensende – individuelle Lebensqualität im Alter 508
3.6.1. Aspekte des Alterns in der modernen Lebenswelt 508
3.6.2. Theologisch-ethische Reflexionen 511

4. LITERATUR 513

1. DEFINITORISCHE BESTIMMUNG UND EINLEITENDER ÜBERBLICK

1.1. *Sex* und *Gender* – die Geschlechtlichkeit des Menschen und seine ethische Verantwortung

Der Mensch ist Teil der Natur – theologisch gesprochen: von Gottes Schöpfung. Üblicherweise wird die Natur als dasjenige verstanden, was ohne Zutun des Menschen existiert. Der Mensch hat sie nicht geschaffen. In ihr findet er sich vor, sowohl in der eigenen Natur als auch in der Natur seiner Umwelt. Der Mensch ist aber auch ein Kulturwesen. Kultur ist in diesem Zusammenhang als Gegenbegriff zu Natur zu verstehen (von lat. *cultura*, Bearbeitung): Kultur bezeichnet die Fähigkeit des Menschen, seine natürliche Umwelt und seine eigenen natürlichen Anlagen nicht nur zu nutzen (das können Tiere und Pflanzen auch), sondern zu gestalten. In theologischer Deutung folgt er damit seinem Auftrag, die ihm von Gott anvertraute Schöpfung zu bebauen und zu bewahren (Gen 2,15), herkömmlich als *dominium terrae* bezeichnet. Die reformatorische Tradition hat den Menschen darum einen *cooperator Dei*, einen Mitarbeiter Gottes, genannt. Theologische Ethik ist daher keine Naturethik, sondern Kulturethik.

Der seit Jahrtausenden andauernde Prozess der Kultivierung der Natur kann und soll nicht rückgängig gemacht werden, wie es schwärmerische Utopien mitunter ausmalen. Dies gilt auch für die Kultivierung unserer Sexualität. Die sogenannte ‹freie› Sexualität hat beim Realitätstest meist versagt. Der Mensch kann seine Kultur nicht ablegen wie ein Kleidungsstück. Er hat jedoch, was er mit und aus der Natur macht, ethisch zu verantworten. Dabei kann das, was kultiviert wird, nicht den Maßstab für das Neue abgeben, das aus ihm entsteht. Die Weizenkörner verraten auch bei genauester Betrachtung nicht, wie aus ihnen ein Brot herzustellen ist. Auf welches Ziel hin der Mensch mit seinen Kulturleistungen die Natur bearbeitet, versteht sich also nicht von selbst – dies wäre der sogenannte naturalistische Fehlschluss, von einem Sein auf ein Sollen schließen zu wollen. Das Ethische ergibt sich nicht einfach aus der Natur.

Auch die sexuelle Natur des Menschen, seine Geschlechtlichkeit, ist bereits kultivierte Natur. Vor allem der moderne Feminismus – in der Theologie die feministische Theologie – hat diese wichtige Einsicht befördert, die sich in der englischsprachigen Unterscheidung zwischen *sex* als dem biologischen Geschlecht und *gender* als dessen kultureller Ausprägung widerspiegelt. Diese Unterscheidung ist in hohem Maße ethisch relevant. Was den Mann oder die Frau ausmacht, ihre jeweilige Funktion in der Familie und in der Gesellschaft, lässt sich nicht aus der Natur ableiten. Es wird größtenteils im Zuge der Sozialisation erlernt und ist entsprechend veränderbar (Mead 1970: 250).

Die Prägung der Geschlechterrollen, also des *gender*, ist sowohl individualethisch (zum Beispiel der Gebrauch von Stereotypen wie «Jungen weinen nicht») als auch sozialethisch (zum Beispiel die Zulassung von Soldatinnen bei der Bundeswehr) zu verantworten. Für Gesellschaft und Politik ergibt sich daraus das Ziel des sogenannten Gender-Mainstreaming. Die Geschlechterperspektive soll in den Hauptstrom des gesellschaftlichen Bewusstseins, in den *mainstream*, gebracht werden, das heißt, die Gesellschaft soll nicht länger blind sein gegenüber geschlechtsspezifischen Benachteiligungen.

Gender-Mainstreaming ist längst ein allgemein anerkanntes sozialpolitisches Leitbild. Seit Ende der 1990er-Jahre ist es das offizielle Ziel der Gleichstellungspolitik der Europäischen Union. Von konservativer christlicher Seite hingegen wurde das Konzept des Gender Mainstreaming kritisiert. Dort liegt offenbar ein statisches Verständnis von Kultur zugrunde, deren Grundlagen man durch Veränderungen gefährdet sieht. Demgegenüber soll im vorliegenden Kapitel der Frage nachgegangen werden, wie sich die traditionellen christlichen Vorstellungen von Geschlechtlichkeit, Ehe und Familie zu einer dynamischen Kulturentwicklung verhalten, die von einem tiefgreifenden Wertewandel und einer Pluralisierung der Lebensformen geprägt ist.

1.2. Ethik der Lebensformen – zum thematischen Aufriss des Kapitels

Entsprechend der Anlage des Handbuchs der Evangelischen Ethik sollen im folgenden Abschnitt verschiedene Theorieansätze und Grundbegriffe einer Ethik der Lebensformen samt ihrer Problemgeschichte zur Sprache kommen. Am Beginn steht ein Abschnitt zur Sexualität (2.1.). Während Sexualität eine natürliche Anlage ist, die der Mensch grundsätzlich mit den Tieren teilt und die erst durch kulturelle Gestaltung gewissermaßen vermenschlicht wird, kommt Liebe und Freundschaft (2.2.) von vornherein eine personale Qualität zu, die als solche dem Menschen vorbehalten ist. Über Sexualität hinaus gehören Liebe und Freundschaft zu den anthropologischen Grundlagen einer Ethik der Lebensformen.

Zur verantwortlichen Kultivierung der Geschlechtlichkeit des Menschen gehört die Einrichtung von Institutionen, in denen Sexualität gelebt und in umfassende menschliche Lebensvollzüge integriert wird, sowie deren stetige Weiterentwicklung. Die wichtigsten Institutionen sollen in den beiden folgenden Abschnitten (2.3./2.4.) ethisch reflektiert werden. Das deutsche Grundgesetz hebt in Artikel 6 Ehe und Familie besonders hervor und stellt sie unter besonderen Schutz. Noch im *Handbuch der christlichen Ethik* (NA 1993) stehen alle einschlägigen Beiträge unter der Überschrift «Ehe und Familie», einschließlich derjenigen zu «sexuellen Beziehungen Unverheirateter» und zu «Homosexualität». Der folgende Aufriss setzt gegenüber der betonten Dualität von ‹Ehe und Familie› zwei neue Akzente:

Zum einen subsumiert er Ehe und Familie unter den weiteren Titel einer ‹Ethik der Lebensformen› und stellt in der Überschrift von Kapitel 2.3. neben die Ehe ‹alternative Lebensformen›. Damit wird einer veränderten gesellschaftlichen Wirklichkeit Rechnung getragen. Heute hat die Ehe den selbstverständlichen normativen Vorrang verloren, den sie jahrhundertelang innehatte. In der Gegenwart besitzt die Ehe zwar für viele Menschen immer noch eine herausgehobene Bedeutung, auf die sie sich sogar noch beziehen, wenn sie sich bewusst für eine begrenzte Zeit dagegen entscheiden oder grundsätzlich von ihr abgrenzen. Aber das menschliche Zusammenleben ist pluraler geworden. Bei der Familie ist ein Zusatz ‹und alternative Lebensformen› überflüssig, weil dieser Begriff anders als der Begriff ‹Ehe› erheblich erweitert wurde und heute neben der herkömmlichen Bedeutung einer Haushaltsgemeinschaft zwischen einem Ehepaar und deren leiblichen Kindern eine Vielzahl weiterer Lebensformen umfassen kann. Ein-Eltern- und Patchwork-Familien sind hierzulande weithin akzeptiert. Die privilegierte Stellung der Ehe und der traditionellen Familie ist fraglich geworden. Die damit verbundenen Fragen zu klären wird ein wesentliches Ziel dieses Kapitels sein. Der unscharfe Begriff einer ‹Ethik der Lebensformen›, unter dem dies erfolgt, soll jene Pluralität widerspiegeln. Die eingeführten Begriffe Sexualethik, Eheethik oder Familienethik sind zu eng und damit zu missverständlich geworden.

Der zweite neue Akzent gegenüber dem Begriffspaar ‹Ehe und Familie› ist die stärkere Abgrenzung und Betonung der Eigenständigkeit beider Institutionen. Bis ins 20. Jahrhundert hinein war kaum zu vermeiden, dass eine Ehe, nachdem sie einmal eingegangen war, auch zur Familie wurde. Normativ-ethisch war dies auch so gewollt. Kinder waren für die Familie als Wirtschaftsverband und für deren Zukunft als soziale Sicherung notwendig. In der Gegenwart beginnt sich der enge Zusammenhang zwischen Ehe und Familie immer mehr zu lösen. Der Anteil derjenigen Paare, die aufgrund einer bewussten, freilich oft zunächst noch nicht endgültig gemeinten Entscheidung kinderlos bleiben, nimmt zu. Eine theologische ‹Ethik der Lebensformen› darf das Auseinanderdriften von Ehe und Familie in der gegenwärtigen Gesellschaft nicht ignorieren. Sie steht vor der Aufgabe, diese Entwicklung von ihren theologischen Voraussetzungen her zu reflektieren und letztere mit der gegenwärtigen Situation in sogenannten gemischt-normativen Urteilen bzw. «mittleren Axiomen» (Joseph H. Oldham) zu vermitteln. Zu untersuchen ist, ob Ehe und Familie in der theologischen Tradition und vor allem in der Bibel nicht nur faktisch, sondern auch normativ zusammengehören. Theologisch gefragt: Entspricht es dem Willen Gottes, dass jede Ehe zur Familie werden muss und dass jede Familie eine Ehe voraussetzt? Wenn hier Ehe und Familie in unterschiedlichen Abschnitten erörtert werden, soll damit nicht die enge Verbindung geleugnet werden, die zwischen ihnen besteht bzw. bestehen *kann*. Im Gegenteil: Erst wenn Ehe und Familie voneinander unterschieden werden, kann ihre Beziehung zueinander klar erfasst werden. So wird die angesprochene normative Frage ernst genommen und damit die Situation, in der diese Frage entsteht.

Im Anschluss an den grundlegenden Teil (2.) werden im dritten Abschnitt des Kapitels (3.) verschiedene Problemfelder dargestellt. Eines der umstrittensten Problemfelder einer Ethik der Lebensformen stellen gegenwärtig Homosexualität und gleichgeschlechtliche Lebenspartnerschaften dar, in Bezug auf die in den letzten Jahrzehnten tiefgreifende Veränderungen der

VII. ETHIK DER LEBENSFORMEN

gesellschaftlichen Wahrnehmung und Bewertung stattgefunden haben. Ausgehend von der Problemgeschichte und biblisch-theologischen Orientierungen wird in 3.1. die neuere Entwicklung dargestellt und ethisch reflektiert. Ein weiteres Problemfeld ist durch die zunehmende Verbreitung der Lebensform ‹Single› (s. Abschnitt 3.2.) entstanden. Dieses wird vor dem Hintergrund der Geschichte und der Kritik des Zölibats als der klassischen Form von Partnerlosigkeit erörtert.

Anschließend wird exemplarisch je ein zentrales Problemfeld hinsichtlich der Familie (verantwortliche Familienplanung/3.4.) und der Ehe bzw. Lebenspartnerschaft (Ehescheidung/3.5.) ausgewählt. Während die Familiengründung erst in neuerer Zeit in hohem Maße planbar geworden und damit ethisch zu verantworten ist, stellt die Ehescheidung ein klassisches Problem dar, das bereits in biblischer Zeit kontrovers erörtert wurde. Angesichts des neuzeitlichen Anspruchs auf Selbstbestimmung und des veränderten Stellenwerts der Ehe wird freilich auch die Frage der Ehescheidung als eine moderne Frage zu erörtern sein.

Die Abschnitte 3.4. und 3.5. befassen sich mit Problemen, die größtenteils Erwachsene in der Lebensmitte betreffen. Umrahmt werden sie von Erwägungen zu einer lebensphasenbezogenen Ethik des Kindes (3.3.) bzw. des Alters (3.6.). Eine Ethik der Lebensformen erfordert lebensphasenspezifische Differenzierungen. Kinder und ältere Menschen sind Personen mit eigenen Bedürfnissen und Rechten, über welche die herkömmliche Ehe- und Familienethik meist hinweggesehen hat. Angesichts des demographischen Wandels gewinnt die Reflexion intergenerationeller Verhältnisse zunehmend an Bedeutung. Die Einbeziehung von älteren Menschen, die nicht mit ihren Kindern in einem gemeinsamen Haushalt leben, in einen erweiterten Familienbegriff verdeutlicht, dass die intergenerationelle Verantwortung alle Generationen betrifft und Familienethik keine Kernfamilienethik ist, als die sie vielfach verstanden wurde und teilweise noch verstanden wird.

2. PROBLEMGESCHICHTE, THEORIEANSÄTZE UND GRUNDBEGRIFFE

2.1. Sexualität – natürliche Anlage und kulturelle Gestaltung

2.1.1. Sexualität als Schöpfungsgut

Wenn die moderne Sexualwissenschaft und vor allem die Psychologie die menschliche Sexualität als eine natürliche Anlage des Menschen in ihren kulturellen und biographischen Prägungen betrachtet und erforscht, kann dies von der biblischen Schöpfungslehre her akzeptiert und gewürdigt werden. In der Bibel sind die geschlechtliche Identität des Menschen und die fleischliche Vereinigung bereits in Gottes guter Schöpfung angelegt. Die Sexualität war Teil der biblischen Lebenswelt, wenngleich der explizite Lobpreis der Freuden der Sinnlichkeit wie im Hohelied die Ausnahme blieb. Sexualität wird weder verschwiegen noch betont zur Schau gestellt, sondern vor allem im Alten Testament so selbstverständlich wie Essen und Trinken in die Lebensvollzüge integriert. Dabei hat sie ihren Ort keineswegs nur im Zusammenhang mit der Zeugung von Kindern.

Im zweiten Schöpfungsbericht der Bibel begründet Gott die Erschaffung der Frau nicht mit der Fortpflanzungsfähigkeit, sondern mit dem Alleinsein des Menschen: Es ist nicht gut, dass der Mensch allein sei (Gen 2,18). Der Mensch ist von der Schöpfung her ein soziales Wesen. Er benötigt eine Hilfe, weil er nicht allein zurechtkommen kann. Die Frau ist stark genug, um dem Mann helfen zu können, aber umgekehrt bedarf auch sie der Hilfe. Einsamkeit bedeutet Hilflosigkeit (Pred 4,9 f.). In dieser übergeordneten Beziehungsperspektive haben dann durchaus auch im engeren Sinne sexuelle Aspekte ihren Platz. Die Erkenntnis, dass Mann und Frau ‹fleischlich› zusammengehören, dient als Begründung dafür, dass sie diese schöpfungsmäßige Zusammengehörigkeit auch aktuell im Geschlechtsakt vollziehen. «Darum wird ein Mann seinen Vater und seine Mutter verlassen und seinem Weibe anhangen, und sie werden sein *ein* Fleisch» (Gen 2,24). Diese Bibelstelle galt lange Zeit und gilt zum Teil noch heute als wichtigste Belegstelle für die biblische Begründung der Ehe. Erst die moderne Bibelexegese hat bemerkt, dass dort gar nicht von der Ehe die Rede ist. Hier handelt es sich um eine sogenannte Ätiologie, also um die Erklärung des Zustandekommens eines gegenwärtigen Sachverhalts – allerdings nicht um eine Ätiologie der Ehe, wie man lange Zeit selbstverständlich voraussetzte, sondern um eine Ätiologie der menschlichen Sexualität. Die geschlechtliche Vereinigung des Ein-Fleisch-Werdens ist dabei eingebettet in einen umfassenden Zusammenhang personaler Begegnung. Der Mensch im Urzustand ist kein asexuelles Wesen, und die Sexualität kommt nicht erst als Folge der Sünde hinzu.

Hingegen ist nach der von Augustin geprägten theologischen Tradition des Abendlandes die menschliche Sexualität wie die gesamte menschliche Natur von der Sünde betroffen und kann sich nicht ohne Sünde betätigen (Erbsündenlehre). In der Bibel findet sich dieser enge Zusammenhang zwischen Sexualität und Sünde nicht. Die Reformatoren wiesen daher die besondere Sündennähe der Sexualität genauso zurück wie die vermeintliche Annäherung an die christliche Vollkommenheit durch Enthaltsamkeit. Das Priestertum aller Gläubigen ruft die Christen nicht aus der Welt heraus, sondern im Gegenteil in die Welt hinein: in die Welt der Sünde, die zugleich als Gottes Schöpfung gnädig erhalten wird. Gegenüber dem extremen Rat zur Enthaltsamkeit bedeutet dies einen maßvollen Gebrauch der Sexualität, genau wie gegenüber dem extremen Rat zur Armut ein maßvoller Gebrauch des Geldes anzustreben ist. Mit der besonderen Gottgefälligkeit der Enthaltsamkeit wurde auch die besondere Nähe der Sexualität zur Sünde aufgegeben. Indem die Sexualität als etwas ‹Natürliches› anerkannt wurde, partizipierte sie auch an der theologischen Ambivalenz alles Natürlichen.

Freilich hat die theologische Ethik in der Tradition Luthers vor einer Vergöttlichung der Sexualität zu warnen. «Woran Du Dein Herz hängst, das ist Dein Gott», meinte Luther im *Großen Katechismus*. Zu einem solchen Götzen, das heißt zum alles bestimmenden Lebensmittelpunkt, kann die Sexualität genauso werden wie alle anderen natürlichen Güter, etwa das Geld, das Luther bei seiner Aussage besonders im Blick hatte. Von daher ist eine neue Gelassenheit bezüglich der Sexualität, die gegenwärtig bei der jüngeren Generation festgestellt wurde, auch ethisch zu würdigen. Die sexuelle Erfahrungssuche ist anders als in den 1970er- und 80er-Jahren mehr oder weniger konfliktfrei in das Familienleben integriert. Obwohl die Sexualität öffentlich viel präsenter ist und sexuelle Verhaltensweisen toleranter beurteilt werden, ist die Bedeutung der Sexualität zurückgegangen (vgl. Sigusch 2005: 43 f.). Dem quantitativen Mehr korrespondiert demnach ein qualitatives Weniger.

2.1.2. Sexualität als Spiel und als Sprache

Was heute auf den ersten Blick auf einen Pansexualismus hinzudeuten scheint, lässt sich oft bei näherer Betrachtung als Kommerzialisierung der Sexualität verstehen und damit in den Zusammenhang eines Ökonomismus stellen. Dieser versteht und benutzt die Sexualität nach Maßgabe ökonomischer Rationalität – von sexuellen Werbeanreizen bis zu börsennotierten Unternehmen, die Sex-Artikel verbreiten. Vor diesem Hintergrund kann eine Sexualität, die bei sich selbst bleibt, ein kritisches Potenzial entfalten, *indem* sie bei sich selbst bleibt und sich damit ökonomischen und sonstigen fremden Motiven entzieht. Sie unterbricht dann die sonst dominierenden sozialökonomischen Funktionszusammenhänge. Dieses Unterbrechungs-Potenzial drückt sich in der Deutung der Sexualität als Spiel aus. «Auch die sexuelle Begegnung verläuft oft ohne jeden praktischen Zweck; sie gestaltet sich spielerisch als Freude in der Begegnung, als Vergnügen und Spaß. Wenn zahlreiche, abendländische Traditionen vom ‹Zeugungszweck› sprechen, werden damit Fremdbestimmungen in den Bereich der Sexualität eingeführt» (Lüthi 2001: 126). In einer Ethik der Freizeit lässt sich Sexualität zusammen mit Musik, Kunst, Sport als menschliche Tätigkeit deuten, die ihren Sinn in sich selbst trägt, jedoch ebenso wie die zuletzt genannten Lebensbereiche der Gefahr der Entfremdung, Verzweckung und Kommerzialisierung unterliegt (vgl. Claudy/Roth 2005). In der jüdisch-christlichen Tradition entfaltet das dritte Gebot den Sinn des Sabbats als Unterbrechung der werktäglichen Arbeitsabläufe. Auf dem humanen Sinn dieser Unterbrechung insistiert heute nicht nur die theologische Wirtschaftsethik, wenn sie sich gemeinsam mit Gewerkschaften gegen starke Tendenzen zur ökonomistischen Aufweichung des Sonntagsschutzes wendet. Verstanden als spielerische Unterbrechung des Alltags, in der der Mensch wieder zu sich selbst kommt, gelangt Sexualität überraschenderweise in einen sabbattheologischen Sachzusammenhang.

Bei allen Vorzügen kommen in der Deutung von Sexualität als Spiel die für die Sexualität wesentliche Personalität und Ganzheitlichkeit zu wenig zum Tragen. Eine Unterbrechung des Alltags und der Arbeit kann letztlich auch durch autoerotische Praktiken erfolgen, was durchaus ein Ansatzpunkt sein kann, um diese ethisch zu würdigen. Dass die Sexualität erst in personaler Begegnung zur Erfüllung kommt, wie auch die biblische Anthropologie nahelegt, wird freilich deutlicher in der Deutung von Sexualität als

Sprache. Wie die Sprache auf die Antwort eines anderen Sprechers zielt, so bleibt auch die Sexualität nicht bei sich, sondern zielt auf die Begegnung mit einem Anderen. Auch Sexualität ist auf gegenseitiges, ganzheitliches Verstehen angewiesen, wie schon der Schöpfungsbericht wusste: Der erste Mensch findet in der Frau ein Gegenüber, das ihm entspricht.

Die Sexualethik stellt den Menschen vor den Anspruch, seine Sexualität zum Guten zu gebrauchen, wie er auch seine Sprache zum Guten und nicht zum Bösen gebrauchen soll. Analog zur Ausbildung der Sprachkompetenz ist der kompetente und mündige Umgang mit Sexualität das ethische Ziel einer Sexualerziehung, deren Notwendigkeit inzwischen allgemein anerkannt ist. Bereits die EKD-Sexualdenkschrift von 1971 bekannte sich dazu, indem sie mit einem umfangreichen Kapitel «Geschlechtererziehung als Bildungsauftrag in Elternhaus und Öffentlichkeit» schloss. Eine solche Sexualkompetenz gilt als ein wichtiger Beitrag zur Prävention von sexuellen Übergriffen und Missbrauch. Als sexueller Sprachunterricht umfasst Sexualerziehung weit mehr als die Aufklärung über körperliche Zusammenhänge im Biologieunterricht und ist daher Gegenstand fächerübergreifender Unterrichtsprojekte, an denen sich auch der Religionsunterricht beteiligen kann (vgl. Bartholomäus 2001).

2.1.3. Keuschheit als Ganzheitlichkeit

Die Reformatoren haben die einseitige Zuspitzung der Keuschheit auf sexuelle Enthaltsamkeit in der römisch-katholischen Tradition entschieden korrigiert (s. Abschnitt 3.2.1.). Wie noch das Neue Testament und manche Kirchenväter wussten, kann Keuschheit auch innerhalb einer sexuellen Partnerschaft gelebt werden. Allerdings muss heute neu bestimmt werden, was Keuschheit als verantwortlich gestaltete Sexualität inhaltlich ausmacht. Wenn die prinzipielle Affinität von Sexualität und Sünde als theologische Fehleinschätzung erkannt wird, kann Keuschheit nicht länger nur in einer möglichst weit gehenden Reduktion sexueller Betätigung bestehen. Jack Dominian bestimmte Keuschheit als «angemessene Regelung des Geschlechtslebens» und nannte fünf Merkmale von Keuschheit (Dominian 1989): 1. gegenseitige Danksagung für die Freude am Geschlechtsverkehr, 2. Hoffnung auf erneute Begegnung, 3. Akt der Versöhnung, 4. Bestätigung der geschlechtlichen Identität, 5. immer neue Bestätigung der Persönlichkeit.

Entscheidend an dieser Neubestimmung der Keuschheit ist, dass alle fünf Punkte eine *gegenseitige* Beziehung, ein ganzheitliches Verständnis von Sexualität voraussetzen, insofern in der körperlichen Begegnung zugleich die ganze Person wahrgenommen wird. Von daher müssen Prostitution, Vergewaltigung und Promiskuität als unkeusch abgelehnt werden. Keuschheit lässt sich insofern als Ganzheitlichkeit verstehen. Ihr gemeinsamer normativer Kern, den die reformatorische Kritik an der Gleichsetzung von Keuschheit mit Enthaltsamkeit freilegte, ist die Integration von Sexualität in umfassende Lebensvollzüge. Keuschheit schließt aus, dass sich Sexualität auf den reinen Lustgewinn beschränkt und um ihrer selbst willen zum Lebensmittelpunkt gemacht wird.

Problematisch hingegen ist die rigide Beurteilung sexueller Phantasie als unsittliche ‹Begehrlichkeit›. Dass «das geschlechtliche Verlangen des Menschen eigentlich auf eine Person gerichtet ist und im Zusammengehen von körperlicher Anziehung und persönlicher Zuneigung seine Reife findet» (Dominian 1989: 133), ist nicht zu bestreiten. Doch ist der Schluss von der Unvollständigkeit auf die Unsittlichkeit nicht zwingend. Dies gilt im Übrigen analog für die Masturbation. Vielmehr ist die Möglichkeit in Betracht zu ziehen, dass sexuelle Phantasie in eine ganzheitliche Beziehung integriert und innerhalb dieser als bereichernd erlebt werden kann.

2.1.4. Die sexuelle Freiheit des Christenmenschen

Der Religionspädagoge Godwin Lämmermann sprach von der «sexuellen Freiheit eines Christenmenschen» (Lämmermann 2002). Der doppelte Freiheitsbegriff Luthers, auf den damit angespielt wurde, ist für eine theologische Sexualethik wegweisend. «Der Christenmensch ist ein freier Herr aller Dinge und niemandem untertan.» Diese erste Grundaussage in Luthers Schrift *Von der Freiheit eines Christenmenschen* (Luther 1520b/1982: 265) gilt auch für die Sexualität. Der Christenmensch darf sie frei – und das heißt auch angstfrei – erleben. Damit ist freilich kein ‹anything goes› gemeint. Denn zugleich gilt die andere Grundaussage Luthers: «Der Christenmensch ist ein dienstbarer Knecht aller Dinge und jedermann untertan.» Der Christenmensch nutzt seine Freiheit nicht auf Kosten anderer, sondern bezieht aus Liebe zum Nächsten auch dessen Willen in die eigenen Entscheidungen ein und ist notfalls sogar bereit, den eigenen Willen dem Willen des Anderen unterzuordnen. Der evangelische Ethiker Arthur Rich hat die Relationalität von Freiheit und Dienstbarkeit zu einem Hauptkriterium christlicher Humanität erklärt. Wo man sich einseitig nur an einem von beiden Werten orientiert, besteht eine Tendenz zu inhumanen Verhältnissen. Für die Sexualethik folgt daraus eine Stärkung der personalen Ganzheitlichkeit der Sexualität. Die christliche Freiheit zum sexuellen Erlebnis nimmt man sich nicht auf Kosten anderer, sondern nur in Verantwortung für den Nächsten und für sich selbst.

In diesem Rahmen kann auch das Wahrheitsmoment gewürdigt werden, das in der biblischen Qualifizierung sexueller Verfehlungen als Sünde liegt. Die Psychologie weiß, dass Sexualität auch eine zerstörende Kraft entfalten kann. Damit sind jedoch weniger bestimmte Formen der Sexualität absolut als Perversionen zu kennzeichnen, sondern die jeweiligen Auswirkungen auf die Person zu beurteilen. Eine entfremdete Sexualität, die der Mensch nicht mehr als Schöpfergabe dankbar empfangen kann, sondern die von ihm selbst oder seinem Sexualpartner als ein Übel empfunden wird, lässt sich theologisch als eine Gestalt der Sünde deuten. Sexualität per se mit Sünde in Zusammenhang zu bringen, wie es eine breite theologische Tradition getan hat, ist allerdings schon von der Bibel her verfehlt.

2.1.5. Sinn und Grenze der Verhandlungsmoral

Akzeptiert damit die christliche Sexualethik eine Verhandlungsmoral, wie sie unter anderen Gunter Schmidt wohl in Anlehnung an das verbreitete Modell einer Diskursethik genannt hat (auch: Konsensmoral)? Damit ist gemeint, dass alles, worauf sich Sexualpartner in ‹Verhandlungen› miteinander einigen, auch als moralisch gut anzusehen sei. Der entscheidende Maßstab dieser Moral ist also die sexuelle Selbstbestimmung. Zumindest für eine negative Bewertung von Handlungen, bei denen ein Konsens zwischen den handelnden Personen nicht besteht, ist dieser Ansatz hilfreich. Ob Entscheidungen, bei denen ein Konsens besteht, damit schon per se als gut bewertet werden müssen, lässt sich freilich nicht ohne Weiteres sagen. Vielmehr sind verschiedene Einschränkungen geltend zu machen.

Verhandlungspartner kann nur sein, wer in der Lage ist, für sich selbst Verantwortung zu übernehmen. Dies ist bei Kindern nicht der Fall, sodass sexuelle Beziehungen zu Kindern prinzipiell ausgeschlossen sind, selbst wenn sie scheinbar im Konsens erfolgten.

Zudem legt die Diskursethik großen Wert darauf, dass die Diskurse unter freien, nicht-repressiven Bedingungen stattfinden. Sexuelle Beziehungen unter Anwendung oder Androhung von Gewalt sind damit genauso ausgeschlossen wie die Ausnutzung beruflicher oder wirtschaftlicher Abhängigkeit, selbst wenn scheinbar ein Konsens vorliegt. Bis dahin bewegt sich die Ethik auf einer Linie mit dem Recht. Solche Schein-Konsense werden strafrechtlich geahndet, eine Grauzone gibt es allenfalls bei wirtschaftlicher Abhängigkeit, etwa Prostitution aus einer materiellen Notlage heraus.

Eine weitere Einschränkung betrifft solche Fälle, in denen der Konsens zwischen zwei Personen auch Dritte betrifft. Rechtlich spielt es keine Rolle, ob die beiden Verhandlungspartner in einer festen Partnerschaft leben, der Straftatbestand des Ehebruchs wurde 1969 abgeschafft. Ethisch jedoch lässt sich Verantwortung nicht reduzieren. Das eigene Verhalten ist gegenüber allen Betroffenen, zum Beispiel gegenüber Ehepartner und Kindern, zu verantworten.

2.1.6. Sexualität und Menschenwürde

Sexualität wird von vielen zunehmend selbstbezogen und hedonistisch ausgelebt. Damit ist keine vordergründige sexuelle Rücksichtslosigkeit oder gar Gewalttätigkeit gemeint, sondern eine monadische Erotik. Volkmar Sigusch sprach von «Self-Sex», was man keinesfalls mit herkömmlicher Autoerotik (etwa Masturbation) verwechseln darf. «Self-Sex» kann durchaus mit einem Partner vollzogen werden, ohne dass allerdings eine echte Partnerschaft vorhanden wäre. Man sucht den perfekten Partner, und zwar keineswegs nur hinsichtlich sexueller Attraktivität, meint damit aber den Partner, der perfekt zu den *eigenen* Vorstellungen und Bedürfnissen passt. Gelungen ist eine Beziehung, wenn man selber befriedigt wird und der Andere nicht zu Schaden kommt. Eine solche Instrumentalisierung zum eigenen Lustgewinn ist letztlich menschenunwürdig, wenn man Immanuel Kants berühmte Fassung des kategorischen Imperativs zugrunde legt: «Handle so, dass du die Menschheit sowohl in deiner Person, als in der Person eines jeden anderen jederzeit zugleich als Zweck, niemals bloß als Mittel brauchest.» (Kant 1786 / 1974: BA 67) Self-Sex, aber auch Prostitution sind damit unvereinbar.

Von der Menschenwürde her ist darüber nachzudenken, ob es sexuelle Praktiken gibt, die an sich abzulehnen sind. Die Menschenwürde gründet nach theologischem Verständnis voraussetzungslos in der Gottebenbildlichkeit des Menschen, zu der Mann und Frau geschaffen sind. Die theologische

Ethik hat diese Auffassung außer von der Schöpfungslehre her auch von der Rechtfertigungslehre her begründet und verstärkt. Niemand kann die eigene oder die fremde Menschenwürde zerstören. Man kann sie aber eklatant missachten, indem er mit anderen oder mit sich selbst in einer Weise umgeht, als ob sie oder er keine Menschenwürde besäßen. Solche Verhaltensweisen sind zum Beispiel der Missbrauch von Kindern oder Vergewaltigung, auf einer anderen, nicht-justiziablen Ebene aber auch die Instrumentalisierung von Sexualpartnern zur Gewinnung von Lust, Sozialprestige oder materiellen Vorteilen.

Ästhetische Urteile dürfen allerdings nicht mit ethischen Urteilen verwechselt werden. Dass bestimmte einvernehmliche Sexualpraktiken mehrheitlich als abstoßend empfunden werden, ist kein Grund für eine ethische oder gar rechtliche Bewertung mit Anspruch auf intersubjektive Geltung, wie er bei der Verurteilung von Kindesmissbrauch oder Vergewaltigung zu Recht erhoben wird.

2.2. Liebe und Freundschaft – Gemeinschaft in und neben den Institutionen

Ein Begriff, der gemeinhin eng mit Sexualität verbunden wird, ist bislang kaum vorgekommen: Liebe. In gewissem Sinne lässt sich dort, wo von ganzheitlicher, personaler Begegnung gesprochen wurde, auch Liebe einsetzen. Damit werden freilich nicht alle Phänomene erfasst, die üblicherweise mit ‹Liebe› bezeichnet werden. Liebe hat verschiedene Dimensionen. Allen gemeinsam ist ein affektives Moment der Zuneigung zu einem Anderen, durch das man über eine äußere Verpflichtung hinaus diesem innerlich gewogen ist. Die Art dieser Zuneigung ist allerdings unterschiedlich, genau wie die Lebensformen, in denen jeweils eine bestimmte Dimension der Liebe vorherrscht. In Anlehnung an die verschiedenen griechischen Begriffe für ‹Liebe› lassen sich *eros*, *philia* und *agape* unterscheiden.

2.2.1. Eros – Begehren und Leidenschaft

Die erotische Liebe ist konstitutiv für die meisten Lebenspartnerschaften zwischen erwachsenen Menschen, einschließlich der Ehe. Die heute selbstverständliche enge Verbindung von Partnerschaft und Liebe ist ein Erbe der Romantik. Freilich war man im 19. Jahrhundert noch weit davon entfernt, die Liebe zur notwendigen Bedingung für das Eingehen einer Partnerschaft und für ihren Fortbestand zu machen. Der Anspruch, dass eine eheliche Beziehung eigentlich eine Liebesbeziehung sein sollte, verfestigte sich jedoch und sorgte für ein bleibendes Konfliktpotenzial mit dem patriarchalen Eherecht, für einen Konflikt zwischen Liebesehe und sogenannter Vernunftehe. Diese Vernunftehe wurde oft genug mehr von der Vernunft der Eltern als von der Vernunft der Partner respektive der Frauen geschlossen. Zugleich war mit der Tendenz zur Liebesehe eine Tendenz zur Privatisierung der Ehe verbunden, das heißt zu ihrer Lösung aus öffentlichen Bezügen. Liebesehe war nur die Verbindung zweier Menschen, die sich gegenseitig begehren, nicht die Verbindung zweier Familien oder gar Dynastien, nicht die Verbindung mit einer Firma oder innerhalb einer Zunft. Heutzutage wird Liebe nach wie vor als notwendige Bedingung für das Eingehen einer Ehe betrachtet. Die Voraussetzung, dass Liebe ihre Erfüllung in der Ehe findet, wird jedoch vielfach hinterfragt, sodass man Liebe oft sogar umgekehrt durch eine eheliche Bindung bedroht sieht.

Der Eros macht keinen Halt vor institutionellen Schranken. Schon das Hohelied kannte die Gewalt erotischen Begehrens: «Denn Liebe ist stark wie der Tod und Leidenschaft unwiderstehlich wie das Totenreich. Ihre Glut ist feurig und eine Flamme JHWHs» (Pred 8,6). Diese Macht der Liebe, ihre Leidenschaft und das Begehren nach einem Menschen, transzendiert die ethische Reflexion und begrenzt ihre Reichweite – keineswegs immer zum Guten. Der Sexualwissenschaftler Volkmar Sigusch meinte: «Wir wollen alle mit einem Menschen glücklich sein. Dieser Wunsch der Wünsche hat die Kraft einer Naturgewalt. [...] Er repräsentiert den Himmel der Paradiese ebenso wie die Hölle der Zuchthäuser [...] Auf der Suche nach diesen Paradiesen nehmen wir keine Rücksicht, gehen wir über Leichen» (Sigusch 2005: 54). Die Ethik der Lebensformen nimmt die ambivalente Phänomenologie der erotischen Liebe wahr, findet sich aber gleichwohl nicht damit ab, dass Liebe über Leichen geht, sondern sucht nach normativen Maßstäben für die Gestaltung von Liebesverhältnissen.

2.2.2. Philia – die Liebe zum Freund

Liebe als Freundschaft (*philia*) kann mit einer erotischen Liebesbeziehung verbunden sein. ‹Freund/-in› ist in der jüngeren Generation sogar das bevorzugte Synonym für ‹Lebenspartner/-in›. Über das momenthafte Begehren hinaus ist Freundschaft auf Dauer angelegt. Freundschaft akzeptiert den Freund als personales Gegenüber und impliziert Gegenseitigkeit. Wenngleich sich Freundschaft mit erotischer Liebe verbinden kann, setzt sie diese doch keineswegs voraus. Vielmehr kann Freundschaft zur Grundlage von Lebensformen werden, die erotische Liebe explizit ausschließen, wie etwa bei der Liebe zwischen Eltern und Kindern oder anderen Familienangehörigen. Die natürlichen Beziehungen gewinnen eine ethische Qualität, indem sie zu freundschaftlich-partnerschaftlichen Beziehungen gestaltet werden. Eine patriarchale Hierarchie ist damit freilich unvereinbar. Noch Dietrich Bonhoeffer setzte diese voraus, als er sich gegen die Auffassung seiner Verlobten Maria von Wedemeyer wandte, Eltern könnten zu Freunden ihrer Kinder werden.

Analoges gilt für nachbarschaftliche Beziehungen, kollegiale Beziehungen am Arbeitsplatz oder Beziehungen innerhalb von Vereinen oder Kirchengemeinden. Diese werden ebenfalls vorgefunden und sind nur bedingt frei wählbar, können aber die Qualität von Freundschaften gewinnen. In diesem Zusammenhang sind auch religiöse Gemeinschaften wie Orden und Kommunitäten zu nennen, zu deren Selbstverständnis es gehört, ein Zusammenschluss von Freunden zu sein, ohne eine sexuelle Beziehung zu einem Partner einzugehen. Wenn Freundschaft über eine Zweierbeziehung hinausreicht, werden allerdings partikulare Freundschaften innerhalb der größeren Gemeinschaft zu einem Problem, da Freundschaft Ebenbürtigkeit und gleiche Beziehungsqualität voraussetzt. Entsprechendes gilt für die Bevorzugung einzelner Familienmitglieder gegenüber anderen.

Über die Familie hinaus konstituiert Freundschaft eine «Wahlverwandtschaft» (Goethe), welche den Lebenskreis über die natürlichen Beziehungen zur Familie und über die Beziehung zum Lebenspartner hinaus erweitert. Während die Freiheit der Partnerwahl erst eine Errungenschaft der modernen Gesellschaft ist, war Freiheit für das Eingehen (und Beenden) einer Freundschaft seit jeher wesentlich. Freilich gewinnen Freundschaften angesichts der räumlichen Zersplitterung von Herkunftsfamilien aufgrund von Mobilitätsdruck sowie der Pluralisierung von Lebensformen und insbesondere der immer größer werdenden Zahl von Menschen, die als ‹Singles› gewollt oder ungewollt allein leben, immer mehr an Bedeutung. Die affektive Qualität einer Freundschaft kann in gewisser Hinsicht die fehlende Partnerschaft kompensieren, sodass es kurzschlüssig wäre, allein vom gestiegenen Anteil der Single-Haushalte auf eine zunehmende Vereinsamung in der Gesellschaft zu schließen (s. Abschnitt 3.2.2.). Frei gewählte Freunde bilden zusammen mit Nachbarn, Arbeitskollegen, Vereins- und Glaubens-‹Brüdern› bzw. -‹Geschwistern› informelle Netzwerke sogenannter ‹kleiner Lebenskreise›, welche die Familie ergänzen oder gar ersetzen.

Insofern eine Freundschaft unterschiedliche Grade an Verbindlichkeit besitzen kann, besteht die Gefahr, überzogene Ansprüche an sie zu stellen. Freundschaft besitzt nicht den umfassenden Anspruch auf Ganzheitlichkeit, der herkömmlich einer Lebenspartnerschaft zukommt – wenngleich auch dieser von der Pluralisierung der Lebensformen betroffen ist und keineswegs mehr als selbstverständlich vorausgesetzt werden kann. Eine Freundschaft gewährt vielmehr die Freiheit zur Distanznahme und zur Bestimmung der Grenzen der Beanspruchung durch den Freund, bis hin zur Aushöhlung des Begriffs als Bezeichnung unpersönlicher und temporärer Kontakte in sozialen Online-Netzwerken. Welche Intensität eine Freundschaft hat und auf welche Lebensbereiche sie sich erstreckt, ist individuell zu bestimmen. Sich darüber gegenseitig klar zu werden, ist notwendig, um Enttäuschungen zu vermeiden.

2.2.3. Agape – Liebe als Hingabe

Liebe als Agape hat ihr Wesen in der Hingabe und sieht von den spezifischen Qualitäten des Geliebten ab, wie es der christlichen Forderung der Nächsten- oder gar Feindesliebe entspricht. Der Eros hält den Geliebten für begehrenswert, die Freundesliebe schätzt die persönlichen Charakterzüge des Freundes, die Agape hingegen liebt den Anderen, auch wenn er aus sich selbst heraus nicht liebenswert erscheint.

Auch Liebe als Agape kann sich mit den anderen Dimensionen der Liebe verbinden, wenngleich sie sich deutlich von ihnen unterscheidet. Sie ist immer dann im Spiel, wenn ein Liebender von sich selbst absieht und sich dem Geliebten hingibt. Ohne eine solche Zurücknahme können weder eine auf erotische Liebe gegründete Partnerschaft noch eine Freundschaft bestehen. Nächstenliebe schließt Selbstliebe nicht aus, wohl aber eine narzisstische Selbstsucht. Sowenig sich Hingabe einfordern lässt, ist es eine Frage der Gerechtigkeit, dass Selbstbehauptung und Hingabe in einer Partnerschaft oder Freundschaft nicht dauerhaft ungleich verteilt sind.

Als Agape besitzt die Liebe auch eine zentrale Bedeutung für das reformatorische Freiheitsverständnis. Sie begrenzt die Freiheit des Christenmenschen, anstatt ihm die Freiheit zu geben, über Leichen zu gehen (s. Abschnitt 2.2.1.) und hedonistische Maximen zu verfolgen. Dass ein Partner oder Freund mehr ist als ein Nächster, dass Liebe mehr ist als Nächstenliebe, steht außer Frage. Aber sie sollte jedenfalls nicht weniger sein. In ethischer Perspektive geht es im Sinne Luthers um die Liebe, die sich dem Anderen dienstbar macht, ohne damit die eigene Freiheit aufzugeben.

2.3. Ehe und alternative Lebensformen – Ganzheitlichkeit und Verbindlichkeit

2.3.1. Biblische Grundlinien

In biblischer Zeit zeigte sich der Patriarchalismus im Verhältnis der Geschlechter bei der Eheschließung darin, dass die Zustimmung des Vaters als Familienoberhaupt für eine Heirat erforderlich war. Eine religiöse Zeremonie der Eheschließung gab es nicht. Die Ehe wurde nicht im Tempel oder in einer anderen Kultstätte von einem Priester geschlossen, aber auch nicht von einer zivilen Autorität, sondern zu Hause von den Familienoberhäuptern und den Ehepartnern. Bei einer Hochzeitsfeier konnten die Eltern einen Segensspruch sprechen – das war alles. Geschlossen wurde die Ehe durch den Austausch von Brautgabe und Mitgift, den Transfer der Braut in das Haus ihres Bräutigams und – abschließend – den Vollzug des ehelichen Beischlafs. Gottes Segen konstituierte also nicht die Ehe, sondern begleitete sie.

Das Neue Testament setzte wie selbstverständlich die Ehe seiner Zeit voraus, die im Römischen Reich privatrechtlichen Charakter hatte: Sie wurde wie im Alten Testament ohne Mitwirkung des Staates von den Ehepartnern und ihren Familien geschlossen. Christliche Trauungen oder Hochzeitsgottesdienste gab es zunächst nicht. In der Verkündigung Jesu verlor die Ehe angesichts des bereits angebrochenen Gottesreichs an Bedeutung (Mk 12,25). Es lohnte sich nicht, noch zu heiraten, wenn die Ehe dann ohnehin nicht mehr lange dauern würde. So blieb Jesus selbst ehelos, und auch Paulus konzentrierte sich auf die Verkündigung des Evangeliums, wovon er sich nicht durch familiäre Rücksichten ablenken lassen wollte. Die anderen Apostel hingegen, unter ihnen namentlich der Apostel Petrus, wurden bei ihren Missionsreisen von ihren Ehefrauen begleitet – und Paulus akzeptierte dies (1Kor 9,5). Geheiratet werden sollte aber nur, wenn sonst die Gefahr der Unzucht bestünde, wenn man sich also nicht in der Lage sehe, ohne Sexualpartner zu leben. Wie die Sexualität betrachtete Paulus auch die Ehe nicht an sich als problematisch oder gar sündig, sondern hielt sie für eine unnötige Belastung bei den erwarteten Verfolgungen (1Kor 7,26.28).

Religiöse und soziale Ebene standen freilich nicht beziehungslos nebeneinander. Die patriarchalen Strukturen blieben einerseits formal in voller Geltung. Das frühe Christentum stellte sie nicht revolutionär infrage. Andererseits übernahm und verfestigte es sie aber auch nicht einfach. Vielmehr gestaltete der christliche Glaube die sozialen Strukturen, in denen er gelebt wurde, von innen her um und gab ihnen einen neuen Sinn, in dem sich die Gleichheit in Christus (Gal 3,28) ausdrückte. So sollten sich den neutestamentlichen Haustafeln zufolge (Eph 5,21 ff.; Kol 3,18 ff.; 1Petr 2,18 ff.) die Frauen ihren Ehemännern unterordnen, wie sich die Gemeinde Christus unterordne, aber die Männer sollten ihre Frauen lieben, wie Christus die Gemeinde geliebt hat: bis zur Dahingabe des eigenen Lebens (Eph 5,25). Das Christentum ist demnach weder Schöpfer noch Zerstörer der patriarchalen Ordnung – es ist ihr Interpret (2.4.1., Nr. (2); vgl. Surall 2009: 204 ff.).

2.3.2. Die Lehre der Ehezwecke

Die Ausbildung einer christlichen Ehelehre begann schon in der Alten Kirche. Bis zum Ende des Mittelalters entwickelte sich ein weitgehend fester Kanon von drei, genauer gesagt vier Ehezwecken (*fines matrimonii*), die Luther als allgemein bekannt und anerkannt voraussetzen konnte und die dann bis weit in die Aufklärungsepoche und in die neuste Zeit fortwirkten.

1. *Propagatio prolis*, die Zeugung von Nachkommen. Die Kirchenväter haben unter dem Einfluss der Stoa diesen Ehezweck besonders betont, und die mittelalterliche Kirchenlehre ist ihnen darin gefolgt. Die Erfüllung dieses Zwecks setzt freilich nicht notwendig die Ehe voraus, sodass er teilweise auch mit dem zweiten Ehezweck zusammengefasst wurde.

2. *Extinctio libidinis*, die Auslöschung der Lust beziehungsweise der Begehrlichkeit. Unter der Voraussetzung, dass die Lust theologisch negativ zu bewerten sei, erschien es sinnvoll, sie gewissermaßen zu kanalisieren, indem man sie an einen einzigen Sexualpartner bindet und indem man sie auf einen bestimmten Zweck, die Zeugung von Nachkommen, ausrichtet, sodass der sexuelle Verkehr nicht mehr um seiner selbst willen vollzogen wird.

3. *Mutuum adiutorium*, die gegenseitige Hilfe. Mit diesem Ehezweck kommt die personale Qualität der ehelichen Beziehung in den Blick. Im Hintergrund steht diejenige Hilfe, zu der Gott nach dem zweiten Schöpfungsbericht die Frau geschaffen hat. Sie wurde der Intention des Schöpfungsberichts gemäß als *gegenseitige* Hilfe verstanden, also nicht im Sinne einer untergeordneten Stellung der Frau. Für diesen Ehezweck konnte auch wie bei Augustin der Begriff Treue verwandt werden. Gegenseitige Hilfe und Treue wurden zu Sammelbegriffen für alle positiven Auswirkungen, welche die Ehe auf das innere und äußere Leben der Ehepartner habe. Dass sich einer auf den anderen verlassen kann, ist der innere Grund für die prinzipielle Dauerhaftigkeit der Ehe. Einer Beziehung auf Zeit würde diese Verlässlichkeit fehlen.

4. *Sakramentalisierung der Ehe*. Als Sakrament ist die Ehe ein heiliges Zeichen für die Verbindung Christi mit seiner Gemeinde. Neben der Fortpflanzung und der Treue rechtfertigt demnach auch der heilige Vorgang die sexuelle Vereinigung, die ihn abbildet. Die fleischliche Vereinigung von Mann und Frau, die der Schöpfungsbericht erwähnt, wird im Epheserbrief als ein Geheimnis bezeichnet, dessen Sinn sich erst in der Vereinigung von Christus und Gemeinde erschließe. Das griechische Wort *mysterion* (Geheimnis) wurde im Lateinischen mit *sacramentum* übersetzt. Das Sakrament wurde in der Alten Kirche noch nicht in einem kultischen oder rechtlichen Sinn verstanden, sondern als theologische Deutung einer weltlichen Institution. Im Mittelalter bildete sich die Überzeugung heraus, dass der Konsens der Partner nur dann eine vollgültige Ehe bewirke, wenn er gegenüber der Kirche bezeugt werde. Vom 13. Jahrhundert an wurde in einer Bewegung, die komplementär zur Klerikalisierung der Ehe verlief, verstärkt die vorher selbstverständliche Trauung durch Laien von verschiedenen Konzilien verboten. Am Ende der Entwicklung reklamierte die Kirche mithilfe der Sakramentenlehre exklusiv für sich selbst das Recht zur gültigen Eheschließung.

2.3.3. Reformatorische Ehelehre: die Ehe als «weltlich Ding».

Die reformatorische Ehelehre lässt sich in vier positiven und negativen Merkmalen zusammenfassen, die auf den ersten Blick widersprüchlich scheinen: *Für die Reformatoren ist die Ehe eine (1) göttliche und (2) weltliche Ordnung, aber keine (3) kirchliche und (4) menschliche Ordnung.*

Als göttlicher, das heißt von Gott eingesetzter Stand beziehungsweise göttliche Ordnung gehört die Ehe in den Zusammenhang der reformatorischen Dreiständelehre, die die Wurzel der lutherischen Sozialethik darstellt. Über den *Kleinen* und den *Großen Katechismus* Luthers hat sie weithin normative Geltung erlangt. Ihren Ort hat die Dreiständelehre in den Katechismen vor allem in der Auslegung des Elterngebotes im Dekalog. Im vierten Gebot «Du sollst Vater und Mutter ehren», so führte Luther im *Großen Katechismus* aus, werden «dreierlei Väter [...] furgestellet: des Gebluts, im Hause und im Lande» (BSLK 601). Diese drei stellte er als ‹leibliche› Väter den ‹geistlichen› Vätern, also Priestern und Bischöfen, gegenüber. Eigentlich käme man so auf *vier* Vaterschaftsverhältnisse respektive Stände. Terminologisch ergibt sich die Dreizahl der Stände aus einer Zusammenfassung der leiblichen Eltern mit ihren Kindern einerseits und der Hauseltern mit dem Gesinde andererseits zum ‹Hausstand› neben dem Stand der Geistlichkeit und den Stand der weltlichen Obrigkeit. Luther fasste im *Großen Katechismus* «Kinder und Gesinde» unter dem «Hausregiment» zusammen. Das ‹Haus› bezeichnete einen übergeordneten, nicht allein durch verwandtschaftliche Beziehungen konstituierten Zusammenhang. Ihm entspricht am ehesten unser heutiger Begriff Familie, doch ist herkömmlich die Ehe der Kern des Hauses, ja der Hausstand wird häufig auch Ehestand genannt.

Luthers Lehre vom Beruf als seine theologische Deutung der Dreiständelehre legte einen starken Akzent auf die Gleichheit aller Menschen vor Gott. Sie beurteilte nicht nur die theologische Wertigkeit von geistlichen und weltlichen Berufen, sondern auch diejenige der verschiedenen weltlichen Berufe grundsätzlich gleich anhand eines einheitlichen Kriteriums – des Gehorsams gegen Gottes Auftrag im jeweiligen Stand, ob als Hausvater oder Ehefrau, ob als Eltern oder Kind. Dem alle Stände überwölbenden «Orden der Liebe» (Luther 1528 / 1909: 504 f.) entsprechend gab es Luther zufolge letztlich nur einen einzigen Beruf: den Dienst am Nächsten. Der *göttliche* Beruf des Bäckers besteht darin, dass er seinen *weltlichen* Handwerksregeln folgt, indem er für den Nächsten gutes Brot backt. Genauso besteht der göttliche Beruf von Ehemann und Ehefrau darin, dass sie in der Welt ihrem Ehestand gemäß leben. Für dessen inhaltliche Bestimmung griff Luther auf die klassischen Ehezwecke zurück: Eheleute pflanzen sich fort, sie stehen einander treu zur Seite, und sie deuten mit ihrer geschlechtlichen Vereinigung auf die Vereinigung von Gottheit und Menschheit in Christus hin.

Den Ehezweck der Fortpflanzung erweiterte Luther durch einen pädagogischen Auftrag. Zwar galt es nach wie vor als «das End und vornehmlich Amt der Ehe», Frucht zu bringen, doch reiche es nicht aus, dass diese Frucht nur geboren werde. Sie müsse vielmehr auch aufgezogen werden «zu Gottes Dienst, Lob und Ehre». Diese Erziehung der Kinder bezeichnete Luther als die direkteste («gerichtste») Straße gen Himmel. Aber auch die Hölle könne man sich nicht leichter verdienen als an seinen Kindern. Darauf wird im Zusammenhang mit Familie und Kindern noch ausführlicher zurückzukommen sein.

Die Deutung der Ehe als heiliges Zeichen, als Sakrament, war für Luther zunächst noch unproblematisch. In einer frühen Eheschrift, dem *Sermon von dem ehlichen Stand* von 1519, stellte Luther dieses Gut der Ehe den anderen beiden Gütern sogar voran. Nur ein Jahr später jedoch lehnte Luther in seiner eingehenden Untersuchung aller hergebrachten Sakramente in der reformatorischen Grundschrift *De captivitate babylonica ecclesiae* (*Von der babylonischen Gefangenschaft der Kirche*) den sakramentalen Charakter der Ehe entschieden ab. In Eph 5, der biblischen Kardinalstelle der sakramentalen Deutung, meine der griechische Begriff *mysterion*, der im Lateinischen mit *sacramentum* übersetzt wurde, nie ein Zeichen, sondern stets das Geheimnis selber. So werde in 1Tim 3,16 Christus selber ein ‹Sakrament› genannt.

Um ein Sakrament im theologischen Sinne zu sein, fehlen der Ehe zwei entscheidende Merkmale. Zum einen die Stiftung, lat. *institutio*: Nirgendwo in der Bibel wird die Ehe eingesetzt, wie die Taufe und das Abendmahl mit einem ausdrücklichen Wiederholungsauftrag eingesetzt werden. «Darum gehet hin und machet zu Jüngern alle Völker; taufet sie auf den Namen des Vaters, des Sohnes und des heiligen Geistes» (Mt 28,19); oder «das tut zu meinem Gedächtnis» (Lk 22,19). Zum anderen fehlt eine göttliche Verheißung, die mit dem Zeichen verbunden wird, bei Taufe und Abendmahl in erster Linie die Vergebung der Sünden. Die Ehe lasse sich im Sinne von Eph 5 als Sinnbild für die Beziehung von Christus und Kirche verstehen, genauso wie die Sonne als Symbol für Christus oder der Himmel als Symbol für die Apostel, ohne diese Sinnbilder als Sakramente aufzufassen.

Wenngleich sich Luthers Anerkennung der Ehe als Sakrament geändert hat, besteht an einem wesentlichen Punkt Kontinuität. Ob zunächst noch Sakrament oder später nicht mehr, die Ehe ist in keinem Fall eine kirchliche Angelegenheit. In dieser Frontstellung ist sie für Luther eine weltliche Angelegenheit oder in einer berühmten Formulierung, die diesen wesentlichen Punkt des evangelischen Eheverständnisses zusammenfasst: ein «weltlich Ding». Dennoch ist die Ehe nicht *nur* eine weltliche Angelegenheit, sondern auch eine göttliche Einrichtung. Sie ist als «weltlich Ding» theologisch nicht gleichgültig. In der Regel harmonieren der ‹göttliche› und der ‹weltliche› Aspekt der Ehe gut miteinander – schließlich hat Gott die Welt geschaffen.

Über bloß menschliche, rechtliche Bestimmungen als Regeln konnte sich Luther hingegen hinwegsetzen, wo diese seiner Auffassung nach den Sinn der göttlichen Institution Ehe verfehlten. Diese fand er in den verbliebenen Ehezwecken, allen voran in der Treue. Luther bejahte die traditionelle, nun allerdings betont nicht-sakramental verstandene Lehre, dass das Wesen der Ehe in dem gegenseitigen freiwilligen Versprechen bestehe, einander treu zu sein. Da die Ehe kein Sakrament ist, muss grundsätzlich kein Dritter an der Begründung einer Ehe mitwirken – abgesehen von Gott, der die Ehepartner zusammenführt. Schon Augustin hatte gemeint, dass das treue Zusammenleben von Mann und Frau sogar eine Ehe genannt werden könne, wenn diese formal unverheiratet sind, aber den Fortpflanzungszweck nicht willentlich durch aktive Maßnahmen ausschließen. Auch Luther konnte im *Sermon von dem ehlichen Stand* vermuten, «dass viel Eheleut sitzen beieinander, die wir für unehlich [das meint: unverheiratet] halten» (Luther 1519 / 1884: 169). Was eine Ehe ist und was nicht, entscheidet sich demnach nicht an den Buchstaben menschlicher Satzungen, seien sie kirchlicher oder rechtlicher Natur, sondern diese werden umgekehrt nach dem Sinn der göttlichen Einrichtung beurteilt.

Als theologisches Fazit ist festzuhalten: Allein die Ehe war für Luther die von Gott geschaffene Institution zur Betätigung der menschlichen Sexualität. Was eine Ehe ist und was nicht, ergibt sich jedoch nicht mit letzter Sicherheit aus menschlichen Festlegungen, sondern aus einem an die Schrift gebundenen Gewissensurteil, das sowohl den Einzelfall als auch die Angemessenheit der Ehesatzungen beurteilt. Das Gewissensurteil kann irren und kritisiert werden, ist aber grundsätzlich anzuerkennen und nicht durch äußere Autorität zu widerlegen.

2.3.4. Freiheit zur Ehe und in der Ehe

Das Bürgerliche Gesetzbuch (BGB), das im Jahr 1900 auch das Eherecht in Deutschland vereinheitlichte, schrieb die hierarchische Gestalt der Ehe bis zur Mitte des 20. Jahrhunderts fest. In § 1354 hieß es: «Dem Manne steht die Entscheidung in allen das gemeinschaftliche Leben betreffenden Angelegenheiten zu.» Nur mit Erlaubnis ihres Mannes konnte die Frau einer Erwerbstätigkeit nachgehen, der Ehemann konnte ohne ihr Einverständnis ihren Arbeitsvertrag kündigen. Wenn nicht ausdrücklich anderes vereinbart war, konnte der Mann frei über das eingebrachte Vermögen seiner Ehefrau verfügen. In allen Fragen der Erziehung und der Haushaltsführung hatte er das letzte Wort. Noch in den 1960er-Jahren versuchte Helmut Thielicke (1908–1986), damals einer der einflussreichsten evangelischen Ethiker, theologisch zu begründen, dass in unlösbaren Konflikten der Ehemann die letzte Entscheidung treffen könne.

Im Jahr 1949 trat das Grundgesetz in Kraft, das in Art. 3 bestimmte: «(1) Alle Menschen sind vor dem Gesetz gleich. (2) Männer und Frauen sind gleichberechtigt.» Das Familienrecht des BGB sollte, soweit es mit dieser Bestimmung des Grundgesetzes unvereinbar war, bis spätestens zum 31. März 1953 angepasst werden. In der Folge rang man darum, wie weit die Neugestaltung des Eherechts gehen sollte. Das Grundgesetz erklärte in Art. 6 I: «Ehe und Familie stehen unter dem besonderen Schutze der staatlichen Ordnung.» War Art. 6 nun von Art. 3 her zu verstehen oder umgekehrt Art. 3 von Art. 6 her in seiner Reichweite zu begrenzen? Damals setzten sich auch die Kirchen für Letzteres ein. Die Gleichberechtigung von Mann und Frau sei nur so weit voranzutreiben, wie der Schutz der Ehe nicht gefährdet werde. In einer theologischen Adaption des romantischen Gedankens, dass Mann und Frau auf gegenseitige Ergänzung angelegt seien, sprach sich die EKD-Synode im Jahr 1954 zwar für die Gleich*wertigkeit* von Mann und Frau, nicht aber für deren Rechtsgleichheit aus. Was tatsächlich gleich ist, kann sich nicht ergänzen.

Heute ist die normative Spannung zwischen Art. 3 und Art. 6 GG zugunsten des Primats von Art. 3 aufgelöst. Keine vorgegebene Institution Ehe begrenzt mehr die Reichweite der Gleichberechtigung. Als Merkmale der modernen, «postromantischen Ehe» (Ringeling 1994) gelten: Heterosexualität, Dauerhaftigkeit, Freiwilligkeit, Öffentlichkeit genauer gesagt Rechtsförmigkeit, Gleichberechtigung und Plastizität, also die Offenheit für die individuelle Ausgestaltung. Die evangelische Ethik hat in der zweiten Hälfte des 20. Jahrhunderts nach längerem Zögern die menschliche Autonomie grundsätzlich bejaht und gleichzeitig das traditionelle Ordnungsdenken weitgehend verabschiedet. In der evangelischen Eheethik setzte sich die Gleichberechtigung der Ehepartner allmählich durch. Seitdem ist die schöpfungsmäßige Gleichheit von Mann und Frau (Gen 1,27) zu einem allgemein anerkannten Grundbestand evangelischer Ethik geworden. Die Grundvoraussetzung der Selbstbestimmung, die Würde des Menschen, gleich ob Mann oder Frau, wurde von der eigenen, theologischen Tradition her erschlossen, indem sie von der Gottebenbildlichkeit her interpretiert wurde. Das Konsens-Kriterium markiert eine klare Grenze für die kulturelle und religiöse Gestaltung der Institution Ehe.

Freiheit gilt nicht nur für das Eingehen, sondern auch für die Ausgestaltung einer Ehe. Der Staat ist verfassungsmäßig verpflichtet, eine rechtliche Institution ‹Ehe› zur Verfügung zu stellen, er verzichtet aber bewusst darauf, mehr als nur wenige Eckpunkte festzulegen. Der Verzicht auf eine feste Form, die Einzelheiten der Beziehungen zwischen den Partnern regelt, erscheint nicht als ein Defizit, sondern als ein positives Merkmal des neuen Eheverständnisses. Nach Hermann Ringeling besteht «jede Ehe […] tatsächlich aus zwei Ehen, der des Mannes und der der Frau mit ihren jeweiligen Interpretationen» (Ringeling 1994: 128).

Auch die Freiheit zum Eingehen und zur Ausgestaltung der Ehe ist in den Horizont des reformatorischen Freiheitsbegriffs (s. Abschnitt 2.1.4.) zu stellen. Rechte Freiheit ist sie nur dann, wenn sie der Einzelne nicht bloß selbstbezogen zum eigenen Vorteil in Anspruch nimmt. Eine ‹gute Partie› kann man nicht nur finanziell, sondern auch erotisch, arbeitsökonomisch oder im Blick auf die narzisstische Selbstbestätigung machen. Die Freiheit des Christenmenschen achtet jedoch die Freiheit und damit die Person des Anderen. Letzterem ist der eigene Entwurf der Partnerschaft nicht rücksichtslos aufzuzwingen. Erst in dieser Bindung an den Nächsten gewinnt die Freiheit über die rechtlichen Normen hinaus personale Qualität.

2.3.5. Treue als Verbindlichkeit

Der sakramentale Charakter der Ehe wurde schon von den Reformatoren kritisiert. Die Bekämpfung der Lust wurde unplausibel, als die Lust zu einer natürlichen Anlage des Menschen quasi neutralisiert wurde und ihre besondere Affinität zur Sünde verlor. Damit wurde auch die entscheidende Voraussetzung für die exklusive Bindung der Fortpflanzung an die Ehe hinfällig. Der letzte der klassischen Ehezwecke, die Treue, besitzt freilich nach wie vor auch im Kontext der Gegenwart eine orientierende Kraft. Das Recht erfasst mit der Dauerhaftigkeit nur ihre äußere Seite. Gegenseitige Hilfe, treues, rückhaltloses Einstehen füreinander – analog zur Übersetzung von Keuschheit als Ganzheitlichkeit (2.1.3.) lässt sich Treue in diesem Sinne als Verbindlichkeit übersetzen und so für unser Sprachempfinden annehmbarer machen, ohne den alten Inhalt aufzugeben. Wer treu ist, verzichtet nicht nur auf Geschlechtsverkehr mit Anderen, sondern erweist sich in allen Lebenslagen als verlässlich. Der ethische Anspruch rückhaltloser Treue und Verbindlichkeit zeichnet die monogame Ehe gegenüber der Polygamie aus. Polygamie bedeutet geteilte Treue und damit einen geringeren Grad personaler Verbindlichkeit.

Augustin und Luther werteten die Treue so hoch, dass sie unter bestimmten Voraussetzungen sogar unverheiratete Paare als verheiratet ansahen, wenn die Treue vorhanden war. Um begriffliche Verwirrung zu vermeiden, sollte freilich von Ehe nur bei standesamtlich geschlossenen bzw. staatlich anerkannten Partnerschaften gesprochen werden. Ethisch wegweisend ist jedoch das Anliegen, Partnerschaften nicht danach zu bewerten, ob sie formal eine Ehe sind oder nicht, sondern danach, ob und inwieweit in ihnen Treue im Sinne rückhaltloser Verbindlichkeit gelebt wird. Das weltliche Verständnis der Ehe erlaubt der evangelischen Ethik, eheanaloge Elemente auch in nichtehelichen Lebensgemeinschaften anzuerkennen, ohne sie prinzipiell abzuwerten. Dies gilt in besonderer Weise für Treue bzw. Verbindlichkeit als den zentralen Zweck der Ehe.

Hat dann in ethischer Sicht die Ehe gegenüber nichtehelichen Gemeinschaften überhaupt nichts voraus, wenn beide Lebensformen sowohl verbindlich als auch unverbindlich gelebt werden können? Grundsätzlich besteht in sozialethischer Perspektive eine größere Affinität der Ehe zum Grundwert der Treue, und zwar aufgrund ihrer öffentlichen und rechtlichen Form. Wer eine Ehe eingeht, legt sich öffentlich auf seine Treue zu dem betreffenden Menschen fest. Eine öffentliche Treueerklärung gegenüber einem Partner besitzt eine höhere Verbindlichkeit und damit auch eine ethische Vorzugswürdigkeit gegenüber einem privaten Treueschwur, schon allein wegen seiner Rechtsfolgen für beide Seiten. Der eine Partner erklärt sein Vertrauen auf die Treue des anderen, indem er ihm (in unterschiedlichem Umfang) die Verfügung über das eigene Vermögen und unter bestimmten

Umständen ein Informations- und Entscheidungsrecht über die eigene Person einräumt, etwa bei einem Unfall oder bei Demenz.

Die Bereitschaft zu rechtlich abgesicherter Verbindlichkeit lässt sich nicht erzwingen. Theologisch wurde lange Zeit in einer kurzschlüssigen Argumentation aus Jesu Scheidungs-*Verbot* in Mk 10,9 auf ein Heirats-*Gebot* geschlossen. Noch die Denkschrift *Gottes Gabe und persönliche Verantwortung* der EKD aus dem Jahr 1998 versuchte so, eine absolute Geltung der Ehe zu begründen. Jesus zieht dort aus dem Ein-Fleisch-Werden nach Gen 2,24 die Folgerung: «Was nun Gott zusammengefügt hat, soll der Mensch nicht scheiden.» Das Verbot einer Scheidung ist aber kein Grund zu heiraten. Die Ehe war in der Bibel selbstverständlich, wurde aber nicht geboten. Treue ist keine Voraussetzung, sondern ein Ziel, an dem sich eine Ehe orientieren kann. Wie jede Lebenspartnerschaft wird auch eine Ehe auf Hoffnung eingegangen. In theologischer Perspektive antwortet sie auf die allein unverbrüchliche Treue Gottes, die im evangelischen Traugottesdienst zugesagt wird.

Wie die Liebe ist auch die Treue als umfassende Bereitschaft, für den Anderen einzustehen, nicht einfach durch einen Willensentschluss herstellbar. Treue muss wachsen, und nichteheliche Partnerschaften können dazu dienen, die Möglichkeit umfassender Treue zu erkunden. Ethisch problematisch ist nicht, wenn sich Treue erst noch entwickeln muss, sondern wenn eine Partnerschaft von vornherein nicht für Treue offen ist, indem sie etwa nur für eine bestimmte Zeit (etwa für die Dauer eines Urlaubs) eingegangen wird.

2.4. Familie – intergenerationelle Verantwortung

2.4.1. Biblische Grundlinien

(1) Das patriarchale Familienmodell der Bibel
In biblischer Zeit war die Gesellschaft patriarchal verfasst, mit einer geschlechtsspezifischen Arbeitsteilung. Bei der Großfamilie, die aus etwa fünfzehn bis dreißig Personen bestand, handelte es sich um eine Lebens- und Produktionsgemeinschaft, die auf die Zusammenarbeit aller ihrer Mitglieder einschließlich der Kinder angewiesen war. Die altisraelitische Gesellschaft war patrilokal strukturiert: Die Heirat führte eine junge Frau aus ihrem Familienverband hinaus in denjenigen des Ehemannes. Dort blieben der

VII. ETHIK DER LEBENSFORMEN

(Schwieger-)Vater und die (Schwieger-)Mutter, solange jener lebte, für die erwachsenen Söhne, Schwiegertöchter und unverheirateten Töchter (Gen 7,7; 36,6; Ri 6,15) die höchste Autorität.

In der Überlieferungsgeschichte des Alten Testaments ist ein Prozess auszumachen, der als zunehmende Verrechtlichung der innerfamiliären Beziehungen zu kennzeichnen ist. Er brachte eine bedeutende Verbesserung des innerfamiliären Schutzes mit sich. Ursprünglich wurden innerfamiliäre Streitigkeiten von der Familie selbst geschlichtet. Allmählich verlagerte sich die Rechtskompetenz zunächst für todesrechtliche, später auch für weniger schwere Delikte vom Paterfamilias zur Torgerichtsbarkeit. Damit wurden der absoluten Entscheidungsfreiheit des Familienoberhaupts, die willkürliche Züge annehmen konnte, Grenzen gesetzt. Zunächst übernahm die Öffentlichkeit nur eine Schlichtungsfunktion, später konnte sie mit Sanktionen noch weitergehend in die Familien hineinwirken. Eine Beschränkung dieser Verrechtlichung der Familienverhältnisse bestand allerdings darin, dass weder die der Familie übergeordnete Rechtsinstanz aus eigener Initiative heraus tätig werden noch ein Kind selbst an diese appellieren konnte. Nur die Eltern konnten einen Fall dem Gericht vorlegen. Sie mussten es aber auch, wenn sie das beanstandete Verhalten eines Kindes als todeswürdig ansahen. Allgemeine Prohibitive wie zum Beispiel das Tötungsverbot des Dekalogs zielten darüber hinaus auf eine «Verinnerlichung der Norm des Lebensschutzes in der Familie» (Otto 1994: 36). Das alttestamentliche Recht wirkte über seinen ursprünglichen Sitz im Leben hinaus und begründete ein individuelles und soziales Ethos.

Vornehmlich auf dieser Ebene eines verinnerlichten Ethos begegnen Mahnungen, welche die andere Seite der innerfamiliären Beziehungen betreffen: das Verhältnis zu den alten Eltern und zu alten Menschen überhaupt. Die alten, nur noch bedingt arbeitsfähigen Eltern bedurften eines besonderen Schutzes. Im Gegensatz zu einer breiten Auslegungstradition, die das Dekalog-Gebot «Ehre deinen Vater und deine Mutter» (Ex 20,12; Dtn 5,16) auf das Verhalten unmündiger Kinder gegenüber ihren Eltern bezog, besteht in der neueren Exegese kaum ein Zweifel darüber, dass es in die Reihe derjenigen Bestimmungen zu stellen ist, die das Verhalten Erwachsener gegenüber ihren alt gewordenen Eltern normieren sollten (vgl. Lev 19,32). Die Ehrung der Alten war alles andere als selbstverständlich. Dies zeigt etwa Ps 71, dessen Generalthema die Bitte um Gottes Hilfe im Alter ist, zum Beispiel Vers 9 f.: «Verwirf mich nicht in meinem Alter,/verlass mich nicht, wenn ich schwach werde. Denn meine Feinde reden über mich,/und die auf mich lauern, beraten sich miteinander.»

(2) Kritik und Bestätigung des patriarchalen Familienmodells im Neuen Testament
Wie bereits aufgezeigt, stellte Jesu Verkündigung vom Reich Gottes die sozialen Verhältnisse grundlegend infrage. Dies galt nicht nur für die Institution Ehe, sondern auch für die Familie. Jesus rief Kinder in seine Nachfolge und stellte ein Kind in die Mitte mit der Aufforderung, zu werden wie die Kinder. Nur dann könne man in das Reich Gottes kommen. Kinder waren noch mehr als Frauen gerade in ihrer gesellschaftlich gering geachteten Stellung lebendige Belege für die Umwertung aller Werte angesichts des Reiches Gottes. Die Nachfolge Jesu rief aus den etablierten familiären Bindungen heraus in ein unstetes Leben auf das Reich Gottes hin.

Diese Radikalität ließ sich nicht lange durchhalten. Ein Leben außerhalb der institutionell verfassten Gesellschaft, wie es Jesus und seine Anhänger führten, wurde mit der sich verzögernden Parusie immer schwieriger. Durch die Konversion ganzer ‹Häuser› oder Eheschließungen zwischen Christen bildeten sich christliche Familien, deren Mitglieder zum Teil schon in zweiter oder dritter Generation Christen waren und ihre Familie nicht mehr verließen. Nun stellte sich die zentrale Frage, wie die traditionellen Familienstrukturen mit der innergemeindlichen Gleichheit (Gal 3,19 ff.) vermittelt werden konnten.

Eine erste Antwort wurde schon im Blick auf das Verhältnis von Ehemann und Ehefrau anhand der neutestamentlichen Haustafeln aufgezeigt (s. Abschnitt 2.3.1.). Nun ist herauszustellen, dass die Haustafeln auf eine ähnliche Weise auch die beiden anderen grundlegenden Verhältnisse des antiken Hauses in die gegenseitige Unterordnung einbezogen: das Verhältnis zu den Kindern und das Verhältnis zu den Sklaven. In beiden fand ebenfalls mithilfe der Rezeption der antiken Ökonomik eine Vermittlung zwischen der Taufgleichheit und der faktischen sozialen Differenz statt. Kinder und Sklaven wurden als verantwortliche Subjekte direkt angeredet. Schon von Paulus wurden Sklaven ausdrücklich in das egalitäre Gemeindeethos eingeschlossen (1Kor 12,13; Gal 3,28). In den Haustafeln wurde Kindern und Sklaven einerseits Gehorsam abverlangt; andererseits wurden Eltern und Herren zur Mäßigung verpflichtet, im Blick auf Kinder darüber hinaus dazu, ihnen eine christliche Erziehung zukommen zu lassen.

Ende des ersten nachchristlichen Jahrhunderts setzten die Pastoralbriefe bereits verfestigte Strukturen der christlichen Gemeinden voraus, mit christlichen Mehrgenerationenfamilien, in denen der Glaube in der Generationenfolge weitergegeben wurde. Von den Christen forderten die Pastoralbriefe ein nach den allgemeinen Maßstäben mustergültiges Familienleben (1Tim

5,1 ff.). Gefordert wurde weniger ein bestimmtes Verhalten als vielmehr die Anerkennung der Ordnung des Generationenverhältnisses.

2.4.2. Die reformatorische Familienethik

Die Eheschließung als Grenzphänomen elterlicher Autorität bietet anschauliche Beispiele für die reformatorische Familienethik überhaupt. Für Luther war die Entscheidung über die Eheschließung grundsätzlich Sache der Eltern. Auch das erwachsene Kind sollte wie bei allen früheren elterlichen Anordnungen gehorsam sein und nicht eigenmächtig die Initiative ergreifen. Luthers Ausführungen zu Fragen im Zusammenhang mit der Eheschließung lassen jedoch zugleich die ethisch-normative Grenze der elterlichen Herrschaft über das Kind erkennen, die schon vorher im Verlauf der Kindheit in Geltung war. Die Eltern waren Luther zufolge vor Gott für das leibliche und seelische Wohl des Kindes verantwortlich. Bei der Versorgung mit einem angemessenen Ehepartner handelte es sich um die letztmalige Wahrnehmung dieser Verantwortung und eine der wichtigsten. Kamen die Eltern ihrer Verantwortung nicht nach, verloren sie den Anspruch auf den Gehorsam ihrer Kinder. Diesen bot sich dann die Alternative, entweder das von den Eltern zugefügte Unrecht aus einer christlichen Gesinnung heraus zu erdulden oder aber unter Berufung auf die höhere Autorität des Gebotes Gottes Rechtshilfe von außen in Anspruch zu nehmen beziehungsweise zu fliehen, um in den ihnen von den Eltern vorenthaltenen Ehestand eintreten zu können, für den sie Gott geschaffen hatte.

Luther ließ keinen Zweifel daran, dass er die kulturgeschichtlich etablierte zeitliche Begrenzung der elterlichen Autorität akzeptierte. Dies galt unabhängig davon, dass er eine lebenslange ethische Verpflichtung gegenüber den Eltern anerkannte. Das Kind hörte auf, Kind im kulturanthropologischen Sinne zu sein, blieb aber sein Leben lang Kind im genealogischen Sinne als Nachkomme seiner Eltern. Nachdem ein Sohn ein eigenes Haus gegründet hatte oder eine Tochter durch Heirat aus dem Familienverband ausgeschieden war, wandelte sich die Pflicht zum Gehorsam in eine Pflicht zur Sorge für die alternden Eltern, die aus derselben inneren Haltung der Demut entsprang, zu der nun die Dankbarkeit hinzutrat. Das erwachsene Kind sei in der Lage, den Eltern seine Ehrerbietung mit «Leib und Gut» zu zeigen, indem es «ihn diene, helfe und versorge, wenn sie alt, krank, gebrechlich oder arm sind [...] Denn wer das weiß, wie er sie im Herzen halten soll, wird sie nicht lassen Not noch Hunger leiden, sondern über und neben sich setzen und mitteilen, was er hat und vermag» (BSLK: 588). So bot Luther seinem erkrankten Vater und seiner Mutter an, zu ihm nach Wittenberg überzusiedeln, damit er sich «nach dem vierten Gebot mit kindlicher Treu und Dienst [...] gegen Gott und Euch dankbar erzeigen» könne (Luther 1530/1934: 239).

2.4.3. Moderne Entwicklungen

(1) Funktionswandel
Die ältere Familienforschung meinte, in der Moderne einen Funktionsverlust der Familie ausmachen zu können. Die Familie habe mit der Trennung von Arbeits- und Privatsphäre ihre Funktionen verloren, insofern sie nun keine bäuerliche oder handwerkliche Arbeits- und Wirtschaftsgemeinschaft mehr sei. Das eigentliche, männlich dominierte Leben finde außerhalb der Familie statt. Bei näherer Betrachtung handelt es sich freilich eher um einen Funktions*wandel* der Familie als um einen Funktionsverlust.

Die Privatisierung der Familie seit dem 18. Jahrhundert bis zu ihrer idyllischen Verklärung in der Biedermeier- und Restaurations-Epoche nach 1815 ist nicht von der Hand zu weisen. Die Familie übernimmt Funktionen der psychischen Stabilisierung und der Freizeitgemeinschaft. Auch die Freizeit ist jedenfalls für die breite Bevölkerung ein neues Phänomen. Dennoch wäre es verkürzt, die neuere Entwicklung der Familie nur als Privatisierung wahrzunehmen. Sie brachte weniger eine Auslagerung der Arbeit aus der Familie als vielmehr eine feste geschlechtsspezifische Verteilung der Arbeit mit sich. Nicht nur die feministische Kritik hat darauf aufmerksam gemacht, dass die scheinbar ‹private› Hausfrau sehr wohl sozial und ökonomisch notwendige Aufgaben erfüllt, ohne die das arbeitsteilige Wirtschaftssystem nicht aufrechterhalten werden könnte. Die Trennung in bezahlte Erwerbsarbeit und unbezahlte Familienarbeit täuscht darüber hinweg, sie dient der «Unsichtbarmachung des Arbeitscharakters von Familienarbeit im öffentlichen Bewusstsein» (Bundesministerium, Familienbericht 2006: 89).

Die ökonomische und soziale Notwendigkeit der Familienarbeit wird zunehmend sichtbarer, indem viele der sogenannten Care-Aufgaben im Zuge der gesteigerten Erwerbstätigkeit von Frauen professionalisiert werden. Das heißt, sie werden gegen Bezahlung von familienexternen Personen verrichtet, etwa die Betreuung und Pflege von Kleinkindern und alten Angehörigen,

Versorgungs- und Erziehungsleistungen. Care bezeichnet die personenbezogene Fürsorge im Unterschied zu eher sachbezogener Hausarbeit als zweitem Grundbestandteil der Familienarbeit.

In Deutschland hat sich in den letzten Jahrzehnten das herrschende Leitbild von einer Hausfrauenehe zu einem Ernährer-Zuverdiener-Modell gewandelt. Bei drei Vierteln der Ehepaare und immerhin noch 54 % der nichtehelichen Partnerschaften mit Kindern unter 15 Jahren war 2006 der Vater vollzeit- und die Mutter teilzeiterwerbstätig. Dies zeigt, dass die traditionelle Rollenverteilung nicht mehr existiert oder vielmehr zu einer Möglichkeit unter anderen geworden ist. Familienarbeit und Erwerbsarbeit werden kombiniert, und es wird nach einer neuen Balance verschiedener Lebensbereiche gesucht. Zunehmend attraktiv wird die sogenannte Androgynität, das heißt eine geschlechtsunspezifische Rollenstruktur in der Familie oder Partnerschaft. Die traditionelle Zuordnung weiblicher und männlicher Lebensbereiche wird nicht mehr ohne weiteres akzeptiert.

(2) Pluralisierung
Im Rahmen dieser Umbrüche der geschlechtstypischen Lebensläufe ist auch die Pluralisierung der Familienformen zu betrachten. Die naturrechtliche oder ordnungsethische Verbindung von Ehe und Familie erscheint zunehmend weniger plausibel, Ehen werden später geschlossen und häufiger geschieden. Zwar gehörten in Westdeutschland im Jahr 2012 immer noch zu 78 % der Familien Ehepaare, in Ostdeutschland aber nur noch 57 %. Noch aussagekräftiger ist die Tendenz: Die Zahlen bedeuten gegenüber 1996 einen Rückgang um 9 % in Westdeutschland und gar 18 % in Ostdeutschland zugunsten sogenannter alternativer Familienformen. Die Familie verbindet sich mit anderen Lebensformen als mit der Ehe, wie es bis in die 1960er-Jahre hinein bei der modernen Kernfamilie als ‹Normalfamilie› der Fall war.

Die Zunahme von Trennungen und Scheidungen führt noch in einer weiteren Hinsicht zu einer erheblichen Pluralisierung der Lebensformen. Ungefähr die Hälfte aller geschiedenen Ehen hat minderjährige Kinder. Hinzu kommt eine unbekannte Zahl von Trennungskindern aus nichtehelichen Partnerschaften. Eine Familie kann anders als eine Ehe faktisch nicht geschieden werden, da die Eltern-Kind-Beziehung letztlich auf Verwandtschaft gründet. Familie als Haushaltsgemeinschaft kann gelöst werden, die genealogischen Beziehungen der Familie als Abstammungsgemeinschaft bleiben jedoch bestehen und sind unter erschwerten Bedingungen weiterhin ethisch zu gestalten. Eltern, aber auch Kinder können ein Umgangsrecht beanspruchen, in den allermeisten Scheidungen mit Kindern bleibt das Sorgerecht bei beiden Eltern. Der ehemalige Partner wird zwangsläufig auf eine individuell vielfältig differenzierte Weise in die Fortsetzungsfamilie einbezogen. Eine neue Ehe oder Partnerschaft bedeutet also nicht unbedingt eine neue Familie. Dies kann bis zu sogenannten binuklearen Familien gehen, also Familien, die nicht nur einen Kern, sondern zwei Kerne besitzen – beide Eltern, gegebenenfalls in unterschiedlichen Fortsetzungspartnerschaften, sorgen dann in gleicher Weise für ein Kind. Bringt ein Partner Kinder aus einer früheren Partnerschaft in eine neue Partnerschaft ein, spricht man von einer Stieffamilie, gelegentlich auch Patchwork-Familie. Diese Lebensform stellte 2008 einen Anteil von knapp 14 % aller deutschen Haushalte mit Kindern.

Die Pluralität der Familienformen ist nach Lebensphasen und Regionen unterschiedlich ausgeprägt. Zum einen ist die Pluralität ein Phänomen der Urbanisierung: Sie zeigt sich in den Städten weit stärker als auf dem Land, wo das traditionelle Familienmodell vorherrscht. Zum anderen gibt es bestimmte Lebensphasen, in denen typische biographische Umbrüche den allgemeinen Trend zur Pluralisierung verstärken. So gibt es einen ersten Heterogenitäts-Gipfel im dritten Lebensjahrzehnt, in dem aufgrund der verlängerten Ausbildungszeiten die beruflichen und familiären Weichenstellungen erfolgen. Der zweite Heterogenitäts-Gipfel liegt bei den 45- bis 59-Jährigen, Soziologen sprechen hier von der *Empty-nest*-Phase.

(3) Polarisierung
Mit der Pluralisierung der Familienformen einher geht die wachsende Zahl der Kinderlosen, bei denen sich ein Gegenentwurf zur Familie etabliert. Eines der herausragenden Merkmale der neueren Entwicklung ist, dass in Deutschland immer weniger Kinder geboren werden. Im Jahr 2012 lebten fast zwei Drittel aller Deutschen in Haushalten ohne Kinder unter 18 Jahren. Familiensoziologen warnen vor einer künftigen Polarisierung der Gesellschaft, die sich bereits gegenwärtig abzeichne. Damit meinen sie einen Prozess, der über die Pluralisierung der Lebensformen hinausgeht. Egal ob Alleinerziehende, Ehen oder nichteheliche Gemeinschaften mit Kindern – sie geraten gemeinsam als Familiensektor in einen Gegensatz zum immer weiter wachsenden Nicht-Familiensektor.

Das Anwachsen des Nicht-Familiensektors hat nicht nur gravierende Rückwirkungen auf das Sozialsystem, sondern auch auf der Bewusstseinsebene. Die Folgen sind beispielsweise erbitterte Auseinandersetzungen um die Neugründung von Kindergärten in Wohnvierteln. Nicht immer steht hinter Kinderlosigkeit schon am Beginn eine bewusste Entscheidung gegen Kinder. Da die Familiengründung im Lebenslauf aber immer weiter nach hinten verschoben wird, wächst das Risiko, kinderlos zu bleiben. In jungen Jahren verschobene Geburten werden später «nicht mehr völlig kompensiert, da sich häufig ein Lebensstil verfestigt, in dem Kinder keinen Platz mehr haben» (Peuckert 2008: 343) oder die biologischen Voraussetzungen für eine Elternschaft in fortgeschrittenem Alter nicht mehr gegeben sind.

2.4.4. Theologisch-ethische Reflexionen

(1) Intergenerationelle Verantwortung
Das wesentliche Merkmal der Sozialform Familie ist ihre Intergenerationalität. Familienethik reflektiert die Gestaltung des Verhältnisses zwischen verschiedenen Generationen. Die Familienbiographie umfasst einen dynamischen Prozess, der von der Herkunftsfamilie, in die man als Kind hineingeboren wurde, zur Zielfamilie führt, die man selbst gründet und in der man selbst Kindern gegenüber Verantwortung übernimmt. Auch nach der Lösung aus der Herkunftsfamilie bleiben die von ihr konstituierten Beziehungen ein Leben lang bestehen, einschließlich bestimmter gegenseitiger Ansprüche.

Eine ethische Analyse der intergenerationellen Verantwortung im Kontext der modernen, säkularen Gesellschaft der Gegenwart hat der Philosoph Hans Jonas in seinem grundlegenden Werk *Das Prinzip Verantwortung* vorgenommen. Jonas stellte das Verhältnis zwischen Eltern und Kind als das Urbild von Verantwortung schlechthin heraus. Verantwortung bezeichne allerdings ein «nicht-reziprokes Verhältnis» zwischen dem Verantwortungsträger und der Person respektive der Sache, für die jener Verantwortung trägt. Neben dieser Einseitigkeit gehöre zur Verantwortung eine «deutliche Unebenbürtigkeit der Macht oder Befugnis» (Jonas 1998: 177, 176). In reinster Form zeige sich Verantwortung somit im Verhältnis zum neugeborenen Kind, weil dieses total auf die Macht und Fürsorge der Eltern angewiesen sei. Deren Tun und Unterlassen entscheide über Sein oder Nicht-Sein des Kindes.

Faktisch entwickelt sich das Verantwortungsverhältnis zwischen Eltern und Kind nach Jonas zu einem reziproken, wechselseitigen, da es der Natur des Kindes entspreche, zunehmend Verantwortung für sich selbst und damit für sein Verhalten gegenüber seinen Eltern und den anderen Mitmenschen zu übernehmen. Die elterliche Verantwortung stelle zwar ein räumliches und zeitliches Kontinuum dar, das sich auf alle Lebensbereiche erstrecke und keine Unterbrechungen dulde. Sie sei aber insofern begrenzt, als sie auf ein Ziel ausgerichtet sei, bei dessen Erreichen oder zumindest dessen Zumutbarkeit sie ende. Dieses Ziel ist das Erwachsensein, verstanden als «Selbständigkeit des Individuums, die wesentlich Verantwortungsfähigkeit einbegreift» (Jonas 1998: 199). Intergenerationelle Verantwortung verbindet die beiden herausragenden Merkmale des modernen Familienbegriffs: Intergenerationalität und Intimität. Über Jonas hinaus kann sich intergenerationelles, intimes Zusammenleben auch auf erwachsene Kinder und ihre alten Eltern erstrecken. Familienexterne Fachkräfte, an die traditionelle Familienleistungen sowohl der Kindheitsphase als auch der Altersphase im Zuge der angesprochenen Professionalisierung delegiert werden (s. Abschnitt 2.4.3. Nr. (1.)), müssen die Würde der Kinder und alten Menschen und deren eigene Verantwortlichkeit ebenfalls achten und diese Haltung in ihr professionelles Ethos integrieren.

(2) Gleichheit in der intergenerationellen Verantwortung
Wie bereits im Blick auf die Ehe ausgeführt wurde, erscheint die ordnungsethische oder naturrechtliche Zuweisung hierarchischer Geschlechterrollen heute nicht mehr plausibel. Die traditionelle Aufteilung in einen erwerbszentrierten Lebenslauf des Mannes und in einen familienzentrierten Lebenslauf der Frau ist nicht mehr aufrechtzuerhalten. Die Verantwortung für die Vereinbarkeit des eigenen Lebensplans mit der Familie liegt bei beiden. Die intergenerationelle Verantwortung ist gemeinsam von Mann und Frau zu übernehmen, auch nach einer Trennung oder Scheidung. Elternschaft begründet unabhängig von jeder Rechtsform ein höchstpersönliches ethisches Verantwortungsverhältnis, das unkündbar ist. Die grundlegenden Entscheidungen über die Verteilung von Erwerbs- und Familienarbeit wie auch alle anderen Entscheidungen, welche die Familie betreffen, sind in gegenseitiger Verantwortung gemeinsam zu treffen. Eine rigide sozialpolitische Steuerung in Richtung eines Doppelverdiener-Doppel-Carer-Modells wäre problematisch, da sie die individuellen Aushandlungsprozesse unterliefe. Dennoch sprechen plausible Gründe für die relative Vorzugswürdigkeit dieses Modells.

Zum einen werden kontinuierliche Erwerbsbiographien immer seltener. Es bedeutet daher ein viel größeres Risiko als früher, nur auf einen einzigen Verdiener zu setzen, dem überdies Care-Aufgaben gänzlich unvertraut wären. Eine flexible, situationsabhängige Umverteilung der Aufgaben wäre dann nicht möglich. Zum anderen ist die bereits angesprochene zunehmende

Instabilität der Ehen und Lebenspartnerschaften zu nennen, deren gravierende ökonomische Folgen insbesondere Frauen und Kinder treffen. Dass sich in einer Partnerschaft beide Partner am Erwerb beteiligen, dient somit der verantwortlichen Armutsprophylaxe vor dem Hintergrund sowohl der Veränderungen des Arbeitsmarktes als auch der wachsenden Instabilität der Lebenspartnerschaften.

(3) Familie als öffentlich normierte Privatsache
In der neueren Rechtsgeschichte trat an die Stelle des Elternrechts *auf* das Kind die Elternverantwortung *für* das Kind und seine Entwicklung. Im Grundgesetz werden – wie schon mit Blick auf die Ehe erwähnt – Ehe und Familie in Art. 6 I GG unter den besonderen Schutz der staatlichen Ordnung gestellt. In den weiteren Absätzen des Art. 6 ist dann nur noch von der Familie die Rede. Abs. 2 lautet: «Pflege und Erziehung der Kinder sind das natürliche Recht der Eltern und die zuvörderst ihnen obliegende Pflicht. Über ihre Betätigung wacht die staatliche Gemeinschaft.» Nach einem bis heute grundlegenden Urteil des Bundesverfassungsgerichts aus dem Jahr 1968 gehören beim Elternrecht auf Erziehung anders als bei allen anderen Grundrechten Recht und Pflicht so eng und «wesensbestimmend» zusammen, dass man präziser von «Elternverantwortung» sprechen sollte (BVerfGE 24: 143). Das staatliche Wächteramt wurde zunächst nur zurückhaltend wahrgenommen, was seinen Grund in der nationalsozialistischen Vergangenheit hatte. Mit Art. 6 III GG wollten die Autoren des Grundgesetzes, wie das Bundesverfassungsgericht 1968 bekräftigte, die Familie vor Übergriffen des Staates schützen, sodass dieser nicht – wie im NS-Staat üblich – Kinder durch Staatsjugend, Zwangsinternate oder Schulungslager den Eltern entziehen könne. Das Bundesverfassungsgericht bestritt nicht, dass das öffentliche Erziehungsamt nur in Ausnahmefällen und unter Wahrung der Verhältnismäßigkeit auszuüben sei. Grundsätzlich sei jedoch davon auszugehen, dass «das Kind als Grundrechtsträger selbst Anspruch auf den Schutz des Staates hat. Das Kind ist ein Wesen mit eigener Menschenwürde und dem eigenen Recht auf Entfaltung seiner Persönlichkeit.» Dass die Eltern dem Kind Schutz und Hilfe für eine diesem Menschenbild entsprechende Entwicklung bieten, sei die einzige Legitimation für Rechte der Eltern am Kind, erklärte das Gericht.

Entscheidend ist in unserem Zusammenhang, dass die Familie wie die Ehe kein Raum der Privatheit ist, der der staatlichen Aufsicht entzogen wäre. Auch der Staat ist Träger intergenerationeller Verantwortung, der Verantwortung für Kinder und – aus eigenem Interesse – für deren Bildung und

Entwicklung übernimmt. Dabei respektiert er die Primärverantwortung der Eltern, sodass die Familie zur Schnittstelle zwischen Individuum und Gesellschaft wird. Was in der Familie geschieht, ist privat, doch sind auch im Privaten bestimmte Grenzen zu beachten, wie schon die innerbiblische Entwicklung zeigte (2.4.1. Nr.(1.)). Die Familie ist eine «öffentlich normierte Privatsache» (Anselm 2007: 296).

In der Vergangenheit verband sich allerdings die Betonung der strikt privat verstandenen Familie oft eng mit der konservativen Allianz von Familie und traditioneller Hausfrauenehe. Demgegenüber fordert die neuere evangelische Ethik einen Respekt vor der «Vielgestaltigkeit individueller Lebensentwürfe» (Anselm 2007: 301), mit der sich eine standardisierte Familienförderung nicht vereinbaren lasse. Problematisch ist es, wenn insbesondere Frauen der Verzicht auf Kinder deshalb aufgenötigt wird, weil ihnen ihr Kinderwunsch nicht realisierbar erscheint. Nach dem Familienmonitor 2012 wäre mehr als jede zweite nichtberufstätige Mutter gerne berufstätig. Einen Ausweg böte allein eine hochgradig individuelle Familienförderung, die mit der Pluralisierung der Familienformen Schritt hält (vgl. Keil 2007: 285 ff.). Sie würde maßgeblich dazu beitragen, dass die Pluralisierung tatsächlich zu einem Freiheitsgewinn führt, wie es dem Menschenbild evangelischer Ethik entspricht.

3. PROBLEMFELDER

3.1. Homosexualität und gleichgeschlechtliche Lebenspartnerschaft

3.1.1. Biblische und geschichtliche Grundlinien

Sowohl in den alttestamentlichen Geboten (Lev 18,22; 20,13) als auch von Paulus (Röm 1,26 f.; 1Kor 6,9–11) wird homosexuelles Verhalten scharf verurteilt. In Lev 18,22 heißt es unmissverständlich: «Du sollst nicht bei einem Mann liegen wie bei einer Frau; es ist ein Greuel.» Zwei Kapitel weiter wird die Verurteilung wiederholt und hinzugefügt, dass beide «des Todes sterben» sollen, da Blutschuld auf ihnen laste. Im Alten Testament ist ausschließlich die männliche Homosexualität im Blick. Paulus schließt in die Verurteilung ausdrücklich auch die weibliche Homosexualität ein. In Röm 1,26 f. schreibt er über die gottlosen Heiden: «Darum hat sie Gott dahingegeben in schändliche Leidenschaften; denn ihre Frauen haben den natürlichen Verkehr vertauscht mit dem widernatürlichen; desgleichen haben auch die Männer den natürlichen Verkehr mit der Frau verlassen und sind in Begierde zueinander entbrannt und haben Mann mit Mann Schande getrieben.» Erstaunlicherweise wird hier als unmittelbare Ursache der vermeintlichen Verirrung Gott selber angegeben, wenngleich der mittelbare Grund die unentschuldbare Undankbarkeit gegenüber dem in seinen Werken offenbaren Schöpfer sei. Jesus selbst hat sich zu diesem Thema nicht geäußert.

In der christlichen Tradition stand die radikale Ablehnung der Homosexualität über Jahrhunderte außer Frage. Dies schlug sich auch im Strafrecht der christlichen Staaten nieder. Noch im ersten deutschen Strafgesetzbuch von 1871 wurde in § 175 Homosexualität gemeinsam mit Sodomie unter Strafe gestellt: «Die widernatürliche Unzucht, welche zwischen Personen männlichen Geschlechts oder von Menschen mit Thieren begangen wird, ist mit Gefängniß zu bestrafen; auch kann auf Verlust der bürgerlichen Ehrenrechte erkannt werden.» Die weibliche Homosexualität blieb auch hier unberücksichtigt. Die Nationalsozialisten verschärften die Strafverfolgung. Mehr als 10 000 Homosexuelle wurden in Konzentrationslager eingewiesen und trugen dort einen rosa Winkel. Nun wurden auch Frauen ohne gesetzliche Grundlage verhaftet. Seit der Strafrechtsreform von 1969 blieben homosexuelle Handlungen zwischen Erwachsenen straffrei. Doch erst 1989 wurde der § 175 komplett aufgehoben und damit auf Sonderbestimmungen für Homosexuelle verzichtet. Seitdem gelten für homosexuelle Beziehungen dieselben Schutznormen wie für heterosexuelle (§ 174 / 176 StGB).

Mit der Entkriminalisierung der Homosexualität ging ihre Entpathologisierung einher. Im 19. Jahrhundert wurde die Homosexualität als krankhaft verstanden, womit die medizinische Behandlung homosexuell orientierter Menschen legitimiert wurde. Dabei hat die scharfe Ablehnung durch die christlichen Kirchen als Sünde und Verletzung der göttlichen Schöpfungsordnung die Pathologisierung von Homosexualität gefördert. Die moderne Deutung als Krankheit konnte als Bestätigung der religiösen Verurteilung verstanden werden. Die Weltgesundheitsorganisation hat erst im Jahr 1992 die Definition von Homosexualität als Krankheit aufgegeben.

Das Rechtsinstitut der eingetragenen Lebenspartnerschaft, das in Deutschland im Jahr 2001 durch das Lebenspartnerschaftsgesetz geschaffen wurde, wurde im Zuge verschiedener Novellierungen immer mehr der heterosexuellen Ehe angeglichen. Viele Schwule und Lesben haben diese Gleichstellung bewusst angestrebt und die erzwungene Nonkonformität nichtehelicher Lebensgemeinschaften, oft im Verborgenen, nur als Notbehelf betrachtet. Für sie bietet das neue Rechtsinstitut nun gleiche Rechte wie beispielsweise im Mietrecht, im Erbrecht, im Namensrecht oder im gesetzlichen Güterstand der Zugewinngemeinschaft, aber auch gleiche Pflichten wie etwa den nachpartnerschaftlichen Unterhalt. Der Begriff Ehe und ehebezogene Begriffe wie Scheidung (stattdessen: ‹Aufhebung›) werden vermieden, doch haben Formulierungsunterschiede nur geringe rechtliche Auswirkungen. Es bleiben zumeist kleinere Unterschiede wie zum Beispiel in der berufsständischen Versorgung.

3.1.2. Theologisch-ethische Reflexionen

(1) Ganzheitlichkeit und Verbindlichkeit gleichgeschlechtlicher Partnerschaft
Wer sich unmittelbar auf die biblischen Invektive beruft, trifft meist eine unreflektierte Auswahl der Richtlinien, die auch heute noch gelten sollen. Warum die Verurteilung der Homosexualität, die zur Abgrenzung von homosexuellen Kultpraktiken in der heidnischen Umwelt erfolgte, auch heute noch gelten solle, nicht aber die Erlaubnis polygamer Ehen oder das Verbot von Sexualverkehr während der Menstruation, das sich kurz vor dem Verbot homosexueller Handlungen findet (Lev 18,19), darf nicht willkürlich entschieden werden, sondern müsste vom Gesamtverständnis der biblischen Botschaft her theologisch begründet werden. Die bloße Feststellung, dass in der Bibel Ehe stets eine heterosexuelle Partnerschaft meint, genügt nicht. Die hermeneutische Frage ist vielmehr, ob die Heterosexualität für das christliche Verständnis der Ehe wesentlich ist oder ob sie genauso zur Disposition gestellt werden kann wie heute selbstverständlich die Polygamie.

Zentraler Inhalt der christlichen Botschaft ist die Hinwendung Gottes zu den Menschen, die in Jesus Christus erfolgt ist. Christus hat die Menschen zu einer verantwortlichen Gestaltung der Welt und ihrer mitmenschlichen Beziehungen jenseits gesetzlicher Zwänge befreit. Diese Basisaussage ist in zweierlei Hinsicht zu entfalten.

VII. ETHIK DER LEBENSFORMEN

Zum einen bedeutet das Moment der Befreiung die Ermöglichung, aber auch die Notwendigkeit eigenen verantwortlichen Handelns, gemäß der von der Reformation betonten Freiheit eines Christenmenschen. Insofern ist ein naturalistischer Fehlschluss zu vermeiden. Der Mensch hat nicht einfach auszuführen, was die Natur in ihm angelegt hat. Er ist vielmehr dazu befreit, seine natürliche Sexualität verantwortlich zu gestalten.

Zum anderen ist die Hinwendung Gottes zu jedem Menschen der theologische Grund der Personwürde jedes einzelnen Menschen. Die Personwürde ist somit nicht irgendeine periphere Vorstellung, sondern zentraler Wert christlicher Ethik und als solcher auch gesellschaftlich wirksam geworden (etwa in den verfassungsmäßigen Grundrechten). Die Person gewinnt ihren Wert nicht, indem sie in eine unabhängig von ihr existierende Ordnung eintritt, sondern ist in sich selbst wertvoll. Christliche Ethik hat demnach zu prüfen, ob die Würde der Person in den vielfältigen Beziehungen, in denen sie lebt, geachtet und geschützt wird. Die ganzheitliche Integration der Sexualität in umfassende Lebensvollzüge schützt die Person vor einer Instrumentalisierung als ‹Lustobjekt›. Die Verbindlichkeit einer Partnerschaft schützt die Person vor der Willkür und Launenhaftigkeit des Anderen. Es ist nicht einzusehen, warum eine solche ganzheitliche und verbindliche Partnerschaft nicht auch von einer gleichgeschlechtlichen Lebensgemeinschaft und partiell auch anderen nichtehelichen Gemeinschaften verwirklicht werden kann. Jedenfalls gelten für die theologisch-ethische Bewertung einer gleichgeschlechtlichen Beziehung dieselben personalen Normen wie für eine heterosexuelle.

Mag man den Begriff Ehe nur der heterosexuellen Verbindung vorbehalten und die homosexuelle Beziehung zu den nichtehelichen Lebensgemeinschaften zählen, so rückt sie doch vor allem die auf Dauer angelegte Verbindlichkeit, die seit 2001 auch rechtlich und öffentlich gemacht werden kann, viel näher an die Ehe heran als an experimentelle Formen nichtehelicher Partnerschaften, gleich ob homosexueller oder heterosexueller Art, mit deren Bestand keiner der Partner selbst rechnet. Die 1996 veröffentlichte Orientierungshilfe des Rates der Evangelischen Kirche in Deutschland zum Thema ‹Homosexualität und Kirche› mit dem Titel *Mit Spannungen leben* nannte im Einzelnen folgende Normen für die ethische Bewertung einer partnerschaftlichen Beziehung:

1. freiwillige Zustimmung, 2. sowohl Leib als auch Seele betreffende Ganzheitlichkeit, 3. Verbindlichkeit, 4. Angelegtsein auf Dauer, 5. partnerschaftliche Gestaltung in Gegenseitigkeit und Gleichberechtigung. Die

kirchliche Stellungnahme erkannte an, dass sich die genannten Werte nicht nur in einer Ehe, sondern auch in einer gleichgeschlechtlichen Lebensgemeinschaft finden können. Ein wesentlicher Unterschied bleibe freilich bestehen: Nur Ehe und Familie können «grundsätzlich die Entscheidung für die Geburt von Kindern eröffnen und [...] einen Lebensraum darstellen, in dem Kinder aufwachsen». Daher sei «die Fülle dieser für das menschliche Leben wesentlichen Funktionen [...] so nur in [heterosexueller s. c.] Ehe und Familie möglich» (EKD 1996: 32 f.).

Einen Schritt weiter ging 2013 die Orientierungshilfe *Zwischen Autonomie und Angewiesenheit*. Sie würdigt, dass in vielen gleichgeschlechtlichen Partnerschaften Kinder aus früheren heterosexuellen Beziehungen leben. Indem sie einen «erweiterten Familienbegriff» (EKD 2013: 46 f., 67) zugrunde legt, löst sie die Familie von dem exklusiven Bezug auf die Ehe und verabschiedet damit das Argument, die Ehe sei deshalb gleichgeschlechtlichen Partnerschaften überlegen, weil nur sie zur Familie werden könne. Vorbehaltlos seien «gleichgeschlechtliche Partnerschaften, in denen sich Menschen zu einem verbindlichen und verantwortlichen Miteinander verpflichten, auch in theologischer Sicht als gleichwertig anzuerkennen» (EKD 2013: 66). Der biologische Sachverhalt, dass in gleichgeschlechtlichen Lebenspartnerschaften nicht ohne Weiteres die Entscheidung für die Geburt von Kindern getroffen werden kann, wird somit nicht länger als ethisches Argument für ihre Abwertung gegenüber der Ehe – unabhängig davon, ob in dieser tatsächlich eine solche Entscheidung getroffen wird – anerkannt. Im Übrigen ist inzwischen in lesbischen Partnerschaften durchaus eine Entscheidung für die Geburt von Kindern mithilfe von Samenspenden möglich.

Mit dem theologisch zentralen Wert der Personwürde ist die Diskriminierung gleichgeschlechtlicher Lebensgemeinschaften nicht zu vereinbaren. Aus ihm folgt vielmehr eine Revision des traditionellen, ordnungsethisch begründeten Verständnisses von Ehe und Familie als prinzipiell überlegene soziale Leitbilder. Biblisch lässt sich die Fortsetzung von Jesu Scheidungsverbot heranziehen: «Denn einige sind von Geburt an zur Ehe unfähig» (Mt 19,12). Ursprünglich war damit wohl Impotenz gemeint, doch lässt sich diese biblische Einsicht im Grundsatz auf Menschen mit einer homosexuellen Orientierung übertragen. Gleichgeschlechtliche Beziehungen sind nicht a priori von der Familie her zu diskreditieren, sondern in demselben verantwortungsethischen Horizont wie die heterosexuelle Ehe zu beurteilen. In dieser Hinsicht sind die EKD-Texte von 1996 und 2013 wegweisend, insofern für sie entscheidend ist, wie eine Lebensgemeinschaft in gegenseitiger Anerkennung der personalen Würde gestaltet wird.

(2) Gleichgeschlechtliche Lebensgemeinschaften und Kinder
Eines der am kontroversesten diskutierten Themen ist die Frage der Adoption von Kindern durch ein gleichgeschlechtliches Paar. Deren Ablehnung auf kirchlicher Seite bewegt sich im Wesentlichen auf der Linie des bis heute geltenden Rechtes, das allerdings nur die gemeinschaftliche Adoption ausschließt. Einer der Partner allein kann zum Beispiel ein leibliches Kind seines Partners adoptieren, wenn sein Partner zustimmt. In anderen europäischen Staaten, darunter Belgien, Norwegen und Spanien, ist hingegen auch die gemeinschaftliche Adoption möglich.

Bei der Argumentation, dass die Beschränkung der Geburt von Kindern auf die Ehe die Adoption von Kindern in gleichgeschlechtlichen Lebenspartnerschaften ausschließt, handelt es sich um einen naturalistischen Fehlschluss. Weil sie keine Kinder zeugen können, sollen sie auch keine Kinder adoptieren können. Man könnte geradezu umgekehrt in der gemeinschaftlichen Adoption eine Möglichkeit sehen, die vermeintlich defizitäre Partnerschaft zur Erfüllung zu führen, indem sie für Kinder geöffnet wird. Doch auch diese Argumentation ist nicht stichhaltig, gerade weil eine Partnerschaft ohne Kinder nicht defizitär ist und Kinder aufgrund ihrer Personwürde nicht zur Sinngebung für eine Partnerschaft instrumentalisiert werden dürfen. Aus einer Anerkennung gleichgeschlechtlicher Partnerschaften folgt daher nicht automatisch das Recht auf ein Kind. Dass Kinder in heterosexuellen Beziehungen de facto vielfach in problematische Verhältnisse hinein gezeugt werden und in diesen aufwachsen, ist kein Argument, da die natürliche Zeugung mit guten Gründen weniger stark vom Staat reglementiert wird und zu verantworten ist.

Analoges gilt für gleichgeschlechtliche Beziehungen, denen auf natürlichem Wege Kinder aus einer vorhergehenden heterosexuellen Beziehung zuwachsen, solange keine staatliche Entscheidung über das Sorgerecht nötig wird. Man spricht hier von sogenannten Fortsetzungsfamilien, die im Einzelfall auch um eine gleichgeschlechtliche Partnerschaft entstehen können. Möglich sind zudem geplante lesbische Familien, in denen der Kinderwunsch mithilfe von Samenspenden erfüllt wurde. Der Adoptionswunsch betrifft jedoch Kinder, die sich in der Obhut des Staates befinden, oder folgt zumindest staatlich festgelegten Regeln. Obwohl es eine große Zahl von Alleinerziehenden gibt und viele von ihnen die Erziehung ihrer Kinder hervorragend gestalten, ohne dass der Staat hier einschreiten müsste, kommen sie ebenfalls für eine Adoption nicht infrage, würden diese freilich in der Regel auch nicht anstreben.

Aus ethischer Perspektive ist geltend zu machen, dass hier über die strengen allgemeinen Kriterien bei einer Adoption hinaus die besonderen Bedingungen des Aufwachsens in einer gleichgeschlechtlichen Beziehung zu berücksichtigen sind. Bei der Adoptionsfrage geht es primär nicht um die Persönlichkeits- und Selbstbestimmungsrechte der potentiellen Eltern, sondern um die Interessen des Kindes. Die gleichgeschlechtliche Beziehung an sich ist damit weder ein negatives noch ein positives Kriterium, sondern spielt nur mittelbar eine Rolle, falls und sofern sie das Kindeswohl tangieren sollte. Widerlegt scheint durch empirische Untersuchungen der Verdacht, dass Kinder, die in einer gleichgeschlechtlichen Partnerschaft aufwachsen, selbst eher zu einer gleichgeschlechtlichen Orientierung gelangen. Ob sich darüber hinaus das Fehlen eines gegengeschlechtlichen Elternteils auf einer psychologischen oder sozialen Ebene negativ auf die kindliche Entwicklung auswirkt, ist aufgrund neuerer Untersuchungen eher fraglich – teilweise gelangt man sogar zu gegenteiligen Erkenntnissen. Jedenfalls sind entsprechende Befürchtungen genauso wenig wie die allgemeine Gefahr einer gesellschaftlichen Diskriminierung des adoptierten Kindes hinreichend für ein generelles Adoptionsverbot, das keine gewissenhafte Prüfung des Einzelfalls zulässt (vgl. Kreß 2012: 282 ff.). So könnte beispielsweise bei negativen Erfahrungen des Kindes mit Männern die Adoption durch ein lesbisches Paar dem Kindeswohl sogar zuträglicher sein.

3.2. Partnerlosigkeit – Zölibat und Single

3.2.1. Lebensform ‹Zölibat›

Wo die Enthaltsamkeit eine institutionalisierte Form erhält, spricht man auch vom Zölibat (lat. *caelebs*, unverheiratet) als einer auf lebenslange Dauer angelegten alternativen Lebensform zur Ehe. Paulus riet angesichts der erwarteten eschatologischen Bedrängnis zur Ehelosigkeit, ohne freilich die Eheschließung zu verbieten (1Kor. 7,1 ff.25 ff.). Später haben z. B. Eremiten und mönchische Gemeinschaften die zölibatäre Lebensform übernommen. Tem-

VII. ETHIK DER LEBENSFORMEN

poräre oder freiwillig aus religiösen Gründen auferlegte Ehelosigkeit findet sich auch in der antiken Religionsgeschichte sowie in Hinduismus und Buddhismus.

Davon zu unterscheiden ist der Zölibat als verpflichtende Lebensform für kirchliche Amtsträger. Diese setzte sich in der westlichen Kirche bis zum Mittelalter allgemein durch, während der Zölibat in den orthodoxen Kirchen bis heute nur für die Bischöfe verpflichtend ist. Noch der 1. Timotheusbrief gebot ausdrücklich, ein Bischof solle der Mann einer einzigen Frau sein (1Tim 3,2), und warnte vor den teuflischen Lehren von Lügenrednern, die unter anderem gebieten würden, nicht zu heiraten und bestimmte Speisen zu meiden (1Tim 4,3). In altkirchlicher Zeit wuchs in der westlichen Kirche der Druck auf die Geistlichen, innerhalb ihrer Ehen enthaltsam zu leben. Das Verbot der Heirat von Klerikern nach ihrer Weihe findet sich in kanonischen Bestimmungen seit dem 4. Jahrhundert, wobei man es dadurch entschärfte, dass man die Weihen meist erst im mittleren Lebensalter vornahm. Dennoch wurden beide Verbote im Mittelalter häufig missachtet und auch offen kritisiert (*Rescriptio Udalrici*). Vor allem auf dem Land brauchten Priester das *mutuum adiutorium* der Ehefrau für die eigene Landwirtschaft, ohne die sie nicht überleben konnten.

So sah sich das zweite Laterankonzil von 1139 zu einer Bestätigung und Verschärfung veranlasst. Priestern, Diakonen und Subdiakonen wurde erstmals nicht nur der Sexualverkehr, sondern darüber hinaus auch die Lebensgemeinschaft mit einer Frau verboten. Die flächendeckende Durchsetzung des Zölibats in Europa gelang erst im 18. Jahrhundert infolge der Einführung klosterähnlicher Priesterseminare, die seither jeder Priesterkandidat durchlaufen muss. Kirchenrechtlich ausgeschlossen wurde die Weihe von Verheirateten erst durch das *Corpus Iuris Canonici* im Jahr 1983.

Die Durchsetzung des Zölibats speiste sich letztlich aus derselben theologischen Wurzel wie die Sakramentalisierung der Ehe, nämlich aus dem Kampf um ein Reinheitsideal, das man vor allem durch sexuelle Lust bedroht sah. Im Mittelalter wurden die natürlichen Ehezwecke der Fortpflanzung und der gegenseitigen Hilfe durch die Deutung der Ehe als Sakrament faktisch nachrangig gegenüber dem theologisch aufgeladenen Ehezweck der Lustbekämpfung. Wenn aber die *extinctio libidinis* letztlich der entscheidende Zweck der Ehe war, dem auch das Sakrament dienen sollte, dann konnte dieser Zweck durch den Zölibat noch besser erreicht werden als durch die Ehe. Insofern die Lebensform Zölibat die sexuelle Lust ausschloss, wurde der asexuelle Zustand im Reich Gottes antizipiert.

Eine weitere Rolle spielten daneben pragmatische Gründe, insofern ausgeschlossen werden sollte, dass Kleriker Kirchenbesitz an ihre Nachkommen vererbten.

Die Reformatoren hingegen lösten analog zur bereits dargestellten Entkopplung von Keuschheit und Enthaltsamkeit auch die institutionelle Überordnung des Zölibats über die Ehe auf. Martin Luther meinte in seiner Schrift *An den christlichen Adel deutscher Nation von des christlichen Standes Besserung*, man habe durch die Gelübde aus den Klöstern ein «ewiges Gefängnis» anstelle einer freiwilligen Schule auf Zeit gemacht. Man könne täglich mehr und mehr sehen, hören, lesen und erfahren, welche Frucht daraus hervorkomme. Er selber sehe wohl, wie die Gelübde gehalten werden, insbesondere dasjenige der Keuschheit. Auch die Priesterschaft sei «gefallen, und mancher armer Pfaff mit Weib und Kind überladen, sein Gewissen beschweret» (Luther 1520a / 1982: 134 f.). Luthers Kritik verdeutlicht, dass Freiwilligkeit eine unabdingbare Voraussetzung nicht nur für das Eingehen einer Partnerschaft, sondern auch für deren Verweigerung darstellt.

Die Fähigkeit zur freiwilligen Enthaltsamkeit betrachtete Luther als eine besondere Gabe Gottes. Sie sei nicht einmal *einem* Menschen unter tausend verliehen. Daher könne man sie nicht zu einer festen Voraussetzung für einen bestimmten Stand machen – modern ausgedrückt: Enthaltsamkeit lässt sich nicht institutionalisieren. Sie ist der Gestaltungsmacht des Menschen entzogen. Genauso wenig könne der Mensch geloben, dass er kein Mann oder keine Frau sein will. Solche unsinnigen Gelübde, die sich gegen Gottes Schöpferwillen und gegen die menschliche Natur richten, seien nichtig. Die Ehe ist gleichermaßen eine von Gott eingesetzte und in der Natur des Menschen liegende Ordnung.

Heute stehen bei der Begründung des Zölibats in der römisch-katholischen Kirche eher pastorale Gründe im Vordergrund: das Motiv, uneingeschränkt für den Dienst in der Kirche zur Verfügung zu stehen. Das Zweite Vatikanische Konzil, das in den 1960er-Jahren tiefgreifende Reformen vornahm, verzichtete erstmals darauf, den Zölibat der Ehe überzuordnen, und unterschied beide neutral als Stände mit unterschiedlichen Berufungen. Seitdem steht der Zölibat auch innerkirchlich unter einem Druck, der angesichts des Priestermangels immer stärker wird.

3.2.2. Lebensform ‹Single›

In den 1980er-Jahren sorgte eine repräsentative Umfrage unter Schülerinnen für Aufsehen, derzufolge für sie eine Partnerschaft zwar wichtig, aber die berufliche Perspektive noch wichtiger sei. Die berufliche Perspektive von Frauen werde nicht mehr ihrer Partnerschaft untergeordnet. Vielmehr werde tendenziell umgekehrt nur eine solche Partnerschaft gesucht und akzeptiert, die sich mit der beruflichen Perspektive vereinbaren lässt. Das Streben nach höherer Bildung und einer entsprechenden beruflichen Stellung ist hauptverantwortlich dafür, dass die Lebensform ‹Single› immer öfter frei gewählt wird und nicht nur unfreiwillig aus gescheiterten Beziehungen resultiert. Diese Motive gelten vorrangig für Frauen, während Männer leichter eine Partnerin finden, die ihre beruflichen Beanspruchungen toleriert und durch eigenes Zurückstellen von Karrierezielen kompensiert. Unabhängig vom Geschlecht gilt der mobile Single ohne feste persönliche Bindungen als Prototyp des spätmodernen Erwerbstätigen, der den Interessen der Wirtschaft entspricht (Bundesministerium, Familienbericht 2006: 9).

Eine wesentliche Erweiterung der Familienformen erfolgte durch die Alleinerziehenden als eine große Untergruppe der Lebensform ‹Single›. Alleinerziehende sind Singles, insofern sie nicht in einer Lebenspartnerschaft mit einem Erwachsenen leben. Zugleich unterscheiden sie sich von anderen Singles dadurch, dass zu ihrem Haushalt mindestens ein minderjähriges Kind gehört. Die Lebensform ‹Alleinerziehende› zeigt, dass sich die Familie zunehmend nicht nur von der Ehe, sondern von der Lebensgemeinschaft überhaupt emanzipiert, sofern letztere die gesellschaftliche Gemeinschaft zweier Erwachsener meint. Von 1996 bis 2012 ist die Zahl der Alleinerziehenden mit Kindern unter 18 Jahren in Deutschland um 20 % gestiegen. 90 % der Alleinerziehenden sind Frauen, und mehr als 50 % der Alleinerziehenden leben von einem Familiennettoeinkommen von unter 1300 Euro im Monat. Die viel diskutierte Kinderarmut hat zu einem nicht geringen Teil hier ihre Wurzeln. Ein Drittel aller armutsgefährdeten Minderjährigen lebt bei Alleinerziehenden. Nach neueren Untersuchungen ist die gestiegene Zahl von Kindern einkommensschwacher Familien ohne Migrationshintergrund fast ausschließlich auf den Zuwachs in alleinerziehenden Familien zurückzuführen (Bundesministerium, Familienreport 2012: 53). Die Schwierigkeit, nach einer Trennung abgesehen von den Unterhaltszahlungen des Ex-Partners zum Alleinversorger der Familie zu werden, ist umso größer, wenn die Erwerbsbiographie längere Zeit unterbrochen war. Insofern sind Maßnahmen, welche die Wiedereingliederung in das Berufsleben insbesondere von Frauen erleichtern, eine wirksame Armutsprophylaxe und somit auch ein sozialethisches Desiderat.

Zwar sind die meisten Alleinerziehenden geschieden, aber immerhin 30 % der alleinerziehenden Frauen sind ledig, waren also niemals verheiratet. Ein Teil davon mag aus einer zerbrochenen nichtehelichen Lebensgemeinschaft hervorgegangen sein, doch ist die Lebensform der Alleinerziehenden ebenso wenig wie die Lebensform ‹Single› überhaupt als bloßes Zerfallsprodukt einer Partnerschaft zu betrachten oder normativ abzuwerten. Wenngleich sie anders als die Lebensform ‹Single ohne Kind› selten frei gewählt wird, kann sie doch aus unterschiedlichen Gründen durchaus freiwillig beibehalten werden. War dies früher aufgrund der sozialen Diskriminierung unvorstellbar, so muss heute kaum mehr mit einer Beeinträchtigung des öffentlichen Ansehens gerechnet werden.

Inzwischen lebt jeder fünfte Deutsche in einem Einpersonenhaushalt. Dabei ist der Anteil in Großstädten wesentlich größer als auf dem Land oder in Kleinstädten. Über äußere Zwänge hinaus erscheint die bewusste Entscheidung für ein Leben als Single auch eng mit dem urbanen Lebensstil zusammenzuhängen. Noch eindrücklicher als die absoluten Zahlen ist der enorme Anstieg. Von 1991 bis 2011 stieg der Anteil von Singlehaushalten in Großstädten bei den 18- bis 35-Jährigen um 41 %, bei den 35- bis 65-Jährigen sogar um 61 %. Dabei müssen die betreffenden Personen keinesfalls ohne eine Beziehung leben. Zunehmend etablieren sich Mischformen, bei denen die Partner nicht in einem gemeinsamen Haushalt oder auch nur am selben Ort leben (*living apart together*). Es handelt sich dabei nicht nur um ein Phänomen der jüngeren Generation. Neben der überwiegenden Zahl der unter 30-jährigen, unverheirateten Lebenspartner lebt auch eine wachsende Zahl von über 60-Jährigen nicht in einem gemeinsamen Haushalt mit ihren Lebenspartnern. Dort wird man nicht im hergebrachten Sinne von einer Lebenspartnerschaft oder einer Familie sprechen können, da ein großer Teil nicht nur der Arbeitszeit, sondern auch der Freizeit ohne Partner beziehungsweise Kinder verlebt wird. Aufgrund der gestiegenen Mobilität und verbesserter Kommunikationsmöglichkeiten kann die Beziehung zueinander dennoch eine Intimität aufweisen, die derjenigen einer familiären Haushaltsgemeinschaft nicht nachsteht.

3.3. Am Lebensanfang – Schutz, Beteiligung und Förderung von Kindern

Eine Konsequenz aus der Einsicht, dass die Menschenwürde dem Menschen von Anfang an in vollem Umfang zukommt, zog die Konzeption von Kinderrechten, die auch ethisch grundlegend ist. Völkerrechtlich verbindlich sind die Kinderrechte in der UN-Kinderrechts-Konvention von 1989 niedergelegt, die von nahezu allen UN-Mitgliedsstaaten ratifiziert wurde, von Deutschland im Jahr 1992. Kinderrechte sind auf Kinder zugeschnittene Interpretationen der allgemeinen Menschenrechte. Ohne eine solche Modifizierung könnten viele Menschenrechte Kindern gar nicht zugutekommen, ja ihnen unter Umständen sogar schaden. Illustrieren lässt sich dieser Sachverhalt am Recht auf Gesundheit. Wenn Kindern das gleiche Recht auf Gesundheit zukommt, müssen ihre besonderen Bedürfnisse berücksichtigt werden. Angebliche ‹Allgemein›-Medizin ist in Wahrheit Erwachsenenmedizin. Statt einer einlinigen Ausdehnung der Menschenrechte auf Kinder findet sich in der UN-Kinderrechtskonvention eine komplexe und differenzierte Beziehung zwischen Kinder- und Menschenrechten.

Zentralnorm der UN-Kinderrechtskonvention ist das Wohl des Kindes, das nach Art. 3 «bei allen Maßnahmen, die Kinder betreffen, [...] vorrangig zu berücksichtigen ist». Das Kind selbst rückt in den Mittelpunkt. Es wird nicht auf einen unselbstständigen Teil der Familie mit den Eltern als Zentrum reduziert, sondern als Mensch mit eigener Würde ernst genommen, dessen Meinung seinem Alter und seiner Reife entsprechend zu berücksichtigen ist (Art. 12). Wie individuelle Menschenrechte einen fundamentalen Vorbehalt gegenüber der Beanspruchung durch soziale Institutionen und Funktionen bedeuten, basieren analog dazu Kinderrechte auf der Einsicht, dass ein Kind nicht in der Familie als der primären Institution, die ein Recht auf das Kind beansprucht, aufgeht.

Kind im Sinne der UN-Konvention ist jeder Nicht-Erwachsene, also auch Jugendliche im herkömmlichen Sinne. Das bedeutet natürlich nicht, dass Jugendliche wie Kinder behandelt werden sollen, im Gegenteil. Kinderrechte erfordern altersgemäße Differenzierungen, allerdings zwischen Drei- und Achtjährigen genauso wie zwischen Acht- und Sechzehnjährigen.

Das Kindeswohl als kinderrechtliche Zentralnorm verwirklicht sich in den drei kinderrechtlichen Basisnormen Schutz, Beteiligung und Förderung.

Diese drei kinderrechtlichen Basisnormen lassen sich in ihrem normativen Zusammenhang interpretieren, der als Entfaltung der Zentralnorm des Kindeswohls das normative Grundgerüst einer Ethik des Kindes, also einer kinderspezifischen Ethik, darstellt (vgl. Surall 2009). Kann bei manchen Rechten eine bestimmte Basisnorm dominieren (etwa beim Recht auf freie Meinungsäußerung die Beteiligungsnorm), so sind doch grundsätzlich vom Kindeswohl her bei jedem Kinderrecht alle drei Basisnormen zugleich zu berücksichtigen.

(1) Die Basisnorm Beteiligung – Ziel von Schutz und Förderung
In der UN-Kinderrechtskonvention spiegelte sich ein Paradigmenwechsel in der Wahrnehmung des Kindes wider, der sich seit der neuzeitlichen Entdeckung der Kindheit als Lebensphase eigener Art schrittweise vollzogen hat. Anders als früher hat in der Konvention die Beteiligungsnorm eine zentrale Stellung inne. Für Kinder sollen nicht nur andere entscheiden, sondern sie sollen aktiv mitgestalten; sie sollen so weit wie möglich selber entscheiden und Verantwortung für ihre eigenen Angelegenheiten übernehmen.

Kindern eine altersgemäße, eigene Beteiligung in Familie und Gesellschaft zuzugestehen meint keine Selbstbestimmung des Kindes nach dessen eigenem Gutdünken. Ein Teil von etwas erfordert zur Be-Teiligung mindestens ein weiteres Teil und ist nicht aus sich selbst heraus (‹autonom›) ein Ganzes. Beteiligung schließt in kinderrechtlichem Zusammenhang die absolute Entscheidungsfreiheit sowohl der Eltern als auch des Kindes aus. Das BGB bestimmt in § 1626 in Übereinstimmung mit Art. 12 UN-KRK, dass die Eltern die «wachsende Fähigkeit und das wachsende Bedürfnis des Kindes zu selbständigem verantwortungsbewusstem Handeln» zu berücksichtigen und einvernehmliche Lösungen anzustreben haben. Dabei kann der Grad der Einschränkung der Erziehungsautonomie unterschiedlich sein. Deshalb ist in konkreten Einzelfragen stets zu klären, welche Reichweite die Beteiligung von Kindern haben kann.

(2) Die Basisnorm Schutz – Voraussetzung von Beteiligung und Förderung
Während Beteiligung die grundlegend neue kinderrechtliche Basisnorm darstellt, handelt es sich beim Schutz um die gewissermaßen klassische ethische Norm in Bezug auf Kinder. Das Schutzkonzept weist demjenigen, der von einem Mächtigeren geschützt wird, eine passive Rolle zu.

Die UN-Kinderrechtskonvention hat die klassische Schutznorm nicht abgeschafft. Sie hat sie vielmehr mit Beteiligung und Förderung als deren unabdingbare Voraussetzung zusammengefasst und darin keinen Widerspruch zur Orientierung am Kind als Subjekt gesehen. Nur eine absolute Geltung der Schutznorm würde zu einem problematischen, paternalistischen Kinderschutz führen, wie er lange Zeit üblich war. Der erwachsene Beschützer vermag dann die Bedingungen beliebig festzulegen, unter denen er Schutz gewährt. Dabei wäre der Schutz dort am größten, wo der Handlungsspielraum des unmündigen Schutzbedürftigen selbst am geringsten wäre.

Der subjektive Kindeswille kann jedoch mit objektiven Kriterien des Kindeswohls in Konflikt geraten und zu einem selbstschädigenden Verhalten des Kindes führen. Vor allem kleine Kinder müssen oft vor Folgen ihres Handelns geschützt werden, die sie noch nicht überblicken können. Unter bestimmten Umständen übernimmt das Kindeswohl im Sinne des objektiven Wohlergehens eine Ersatzfunktion für den subjektiven Kindeswillen, etwa bei restriktiver Kontrolle des Verhaltens von Kleinkindern im Straßenverkehr. Daher ist die subjektive Basisnorm Beteiligung durch Schutz als Basisnorm, welche die objektive Dimension des Kindeswohls repräsentiert, zu ergänzen.

Schutz und Beteiligung stehen jedoch nicht gleichgewichtig nebeneinander. Die vorrangige Gleichheit der Menschenwürde, die auch dem Kind zugesprochen wird, bewirkt vielmehr eine Umkehr der ethischen Begründungslast. Aus kinderrechtlicher Sicht soll dem Kind so viel Beteiligung wie möglich und (nur) so viel Schutz wie nötig gewährt werden.

(3) Die Basisnorm Förderung – Vermittlung von Schutz und Beteiligung
Für einen Ausgleich zwischen den Basisnormen Schutz und Beteiligung sorgt schließlich die oft vernachlässigte Basisnorm Förderung. Das Verhältnis von Schutz und Beteiligung lässt sich nicht statisch festschreiben. Vielmehr durchläuft das Kind eine Entwicklung, in der das Maß eigenverantwortlicher Beteiligung immer größer werden soll. Eigenverantwortung von einem Kind zu fordern, wo es diese noch nicht übernehmen kann, wäre unverantwortlich. Stattdessen ist neben dem aktuellen Schutz des Kindes dessen Eigenverantwortung zu fördern, damit es diese in Zukunft zu übernehmen vermag. So soll ein Kind weder ängstlich vor den Gefahren des Straßenverkehrs behütet, noch ihnen schutzlos ausgeliefert werden. Vielmehr ist es durch Fördermaßnahmen wie Verkehrserziehung, begleitetes Fahren und so weiter allmählich zur eigenen Teilnahme zu befähigen.

Der Basisnorm Förderung kommt im Kinderrechtskonzept eine wesentliche Funktion zu, da Schutz und Beteiligung ohne die verbindende Dynamik der Förderung isolierte und gar antagonistische Prinzipien blieben. Bei den Beteiligungsrechten von Kindern ist immer zugleich auch ein Schutz- und Förderaspekt mit zu bedenken, während umgekehrt die traditionellen Schutzrechte das Kind nicht länger vor der Gesellschaft schützen und in einen Schutzraum verweisen, sondern – nunmehr im Kontext der neuen Basisnormen interpretiert – die unumgängliche Voraussetzung für den durch Förderung vermittelten Weg zu größtmöglicher gesellschaftlicher Beteiligung darstellen.

Die theologisch-ethische Rezeption von Kinderrechten zieht die Konsequenz aus dem grundlegenden reformatorischen Freiheitsverständnis: Die Freiheit des Christenmenschen ist auch die Freiheit des Kindes. Mit der Gleichheit von Kindern und Erwachsenen vor Gott in Christus ist eine absolute Unterordnung des Kindes unter fremde Ziele, die keinen Raum für zumutbare Eigenverantwortung ließe, nicht zu vereinbaren. Ebenso wenig wäre eine absolute Freiheit, welche das Kind schutzlos sich selber überließe, mit der christlichen Freiheit, die sich am Wohl des Nächsten orientiert, gleichzusetzen. Weder sollen heute patriarchale Familienmodelle wieder eingesetzt, noch Kinder als Humankapital den Gesetzen des Marktes ausgeliefert werden, noch Kinder durch scheinbare Freiheiten hoffnungslos überfordert werden. Vielmehr lässt sich von der Verantwortung der Eltern für ihre Kinder vor Gott her die Notwendigkeit einer Förderung begründen, welche dem Kind allmählich gleiche Beteiligungsmöglichkeiten in Familie, Kirche und Gesellschaft erschließt. Die gleichzeitige Anwendung aller drei kinderrechtlichen Basisnormen ist somit theologisch gut begründet, ohne damit notwendig nur für Christen plausibel zu sein.

3.4. In der Lebensmitte I – verantwortliche Familienplanung

Erst die modernen Mittel der Empfängnisregulierung haben die Frage, ob und zu welchem Zeitpunkt ein Paar Kinder haben will, entstehen lassen. Die Institutionen Ehe und Familie entfernten sich voneinander. Der Übergang von der Zweierbeziehung zur Familie sowie deren Größe wurden planbar und damit ethisch zu verantworten (vgl. Rendtorff 1991: 99–102). Ein solches Planungsbewusstsein wird in der Ökumene freilich kontrovers beurteilt.

VII. ETHIK DER LEBENSFORMEN

Die katholische Ablehnung der Empfängnisverhütung stellt deren ethische Dignität infrage. Freilich ist der Verzicht auf Maßnahmen der Familienplanung anders als früher ethisch zu verantworten. Moderne Methoden der Familienplanung lassen sich als Kultivierung des natürlichen Fortpflanzungsprozesses verstehen. Sie zerstören nicht dessen Natürlichkeit – die Geschlechtsorgane arbeiten wie vor Urzeiten –, sondern sie kultivieren sie, indem sie den natürlichen Vorgang in weitaus größerem Maße als je zuvor zum Gegenstand menschlicher Entscheidung und damit auch menschlicher Verantwortung machen. Mit dem Verzicht auf Mittel der Empfängnisverhütung, die ihm zur Verfügung stehen, lässt der Mensch nicht der Natur ihren Lauf wie zu Zeiten, als es solche Mittel noch nicht gab. Er verzichtet vielmehr freiwillig auf eine Entscheidung. Damit ist er jedoch die Verantwortung nicht los, sondern hat nun den Verzicht ethisch zu verantworten.

Hinsichtlich der Planungsverantwortung der Eltern gibt es keinen prinzipiellen ethischen Unterschied zwischen künstlichen Verhütungsmitteln und der sogenannten natürlichen Empfängnisverhütung, welche von römischkatholischer Seite empfohlen wird. Gemeint sind damit zum Beispiel Temperaturwahlverfahren, bei denen an den fruchtbaren Tagen im Menstruationszyklus der Frau sexuelle Enthaltsamkeit geübt wird. Die ethische Entscheidung, der Natur nicht einfach ihren Lauf zu lassen, ist dieselbe wie beim Einsatz chemischer Substanzen oder von Kondomen. Solche Mittel sind daher letztlich genauso unnatürlich wie die natürliche Empfängnisverhütung. Ihre Verwendung wäre keine Entscheidung für die Natur, sondern eine Entscheidung für schwer zu handhabende und daher weniger wirksame Mittel zur Umsetzung derselben ethischen Entscheidung.

Eine Pflicht zum Kind ist ethisch inakzeptabel, schon allein um der Kinder willen. Es kann durchaus eine verantwortliche Entscheidung sein, grundsätzlich oder in einer bestimmten Lebenssituation auf ein Kind zu verzichten. Die Gründe können vielfältig sein: die materielle Lage oder psychische Probleme der Eltern, unter denen ein Kind leiden würde; gravierende gesundheitliche oder genetische Schädigungen, mit denen man ein Kind belasten könnte. Weiterhin wäre es mit der Menschenwürde des Kindes unvereinbar, wenn es ohne das ethische Bewusstsein von Elternschaft als Ausweis sozialer oder religiöser Pflichterfüllung instrumentalisiert würde. Für das Kind kann es eine schmerzvolle und lebensprägende Erfahrung sein, nicht um seiner selbst willen gewollt zu sein und in der Erwachsenenwelt nur zu stören.

Dennoch sind nicht alle Mittel zur Familienplanung ethisch neutral.

Neben ihrer Zuverlässigkeit sind auch mögliche Risiken und Nebenwirkungen ethisch belangreich, insbesondere wenn sie einseitig zulasten der Frau gehen und eine einseitige Zuweisung von Verantwortung bedeuten. Die ‹Pille für den Mann›, welche die Produktion respektive Befruchtungsfähigkeit der Spermien einschränkt, gilt seit Langem als ein Forschungsdesiderat.

Ein Empfängnisverhütungsmittel dient dazu, aufgrund einer ethisch verantwortlichen Entscheidung in einer bestimmten Situation oder Konstellation kein Leben entstehen zu lassen. Bereits entstandenes Leben nicht zur Entfaltung kommen zu lassen ist ethisch anders zu beurteilen. Ein Schwangerschaftsabbruch ist kein ethisch akzeptables Mittel der Familienplanung. Dies bedeutet nicht, dass es nicht plausible Gründe für einen Schwangerschaftsabbruch geben könnte. Doch erst wenn primär die Frau und sekundär auch der Arzt die Verantwortung dafür übernehmen, dass die Beeinträchtigung der Schwangeren durch die Geburt des Kindes schwerer wiegen würde als der Abbruch der Schwangerschaft, darf letzterer vorgenommen werden. Ob eine solche Verantwortung übernommen werden kann, ist nicht abstrakt und unabhängig von der konkreten Situation zu entscheiden.

Noch einmal anders liegt die ethische Problematik bei der Sterilisation. Insofern sie irreversibel ist, engt sie den eigenen künftigen Entscheidungsspielraum ein, was später zu psychischen Problemen führen kann. Wenn nicht andere Gründe etwa medizinischer Art hinzukommen, ist die Sterilisation angesichts der Alternativen jedenfalls in einer früheren Lebensphase kein vorzugswürdiges Mittel der Familienplanung.

Familien erfüllen eine wichtige Funktion für die gesamte Gesellschaft. Solange Familiengründung und Kindererziehung zur Normalbiographie gehörten, waren die damit verbundenen Einschränkungen etwa gleichmäßig verteilt. Die Ausbreitung des Nicht-Familiensektors schafft jedoch eine Ungleichverteilung. Gerade wenn Kinderlosigkeit auf einer freien Entscheidung beruht, kann erwartet werden, für deren Folgen einzustehen und die Belastungen anderer, die man selber vermieden hat und von denen man dennoch profitiert, zu kompensieren. Umverteilungsmaßnahmen wie Kindergeld, ein steuerlicher Kinderfreibetrag und ein niedrigerer Beitrag zur Pflegeversicherung dienen insofern der ausgleichenden Gerechtigkeit.

3.5. In der Lebensmitte II – das Scheitern von Lebensentwürfen am Beispiel der Ehescheidung

In der Welt des Alten Orients und in der Antike war die Scheidung einer Ehe eine selbstverständliche Möglichkeit. Als eine solche wurde sie auch in den Rechtssatzungen des Alten Testaments kodifiziert. Nach Dtn 24,1–4 konnte der Mann seine Ehefrau ohne nähere Angabe von Gründen entlassen; die Ehefrau hingegen hatte diese Möglichkeit nicht, doch konnten nach einer Scheidung beide einen anderen Partner heiraten. Ehebruch war grundsätzlich beiden Ehepartnern verboten, wie auch das entsprechende Verbot im Dekalog geschlechtsneutral formuliert ist: «Du sollst nicht ehebrechen!» Allerdings verstand man unter Ehebruch geschlechtsspezifisch je etwas anderes: Ehebruch des Mannes war nur der Verkehr mit einer verheirateten Frau, Ehebruch der Frau war der Verkehr mit irgendeinem anderen Mann. Für beide war die Todesstrafe vorgesehen (Lev 20,10; Dtn 22,22), deren Vollzug jedoch nirgendwo im Alten Testament berichtet wird.

Jesus verbot, wie bereits zitiert, in Mk 10,9 die Ehescheidung mit den Worten: «Was nun Gott zusammengefügt hat, soll der Mensch nicht scheiden.» Mose habe die Scheidung im Alten Testament nur «wegen eures Herzens Härtigkeit» zugestanden. Das strikte Verbot ist auf einer Linie mit Jesu Ehelosigkeit und der Keuschheit zu verstehen. Sie ist ein Zeichen der noch unerlösten Welt, die von harten Herzen regiert wird. Angesichts des nahen Reiches Gottes erübrigt sich die Scheidung wie die Institution Ehe überhaupt.

Schon die frühchristliche Überlieferung weichte das absolute Scheidungsverbot durch Ausnahmen auf (Mt 5,32; 19,9; 1Kor 7,12 ff.). Darauf Bezug nehmend erlaubte Luther die Scheidung nur wegen Ehebruchs. Da die evangelische Ethik die Ehe jedoch nicht wie der Katholizismus als ein Sakrament versteht, sondern als weltliche Institution auf der Grundlage personaler Gemeinschaft, fällt es ihr leichter, den Ausweg der Ehescheidung zu akzeptieren, wenn diese Grundlage nicht mehr vorhanden ist. Im Umkehrschluss zur weiter oben zitierten Aussage Luthers, es könnten manche Eheleute zusammensitzen, die wir für unverheiratet halten, lassen sich auch solche Ehen ausmachen, die in Wirklichkeit – das heißt in Ansehung der in ihnen tatsächlich gelebten Werte – gar keine mehr sind. Dass die Ehe grundsätzlich auf Dauer angelegt ist, wird damit nicht bestritten. Es wird jedoch gewissermaßen die Qualität dessen berücksichtigt, das fortdauert, und keine Fortdauer einer leeren Hülle gefordert, der ansonsten alle Merkmale einer Ehe fehlen.

Die Ehescheidung ist eines der vordringlichsten Problemfelder der Lebensmitte. Mehr als ein Drittel aller neu geschlossenen Ehen wird geschieden. Dabei beträgt das durchschnittliche Alter der Geschiedenen 45,5 bzw. 42,5 Jahre (Männer/Frauen; Stand 2012). Keine Ehe oder sonstige Lebenspartnerschaft darf leichtfertig aufgegeben werden. Der christliche Glaube ermutigt dazu, die Treue zu bewahren oder neu zu finden, indem man aus der Vergebung heraus lebt, deren Erfahrung er ermöglicht. Wenn dies nicht möglich ist, kann eine Scheidung jedoch um der Menschen willen akzeptiert werden. Eine Ehescheidung ist in ethischer Sicht die öffentliche Feststellung eines gegebenen Sachverhalts, nämlich dass weder Konsens noch Treue mehr vorhanden sind. Die Ehe ist damit in Wahrheit keine Ehe mehr, sie ist ‹zerrüttet›.

So konnte die evangelische Kirche der Ersetzung des Verschuldens- durch das Zerrüttungsprinzip in der Eherechtsreform 1977 zustimmen. Nunmehr war die Ehescheidung nicht mehr daran gebunden, dass sich ein Ehepartner etwas zuschulden kommen ließ, indem er etwa ein Verhältnis mit einer anderen Person einging. Die Reform des Scheidungsrechts diente auch dem Schutz der personalen Würde vor Herabsetzungen und gegenseitigen Schuldzuweisungen in einer ohnehin belastenden Situation. Menschen dürfen in ihrem Scheitern nicht allein gelassen werden, sondern benötigen in Beziehungskrisen, aber auch bei Trennung und Scheidung eine menschliche und geistliche Begleitung, die Verletzungen vermeiden, mindern oder zumindest verarbeiten helfen will. Dass die Ehescheidung kein Gut, sondern ein Übel ist, weiß niemand besser als die Betroffenen selbst. Die Scheidung ist aber unter Umständen ein kleineres Übel als das Zusammenleben aus moralischem, religiösem oder rechtlichem Zwang und in Untreue.

Jesus deutete das Motiv seines Scheidungsverbotes an, indem er die Scheidung mit der Härte des Herzens zusammenbrachte. Damals verlor die Frau als Geschiedene ihre soziale Absicherung und konnte sich auf sich allein gestellt in der patriarchalen Gesellschaft kaum behaupten. Die Scheidung war demnach ein Akt der Unbarmherzigkeit gegenüber der Frau, das Verbot der Scheidung diente dem Schutz der Frau. In sozialethischer Perspektive ergibt sich die Aufgabe, das hinter dem biblischen Scheidungsverbot stehende Schutzmotiv heute auf andere Weise zur Geltung zu bringen, nämlich mit der Verpflichtung zur nachehelichen Sorge. Damit wird die Treue, welche das Wesen einer Lebenspartnerschaft ausmacht, in bestimmter Weise auf Dauer gestellt. Natürlich kann eine Eheschließung die Dauerhaftigkeit einer personalen Beziehung nicht garantieren. Mehr als ein Drittel aller neu geschlossenen Ehen werden innerhalb von 25 Jahren geschieden (37 %; Stand 2012). Aber ein bestimmter Grundbestand von Treueleistungen wird selbst für den Fall garantiert, dass die personale Grundlage für solche Leistungen nicht mehr vorhanden ist. Man legt sich in einem Zustand, in dem man diese Verpflichtungen freiwillig, aus einer tiefen personalen Verbundenheit heraus erfüllen würde, auch für eine mögliche Zukunft fest, in der man diese Verpflichtungen nicht mehr freiwillig erfüllen würde, weil die personale Verbundenheit nicht mehr besteht. Einen Ehevertrag, in dem eine Frau in eine unverhältnismäßig hohe Reduktion ihrer nachehelichen Ansprüche einwilligte, hat das Bundesverfassungsgericht in diesen Punkten für nichtig erklärt.

3.6. Am Lebensende – individuelle Lebensqualität im Alter

3.6.1. Aspekte des Alterns in der modernen Lebenswelt

Eine Ethik des Alterns kann sich an der Lebensqualität als normativem Leitbegriff orientieren. Als der Begriff ‹Lebensqualität› in den 80er Jahren des 20. Jahrhunderts verstärkt in der Medizin rezipiert wurde, traf er auf eine Wissenschaft, die zu Recht stolz auf die erreichten Fortschritte in der Erhaltung und Verlängerung menschlichen Lebens war. Diese Fortschritte werden durch das Konzept Lebensqualität keineswegs grundsätzlich infrage gestellt. Vielmehr erfordert die Orientierung an der Lebensqualität eine Abkehr von der einseitigen Ausrichtung an physischen Parametern. An die Stelle einer klar umrissenen normativen Zielvorgabe der quantitativen Verlängerung des Lebens oder der medizinisch optimalen Symptomkontrolle trat nunmehr eine Abwägung zwischen im engeren Sinne medizinischen und nicht-medizinischen Aspekten, die sowohl die Ziele als auch die jeweils einzusetzenden Mittel betrafen. In diese Abwägungen sind neben körperbezogenen Zielkriterien die sozialen Auswirkungen und vor allem die subjektiven Wertsetzungen und Werthierarchien des Patienten einzubeziehen. So hat Lebensqualität als normativer Leitbegriff vorrangig die Funktion, individuelle Freiheitsspielräume zu sichern.

Der demographische Wandel stellt die Gesellschaft vor die Herausforderung einer multidimensionalen Neubestimmung des Verhältnisses der Generationen zueinander und insbesondere zur älteren Generation, deren Anteil an der Bevölkerung immer mehr zunehmen wird. Dabei muss die Vorstellung von Alter und Altern, die einer Ethik des Alterns zugrunde gelegt wird, selber offen für individuelle Deutung und Gestaltung sein. Die sozialwissenschaftliche Altersforschung spricht hier von der Plastizität des Alterskonzepts. Dabei kommt es darauf an, physische Aspekte des Alterns in eine übergreifende Perspektive auf das Altern zu integrieren. Im Folgenden wird erörtert, wie sich Lebensqualität in Bezug auf drei wesentliche Aspekte des Alterns in der modernen Lebenswelt als Leitnorm geltend machen lässt.

(1) Freiheit vom Arbeitsrhythmus nach dem Ende des Erwerbslebens
Für viele Menschen stellt Arbeit nach wie vor eine Sinnressource dar, die wesentlich zur Lebensqualität beiträgt – nicht nur aufgrund ihrer materiellen Vergütung und des durch sie ermöglichten Lebensstandards, sondern auch aufgrund von Sozialkontakten, der Strukturierung von Lebenszeit und des intrinsischen Sinns der Tätigkeit selber. Das altersabhängige Ende des Erwerbslebens ist für viele Menschen nach wie vor eine biographische Zäsur, mit der Statistiken häufig den Beginn der Altersphase verbinden. Der Renteneintritt bewirkt eine Standardisierung der Lebensläufe, obwohl er vom Einzelnen unterschiedlich als viel zu früh, viel zu spät oder gerade rechtzeitig empfunden wird – mit anderen Worten: obwohl er bei den einen der subjektiven Lebensqualität zuträglich, bei den anderen hingegen abträglich ist.

Von daher ist eine Flexibilisierung des Renteneintritts grundsätzlich positiv zu bewerten. Anders verhält es sich freilich, wenn statt individueller Entscheidungen nach Maßgabe der Lebensqualität andere, insbesondere ökonomische Faktoren wie etwa drohende Altersarmut ursächlich werden. Der Renteneintritt steht in engem Zusammenhang mit der Re-Allokation von Ressourcen, die im Alter nötig wird (s. Punkt (3)). Arbeit kann nur so lange zugemutet werden, wie die erforderlichen körperlichen und geistigen Voraussetzungen vorhanden sind. Der Variabilität des Renteneintritts sind daher Grenzen gesetzt, die auch ethisch relevant sind. Der Zwang zur Fortsetzung einer Erwerbsarbeit, die den veränderten Ressourcen nicht mehr entspricht, wäre problematisch.

(2) Wandel der familiären Bezüge
Der alte Mensch gewinnt ein anderes Verhältnis zu seiner Familie als in der Phase der Familiengründung und Kindererziehung. Niemals zuvor in der Menschheitsgeschichte haben Großeltern und Enkel so lange miteinander

gelebt. Die innerfamiliär abgerufenen Potenziale der älteren Generation – mehr und mehr nicht nur der leiblichen Großeltern – liegen nicht nur in deren Qualitäten als Gesprächspartner mit Lebenserfahrung, in persönlichem Interesse und gleichzeitiger Distanz zum familiären Tagesgeschäft. Wenn informelle, nichtprofessionelle Hilfe bei der Kinderbetreuung in Anspruch genommen wird, stehen überall in Europa zu über 80 % die Großeltern vor sonstigen Verwandten, Freunden oder Nachbarn an erster Stelle.

Allerdings bleiben die Eltern die primären Verantwortungsträger. Die gegebenenfalls durch das Ausscheiden aus dem Berufsleben gewonnene Freiheit darf in ethischer Perspektive nicht sogleich dadurch verloren gehen, dass die erwachsenen Kinder, Schwiegertöchter und Schwiegersöhne zu neuen Chefs werden. Intergenerationelle Verantwortung und personale Unabhängigkeit sind in der jeweiligen Familienkonstellation zum Ausgleich zu bringen. Die Personalität der Großeltern verbietet, sie einfach für die Zwecke ihrer Kinder zu instrumentalisieren, sondern nötigt dazu, die Bemühungen um den Aufbau einer eigenen Lebenskonzeption für die Altersphase zu respektieren. Das Leitbild aktiver Großeltern ist heute dasjenige einer Rettungsinsel oder eines Sicherheitsnetzes, während sie der Einbeziehung in die alltäglichen Verrichtungen der Kinderfamilie zunehmend zurückhaltend gegenüberstehen. Ein wesentlicher Gesichtspunkt sind dabei die nachlassenden Kräfte, die nun im Zusammenhang mit dem dritten Merkmal anzusprechen sind.

(3) Re-Allokation von Ressourcen
Altersbedingte Abbauprozesse verlaufen individuell verschieden und in unterschiedlichem Tempo. Sie sind darüber hinaus nicht nur individuell, sondern auch multidimensional. Geistige und seelische Prozesse sind nicht in derselben Weise betroffen wie körperliche Prozesse. Darin liegt die Berechtigung dafür, dass häufig die Begriffe ‹alt› und ‹weise› miteinander verbunden werden. Mit der Altersweisheit sind keine kognitiven Höchstleistungen gemeint, die am Ende doch eng an physische Voraussetzungen gebunden sind und sich daher im Alter schwieriger erzielen lassen. Gemeint ist insbesondere der Schatz an Erfahrungen, der eine Orientierung in neuen Situationen ermöglicht.

Obwohl also nicht einseitig und verkürzt von einem Abbau von Ressourcen im Alter die Rede sein kann, steht die unumkehrbare Grundrichtung der Entwicklung des Ressourcenhaushalts ungeachtet aller Differenzierungen fest. Insgesamt bedingt die Schwächung des biologischen Organismus, dass man sich weniger um die Erschließung neuer Potenziale bemüht, als sich auf die Erhaltung der vorhandenen konzentriert. Um die Komplexität dieses

Vorgangs zu verdeutlichen, soll aber statt einseitig von Ressourcen-Abbau von der Re-Allokation, also der Neu-Verteilung der Ressourcen im Alter gesprochen werden (vgl. Rieger 2008: 81 f.). Näherhin macht die angesprochene degenerative Grundrichtung die Re-Allokation der Ressourcen erforderlich.

Die Re-Allokation der Ressourcen soll anhand der indirekt bereits angesprochenen Ressource ‹Zeit› verdeutlicht werden. Wenn man mehr Zeit hat, kann man damit einiges kompensieren. Man braucht aber unter Umständen auch mehr Zeit, um dasselbe zu leisten, weil die Kraft nachlässt. So steht die neu gewonnene Zeit nicht unbedingt für neue Aufgaben zur Verfügung. Vielleicht reichen Zeit und Kraft im Gegenteil für immer weniger Aufgaben. Man muss sich dann zwischen verschiedenen Aktivitäten entscheiden, weil die Kraft für beide nicht mehr ausreicht. Diese Entscheidung erfolgt nach Maßgabe der subjektiven Lebensqualität. Es gibt keine objektiven Kriterien dafür, welche Freizeitaktivität mehr zur Lebensqualität beiträgt.

Während auf der einen Seite einer resignativen und passiven Hinnahme des Alters entgegenzutreten ist, sind auf der anderen Seite allzu hochfliegende Utopien eines Anti-Aging, die eine Anerkennung des Alters vermissen lassen, kritisch zu betrachten. Es ist ethisch zu würdigen, wenn durch medizinische und andere Maßnahmen nach Maßgabe subjektiver Lebensqualität die Lasten des Alters gemildert und typische Alterskrankheiten bekämpft werden, wenn präventiv gelebt und gehandelt wird. Solches Anti-Aging richtet sich gegen ein pathologisches, krankhaftes Altern, doch ist nicht das Altern an sich als pathologisch zu verstehen. Die Vorbehalte gegenüber einem maximalistischen Verständnis von Gesundheit sind in der theologischen Anthropologie begründet.

3.6.2. Theologisch-ethische Reflexionen

(1) Der fragmentarische Mensch
Wolfgang Huber hat das «olympische Modell vom Menschen» für eine Zweiteilung der Gesellschaft verantwortlich gemacht (vgl. Huber 1999). Dem vorherrschenden Leitbild vom gesunden und leistungsfähigen Athleten korrespondiere die Ausgrenzung der leistungsgeminderten Menschen. Auch die Pathologisierung des Alters gehört in diesen Zusammenhang. Dem olympischen Menschenmodell stellte Huber das «jesuanische Modell des Menschen» gegenüber. Indem Jesus auf die Aussätzigen und Sünder zuging, ein schwaches und sozial wenig geachtetes Kind als Vorbild in die Mitte stellte, nahm er den Menschen in seiner Verletzlichkeit und Begrenztheit an. Diese

Merkmale gehören konstitutiv zur menschlichen Existenz. Deren Anerkennung ermöglicht einen realistischen Blick auf das Alter, seine Möglichkeiten und Grenzen. Es gibt daher keine Verpflichtung, Altersprozesse möglichst lange aufzuhalten und Krankheitssymptome nach dem Leitbild einer «Kompression der Morbidität» in eine möglichst kurze vierte Lebensphase der Hochaltrigkeit zu verlagern.

Die theologische Ethik tritt für die Menschenwürde aller Menschen ein, indem sie das ökonomisch-olympische durch das biblisch-theologische Menschenbild korrigiert und damit die Grundlage für eine Ethik des Alterns legt, die das Altern zugleich akzeptiert und gestaltet. Jeder Mensch, ob jung oder alt, mag er noch so weit vom olympischen Ideal entfernt sein, ist Gottes Ebenbild. Wenn im Blick auf Kinder eine integrative Anthropologie eingefordert wird, die Kinder als Menschen mit eigenen Rechten akzeptiert (s. Abschnitt 3.3.), dann muss eine solche integrative Anthropologie am anderen Ende der Lebensphasen auch alte Menschen einschließen.

Eine Ethik des Alterns kann genauso wenig wie eine Ethik des Kindes in eine spezielle Bereichsethik ausgelagert werden. Auszugehen ist von der «prinzipiellen Fragmentarität» des Menschen (vgl. Luther, H. 1992), also auch des Menschen in der Lebensmitte. Was eine Ethik des Alterns diesbezüglich entfaltet, gilt grundsätzlich für alle Menschen: Der alte Mensch führt nur besonders vor Augen, was den Menschen von Anfang an kennzeichnet und sich auch in den anderen Lebensphasen zeigt.

(2) Die Grenzen der Plastizität
Die realistische Wahrnehmung des Alters, zu der die theologische Ethik mit der Ablehnung des olympischen Menschenbilds ermutigt, lässt die defizitorientierte Betrachtung von Alter, den sogenannten Belastungsdiskurs, hinter sich. Sie erkennt aber auch die Grenzen der Plastizität des Alters. Alters-Stereotype dürfen die Wahrnehmung individueller Stärken und Schwächen nicht verhindern, doch ist Altern kein Nullsummenspiel. Altern ist – bei allem, was es außerdem noch ist – die Lebensphase nachlassender Kräfte und zunehmender Vulnerabilität. Die Grenzen der Plastizität des Alters aufzuzeigen, bedeutet keine Diskriminierung, sondern dient dem Schutz alter Menschen, zum Beispiel vor beliebiger Verlängerung der Erwerbsarbeit oder vor der selbstverständlichen Inanspruchnahme frei werdender Ressourcen für die Familienarbeit der nachfolgenden Generation.

Das Alter ist kein Fehler der Schöpfung, den der Mensch beheben könnte oder sollte. Der Mensch ist vielmehr als alternder Mensch geschaffen, insofern er als zeitliches Wesen geschaffen ist. Altern ergibt sich nicht erst aus der Todesverfallenheit des Menschen, sondern aus seiner Geburtlichkeit. Wer lebt, altert, von Geburt an. Im Reich Gottes, wenn Gott ‹alles in allem› sein wird, wird es weder Tod noch Alter geben, aber auch Geburt und alle Phänomene der Sexualität werden dann verschwunden sein. «Sie werden weder freien, noch sich freien lassen, sondern sie sind wie die Engel im Himmel» (Mk 12,25). In der Gegenwart lässt sich der Mensch aber nicht losgelöst von seiner Zeitlichkeit vorstellen. Der Sieg über den Tod, den Christus errungen hat, zeigt sich in der Gegenwart darin, das Alter statt als Vorhof des Todes als eine Phase des Lebens zu begreifen und zu gestalten. Diese unterscheidet sich von anderen Lebensphasen dadurch, dass in ihr die prinzipielle Fragmentarität des Menschen besonders deutlich wird. So verstanden ist eine Ethik des Alterns nicht nur vordergründig eine eschatologische Disziplin, eine Lehre von den letzten Dingen.

4. LITERATUR

Anselm, Reiner: Von der Öffentlichkeit des Privaten zu den individuellen Formen familialen Zusammenlebens. Aspekte für eine evangelische Ethik der Familie, in: Zeitschrift für Evangelische Ethik 51 (2007), 292–305.

Arntz, Klaus: Gelingendes Leben in Ehe und Familie. Grundlagen der Sexualmoral, in: Ders. u. a.: Orientierung finden. Ethik der Lebensbereiche, Freiburg i. Br. 2008, 61–126.

Augustinus: De bono coniugali / De sancta virginitate (401), hg. v. P. G. Walsh, Oxford 2001.

Bartholomäus, Wolfgang: Art. «Sexualität, Sexualerziehung», in: Lexikon der Religionspädagogik, Bd. 2, 2001, Sp. 1976–1982.

Baumgartner, Isidor / Wohlfarth, Albert: Personale Entfaltung und Bindung in Lebensphasen und Lebensformen, in: Marianne Heimbach-Steins (Hg.): Christliche Sozialethik, Bd. 2, Regensburg 2005, 193–227.

Beck, Ulrich / Beck-Gernsheim, Elisabeth: Das ganz normale Chaos der Liebe, Frankfurt am Main 2005.

Beck-Gernsheim, Elisabeth: Was kommt nach der Familie? Einblicke in neue Lebensformen, München 1998.

BSLK – Die Bekenntnisschriften der evangelisch-lutherischen Kirche, 12. Aufl. Göttingen 1998.

VII. ETHIK DER LEBENSFORMEN

Bundesministerium für Familie, Senioren, Frauen und Jugend: Familie zwischen Flexibilität und Verlässlichkeit. Perspektiven für eine lebenslaufbezogene Familienpolitik. 7. Familienbericht, Berlin 2006.

Dass.: Familienreport 2012. Leistungen, Wirkungen, Trends, Berlin 2012.

Dass.: Zeit für Familie. Familienzeitpolitik als Chance einer nachhaltigen Familienpolitik. 8. Familienbericht, Berlin 2012.

Claudy, Tobias/Roth, Michael (Hg.): Freizeit als Thema theologischer Gegenwartsdeutung, Leipzig 2005.

Dieterich, Hartwig: Das protestantische Eherecht in Deutschland bis zur Mitte des 17. Jahrhunderts, Tübingen 1970.

Dominian, Jack u. a.: Art. Keuschheit, in: Theologische Realenzyklopädie 18 (1989), 113–134.

Eder, Franz X.: Kultur der Begierde. Eine Geschichte der Sexualität, München 2002.

Evangelische Kirche in Deutschland (Hg.): Mit Spannungen leben. Eine Orientierungshilfe des Rates der EKD zum Thema «Homosexualität und Kirche», Hannover 1996 (EKD 1996).

Dies. (Hg.): Gottes Gabe und persönliche Verantwortung. Zur ethischen Orientierung für das Zusammenleben in Ehe und Familie. Eine Stellungnahme der Kammer der EKD für Ehe und Familie, Gütersloh 1998 (EKD 1998).

Dies. (Hg.): Im Alter neu werden können. Evangelische Perspektiven für Individuum, Gesellschaft und Kirche. Eine Orientierungshilfe des Rates der EKD, Gütersloh 2009 (EKD 2009a).

Dies. (Hg.): Soll es künftig kirchlich geschlossene Ehen geben, die nicht zugleich Ehen im bürgerlich-rechtlichen Sinne sind? Zum evangelischen Verständnis von Ehe und Eheschließung, Hannover 2009 (EKD 2009b).

Dies. (Hg.): Zwischen Autonomie und Angewiesenheit. Familie als verlässliche Gemeinschaft stärken. Eine Orientierungshilfe des Rates der EKD, Gütersloh 2013 (EKD 2013).

Gehring, Petra: Biopolitik als Paarpolitik. Sex, Macht und kirchliche Sexualmoral, in: Zeitschrift für Evangelische Ethik 56 (2012), 249–263.

Gerlitz, Peter/Banner, Michael/Gerber, Uwe: Art. Sexualität, in: Theologische Realenzyklopädie 31 (2000), 195–214.

Goody, Jack: Die Entwicklung von Ehe und Familie in Europa, Frankfurt am Main 1989.

Gröschner, Rolf/Kreuter, Jens: Art. Ehe, in: Evangelisches Staatslexikon, Neuausgabe Stuttgart 2006, 381–391.

Haag, Herbert/Elliger, Katharina: «Stört nicht die Liebe». Die Diskriminierung der Sexualität – ein Verrat an der Bibel, 2. Aufl. Olten 1986.

Härle, Wilfried/Preul, Reiner (Hg.): Sexualität, Liebe, Lebensformen (Marburger Jahrbuch Theologie VII), Marburg 1995.

Harleß, Adolf von: Christliche Ethik, 4. Aufl. Stuttgart 1849.

Heimbach-Steins, Marianne: «… nicht mehr Mann und Frau». Sozialethische Studien zu Geschlechterverhältnis und Geschlechtergerechtigkeit, Regensburg 2009.

Holzem, Andreas/Weber, Ines (Hg.): Ehe – Familie – Verwandtschaft. Vergesellschaftung in Religion und sozialer Lebenswelt, Paderborn 2008.

Honecker, Martin: Ehe, Familie, Sexualität, in: Ders.: Grundriß der Sozialethik, Berlin/New York 1995, 151–229.

Huber, Wolfgang: Den Menschen entdecken. Zukunftsaufgaben der Diakonie, in: Michael Welker (Hg.): Brennpunkt Diakonie, 2. Aufl. Neukirchen-Vluyn 1999, 39–46.

Jonas, Hans: Das Prinzip Verantwortung. Versuch einer Ethik für die technologische Zivilisation, 13. Aufl. Frankfurt am Main 1998.

Kant, Immanuel: Grundlegung zur Metaphysik der Sitten (1786), in: Ders.: Werkausgabe in zwölf Bänden, hg. von Wilhelm Weischedel, Bd. VII, Frankfurt am Main 1974, 7–102 (BA III-128).

Karle, Isolde: «Da ist nicht mehr Mann noch Frau ...». Theologie jenseits der Geschlechterdifferenz, Gütersloh 2006.

Keil, Siegfried: Sexualität – Erkenntnisse und Maßstäbe, Stuttgart 1966.

Ders./Haspel, Michael (Hg.): Gleichgeschlechtliche Lebensgemeinschaften in sozialethischer Perspektive. Beiträge zur rechtlichen Regelung pluraler Lebensformen, Neukirchen-Vluyn 2000.

Ders.: Familie und Politik – Einst und Jetzt, in: Zeitschrift für Evangelische Ethik 51 (2007), 280–291.

Kirchenkanzlei der EKD (Hg.): Die Denkschriften der EKD, Bd. 3: Ehe, Familie, Sexualität, Jugend, Gütersloh 1981.

Körtner, Ulrich H. J.: Evangelische Sozialethik. Grundlagen und Themenfelder, 2. Aufl. Göttingen 2008.

Kreß, Hartmut: Gleichgeschlechtliche Partnerschaften und gleichgeschlechtliche Familien mit Kindern. Rechtsethische Grundlagen – aktuelle Diskussionspunkte – Fortentwicklung von Rechtsnormen, in: Zeitschrift für Evangelische Ethik 56 (2012), 279–291.

Lämmermann, Godwin: Wenn die Triebe Trauer tragen. Von der sexuellen Freiheit eines Christenmenschen, München 2002.

Lautmann, Rüdiger: Soziologie der Sexualität. Erotischer Körper, intimes Handeln und Sexualkultur, Weinheim 2002.

Luther, Henning: Identität und Fragment, in: Ders.: Religion und Alltag, Stuttgart 1992, 160–183.

Luther, Martin: Eyn Sermon von dem Elichen Standt, vorendert und corrigirt durch D. Martinum Luther, Augustiner zu Wittenbergk (1519), in: Werke. Kritische Gesamtausgabe, Bd. 2 (WA 2), Weimar 1884, 165–171.

Ders.: An den christlichen Adel deutscher Nation von des christlichen Standes Besserung (1520a), in: Studienausgabe, Bd. 2 (StA 2), hg. v. Hans-Ulrich Delius, Bd. 2., Berlin 1982, 89–167.

Ders.: De libertate christiana/Von der Freiheit eines Christenmenschen (1520b), in: StA 2, 260–309.

Ders.: Vom ehelichen Leben und andere Schriften über die Ehe (1522), hg. v. Dagmar C. G. Lorenz, Stuttgart 1983.

VII. ETHIK DER LEBENSFORMEN

Ders.: Vom Abendmahl Christi, Bekenntnis (1528), in: Werke. Kritische Gesamtausgabe, Bd. 26 (WA 26), Weimar 1909, 241–509.
Ders.: Brief Nr. 1529. Luther an seinen Vater Hans Luther in Mansfeld (1530), in: Werke. Kritische Gesamtausgabe, Briefwechsel, Bd. 5 (WA BR 5), Weimar 1934, 238–241.
Lüthi, Kurt: Christliche Sexualethik. Traditionen, Optionen, Alternativen, Wien 2001.
Mead, Margaret: Jugend und Sexualität in primitiven Gesellschaften, Bd. 3: Geschlecht und Temperament in drei primitiven Gesellschaften, München 1970.
Metz-Becker, Marita (Hg.): Wenn Liebe ohne Folgen bliebe ... Zur Kulturgeschichte der Verhütung, Marburg 2006.
Nave-Herz, Rosemarie: Familie heute. Wandel der Familienstrukturen und Folgen für die Erziehung, 3. Aufl. Darmstadt 2007.
Nord, Ilona: Individualität, Geschlechterverhältnis und Liebe, Gütersloh 2001.
Otto, Eckart: Theologische Ethik des Alten Testaments, Stuttgart u. a. 1994.
Peuckert, Rüdiger: Familienformen im sozialen Wandel, 7. Aufl. Wiesbaden 2008.
Porsch, Hedwig: Sexualmoralische Verstehensbedingungen. Gleichgeschlechtliche PartnerInnenschaften im Diskurs, Stuttgart 2008.
Ratschow, Carl Heinz u. a.: Art. «Ehe/Eherecht/Ehescheidung», in: Theologische Realenzyklopädie 9, 1982, 308–362.
Rauchfleisch, Udo: Alternative Familienformen. Eineltern, gleichgeschlechtliche Paare, Hausmänner, Göttingen 1997.
Reich, Wilhelm: Die sexuelle Revolution, 16. Aufl. Frankfurt am Main 2004.
Rendtorff, Trutz: Ethik. Grundelemente, Methodologie und Konkretionen einer ethischen Theologie, Bd. 2, 2., überarbeitete und erweiterte Auflage, Stuttgart 1991.
Rieger, Hans-Martin: Altern anerkennen und gestalten. Ein Beitrag zu einer gerontologischen Ethik, Leipzig 2008.
Ringeling, Hermann: Theologie und Sexualität. Das private Verhalten als Thema der Sozialethik, Gütersloh 1968.
Ders.: Beiträge zur Fundamental- und Lebensethik, 3 Bde., Freiburg (Schweiz) 1988–1994.
Schneider, Norbert F. (Hg.): Lehrbuch Moderne Familiensoziologie. Theorien, Methoden, empirische Befunde, Opladen 2008.
Sexbiblio – Bibliography of the History of Western Sexuality, 1700–2007/08, 3. Aufl. 2008, http://www.univie.ac.at/Wirtschaftsgeschichte/Sexbibl/ [ca. 25 300 Titel] (13. 02. 2014).
Sigusch, Volkmar: Neosexualitäten. Über den kulturellen Wandel von Liebe und Perversion, Frankfurt am Main 2005.
Stock, Konrad: Gottes wahre Liebe. Theologische Phänomenologie der Liebe, Tübingen 2000.
Surall, Frank: Ethik des Kindes. Kinderrechte und ihre theologisch-ethische Rezeption, Stuttgart 2009.
Thielicke, Helmut: Theologische Ethik, Bd. III/3: Ethik der Gesellschaft, des Rechtes, der Sexualität und der Kunst, 2., verb. Aufl. Tübingen 1968.

VIII
BIOETHIK DES MENSCHEN

Peter Dabrock

1. BIOETHIK UND RELIGION 519
1.1. Funktion bioethischer Debatten in der Gesellschaft 519
1.1.1. Herausforderungen angesichts der Entwicklung der Lebenswissenschaften 519
1.1.2. Kompensations-, Symbol- und Erprobungsfunktion bioethischer Debatten 520
1.2. Selbst- und Fremderwartungen an religiöse Beiträge zu bioethischen Debatten 522

2. GRUNDORIENTIERUNGEN EVANGELISCH-THEOLOGISCHER BIOETHIK 524
2.1. Methodik theologischer Bioethik 524
2.1.1. Sinn und Grenzen des Modells des weiten Überlegungsgleichgewichts 524
2.1.2. Bereitschaft zur Mehrsprachigkeit 527
2.2. Inhaltliche Kriterien einer evangelisch-theologischen Bioethik 528
2.2.1. «Sakralität der Person» 528
2.2.2. Binnentheologischer Hintergrund: durch die Rechtfertigungsbotschaft vertieftes Verständnis der Gottebenbildlichkeit eines jeden Menschen 529
2.2.3. Außertheologische Plausibilisierung: leibliches Selbst 531
2.2.4. Weitere anthropologische Orientierungen evangelischer Ethik: kommunikative Freiheit und Gemeinschaftstreue 533
2.3. Fazit: begrenzter Pluralismus und Kompromissfähigkeit evangelischer Bioethik 535

3. PROBLEM- UND KONFLIKTFELDER (NICHT NUR) AN DEN GRENZEN DES LEBENS 537
3.1. Lebensanfang 539
3.1.1. Schwangerschaftskonflikte 544
3.1.2. Reproduktions- und Pränatalmedizin 548
3.2. Lebensende 551
3.2.1. Suizid, assistierter Suizid und Tötung auf Verlangen 553
3.2.2. Vorsorgeinstrumentarien 556
3.2.3. Transplantationsmedizin 559
3.3. Gesundheit und Krankheit 564
3.3.1. Allgemein 564
3.3.2. Von der kurativen zur prädiktiven und personalisierten Medizin 566
3.4. Leibliches Perfektionierungsstreben 568
3.5. Humanexperimente 572
3.6. Ausblick 577

4. LITERATUR 578

1. BIOETHIK UND RELIGION

1.1. Funktion bioethischer Debatten in der Gesellschaft

1.1.1. Herausforderungen angesichts der Entwicklung der Lebenswissenschaften

Es ist kein Zufall, dass in den letzten zwei Jahrzehnten bioethische, -politische und -rechtliche Debatten eine ungeheure, zum Teil auch medial inszenierte gesellschaftliche Aufmerksamkeit auf sich gezogen haben. Neben den bekannten Konfliktfeldern Schwangerschaftsabbruch, Suizid und Euthanasie sind es vor allem die schwer bis gar nicht zu kontrollierenden Überschusseffekte der modernen Biomedizin gewesen, die Anlass für heftige Kontroversen geboten haben und nach wie vor bieten: verschiedenste Strategien künstlicher Befruchtung, immer subtilere prä- und postnatale genetische Diagnostik mit dem Risiko der Selektion vorgeburtlichen menschlichen Lebens und der Diskriminierung geborener Menschen, Stammzellforschung mit in Kauf genommenem oder intendiertem Embryonenverbrauch, Organtransplantation und die dabei aufgeworfenen Fragen nach dem Status des Spendenden und der Bedeutung des Hirntodes, die Möglichkeit der Lebensverlängerung durch intensivmedizinische Maßnahmen, aber auch ihre Beendigung in aussichtslos erscheinenden Situationen, die Bedeutung von Vorsorgeinstrumentarien für solche Szenarien, medizinisch induzierte Perfektionierungsstrategien in den Bereichen Reproduktion, Aussehen, Sport und mentale Fitness, medizinische Forschung an Menschen und die Frage nach ihrer Legitimität, vor allem bei Nichteinwilligungsfähigen.

1.1.2. Kompensations-, Symbol- und Erprobungsfunktion bioethischer Debatten

Das gesellschaftliche Funktionsspektrum bioethischer Debatten
Vordergründig mag es erstaunen, dass diese Debatten, von denen teilweise nur wenige hundert Menschen unmittelbar betroffen sind, so intensiv, extensiv und emotional engagiert geführt werden. Auch die Tatsache, dass Religionsgemeinschaften, in Deutschland vor allem die christlichen Kirchen, oftmals im Mittelpunkt der Kontroversen zu finden sind, verlangt nach einer Erklärung. Drei Diagnosen, die einander wechselseitig bestätigen und verstärken, bieten sich dafür an: Bioethische Debatten lassen sich über ihre konkreten Inhalte hinaus als Ersatz-, Symbol- und Erprobungsdebatten gesellschaftlichen Selbstverständnisses begreifen. Mithilfe dieser drei Debatten versuchen Menschen und gesellschaftliche Gruppen sowie Organisationen, sich des Lebens in der modernen, funktional ausdifferenzierten und pluralen Gesellschaft zu vergewissern. Im Unterschied zu anderen gesellschaftlichen Konflikten haben viele Menschen und gesellschaftliche Gruppen, ja sogar Parlamentarier, die sich trotz ihrer offiziellen Funktion als Entscheidungsträger immer häufiger selbst als machtlos erleben, den Eindruck, dass sie in diesem Bereich noch aktive Gestaltungsmacht ausüben können. Deshalb kommt biopolitischen Debatten zunächst eine gewisse Substitutionsfunktion zu. Zugleich erscheinen die im Bereich Biopolitik und Biorecht anstehenden Entscheidungen einigermaßen rational, weil sie sich auf der Grundlage bioethischen Reflexionswissens vollziehen. Bioethische Diskurse haben in der überkomplexen Moderne daher nicht nur eine Kompensationsfunktion, sondern auch eine symbolische Bedeutung. Wenn bioethische Debatten als Symboldebatten charakterisiert werden, können beide Bedeutungen des Begriffs ‹Symbol› oder ‹symbolisch› mitschwingen: die umgangssprachliche, die vor allem in der relativierenden Wendung «nur symbolisch» begegnet, und die in Philosophie und Theologie vorherrschende emphatische, nach der an einem sinnenfälligen Einzelnen ein Großes, ja das Verständnis des Ganzen durchscheint, ohne dass das Einzelne deswegen nur ein Zeichen für das große Ganze wäre. Wo bioethische Debatten als «nur symbolisch» bezeichnet werden, steht deren Kompensationsfunktion im Mittelpunkt; wo das emphatische Symbolverständnis dominiert, werden bioethische Debatten als Feld betrachtet, auf dem wir paradigmatisch unser Verständnis von Menschsein und Gesellschaft ausloten – mit, so wird behauptet, erheblichen Konsequenzen für unser Zusammenleben: Daran, wie

‹wir› (wer immer dann darunter verstanden wird) mit den Schwächsten der Gesellschaft umgehen – und in biopolitischen und -ethischen Debatten identifiziert man Embryonen, Kranke, Menschen mit Behinderung und Sterbende als solche vulnerablen Personen und Gruppen –, zeige sich paradigmatisch, wie ‹menschlich› die Gesellschaft sei, in der ‹wir› leben. Gesellschaftliche Debatten zur Bioethik zeichnen sich schließlich auch dadurch aus, dass in vielen Fällen eine engagierte Teilnahme möglich ist, ohne dass der Einzelne dadurch unmittelbar zu eigenen Konsequenzen genötigt wäre. Fragen nach dem Ganzen oder nach dem Sinn des (Zusammen-)Lebens können anhand von bioethischen Streitfällen – gerade in der komplexen Grundsituation der Moderne – entschieden gestellt und ebenso entschieden beantwortet werden. Zugleich kann man sich leichter als bei anderen Fragen – beispielsweise sozialpolitischen oder solchen der Lebensführung – von persönlichen Konsequenzen dispensieren. Genau das macht den Erprobungscharakter bioethischer Debatten aus. Solche Distanzierungsmöglichkeiten gegenüber virtuellen Problemlagen brechen freilich rapide ein, wenn man – wie es etwa im Falle von Therapiebegrenzungen am Lebensende immer häufiger der Fall ist – damit rechnen muss, dass man selbst in Bälde betroffen sein oder im Familienkreis ein entsprechender Fall auftreten wird, oder wenn in solchen vermeintlich rein symbolischen Debatten jemand aufsteht und sagt: «Es geht um mich!»

Das Paradox bioethischer Debatten
Dass bioethische Debatten ein so umfängliches Funktionsspektrum (Kompensations-, Symbol- und Erprobungsfunktion) besitzen, verwundert nicht. Denn tatsächlich werden ja Grundfragen des Lebens thematisiert, die solch unterschiedliche Frage- und Engagementsmodi nachvollziehbar erscheinen lassen: Anfang und Ende, Ins-Leben-Kommen (der Begriff ‹Geburt› als Ausdruck des Anfangs wäre angesichts biotechnischer Möglichkeiten schon unterkomplex) und Tod. Ideal und Realität der Lebensführung werden durch Krankheit, Gebrechen und Behinderung, schließlich durch groß angelegte Heilungs- und Perfektionierungsvisionen infrage gestellt. Moralische Kriterien wie ‹Würde›, ‹Autonomie›, ‹Lebensschutz›, ‹Gerechtigkeit›, aber auch zwischenmenschliche und gesellschaftliche Kohäsionskräfte wie Fürsorge oder Solidarität werden angesichts der Möglichkeit, den menschlichen Leib und damit das zwischenleibliche Zusammenleben biotechnisch zu verändern, einem Stresstest unterzogen. Mit Blick auf die zunehmende Verflüssigung der kulturgeschichtlich und lebensweltlich bedeutsamen, weil

Sicherheit vermittelnden Grenze zwischen dem natürlich Gegebenen oder Gewachsenen und dem künstlich Gemachten hat Jürgen Habermas auf ein in bioethischen Diskursen paradigmatisch aufbrechendes, modernitätstypisches Paradox aufmerksam gemacht (vgl. Habermas 2002), ohne dafür (was bei einem echten Paradox freilich auch nicht zu erwarten ist) eine inhaltlich oder methodisch befriedigende Lösung präsentieren zu können: Das Paradox besteht darin, dass auch die als allgemein verbindlich erachteten moralischen Normen (wie Menschenwürde oder Anerkennung oder Gerechtigkeit) und moraltheoretischen Prüfverfahren (wie der kategorische Imperativ oder andere Universalisierungstests) auf einer Bereitschaft aufruhen, überhaupt so etwas wie die Würdigkeit jedes Menschen und einen biologisch vermittelten Zusammenhalt unter Menschen als sittlich wertvoll und moralisch wie rechtlich verteidigenswert zu erachten. Aber genau diese nach Habermas auf «gattungsethischen Werturteile[n]» (Habermas 2002: 152) aufruhende Voraussetzung ist angesichts der technischen Verfügbarkeit über die menschliche ‹Natur› brüchig geworden. Habermas spricht von einer «theorielose[n], aber praktisch folgenreiche[n] Unterminierung […] eines gattungsethische[n] Selbstverständnis[ses]» (2002: 156), insofern die (Vor-)Gegebenheit (jedes) menschlichen Lebens durch immer subtilere pränatale und präimplantative Diagnostika, aber auch Fortpflanzungstechniken unterlaufen wird. Wo dies geschieht, wird deutlich, dass der motivationale und inhaltliche Grund des Gerechten doch nicht so selbstverständlich ist und trägt, wie es nicht wenige gehofft haben. Im vermeintlich Vorgegebenen brechen Handlungsoptionen und Entscheidungsspielräume und damit neue moralische Konflikte auf. Zur symbolischen Bedeutung bioethischer Debatten trägt deshalb bei, die Sehnsucht wie den drohenden Verlust dieses gemeinsamen Grundes zu thematisieren.

1.2. Selbst- und Fremderwartungen an religiöse Beiträge zu bioethischen Debatten

Dass Religionsgemeinschaften im Allgemeinen und die christlichen Kirchen im Besonderen ein Interesse haben, sich an bioethischen Debatten zu beteiligen, verwundert sowohl vor dem Hintergrund der skizzierten Funktionen bioethischer Debatten als auch angesichts des inhaltlichen Themenspektrums nicht. Verarbeitung von Grenzsituationen, Krisen und Heilshoffnungen sowie Deutungen letzter Sinnfragen gehören schließlich zu den Kernkompetenzen von Religionen, Kirchen und Theologie. Zwischen religiöser Selbstvergewisserung und theologischer Reflexion auf der einen Seite und biomedizinischen und biotechnologischen Errungenschaften auf der anderen Seite besteht dabei ein doppelt asymmetrisches Herausforderungsverhältnis: Einerseits wird von Religionen und Theologien die Menschen- und Gesellschaftsverträglichkeit dieser Fortschritte (oftmals kritisch) hinterfragt (vgl. paradigmatisch Kongregation für die Glaubenslehre 2008). Andererseits müssen sich religiöse und theologische Lebensdeutungen der Frage stellen, ob und wie sie in der Lage sind, die biotechnologischen Errungenschaften und ihre sozialen Auswirkungen theoretisch und praktisch zu verarbeiten. Dabei ist zunächst zu fragen, ob ihnen sachlich und methodisch überhaupt ein ausreichendes Instrumentarium für die Bearbeitung aktueller bioethischer Problemkomplexe zur Verfügung steht. Ist doch beispielsweise mit Blick auf die religiösen Traditionen, die sich normativ auf die Bibel beziehen, nüchtern festzuhalten: Zu keiner der biotechnologischen Entwicklungen finden sich in der Bibel unmittelbare Aussagen. Wie soll es also möglich sein, religiös konnotierte Kriterien und Kategorien zu formulieren, die einerseits rückgebunden bleiben an die eigenen als religiös verbindlich erachteten Traditionsblöcke und die andererseits die gegenwärtigen Probleme sachgerecht zu perspektivieren helfen?

Wenn sich Kirchen und Theologien mit ethischen Stellungnahmen in den biopolitischen Diskurs einbringen, kann oftmals die eigene gesellschaftliche Relevanz – nicht selten medienwirksam – demonstriert werden. Dies ist ein nicht ungern in Kauf genommener, zugleich auch von Kirchenkritikern gern hervorgehobener Nebeneffekt (vgl. z. B. Graf 2011). Angesichts des Verdachts, Kirchen und Theologien ginge es in bioethischen Debatten vorrangig um gesellschaftliche Einflussmöglichkeiten, dürfen sich kirchliche und theologische Stellungnahmen nicht in alarmistischen oder protestkommunikativen Appellen erschöpfen, sondern müssen inhaltlich und methodisch sorgfältig durchdacht und methodologisch reflektiert werden. Kirchliche und wissenschaftlich-theologische Beiträge unterscheiden sich ungeachtet der Möglichkeit konstruktiver wechselseitiger Beeinflussung sowohl hinsichtlich des Akteurs- und des damit verbundenen Autoritätsstatus (theologische Positionen werden von einzelnen Theologen verantwortet, so sehr sie sich auch in einer kirchlichen oder kulturellen Tradition verankert sehen) als auch mit Blick auf Intention, Verfahren und Darstellung (eine theologische muss anders als eine kirchliche Äußerung die Standards wissenschaftlichen Arbeitens beachten). Dennoch sollten Kirchen und Theologien, wenn sie in öffentlichen Debatten zur Bioethik ernst genommen und nicht nur als Verstärker für die eine oder andere schon längst vorgegebene Position funktionalisiert werden wollen, ihre Argumente so vortragen, dass sie nicht nur den Kriterien des religiösen Binnendiskurses genügen, sondern auch im allgemeinen ethischen, politischen und rechtlichen Diskurs nachvollziehbar erscheinen. Das bedeutet in einer weltanschauungspluralen Gesellschaft selbstverständlich nicht, dass sie für alle akzeptabel sein müssen. Verständlichkeit, Nachvollziehbarkeit argumentativer Schritte, Beachtung der Grenzen eigener Kompetenzen und die Bereitschaft, bei Bedarf andere Perspektiven sowie Methodiken und Kenntnisse anderer Disziplinen einzubeziehen, sind jedoch für eine von Kirchen oder Theologen vertretene öffentliche Theologie (vgl. paradigmatisch für viele Bedford-Strohm 2008), die sich nicht in «Sondergruppensemantik» (Luhmann 1989: 350) und religiöser Praktik erschöpft, sondern einen Beitrag zur Gestaltung der Zivilgesellschaft leisten will, eine *conditio sine qua non*. Entsprechend bedürfen theologische Beiträge zur Bioethik sorgfältiger methodologischer Reflexion und einer transparenten Darstellung und Plausibilisierung der sie leitenden formalen und inhaltlichen Kriterien (s. Abschnitt 2.2.).

2. GRUNDORIENTIERUNGEN EVANGELISCH-THEOLOGISCHER BIOETHIK

2.1. Methodik theologischer Bioethik

2.1.1. Sinn und Grenzen des Modells des weiten Überlegungsgleichgewichts

Man vermeidet in der Sache wenig hilfreiche und im Ergebnis ohnehin unentscheidbare Profilierungskämpfe, wenn man methodisch auf eine Sonderstellung theologischer Bioethik gegenüber der nicht-theologischen Bioethik verzichtet. Natürlich kennt die evangelische Tradition theologisch-ethisch relevante Figuren, die sich für den Umgang mit bioethischen Konflikten fruchtbar machen lassen, wenn sie entsprechend übersetzt werden. Erwähnt seien vor allem die binnentheologischen Grundfiguren Gesetz und Evangelium sowie Zwei-Reiche-und-Regimenten-Lehre. Deren theologisch-ethische Funktion, auf die Gott-Mensch-Differenz hinzuweisen, und zwar vor allem in soteriologischer Absicht, lässt sich auch in außertheologischen Diskursen als Grenzmarker gegen allzu forsche biotechnologische Heilsversprechungen zur Geltung bringen. Dazu müssen sie freilich in einen formaleren Ansatz eingebunden werden, der nicht auf die Inhalte einer bestimmten Religion festgelegt ist, partikulare Traditionen aber trotzdem würdigen kann. Dafür bietet sich unter anderen der Ansatz des weiten Überlegungsgleichgewichts (*wide reflective equilibrium*; vgl. Daniels 2011) an. Mit diesem Theoriemodell kann je nach Anlass eine moralische Position in einem bioethischen Konflikt- oder Streitfall gerechtfertigt oder die Sensibilität für individuelle Konfliktsituationen geschärft werden. Die Orientierungsfunktion des Verfahrens beziehungsweise seiner Resultate kann dabei je nach Kontext und Adressat von lebensklugen Empfehlungen (zum Beispiel im Verständnis von und im Umgang mit Gesundheit und Krankheit) bis hin zur protestkommunikativen Einklagung normativer Erwartungen (etwa zur Forderung nach Nichtdiskriminierung in der Krankenversicherung aufgrund bestimmter genetischer Eigenschaften) reichen.

Nach der hier vertretenen Version dieses Ansatzes haben bioethische Urteile vier verschiedene Komponenten in ein möglichst kohärentes Verhältnis zueinander zu bringen. Dies sind zunächst erstens wohlüberlegte moralische Urteile und Intuitionen zu einer bioethischen Frage, beispielsweise Tötung auf Verlangen, sowie zweitens moralische Prinzipien und ethische Prüfkriterien. Bei Letzteren ist beispielsweise an die klassischen vier *principles of biomedical ethics* Autonomierespekt, Nicht-Schädigung, Wohltun und Gerechtigkeit von Beauchamp und Childress zu denken (vgl. Beauchamp/Childress 2012), aber auch an die allgemein-ethischen Normen und Prüfverfahren deontologischer, konsequentialistischer, tugend- und verantwortungsethischer Provenienz. Dass all die genannten Kriterien und Prüfverfahren ihrerseits hochgradig auslegungsbedürftig sind und unterschiedliche Varianten kennen, muss nicht eigens betont werden. Da in einer funktional ausdifferenzierten und weltanschaulich pluralen Gesellschaft Konflikte und Dissense über das Recht (von Menschenrechten und Verfassungsrecht bis hin zu einfachen Rechtsverordnungen) geregelt werden, muss bei der Berücksichtigung moralischer Prinzipien und ethischer Kriterien im bioethischen Urteil immer auch ein Blick auf die aktuelle Rechtslage geworfen werden. Zwar geht (Bio-)Ethik nicht in Recht auf, aber die Suche nach konkreten Lösungsperspektiven für ein bioethisches Problem startet in der Regel mit einer Analyse der aktuellen Rechtslage und der Frage, ob sie das jeweilige Problem oder die Konfliktlage hinreichend abbilden kann. Drittens sind außerdem nach dem Modell des weiten Überlegungsgleichgewichts die empirischen Daten zu einer Konfliktlage möglichst umfangreich einzubeziehen. Dabei ist zu berücksichtigen, dass solche Daten nicht einfach als Fakten gegeben sind, sondern schon in ihrer Beschreibung von einem Theoriemodell abhängig sind, das sowohl die Sicht auf diese sogenannten Fakten als auch die damit zusammenhängenden moralischen Beurteilungen prägt (vgl. dazu die Ausführungen zum Lebensanfang in Abschnitt 3.1.). Schließlich ist viertens zu beachten, dass sich in bioethische Urteile immer auch bisweilen explizit gemachte, häufig implizit verbleibende, in jedem Fall aber das ganze Urteil über eine Konfliktsituation massiv prägende Menschen-, Gesellschafts- und Weltbilder einspielen. Dabei handelt es sich zum einen um allgemeine Muster wie Optimismus oder Pessimismus, Fortschrittsgläubigkeit oder -skepsis, Vorsichts- oder Risikoeinstellung, Präferenz für das Individuum oder die Gemeinschaft, Toleranz gegenüber anderen Positionen oder Kompromisslosigkeit. Solche Einstellungsmuster finden sich quer zu religiösen oder weltanschaulichen Positionen, auch wenn bestimmte Kombinationen wahrscheinlicher sind als andere. Über diese jeweils sozialpsychologisch beschreibbaren Prägemuster hinaus vertreten Weltanschauungen und Religionen ‹offizielle› Identitätsbilder beispielsweise über den Sinn des menschlichen Daseins, den Umgang mit seiner zeitlichen Begrenztheit oder mit Schuld. Dabei wird die Rede von *dem* christlichen Menschenbild zwar zu Recht von ganz unterschiedlichen Seiten unter Ideologieverdacht gestellt (vgl. Lenk 1999; Graf 2009). Denn zum einen lässt sich kein einheitliches christliches Menschenbild identifizieren, wie schon die Vielzahl von Konfessionen und Theologien zeigt; zum anderen ist kaum zu leugnen, dass entsprechende Vorstellungen oftmals dazu dienen, ganz anders gelagerten Lebenseinstellungen eine religiöse Weihe zu verleihen. Trotz dieser Vorbehalte gegenüber dem «Götzen» (Fischer 2011: 43) «christliches Menschenbild» in der Bioethik muss aber eingestanden werden, dass der Glaube eine hohe deutende und motivationale Kraft in bioethischen Debatten freisetzt und daher besonderer reflexiver Aufmerksamkeit bedarf, ja offensichtlich sehr wohl vielen bleibend etwas zu sagen hat – unabhängig davon, ob man dies ‹Menschenbild› nennt oder nicht.

Der ethische Ansatz des weiten Überlegungsgleichgewichts ist für die Bearbeitung bioethischer Streit- und Konfliktlagen besonders geeignet, weil er dem Umstand Rechnung trägt, dass in der Bioethik vor allem sogenannte gemischte Urteile (also solche, in denen moralische Normen und Werte konstitutiv mit den oben genannten anderen Elementen zusammengedacht werden müssen) zum Tragen kommen, und dafür bestimmte Mindestkriterien benennt: nämlich das Bemühen um interne und externe Kohärenz, aber auch um Transparenz bei der Gewichtung der jeweiligen Komponenten. Diese notwendigen Mindestbedingungen schaffen wichtige Grundlagen für ethische Deliberationen und sittlich-politische Diskurse. Konkrete Resultate erzeugt das Modell aus sich selbst heraus nicht. Es hilft bestenfalls, Beweislasten in bioethischen Debatten zu verteilen. Ein solcher Effekt sollte in seiner biopolitischen Relevanz jedoch nicht unterschätzt werden. In der Praxis muss nämlich derjenige die größere argumentative Arbeit leisten, dem die Beweislast auferlegt wird. So liegt im deutschen Kontext die Bürde zum Beispiel bei demjenigen, der eine Freigabe der Tötung auf Verlangen fordert, und nicht bei demjenigen, der den *status quo* verteidigt.

2.1.2. Bereitschaft zur Mehrsprachigkeit

Eine theologische Bioethik kann ihr Proprium bei der Verwendung dieses Modells an drei Stellen einbringen respektive wiederfinden: bei der semantischen Formatierung der wohlüberlegten moralischen Urteile, den moralischen Prinzipien und Kriterien und den prägenden Identitätsbildern. Indem sie ihre spezifischen Anliegen in das formal offene Modell einträgt, bleibt sie methodologisch vergleichbar mit anderen Bioethiken und wahrt doch inhaltliche Eigenheiten, ohne einfach sogenannte allgemeine Ethiken zu verdoppeln. Das Anliegen vieler Menschen und religiöser Organisationen, Inhalte ihrer Lebens- und Orientierungsvisionen in bioethische Diskurse einzubringen, wird inzwischen selbst von Befürwortern einer säkularen Gesellschaft akzeptiert. Allerdings unter dem Vorbehalt, dass bei parlamentarischen Debatten oder zumindest bei parlamentarischen Entscheidungen – darüber herrscht Dissens –, in jedem Fall aber bei Rechtsbegründung und -anwendung eine über partikulare Traditionen hinaus verständliche Sprachform gefunden werden muss (vgl. zum Überblick Grotefeld 2006). Wenn zumindest der Gesetzgebungsprozess eine solche Verallgemeinerungsfähigkeit erwartet, steht es einer theologischen Bioethik gut an, sich ihrer Positionen nicht nur dogmatisch zu vergewissern, sondern auch außertheologisch sprachfähig zu bleiben. Mehrsprachigkeit gehört daher zu den Mindestbedingungen einer theologischen Bioethik, die intrinsisch motiviert (vgl. Jer 29,7), aber auch in Reaktion auf öffentliche Erwartungen an Kirchen und Theologien die Gestaltung der Gesellschaft reflexiv begleitet.

2.2. Inhaltliche Kriterien einer evangelisch-theologischen Bioethik

2.2.1. «Sakralität der Person»

Entscheidend ist nun, welche semantischen Füllungen von verantwortbaren moralischen Prinzipien, aber auch von Menschen-, Gesellschafts- und Weltbildern und -modellen eine theologische Bioethik im Allgemeinen und eine evangelische Bioethik im Besonderen vornehmen und zur Perspektivierung bioethischer Konfliktfälle in das Modell des weiten Überlegungsgleichgewichts einspielen kann. Bei dem Bemühen, sowohl der Aufforderung zur Mehrsprachigkeit gerecht zu werden als auch die vorrangige Orientierung an den von der geglaubten Selbstoffenbarung Gottes in Jesus Christus her erschlossenen biblischen Schriften zu beachten, kann die theologische Bioethik auf das zeitdiagnostische Summar von der zunehmenden «Sakralisierung der Person» in der Moderne zurückgreifen (vgl. Joas 2011). Ausgehend von der religionssoziologischen These, dass im Laufe der Geschichte Menschen nicht mehr nur Götter, sondern zunehmend den Menschen selbst mit der Sphäre des Heiligen, also des affektiv und intensiv Geachteten, verbunden haben, weist Hans Joas zu Recht darauf hin, dass das Menschenrechtsethos und die völker- und verfassungsrechtlichen Implementierungen der Menschenrechte, oftmals verbunden mit der Leitidee der Menschenwürde, sich einer komplexen Genealogie verdanken. Da innerhalb dieser Genealogie keine Tradition die alleinige Autorschaft beanspruchen kann, sondern politische, religiöse, philosophische und soziologische Ideen mit rechtlichen Implementierungen, die zum Teil auf schreckliche Geschehnisse wie den Zweiten Weltkrieg oder die Shoa reagieren, zusammenwirken, gilt umgekehrt: Jede dieser Traditionen ist prospektiv herausgefordert, den offenen Raum dieses Topos so zu gestalten, dass die Grundidee, dass ein jeder Mensch – wie es die Metapher von der Sakralität andeutet – in allen Phasen seines Daseins ein fundamental zu achtendes Wesen ist, das grundsätzlich Anspruch auf Schutz und Entfaltung seiner menschlichen Fähigkeiten verdient, weiterhin zur Geltung kommt. Entscheidend ist daher, wie ein solches um die Begriffe ‹Person›, ‹Menschenwürde›, ‹Menschenrechte› aufgestelltes Ethos entfaltet und begründet wird.

2.2.2. Binnentheologischer Hintergrund: durch die Rechtfertigungsbotschaft vertieftes Verständnis der Gottebenbildlichkeit eines jeden Menschen

Materialdogmatisch greifen viele evangelische Theologien, die sich von der Schrift als ihrer maßgeblichen Quelle dazu inspirieren lassen wollen, im Sinne des genannten Ethos zur Formulierung der Schutz- und Anerkennungswürdigkeit eines jeden Menschen beizutragen, auf den Topos der Gottebenbildlichkeit zurück (vgl. zum Überblick Dabrock/Klinnert/Schardien 2004). Blickt man nicht nur auf die klassische Verwendung in Gen 1,27, sondern auch auf verschiedene Psalm-Doxologien (Ps 8; 139), bringt dieser Topos zum Ausdruck: Die Auszeichnung der Gottebenbildlichkeit besteht zunächst im Angesprochensein durch Gott selbst. So sehr aus diesem Angesprochensein die besondere Verantwortungsstellung des Menschen gegenüber den anderen Geschöpfen resultiert (oder darin zum Ausdruck kommt), formuliert die geglaubte Anrede Gottes zunächst einmal eine prinzipielle Egalität aller Menschen. In Abgrenzung zu anderen Ebenbildlichkeitsvorstellungen des Vorderen Orients gilt sie nämlich nicht nur dem Herrscher, sondern egalisierend allen Menschen. Entsprechend ist zu Recht geschlossen worden, dass die Würdestellung der Gottebenbildlichkeit sich nicht an bestimmte Eigenschaften und Leistungen wie beispielsweise die Vernunftfähigkeit knüpft (vgl. Härle 2005). Gottebenbildlichkeit heißt dann ferner, in der Antwort auf das Angesprochensein durch Gott das eigene Leben führen zu dürfen – unabhängig davon, welche Formen dieses Antwortgeben annimmt und welches kognitive Niveau es erreicht. Das menschliche Ebenbild partizipiert an der Geheimnishaftigkeit Gottes. Dass diese biblische und systematisch-theologische Einsicht nicht immer christliches Handeln geprägt hat, muss dabei nicht geleugnet werden, unterstreicht aber, warum es sinnvoll ist, die Schrift als kritisches Korrektiv gegenüber der Praxis von Christentum, Kirche und Theologie zu begreifen.

Nicht wenige evangelische Theologen sehen im Evangelium von der Rechtfertigung des Gottlosen eine christologische und soteriologische Bekräftigung dieser schöpfungstheologischen, sich auf alle Menschen beziehenden Grundaussagen über die Gottebenbildlichkeit (vgl. Anselm 1999). Unterstreicht doch der Gedanke der Rechtfertigung in besonderer Weise die Voraussetzungslosigkeit der Annahme des Menschen durch Gott sowie den Gabecharakter dieses Geschehens. So richtig dies beobachtet ist, sollte man auch von evangelischer Seite nicht vergessen, dass die Rechtfertigung selbst nur im Glauben, der ohne Zweifel sich nur *mere passiva* vollzieht und keine natürliche Haltung oder Fähigkeit darstellt, zur Wirkung gelangt. So mag zwar der Rechtfertigungstopos helfen, den Grundgedanken der Gottebenbildlichkeit zu unterstreichen, dass die Würdigkeit jedes Menschen nicht an irgendwelchen (verdienten oder vorgegebenen) Eigenschaften hängt. Dennoch führt der Rekurs auf diese Figur zu neuen systematisch-theologischen Komplikationen. Entweder steht man nämlich in der Gefahr, die Universalität der Gottebenbildlichkeit zu gefährden, weil die Rechtfertigung den Gläubigen gilt, oder man setzt den spezifischen Sinn des Glaubens aufs Spiel, wenn man die Rechtfertigung universalistisch ohne die Antwort des Glaubens denkt. Mit diesen kritischen Gedanken soll nicht bezweifelt werden, dass die Rechtfertigungslehre eine vertiefende Erschließung der Bedingungslosigkeit der Zuwendung Gottes zum Menschen und der sich daraus ergebenden Verhaltensweisen der Menschen untereinander bewirken kann. Dennoch muss um einer sauberen Theologie willen auf die hermeneutischen Probleme dieser soteriologischen Heuristik für die Deutung des zeitdiagnostischen Topos der «Sakralität der Person» aufmerksam gemacht werden. Ist dies berücksichtigt, erschließt die Kehrseite des Rechtfertigungstopos noch eine wichtige, gerade in philosophischen Anthropologien oft nicht hinreichend berücksichtigte Dimension menschlichen Lebens: die der Schuldverstricktheit (*peccatum originale*) und radikalen Verkehrung menschlicher Lebensführung (*totus peccator*). Evangelische Theologie ist sich nicht nur der schon schöpfungsgemäßen Endlichkeit menschlichen Daseins, sondern des Scheiterns aller individuell oder kollektiv verfassten Selbstverwirklichungsstrategien mit Heilsanspruch bewusst. Innerhalb der Hoffnung auf die von Gott und eben nicht von Menschen zu vollbringende Vollendung kann sich damit praktisch, aber auch erkenntnistheoretisch eine Nüchternheit einstellen, die wiederum eine Dynamik für die Gestaltung innerweltlicher Verhältnisse um ihrer selbst willen, also als ‹Vorletztes›, freisetzt (vgl. Bonhoeffer 1998: 137–162).

Ob nun eher schöpfungstheologisch oder soteriologisch orientiert, die genannten evangelisch-theologischen Grundaussagen zum Schutz, zur Achtung und Anerkennung eines jeden Menschen und zur Förderung seiner Grundfähigkeiten können in einer formalen Sprache mit Wilfried Härle als transzendent-relationaler Typ des Verständnisses von Menschenwürde oder eben der «Sakralität der Person» charakterisiert werden (vgl. Härle 2005: 370–373). Im Unterschied zu eigenschaftsorientierten oder immanent-relationalen Deutungen von Menschenwürde soll dieses Modell davor bewahren, Menschen aufgrund eigenschaftsbezogener oder sozialer Zuschreibungen diese grundlegende Anerkennung zu verweigern.

2.2.3. Außertheologische Plausibilisierung: leibliches Selbst

Außerhalb des Sprachspiels einer christlichen Religionskultur erscheint diese Begründung von Menschenwürde und «Sakralität der Person» zwar als in sich stimmig, jedoch nach außen kaum übertragbar. Denn ihre konstitutive Voraussetzung, der Glaube an Gott, als dessen Ebenbild der Mensch im obigen Sinne gesehen wird, wird in einer pluralen Gesellschaft nicht von allen geteilt. Nicht auf der binnentheologischen Begründungsebene, wo die anthropologische Reflexion den ontologischen Grund für die grundlegende Anerkennung eines jeden Menschen sucht und diesen zumindest evangelischerseits im Angesprochensein des Menschen durch Gott findet, aber auf der Ebene der bewährenden Plausibilisierung des je eigenen Sprachspiels und seiner Voraussetzungen im Forum des «öffentlichen Vernunftgebrauchs» (vgl. Rawls 1998: 312–363) kommt auch ein transzendent-relationaler Ansatz nicht umhin, bestimmte Eigenschaften zur Nachvollziehbarkeit dieser, an sich nicht von Eigenschaften abhängigen, Rechte und Pflichten begründenden Sonderstellung des Menschen anzugeben. Anders gesagt: Gäbe es nicht auch jenseits der geglaubten Gottebenbildlichkeit, die nicht von Eigenschaften abhängig ist, bestimmte Eigenschaften, an denen man eine Sonderstellung des Menschen ablesen könnte, dann verflüchtigte sich die Rechtfertigung für solche ursprünglich religiös motivierten und gedeuteten Ansprüche, die ja unmittelbare Auswirkungen für unseren Umgang mit den Mitmenschen und der anderen Mitschöpfung haben. Meines Erachtens kann man eine solche Kopplung zwischen binnentheologischer Begründungs- und außertheologischer Plausibilisierungsfigur finden, wenn man den Menschen als «leibliches Selbst» begreift (vgl. etwa Waldenfels 2000; Dabrock 2010). Mit dem Terminus ‹Selbst› wird zum einen an die vernunftorientierte Selbstbestimmungstradition angeknüpft (vgl. Gerhardt 1999), zum anderen wird der Leib auch christlich-theologisch, vor allem in biblischer Tradition (als Tempel des Heiligen Geistes [1Kor 6,19], als zur Auferstehung gerufener [1Kor 15], der nicht einfach von einer Seele verlassen wird) gewürdigt (vgl. Körtner 2010). Schließlich ist die Fähigkeit, die den Menschen als Menschen auszeichnet, ob man sie nun ‹Vernunft›, ‹Geist›, ‹Rationalität›, ‹Selbstbestimmung›, ‹Subjektivität› oder wie auch immer nennt, nur in ihrer Bindung an den Leib, quasi epiphänomenal zum körperlich identifizierbaren Dasein, bekannt. Der Mensch ist immer leibliche Vernunft und hat nicht nur einerseits Geist und andererseits Körper. Weil Leiblichkeit eine Grunddimension menschlicher Subjektivität, Lebensführung und Vernunft darstellt und der Mensch sich als leiblich-vernünftiges Wesen nicht nur durch Aktivität, sondern auf biologischer und sozialer Ebene auch durch Perzeption, Rezeption, Passivität, Passion und Affektivität, Werden und Vergehen, Endlichkeit, Gebrechlichkeit und Verletzlichkeit und vor allem durch konstitutive Relationalität auszeichnet und eben in diesen Aspekten zu sich selbst findet, gehören über die Leiblichkeit sowohl die Entwicklung von Vernünftigkeit und ihr grundsätzlich relational-kommunikativ-affektiv-responsiver Charakter als auch eine abnehmende oder defekte Selbstbewusstseinsfähigkeit integral zum Verständnis des Menschseins als eines leiblichen Selbst hinzu. Mit Blick auf die oben skizzierte, binnen- und außertheologisch plausible Schutzfunktion des Motivs «Sakralität der Person» heißt dies: Dort, wo der Mensch als leibliches Selbst gedacht und anerkannt wird, schränken Potenzialitäten, Relationalitäten und Privationen den Schutzstatus menschlicher Lebewesen nicht ein. Denn über den Leib als schon immer kulturell gedeuteten Körper besteht ein anthropologisches, also biologisches und soziales Band und Beziehungsgeflecht zu anderen Menschen – ein Band, das Menschen als Menschen schon immer miteinander und zu einer Menschheit verbindet. Die Menschheit ist dann nicht eine biologische oder soziologische Größe, sondern ein durch Leiblichkeit respektive Zwischenleiblichkeit entstandenes Beziehungsgeflecht sich wechselseitig auf personaler wie kollektiver Ebene Anerkennung schenken könnender leiblicher Subjekte. Entsprechend ist auch die menschliche Gattung nicht primär eine biologische Spezies, sondern ein kommunikativ-responsives Netzwerk, das sich aus dieser (nicht nur) materiellen Basis der schon immer gedeuteten Körper, also der Leiber seiner Mitglieder, knüpft (vgl. Dabrock 2010). Analog zur binnentheologischen Figur der Gottebenbildlichkeit verknüpft die Schutz und Achtung freisetzende Kategorie «leibliches Selbst» die Pointe der Weite eines transzendent-relationalen Ansatzes mit der Tiefe der phänomenologisch plausiblen Sonderstellung des Menschen, oft abkürzend ‹Vernunft› oder ‹Subjektivität› genannt, und ist damit theologisch anknüpfungsfähig. Zudem verweist sie auf die Beweislast derjenigen, die meinen, Vernunft unabhängig von ihrem leiblichen Erscheinen denken und würdigen zu dürfen.

2.2.4. Weitere anthropologische Orientierungen evangelischer Ethik: kommunikative Freiheit und Gemeinschaftstreue

Für eine theologische Bioethik sind diese vor allem auf basalen Schutz ausgerichteten Überlegungen zentral, müssen aber ergänzt werden. Denn eine theologische Bioethik geht nicht darin auf, aus dem abwehr- und schutzrechtlichen Verständnis von Menschenwürde oder Sakralität der Person im Sinne eines leiblichen Selbst Konsequenzen zu ziehen, sondern hat auch individuelle und kollektive Lebensführungsfragen, beispielsweise beim Umgang mit Gesundheit, Krankheit, mit Therapieverzicht oder mit leiblichen Optimierungsstrategien, in den Blick zu nehmen. Für eine evangelische Bioethik sind dabei vor allem das reformatorische Verständnis von Freiheit und das biblische Motiv der *zedakah* (der je nach Kontext als Gerechtigkeit oder Solidarität auslegbaren Gemeinschaftstreue; vgl. Koch 1984) leitend und im Sinne der skizzierten Mehrsprachigkeit in nicht-theologische Kontexte übersetzbar. In beiden Motiven wird mit unterschiedlicher Akzentuierung zum Ausdruck gebracht, dass sich der Mensch nicht allein und durch sich selbst bestimmt und verwirklicht, sondern seine Bestimmung gerade dann erfüllt, wenn er sich aus einem vielschichtigen Beziehungsnetz, im Glauben gesprochen: einem von Gott gestifteten, getragenen und angesichts der radikalen menschlichen Schwäche immer wieder zur Erneuerung eingeladenen Dasein heraus begreift. Dabei ist das reformatorische Verständnis von Freiheit zwar in der Neuzeit und Moderne allerlei Symbiosen und Hybride mit philosophischen, vor allem idealistisch-vernunftorientierten Autonomiekonzeptionen eingegangen. Es behält aber dort sein Proprium, wo deutlich wird, dass Freiheit keine Ungebundenheit meint, sondern dass zu ihrer faktischen Konstitution Bedingtheit und Angewiesenheit, Relationalität, Kommunikation und Verantwortlichkeit hinzugehören und diese Dimensionen nicht einfach zu überwindende Limitationen darstellen (vgl. Huber 2012: 57–129). Ihre theologische Schärfe erhält diese anthropologische Einsicht sogar erst, wenn dem Menschen gewiss wird, dass er Freiheit und Selbstbestimmung allein aus sich selbst immer verfehlt, vielmehr ganz und gar angewiesen ist auf das unendlich gütige Gegenüber, das ihm seine Zuneigung zugesagt hat. Binnentheologisch formuliert: Das Sündenbewusstsein hebt das christliche Freiheitsverständnis nicht auf, sondern bildet ein integrales Moment davon. Außertheologisch reformuliert: Freiheit verfehlt sich, wo sie zu einer endgültigen Bestimmung ihrer selbst meint vordringen zu können. Aus diesen theologischen Überzeugungen, die phänomenologisch plausibel erscheinen, folgt: Theologie behält – auch und gerade in bioethischen Konflikten – eine hohe Sensibilität dafür, wo menschliche Selbstbestimmungsdeutungen als Ausdruck menschlicher Freiheit entweder auf eine illusorische Selbstüberschätzung oder auch auf eine lähmende Selbstunterschätzung hinauslaufen, weil sie die kommunikative Dimension menschlicher Freiheit unterschlagen.

Diesem kommunikativen Freiheitsverständnis entsprechen sozialethisch die Motive von «Fürsorge für andere», «Solidarität mit den Schwächeren», «gerechte Teilhabe aller» (vgl. EKD 2006) und «Befähigung zur eigenverantwortlichen Lebensführung» (vgl. Dabrock 2012). Sie gehen alle auf das biblische *zedakah*-Motiv zurück, von Klaus Koch ingeniös als «Gemeinschaftstreue» übersetzt (vgl. u. a. Koch 1984), und bringen zum Ausdruck, dass die als kommunikativ skizzierte Deutung von Freiheit sich gerade am Wohl der Gemeinschaft orientiert und dabei ihr Maß am Wohl der Schwächsten zu finden hat. Genau deshalb muss theologische Bioethik, sei sie von Kirchen, sei sie von einzelnen Theologen vertreten, einen besonderen, inklusiven Blick für Kranke, Sterbende, Menschen mit Behinderung und frühes menschliches Leben haben. Nicht aus moralistischer Attitüde, sondern aus diesem Gestus, der in der Bibel durchgängig bezeugten Gemeinschaftstreue des geglaubten Gottes zu entsprechen, erklärt sich der vielfach belächelte Einsatz kirchlicher und theologischer Stellungnahmen für die erwähnten Gruppen und Kreise. Entsprechend ist es nicht nur eine Frage eines sensiblen Stils, sondern Ausdruck einer Sym-Pathie mit Leidenden oder allgemeiner: von Compassion (vgl. Metz 2000), wenn theologische Bioethik – gerade im klinischen Beratungskontext – den Brückenschlag zur Seelsorge sucht (vgl. Körtner 2007: 99–127).

2.3. Fazit: begrenzter Pluralismus und Kompromissfähigkeit evangelischer Bioethik

Wenn allgemein in der Bioethik, egal ob es um die Beurteilung und Deutung komplexer Situationen und Fragestellungen im klinischen *setting* oder um Entscheidungskriterienberatung in sittlich-politischen Diskursen geht, ein Zusammenführen ganz unterschiedlicher Sach- und Orientierungsdimensionen notwendig ist, wenn speziell der evangelisch-theologischen Bioethik schöpfungs- und auch harmatiologische Begrenzungen beim Versuch, diese schwere Aufgabe zu meistern, bewusst sind, wenn schließlich evangelischerseits die akademischen wie die kirchenleitend vertretenen Theologien darin übereinstimmen, dass Fragen der Lebensführung selten Einstimmigkeit verlangen (vgl. Anselm u. a. 2003: 197; EKD 2002: 4) oder gar einen *status confessionis* heraufbeschwören, dann erscheint ein begrenzter Pluralismus in der Bioethik gerade in evangelisch-theologischer Perspektive durchaus als angemessen. ‹Begrenzt› meint dabei, dass die skizzierte Deutung der «Sakralität der Person» als Achtungs- und Anerkennungswürdigkeit eines jeden Menschen unabhängig von Eigenschaften und sozialen Zuschreibungen in allen Phasen seines Lebens als Mindeststandard dieses Pluralismus zu beachten ist. Über diesen Mindeststandard hinaus muss ein Deutungsstreit um Visionen gelingenderen Lebens herrschen, der geprägt sein sollte von einer Sensibilität für die zuvor genannten methodischen und inhaltlichen Komplexitäten und einer ‹Ambiguitätstoleranz› (vgl. Bauer 2011), die sich aus der Wahrnehmung konkurrierender, für sich jeweils nicht unplausibler Deutungen mancher bioethischer Konflikte ergibt. Diese ambiguitätstolerante Differenzsensibilität stellt zumindest gegenüber dem gebotsorientierten Verständnis lehramtlicher katholischer Bioethik ein Proprium evangelischer Bioethik dar, weil sie nicht nur in den genannten methodologischen Bedingtheiten des weiten Überlegungsgleichgewichts im Allgemeinen, sondern auch in der Zurückhaltung evangelischer Theologie gegenüber einer Verknüpfung von Lebensführungsfragen und moralischen Normen mit dem *status confessionis* begründet ist. Der Geist, von dem sich eine evangelisch-theologische Bioethik leiten lassen sollte, findet seinen angemessenen Ausdruck daher in einem Zitat aus einer Argumentationshilfe der EKD zu bioethischen Fragen: «Wir brauchen [...] dringend die Bereitschaft, aufeinander zu hören, und jedenfalls die ernsthafte Absicht, sich bei besserer Belehrung auch zu korrigieren» (EKD 2002: 4).

Keineswegs muss evangelische Bioethik daher kleinmütig den Vorwurf hinnehmen, sie fröne einem resignativen Beliebigkeitspluralismus. Vielmehr kann sie in Aufnahme der methodischen und methodologischen Standards des weiten Überlegungsgleichgewichts und der skizzierten anthropologischen Akzentsetzungen dazu beitragen, den erwartbaren Dissens in biopolitischen und -ethischen Deliberationsprozessen zumindest in gut ausgehandelte, auf Rechtsfrieden zielende Kompromisse (vgl. Margalit 2011) münden zu lassen. Solche akzeptablen Kompromisse werden möglich, wenn die Einsicht wächst, dass eine allzu leichte Verurteilung anderer Positionen und eine Selbstüberschätzung der eigenen Auffassung in bioethischen Fragen angesichts der skizzierten Komplexität der Thematik oftmals unangemessen ist. Umgekehrt ist ein biopolitischer Kompromiss dann gehaltvoll, wenn jenseits verfahrensorientierter Mindestbedingungen (zum Beispiel möglichst umfassender Partizipation, vor allem der Betroffenen oder ihrer legitimen Vertreter) und menschenrechtsorientierter moralischer Prinzipien weitere Kriterien bedacht werden. So ist zu prüfen, ob (1.) einigermaßen gleichrangige Güter strittig sind, (2.) ihre Abwägung ernsthaft reflektiert und debattiert wurde, (3.) tatsächlich eine Entscheidungsnotwendigkeit besteht, (4.) das in Erwägung gezogene Ergebnis nicht einfach vom Durchsetzungsinteresse etablierter Machtgruppen geprägt ist, (5.) die erwartbaren moralischen Zumutungen fair verteilt wurden, (6.) niemand persönlich zu Handlungen gezwungen wird, die er moralisch nicht vertreten kann, und (7.) die anvisierte Lösung zumindest für eine gewisse Zeit als Handlungsräume eröffnend und somit tragfähig erscheint und nicht quasi automatisch Verflachungen in die eine oder andere Richtung nach sich zieht (vgl. Kruip 2003). Aus all dem folgt, dass ein biopolitischer Kompromiss prinzipiell revisionsfähig, aber auch revisionsbedürftig ist, wenn sich seine Grundlage entscheidend geändert hat. In diesem Sinne ist eine evangelische Bioethik kompromissfähig und sucht andere Bioethiken auf ihre Kompromissfähigkeit hin anzusprechen.

3. PROBLEM- UND KONFLIKTFELDER (NICHT NUR) AN DEN GRENZEN DES LEBENS

Ein Großteil bioethischer Konflikte, seien sie auf gesellschaftlichen, sprich: rechtlich-politischen Orientierungs- und Regelungsebenen, seien sie in klinischen und daher oft mit starker persönlicher Betroffenheit einhergehenden Anwendungskontexten angesiedelt, sind an den Grenzfällen des Lebens situiert: Wie sind Schwangerschaftsabbrüche ethisch zu bewerten? Wie steht es mit embryonenverbrauchender Forschung? Ist ein Hirntoter wirklich tot und darf man ihm Organe entnehmen? Soll man aktive Sterbehilfe zulassen? In vielen Ansätzen evangelisch-theologischer und auch evangelisch-kirchlicher Bioethik hat sich in den letzten Jahren die Einsicht durchgesetzt, dass solche Fragen nicht einfach über eine Klärung des ontologischen und moralischen Status der Betroffenen – seien es Embryonen, Föten, Demenzkranke oder Hirntote – beantwortet werden können. Bei der ethischen Beurteilung solcher Grenzsituationen, in die meist mehrere direkt oder indirekt Betroffene involviert sind, ist auch die Verantwortung für die jeweiligen Handlungen und ihre Folgen, die direkten, aber auch die indirekten, vor allem die, die für das weitere Leben der Akteure oder Betroffenen identitätsbildend sind, in den Blick zu nehmen. Dieser Anforderung lässt sich am besten durch eine Orientierung an den drei zentralen ethischen Gesichtspunkten ‹Selbstbestimmung›, ‹Lebensschutz› und ‹Fürsorge› gerecht werden (vgl. EKD 2005).

Eine evangelische Bioethik kann beim Versuch einer Gewichtung dieser drei Kriterien nicht einfach von deren Gleichberechtigung ausgehen, wie bisweilen der Eindruck erweckt wird (vgl. EKD 2005). Vielmehr kann und muss anhand von Situation, Intention und Perspektive geklärt werden, welches Kriterium jeweils Vorrang hat. Dabei kann sich eine theologische Bioethik, die den grundsätzlichen verfassungsrechtlichen, vor allem menschen- und grundrechtlichen Rahmen der freiheitlichen Demokratie als ein intrinsisches moralisches Gut achtet, zumindest bei biorechtlichen und -politischen Konflikten nicht vom Vorrang der Selbstbestimmung dispensieren, auch wenn dies eigenen Wertentscheidungen zuwiderlaufen mag. Selbst wenn es im biopolitischen Diskurs engagierte Juristen immer wieder irritiert, gilt umgekehrt jedoch auch: Bioethik geht nicht in Biorecht auf. Deshalb ist es sinnvoll, wenn theologische Bioethik zum einen danach fragt, wie der Begriff der

Selbstbestimmung ethisch entfaltet wird: Wird er mit den bewussten Entscheidungen eines Erwachsenen, der sich im Vollbesitz seiner geistigen Kräfte befindet, identifiziert, oder werden auch andere leibliche Ausdrucksformen als Formen der Selbstbestimmung geachtet? Zum anderen ist an Voraussetzungen und Kontexte von Selbstbestimmung zu erinnern: Wie kommt jemand zu einer selbstbestimmten Entscheidung oder Willensäußerung? Ist sie informiert und unter Berücksichtigung seiner individuellen Verstehensmöglichkeiten und -grenzen zustande gekommen, oder ist doch heimlich Druck ausgeübt worden? Wie ist mit der im medizinischen Kontext nahezu unüberwindbaren Asymmetrie zwischen Patienten und Ärzten oder anderen professionell Agierenden umzugehen? Sind die Bedürfnisse, Ängste, Hoffnungen und Erwartungen des oder der Betroffenen eingeflossen?

Wenn Menschen nicht abstrakt, sondern konkret in ihren lebensweltlichen Verflechtungen befähigt, gestärkt und begleitet werden, möglichst informierte Entscheidungen zu treffen und dann auch kundzutun, verbindet sich dies mit dem Terminus ‹Fürsorge›. Fürsorge meint damit keineswegs – wie bisweilen unterstellt wird – eine neopaternalistische Bevormundung durch andere, die vermeintlich besser wissen, was gut für jemanden ist. Eine Haltung, die den Betroffenen in der Ausübung seiner Selbstbestimmung unterstützt und so für ihn sorgt, gehört zu den unbedingt zu beachtenden Standards einer evangelischen Bioethik, die die Betroffenen in ihrem Handeln in Grenzsituationen als vulnerable Personen begreift und entsprechend nach Möglichkeiten sucht, mit dieser Befindlichkeit verantwortlich umzugehen.

Selbst wenn den responsiv-kommunikativ gedeuteten Gesichtspunkten der Selbstbestimmung und Fürsorge im Umgang mit bioethischen Konflikten an den Grenzen des Lebens eine zentrale Bedeutung zukommt, kann man nicht darauf verzichten, Bedeutung und Grenzen der Statusfrage, die in der Praxis meist mit der nach dem Lebensrecht verbunden wird, anzusprechen. Die Thematisierung der Statusfrage stellt zwar keine hinreichende, aber doch eine notwendige Bedingung für eine verantwortungsbewusste Auseinandersetzung mit bioethischen Konfliktsituationen an den Grenzen des Lebens dar. Der Hinweis auf den Beziehungscharakter menschlichen Daseins und die Geheimnishaftigkeit seines Anfangs und Endes (vgl. Körtner 2010: 73–80) und der Vorschlag, der darin begründeten erkenntnistheoretischen Uneindeutigkeit verantwortungsethisch zu begegnen (vgl. Huber 2013: 46–48), machen zwar deutlich, dass eine biologistische oder rein ontologische Perspektive auf das werdende Leben zu kurz greift. Auch ein verantwortungsethischer Ansatz kann sich den biorechtlichen und -politischen

Debatten, in denen die Frage nach dem empirischen Identifikator für den an sich geheimnishaften Lebensanfang immer wieder gestellt wird und zumindest rechtspragmatisch beantwortet werden muss, jedoch nicht einfach verweigern.

Eine gerade von kirchlicher Seite häufig erwartete Eindeutigkeit ontologischer und moralischer Grenzmarkierungen kann dabei aus den dargestellten methodischen und sachlichen Gründen (vgl. die Teile 2.1. und 2.2.) freilich nicht immer geboten werden. Selbst wenn man darin übereinstimmt, dass im Sinne der oben skizzierten, von der theologischen Bioethik eigenständig zu füllenden Semantik der «Sakralität der Person» (vgl. 2.2.) einem jeden Menschen vom Anfang bis zum Ende seines Lebens unabhängig von Eigenschaften und sozialen Zuschreibungen Würde, Schutz und Achtung zukommen, kann die Frage, wie Anfang und Ende zu bestimmen sind, aufgrund der Entwicklungen der modernen Biomedizin immer weniger eindeutig beantwortet werden. Das heißt aber nicht, dass nicht zumindest die Kriterien, aber auch die wissenschaftstheoretischen Mindestbedingungen solcher Statusbestimmungen benannt werden könnten. Schon allein, um plausiblere von weniger plausiblen Kandidaten zu unterscheiden, ist es sinnvoll und notwendig, sich auf die entsprechenden Debatten einzulassen.

3.1. Lebensanfang

Schwangerschaftsabbruch, Pränatal- und Präimplantationsdiagnostik, Reproduktionsmedizin und embryonale Stammzellforschung führen regelmäßig zu emotional hoch aufgeladenen Konflikten, bei denen die Pluralität der modernen Gesellschaft bis zum Bersten (des Rechtsfriedens) erfahrbar wird. Dazu tragen die anfangs skizzierten Besonderheiten bioethischer Debatten ebenso bei wie das Wissen um existenzielle Konflikte, die zudem vielfach mit der Technisierung und Medikalisierung ehedem ausschließlich oder vorrangig dem Intimbereich vorbehaltener Fortpflanzung zusammenhängen. Schließlich scheinen elementare Fragen wie «Wann beginnt menschliches Leben?» und «Ab wann ist es zu schützen?» an tiefste menschliche Gefühle zu rühren.

Die von vielen Menschen, auch von den meisten Theoretikern geteilte Position, dass menschliches Leben von Anfang an *irgendwie* Schutz (wenn auch nicht unbedingt Menschenwürdeschutz) genießt, ist zwar für den *common sense* in einer Gesellschaft nicht nichts, verhindert aber bioethische und -rechtliche Kontroversen nicht. Denn unterschiedliche Extensionsangaben (beginnt Menschsein und/oder sein Schutz mit der Fertilisation, der Nidation, der Ausbildung des Primitivstreifens, der das biologische Individuum ermöglicht, oder des Gehirns oder erst mit der Geburt?) haben für die Bestimmung des moralischen Status frühesten menschlichen Lebens erhebliche Konsequenzen. Die traditionelle Antwort, dass menschliches Leben und sein kategorischer Schutz mit der Geburt beginnt, hat durch die biomedizinischen Möglichkeiten an Evidenz verloren. Wer will denn ernsthaft behaupten, dass ein übertragener Fötus weniger ein Mensch ist und weniger entsprechende Schutzrechte verdient als ein Frühgeborenes, das mit den Möglichkeiten neonatologischer Intensivtherapie am Leben gehalten wird? Mit dieser rhetorischen Frage und dem mit ihr verbundenen Appell, den Beginn der Schutzwürdigkeit des werdenden Menschen nicht an der faktischen Geburt allein festzumachen, muss nicht geleugnet werden, dass die Geburt selbstverständlich – schon rechtlich – den entscheidenden Einschnitt der Individualisierung (das Neugeborene befindet sich nicht mehr in der einzigartigen ‹Zwei in Einer›-Beziehung zur Mutter; vgl. Praetorius 2000: 30) und der sozialen Anerkennung (jetzt wird es standesamtlich registriert; ihm offiziell ein Name gegeben; seine Rechtsfähigkeit beginnt [§ 1 BGB]; es kann getauft werden) darstellt. Dennoch wird man ethisch und rechtlich hinter die Geburt zurückgehen und fragen müssen, ob sich in der vorgeburtlichen Entwicklung möglichst willkürarme Einschnitte finden, die es plausibel erscheinen lassen, einen ontologischen und moralischen Statuswechsel – in der emphatischen Formulierung von Robert Spaemann gesprochen: «von etwas zum jemand» (vgl. Spaemann 1996) – zu postulieren. Weil die intuitive und der zuvor (vgl. Abschnitt 2.2.2.) skizzierten Idee der «Sakralität der Person» entsprechende Antwort nur lauten kann, dass es einen solchen möglichst willkürarmen Übergang nicht gibt, sondern die jedem Menschen geschuldete fundamentale Anerkennung von allem Anfang an gelten müsse, hat sich in den letzten Jahrzehnten eine vor allem in katholisch lehramtlichen Dokumenten nahezu dogmatisierte (Johannes Paul II. 1995) und in evangelischen und ökumenischen Stellungnahmen vielfach wohlwollend aufgenommene (vgl. u. a. EKD/DBK 1989: 43–46; Grewel 2002: 199–202; Huber 2002; Härle 2005: 391–394) Position durchgesetzt, wonach der empirische Identifikator für den Beginn menschlichen Lebens in der Fertilisation zu finden sei. Die Auswahl dieses empirischen Identifikators der ‹Sakralität› menschlichen Lebens wird dabei häufig mit dem Hinweis begründet, dass ab hier ein neues genetisches Programm vorliege, das sich bei nichtwidrigen Umständen als ein Mensch (nicht zu einem Menschen) entwickele.

Doch die Identifikation des Lebensbeginns mit der Befruchtung ist komplizierter und wissenschaftlich und damit auch ethisch prekärer als von vielen gedacht. Dabei muss man gar nicht darauf verweisen, dass vor allem die katholische Tradition vor der Entdeckung von Samenzelle (1677) und Eizelle (1827) und den Fortschritten in Entwicklungsbiologie und Embryologie noch der naturphilosophischen Spekulation einer Sukzessivbeseelung anhing und damit – im Übrigen auch geschlechtsdifferenziert – bis weit ins 19. Jahrhundert (1869 Bulle *Apostolicae Sedis* von Papst Pius IX.) einen Gradualismus moralischer Schutzwürdigkeit und religiöser Heilszuerkennung frühesten menschlichen Lebens kannte. Vielmehr unterlaufen eine Explosion an entwicklungsbiologischem, embryologischem, genetischem und epigenetischem Wissen und neuere wissenschaftstheoretische Reflexionen die vermeintliche ontologische und moralische Eindeutigkeit der Identifikation von Lebensanfang und Lebensschutzbeginn mit der Fertilisation: Evident scheint die Fertilisations-These nämlich nur, wenn man einige keineswegs unstrittige Voraussetzungen akzeptiert. Der Begriff der Fertilisation impliziert für bioethische Fragen eine zeitliche Eindeutigkeit, die so nicht gegeben ist. Der Befruchtungsprozess umfasst nämlich eine ganze Reihe von Etappen, die in Deutschland zumindest rechtlich unterschiedlich geregelt sind. Es stimmt zwar, dass ab dem Eindringen des Spermiums in die Eizelle ein Prozess abläuft, der bei nichtwidrigen Umständen zu einem Menschen führt. Genau diese Konsequenz diente ja als Begründung dafür, den Schutz des Embryos, und zwar auch in vitro, schon mit der Fertilisation beginnen zu lassen. Tatsächlich müsste man dann aber auch schon den Beginn des als ‹Kaskade› (Deutscher Bundestag 2002: 54) zu charakterisierenden Befruchtungsvorgangs, das Vorkernstadium, mit in den Schutzbereich einbeziehen. Vor einer solchen rechtlichen Regelung schreckt der deutsche Gesetzgeber zurück. Die Konsequenz wäre nämlich gravierend: Nicht zuletzt erhielte die Reproduktionsmedizin, die in Deutschland aufgrund des gesetzlichen Verbotes keine frühen Embryonen einfrieren darf, einen ganz erheblichen Rückschlag. Denn sie dürfte auf die derzeit übliche Alternative, eine Eizelle einzufrieren, in die das Spermium eingedrungen, aber in der der Befruchtungsvorgang noch nicht abgeschlossen ist, nicht mehr zurückgreifen. Diese gegenüber der ursprünglichen Intention, die Fertilisation als klares Kriterium für den Beginn der Schutzwürdigkeit menschlichen Lebens hochzuhalten, inkonsequente

Umsetzung zeigt exemplarisch, dass viele rechtliche Bestimmungen, die dem Schutz des frühen menschlichen Lebens dienen, handlungsorientiert und interessengetrieben sind. Die unterschiedlichen rechtlichen Schutzkonzepte für das frühe menschliche Leben in den Kontexten von Stammzellforschung, Verhütung und Schwangerschaftsabbruch belegen diese Deutung.

Diese kritischen Rückfragen an die biologische und normative Eindeutigkeit der Fertilisationsthese verweisen darauf, dass das Ins-Leben-Kommen, erst recht das eines leiblichen Selbst, ein komplexer Vorgang ist, bei dem biologische, aber eben auch soziale und kommunikative Aspekte zusammenspielen. Demgegenüber muss derjenige, der an der in Theologie und Kirche so lange für unumstößlich gehaltenen Fertilisationsthese festhält, die genetische Ausstattung für die eine oder zumindest für eine sehr entscheidende Dimension menschlicher Identität und Personalität erachten. Diese Voraussetzung wird aber nicht nur durch die zunehmend erkannte Bedeutung von Umwelt, Ernährung und Bildung, sondern auch von epigenetischen Einflüssen auf das menschliche Leben und sein Werden immer mehr infrage gestellt (vgl. Carey 2011). Mit diesen inhaltlichen Einwänden korreliert der wissenschaftstheoretische Hinweis, dass sich die Vertreter der Fertilisationsthese, sofern sie mit dem Vorliegen des «vollständigen genetischen Programms» argumentieren, wissenschaftstheoretisch ganz von einer zugrunde liegenden Programm- und Informationsmetaphorik abhängig machen, die davon ausgeht, dass im genetischen Code alle entscheidenden Grundlagen menschlichen Lebens stecken (vgl. Rehmann-Sutter 2010). Wenn man das Wechselspiel von Genen und Umwelt mithilfe einer System-, Netz- oder Prozessmetaphorik beschreibt, ergibt sich ein ganz anderes Bild, das stärker die Uneindeutigkeit, positiv formuliert: die Geheimnishaftigkeit, des Anfangs betont. Dann läuft nicht nur in der Embryonalentwicklung, sondern während des gesamten menschlichen Lebens ein Prozess ab, bei dem die Gene nicht einfach unidirektional bestimmen, was geschieht, sondern durch Interaktion untereinander, durch Rückkopplungen aus Proteinen, aber auch durch menschliches Verhalten selbst verändert werden.

Aus all dem folgt für die Debatte um den moralischen Status des Embryos: Erstens kann keine moralische Position von sich behaupten, bei der rechtlichen und moralischen Statuszuschreibung willkürfrei zu argumentieren. Selbst wenn man den schwächeren, aber immer noch hohen Anspruch erfüllen will, möglichst willkürarm zu argumentieren (vgl. Huber 2002: 57), erscheinen Alternativen zur Fertilisationsthese nicht unbedingt unplausibler als diese selbst. Wenn auch durch weitere wissenschaftliche Erkenntnisse grundsätzlich falsifizierbar, bekommt derzeit vor allem die Nidationsthese, früher mit wenig überzeugenden Argumenten vertreten – erst in diesem Moment stabilisiere sich die Beziehung von Mutter und Kind (vgl. Fischer 2003: 34 f.) oder erst jetzt sinke die zuvor hohe Selektionsrate der Natur im Umgang mit frühestem Leben signifikant (vgl. Kreß 2009: 164) –, eine auch moralisch und ethisch ernst zu nehmende Begründung. Wie sich bereits am Befruchtungsvorgang gezeigt hat, stellt der Beginn des Lebens nämlich einen Prozess dar, der mit der Nidation eine systemtheoretisch beschreibbare Stabilisierung in einer dafür konstitutiven Umwelt erfährt. Das heißt: Die Nidation gehört immer noch zum Anfang. Dieser wird nur nicht als Punkt, sondern als Prozess verstanden. Im Unterschied zu anderen Deutungen der Nidation, die eine Differenz zwischen biologischem Beginn des Lebens (Fertilisation) und moralischem Schutzbeginn (Nidation) sehen (vgl. Fischer 2003: 38 f.), wird mit der These, dass die Nidation die Stabilisierung des als Prozess begriffenen Lebensbeginns darstelle, der hinter der «Sakralität der Person» stehende Gedanke, dass menschliches Leben von Anfang bis Ende zu schützen und zu achten ist, nicht aufgegeben. In diesem empirischen Identifikator findet sich zudem biologisch zum Ausdruck gebracht, was Menschsein in, aber auch jenseits der Biologie ausmacht: das Werden eines Selben, das dieses Selbe nur im Austausch mit Anderen und von ihnen her ist.

Zweitens machen die zurückliegenden Überlegungen deutlich, dass die Kategorizität, mit der in den letzten drei Jahrzehnten von kirchlicher Seite die Fertilisation geradezu als unumstößlich feststehender Lebensanfang propagiert wurde, angreifbarer ist als gedacht. Damit zeigt sich zugleich an einer der am intensivsten debattierten Fragestellungen der Bioethik, dass hier – wie Habermas diagnostizierte (s. Abschnitt 1.1.2.) – Fragen des Gerechten und Normativen durch Vorstellungen guten Lebens grundiert werden. Zu einem einer theologischen Bioethik gut anstehenden «Ethos der Ethik» (Rendtorff 2011: 75) gehört es, sich dieser ontologischen Uneindeutigkeit und damit auch einer gewissen ethischen Offenheit, die nicht mit Beliebigkeit zu verwechseln ist, zu stellen. Die Grenzen dieser Offenheit sind durch die Forderung, menschliches Leben von Anfang an zu schützen, markiert. Erst wenn dies bedacht ist, kann die ethische Konsequenz darin bestehen, den Fokus von der Statusfrage auf die Verantwortungsdimension der Konflikte am Lebensanfang zu lenken, wie Wolfgang Huber zu Recht vorschlägt (vgl. Huber 2013: 46–48). Damit rücken statt letztendlich nicht befriedigend zu beantwortender ontologischer Fragen die jeweiligen Verantwortungsträger (Eltern, Ärzte, Wissenschaftler) in den Mittelpunkt des ethischen Interesses;

VIII. BIOETHIK DES MENSCHEN

gleichzeitig wird klarer, warum aus ethischer Sicht in unterschiedlichen Kontexten – beispielsweise der Stammzellforschung oder einem Schwangerschaftskonflikt – unterschiedliche rechtliche Schutzkonzepte zum Tragen kommen können, selbst wenn man generell die These vertritt, dass die fundamentalmoralische Achtung eines Menschen von Anfang bis Ende seines Daseins greift. Denn wo Handlungssituationen signifikant verschieden sind – das eine Mal steht zur Debatte, ob ein Embryo zum Zwecke des Heilens verbraucht werden darf, das andere Mal geht es um die Regulierung eines Konfliktes im Rahmen einer Schwangerschaft –, gibt es auch ganz unterschiedliche Möglichkeiten zur Ausgestaltung des Schutzes frühesten menschlichen Lebens. Dem ist im Folgenden nachzugehen.

3.1.1. Schwangerschaftskonflikte

Seit es Menschen gibt, gibt es nicht nur ungeplante, sondern auch ungewollte Schwangerschaften und allerlei Methoden, diese zu beenden (vgl. u. a. Boltanski 2007). Offensichtlich wurde Sexualität nie nur als Mittel der Fortpflanzung wahrgenommen und gelebt. Die ungewollten Konsequenzen dieser Nicht-Identität von Sexualität und Reproduktion waren und sind ein existenzielles und gesellschaftliches Problem, unter dem in erster Linie die betroffenen Frauen zu leiden haben. Daran hat sich wenig geändert, auch wenn das Risiko für Frauen, bei einem Schwangerschaftsabbruch zu sterben, durch Fortschritte in Gynäkologie und Anästhesie im 20. Jahrhundert deutlich gesunken ist. Diese Entwicklung stärkte zwar einerseits die sexuelle Selbstbestimmung von Frauen, führte andererseits aber zwischenzeitlich auch zu der vor allem in Ländern mit entsprechend ‹liberaler› Gesetzgebung etablierten Praxis, Schwangerschaftsabbrüche gezielt als Methode der Geburtenkontrolle zu nutzen. Seit den 1960er-Jahren ist diese hoch ambivalente Praxis dank der Entwicklung und Verbreitung hormoneller Kontrazeptiva rückläufig. Dennoch dürfte weiterhin ein Großteil der Schwangerschaftsabbrüche auf Verhütungsdefizite zurückzuführen sein. Blickt man auf Deutschland, gehen von den ca. 107 000 gemeldeten Abbrüchen (Stand 2012) ‹nur› circa 3300 Fälle auf eine medizinische und 27 Fälle auf eine kriminologische Indikation (zusammen 3,1 %) zurück.

Evangelische Kirchen und Theologien haben sich dennoch immer wieder und mit zunehmender Eindeutigkeit gegen die Verdachtshermeneutik ausgesprochen, Frauen machten es sich bei einer Entscheidung für einen Abbruch leicht und folgten damit einem modernen Mach(t)barkeitswahn, der Ausdruck einer sogenannten «Kultur des Todes» (vgl. Johannes Paul II. 1995) sei. Weder einer solchen kulturpessimistischen Attitüde noch liberalistischen «Mein Bauch gehört mir»-Einstellungen oder einer utilitaristischen Argumentationslogik, wonach die durch einen Schwangerschaftsabbruch geminderte ‹Glückssumme› durch eine erneute Schwangerschaft wieder aufgefüllt werden könne, schließt sich evangelische Bioethik an.

Folgt man der skizzierten Methodik des weiten Überlegungsgleichgewichts, wird schnell deutlich, dass eine verantwortungsethische Bearbeitung dieses Konfliktes sich nicht darauf beschränken kann, einen Widerstreit zwischen Lebensrecht des Fötus oder anders gesagt der Leibesfrucht – schon hier verrät die Sprache, ob die Sprechenden eher einer Beobachter- oder Beteiligtenperspektive zuneigen (vgl. Kohler-Weiß 2003: 309–312) – und Selbstbestimmungsrecht der Frau zu identifizieren. Nicht, dass die mit diesen beiden ethischen Prinzipien markierte Spannung nicht existieren würde. Aber kritisch hinterfragt werden muss, ob der Konflikt mit der stereotypen Alternative ‹*pro life*› versus ‹*pro choice*› angemessen beschrieben und einer ethisch verantwortbaren Lösung oder zumindest Gestaltung zugeführt werden kann. Betroffene Frauen umschreiben ihre Situation eher mit der Frage «Kann ich Mutter dieses Kindes werden?» (vgl Kohler-Weiß 2003: 331). Diese Frage bewegt sie nicht aus einer distanzierten Beobachterperspektive, sondern als Betroffene, als solche, die sich – schon angesichts der ablaufenden Zeit eines möglichen legalen Beratungsabbruchs, aber auch angesichts persönlichen und gesellschaftlichen Drucks – in die Enge getrieben erleben. Aus der Sicht der Betroffenen – darauf weisen die evangelischen Ethikerinnen Ina Praetorius und Christiane Kohler-Weiß hin – wird die Einzigartigkeit des Schwangerschaftskonfliktes nicht hinreichend beschrieben, wenn man mit Abstrakttermini von der «Zweiheit in der Einheit» (BVerfGE 88: 253) spricht. Um anzuzeigen, dass die zwischenleibliche Verbindung zwischen der Frau und dem Ungeborenen exzeptionell ist, sodass der Schwangerschaftskonflikt eben nur mit der Frau, nicht gegen sie entschieden werden kann, begreift Ina Praetorius Schwangerschaft in einer geschlechts- und personalitätssensiblen Abwandlung der berühmten Formulierung des Verfassungsgerichts als «genuines Zwei in Einer» (Praetorius 2000: 30), während Christiane Kohler-Weiß diese spannungsvolle zwischenleibliche Einheit in ihrer zeitlichen und emotionalen Dynamik noch präziser beschreibt als «Prozeß, innerhalb dessen sich das genuin selbständig Unselbständige [das Ungeborene] zum genuin unselbständig Selbständigen entwickelt» (Kohler-Weiß 2003: 316).

Eine theologische Bioethik wird diese Eigenbeschreibung des Schwangerschaftskonfliktes sehr ernst nehmen müssen, weil nur von hier und nicht primär aus einer theonomen Gebots- oder einer deontologisch beschreibbaren Prinzipienethik, so richtig und notwendig diese beiden Ansätze theoretisch sein mögen, verantwortungsethische Perspektiven einschließlich hilfreicher Konsequenzen entwickelt werden können. Dabei sind freilich – stärker, als es Kohler-Weiß tut – auch die spezifischen Erfahrungen werdender Väter in den Blick zu nehmen, die zwar nicht in dem besonderen Verhältnis des «Zwei in Einem» zu dem Ungeborenen stehen, durch die Schwangerschaft aber ebenfalls existenziell betroffen sind (oder zumindest sein könnten respektive sollten). Ob mit einem Programmsatz «Schwangerschaftsabbruch soll nach Gottes Willen nicht sein!» (EKD/DBK 1989: 68) eine Atmosphäre geschaffen wird, in der Frauen und ihre Partner sich verantwortungsethisch nicht nur als Objekte, sondern als Subjekte des Konfliktes begreifen können, kann man mit Fug und Recht bezweifeln. Gegenüber solchen Sprachformen schlägt Christiane Kohler-Weiß verantwortungsethische Perspektiven und Kriterien vor, um das Thema mit und nicht ohne oder gegen die Betroffenen zu verhandeln (vgl. Kohler-Weiß 2003: 377): Wenn das primäre ethische Ziel die Verringerung von Schwangerschaftsabbrüchen sein soll und dabei die Frauen, die solches Geschehen oft als Trauma erleben, gestärkt werden sollen, dann sind in der Akutsituation zumindest eine sozialethische und eine verfahrensethische Norm zu beachten. Die erste fordert umfassende Hilfen für die Frau, die der Beziehung zum werdenden Menschen in ihr guttun. Darin drückt sich eine Art ‹pro life›-Einstellung aus. Nach der zweiten soll der Frau ein möglichst großer Entscheidungsfreiraum gegeben werden, um sich ihrer Situation stellen zu können. Das erinnert an ‹pro choice›-Ansätze. Gemäß dieser spannungsvollen Gewichtung organisiert im Übrigen auch der deutsche Staat die Beratungspraxis im Rahmen der Fristenlösung. Die dort vorgeschriebene Beratung soll zwar grundsätzlich ergebnisoffen sein, aber doch der Bewahrung des Lebens dienen. Die Auffassung mancher Rechtsdogmatiker, bei denen diese Praxis einer vom Staat finanzierten Pflichtberatung für eine zwar straffrei gestellte, aber dennoch rechtswidrige Tat auf Kopfschütteln stößt, muss von einer evangelischen Rechts- und Sozialethik nicht geteilt werden. Sie kann würdigen, dass das staatliche Gemeinwesen einerseits als Rechtsstaat daran festhält, dass der Schwangerschaftsabbruch eine Tötung darstellt, aber andererseits als Sozialstaat ein Interesse daran hat, für das Leben zu werben. Als Sozialethik wird sie dabei zugleich daran erinnern, dass ein effektives Schutzkonzept die

Schaffung gesellschaftlicher Rahmenbedingungen einschließen muss, die es Frauen oder Paaren erleichtern, sich für ein Kind zu entscheiden – durch den Ausbau von Betreuungsangeboten, die Förderung familienfreundlicher Arbeitsplätze und -zeiten, eine bessere finanzielle Absicherung von Alleinerziehenden und andere Maßnahmen (vgl. zur Familienpolitik als neuer Form sozialer Politik auch EKD 2013).

Institutionelle Vorkehrungen allein werden freilich nicht ausreichen, um Frauen zum Austragen einer Schwangerschaft zu ermutigen. Kohler-Weiß betont daher zu Recht die Bedeutung von «Gegenkräften zum Schwangerschaftsabbruch», die «das Leben im Mutterleib schützen, indem sie die schwangere Frau zum Leben ermächtigen» (Kohler-Weiß 2003: 370 ff.). Zu denken ist dabei an Einstellungen und Praktiken, Schwangerschaft als Gabe zu begreifen, Partnerschaft, Elternschaft und die Bedeutung von Kindern zu würdigen – das heißt: das ganze Beziehungsgeflecht zu vergegenwärtigen, aus dem heraus Schwangerschaft, Geburt, Nachkommenschaft und Familie ihren Sinn erhalten. Nach Kohler-Weiß' Auffassung kann der christliche Glaube dabei wertvolle Dienste leisten. Dies tut er nicht primär durch den Verweis auf Normen und Gebote, aber auch nicht, indem er den in der protestantischen Tradition oft zu schnell ins Feld geführten Gewissensbegriff stark macht (schließlich entbindet auch die Berufung auf den mit dem Gewissen konnotierten Kern der Person ja nicht von der notwendigen ethischen Reflexion). Vielmehr betont der christliche Glaube nach evangelischer Lesart das Vertrauen auf den transzendenten Gott, der in Jesus Christus dem sich selbst ständig verfehlenden Menschen doch näher kommt, als er sich selbst nah sein kann (vgl. Jüngel 1986: 257–263). Damit kann das aus sich selbst heraus äußerst fragile Beziehungsgeflecht, das die «Gegenkräfte zum Schwangerschaftsabbruch» bereitstellen soll, eine es stärkende Dimension bekommen. Diese mag den Beteiligten bei der Suche nach einer verantwortlichen Lösung Kraft (Liebe), Hoffnung und Trost (Glaube) schenken. Die realistische Anthropologie protestantischer Tradition weiß allerdings auch um die Grenzen einer solchen Zweitsicht auf menschliche Konflikte. Deshalb macht der christliche Glaube auch phänomenologisch plausibel deutlich, dass in der Situation eines Schwangerschaftskonfliktes in ganz besonderer Weise Bonhoeffers Diktum greift, dass Verantwortung die Bereitschaft zur Schuldübernahme meint (vgl. Bonhoeffer 1998: 283). Nachvollziehbar ist diese Deutung, weil die Betroffenen die Situation oft so erleben, dass «keine Option vorhanden ist, von der man sagen kann, daß sie im besten Interesse aller Beteiligten ist» (Gilligan 1982: 101). Des Glaubens Hoffnung, dass den Betroffenen, und das sind nicht nur die Frauen, die einen Abbruch erwägen, sondern auch ihr Umfeld, angesichts solcher Verantwortungsübernahme Vergebung zugesagt ist, kann nur bezeugt, aber nicht bewiesen werden.

3.1.2. Reproduktions- und Pränatalmedizin

Seit der Geburt des ersten sogenannten ‹Retorten-Babys› 1978 hat sich die In-vitro-Fertilisation (IVF) als Standardtherapie gegen ungewollte Kinderlosigkeit etabliert. Gleichwohl ist sie von Anfang an von äußerst kritischen moralischen Urteilen begleitet worden und wird auch heute noch kontrovers diskutiert. Dabei wird einerseits konsequentialistisch argumentiert und zum Beispiel auf das hohe gesundheitliche Risiko für die Frau bei der immer noch notwendigen Hormonstimulation oder bei der Austragung von in sich risikoreichen Mehrlingsschwangerschaften hingewiesen. Kritik richtet sich auch auf implizit oder explizit Embryo-selektive Verfahren: Außerhalb von Deutschland und Ländern mit ähnlich restriktiver Gesetzgebung wird bereits ein ‹Qualitätscheck› der Embryonen in der Petrischale durchgeführt. Mit noch größerer Entschiedenheit werden von Kritikern der Reproduktionsmedizin jedoch deontologische Argumente vorgetragen (vgl. etwa Maio 2013), die auch von kirchlicher respektive theologischer Seite vielfach geteilt werden (vgl. u. a. schon EKD/DBK 1989: 63–65; sowie aus jüngerer Zeit Hofheinz 2008): Die IV-Technologie folge einer «Logik des Herstellens», einer «Logik der Entpersonalisierung» und einer «Logik der Modularisierung» (vgl. Maio 2013). Außerdem drohe die Gefahr, dass mit dieser Produktionsmentalität von Reproduktion eine Sogwirkung entstünde, bei der zunächst ein Recht auf ein Kind, dann auf ein gesundes Kind und schließlich auf ein perfektes Kind gefordert werde (vgl. Kohler-Weiß 2008: 87–118). Aus ähnlichen Gründen werden auch Pränataldiagnostik (PND) und vor allem Präimplantationsdiagnostik (PID) abgelehnt. Wolfgang Huber sieht hier zwar keinen Kulturkampf zwischen einer Kultur des Lebens und des Todes (vgl. Johannes Paul II. 1995) aufbrechen, aber sehr wohl einen Widerstreit zwischen einem olympischen Menschenbild, das den Menschen hochschätzt, sofern er Leistung bringt, und einem biblischen, das den Menschen auch und gerade angesichts von Leid würdigt (vgl. Huber 2013: 55–58).

Die Besorgnis, dass Fortpflanzung durch IVF, PND (vor allem mit den neuen nicht-invasiven Methoden) und PID einer Beherrschbarkeitsdynamik unterworfen werden könnte, ist nicht unbegründet, vor allem wenn man sich vor Augen führt, dass beinahe neun von zehn mit Trisomie 21 diagnostizierten Schwangerschaften abgebrochen werden.

Auf Kurzschlüsse menschlich verständlicher, aber schlussendlich unrealistischer Perfektionierungsvorstellungen bei Kinderwünschen hinzuweisen – Leid kann vor, während und nach der Geburt durch Unfall oder Krankheit entstehen; umgekehrt gilt: nicht nur unter physischen, psychischen und sozialen Normalbedingungen gibt es gelingendes Leben –, steht den Kirchen und Gläubigen, die sich für die Inklusion aller stark machen, gut an. Eine theologische Bioethik wird aber auch vor einer Pauschalverurteilung der Reproduktions- und Pränatalmedizin warnen. Zum einen ist selbstkritisch festzuhalten, dass das nicht zuletzt von den Kirchen immer wieder beworbene Ideal der bürgerlichen Kleinfamilie, verstanden als Keimzelle der Gesellschaft, von vielen – eben auch bisher als unfruchtbar geltenden Paaren – angestrebt wird. Es wirkt arg unglaubwürdig, wenn diesen dann trotz biotechnologischer Möglichkeiten anempfohlen wird, den Wunsch auf eigene Kinder aufzugeben. Die technisch unterstützte Fortpflanzung wäre doch nur dann von der Liebe des Paares entkoppelt, wenn dieses ansonsten keine Intimität leben würde. Liebloser Sex ohne biotechnologische Assistenz kann dem Ideal einer guten Partnerschaft ebenso widersprechen, wie ein intensiver, mit technischer Hilfe erfolgreich erfüllter Kinderwunsch ihr entsprechen kann. Technik als unnatürlich darzustellen, einen (vermeintlich) natürlichen Liebesakt dagegen als einzig authentische Form des Kinderwunsches zu bestimmen, ist eine vormoderne Unterscheidung, die nicht sieht, dass Technik zur Natur des Menschen gehört und sich dessen Menschlichkeit nicht einfach in der Ablehnung, sondern in der Gestaltung solcher Möglichkeiten bewährt. Auch in vitro ‹produzierte› Kinder werden ihre Eltern von ihrer Eigenständigkeit überzeugen, so wie ‹normal› gezeugte Kinder oft dem Bild der Eltern entsprechend erzogen werden. Wenn sie empfehlenswerte Vorstellungen guten Lebens nicht mit verpflichtenden Normen verwechseln wollen, sollten Kirchen und Kulturkritiker zudem deutlich machen, dass ihre Bedenken das rechtlich in bestimmten Grenzen sowieso gegebene, aber auch ethisch bedeutsame Recht der Selbstbestimmung in reproduktiven Fragen nicht aufheben.

Pränatal- und Präimplantationsdiagnostik werfen zwar schwerwiegendere ethische Probleme auf als eine allein der Realisierung eines Kinderwunsches dienende und insofern nicht mit der Verwerfung von Embryonen verbundene In-vitro-Fertilisation. Auch hier scheint eine pauschale Verurteilung jedoch weder angemessen noch zielführend. Was die PND betrifft, ergibt sich dies indirekt aus dem zum Schwangerschaftskonflikt Gesagten (s. Abschnitt 2.1.1.). Wenn schon eine ‹gewöhnliche› Schwangerschaft eine Frau (und ein Paar) in einen existenziellen Konflikt stürzen kann, gilt dies umso mehr für eine Schwangerschaft mit einem Kind, das voraussichtlich an schwerwiegenden gesundheitlichen oder mentalen Beeinträchtigungen leiden wird. Auch hier muss es daher vor allem um Beratung und Unterstützung der Betroffenen sowie um eine Veränderung der gesellschaftlichen Rahmenbedingungen gehen. Es gilt, den Weg der Inklusion von Menschen mit Behinderung, der sich zum Beispiel mit «Aktion Mensch» oder der Ratifizierung der UN-Behindertenrechtskonvention verbindet, entschieden fortzusetzen. Ermutigung, aber auch rechtliche Absicherung und ideelle wie finanzielle Förderung dürften die wirkungsvollsten Ansatzpunkte sein, um der (zweifellos bereits stattfindenden) pränatalen Selektion entgegenzusteuern.

Bei der PID scheint auf den ersten Blick eine andere Sachlage vorzuliegen, weil es hier nicht um die nachträgliche Vergewisserung geht, dass ein bereits im Mutterleib heranwachsendes Kind gesund ist, sondern um die Entscheidung, ob im Rahmen einer IVF erzeugte Embryonen überhaupt implantiert werden oder nicht. Stärker noch als die PND symbolisiert die PID daher die Tendenz zu einer immer umfassenderen Kontrolle menschlicher Fortpflanzung. Dennoch ist auch bei der PID eine differenzierte Urteilsbildung erforderlich. Die in manchen Ländern verfolgte Idee, jede IVF routinemäßig zur ‹Qualitätssicherung› von einer PID begleiten zu lassen, verstärkt eine fatale Machbarkeitsillusion und muss als Selektion verurteilt werden. Anders sieht es dagegen aus, wenn Paare, die eine schwere genetische Belastung in ihrer Familie kennen, eine PID in Anspruch nehmen. Die Situation solcher Paare ist, wie der Gesetzgeber inzwischen auch anerkannt hat, in gewisser Weise mit dem Schwangerschaftskonflikt nach einer PND mit medizinisch auffälligem Befund vergleichbar. Die aus der eigenen Familiengeschichte nicht nur theoretisch antizipierte, sondern bekannte Erwartung einer wahrscheinlichen Totgeburt oder Geburt eines schwerst erkrankten Kindes kann sehr wohl zu ähnlichen psychischen Belastungen führen, wie sie im Falle eines auffälligen Befundes nach PND als medizinische Indikation anerkannt sind. Zwar handelt es sich bei solchen PID-Fällen um einen extrakorporalen Schwangerschaftskonflikt, aber einen innerleiblichen. Als solchen kann man ihn jedenfalls dann charakterisieren, wenn man unter ‹Leib› die schon immer sozial gedeutete, sprich auch technisch-kulturell geprägte Daseinsform des Menschen begreift. So dürfte der Funktionsausfall einer Brille oder eines Herzschrittmachers, auch wenn beide Geräte nicht zum menschlichen Körper zählen, als eine elementare leibliche Einschränkung erlebt werden. Analog kann für so belastete Paare schon eine IV-Befruchtung als leibliches Geschehen erlebt werden. Insgesamt bleibt festzuhalten, dass der Streit um die moderne Reproduktions- und Pränatalmedizin vielfach nur von den eigentlich zu führenden Debatten um Lebensformen, Generationenverhältnisse und den nicht nur theoretischen, sondern praktischen Umgang mit Menschen mit Behinderung ablenkt. Auch die anhebenden oder erwartbaren Kontroversen um Samen- und Eizellspende, Leihmutterschaft und sogenanntes *social freezing* sowie um den Einsatz der genannten Technologien, um Paaren, die nicht den bisherigen IVF-Kriterien entsprechen (homosexuelle Paare, Frauen jenseits der 40 beziehungsweise jenseits der Menopause), zu einem Kind zu verhelfen, lassen sich großenteils in der genannten Perspektive deuten.

3.2. Lebensende

Während in bioethischen Debatten zum Lebensanfang vor allem um Lebensschutzfragen gerungen wird, steht bei bioethischen Fragen am Lebensende die Selbstbestimmung im Mittelpunkt. Das verwundert insofern nicht, als Selbstbestimmung einen Grundwert des neuzeitlichen und modernen Selbstverständnisses bildet und die Vorstellung von der Würde des Menschen entscheidend bestimmt. Dabei kann das Verlangen nach Würde und Selbstbestimmung durchaus in Konflikt mit dem Imperativ der Lebenserhaltung geraten. Die moderne Hochleistungsmedizin, das Wegbrechen traditioneller Fürsorge-Strukturen und Berichte über Pflegedefizite wecken bei vielen die Befürchtung, dass sie bei schwerer Krankheit länger als nötig am Leben erhalten oder nicht hinreichend würdevoll gepflegt werden könnten. Nicht die Erwartung einer maximalen Lebensdauer, sondern die einer einigermaßen anständigen Lebensqualität prägt die Würde-Vorstellung vieler Menschen. Angesichts des Bedeutungsverlustes traditioneller, religiös imprägnierter Verhaltensmuster, Leiden auszuhalten, und eines auch medial geförderten Klimas der Liberalität, das sich in einigen Nachbarländern Deutschlands bereits in entsprechenden rechtlichen Regelungen niedergeschlagen hat, geraten Positionen, die Selbstbestimmung am Lebensende nicht sogleich mit einem Plädoyer für die Freigabe von Tötung auf Verlangen oder Suizidbeihilfe verbinden, zunehmend in die Beweislast.

Der christliche Glaube hat dabei auch als modernitätssensibler ein durchaus ambivalentes Verhältnis zum Lebensende und seiner Gestaltung, was eine einfache Orientierung erschwert. Weder das Festhalten am Leben um seiner selbst willen noch die leichtfertige Überwindung des irdischen Daseins prägen die biblischen Traditionen. Schon alttestamentlich gibt es den starken Wunsch, «alt und lebenssatt» (u. a. Gen 25,8; 35,29) zu sterben, aber auch das Wissen um sein Scheitern. Es finden sich sogar moderate Schilderungen von Suiziden (u. a. Saul oder Samson). Im Neuen Testament kommt eine entscheidende Wende hinzu: Ob ein Mensch als Lebender oder Toter gilt, entscheidet sich in der paulinischen und johanneischen Tradition allein an der Annahme oder Ablehnung des Glaubens an Jesus Christus. Zudem sperrt sich die zentrale apokalyptisch-christologische Botschaft von der Auferstehung einer Verabsolutierung des eigenen endlichen Selbst und öffnet somit den Blick für die Begrenztheit irdischen Daseins. Zugleich demonstrieren die die Nähe Gottes verkündigenden Heilungs- und Auferweckungserzählungen, dass die Sorge um Kranke, Leidende und Sterbende als essenzieller Teil der christlichen Lebensführung begriffen werden soll. Von daher kann ein Christentum, das sich seiner religiösen und darin begründeten sittlichen Ursprünge vergewissert, den modernen Wunsch nach Selbstbestimmung am Lebensende zwar verstehen und würdigen, aber nur mit einer doppelten Brechung: Zum einen ist der Tod, die radikale Störung aller eigenen Pläne, nicht als Projekt zu begreifen, das mit Kontrolle und souveräner Autonomie realisiert wird. Den Tod «als der Sünde Sold» (Röm 6,23) zu deuten ist Ausdruck der Einsicht, dass das berechtigte Verlangen, die eigene Würde auch im Sterben zu wahren, keine Erfüllungsgarantie besitzt. Zum anderen werden die Bedingungen eines würdevollen Sterbens am ehesten vorbereitet, wenn das, was nach christlichem Verständnis das Menschsein entscheidend ausmacht, schon im Leben gepflegt wird: sich selbst gerade in seinem Streben nach Selbstbestimmung als ein Beziehungswesen zu begreifen. Das heißt für das Sterben anderer, ihnen zur Seite zu stehen (Mt 25,36), und im eigenen Sterben die grundlegende Passivität als eine Dimension leiblichen Daseins zu akzeptieren und sich selbst der Fürsorge anderer anzuvertrauen – und im Ende auf den «einigen Trost» (Heidelberger Katechismus) zu hoffen, der alle menschlich-zerbrechlichen Versuche, sich im Sterben gegenseitig Nähe zu schenken, noch einmal tragen und ertragen möge. Aus dem so skizzierten Geist kann das zentrale Anliegen des modernen Menschen, selbstbestimmt und würdevoll zu sterben, gewürdigt und gleichzeitig so eingebettet werden, dass es sich am Ende angesichts zu hoher Erwartungen nicht faktisch gegen sich selbst wendet.

3.2.1. Suizid, assistierter Suizid und Tötung auf Verlangen

Blickt man auf die Ergebnisse der aktuellen Suizidforschung (vgl. Albrecht 2012), so empfindet man angesichts der jahrhundertelangen religiösen, moralischen und rechtlichen Verurteilung des Suizids und der damit verbundenen Stigmatisierung des Suizidanten zunächst zu Recht Scham. Denn wenn es stimmt, dass jenseits eines altruistisch, religiös, politisch motivierten Selbstopfertodes nur ein ganz geringer Anteil der sich in einer Lebens- oder Identitätskrise ereignenden Suizide und Suizidversuche auf eine freiverantwortliche Entscheidung zurückgeht, dann sind nicht zuerst moralische Urteile, sondern Begleitung und Fürsorge gefordert. Vor dem Hintergrund dieser Erkenntnis müssen nicht nur die religiöse Verurteilung des Suizids mit der Begründung, hier finde ein Eingriff in die Souveränität des Lebensgebers Gott statt, sondern auch die naturrechtliche, hier käme es zu einer Missachtung des Selbsterhaltungsgebots, oder die kantische, beim Suizid würde die Forderung des kategorischen Imperativs, die Maxime des eigenen Tuns verallgemeinern zu können, nicht befolgt, kritisch beurteilt werden. Diese Beurteilungen, so richtig sie theoretisch erscheinen mögen, erfassen nämlich allesamt nicht die existenzielle Not des Suizidanten. Liberale Ethiker und Juristen weisen zudem gern darauf hin, dass aus der religiös oder philosophisch diagnostizierten Unsittlichkeit einer Handlung nicht automatisch das Recht Dritter folge, sie zu verhindern. Unter dem Einfluss des modernen Selbstbestimmungspathos hat sich der Fokus der Debatte über den Suizid in den letzten Jahrzehnten daher immer mehr von der Frage nach der moralischen Beurteilung des Suizids selbst hin zu der Frage nach der rechtlichen Zulässigkeit einer Intervention des Umfeldes (sei es, um einen Suizidanten an seinem Tun zu hindern, sei es, um ihn dabei zu unterstützen) verschoben. Das deutsche Recht verbietet weder den Suizid noch die Beihilfe dazu, kennt allerdings den Tatbestand der unterlassenen Hilfeleistung, der unter Umständen auch greifen kann, wenn jemand Zeuge eines Suizidversuchs wird und nicht eingreift. Für einzelne Berufsgruppen (vor allem für Ärztinnen und Ärzte) gelten zudem strengere strafrechtliche und standesrechtliche Regelungen. In anderen EU-Staaten (zum Beispiel Großbritannien) ist die Beihilfe zur Selbsttötung sogar explizit und ausnahmslos untersagt. Versuche, entsprechende Regelungen vor dem Europäischen Gerichtshof für Menschenrechte anzufechten oder gar ein Recht auf Suizidbeihilfe geltend zu machen, sind bisher gescheitert (vgl. Pretty vs. UK; Haas vs. Schweiz;

Koch vs. Deutschland). Allerdings leitet der Europäische Gerichtshof für Menschenrechte (EGMR) aus Art. 8 der Europäischen Menschenrechtskonvention das Recht jedes Einzelnen ab, selbst zu entscheiden, wann und wie er sein Leben beenden will, und zeigt sich zunehmend offener gegenüber der Annahme, dass der Staat eine positive Verpflichtung haben könnte, Maßnahmen zu ergreifen, um seinen Bürgern einen würdevollen Suizid zu ermöglichen (vgl. insbesondere Haas vs. Schweiz).

Rechtliche Entscheidungen dispensieren freilich nicht von ethischen Überlegungen, die zwischen Respekt vor der Selbstbestimmung des Einzelnen und – im oben skizzierten Habermas'schen Sinne (s. Abschnitt 1.1.2.) – elementaren Vorstellungen guten Lebens einen verantwortlichen Ausgleich zu finden haben. Dies gilt auch für die hier vor allem interessierende Frage nach Sterbehilfe in medizinischen Kontexten. Dazu werden neben der Beihilfe zur Selbsttötung auch das Sterbenlassen durch Behandlungsabbruch oder -verzicht, Therapien am Lebensende, bei denen nicht ausgeschlossen werden kann, dass sie den Tod nach sich ziehen, sowie die explizite Tötung auf Verlangen gerechnet (vgl. zur Terminologie Nationaler Ethikrat 2006: 49–56). Was diese Praktiken mit dem Suizid verbindet, ist die Tatsache, dass sie der Realisierung eines expliziten Sterbewunsches dienen. Allerdings geht es nur beim assistierten Suizid und der Tötung auf Verlangen um eine gezielte Lebensbeendigung; beide Formen der Sterbehilfe werden daher zu Recht besonders kontrovers diskutiert. Insbesondere die Erwartung, dass zum Spektrum ärztlicher Aufgaben neben den seit alters überlieferten von Therapie und Begleitung im Sterben nun auch noch die aktive Assistenz beim Sterben oder gar die aktive Tötung hinzutreten soll, stellt einen gravierenden Bruch mit dem ärztlichen Ethos und mit der Vorstellung des darauf aufruhenden Arzt-Patienten-Verhältnisses dar. Diese massive Veränderung kann nicht damit kleingeredet werden, dass es einige wenige Länder gibt, in denen eine solche Transformation bereits stattgefunden hat.

Die sachliche Frage, ob man dem beharrlichen Wunsch eines offensichtlich einwilligungsfähigen Patienten, der beispielsweise unter unerträglichen Schmerzen leidet oder das als qualvoll prognostizierte Ende einer Krebserkrankung nicht erwarten will, nachgeben und ihn bei einem Suizid unterstützen, ja gegebenenfalls auf sein Verlangen hin aktiv töten darf, oder ob es Gründe gegen eine solche Praxis gibt, die nicht nur im Sinne einer optionalen Vorstellung guten Lebens zu bewerten sind, sondern die einen geradezu zwingenden Charakter besitzen und deshalb in einem plural verfassten Gemeinwesen von allen zu befolgen sind, ist mit dem bloßen Hinweis auf die

Tragweite einer solchen Entscheidung natürlich noch nicht beantwortet. Um es vorweg zu sagen: Auch in theologisch-ethischer Perspektive ist die Sache keineswegs so klar, wie es die vulgärtheologische Verwendung der Figuren «Gott ist der Herr des Lebens» oder «Leiden sind auszuhalten» nahelegt (vgl. Frieß 2008). Selbst wenn man das Leben als Gabe Gottes begreift, ergibt sich daraus nicht per se eine Lebenspflicht (vgl. Kreß 2009: 281). Die Spannbreite innerhalb der christlichen Konfessionen und Theologien ist breiter, als die christlichen Kirchen in Deutschland zugeben wollen (vgl. Schardien 2007; dies. 2010). So finden sich sehr wohl Kirchen, die Sterbehilfepraktiken als erlaubt qualifizieren und auch in ihren eigenen Pflegeheimen zulassen. Neuere theologische Versuche, Suizidassistenz oder Tötung auf Verlangen als christliche Liebestat zu glorifizieren (vgl. Frieß 2008) oder sie nicht nur als Gewissenstat zu verstehen, die dem Handelnden Konsequenzen aufnötigt, die er bereit sein muss zu tragen, sondern als ethisch und rechtlich erlaubt einzustufen (vgl. Kreß 2009: 268–283), gehen jedoch zu stark von einem allzu optimistischen Selbstbestimmungsbegriff aus, der auf sozialen Grundlagen aufruht, die durch eine Praxis der regulären Zulassung von Suizidbeihilfe und Tötung auf Verlangen de facto unterminiert würden. Zählt doch zu den verteidigenswerten Grundlagen einer humanen, sprich zur realen und nicht nur formalen Selbstbestimmung befähigenden Kultur, dass Sterben seine Zeit behalten darf (vgl. Pred 3,2) und nicht unter moralischen oder finanziellen Druck geraten oder als Projekt begriffen werden sollte. Die Gewissheit, das eigene Leben in Ruhe zu Ende leben zu dürfen, ohne dass auch nur im Entferntesten der Gedanke aufkommen muss, ob sich das angesichts der vermeintlich gleichwertigen Alternative eines (selbst herbeigeführten) Todes noch ‹lohnt›, ist ein ebenso elementarer wie offensichtlich immer fragiler werdender Grundpfeiler menschlichen Zusammenlebens. Angesichts der fundamentalen Bedeutung, die die genannten Einstellungen und Gewissheiten für das menschliche Zusammenleben haben, scheint es legitim, dem für sich genommen verständlichen und legitimen Wunsch nach Selbstbestimmung hier auch rechtlich Grenzen zu setzen (vgl. EKD 2002: 36). Allerdings zeigt der Wunsch vieler Menschen nach der Legalisierung von Tötung auf Verlangen oder ärztlicher Suizidbeihilfe, dass noch immer eine große Sorge besteht, dass das Sterben einen unwürdigen Verlauf nehmen könnte. Ausbau von palliativer Therapie inklusive palliativer psychologischer und spiritueller Begleitung sowie von ambulanter und stationärer Hospizarbeit und ein größeres gesellschaftliches Engagement für die Pflege einschließlich einer größeren Anerkennung der dort Tätigen, aber auch Programme, mit

Demenz ein würdevolles Leben führen zu können, sind notwendige Schritte, die dem auch demoskopisch erwartbar sich verstärkenden Trend zur Befürwortung lebensverkürzender Maßnahmen entgegensteuern können.

Dass es auf Seiten Betroffener und der sie begleitenden Ärzte zu Grenzsituationen kommen kann, in denen der Wunsch nach Lebensbeendigung auch nach reiflicher Überlegung bestehen bleibt und zu entsprechenden Handlungen führt, wird niemand bezweifeln. Einer moralischen und erst recht einer religiösen Verurteilung sollte man sich dabei ebenso enthalten, wie man erwarten dürfen wird, dass der Rechtsstaat solche Fälle mit aller Billigkeit beurteilt. Umgekehrt ist jedoch auch festzuhalten, dass Versuche, aus der bisweilen als Nötigung zur Lebensbeendigung erlebten Situation eine allgemeine Regel zu machen, angesichts der Gefährdung der oben skizzierten basalen Grundlagen guten Zusammenlebens fragwürdig sind. Die Bonhoeffer'sche Einsicht, dass in diesen Situationen für den Einzelnen, aber auch für die Gesellschaft Verantwortungsbereitschaft wieder einmal die Bereitschaft zur Schuldübernahme einschließt, die der Vergebung bedarf, stimuliert alle Seiten vielleicht, die von der eigenen Überzeugung abweichende Position Anderer nicht einfach als moralisch verwerflich zu disqualifizieren, aber auch nach Wegen zu suchen, in denen ein würdevolles Sterben für möglichst alle möglich ist und bleibt und der Ruf nach Tötung auf Verlangen schwächer wird. Dazu gehört nicht zuletzt das Bemühen, die Bedeutung des Lassens und der Passivität für das Verständnis und Erleben von Selbstbestimmung (vgl. u. a. Stoellger 2008), durch entsprechende Sensibilität in Verkündigung, Bildung, aber auch in der medizinischen und pflegerischen Praxis, gerade im Umgang mit Sterbenden, wiederzugewinnen.

3.2.2. Vorsorgeinstrumentarien

Ein Hilfsmittel, um der Furcht vor einer als unwürdig eingeschätzten Übertherapie zu begegnen, ohne gleich das Äußerste von Tötung auf Verlangen oder Suizidbeihilfe in Erwägung zu ziehen, sind Vorsorgeinstrumente. Gemeinsam haben EKD und Deutsche Bischofskonferenz schon früh (erstmals 1999 veröffentlicht, wiederaufgelegt 2003; vgl. EKD/DBK 2003) ein eigenes Formular einer «Christlichen Patientenverfügung» zur Verfügung gestellt. Obwohl dieses wegen seiner Knappheit juristisch vielfach kritisiert wurde und es beim Ausfüllen dringend professioneller Unterstützung bedurft hätte, zeigte die große Nachfrage, der diese Handreichung begegnet ist, welch ein Bedürfnis in der Bevölkerung nach solchen Vorsorgeinstrumentarien herrscht. Dieser Trend ist ungebrochen. Inzwischen gehen Schätzungen davon aus, dass in Deutschland rund acht Millionen Patientenverfügungen ausgefüllt wurden. Setzt man diese Zahl in Relation zur Gesamtbevölkerung, wird schnell klar, dass es aber weiterhin großen Aufklärungsbedarf gibt. Denn Vorsorgeinstrumente sind nicht nur juristisch eine komplizierte Angelegenheit, sondern auch ethisch. Das beginnt schon damit, dass es neben der klassischen Patientenverfügung, in der für festgelegte Krankheitssituationen im Falle dann möglicher Nichteinwilligungsfähigkeit Behandlungsoptionen, in der Regel – wenn auch nicht zwingend – solche des Behandlungsabbruchs, festgelegt werden, noch zwei weitere, weniger bekannte Vorsorgeinstrumente gibt: die Vorsorgevollmacht, in der man eine Person des Vertrauens zur Bevollmächtigten in Gesundheitsangelegenheiten bei fehlender eigener Einwilligungsfähigkeit bestimmt, und die Betreuungsverfügung, mit der man jemanden zum Betreuer beim Familiengericht in festgelegten Angelegenheiten bestimmt. Wer sich mit dem Thema befasst, steht also nicht nur vor der Frage, ob er überhaupt von einem solchen Vorsorgeinstrument Gebrauch machen will, sondern von welchem. Ehe man sich für eines davon entscheidet, sollte man zudem wissen: Die Regelungen haben, wenn die antizipierte Krankheitssituation nach Einschätzung von Ärzten und Angehörigen tatsächlich gegeben ist, rechtsgültige Wirkung. Vorsorgeinstrumentarien sind aber auch deshalb eine sensible Angelegenheit, weil ein ernsthaftes Ausfüllen solcher Dokumente eine sicher nicht nur angenehme Auseinandersetzung mit dem eigenen Sterben, dem eigenen Lebensentwurf und der Tragfähigkeit des Beziehungsnetzes, in dem man lebt, erfordert (vgl. Meyer-Stiens 2012). Schon wegen der juristischen, medizinischen und menschlichen Komplexität einer solchen Aufgabe ist Beratung angesagt. Geht es doch durch die Bewältigung aller Regularien hindurch um zutiefst existenzielle Dinge. Man denke nur an die bis heute kontrovers diskutierte Frage, wie mit Patientenverfügungen umzugehen ist, die beim Vorliegen einer Demenz in einer medizinischen Akutsituation einen Behandlungsabbruch verfügen, wenn der Patient trotz seiner Demenz über längere Zeit leibliche Zeichen der Lebensfreude zeigt. Was hat Vorrang? Die Vorausverfügung im Stadium voller Einsichtsfähigkeit oder die aktuelle leibliche Ausdrucksgeste (vgl. zu einem Lösungsvorschlag Dabrock 2007)? Leichter ist da die Koordination eines Behandlungsabbruchwunsches mit der Willensverfügung eines Organspendeausweises, die ja eine künstliche Aufrechterhaltung von Vitalfunktionen bis zur Explantation verlangt.

Obwohl die Kirchen von außen betrachtet allein schon durch die Vorhaltung der «Christlichen Patientenverfügung» von Anfang an eine grundsätzlich positive Einstellung zu Patientenverfügungen an den Tag gelegt haben, hat sich im Vorfeld der Novellierung des Betreuungsrechtes 2007 gezeigt, dass die Lage komplizierter ist. Nicht nur forderten die katholische Kirche durchgängig und die EKD zeitweilig eine Reichweitenbeschränkung von Patientenverfügungen auf die Sterbephase, sondern die Sinnhaftigkeit von Patientenverfügungen wurde generell in Frage gestellt (vgl. zu diesem Prozess Dabrock 2013a). Als die Kirchen ihre Auffassung bei der Neufassung des Betreuungsgesetzes nicht durchsetzen konnten, sondern eine liberale Regelung eingeführt wurde, bei der eine Patientenverfügung nur dann nicht berücksichtigt wird, wenn zwischen den von dem Fall Betroffenen (Ärzte, Pflegende, Angehörige, rechtliche Betreuer) Dissens darüber herrscht, ob die in der Verfügung antizipierte Situation tatsächlich eingetreten ist, haben sie den Spielraum des Gesetzes genutzt, um seinen liberalen Geist im Sinne eines beziehungsorientierten Menschenbildes zu korrigieren. An die Stelle der alten «Christlichen Patientenverfügung» ist die «Christliche Patientenvorsorge» (EKD/DBK 2011) getreten, die auf einen integrativen Ansatz von Vorsorgevollmacht, Betreuungsverfügung, der Artikulation von Behandlungswünschen und der klassischen Patientenverfügung setzt, der Vorsorgevollmacht dabei jedoch eindeutigen Vorrang vor der klassischen Patientenverfügung einräumt. Diese Wendung mag dem einen oder der anderen als zu paternalistisch oder restriktiv und dem Geiste des Gesetzes nicht angemessen erscheinen. Es ist jedoch legitim, wenn zivilgesellschaftliche Orientierungsorganisationen wie die Kirchen den Spielraum, den eine rechtliche Regelung bietet, gezielt in einer bestimmten Richtung nutzen, sofern sie den Eindruck haben, dass die jeweilige Regelung entscheidende Dimensionen menschlichen Lebens, hier: des Umgangs mit dem Sterben, nicht hinreichend beachtet. Im Detail lassen sich zu dieser Handreichung zwar sicherlich noch Verbesserungsvorschläge vorbringen. Dass die Kirchen subkutan den Eindruck vermitteln, Fürsorge habe auch in rechtlicher Hinsicht Vorrang vor Selbstbestimmung, ist zum Beispiel nicht unproblematisch. Statt der unterschwelligen Abwertung der klassischen Patientenverfügung sollte man außerdem daran festhalten, dass sie für diejenigen, die kein ausreichendes Beziehungsnetz haben, um eine Person ihres Vertrauens als Vertreter in Gesundheitsangelegenheiten einzusetzen, eine gute und nicht nur eine gerade noch hinzunehmende Form der Vorausverfügung bildet. Insgesamt sind Vorsorgeinstrumente jedenfalls ein auch in der Perspektive theologischer

Bioethik wichtiger Schritt, um der Sorge vieler Menschen vor Auswüchsen der Hochleistungsmedizin verantwortungsvoll zu begegnen, ohne gleich nach der rechtlichen Freigabe von Tötung auf Verlangen oder ärztlicher Suizidassistenz zu rufen. Vorsorgeinstrumente, vor allem wenn sie komplementär ausgefüllt sind, stellen einen guten Mittelweg dar, um ein möglichst hohes Maß an Selbstbestimmung mit der Einsicht in die grundlegende Passivität in Situationen des Verlustes eigener Einwilligungsfähigkeit zu verbinden.

3.2.3. Transplantationsmedizin

Obwohl die Transplantationsmedizin inzwischen als Standardverfahren etabliert ist, wirft sie weiterhin zentrale anthropologische und ethische Fragen auf. Werden durch sie doch wie durch kaum eine andere medizinische Hochtechnologie zahlreiche Grundbegriffe und Prägungen der europäischen Kultur wie das Verständnis von Leben und Tod, Person, Leiblichkeit, Autonomie, Menschenwürde und Pietät, aber auch etablierte Vorstellungen von Solidarität, Gerechtigkeit, Gemeinwohl und Gemeinnützigkeit lebenspraktisch und ethisch unsicher: Welche Menschenbilder werden wie verändert, wenn ein Toter auf der Intensivstation wie ein Lebender aussieht? Wer darf Entscheidungen für welche Form von Organspende treffen? Warum ist Kommerzialisierung der Organspende unmoralisch? Gibt es umgekehrt eine Sozialpflichtigkeit des menschlichen Körpers nach dem Tode?

Wenn die Transplantationsmedizin in einem Kapitel zum Lebensende positioniert wird, ist damit bereits markiert, wo aus der Sicht dieser Darstellung die entscheidende ethische Herausforderung liegt: in der Bestimmung des Status des Organspenders. Sicher, die Zahl der Lebendspenden nimmt zu, und auch diese Form der Spende ist mit gravierenden ethischen Problemen behaftet: Wie steht es um das Verhältnis von Spender und Empfänger? Warum ist diese Spende in Deutschland nur zwischen einander nahestehenden Personen zulässig? Wann ist eine Entscheidung zu einer Lebendspende freiwillig, und wie kann man dies überprüfen? Welche Kompensationen und Absicherungen sind für Spendende möglich oder nötig? Gibt es nicht eine Pflicht des Staates, solche ohne Zweifel gesundheitsgefährdenden Operationen zu verbieten? Dennoch werden die meisten Organe immer noch – in der rechtlichen Terminologie gesprochen – postmortal gespendet. Als Todeskriterium ist in Deutschland nach § 3 Abs. 2 Nr. 2 Transplantationsgesetz (TPG) dabei ausschließlich der «endgültige, nicht behebbare Ausfall der Gesamtfunktion des Großhirns, des Kleinhirns und des Hirnstamms», das heißt der sogenannte Hirntod, zugelassen. Insofern die in den Vereinigten Staaten und in Großbritannien immer häufiger durchgeführte Organentnahme nach kontrolliertem Herz-Kreislauf-Stillstand (*donation after cardiac death*, DCD) in Deutschland (noch) nicht akzeptiert ist, weil der Sterbeprozess zu diesem Zeitpunkt noch nicht mit Sicherheit als irreversibel gelten kann, bleibt man vor allem für die Transplantation von nichtpaarigen, lebensnotwendigen Organen (wie Herz oder Leber) auf Spender mit diagnostiziertem Hirntod angewiesen.

Dass Handlungszusammenhänge Todesfestlegungen prägen, die über religiöse, weltanschauliche oder philosophisch motivierte Todesdefinitionen hinaus allgemeine Geltung verlangen, ist an sich nichts Ungewöhnliches. Verbindliche Kriterien, an denen sich der Statuswechsel vom lebenden Menschen zum Leichnam festmachen lässt – mit allen rechtlichen und praktischen Konsequenzen –, waren schon immer erforderlich. Dennoch stellt das Hirntodkriterium einen Sonderfall dar. Strittig ist dabei nicht, ob ein Hirntoter überhaupt noch einmal in ein personales Leben mit Kommunikationen oder basalen kognitiven Fähigkeiten zurückkehren kann. Das ist ausgeschlossen. Die seit einigen Jahren wieder intensiver geführte Debatte um das Hirntodkriterium kreist um ein anderes Problem. Denn die lange vorherrschende Auffassung, dass mit dem Hirntod beide ineinander verwobenen Grundzüge eines leiblichen Selbst, nämlich sowohl seine kognitiven und kommunikativen Fähigkeiten als auch die Aufrechterhaltung einer gesamtkörperlichen Integration, hinreichend zerstört sind, ist durch neuere Beobachtungen infrage gestellt worden (vgl. Stoecker 2010; Müller, S. 2010; Denkhaus/Dabrock 2012). Der amerikanische Neuropädiater Alan Shewmon hat in einer Metaanalyse zahlreiche Fälle von Hirntoten untersucht, bei denen die Herz-Kreislauf-Funktionen mit entsprechender medizinischer Unterstützung über Tage, Wochen oder gar Jahre aufrechterhalten werden konnten. Vor dem Hintergrund dieser Befunde scheint es fraglich, ob dem Gehirn tatsächlich die ihm üblicherweise zugesprochene exklusive Stellung für die Aufrechterhaltung der körperlichen Funktionseinheit zukommt. Nun kann man angesichts solcher Zweifel natürlich einfach die Argumentationsbasis für das Hirntodkriterium ändern und behaupten, dass es für die Feststellung des Todes ohnehin nicht auf den Verlust der Integrationsfähigkeit des Körpers ankomme, sondern lediglich auf das permanente Fehlen von Kognitions- und Kommunikationsfähigkeit. Damit würde man aber eine sehr plausible, vertrauensbildende Begründung für das Hirntodkriterium aufgeben. Selbst wer kritisch gegenüber Dammbruchargumenten eingestellt ist, wird sich der besorgten Frage kaum entziehen können, wie es auf Dauer dann noch gelingen soll, schwerst Demenzkranke, Komatöse oder Menschen mit anderen schwersten kognitiven Defiziten funktional von Toten zu unterscheiden.

Auch unabhängig von dem Problem einer schlüssigen Begründung des Hirntodkriteriums empfinden es viele Menschen lebensweltlich als schwer nachvollziehbar, dass der so gar nicht wie ein Toter aussehende hirntote Mensch auf der Intensivstation für tot deklariert wird. Die gebetsmühlenartigen Versicherungen, der Hirntote sei medizinisch tot und der Laie solle sich auf das medizinische Expertenwissen verlassen, werden – zumindest wenn man nicht die Zustimmungsraten in Umfragen, sondern die faktische Organspendebereitschaft zum Maßstab erklärt – offensichtlich als übergriffig gegenüber eigenen Empfindungen und tief sitzenden kulturellen Prägungen empfunden. Will man dieses Unbehagen ethisch aufgreifen – und eine theologische Bioethik, die sich im Sinne des oben skizzierten Modells des weiten Überlegungsgleichgewichts (vgl. Abschnitt 2.1.1.) nicht nur an ethischen Theorien und Prinzipien orientiert, sondern auch moralische Intuitionen und stabile vortheoretische Auffassungen berücksichtigt, wird dies tun müssen –, dann steht man vor einer folgenschweren Alternative: Entweder hält man wider besseres Wissen daran fest, zu behaupten, dass der Hirntod eindeutig den Tod des Menschen markiert, oder man schraubt diesen wissenschaftstheoretisch und anthropologisch schwer zu haltenden Anspruch herunter. Dann kann man entweder die Transplantationsmedizin insgesamt als menschliche Hybris verurteilen. Oder man akzeptiert den Hirntod aufgrund der weiterhin gültigen Diagnose, dass ein personales Leben im Sinne auch nur minimaler kognitiver und kommunikativer Fähigkeiten danach eindeutig nicht mehr möglich ist, zumindest als den Punkt, an dem es medizinisch verantwortbar und rechtlich erlaubt sein kann, eine Organtransplantation durchzuführen. Tatsächlich bedeutet eine solche Argumentation nichts anderes als den Abschied von einem von den Befürwortern geradezu dogmatisch hochgehaltenen Axiom: der sogenannten *dead donor rule*. Sie wird nun mit dem Argument verteidigt, dass man das eigene Tun ansonsten als unärztlich (Transplantation als Schaden mit tödlichem Ausgang) und rechtswidrig (Tötung auf Verlangen) einstufen müsste. Eine der Ambiguität der Sachlage angemessene verantwortungsethische Position ist jedoch gar nicht so schwer zu begründen. Das Diskursstopper-Argument, wenn man die *dead donor rule* aufgebe, ruhe die Transplantationsmedizin auf der völlig inakzeptablen «Tötung auf Verlangen» (§ 216 StGB) auf, verfängt nämlich nicht. Wenn eine medizinische Behandlung sowieso nur für eine altruistische Spende aufrechterhalten wird und mit der Diagnose des Hirntodes eindeutig festgestellt ist, dass jede Therapie für diesen Menschen selbst keinen Sinn mehr macht und nach den geltenden ärztlichen Standesregeln abzubrechen ist, dann stellt eine Explantation eben keine Tötung dar, sondern beendet lediglich einen Zustand, in dem die Vitalfunktionen mit vorheriger Zustimmung der Person für einen altruistischen Zweck künstlich weiter aufrechterhalten werden. Wenn die Botschaft an potenzielle Spender lauten würde, dass eine Organtransplantation nach dem definitiven Ende jeden weiteren kognitiven und kommunikativen Lebens eine freiwillige Gabe darstellt, bei der – unabhängig von der jeweils leitenden Todesvorstellung – keine Schmerzen möglich sind (um auch den letzten Zweifler zu überzeugen, könnte man hier eine Narkose anbieten), könnte sich dies entgegen verbreiteten Befürchtungen sogar positiv auf die Spendebereitschaft auswirken. Bleibende Unsicherheiten offenzulegen, statt reflexartig nach mehr Vertrauen ins Transplantationssystem zu rufen, dürfte nicht nur die ethisch überzeugendere, sondern langfristig auch die Erfolg versprechendere Alternative sein.

Mit der Frage nach dem Status des Spenders hängt auch die nach weiteren Voraussetzungen für die Organentnahme, vor allem nach einem geeigneten Einwilligungsverfahren, zusammen. Dabei ist vor allem deutlich zu machen, dass eine Organspende eine nicht einforderbare (supererogatorische) Wohltat, christlich gesprochen: einen Akt der Nächstenliebe, darstellt. Nur wer einen Menschen im Zustand des Hirntodes als Leichnam und diesen wiederum als Eigentum der Gesellschaft ansieht, wird utilitaristisch im Sinne des über Personengrenzen aggregierten Wohles möglichst vieler eine moralische und möglicherweise sogar rechtliche Pflicht zur Organspende statuieren. Diese Position unterminiert jedoch nicht nur zentrale Aspekte der Menschenwürdevorstellung, nach denen die «Sakralität der Person» zumindest so über den eigenen Tod hinaus ausstrahlt, dass mit den sterblichen Überresten eines Menschen nicht gegen dessen Willen fremdnützig verfahren werden darf. Vielmehr missachtet dieser Ansatz auch das über den Tod hinausreichende Beziehungsnetz menschlichen Lebens. Es stellt ein hohes Kulturgut dar, dass Menschen den Trauerprozess um einen gerade verlorenen Lieben nicht ungefragt mit Fremdnützigkeitserwägungen belasten müssen. Umgekehrt kann es in solchen Situationen eine große Hilfe sein, wenn bereits zu Lebzeiten Einstellungen zur Organtransplantation besprochen wurden. Gerade angesichts der Tatsache, dass sich auch in engen Beziehungen sehr unterschiedliche Todesvorstellungen finden können, legen sich solche Gespräche, so schwer sie sein mögen, verantwortungsethisch dringend nahe. Die aktuelle rechtliche Regelung einer erweiterten Zustimmungslösung eröffnet den Spielraum, sehr klar eine eigene Vorausverfügung zu treffen und den Angehörigen dennoch eine Veto-Möglichkeit im Falle einer außergewöhnlichen Entwicklung zu bieten. Sofern sie entsprechend mit Leben gefüllt wird, ist sie mit einem breiten Spektrum unterschiedlicher Menschenbildvorstellungen und dadurch motivierter Entscheidungen vereinbar.

Weitere ethische Fragen im Umfeld der Transplantationsmedizin können hier nur angerissen, aber nicht ausführlicher diskutiert werden. Wo die regenerative Medizin auf Organspenden angewiesen bleibt, lässt sich ein Problem von erheblicher moralischer Tragweite nicht vermeiden: das der Vergabe der notorisch zu knappen Organe. Hier führt auch die Reflexion auf kryptonormative Menschenbilder, die – wie bei der Frage nach dem angemessenen Todeskriterium – mehr oder minder explizit miteinander im Streit liegen, nicht weiter. Denn die im Gesetz (§ 12 Abs. 3 Satz 1 TPG) festgehaltenen Kriterien der Erfolgsaussicht und Dringlichkeit können je nach vorausgesetztem ethischem Ansatz sowohl einzeln als auch in ihrer Kombination sehr unterschiedlich beurteilt werden. Letztlich wird man zugeben müssen, dass angesichts unüberwindbarer Knappheit kein befriedigend gerechtes Verfahren gefunden werden kann. Bestenfalls gelingt es durch ein nach den genannten Kriterien geordnetes Scoring-System, die bleibende Ungerechtigkeit möglichst gering zu halten. Die auch an der Transplantationsmedizin deutlich werdende Technisierung leiblichen Befindens und lebensweltlicher Zusammenhänge lässt sich nicht rückgängig machen. Auf die Vorteile einer solchen Entwicklung will fast niemand verzichten, besonders im unerwarteten Falle einer schweren Erkrankung. Die damit verbundenen Transformationen menschlichen Selbstverständnisses können nicht verhindert, sondern nur aktiv gestaltet werden. Sich in die Illusion zu flüchten, dass es diese oft nur unbefriedigend zu lösenden Konflikte nicht gäbe, hilft ebenso wenig weiter wie die Tendenz, sich zum reinen Erfüllungsgehilfen solcher Veränderungen zu machen, denn beides unterschätzt die Verantwortungsfähigkeit des Einzelnen wie der Gesellschaft.

3.3. Gesundheit und Krankheit

3.3.1. Allgemein

Die Erfahrung von Krankheit und das Sehnen nach Gesundheit sind anthropologische Konstanten. Jenseits der Vielfalt von Krankheits- und Gesundheitstheorien (vgl. Rieger 2013), die diese Phänomene und ihr Verhältnis zueinander entweder aus ihrer Genese oder in ihrem Erlebnisgehalt für den Einzelnen oder die Gesellschaft erklären wollen, gilt: Menschen erleben Krankheit oft als Bruch, als Fremdheit und als Entzug ihrer Fähigkeit, ihr Leben in ihrem gewohnten Umfeld leben zu können. Gegen das Außerordentliche der Erkrankung dürfen Menschen zu Recht den Willen zur Gesundheit als Willen zur ordnenden Refiguration setzen. Das ist menschlich und auch theologisch legitim (vgl. Eurich 2009; Dabrock 2012: 221–238). Einem solchen Heilungswunsch mit religiösen oder theologischen Argumenten entgegenzuarbeiten, erscheint daher unangemessen. Allerdings kann die Krise der Krankheit neben dem Erleben von Selbstentfremdung, Verlassenheit und «Gottesfinsternis» (Martin Buber) durchaus auch Aspekte der *metanoia*, der Umkehr und Erneuerung, haben. ‹Refiguration von Ordnung› meint nämlich nicht die Wiederherstellung der alten Ordnung, sondern die Fähigkeit, mit den in einer Krankheit zutage getretenen Begrenzungen umgehen zu können (vgl. Rössler 2011: 231–240). Darauf, diese Fähigkeit nicht nur defensiv zu verstehen, sondern positiv als Ausgangspunkt der Lebensgestaltung zu begreifen, zielt das salutogenetische Konzept von Aaron Antonovsky (vgl. Antonovsky 1997). Er bezeichnet einen Menschen als gesund, dem es gelingt, einen kognitiven und affektiv-motivationalen, gegebenenfalls spirituell gestärkten Kohärenzsinn (*sense of coherence*) auszubilden, um mit den in jedes Leben einbrechenden physischen und psychischen Unbilligkeiten – Antonovsky nennt sie Stressoren – umzugehen. Heilung würde dann bedeuten, solche Widerstandsressourcen (wieder) zugänglich zu machen. Umgekehrt können Krankheit, chronische Krankheit und Behinderung (die in diesem Beitrag nicht eigens thematisiert wird; vgl. dazu Kap. IV dieses Handbuches) als Zustände aufgefasst werden, bei denen die eigene Lebensführung in einer gegebenen Gesellschaft durch körperbedingte und/oder mentale Widrigkeiten in einem bestimmten Bereich oder gar umfassend behindert wird.

3. Problem- und Konfliktfelder (nicht nur) an den Grenzen des Lebens

Das Verhältnis von Religion zu Gesundheit, Krankheit und Behinderung ist höchst ambivalent. Einerseits können spirituelle Ressourcen Gesundheit als «Kraft zum Menschsein» (Barth 1957: 406) stärken. Den Leib als «Tempel des Heiligen Geistes» (1Kor 6,19) pflegend zu achten, kommt dabei nicht nur dem Einzelnen zugute, sondern entlastet auch die Solidargemeinschaft, insofern eine gesündere Lebensweise die Möglichkeit der Senkung von Kosten, die durch Zivilisationskrankheiten bedingt sind, nach sich zieht. Zugleich haben Religionen, besonders das Christentum, oft einen geschärften Blick für die Probleme, die sich ergeben, wenn der Wunsch nach Gesundheit im Sinne eines *healthism* zum Religionsersatz überdehnt wird. Die kritisch-konstruktive Unterscheidung zwischen Heilung und Heil (vgl. Dabrock 2012: 229–238) kann dabei zugleich einer Stigmatisierung von Krankheit und Kranken wehren. Das gilt vor allem, wenn Kranke mit dem religiös adressierten Vorwurf einer belasteten Gottesbeziehung konfrontiert werden. Im Christentum kommt deshalb nicht nur der medizinischen Heilung, sondern auch dem menschlichen, pflegerischen und seelsorgerischen Beistand für diejenigen, die sich in der Not einer Krankheit befinden, große Bedeutung zu.

Die Ablehnung der Stigmatisierung von Kranken und behinderten Menschen sowie die Solidarität mit ihnen sind Ausdruck der oben skizzierten spezifisch christlichen, ja evangelischen Deutung der «Sakralität der Person». Daher liegt es in der Konsequenz einer theologischen Sozialethik, sich zwar nicht für ein Recht auf Gesundheit, aber sehr wohl für ein Recht auf eine angemessene Gesundheitsversorgung einzusetzen. Deren Maß lässt sich festmachen an der Befähigung zu einem möglichst eigenverantwortlichen Leben und damit zugleich zur Teilhabe an gesellschaftlicher Kommunikation (vgl. Kreß 2009: 80–96; Dabrock 2012: 239–286; Rieger 2013: 131–185). Dieser umfassend inklusive Ansatz orientiert sich an den Inklusionsnotwendigkeiten des betroffenen Individuums, macht konsequenterweise nicht vor irgendeinem kognitiven Befähigungslevel halt und schließt alle Menschen ein. Angesichts der Knappheit gegebener Ressourcen muss sich allerdings auch ein solcher Befähigungsansatz mit dem Problem der Priorisierung der vorhandenen Mittel auseinandersetzen. Da es sich dabei nicht um rein medizinisch-naturwissenschaftliche Fragen, sondern um Wertentscheidungen handelt, ist eine breite gesellschaftliche Debatte notwendig. Innerhalb dieser Debatte sollte sich evangelisch-theologische und kirchliche Sozialethik dafür einsetzen, über die bisher dominante Fokussierung auf die pathogenetisch orientierte Reparaturmedizin hinaus präventive und kommunikative Potenziale der Gesundheitsstärkung wie die

Förderung entsprechender Unterstützungskulturen stärker in den Blick zu nehmen (vgl. EKD 2011a/b).

Zu einer rechtfertigungstheologisch perspektivierten Deutung von Krankheit und Behinderung gehört jedoch auch die Einsicht, dass selbst dort, wo es Menschen nicht mehr gelingt, hinreichende Widerstandsressourcen zu mobilisieren, und ein Leben physisch, psychisch, sozial, ja auch spirituell gebrochen erscheint, sodass der Appell, die eigene Endlichkeit zu akzeptieren, nur noch auf Zorn und Verbitterung stößt, in der Perspektive des Glaubens nicht das letzte Wort gesprochen ist. Im Glauben an den Gott, der in Jesus Christus den Kampf zwischen Leben und Tod, zwischen Heil und Unheil zugunsten des Heil spendenden Lebens entschieden hat, weil er sich auf die Seite des Todes gestellt hat, bleibt über alle Hoffnungslosigkeit hinaus die zugesagte Hoffnung, dass Menschen auch beim Verlust der Integrationsfähigkeit und des Glaubens an sich selbst getragen sind.

3.3.2. Von der kurativen zur prädiktiven und personalisierten Medizin

In der Medizin vollzieht sich derzeit ein tief greifender Wandel von einer primär kurativen Ausrichtung hin zu einer solchen, die stark auf Prädiktion und Prävention setzt. Ermöglicht wird dieser Transformationsprozess nicht nur durch atemberaubende technische Entwicklungen in der genetischen Diagnostik (vor allem durch den Einsatz immer effektiverer Hochdurchsatztechnologien), sondern auch durch die Hinzuziehung anderer sogenannter Biomarker, die auf bestimmte Anlagerisiken und Krankheitsentitäten verweisen, und eine alle diese Daten miteinander verknüpfende extensive, intensive und rasante Informationsverarbeitung (*big data* in der Medizin). Damit können in einem bisher kaum vorstellbaren Maße zum Teil äußerst differenzierte Stratifizierungen des Risikos für Krankheiten, aber auch der weitere Verlauf eines Krankheitsgeschehens nach dessen Ausbruch und die Reaktion auf bestimmte Medikamentendosen errechnet werden. Folglich taucht deutlicher, als noch vor einigen Jahren erwartet, die Vision einer personalisierten Medizin (vgl. u. a. Dabrock/Braun/Ried 2013c; Schildmann/Marckmann/Vollmann 2013) am Horizont biotechnologischer Entwicklungen auf.

Die an sich begrüßenswerte Erwartung, Krankheiten schneller diagnostizieren und effektiver therapieren zu können, führt allerdings zu nicht zu unterschätzenden Herausforderungen für das Verständnis von Krankheit und

Gesundheit und den gesellschaftlichen Umgang damit. Einer breiten Öffentlichkeit wurde diese Verschiebung deutlich, als die Schauspielerin Angelina Jolie im Sommer 2013 bekannt gab, dass sie sich nach Familienanamnese und Gentests mit dem Ergebnis eines 90-prozentigen Lebenszeitrisikos, an Brustkrebs zu erkranken, entschlossen habe, sich prophylaktisch beide Brüste entfernen zu lassen. Die darauf folgende gesellschaftliche Verunsicherung einschließlich einer signifikant gestiegenen Bereitschaft, sich vergleichbaren Tests zu unterziehen und bei entsprechendem Befund – im wahrsten Sinne des Wortes – einschneidende Maßnahmen zu ergreifen, sind ein Vorbote dessen, was angesichts einer auf Personalisierung, Prädiktion, Prävention und Prophylaxe setzenden Medizin auf die Gesellschaft zukommt. Dabei drängen unter anderen folgende Fragen auf Beantwortung: Ist jemand, dem die hohe Wahrscheinlichkeit des Ausbruchs einer Krankheit mitgeteilt wird, eigentlich krank oder nicht? ‹Objektiv› betrachtet leidet er zunächst nicht unter den angekündigten Beeinträchtigungen. Aber hat die Prognose nicht Auswirkungen auf sein Lebensgefühl, seine Lebensplanung, sein Leibverständnis und – wenn sie bekannt wird – auf mögliche Arbeits- und Versicherungsverhältnisse (selbst wenn das Gendiagnostikgesetz negative Auswirkungen streng zu begrenzen sucht)? Für die Beschreibung dieser Gemengelage ist der Ausdruck *healthy ill* oder im Deutschen präziser: ‹kranke Gesunde› (denn substanzieller und daher mit dem Substantiv zu versehen ist ja der Umstand, dass die Betroffenen selbst sich noch primär als Gesunde ansehen oder ansehen wollen) kreiert worden. Schon diese paradoxalen Formulierungen markieren die Schwierigkeiten, mit einer solchen Konstellation umzugehen, und die sich daraus ergebenden Verunsicherungen.

Weitgehend unklar ist auch die rechtliche Ausgestaltung dieses Transformationsprozesses zur prädiktiven, präventiven und personalisierten Medizin(versorgung). Bisher werden sowohl von den gesetzlichen wie den privaten Krankenversicherungen präventive Maßnahmen deutlich schlechter erstattet als kurative. Muss sich das ändern? Aber gilt das für die Ergebnisse sämtlicher prädiktiven Diagnostika? Oder wird nach der jeweiligen Methodik sowie nach Schweregrad und erwartbarer Nähe des Ausbruchszeitpunktes zu unterscheiden sein? Sollte man diesen medizinischen Trend, der offensichtlich auch ein großes bioökonomisches Potenzial besitzt, regulieren oder sollte man der sogenannten ‹unsichtbaren› Hand des Marktes bei der Verbreitung solcher Gen- und anderer diagnostischer Tests ‹vertrauen›?

Nachdem es in den letzten Jahren zu Recht eine Abkehr vom sogenannten genetischen Determinismus, also der Vorstellung, dass Gene die Entstehung von Krankheiten eindeutig vorherbestimmen, gegeben hat, droht angesichts der Verarbeitungskapazität bioinformatischer Algorithmen nun eine neue Form nahezu determinierender oder zumindest Lebensmöglichkeiten stark limitierender Prognoseeffekte. Wie sich diese Entwicklungen im Einzelnen auswirken werden, ist schwer vorhersehbar. Aber neben der nötigen gesellschaftlichen Debatte wird man in der oben skizzierten verantwortungsethischen Perspektive auf folgende gesellschaftliche Mindestbedingungen achten müssen, um nicht in ein nicht mehr umkehrbares Abhängigkeitsverhältnis abzudriften: Auf der politischen Ebene sind tatsächlich drohende Stigmatisierungs- und Diskriminierungspotenziale jenseits der bisher im Fokus stehenden Gendiagnostik zu analysieren und mit derselben Entschiedenheit zu bekämpfen, wie es im Gendiagnostikgesetz mit Blick auf den potenziellen Missbrauch genetischer Daten geschehen ist. Da der Zug zur medizinischen Prädiktion nicht auf Deutschland beschränkt ist, entsprechende Tests vielmehr mit Leichtigkeit über das Internet weltweit bestellbar sind, muss man freilich nüchtern feststellen, dass rein rechtliche Regelungen ins Leere laufen, wenn sie nicht durch entsprechende Bildungs- und Beratungsaktivitäten begleitet werden (vgl. Deutscher Ethikrat 2013: 168–178). In deren Zentrum muss das Anliegen stehen, Menschen zu einer selbstverantwortlichen Entscheidung im Umgang mit prädiktiven Daten zu befähigen (vgl. Kreß 2009: 75–79). Schließlich muss auf diese Weise den Betroffenen, aber auch der Gesellschaft im Ganzen vermittelt werden, dass der Mensch Herr über solche Wahrscheinlichkeiten bleiben kann und sich keineswegs fatalistisch in ein vorausgesagtes Schicksal ergeben muss. Eine solche Einstellung dürfte am ehesten dort internalisiert werden, wo ein gesellschaftliches Klima der Solidarität mit vulnerablen Gruppen und Menschen herrscht, in dem mehr oder minder große Risiken einer Erkrankung die Teilhabe an der Gesellschaft nicht gefährden.

3.4. Leibliches Perfektionierungsstreben

Unterschiedliche Strategien leiblichen Perfektionierungsstrebens, angefangen von exzessiven Wellness- und Fitnessaktivitäten, die gerade im Freizeitbereich häufig von unkontrolliertem Doping-Einsatz begleitet werden, Schönheitsoperationen bis in die letzten Winkel des menschlichen Körpers, pharmakologisches Enhancement zur vermeintlichen Verbesserung von Stimmung, Kognitions- und Konzentrationsniveaus bis hin zum Gendoping im Spitzensport beschäftigen seit geraumer Zeit auch die Bioethik. Obwohl eine allgemeine Beurteilung dieses Trends überaus schwierig erscheint, weil jeweils detailliert nach Eingriffstiefe, möglicher Reversibilität sowie körperlichen und seelischen Chancen und Risiken der sehr unterschiedlichen Maßnahmen gefragt werden müsste, lassen sich doch einige gemeinsame Charakteristika identifizieren: Bei vielen der genannten Anstrengungen geht es (wenn auch nicht unbedingt ausschließlich, aber doch primär) um eine diesseits- und körperorientierte Selbstverwirklichungsstrategie, bei der angesichts persönlich wahrgenommener Zeitknappheit und drohender Konkurrenz die üblichen Methoden, eine bestimmte Fähigkeit oder einen bestimmten Zustand geduldig zu erwerben, zu erhalten und zu vervollkommnen, durch biomedizinische Techniken verkürzt werden. Zur Beschreibung solcher Maßnahmen hat sich mittlerweile auch im Deutschen der Ausdruck *Enhancement* durchgesetzt. Bisweilen, zum Beispiel beim Umgang mit bestimmten Formen des Kleinwuchses oder einem psychisch belastenden Erscheinungsbild (etwa abstehenden Ohren), aber auch bei der Behandlung sozialer Auffälligkeiten mit Psychopharmaka (wie zumindest bei schwach ausgeprägtem ADHS), ist der Übergang zwischen medizinischer Therapie und perfektionsorientiertem Enhancement fließend (vgl. Lenk 2002). Wenn man von solchen Grenzphänomenen, die zu beurteilen immer schwerfällt, einmal absieht, lässt sich festhalten: Hinter leiblichem Perfektionierungsstreben steht ein Konglomerat aus hedonistischen, ästhetischen, immanenzorientierten, technokratischen und kapitalistischen Motiven. Wahrscheinlich ist es gerade dieses Amalgam, das Enhancement als Symbol modernen Menschseins erscheinen lässt und die in solchen Fällen zu erwartenden befürwortenden und kritischen Kommentatoren auf den Plan ruft.

Obwohl gerade im Bereich der Alltagspraxis Enhancement-Strategien an Bedeutung gewinnen, bleibt die Schar der ausdrücklichen Befürworter klein – wie häufig bei weit geteilten, zugleich als problematisch erkannten, wenn auch nicht gleich als skandalös eingestuften Verhaltensweisen. Neben den sogenannten Transhumanisten, die mit ihren Vorstellungen eher der Phantasie eines Karikaturisten entsprungen zu sein scheinen, finden sich jedoch immerhin einige ernster zu nehmende Verteidiger. Sie stammen zum einen aus dem anglophonen präferenzutilitaristischen Milieu (vgl. u. a. Savulescu/ter Meulen/Kahane 2011), zum anderen aus dem Lager einer bewusst auf Provokation setzenden feministischen Wissenschaftskritik (vgl. Haraway 1995: 33–72). Vertreter der ersten Richtung huldigen unumwunden einer Art körperzentrierter Variante von Nietzsches Idee des Übermenschen, die dabei freilich trivialisiert wird und sämtliche ästhetischen und kognitiven Ambitionen verliert. Bei Haraway dient die Aufforderung, Menschsein von sogenannten Cyborgs her neu zu denken, dagegen dem Zweck, eingespielte gesellschaftliche und wissenschaftspraktische Formen zu kritisieren. Größer als die Gruppe expliziter Unterstützer ist die Phalanx der Bedenkenträger und Kritiker, unter die sich auch die Konferenz der Europäischen Kirchen 2010 mit einem Statement gemischt hat (CEC 2010). Vor allem die als Hybris eingestufte Hoffnung, durch Enhancement-Maßnahmen ein optimiertes Leben führen zu wollen, die damit einhergehende Tendenz, Endlichkeit, Gebrechlichkeit, Verwundbarkeit, Abhängigkeit von Anderen nicht hinreichend als Elemente der *conditio humana* anzuerkennen, und die Gefahr, soziale Ungleichheiten zu verschärfen, weil solche Mittel, sollten sie wirklich wirken, nur von Wohlhabenderen finanziert werden könnten, ziehen Kritik auf sich. Im Bereich des Sports wird (Gen-)Doping nicht deshalb abgelehnt, weil es unnatürlich ist, sondern weil Einzelne sich den Regeln des kulturellen Sonderfeldes ‹Sport› (Fairness, Konkurrenz auf der Grundlage von Talent und Training) widersetzen, die Normentreue anderer Mitbewerber zu ihrem Vorteil ausnutzen und – bei grundsätzlicher Zulässigkeit dieser Leistungssteigerungsformen – ein Wettrüsten in Gang brächten, bei dem hohe gesundheitliche Risiken für viele zu erwarten wären (vgl. Körner/Schardien 2012).

Jenseits einer Kritik, die auf die gesundheitlichen Risiken vieler Enhancement-Strategien abzielt, steht es einer theologischen und kirchlichen Beurteilung zunächst gut an, selbstkritisch darauf zu reflektieren, warum sie beim Thema Enhancement in der Regel ablehnend reagiert. Vielleicht reagieren Christen und Kirchen deshalb so übersensibel auf die Enhancement-Debatte, gerade auch in ihren utopischen Varianten, weil etwas Eigenes, und sei es der eigene Schatten, darin sichtbar wird. Das Verbindende zwischen Christentum und Transhumanismus besteht ja im Grundgedanken einer Transformation des (körperlich und mental) Gegebenen. Christliche Theologie wird zwar auf der Notwendigkeit bestehen, nach Grund, Modus, Ziel und impliziten Körperdeutungen dieser Transformationsdynamiken zu unterscheiden. Dennoch lassen sich mit Blick auf die christlichen Denominationen, in denen der menschliche Beitrag zum Heil nicht nur als reines Vertrauen (*sola fide*), sondern als *cooperatio salutis* oder als *theo-*

sis gelesen wird, sehr wohl Entsprechungen zwischen Enhancement-Ideen und der jeweiligen Soteriologie identifizieren (vgl. Daly 2011). Auch wenn die Orientierung, einmal am transzendenten Gott, einmal am eigenen Wunschbild, in der Binnenperspektive theologischer Reflexion den entscheidenden Unterschied in der Bewertung der beiden Selbstvervollkommnungsstrategien ausmacht, dürfte jede Theologie, die den Feuerbach'schen Projektionsverdacht selbstkritisch zu verarbeiten sucht, ob dieser Strukturanalogie aufhorchen (vgl. Schardien 2013). Denn an der aus ihrer Sicht als Überspanntheit zu deutenden Einseitigkeit von Enhancement brechen sich wie im Spiegel religiöse Erlösungsphantasien. Sie ernst zu nehmen, ohne sich von ihnen gefangen nehmen zu lassen (vgl. Dabrock 2013b), böte Kirchen und Theologien die Möglichkeit, selbstkritisch auf die eigene Leib-, aber auch auf die Diesseitssensibilität des eigenen Wirkens zu achten, zugleich kritische Rückfragen an die technologische Bearbeitung von Lebens- und Sinnfragen zu stellen (vgl. Müller, O. 2010: 192–199) und für Alternativen erfüllenden Lebens zu werben, die sich nicht primär in Selbstformung erschöpfen. Um nicht missverstanden zu werden: Natürlich hat jeder Lebenspläne, damit verbundene Verantwortlichkeiten und folglich die Pflicht zur Selbstsorge, auch zur leiborientierten. Nach evangelischem Glaubensverständnis geht aber eine ungeheure Befreiung, die Kraft für andere freisetzt, von dem Vertrauen aus, dass man nicht selbst im Letzten alles richten muss. Daraus ergeben sich auch im Blick auf die Bewertung von leiblichen Perfektionierungsstrategien zwei wichtige Konsequenzen: Vulnerabilität, Fragilität, Kontingenz sind – entgegen beispielsweise Michael J. Sandels Plädoyer (vgl. Sandel 2007) – zwar kein Selbstzweck, aber Menschen, die sich vertrauensvoll von Gott getragen wissen, haben eine Hoffnungsvision, die ihnen ermöglicht, sich und andere hier und jetzt in der je eigenen Begrenztheit und Endlichkeit zu schätzen. So entsteht ein komplexes Beziehungsgeflecht, in dem die legitime Sorge um das eigene Selbst ihren Ort vor allem im kommunikativen Miteinander findet und nicht als Mittel zum Erlangen komparativer Wettbewerbsvorteile gegenüber anderen begriffen wird. Die Alternative lautet dann: Nicht in der Suche nach Perfektibilität, sondern aus der Fülle von Beziehung kann Leben besser werden.

3.5. Humanexperimente

Humanexperimente in der klinischen Forschung gehören in den Bereich ethisch hoch brisanter Tätigkeiten. Die Abfassung und Verabschiedung des Nürnberger Kodex im Jahr 1947 oder der Deklaration von Helsinki (1975; 7. Überarbeitung 2013), die Patienten und Probanden durch eine Selbstverpflichtung der forschenden Ärzte schützen sollen, wäre nicht nötig gewesen, wenn nicht immer wieder Mediziner der Versuchung erlegen wären, um ihres Forschungsdranges, aber auch um persönlichen Prestiges und Auskommens willen, Menschen hochgradigen Risiken auszusetzen. Die aus heutiger Sicht nur als verbrecherisch und menschenverachtend einzustufenden Experimente – wie es sie im Nationalsozialismus, aber teilweise auch in Menschen- und Bürgerrechten verpflichteten Demokratien gegeben hat (vgl. Böhme/LaFleur/Shimazono 2008) – und die Umgehung der Standards guter wissenschaftlicher Praxis (vgl. Fuchs u. a. 2010), die in diesem Bereich rationale Versuchsplanung, Verzicht auf Manipulation der Daten oder Plagiieren sowie die Pflicht zur Publizierung von (selbst negativen) Ergebnissen einschließen sollten, werfen zahlreiche Fragen auf. Denn auch innerhalb des skizzierten Korridors haben klinische Forschungsprojekte vielfach einen dilemmatischen Charakter: Wie kann man medizinische Interventionen rechtfertigen, die nicht unmittelbar dem Nutzen des Patienten respektive Probanden dienen, sondern dem anderer? Wird hier nicht jemand als Objekt für fremde Zwecke missbraucht, was bekanntlich eine Missachtung des kategorischen Imperativs oder der sogenannten ‹Objektformel› der Menschenwürde-Deutung des Grundgesetzes darstellen würde? Selbst wenn nicht auszuschließen ist, dass das Humanexperiment dem Probanden am Ende doch zugutekommt, stellt sich die Frage, ob es ethisch vertretbar ist, wenn in einer kontrollierten Doppelblindstudie (bei der die Probanden durch ein Zufallsverfahren entweder dem Arm der neuen Intervention oder dem der Standardtherapie oder gar einem Placeboeinsatz zugeordnet werden) zumindest die Hälfte der Probanden mit einer weniger guten Therapie rechnen muss als die andere Hälfte. Immerhin wird dabei wissentlich der Nutzen für eine Gruppe über den Nutzen für den Einzelnen gestellt. Hinzu kommt, dass die Probanden zwar formal ihre Einwilligung erteilen müssen, aber keineswegs klar ist, ob diese den üblichen Ansprüchen an einen *informed consent* genügt. Wird nicht implizit oder explizit in Kauf genommen, dass den Probanden die Zweckverschiebung von einer ihnen selbst dienenden medizinischen Intervention zum Humanexperiment nicht bewusst ist, sie also einer *therapeutic misconception* verfallen und daher mehr Risiken in Kauf zu nehmen bereit sind, als sie es unter anderen Umständen wären? Sind Probanden, die sich zugleich in der Rolle eines Patienten befinden, nicht in doppelter Hinsicht verletzlich (sie sind selbst krank, hoffen auf Hilfe und wollen den als Helfer wahrgenommenen Arzt, der einen Rollenwechsel vornimmt und ihnen nun als Forscher entgegentritt, nicht enttäuschen) und daher nur eingeschränkt in der Lage, ihre freie, informierte Zustimmung zu der jeweiligen Intervention zu geben? Verschärft sich diese Problematik nicht auf geradezu inakzeptable Weise, wenn im rechtlichen Sinne Nichteinwilligungsfähige wie Kinder oder psychisch oder mental schwer Erkrankte für Experimente rekrutiert werden sollen? Umgekehrt gefragt: Sind trotz der genannten Bedenken klinische Forschungsprojekte nicht wenigstens grundsätzlich zu begrüßen und auch ethisch zu bejahen, insofern Fortschritte in der Medizin alternativ kaum realisiert werden können? Gibt es nicht entsprechend für einsichtsfähige Menschen eine Pflicht, zumindest an solchen Studien teilzunehmen, die mit geringem Aufwand verbunden und mit wenigen Risiken und Nebenwirkungen belastet sind? Müsste man nicht selbst bei Nichteinwilligungsfähigen in begrenztem Umfang Studienprojekte zulassen, weil die Wirkung neuer Medikamente und Therapien zielgruppenspezifisch getestet werden muss, ausgerechnet die vulnerabelsten Gruppen wie Kinder, Menschen mit mentaler oder psychischer Behinderung oder Demente bei einem kategorialen Verbot also vom medizinischen Fortschritt ausgeschlossen würden?

Für die ethische Bewertung dieser komplizierten Fragen verbieten sich leichtfertige Antworten wie «Der medizinische Fortschritt ist per se unterstützenswert», aber auch «Nichteinwilligungsfähige dürfen nie als Probanden eingesetzt werden». Selbst wenn man aus der oben genannten Liste von Kriterien einer theologischen Bioethik (s. Teil 2.2.) auf die Menschenwürde und damit auf das Objektivierungsverbot einer Person, auf den besonderen Schutz vulnerabler Gruppen oder die vorrangige Option für Benachteiligte und das damit zusammenhängende Inklusionsgebot verweist, zeigen die aufgelisteten Fragen, dass es in der klinischen Forschung sehr wohl zu Konflikten darüber kommen kann, wie und wann diese Kriterien umgesetzt werden können oder sollen. Wenn niemand will, dass Menschen mit Behinderung (aber auch Kinder) fremdnützig ‹gebraucht› werden, aber sie auch nicht vom medizinischen Fortschritt abgekoppelt werden sollen, dann kollidieren entweder zwei hochrangige Kriterien (Selbstzweckformel vs. Inklusion) oder zwei Interpretationen eines Kriteriums (Schutz vulnerabler Gruppen durch Forschung oder durch Nicht-Forschung) miteinander. Auf diesen dilemmatischen Charakter nicht aller, aber doch mancher Forschungen mit Nichteinwilligungsfähigen nicht aufmerksam gemacht zu haben, sondern sie direkt unter den Verdacht der menschenunwürdigen Behandlung von Menschen mit Behinderung gestellt zu haben, stellt das schwere Defizit zahlreicher kirchlicher und theologischer Beiträge zur Debatte über die sogenannte Bioethikkonvention des Europarates (*Übereinkommen zum Schutz der Menschenrechte und der Menschenwürde im Hinblick auf die Anwendung von Biologie und Medizin*) in den 1990er-Jahren dar (zum umfassenden Überblick vgl. Klinnert 2009).

Gerade wenn man das Dilemma klinischer Forschung nicht vorschnell nach einer Seite hin auflösen will und kann und dennoch verantwortungsbereit handlungsfähig bleiben will (und dabei zu beachten hat, dass auch Unterlassungen ähnlich wie Handlungen Konsequenzen nach sich ziehen), dann legt es sich nahe, mögliche Handlungsalternativen gemäß einem Deeskalationsschema zu beurteilen, die Beurteilung zudem gegebenenfalls iterativ durchzuführen und dementsprechend Grenzen des ethisch und rechtlich Nicht-mehr-Vertretbaren zu benennen. Genau das leistet das genannte Abkommen, indem es wichtige kriteriale Markierungen bietet, die sich analog auch in den (rechtlich freilich nicht bindenden) Fortschreibungen der Helsinki-Deklaration finden: Forschung ist von der Sache her nur legitim, wenn wirksame Alternativen fehlen und wenn kein Risiko besteht, das relativ zum erwartbaren Nutzen als überproportional hoch einzuschätzen ist. Prozedural müssen zudem eine unabhängige Überprüfung der wissenschaftlichen Bedeutung und der ethischen Vertretbarkeit des Forschungsvorhabens und eine den Probanden verständliche Unterrichtung vorausgegangen sein (Art. 16 der Konvention). Als weiterer entscheidender Schutzstandard gilt die Einholung (und Dokumentation) einer informierten Einwilligung, die ohne Nachteile jederzeit widerrufen werden kann (Art. 5). Zumindest mit Blick auf nachgewiesenermaßen einwilligungsfähige Probanden kann so der schwere Konflikt, Menschen Risiken auszusetzen, ohne dass sie selbst unmittelbar davon profitieren, prozedural abgefedert werden. Wie sehr man sich dabei jenseits formaler Richtigkeit auf moralisch prekärem Boden bewegt, der ethischer Reflexion und Ausbildung der Beteiligten wie entsprechender Überprüfung bedarf, ergibt sich aus den oben skizzierten Fragen zum asymmetrischen Verhältnis zwischen Arzt/Forscher und Patient/Proband. Eine (im Einzelfall bisweilen schwer festzulegende) rechtliche und moralische Grenze tut sich dort auf, wo bei einem Forschungsversuch schwere gesundheitliche Schädigungen zu befürchten sind. Allein bei Fallkonstellationen, bei denen jegliche Alternativtherapie fehlt und ansonsten mit dem baldigen Tod des Probanden zu rechnen ist, kann eine solche Zustimmung als nicht-sittenwidrig angesehen werden.

Um dem besonders schweren Dilemma von Forschung an Nichteinwilligungsfähigen möglichst verantwortlich zu begegnen, schreibt die Bioethikkonvention die Beachtung folgender formal-prozeduraler und sachlicher Gesichtspunkte vor: Formaliter muss nicht nur die Einwilligung des gesetzlichen Vertreters eingeholt werden, sondern bei Kindern mit zunehmender Reife ihre Auffassung selbst prioritär geachtet werden (Art. 6 Abs. 2). Erwachsene Nichteinwilligungsfähige müssen ebenfalls so weit wie möglich in die Entscheidungsfindung einbezogen werden (Art. 6 Abs. 3) und dürfen der Intervention auf jeden Fall nicht ablehnend gegenüberstehen (Art. 17 Abs. 1). Außerdem ist Forschung an solchen Probanden nur erlaubt, wenn keine Forschung mit analogem Nutzen an einwilligungsfähigen Personen möglich ist (ebd.). Sachlich ist dann nach der Bioethikkonvention wie folgt zu gewichten: Im Prinzip sind nur Versuche, die dem nicht einwilligungsfähigen Probanden selbst nützen können, zugelassen (Art. 6 Abs. 1). Darüber hinausgehend kann gruppennützige Forschung ausnahmsweise erlaubt sein, wenn dadurch der Forschungsstand mit Blick auf eine eingegrenzte (Alters- und Krankheits-)Kohorte wesentlich erweitert wird und die Intervention ein minimales Risiko birgt (Art. 17 Abs. 2).

Vor allem die letztgenannten Formulierungen haben wegen ihrer Vagheit massive Kritik geerntet und dazu geführt, dass Deutschland die Bioethikkonvention bis heute nicht unterzeichnet hat. Dabei wurde freilich oft übersehen, dass höhere gesetzliche Schutzstandards in einem Land diese Unbestimmtheit immer ausgleichen können (vgl. Art. 27). Mit der EU-Richtlinie 2001/20/EG ist im Übrigen nur wenige Jahre später ein auch für Deutschland verbindliches Regelwerk verabschiedet worden, das trotz vergleichbarer Vorgaben kaum zu Protesten geführt hat (vgl. Taupitz 2011: 38). Sorgt man dafür, dass über die möglichst weitgehende Beachtung des Willens eines nichteinwilligungsfähigen Probanden die Einholung der Zustimmung eines Betreuers und die Überprüfung durch Ethikkommissionen hinaus eine sorgfältige, engmaschige Überprüfung von Forschung an Nichteinwilligungsfähigen stattfindet, sind mit diesen Regelwerken beziehungsweise den daran orientierten nationalen Rechtsvorschriften – in Deutschland vor allem dem

Arzneimittelgesetz (AMG) – nicht nur wichtige Verfahrensschritte rechtsverbindlich festgehalten (was ein ethischer Wert in sich selbst ist). Bei sorgfältiger Beachtung dieser Verfahrensschritte dürfte das dadurch garantierte Schutzniveau auch ausreichend sein, um zu verhindern, dass Menschen mit Behinderung im Sinne einer rein interessenorientierten Ethik verzwecklicht werden. Wer pauschal solche Verdachtsszenarien aufbaut, riskiert, genau die Menschen, die er zu schützen vorgibt, in eine Position wachsender gesundheitlicher Schutzlosigkeit zu manövrieren. Dass äußerste Vorsicht angesagt ist, sei dennoch ausdrücklich festgehalten. Eine reine Verbotshaltung stellt aber angesichts der skizzierten Konflikte keine echte Alternative dar. Wieder einmal zeigt sich, wie auch Kompromisse zwischen hohen Schutzgütern vor allem durch eine sorgfältige Prozeduralisierung erreicht werden können. Diese müssen entgegen einem Vorurteil gegenüber Prozeduralisierungen nicht nur formalistisch vonstattengehen, sondern können sehr wohl bereits einen normativ gehaltvollen Korridor festlegen, innerhalb dessen dann aber rechtlich überprüfbare Handlungsoptionen bleiben. Dass es jenseits solcher verantwortlichen Prozeduralisierungen immer auch einzelne kriminelle Handlungen gibt, muss man nicht leugnen. Die Notwendigkeit, gesetzgeberisch verschärfend einzugreifen, ergäbe sich jedoch erst dann, wenn sich beobachten ließe, dass ein entsprechendes Regelwerk notorische Lücken aufwiese, die zum Missbrauch einladen. Dies ist meines Erachtens mit Blick auf die Schutzstandards von klinischer Forschung bisher nicht der Fall, muss aber weiter sorgfältig beobachtet werden. Im Rahmen der Weiterentwicklung des EU-Rechtes wird dabei vor allem darauf zu achten sein, dass die Möglichkeit, in einzelnen Mitgliedsstaaten ein höheres Schutzniveau zu gewährleisten, durch entsprechende Öffnungsklauseln gewahrt bleibt.

Hat man den dilemmatischen Charakter von klinischen Forschungsprojekten im Blick, verbietet es sich, per se eine moralische oder gar rechtliche Pflicht zur Teilnahme an solchen Projekten zu postulieren. Allerdings ist im Sinne des Nächstenliebegebots und der ‹Goldenen Regel› in ihrer positiven Formulierung (Mt 7,12) dafür zu werben, sich zumindest an solchen Projekten zu beteiligen, die für einen selbst einen eher geringen Aufwand bedeuten und ein eher kleines Risiko bergen und bei denen das Forschungsdesign deutlich macht, dass der forschende Arzt seine Überlegenheitsposition nicht ausnutzt. Die gelegentlich aufgeworfene Frage, ob Probanden angesichts der Risiken und Unbilligkeiten, die sie aus Unwissenheit oder altruistischen Gründen in Kauf nehmen, nicht finanziell entlohnt werden müssten, ist mit Blick auf die Gefahren einer Kommerzialisierung des menschlichen Körpers dagegen zu verneinen. Dass die Beteiligung an Forschungen (ähnlich wie die Organspende) sich bislang nicht nach der Logik des Tausch-, sondern des Gabe-Paradigmas vollzieht, stellt ein Kulturgut dar, das nicht durch finanzielle Anreize aufs Spiel gesetzt werden sollte. Anders steht es mit indirekten Formen des *benefit sharing*, die nicht bei den einzelnen Probanden ansetzen, sondern bei Patientengruppen. Angesichts der Tatsache, dass pharmazeutische Unternehmen zum Teil erhebliche Gewinne mit den entsprechenden Versuchen machen, kann – gerade wenn vulnerable Gruppen betroffen sind – durchaus darüber diskutiert werden, ob über die Abgabe von Steuern (die ja immer zweckungebunden entrichtet werden) hinaus nicht Beiträge für die gesellschaftliche oder medizinische Verbesserung der betroffenen Gruppe geleistet werden können. Eine solche Strategie ließe sich im Sinne des Inklusionsgebots mit der Pointe der vorrangigen Option für Benachteiligte legitimieren.

3.6. Ausblick

Angesichts der Dynamik des biomedizinischen Fortschritts ist zu erwarten, dass in den nächsten Jahren neue, bisher ungekannte bioethische Kontroversen und Konflikte die Gesellschaft aufwühlen werden. Mit den skizzierten methodischen Standards und inhaltlichen Kriterien kann eine evangelische Bioethik gut gerüstet solche Debatten mitgestalten. Wenn sie sich dabei vom Impuls des markinischen Jesus leiten lässt, dass das Gebot dem Menschen dienen soll und nicht umgekehrt (vgl. Mk 2,27), und wenn sie dabei vor allem eine Sensibilität für Menschen an den Grenzen des Lebens oder in der Not krisenhafter Situationen wachhält, dann steht sie nicht nur in ihrer religionskulturellen Traditionslinie des Gebots der Nächstenliebe, die sich an den Schwächsten zu bewähren hat. Sie hat dann im Ringen um den ‹öffentlichen Vernunftgebrauch› bioethischer Debatten auch sehr konkret menschengerechte Perspektiven einzubringen. Dabei kann sie den moralischen Pluralismus in bioethischen Fragen in den oben skizzierten Grenzen (s. Teil 1.) nüchtern respektieren und zugleich nicht exklusiv, aber profiliert und aus/auf gutem Grund dazu beitragen, dass das zeitdiagnostische Summar von der zunehmenden «Sakralisierung der Person» in der Moderne nicht zu einer Leerformel wird, sondern sich auch angesichts der Herausforderungen der modernen Biomedizin bewahrheitet.

4. LITERATUR

Albrecht, Günter: «Suizid», in: Handbuch soziale Probleme, Bd. 2, Wiesbaden 2012, 979–1173.
Anselm, Reiner: Die Würde des gerechtfertigten Menschen. Zur Hermeneutik des Menschenwürdearguments aus der Perspektive der evangelischen Ethik, in: Zeitschrift für Evangelische Ethik 43 (1999), 123–136.
Ders./Körtner, Ulrich H. J. (Hg.): Streitfall Biomedizin. Urteilsfindung in christlicher Verantwortung, Göttingen 2003.
Ders./Fischer, Johannes/Frey, Christofer/Körtner, Ulrich H. J/Kress, Hartmut/Rendtorff, Trutz/Rössler, Dietrich/Schwarke, Christian/Tanner, Klaus: Starre Fronten überwinden. Eine Stellungnahme evangelischer Ethiker zur Debatte um die Embryonenforschung, in: Anselm/Körtner 2003, 197–208.
Antonovsky, Aaron: Salutogenese. Zur Entmystifizierung der Gesundheit, Tübingen 1997.
Barth, Karl: Die Kirchliche Dogmatik, Bd. IV/3: Die Lehre von der Schöpfung, 2. Aufl. Zollikon/Zürich 1957.
Bauer, Thomas: Die Kultur der Ambiguität. Eine andere Geschichte des Islams, Berlin 2011.
Beauchamp, Tom/Childress, James F.: Principles of Biomedical Ethics, 7. Aufl. New York/Oxford 2012.
Bedford-Strohm, Heinrich: Öffentliche Theologie in der Zivilgesellschaft, in: Ingeborg Gabriel (Hg.): Politik und Theologie in Europa. Perspektiven ökumenischer Sozialethik, Ostfildern 2008, 340–357.
Böhme, Gernot/LaFleur, William R./Shimazono, Susumu (Hg.): Fragwürdige Medizin. Unmoralische Forschung in Deutschland, Japan und den USA im 20. Jahrhundert (Kultur der Medizin 23), Frankfurt am Main 2008.
Boltanski, Luc: Soziologie der Abtreibung. Zur Lage des fötalen Lebens, Frankfurt am Main 2007.
Bonhoeffer, Dietrich: Ethik (DWB 6), 2., überarb. Aufl. Gütersloh 1998.
Carey, Nessa: The Epigenetics Revolution. How Modern Biology is Rewriting Our Understanding of Genetics, Disease and Inheritance, London 2011.
Conference of European Churches (Hg.): Human Enhancement. A Discussion Document, 2010, unter: http://csc.ceceurope.org/fileadmin/filer/csc/Ethics_Biotechnology/Human_Enhancement_March_10.pdf (01. 10. 2013).
Dabrock, Peter/Klinnert, Lars/Schardien, Stefanie: Menschenwürde und Lebensschutz. Herausforderungen theologischer Bioethik, Gütersloh 2004.
Ders.: Formen der Selbstbestimmung. Theologisch-ethische Perspektiven zu Patientenverfügungen im Demenzfall, in: Zeitschrift für medizinische Ethik 53 (2007), 127–144.
Ders.: Leibliche Vernunft. Zu einer Grundkategorie fundamentaltheologischer Bio-

ethik und ihrer Auswirkung auf die Speziesismus-Debatte, in: Peter Dabrock / Ruth Denkhaus / Stephan Schaede (Hg.): Gattung Mensch. Interdisziplinäre Perspektiven (Religion und Aufklärung 19), Tübingen 2010, 227–262.

Ders.: Befähigungsgerechtigkeit. Ein Grundkonzept konkreter Ethik in fundamentaltheologischer Perspektive. Unter Mitarbeit von Ruth Denkhaus, Gütersloh 2012.

Ders.: Den Spielraum des Gesetzes gemäß den Vorstellungen des Guten nutzen. Genealogie und Ansatz der «Christlichen Patientenvorsorge» von 2011. Eine Würdigung aus evangelisch-theologischer Perspektive, in: Zeitschrift für medizinische Ethik 59 (2013), 191–211 (2013a).

Ders.: Contextualising Enhancement. Religious and Ethical Aspects from a European Perspective, in: Robert Fischer / Theo de Boer (Hg.): Human Enhancement. Moral, Religious and Ethical Aspects from a European Perspective, Brüssel 2013, 156–170 (2013b).

Ders. / Braun, Matthias / Ried, Jens (Hg.): Individualized Medicine between Hype and Hope. Exploring Ethical and Societal Challenges for Healthcare, Berlin 2013 (2013c).

Daly, Todd T. W.: Chasing Methuselah. Transhumanism and Christian Theosis in Critical Perspective, in: Ronald Cole-Porter (Hg.): Transhumanism and Transcendence. Christian Hope in an Age of Technological Enhancement, Washington 2011, 131–144.

Daniels, Norman: «Reflective Equilibrium», in: The Stanford Encyclopedia of Philosophy (Spring 2011 Edition), unter: URL: http://plato.stanford.edu/archives/spr2011/entries/reflective-equilibrium (15. 10. 2013).

Denkhaus, Ruth / Dabrock, Peter: Grauzonen zwischen Leben und Tod. Ein Plädoyer für mehr Ehrlichkeit in der Debatte um das Hirntod-Kriterium, in: Zeitschrift für medizinische Ethik 58 (2012), 135–149.

Deutscher Bundestag (Hg.): Schlussbericht der Enquete-Kommission «Recht und Ethik der modernen Medizin», Berlin 2002.

Deutscher Ethikrat: Die Zukunft der genetischen Diagnostik – von der Forschung in die klinische Anwendung, Berlin 2013.

Eurich, Johannes: Religiöse Deutung und medizinisches Verständnis von Krankheit und Heilung. Überlegungen zu ihrer Differenzierung und Ergänzung, in: Günter Thomas / Isolde Karle (Hg.): Krankheitsdeutung in der postsäkularen Gesellschaft, Stuttgart 2009, 434–447.

Evangelische Kirche in Deutschland (Hg.): Im Geist der Liebe mit dem Leben umgehen. Argumentationshilfe für aktuelle medizin- und bioethische Fragen. Ein Beitrag der Kammer für Öffentliche Verantwortung der EKD (EKD-Texte 71), Hannover 2002 (EKD 2002).

Dies. (Hg.): Sterben hat seine Zeit. Überlegungen zum Umgang mit Patientenverfügungen aus evangelischer Sicht. Ein Beitrag der Kammer für Öffentliche Verantwortung der EKD, Hannover 2005 (EKD 2005).

Dies. (Hg.): Gerechte Teilhabe. Befähigung zur Eigenverantwortung und Solidarität. Eine Denkschrift des Rates der EKD zur Armut in Deutschland, Gütersloh 2006 (EKD 2006).

Dies. (Hg.): «Deine Augen sahen mich, als ich noch nicht bereitet war ...» (Psalm 139, 16). Stellungnahme des Rates der EKD zur Präimplantationsdiagnostik (PID), in: epd-Dokumentation 9 (2011), 5–7 (EKD 2011a).

Dies. (Hg.): ‹Und unsern kranken Nachbarn auch!› Aktuelle Herausforderungen der Gesundheitspolitik. Eine Denkschrift des Rates der EKD, Gütersloh 2011 (EKD 2011b).

Dies. (Hg.): Zwischen Autonomie und Angewiesenheit. Familie als verlässliche Gemeinschaft stärken, Gütersloh 2013 (EKD 2013).

Dies./Deutsche Bischofskonferenz (Hg.): Gott ist ein Freund des Lebens. Herausforderungen und Aufgaben beim Schutz des Lebens. Gemeinsame Erklärung des Rates der Evangelischen Kirche in Deutschland und der Deutschen Bischofskonferenz in Verbindung mit den übrigen Mitglieds- und Gastkirchen der Arbeitsgemeinschaft christlicher Kirchen in der Bundesrepublik Deutschland und Berlin (West), Gütersloh 1989 (EKD/DBK 1989).

Dies. (Hg.): Christliche Patientenverfügung. Mit Vorsorgevollmacht und Betreuungsverfügung. Handreichung und Formular der Deutschen Bischofskonferenz und des Rates der Evangelischen Kirche in Deutschland in Verbindung mit den weiteren Mitglieds- und Gastkirchen der Arbeitsgemeinschaft Christlicher Kirchen in Deutschland, 2. Aufl. Hannover/Bonn 2003 (EKD/DBK 2003).

Dies. (Hg.): Christliche Patientenvorsorge durch Vorsorgevollmacht, Betreuungsverfügung, Behandlungswünsche und Patientenverfügung. Handreichung und Formular der Deutschen Bischofskonferenz und des Rates der Evangelischen Kirche in Deutschland in Verbindung mit weiteren Mitglieds- und Gastkirchen der Arbeitsgemeinschaft Christlicher Kirchen in Deutschland, Hannover/Bonn 2011 (EKD/DBK 2011).

Fischer, Johannes: Die Schutzwürdigkeit menschlichen Lebens in christlicher Sicht, in: Anselm/Körtner 2003, 27–45.

Ders.: Sittlichkeit und Rationalität. Zur Kritik der desengagierten Vernunft (Forum Systematik 38), Stuttgart 2010.

Ders.: Christliches Menschenbild als Götze, in: Zeitzeichen 12/6 (2011), 41–43.

Ders.: Verstehen statt Begründen. Warum es in der Ethik um mehr als nur um Handlungen geht, Stuttgart 2012.

Frieß, Michael: «Komm süßer Tod» – Europa auf dem Weg zur Euthanasie? Zur theologischen Akzeptanz von assistiertem Suizid und aktiver Sterbehilfe (Forum Systematik 32), Stuttgart 2008.

Fuchs, Michael u. a.: Forschungsethik. Eine Einführung, Stuttgart 2010.

Gerhardt, Volker: Selbstbestimmung. Das Prinzip der Individualität, Stuttgart 1999.

Gilligan, Carol: Die andere Stimme. Lebenskonflikte und Moral der Frau, München 1982.

Graf, Friedrich Wilhelm: Missbrauchte Götter. Zum Menschenbildstreit in der Moderne, München 2009.

Ders.: Kirchendämmerung. Wie die Kirchen unser Vertrauen verspielen, München 2011.

Grewel, Hans: Lizenz zum Töten. Der Preis des technischen Fortschritts in der Medizin, Stuttgart 2002.

Grotefeld, Stefan: Religiöse Überzeugungen im liberalen Staat. Protestantische Ethik und die Anforderungen öffentlicher Vernunft (Forum Systematik 29), Stuttgart 2006.

Habermas, Jürgen: Die Zukunft der menschlichen Natur. Auf dem Weg zu einer liberalen Eugenik?, 4., erw. Aufl. Frankfurt am Main 2002.

Haraway, Donna: Die Neuerfindung der Natur. Primaten, Cyborgs und Frauen, Frankfurt am Main/New York 1995.

Härle, Wilfried: Menschsein in Beziehungen. Studien zur Rechtfertigungslehre und Anthropologie, Tübingen 2005.

Hofheinz, Marco: Gezeugt, nicht gemacht. In-vitro-Fertilisation in theologischer Perspektive, Berlin 2008.

Huber, Wolfgang: Was ist heute noch heilig?, in: epd-Dokumentation 9 (2002), 55–59.

Ders.: Von der Freiheit. Perspektiven für eine solidarische Welt, München 2012.

Ders.: Ethik. Die Grundfragen unseres Lebens von der Geburt bis zum Tod, München 2013.

Joas, Hans: Die säkulare Option. Ihr Aufstieg und ihre Folgen, in: Deutsche Zeitschrift für Philosophie 57 (2009), 293–300.

Ders.: Die Sakralität der Person. Eine neue Genealogie der Menschenrechte, Berlin 2011.

Johannes Paul II.: Enzyklika «Evangelium vitae» an die Bischöfe, Priester und Diakone, die Ordensleute und Laien sowie an alle Menschen guten Willens über den Wert und die Unantastbarkeit des menschlichen Lebens, Bonn 1995.

Jüngel, Eberhard: Entsprechungen. Gott – Wahrheit – Mensch. Theologische Erörterungen, 2. Aufl. München 1986.

Klinnert, Lars: Der Streit um die europäische Bioethik-Konvention. Zur kirchlichen und gesellschaftlichen Auseinandersetzung um eine menschenwürdige Biomedizin (Edition Ethik 4), Göttingen 2009.

Koch, Klaus: «sdq. gemeinschaftstreu/heilvoll handeln», in: Theologisches Handwörterbuch zum Alten Testament, Bd. 2, München/Zürich 1984, 507–530.

Kohler-Weiß, Christiane: Schutz der Menschwerdung. Schwangerschaft und Schwangerschaftskonflikt als Themen evangelischer Ethik (Öffentliche Theologie 17), Gütersloh 2003.

Dies.: Das perfekte Kind. Eine Streitschrift gegen den Anforderungswahn, Freiburg i. Br. 2008.

Kongregation für die Glaubenslehre: Instruktion DIGNITAS PERSONAE über einige Fragen der Bioethik, hg. vom Sekretariat der Deutschen Bischofskonferenz (Verlautbarungen des Apostolischen Stuhls 183), Bonn 2008.

Körner, Swen/Schardien, Stefanie (Hg.): Höher – Schneller – Weiter. Gentechnologisches Enhancement im Spitzensport, Paderborn 2012.

Körtner, Ulrich H. J.: Ethik im Krankenhaus. Diakonie – Seelsorge – Medizin, Göttingen 2007.

VIII. BIOETHIK DES MENSCHEN

Ders.: Leib und Leben. Bioethische Erkundungen zur Leiblichkeit des Menschen, Göttingen 2010.

Kreß, Hartmut: Medizinische Ethik. Gesundheitsschutz – Selbstbestimmungsrechte – heutige Wertkonflikte, 2., vollständig überarb. und erw. Aufl. Stuttgart 2009.

Kruip, Gerhard: Gibt es moralische Kriterien für einen gesellschaftlichen Kompromiss in ethischen Fragen? Zugleich ein Kommentar zur getroffenen Regelung des Imports von embryonalen Stammzellen, in: Bernhard Goebel/Gerhard Kruip (Hg.): Gentechnologie und die Zukunft der Menschenwürde, Münster 2003, 133–149.

Lenk, Christian: Menschenbild – Theologische Grundlegung aus evangelischer Sicht, in: Wolfgang Kraus (Hg.): Bioethik und Menschenbild bei Juden und Christen. Bewährungsfeld Anthropologie, Neukirchen-Vluyn 1999, 57–71.

Ders.: Therapie und Enhancement. Ziele und Grenzen der modernen Medizin (Münsteraner Bioethik-Studien 2), Münster/Hamburg/London 2002.

Luhmann, Niklas: Gesellschaftsstruktur und Semantik. Studien zur Wissenssoziologie der modernen Gesellschaft, Bd. 3, Frankfurt am Main 1989.

Ders.: Die Religion der Gesellschaft, Frankfurt am Main 2000.

Maio, Giovanni: Wenn die Technik die Vorstellung bestellbarer Kinder weckt, in: Ders./Tobias Eichinger/Claudia Bozzaro (Hg.): Kinderwunsch und Reproduktionsmedizin. Ethische Herausforderungen der technisierten Fortpflanzung, Freiburg i. Br./München 2013, 11–37.

Margalit, Avishai: Über Kompromisse und faule Kompromisse, Berlin 2011.

Metz, Johann Baptist: Compassion. Zu einem Weltprogramm des Christentums im Zeitalter des Pluralismus der Religion und Kulturen, in: Ders./Lothar Kuld/Adolf Weisbrod (Hg.): Compassion. Weltprogramm des Christentums. Soziale Verantwortung lernen, Freiburg i. Br. 2000, 9–18.

Meyer-Stiens, Lüder: Der erzählende Mensch – der erzählte Mensch. Eine theologisch-ethische Untersuchung der Patientenverfügung aus Patientensicht (Edition Ethik 9), Göttingen 2012.

Müller, Oliver: Zwischen Mensch und Maschine. Vom Glück und Unglück des Homo faber, Berlin 2010.

Müller, Sabine: Revival der Hirntod-Debatte. Funktionelle Bildgebung für die Hirntod-Diagnostik, in: Ethik in der Medizin 22 (2010), 5–17.

Nationaler Ethikrat: Selbstbestimmung und Fürsorge am Lebensende, Berlin 2006.

Praetorius, Ina: Zum Ende des Patriarchats, Mainz 2000.

President's Council on Bioethics: Controversies in the Determination of Death, Washington 2008.

Rawls, John: Politischer Liberalismus, Frankfurt am Main 1998.

Rehmann-Sutter, Christoph: Genes – Cells – Interpretations. What Hermeneutics Can Add to Genetics and to Bioethics, in: Georg Pfleiderer/Gabriela Brahier/Klaus Lindpaintner (Hg.): GenEthics and Religion, Basel 2010, 12–27.

Rendtorff, Trutz: Ethik. Grundelemente, Methodologie und Konkretionen einer ethischen Theologie, Tübingen 2011.

Rieger, Hans-Martin: Gesundheit. Erkundungen zu einem menschenangemessenen Konzept (Forum Theologische Literaturzeitung 29), Leipzig 2013.

Rössler, Dietrich: Akzeptierte Abhängigkeit. Gesammelte Aufsätze zur Ethik, Tübingen 2011.

Sandel, Michael J.: The Case against Perfection. Ethics in the Age of Genetic Engineering, Cambridge/London 2007.

Savulescu, Julian/ter Meulen, Ruud/Kahane, Guy (Hg.): Enhancing Human Capacities, Malden/Oxford/Chichester 2011.

Schardien, Stefanie: Sterbehilfe als Herausforderung für die Kirchen. Eine ökumenisch-ethische Untersuchung konfessioneller Positionen (Öffentliche Theologie 21), Gütersloh 2007.

Dies. (Hg.): Mit dem Leben am Ende. Stellungnahmen aus der kirchlichen Diskussion in Europa zur Sterbehilfe (Edition Ethik 3), Göttingen 2010.

Dies.: Between Mere Opposition and Dull Allegiance. Enhancement in Theological-Ethical Perspective, in: Robert Fischer/Theo de Boer (Hg.): Human Enhancement. Moral, Religious and Ethical Aspects from a European Perspective, Brüssel 2013, 249–259.

Schildmann, Jan/Marckmann, Georg/Vollmann, Jochen (Hg.): Personalisierte Medizin. Medizinische, ethische, rechtliche und ökonomische Analysen. Themenheft, in: Ethik in der Medizin 25 (2013), 169–284.

Spaemann, Robert: Personen. Versuche über den Unterschied zwischen ‹etwas› und ‹jemand›, Stuttgart 1996.

Stoecker, Ralf: Der Hirntod. Ein medizinethisches Problem und seine moralphilosophische Transformation. Studienausgabe, Freiburgi. Br./München 2010.

Stoellger, Philipp: Passivität aus Passion. Zur Problemgeschichte einer ‹categoria non grata›, Tübingen 2008.

Taupitz, Jochen: Das Menschenrechtsübereinkommen zur Biomedizin und sein Protokoll zur medizinischen Forschung am Menschen: Verhältnis zum geltenden Recht, insbesondere zur GCP-Richtlinie in ihrer Umsetzung, in: Erwin Deutsch/Gunnar Duttge/Hans-Ludwig Schreibe/Andreas Spickhoff/Jochen Taupitz (Hg.): Die Implementierung der GCP-Richtlinie und ihre Ausstrahlungswirkungen, Heidelberg 2011, 29–38.

Waldenfels, Bernhard: Das leibliche Selbst. Vorlesungen zur Phänomenologie des Leibes, hg. von Regula Giuliani, Frankfurt am Main 2000.

Zentrale Kommission zur Wahrung ethischer Grundsätze in der Medizin und ihren Grenzgebieten (Zentrale Ethikkommission) bei der Bundesärztekammer: Forschungsklonen mit dem Ziel therapeutischer Anwendungen, in: Deutsches Ärzteblatt 103 (2006), A645–649.

IX

BIOETHIK NICHTMENSCHLICHER LEBENSFORMEN

Ulrich H.J. Körtner

1.   EINFÜHRUNG: GRUNDFRAGEN DER TIER- UND PFLANZENETHIK   587
1.1.   Begriff und Gegenstand der Bioethik   587
1.2.   Menschen, Tiere und Pflanzen   588
1.3.   Lebenswissenschaft, Natur und Technik   591
1.4.   Leben: *bíos* und *zoë*   592
1.5.   Bioethik, Schöpfungsglaube und Theologie   594

2.   PROBLEMGESCHICHTE, THEORIEANSÄTZE UND GRUNDBEGRIFFE   596
2.1.   Patho-, bio- und physiozentrische Konzepte der Tier- und Pflanzenethik   596
2.2.   Das Problem der Anthropozentrik   601
2.3.   Der Würdebegriff in der Tier- und Pflanzenethik   606
2.4.   Bioethik nichtmenschlicher Lebewesen im Christentum   609
2.4.1. Tiere und Pflanzen in der biblischen Überlieferung   609
2.4.2 Tiere und Pflanzen in der christlichen Tradition und in der Theologie der Gegenwart   614

3.   PROBLEMFELDER HEUTIGER TIER- UND PFLANZENETHIK   617
3.1.   Problemfelder heutiger Tierethik   617
3.2.   Problemfelder heutiger Pflanzenethik   620
3.3.   Biodiversität und Nachhaltigkeit   624
3.4.   Ethische Probleme der Gentechnik in der Tier- und Pflanzenzucht   628
3.5.   Biopatente   634
3.6.   *Converging Technologies* und synthetische Biologie   637

4.   LITERATUR   642

1. EINFÜHRUNG: GRUNDFRAGEN DER TIER- UND PFLANZENETHIK

1.1. Begriff und Gegenstand der Bioethik

Der Begriff der Bioethik taucht erstmals in den 1960er-Jahren im angloamerikanischen Sprachraum auf und deckt sich zunächst mit dem Begriff der Medizinethik. Gegenstand der Bioethik ist in dieser Anfangsphase moderner Bioethik also das menschliche Leben. Ihre Themen sind die Herausforderungen durch neue medizinische Fortschritte, etwa durch die Intensivmedizin und die Transplantationsmedizin, bald auch durch die moderne Reproduktionsmedizin. In diesem Sinne wurde der Begriff zunächst auch im deutschen Sprachraum übernommen. Erst gegen Ende der 1980er-Jahre treten Stimmen auf, die für eine Erweiterung des Begriffs der Bioethik auf die ethische Verantwortung menschlichen Umgangs mit allem Leben plädieren. Bioethik in einem derart umfassenden Sinne schließt also auch die Fragen einer Umweltethik ein, die sich parallel zur modernen Medizinethik unter dem Eindruck der Umweltzerstörung und eines neuen Bewusstseins für die gesellschaftliche, politische und ökonomische Bedeutung der Ökologie entwickelt hat. Der Begriff der Bioethik bleibt aber weiter gefasst als derjenige der Umweltethik, weil er auch die Ethik der Humanmedizin oder allgemein gesprochen die Bioethik des Menschen einschließt. Ebenso wie die Bioethik des Menschen richtet auch die Bioethik nichtmenschlicher Lebewesen ihr Augenmerk vor allem auf jene ethischen Fragestellungen, die durch die modernen Biotechnologien in Medizin und Lebens- oder Biowissenschaften ausgelöst werden. Die charakteristischen bioethischen Herausforderungen bestehen im technischen Umgang mit dem Leben und in der Verquickung von technikethischen mit ökonomischen, sozialen, rechtlichen und biopolitischen Fragen. Gegenüber einem umfassenden Verständnis von Bioethik als Ethik des Umgangs mit jeglichen Lebensphänomenen, bei dem letztlich alle Ethik als Bioethik zu verstehen wäre – was, wie in Abschnitt 1.4.

aufgezeigt, ja durchaus antikem Sprachgebrauch nahekäme –, wird der Begriff der Bioethik im vorliegenden Kapitel also eingeschränkt. Andernfalls müsste man sämtliche Fragen menschlicher Lebensführung, die individual- und personalethischen ebenso wie die sozialethischen, zu bioethischen Fragen erklären, was nicht sinnvoll erscheint (Düwell 2008: 23).

1.2. Menschen, Tiere und Pflanzen

Ihrem Namen nach ist Bioethik die Ethik des Lebens. Sie befasst sich mit allen Lebensformen im umfassenden Wortsinn, mit dem menschlichen Leben ebenso wie dem tierischen und pflanzlichen. Subjekt der ethischen Urteilsbildung ist und bleibt freilich stets nur der Mensch. Diese Feststellung ist alles andere als trivial. Mag der Mensch auch moralische Verantwortung für nichtmenschliche Lebewesen und für die Natur im Ganzen empfinden – was schon für sich genommen nach einer Begründung verlangt – und mögen auch Tiere und Pflanzen, lebende Individuen und ganze Arten, als Träger moralischer Rechte oder moralisch relevanter Interessen begriffen werden, geschieht dies doch immer vom Standpunkt des Menschen aus. Selbst wenn wir eine Ethik begründen wollen, die den Schutz nichtmenschlichen Lebens um seiner selbst willen fordert – und nicht etwa nur, weil dies dem Menschen nützt –, sind es doch nur die Menschen, die sich über eine solche Ethik, ihre Prinzipien und Schlussfolgerungen im Diskurs verständigen können. Tiere und Pflanzen lassen sich allenfalls hypothetisch in den ethischen Diskurs einbeziehen. Man kann sich wohl *über* die moralische Berücksichtigungswürdigkeit von Tieren und Pflanzen verständigen, nicht aber *mit* ihnen. Rein biologisch betrachtet ist der Mensch ein Tier unter Tieren, wenn auch nach eigenem Verständnis mit einer Vernunft begabt, die ihn vom Tier unterscheidet und die notwendige Voraussetzung von Moral und Ethik ist. Zwar lässt sich auch bei Tieren ein moralähnliches Verhalten beobachten (vgl. Lorenz 1963; de Waal 1997), aber keine moralische Reflexion. Insofern bleibt auch ein sogenanntes moralanaloges Verhalten bei Tieren von menschlicher Moral zu unterscheiden. Eine Bioethik nichtmenschlicher Lebewesen, die sich nicht auf das Eigeninteresse des Menschen am Schutz von Tieren und Pflanzen beschränkt, übernimmt im besten Fall für nichtmenschliche Lebewesen eine advokatorische Aufgabe.

1. Einführung: Grundfragen der Tier- und Pflanzenethik

Im vorliegenden Kapitel wird die Position einer theologisch reflektierten Verantwortungsethik vertreten (vgl. Körtner 2012). Sie besagt allgemein, dass Pflanzen und Tiere wie die irdische Biosphäre in ihrer Gesamtheit insoweit Gegenstand der ethischen Reflexion sind, als sie von den Handlungen des Menschen und ihren Folgen betroffen sind. Je mehr nichtmenschliche Lebewesen in menschliche Handlungszusammenhänge eingebunden sind, desto größer ist die ethische Verantwortung, wobei es sich zwischen Menschen und nichtmenschlichen Lebewesen nicht um ein wechselseitiges, also symmetrisches, Verantwortungsverhältnis, sondern um ein asymmetrisches Verantwortungsverhältnis handelt, das man als paternalistisch oder advokatorisch bezeichnen kann. In moralischer Hinsicht sind Tiere und Pflanzen keine Akteure, sondern das Objekt moralischer Handlungssubjekte. Man spricht im Englischen auch von *moral patients* (vgl. Brenner 2008: 51, 126, 193).

Dass Tiere und Pflanzen überhaupt in die ethische Reflexion einzubeziehen sind, hat seinen Grund darin, dass der Mensch und die menschliche Gemeinschaft nicht ohne Austausch mit diesen Lebewesen existieren können. Der Mensch lebt in der irdischen Biosphäre gemeinsam *mit* Tieren und Pflanzen, was schon bei der Luft, die der Mensch zum Atmen braucht, und der Photosynthese beginnt, durch die Kohlendioxyd in Sauerstoff rückverwandelt wird. Der Mensch lebt aber auch *von* Pflanzen und Tieren, die er für seine Ernährung braucht. Um selbst leben zu können, muss der Mensch anderes Leben zerstören, auch wenn er es zuvor vielleicht kultiviert, hegt und pflegt. Ob er zum Zweck der Nahrungsaufnahme unbedingt Tiere töten muss oder zumindest töten darf, ist ethisch umstritten. Auf den Verzehr von Pflanzen und ihren Früchten kann der Mensch jedoch keinesfalls verzichten – wenn er pflanzliche Nahrung nicht wieder, zumindest teilweise, durch tierisches Fleisch oder andere tierische Produkte ersetzen will. Pflanzen und Tiere oder zumindest Teile von ihnen verwendet der Mensch außerdem, um seine Kleidung oder seine Behausungen herzustellen. Auch in der heutigen Zeit, in der Kunststofffasern oder moderne Baustoffe wie Beton, Stahl und Glas zum Einsatz kommen, ist dies weiterhin der Fall. In allen Bereichen seiner Kultur verwendet der Mensch tierisches und pflanzliches Material, vom Zeitungspapier über Farbstoffe und Düfte bis hin zu Seifen und Knochenleim.

Pflanzen und Tiere gehören nicht nur zur Umwelt des Menschen. Er bezieht sie vielmehr in kultivierter Form in seine Lebenswelt mit ein. Früh in ihrer Geschichte haben Menschen begonnen, Tiere zu domestizieren und zu züchten, ebenso wie sie mit der Pflanzenzucht begonnen haben. Es gibt

IX. BIOETHIK NICHTMENSCHLICHER LEBENSFORMEN

Nutztiere und Nutzpflanzen, die zum Zweck der Nahrungsproduktion, als Arbeitskraft in der Landwirtschaft, im Transportwesen oder bei der Jagd eingesetzt werden. Es gibt Haustiere, die das menschliche Bedürfnis nach Beziehung befriedigen sollen, oder Blumen und Gartenpflanzen für die ästhetischen Bedürfnisse des Menschen. Aufgrund seiner Bedürfnisse hat der Mensch nicht nur vorhandene Tier- und Pflanzenarten domestiziert, sondern durch Zucht neue Rassen und Sorten geschaffen, deren Individuen die entsprechenden menschlichen Bedürfnisse geradezu in ihren Körper eingeschrieben sind. Ihr Dasein und ihr Sosein ist durch und durch vom Menschen bestimmt, ohne die diese Kulturpflanzen, Haus- und Nutztiere gar nicht existieren würden. Um von ihnen möglichst gute und große Erträge zu erzielen, werden wiederum andere Pflanzen, Tiere oder Mikroorganismen, die man als sogenannte Schädlinge oder Parasiten betrachtet, massenhaft vernichtet.

Aber auch um seine Gesundheit zu erhalten, hat der Mensch schon immer von Pflanzen und Tieren Gebrauch gemacht. Das beginnt bei der Verwendung von Heilkräutern und reicht über die Verwendung von Tieren in schamanischen Ritualen über die Herstellung von Medizin aus tierischem Gewebe in traditionellen, vormodernen Kulturen bis hin zu den Tierversuchen in der modernen Medizin und der Pharmazie. Auch zu diesem Zweck werden Tiere mit besonderen Eigenschaften, die in der Natur so nicht vorkommen, eigens gezüchtet. Man denke nur an die sogenannte Krebsmaus, die genetisch so verändert ist, dass sie Tumore bildet, an denen medizinische und pharmazeutische Untersuchungen vorgenommen werden. Oder man denke an gentechnisch veränderte Kolibakterien, die zur industriellen Produktion menschlichen Insulins verwendet werden. Tiere dienen in der medizinischen Forschung lediglich als ‹Modelle›, um Erkenntnisse zu gewinnen, die man auf den Menschen zu übertragen versucht.

Um seine Haus- und Nutztiere zu ernähren, verbraucht der Mensch wiederum Pflanzen und anderes tierisches Leben. Man denke nur an die Nahrungskette des Fleischverzehrs. Der Mensch tötet Tiere nicht nur für den eigenen Verbrauch, sondern auch, um mit ihrem Fleisch andere Tiere zu füttern. In den Supermärkten gibt es eben auch Hunde-, Katzen- und Vogelfutter. Heutzutage werden verarbeitete Tierreste in Form von Tiermehl sogar an Pflanzenfresser wie Kühe und Hühner verfüttert.

1.3. Lebenswissenschaft, Natur und Technik

Wie die menschliche Kultur insgesamt ist auch der Umgang des Menschen mit Pflanzen und Tieren in der modernen Zivilisation durch Technik und Großtechnologien bestimmt. Massentierhaltung und industriell betriebene Pflanzenzucht sind dafür beispielhaft. Eine zeitgemäße Bioethik muss daher immer auch Gesichtspunkte der Technikethik einschließen. Was allgemein als Natur bezeichnet wird, tritt in der modernen Zivilisation immer nur als kulturell überformt und bearbeitet in Erscheinung.

Schon der Philosoph Helmuth Plessner hat die menschliche, durch Technik bestimmte Existenzform als natürliche Künstlichkeit bezeichnet (vgl. Plessner 1975: 309–321). In den heutigen Lebenswissenschaften, in den *Converging Technologies* – gemeint ist die Verbindung von Nano-, Bio-, Informations- und Kognitionswissenschaften – und schließlich in der synthetischen Biologie erreicht die natürliche Künstlichkeit eine neue Entwicklungsstufe. Was wir unter dem sprachlichen Zeichen ‹Natur› verstehen, ist grundsätzlich ein begriffliches und erkenntnistheoretisches Konstrukt, das seine Bedeutung stets nur in unterschiedlichen wissenschaftlichen und kulturellen Interpretationspraxen gewinnt. Mit den modernen Lebenswissenschaften und ihrer Kombination von Biologie und Technik erreicht die technische Nutzung, Bearbeitung und Konstruktion von Leben – menschlichem wie nichtmenschlichem – eine neue Stufe. Die Bezeichnung *Life Sciences* steht für den biowissenschaftlich-technischen Komplex des 21. Jahrhunderts, der sich von der Landwirtschaft bis zur molekularen Medizin erstreckt und zu tiefgreifenden Veränderungen unseres Welt- und Menschenbildes führt.

Im Verlauf der Zivilisations- und Technikgeschichte ist die Natur jedoch auch immer mehr zu einer technischen Konstruktion geworden. Die Zweckbestimmung der Natur ist immer mehr vom vermeintlichen Eigensinn in menschlichen Handlungssinn überführt worden. Vor den materialen Einzelfragen der Bioethik ist die Besinnung auf elementare Fragen des Menschen- und Weltbildes vorrangig. Dazu gehört die Auseinandersetzung mit dem Wesen der modernen Technik und der durch sie bestimmten Sicht des Lebens.

Dazu gehört auch die Kritik an einer Verengung des Begriffs der Lebenswissenschaft auf den bio-technologischen Umgang mit Leben und einen reduktionistischen naturwissenschaftlichen Lebensbegriff. Eine zentrale Aufgabe aller Bioethik besteht darin, einen interdisziplinären Lebensbegriff zurückzugewinnen, der auch die Entfremdung zwischen Natur- und Geisteswissenschaften – einschließlich der Theologie – überwindet.

1.4. Leben: *bíos* und *zoë*

Freilich bedarf auch der Begriff der Bioethik einer kritischen Reflexion. Nach antiker Tradition ist nicht etwa die Biologie, sondern die Ethik, verstanden als Theorie menschlicher Lebensführung, die eigentliche Bio- oder Lebenswissenschaft. In diesem Sinne kann alle Ethik als Bio-Ethik gelten. Freilich ist zu beachten, dass die antike Philosophie zwei Lebensbegriffe unterscheidet, nämlich *bíos* und *zoë*.

Während das Wort *zoë* das physische, biologische Leben bezeichnet, steht der Begriff des *bíos*, modernem Sprachgebrauch zuwiderlaufend, für das Leben des Menschen, der sein Leben nicht einfach lebt, sondern bewusst führen muss. Nach Aristoteles hat die *zoë* ihr Zentrum in der Seele, der *bíos* dagegen im Subjekt respektive im Geist. Beiden Formen des Lebens ist nach seinem Verständnis gemeinsam, dass sie zielgerichtet sind, das heißt ein Telos haben, das ihnen nicht äußerlich ist, sondern von Natur aus innewohnt.

Beim Menschen – genauer gesagt beim freien Mann – unterscheidet Aristoteles drei als *bíoi* bezeichnete Lebensweisen, und zwar das Leben, das sich auf den Genuss des körperlich Schönen richtet, ferner das Leben des Philosophen und schließlich das Leben, das innerhalb des Gemeinwesens – der Polis – schöne Taten erzeugt. Letzteres nennt Aristoteles den *bíos politikós*, der freilich vom bloßen Organisiertsein des menschlichen Zusammenlebens oder von despotischer Herrschaft unterschieden ist (vgl. Aristoteles: Nikomachische Ethik 1095b, 16–17; Arendt 2001: 23).

Bioethik, wie der Begriff im Folgenden verwendet wird, legt nun gerade nicht den Bios-Begriff der griechischen Philosophie zu Grunde, sondern spricht in einem eingeschränkten Sinne vom Leben, so wie es die heutige Biologie und die Zoologie tun. Gegenstand der Bioethik ist also der Umgang des Menschen mit dem Leben im Sinne der *zoë*, mit nichtmenschlichen Lebewesen und der Biosphäre in ihrer Gesamtheit.

Kritisch ist freilich anzumerken, dass der Lebensbegriff in der modernen Biologie materialistisch verkürzt werden kann. Außerdem zeigt der Begriff des Lebens neben seiner biologistischen Reduktion eine verwirrende Vieldeutigkeit (Brenner 2009). Was man genau unter ‹Leben› zu verstehen hat und welches Leben inwiefern Gegenstand menschlicher Verantwortung und ethischer Rechenschaft sein soll, wird in ethischen Zusammenhängen oftmals nicht präziser geklärt. Schon den Biologen fällt es schwer, genau zu definieren, was sie unter Leben verstehen. Immer noch verbreitet sind folgende Kriterien des Lebendigen, welche durch die molekularbiologische Wende der Biologie eher bestätigt sind: Stoffwechsel, Mutation, Reproduktion. Mutation und Reproduktion begründen zusammen die Evolutionsfähigkeit des Lebens. Der Evolutionsprozess ist freilich nach biologischer Theorie ungerichtet. Er folgt keinem Plan und steuert nicht auf ein endgültiges Ziel zu. Auch die Entwicklung der einzelnen Lebewesen gehorcht nach Ansicht der Biologie nicht einem transzendenten Gesetz, sondern wird durch Energieumsatz, systemische Selbststeuerung und Reproduktion erklärt.

Ein derartiger Lebensbegriff ist in der bioethischen Debatte aber keineswegs vorherrschend. Hier wird oft ein Lebensbegriff gebraucht, der ähnlich wie die Begriffe ‹Welt›, ‹Geschichte› oder auch ‹Gott› auf Ganzheiten verweist, das heißt den Horizont bezeichnet, vor dem sich das menschliche Handeln abspielt. ‹Das Leben› meint dann einen übergeordneten Zusammenhang. Als ‹unser› oder ‹mein Leben› bezeichnen wir zum Beispiel unsere Lebensumstände, unsere sozialen und beruflichen Verhältnisse, unsere Lebensführung und unsere Lebensgeschichte.

In der bioethischen Diskussion überlappen sich philosophische Traditionen wie die Lebensphilosophie und ihr Vitalismus, Anleihen bei Schopenhauers Mitleidsethik und Nietzsches Lehre vom Willen zum Leben respektive zur Macht, Henri Bergsons Theorie von einem universalen *Élan vital*, utilitaristische Ansätze einer Ethik der Interessen und biologisch-naturwissenschaftliche Kategorien (vgl. Frey 1998: 77–100). Entsprechend vieldeutig oder vielmehr nichtssagend bleiben häufig die aus dem Lebensbegriff abgeleiteten ethischen Maximen, zum Beispiel diejenige Albert Schweitzers (1874–1965), gut sei es, Leben zu erhalten und zu fördern, böse aber, Leben zu vernichten und zu hemmen (vgl. Schweitzer 1981: 331). Solange nicht geklärt ist, an was für ein Leben man sich hingeben soll, bleibt auch die von Schweitzer geforderte Lebenshingabe eine leere Forderung. Auch seine Begriffe der Lebensbejahung und Lebensverneinung sind einigermaßen unbestimmt.

Durch die Vermengung der beiden Lebensbegriffe *bíos* und *zoë* kann der Eindruck entstehen, als enthalte das Phänomen des Lebens oder genauer gesagt der Existenz von Lebendigem bereits eine moralische Forderung in sich. Doch handelt es sich bei dieser Annahme um einen sogenannten naturalistischen Fehlschluss (George Edward Moore; David Hume). Denn in Wahrheit folgt aus einem Sein noch kein Sollen. Das gilt für die Moral ebenso wie für die Naturgeschichte, sind doch die heute existierenden Arten des Lebendigen das Resultat eines langen Selektionsprozesses, der fortdauert. Wie also die bestehenden Arten das Resultat der Vernichtung anderer Lebensformen sind, so lässt sich auch über den weiteren Verlauf des Evolutionsprozesses keine Prognose abgeben. Wird unter ‹dem Leben› dieser Prozess verstanden und seine Bejahung ethisch gefordert, so ist die Bejahung von Selektion und folglich von Zerstörung bestehender Arten eingeschlossen. Aus dem Evolutionsprozess als solchem lässt sich darum beispielsweise kein schlüssiges Kriterium für Einzelprobleme des Arten- und Umweltschutzes ableiten.

Durch eine rein biologische Betrachtungsweise lässt sich nicht einmal die Bejahung des Evolutionsprozesses als solchem moralisch rechtfertigen. Die Natur, die oft in anthropomorpher Weise wie ein Subjekt angesprochen wird, hat ein Lebewesen hervorgebracht, das in der Lage ist, seine eigene Natur gefährlich zu verändern und die es umgebende Natur zu zerstören. Hier entsteht ein ethisches Dilemma. Wird die als sinnhaft erlebte und begriffene Daseinsweise des Menschen, sein Leben in sozialen und kulturellen Formen, von der Biologie als Ergebnis des vollständig sinnfreien Evolutionsprozesses erklärt, entsteht zudem ein erkenntnistheoretisches Dilemma. Eine Ethik des Lebens, welche unter Verweis auf dessen Gegebensein moralische Normen begründen will, gerät daher notwendigerweise in Aporien. Darum ist auch die Idee einer evolutionären Ethik zum Scheitern verurteilt (vgl. Vossenkuhl 1983).

1.5. Bioethik, Schöpfungsglaube und Theologie

Der Anstoß zu theologischen Entwürfen einer Schöpfungs- und Tierethik ist freilich vor allem von der Philosophie ausgegangen, in der sich die Tier- und Ökoethik inzwischen zu einer eigenständigen Disziplin der angewandten Ethik entwickelt hat. Die neuzeitliche ethische Sichtweise der Tiere steht zunächst unter dem philosophischen Einfluss von René Descartes (1596–1650), der Tiere mit seelen- und empfindungslosen Maschinen verglichen hat. Großen Einfluss übten auch Immanuel Kant (1724–1804) und Johann Gottlieb Fichte (1762–1814) aus. Heutige Tierethik beruft sich demgegenüber auf die

Mitleidsethik Arthur Schopenhauers (1788–1860), auf Friedrich Nietzsche (1844–1900) und die Lebensphilosophie, Albert Schweitzers Lehre von der Ehrfurcht vor dem Leben und vor allem auf die tierethischen Argumente des Utilitarismus, die klassisch von Jeremy Bentham (1748–1832) formuliert worden sind.

Zu den Grundfragen heutiger Bioethik gehört auch das Problem, wie sich naturwissenschaftliche, philosophische und religiöse Sichtweisen auf die vielschichtigen Phänomene des Lebens miteinander vermitteln lassen. Hierzu bedarf es nicht nur einer sorgfältigen Analyse der unterschiedlichen Verwendungen des Wortes ‹Leben› in der biblischen Tradition des Alten und Neuen Testaments, einschließlich der Rede vom ewigen Leben. Vielmehr ist auch zwischen den sprachlichen Zeichen ‹Natur› und ‹Schöpfung› zu unterscheiden. Die Basis einer theologischen Bioethik oder Schöpfungsethik kann daher nicht eine allgemeine Naturphilosophie sein.

Martin Luther bringt den Schöpfungsglauben in seiner Erklärung des Apostolischen Glaubensbekenntnisses auf existentielle Weise zum Ausdruck: «Ich glaube, dass mich Gott geschaffen hat samt allen Kreaturen, mir Leib und Seele, Augen, Ohren und alle Glieder, Vernunft und alle Sinne gegeben hat und noch erhält […]; und das alles aus lauter väterlicher, göttlicher Güte und Barmherzigkeit, ohn all mein Verdienst und Würdigkeit» (Luther 1529/1998: 510,33–511,5). Während der Schöpfungsglaube alles Leben als von Gott hervorgebracht und gewollt versteht, sodass es einen Sinn und ein Ziel hat, schließt die moderne Evolutionstheorie den Gedanken einer universalen Teleologie klar aus. ‹Evolution› und ‹Schöpfung› stehen also für sehr unterschiedliche, zueinander in Spannung tretende Sichtweisen und Erfahrungen dessen, was als Natur bezeichnet wird. Das mit dem Schöpfungsgedanken Gemeinte ist darum einerseits von der Natur zu unterscheiden, es muss aber andererseits, wenn es für sich Plausibilität beanspruchen will, an der Natur identifiziert werden (vgl. Frey 1989: 222 f.). Die spannungsvollen Perspektiven von Schöpfungsglauben und Evolutionstheorie lassen sich nicht in eine Supertheorie integrieren, sondern können nur als komplementäre Sichtweisen aufeinander bezogen werden.

Theologische Ethik hat eine schwierige Übersetzungsleistung zu vollbringen. Einerseits muss sie sich darum bemühen, ihre spezifisch religiöse, biblisch begründete Sichtweise in die bioethischen und biopolitischen Diskurse einer pluralistischen und säkularen Gesellschaft einzubringen. Mit anderen Worten muss sie zwischen biblischer Begründung und Vernunftbegründung hermeneutisch und argumentativ vermitteln können. Andererseits stellt sich wie bei jeder Übersetzungsarbeit auch für religiöse Sprache und Sprachspiele die Frage nach den Grenzen der Übersetzbarkeit. Theologische Bioethik hat darum immer auch das Surplus religiöser Sprache, das sich als übersetzungsresistent erweist und unabgegoltene Deutungspotentiale für den Mensch und die Natur enthält, gegenüber einer säkularen Ethik kritisch und produktiv zur Geltung zu bringen.

2. PROBLEMGESCHICHTE, THEORIEANSÄTZE UND GRUNDBEGRIFFE

2.1. Patho-, bio- und physiozentrische Konzepte der Tier- und Pflanzenethik

Dem Namen nach befasst sich die Bioethik mit der Aufgabe des Menschen, mit jeglichem Leben, nicht nur dem menschlichen, verantwortlich umzugehen. Auf welcher moralischen Grundlage dies geschehen soll, ist freilich ebenso umstritten wie die Frage, ob und inwiefern zwischen menschlichem und nichtmenschlichem Leben eine ethische Wertedifferenz besteht. Generell lässt sich zwischen *anthropozentrischen* und *physiozentrischen* Ansätzen einer Bioethik unterscheiden (vgl. Krebs 2009). Während der Anthropozentrismus dem Menschen eine moralische Sonderstellung einräumt, erkennt der Physiozentrismus auch der Natur einen moralischen Status zu.

Üblicherweise unterscheidet man drei Varianten des *Physiozentrismus*, nämlich 1. Pathozentrismus, 2. Biozentrismus, 3. radikaler Physiozentrismus. Der *Pathozentrismus* oder Sensitivismus schreibt allen leidens- bzw. empfindungsfähigen Lebewesen moralischen Wert zu, der *Biozentrismus* ausnahmslos allem Lebendigen, der radikale *Physiozentrismus* der gesamten Natur. Neben pathozentrischen Argumenten (z. B. Peter Singer, Tom Regan, Ursula Wolf, Jean-Claude Wolf) begegnen in der bioethischen Diskussion auch teleologisch-naturrechtliche (z. B. Hans Jonas, Klaus Michael Meyer-Abich), schöpfungstheologische (Günter Altner, Bernhard Irrgang) oder unbestimmt religiöse Argumentationen wie Schweitzers Lehre der Ehrfurcht vor dem

Leben. ‹Ganzheitliche›, holistische Konzeptionen einer Naturethik argumentieren bisweilen mit einer eher schwammigen Vorstellung von der Heiligkeit allen Lebens. Der moralische Status der Natur, also ihr moralisch relevanter Eigenwert, kann auch mit Hilfe einer Naturästhetik begründet werden. Das Naturschöne kann im Sinne einer materialen Wertethik als intrinsischer Wert der Natur interpretiert werden, dessen Achtung moralisch geboten ist oder sich intuitiv aufdrängt.

Beim *Anthropozentrismus* lassen sich wiederum zwei Grundpositionen unterscheiden: 1. methodischer oder epistemischer Anthropozentrismus, 2. moralischer Anthropozentrismus (vgl. Irrgang 1992: 67–73). Während der epistemische Anthropozentrismus die Tatsache betont, dass der Mensch sich erkenntnistheoretisch wie ethisch die Welt nur in menschlichen Begriffen erschließen kann und in der Beobachter- wie Teilnehmerposition perspektivisch begrenzt ist, hält der moralische Anthropozentrismus überdies einzig Menschen für die Träger moralischer Werte. Der Begriff des moralischen Anthropozentrismus kann freilich auch in anderer Weise verstanden werden, nämlich im Sinne einer Anthropozentrik der menschlichen Verantwortung. Ein solcher Gebrauch des Terminus Anthropozentrik legt sich im Rahmen einer Konzeption von Verantwortungsethik nahe, wie sie hier vertreten wird. Er teilt einerseits die Kritik an einem moralischen Anthropozentrismus, der Tieren und Pflanzen keinen moralischen Eigenwert zugesteht, führt aber andererseits über die Alternative einer lediglich epistemischen oder methodischen Anthropozentrik hinaus. Eine verantwortungsethisch begründete Anthropozentrik vereinigt in sich ein erkenntnistheoretisches und ein moralisches Moment.

Neben Ansätzen eines pathozentrisch erweiterten Anthropozentrismus finden sich auch Argumentationen, welche die moralische Berücksichtigung von Tieren indirekt damit begründen, dass ihnen wie der Natur insgesamt zwar kein unmittelbar moralischer, wohl aber – aus Sicht des Menschen – ein ästhetischer oder pädagogischer Wert zukommt. Auf dieser Grundlage kann zum Beispiel durchaus für den Tier- und Pflanzenschutz argumentiert werden, der jedoch nur deshalb für moralisch belangvoll gehalten wird, weil das Quälen von Tieren oder das willkürliche Zerstören von Pflanzen zur Verrohung der menschlichen Sitten und zur Abstumpfung seiner moralischen Empfindungen beiträgt. Auch eine naturästhetische Konzeption hat einen anthropozentrischen Kern, wenn die Wertschätzung der schönen und erhabenen Natur als eine für das Selbstverständnis und die Lebensmöglichkeiten des Menschen bedeutsame Erfahrungsmöglichkeit interpretiert wird (vgl. Düwell 2008: 129).

IX. BIOETHIK NICHTMENSCHLICHER LEBENSFORMEN

Auch in medizinethischer Hinsicht sind die genannten Unterscheidungen bedeutsam. So gibt es medizinethische Ansätze, welche den Gedanken einer besonderen Würde des Menschen, die ihn von Tieren und Pflanzen unterscheiden würde, ablehnen und als ‹Speziesismus› kritisieren (vgl. Singer 1994: 82 ff.; Kuhse 1994). Das Recht auf den besonderen Schutz seiner Person käme dem Menschen nicht als solchem zu, sondern nur, sofern er bestimmte Eigenschaften wie Selbstbewusstsein, Selbstkontrolle, Gedächtnis, Kommunikationsfähigkeit aufweist. Umgekehrt verdienen nach dieser Auffassung Tiere, sofern sie eine gewisse Stufe des Bewusstseins und der Leidensfähigkeit erreichen, den gleichen oder sogar umfassenderen Lebensschutz wie etwa Embryonen, Schwerstbehinderte oder Todkranke im Endstadium ihrer Erkrankung.

Als prominentes Beispiel einer biozentrischen Ethik sei Albert Schweitzers Ethik der Ehrfurcht vor dem Leben vorgestellt. Seine Ethik dreht sich um alles, was lebt. Moralisch und ethisch relevant sind nicht nur Menschen und ihr Wohlergehen, auch nicht nur Lebewesen, die leidensfähig sind, also eigens Leiden oder Schmerzen bewusst wahrnehmen können, sondern alle Lebewesen vom Einzeller bis zum Menschen. Allerdings kann Schweitzer den Lebensbegriff derart umfassend gebrauchen, dass selbst die unbelebte Materie einbezogen wird. Man kann also von einer Tendenz zum Physiozentrismus sprechen, das heißt, die gesamte Natur wird zum Gegenstand der Ethik gemacht. Wie er in seiner *Kulturphilosophie III* notiert (Schweitzer 2000: 232), «gibt es keine tote Materie. Alles Sein besteht aus irgendwie belebten Seinseinheiten». Selbst einfachste Moleküle sind nach Schweitzer «nicht als einfache Atomkomplexe, sondern als durch in ihnen waltende lebendige Energien konstituierte Individuen aufzufassen». In den belebten Zellen und Organismen ist «[e]twas irgendwie Geistiges [...] am Werke» (ebd.), das sich materialistisch nicht erfassen und verstehen lässt.

Schweitzers Ethik versteht sich als durch den Nihilismus – insbesondere durch die Auseinandersetzung mit Nietzsche – geläuterter Rationalismus, als Rationalismus höherer Ordnung. Dieser Rationalismus glaubt in einer Synthese den Dualismus von Erkennen und Wollen, von Erkenntnistheorie und Ethik, auch von Philosophie und Religion aufgehoben zu haben. Das neue Denken ist ein mystisch gewordener Rationalismus oder eine rationalistische Mystik, was auf den ersten Blick paradox klingen mag, da Mystik und Rationalismus einen Gegensatz zu bilden scheinen. Schweitzer aber hält eine paradoxe Synthese von Mystik und Rationalismus für geradezu zwingend.

Das Grundaxiom der Lehre von der Ehrfurcht vor dem Leben lautet: «Wahre Philosophie muß von der unmittelbarsten und umfassendsten Tatsache des Bewußtseins ausgehen. Diese lautet: ‹Ich bin Leben, das leben will, inmitten von Leben, das leben will›» (Schweitzer 1981: 330). In diesem Satz ist Lebensanschauung über Weltanschauung, Wollen über Erkennen gestellt und somit der Grundsatz Descartes': «Cogito, ergo sum» durch ein: «Vivo, ergo sum» außer Kraft gesetzt.

Ein starkes ethisches Motiv der Ehrfurcht vor dem Leben ist das Mitleid mit allem, was lebt. Gleichwohl ist Schweitzers Ethik nicht als Mitleidsethik einzuordnen. Schweitzer selbst hält den Mitleidsbegriff als Inbegriff des Ethischen für zu eng. Eher kommt für ihn der Begriff Liebe infrage. Nach seiner Auffassung fordert die Ehrfurcht vor dem Leben im Prinzip dasselbe wie der ethische Grundsatz der Liebe, der aber um die Forderung nach Mitleid mit aller Kreatur erweitert wird. Mit anderen Worten ist das Grundprinzip der Ethik der Ehrfurcht vor dem Leben das Prinzip einer universellen Verantwortung für das Leben, die Mitleid und Liebe einschließt, sich aber in beidem nicht erschöpft.

Das Hauptproblem, das Schweitzers Ethik bei ihrer Begründung hat, lautet: Wie kommt man von der Erkenntnis, Leben zu sein, das leben will, inmitten von Leben, das ebenfalls leben will, zur universalen Verantwortlichkeit für das Leben? Schweitzer behauptet, mit der Ehrfurcht vor dem Leben sei unmittelbar ein elementarer Begriff von Verantwortung gegeben. Diese Evidenz besteht jedoch nicht, weil kein direkter argumentativer Weg vom Wollen zum Sollen und damit zu einem Begriff von Verantwortung führt. Vor allem aber lässt sich nicht einsichtig machen, inwiefern die elementare Erfahrung, Leben zu sein, das leben will, inmitten von Leben, das leben will, zur Annahme eines universalen Willens zum Leben als Instanz ethischer Verantwortung nötigt. Von einer Denk*notwendigkeit*, wie Schweitzer behauptet, kann im Blick auf die Ethik der Ehrfurcht vor dem Leben – jedenfalls in ihrer bei Schweitzer anzutreffenden Formulierung – keine Rede sein. Die Selbsterkenntnis, Leben inmitten von Leben zu sein, das ebenso leben will wie ich, kann auch als bloßer tragischer Konflikt aufgefasst oder zur Rechtfertigung einer Moral des Fressens und Gefressenwerdens dienen. Schweitzer ist sich dessen selbst durchaus bewusst. Wenn tatsächlich die Ehrfurcht vor dem Leben einen Begriff von Idealen und Werten beinhalten soll, handelt es sich keinesfalls um eine elementare Erfahrung unseres Daseins, sondern um einen höchst komplexen Gedanken, der seine Verbindung zu bestimmten Spielarten einer Wertphilosophie und Wertethik nicht verleugnen kann.

IX. BIOETHIK NICHTMENSCHLICHER LEBENSFORMEN

Schweitzers Argument lässt sich allerdings stark machen, wenn man seine Prämisse erweitert: Ich bin Leben, das sich will als gewollt, inmitten von Leben, das leben will und gewollt ist. Damit aber würde man ein letztlich schöpfungstheologisches Argument formulieren, dessen Struktur der bekenntnishaften Aussage Luthers in seiner Auslegung des Apostolischen Glaubensbekenntnisses entspricht: «Ich glaube, dass mich Gott geschaffen hat, samt allen Kreaturen.» (Luther 1529/1998: 510, 33 f.)

Schweitzers Konzeption ist mit weiteren Schwierigkeiten behaftet. So einfach das ethische Grundpostulat dieser Ethik erscheint, dass es gut sei, Leben zu erhalten und zu fördern, und böse sei, Leben zu schädigen oder zu vernichten, so schwierig ist seine praktische Handhabung. Da das eigene Leben nur leben kann, indem fremdes Leben zerstört wird, gerät die Ehrfurcht vor dem Leben unweigerlich in einen ethischen Konflikt. Mit Pathos redet Schweitzer einer absoluten Ethik das Wort, die über jeden pragmatischen Relativismus erhaben sei. Doch bietet seine absolute Ethik keine Maßstäbe zur Lösung des ethischen Konfliktes im Einzelfall. Schweitzers Ethik der Ehrfurcht vor dem Leben stößt nicht auf den ethischen Konflikt als Grenzsituation, sondern institutionalisiert ihn als Dauerkonflikt, der es mir gegen Schweitzers erklärte Absicht ermöglicht, mich von ethischen Maßstäben grundsätzlich zu suspendieren.

Streng genommen widerspricht Schweitzers rigorose Forderung der Ehrfurcht vor dem Leben der Eigenart eben dieses Lebens, weil es darauf basiert, anderes Leben zu töten und zu verzehren. Wenn aber das Töten völlig unvermeidlich, da zum Überleben notwendig ist, kann es jedenfalls nicht *prinzipiell* für böse erklärt werden, wie es bei Schweitzer geschieht. Der moralisch handelnde Mensch aber muss nicht nur die Notwendigkeit des Tötens überhaupt anerkennen, sondern er sieht sich nolens volens zu Entscheidungen gezwungen, denen Wertungen zugrunde liegen. Dieser Umstand steht aber im Widerspruch zur These Schweitzers, dass prinzipiell alles Leben, menschliches wie tierisches und pflanzliches, gleichwertig sei. Zu Recht wenden Kritiker ein, dass sowohl eine Naturordnung, nach der die Lebewesen verschieden hoch organisiert sind, als auch das sittliche Bewusstsein auf eine Sonderstellung des Menschen hinweisen, die Schweitzer im praktischen Leben im Grunde selbst akzeptiert, der er aber theoretisch im Rahmen seiner Ethik nicht gerecht wird. Als ethisches Prinzip kann die Ehrfurcht vor dem Leben offenbar nur dann dienen, wenn sie nicht als Prinzip einer absoluten Ethik, sondern entgegen Schweitzers Überzeugung als Prinzip einer relativen Ethik interpretiert wird.

Den Lebensbegriff gebraucht Schweitzer auf doppelte Weise. Einerseits bezeichnet er mit ihm das einzelne Lebewesen, wobei er Menschen, Tiere, Pflanzen und sogar Mikroorganismen für prinzipiell gleichwertig hält, zum anderen die Gesamtheit der Biosphäre, den universalen Lebenswillen, der bei Schweitzer im Grunde göttliche Züge trägt. Letztlich ist Schweitzers Ethik der Ehrfurcht vor dem Leben religiös beziehungsweise theologisch fundiert. Damit aber zehrt sie von Prämissen, die heutzutage keineswegs allgemein anerkannt sind. Aber auch der verantwortungsethische Ansatz bei Hans Jonas (Jonas 1984) enthält verschwiegen religiöse beziehungsweise metaphysische Prämissen. Auch sonst liegt dem Lebensbegriff in bioethischen Zusammenhängen nicht selten eine «kryptische Theologie» (Frey 1998: 98) zugrunde, der gegenüber mit Karl Barth klarzustellen ist: «Das Leben ist kein zweiter Gott» (Barth 1951: 388). Doch trotz ihrer ungelösten philosophischen wie theologischen Begründungsprobleme bleibt Albert Schweitzers Ethik der Ehrfurcht vor dem Leben eine Pionierleistung auf den Gebieten einer ökologischen Ethik und einer interkulturellen bzw. transkulturellen Ethik.

2.2. Das Problem der Anthropozentrik

Vor allem Vertreter einer utilitaristischen Bioethik weisen die Position eines moralischen Anthropozentrismus zurück und kritisieren diese als Speziesismus. Doch selbst dann, wenn man wie etwa Peter Singer Gleichheit für Tiere fordert, entgeht man nicht der Problematik des methodischen oder epistemischen Anthropozentrismus. Tatsächlich kann die Gattungszugehörigkeit als ethisches Argument dienen. So argumentiert beispielsweise Jürgen Habermas zugunsten einer moralischen Begrenzung der Eugenik, gegen ein genetisches Enhancement, bei dem künftige Eltern über die genetische Ausstattung ihrer Kinder entscheiden, und gegen das reproduktive Klonen mit der Denkfigur einer Gattungsethik (vgl. Habermas 2001).

Der utilitaristische Vorwurf des Speziesismus verkennt die ethische Grundsituation des Menschen. Nach allgemeiner utilitaristischer Anschauung nimmt das Subjekt moralischer Urteile die Position eines unbeteiligten, aber wohlwollenden Zuschauers oder die Rolle eines auf Fairness bedachten unparteiischen Schiedsrichters ein. Das moralische Subjekt wird folglich als isoliertes Ich vorgestellt. Moral und Moralfähigkeit sind in Wahrheit jedoch durch intersubjektive, interpersonale, an sprachliche Kommunikation gebundene Rechenschaftspflicht begründet. Der gegenüber nichtutilitaristischen ethischen Konzeptionen erhobene Vorwurf des Speziesismus ist deshalb schon im Ansatz problematisch. Zwar besteht die Frage zu Recht, ob nur das zwischenmenschliche Verhalten als Gegenstand moralischer Reflexion zu gelten hat. Entscheidend ist jedoch die Frage, wer die möglichen Subjekte moralischer Urteile und moralisch begründeten Handelns sind. Als solche kommen, wie schon in der Einleitung festgestellt wurde (s. Abschnitt 1.1.), grundsätzlich nur Menschen in Frage. Weil es sich bei Moral um ein spezifisch menschliches und intersubjektives Phänomen handelt, besteht für uns Menschen nicht nur die Möglichkeit, sondern sogar die Verpflichtung zu moralischer Reflexion und moralisch begründetem Handeln. Wenn Singer dagegen Moral und die menschliche Suche nach Sinn mit dem Hobby des Briefmarkensammelns in einem Atemzug nennt, stellt er die Unabweisbarkeit ethischer Forderungen letztlich infrage (vgl. Singer 1994: 423).

Als zur Moral verpflichtete Wesen befinden wir uns im ethischen Konfliktfall weder in der Rolle eines unbeteiligten Zuschauers noch in derjenigen des unparteiischen Richters. Wir sind vielmehr beteiligte, in mögliche Schuld verstrickte und gegenüber einer anderen Instanz rechenschaftspflichtige Akteure. Dies trifft auch dann zu, wenn die Existenz Gottes als Instanz ethischer Verantwortung bestritten und statt seiner die transzendentale Vernunft oder die universale menschliche Kommunikationsgemeinschaft zur moralischen Letztinstanz erklärt wird.

Gerade die Fähigkeit und Pflicht zur moralischen Verantwortung macht die besondere Würde und Bürde des Menschseins aus. Mit einem biologischen Speziesismus, wie Singer unterstellt, hat dies nichts zu tun. Auch eine Gattungsethik, wie sie beispielsweise Habermas vertritt, gewinnt ihren Begriff des Menschen und seiner Würde nicht auf dem Weg über einen rein biologischen Gattungsbegriff, sondern begründet die Sonderstellung des Menschen durch das Phänomen der Moral und aus der Erfahrung des Gewissens. Das gilt auch für die theologische Ethik.

Es ist kein Zufall, dass sich Singers Ethik der Sprache der Ökonomie bedient. So heißt es bei ihm, der sogenannte Präferenzutilitarismus (Singer 1994: 128) wähle denjenigen Handlungsverlauf, «der per saldo [!] für alle Betroffenen die besten Konsequenzen hat» (Singer 1994: 30). Singers Ethik verwendet Kategorien des quantitativen und qualitativen Wachstums. Es geht in ihr um Gewinnmaximierung und Wertschöpfung. Die von Kant plausibel gemachte Unterscheidung von Wert und Würde, die sich in der Selbstzwecklichkeit des Menschen zeigt, wird hinfällig. Zugunsten einer Gesamtsumme von Glück wird das Individuum, das nach Kant aufgrund seiner Bestimmung zur Moralität unverwechselbar und darum unersetzlich ist, vergleichgültigt. In der Perspektive einer imaginären ‹Totalansicht› handelt es sich bei der Aufgabe moralischen Handelns nach Singer «um die Vermehrung der Gesamtsumme von Lust [...] (und um die Verminderung der Gesamtsumme von Schmerz) und es [ist] gleichgültig [...], ob dies durch die Vermehrung von Lust bei existierenden Wesen geschieht oder durch die Vermehrung der Zahl [!] von Wesen, die existieren» (Singer 1994: 139).

Trotz gegenteiliger Beteuerungen legitimiert der utilitaristische Solipsismus, der das moralische Ich ins Zentrum rückt, den Kollektivegoismus. Die vom Präferenzutilitarismus erhobene Forderung nach umfassender Gerechtigkeit, die auch die Tiere einschließt, beschreibt im Grunde nur das Recht des Stärkeren, von dessen Wohlwollen der Schwächere abhängig ist. Wie schon der klassische Utilitarismus von John Stuart Mill begründet auch Singer die Gerechtigkeitsforderung mit dem Gleichheitsgrundsatz. Doch dient die Gleichheit im Utilitarismus lediglich als Grundlage für die Berechnung des Kollektivwohls, sie ist nicht etwa das Ergebnis der Berechnung.

Durchaus berechtigt ist Singers Kritik an der mangelnden Handhabbarkeit der Lehre Albert Schweitzers von der Ehrfurcht vor dem Leben. Sein eigener Versuch, den Lebenswert der unterschiedlichsten Lebensformen zu quantifizieren und mithilfe eines universalgültigen Maßstabs zu gewichten, ist freilich ebenso wenig überzeugend, um nicht zu sagen grotesk. Mit ein wenig Phantasie soll es gelingen, sich vorzustellen, wie es sein könnte, ein Pferd oder eine Maus zu sein. In einem weiteren Schritt soll man sich ausmalen, eine dritte Art von Lebewesen zu sein, um in diesem dritten Zustand die beiden vorigen miteinander zu vergleichen oder auch gegen unsere menschliche Daseinsform abzuwägen. Wie Singer selbst eingestehen muss, verlangt dieses Gedankenexperiment «die Annahme etlicher Dinge, die sich nie so zutragen könnten, und einiger Dinge, die unsere Einbildungskraft strapazieren» (Singer 1994: 143).

Tatsächlich wissen wir nicht und werden auch niemals erfahren, wie es ist, ein Pferd oder eine Maus zu sein. Wir können nicht einmal wissen, was es heißt, ein Embryo zu sein, obwohl wir selbst alle einmal Embryonen gewesen sind. Allerdings brauchen wir dies auch gar nicht zu wissen, um uns sowohl gegenüber ungeborenen Kindern, Menschen mit schweren Beeinträchtigungen, Todkranken oder auch Tieren moralisch verhalten zu können. Singer lehnt es ab, Ethik auf religiöse Prämissen zu gründen, die nur partikulare

IX. BIOETHIK NICHTMENSCHLICHER LEBENSFORMEN

Geltung beanspruchen können. Doch seine eigene hypothetische Bewertung unterschiedlicher Lebensformen kann den Anspruch auf universale Gültigkeit nicht einlösen. Entweder ist eine derartige Entscheidung aufgrund eines spekulativen Vergleichs willkürlich, weil auch die dritte Lebensform nur eine partikulare Perspektive gestattet, die in einem unendlichen Regress mit allen sonstigen bekannten oder denkbaren Lebensformen verglichen werden müsste. In diesem Fall erweist sich der vermeintliche Universalismus des Präferenzutilitarismus als ethischer Partikularismus. Oder es geht darum, mithilfe der eigenen Phantasie einen gottgleichen Standpunkt einzunehmen. Die vermeintlich objektive Quantifizierung von Lebenswert entpuppt sich dann als eine theologisch wie philosophisch zurückzuweisende Allmachtsphantasie. Folglich vermag Singers Kritik einer religiös oder auch anderweitig begründeten ethischen Anthropozentrik selbst nicht einzulösen, was sie von anderen ethischen Konzeptionen fordert.

Ein moralischer Anthropozentrismus, also eine Ethik, die sich ausschließlich an den Lebensinteressen des Menschen orientiert, steht auch nach gegenwärtiger theologischer Diskussionslage im Widerspruch zum biblischen Schöpfungsglauben. Der Gedanke der Gottebenbildlichkeit des Menschen (Gen 1,27 f.) und die göttliche Forderung, sich die Erde untertan zu machen und über die Tiere zu herrschen (Gen 1,28), rechtfertigt – wie wir noch sehen werden – keineswegs einen rein instrumentellen Umgang des Menschen mit den Tieren oder die rücksichtslose Ausbeutung der Natur. Die Forderung, tierisches und sogar pflanzliches Leben zu achten, kann jedoch immer nur an die Verantwortung des Menschen appellieren. Das ist der Einwand gegen sogenannte biozentrische, also von einem gleich gültigen und somit alle Lebensformen vergleichgültigenden Lebensbegriff ausgehende, wie auch gegen sogenannte pathozentrische, die Leidensfähigkeit von Menschen und Tieren zum obersten Kriterium erklärende Konzeptionen einer Bioethik.

Theoretisch inkonsistent sind radikal physiozentrische Konzeptionen, die zudem häufig naturalistische Fehlschlüsse begehen. Dass es absolute Werte in der Natur geben soll, die unabhängig von einem wertenden Wesen bestehen, ist eine sinnlose Vorstellung. Geht man von der Annahme Gottes als Schöpfer dieser außermenschlichen Werte aus, ist zu bedenken, dass es auch in diesem Fall der Mensch ist, der eine entsprechende Wertperspektive einnimmt. Er ist es, der unter dieser gedanklichen Prämisse die Welt gewissermaßen mit den Augen Gottes betrachtet. Dagegen lässt sich durchaus das pathozentrische Empfindungsargument einsichtig machen. Das gelingt freilich nur mittels hermeneutischer Überlegungen und Analogieschlüsse.

Schon Schweitzer weiß: «Nur als Leben nach Analogie des Lebens, das in uns ist, kann das Sein von uns erkannt werden» (Schweitzer 1999: 163). Je ferner uns eine Lebensform steht, desto schwieriger und spekulativer werden jedoch derartige Versuche. Das zeigt wiederum eine Passage aus einem Vortrag Schweitzers: «Die arme Fliege, die herumläuft und die wir mit der Hand töten wollen, ist ins Dasein getreten wie wir. Sie kennt die Angst, sie kennt das Sehnen nach Glück; sie kennt die Angst, nicht mehr zu leben» (Schweitzer 1974: 165). Ob eine Fliege tatsächlich Angst und Glück kennt, ist doch fraglich. In jedem Fall aber ist es stets nur der Mensch, der auf Tiere moralisch Rücksicht nehmen kann, nicht aber umgekehrt (vgl. auch Kohlmann 1995). Lässt sich also ein moralischer Anthropozentrismus mit Gründen kritisieren, so bleibt doch ein methodischer und erkenntnistheoretischer Anthropozentrismus in jedem Fall unvermeidlich.

Das lässt sich auch an Schweitzers Ethik veranschaulichen. Sie als Beispiel für eine biozentrische Ethik anzuführen ist doch nur die halbe Wahrheit. Tatsächlich lässt sich nämlich auch in Schweitzers Ethik ein anthropozentrischer Grundzug ausmachen, schon allein deshalb, weil Ehrfurcht eine spezifisch menschliche Eigenschaft oder Haltung ist, welche sich in der übrigen Natur nicht findet. Die Natur deutet Schweitzer im Anschluss an Charles Darwin als Schlachtfeld des Fressens und Gefressenwerdens. Mag Schweitzer mit seinem Anspruch, eine ethische Letztbegründung zu liefern, auch gescheitert sein, kann der Gedanke der Ehrfurcht vor dem Leben dennoch im Rahmen einer integrativen Verantwortungsethik als eine Gestalt der Tugendlehre gewürdigt werden. Schweitzer selbst spricht von der *Gesinnung* der Ehrfurcht vor dem Leben, in der «ein elementarer Begriff von Verantwortung beschlossen» liege (Schweitzer 1981: 92). Zwar ist diese Gesinnung keinesfalls hinreichend, um eine vollständige Verantwortungsethik zu begründen, sie lässt sich aber als tugendethisches Moment einer solchen Ethik interpretieren. Vielleicht sollte man Schweitzer überhaupt weniger als Moraltheoretiker denn als Moralpsychologen interpretieren, wofür Heike Baranzke plädiert. Nach ihrer Ansicht «ist Ehrfurcht kein Begründungsprinzip für Ethik, sondern ein moralpsychologisches Sensibilisierungsprinzip zur Bildung von Verantwortungsbereitschaft» (Baranzke 2012: 25).

2.3. Der Würdebegriff in der Tier- und Pflanzenethik

Konzepte einer biozentrischen Bioethik gehen davon aus, dass nichtmenschlichen Lebewesen in einer dem Menschen entsprechenden Weise ein Eigenwert zukommt. Umstritten ist in der bioethischen Diskussion allerdings, ob dies unterschiedslos oder in einer abgestuften Form geschehen soll, ferner ob der Eigenwert für jedes nichtmenschliche Individuum behauptet werden soll – zum Beispiel für jede einzelne Pflanze oder Mikrobe – oder für die verschiedenen Arten und Gattungen. Sodann stellt sich die Frage, ob und in welchem Ausmaß aus dem Eigenwert auch besondere Tierrechte oder sogar Pflanzenrechte abzuleiten sind.

Der einen Position zufolge haben Tiere und Pflanzen einen moralischen Wert. Auch gibt es die Position, dass Pflanzen einen außermoralischen Wert haben – nämlich den des Gedeihens, der aber dadurch ethisch belangvoll wird, dass der menschliche Umgang mit Pflanzen und die Veränderung der Pflanzenwelt infolge von anthropogenen Einflüssen ethisch beurteilt werden muss (vgl. Kallhoff 2002: 148 f.). Dem steht eine andere Position gegenüber, die nichtmenschlichen Lebewesen – selbst Pflanzen (vgl. Brenner 2008: 192) – ausdrücklich eine besondere Würde zuerkennt (z. B. Teutsch 1995, sowie die Beiträge in: Liechti 2002; kritisch dagegen Hoerster 2004: 33–42; Düwell 2008: 111 ff.). Der kategorische Imperativ Immanuel Kants, wonach der Mensch seinesgleichen niemals nur als Mittel zum Zweck, sondern immer auch als Selbstzweck achten soll, wird folglich in modifizierter Form auf andere Lebewesen ausgeweitet (Brenner 2008: 157 ff.; vgl. auch die kantisch begründete Idee von menschlichen Pflichten gegenüber Tieren bei Regan 2009). Martha Nussbaum entwickelt dagegen auf aristotelischer Grundlage einen Würdebegriff, der nicht, wie bei Kant, an Autonomie, Vernunft und Personalität gebunden ist und darum auch auf Tiere und Pflanzen anwendbar ist (vgl. Nussbaum 2006). Allerdings bleibt ihr Konzept, auch hinsichtlich seiner praktischen Konsequenzen, recht vage. Auch das von anderen Autoren entwickelte wertethische Argument, wonach die für Pflanzen angenommene inhärente Werthaftigkeit auf deren Würde schließen lasse (vgl. Brenner 2008: 192), ist nicht stichhaltig. Genauer gesagt operiert es mit einem recht schillernden Würdebegriff.

Nach biblischer Tradition sind die Tiere und Pflanzen Mitgeschöpfe des Menschen. Der Begriff der Mitgeschöpflichkeit wurde bereits 1959 von dem reformierten Theologen Fritz Blanke in die Diskussion eingeführt (Blanke 1959). Dennoch ist der Vorschlag problematisch, den Eigenwert nichtmenschlichen Lebens und die Würde des Menschen unter dem gemeinsamen Begriff einer Kreaturwürde zu subsumieren (vgl. dazu Baranzke 2002). So wird zum Beispiel in der Schweizer Bundesverfassung (Art. 120) seit 1992 auch Tieren und Pflanzen eine Würde zugesprochen. Interessanterweise hat man sich dafür auf Karl Barth (1886–1968) berufen.

Nun gibt es schöpfungstheologisch gute Gründe, Pflanzen und Tiere nicht als bloße Sachen zu betrachten. So ist «die Blume [...] nicht bloß dazu da, damit Menschen sich an ihr erfreuen; das Huhn ist keine reine Eierlegemaschine zur Bereitstellung menschlicher Nahrung; viele Lebewesen haben überhaupt keinen erkennbaren und benennbaren unmittelbaren Nutzen für den Menschen», wie die Denkschrift *Einverständnis mit der Schöpfung* der Evangelischen Kirche in Deutschland zutreffend feststellt (EKD 1991: 77). Auch besitzen Tiere ihre eigene Individualität, und selbst bei Pflanzen gleicht nicht eine der anderen, sofern sie nicht auf entsprechende Weise vom Menschen gezüchtet werden. So lässt sich der Gedanke der Eigenwertigkeit von Tieren und Pflanzen in einer Weise vertreten, die sich nicht auf den Artenschutz beschränkt, sondern die Achtung vor jedem einzelnen Lebewesen einschließt.

Jedoch besteht die Gefahr, dass die Stärkung von Tierrechten um den Preis einer Relativierung von Menschenrechten erkauft wird, wenn Menschenwürde und Tierwürde lediglich als zwei verschiedene Ausformungen einer Kreaturwürde aufgefasst werden (vgl. J. Fischer 2010: 267–272; Kreß 2012: 130 f.).

Zwar spricht Barth ausdrücklich von der Würde von Pflanzen und Tieren (vgl. Barth 1947: 170, 198). Auch greift er explizit Albert Schweitzers Formel von der Ehrfurcht vor dem Leben auf (vgl. Barth 1951: 366 ff.). Er schränkt jedoch ein, diese könne gerade nicht als Grundprinzip des Sittlichen gelten, weil das Leben als solches nicht der Güter höchstes sei, werde es doch durch Gott, den Geber des Lebens, deutlich begrenzt. «Wo bei Schweitzer das Leben steht, da steht bei uns Gottes Gebot» (Barth 1951: 367). Einerseits spricht Barth von der «Kreaturgrenze», andererseits aber auch von der «eschatologischen Grenze», die Gott dem Leben setzt (Barth 1951: 388). Außerdem unterscheidet er zwischen der Ehrfurcht, die der Mensch in den genannten Grenzen seinem eigenen *menschlich*-animalischen Leben zu zollen habe, und jener Ehrfurcht, die auch den Mitgeschöpfen zu zollen ist. «Es geht nicht um die gleiche Verantwortlichkeit, die er seinem eigenen Leben und dem seiner Mitmenschen gegenüber hat. Man kann sie nur analogisch unter den Begriff der Ehrfurcht vor dem Leben bringen.» Zu Recht argumentiert Barth, man könne nur auf analoge Weise von einer Würde von Pflanzen und Tieren sprechen: «Wir wagen einen kühnen *Analogie*schluß, wenn wir das animalisch-vegetative, und erst recht das rein vegetative Leben im gleichen Sinne als Leben wie das menschliche verstehen» (Barth 1951: 398, 396). Daher lässt Barth die Menschenwürde auch nicht in einer umfassenderen Kreaturwürde aufgehen. Vielmehr begründet das besondere Verantwortungsverhältnis, in dem der Mensch vor Gott steht, einen qualitativen Unterschied zwischen Mensch und übriger Schöpfung.

Im Rahmen einer Verantwortungsethik ist es also durchaus möglich und auch theologisch berechtigt, nichtmenschlichen Lebewesen eine eigene Würde zuzusprechen, die aber von der Menschenwürde zu unterscheiden ist. Praktisch folgt daraus, dass außermenschliches Leben zwar keine unantastbare Größe darstellt. Eingriffe in solches Leben sind aber legitimationsbedürftig und unterliegen einer ethischen Güterabwägung zwischen den Interessen des Menschen und dem Eigenwert des nichtmenschlichen Lebens. Wie die Menschenwürde mit unveräußerlichen Menschenrechten verbunden ist, ergibt sich im Analogieschluss die Konsequenz, dass auch die Zuerkennung einer besonderen Würde der Tiere und Pflanzen die Annahme von spezifischen Tierrechten und Rechten für Pflanzen impliziert. Diese können aber immer nur von der menschlichen Rechtsgemeinschaft formuliert werden. Sie sind auch insofern asymmetrisch, als Tiere oder Pflanzen keine moralischen oder rechtlichen Pflichten gegenüber anderen Tieren und Pflanzen haben. Sie bleiben also rückgebunden an eine schwache Form der Anthropozentrik, nämlich an den bereits beschriebenen methodischen und epistemischen Anthropozentrismus.

Tieren unnötiges Leiden zuzufügen oder Pflanzen mutwillig zu vernichten oder an ihrem Gedeihen zu hindern ist unethisch. Es ist darum aber nicht ethisch zu rechtfertigen, den Begriff der Menschenwürde abzuschwächen, was beispielsweise weitreichende medizinethische Konsequenzen für Entscheidungen am Lebensanfang und am Lebensende haben kann. Treffend formuliert Karl Barth: «Wer das tierische und pflanzliche Leben zu nahe an das menschliche heranrückt, wer es gar mit diesem zusammensehen will, steht in der kaum zu vermeidenden Gefahr, das menschliche Leben – gerade wenn es darum gehen sollte, ihm wirklich zu helfen – unter den Gesichtspunkten des tierischen und pflanzlichen und damit sicher nicht angemessen zu betrachten und zu behandeln» (Barth 1951: 398).

2.4. Bioethik nichtmenschlicher Lebewesen im Christentum

2.4.1. Tiere und Pflanzen in der biblischen Überlieferung

Jüdischer und christlicher Glaube betrachten nicht nur den Menschen, sondern auch die Tiere und Pflanzen als Geschöpfe Gottes. Beim Geschöpfsein von Mensch, Tier und Pflanze handelt es sich freilich nicht um eine empirische Feststellung, sondern um eine religiöse Zuschreibung. Die erkenntnistheoretische und praktische Relevanz dieser Bestimmung lässt sich nur erweisen, wenn die einschlägigen biblischen Aussagen zu den wissenschaftlichen Erkenntnissen der modernen Biologie und der Ökologie in Beziehung gesetzt werden. Auch müssen die realen Lebensbedingungen von nichtmenschlichen Lebewesen in der wissenschaftlich-technischen Zivilisation und dem modernen Wirtschaftssystem mitbedacht werden. Zwischen den Lebensverhältnissen einer nomadischen Kultur in den Anfängen der Geschichte Israels, der späteren Ackerbaukultur in alttestamentlicher und neutestamentlicher Zeit und den modernen Lebensbedingungen bestehen schließlich gravierende Unterschiede.

Mensch und Tier sind nach Gen 1 f. zu einer Lebensgemeinschaft bestimmt, in der jedoch zwischen beiden ein asymmetrisches Gefälle besteht. Die gesamte biblische Tradition wird von einer anthropozentrischen Sichtweise durchzogen. Zwar werden Tiere wie Menschen von Gott in gleicher Weise gesegnet. Die sichtbare Gestalt des beide miteinander verbindenden Segens ist ihre Fruchtbarkeit (Gen 1,22.28). Was den Menschen jedoch vom Tier unterscheidet, ist der an ihn ergehende Herrschaftsauftrag (Gen 1,26.28). Allerdings schließt dieser zunächst nicht das Recht ein, Tiere zu töten. Die beiden biblischen Schöpfungsberichte schildern Menschen wie Tiere im Urstand der Schöpfung als Vegetarier (Gen 1,29 f.). In Gen 2,4b ff. wird die Erschaffung der Tiere damit erklärt, dass Gott dem Menschen, der den Auftrag erhält, den Garten (in) Eden zu bebauen und zu bewahren (Gen 1,15), eine Hilfe zur Seite stellen will. Erst nachdem der Mensch unter den Tieren keine entsprechende Ergänzung gefunden hat, erschafft Gott die Frau (Gen 2,18 ff.). Einerseits erfahren die Tiere durch den biblischen Mythos eine Aufwertung. Man kann die Paradiesgeschichte ja durchaus so lesen, als habe Gott zunächst die Tiere dazu bestimmt, den Menschen bei der Wahrnehmung seines Schöpfungsauftrags zu unterstützen. So versinnbildlicht der Schöpfungs-

IX. BIOETHIK NICHTMENSCHLICHER LEBENSFORMEN

bericht die enge Zusammengehörigkeit von Mensch und Tier. Andererseits hebt die biblische Erzählung aber auch die bestehende Asymmetrie der Beziehung zwischen Mensch und Tier hervor, ist es doch der Mensch, der den Tieren ihren Namen gibt (Gen 2,19) und damit eine (Definitions-)Macht ausübt, nicht etwa umgekehrt.

Dass Mensch und Tier eine asymmetrische Schöpfungsgemeinschaft bilden, schildert auch die Sintfluterzählung. Als Gott die menschliche Gattung wegen ihrer Sündhaftigkeit vernichten will, reut es ihn sogar, die Tiere erschaffen zu haben (Gen 6,6 f.). Doch werden am Ende nicht nur Noah und seine Familie, sondern es wird auch von jeder Tiergattung je ein Paar gerettet (Gen 6,19 f.). Auch der nach der Sintflut gestiftete Noahbund schließt neben den Menschen alle Tiere ein (Gen 9,12.15 f.), was bedeutet, dass Mensch und Tier nach alttestamentlicher Auffassung auch heilsgeschichtlich eine Gemeinschaft bilden (vgl. Moltmann 1985: 193 ff.). Diese Traditionslinie setzt sich in den prophetischen Verheißungen eines endzeitlichen Tierfriedens (Jes 11,66 f.; Hos 2,18; Jes 65,25) wie in der eschatologischen Hoffnung des Paulus fort, dass auch die Tiere, die unter der Sünde des Menschen zu leiden haben, in die endzeitliche Erlösung einbezogen werden (Röm 8,19–23).

Sündenfall und Sintflut markieren allerdings einen Bruch im Verhältnis zwischen Mensch und Tier, insofern fortan die Tötung von Tieren zum Zweck der Ernährung gebilligt wird (Gen 9,3). Das Herrschaftsverhältnis des Menschen gegenüber den Tieren ist nun durch Gewalt bestimmt und geht mit Furcht und Schrecken einher, die der Mensch unter den Tieren verbreitet (Gen 9,2). Aber auch die Tiere werden für den Menschen zu potentiellen Feinden, von denen Gott ihr Leben fordert, wenn sie den Menschen angreifen und töten (Gen 9,4).

Das Töten von Tieren wird aber nicht allein zur Ernährung, sondern auch zu kultischen Zwecken erlaubt, wobei zwischen reinen und unreinen Tieren unterschieden wird. Die alttestamentliche Opferpraxis und ihre Aufhebung im Neuen Testament sind theologisch wie tierethisch von Interesse. Tieropfer kommen in der Genesis bereits vor dem Ende der Sintflut vor (Gen 4,4; 8,20). Tiere dienen mit ihrem Leben der Kommunikation zwischen Gott und Mensch, wobei das Tieropfer im Alten Testament an die Stelle des abgewiesenen Menschenopfers tritt. Es handelt sich also um eine von Gott angeordnete stellvertretende Lebenshingabe von Tieren zugunsten des Menschen. Entsprechend ist systematisch-theologisch zu fragen, welche Folgen der Kreuzestod Jesu als Ende jeglicher Opferpraxis nicht nur für das Heil des Menschen, sondern auch für seinen Umgang mit tierischem Leben hat.

Gemeinsam ist Mensch und Tier nach biblischer Sichtweise ihre Sterblichkeit (Spr 3,18–21; Röm 8,20). Beide haben nach Spr 3,19 ff. denselben Lebensodem bzw. eine Seele. In Gen 9,4 wird das Verbot des Genusses tierischen Blutes mit dem Hinweis begründet, das Blut sei bei Tier wie Mensch Sitz des Lebens. Paulus wiederum formuliert im Neuen Testament die Hoffnung, dass nicht nur der Mensch, sondern auch die übrigen Geschöpfe von der Sterblichkeit befreit werden (Röm 8,20–23; vgl. auch Spr 3,21!).

Die biblische Sichtweise der Tiere und ihrer Nähe zum Menschen unterscheidet sich allerdings, religionswissenschaftlich betrachtet, ebenso vom Totemismus wie von Hinduismus und Buddhismus. Während Tierkulte Tiere als Inkarnationen von Gottheiten verehren, gründet das hinduistische und buddhistische Verbot der Tiertötung auf dem Reinkarnationsglauben. Er richtet sich nicht auf ein personales Lebenszentrum (Seele), sondern auf eine unpersönliche Lebenskraft (Karma). Dagegen haben Tiere nach konfuzianischer Lehre keine Seele, weshalb ihre Tötung für ethisch unproblematisch gehalten wird.

Aus Sicht der modernen Biologie enthält die biblische Auffassung vom Tier und seinem Verhältnis zum Menschen einige fragwürdige Annahmen. Morphologisch und evolutionstheoretisch ist schon die pauschale Unterteilung des Lebendigen in Mensch, Tier und Pflanze unzureichend (vgl. Wuketits 1982). Abgesehen von fließenden Übergängen zwischen anorganischer und organischer Materie, vegetativem und tierischem Leben gibt es in der Geschichte der Evolution ein für die anthropologische Diskussion überaus bedeutsames Tier-Mensch-Übergangsfeld. Seine Vernachlässigung in der theologischen und philosophischen Anthropologie führt zwangsläufig zur Überbetonung der ‹Sonderstellung› des Menschen und zur Unterbetonung tierischer Entwicklungsmöglichkeiten. Auch die Vorstellung eines vegetarischen Urzustandes der Tier- wie der Menschenwelt ist evolutionsgeschichtlich unhaltbar. Schon lange vor dem Auftreten der Gattung des Homo sapiens und ihrer Vorläufer existierten fleischfressende Tierarten. Außerdem lässt sich neben dem heutigen Menschen auch bei anderen Primaten der Verzehr von Fleisch beobachten.

Dessen ungeachtet bringen die anthropologischen Bestimmungen der Bibel wie auch ihre Aussagen zum ursprünglichen Verbot der Tiertötung und zum Tieropfer religiöse Grundeinsichten zum Ausdruck, die mit der modernen Biologie einschließlich der Ökologie und der vergleichenden Verhaltensforschung keineswegs erledigt sind. Das religiöse Orientierungswissen der Bibel reflektiert die tatsächliche Stellung des Menschen in der Natur,

IX. BIOETHIK NICHTMENSCHLICHER LEBENSFORMEN

die er nicht nur vorfindet, sondern kulturell überformt. Schöpfung ist die Natur nicht schon als solche, sondern nur als religiös gedeuteter Lebensraum des Menschen. Sich selbst aber definiert der Mensch ganz wesentlich im Gegenüber zu den Tieren, wie schon die kollektive Begriffsbildung ‹Tier› deutlich macht. Gerade in dieser Selbstunterscheidung (vgl. Gen 2,19 f.) bleibt der Mensch aber den Tieren verbunden.

Philosophisch wirksam wurde die aristotelische Definition des Menschen als *animal rationale* bzw. als *zóon politikón*. Der Mensch lässt sich aber auch als «betendes Tier» (Hardy 1979) charakterisieren, weil es sich bei ihm, soweit wir wissen, um die einzige Spezies handelt, die Religion ausbildet. Religion, auch die jüdische und die christliche, nimmt den Menschen jedoch keineswegs einseitig als den Tieren überlegenes, sondern ebenso sehr als «Mängelwesen» (Gehlen 2009) in den Blick.

Nach biblischer Tradition ist der Lebensraum der Schöpfung keineswegs allein für den Menschen bestimmt. Allein dieser ist aber fähig, zu den grundlegenden Sachverhalten des Lebens Stellung zu nehmen. Das Leben wird nicht nur durch Stoffwechselvorgänge im Allgemeinen charakterisiert, sondern auch durch die Tatsache, dass Leben immer nur auf Kosten anderen Lebens existieren kann. Dieses Gesetz gilt für die Individuen ebenso wie für das Verhältnis der biologischen Arten untereinander. Auch die menschliche Gattung kann nicht bestehen, ohne die Lebensbedingungen anderer Tiere einzuschränken. Mit der rasanten Zunahme der Weltbevölkerung verschärft sich dieses Problem.

Zwar töten sich auch Tiere gegenseitig, doch tötet der Mensch Tiere willentlich und bewusst. Auch verschlingt er ihr Fleisch normalerweise nicht roh, sondern er bereitet es zu, bevor er es verzehrt. Außerdem kennt der Mensch den qualitativen Unterschied zwischen Ernten und Töten, das heißt der gewaltsamen Vernichtung eines Lebens mit individuellen Zügen. Sowohl die biblischen Erzählungen von einem paradiesischen vegetarischen Urzustand als auch die eschatologischen Hoffnungsbilder eines vegetarischen Endzustandes und nicht zuletzt die alttestamentliche Opferpraxis bringen diesen Umstand erzählerisch, poetisch und rituell zu Bewusstsein. Die Qualifizierung der Welt als Schöpfung wie auch von Mensch und Tier als Geschöpfen weist über den empirischen Bereich des Natürlichen hinaus. Letztlich kann die Wahrheit des Schöpfungsglaubens nur als eschatologische, Menschen und Tiere einschließende Hoffnung auf Versöhnung von Natur und Geist ausgesagt werden. Die Bestimmung, Geschöpf zu sein, hat nicht allein für den Menschen, sondern auch für das Tier den Charakter einer Ver-

2. Problemgeschichte, Theorieansätze und Grundbegriffe

heißung. Diese hat angesichts der realen Lebensverhältnisse, die zu einem erheblichen Teil durch die menschliche Nutzung und Unterwerfung der Natur bestimmt sind, welche sich ganz an menschlichen Zielsetzungen und Bedürfnissen ausrichten, eine kontrafaktische Bedeutung.

Im Unterschied zu den Tieren und Menschen erhalten die Pflanzen in der biblischen Schöpfungserzählung zwar keinen ausdrücklichen Segen. Ihre Erschaffung ist aber ein eigenes Werk am dritten Schöpfungstag (Gen 1,11 f.). Auch von diesem heißt es, Gott sah, dass es gut war. Auch die Pflanzen entstehen nicht von selbst, sondern sie sind von Gott ins Sein gerufen.

Bedenkenswert bleibt auch, dass die zweite biblische Schöpfungserzählung in Gen 2 das Paradies als einen Garten beschreibt, den nicht etwa der Mensch, sondern Gott angelegt hat, wogegen es die Aufgabe des Menschen ist, den Garten Gottes zu bebauen und zu bewahren. Auch wenn in diesem Garten Tiere leben, ist er doch vor allem durch seine Pflanzen geprägt. «Ein Garten ohne Tiere ist zweifelsohne arm, ein Garten ohne Pflanzen aber gänzlich unmöglich» (Brenner 2008: 180). Die Johannesapokalypse schildert das neue Jerusalem, das aus dem Himmel auf die neue Erde am Ende der Zeiten herabkommt (Apk 21,1 f.), als Pendant zum Paradies. Vom Thron Gottes geht mitten durch die Stadt ein Fluss, zu dessen beiden Seiten Bäume des Lebens wachsen, die zwölfmal im Jahr Frucht tragen und deren Blätter den Völkern zu ihrer Heilung dienen (Apk 22,1 f.).

Nicht nur der Mensch, sondern die gesamte Schöpfung ist dazu geschaffen, Gott zu loben – «ohne Sprache und ohne Worte» (Ps 19,1). Auch wenn an dieser Stelle die Pflanzen nicht ausdrücklich erwähnt werden, ist ihre vermeintliche Stummheit offenbar kein Argument dagegen, dass auch sie auf ihre Weise den Schöpfer loben. Ps 148 fordert alle Geschöpfe einschließlich der Pflanzen zum Lobpreis Gottes auf, wobei die fruchttragenden Bäume und die Zedern sogar noch vor den Tieren und den Königen und allen Menschenvölkern genannt werden (Ps 148,9). Als der Prophet Deuterojesaja die bevorstehende Rückkehr Israels aus dem Babylonischen Exil ankündigt, werden Himmel und Erde, die Berge, der Wald und alle Bäume darin zum Gotteslob aufgefordert (Jes 44,23). Bei Israels Rückkehr werden alle Bäume vor Freude in die Hände klatschen (Jes 55,12).

Auch kann der Mensch selbst in der Bibel mit einer Pflanze verglichen werden. Ps 1 vergleicht den Frommen, der über Gottes Gesetz Tag und Nacht sinnt und nicht unter den Gottlosen wandelt, mit einem Baum, der an einen Bach gepflanzt ist und zur rechten Zeit seine Frucht bringt (vgl. Ps 52,10; 92,13–15; Jer 17,8). In der Bergpredigt mahnt Jesus seine Jünger, sich nicht um das eigene Leben, um Nahrung und Kleidung zu sorgen. Wenn Gott schon die Lilien auf dem Felde prächtiger kleide als den König Salomo, um wieviel mehr werde er sich dann wohl um die Menschen kümmern, die nach dem Reich Gottes trachten (Mt 6,28–30)?

2.4.2 Tiere und Pflanzen in der christlichen Tradition und in der Theologie der Gegenwart

Wohl finden sich im Alten Testament viele Bestimmungen zu einem ethisch und religiös verantwortlichen Umgang mit Tieren, doch hat das Christentum bis in die Gegenwart keine ausgebaute Tierethik entwickelt, von einer Pflanzenethik ganz zu schweigen. Die ältere kirchliche Tradition betrachtete zwar auch die Tiere als beseelte und empfindungsfähige Wesen, in denen Gottes Schöpfermacht gegenwärtig ist (zum Beispiel Thomas v. Aquin, STh I q.8 a.2 u. 3, I 71 f.). Diese werden aber unter dem Einfluss aristotelischer Philosophie als vernunftlose Wesen vom Menschen deutlich abgegrenzt. Diese Position zog die Konsequenz nach sich, dass auf Tiere moralisch keine Rücksicht zu nehmen sei (Augustin, De Civitate Dei I, 20; Thomas v. Aquin, STh II–II, q.64 a.1).

Ähnlich steht es mit den Pflanzen. Aristoteles hat im Rahmen seiner Seelentheorie die Vorstellung einer Pflanzenseele entwickelt, die von der Tierseele und der menschlichen Seele unterschieden wird, wobei es sich bei der Seele um das jeweilige Lebensprinzip handelt, das auch den Organismus seiner jeweiligen Bestimmung entsprechend formt. Thomas von Aquin hat die aristotelische Seelenlehre aufgegriffen und schöpfungstheologisch wie christlich-anthropologisch umgeformt. Im Sinne einer Stufenlehre schließt die menschliche Seele nicht nur die tierische, sondern auch die pflanzliche ein. Der Mensch partizipiert kraft seines Leibes also nicht nur am tierischen Leben, sondern auch am Leben der Pflanzen. Noch heute sprechen wir vom vegetativen Nervensystem. Doch markiert die Vernunft nach thomanischer Auffassung den qualitativen Unterschied nicht nur zu den Tieren, sondern erst recht zu den Pflanzen.

Tierethisch gewann vor allem Franz v. Assisi (1181/82–1126) wirkungsgeschichtliche Bedeutung. Er hat die Tiere liebevoll als «kleine Brüder» oder als «Bruder Tier» bezeichnet und wurde 1980 von Papst Johannes Paul II. zum Patron der Natur- und Umweltschützer ernannt. Doch selbst noch in der evangelischen und der katholischen Dogmatik des 20. Jahrhunderts führt das Tier ein Schattendasein. Sieht man einmal von Albert Schweitzer und Marie-Joseph Pierre Teilhard de Chardin (1881–1955) ab, die allerdings beide keine reguläre Dogmatik geschrieben haben, macht vor allem die *Kirchliche Dogmatik* Karl Barths eine rühmliche Ausnahme (s. Abschnitt 2.4.). Auch die nordamerikanische Prozesstheologie liefert Impulse für eine dogmatische Reflexion über die Tiere.

Zwar gibt es aus den zurückliegenden Jahrzehnten eine Reihe von neuen Entwürfen zur Schöpfungslehre und zu einer Schöpfungsethik. Sie sprechen aber zumeist pauschal von ‹Schöpfung›, ‹Natur›, ‹Evolution› und ‹Geschichte› und nur selten konkret von Pflanzen und Tieren als Geschöpfen. So macht sich beispielsweise Jürgen Moltmann die Gaia-Theorie von James E. Lovelock zu eigen, wonach die gesamte Biosphäre der Erde als ein einziger Gesamtorganismus zu begreifen sei (vgl. Lovelock 1982), die er undifferenziert als «Alternative zum modernen Anthropozentrismus» preist, um sodann recht pauschal von einer «Ethik der Erde» und einem «Mitspracherecht» für die Erde zu sprechen (Moltmann 2010: 129 f.). Seine Skizze einer ökologischen Ethik gelangt über allgemeine Aussagen zur Ehrfurcht vor dem Leben und zur Bewahrung der Schöpfung nicht hinaus.

Unter den neueren Dogmatiken geht etwa Hans-Martin Barth in seiner Dogmatik (H.-M. Barth 2001), die den evangelischen Glauben im Kontext der Weltreligionen entfaltet, zwar auf das Vorkommen der Tiere in außerchristlichen Religionen ein, entwickelt aber keine eigenständige christliche dogmatische Position zur Stellung der Tiere, von ethisch-praktischen Gesichtspunkten ganz zu schweigen.

Pflanzen und Tiere kommen dagegen an mehreren Stellen in der Dogmatik Wilfried Härles zu Wort, und zwar bereits im Rahmen der theologischen Erkenntnislehre. Den Gedanken, dass wirkliches Erkennen nur als liebendes Erkennen möglich ist, überträgt Härle in analoger Weise auf Tiere und Pflanzen (vgl. Härle 1995: 261). Dabei lässt er die Möglichkeit offen, dass liebendes Erkennen auch auf die Natur im Ganzen übertragbar sei. Auch will Härle nicht ausschließen, dass Tiere eine eigene Form der Gottesbegegnung haben können (vgl. Härle 1995: 299). Sodann verweist er (308 f.) auf die biblische Vision des endzeitlichen Tierfriedens, des Friedens unter den Tieren wie zwischen Tier und Mensch (Jes 11,6–8; 65,25). Schließlich hebt Härle den Lebenszusammenhang hervor, in dem der Mensch mit den übrigen Geschöpfen existiert, wie sich am Stoffwechsel zeige. Die vielfältigen Wechselwirkungen zwischen Mensch und Natur deutet er als Hinweis darauf, dass die Entgegensetzung zwischen Mensch und Natur oder Sätze wie: «Die Natur braucht uns nicht, aber wir brauchen die Natur», eine schiefe Alternative aufstellen (Härle 1995: 427). Die Sprachfähigkeit des Menschen ordnet er in den weiteren Zusammenhang der Kommunikation mittels Zeichen ein, die sich nicht nur bei Tieren und Pflanzen, sondern sogar zwischen chemischen Elementen beobachten lassen (vgl. Härle 1995: 431). Den göttlichen Auftrag an den Menschen, über die anderen Geschöpfe zu herrschen (Gen 1,26.28), interpretiert er zwar als Konsequenz aus der Gottebenbildlichkeit, doch sei diese nicht mit dem Herrschaftsauftrag identisch. Außerdem sei dieser im Sinne von Gen 2,15 zu verstehen, nämlich als «das Handeln, durch das der Mensch den Lebensraum für sich und die übrigen Geschöpfe bewahrt» (Härle 1995: 438). Und im Zusammenhang der Eschatologie vertritt Härle die Annahme, dass nicht nur der Mensch, sondern auch alle übrigen Geschöpfe im Sinne von Röm 8,18–25 an der Überwindung der Endlichkeit im Reich Gottes teilhaben werden (vgl. Härle 1995: 648). In seiner Ethik verwendet Härle auch für Tiere und Pflanzen den Begriff der Würde, unterscheidet aber kategorial zwischen Tier- oder Naturwürde und Menschenwürde (vgl. Härle 2011: 257 f.; vgl. auch 244 f.). Auf materiale Fragen der Tier- und Pflanzenethik geht Härle jedoch nicht ein. Er begnügt sich mit dem pauschalen Hinweis, dass Tierquälerei zu unterlassen und eine artgemäße Haltung von Tieren zu fordern sei; die Problematik von Tierversuchen wird am Rande angesprochen, aber nicht weiter behandelt (vgl. Härle 2011: 244, 258, 276).

Überblickt man die gegenwärtige Diskussionslage zu einer christlichen Bioethik, lassen sich mit Eberhard Schockenhoff tugendethische Grundhaltungen benennen, die durch den christlichen Glauben und seine Wahrnehmung der Wirklichkeit motiviert sind. Es handelt sich um die Haltung der Ehrfurcht und des Staunens, um Mitleid und Fürsorge sowie um Selbstbegrenzung und Maß (vgl. Schockenhoff 2009: 607–630). Die Ehrfurcht und das Staunen gelten nicht dem Leben als solchem, sondern als Schöpfung, in der der Glaube den Schöpfer selbst erkennt und ehrt. So richtet sich auch die Dankbarkeit für das eigene wie fremdes Leben nicht an das Leben als eine Art von zweitem Gott, sondern an Gott, dem alles Leben zu verdanken ist. Die Dankbarkeit aber wird im Gebet wie im menschlichen Handeln praktisch. Sie ist umfassender Dienst an der Schöpfung. Auch Mitleid, Fürsorge, Selbstbegrenzung und Maßhalten sind *theo*-logisch motiviert, insofern sich der Mensch vor Gott als Geschöpf unter Geschöpfen vor Gott gestellt sieht, sich durch ihn begrenzt und ihm verantwortlich weiß.

3. PROBLEMFELDER HEUTIGER TIER- UND PFLANZENETHIK

3.1. Problemfelder heutiger Tierethik

Die materialethische Diskussion auf dem Gebiet der Tierethik konzentriert sich auf folgende Problemfelder: Tierrechte, Tierhaltung, Tierversuche, das Töten von Tieren sowie Tiere im Zoo, in Freizeit und Sport.

Beginnen wir mit dem Problem der Tierrechte. Grundsätzlich ist zu unterscheiden, ob jemand oder etwas Gegenstand rechtlicher Bestimmungen oder aber Träger von Rechten ist. Ein starker Begriff von Tierrechten setzt voraus, dass Tiere Personen sind und analog zum Menschen eine Würde haben, aus der sich entsprechende unveräußerliche Rechte ableiten lassen. Hierbei ist nochmals zwischen moralischen und juristischen Rechten zu unterscheiden. Bei Menschenrechten handelt es sich zunächst um vorrechtliche sittliche Postulate, die sukzessive in positives internationales und nationales Recht umgeformt worden sind und als solches weiterentwickelt werden. Dass Tiere in gleicher Weise wie Menschen Personen sind, ist zu bestreiten, weil die Fähigkeit und dann auch die Verpflichtung zur Moral ein wesentlicher Bestandteil des Personseins ist. Ein von bestimmten kognitiven Fähigkeiten wie Bewusstsein, Wille oder Erinnerungsvermögen abgeleiteter Personbegriff ließe sich durchaus auf manche Tiere übertragen, was aber zur Folge hätte, dass innerhalb der Tierwelt nochmals zwischen Personen und Nicht-Personen unterschieden werden müsste. Wiederum würde manchen Menschen mit schweren kognitiven Beeinträchtigungen – zum Beispiel schwerstbehinderten Neugeborenen oder Wachkomapatienten – ihr Personsein abgesprochen. Das ist zumindest mit einem biblisch begründeten Personbegriff wie auch mit einer an Kant orientierten philosophischen Position unvereinbar. Wie wir in Abschnitt 2.4. gesehen haben, lässt sich auch der Würdebegriff auf Tiere nur im Analogieschluss anwenden. Daraus folgt, dass auch der Gedanke, dass Tiere – ebenso Pflanzen – Träger von Rechten sind, ebenfalls «nur in einem abgeleiteten und *analogen* Sinn» vertreten werden kann (Schockenhoff 2009: 567). Als univoker Begriff würde der Begriff der Tierrechte den unhaltbaren Gedanken von moralischen und rechtlichen Pflichten von Tieren gegenüber Dritten, anderen Tieren und Menschen implizieren. Um die Rechtsposition von Tieren im Tierschutz zu stärken, ist ein solches Konstrukt nicht erforderlich.

IX. BIOETHIK NICHTMENSCHLICHER LEBENSFORMEN

Die Stärkung des Tierschutzes ist jedoch ein ethisch unbedingt voranzutreibendes Anliegen. Das deutsche Tierschutzgesetz in der Fassung von 1998 enthält detaillierte Bestimmungen zur Tierhaltung (§§ 2–3), zur Tötung von Tieren (§ 4–4b), zu Eingriffen bei Tieren (§§ 5–6a), zu Tierversuchen (§§ 7–9a), zu Eingriffen und Behandlungen zur Aus-, Fort- oder Weiterbildung (§ 10), zu Eingriffen und Behandlungen zur Herstellung, Gewinnung, Aufbewahrung oder Vermehrung von Stoffen, Produkten oder Organismen (§ 10a), zur Zucht, zum Halten von Tieren und zum Handel mit Tieren (§§ 11–11c) sowie eine Reihe weiterer Bestimmungen. Der allgemeine Grundsatz lautet: «Niemand darf einem Tier ohne vernünftigen Grund Schmerzen, Leiden oder Schäden zufügen» (§ 1). In § 2 werden eine artgemäße und ihren Bedürfnissen entsprechend angemessene Ernährung, Pflege und verhaltensgerechte Unterbringung von Tieren verlangt. Kritiker des Gesetzes wenden ein, dass die Einschränkung, man dürfe Tieren nicht «ohne vernünftigen Grund» Leiden zufügen, letztlich alle Tierschutzbestimmungen wirkungslos mache. Tatsächlich ist zu kritisieren, dass zwischen Anspruch und Wirklichkeit des Gesetzes im Alltag große Lücken klaffen, vor allem bei der industriellen Tierproduktion und Massentierhaltung sowie bei Tierversuchen.

Abgesehen von radikalen biozentrischen Positionen wird in der Tierethik durchaus die Ansicht vertreten, dass der Mensch Tiere zu seinen eigenen Zwecken nutzen und über sie verfügen darf. Das schließt das Töten von Tieren nicht nur im Verteidigungsfall, sondern auch zur eigenen Ernährung ein. Die biblische Tradition unterstellt, dass sich die Menschen vor dem Sündenfall ausschließlich von Pflanzen ernährt haben. Erst nach der Sintflut wird der Verzehr von Tieren, aber auch ihre Verwendung als kultisches Opfer erlaubt (s. Abschnitt 2.4.1.). Die biblischen Texte machen deutlich, dass das Töten von Tieren immer auch als problematischer Eingriff in das Leben gesehen wird, der aufgrund der menschlichen Sünde nicht frei von Tragik ist. Ethisch betrachtet, lässt sich ein striktes Verbot jeder Tiertötung nicht begründen. Dass der Fleischkonsum mit Blick auf Missstände bei der Massentierhaltung eingeschränkt werden sollte – also nicht etwa nur, weil fleischarme Kost für den Menschen gesünder ist –, steht außer Frage. Auch ökologische Gesichtspunkte sprechen dafür, Getreide direkt als Nahrungsmittel zu nutzen, statt auf dem Umweg über die Verfütterung an Schlachtvieh. Dennoch rechtfertigt der unterschiedliche moralische Status von Mensch und Tier, dass der Mensch zum Zweck seiner Selbsterhaltung und zur Befriedigung elementarer Lebensbedürfnisse Tiere nutzen und unter Einschränkungen auch töten darf. Ohne den Verzehr von Tieren wäre beispielsweise eine nomadische Lebensweise oder das Leben in klimatischen Extremzonen – man denke an die traditionelle Lebensweise der Inuit – nicht möglich. Das Töten von Tieren unterliegt aber einer doppelten Einschränkung: «*Erstens* dürfen Tieren niemals *grausame* und *unnötige* Schmerzen zugefügt werden, die der Mensch bei sich selbst als unzumutbar empfinden würde, und *zweitens* muss die Verfügung über tierisches Leben im Dienst des Menschen einem Maßstab der *Verhältnismäßigkeit* entsprechen, die außer der Schmerzempfindlichkeit auch andere Aspekte des tierischen Wohlbefindens wie einen angemessenen Bewegungsraum und eine artgemäße Umgebung berücksichtigt» (Schockenhoff 2009: 587).

Dass diese beiden Einschränkungen in der Praxis heutiger Massentierhaltung und bei Tierversuchen stets eingehalten würden, lässt sich kaum behaupten. Auf beiden Gebieten ist zu beklagen, dass die moderne Gesellschaft vor massenhaft zugefügtem Leiden die Augen verschließt. Zwischen dem Einsatz für Menschenrechte und der geradezu organisierten Brutalität, mit der Tiere vielfach behandelt werden, besteht ein kaum erträglicher Zwiespalt. Neben Missständen in der industriellen Tierzucht ist auch der massenhafte Transport von Tieren unter Leiden verursachenden Begleitumständen anzuprangern, der allein aus ökonomischen Gründen stattfindet.

Bei Tierversuchen ist zwischen medizinisch-biologischer Forschung, militärischer Forschung und Forschung in der Kosmetikindustrie zu unterscheiden. Dass Tierversuche in der Kosmetikindustrie unvermeidlich und notwendig sind, ist zu bestreiten. Auch wenn das Bedürfnis nach Schönheit als menschliches Grundbedürfnis anzuerkennen ist, geht es in der modernen Kosmetik doch nicht um die Befriedigung elementarer Grundbedürfnisse, sondern um diejenige von künstlich erzeugten Bedürfnissen zweiter Ordnung, hinter denen ein großer Werbe- und Modemarkt steht. Auch die Grausamkeit von Tierversuchen in der Militärforschung widerspricht den genannten Kriterien der Verhältnismäßigkeit und der Beschränkung tierischen Leidens.

Anders stehen die Dinge, soweit es um medizinisch-biologische Forschung geht, wobei man nochmals zwischen Grundlagenforschung und anwendungsorientierter Forschung unterscheiden muss. Die Vorbeugung gegen Krankheiten, ihre Erkennung und Heilung sind grundsätzlich ein ethisch begründetes Ziel. Es rechtfertigt jedoch keineswegs eine laxe Auslegung von Tierschutzkriterien. Schon seit Ende der 1950er-Jahre wird die Forderung erhoben, Tierversuche durch alternative Methoden zu ersetzen. Die Formel dafür lautet: «*Refinement, Replacement, Reduction*». Gegen Tierversuche, zum Beispiel in der Pharmazie, lässt sich einwenden, dass ihre Ergebnisse oftmals nicht direkt auf den Menschen übertragbar sind. Viele Tierversuche, insbesondere die unendlichen Wiederholungsversuche, lassen sich daher nicht rechtfertigen. Positive Ergebnisse im Tierversuch liefern also nicht mehr als ein Indiz, dass ein Wirkstoff oder eine Therapie am Menschen anwendbar sein könnte. Andererseits ist zu bedenken, dass in der bisherigen Geschichte der Medizin etwa die Hälfte aller wichtigen medizinischen Erkenntnisse auf Tierversuche einschließende Grundlagenforschung zurückgehen (vgl. Schockenhoff 2009: 591). Auch wenn man anstelle von Tiermodellen verstärkt Computermodelle oder humane Zellkulturen verwendet – zum Beispiel humane embryonale Stammzelllinien, Zelllinien aus induzierten pluripotenten Stammzellen (IPS) und organoide Gewebe, die menschlichen Organen nachgebaut sind –, werden Tierversuche weiter notwendig bleiben. Allerdings lässt es sich nicht rechtfertigen, dass trotz der Versicherung der Forscher, man bemühe sich verstärkt um den Einsatz von Alternativmethoden, die Zahl der Tierversuche in den vergangenen Jahren wieder weltweit gestiegen ist. Es ist vielmehr eine strenge Güterabwägung in jedem Einzelfall zu fordern, welche die Kriterien der Alternativlosigkeit und der Verhältnismäßigkeit eng auslegt.

Ein weiterer Problemkreis ist die Haltung von Tieren im Zoo, ihre Verwendung bei Zirkusdarbietungen sowie ihr Einsatz in Freizeit und Sport. Abgesehen von Fragen der artgerechten Tierhaltung und der Rechtfertigung von Einschränkungen der Bewegungsfreiheit von Tieren sowie der Gefährdung von Tieren – etwa im Pferderennsport und hier bei besonders unfallträchtigen Sportarten wie dem Military-Reiten – entstehen erhebliche Probleme bei der Tierzucht. Beispielsweise leiden verschiedene Hunderassen unter angeborenen Gesundheitsschäden, die sich nicht damit rechtfertigen lassen, dass mit der Existenz dieser Tiere ein elementares Lebensbedürfnis des Menschen befriedigt würde.

3.2. Problemfelder heutiger Pflanzenethik

Im Unterschied zur Tierethik ist eine eigenständige Pflanzenethik noch kaum entwickelt. Der Umgang des Menschen mit Pflanzen – von den Mikroorganismen bis hin zu komplexen Pflanzenarten – wird im Rahmen einer

Ethik der Natur oder der Umweltethik behandelt. Auch im Zusammenhang mit der Gentechnik werden Fragen diskutiert, die sich mit Pflanzenzucht, Biodiversität und Produktion pflanzlicher Lebensmittel befassen. Als eigenständige «Mitglieder des ethischen Universums» führen Pflanzen in der philosophischen und der theologischen Ethik «ein Rand-Dasein» (Brenner 2008: 179).

Das überrascht insofern, als Pflanzen in der antiken Philosophie durchaus Gegenstand eingehender Betrachtungen waren. Auch die biblische Tradition würdigt die Pflanzen als Geschöpfe Gottes (s. Abschnitt 2.4.1.). Die Neuzeit begegnet den Pflanzen dennoch mit Gleichgültigkeit. Das gilt insgesamt auch für die Theologie, mögen auch Kirchenlieder wie diejenigen von Paul Gerhardt die Schönheit der Blumen in Gottes Schöpfung besingen und den Wunsch der Frommen äußern, eine schöne Blume und Pflanze in Gottes Garten zu bleiben (Paul Gerhardt, «Geh aus, mein Herz, und suche Freud», Evangelisches Gesangbuch Nr. 503). Vorherrschend ist ein rein instrumentelles Verständnis der Pflanzen, die dem Menschen zur Nahrung und als Rohstofflieferant dienen.

Mit dem 18. Jahrhundert beginnt man, sich breiter den Pflanzen zuzuwenden. Zum einen entsteht die moderne Botanik, zum anderen erregen Pflanzen das Interesse von Philosophie und Dichtung in der Romantik. Eine Aufwertung der Pflanzen findet auch bei Johann Wolfgang von Goethe, der selbst Naturstudien betrieb, sowie in der Philosophie des Vitalismus im 19. und im frühen 20. Jahrhundert statt (Brenner 2008: 182 f.). Ansätze zu einer ausgesprochenen Pflanzenethik können aber erst in dem Moment entstehen, wo man Pflanzen – und zwar nicht nur den verschiedenen Arten, sondern auch den Individuen – einen moralisch relevanten Eigenwert zuspricht, wobei, wie schon gesehen (vgl. 2.3.), strittig ist, ob man von einem inhärenten Wert der Pflanzen oder gar davon sprechen muss, dass auch Pflanzen eine Würde haben.

Pflanzenethik beginnt damit, die besondere Seinsart von Pflanzen zu bedenken. Ein pauschaler Begriff des nichtmenschlichen Lebens oder des Lebens überhaupt verdeckt die Unterschiede, die schon rein biologisch zwischen tierischem und pflanzlichem Leben bestehen (vgl. dazu Kallhoff 2002: 28 ff.). Das charakteristische biologische Merkmal aller Pflanzen ist die Photosynthese. Eine weitere besondere Eigenschaft von Pflanzen ist ihre Ortsgebundenheit. Sie können sich sehr wohl aktiv bewegen – beispielsweise drehen sich manche Blumenarten nach dem Sonnenlicht – und werden keineswegs nur passiv bewegt, etwa durch den Wind. Im Unterschied zu Tieren

IX. BIOETHIK NICHTMENSCHLICHER LEBENSFORMEN

können Pflanzen aber ihren Standort nicht verlassen, sei es zum Zweck der Nahrungsaufnahme oder zur Flucht.

Während es sich bei Tieren um geschlossene Organismen mit inneren Organen handelt, bilden Pflanzen ihre Organe – Wurzeln und Blätter – nach außen hin aus. Von Tieren unterscheiden sich Pflanzen durch ständige Veränderungsprozesse, die zyklisch verlaufen. Außerdem haben Pflanzen und Tiere eine unterschiedliche Zellstruktur. Anders als Tiere und Menschen können sich Pflanzen immer wieder regenerieren, weil sich ihre Zellen bei Bedarf wieder in das Embryonalstadium rückverwandeln können. Anders als die meisten Tiere können Pflanzen daher prinzipiell alle Teile des Organismus wiedererzeugen. Durch den Verlust von Gewebe – sei er natürlich hervorgerufen oder von Menschen willentlich verursacht – werden Pflanzen darum nicht in jedem Fall geschädigt.

Pflanzen reagieren auf äußere Störungen, die ihr Gedeihen beeinträchtigen. Man spricht auch von einem Stressverhalten bei Pflanzen. Interessanterweise entwickelt nicht nur die einzelne Pflanze Gegenstrategien oder zeigt Anpassungsreaktionen, sondern Pflanzen derselben Art können sich auch wechselseitig unterstützen, indem sie andere Organismen, die mit ihnen um begrenzte Ressourcen konkurrieren, durch dichte Ausbreitung von ihrem Gebiet als Konkurrenten um begrenzte Ressourcen verdrängen. Pflanzen verfügen zwar nicht wie Tiere über ein Nervensystem und Sinnesorgane. Sie haben jedoch ein eigenes System zur Erkennung von Reizen, das auf chemischen Mechanismen beruht und Reaktionen auf äußere Stressfaktoren ermöglicht, um Krankheit oder eine Störung der Entwicklungs- und Wachstumsprozesse zu verhindern. Insofern die Abwehrreaktionen der Aufrechterhaltung der pflanzlichen Lebensprozesse dienen, kann man tatsächlich von zielgerichteten Reaktionen und Abwehrstrategien sprechen. ‹Zielgerichtet› meint allerdings nicht, dass die Abwehrreaktionen im Pflanzenkörper moduliert und relativ zu einem Ziel verändert werden können. Zugleich sind die Reaktionen insofern reizspezifisch, als ein Störfaktor erkannt wird und bestimmte Abwehrreaktionen eingeleitet werden» (Kallhoff 2002: 43). Gegenüber Begriffen wie «pflanzlicher Intelligenz», individuellem Gedächtnis und pflanzlichem «Selbst» (Brenner 2008: 188, 191 f., im Anschluss an Anthony Trewavas und Nicholas Agar) sollte man daher zurückhaltend sein.

Eine Ethik der Pflanzen kann vom Grundbegriff des Gedeihens ausgehen. Mit seiner Hilfe lässt sich folgender pflanzenethischer Grundsatz aufstellen: «Die allgemeine Forderung einer Ethik der Respektierung pflanzlichen Gedeihens ist es, die anthropogenen Veränderungen der vegetativen

Natur so zu gestalten, dass sie das Gedeihen von Pflanzen nicht stören oder beeinträchtigen» (Kallhoff 2002: 141). In diesem Sinne kann der Umgang des Menschen mit Pflanzen auch schöpfungstheologisch und -ethisch reflektiert werden. Bei den Faktoren, die das Gedeihen von Pflanzen beeinträchtigen oder verunmöglichen können, ist zwischen Faktoren, die auf menschliche Einflüsse zurückgehen, und solchen, die in der Natur vorkommen, zu unterscheiden. Verantwortungsethisch betrachtet, trägt der Mensch eine moralische Verantwortung für die anthropogenen Faktoren und selbstverständlich für die Pflanzen, die er selbst züchtet, kultiviert oder gentechnisch verändert, nicht aber für die in ihrer Natürlichkeit belassene Natur (vgl. Brenner 2008: 193). Gleichwohl ist auch der Schutz der ‹wilden› Natur, die Pflanzen als Lebensraum dient und menschlicher Nutzung entzogen bleiben sollte, ein Gegenstand pflanzenethischer Urteilsbildung (vgl. Kallhoff 2002: 145 f.).

Eine erste Konsequenz des genannten pflanzenethischen Grundsatzes besteht darin, die Lebensräume der standortgebundenen Pflanzen nicht bedenkenlos zu minimieren oder zu zerschneiden, wie dies heute in großem Ausmaß geschieht. Allerdings müssen sich menschliche Eingriffe in die Natur keineswegs immer nur zerstörerisch auswirken. Sie schaffen in manchen Fällen sogar neue Entwicklungsmöglichkeiten für die Natur. Ein bekanntes Beispiel ist die Lüneburger Heide. Die Abholzung des ursprünglichen Waldbestandes führte zum Entstehen eines neuen Ökosystems, das heute unter Naturschutz steht. Pflanzen können unter Umständen auch in Regionen außerhalb ihrer angestammten Herkunftsgebiete gedeihen, weshalb ihre Anpflanzung durch den Menschen in anderen Regionen oder gar Kontinenten kein Verstoß gegen pflanzenethische Grundsätze sein muss.

Auch für die einzelne Pflanze muss ihre Kultivierung und Verwendung für menschliche Zwecke nicht zwingend schädlich sein. Die Verwendung von Pflanzenteilen als Rohstoffe schädigt die Pflanze nicht, solange sie sich regenerieren kann. Auch die vollständige Verwertung von Pflanzen als Nahrungs- oder Rohstoffquelle kann im Einklang mit dem pflanzlichen Lebensrhythmus erfolgen. Eine Beeinträchtigung von Pflanzen liegt aber zum Beispiel vor, wenn durch gezielte Düngung Mangel- oder Vergiftungszustände hervorgerufen werden.

Dass nicht nur Pflanzenarten als kollektive Entitäten, sondern auch Einzelpflanzen moralisch berücksichtigungswürdig sind, begründet Kallhoff damit, dass sich ihr Gedeihen «als Ausprägung einer *Form* pflanzlichen Gedeihens» verstehen lässt (Kallhoff 2002: 144). Darum findet mit der Vernichtung des letzten Exemplars einer Pflanzenart die Vernichtung einer spezifischen Form pflanzlichen Gedeihens statt, die es nach Möglichkeit zu vermeiden gilt.

Generell ist zu bedenken, dass pflanzenethische Positionen auch die globale Entwicklung der menschlichen Gattung mit zu berücksichtigen haben. Die noch immer wachsende Weltbevölkerung ist auf intensive Landwirtschaft angewiesen. Immer mehr Boden wird in Kulturland umgewandelt. Berechtigt ist die Kritik, wenn zuvor wilde Landstriche – man denke an die tropischen Wälder in Südamerika und Asien – zu Weideland für die Tierproduktion gemacht werden, zumal ein extremer Massenkonsum an Fleisch für den Menschen keineswegs notwendig ist, sondern kulturell bedingt ist und von der Fleischindustrie auch noch künstlich angeheizt wird. Die Folge des weltweiten Bevölkerungswachstums ist aber auch ein steigender Bedarf an menschlichem Siedlungsraum, sowohl für Wohnungen als auch für Verkehrswege und die übrige Infrastruktur. Hier kommt es tatsächlich zu einem Konflikt zwischen Menschen und Pflanzen um natürliche Ressourcen. Auch der weltweit steigende Wasserverbrauch – nicht selten zu Luxuszwecken und nicht zur Deckung des nötigen Bedarfs – und die anthropogenen Faktoren des Klimawandels sind in diesem Zusammenhang zu erwähnen.

Pflanzenethische Prinzipien, wie sie beispielsweise Angela Kallhoff aufstellt, fallen insgesamt allerdings durch eher weiche Formulierungen auf. Kallhoff formuliert häufig im Konjunktiv; ihre Schlussfolgerungen haben also zum größten Teil Empfehlungscharakter. Einem verantwortungsethischen Verständnis von Pflanzenethik ist eine solche Zugangsweise durchaus angemessen.

3.3. Biodiversität und Nachhaltigkeit

Der Begriff ‹Nachhaltigkeit› hat in den letzten zwei Jahrzehnten als umweltpolitischer und -ethischer Leitbegriff Karriere gemacht. Im politischen Kontext tauchte der Begriff des *sustainable development* wohl erstmals 1987 im Brundtland-Bericht der Weltkommission für Umwelt und Entwicklung (WCED) auf. Als *sustainable*, das heißt als nachhaltig, zukunftsfähig respektive dauerhaft-umweltgerecht, bezeichnet man heute eine Entwicklung, «die die Bedürfnisse der Gegenwart befriedigt, ohne zu riskieren, dass künftige

Generationen ihre eigenen Bedürfnisse nicht befriedigen können» (Hauff 1987: 46).

Verglichen mit der politischen Diskussion ist die ethische Theoriebildung über das Leitbild der Nachhaltigkeit weiter fortgeschritten. Das gilt auch für die Kirchen, die ökumenische Bewegung und die akademische theologische Ethik (Cobb 1997; Lienkamp 2009). In der Umweltethik hat sich ein ökumenischer Grundkonsens herausgebildet, was die genauere Bestimmung des Nachhaltigkeitsbegriffs und die aus ihm abgeleiteten ethischen Prinzipien betrifft.

Schwierigkeiten bereitet allerdings die praktische Umsetzung des Nachhaltigkeitsleitbildes. Nach wie vor hat es eher den «Charakter einer faszinierenden Vision als einer ausdifferenzierten Konzeption» (Münk 1999: 277). Massive Bedenken werden vor allem von wirtschaftsethischer Seite angemeldet. Ebenso umstritten wie seine Operationalisierbarkeit sind die sozial- und bioethischen Implikationen des Nachhaltigkeitsleitbildes. Übereinstimmung herrscht darüber, dass es sich bei der Nachhaltigkeits-Diskussion im Kern um eine Gerechtigkeitsdebatte handelt. Einigkeit besteht auch darüber, dass das Postulat einer nachhaltigen Entwicklung ebenso eine Frage der *inter*generationellen wie der *intra*generationellen Gerechtigkeit berührt. Angestrebt wird folglich nicht nur ein Interessenausgleich zwischen der jetzt lebenden Generation und den zukünftigen Generationen, sondern auch Gerechtigkeit zwischen armen und reichen Ländern. Die Nachhaltigkeitsdebatte ist mit der Globalisierungsdebatte verknüpft (vgl. Münk 2000). Strittig ist allerdings, welches Maß von Gesellschafts- bzw. ökonomischer Systemkritik als Voraussetzung des Nachhaltigkeits-Leitbildes zu gelten hat. Kontrovers wird auch darüber diskutiert, ob die Konzeption einer nachhaltigen Entwicklung lediglich eine Umwandlung des kapitalistischen Wirtschaftssystems oder dessen radikale Ablehnung erfordert.

In der Nachhaltigkeitsdebatte wird die Gerechtigkeitsproblematik auf den Bereich der außermenschlichen Umwelt ausgeweitet. Nachhaltiges Wirtschaften muss nämlich drei Grundkriterien genügen, und das nicht nur kurzfristig, sondern langfristig. Es handelt sich um die Kriterien des Menschengerechten, des ökonomisch Sachgemäßen und des Umweltgerechten. Auf diesen drei Gerechtigkeitskriterien beruht das Postulat einer «ökologischen Sozialethik» (Lienkamp 2000: 469). Allerdings ist der Begriff des Umweltgerechten schillernd. Er lässt zunächst offen, ob die Auswirkungen wirtschaftlicher und gesellschaftlicher Entwicklung lediglich unter funktionalen Gesichtspunkten in Betracht zu ziehen sind – das heißt soweit sie Rückwirkungen auf die Lebensbedingungen heutiger und künftiger Generationen der Menschheit haben –, oder ob der Natur respektive nichtmenschlichen Lebewesen – Arten wie Individuen – eine Eigenwertigkeit und somit eine Form von Eigenrechten zuzugestehen ist.

In der Nachhaltigkeits-Debatte, in der auch die Diskussion zwischen anthropozentrischen, pathozentrischen, biozentrischen und physiozentrischen Konzeptionen von Bioethik fortgeführt wird (vgl. Abschnitt 2.2.), stehen sich zwei Grundpositionen gegenüber, die als ‹starke› und ‹schwache› Nachhaltigkeit (*strong/weak sustainability*) bezeichnet werden. Beide Positionen stimmen darin überein, dass die gegenwärtig lebende Generation ihren ökonomischen Nutzen nur so weit maximieren darf, dass dadurch nicht künftige Generationen um vergleichbare Wohlfahrtschancen gebracht werden. Einigkeit herrscht auch darüber, dass jeder Wohlstand auf zwei Faktoren beruht: einerseits auf den natürlichen Ressourcen der Erde, andererseits auf den durch den Menschen hinzugefügten Anteilen, also Arbeit, Investitionen oder Wissen. Beide Positionen, ‹starke› wie ‹schwache› Nachhaltigkeitskonzeptionen, gehen von der Annahme eines aus diesen natürlichen und humanen Ressourcen bestehenden Gesamtkapitals aus, das unangetastet bleiben muss. Die Menschheit darf gewissermaßen nur von den jährlichen Zinserträgen dieses Kapitals leben.

Strittig ist zwischen den beiden Grundpositionen jedoch, wie weit sich die Anteile der natürlichen Ausstattung (Ökosysteme, Arten, Ressourcen) durch anthropogene Anteile ersetzen lassen. Als ‹schwache› Nachhaltigkeit bezeichnet man die mehrheitlich in der Wirtschaftswissenschaft vertretene Position, die annimmt, dass sich fast alle Ressourcen im Bedarfsfall substituieren lassen, gleich ob es sich um natürliche oder von Menschen geschaffene handelt. Die Position der ‹starken› Nachhaltigkeit bestreitet diese Möglichkeit zumindest in solchen Fällen, in denen der irreversible Verlust von Naturgütern, etwa das Aussterben ganzer Arten, unabweisbare Folgen für künftige Generationen hat.

Die Frage, ob nachkommenden Generationen ein solcher Verlust von wichtigen Teilen des ökologischen Reichtums zugemutet werden darf, lässt sich allein mit den Mitteln der Ökonomie nicht beantworten, weil hier Verteilungsfragen zur Debatte stehen, welche die intergenerationelle Gerechtigkeit betreffen. Die Schwierigkeiten nehmen zu, wenn man bei der Bewertung zum Beispiel der Artenvielfalt deren geographisch unterschiedliches Vorkommen berücksichtigt. Bei Fragen der Verteilungsgerechtigkeit zwischen armen und reichen Ländern, wie sie etwa im Blick auf Biopatente diskutiert werden (s. Abschnitt 3.5.), ist dies unerlässlich.

Für das Konzept der ‹starken› Nachhaltigkeit lässt sich das Argument des Eigenwertes bestehender Arten ins Feld führen, das sich auch schöpfungstheologisch untermauern lässt. Nichtmenschliche Lebewesen bilden demnach nicht lediglich eine für den Menschen beliebig verfügbare Ressource. Vielmehr handelt sich bei ihnen um Entitäten mit einer Eigenbedeutung. Gemäß der Position der ‹starken› Nachhaltigkeit stellt nichtmenschliches Leben zwar keine unantastbare Größe dar, doch sind Eingriffe in solches Leben legitimationsbedürftig und unterliegen einer sorgfältigen Güterabwägung zwischen den Interessen des Menschen und dem Eigenwert des nichtmenschlichen Lebens.

Das Konzept der ‹starken› Nachhaltigkeit weist in die richtige Richtung, leidet aber an mehreren Schwächen. Abgesehen davon, dass der Begriff des Eigenwertes unscharf bleibt, befriedigt es argumentativ nicht, ‹der› Natur einen Eigenwert zuzusprechen. Konkret stellt sich doch die Frage, *welche* Natur aufgrund ihres Eigenwertes zu schützen ist. Ist die ursprüngliche, vom Menschen noch unberührte Natur gemeint, also jener Bereich, der in der englischsprachigen Umweltethik *wilderness* heißt, oder handelt es sich um die kulturell bearbeitete, das heißt anthropogen veränderte Natur? Wie schon im vorigen Abschnitt angesprochen, müssen menschliche Eingriffe in die Natur keineswegs immer destruktive Folgen haben. So findet man beispielsweise in Park- oder Agrarlandschaften häufig eine große pflanzliche und tierische Artenvielfalt. Selbst in urbanen Regionen leben manche Tierarten als ‹Kulturfolger› in Symbiose mit dem Menschen.

Die Frage, welcher Natur Eigenwert zukommt respektive welche Natur geschützt werden soll, lässt sich offenbar weder allgemeingültig noch kulturunabhängig beantworten. «Weder die Natur noch der Mensch und seine Kultur sind statische, unwandelbare Größen. Es geht sonach hier also immer um Abwägungsprozesse, in welche Kriterien der Pluriformität, der Schönheit, der Seltenheit, des Faszinierenden und Ehrfurchterweckenden, aber auch Kriterien der funktionalen Erforderlichkeit und Notwendigkeit einfließen und ebenso immer wieder miteinander konkurrieren können» (Korff 1997: 82). Diese Feststellung gilt auch dann, wenn man die Welt theologisch als Schöpfung Gottes interpretiert. Die ethische Forderung, die Schöpfung zu bewahren, genauer gesagt, ihre Integrität zu erhalten, wie es in der englischsprachigen Diskussion zutreffender heißt (*integrity of creation*), bedeutet nicht die Festschreibung eines momentanen Zustands oder die Wiederherstellung eines mythischen Urzustandes, sondern die Anerkennung und Weiterentwicklung der in der Schöpfung angelegten Möglichkeiten – freilich auch ihrer Grenzen.

IX. BIOETHIK NICHTMENSCHLICHER LEBENSFORMEN

Dementsprechend kann das Leitbild der ‹starken› Nachhaltigkeit zur Position einer ‹mittleren› Nachhaltigkeit modifiziert werden. Sie «zielt auf eine Erhaltung der Funktionsfähigkeit und Tragekapazität ökologischer Systeme», berücksichtigt aber «neben produktiven Naturfunktionen auch beispielsweise kulturell-symbolische» (Lienkamp 2000: 467). Während Konzepte der ‹starken› Nachhaltigkeit dazu neigen, einen statischen Naturbegriff unmittelbar für ethisch normativ zu erklären, geht das Konzept ‹mittlerer› Nachhaltigkeit von einem dynamisch-evolutiven Naturbegriff aus, der die kulturelle Evolution des Menschen einschließt. Systemisch gedacht geht es «um die dauerhafte Sicherstellung der Funktionsfähigkeit des Bedingungsgefüges menschlicher Zivilisationssysteme *und* der Tragekapazität der Natur» (Korff 1997: 82) und nicht darum, einen bestimmten Naturzustand oder ein vermeintlich feststehendes ‹ökologisches Gleichgewicht› aufrechtzuerhalten.

Die Position der ‹mittleren› Nachhaltigkeit ist nicht biozentrisch, sondern anthropozentrisch. Allerdings handelt es sich um die Position eines epistemischen (erkenntnistheoretischen) und ökologisch aufgeklärten Anthropozentrismus, nicht um einen moralischen Anthropozentrismus (s. Abschnitt 2.2.), der das Lebensrecht von Tieren und Pflanzen in die ethische Reflexion einbezieht. Freilich ist auch mit dem Konzept der mittleren Nachhaltigkeit die Frage, wie sich dieses Prinzip operationalisieren lässt, nicht schon beantwortet. Das zeigt das Beispiel der Gentechnik in der Tier- und Pflanzenzucht. Ihre ethische Bewertung erfordert zusätzliche Prinzipien und Kriterien.

3.4. Ethische Probleme der Gentechnik in der Tier- und Pflanzenzucht

Vorbehalte gegen die Anwendung gentechnischer Verfahren in der Tier- und Pflanzenzucht, in der Lebensmittelproduktion, aber auch in der Medizin werden häufig mit dem Hinweis auf die Unverfügbarkeit des Lebens begründet. Dieses Argument begegnet nicht nur in einem religiösen Kontext, etwa im Rahmen einer christlichen Schöpfungsethik. Es kann, wie etwa bei Jürgen Habermas, auch im philosophischen Diskurs verwendet werden. Im nachmetaphysischen Zeitalter lässt sich eine Ethik der biotechnologischen Selbstbegrenzung nach Habermas' Auffassung zwar nicht mehr religiös begründen. Auch vertritt Habermas in der Frage des Lebensbeginns durchaus eine andere Position als die Kirchen. Dennoch hält er einen quasireligiösen Begriff des Unverfügbaren auch für eine säkulare Ethik für unabdingbar (vgl. Habermas 2001: 59).

Die pauschale Berufung auf die Unverfügbarkeit des Lebens ist jedoch nicht stichhaltig. Zweifellos hat der Schöpfungsglaube der jüdischen und der christlichen Tradition für die Ethik eine orientierende Funktion. Es lassen sich aus ihm aber keine unmittelbaren Handlungsanweisungen ableiten. Gemäß biblischer Überlieferung ist die Schöpfung der anthropomorphe, also kulturell gestaltbare Lebensraum des Menschen. Dieser gilt als Mitgestalter der Schöpfung. Die christliche Dogmatik spricht von der *cooperatio* von Gott und Mensch. Mit anderen Worten heißt es die biblische Tradition gut, dass der Mensch nicht nur Produkt, sondern Faktor der Evolution ist. Wenn der Mensch sich als Geschöpf Gottes und seine Umwelt als Schöpfung Gottes versteht, ist dies ethisch belangvoll, insofern alles Planen und Handeln des Menschen die Frage nach seinem Wesen und dem Sinn seines Tuns aufwirft. Einzelne Handlungszwecke müssen jedoch vom Sinn der gesamten Lebensführung unterschieden werden. Der Schöpfungsglaube gibt zunächst nur eine grundlegende Antwort auf die Frage nach dem Sinn menschlicher Lebensführung. Über einzelne Handlungszwecke ist damit noch nicht entschieden. Daher sind dem Handeln des Menschen im Allgemeinen wie auf den Gebieten der *Life Sciences* und der Medizin nicht a priori klar angebbare Grenzen gezogen. Diese müssen vielmehr im Rahmen einer verantwortungsethischen Reflexion von Fall zu Fall neu bestimmt werden.

Bei der Rede von der Unverfügbarkeit menschlichen Lebens handelt es sich nun um die Umkehrung des naturalistischen Fehlschlusses. Dieser verwechselt Seinsaussagen mit Sollenssätzen. Wer mit der Unverfügbarkeit des Lebens argumentiert, kleidet dagegen einen moralischen Appell in die Form einer beschreibenden Aussage. Eine Sollensaussage nimmt also die Form einer Seinsaussage an. Gegen die verdeckte Sollensaussage, es sei unmoralisch, über das eigene wie über fremdes Leben zu verfügen, lässt sich mit Eberhard Amelung einwenden: «Wenn es eine Schöpfungsordnung gibt, dann ist es der Verfügungszusammenhang» (Amelung 1986: 22). Unser Leben ist so beschaffen, dass wir ständig über anderes Leben verfügen müssen. Darum lautet die Frage nicht, ob wir dies tun sollen, sondern wie wir dies auf ethisch begründete Weise tun können, sodass zum Beispiel nicht der Zweck die Mittel heiligt und nicht nur die Lebensinteressen und die Würde des Menschen, sondern auch die Interessen und die Eigenwertigkeit von nichtmenschlichen Lebewesen respektiert werden.

In der säkularen Gesellschaft soll die Rede von der Unverfügbarkeit des Lebens wohl daran erinnern, dass das menschliche Leben und die menschliche Lebensführung eine naturhafte Basis haben, mit deren Zerstörung der Mensch seine eigene Existenz gefährdet. Die Abhängigkeit des Menschen von der Natur darf jedoch nicht mit seiner schlechthinnigen Abhängigkeit von Gott verwechselt werden, die in der biblischen Rede von der Schöpfung ihren Ausdruck findet. Beide Abhängigkeiten sind nämlich kategorial verschieden.

Wie in Abschnitt 1.4. gezeigt wurde, ist auch die Schöpfung nicht einfach mit der evolutionsbiologisch beschreibbaren Natur gleichzusetzen, weil Theologie und Naturwissenschaften unterschiedliche Perspektiven auf die Wirklichkeit haben. Im Unterschied zu naturwissenschaftlichen Urteilen ist jede Schöpfungsaussage ein werthaltiger Bekenntnissatz. Das Bekenntnis zu Gott dem Schöpfer stimmt in jenen Lobpreis ein, mit dem die Schilderung der Schöpfung in der biblischen Genesis endet: «Und siehe, es war sehr gut» (Gen 1,31). Diese Bekenntnisaussage sieht sich freilich oft durch Erfahrungen eines von Sinnlosigkeit und Vernichtung gezeichneten Lebens angefochten.

Da alle Menschen über anderes Leben verfügen müssen, um selbst leben zu können, ist der biblische Schöpfungsauftrag, über die Schöpfung zu herrschen, sie zu bebauen und zu bewahren (Gen 2,15), gewissermaßen demokratisiert. Dem christlichen Schöpfungsglauben entspricht daher grundsätzlich der Ansatz einer Verantwortungsethik, welche die Verantwortung auf dem Gebiet der Bioethik als Verantwortung aller Mitglieder der Gesellschaft begreift. Als politische Konsequenz ergibt sich die Forderung nach größtmöglicher Partizipation aller Bürgerinnen und Bürger an biopolitischen Entscheidungsprozessen.

Zwar sind die ethischen Fragen, welche die Nutzung der Gentechnik im Bereich der Landwirtschaft und der Lebensmittelerzeugung aufwerfen, von den medizinethischen Problemen zu unterscheiden. Eine strikte Trennung zwischen medizinischer und außermedizinischer Nutzung der Gentechnik ist jedoch nicht möglich, wenn man nur an die Züchtung transgener (das heißt aufgrund gentechnischer Eingriffe artfremde Gene besitzender) Pflanzen und Tiere zur Erzeugung von pharmazeutischen Wirkstoffen oder von transgenen Tieren für sogenannte Xenotransplantationen (das heißt für die Implantation von tierischen Organen in einen Menschen) denkt. Hier zeigt sich die enge Verbindung von medizinethischen und tierethischen Fragestellungen, die über allgemeine Fragen von Tierversuchen hinausreicht. Schon die technischen Verfahren respektive Züchtungsmethoden auf dem Gebiet der Xenotransplantation bedürfen einer eigenen ethischen Beurteilung, doch kann darauf hier nicht näher eingegangen werden.

Aus verantwortungsethischer Sicht ist anstelle genereller Gentechnik-Verbote eine differenzierte Urteilsbildung und fallweise Güterabwägung gefordert. Dafür bieten die Gentechnikgesetze in Deutschland, Österreich und der Schweiz einen rechtlichen Rahmen. Das österreichische Gentechnikgesetz formuliert in § 3 eine Reihe von Prinzipien, die bei der Entscheidung über die Zulässigkeit oder Unvertretbarkeit gentechnischer Verfahren zu beachten sind. Es handelt sich um: 1. das Vorsorgeprinzip, wonach Arbeiten mit gentechnisch veränderten Organismen und deren Freisetzung in die Umwelt nur zulässig sind, wenn dadurch nach dem Stand von Wissenschaft und Technik keine nachteiligen Folgen für die Sicherheit zu erwarten sind; 2. das Zukunftsprinzip, wonach der Forschung auf dem Gebiet der Gentechnik und der Umsetzung ihrer Ergebnisse unter Beachtung des Vorsorgeprinzips keine unangemessenen Beschränkungen auferlegt werden dürfen; 3. das Stufenprinzip, wonach die allfällige Freisetzung gentechnisch veränderter Organismen unter ständiger Sicherheitskontrolle nur schrittweise erfolgen darf; 4. das demokratische Prinzip, wonach die Öffentlichkeit in die Vollziehung des Gentechnikgesetzes gemäß der gesetzlichen Bestimmungen einzubinden ist, um deren Information und Mitwirkung sicherzustellen; 5. das ethische Prinzip, wonach nicht nur im Bereich der Humanmedizin auf die Wahrung der Menschenwürde Bedacht zu nehmen, sondern auch der Verantwortung des Menschen für Tiere, Pflanzen und das gesamte Ökosystem Rechnung zu tragen ist. Letzteres wird heute auch als Nachhaltigkeitsprinzip bezeichnet (vgl. Abschnitt 3.3.).

Das *Zukunftsprinzip* formuliert die ethisch begründbare Verpflichtung zur Zukunftsvorsorge. Für die Gentechnik lassen sich zwei grundlegende Zielbestimmungen ableiten: erstens der Schutz der Gesundheit des Menschen vor direkter und indirekter Schädigung sowie der Schutz der Umwelt vor schädlichen Auswirkungen durch gentechnisch veränderte Organismen; zweitens die Förderung des Gemeinwohls. Um sicherzustellen, dass beide Zielbestimmungen eingehalten werden, benötigt man für die Erforschung, Entwicklung und Nutzung der Gentechnik einen rechtlichen Rahmen. Man denke an das Problem des vertretbaren Risikos im Bereich der Landwirtschaft, wenn es um die Freisetzung oder Haltung gentechnisch veränderter Organismen (transgener Pflanzen und Tiere) geht. Ein solcher Rahmen ist

IX. BIOETHIK NICHTMENSCHLICHER LEBENSFORMEN

auch nötig im Bereich der Lebensmittelproduktion, wenn gentechnisch (zum Beispiel mithilfe gentechnisch hergestellter Zusatzstoffe) erzeugte und veränderte Produkte in die Nahrungskette gelangen (sogenanntes *Novel Food*). Wie bei jeder Technikbewertung ist auch im Fall der Gentechnik zwischen Verfahren und Produkt zu unterscheiden. Weil der Zweck nicht die Mittel heiligt, hat die ethische Urteilsbildung nicht nur die Handlungsziele, sondern auch die Handlungsweisen gentechnischer Anwendungsbereiche zu prüfen.

Die allgemeine Zielsetzung, das Wohl des Menschen zu fördern, ist ethisch legitim. Die Qualität von Nutztieren, Nutzpflanzen oder Lebensmitteln zu verbessern, indem zum Beispiel ihr Ertrag gesteigert, ihre Widerstandskraft gegen Krankheiten erhöht, ihre Anpassungsfähigkeit an regionale klimatische Bedingungen oder Bodenverhältnisse verbessert wird, lässt sich dann ethisch rechtfertigen, wenn es nicht um den Preis tierischen Leidens oder einer Schädigung von Pflanzen erkauft wird. Grundsätzlich zu befürworten sind auch Ziele wie die Senkung des Verbrauchs an Ressourcen (Energie, Ausgangsmaterial, Wasser und Chemikalien), die Reduktion des Einsatzes von Chemie in der Landwirtschaft sowie die Senkung der Produktionskosten und der Erhalt der ökonomischen Wettbewerbsfähigkeit. All diese Effekte lassen sich durch den Einsatz von Gentechnik erzielen. Die Frage, ob und inwiefern diese Effekte das Gemeinwohl fördern, sodass die Nutzung der Gentechnik nicht nur ökonomisch, sondern auch ethisch vertretbar ist, lässt sich nur mittels einer komplexen Güterabwägung beantworten. In diese müssen neben wirtschaftlichen, sozial- und strukturpolitischen auch gesundheitspolitische und ökologische Gesichtspunkte einfließen.

Das *Vorsorgeprinzip* bezieht sich zunächst auf die Abklärung von Gesundheitsrisiken. Solche können möglicherweise für Personen bestehen, die mit gentechnischen Verfahren umgehen, oder aber – etwa wegen der gentechnischen Veränderung von Lebensmitteln – für die Nutzer gentechnischer Produkte auftreten. Jedoch ist das Vorsorgeprinzip nicht nur auf den Ausschluss von Gesundheitsgefährdungen zu beschränken. In einem ganz umfassenden Sinne hat sich die Förderung des Gemeinwohls an der Handlungsmaxime des Nicht-Schadens (*nil nocere*) zu orientieren. Unter der Voraussetzung, dass auch nichtmenschliche Lebewesen einen Eigenwert haben, gilt diese Maxime auch für die von gentechnischen Manipulationen betroffenen Lebewesen, jedenfalls für leidensfähige Tiere. Zu schützen ist nicht allein die Gesundheit des Menschen, sondern auch diejenige der Nutztiere. Gentechnische Veränderungen vorhandener Tierarten lassen sich daher nicht ethisch rechtfertigen, wenn der angestrebte Nutzen für den Menschen (zum Beispiel ein höherer Fleisch- oder Milchertrag) mit Beeinträchtigungen der Gesundheit oder Lebensqualität der Tiere erkauft wird.

Das *Demokratieprinzip* besagt, dass alle Bürgerinnen und Bürger an Entscheidungen über den Einsatz der Gentechnik in höchstmöglichem Maße zu beteiligen sind. Ethisch vertretbare Lösungen müssen im Diskurs ausgehandelt werden. Dem Demokratieprinzip ist nicht nur durch Teilhabe an der politischen Willensbildung, sondern auch durch den Schutz der Wahlfreiheit des Konsumenten Rechnung zu tragen. Die Bürger benötigen nicht nur umfassende Informationen über gentechnische Verfahren und Anwendungsmöglichkeiten. Nötig ist auch eine umfassende Kennzeichnungspflicht für gentechnische Produkte, denn die Wahrnehmung der demokratisierten Verantwortung für den Umgang mit dem eigenen wie fremdem Leben beschränkt sich nicht allein auf den Bereich der politischen Willensbildung. Sie erstreckt sich auch auf die persönliche Lebensführung einschließlich der individuellen Ernährungsweise und der unterschiedlichen Kaufgewohnheiten. Dem Konsumenten ist die Entscheidungsfreiheit grundsätzlich nicht nur über das Produkt, sondern auch über das zu seiner Herstellung angewandte Verfahren einzuräumen. Über die für die Hersteller zumutbaren Grenzen der Informationspflicht ist im Einzelnen zu diskutieren.

Auch das bereits angesprochene *Vorsorgeprinzip* ist gemäß dem Demokratieprinzip näher zu bestimmen, etwa wenn es um das Problem der Umwelthaftung geht. Die Maximen der Schadensvermeidung, der Eigenwertigkeit aller Lebensformen sowie der Beweislastregel, nach welcher die Beweislast der Veränderer trägt, sind verantwortungsethisch in der Weise auszulegen, dass die Gesellschaft als Ganze Verantwortung für die möglichen Folgen gentechnischer Verfahren zu übernehmen hat und nicht nur der einzelne Anwender der Gentechnik.

Auch die Entscheidung, unter welchen Voraussetzungen die Freisetzung gentechnisch veränderter Organismen zulässig ist, ist anhand der genannten allgemeinen ethischen Grundsätze zu treffen. Sie werden durch das sogenannte *Stufenprinzip* ergänzt, das den unterschiedlichen Risiken von Freisetzungen Rechnung trägt, je nachdem, um welche Art von Organismen es sich handelt. Einerseits ist zwischen Mikroorganismen und Makroorganismen, andererseits zwischen rückholbaren und nicht rückholbaren Lebewesen zu unterscheiden. Im Unterschied zu größeren Nutztieren wie Rindern, Schweinen oder Schafen lassen sich beispielsweise gentechnisch veränderte Fische oder Bienen nicht einfach wieder einfangen und unschädlich machen, von

Mikroorganismen ganz zu schweigen. Außerdem sind die möglichen Auswirkungen der Freisetzung gentechnisch veränderter Makroorganismen, zum Beispiel von herbizid- oder insektizidresistenten Nutzpflanzen, auf das sie umgebende Biotop – einschließlich der Mikroflora des Bodens – zu überprüfen.

3.5. Biopatente

Eine besondere ethische und rechtliche Problematik der Gentechnik ist die Frage ihrer Patentierbarkeit. Gegen Biopatente wird bisweilen mit der plakativen Formel «Kein Patent auf Leben» oder «Kein Geschäft mit dem Leben» polemisiert. Wogegen genau aber richtet sich die Kritik? Soll behauptet werden, dass Geschäfte ‹mit dem Leben› in jedem Fall unmoralisch sind? Oder geht es nur um ganz bestimmte Geschäfte, die man aus ethischen Gründen ablehnen muss?

Soweit es sich um das Leben im Sinne des griechischen Begriffs der *zoë* handelt, besteht kein Grund, die Tatsache, dass mit Leben Geschäfte gemacht werden, generell zu verurteilen. Wie schon festgestellt, gehört zur unumgänglichen und schöpfungsgemäßen Verfügung über das Leben grundsätzlich auch seine Bewirtschaftung. Tiere werden gekauft und verkauft, Pflanzen und Saatgut, ebenso Lebensmittel aller Art. Bei Geschäften ‹mit dem Leben› handelt es sich also nicht um eine völlig neuartige geschichtliche oder kulturelle Erscheinung, die erst mit der modernen Biotechnologie aufgekommen ist, sondern sie sind von jeher ein wesentlicher Bestandteil des Wirtschaftslebens, vom sprichwörtlichen Kuhhandel bis zum Gemüseeinkauf im Supermarkt. Die Kritik an der Ökonomisierung und Totalinstrumentalisierung von nichtmenschlichem Leben speziell gegen Biopatente zu richten (z. B. Brenner 2008: 169, 195), ist daher nicht schlüssig.

Wenn es um die Verfügung über eigenes und fremdes Leben geht, ist allerdings der einzelne Zweck einer möglichen Bewirtschaftung und ihre moralische Grenze zu prüfen. Immanuel Kant sieht diese Grenze durch den kategorialen Unterschied zwischen Wert und Würde gezogen. Sie fällt bei Kant mit der Differenz zwischen menschlichem und nichtmenschlichem Leben zusammen, weil das menschliche Dasein im Unterschied zum nichtmenschlichen Leben aufgrund seiner Moralität, seiner Fähigkeit und Bestimmung zur Moral, einen «Zweck an sich selbst» bildet. Damit wird das Verbot einer Totalinstrumentalisierung des Menschen und seines Körpers begründet. Beispielsweise bestimmt die Europäische Biomedizinkonvention aus dem Jahr 1997 in Artikel 21, dass der menschliche Körper und Teile davon als solche nicht zur Erzielung eines finanziellen Gewinns verwendet werden dürfen. Zwar dürfen von der Transplantationsmedizin erbrachte Leistungen bezahlt werden, auch solche, die im Zusammenhang mit der Entnahme und dem Transport von Organen oder anderen Gewebearten stehen. Diese selbst dürfen aber weder verkauft noch gekauft werden. Entsprechende Bestimmungen finden sich im europäischen Patentrecht. So kann der menschliche Körper «in den einzelnen Phasen seiner Entstehung und Entwicklung sowie die bloße Entdeckung eines seiner Bestandteile, einschließlich der Sequenz oder Teilsequenz eines Gens» keine patentierbaren Erfindungen darstellen, wie es in Artikel 5 (1) der *Richtlinie über den rechtlichen Schutz biotechnologischer Erfindungen* der Europäischen Union aus dem Jahr 1998 heißt.

Nun wird heute aber – wie in Abschnitt 2.3. dargestellt – darüber diskutiert, ob nicht auch Tiere oder gar Pflanzen eine Art von Würde haben, ob man also nichtmenschlichen Lebewesen oder sogar der Natur insgesamt eine Form von Eigenrechten zugestehen muss. Wohl lässt es sich auf schöpfungstheologischer Grundlage rechtfertigen, dass wir Menschen pflanzliches und tierisches Leben zu unserer Ernährung und Versorgung einschließlich der Humanmedizin gebrauchen und verbrauchen dürfen. Folglich darf auch grundsätzlich mit pflanzlichem und tierischem Leben Handel getrieben werden. Pflanzen und Tiere sind aber, wie in Abschnitt 2.4. gezeigt wurde, nach biblischer Tradition keinesfalls bloß Sachen, die moralisch und rechtlich mit lebloser Materie gleichzusetzen sind. Ein rein instrumenteller Umgang mit nichtmenschlichen Lebewesen, der diese gar nicht mehr als Wesen mit eigenen Bedürfnissen wahrnimmt und sie ausschließlich einer technokratischen und ökonomischen Logik unterwirft, ist ethisch nicht zu rechtfertigen.

Bestehen bei Einhaltung der in Abschnitt 3.4. genannten Prinzipien keine grundsätzlichen ethischen Bedenken gegen die begrenzte Anwendung gentechnischer Verfahren im Bereich der Landwirtschaft und der Nahrungsmittelproduktion, ist auch dem Anliegen des Rechtsschutzes für gentechnische Erfindungen Rechnung zu tragen. Gegen die Ausweitung des Patentrechts auf Lebewesen werden allerdings von verschiedener Seite Einwände erhoben (vgl. dazu den Anhang zur EKD-Studie *Einverständnis mit der Schöpfung*; EKD 1991). Gegenstand von ethischen und juristischen Kontroversen ist ferner,

IX. BIOETHIK NICHTMENSCHLICHER LEBENSFORMEN

wie sich im Bereich der Gentechnik die für das Patentrecht grundlegende Unterscheidung zwischen Erfindung und Entdeckung sicherstellen lässt. Gentechnische Züchtungen operieren lediglich mit in der Natur vorhandenen Genen, erfinden oder stellen aber im Unterschied zur synthetischen Biologie, von der noch in Abschnitt 3.6. die Rede sein wird, keine bis dahin unbekannten Gene her. Rechtlich und ethisch unstrittig ist der Patentschutz für gentechnische Verfahren. Er kann sich auch auf gentechnisch veränderte Mikroorganismen erstrecken, sofern diese für das patentwürdige Verfahren benötigt werden (vgl. den *Budapester Vertrag* von 1977). Die Entwicklung auf dem Gebiet der Gentechnik macht die Abgrenzungen zwischen Mikrobiologie und Makrobiologie jedoch immer schwieriger.

Die Problematik von Biopatenten im Bereich der Medizin kann im vorliegenden Kapitel, das sich mit der Bioethik nichtmenschlicher Lebewesen befasst, nicht erörtert werden. Für den tierischen und pflanzlichen Bereich sind folgende Gesichtspunkte relevant: Im Unterschied zum prinzipiell unbegrenzten Potenzial menschlichen Erfindungsreichtums handelt es sich beim Genpool auf dieser Erde um eine knappe Ressource. Seine Nutzung ist eine Frage der globalen Verteilungsgerechtigkeit. Die Länder des Südens sind ökonomisch betrachtet häufig arm, jedoch reich an pflanzlichen Genen. Biotechnologie-Unternehmen des reichen Nordens konnten bislang ungehindert genetisches Material in Ländern der südlichen Hemisphäre sammeln. Durch die Ausdehnung des Patentrechtes auf genetisches Material kann die ökonomische Ungerechtigkeit zwischen Norden und Süden wachsen. Deshalb wird diskutiert, wie sich die armen Länder des Südens künftig gerechter am Gewinn, der mithilfe neuer Erfindungen erwirtschaftet wird, beteiligen lassen. Auch der Rechtsschutz für das traditionelle Wissen indigener Völker über Pflanzen und deren Wirkweisen stellt ein Problem dar. Die Menschen nutzen dieses Wissen ohne eine ‹technische Lehre› im naturwissenschaftlichen und patentrechtlichen Sinne. Wird die Patentierbarkeit gentechnischer Lehren auf traditionelle Anwendungen ausgedehnt, kommt dies für die indigenen Kulturen einer Enteignung geistigen Eigentums gleich. Tatsächlich ist der Schutz traditionellen Wissens indigener Bevölkerungen, der unter dem Stichwort *Farmers' Rights* diskutiert wird, in den bisherigen Abkommen zum Schutz geistigen Eigentums nicht vorgesehen. Basis für die weitere Diskussion sind das «Abkommen zum Schutz geistiger Eigentumsrechte» (*Agreement on Trade-Related Aspects of Intellectual Property Rights* [TRIPS]) sowie die 1992 in Rio de Janeiro unterzeichnete *Konvention über Biologische Vielfalt*. Befürworter eines modernen Biopatentrechtes erhoffen sich von ihm einen intensiveren Technologietransfer zwischen den Ländern des Nordens und denjenigen des Südens. Kritiker wenden ein, dass die meisten der von Entwicklungsländern an ausländische Firmen erteilten Patente nicht zum Aufbau von Produktionsstätten dieser Firmen in den betroffenen Ländern geführt haben.

Grundsätzlich sollte man nicht außer Acht lassen, dass die Ökonomie – wenn man so will, das «Geschäft mit dem Leben» – selbst ein Teil des Lebens ist. Lebensfeindlich wird die Ökonomie allerdings dann, wenn sie sich ganz aus sich selbst heraus zu begründen und verstehen versucht. Die Durchökonomisierung des Lebens hat zur Folge, dass das menschliche Leben in Konflikt mit sich selbst und dem übrigen Leben gerät. Auch im Patentrecht, welches den Tatbestand des Verstoßes gegen die guten Sitten kennt, ist nicht nur der Würde des Menschen, sondern auch der Eigenwertigkeit allen nichtmenschlichen Lebens in besonderer Weise Rechnung zu tragen. In diesem Sinne ist, wie dargelegt, auch der christliche Schöpfungsglaube zu verstehen. Ein Eigentums- oder Patentrecht am Leben als solchem kann und darf es nicht geben.

3.6. *Converging Technologies* und synthetische Biologie

Wie schon mehrfach angesprochen, ist der Umgang mit Leben, menschlichem wie nichtmenschlichem, in der modernen Zivilisation in hohem Maße durch Technik bestimmt. Der Einsatz der Gentechnik auf allen Feldern der Lebenswissenschaften sowie in der Humanmedizin ist dafür das beste Beispiel. Die Stellung des Menschen in der Natur ist durch ihre technische Bearbeitung charakterisiert, die sich signifikant von tierischem Verhalten unterscheidet. Wohl lässt sich auch bei Tieren der Einsatz von Hilfsmitteln, etwa von Steinen oder Stöcken, beobachten. Beim Menschen erfolgt ihr Einsatz jedoch aufgrund von Zielsetzungen und Methoden, die den Kausalitätsgedanken planvoll anwenden. Zwar geht das Menschsein nicht darin auf, Technik zu haben. Im Unterschied zum Tier aber «*ist* der Mensch Mensch in seiner Sonderstellung, *indem* er Technik hat. Die Technik ist somit eine konstitutive, eine Wesens- bzw. Seinsbestimmung des Menschen» (P. Fischer 2004: 9). Dieser Umstand ist für jede Wissenschaftsethik und Bioethik folgenreich.

IX. BIOETHIK NICHTMENSCHLICHER LEBENSFORMEN

Fragen der Technikethik stehen notwendigerweise im Zentrum der heutigen Debatten über Ethik in den Wissenschaften, weil das Wesen neuzeitlicher Technik die moderne Wissenschaft in allen ihren Disziplinen bestimmt. Der Begriff Technikethik hat zwei Bedeutungen. Einerseits handelt es sich um eine Ethik für die Technik, die auf Technikfolgenabschätzung beruht. Technikethik ist in diesem Fall eine Form der angewandten Ethik, eine Bereichsethik. Sie kann andererseits aber auch grundlegender als eine durch das Wesen der Technik begründete Ethik aufgefasst werden. Eine solche Ethik fragt nicht nach externen moralischen oder ethischen Normierungen von Technik, sondern nach der «Möglichkeit einer internen Moralbegründung aus dem Wesen der Technik» (P. Fischer 2004: 200).

Eine neue Stufe der Technisierung von Lebenswissenschaften und Medizin wird mit den *Converging Technologies* erreicht. Es handelt sich hierbei um den kombinierten Einsatz von Nano-, Bio-, Informations- und Kognitionswissenschaften und -technologien, für die das Kürzel NBIC steht. *Converging Technologies* erlauben völlig neuartige Kombinationen von biologischem und nichtbiologischem Material. In der Medizin hofft man auf neuartige Diagnosemethoden und synthetische Implantate, auf die Verwendung von Nanopartikeln bei der Behandlung von Tumorzellen oder den Einsatz von Chiptechnologie in der Neurochirurgie. Für die Informationstechnologie können Bakterien als Datenträger genutzt werden. Auch die Materialwissenschaft wird möglicherweise durch die Übertragung von organischen Molekülen in synthetische Stoffe revolutioniert.

Durch *Converging Technologies* werden die Grenzen zwischen belebter und unbelebter Materie, zwischen Gehirn und Computer, zwischen organischen Kohlenstoff- und anorganischen Siliziumverbindungen fließend (vgl. Roco/Bainbridge 2003). So entstehen neue Möglichkeiten, das Leben von Mensch und Tier durch menschliche Eingriffe zu verändern. Betroffen sind nicht nur Anfang und Ende des Lebens, sondern der gesamte Lebensverlauf. Im Bereich der Medizin stehen elementare Menschenrechte wie das Recht auf Leben, auf körperliche und geistige Unversehrtheit, auf Schutz der Privatsphäre und das Recht auf Gesundheit zur Diskussion, aber auch Probleme der Identität, von Persönlichkeit und Persönlichkeitsveränderung – wobei auch unbehandelte Krankheiten persönlichkeitsverändernd sein können (zum Beispiel Alzheimer). Manche der zur Diskussion stehenden Einsatzmöglichkeiten berühren die Enhancement-Debatte, weil sie die Grenzen zwischen Heilung und Optimierung der menschlichen Natur, zwischen Krankheit und Gesundheit verwischen.

3. Problemfelder heutiger Tier- und Pflanzenethik

Converging Technologies lassen sich zivil wie militärisch nutzen. Auch die Forschung auf diesem Gebiet hat den Charakter von ‹dual research›. Die ethische Problematik setzt daher nicht erst auf der Ebene der Anwendung von Forschungsergebnissen, sondern schon beim Forschungsdesign an. *Converging Technologies* werfen außerdem eine Reihe neuer Sicherheitsprobleme auf, die vom Datenschutz bis zu möglichen Formen der ‹Nanopollution›, das heißt der unerwünschten Kontamination von Individuen und Umwelt mit Nanopartikeln reichen. Daher sind eine umfassende Technikfolgenabschätzung und Begleitforschung vonnöten.

Was Sicherheitsaspekte für Mensch und Natur angeht, werfen die *Converging Technologies* allerdings keine gänzlich neuartigen bioethischen Fragen auf. Es handelt sich im Prinzip um dieselben Fragen, die sich auch beim Einsatz der Gentechnik stellen, sodass zu ihrer Beantwortung dieselben verantwortungsethischen Prinzipien herangezogen werden können, die im Abschnitt 3.4. aufgeführt worden sind. Die besondere Herausforderung liegt in der beschriebenen Schnittstelle zwischen Bioethik, Technikethik und Anthropologie.

Gleiches gilt von einem weiteren neuen Forschungszweig der Lebenswissenschaften, nämlich der synthetischen Biologie (zur Einführung vgl. Zhao 2013). Neben der «symbolischen Dramatisierung» (Rehmann-Sutter 2013: 113), an deren Berechtigung Zweifel anzumelden sind, geht es vor allem um Fragen der biologischen Sicherheit.

Die Bezeichnung Synthetische Biologie erweckt den Eindruck, als ginge es darum, Leben völlig neu und künstlich herzustellen. Das ist jedoch maßlos übertrieben. Abgesehen davon, dass völlig neu konstruierte künstliche Organismen die bisher in der Natur vorkommenden Formen von Leben als Vorbild nehmen müssten, um mit dem Begriff Leben tituliert werden zu können, besteht bei den bisher bekannt gewordenen Experimenten eine «organische Kontinuität» (Rehmann-Sutter 2013: 115). So hat das J. Craig Venter Institut 2010 ein synthetisches Mycoplasma-Bakterium erzeugt, wobei einer natürlichen Zelle dieser Bakterienart ein synthetisch hergestelltes Chromosom eingefügt wurde, nachdem man zuvor den Zellkern entfernt hatte. Synthetisch ist das Bakterium insofern, als alle seine Tochterzellen ihre Proteinbestandteile nach den Erbinformationen bilden, die sich auf dem synthetischen Chromosom befinden.

Wie schon bei der Gentechnik und der Stammzellenforschung gibt es gute Gründe, sowohl den visionären Versprechen der Forscher, schon bald gebe es neue medizinische Durchbrüche und Fortschritte, als auch übertriebenen Gefahrenszenarios mit Nüchternheit zu begegnen. Auch die Ethik ist gut beraten, ihren eigenen Betrieb in Wissenschaft und Politikberatung selbstkritisch zu beleuchten. Ethische, rechtliche und sozialwissenschaftliche Begleitforschung mag sinnvoll sein. Sie steht aber auch in der Gefahr, Probleme herbeizureden oder zu übertreiben, um die eigene gesellschaftliche Relevanz unter Beweis zu stellen und an öffentliche Fördergelder zu gelangen (vgl. Prainsack 2013: 107). In Zeiten, in denen auch die Geistes- und Kulturwissenschaften unter dem Druck der Drittmittelakquise stehen, sollte man diesen Faktor nicht gering veranschlagen.

Das Neue an der synthetischen Biologie gegenüber der bisherigen Gentechnik (vgl. 3.4.) besteht darin, dass nun nicht mehr nur genetisch modifizierte oder klonierte Organismen erzeugt werden, sondern künstliche biologische Systeme und Organismen, die nach Art einer Maschine konstruiert und interpretiert werden. Das verbindet die synthetische Biologie mit den *Converging Technologies*. Die Diskussion darüber, ob man diese Organismen nach dem Vorbild der Gentechnik regulieren oder als eine eigene Kategorie von Leben behandeln und rechtlich erfassen soll, ist noch nicht abgeschlossen.

Aus ethischer Sicht geht es in der Debatte nicht nur und nicht einmal in erster Linie um Einzelfragen der Risikoforschung, sondern vor allem um die Frage, welche Rückwirkungen die synthetische Biologie auf unser Verständnis von Leben überhaupt hat. Sie leistet jedenfalls einer technomorphen Auffassung von Leben und einem ganz und gar technischen Umgang mit ihm Vorschub, weil die Erfolge der synthetischen Biologie die Annahme zu stützen scheinen, «dass Leben als dynamischer Ordnungszustand der Materie beschrieben werden kann und für die Funktion von Leben keine weiteren, nicht-materiellen Ingredienzen erforderlich sind» (Rehmann-Sutter 2013: 118). In Wahrheit haben wir das Leben noch keineswegs damit verstanden, dass wir einen Organismus technisch manipulieren oder nachbauen können. So scheint sich die moderne Biologie von einer Haltung der Ehrfurcht vor dem Leben immer weiter zu entfernen.

Christlicher Glaube und christliche Theologie verstehen das Leben nicht als technisches Produkt, sondern als Schöpfung und Gabe Gottes. Der Einsatz von Technik im Umgang mit dem Leben steht zu dieser Auffassung nicht notwendigerweise im Widerspruch. So ist auch die dramatisierende Sichtweise, wie schon mit der Gentechnik spiele sich der Mensch auch mit der synthetischen Biologie zum Konkurrenten Gottes auf, theologischer Kritik zu unterziehen. Nach wie vor ist der Mensch weder Schöpfer noch Plagiator (vgl. Ried/Dabrock 2011). Wenn für den biblischen Schöpfungsglauben ein Wahrheitsanspruch erhoben werden kann, muss er selbst noch unter den Bedingungen der modernen Biotechnologie und Biomedizin gelten. Wie die Schöpfung insgesamt wäre auch die Gottebenbildlichkeit des Menschen ein obsoleter Mythos, wenn sie sich allein durch die Anwendung bestimmter Reproduktionstechniken infrage stellen ließe.

Das Handeln Gottes in und an seiner Schöpfung und das Handeln des Menschen sind kategorial voneinander unterschieden, wie am Beginn von Abschnitt 3.4. ausgeführt worden ist. Aufgrund dieser kategorialen Unterscheidung, die sich auch in den in Abschnitt 1.4. beschriebenen semantischen und perspektivischen Differenz von ‹Evolution› und ‹Schöpfung› zeigt, ist selbst die Metapher vom ‹*homo plagiator*› problematisch, wenn die theologischen Herausforderungen durch die Implikationen synthetischer Biologie auf den Punkt gebracht werden sollen (vgl. Ried/Dabrock 2011: 184 f.). Der Begriff des Plagiators ist auch deshalb unglücklich, weil Plagiate als moralisch und rechtlich verwerflich gelten. Grundsätzlich lässt sich die technische Bearbeitung von Natur – auch durch Gentechnik und synthetische Biologie – als Wahrnehmung des an den Menschen ergangenen Schöpfungsauftrags begreifen, die Erde zu bebauen und zu bewahren. Ob dies tatsächlich geschieht oder nicht, hängt nicht von der Technik als solcher ab, sondern von den Handlungszielen und Absichten, die sich mit dem Technikeinsatz verbinden.

Hilfreich kann dabei die Unterscheidung zwischen Verfügungswissen und Orientierungswissen sein. Grundlegende Orientierung finden menschliche Lebensführung und menschliches Handeln nicht in abstrakten Prinzipien, sondern in sinnstiftenden Geschichten, in Metaphern und Symbolen. Auf dieser Ebene sind auch der Glaube an die Schöpfung und die Gewissheit der eigenen Geschöpflichkeit angesiedelt. In der Rede von der Geschöpflichkeit des Menschen und der Natur als ganzer wie auch im Gedanken der Gottebenbildlichkeit spricht sich ein im Glauben erschließbares Daseinsverständnis aus, das sich auch noch unter den Bedingungen der Gegenwart als sinnvolle Möglichkeit menschlicher Selbstdeutung erweist.

Die ethische Frage nach einem angemessenen Umgang mit menschlichem, tierischem und pflanzlichem Leben wird daher verkürzt und einseitig formuliert, wenn sie sich nur darauf richtet, wie lange der technologische Fortschritt (noch) mit einem bestimmten Menschenbild oder Begriff des Lebens vereinbar ist. Es ist vielmehr auch zu fragen, wie weit es einer weltanschaulichen oder religiösen Tradition gelingen kann, geschichtliche und kulturelle Veränderungen produktiv zu verarbeiten und überkommene Traditionsbestände neu zu interpretieren, sodass sie es auch noch Menschen der Gegenwart erlauben, das eigene Dasein unter Gegenwartsbedingungen sinnvoll zu deuten.

Zweifellos haben Schöpfungslehre und theologische Anthropologie in ethischer Hinsicht immer auch eine kritische Funktion. Doch stehen Kritik und Hermeneutik zueinander in einem dialektischen Wechselverhältnis. Problematisch ist es allerdings, wenn der methodische Reduktionismus, der den modernen Lebenswissenschaften und der synthetischen Biologie zu Grunde liegt, in einen ontologischen oder weltanschaulichen Reduktionismus umschlägt (vgl. Prainsack 2013: 108 f.). Der biotechnologische Fortschritt ist deshalb nicht kritiklos hinzunehmen. Wie auch sonst in der Ethik geht es vielmehr darum, entstehende Ambivalenzen in den Blick zu nehmen und im Spannungsfeld von Hermeneutik und Kritik zu bedenken, wie mit ihnen verantwortungsvoll umgegangen werden kann, sodass dem Leben gedient wird.

4. LITERATUR

Ahne, Winfried: Tierversuche. Im Spannungsfeld von Praxis und Bioethik. Mit einem Geleitwort von Wolfgang Apel, Stuttgart 2007.
Altner, Günter (Hg.): Leben auf Bestellung? Das gefährliche Dilemma der Gentechnologie, Freiburg i. Br./Wien 1988.
Ders. (Hg.): Ökologische Theologie. Perspektiven zur Orientierung, Stuttgart 1989.
Ders.: Naturvergessenheit. Grundlagen einer umfassenden Bioethik, Darmstadt 1991.
Amelung, Eberhard: Die Verantwortung der Wissenschaft für das Leben, in: Walter Klingmüller (Hg.): Genforschung im Widerstreit, 2. Aufl. Stuttgart 1986, 11–22.
Arendt, Hannah: Vita activa oder Vom tätigen Leben, 12. Aufl. München 2001.
Aristoteles: Die Nikomachische Ethik. Griechisch-deutsch, übers. v. Olof Gigon, neu hg. v. Rainer Nickel (Sammlung Tusculum), Düsseldorf/Zürich 2001.
Auer, Alfons: Umweltethik. Ein theologischer Beitrag zur ökologischen Diskussion, Düsseldorf 1984.
Augustinus: Vom Gottesstaat (De civitate Dei). Vollständige Ausgabe, aus dem Lat. v. Wilhelm Thimme, eingeleitet u. kommentiert v. Carl Andresen, 2. Aufl. München 2011.
Baranzke, Heike: Würde der Kreatur? Die Idee der Würde im Horizont der Bioethik, Würzburg 2002.

Dies.: Was bedeutet «Ehrfurcht» in Albert Schweitzers Verantwortungsethik?, in: Synthesis Philosophica 53 (2012), 7–29.
Barth, Hans-Martin: Dogmatik. Evangelischer Glaube im Kontext der Weltreligionen. Ein Lehrbuch, Gütersloh 2001.
Barth, Karl: Die Kirchliche Dogmatik, Bd. III/1, 2. Aufl. Zollikon/Zürich 1947.
Ders.: Die Kirchliche Dogmatik, Bd. III/4, Zollikon/Zürich 1951.
Bayertz, Kurt (Hg.): Ökologische Ethik, München/Zürich 1988.
Birnbacher, Dieter (Hg.): Ökologie und Ethik, 2. Aufl. Stuttgart 1986.
Ders.: Welche Ethik ist als Bioethik tauglich?, in: Johann S. Ach/Andreas Gaidt (Hg.): Herausforderung der Bioethik, Stuttgart/Bad Cannstatt 1993, 45–67.
Blanke, Fritz: Unsere Verantwortung gegenüber der Schöpfung, in: Peter Vogelsanger (Hg.): Der Auftrag der Kirche in der modernen Welt (FS Emil Brunner), Zürich 1959, 193–198.
Böhm, Hans-Peter/Gebauer, Helmut/Irrgang, Bernhard (Hg.): Nachhaltigkeit als Leitbild für Technikgestaltung (Forum für interdisziplinäre Forschung 14), Dettelbach 1996.
Bondolfi, Alberto (Hg.): Mensch und Tier. Ethische Dimensionen ihres Verhältnisses, Fribourg 1994.
Brenner, Andreas: UmweltEthik. Ein Lehr- und Lesebuch, Fribourg 2008.
Ders.: Leben, Stuttgart 2009.
BSLK – Die Bekenntnisschriften der evangelisch-lutherischen Kirche, 12. Aufl. Göttingen 1998.
Budapester Vertrag über die internationale Anerkennung der Hinterlegung von Mikroorganismen für die Zwecke von Patentverfahren unterzeichnet in Budapest am 28. April 1977 samt Ausführungsordnung, BGBl d. Republik Österreich 44/1984, Nr. 104, URL: https://www.ris.bka.gv.at/Dokumente/BgblPdf/1984_104_0/1984_104_0.pdf (abgerufen am 23.9.2014).
Cobb Jr., John B.: Sustainability. Economics, Ecology, and Justice, 4. Aufl. Maryknoll/New York 1997.
Das Leben achten. Maßstäbe für Gentechnik und Fortpflanzungsmedizin. Beiträge aus der evangelischen Synode für Deutschland, Gütersloh 1988.
Demmer, Klaus: Leben in Menschenhand. Grundlagen des bioethischen Gesprächs, Freiburg i. Br. 1987.
Der Rat von Sachverständigen für Umweltfragen, Umweltgutachten 1994: Für eine dauerhaft-umweltgerechte Entwicklung, Stuttgart 1994.
Ders.: Umweltgutachten 1996: Zur Umsetzung einer dauerhaft-umweltgerechten Entwicklung, Stuttgart 1996.
Düwell, Marcus: Bioethik. Methoden, Theorien und Bereiche, Stuttgart 2008.
Engelhardt jr., H. Tristram: The Foundation of Bioethics, New York/Oxford 1986.
Evangelische Kirche in Deutschland (Hg.): Einverständnis mit der Schöpfung. Ein Beitrag zur ethischen Urteilsbildung im Blick auf die Gentechnik und ihre Anwendung bei Mikroorganismen, Pflanzen und Tieren, hg. v. Kirchenamt der EKD, Gütersloh 1991 (EKD 1991).

IX. BIOETHIK NICHTMENSCHLICHER LEBENSFORMEN

Fischer, Johannes: Sittlichkeit und Rationalität. Zur Kritik der desengagierten Vernunft (Forum Systematik 38), Stuttgart 2010.
Fischer, Peter: Philosophie der Technik. Eine Einführung, München 2004.
Frey, Christofer: Neue Gesichtspunkte zur Schöpfungstheologie und Schöpfungsethik?, in: Zeitschrift für Evangelische Ethik 33 (1989), 217–231.
Ders.: Konfliktfelder des Lebens. Theologische Studien zur Bioethik, Göttingen 1998.
Gassen, Hans Günter / Minol, Klaus (Hg.): Gentechnik. Einführung in Prinzipien und Methoden, 4. Aufl. Stuttgart 1996.
Gehlen, Arnold: Der Mensch. Seine Natur und seine Stellung in der Welt, 15. Aufl. Wiebelsheim 2009.
Habermas, Jürgen: Die Zukunft der menschlichen Natur. Auf dem Weg zu einer liberalen Eugenik?, Frankfurt am Main 2001.
Hardy, Alister: Der Mensch – das betende Tier. Religiosität als Faktor der Evolution, Stuttgart 1979.
Härle, Wilfried: Dogmatik, Berlin / New York 1995.
Ders.: Ethik, Berlin / New York 2011.
Hauff, Volker (Hg.): Unsere gemeinsame Zukunft. Der Brundtland-Bericht der Weltkommission für Umwelt und Entwicklung, Greven 1987.
Hoerster, Norbert: Haben Tiere eine Würde? Grundfragen der Tierethik, München 2004.
Irrgang, Bernhard: Christliche Umweltethik. Eine Einführung, München / Basel 1992.
Ders.: Einführung in die Bioethik, München 2005.
Jonas, Hans: Das Prinzip Verantwortung. Versuch einer Ethik für die technologische Zivilisation, Frankfurt am Main 1984.
Kallhoff, Angela: Prinzipien der Pflanzenethik. Die Bewertung pflanzlichen Lebens in Biologie und Philosophie, Frankfurt am Main 2002.
Kattmann, Ulrich: Biologie und Verantwortung. Ethische Orientierungen (Vorlagen, NF 9), Hannover 1990.
Klingmüller, Walter (Hg.): Genforschung im Widerstreit, 2. Aufl. Stuttgart 1986.
Kohlmann, Ulrich: Überwindung des Anthropozentrismus durch Gleichheit alles Lebendigen? Zur Kritik der «Animal-Liberation-Ethik», in: Zeitschrift für Philosophische Forschung 49 (1995), 15–35.
Korff, Wilhelm: Umweltethik, in: Martin Junkernheinrich / Paul Klemmer / Gerd Rainer Wagner (Hg.): Handbuch zur Umweltökonomie, Berlin 1995, 278–284.
Ders.: Schöpfungsgerechter Fortschritt. Grundlagen und Perspektiven der Umweltethik, in: Herder Korrespondenz 51 (1997), 78–84.
Ders. u. a. (Hg.): Lexikon der Bioethik, 3 Bde., Gütersloh 1998.
Körtner, Ulrich H. J.: Solange die Erde steht. Schöpfungsglaube in der Risikogesellschaft (Mensch – Natur – Technik, Bd. 2), Hannover 1997.
Ders.: Ethische Reflexionen auf den Klimawandel. Zur Operationalisierbarkeit des Leitbildes der Nachhaltigkeit, Ethica 10, 2002, 5–31.
Ders.: Unverfügbarkeit des Lebens? Grundfragen der Bioethik und der medizinischen Ethik, 2. Aufl. Neukirchen-Vluyn 2004.

Ders.: Evangelische Sozialethik. Grundlagen und Themenfelder, 3. Aufl. Göttingen 2012.
Krebs, Angelika (Hg.): Naturethik. Grundtexte der gegenwärtigen tier- und ökoethischen Diskussion, 5. Aufl. Frankfurt am Main 2009.
Kreß, Hartmut: Ethik der Rechtsordnung. Staat, Grundrechte und Religionen im Licht der Rechtsethik, Stuttgart 2012.
Kuhse, Helga: Die «Heiligkeit des Lebens» in der Medizin. Eine philosophische Kritik, Erlangen 1994.
Liechti, Martin (Hg.): Die Würde des Tieres, Erlangen 2002.
Lienkamp, Andreas: Steile Karriere. Das Nachhaltigkeits-Leitbild in der umweltpolitischen und -ethischen Debatte, HerKorr 54, 2000, 464–469.
Ders.: Klimawandel und Gerechtigkeit. Eine Ethik der Nachhaltigkeit in christlicher Perspektive, Paderborn u. a. 2009.
Lorenz, Konrad: Das sogenannte Böse. Zur Naturgeschichte der Aggression, Wien 1963.
Lovelock, James E.: Unsere Erde wird überleben. GAIA, eine optimistische Ökologie, München 1982.
Löw, Reinhard: Leben aus dem Labor. Gentechnologie und Verantwortung – Biologie und Moral, München 1985.
Luther, Martin: Der kleine Katechismus (1529), in: BSLK 1998, 501–541.
Moltmann, Jürgen: Gott in der Schöpfung. Ökologische Schöpfungslehre, München 1985.
Ders.: Ethik der Hoffnung, Gütersloh 2010.
Müller, Albrecht: Ethische Aspekte der Erzeugung und Haltung transgener Nutztiere, Stuttgart 1995.
Münk, Hans Jürgen: ‹Starke› oder ‹schwache› Nachhaltigkeit? Theologisch-ethische Überlegungen zur ökologischen Grundkomponente des Sustainability-Leitbilds, in: Zeitschrift für Evangelische Ethik 43 (1999), 277–293.
Ders.: Nachhaltige Entwicklung im Schatten der Globalisierung, in: Jahrbuch für christliche Sozialwissenschaften 41 (2000), 105–129.
Nida-Rümelin, Julian/Pfordten, Dietmar von der (Hg.): Ökologische Ethik und Rechtstheorie (Studien zur Rechtsphilosophie und Rechtstheorie 10), Baden-Baden 1995.
Nussbaum, Martha: Frontiers of Justice. Disability, Nationality, Species Membership, Cambridge 2006.
Pfordten, Dietmar von der: Ökologische Tierethik, Reinbek 1996.
Plessner, Helmuth: Die Stufen des Organischen und der Mensch. Einleitung in die philosophische Anthropologie, 3. Aufl. Berlin/New York 1975.
Potthast, Thomas: Wo sich Biologie, Ethik und Naturphilosophie treffen (müssen). Epistemologische und moraltheologische Aspekte der Umweltethik, in: Konrad Ott/Martin Gorke (Hg.): Spektrum der Umweltethik, Marburg 2000, 101–146.
Prainsack, Barbara: Wer fürchtet sich vor dem Prothesenchromosom? Ein Blick aus sozialwissenschaftlicher Perspektive auf den ethischen Diskurs der Synthetischen Biologie, in: Zeitschrift für Evangelische Ethik 57 (2013), 102–112.

IX. BIOETHIK NICHTMENSCHLICHER LEBENSFORMEN

Regan, Tom: Wie man Rechte für Tiere begründet, in: Angelika Krebs (Hg.): Naturethik 2009, 33–46.
Rehmann-Sutter, Christoph: Leben 2.0. Ethische Implikationen synthetischer lebender Systeme, in: Zeitschrift für Evangelische Ethik 57 (2013), 113–125.
Richtlinie über den rechtlichen Schutz biotechnologischer Erfindungen: Richtlinie 98/44/EG des europäischen Parlaments und des Rates vom 8. Juli 1998 über den rechtlichen Schutz biotechnologischer Erfindungen, Amtsblatt der Europäischen Gemeinschaften (deutsch), L 213/18, URL: http://eur-lex.europa.eu/LexUriServ/LexUriServ.do?uri=OJ:L:1998:213:0013:0021:DE:PDF (abgerufen am 23. 9. 2014).
Ried, Jens/Dabrock, Peter: Weder Schöpfer noch Plagiator. Theologisch-ethische Überlegungen zur Synthetischen Biologie zwischen Genesis und Hybris, in: Zeitschrift für Evangelische Ethik 55 (2011), 179–191.
Roco, Mihail C./Bainbridge, William Sims (Hg.): Converging Technologies for Improving Human Performance. Nanotechnology, Biotechnology, Information Technology and Cognitive Science, Dordrecht u. a. 2003.
Ruh, Hans: Tierrechte – neue Fragen der Tierethik, in: Zeitschrift für Evangelische Ethik 33 (1989), 59–71.
Schell, Thomas von: Die Freisetzung gentechnisch veränderter Mikroorganismen. Ein Versuch interdisziplinärer Urteilsbildung (Ethik in den Wissenschaften 6), Tübingen/Basel 1994.
Schlitt, Michael: Umweltethik. Philosophisch-ethische Reflexionen – Theologische Grundlagen – Kriterien, Paderborn 1992.
Schockenhoff, Eberhard: Ethik des Lebens. Grundlagen und neue Herausforderungen, Freiburg i. Br. 2009.
Schwarke, Christian: Die Kultur der Gene. Eine theologische Hermeneutik der Gentechnik, Stuttgart 2000.
Schweitzer, Albert: Kultur und Ethik (Sonderausgabe mit Einschluß von «Verfall und Wiederaufbau der Kultur»), München 1960, Nachdruck 1981.
Ders.: Die Ehrfurcht vor dem Leben. Grundtexte aus fünf Jahrzehnten, hg. v. Hans Walter Bähr im Auftrag des Verfassers, München 1966.
Ders.: Gesammelte Werke, Bd. 5, hg. v. Rudolf Grabs, München 1974.
Ders.: Die Weltanschauung der Ehrfurcht vor dem Leben, hg. v. Claus Günzler u. Johann Zürcher, 2 Bde., München 1999/2000.
Sill, Bernhard (Hg.): Bio- und Gentechnologie in der Tierzucht. Ethische Grund- und Grenzfragen im interdisziplinären Dialog, Stuttgart 1996.
Singer, Peter: Praktische Ethik, 2. Aufl. Stuttgart 1994.
Teutsch, Gotthard M.: Mensch und Tier. Lexikon der Tierschutzethik, Göttingen 1987.
Ders.: Die «Würde der Kreatur». Erläuterungen zu einem neuen Verfassungsbegriff am Beispiel des Tieres, Bern/Stuttgart/Wien 1995.
Thomas von Aquin: Summa contra gentiles. Autographi deleta. Summa theologiae (Indicis Thomistici Supplementum, S. Thomae Aquinatis opera omnia ut sunt in indice thomistico additis 61 scriptis ex aliis medii aevi auctoribus, hg. v. Robertus Busa, Stuttgart-Bad Cannstatt 1980.

Vossenkuhl, Wilhelm: Die Unableitbarkeit der Moral aus der Evolution, in: Peter Koslowski/Philipp Kreuzer/Reinhard Löw (Hg.): Die Verführung durch das Machbare, Stuttgart 1983, 141–154.
Waal, Frans de: Der gute Affe. Der Ursprung von Recht und Unrecht beim Menschen und anderen Tieren, München 1997.
Wilson, Edward O.: Der Wert der Vielfalt. Die Bedrohung des Artenreichtums und das Überleben des Menschen, München 1995.
Wink, Michael (Hg.): Molekulare Biotechnologie. Konzepte, Methoden und Anwendungen, 2. Aufl. Weinheim 2011.
Wolf, Jean-Claude: Tierethik. Neue Perspektiven für Menschen und Tiere, 2. Aufl. Erlangen 2005.
Wolf, Ursula: Das Tier in der Moral, Frankfurt am Main 2004.
Dies.: Ethik der Mensch-Tier-Beziehung, Frankfurt am Main 2012.
Wuketits, Franz M.: Grundriß der Evolutionstheorie (Grundzüge 42), Darmstadt 1982.
Zhao, Huimin: Synthetic Biology. Tools and Applications, Oxford 2013.

X

UMWELTETHIK

Elisabeth Gräb-Schmidt

1. BEGRIFF UND THEORETISCHE GRUNDPROBLEME
   DER UMWELTETHIK   651
1.1. Begriffliche Bestimmung und Voraussetzung der Umweltethik   651
1.2. Zum Verhältnis von Ethik und Natur   654
1.3. Die anthropologischen Grundlagen einer Umweltethik und die Frage
   ihrer Abkehr von der anthropozentrischen Ethik   657
1.3.1. Umweltethik als Abkehr von der anthropozentrischen Ethik?   657
1.3.2. Die anthropologischen Grundlagen der Ethik   661

2. UMWELTETHIK ALS ETHIK DER VERANTWORTUNG IM LICHT
   VON SCHÖPFUNG UND VERSÖHNUNG   665
2.1. Zur Geschichte des Verhältnisses von Theologie und Natur und die
   Konsequenzen für eine Ethik der Umwelt   666
2.2. Die Verantwortung des Menschen im Horizont technologischer Entwicklungen und ihre begrifflichen Bestimmungen   669
2.2.1. Das Verhältnis von Technik und Ethik als Hintergrund der Bedeutung
   des Verantwortungsbegriffs in der Ethik   670
2.2.2. Der Verantwortungsbegriff im Lichte seiner zeittheoretischen
   Bedingungen   673
2.3. Die Verantwortung des Menschen in schöpfungs- und
   versöhnungstheologischer Perspektive   677
2.3.1. Verantwortung in schöpfungstheologischer Perspektive   677
2.3.2. Verantwortung in versöhnungstheologischer Perspektive   679

3. AUFGABENFELDER GEGENWÄRTIGER UMWELTETHIK   681
3.1. Der Begriff des Klimas und die Gefahren des Klimawandels   683
3.2. Das Prinzip der nachhaltigen Entwicklung   686
3.2.1. Nachhaltigkeit – Begriff und Bedeutung   686
3.2.2. Nachhaltigkeit als interdisziplinäres Aufgabenfeld   688
3.2.3. Zu den konkreten politischen, ökonomischen, technologischen und
   ethischen Aufgaben eines nachhaltigen und verantwortlichen
   Umgangs mit dem Klimawandel   689
3.3. Umweltethik im Zeichen globaler Gerechtigkeit   693
3.4. Umweltethik im Zeichen intergenerationeller Gerechtigkeit   697
3.5. Umweltethik im Horizont von Schöpfung und Moderne   701

4. LITERATUR   704

1. BEGRIFF UND THEORETISCHE GRUNDPROBLEME DER UMWELTETHIK

1.1. Begriffliche Bestimmung und Voraussetzung der Umweltethik

Umweltethik oder ökologische Ethik versteht sich als derjenige Teilbereich der Ethik, dessen Gegenstand der sittlich bestimmte Umgang des Menschen mit der nichtmenschlichen Natur ist. Sie entwickelt normative Bestimmungen und Kriterien, die als verpflichtende allgemeine Grundlagen politischer und rechtlicher Regelungen angesehen werden können. Diese betreffen Fragen der Menschenrechte und der Menschenwürde wie auch eines Eigenwerts und eines Eigenrechts der Natur. Die Umweltethik erstellt und entfaltet Kriterien für den menschlichen Umgang mit der Natur. In ihrem Ansatz muss sie den globalen ebenso wie den intergenerationellen Charakter des Umweltschutzes beachten. Rechtlich verankert ist er als solcher in Deutschland seit 1994 nach Art. 20 a GG: «Der Staat schützt auch in Verantwortung für die zukünftigen Generationen die natürlichen Lebensgrundlagen im Rahmen der verfassungsmäßigen Ordnung [...].» Dabei ist das Verständnis der Natur von dem der Umwelt zu unterscheiden. Während Natur immer bereits Thema der Tradition war, ist die Beschäftigung mit Fragen und Problemen der Umwelt neueren Datums (vgl. Krebs 1997: 340 f.). Die natürliche Umwelt ist der Lebensraum für Mensch, Tier und Pflanzen. Umweltethik hat es mit dem Schutz dieses Lebensraums zu tun. Sie tritt in den Vordergrund ethischer Überlegungen seit den neuartigen Erfahrungen der Naturzerstörung im 20. Jahrhundert, seit fortschreitende Eingriffe in das ökologische Gleichgewicht zwischen Mensch und Natur durch Ressourcenverbrauch, Treibgasemissionen, Abholzung der Regenwälder umweltbeeinträchtigende Wirkungen nach sich ziehen, wie die Veränderungen des globalen Klimas, das Aussterben von Arten, die Absenkung des Grundwasserspiegels, aber auch die Zerstörung schöner Landschaften.

X. UMWELTETHIK

Diese umweltbeeinträchtigenden Wirkungen resultieren vor allem aus dem technischen Handeln des Menschen, daraus, dass der Mensch neben einer primären Umwelt, die er in den Grundbedingungen von Luft, Wasser, Gas, Mineralien, Pflanzen und Tieren vorfindet, eine sogenannte sekundäre Umwelt errichtet hat, die technisch-kulturell überformt ist (vgl. Höffe 1981: 138 f.). In elementarem Sinn erleichtert die Technisierung der Welt seit jeher die Arbeit durch formalisierte, routinierte Abläufe. Allerdings wird mit der modernen Technik dieser Formalisierungsprozess in gegenüber früheren Zeiten neuartiger Weise und in wachsendem Umfang gesteigert (vgl. Jonas 1973: 38). Die technische Innovation wird sozusagen als Ausdruck moderner Zivilisation auf Dauer gestellt, und die technische Reproduzierbarkeit (vgl. Benjamin 1980) wird zum alles beherrschenden Phänomen gerade auch hinsichtlich des innovativen Potentials der Technik. Sie erreicht mit der Rede vom Anthropozän (vgl. Crutzen/Stoermer 2000) einen besonders markanten Ausdruck, der zugleich die damit einhergehende Ambivalenz solcher technischer Naturgestaltung anzeigt. Denn der technische Ausgriff auf die Natur mittels Naturwissenschaft, der dem Lebenserhalt des Menschen dienen soll, zeigt irreversible, zerstörerische Konsequenzen für die Natur und für die Lebenswelt des Menschen. Die Gestaltung der sogenannten Technosphäre hat zwar ein Wachstum der Erdbevölkerung ermöglicht, aber auch den Verbrauch fossiler Energieträger dramatisch gesteigert und die Entwicklung und Verbreitung von Technologien mit schädigenden Nebenwirkungen und nicht hinnehmbaren Risiken befördert, derer sie selbst nicht mehr Herr zu werden vermag, weil sie sie nicht einmal prognostizieren und damit auch nicht antizipieren kann. Durch den wissenschaftlich-technologischen Fortschritt wurde mehr und mehr die gesamte Natur zum Labor. Dem technologischen Fortschritt geschuldet hat sich unsere Gesellschaft in eine «Risikogesellschaft» (vgl. Beck 1986) verwandelt, die angesichts der Folgen diesen Fortschrittsglauben selbst diskreditiert. Das demonstrieren etwa die kerntechnischen Reaktorkatastrophen 1986 in Tschernobyl und 2011 in Fukushima und – schleichender, aber kaum minder dramatisch – die mit der Rohstoffausbeutung einhergehenden schädlichen Folgen freigesetzter Treibhausgase. Sie belasten die Erdatmosphäre mit Schadstoffen, toxischen Substanzen und Strahlung, die menschliches und nichtmenschliches Leben bedrohen und den Entscheidungsspielraum des Menschen, insbesondere den der nachfolgenden Generationen, beeinträchtigen. Solche Störungen im Umweltsystem haben lebensbedrohende Folgen für die Menschheit insgesamt hervorgerufen, die sich in den Szenarien des nicht mehr zu leugnenden anthropogenen Klimawandels drastisch ankündigen. Wir erleben eine Gesellschaft, die ihre eigenen Grundlagen zerstört.

Offensichtlich ist der Mensch zu weit gegangen. Mit seinen wissenschaftlichen Errungenschaften wurde etwas geschaffen, das auf ihn und die Natur selbst zurückschlägt. Damit wird aber deutlich, dass der Begriff der Natur- und Umweltethik eng mit dem universalen Horizont der Menschheit zusammenhängt und dass eine Umweltethik zentrale philosophische Fragen von Natur und Freiheit berührt. Spätestens jetzt wird es offensichtlich, dass eine naive Anthropozentrik, eine rein auf den Menschen hin gerichtete Zweckbestimmung der Natur auf Kosten ihres Eigenwerts, sich rückwirkend auch am Menschen und seiner Umwelt rächt. Die Verhältnisbestimmung von Mensch und Natur muss daher erneut und grundlegend in den Blick rücken. Denn der Mensch ist selbst Teil der Natur und damit eingebunden in die Lebensprozesse der Umwelt. Dieser Naturbezug wurde lange ausgeblendet, was eine Verstellung der wirklichkeitsgemäßen Verhältnisbestimmungen zur Folge hatte, die nun einen Paradigmenwechsel traditioneller ethischer Fragen erfordert. Eine Umweltethik respektive eine ökologische Ethik muss nicht nur die Natur um des Menschen willen, sondern auch eine Umkehr hin zur Wertschätzung der Natur um ihrer selbst willen berücksichtigen, ohne jedoch den Menschen aus der Verantwortung gerade für diese Natur und die Erhaltung ihres Eigenwerts zu entlassen.

Solche Anforderungen machen deutlich – was Hans Jonas bereits 1979 für die Ethik seiner Gegenwart konstatierte –, dass eine ganz «neue Ethik» erforderlich ist, eine Ethik, die nicht nur eine «Lehre vom Handeln», sondern «eine Lehre vom Sein» abbildet (Jonas 1979: 30). Die bisherigen Parameter ethischer Reflexion lassen nicht nur die anstehenden Probleme des wissenschaftlich-technischen Fortschritts ungelöst, sondern sie ermöglichen auch nur ein rudimentäres Verständnis des Menschen. Das aber heißt zugleich: Das Thema der Natur- und Umweltethik ist kein Sonderbereich der Ethik, dem man sich erst angesichts der dramatischen Ausgriffe auf die Natur und der Angriffe auf ihre Integrität zuwenden muss, sondern der Naturbegriff erweist sich als entscheidender Parameter, der gerade auch zur Erfassung der *conditio humana* berücksichtigt werden muss. Denn nicht nur im Blick auf die Ausweitung der Ethik als Sorge für die Natur, einschließlich der gesamten biochemischen Natur, sondern auch im Sinne der Rücksichtnahme auf die Natur des Menschen selbst, einschließlich seines Geistes und seiner Freiheit, muss die Stellung des Menschen für die Ethik gesehen und neu bestimmt werden. Ethik muss berücksichtigen, dass der Mensch ein Kulturwesen ist und dass diese

Bestimmung gerade seine Natur ausmacht. Ethik muss ihre freiheitlichen Bedingungen festhalten, ohne jedoch deren naturale, physische und biologische Bezüge zu leugnen. Das bedeutet: Kultur muss selbst in ihrer naturalen Gebundenheit verstanden werden, die jedoch nicht ihre freiheitlichen Bezüge aufhebt.

Der Ruf nach einer neuen Ethik ist daher tatsächlich berechtigt. Er zeigt an, dass die Ethik hinter den ihr angestammten Aufgaben der Selbsterfassung des Menschen, zu der das Naturverhältnis gehört, zurückgeblieben ist. Eine Klärung des Verhältnisses von Ethik zur Natur erweist sich als Aufgabe ihrer differenzierteren und grundlegenden Neuorientierung, die durch die Umweltethik herausgefordert wird.

1.2. Zum Verhältnis von Ethik und Natur

Wenn man in verantwortlicher Weise von Ethik als einer Ethik der Umwelt sprechen möchte, muss man sich bewusst sein, dass die Umweltethik gerade durch jene Herausforderungen entsteht, die der Emanzipation des Menschen von seinen Abhängigkeiten von der Natur, wie sie durch die Wissenschaften ermöglicht wurde, geschuldet sind. Mittels der durch technische Rationalität ermöglichten Lebensweise, die ihn von diesen natürlichen Lebensbedürfnissen teilweise unabhängig macht, hat der Mensch darüber vergessen können, dass die Natur gleichwohl bleibend zu seiner Lebensgestaltung, auch der technischen, gehört. Die Erinnerung dieser Tatsache ist für eine Umweltethik unverzichtbar.

Um hier Klarheit zu gewinnen, ist eine Besinnung auf den Ursprung des Begriffs der Ethik in der griechischen Philosophie und ihr Verhältnis zur Natur hilfreich. Denn die ursprüngliche griechische Bedeutung des Begriffs Ethik ist gar nicht unabhängig von der Frage nach der Welt im Ganzen, nach dem Kosmos sowie dem Menschen in diesem Zusammenhang und mithin auch seiner Umwelt zu beantworten (vgl. zum Folgenden Picht 1980). Für die Griechen ist die Ethik eine Wissenschaft. Deren Einteilung geht auf Xenokrates zurück, wobei sich Philosophie, unter deren Dach sich die Wissenschaften von Ethik, Physik und Logik vereinen, als Wissenschaft von der Wissenschaft versteht. Physik, Ethik und Logik bilden die drei Dimensionen des Universums, in denen man es erkennt. Wichtig ist dabei, dass diese Einteilung nicht drei verschiedene Wissensgebiete absteckt, sondern drei Hinsichten des Wissens darstellt, die für alles Wissen in Anschlag gebracht werden müssen. Die Trias von Physik, Ethik und Logik steht also im Hintergrund jeder einzelnen Wissenschaft als solcher. Kurz zusammengefasst bedeutet das: Der Gegenstand des Wissens, den die Physik beobachtet, wird vom Menschen aufgrund eines bestimmten Zwecks gewusst, daher hat jede Physik Ethik zur Voraussetzung. Sie nimmt die Zwecksetzung vor. Die Richtigkeit des Wissens hingegen wird durch die richtige Methode, das heißt mittels Logik verfolgt. Das bedeutet, dass jede einzelne Wissenschaft sich auf diese Einteilung beziehen muss, wenn sie sich ihres Wissenschaftscharakters bewusst werden will und wenn sie einen solchen für sich beanspruchen möchte. Kant war dieses Sachverhalts eingedenk, wenn er sich an einem weiten Verständnis der Ethik orientierte (vgl. Picht 1980: 139–141). Er übernimmt also die Einteilung der Griechen in Physik, Ethik und Logik, allerdings unter kritischem Vorzeichen, das heißt unter Befragung des darin enthaltenen Prinzips und dessen Ermöglichungsbedingungen. Die Logik hat es dabei – wenn wir der Beschreibung Kants folgen – mit der Erkenntnis des Formalen, die Physik und auch die Ethik mit dem Materialen zu tun, und zwar die Physik mit der Betrachtung der Gesetze der Natur und die Ethik mit der Betrachtung der Gesetze der Freiheit. Für Aristoteles galt, dass Sein und Denken in der Wirklichkeit gegründet waren. Aus dieser Einheit ergab sich das Unternehmen der Metaphysik. Dessen Kritik in der Neuzeit – endgültig zementiert durch Kants Kritik der Gottesbeweise – führte dazu, dass dieses weite Verständnis der Ethik verloren ging. Wahrheit und Wirklichkeit des Seins und die Welt der Objekte traten auseinander. Durch die Entwicklung der modernen Physik Isaak Newtons ebenso wie durch die Kritik an der aristotelischen Idee der Beständigkeit der Arten durch die Evolutionstheorie Darwins wurde diese Trennung von Sein und Denken, Geist und Natur weiter zugespitzt. Die Natur wurde zum Objekt. Seitdem mit Galilei die Erkenntnis der Natur allein auf der Ebene der Funktionsprinzipien angestrebt wird, wird darüber hinaus ein Pragmatismus in Gang gesetzt, der prinzipiell auf Legitimationsprinzipien der Naturerkenntnis verzichtet. Die daraus resultierende Ausklammerung des Seins – und das heißt zugleich der Natur – aus dem Denken, wie auch die fehlende Verankerung des Denkens in einem es garantierenden Horizont zeitigen jene Schäden, die sich in der Zerstörung der Natur ebenso wie in der des Friedens und des Zusammenlebens unter den Menschen zeigen. Dies führte schließlich auch zu einem Verständnis der Ethik, das sich in systemspezifischen Abläufen und Verhaltensmustern erschöpft.

X. UMWELTETHIK

Für die gegenwärtige Aufgabe einer Umweltethik gilt es, jenes weite Verständnis der Ethik in Erinnerung zu rufen. Ethik ist auch noch bei Kant nicht nur in der engeren Bedeutung, wie sie uns geläufig ist, also als Frage nach dem Guten oder Richtigen, zu verstehen, sondern sie ist die Frage nach den Prinzipien, nach denen die universale Vernunft sich selbst bestimmt. Sie ist nicht nur an die Menschen gerichtet, sondern hat universale, kosmische Geltung. So gilt der Kategorische Imperativ überall, auch auf anderen Gestirnen des Universums. Das heißt aber für die Ethik: Sie muss eine weite, das Wissen, Handeln und Wahrnehmen umfassende Gestalt annehmen, die die Natur, ja den Kosmos, mit umgreift. Durch einen solchen Ansatz wird auch jenes Verständnis von Ethik überholt, das die Ethik als Luxusunternehmen begreift, das immer zusätzlich zu den Aufgaben der Wirtschaft, der Wissenschaft, der Politik oder der Bildung hinzukommt, auf das diese Bereiche aber auch verzichten könnten. Ein solches enges Verständnis von Ethik unterstützt die Vorstellung systemischer Suffizienz moderner Sozialtheorien. Nach diesen sind Wirtschaft, Wissenschaft, Kunst, Religion und Politik eigenen Funktionsregeln verpflichtet, in die die Ethik allenfalls störend eingreifen kann. Denn das Leben des Einzelnen und der Gesellschaft funktioniert in dieser Zuordnung der Aufgaben, und die Ethik ist im normalen Ablauf der Geschäfte entbehrlich. Erst wenn die normale Reibungslosigkeit der Abläufe gestört ist und das Ziel einer funktionierenden Gesellschaft nicht mehr erreicht wird, besinnt man sich auf die Ethik, meist in dem Ruf nach ‹Werten›. Gerade ein solches Verständnis von Ethik wird aber den Vorwurf provozieren, dass sie doch immer zu spät komme. Diese Einschätzung hängt jedoch bereits mit jener Fehleinschätzung der Ethik zusammen, der zufolge sie im normalen Ablauf der Geschäfte entbehrlich sei. Es ist zwar das Kennzeichen von Ethik, dass sie auf Gegebenes, welches sie analysiert und bewertet, reflektiert; es ist aber nicht notwendig, dass dies zu spät erfolgen muss. Vielmehr entspricht es gerade ihrer weiten Bestimmung, Handlungsprozesse zu begleiten und sie zu orientieren. Damit erübrigen sich systemtheoretische Einsichten nicht, allerdings wird die Ethik zu den systemspezifischen Handlungsprozessen – und zwar auch und gerade den technischen – innerhalb der jeweiligen Funktionsbereiche in ein korrespondierendes Verhältnis zu rücken sein. Wenn wir an den Stellenwert der Ethik in der griechischen Philosophie und ihre Beziehung zu den anderen Wissenschaften denken, ist dieser weite Horizont der Ethik, der sie in ein Korrespondenzverhältnis zu allem Denken und Handeln des Menschen rückt, deutlich.

In diesem Sinne bedürfte ein weites Verständnis von Ethik eines ‹Neuen Realismus› (vgl. Gabriel 2014), sei es im Zeichen einer ontologisch-kosmologischen Dimension (vgl. Picht 1980), sei es im Zeichen zeittheoretischer Implikationen einer Phänomenologie des Fremden (vgl. Waldenfels 2006). Unter Bezug zum Sein könnte nicht nur die Beziehung der Ethik zu den Wissenschaften unter modernen Bedingungen, sondern auch die Eingebundenheit des Menschen in die Natur angemessene Berücksichtigung finden. Ein solches weites Verständnis der Ethik böte Anhaltspunkte sowohl einer neuen Wertschätzung der Natur als auch für die auf das Subjekt bezogenen, so genannten anthropozentrischen, Ansprüche einer Ethik. Physiologische und biologische Gesichtspunkte müssen dann nicht gegen anthropologische ausgespielt werden, sondern sie sind aufeinander zu beziehen.

1.3. Die anthropologischen Grundlagen einer Umweltethik und die Frage ihrer Abkehr von der anthropozentrischen Ethik

1.3.1. Umweltethik als Abkehr von der anthropozentrischen Ethik?

Die Ethik hat es mit den Handlungsmöglichkeiten des Menschen zu tun, den Ordnungen, die sich aus diesen ergeben sollen, und den Grenzen, die dem Handeln im Einzelnen und im Gesamten gegeben sind. Erst mit dem *humanum* entwickelt sich die Aufgabe der Ethik als eigenständiger Bereich im Raum des Universums. Sie stellt sich für den Menschen ursprünglich mit der Aufgabe eines sittlichen Umgangs mit den eigenen Bedürfnissen und den technischen Mitteln ihrer Befriedigung. Das ist der tiefere Grund anthropozentrischer Bezüge der Ethik. Um aber einen verengten Anthropozentrismus kritisch zu differenzieren, seine axiologische Einseitigkeit zu kritisieren, ist eine genaue Klärung der Bezogenheit des Menschen auf seine Natur und Umwelt erforderlich. Eine Ethik, die von einem Eigenwert der Natur ausgeht, ist zu unterscheiden von einer Ethik, die die Natur immer bereits unter der Perspektive des Nutzens, Sinns, Zwecks und Ziels für den Menschen stellt. Aber Eigenwert der Natur und Bezug der Natur auf den Menschen müssen sich nicht ausschließen. Und nur wenn diese Positionen nicht als sich ausschließende Perspektiven gesehen werden, werden wir zu einem konkreten Verständnis von Umweltethik kommen können.

X. UMWELTETHIK

Physiozentrische oder biozentrische Ansätze wollen den Paradigmenwechsel anzeigen, dass sich die Ethik nicht nur auf den Menschen bezieht, sondern auf die Natur, sowohl die mitmenschliche als auch die organische und anorganische Umwelt. Damit wird einer Sicht entgegengewirkt, die Natur nur als Mittel und Zweck menschlichen Lebens und Überlebens ansieht. In ihrer Kritik an einem Anthropozentrismus klagen solche Entwürfe mit dem australischen Philosophen Peter Singer einen «Speziesismus» (Singer 1996: 35) an und plädieren für eine inklusivistische Sicht. Speziesistische Ansätze haben «ein Charakteristikum miteinander gemein: sie verstehen die Welt als auf den Menschen hin geordnet. Alles dient seinen Zwecken, alles ist nur Mittel für ihn» (Gorke 1999: 229). In einer sogenannten inklusivistischen Sicht, wie etwa im *Deep-ecology*-Ansatz von Arne Naess (1997), wird der Mensch als Gleicher unter Gleichen in das Ökosystem eingebunden und eine ontologische oder axiologische Anthropozentrik abgelehnt. Vorsicht ist gegenüber diesen neueren Ansätzen aber immer dann geboten, wenn im Namen des Eigenrechts der Natur Menschenwürdeverletzungen in Kauf genommen werden, die mit der Ablehnung eines Speziesismus legitimiert werden – so etwa beim US-amerikanischen Philosophen Holmes Rolston (1988). Zielführender ist eine Natur und Mensch gleichermaßen umfassende Sicht eines inklusiven Humanismus (vgl. Midgley 1994). Dieser spezifiziert die inklusivistische Sicht, indem bei aller Rücksicht auf die Natur die Errungenschaften des Humanismus nicht preisgegeben werden. Der Mensch bleibt dort in die Natur eingebunden, ohne seine Selbstbestimmungs- und Verantwortungsfähigkeit gegenüber der Natur zu verlieren. «Gerade das menschliche Eingebundensein in die Natur legitimiert ihre Nutzung, markiert aber zugleich deren faktische wie moralische Grenze. [...] Schädigungen der Natur sind immer auch eine Verletzung menschlicher Möglichkeiten, sich im natürlichen Zusammenhang zu erleben. [...] Der Achtung der vielfältigen Beziehungen von Mensch zu Natur kommt dabei eine Schlüsselrolle zu: Die moralische Anerkennung der menschlichen Verbundenheit mit der Natur würde deren rein instrumentellen Charakter begrenzen» (Eser 2003: 352). Eine generelle Polarisierung von Natur und Mensch und eine bloße Konfrontation von anthropozentrischer und nicht-anthropozentrischer Ethik wären dann als Irrweg zu betrachten. Vielmehr führen solche Polarisierungen einen blinden Fleck mit sich, der verdeckt, dass die Überwindung des Anthropozentrismus nicht gelingen kann (vgl. Eser 2003: 349): Denn physio- oder ökozentrische Ansätze kommen nicht ohne Wertungen aus, die das Urteilsvermögen des Menschen voraussetzen und Ethik insofern weiterhin als ein

Reflexionsunternehmen des Menschen erweisen. Davon unberührt bleibt die Forderung, dass gleichwohl der Natur und der Umwelt ein eigener Wert zugesprochen werden kann und muss. Die Ethik hat die Aufgabe, für einen solchen Schutz zu sorgen, ganz unabhängig von einem Nutzen der Natur gegenüber den Menschen (vgl. Krebs 1997: 379).

Hilfreich kann für eine Konkretisierung dabei die Unterscheidung der axiologischen von der epistemologischen Bestimmung der Ethik sein. So kann eine anthropozentrische Ethik in axiologischer Hinsicht fragwürdig und zu kritisieren sein und gleichwohl unter dem Blickwinkel der Urteils- und der Handlungsinstanz, die Voraussetzung einer Ethik sind, gerechtfertigt werden. Dies erfordert es, zwischen dem Träger und dem Objekt moralischer Verantwortung zu unterscheiden. Auch die Natur ist Objekt moralischer Verantwortung. In diesem Sinne sind nach Bernard Williams «Umweltschutz und was damit zusammenhängt unbestreitbar menschliche Angelegenheiten, weil zumindest auf diesem Planeten nur Menschen diese Themen diskutieren und umweltpolitische Maßnahmen beschließen können. Das heißt, es handelt sich hier um unausweichliche menschliche Fragen in dem Sinne, dass es Fragen für die Menschen sind» (Williams 1997: 297). Wichtig ist dabei seine Folgerung, dass auch die Antworten menschliche, auf menschliches Handeln ausgerichtete, auf menschlichen Werten basierende Antworten sein müssen. Zu unterscheiden davon ist der Gegenstand der Verantwortung. Erst wenn man meint, dass nur auf den Menschen ausgerichtete Werte hier ihren Ort haben, wäre von einem Anthropozentrismus im engen beziehungsweise axiologischen Sinn zu sprechen. Dieser wäre dann auch als einseitig und gefährlich zu kritisieren.

Unter Berücksichtigung der Unterscheidung von Verantwortungsträger und Verantwortungsgegenstand behält also ein weiter Anthropozentrismus seine Berechtigung, allerdings nicht aufgrund einer hierarchischen Stellung des Menschen und somit axiologisch, etwa weil der Mensch als die Krone der Schöpfung gilt, oder aufgrund egoistischer Interessensbekundungen, sondern aufgrund der Verantwortungsaufgabe des Menschen. Anthropozentrisch bedeutet dann nicht mehr, nur dem Menschen einen Wert zuzuerkennen, sondern ihn als denjenigen in den Blick zu nehmen, der als Subjekt ethischen Handelns anzusehen ist, das seine Verantwortung für sich selbst, für seine Mitwelt sowie seine Umwelt wahrzunehmen hat. Ethische Überlegungen kreisen dann aber final nicht nur um den Menschen, sondern auch um die ihn umgreifende Umwelt. Eine Ethik aber, die den Menschen als Verantwortungsträger eliminiert, wäre unter Berücksichtigung dieser Einsicht

X. UMWELTETHIK

ein leichtfertiges Aufkündigen von Verantwortung. Die Verantwortung des Menschen ist nicht delegierbar, weder an Tiere noch an Systeme und Institutionen.

Zusammenfassend kann festgehalten werden: In der Kontroverse um anthropozentrische oder bio- und physiozentrische Ethik muss deutlich hervorgehoben werden, dass ein axiologischer Anthropozentrismus, der nur den Menschen als Gegenstand der Würde sieht, anachronistisch ist. Wenn es jedoch um die Aufgabe ethischer Verantwortung geht, haben anthropologische Bezüge nach wie vor ihre Berechtigung, da es eben der Mensch selbst ist und bleibt, der in der Lage ist, Verantwortung wahrzunehmen und sein Handeln zu reflektieren. Nur der Mensch ist in der Lage, eine Ethik zu entwickeln, nur er kann für sein Handeln zur Rechenschaft gezogen werden. Ethik als solche bleibt also aufgrund ihrer Freiheits- und Verantwortungsgrundlage an diejenige Instanz gebunden, die Verantwortung ausüben kann, die handlungsfähig ist und die dieses Handeln in den Dienst des Schutzes von Umwelt, Mitwelt und Selbst stellen kann. Es wird unter dieser Perspektive nicht darum gehen, den Menschen in seinen Eigeninteressen zu vertreten, sondern den Menschen als den anzuerkennen, dem es – um mit Heidegger zu sprechen – «in seinem Sein um dieses selbst geht» (Heidegger 1967: 231). Zu diesem Dasein des Menschen gehört gleichursprünglich das Mitsein und in diesem Mitsein die Verantwortung für das Dasein, das die Umwelt mit umfasst. Ein solcher verantwortungsethischer Anthropozentrismus wird dann jedoch auch die Natur nicht allein als Ressource missbrauchen, sondern sie in ihrer Vielfalt und ihren unverwechselbaren und unersetzbaren Reichtümern wahrnehmen. Eine Eigenzwecklichkeit wird damit zugleich auch für Mitwelt und Natur anerkannt. Es ist gerade die Verbundenheit des Menschen mit der Natur, seine Eingebundenheit in diese ebenso wie seine Distanz zu dieser, die ihn zum Kulturwesen bestimmt.

Für die westlich-abendländische Tradition erfordert dies eine neue Sicht, eine Kehre gegenüber den herrschenden Weichenstellungen der Neuzeit im Verhältnis von Mensch und (Um-)Welt. Eine solche Kehre ist aber immer noch weithin ein Desiderat, «durch das erläutert und erörtert wird, auf welche Entitäten sich Naturerfahrung, Naturschutz und biologische Wissenschaft beziehen» (Ott 2010: 220) können. Ein Ansatz, der diesem Desiderat Rechnung trägt, muss einen neuen Blick auf die Frage der Verantwortung gegenüber der Natur werfen. Eine solche Kehre kann durch Besinnung auf das antike Verständnis von Natur, Technik und Ethik ebenso wie auf das im christlichen Schöpfungsverständnis von Natur und Freiheit enthaltene

Potential inspiriert werden. Beide Einsichten können durch die Konzeption der philosophischen Anthropologie, wie sie im 20. Jahrhundert entwickelt wurde, zu ihrer modernefähigen Wirkung gelangen und der Bedeutung der Natur ihr Gewicht zurückgeben, wie es nicht zuletzt auch in den genannten neueren phänomenologischen Ansätzen, aber auch dem des ‹Neuen Realismus› thematisch ist.

1.3.2. Die anthropologischen Grundlagen der Ethik

Die philosophische Anthropologie, die seit den 1990er-Jahren eine neue Aufmerksamkeit auf vielen Ebenen erfährt (vgl. Illies 2009), erinnert daran, dass es zu den Konstitutionsbedingungen des Menschen gehört, handeln zu müssen – im Unterschied zu bloßem Verhalten im Sinne des Reiz-Reaktions-Schemas, wie es der Tierwelt zugeschrieben wird. Mit der Metaphorik vom Menschen als dem «nicht festgestellten Tier» bringt Nietzsche (1886 / 1968: 79) diese Position zum Ausdruck und beschreibt das, was schon bei Herder (1772) mit dem Mängelwesen Mensch gemeint war und dann von den Vertretern der philosophischen Anthropologie im 20. Jahrhundert, Arnold Gehlen (2004), Helmuth Plessner (1975) und Max Scheler (2005), übernommen wurde. Dabei geht dieser Begriff des Mängelwesens Mensch bereits auf Protagoras zurück (vgl. Picht 1980: 145), und zwar unter dem Aspekt fehlender Instinkthaftigkeit. Das Resultat dieses Mangels war offensichtlich der Gewinn des aufrechten Gangs und der Sprache, der es dem Menschen ermöglichte – ihn aber auch dazu nötigte –, zu handeln und über die Möglichkeiten des Verhaltens zu reflektieren. Das Handeln entspringt den Bedürfnissen des Menschen und diese gehen ins Offene. Dieses Phänomen wird als Weltoffenheit beschrieben. Das Tier ist mittels der Instinkte in die *physis* eingebunden. Der Mensch kann sich nicht durch Instinkte leiten lassen, könnte er dies, ließe sich sein Handeln ausschließlich naturwissenschaftlich, physikalisch und biologisch erklären. Es bedürfte keiner Ethik. Jedoch zwingen seine Instinktarmut und seine Weltoffenheit ihn dazu, sein Leben zu führen, sonst kann er nicht überleben. Diese durch Notwendigkeit begleitete Freiheit, sein Leben führen zu müssen, steht nicht zur Wahl.

Zu dieser Lebensführung dient ihm sein technisches Handlungsvermögen. Die Technikbegabung des Menschen stellt eine Besonderheit im Universum dar. Mit ihr kann er sein Mängelwesendasein oder – mit den Worten der Philosophischen Anthropologie – seine Weltoffenheit, die mit seiner Instinktarmut einhergeht, bewältigen. Er kann sein Leben erhalten und auch sicherstellen, sei es durch Pfeil und Bogen, sei es durch Ackerbau, sei es durch Kochen. In der griechischen Mythologie wird das zum Ausdruck gebracht durch die Gabe des Feuers: Das Feuer wurde den Göttern von Prometheus gestohlen und den Menschen übergeben. Das Feuer steht für die Fähigkeit des Menschen, mittels Technik seine Instinktarmut überwinden zu können. Mit dieser Fähigkeit ist der Mensch aber zugleich überfordert. Der Mythos zeigt das dadurch, dass sich die Menschen gegenseitig vernichten können. Damit wird zugleich deutlich, dass durch Technik allein die Lebensführung nicht gelingt. Im Mythos musste der Diebstahl des Feuers und dessen Zueignung an den Menschen als technische Fähigkeit ergänzt werden durch eine weitere Gabe: durch Ehrfurcht (αἰδώς) und Recht (δίκη) (Picht 1980: 145). Um in Gemeinschaft leben zu können, bedarf es nicht nur der Technik, sondern auch des Umgangs mit dieser Fähigkeit und damit auch der Ethik und des Rechts. Wäre der Mensch nicht mit dieser Aufgabe des Umgangs mit den eigenen Fähigkeiten konfrontiert, wäre die Ethik ebenfalls – wie die Technik und das Verhalten der instinktgeleiteten Tiere – unter dem Bereich der Physik und der Biologie abzuhandeln. Sie könnte als erweiterte Theorie des Umgangs mit seiner Instinktfähigkeit angesehen werden, als eine solche, die eben den Intellekt in die Bedürfnisbefriedigung einbezieht. Eine solche differenzierte Theorie der Instinktbefriedigung wäre dann aber nicht als Ethik, sondern als eine komplexe Form von Biophysik zu betrachten.

Ethik, die die Freiheit des Menschen voraussetzt, impliziert demgegenüber – und das ist meist nicht im Blick – die Ehrfurcht, die dem ethischen Sollen entspringt. Damit wird daran erinnert, dass der Mensch sich in einem maßlosen, weil offenen, Raum bewegt, in dem er selbst sein Maß finden muss, dieses jedoch nicht ungestraft selbst setzen darf. Vielmehr ist es dem Menschen aufgetragen, sein Maß im Sinne seiner Grenzen zu erkennen und sich innerhalb dieser Grenzen einzurichten (vgl. Picht 1980: 150). Darauf hat Protagoras aufmerksam gemacht. Er hatte den Satz aufgestellt: «Aller Dinge Maß ist der Mensch» (Platon 1970: Theait 152a). Damit sollte dem Menschen nicht etwa eine gottähnliche Stellung zugemessen werden, sondern eine skeptische Relativierung der Erkenntnisfähigkeit angezeigt sein. Die *physis* kann durch den Menschen nicht mehr als solche erkannt werden, sondern nur nach der jeweiligen Perspektive, der jeweiligen Zivilisation mit ihren Sitten und Gebräuchen, die sich in ihren religiösen Einstellungen und grundlegenden Überzeugungen niederschlagen. Diese Skepsis auf dem Gebiet des Wissens, der *episteme*, ist die große Leistung des Protagoras. Sie bestimmt die bleibende Bedeutung der Sophisten, indem sich gerade deshalb neben der Physik die Ethik ausbilden musste, die eben genau der zivilisatorischen Einbindung des Wissens in je kulturelle Einstellungen Rechnung trägt.

Dabei gewinnt dieser Satz des Protagoras gerade für das Naturverhältnis des Menschen an Bedeutung, wenn er sich nicht nur auf das Wissen, sondern auch auf das Handeln selbst bezieht. Die Ethik ist als Theorie des Handelns, des Umgangs mit den menschlichen Bedürfnissen und deren Grenzen immer zugleich auf Naturerkenntnis und Kenntnis der Lebensbedingungen, auf Physik und auch auf Ökonomie bezogen. In diesem umfassenden Sinne ist die Ethik letztlich sogar Voraussetzung und Bedingung der Möglichkeit aller Wissenschaften, weil sie das kennzeichnet, wodurch wir uns überhaupt zum Gegenüber der Natur setzen und damit *wissen wollen* können. Genau nämlich auf diese Distanz ermöglichende Stellung der Ethik verweisen die genannten Begriffe des Rechts (δίκη) und der Ehrfurcht (αἰδώς), die von Aristoteles als Kennzeichen der Ethik entfaltet wurden. Sie verweisen auf die Interdependenz von Angewiesenheit und Gestaltungsfähigkeit, Abhängigkeit und Freiheit des Menschen, und sie demonstrieren die darin begründete Relationalität des Menschen als Natur- ebenso wie als Gemeinschaftswesen. Das Recht erinnert uns an die Gemeinschaft und an den Zusammenhang, in dem wir Menschen untereinander stehen, und die Ehrfurcht erinnert uns an unseren Zusammenhang mit der uns vorgegebenen Natur. Ehrfurcht aufseiten des Handelns entspricht dem Staunen aufseiten des Wissens. Beide Haltungen, das Staunen und die Ehrfurcht, entsprechen der Endlichkeit menschlicher Vernunft und Freiheit. Die Rücksicht auf die Ehrfurcht erinnert die gegenwärtige Ethik daran, dass Ethik nicht nur eine Handlungstheorie ist, sondern zugleich ein Wissen um die Grenzen des menschlichen Handelns. Sie erinnert in allem technischen Verfügen ebenso wie in aller ökonomischen Bedürfnisbefriedigung daran, Umsicht walten zu lassen, alles Denken und Handeln immer auf das Ganze der *physis*, der Umwelt, und der Gemeinschaft, der *polis*, zu beziehen, dieses Ganze aber nicht erfassen zu können.

Eine solche Verhaftung der Ethik in der anthropologischen Grundstruktur macht deutlich: Der Mensch muss handeln innerhalb der Natur. Allerdings gibt die Physik nicht die Handlungsdirektiven vor, wie das beim Instinkt der Fall wäre. Der Mensch muss reflektieren und abwägen. In relativen und reversiblen Bezügen auf die Natur muss der Mensch die Angemessenheit des Handelns erkennen. Von daher ist bereits klar, dass das physikalisch-technische Wissen nicht rückhaltlos, ohne Vorbehalt und Achtung auf Gefahren, angewandt werden kann, sondern man im Blick auf Wissenschaft und Technik Sicherungen einbauen können muss. Diese Aufgabe der Absicherung entspricht der Aufgabe der Ethik, das Maß zu finden. Diese Aufgabe ist im Umgang des Menschen mit seiner technischen Fähigkeit impliziert und verschärft sich durch die moderne hochkomplexe Technik zusätzlich. Sie erfordert ein neues Wissenschaftsgebiet der Technikfolgenabschätzung, das gerade angesichts des Umgangs mit Unsicherheit, aber auch mit irreversiblen Folgen der Aufgabe, ein Maß zu finden, nachkommen muss und gegebenenfalls auch zum Verzicht auf bestimmte Forschungen raten kann. Der Gedanke der «Heuristik der Furcht» (Jonas 1979: 63) wird so zur Grundlage verantwortlicher Technikfolgenabschätzung.

Zusammenfassend kann festgehalten werden: Diese Bestimmung der Ethik als Theorie des Handelns unter Einschluss der Reflexion seiner Grenzen bedeutet für die Anthropologie zweierlei: Einerseits ist es nicht an der *physis*, der Natur des Menschen allein auszumachen, was ihn bestimmt. Zugleich gilt aber andererseits, dass gerade diese *physis*, diese offene Struktur des Menschen, zum Gegenstand der Ethik wird. Ethik ist daher zu bestimmen sowohl als Umgang mit den physischen Bedürfnissen, die für das Überleben des Menschen notwendig sind, als auch als Reflexion auf die Güte dieses Umgangs selbst. Damit hat die Ethik zwei unerlässlichen Aufgaben nachzukommen, einmal der Aufgabe der Grenzziehung, des Vetos im Dienste der Sicherheit. Darin erschöpft sie sich aber nicht. Sie kann auch vorausschauend auf das Gute achten und so ihrer zweiten Aufgabe, der Gestaltungsaufgabe, gerecht werden. Allerdings kann sie dies nicht abschließend und umfassend, von einem archimedischen Punkt ausgehend, sondern nur heuristisch, grundrisshaft. Als «Grundrisswissenschaft» (Höffe 1996: 113) muss die Ethik ihren Gegenstand antizipierend erfassen und projizierend Handlungsmöglichkeiten ins Auge fassen. Genau darauf nimmt der Begriff der Ehrfurcht (αἰδώς) Bezug. Er resultiert aus der Wahrnehmung der Grenzen der Freiheit, mit der der Mensch der Ambivalenz seiner Natur und Freiheit gerecht wird.

An dieser Freiheit, die der Mensch nicht besitzt, sondern die ihm in eins mit der in seiner Weltoffenheit begründeten Sonderstellung widerfährt und gerade so aufgetragen ist, kann er scheitern oder wachsen. Er kann scheitern, entweder indem er das Ziel des ihm Naturgemäßen verfehlt oder indem er sich ihm verweigert, um sich zurück ins Glied der *physis* zu begeben, was jedoch nicht gelingen kann. Er kann aber auch wachsen, indem er seine ihm naturgemäße Gestaltungsaufgabe ernst nimmt und sich über seinen Ort im Kosmos und im Gemeinwesen verständigt und damit der Aufgabe der Freiheit gerecht wird. Erst diese weist den Menschen dann nicht nur als Mängelwesen, sondern als Kulturwesen aus, indem er seine Freiheit zur Gestaltung der Natur, allerdings im Rahmen der vorgegebenen physischen ebenso wie der zielorientierten ethischen Grenzen wahrnimmt. Eine solche Haltung ethischer Umsicht und Vorsicht kann durch Sanktionen des Rechts angemahnt werden, wird aber langfristig nur über moralische Motivation gelingen, wofür in der Antike eben jener Begriff der Ehrfurcht (αιδώς) steht. Auch das biblische Wort «Die Furcht des Herrn ist der Weisheit Anfang» (Ps 111,10) drückt dies auf seine Weise aus. Ethik wird zur Lehre, die der Natur des Menschen und der Endlichkeit menschlichen Wissens und Handelns Rechnung trägt. Das Verständnis von Natur als Schöpfung kann dazu beitragen, dieser Grenze menschlicher Freiheit eingedenk zu sein.

2. UMWELTETHIK ALS ETHIK DER VERANTWORTUNG IM LICHT VON SCHÖPFUNG UND VERSÖHNUNG

Schöpfung und Natur können nicht gleichgesetzt werden. Die Gleichsetzung von Schöpfung und Natur übersieht, dass Schöpfung mehr umfasst als Natur, dass Schöpfung den gesamten Bereich der Welt und den Kosmos umfasst und dass mit dem Begriff nicht eine materiale Bestandsaufnahme, sondern eine Überzeugung über Sinn, Zweck und Ziel der Welt und des Menschen ausgesprochen ist. Natur wäre damit unter Schöpfung zu subsumieren, keineswegs jedoch wäre Schöpfung einfach eine religiöse Bezeichnung für Natur. Obwohl aber die Gleichsetzung von Natur und Schöpfung kritisch zu sehen ist, darf nicht im Umkehrschluss gefolgert werden, die Schöpfung habe mit den Fragen einer Ethik der Natur und der Umwelt nichts zu tun und der Glaube an die Schöpfung entließe uns einfach aus unserer Verantwortung. Vielmehr qualifiziert das Verständnis von Schöpfung menschliche Freiheit als Verantwortung für Natur und Mitmensch. Daran muss angesichts der Geschichte des Naturverhältnisses der Theologie erinnert werden.

2.1. Zur Geschichte des Verhältnisses von Theologie und Natur und die Konsequenzen für eine Ethik der Umwelt

Die Bedrohung der natürlichen Grundbedingungen menschlichen Lebens für die Gegenwart und die Zukunft kommender Generationen hat die Natur als ein Thema in den Vordergrund rücken lassen, das insbesondere in der protestantischen Theologie Stiefkind war und das auch in der abendländischen Philosophiegeschichte auf die Seite des ‹Anderen› gerückt wurde (vgl. Böhme 1983). Diese Marginalisierung der Natur, des Natürlichen als des ‹Anderen›, hat eine lange philosophische Tradition. Wir sind von dieser Tradition geprägt, die seit der Stoa die gesamte außermenschliche Natur zweckhaft auf den Menschen bezogen sieht. Bereits bei Descartes führt diese strenge Anthropozentrik zur Objektivierung der Natur einschließlich nichtmenschlicher Lebewesen (vgl. Descartes 1644/1870: 42–85). Bei Immanuel Kant findet sich die Steigerung solcher Anthropozentrik, wenn Tierquälerei nicht in sich selbst, sondern nur im Blick auf die Verrohung des Menschen kritisiert wird (vgl. Kant 1756 f. / 1990: 256 f.). Deutlicher lässt sich das Ausblenden einer Eigenbestimmung und eines Leidens der nichtmenschlichen Natur kaum aussagen. Konsequenzen solcher Auffassungen zeigen sich bis heute in extremer Brutalität im Blick auf Tierhaltung und Tierversuche. Darüber hinaus war mit der neuzeitlichen Erforschung der Natur diese nicht mehr nur für die Philosophie, sondern auch für die Naturwissenschaft tatsächlich in die Stellung des bloß ‹Anderen› gerückt. Die Ausnahmen der kritischen Impulse gegenüber dieser Haltung, etwa bei Rousseau (1755/1998) oder Albert Schweitzer, bestätigen die Regel. Letzterer hatte in seiner Kulturethik Ansätze einer heute so genannten holistischen, die Natur umfassenden Sorgepflicht des Menschen gefordert. Sein Programm einer ‹Ehrfurcht vor dem Leben› hat bereits in den Anfängen des 20. Jahrhunderts in gewisser Hinsicht die Aufgaben einer Umweltethik vorweggenommen (vgl. Schweitzer 1960). Eine solche Wertschätzung der Natur wurde aber nicht leitend. Vielmehr wurde weiterhin der außermenschlichen Natur immer nur ein abgeleiteter, extrinsischer Wert beigemessen. In der Theologie wurde diese Vernachlässigung des Themas der Natur zudem verstärkt durch die Abwertung der Natur als gefallene Schöpfung. Auch hier bestätigen die Ausnahmen die Regel, etwa bei Bonhoeffer, aber auch bei Karl Heim (1931 ff.) und bereits im Pietismus.

2. Umweltethik als Ethik der Verantwortung

Karl Heim, der sich schon zu Beginn des 20. Jahrhunderts wie kein Zweiter im Dialog mit den Naturwissenschaften auch seitens der Physiker Anerkennung verdient hat (vgl. Gräb-Schmidt 1994; Beuttler 2006), rückte gegenüber den aus der Evolutionstheorie vermeintlich resultierenden Herrschaftsansprüchen den Schöpfungsglauben in den Zusammenhang der Naturwissenschaften, auch auf kosmologischer Ebene. In anderer Weise unternahm Dietrich Bonhoeffer den Versuch, mit der Integration des Natürlichen in die Theologie den umfassenden Anspruch Gottes auf unser ganzes Leben zum Ausdruck bringen: «Wir sprechen vom Natürlichen im Unterschied zum Geschöpflichen, um die Tatsache des Sündenfalls mit einzuschließen, wir sprechen vom Natürlichen im Unterschied zum Sündhaften, um das Geschöpfliche mit einzuschließen. [...] Der Begriff des Natürlichen [...] enthält im Unterschied vom Kreatürlichen [...] ein Moment der Eigenständigkeit, der Eigenentwicklung, das der Sache durchaus angemessen ist.» (Bonhoeffer 1998: 165) Dies sollte und konnte nicht unter Zurücksetzung der Frage der Bestimmung der Natur im Rahmen der Schöpfung begriffen werden. Im Gegenzug zur Lehre von den Schöpfungsordnungen verstand Bonhoeffer seine Mandatenlehre im Dienste der Hervorhebung der natürlichen Grundlagen der Theologie, ohne diese durch die Christologie in ihrem Eigenrecht gefährdet zu sehen. Vielmehr geht es ihm um die philosophische Erfassung der Natur, die aber ihrerseits nicht auf die christologische Dimension ihres möglichen Verständnisses verzichten muss, sondern dieses einbezieht. Gleichwohl hat Bonhoeffers Theologie (vgl. Hartlieb 1996: 24) die Absage an das Natürliche seitens der Dialektischen Theologie und der Wort-Gottes-Theologie nicht aufhalten können, was zum Abbruch nicht nur des Dialogs mit den Naturwissenschaften geführt, sondern auch generell zur Naturvergessenheit der Theologie beigetragen hat. So kann man nach Wolfgang Trillhaas, der seinerseits in Vielem an Bonhoeffer anknüpft, «auf die Gesamtlage gesehen nicht behaupten, dass die Evangelische Theologie zum Naturbegriff grundsätzlich ein positives Verhältnis gefunden hätte. Noch immer liegt die Natur im Schatten des Interesses und des Verstehens» (Trillhaas 1970: 187).

Der Anstoß, sich erneut mit der Naturthematik auseinanderzusetzen, kam jedoch von außen, von politischer und gesellschaftlicher Ebene, und betraf dort nicht die Verständigung mit den Naturwissenschaften, sondern die kritische Auseinandersetzung mit dem technologischen Fortschritt und mit den mit diesem verbundenen Gefahren, wie sie vom *Club of Rome* in die breite Öffentlichkeit getragen wurden. Erst die Kritik am technologischen Umgang mit der Natur führte dazu, mit den ökologischen Fragen auch die Natur wieder ins Zentrum theologischer Betrachtungen zu rücken. Eine solche Hinwendung zur Beachtung ökologischer Themen wurde für die Theologie auch deswegen nötig, weil die Kritik gerade am Schöpfungsverständnis der christlichen Theologie eng in den Zusammenhang der Umweltzerstörung gerückt worden war (vgl. Hartlieb 1996: 17–65.) Der Historiker Lynn White machte das Christentum für die Tradition der Naturausbeutung und damit für eine Kultur der Umweltzerstörung verantwortlich (vgl. White 1970: 28). Kritisiert wurde der biblische Herrschaftsauftrag, das *dominum terrae*, das als Recht des Menschen zur Beherrschung und Ausbeutung der Natur verstanden worden war und das im neuzeitlichen Kontext von Descartes noch einmal zugespitzt wurde, indem er den Menschen zum *maître et possesseur* dieser Natur machte. Carl Amery meinte in dieser Einstellung die gnadenlosen Folgen des Christentums zu erkennen (vgl. Amery 1972). Auf diesen Vorwurf reagierte die Theologie zunächst mit einer starken Selbstkritik. Die Schöpfungsberichte wurden exegetisch untersucht, und die Aufgabe einer neuen Interpretation des *dominium terrae* rückte in den Vordergrund. Mit diesem Prozess kam – wenn auch zögerlich – eine Bewegung in Gang, die gerade über die Umweltproblematik zu einer Reinterpretation schöpfungstheologischer Überlegungen und zu einer neuen Wertschätzung der Natur führte (vgl. EKD/DBK 1985; vgl. zum Dialog zwischen Naturwissenschaft und Theologie Hübner 1987; und zur Frage der Ethik der Schöpfung Frey 1988). So kulminierte das Bemühen um ein neues Verhältnis zu ökologischen Fragen im ‹Konziliaren Prozess für Frieden, Gerechtigkeit und Bewahrung der Schöpfung›. Diese Bewegung konnte sogar bald in Fragen der Umweltverantwortung eine Vorreiterrolle übernehmen.

Mit der Ökologie- und der Umweltthematik rückten nun aber die Natur- und die Schöpfungsthematik auf anderem Wege und in anderer Weise in den Vordergrund der Theologie, als dies bei der sogenannten natürlichen Theologie der Fall war. Eine Theologie der Natur sollte nun die Aufgabe der Reflexion der Natur und ihr Verhältnis zur Schöpfung übernehmen, ohne die metaphysischen Grenzen, die den Abschied von der natürlichen Theologie erforderlich machten, zu bedenken. Allerdings rächte sich hier das verlorene Erbe der natürlichen Theologie. Der Vorwurf, man setze vorschnell die Natur mit der Schöpfung gleich, hat vor allem auch vor diesem Hintergrund seine Berechtigung. Denn anders als vormals bei der natürlichen Theologie war jetzt nicht der Zusammenhang von Natur und Vernunft, von Gott und Natur im Blick, sondern im Fokus stand allein die Frage der Natur als Umwelt. Nicht von ungefähr ist der Kreis der Theologen, die sich der Natur als Thema der natürlichen Theologie zuwandten, verschieden von jenem, der sich die ökologische Bewahrung der Natur als Schöpfung zur Aufgabe macht. Das Interesse ist vollkommen anders gelagert, auch wenn sich in Ausnahmen Überschneidungen finden – so etwa bei Christian Link (1986), Sigurd Daecke (1979) und Wolfhart Pannenberg (1986). Eine Theologie der Natur tritt nun in den Dienst einer Umweltethik in einem universalen, Geschichte und Natur umgreifenden Horizont. Arbeiten wie die ökologische Schöpfungslehre von Jürgen Moltmann (1985) und die ökologische Ethik von Günter Altner (1989) oder die Arbeiten zum Thema Schöpfung von Heinrich Bedford-Strohm (2009) nehmen diese Aufgabe wahr. Das theologische Nachdenken hat diesen Anspruch aber so aufgenommen, dass es den Begriff der Schöpfung in die ethische Reflexion über die Bewahrung der Natur einbezog. Die neuen Ansätze zur Überwindung der Naturvergessenheit kamen also nicht aus der Schöpfungstheologie, sondern umgekehrt wurde die Schöpfungstheologie gerade dort herausgefordert, wo sich die Fragen der Bewahrung der Natur angesichts der Probleme stellten, die sich aus dem technologischen Fortschrittsdenken, das man als Verlängerung des falsch verstandenen Herrschaftsauftrags kritisierte, ergeben hatten. Dies rückt auch für die Theologie das Thema der Verantwortung in den Vordergrund.

2.2. Die Verantwortung des Menschen im Horizont technologischer Entwicklungen und ihre begrifflichen Bestimmungen

Der Begriff ‹Verantwortung› gewinnt im 20. Jahrhundert seine ethische Relevanz und avanciert vor allem durch Max Weber zum Wissenschaftsbegriff (vgl. Weber 1917/1919). Durch Hans Jonas (1979) wird er zum Grundlagenbegriff der Ethik. Die Überlegungen von Carl Friedrich von Weizsäcker (1977) sowie von Klaus Meyer-Abich (1979), Günter Altner (1989) und Gerhard Liedke (1979) konzentrieren sich auf die ökologische Dimension der Verantwortung. Zur gleichen Zeit stand diese ökologische Fokussierung im skandinavischen und angelsächsischen Raum im Zentrum einer neuen Reflexion menschlicher Verantwortung, so beim Skandinavier Arne Naess, der im Jahre 1973 eine bahnbrechende Untersuchung (Naess 1973) zur ökologischen Frage vornahm, die zur Propagierung einer holistischen Sicht der Natur und der Einbettung des Menschen in diese führte. Solchen Überlegungen folgten im amerikanischen Kontext Christopher Stone (1974) und John Passmore (1974) sowie in Australien der bereits erwähnte Peter Singer, der sich vor allem über die Frage der Verantwortung gegenüber Tieren (vgl. Singer 1996) der Frage der ökologischen Ethik näherte. Die Verantwortung bezieht sich auf die Freiheit des Menschen in ihrer ethischen, aber auch technischen Dimension, und sie zeigt sich in der Reflexion ihrer Grenzen.

2.2.1. Das Verhältnis von Technik und Ethik als Hintergrund der Bedeutung des Verantwortungsbegriffs in der Ethik

Unsere Lebenswelt ist ohne Technik nicht vorstellbar. Allerdings gilt das nicht erst für den Menschen von heute in seiner technisch durchstilisierten Lebensweise von der Mobilität über den täglichen Komfort der Verfügbarkeit von Nahrung und Wärme bis hin zu den Kommunikationsmedien von Smartphone und Internet, sondern von Anbeginn seines Auftretens auf unserer Erde an. Ein besonderes Merkmal des *homo sapiens* ist, dass er zugleich der *homo faber* ist, das Werkzeug herstellende Wesen. Dass die Technik zum Menschen gehört, dieser anthropologische Grundzug wird in einer langen, die Moderne prägenden Tradition oft missachtet. In Max Frischs Roman *Homo faber* etwa kommt in kritischer Absicht eine einseitige Wahrnehmung der Technik zum Vorschein, die sich in der Moderne herauskristallisiert und sich mit einer diffusen Sehnsucht nach einem vermeintlich ungetrübten naturverbundenen Leben gepaart hat. Darin zeigt sich eine undifferenzierte Frontstellung gegenüber der Technik, die leicht dazu führt zu übersehen, dass Technik nicht nur das Überleben des Menschen sichert, sondern dass sie wesentlich den Aufbau der Kultur mitbestimmt. Denn die Technik ist eine wesentliche Dimension unserer Freiheit.

Technik ist, mit Aristoteles gesprochen, das, was nicht von Natur aus gegeben, sondern künstlich hergestellt ist. Technik steht im Dienst der Bewältigung unserer mit der Freiheit einhergehen Weltoffenheit, die den Menschen nötigt, sein Leben sicherzustellen, ihm mittels Wissen und Können eine ökologische Nische zu verschaffen. Sie verläuft zielgerichtet und kann im Zuge ihrer Verbindung mit moderner Naturwissenschaft die anvisierten Ziele auch methodisch sicher erreichen. Technik vereint Wissen und Können und bildet damit einen ausgegrenzten Bereich, innerhalb dessen Verantwortung gefordert und übernommen werden kann, da die Folgen technischen Handelns prinzipiell abgeschätzt werden können. Dass wir Folgen vorwegnehmen können, liegt daran, dass wir in Rahmenbedingungen, in Ordnungen natürlicher und sozialer Art eingebunden sind. Solche Ordnungen sind die Institutionen. Sie ermöglichen Prognosen. Institutionen bieten seit jeher für den Menschen Sicherheit, die er zum Überleben braucht und die helfen, die Konsequenzen seiner Instinktarmut und Weltoffenheit abzufedern. Sie gewähren Sicherheit durch die Bewahrung von Wissensbeständen, aber auch durch Routine, die den Umgang mit Unsicherheit in vorhersehbare Bahnen lenkt und diese damit entschärft. Zu solchen Institutionen gehört die Technik. Technik als Institution wird nun allerdings mit den modernen hochkomplexen Technologien selbst brüchig. Das zeigt sich daran, dass die Folgen und Nebenfolgen dieser Technologien nicht mehr vorhersehbar sind und damit das genuine Kennzeichen der Technik, ihre Ziel- und Planbarkeit, dramatisch eingeschränkt wird. Das zeigen nicht erst die Reaktorunfälle, sondern bereits die im Normalbetrieb anfallenden Endlagerungsprobleme des radioaktiven Abfalls sowie die Nebenfolgen der Energiegewinnung, die mit den Treibhausgasemissionen die globale Erwärmung hervorrufen. Die modernen Technologien unterscheiden sich mithin dadurch von der traditionellen Technik, dass sich in jenen das Innovationspotential verselbstständigt und der rationalen Steuerung entzogen hat. Vor allem mit den unvorhersehbaren Wirkungen dieser Nebenfolgen der hochkomplexen Technologien ist die Rationalität der Verantwortung überfordert, weil diese den Rahmen der Sicherheit durch Institutionen sprengen und damit die menschliche Sicherheit überhaupt und grundlegend gefährden. Es schleicht sich in die Sicherstellung durch Institutionen das Moment der Überforderung ein, das einen neuen Umgang mit der Aufgabe der Verantwortung nötig macht (vgl. Bayertz 1995). Der sogenannte technologische Imperativ, der von einer sich selbst steuernden Kraft des Machbaren ausgeht, verweist auf diese Gefährdung institutioneller Sicherheit. In dieser Gefährdung scheint aber nichts weniger als die ursprüngliche Gefährdung des Menschen durch, die sich mittels kultureller Absicherungen, wie sie die Technik leisten möchte, nicht auffangen lässt. Der Entlastungscharakter der Institutionen versagt hier. In jener Gefährdung wird die Verantwortung somit direkt mit der Weltoffenheit des Menschen, seinem nicht eingegrenzten Freiheitspotential, konfrontiert.

Der Verantwortungsbegriff drängt sich daher nicht von ungefähr gleichzeitig mit der technologischen Entwicklung der Hoch- und Großtechnologien in den Vordergrund ethischer Überlegungen. Dort werden wir mit unserer Verantwortung unübersehbar konfrontiert, weil unsere Verantwortungsfähigkeit jetzt selbst fraglich wird. Gerade der mit der Sicherheit verbundene institutionelle Rahmen der Entlastung, der menschliches Handeln in verantwortlicher Weise allererst ermöglicht, bietet angesichts der modernen Technologien keinen Rückhalt mehr. Verantwortung bleibt aber dennoch gefordert. Das zeigt sich an den genannten Folgen und vor allem Nebenfolgen jener Technologien, die oft nicht vorhersehbar sind. Es ist ein Handeln unter Unsicherheit, weil die Folgen nicht antizipierbar sind. Damit gerät die Technik, die ihr Wissen und Können unter die Forderung der Sicherheit und Effizienz stellt, selbst an ihre Grenzen. Prognose und Folgenabwägungen begleiten daher bestenfalls alle modernen technischen Entwicklungen, die diesen Ansprüchen der Effektivität und Sicherheit gerecht werden wollen. Eine Verantwortung unter Rücksicht auf die Unsicherheit schließt die für die Ethik im technologischen Zeitalter bedeutsame Technikfolgenabschätzung ein. Diese ist nur auf wissenschaftlichem Wege möglich. Um sie muss sich die Ethik zwecks besserer Vorhersehbarkeit von Folgen und Nebenfolgen im technologischen Zeitalter bemühen. Gerade das ist ethisch gefordert. Technikfolgenabschätzung tritt jetzt in den Dienst der Herstellung von Planungssicherheit, die unter dem Vorbehalt des prinzipiellen Nichtwissens Handlungsfähigkeit ermöglichen soll. Soll das freie Subjekt nicht der Selbstüberforderung und in Konsequenz damit der Verantwortungslosigkeit anheimfallen, sei es in völliger Abgabe der Verantwortung an Institutionen oder in unbekümmertem Wagemut, dann muss Verantwortung sich in Beziehung setzen können zu ihrer eigenen Überforderung, um eine realistische Sicht zu akzeptieren. Die Situation prinzipiellen Nichtwissens erfordert jetzt eine Entlastung, die eine qualitative Bestimmung des Umgangs mit der Überforderung ermöglicht, die die Verantwortung für das autonome Subjekt mit sich bringt. Eine solche zeigt sich da, wo mit jeder begegnenden Überforderung nicht die Verantwortung abgegeben wird, sei es an Institutionen allein, sei es durch unverantwortliches Spiel mit dem Feuer, sondern ein Verständnis von Autonomie heraufgeführt wird, das den technischen Herausforderungen standhalten kann. Dies geschieht gerade dort, wo die mögliche Überforderung eingesehen und die auch und gerade in der Technikfolgenabschätzung prinzipiell liegenden Unsicherheiten berücksichtigt werden.

Hans Jonas' Gedanken aus *Das Prinzip Verantwortung* (1979) sind hier weiterhin wegweisend. Er sieht angesichts moderner Technologien das technische Handeln gerade nicht mehr durch Sicherheit, sondern durch Unsicherheit gekennzeichnet. Ein solches Handeln unter Unsicherheit, da die

2. Umweltethik als Ethik der Verantwortung

Ausmaße und Grenzen nicht abzusehen sind, muss daher nach Hans Jonas bei Entscheidungen den Vorrang der schlechtesten Prognose beherzigen, um nicht noch größere Schäden hinnehmen zu müssen. Das Wissen und Können der Technik zu bewahren drückt sich dann in erster Linie darin aus, vor Gefahren möglicher Folgen und Nebenfolgen detailliert zu warnen. Auch hierfür brauchen wir technologisches Wissen. Ein Fadenriss bezüglich solchen Wissens auf den verschiedenen Gebieten des Handelns und seiner Verantwortung ist jedenfalls zu vermeiden (vgl. Herms 2007: 266). Insofern tritt auch die Technikfolgenabschätzung in die Fußstapfen der Institutionen. Das aber bedeutet: Verantwortung für die Folgen zu tragen bringt auch die ethische Verpflichtung mit sich, sich für die Erhaltung der Institutionen einzusetzen. Solche Folgenabschätzung, die auch für die nachfolgenden Generationen zuträglich ist, fragt dann nicht nur nach kostengünstiger, sicherer und effizienter Förderung und Nutzung der Ressourcen für die jetzt Lebenden, sondern sie achtet darauf, welche Produktions- und Konsumweisen der Erhaltung der Nutzungsmöglichkeiten der Menschheit zuträglich sind und welche wissenschaftlich-technologischen Innovationen hierfür erforderlich wären.

Durch die Technikfolgenabschätzung rückt eine neue Dimension ethischer Fragen in den Blick. Sie betrifft die Komplexität und die Irreversibilität möglicher technischer Eingriffe sowie den zeitlichen Horizont hinsichtlich der Folgen und Nebenfolgen. Mit der Berücksichtigung der Folgen wird jedoch auch für den Begriff der Verantwortung die Zukunft zum Leitkriterium. Die Frage aber, ob man überhaupt von Verantwortung sprechen kann, wenn sie in die Zukunft gerichtet sein soll, stellt sich jetzt in voller Schärfe. Spätestens für unsere Rede von der Verantwortung für die nachfolgenden Generationen ist die Klärung der Folgen und mithin des Zeitbezugs ausschlaggebend.

2.2.2. Der Verantwortungsbegriff im Lichte seiner zeittheoretischen Bedingungen

Ursprünglich aus dem Bereich der Rechtsprechung kommend, wird mit dem Begriff der Verantwortung vor allem die Dimension der Haftbarkeit angesprochen. Sie ist für ein Urteil vor Gericht der Maßstab der Zurechnung. Hierbei geht es jedoch zunächst – das hat Georg Picht gezeigt (1969) – um die Haftbarkeit für Zuständigkeitsbereiche und nicht um die Handlungs- und

Entscheidungsmacht des Subjekts in moralischem Sinne. Die Konjunktur des Verantwortungsbegriffs ist im Zusammenhang mit der Hinwendung zur Umwelt und Natur als Gegenstandsbereich moralischer Verantwortung zu sehen.

In Anlehnung an die von Georg Picht hervorgehobene moralische Dimension der Verantwortung möchte ich die Konsequenzen der Verantwortungsbestimmung für die Umweltethik, insbesondere für die Frage der intergenerationellen Gerechtigkeit (Picht 1969: 323) und die Überwindung von deren gerechtigkeitstheoretischen Aporien hervorheben. Wichtig für den vorliegenden Zusammenhang der Umweltethik sind die folgenden Ausführungen aber vor allem, weil sie es erlauben, neue Weichen für das Verhältnis der Dichotomien von Natur und Vernunft, von Natur und Freiheit, die die Philosophie- und Theologiegeschichte bestimmt haben, zu stellen. Picht hat schon früh auf die Schwierigkeiten aufmerksam gemacht, ohne deren Berücksichtigung jede Bemühung um eine Ethik der Umwelt nur als Sackgasse angesehen werden kann. Die Konsequenzen seiner Einsicht sind noch bei Weitem nicht gezogen. Am deutlichsten wird das, wenn man beachtet, dass seine Bestimmungen der Verantwortung nicht beliebig sind und dass sie auch subjektentlastende Funktion haben (Picht 1969: 319), die gerade angesichts der Überforderung der Verantwortungsübernahme in der modernen hochtechnisierten und spezialisierten Gesellschaft von Gewicht ist. Diese entlastende Funktion wird durch die das Subjekt transzendierenden Bezüge der Verantwortung sichtbar. Darauf verweist die Relationalität des Begriffs. Im Begriff Verantwortung ist das *Antwortgeben* auf ein Gegenüber enthalten. Das Subjekt wird aus sich herausgerufen und auf seine Zeitlichkeit und Räumlichkeit behaftet. Der so entwickelte moralische Begriff der Verantwortung macht auf eine Vernetzung des Individuums mit seiner Zeit und seinem Ort aufmerksam. Verantwortung ist ein Antworten auf die Umgebung, in die man als handelndes Wesen hineinwächst. Dieses *Antwortenkönnen* unterscheidet den Menschen von der Notwendigkeit, der Determination des Naturgeschehens. Im Antwortenkönnen treffen sich Zukunft und Vergangenheit in der Gegenwart. Es kennzeichnet die ethische Entscheidungsdimension, dass sie zeitlichen Charakter hat. Für den Menschen spielt nicht nur die Vergangenheit, sondern auch die Zukunft eine Rolle in Form der Möglichkeit. Diese Möglichkeit spiegelt nun nach Picht genau den Raum wider, der sich von der Unmöglichkeit ebenso wie von der Notwendigkeit unterscheidet und der insofern den Spielraum unseres Handelns ausmacht (Picht 1969: 323). Mit diesem Spielraum sind wir in der Lage, auf unsere Vorgegebenheiten durch die Natur zu reagieren und Alternativen zu bestimmen, die Konsequenzen haben für die Zukunft.

Das Zusammenspiel von Zeitlichkeit und Räumlichkeit demonstriert jedoch die Bedeutung der Transzendenzdimension der Verantwortung. Nicht nur die Gegenwart als Punkt der Entscheidung ist der Verantwortung zuzurechnen, sondern in der Konstellation der Entscheidungssituation treffen sich Vergangenheit und Zukunft. Der Mensch ist verantwortlich für das, was seiner Zuständigkeit unterliegt, aber auch für das, was ihn in diese Zuständigkeit geführt hat, ebenso wie für die Folgen der in den Zuständigkeitsbereich fallenden Handlungen. Die Bezeichnung der Relation *für* mag das auf den ersten Blick verdecken, denn sie bezeichnet den Zuständigkeitsbereich, *für* den man haftbar gemacht werden kann. Haftbar gemacht werden aber kann man nicht für etwas, das man noch nicht getan hat und das noch nicht eingetreten ist. Angesichts dieser zeitlichen Dimension gilt es nun, die moralische gegenüber der bloß rechtlichen Dimension der Verantwortung zu betonen (Picht 1969: 332). Sie lässt sich im Wesentlichen auf die genannten Transzendenzbezüge des Verantwortungsbegriffs, seine Möglichkeitsbestimmungen, zurückführen, die das Handeln allerdings keineswegs aus den natürlichen Bedingungen, denen es unterworfen ist, entlässt.

Damit treffen Natur und Zeitlichkeit, Natur und Geschichte aufeinander und bereiten die Überwindung der Dichotomie von Natur und Freiheit, Natur und Vernunft vor. Die Natur spielt in diesem Zusammenhang eine hervorgehobene Rolle, nicht weil sie etwa die Verantwortung der Notwendigkeit unterwirft und damit letztlich unterbindet, wie das die gegenwärtigen Diskussionen um die Willensfreiheit (vgl. u. a. Fuchs/Schwarzkopf 2010) suggerieren, sondern weil die Natur selbst die Basis bleibt, auf deren Boden unsere Freiheit zur Darstellung und Auswirkung kommt. Freiheit und Natur werden in ein Verhältnis gerückt, in dem sie sich nicht mehr dichotomisch gegenüberstehen, sondern sich durch gegenseitige Beziehung bestimmen. Der die philosophiegeschichtliche Tradition prägende Hiat zwischen Vernunft und Natur wäre damit im Begriff der Verantwortung vom Ansatz her überwunden und als Abstraktion diskreditiert. Vernünftiges Handeln ist ein Wirken und Gestalten unter den Bedingungen der Natur, aber zugleich in dem Raum unserer Möglichkeiten, der uns durch die Zukunft eröffnet ist und der in Freiheit zu ergreifen und zu gestalten ist. Zukunft oder Möglichkeit selbst sind aber immer vor dem Hintergrund dessen zu sehen, was uns an Naturbildungen erd- oder kulturgeschichtlicher Art überliefert ist, ohne diese deterministisch zu bestimmen. Das bedeutet: Sowohl Vergangenheit als auch Zukunft haben für die Verantwortung in ihrer Relationalität, die uns als freie und vernünftige Subjekte bestimmt, unaufhebbare und unhintergehbare Bedeutung. Der Begriff der Verantwortung zeigt mit seiner relationalen Bestimmung des *für* und des *vor* auf, dass wir nicht nur verantwortlich sind vor der Vergangenheit, also der «bisherigen Geschichte», sondern auch für diese (Picht 1969: 329), und diese Verantwortung manifestiert sich punktgenau, wenn es um die Zukunft geht. Denn es erweist sich, dass unsere jetzigen Handlungen durch die Art unseres Umgangs mit der Vergangenheit Gewicht haben für die Zukunft. Verantwortung heißt: Wir müssen die Gegenwart als Vergangenheit – und das heißt immer auch unsere bisherige Natur – übernehmen angesichts der Zukunft. Wer das nicht tut, kann überhaupt keine Verantwortung übernehmen. Mit anderen Worten: Verantwortung ist immer zugleich Verantwortung für die Gegenwart als Vergangenheit angesichts der Zukunft. Ohne die Zeitlichkeitsstruktur des Menschen gäbe es für ihn keine Verantwortung und keine Freiheit. Es ist daher gerade die zeitliche Struktur des Verantwortungsbegriffs, die auf seine moralische Dimension hinweist und die diese selbst in den Naturzusammenhang rückt, ohne der Freiheit verlustig zu gehen.

Der Verantwortungsbegriff erweist sich damit als hochkomplexer Begriff für die Bestimmung des Menschen in der Welt, für die Bestimmung seiner Freiheit, für sein Verhältnis zur Natur, für seine konkrete Handlungsmacht und Handlungspflicht. Er zielt auf ein Subjekt, das sich seiner Freiheit in eins mit seiner Eingebundenheit in Mit- und Umwelt bewusst ist. Indem dieser Begriff der Verantwortung im 20. Jahrhundert ins Zentrum der Ethik gerückt ist, kommt damit nichts weniger als deren neuzeitliche Weichenstellung an ihr Ziel. Diese verhieß die Befreiung der Subjektivität aus ihrer Bevormundung durch unhinterfragte Traditionsbestände dogmatischer Überlieferungen. Aber die Mündigkeit und die Emanzipation aus solchen Traditionsbeständen hat zunächst ein Subjekt hinterlassen, das in radikaler Autonomie radikal überfordert war. Gerade das zeigte ihm seine Verantwortung. In dieser Reichweite der Verantwortung für die Zukunft zeigt sich die Spannung von Forderung und Überforderung als eine, die dem Verantwortungsbegriff inhärent ist. Diese Spannung weist in ihren transzendenten Bezügen bereits hinüber auf die theologische Dimension der Verantwortung. Diese führt den Begriff der Verantwortung zurück zu einer Freiheit und Macht des Handelns, die die grundlegende Eingebundenheit in vorgegebene Bezüge erkennt, wodurch die endliche und sündenbestimmte Freiheit des Menschen im Zusammenhang von Schöpfung und Versöhnung in ihr handlungsfähiges Maß eingewiesen werden kann. Die Zeitlichkeit bietet dabei einen Rahmen, der in seinen transzendenten Bezügen das Subjekt von einer falsch verstandenen Autonomie befreien kann, ohne diese zu verabschieden. Diese Autonomie wird in solcher Eingebundenheit vielmehr entlastet.

2.3. Die Verantwortung des Menschen in schöpfungs- und versöhnungstheologischer Perspektive

2.3.1. Verantwortung in schöpfungstheologischer Perspektive

Wenn wir die Frage nach der Verantwortung für die Umwelt theologisch in den Horizont der Bewahrung der Schöpfung einordnen, hat dies seine Berechtigung darin, dass die Schöpfung das grundlegende Bekenntnis zu Gott enthält, das ausstrahlt auf unsere Gesamtauffassung unseres Lebens in der Welt. Hierher gehören grundlegende Weichenstellungen der Einschätzung unseres Lebens, der Sinnfrage und der Frage der Bewältigung und Vielfalt unseres Lebensbezugs. Mit Umwelt sind die Lebensbedingungen gemeint, die über die bloße Natur im Sinne der biologischen Vielfalt und der anorganischen Materie hinausreichen. Umwelt meint immer bereits die Natur, die uns betrifft, allein schon dadurch, dass wir sie in den Blick nehmen. Und hier ist nun entscheidend, in welchem weiteren Horizont sie uns in den Blick gerät. Ist dies der Horizont der Evolution oder der Schöpfung, ist dies der Horizont der Kosmologie oder einfach der Natur als Gegenstand unserer technisch-wissenschaftlichen Gestaltung?

Das Verständnis einer Umweltethik in christlicher Sicht steht unter dem Vorzeichen, alles im Horizont der Schöpfung zu sehen, es unter der Perspektive einer ins Leben gerufenen Seinsverfassung zu betrachten, die nicht dem Chaos und Zufall, aber auch nicht sich selbst und der Verantwortung des Menschen überlassen bleibt, sondern die hineingenommen ist in den Verantwortungsbereich Gottes, an dem die Menschen im Rahmen ihrer endlichen Freiheit und ihres Personseins teilhaben dürfen. Schöpfung schließt damit Evolution nicht aus, sondern ein, legt aber das Augenmerk auf die Einbindung der Evolution in den Prozess des Werdens des Kosmos, der selbst ins Leben gerufen wurde und der nicht alternativlos ist. Kosmologie im Horizont der Schöpfung ist dann Ausdruck der Überzeugung, dass eine Wohl-

X. UMWELTETHIK

ordnung innerhalb des Weltzusammenhangs besteht, die zu erkennen ist und in der auch dem Menschen ein Ort zuzuweisen ist, den er auszufüllen hat. Unter dem Vorzeichen des christlichen Verständnisses von Schöpfung wird damit Natur als Umwelt wahrnehmbar und diese Perspektive dadurch sowohl Bedingung als auch Gegenstand menschlicher Verantwortung.

Wenn Umwelt selbst zu den anthropologischen Bedingungen gehört, die den Rahmen verantwortlichen Handelns bestimmen, bevor sie Gegenstand des Handelns sein kann, dann muss einerseits Verantwortung selbst in ihrer Vorläufigkeit und Bedingtheit verstanden werden, andererseits Umwelt immer in ihrem anthropologischen Bezug gedacht werden. Ein Übersehen dieses Zusammenhanges führt zu den zu Recht kritisierten Engführungen und Verkehrungen des Mensch-Natur-Verhältnisses, die nicht berücksichtigen, dass der Mensch nicht nur Ziel der Verantwortung ist, sondern vor allem Träger einer Verantwortung, die sich nicht nur an ihn selbst und nicht nur an die Mitwelt, sondern auch an seine Umwelt richtet. Umwelt begegnet dem Menschen als Ort seiner Gesamtverantwortung, in die er als verantwortliches Wesen hineingestellt ist. Diese Verantwortung ist ihm als Schöpfungsauftrag gegeben. Das *dominium terrae* bringt diese Verantwortungsfähigkeit des Menschen für seine Mit- und Umwelt zum Ausdruck, die er aufgrund seiner Personalität auch wahrnehmen muss. Insofern ist der Topos der Schöpfung im Rahmen einer theologischen Auffassung von Umweltethik zu Recht zu betonen. Dieser Aspekt nimmt Bezug auf die Bedingungen unseres Handlungsvermögens und die Reichweite unseres Handelns und rückt die Verantwortung in einer Weise in unser Blickfeld, die ihre realistische Einschätzung ermöglicht.

Denn die mit dem Schöpfungsglauben verbundene Verantwortung erkennt ihre zugleich umfassende und begrenzte Reichweite und kann so die Spannung, die dem Verantwortungsbegriff innewohnt, in ihrem theologischen Kern freilegen. Dies wird dort nicht gesehen, wo man meint, unter der Überschrift der Schöpfungsverantwortung nur moralische Appelle an die Einzelnen, die Gesellschaft und die Politik richten zu müssen. Mit solchen Appellen wird die Bewahrung der Schöpfung in normativer Weise heraufbeschworen, ohne doch zu merken, dass genau darin die theologische Unterscheidung von Schöpfung und Natur missachtet wird und damit auch die Verhältnisbestimmung von Natur und Freiheit wieder in die alte Dichotomie zurückfallen muss. Zwar wird zu Recht von christlicher Seite ein Appell zur Bewahrung der Schöpfung, zur Herstellung von Frieden und Gerechtigkeit laut. Diese Haltung hat aber an vielen Fronten Verkürzungen hervorgerufen. Dem Aufruf ist nicht schon durch einen bewusst ökologiefreundlichen Lebensstil Genüge getan, sondern mit ihm ist nichts Geringeres impliziert und angedacht, als dass der Mensch sich über seine Stellung in der Welt, sein Verhältnis zur Natur – gerade auch seiner eigenen Natur – Rechenschaft ablegt.

Diese seine eigene Natur wird in der Perspektive der Schöpfung als gefallene Natur entdeckt. Ohne diese Entdeckung wird mit der Natur des Menschen auch die Kondition seiner Freiheit verstellt. Nur unter der Berücksichtigung dieser Entdeckung kann jene Spannung der Verantwortung zwischen Forderung und Überforderung wahrgenommen werden und zu einer realistischen Verantwortungsübernahme des Menschen führen. So weist unter dem Vorzeichen der Verantwortungsaufgabe des Menschen die schöpfungstheologische bereits auf die versöhnungstheologische Perspektive hinüber.

2.3.2. Verantwortung in versöhnungstheologischer Perspektive

Schöpfungsethik ist nicht nur Umweltethik, Schöpfungsethik ist Umweltethik, die um das Gefallensein des Menschen weiß. Dies muss für die Vollzüge der Verantwortung berücksichtigt werden, ist doch die Sünde, mit der wir permanent gegen die Schöpfungsabsicht verstoßen, gerade in einer Verkehrung unserer Freiheit zu suchen. Diese verstellte Freiheit entbindet den Menschen gleichwohl nicht von seiner Verantwortung. Vielmehr wird die Freiheit als Voraussetzung von Verantwortung jetzt in ihr eigenes Licht gesetzt. Versöhnte Freiheit ist die Freiheit, die über sich selbst informiert worden ist. Das ist aber kein marginaler Einzelaspekt, sondern es ist ein Aspekt, der die ganze Perspektive auf Welt, Mensch und Selbst neu formiert und vor allem für die Bestimmung der Gerechtigkeit und die Frage der Verantwortung gegenüber zukünftigen Generationen maßgeblich ist. Denn angesichts der Zukunft erweist sich die Wirkmächtigkeit des Freiheitsbegriffs.

Die Zukunftsdimension, die für den moralischen Verantwortungsbegriff wesentlich ist, kann nicht vom Gedanken der Versöhnung absehen. Dies zeigt sich gerade an den Schwierigkeiten der philosophischen Bemühungen im Blick auf die Frage der Verantwortung gegenüber den zukünftigen Generationen und der damit verbundenen Problematik der Gerechtigkeitsfrage. Der Frankfurter Philosoph Stefan Gosepath hat hier erinnert: Gerechtigkeit ist ein Begriff, der auf Reziprozität angelegt ist, auf die Vorstellung von Tausch und Ausgleich. Gerechtigkeit für die Zukunft zielt jedoch genau auf jene Dimension, die über diese Reziprozität hinausgreifen muss (vgl. Gosepath 2004). Doch wie soll das gelingen, was soll den Menschen dazu bewegen, über diese reziproken Tausch- und Interessensmotive hinauszugehen? Die breite Diskussion, die sich hier an John Rawls' Theorie der Gerechtigkeit angeschlossen hat, ist ein beredtes Zeugnis dieser Schwierigkeiten (vgl. Rawls 1971: §§ 24, 44). In der Fluchtlinie utilitaristischer Konzeptionen werden Verantwortungsinteressen für die Zukunft nur für die eigenen Nachkommen als Begründung akzeptiert (vgl. Passmore 1974: 88 f.). Ein Verweis auf die eigenen Nachkommen wird sofort evolutionstheoretisch vereinnahmt. Demnach sieht man in der Sorge für die eigenen Nachkommen sozusagen einen biologisch begründeten Egoismus, der sich als Altruismus tarnt. Auf diese Weise kann Verantwortung weiterhin an Reziprozität als dem hervorstechenden Merkmal der Gerechtigkeit gebunden bleiben. Es zeigt sich in jener Sorge eine verlängerte Reziprozität, die eine Orientierung am eigenen Interesse verrät. Die Zukunft kommt nicht als ferne Zukunft in den Blick. Als Verantwortung, die an keine Gegenleistung gebunden werden kann, ist sie im Rahmen reziproker Gerechtigkeitsmodelle nicht vorstellbar.

Die Zukunftsverantwortung wie sie für die Umwelt gefordert wird, bedarf einer Haltung der Solidarität, die in keiner Weise mehr mit egoistischen Motiven verknüpft werden muss. Sie braucht die Einsicht, dass das Gute eben nicht aus den reziproken Tauschvorstellungen entspringt, sondern aus der Wahrnehmung dessen, was wir selbst gar nicht im Blick haben können, aus der Wahrnehmung des konkreten Anderen, des Nächsten, der die Alterität des Seins repräsentiert. In Anlehnung an Emmanuel Lévinas (1987) könnte man sagen, das Gute liegt in den Augen derer, die uns entgegenblicken, die nicht wir sind, sondern die in jeder Hinsicht das Andere sind, und die doch und gerade so mit uns zusammengehören, sodass ihr Fehlen, ihr zukünftiges Nicht-sein-Können, ihre Missachtung, das Gute zerstören.

Verantwortung in versöhnungstheologischer Perspektive bedarf einer solchen Begegnung des konkreten Anderen, die uns die Augen öffnet, eines Rufes, in dem wir uns selbst erkennen ebenso wie unseren Platz in der Welt und unser Verhältnis zum Mitmenschen. In solchem Ruf, der uns passiv ereilt, der von uns nur gehört werden kann, wird die Welt gleichsam von Gott neu ins Leben gerufen, indem er ihr Überleben ins Leben ruft. Will der Mensch teilhaben an diesem Leben und seiner Verantwortung, darf er sich diesem Ruf nicht verschließen. Er kann sich aber auch nicht selbst rufen. Versucht er dies, etwa durch Appelle, führt ihn das letztlich wieder auf seine eigenen Interessen zurück. Versöhnung bedeutet das Öffnen für die Zukunft in Solidarität, das Wachwerden im Erblicken des Zusammenhangs der Schöpfung. Es bedarf der Irritation in allem Berechnen und Haushalten, um sich zu öffnen, um zu bemerken, wie alle Welt- und Selbstgestaltungsszenarien immer dann fehlgehen, wenn sie nur interessenorientiert sind. Damit schneidet sich der Mensch selbst von den Ressourcen ab, die ihn tragen und die ihm durch die Schöpfung zugedacht sind. Das Achten auf das, was uns zukommt, gehört entscheidend zu diesen Ressourcen dazu. Im Antlitz des Nächsten, des Anderen im Sinne von Lévinas, tritt uns dieses Zukommen als Zukunft in der Gegenwart entgegen als das, was wir bisher übersehen haben, aber auch als das, was wir uns nicht selbst zeigen können. Im Blick des Anderen tut sich die Welt auf, für die wir Mitverantwortung tragen. Es ist dieser Blick des Anderen, der überhaupt das, was wir mit ‹Welt› bezeichnen, kennzeichnet. Wenn Verantwortung tatsächlich in Freiheit übernommen werden können soll und dann auch die Zukunft in ihrer Selbstzwecklichkeit meint, dann muss sie den Anderen, der als Konkreter begegnet, einbeziehen. Im Blick des Anderen wird klar, dass die Welt selbst kein statisches Gegenüber ist, sondern immer zugleich auch die jeweils eingenommene Perspektive auf das Gegebene bedeutet. Diese kann und muss gerade in der Übernahme der Verantwortung je und je durchbrochen und erweitert werden auf die Zukunft des Anderen hin. Nur unter diesem versöhnungstheologischen Aspekt kann christliche Theologie ihre verantwortungsethische Perspektive als Ausdruck ihrer Bestimmung im Zusammenhang des Ganzen der Schöpfung begreifen.

3. AUFGABENFELDER GEGENWÄRTIGER UMWELTETHIK

Umweltethik hat es mit der Frage verantwortlichen Handelns gegenüber der Natur und gerechten Handelns gegenüber der Mitwelt zu tun. Besondere Herausforderungen der Umweltethik stellen gegenwärtig vor allem der anthropogene Klimawandel und der diesen verursachende Ressourcenverbrauch dar. Damit erstreckt sie sich zugleich auf das Energie- und Technologieproblem. Die damit verbundenen Aufgaben sind vielfältig (vgl. Dryzek u. a. 2013). Fest steht: Umweltethische Fragen sind nicht zu lösen, ohne auch

X. UMWELTETHIK

den politischen, gesellschaftlichen und naturbezogenen Kontext der Bestimmung von Gerechtigkeit zu beachten.

Zunächst überrascht die Zusammenstellung von Klimawandel und Gerechtigkeit. Denn die beiden Begriffe stammen aus verschiedenen Bereichen. Der Begriff des Klimawandels ist dem Bereich der Natur, der der Gerechtigkeit dem Bereich des Sozialen zuzuordnen. Können diese überhaupt miteinander in Beziehung gebracht werden? Ja, wenn man erstens davon ausgeht, dass das Soziale, die Gemeinschaft der Menschen, auf die Natur Einfluss hat, und wenn man zweitens weiß, dass die Menschen maßgebliche Verursacher dieser dramatischen Veränderungen der Natur, wie sie die globale Erwärmung darstellt, sind. Zur Gerechtigkeitsfrage wird diese Frage dann, wenn unsere Verantwortung für die wachsende Klimaveränderung feststeht – wovon ernstzunehmende Klimaforscher ausgehen –, aber vor allem auch durch die gravierende Asymmetrie zwischen denjenigen, die den Wandel verursachen, auf der einen Seite und denjenigen, die die Konsequenzen dieses Wandels zu tragen haben, auf der anderen Seite. Das sind heute die gleichzeitig mit uns Lebenden auf der südlichen Erdhemisphäre, es sind morgen unsere Nachkommen, denen wir eine Erde überantworten, deren Pflege wir missachtet haben.

Parallel zur doppelten Verantwortung für den Klimawandel und seine ungerechten Folgen sehen wir uns also einer doppelten Aufgabe gegenüber. Es gilt erstens, den Klimawandel aufzuhalten, ihn wenigstens noch mit den uns bleibenden Möglichkeiten verantwortlich zu gestalten, und zweitens, dieses angesichts der gegenwärtigen und zukünftig drohenden Benachteiligung von ganzen Bevölkerungsteilen auf der Erde weitgehend gerecht zu tun. Das sind zweifellos zwei unterschiedliche Problemstellungen. Voraussetzung für ihre Lösung ist, dass wir uns zunächst dem Phänomen des Klimawandels zuwenden (3.1.). Er bedeutet die wohl größte Herausforderung auf sozialer, politischer und ökonomischer Ebene, der sich die Menschheit je ausgesetzt sah (vgl. Friedman 2009). Sie konfrontiert uns mit der Frage der Nachhaltigkeit als Leitkriterium einer an Gerechtigkeit orientierten Umweltethik (3.2.). Dabei darf der Maßstab der Gerechtigkeit nicht zugunsten kurzfristiger ökonomischer Argumente aufgegeben und in reziproke Tauschgerechtigkeit aufgelöst werden (3.3.), soll Verantwortung für die Zukunft tatsächlich als solche bestimmt werden können (3.4.), wie es im vorigen Kapitel aus verantwortungsethischer Sicht festgehalten wurde und für eine Umweltethik im Horizont von Schöpfung und Moderne geltend gemacht werden soll (3.5.).

3.1. Der Begriff des Klimas und die Gefahren des Klimawandels

Klima meint grundsätzlich «die Gesamtheit der Witterungen eines längeren Zeitabschnittes einschließlich der dabei auftretenden Extrema» (Grassl 1998: 392). Dabei ist das Klima keineswegs statisch, sondern es verändert sich unter dem Einfluss eigener innerer Dynamik und durch externe Einflüsse. Zu solchen zählen Schwankungen der Sonnenenergie und Vulkanausbrüche, aber auch Veränderungen, die durch den Menschen, etwa durch verstärkte Treibhausgasemissionen, hervorgerufen wurden. Dabei sind natürliche Treibhausgase für die Erhaltung des Lebens durchaus notwendig. Sie lassen die von der Sonne auf die Erde fallende Strahlung nahezu ungehindert zur Erdoberfläche passieren, aber sie absorbieren die Strahlung, die von der erwärmten Erde ausgeht, teilweise und senden sie zur Erdoberfläche zurück. Treibhausgase bilden so eine durchlässige Schicht für die Sonneneinstrahlung, das heißt sie bremsen die Wärmerückstrahlung der Erdoberfläche und sind dafür verantwortlich, dass die Erde nicht auskühlt (vgl. Grassl 1998: 607). Dies geschieht völlig unabhängig vom Menschen und ist für die Erhaltung der für das Leben notwendigen Temperatur unerlässlich. Allerdings verändert sich gegenwärtig das Gleichgewicht. Darauf nimmt der Begriff des Klimawandels Bezug. Da Klima als solches aber auch immer einem Wandel unterliegt, mag der Begriff verstellen, dass dieser in der jüngeren Gegenwart auf anthropogene Ursachen zurückgeht. Der Begriff der globalen Erwärmung wird daher von Forschern bevorzugt, die entschieden die menschliche Verantwortung für den Klimawandel in den Vordergrund rücken wollen. Sie gehen, wie es bereits im Rahmenübereinkommen der Vereinten Nationen über Klimaänderungen in der Präambel festgehalten wird, davon aus, «daß menschliche Tätigkeiten zu einer wesentlichen Erhöhung der Konzentrationen von Treibhausgasen in der Atmosphäre geführt haben, daß diese Erhöhung den natürlichen Treibhauseffekt verstärkt und daß das im Durchschnitt zu einer zusätzlichen Erwärmung der Erdoberfläche und der Atmosphäre führen wird und sich auf die natürlichen Ökosysteme und die Menschen nachteilig auswirken kann» (Rahmenübereinkommen 1992: 2). Die aktuelle Konzentration von Treibhausgasen in der Atmosphäre ist die höchste seit 80 000 Jahren. Im Vergleich zu der vorindustriellen Konzentration hat der Gehalt an Kohlendioxid um 40 % zugenommen. Daher war die Geschwindigkeit des Anstieges der Konzentration der Treibhausgase im 20. Jahrhundert mit sehr hoher Wahrscheinlichkeit die höchste der vergangenen 22 000 Jahre. Insofern ist der Klimawandel nicht zu leugnen. Hauptverantwortlich für die Treibhausgasemissionen sind Kohlendioxid (CO_2), Methan (CH_4) und Fluorkohlenwasserstoff (FCKW). Kohlendioxid entsteht durch Nutzung fossiler Energieträger wie Kohle, Öl oder Erdgas sowie durch Waldrodungen und Waldbrände. Methan resultiert aus fossiler Energie und Massentierhaltung, Reisanbau, Abfällen und Biomasseverbrennung, aber auch durch das Auftauen von Permafrostgebieten (vgl. Schönwiese 2003: 333–344). Fluorkohlenwasserstoffe werden als Treibgas in Spraydosen, in der Kältetechnik und in der Reinigung verwendet.

Was macht die Bedrohlichkeit des Klimawandels aus? Es handelt sich beim Klimawandel um einen Prozess, der nicht mehr umkehrbar ist und die Lebensbedingungen auf der Erde verändern wird (vgl. dazu EKD 2009: 22–52). Um die Ursachen des Klimawandels zu bewältigen und seine schädlichen Wirkungen zu reduzieren, sind «erhebliche Minderungen der Treibhausgasemissionen notwendig. Es besteht die Aufgabe, die globale Erwärmung unterhalb von 2°C gegenüber dem vorindustriellen Niveau zu begrenzen» (IPCC-Bericht 5 2013: 1). Wird die globale Erwärmung nicht gestoppt, dann sind dramatische Veränderungen der bisherigen Lebensbedingungen absehbar. Ohne Gegensteuerung können Erhöhungen von 5–6 °C am Ende des 21. Jahrhunderts nicht ausgeschlossen werden. Doch dies hätte Konsequenzen für das Leben überhaupt, für den Erhalt der Artenvielfalt, das Überleben in bedrohten Regionen. So sind etwa für den Erhalt der Artenvielfalt langsame Veränderungen sehr wichtig. Denn Lebewesen brauchen Zeit, um sich anpassen zu können. Der Klimawandel ist aber ein plötzliches Ereignis, sowohl in geologischer als auch in evolutionärer Hinsicht. Er erfordert eine schnelle Anpassungsfähigkeit, der die tierische und pflanzliche Umwelt nicht gewachsen ist. Aber nicht nur die Artenvielfalt, auch die Ernährungssicherheit ist gefährdet, wenn das Intakthalten der Ökosysteme nicht gelingt. Intakte Ökosysteme halten die schädlichen Organismen ab, die für das Ausbreiten von Krankheiten und Seuchen wie Malaria, Gelbfieber, aber auch Cholera und Hirnhautentzündungen verantwortlich sind. Sekundär durch Bekämpfung mittels Impfungen und Medikamenten ist die Ausbreitung verschiedener Krankheiten nur sehr schwer zu verhindern. Die globale Erwärmung ist aber nicht nur eine Gefahr für die Erhaltung der Natur, sondern auch des Friedens. Bereits vor und ohne Klimawandel gab es Hunger, Armut und Dürre, aber das wird durch den Klimawandel dramatisch verstärkt werden. Eine Verschärfung bestehender Versorgungsengpässe wird daher auch

3. Aufgabenfelder gegenwärtiger Umweltethik

ein Sicherheitsproblem darstellen. Nicht nur das Überleben in bestimmten Regionen, sondern die Sicherheit des Lebens auf der gesamten Erde wird davon betroffen sein. Klimakriege werden diejenigen um Öl und Bodenschätze ablösen (vgl. Welzer 2008: 44 f., 247–249). Der Klimawandel stellt mithin eine Gefährdung der Natur und der Lebensgrundlagen bereits der heutigen, aber noch stärker der nachkommenden Generationen dar. Klimaschutz und Anpassung an den Wandel sind daher vordringliche Aufgaben, soll das Leben und Überleben der Menschheit sowie der Natur insgesamt gesichert werden.

Auf diese Herausforderung reagiert der Weltklimarat der Vereinten Nationen. Seit 1990 fasst er in regelmäßigen Abständen die neueste Sachkenntnis über die beobachtete Veränderung des Klimasystems, die Treiber des Wandels sowie zukünftige globale und regionale Klimaänderungen zusammen – zuletzt im fünften Sachstandbericht (IPPC-Bericht 2013). Es hat sich gezeigt, dass das Klimasystem dynamischer ist als ursprünglich angenommen, auch aufgrund sich gegenseitig verstärkender Wechselwirkungen, sogenannter positiver Rückkopplungseffekte. So werden die Erwärmung der Meere und das Auftauen von Dauerfrostmooren als Folgen des Klimawandels ihrerseits wieder Folgen haben, die den Klimawandel verstärken, indem aus den Mooren und Meeresböden dort gespeichertes Methan freigesetzt wird. Ebenso wird der Verlust von schnee- und eisbedeckten Flächen die Erwärmung beschleunigen, indem das Verhältnis zwischen reflektierter und einfallender Sonnenstrahlung verändert wird. Dazu kommt, dass die arktischen und antarktischen Eisschilde ebenso wie die Gletscher an Masse verloren haben, wodurch der Meeresspiegel einen Anstieg zu verzeichnen hat. Von 1993 bis 2010 betrug er wahrscheinlich 3,2 mm/Jahr. Dies hat gravierende Folgen für den Temperaturhaushalt sowie die Lebens- und Nahrungsbedingungen. Denn mit dem Abschmelzen des Festlandeises und der Niederschlagszunahme besteht die Gefahr, dass der Süßwassereintrag zunimmt, sodass die daraus resultierende Dichteveränderung des Ozeanwassers den Golfstrom und seinen für Europa wichtigen Ausläufer, den Nordatlantikstrom, abschwächen oder sogar abreißen lässt. Es wurde bereits jetzt festgestellt, dass sich in den letzten 50 Jahren die Zirkulation deutlich verlangsamt hat. Wäre diese nicht mehr vorhanden, käme es zu empfindlichen Abkühlungen für die angrenzenden Landgebiete im Bereich des Nordatlantiks und mithin auch Nord- und Nordwesteuropas. Damit könnte der Meeresspiegel um zusätzlich einen Meter steigen, und die Fischereiwirtschaft wäre gefährdet. Es könnte trotz der Klimaerwärmung zu einer kleinen Eiszeit kommen, mit katastrophalen Folgen, indem der tropische Niederschlagsgürtel verlagert würde. Eine besondere Gefahr bildet auch die Frage der CO_2-Aufnahmefähigkeit von Wäldern und Böden, die bei rascher Erderwärmung allmählich schwächer werden und sich bei starken Temperaturerhöhungen sogar ins Gegenteil verkehren könnte.

Bei einem Vergleich der fünf bisher veröffentlichten Sachstandberichte zeigt sich einerseits ein deutlicher Zugewinn an Erkenntnissen. Der fünfte Sachstandbericht deckt auf, dass sowohl der weltweite Anstieg des Meeresspiegels und das Schmelzen der Eismassen an den Polen bisher unterschätzt wurden, als auch die bisherigen Klimamodelle permanent mit weniger Emissionen rechneten, als wirklich herrschten. Andererseits variiert der jüngste Bericht im Vergleich zu den früheren Berichten im Ton, vor allem im dritten Teil, der sich direkter Forderungen von Maßnahmen enthält. Diese Haltung ignoriert den dringenden Handlungsbedarf. Denn es wird mehr und mehr deutlich, dass der Klimawandel schneller kommt und sich härter vollzieht als bereits befürchtet. Die Drosselung der Treibhausgasemissionen sollte daher so schnell wie möglich erreicht werden. Ein wesentlicher Faktor für die Bewältigung dieser Aufgabe ist die Orientierung an Nachhaltigkeit bei der Energiegewinnung und dem Umgang mit Ressourcen. Der Begriff der Nachhaltigkeit avanciert nicht zu Unrecht zum Leitbegriff einer verantwortlichen Klima- und Energiepolitik als Aufgabe der Umweltethik.

3.2. Das Prinzip der nachhaltigen Entwicklung

3.2.1. Nachhaltigkeit – Begriff und Bedeutung

Der Begriff der Nachhaltigkeit ist, obwohl er bereits im Jahre 1713 von Hannß Carl von Carlowitz für die Forstwirtschaft eingeführt wurde (vgl. v. Carlowitz 1732/2009: 150), relativ neueren Datums im Bereich der Umweltethik und Umweltpolitik. Er bedeutet so viel wie Schutz des Naturerbes und die Erhaltung der Naturkapitalien und beruht auf den drei Säulen der Ökologie, der Ökonomie und des Sozialen. Als Prinzip der nachhaltigen Entwicklung ist er in seiner heutigen Fassung auf den sogenannten Brundtland-Bericht *Our Common future* aus dem Jahr 1987 zurückzuführen (Brundtland 1987).

Das Konzept der Nachhaltigkeit ist seither global als umweltpolitische Grundlinie anerkannt. Jedoch hat eine Ausdehnung des Begriffs auf vielfältige Bereiche einem konkreten Bedeutungsverlust Vorschub geleistet und ein diffuses Verständnis von Nachhaltigkeit erzeugt. So gibt es unterschiedliche Konzepte der Nachhaltigkeit, die nicht alle gleichermaßen ethisch zu befürworten sind. Diese Unterschiede lassen sich präzisieren, indem man eine schwache von einer starken Nachhaltigkeit unterscheidet. Die Entscheidung der Frage, welche dieser beiden Formen politisch verfolgt werden soll, entscheidet sich an der Frage der legitimen Substituierbarkeit von Naturkapitalien durch Human- und Sachkapital. Humankapitalien sind Wissen und Fertigkeiten von Menschen sowie soziale Institutionen, mit anderen Worten auf kulturellen Leistungen aufbauende Gestaltungspotentiale. Sachkapitalien sind die durch jene kulturellen Leistungen entstandenen Infrastrukturen, Fabriken und Transportmittel. Naturkapitalien hingegen sind die «Komponenten der belebten oder unbelebten Natur, die Menschen einen Nutzen stiften, ihnen bei der Ausübung ihrer Fähigkeiten zugutekommen können oder funktionale oder strukturelle Voraussetzungen hierfür darstellen» (Egan-Krieger u. a. 2007: 12). Von schwacher Nachhaltigkeit ist dann die Rede, wenn man von einer weitgehenden Substituierbarkeit von Naturkapital durch Human- und Sachkapital ausgeht (vgl. Ott/Döring 2008). Starke Nachhaltigkeit geht von der Unersetzbarkeit von Naturkapitalien durch andere Kapitalarten aus. Das erfordert, so die *Constant Natural Capital Rule* (CNCR), das Maß der Naturkapitalien konstant zu halten (vgl. Ott 2010: 167). Allerdings lassen sich die Erhaltung des Naturkapitals und die des Humankapitals nicht einfach voneinander trennen. Denn es muss beim Konzept der Nachhaltigkeit ein Weiteres berücksichtigt werden, wenn es um die Erhaltung des Naturerbes geht. Dieses setzt nämlich selbst bereits die Erhaltung auch des Human- und Sachkapitals voraus. Denn der Schutz der Umwelt im Hinblick auf Wasser, Boden und Luft ist nur eine notwendige, keine hinreichende Bedingung für den Schutz des Naturerbes. Hierzu gehören auch die auf kulturellen Leistungen aufbauenden Gestaltungspotentiale. Auch kulturelle Leistungen gehören zum ‹Naturerbe›. Die Forderung der Nachhaltigkeit ist mit der ethischen Aufgabe verbunden, das Naturerbe in seinem komplexen Zusammenhang zu wahren. Daher ist sie auch seit den 1980er-Jahren Gegenstand des Rechts, genauer des Umweltvölkerrechts, das auf den umfassenden Schutz des Zusammenhangs von Natur-, Human- und Sachkapital achtet.

Die Vielschichtigkeit des Zusammenhangs von Natur-, Human- und Sachkapital macht deutlich, dass Umweltverantwortung für die jetzt und in Zukunft lebenden Menschen die politische Aufgabe aus sich heraus setzt, auf den Zusammenhang von Umweltschutz mit wissenschaftlich-technischer, wirtschaftlicher sowie sozialer und rechtlicher Entwicklung zu achten. Dies ist aber nur möglich, wenn Umweltethik als interdisziplinäres Aufgabenfeld begriffen wird, das jener Komplexität des Zusammenhangs von Natur-, Human- und Sachkapital gerecht werden kann.

3.2.2. Nachhaltigkeit als interdisziplinäres Aufgabenfeld

Environmental Humanities heißt jenes multidisziplinäre Feld, das sich einer solchen Gesamtaufgabe des Umgangs mit der Komplexität der Nachhaltigkeit zuwendet und dabei eine neue Perspektive einnimmt. Dieses Aufgabenfeld möchte die Geistes- und Sozialwissenschaften einbinden in die technologischen Aufgaben der Verantwortung gegenüber der Umwelt. Es versteht sich als eine Reaktion auf den Vorwurf, dass die Geistes- und Sozialwissenschaften sich bisher bei den Fragen eines verantwortlichen Umgangs mit der Umwelt zurückhalten, und möchte Mensch und Natur zusammenbinden, um einen neuen Denkansatz für Kultur und Ethik daraus zu entwickeln. So geht es nach Harald Welzer nicht an, dass wir uns für die Fragen nach der Bewältigung des Klimawandels allein auf naturwissenschaftliche Studien, Modellrechnungen und Prognosen verlassen, während die Geistes- und Kulturwissenschaften den Anschein vermitteln, als gehörten Phänomene wie Ressourcenkonflikte, Massenemigrationen, Landschaftszerstörungen, Angst, Krieg und Gesellschaftszusammenbrüche nicht in ihren Zuständigkeitsbereich (vgl. Welzer 2007). Die Geisteswissenschaften dürfen die Gesellschaftsgestaltung, die auch technologische Gestaltung einbegreift, nicht der Ökonomie und den Naturwissenschaften überlassen. Indem sie den Menschen als soziales und verantwortliches Wesen wahrnehmen und ihn in seinem Gestaltungsauftrag thematisieren, müssen sie auch die technologischen und ökonomischen Aspekte berücksichtigen.

Diese Zielrichtung des Zusammenbindens von Geistes- und Naturwissenschaften provoziert jedoch oft eine kritische Reaktion: «Why should biologists interested in the environment take the humanities seriously?» (Sörlin 2012). Dabei beantwortet sich diese Frage allein schon durch die Technik selbst, mehr noch durch die Gefahren und Risiken, die mit den modernen Technologien einhergehen und die eine Technikfolgenabschätzung erforderlich machen, in die die Aspekte der Gefährdung für Mensch, Umwelt und Kultur einfließen sollten. Diese können nicht allein durch die Naturwissenschaften erhoben werden. Prognosen über menschliche Lebensformen und Hilfestellung zu deren Gestaltung angesichts der Gefahren sind nicht nur eine Aufgabe für die Naturwissenschaftler, die Meteorologen und die Ökonomen, sondern auch für die Geistes- und Kulturwissenschaftler. Technikfolgenabschätzung muss die negativen – und positiven – Wirkungen einbeziehen, und dazu gehören nicht nur technologische Fragen, sondern auch ökonomische und sozialpolitische sowie ethische Fragen, die sich auf die Umwelt, die (Welt-)Gesellschaft und den Einzelnen beziehen.

3.2.3. Zu den konkreten politischen, ökonomischen, technologischen und ethischen Aufgaben eines nachhaltigen und verantwortlichen Umgangs mit dem Klimawandel

Politik, Wirtschaft und Technologie sind daher bei der Bewältigung und Gestaltung des Klimawandels gefordert, miteinander ökologische, ethisch verantwortbare Leitlinien zu entwickeln. Das Prinzip der Nachhaltigkeit sollte bei der Ausrichtung der umweltpolitischen und -ökonomischen Maßnahmen leitend sein. Es muss im Blick auf Energieversorgung, aber auch vor allem im Blick auf Produktion und Konsummuster berücksichtigt werden. Im Konkreten heißt das: Es kommt auf die Schritte eines jeden von uns an, etwa auf das Energiesparen der Haushalte, die ein großer Faktor des Energieverbrauchs sind. Aber der Schlüssel für die Begrenzung des Klimawandels liegt auf der Ebene der internationalen Klimapolitik. Dies gilt nach wie vor, auch wenn der neue, dritte Teil des neuen fünften Sachberichtes eher zu nationalen, lokalen Maßnahmen rät.

Eine Schlüsselrolle kommt der Energieversorgung zu. Denn an ihr entscheidet sich, inwieweit eine Drosselung der Treibgasemission möglich ist. Dieses Problem muss vorrangig gelöst werden, denn davon hängt die Lösung der anderen Fragen ab. Hier steht vorrangig die Frage, wie ein Umdenken erreicht werden kann, das sich der umweltethischen Verantwortung und ihrer Ausrichtung am Prinzip der Nachhaltigkeit tatsächlich stellt. Erfolgversprechende Maßnahmen sind nicht in der Industrialisierung alten Stils zu finden. Obzwar eine Minderung des CO_2-Gehaltes sowie eine wirksame Begrenzung der globalen Erwärmung das wünschenswerte Ziel des Umgangs mit dem Klimawandel sind, ist auch eine Anpassung an die Veränderung durch den Klimawandel nicht zu vermeiden. Anpassung an den Klimawandel, seine Reduktion ebenso wie die Bekämpfung der Armut können nicht durch traditionelles Wirtschaftswachstum geleistet werden. Die fossilen Energieträger können nicht mehr das Produkt der Wahl sein. Es muss klar sein, welchen Gefahren sich nicht nur die Menschheit, sondern auch die Wirtschaft aussetzt, wenn alles beim Alten bleibt. Gelder der Investoren dürfen nicht in Projekte fließen, die kurzfristige Erträge bringen, etwa wie in Deutschland dank der Energiewende von 2011 in effizientere Kohlekraftwerke, die eine langfristige CO_2-intensive Infrastruktur schaffen und so die Problematik verstärken. Die Entwicklung neuerer Technologien, die eine höhere Energieeffizienz aufweisen können und die gleiche Energiedienstleistung mit wesentlich geringerem Energieeinsatz erreichen können, wäre die geeignete Maßnahme.

Gleichwohl ist die Aussicht auf neue Technologien nicht vorbehaltlos zu begrüßen. Dies gilt vor allem bei solchen Großtechnologien, bei denen sich die Gefahr wiederholt, die schließlich den Klimawandel verursacht hat, nämlich mit schädigenden und irreversiblen Nebenwirkungen verbunden zu sein. Ein Beispiel hierfür ist das Geo-Engineering (vgl. Crutzen 2006). Dieses zielt auf eine Verringerung des Treibhauseffekts, indem es beabsichtigt, den CO_2-Gehalt der Atmosphäre nicht nur zu stabilisieren, sondern ihn auch wieder abzusenken. Das soll durch Konstruktion großer, reflektierender Segel im Weltraum oder das Positionieren von Aluminium-Lametta und die Verbrennung von Schwefel in der oberen Stratosphäre erreicht werden. Man erwartet von diesen technischen Maßnahmen, dass sie das Klima so beeinflussen, dass wieder natürliche Bedingungen herrschen. Aber eine Verbesserung des Klimas mit solchen Maßnahmen, die direkt im Sinne einer technischen Reproduzierbarkeit von vortechnischen Bedingungen in die Natur eingreifen, wie sie das Geo-Engineering darstellt, kann nicht als Wiederherstellung natürlicher Bedingungen im Sinne einer Renaturierung angesehen werden (vgl. Böhme 1992). Sie dienen nicht dem Erhalt des Naturerbes. Solche Maßnahmen sind nämlich, obwohl sie den CO_2-Gehalt gegebenenfalls minimieren, nicht naturbewahrend, sondern sie müssen als massiver Eingriff in die Natur gewertet werden. Das aber hat zur Konsequenz, dass eben auch hier unvorhersehbare Risiken zu einer Heuristik der Furcht und damit gegebenenfalls zum Verzicht auf solche Technologien verpflichten. Deshalb wird das Geo-Engineering bislang eher als problematische und gefahrvolle Technologie angesehen. Darüber hinaus spricht gegen das Geo-Engineering, dass es zusätzlich mit einem hohen Energieaufwand verbunden ist, der gerade im Dienste des Klimaschutzes vermieden werden sollte.

Problematisch ist ebenfalls eine weitere Technologie, die im jüngsten Klimabericht sogar wieder in den Vordergrund gerückt wurde: die Technologie des *Carbon Capture and Storage* (CCS). Diese Technologie soll das bei Kohlekraftwerken entstehende CO_2 abfangen und, bevor es in die Luft gerät, unter der Erde oder im Meer ablagern. Sie beabsichtigt also die Abscheidung von CO2 und dessen Speicherung im Boden. Negativ zu verbuchen ist bei dieser Technologie zunächst, dass auch hier ein erhöhter Energieverbrauch zu erwarten ist. So würde «ein Kraftwerk mit einer CCS Anlage ca. 10–40 % Prozent mehr Energie verbrauchen als ein herkömmliches» (Leggewie / Welzer 2009: 124). Darüber hinaus ist diese Technologie insofern problematisch, als ihre Entwicklung noch in den Anfängen steckt. Es dauert noch einige Zeit, «bevor man wissen kann, wie man CO_2 effizient abscheidet, transportiert und auf Dauer einlagert – wenn dies überhaupt möglich sein sollte» (Kemfert 2011: 210). Daher können auch die mit dieser Technologie verbundenen Gefahren noch keineswegs endgültig abgeschätzt werden. Der Transport mit der Pipeline gilt dabei zwar als sicher, es bestehen aber Ungewissheiten hinsichtlich der Sicherheit der geologischen Lagerung. Sollte sich nämlich eine Lagerstätte als durchlässig erweisen, könnte sie den pH-Wert des Ozeans verändern, eine Versauerung des Meeres herbeiführen und maritime Organismen schädigen. Eine solche Technologie sollte daher allenfalls vorübergehend als Brückentechnologie in Anspruch genommen werden. Zudem wird sie, da sie dazu anhält, weiter fossile Energieträger zu nutzen, ebenfalls dazu verleiten, die technologische Entwicklung auf dem Feld der erneuerbaren Energien zu vernachlässigen.

Der Technologieentwicklung auf dem Feld der erneuerbaren Energien sollte hingegen mehr Raum gegeben werden. Der Ausbau erneuerbarer Energien kann eher dazu beitragen, eine mit geringen CO_2-Emissionen verbundene Energieversorgung zu erreichen. Erneuerbare Energien liefern Energie ohne den Verbrauch fossiler Energieträger und Kernkraft, allein durch Wind, Sonne, Wasser, Biomasse und Geothermie. Solche Quellen sind in großem Umfang vorhanden, und sie sind nachhaltig. Sie können den Ausstieg aus der Kernenergie und den fossilen Energieträgern stabilisieren und damit sowohl ressourcenschonend und klimabewahrend wirken als auch vor den Risiken jener Großtechnologien bewahren. Bis zur Mitte des Jahrhunderts könnte nach optimistischer Schätzung der Anteil erneuerbarer Energien 77 % – vor allem durch Sonnen- und Windenergie – betragen. Für den Ausbau erneuerbarer Energien sind allerdings ökonomische Anreize von Bedeutung. Die Erforschung innovativer Technologien sollte nicht aus Rücksicht auf kurzfristige Unannehmlichkeiten oder mit der Begründung, das Verbrennen von Kohle sei kostengünstiger, verhindert werden. Es muss jedenfalls darauf geachtet werden, dass die ökonomischen Probleme nicht dazu missbraucht werden, der Bewältigung des Klimawandels weniger Aufmerksamkeit zu zollen. Die Wirtschaft könnte vielmehr die Entwicklung neuer Produkte und Verfahren voranbringen, indem sie die wirtschaftliche Wettbewerbsposition in den Dienst des Aufbaus erneuerbarer Energien stellt. Dazu gehört, dass auch stärker in den Netzausbau investiert wird, um nicht mehr auf die Netze der großen Energiekonzerne angewiesen zu sein. Die gängigen Überlegungen, wie erneuerbare Energien in das bisherige Energiesystem einzuspeisen sind, sollten dementsprechend Ideen weichen, die für ein zukünftiges Energiesystem die Frage aufnehmen, wie in ein neues Energiesystem noch herkömmliche Energieträger wie Kernkraft und fossile Energieträger integriert werden müssen. Bereits im *Stern-Report* wurden Berechnungen angestellt, denen zufolge der Klimawandel finanziell umso besser zu verkraften ist, je früher man mit seiner Bewältigung anfängt (vgl. Stern 2009: 53 f.). Dabei muss darauf geachtet werden, dass der technologische Wandel, der gefordert wird, nur in einer funktionierenden Gesellschaft, also in einer Gesellschaft intakter Institutionen technischen Wissens und mit Energieressourcen, möglich ist.

Damit kündigen sich neben politischen, ökonomischen und wissenschaftlichen auch sozialethische Aufgaben an. Zu diesen gehört, dass es für einen Ausbau des Stromnetzes auch auf die Bereitschaft der Bürger ankommt. Wind- und Sonnenenergie zu unterstützen erfordert daher gleichzeitig den Bau von Hochspannungsleitungen und Pumpspeicherbecken zu akzeptieren. Auch die ‹grüne› Technologie der Wind- und Solarenergie hat also ‹Nebenfolgen›. Es wird kaum ausreichen, kleinere dezentrale Energieerzeugungsmethoden zu etablieren. Die Installation dieser Techniken erfordert vielmehr eine flächendeckende Energieversorgung über den Weg von Hochspannungsleitungen, die massiv in das Landschaftsbild eingreifen. Auch wenn die Forschung erfolgreich neue Hochspannungsleitungen entwickelt, die raumsparende supraleitende Materialien vorsieht, mit denen der Energietransport mit wesentlich geringeren Landschaftsbeeinträchtigungen möglich ist, wird es zu Beeinträchtigungen kommen, die von der Bevölkerung mitgetragen werden müssen. Es kommt auch bei der Energiewende darauf an, die technologiepolitischen und ökonomischen Fragen zu Ende zu denken und die Konsequenzen deutlich zu machen. Nur durch ein Zusammenspiel von umweltpolitischen mit ökonomischen und technologischen, aber auch sozialen Initiativen wird sich also das umweltethische Ziel der Nachhaltigkeit durchsetzen lassen.

3.3. Umweltethik im Zeichen globaler Gerechtigkeit

Wenn wir im Zusammenhang des Klimawandels nach Gerechtigkeit fragen, geht es zunächst ganz schlicht um die Frage nach den Lebensverhältnissen für alle Menschen auf dem Erdball, um den gerechten Ausgleich von Nutzen und Lasten menschlicher Handlungsbedingungen und mithin um die Verantwortung der Menschen, angesichts menschengemachter ungerechter Verhältnisse für gerechten Ausgleich zu sorgen. Gerechtigkeit ist ein Integralbegriff, der verschiedene Aspekte impliziert. Neben Freiheit und Gleichheit ist vor allem aus christlicher Perspektive der Gerechtigkeit der Aspekt der Solidarität nicht wegzudenken. Gerechtigkeit ist sowohl auf die Mitwelt als auch auf die Umwelt zu beziehen. Es ist die Tugend der Gerechtigkeit selbst (vgl. Lienkamp 2009: 266), die die ausgewogene Verteilung von Gütern und Rechten auch über die gleichzeitig Lebenden hinaus gebietet – jedenfalls dann, wenn der Mensch immer das über ihn Hinausgehende im Blick hat, das letztlich seine Bestimmung kennzeichnet und ausmacht. Als solche Tugend hat Gerechtigkeit eine das gleichzeitige Miteinander transzendierende Dimension hin auf die Verantwortung gegenüber zukünftigen Generationen, wenn ihre Menschenwürde und Menschenrechte nicht verletzt werden sollen. Denn der Klimawandel bedroht grundlegende Menschenrechte der jetzt lebenden und kommenden Generationen: das Recht auf Leben, auf Nahrung, auf physische und psychische Unversehrtheit, auf Gesundheit, Arbeit, soziale Sicherheit, Eigentum und auf eine intakte Umwelt.

Der Gesichtspunkt der Gerechtigkeit, das heißt des für alle geltenden Menschenrechts und seiner Bedingungen, muss gerade beim Klima beachtet werden. Denn beim Klima handelt es sich um eine klassische ‹Allmende› (vgl. Lienkamp 2009: 55–57), das bedeutet, Klima ist ein gemeinsames Eigentum, das frei genutzt werden können muss. Wenn wir davon ausgehen, dass allen Menschen gleiche Rechte zukommen, müssen globale Gerechtigkeitsmaßstäbe angesetzt werden. Die Ungerechtigkeit besteht im Fall der Klima- und Umweltprobleme darin, dass die Menschen, die den Klimawandel verursacht haben, zwar nicht keine, aber immerhin weniger Lasten zu tragen haben als diejenigen, die wenig oder gar nichts dazu beigetragen haben. Gerade das ist aber nicht zuletzt ein typisches Problem der Allmende. Sie verleitet dazu, sich kurzfristig aus einem gemeinsamen Gut eigenen Nutzen zu verschaffen und insofern aus egoistischen Motiven für sich mehr in Anspruch zu nehmen, als es das allen Gemeinsame erlaubt. Wenn dies nicht als Ungerechtigkeit anerkannt wird oder über sie hinweggegangen wird, dann ist das ein Abwälzen der Folgekosten des vorherrschenden Raubbaus der Industrieländer auf andere. Diejenigen, die für die anthropogenen Veränderungen des Klimas verantwortlich sind, sind keineswegs die Hauptleidtragenden der Veränderung selbst. Das Verursacherprinzip wird also bisher auf den Klimawandel nicht angewandt (vgl. Lienkamp 2009: 325–329). Denn es sind die Regionen Afrikas, Lateinamerikas, Indiens und Ozeaniens, die am meisten mit den Folgen zu kämpfen haben. Für 90 % des Anstiegs der weltweiten CO_2-Emissionen seit 1960 sind aber die Industrie- und Schwellenländer verantwortlich.

Im Zentrum steht somit das Postulat der Gerechtigkeit im Verhältnis zwischen den reichen Ländern des Nordens und den armen Ländern des Südens, zwischen den Armen und Reichen innerhalb der Nationen ebenso wie zwischen Mensch und Natur. Dieses Postulat ist aber selbst problematisch, da im Zusammenhang des Klimaschutzes kein proportionaler Ausgleich gewährt werden darf. Denn letztlich muss angesichts des Klimawandels von den Entwicklungsländern gefordert werden, nicht so zu leben, wie es die Schadensverursacher selbst getan haben. Jedenfalls dürfen sie nicht ebenso viel Treibhausgasemission verursachen, wenn nicht das Überleben der Menschheit insgesamt gefährdet sein soll. Zugleich besteht jedoch das legitime Interesse von Entwicklungsländern, ihre Energiearmut zu überwinden, denn Energiearmut zählt zu den wichtigsten Ursachen absoluter Armut. Den Schwellenländern ist mithin eine angemessene Energiedienstleistung aus der Gerechtigkeitsperspektive nicht vorzuenthalten.

Eine doppelte Ungerechtigkeit zeigt sich hier, die bei allen Fragen des Umgangs mit den Problemen und den Strategien der Bewältigung des Klimawandels mit berücksichtigt werden muss. Gerade die Bekämpfung von Armut und Hunger in den Regionen der südlichen Hemisphäre ist nicht unabhängig von den Fragen des Klimawandels zu lösen, tragen doch die klimatischen Bedingungen entscheidend zu den Voraussetzungen von Hunger und Armut bei. Darüber hinaus sind Wirtschaftswachstum und Güterversorgung an Energie und Ressourcen gebunden, deren Verbrauch wiederum Einfluss auf das Klima haben wird. Wie ist mit diesem Dilemma umzugehen? Kann man hier überhaupt Gerechtigkeit fordern oder muss das zum Überleben Notwendige in anderen Kategorien interpretiert werden? Hier werden jedenfalls die Dimensionen der Verantwortung aufgerufen werden müssen, die über die Reziprozität hinausreichen, nämlich die der Solidarität und des Achtens auf den Anderen, den Nächsten. Kurzsichtigkeit und die Konzentration auf eigene Interessen der jetzt Lebenden gilt es zu vermeiden. Um das optimale Maß an Bewältigung und Anpassung an den Klimawandel zu erreichen, muss Gerechtigkeit also die Solidarität mit einbeziehen.

So sind die Industriestaaten gegenüber den Entwicklungs- und Schwellenländern in einer doppelten moralischen Pflicht. Sie müssen erstens ihren eigenen Ressourcenverbrauch und die klimaschädigenden Treibhausgasemissionen drastisch reduzieren. Zweitens sind sie gegenüber den Entwicklungsländern gehalten, diese bei einem Wirtschaftswachstum zu unterstützen, zugleich aber auf dessen Klimafreundlichkeit zu achten. Klimapolitische Maßnahmen müssen bereits in die Überlegungen zum wirtschaftlichen Aufbau der armen Länder und Regionen implementiert werden. Denn auch in den Entwicklungsländern muss das Wirtschaftswachstum klimaschonend vorangehen, und Ressourcen dürfen auch dort nicht übernutzt werden. Deshalb kommt einer Reduzierung der Entwaldung ebenso wie einer Aufforstung zur Bindung von CO_2, der Renaturierung von Gewässern und der Förderung der Bodenfruchtbarkeit erhöhte Bedeutung zu. Solche Maßnahmen können aber nicht gefordert werden, ohne die wirtschaftliche Leistungsfähigkeit der Staaten in Blick zu nehmen. Denn die Menschen auf der südlichen Hemisphäre sind nicht in der Lage, die Lasten mit ihren ökonomischen Mitteln zu tragen. Es müssen Hilfen für eine umweltfreundliche Energieentwicklung bereitgestellt werden. An die Entwicklungsländer sind klare Zusagen nötig, zusätzliche Kosten für den Klimaschutz mitzufinanzieren. Hier ist an Ausgleichszahlungen zu denken, um die Abholzung des Regenwaldes am Amazonas zu verhindern, oder daran, klimabedingte Migration als Problem anzuerkennen und Hilfe zu leisten. Gerade in den Entwicklungsländern käme durch entsprechende Unterstützung auch dem Ausbau erneuerbarer Energien – also durch Sonne, Wind, Wasser, Biomasse – eine hervorragende Rolle zu. Viele Entwicklungsländer könnten möglicherweise bei entsprechender Unterstützung die Chance ergreifen, das atomare und fossile Energiezeitalter quasi zu überspringen und zu einer ‹solar-vernetzten› Energieversorgung zu gelangen. Eine entschlossene Umorientierung der Industrieländer hätte hier Signalwirkung für viele Entwicklungsländer. Für die Industrieländer heißt das, dass die Maßnahmen zur Regulierung so getroffen werden, dass zunächst ihnen im Blick auf Emissionsreduktion mehr abverlangt wird als den Ländern des Südens. Es muss eine Begrenzung der Emissionen und eine Verteilung nach egalitären Gesichtspunkten bestimmt werden, die die intra-, aber auch die intergenerationelle Gerechtigkeit berücksichtigen können. Die Politik kann Anreize schaffen, etwa durch erhöhte Besteuerung des CO_2-Ausstoßes ebenso wie durch Mengeninstrumente, die mit Emissionshandel Anreize zur Verringerung des CO_2-Ausstoßes schaffen können. Darüber hinaus könnten Klimazertifikate einen erhöhten Bedarf ausgleichen durch Investitionen in erneuerbare Energien und Spartechniken. Als ausgleichende umweltpolitische Maßnahme wäre etwa die Orientierung am Konzept von *Contraction and Convergence* (C&C) (www.gci. org. uk) ein guter Weg, der die Interessen der Entwicklungsländer und zugleich die Bedrohung des Klimawandels berücksichtigen kann. *Contraction* fordert die Einhaltung des Ziels einer Erhöhung von maximal 2 Grad durch eine schnelle und ausreichende Reduktion der Emissionen; *Convergence* fordert die schrittweise Annäherung der Höhe der Emissionen pro Kopf für reiche und arme Länder. Das Resultat wäre eine gerechtere Verteilung der Emissionen pro Kopf der Weltbevölkerung. Um diesen Weg zu bestreiten, bedarf es allerdings großer strategischer Rahmenplanungen, signifikanter finanzieller Förderung des Technologietransfers und der Beratung durch internationale Organisationen wie der WTO, des IWF und der Weltbank. Mit ihrer Hilfe kann es gelingen, wirtschaftliche Entwicklung zu fördern und dennoch am Leitbild nachhaltiger Entwicklung festzuhalten, um die allen gehörende Erde nicht durch Übernutzung und Gefährdung frei verfügbarer Ressourcen zu gefährden. Zeitgleich müssen die Entwicklungsländer selbst für gute politische Rahmenbedingungen sorgen.

Umweltethische Überlegungen erfordern daher politisch-rechtliche Regelungen, die die Gerechtigkeit weltweit in den Blick nehmen und garantieren können. Das Prinzip der Nachhaltigkeit zielt dabei auf die intergenerationelle Dimension und macht deutlich, dass Gerechtigkeit als Solidarität «eine zeitliche Ausdehnung erfährt auf die kommenden Generationen hin» (Nothelle-Wildfeuer 2012: 269).

3.4. Umweltethik im Zeichen intergenerationeller Gerechtigkeit

Gerechtigkeit für die nachfolgenden Generationen und Gerechtigkeit für die jetzt Lebenden bedeutet, dass die Überlebensbedingungen für ein Leben in Würde und Freiheit gesichert werden können. Nicht nur die Würde des Menschen, sondern auch die der Natur ist bedroht und erfordert aktive Bereitschaft zur Verantwortung. Wird die Würde ins Spiel gebracht, präzisiert das die Frage der Gerechtigkeit im Sinne der Menschenrechte als Teilhabe an Freiheit und Gleichheit und im Sinne des Eigenrechts der Natur. Wenn Gerechtigkeit sich auf Würde bezieht, hält sich ihr Verständnis an das biblische Verständnis von Gerechtigkeit, die von der Barmherzigkeit Gottes umfasst wird. Dort wird sie in der Regel nicht im Sinn von Tausch oder Vergeltung, sondern als Gabe verstanden, durch die wir das Nötige empfangen (vgl. Gräb-Schmidt 2012). So verstanden besteht die Verantwortung für Gerechtigkeit im Erhalt der guten Lebensbedingungen für alle in Freiheit und Würde, jetzt und in Zukunft. Das gebietet die Solidarität mit den Mitmenschen. Gerechtigkeit schließt damit unsere Verantwortung und unser Engagement für den Erhalt der notwendigen Überlebensbedingungen der Menschheit und der Natur insgesamt auch für die Zukunft ein, zumindest wenn wir den Menschen selbst verstehen als einen, der nicht für sich allein lebens- und überlebensfähig ist.

Die gegenwärtige Diskussion der Gerechtigkeitsfrage sieht jedoch in der Auffassung, dass zukünftigen Generationen Menschenrechte zuzuerkennen sind, ein Grundproblem. Einwände beziehen sich etwa auf ein nicht identifizierbares Interesse oder Bewusstsein der eigenen Rechte der zukünftig Lebenden oder darauf, dass im Blick auf die zukünftig Lebenden das Verhältnis von Rechten und Pflichten nicht gegeben ist. Dem ist unter anderen mit Klaus Steigleder und Otfried Höffe entgegenzuhalten: Auch gegenwärtige Generationen hatten schon vor ihrer Existenz Rechte gegenüber den Vorfahren, wie sie auch Pflichten gegenüber den kommenden Generationen hatten. Den Künftigen kommt es zu, dass sie den normativen Status, den sie besitzen werden, erhalten (vgl. Steigleder 2006). Höffe spricht von einer phasenverschobenen Gerechtigkeit (Höffe 2007: 87). Es gehe um eine raumzeitliche Interpretation der universalen Menschenrechte, die eine intergenerationelle Gerechtigkeit begründen könne. Auch die pluralen, unterschiedlichen Interessen der jetzt Lebenden führen schließlich nicht zu einer Abkehr von universellen Menschenrechten.

X. UMWELTETHIK

Damit kann dem Einwand nicht identifizierbarer Interessen klar widersprochen werden. Wir brauchen im Sinne der Universalisierbarkeit der Menschenwürde nur unsere jetzt herrschenden Grundbedürfnisse zu extrapolieren. Wohl kaum zweifelhaft können basale Menschenrechte, Rechte auf Grundgüter, das Recht auf Leben und leib-seelische Unversehrtheit sowie ein soziokulturelles Existenzminimum gefordert werden. «Der Ausschluss vom Zugang zur Atmosphäre ist faktisch unmöglich und wäre moralisch nicht zu rechtfertigen. Wohl niemand würde behaupten, dass man an der Atemluft Verfügungsrechte erwerben und besitzen kann. Man kann und darf niemanden ausschließen» (Ott/Döring 2008: 327). Daraus kann man folgern, dass durchaus «auch zukünftige Rechte [...] durch Handlungen in der Gegenwart verletzt werden» können (Unnerstall 1999: 450). Entsprechend erwächst aus den Rechten, die zukünftigen Menschen zuerkannt werden, heute die Pflicht, diese Rechte zu achten und entsprechend zu handeln. Angesichts der drohenden Herausforderung, die der Klimawandel für uns und die zukünftigen Generationen bedeutet, muss also einem skeptischen Zynismus und Defätismus, der von vermeintlich nicht identifizierbaren Interessen und Rechten zukünftiger Generationen ausgeht, strikt entgegengewirkt werden, nicht nur um das Klima zu retten, sondern auch um an Menschenwürde und Gerechtigkeit als Frage nach dem guten Leben auch für die Zukünftigen festhalten zu können.

Gerechtigkeitsfragen für die zukünftig Lebenden sind also von ökologischen Fragen nicht zu trennen. Beispielhaft ist dafür die Einschätzung des Maßes der Naturausnutzung. In diesem Zusammenhang formuliert etwa Herman Daly die *Plim-Soll-Linie*, die darauf achtet, die Biosphäre zu erhalten (vgl. Daly 1999: 76). Wie das Locke'sche *Proviso* soll diese die intergenerationelle Gerechtigkeit im Blick haben. Bei Locke folgt das *Proviso* aus dem Recht aller Menschen an ihrer eigenen Person und an ihrer Arbeitskraft. So viel – und das ebenso gut – wie für uns soll für die Nachwelt übrig bleiben (vgl. Locke 1689/1764: 214) und ihr ein gutes Leben sichern. In der Frage nach dem guten Leben ist dabei Gerechtigkeit aber, etwa nach Harry G. Frankfurt, nicht ohne Weiteres durch Gleichheit zu ersetzen. So kommt es «darauf an, ob Menschen ein gutes Leben führen, und nicht, wie deren Leben relativ zu dem Leben anderer steht» (Frankfurt 2000: 41). Allerdings muss bei solcher Abwägung darauf geachtet werden, dass die ökonomische Frage gegenüber Gleichheitsfragen keinen favorisierten Stellenwert bekommt. Zudem verschärft sich der Gleichheitsaspekt, wenn es um das Klima geht; er wird hier gewissermaßen selbst zur Voraussetzung des guten Lebens. Egalitarismus

3. Aufgabenfelder gegenwärtiger Umweltethik

und Anti-Egalitarismus dienen zwar in der philosophischen Diskussion gleichermaßen als Maßstäbe der Orientierung am guten Leben, aber unter dem Aspekt, dass das Klima den Charakter einer Allmende hat, dass es nur eine Atmosphäre gibt und dass sie ohne unser Zutun und Verdienst uns als Natur zugefallen ist, lässt die Gerechtigkeitsfrage in dieser Hinsicht ethisch nur eine egalitäre Lösung zu, die an der Würde von Mensch und Natur orientiert ist und sich einer monetären Bewertung entzieht. Das Klima gehört zu den Bedingungen des Lebensminimums, die zwar nicht hinreichend, aber notwendig das gute Leben bestimmen.

Wird aber geleugnet, dass Gerechtigkeit an gesellschaftsunabhängigen universalen Prinzipien wie Freiheit, Gleichheit und Solidarität haftet – und zwar alle drei Prinzipien gleichermaßen umfassend –, wird die Orientierung an Gerechtigkeit sich ebenso wenig gegen einen Skeptizismus wie gegen die Forderung ökonomischer Effizienz durchsetzen können. Denn gerade der Skeptizismus, der sich auf die Legitimität von Forderungen seitens zukünftig Lebender bezieht, führt in der Regel dazu, ökonomisch orientierten Lösungsmodellen gegenüber den gerechtigkeitsorientierten den Vorrang zu geben. Da es bei den Fragen von Gerechtigkeit und Nachhaltigkeit auch um die Verteilungs- und Gleichheitsproblematik geht, bestimmen zwar auch ökonomische Aspekte das Verhältnis von Gerechtigkeit und Gleichheit. Das heißt aber nicht – wie einige Ökonomen meinen –, dass nun die Ökonomie die Funktion der Ethik ersetzen könnte, etwa mit dem Argument der Wissenschaftlichkeit. Hiergegen ist festzuhalten, dass sich Wissenschaftlichkeit nicht allein an empirisch überprüfbaren Aussagen bemisst, sondern auch an Begründungszusammenhängen, wie sie die Ethik entfaltet und wie sie die Theorien der Gerechtigkeit in philosophischer oder theologischer Sicht aufweisen. Hingegen stößt die Ökonomie selbst an ihre Grenzen, wenn es um Gerechtigkeitsfragen geht, insofern sie diese mittels ihrer Methodik und ihres Selbstverständnisses immer nur als Präferenzen bestimmen und nur als solche berücksichtigen kann. Mit der Bestimmung von Präferenzen sind aber die gerechtigkeitstheoretischen Bestimmungen keineswegs erfasst. Gerechtigkeitsfragen werden auf diese Weise vielmehr umdefiniert, indem Verteilungsprobleme in Optimierungsprobleme transferiert werden. «Die Suche nach der effizienten intergenerationellen Allokation für eine abstrakte Menschheit, die als Makro-Individuum vorgestellt wird, führt [...] in Paradoxien bzw. zu ‹optimalen› Lösungen, die moralisch inakzeptabel sind, wie etwa der ökonomisch effiziente Weltuntergang» (Ott/Döring 2008: 50).

Am deutlichsten zeigt sich das Defizit ökonomischer Erklärungsleistungen darin, dass die Gerechtigkeitsdebatte in der Ökonomie oft auf eine Neiddebatte reduziert wird. Dies entspricht aber, wie auch die psychologischen Moraluntersuchungen von Lawrence Kohlberg zeigen (Kohlberg 1996), weder der anthropologischen noch der kultur-, religions- und sozialgeschichtlichen Einsicht. Es ist den Menschen an Gerechtigkeit gelegen, und der Ruf nach Gerechtigkeit hat nicht umsonst seine Spuren in den Kulturdokumenten der Menschheit von der griechischen und römischen über die christliche, jüdische und islamische Kultur hinterlassen. Sozialpolitisch hat dieses Streben nach Gerechtigkeit einen wirkmächtigen Ausdruck gefunden, etwa in den neuzeitlichen Revolutionen und Unabhängigkeitsbewegungen. Wichtig erscheint es damit, die unverzichtbare und notwendige Ökonomie als die Domäne, die das Leben und Überleben der Menschen garantieren kann, nicht zu leugnen, sie aber einzubinden in soziale, ethische und ökologische Überlegungen, wie es das interdisziplinäre Feld der genannten *Enviromental Ethics* vorsieht. Dazu gehört, dass die Technologie-, Bildungs- und Wissensressourcen ebenso wie die Kommunikation über die Frage, wie wir leben wollen, seitens der Gesellschaft wachgehalten werden.

Die Orientierung am guten Leben stellt dabei im Anschluss an Martha Nussbaum nicht nur die Einhaltung eines Lebensminimums, sondern auch personale Fähigkeiten und ihre Ausübungsmöglichkeit ins Zentrum der Gerechtigkeitsfrage. Lebensqualität umfasst dann nicht nur die Luft zum Atmen, das Wasser zum Trinken und die Nahrung zum Essen, sondern auch das Recht auf Partizipation, Eigentum und Berufsausübung (vgl. Nussbaum 2006: 77 ff.) und wird an die Ausübung solcher, die Individualität und Personalität bildenden und erhaltenden Fähigkeiten gebunden. In unserem Zusammenhang ist es nun von Bedeutung, dass es zu diesen Fähigkeiten auch gehört, Naturerfahrungen machen zu können. Diese Erfahrung versteht sich nicht nur im Sinne jenes existenzerhaltenden Minimums, sondern dies setzt voraus, Natur nicht nur vom Standpunkt der Instrumentalisierung, sondern in ihrem Eigenwert betrachten zu können. Selbst Anti-Egalitaristen erkennen diese Fähigkeit sogar als primäre Voraussetzung für Lebensqualität an, die allen gleichermaßen zukommen können muss (vgl. Krebs 2000). Infolgedessen muss den zukünftigen Generationen in jedem Fall eine Natur hinterlassen werden, die es neben lebenserhaltenden Grundbedürfnissen und -fähigkeiten ermöglicht, solche Naturerfahrungen zu machen (vgl. Ott/Döring 2008: 87). Hier hat die Substitution der Naturkapitalien ihre (selbst-)erfahrungsbezogene Grenze, die dazu ermahnt, geordnete politische und soziale Strukturen zu schaffen und zu erhalten, die allen jetzt lebenden Menschen auf der Erde ermöglichen, ihre Verantwortung zu tragen, und denen zukünftiger Generationen eine Welt zu überantworten, in der sie ihre Grundbedürfnisse erfüllen können und die Chance erhalten, ein selbstbestimmtes Leben zu führen.

3.5. Umweltethik im Horizont von Schöpfung und Moderne

Die Naturvergessenheit der Theologie in der Moderne zeigt eine anthropozentrische Verengung auch des Schöpfungsglaubens. Eine Revision der Einstellung der Naturausbeutung erfordert eine Wertschätzung der Natur jenseits des Cartesianischen Dualismus, jedoch ohne zugleich die subjektivitätstheoretischen Weichenstellungen der Ethik der Moderne preiszugeben. Nachdem vonseiten der Theologie – auch in scharfer Zurückweisung eines als absolute Verfügungsmacht missverstandenen *dominium terrae* durch Exegese und Rezeptionsgeschichte von Gen 1,21 – deutlich gemacht wurde, dass der Mensch zwar nicht die Natur beherrschen kann, sehr wohl aber für ihre Gestaltung verantwortlich bleibt, kann ein Verhältnis zur Natur zurückgewonnen werden, das ihren Eigenwert berücksichtigt (vgl. auch Stückelberger 2013: 151–157). Das Gelingen dieser Wiedergewinnung eines solchen Naturverhältnisses ist an einen universalen, kosmischen Horizont gebunden. Dieser ermöglicht es, Natur als Ressource zu verstehen, die symbolisch für das Andere auch unseres Geistes steht, der als Geist des Anderen – auch des Anderen der Natur – bedarf, um die Angewiesenheit auf Anderes weiß und diese nicht in eine technische Verwertung einebnet. Natur bleibt vielmehr ein Gegenüber als Erhabenes und Unhintergehbares.

Erst vor dem Hintergrund solcher universaler Bestimmungen können die einzelnen Fragen, die die Umwelt betreffen, wie Artenschutz, die Luft- und Wasserverschmutzung, die Ressourcengewinnung und der Ressourcenverbrauch, die Energie- und Klimadebatte und nicht zuletzt die Gerechtigkeitsfrage, in einen Rahmen gestellt werden, der nicht nur kurzfristige Antworten und Maßnahmen benennt, sondern insgesamt auf die Frage der Ethik nach dem guten Leben bezogen werden kann. Koordinaten eines solchen Universalhorizonts stehen bereits im Begriff der Umweltethik bereit, nämlich indem mit Natur die Umwelt und mit der Ethik die Freiheit thematisch ist.

X. UMWELTETHIK

Dieser Bezug von Natur und Freiheit ermöglicht es, den breiten Graben zwischen Geistes- und Naturwissenschaften und die Kluft zwischen Natur und Geist, Natur und Geschichte überwinden zu können, die es der Ethik schließlich nicht mehr erlaubte, zielorientierte Konkretionen der Überwindung von Naturzerstörung zu entwickeln.

Eine theologische Natur- und Umweltethik muss darüber hinaus auf Natur als Schöpfung reflektieren und hält damit die Endlichkeits-, aber auch die Unbedingtheitsdimension der Freiheit fest, ohne die Ethik zum Funktionalismus und Theologie selbst zu einer Naturwissenschaft regrediere. Die Schöpfung ist daher der zentrale Topos, an dem das Selbstverständnis der Theologie im Gegenüber zu den anderen Wissenschaften explizit wird. Im Rahmen einer Umweltethik als Schöpfungsethik ist jedenfalls weder in ein Welterklärungsmodell wie das der Physik noch in ein Gesetzgebermodell wie das der philosophischen Normenethik noch in ein Naturerklärungsmodell im Sinne der Evolutionstheorie Darwins zurückzufallen. Die theologische Rede von der Schöpfung tritt nicht in Konkurrenz zu naturwissenschaftlichen Weltentstehungskonzeptionen. Solche möglichen Vorurteile gegenüber der Theologie müssen berücksichtigt, aber eben auch gezielt zurückgewiesen werden. Gerade dann kann die Theologie ihre besondere Perspektive zur Geltung bringen. Diese besondere Perspektive der Theologie, die sie für die Umwelt wahrnehmen kann, wurzelt in jener Unbedingtheitsdimension der Freiheit, die aus der Schöpfung – verstanden als *creatio ex nihilo* – entspringt und die als solche nicht gegen die Natur gewendet ist, sondern die mit der Freiheit die Ursprünglichkeit des Anfangs als fortwährender Neuschöpfung gerade auch für die Natur zum Ausdruck zu bringen vermag. Die Unbedingtheits- und Transzendenzdimension hat es mit dem Ursprung zu tun, in dem auch unsere Freiheit wurzelt. Der Anfang der Schöpfung wäre insofern nicht nur zeitlich und räumlich, sondern kategorial zu denken als ‹Anfangen können› (vgl. Arendt 2011: 215). Freiheit ist dann aber nicht nur Freiheit kraft unserer Spontaneität im Sinne Kants, sondern eine Kreativität kraft unseres Hineingenommenseins in die Schöpferkraft Gottes, die uns an ihrer immerwährenden Kreativität teilhaben lässt. Diese Kraft ist es letztlich, die unsere Freiheit als Freiheit gerade im Naturzusammenhang zu begründen und zu erhalten vermag, ohne dessen Eigenwert und seine Ordnung je durchbrechen zu müssen. Der Gedanke der Schöpfung erlaubt es vielmehr, Ordnungszusammenhänge aus einer an Transzendenz orientierten Perspektive wahrzunehmen, die gerade so einen Gesamtzusammenhang der Perspektiven erschließt, der auf die je einzelnen Sichtweisen ausstrahlt. Solchermaßen Natur zu erfahren erschließt in eins mit dem Verständnis des Menschen den Eigenwert der Natur. Das Verständnis von Natur als Schöpfung erlaubt es, an einen kosmologischen Ordnungszusammenhang anzuschließen, für den die Natur steht und dessen Ursprung als Freiheit zu begreifen ist.

Mit der Hinwendung zur Natur ändern sich aber auch Stellung und Funktion der Ethik innerhalb der Theologie. Es wird jetzt klar, dass durch die Beachtung der Natur nicht nur ein Ausschnitt der Ethik betroffen ist, dem sich die theologische Ethik nun im Sinne einer Bereichsethik zuwenden muss, sondern dass jetzt mit dieser Aufgabe insgesamt der Ethik ein nicht mehr zu vernachlässigender Stellenwert in der Theologie gebührt, und zwar nicht nur wegen der anstehenden Fragen und Probleme des Überlebens der Menschheit, sondern auch im Blick auf das Selbstverständnis des Menschen im Ganzen. Nur unter Einbezug der ethischen Dimension des Glaubens wird nämlich die *conditio humana* in ihrer Endlichkeit und Sündenbestimmtheit begreiflich und fordert dazu auf, Verantwortung im theologischen Horizont der Versöhnung zu denken, der Freiheit und Schuld in der Vergebung zusammen bestehen lassen kann.

Unter verantwortungsethischer Perspektive kann damit der Begriff der Versöhnung deutlich machen, warum Schöpfung und Natur zu unterscheiden sind. Es handelt sich bei ihnen nicht einfach um unterschiedliche Perspektiven auf die Welt, die einmal mit und einmal ohne den Gottesbezug thematisiert würden, sondern die Natur ist immer auch Teil des Schöpfungsverständnisses, damit aber zugleich auch Teil des Versöhnungs- und Erlösungsverständnisses der christlichen Theologie. Das bedeutet, dass die Hinwendung zur Natur selbst schöpfungstheologisch zu verantworten beziehungsweise deren Unterlassen zu rechtfertigen ist. Die Natur muss also – das hat Bonhoeffer (1998) richtig gesehen – nicht nur auf die Protologie, sondern auch auf die Soteriologie und nicht zuletzt auch auf die Eschatologie bezogen werden. Sie umgreift das ganze Verständnis des Verhältnisses von Gott und Mensch. Und sie tut dies in einer Weise, die deutlich macht, dass das Verhältnis zwischen Gott und Mensch nicht ohne das Verhältnis zur Welt zu klären ist. Im Verhältnis zur Natur drückt sich damit auch die Welthaftigkeit der Theologie aus. Die Welt gehört zum Menschsein dazu, ebenso wie zu Gott hinsichtlich seines Verhältnisses zu uns. Natur im Horizont von Schöpfung und Versöhnung weist als solche auf den Zusammenhang hin, den Gott als ‹gut› (Gen 1) bezeichnet und auch nach dem Sündenfall als erhaltenswert erachtet hat. So hat er es im Zeichen des Regenbogens an Noah kundgetan: «Solange die Erde steht, soll nicht aufhören Saat und Ernte, Frost und Hitze, Sommer und Winter, Tag und Nacht» (Gen 8,22). Die Versöhnung tritt selbst in den Dienst dieser Schöpfungsbotschaft, indem sie den neuen Menschen, die neue Kreatur, an diesen Gedanken der Schöpfung zurückbindet. Die umweltethischen Herausforderungen und die damit verbundenen Aufgaben sind aus christlicher Perspektive vor dem Hintergrund dieser Bedingungen menschlicher Verantwortung anzunehmen, die die Koordinaten schöpfungs- und versöhnungsbestimmten Handelns im Auge behält.

4. LITERATUR

Agius, Emmanuel: Intergenerational justice, in: Joerg Chet Tremmel (Hg.): Handbook of intergenerational justice, Cheltenham/Northampton MA 2006, 317–332.
Altner, Günter (Hg.): Ökologische Theologie. Perspektiven zur Orientierung, Stuttgart 1989.
Amery, Carl: Das Ende der Vorsehung. Die gnadenlosen Folgen des Christentums, Hamburg 1972.
Arendt, Hannah: Vita activa oder Vom tätigen Leben, 10. Aufl. München/Zürich 2011.
Bayertz, Kurt (Hg.): Verantwortung – Prinzip oder Problem?, Darmstadt 1995.
Beck, Ulrich: Risikogesellschaft. Auf dem Weg in eine andere Moderne, Frankfurt am Main 1986.
Bedford-Strohm, Heinrich (Hg.): Und Gott sah, dass es gut war. Schöpfung und Endlichkeit im Zeitalter der Klimakatastrophe, Neukirchen-Vluyn 2009.
Benjamin, Walter: Illuminationen. Ausgewählte Schriften, Bd. 1, Frankfurt am Main 1980.
Beuttler, Ulrich: Gottesgewissheit in der relativen Welt, Stuttgart 2006.
Birnbacher, Dieter: Verantwortung für zukünftige Generationen, Stuttgart 1988.
Böhme, Gernot/Böhme, Hartmut: Das Andere der Vernunft. Zur Entwicklung von Rationalitätsstrukturen am Beispiel Kants, Frankfurt am Main 1983.
Ders.: Natürlich Natur. Über Natur im Zeitalter ihrer technischen Reproduzierbarkeit, Frankfurt am Main 1992.
Bonhoeffer, Dietrich: Ethik (DBW 6), 2., überarb. Aufl. Gütersloh 1998.
Brundtland-Bericht: Report of the World Commission on Environment and Development: Our Common Future, 1987, unter: http://www.un-documents.net/our-common-future.pdf (30. 05. 2014).
Carlowitz, Hannß Carl von: Sylvicultura Oeconomica: Haußwirthliche Nachricht

und Naturmäßige Anweisung zur Wilden Baum-Zucht, Reprint der 2. Leipzig 1732, Remagen-Oberwinter 2009.
Contraction and Convergence (C&C), Global Commons Institute (GCI), unter: www.gci.org.uk (30. 05. 2014).
Crutzen, Paul J./Stoermer, Eugene F.: The Anthropocene, in: Global Change Newsletter 41 (2000), 17–18.
Ders.: Albedo Enhancement by Stratospheric Sulfur Injections. A Contribution to Resolve a Policy Dilemma?, in: Climatic Change 77 (2006), 211–219.
Daecke, Sigurd Martin: Auf dem Weg zu einer praktischen Theologie der Natur, in: Klaus M. Meyer-Abich (Hg.): Frieden mit der Natur, Freiburg i. Br. 1979, 262–285.
Daly, Herman E.: Wirtschaft jenseits von Wachstum, Salzburg 1999.
Descartes, René: Die Prinzipien der Philosophie (1644), in: René Descartes' philosophische Werke. Dritte Abtheilung, hg. und übers. von Julius H. von Kirchmann, Berlin 1870.
Dryzek, John S./Norgaard, Richard B./Schlosberg, David S.: Climate Change and Society. Approaches and Responses, in: Dies. (Hg.): The Oxford Handbook of Climate Change and Society, Oxford 2013, 3–17.
Dies. (Hg.): The Oxford Handbook of Climate Change and Society, Oxford 2013.
Egan-Krieger, Tanja von/Ott, Konrad/Voget, Lieske: Der Schutz des Naturerbes als Postulat der Zukunftsverantwortung, in: Aus Politik und Zeitgeschichte 24 (2007), 10–17.
Eser, Uta: Einschluss statt Ausgrenzung. Menschen und Natur in der Umweltethik, in: Markus Düwell/Klaus Steigleder (Hg.): Bioethik. Eine Einführung, Frankfurt am Main 2003, 344–353.
Evangelische Kirche in Deutschland/Deutsche Bischofskonferenz (Hg.): Verantwortung wahrnehmen für die Schöpfung. Gemeinsame Erklärung, hg. vom Kirchenamt der EKD und dem Sekretariat der DBK, Gütersloh 1985 (EKD/DBK 1985).
Evangelische Kirche in Deutschland (Hg.): Umkehr zum Leben. Nachhaltige Entwicklung im Zeichen des Klimawandels. Eine Denkschrift des Rates der EKD, Gütersloh 2009 (EKD 2009).
Frankfurt, Harry: Gleichheit und Achtung, in: Angelika Krebs (Hg.): Gleichheit oder Gerechtigkeit. Texte der neuen Egalitarismuskritik, Frankfurt am Main 2000, 38–49.
Frey, Christofer: Theologie und Ethik der Schöpfung. Ein Überblick. Heinz Eduard Tödt zum 70. Geburtstag, in: Zeitschrift für Evangelische Ethik 32 (1988), 47–59.
Friedman, Thomas L.: Was zu tun ist. Eine Agenda für das 21. Jahrhundert, Frankfurt am Main 2009.
Fuchs, Thomas/Schwarzkopf, Grit: Verantwortlichkeit – nur eine Illusion?, Heidelberg 2010.
Gabriel, Markus: Der Neue Realismus, Frankfurt am Main 2014.
Gehlen, Arnold: Urmensch und Spätkultur. Philosophische Ergebnisse und Aussagen, hg. von Karl-Siegbert Rehberg, 6. Aufl. Frankfurt am Main 2004.
Gorke, Martin: Artensterben. Von der ökologischen Theorie zum Eigenwert der Natur, Stuttgart 1999.

Gosepath, Stefan: Gleiche Gerechtigkeit. Grundlagen eines liberalen Egalitarismus, Frankfurt am Main 2004.

Gräb-Schmidt, Elisabeth: Erkenntnistheorie und Glaube. Karl Heims Theorie der Glaubensgewißheit vor dem Hintergrund seiner Auseinandersetzung mit dem philosophischen Ansatz Edmund Husserls, Berlin/New York 1994.

Dies.: Gerechtigkeit und Globalisierung, in: Hans-Georg Babke/Andreas Fritzsche (Hg.): Gerechtigkeit ein globaler Wert, München 2003, 152–162.

Dies.: Gerechtigkeit als Horizontbegriff der Ethik, in: Tim Unger (Hg.): Zum Glauben reizen. Mission und Glaubensvermittlung in der postsäkularen Gesellschaft, Hannover 2011, 250–266.

Dies.: Gerechtigkeit systematisch-theologisch, in: Markus Witte (Hg.): Gerechtigkeit, Tübingen 2012, 125–155.

Grassl, Hartmut: Art. Klimaveränderung, in: Lexikon der Bioethik, Bd. 2, Gütersloh 1998, 392–396.

Ders.: Art. Treibhauseffekt, in: Lexikon der Bioethik, Bd. 3, Gütersloh 1998, 606–608.

Hartlieb, Elisabeth: Natur als Schöpfung, Frankfurt am Main 1996.

Heidegger, Martin: Sein und Zeit, Tübingen 1967.

Heim, Karl: Der evangelische Glaube und das Denken der Gegenwart. Grundzüge einer christlichen Lebensanschauung, 6 Bde., Berlin 1931–1958.

Herder, Johann Gottfried von: Abhandlung über den Ursprung der Sprache, Berlin 1772.

Herms, Eilert: Technikrisiken – Zum Beispiel Kernenergie, in: Ders.: Zusammenleben im Widerstreit der Weltanschauungen, Tübingen 2007, 247–267.

Höffe, Otfried: Sittlich-politische Diskurse. Philosophische Grundlagen, politische Ethik, biomedizinische Ethik, Frankfurt am Main 1981.

Ders.: Praktische Philosophie. Das Modell des Aristoteles, 2. Aufl. Berlin 1996.

Ders.: Gerechtigkeit. Eine philosophische Einführung, 3. Aufl. München 2007.

Hübner, Jürgen (Hg.): Der Dialog zwischen Theologie und Naturwissenschaft. Ein bibliographischer Bericht, München 1987.

Illies, Christian: Philosophische Anthropologie im biologischen Zeitalter. Zur Konvergenz von Moral und Natur, 2. Aufl. Frankfurt am Main 2009.

IPCC-Bericht: Fünfter Sachstandsbericht des IPCC. Teilbericht 1. Wissenschaftliche Grundlagen. Kernbotschaften des Berichts, hg. vom Bundesumweltministerium (BMU), vom Bundesforschungsministerium (BMBF), dem Umweltbundesamt (UBA) und der Deutschen IPCC-Koordinierungsstelle (De-IPCC), 8. 10. 2013, unter: http://www.umweltbundesamt.de/sites/default/files/medien/376/dokumente/kernbotschaften_des_fuenften_sachstandsberichts_des_ipcc.pdf (24. 09. 2014).

IPCC-Bericht: Fünfter Sachstandsbericht des IPCC. Teilbericht 3. Minderung des Klimawandels. Kernbotschaften des Berichts, hg. vom Bundesumweltministerium (BMU), vom Bundesforschungsministerium (BMBF), dem Umweltbundesamt (UBA) und der Deutschen IPCC-Koordinierungsstelle (De-IPCC), 26. 05. 2014, unter: http://www.umweltbundesamt.de/sites/default/files/medien/376/dokumente/fuenfter_sachstandsbericht_des_ipcc_teilbericht_3_minderung_des_klimawandels_aktualisierung.pdf (24. 09. 2014).

Jonas, Hans: Technology and Responsibility. Reflections on the New Tasks of Ethics, in: Social Research 40/1 (1973), 31–54.

Ders.: Das Prinzip Verantwortung. Versuch einer Ethik für die technologische Zivilisation, Frankfurt am Main 1979.

Kant, Immanuel: Eine Vorlesung über Ethik (1756/57), hg. von Gerd Gerhardt, Frankfurt am Main 1990.

Kemfert, Claudia: Szenario Energie. Vision und Wirklichkeit, in: Harald Welzer/Klaus Wiegandt (Hg.): Perspektiven einer nachhaltigen Entwicklung. Wie sieht die Welt von morgen aus?, Frankfurt am Main 2011, 205–222.

Kohlberg, Lawrence: Die Psychologie der Moralentwicklung, Frankfurt am Main 1996.

Krebs, Angelika: Naturethik im Überblick, in: Dies. (Hg.): Naturethik. Grundtexte der gegenwärtigen tier- und ökoethischen Diskussion, Frankfurt am Main 1997, 337–379.

Dies.: Die neue Egalitarismuskritik im Überblick, in: Dies. (Hg.): Gleichheit oder Gerechtigkeit. Texte der neuen Egalitarismuskritik, Frankfurt am Main 2000, 7–37.

Leggewie, Claus/Welzer, Harald: Das Ende der Welt, wie wir sie kannten. Klima, Zukunft und die Chancen der Demokratie, Frankfurt am Main 2009.

Lévinas, Emmanuel: Totalität und Unendlichkeit. Versuch über die Exteriorität (Totalité et Infinité. Essai sur l'Extériorité 1961), Freiburg i. Br./München 1987.

Liedke, Gerhard: Im Bauch des Fisches. Ökologische Theologie, Stuttgart 1979.

Lienkamp, Andreas: Klimawandel und Gerechtigkeit. Eine Ethik der Nachhaltigkeit in christlicher Perspektive, Paderborn 2009.

Link, Christian: Der Mensch als Geschöpf und als Schöpfer, in: Jürgen Moltmann (Hg.): Versöhnung mit der Natur, München 1986, 15–47.

Locke, John: Two Treatises of Government (1689), hg. von Thomas Hollis, London 1764.

Meyer-Abich, Klaus M. (Hg.): Frieden mit der Natur, Freiburg i. Br. u. a. 1979.

Midgley, Mary: The End of Anthropocentrism?, in: Robin Attfield/Andrew Belsey (Hg.): Philosophy and the Natural Environment, Cambridge 1994, 103–112.

Moltmann, Jürgen: Gott in der Schöpfung. Ökologische Schöpfungslehre, München 1985.

Naess, Arne: The Shallow and the Deep. Long-Range Ecology Movement. A Summary, in: Inquiry 16/1 (1973), 95–100.

Ders.: Die tiefenökologische Bewegung. Einige philosophische Aspekte, in: Angelika Krebs (Hg.): Naturethik. Grundtexte der gegenwärtigen tier- und ökoethischen Diskussion, Frankfurt am Main 1997, 182–210.

Nietzsche, Friedrich: Jenseits von Gut und Böse (1886), in: Nietzsche. Werke. Krit. Gesamtausg., 6. Abt., Bd. 2, hg. von Giorgo Colli/Mazzino Montinari, Berlin/New York 1968.

Nothelle-Wildfeuer, Ursula: Einführung in die christliche Sozialethik, in: Karlheinz

X. UMWELTETHIK

Ruhstorfer (Hg.): Systematische Theologie. Theologie studieren. Modul 3, Stuttgart 2012, 233–285.
Nussbaum, Martha: Frontiers of Justice. Disability, Nationality, Species Membership, Cambridge, MA/London 2006.
Ott, Konrad/Döring, Ralf: Theorie und Praxis starker Nachhaltigkeit, Marburg 2008.
Ders.: Umweltethik zur Einführung, Hamburg 2010.
Pannenberg, Wolfhart: Schöpfungstheologie und moderne Naturwissenschaft, in: Hermann Deuser u. a. (Hg.): Gottes Zukunft – Zukunft der Welt. Festschrift für Jürgen Moltmann zum 60. Geburtstag, München 1986, 276–291.
Passmore, John A.: Man's Responsibility for Nature. Ecological Problems and Western Traditions, London 1974.
Picht, Georg: Der Begriff der Verantwortung, in: Ders.: Wahrheit – Vernunft – Verantwortung. Philosophische Studien, Stuttgart 1969, 318–342.
Ders.: Zum philosophischen Begriff der Ethik, in: Ders.: Hier und jetzt: philosophieren nach Auschwitz und Hiroshima, Bd. 1, Stuttgart 1980, 137–161.
Platon: Theaitetos (Theait), übers. von Friedrich Schleiermacher, in: Platon. Werke, Bd. 6, hg. von Gunther Eigler, Darmstadt 1970.
Plessner, Helmuth: Die Stufen des Organischen und der Mensch. Einleitung in die philosophische Anthropologie, 3. Aufl. Berlin 1975.
Rahmenübereinkommen der Vereinten Nationen über Klimaänderungen, 1992, unter: http://www.unfccc.int/resource/docs/convkp/convger.pdf (30. 05. 2014).
Rawls, John: A Theory of Justice, Cambridge, MA/London 1971.
Rolston III, Holmes: Environmental Ethics. Duties to and Values in the Natural World, Philadelphia 1988.
Rousseau, Jean-Jacques: Abhandlung über den Ursprung und die Grundlagen der Ungleichheit unter den Menschen (1755), hg. u. übers. von Philipp Rippel, Ditzingen 1998.
Scheler, Max: Die Stellung des Menschen im Kosmos, 16. Aufl. Bonn 2005.
Schönwiese, Christian-Dietrich: Klimatologie, 2. Aufl. Stuttgart 2003.
Schweitzer, Albert: Kultur und Ethik. Sonderausgabe mit Einschluss von «Verfall und Wiederaufbau der Kultur», München 1960.
Singer, Peter: Die Befreiung der Tiere. (Animal Liberation 1975), Reinbek 1996.
Sörlin, Sverker: Environmental Humanities: Why Should Biologists Interested in the Environment Take the Humanities Seriously?, in: BioScience 62/9 (2012), 788–789, unter: http://bioscience.oxfordjournals.org/content/62/9/788.full (30. 05. 2014).
Steigleder, Klaus: Zwischen Tagespolitik und Politik für zukünftige Generationen, Bochum 2006, unter: http://www.ruhr-uni-bochum.de/philosophy/mam/ethik/content/steigleder-future_generations.pdf (30. 05. 2014).
Stern, Nicholas: Der Global Deal. Wie wir dem Klimawandel begegnen und ein neues Zeitalter von Wachstum und Wohlstand schaffen, München 2009.
Stone, Christopher D.: Should Trees Have Standing? Toward Legal Rights for Natural Objects, Los Altos, CA 1974.
Stückelberger, Christoph: Zur Perspektive der Systematischen Theologie, in: Thorsten

Moos / Hans Diefenbacher (Hg.): Schöpfung bewahren – theologische Ethik der Ökologie im interdisziplinären Gespräch, Heidelberg 2013, 147–177.

Trillhaas, Wolfgang: Ethik, 3., neu bearb. und erw. Aufl. Berlin 1970.

Unnerstall, Herwig: Rechte zukünftiger Generationen, Würzburg 1999.

Waldenfels, Bernhard: Schattenrisse der Moral, Frankfurt am Main 2006.

Weber, Max: Wissenschaft als Beruf (1917 / 19), in: Max Weber. Schriften 1894–1922, hg. von Dirk Kaesler, Stuttgart 2002, 474–511.

Weizsäcker, Carl Friedrich von: Der Garten des Menschlichen. Beiträge zur geschichtlichen Anthropologie, München 1977.

Welzer, Harald: Die Verkürzung mentaler Bremswege als Aufgabe der Geisteswissenschaften, in: Aus Politik und Zeitgeschichte 46 (2007), 3–5.

Ders.: Klimakriege. Wofür im 21. Jahrhundert getötet wird, Frankfurt am Main 2008.

White, Lynn: Die historischen Ursachen unserer ökologischen Krise, in: Michael Lohmann (Hg.): Gefährdete Zukunft. Prognosen angloamerikanischer Wissenschaftler, München 1970, 20–29.

Williams, Bernard: Muß Sorge um die Umwelt vom Menschen ausgehen?, in: Angelika Krebs (Hg.): Naturethik. Grundtexte der gegenwärtigen tier- und ökoethischen Diskussion, Frankfurt am Main 1997, 296–306.

PERSONENREGISTER

Ach, Johann S. 95, 97
Adler, Elisabeth 320
Agar, Nicholas 622
Ahlmann, Frank 37
Albertz, Rainer 91
Albrecht, Günter 553
Alexy, Robert 133, 154
Althaus, Paul 214, 269
Altner, Günter 596, 669
Ambrosius von Mailand 25
Amelung, Eberhard 629
Amery, Carl 668
Anscombe, Elizabeth 43
Anselm, Reiner 230, 244, 489, 530, 535
Antonovsky, Aaron 564
Arendt, Hannah 167, 592, 702
Aristoteles 15, 20, 22, 33, 39–41, 94, 112, 145, 160, 267, 296, 356, 592, 614, 655, 663, 670
Asheim, Ivar 42
Augustinus 34 f., 50, 131, 144–146, 460, 472, 475, 478, 614
Austin, John 131

Badura, Jens 98
Bahr, Petra 157, 432
Bainbridge, William Sims 638
Baranzke, Heike 605, 607
Baron, Marcia 24
Bartelheimer, Peter 310
Barth, Hans-Martin 148, 615
Barth, Karl 23, 45, 61–68, 79, 86, 211, 213, 215 f., 219 f., 224, 226, 230, 236, 239, 302, 348, 350, 417, 419, 565, 601, 607 f.
Bartholomäus, Wolfgang 462
Bartmann, Peter 49, 89
Bauer, Thomas 535
Baumgarten, Otto 339
Bayertz, Kurt 80, 95, 293, 343, 671
Beauchamp, Tom 99, 525
Beck, Ulrich 209, 652
Bedford-Strohm, Heinrich 161, 249, 302, 360, 524, 669
Behrens, Gerold 349, 390
Bender, Wolfgang 112
Benjamin, Walter 652
Bentham, Jeremy 35–38, 82, 172, 595
Berlin, Isaiah 246, 284
Berman, Harold J. 128, 135
Berman, Sheri 249
Beuttler, Ulrich 667
Beyme, Klaus von 249
Birkner, Hans-Joachim 59
Bismarck, Klaus von 382
Blanke, Fritz 607
Bleisch, Barbara 112, 116 f.
Blumenberg, Hans 132
Böckenförde, Ernst Wolfgang 145, 148, 165, 224
Böckle, Franz 106
Böhme, Gernot 572, 606, 690
Bollenbeck, Georg 411, 414, 442
Boltanski, Luc 544
Bonhoeffer, Dietrich 53, 78, 80, 94, 110,

183, 222, 227, 363, 412, 468, 530, 547, 556,
  666 f., 703
Borchers, Dagmar 42
Bourdieu, Pierre 273, 275, 404
Brakelmann, Günter 357
Brandt, Richard B. 67
Brandt, Torsten 274
Braun, Matthias 566
Bredekamp, Horst 430
Brenner, Andreas 589, 593, 606, 613,
  621–623, 634
Brunkhorst, Hauke 288, 291–293
Brunner, Emil 269, 301
Buber, Martin 564
Burda, Hubert 429
Busch, Andreas 346, 370, 376

Calixt, Georg 22
Calvin, Johannes 22, 147, 203 f., 217 f., 350
Carey, Nessa 542
Carlowitz, Hannß Carl von 686
Casanova, José 235
Cassirer, Ernst 419
Castel, Robert 311
Childress, James F. 99, 525
Cicero 25, 103, 145
Claudy, Tobias 461
Cobb, John B. jr. 625
Crüsemann, Frank 86, 350, 353 f.
Crutzen, Paul J. 652, 690

Dabrock, Peter 299, 313, 317, 344, 360,
  529, 531 f., 534, 557 f., 560, 564–566, 571,
  640 f.
Daecke, Sigurd Martin 669
Dallmann, Hans-Ulrich 319
Daly, Herman E. 698
Daly, Todd T. W. 571
Daneau, Lambert 22
Daniels, Norman 100, 525
Darwin, Charles 605, 655, 702
Denkhaus, Ruth 560
Descartes, René 594, 599, 666, 668

Dibelius, Otto 220
Dietze, Constantin von 366, 369
Dietzfelbinger, Daniel 342
Dihle, Albrecht 87
Dominian, Jack 462 f.
Döring, Ralf 687, 698–700
Dörre, Klaus 311
Dreier, Ralf 128, 190
Dryzek, John S. 681
Duchrow, Ulrich 50, 112
Duns Scotus, Johannes 46, 146
Durkheim, Emile 287 f., 290
Düwell, Marcus 588, 597, 606
Dworkin, Ronald 137, 178, 283

Ebach, Jürgen 362
Ebeling, Gerhard 76 f.
Ebert, Theodor 41
Egan-Krieger, Tanja von 687
Elert, Werner 214, 269, 417
Epping, Volker 156
Erikson, Erik H. 88
Eser, Uta 658
Esping-Andersen, Gøsta 307
Etzelmüller, Gregor 142, 147
Eucken, Walter 367, 369
Eurich, Johannes 318, 320 f., 564

Feinstein, Leon 317
Fichte, Johann Gottlieb 208, 594
Fischer, Johannes 17, 89, 99–101, 110 f.,
  526, 543, 607
Fischer, Peter 637 f.
Fletcher, Joseph 98
Florschütz, Gottlieb 423
Forst, Rainer 287, 303, 318
Frankena, William K. 16, 24, 284
Frankfurt, Harry G. 284 f., 698
Franz von Assisi 614
Frevert, Ute 419
Frey, Christofer 71, 593, 595, 601, 668
Friedman, Thomas L. 682
Frieß, Michael 555

Fuchs, Michael 572
Fuchs, Thomas 675
Fulcher, James 370, 374

Gabriel, Markus 657
Galilei, Galileo 655
Gauthier, David 32
Gebauer, Gunter 421
Gehlen, Arnold 612, 661
Geißler, Theo 432
Gerhard, Johann 202
Gerhardt, Paul 621
Gerhardt, Volker 128, 167, 531
Gewirth, Alan 108
Geyer, Hans-Georg 69
Giddens, Anthony 268, 372
Gilligan, Carol 17, 547
Goethe, Johann Wolfgang von 468, 621
Gogarten, Friedrich 214
Gorke, Martin 658
Gosepath, Stefan 285 f., 311, 679 f.
Graafland, Johan 385
Gräb, Wilhelm 419
Gräb-Schmidt, Elisabeth 667, 697
Graf, Friedrich Wilhelm 53, 135, 231, 415, 418, 523, 526
Grassl, Hartmut 683
Greiner, William J. 128
Grewel, Hans 540
Grosz, George 432–435
Grotefeld, Stefan 231, 527
Grotius, Hugo 131, 149
Grözinger, Albrecht 419

Haas, M. Ernst G. 553
Habermas, Jürgen 16, 21, 32, 137, 116 f., 234, 237, 247, 249, 258, 269, 522, 543, 554, 601 f., 628 f.
Hacke, Jens 224
Halbig, Christoph 43
Haller, Gret 241
Haller, Martin 405
Hansen, Ursula 391 f.

Haraway, Donna 570
Hardy, Alister 612
Härle, Wilfried 112, 529, 531, 540, 615 f.
Hartlieb, Elisabeth 667 f.
Hartmann, Nicolai 33
Haspel, Michael 76
Hauerwas, Stanley 44
Hauff, Volker 625
Hayek, Friedrich August von 276, 278 f., 312
Heckel, Martin 187
Hegel, Georg Wilhelm Friedrich 54, 136, 173 f., 208, 221, 242, 273, 413
Heidegger, Martin 660
Heim, Karl 417, 666 f.
Heimann, Eduard 359
Heimbucher, Martin 64
Heinig, Hans Michael 157, 188, 311, 434
Heitmeyer, Wilhelm 319
Hengsbach, Friedhelm 311, 340, 386
Henke, Winfried 166
Hennies, Wilhelm 82
Herder, Johann Gottfried von 661
Herms, Eilert 89, 137, 342, 673
Hirsch, Emanuel 214
Hobbes, Thomas 32, 172, 205 f., 208
Hoerster, Norbert 606
Höffe, Otfried 14, 26, 30, 35–38, 112, 116, 175, 652, 664, 697
Hofheinz, Marco 548
Holl, Karl 79
Holmes, Oliver Wendell 130
Homann, Karl 341
Honecker, Martin 19 f., 43, 269, 301, 335, 362
Honneth, Axel 172, 198, 318
Horn, Christoph 107
Howe, Günter 230
Hradil, Stephan 315
Huber, Wolfgang 16, 80, 85, 102, 111, 128, 131, 137, 140, 144, 149, 154, 160, 167, 178, 183, 188, 220, 227, 280, 282, 287, 302, 352 f., 511, 533, 538, 540, 542 f., 548

Hübner, Jörg 362, 366, 371, 376, 378, 390 f.
Hübner, Jürgen 668
Huizinga, Johann 421
Hume, David 594
Huntington, Samuel Philips 411
Huppenbauer, Markus 112, 116

Illies, Christian 661
Ilting, Karl-Heinz 144
Inacker, Michael J. 230
Irrgang, Bernhard 596 f.

Jablonowski, Harry W. 383
Jähnichen, Traugott 282, 336, 342 f., 345 f., 360, 365, 389
Jesus Christus, Jesus von Nazareth 42, 53, 62, 64–66, 76, 90, 156, 182, 350, 471, 479, 481, 490 f., 506 f., 511, 528, 547, 552, 566, 577, 613
Joas, Hans 83, 93, 151, 157, 159, 422, 528
Joest, Wilfried 42
Johannes Paul II. (Papst) 540, 545, 548, 614
Johnson, Bo 301
Jolie, Angelina 567
Jonas, Hans 81, 362, 486 f., 596, 601, 652 f., 664, 669, 672 f.
Jonsen, Albert R. 97
Jordan, Hermann 212
Jüngel, Eberhard 47, 77, 79, 547

Kahane, Guy 569
Kallhoff, Angela 606, 621–624
Kant, Immanuel 23, 26–32, 39, 54, 70, 73, 75, 77 f., 88, 94, 96, 103 f., 110, 136, 150, 156, 172 f., 178, 206–208, 221, 233, 247, 283, 295, 347, 465, 594, 602 f., 606, 617, 634, 655 f., 666, 702
Katterle, Siegfried 382
Kaufmann, Franz-Xaver 80, 371–373
Keil, Siegfried 489
Kelsen, Hans 131 f.
Kemfert, Claudia 691

Kepplinger, Hans Mathias 436
Kermani, Navid 409
Kersting, Wolfgang 103, 279 f.
Kirchhof, Paul 153
Kirmß, Paul 415
Klinnert, Lars 529, 574
Koch, Klaus 533 f., 554
Kohlberg, Lawrence 17, 700
Kohler-Weiß, Christiane 545–548
Kohlmann, Ulrich 605
Korff, Wilhelm 627 f.
Körner, Swen 570
Korsch, Dietrich 51
Körtner, Ulrich H. J. 344, 532, 534, 538, 589
Krämer, Hans 71
Krebs, Angelika 284 f., 596, 651, 659, 700
Kreß, Hartmut 137, 150, 157, 170, 495, 543, 555, 565, 568, 607, 645
Kronauer, Martin 309
Kruip, Gerhard 536
Kuhlmann, Helga 19
Kuhse, Helga 598
Küng, Hans 14
Künneth, Walter 417

LaFleur, William R. 572
Lämmermann, Godwin 463
Lange, Dietz 112, 208
Leggewie, Claus 691
Lehmann, Hartmut 203
Lenk, Christian 526, 569
Leo XIII. (Papst) 268, 326
Lerch, Achim 363
Lévinas, Emmanuel 680 f.
Liechti, Martin 606
Liedke, Gerhard 669
Lienemann, Wolfgang 231
Lienkamp, Andreas 625, 628, 693 f.
Liessmann, Konrad Paul 443
Link, Christian 669
Locke, John 32, 172, 698
Lohmann, Friedrich 148

Löhnig, Martin 230
Lorenz, Eckehart 252
Lorenz, Konrad 588
Lösche, Peter 251
Lotter, Marie-Sibylla 419
Lovelock, James E. 615
Luhmann, Niklas 130, 364, 524
Luther, Henning 512
Luther, Martin 22, 42, 45–53, 62, 67, 77–79, 89 f., 112, 147 f., 189, 199–201, 227, 304, 350, 387 f., 412, 442, 460, 463, 470 f., 473–475, 478, 482 f., 497, 506, 595, 600
Lüthi, Kurt 461

Maar, Christa 429
Maio, Giovanni 548
Mandry, Christoph 71
Mannheim, Karl 222
Manow, Philipp 282
Marckmann, Georg 566
Margalit, Avishai 536
Martens, Rudolf 311
Martensen, Hans-Lassen 413
Maßmann, Alexander 68
McIntyre, Alasdair 44
McPherson, Crawford B. 353
Mead, Margaret 455, 516
Meckenstock, Günther 334, 348, 361
Meireis, Torsten 273, 282, 300, 302, 313–315, 321, 356 f., 389 f.
Melanchthon, Philipp 22, 25, 147, 442, 444
Mendelssohn, Moses 149
Merkel, Angela 439
Metz, Johann Baptist 534
Meulen, Ruud ter 569
Meyer, Thomas 237
Meyer-Abich, Klaus Michael 596, 669
Meyer-Drawe, Käte 442
Meyer-Stiens, Lüder 557
Midgley, Mary 658
Mill, John Stuart 37, 172, 313, 603
Mitchell, Joylon 438

Mohammed (Prophet) 407, 434
Möhring-Hesse, Matthias 307
Möllers, Christoph 211, 410
Moltmann, Jürgen 610, 615, 669
Montesquieu, Charles 175
Moore, George Edward 594
Morozov, Evgeny 441
Moxter, Michael 54, 132, 157, 403, 419
Mückenberger, Ulrich 310
Müller, Hans-Peter 288
Müller, Jan-Werner 224
Müller, Michael 379 f.
Müller, Oliver 571
Müller, Sabine 560
Müller-Armack, Alfred 366–369
Münch, Richard 444
Münk, Hans Jürgen 625
Munsonius, Hendrik 188

Naess, Arne 658, 669
Nagl-Docekal, Herta 19
Nassehi, Armin 309, 438, 441
Naumann, Friedrich 339, 383
Nell-Breuning, Oswald von 288–290, 375
Newton, Isaak 655
Nida-Rümelin, Julian 19, 645
Niebuhr, Richard 80, 417
Nietzsche, Friedrich 414, 570, 593, 595, 598, 661
Noah 357, 610, 703
Nothelle-Wildfeuer, Ursula 696
Nozick, Robert 276, 279
Nunner-Winkler, Gertrud 17
Nussbaum, Martha C. 44, 137, 162 f., 277, 293, 296–298, 300, 303, 317, 606, 700
Nutzinger, Hans G. 363
Nygren, Anders 302

Ockham, Wilhelm von 46, 146
Oettingen, Alexander von 268
Offe, Claus 271
Oldham, Joseph H. 457

Ooyen, Robert Chr. van 225
Oschmiansky, Frank 311
Ott, Konrad 645, 660, 687, 698–700
Otto, Eckart 86, 143, 480
Overbeck, Franz 414, 416

Pannenberg, Wolfhart 34, 90, 421, 669
Passmore, John A. 670, 680
Pauer-Studer, Herlinde 19
Paugam, Serge 308
Paulus (Apostel) 77 f., 92, 145, 177, 201, 350, 387, 471, 481, 489 f., 495, 610 f.
Peterson Armour, Marilyn 182
Petrus (Apostel) 471
Peuckert, Rüdiger 486
Pfordten, Dietmar von der 129, 137
Picht, Georg 80, 654 f., 657, 661 f., 673–676
Pickett, Kate 308
Pieper, Annemarie 19 f.
Pieper, Josef 41
Platon 33 f., 39, 41, 145, 267, 662
Plessner, Helmuth 417, 591, 661
Pogge, Thomas 313
Pollack, Detlef 235
Praetorius, Ina 19, 540, 545
Prainsack, Barbara 640, 642
Preisner, Mareike 230
Pretty, Diane 553
Protagoras 661–663
Pufendorf, Samuel 131, 149

Radbruch, Gustav 133, 176
Ragaz, Leonhard 351
Rapp, Christof 41
Rawls, John 31 f., 99, 137, 161–163, 172 f., 176, 230, 245 f., 268, 276 f., 283, 287, 293–296, 298, 301, 303, 312, 344, 366, 531, 680
Regan, Tom 596, 606
Rehmann-Sutter, Christoph 542, 639 f.
Rendtorff, Trutz 23, 53, 220, 241, 251, 282, 351, 418, 438, 504, 543
Reuter, Hans-Richard 54, 83, 87, 127 f., 137, 158, 179, 183, 185, 282, 336, 398

Rheingold, Howard 440
Rich, Arthur 76, 89, 112, 232, 335, 341 f., 345, 365, 374 f., 379, 463
Ricken, Friedo 109
Ricoeur, Paul 71–75, 79, 85 f., 302, 394
Ried, Jens 566, 640 f.
Riedel, Manfred 137
Rieger, Hans-Martin 511, 564 f.
Ringeling, Hermann 476 f.
Ritschl, Albrecht 53, 413
Ritter, Gerhard A. 215, 307
Ritter, Joachim 224
Roco, Mihail C. 638
Rohe, Matthias 143
Rolston, Holmes 658
Röpke, Wilhelm 366–368, 393
Ropohl, Günter 343
Rosenzweig, Franz 86
Ross, David 104
Rössler, Dietrich 564
Roth, Michael 461
Rothe, Hartmut 166
Rothe, Richard 23, 413
Rousseau, Jean-Jacques 32, 291, 666
Rüstow, Alexander 351, 366–369

Samson 552
Sandel, Michael J. 571
Sartre, Jean-Paul 102
Saul (König) 552
Savulescu, Julian 569
Scarano, Nico 17
Schaarschuch, Wolfgang 311
Schäfers, Michael 112
Schardien, Stefanie 529, 555, 570 f.
Scharffenorth, Gerta 148
Scheler, Max 661
Scheliha, Arnulf von 227
Schildmann, Jan 566
Schimank, Uwe 12
Schleiermacher, Friedrich Daniel Ernst 23 f., 45, 54–59, 61, 84, 208, 413, 435, 442
Schlemmer, Thomas 230

Schmid, Michael 288
Schmidt, Gunter 464
Schmitt, Carl 131
Schneider, Hans 153
Schockenhoff, Eberhard 41, 103 f., 106, 166, 405, 616 f., 619 f.
Scholtz, Gunter 56
Schönwiese, Christian-Dietrich 684
Schopenhauer, Arthur 593, 595
Schrader, Ulf 391 f.
Schrage, Wolfgang 302, 350
Schulten, Thorsten 274
Schulz, Walter 11
Schulze, Alexander 315
Schumann, Eva 169
Schumpeter, Joseph A. 223, 338 f.
Schwarz, Reinhard 51
Schwarzkopf, Grit 675
Schweitzer, Albert 593, 595 f., 598–601, 603, 605, 607, 615, 666
Schweitzer, Wolfgang 232
Seeberg, Reinhold 222
Seiler, Stefan 353
Sen, Amartya 108, 137, 162 f., 276, 281, 283 f., 296 f., 303, 317, 356, 358, 360, 409
Sennett, Richard 322
Shewmon, Alan 560
Shimazono, Susumu 572
Sidgwick, Henry 38
Siep, Ludwig 18, 100, 116
Sigusch, Volkmar 460, 465, 467
Singer, Marcus George 28
Singer, Peter 38, 596, 598, 601–604, 658, 670
Sinner, Rudolf von 231
Smend, Rudolf 225
Smith, Adam 38, 337, 348–350
Snowden, Edward 439
Sofky, Wolfgang 430
Sophokles 145
Sörlin, Sverker 688
Spaemann, Robert 167, 540
Staehle, Wolfgang H. 346

Stehr, Nico 390 f.
Steigleder, Klaus 697
Steinvorth, Ulrich 288, 293
Stern, Nicholas 692
Stigler, George J. 334
Stock, Konrad 89, 93
Stoecker, Ralf 560
Stoellger, Philipp 556
Stoermer, Eugene F. 652
Stone, Christopher D. 670
Strohm, Christoph 135
Stückelberger, Christoph 701
Sünker, Heinz 443
Surall, Frank 471, 501

Tanner, Klaus 92, 145, 211, 227 f.
Taupitz, Jochen 575
Taylor, Charles 82 f., 246, 276, 280 f., 412
Teilhard de Chardin, Marie-Joseph Pierre 615
Teutsch, Gotthard M. 616
Thielemann, Ulrich 385
Thielicke, Helmut 227, 269, 301, 347, 476
Thomas von Aquin 41, 45, 77, 105, 108, 146, 614
Thomas, Günter 438
Thomasius, Christian 131, 149
Tillich, Paul 78, 223, 416 f., 419
Tödt, Heinz Eduard 80, 112, 116, 221–223, 227
Toulmin, Stephen 97
Traub, Gottfried 336, 375
Trewavas, Anthony 622
Trillhaas, Wolfgang 220, 413, 417 f., 667
Troeltsch, Ernst 23, 47, 52 f., 61, 205, 212 f., 221–223, 242, 335, 338, 414 f.

Uhlhorn, Gerhard 348
Ullrich, Wolfgang 428
Ulrich, Peter 340, 342, 385 f.
Umbreit, Marc 182
Unger, Rainer 315

Unnerstall, Herwig 698
Urmson, James O. 37

Vollmann, Jochen 566
Vöneky, Silja 134, 154, 164
Vossenkuhl, Wilhelm 594

Waal, Frans de 588
Wagner, Falk 341
Waldenfels, Bernhard 531, 657
Waldhoff, Christian 188
Walzer, Michael 106, 176, 277, 293, 299 f.
Watrin, Christian 381
Weber, Max 35, 81 f., 336, 339, 343, 345, 388 f., 669
Wedemeyer, Maria von 468
Wegner, Gerhard 338 f., 387, 389
Weizsäcker, Carl Friedrich von 669
Welker, Michael 137, 142, 147
Welzer, Harald 685, 688, 691
Wendland, Heinz-Dietrich 221–223, 269, 382
Westermann, Claus 347
Weth, Rudolf 64

White, Lynn 668
Wieland, Joseph 386
Wieland, Wolfgang 80
Wilkinson, Richard 308
Williams, Bernard 659
Williamson, Oliver E. 385
Wils, Jean-Pierre 435
Winkler, Heinrich August 144, 155
Wischnath, Rolf 252
Witte, Egbert 442
Witte, John jr. 135
Wolf, Ernst 77, 223 f., 269, 301
Wolf, Jean-Claude 596
Wolf, Ursula 596
Wolff, Hans Walter 350
Wuketits, Franz M. 611

Xenokrates 654

Zeh, Juli 439
Zhao, Huimin 639
Zimmermann, Olaf 432
Zoll, Rainer 287
Zwingli, Huldrich 203

SACHREGISTER

Affekt 39 f., 42, 46, 49, 60, 72, 91–93, 405, 435, 466, 469, 528, 532, 564
Alleinerziehende 309 f., 485, 494 f., 498 f., 564 f.
Allmende 693–699
Alter 210, 305 f., 311 f., 362, 391, 418, 424, 428, 458, 480, 508–513
Anerkennung 128, 136–138, 171, 177, 183, 185–187, 252, 267–274, 276, 286, 292, 299, 303 f., 306, 318–322, 344, 347 f., 352, 357, 364 f., 426 f., 494, 522, 529, 531 f., 535, 540, 658
Anerkennungschancen 267, 270–274, 304
Anonymität 437
Ansbacher Ratschlag 215
Anthropologie 11, 71, 82, 245, 342, 417, 421, 461, 511 f., 530, 547, 611, 639, 641, 661, 664
Anthropozentrik 596 f., 601–605, 608, 615, 628, 653, 657–660, 666
Arbeit 65 f., 156, 173 f., 271, 287–289, 305–312, 337–339, 346 f., 355–361, 371 f., 374, 381–383, 387–392, 461, 483 f., 487, 509, 512, 698
Arbeitslosigkeit 309, 335, 358, 488
Arbeitsmarkt 13, 156, 305, 307, 309, 358, 360, 442, 444, 488
Arbeitsrecht 174, 267, 381, 389
Armut 162, 306–313, 319, 360, 422, 460, 498, 509, 661 f., 671, 684, 689, 694
Armutsrisiko 309, 311, 314
Aufklärung 20, 62, 136, 155 f., 178, 198, 207, 209, 213, 215, 236, 247, 254, 287, 388 f., 414 f.

Autonomie 20–22, 29 f., 54, 63, 73, 85–87, 136, 150, 153, 156, 283, 286, 318 f., 427, 477, 521, 525, 552, 672, 676 f. (*s. a.* Selbstbestimmung)
Autorität 15, 20, 76 f., 86, 143, 153, 160, 178, 184, 198, 203, 470, 475, 480, 482, 523

Barmer Theologische Erklärung 149, 214, 252
Barmherzigkeit 161, 301 f., 321, 349, 507, 595, 697
Bedürfnis 30, 36, 83, 277, 298 f., 303, 316, 351, 363, 387, 500 f., 590, 613, 618–620, 624 f., 657, 661–664 (*s. a.* Grundbedürfnisse)
Bedürfnisgerechtigkeit 298, 311, 313
Bedürfnisprinzip 277
Beeinträchtigung 169, 273, 308, 319–321, 499, 505, 550, 567, 603, 617, 623, 633, 692
Befähigung 41 f., 70, 91, 247, 273 f., 303, 306, 313–318, 320, 322, 430, 534, 565
Befähigungsgerechtigkeit 313, 316 f., 430
Behindertenrechtskonvention der UN (*Convention on the Rights of Persons with Disabilities and Optional Protocol*) 444, 550
Behinderung 111, 159, 320 f., 424, 521, 534, 550 f., 564–566, 573 f., 576
Beruf 51, 140 f., 227, 282, 314, 336, 387–390, 442 f., 473 f., 593, 700
Berufsausbildung 315, 383, 442
Berufsethos 115 f., 388 f., 437
Beschneidung 168, 220, 434, 437
Beteiligung 8, 13, 110, 152, 163, 249, 268,

271 f., 274, 277, 287, 292, 303, 306, 310–312, 314 f., 318, 320–322, 358, 430, 437, 500–503, 577
Beteiligungsgerechtigkeit 160, 273 f., 285, 296, 303, 311–313, 320–322
Bevölkerungswachstum 624, 652
Bilder 404–406, 418, 428–430, 432–435
Bildkonflikt 432–435
Bildung 198, 203, 234, 247, 268, 272, 298, 314–318, 322, 369, 413 f., 418–420, 431 f., 436, 438, 441–445, 488, 498, 542, 556, 568, 656, 700
Bildungsbürgertum 414, 416
Bildungsethik 442, 444
Bildungsgerechtigkeit 404
Bildungsinstitutionen, -system, -wesen 233 f., 243, 270–273, 296, 298, 306, 314 f., 317, 413, 443 f.
Bildungspolitik 442, 444
Biodiversität 363, 621, 624–628
Bioethik 19, 99, 164 f., 198, 269, 404, 521, 524, 526–528, 533–539, 543, 545 f., 549, 559, 561, 569, 573–575, 577, 587 f., 591 f., 594–596, 601, 604, 606, 609, 616, 626, 630, 636 f., 639
Biologie 462, 541, 543, 574, 591–594, 609, 611, 636 f., 639–642, 662
– synthetische 637–641
Biopatente 626, 634–636
Biopolitik 520 f., 523, 536 f.
Biorecht 520, 537 f.
bios 592 f.
Biozentrisch 596, 598, 604–606, 618, 626, 628, 658
Brüderlichkeit 277, 287, 291
Bürger 66, 130, 138–141, 152 f., 157, 179, 185, 188, 198, 205 f., 208 f., 214, 223 f., 226–229, 232, 234, 244, 246–248, 250, 258, 275, 291 f., 318 f. (s. a. Weltbürger)
Bürgerethik 139–141
Bürgerfreundschaft 291
Bürgergemeinde 66 f., 216 f.
Bürgerpflicht 273

Bürgerrechte 136, 154, 158, 209, 246, 253, 572
Bürgerschaft 50, 144
Bürgertum 200, 293, 414, 416

capability approach 277
Chancen 172, 270–274, 276, 281, 296–298, 306, 310, 314, 316 f., 360, 369, 422, 569
Chancengleichheit 32, 234, 295 f., 316 f., 356, 369
Chaos 67, 198, 200 f., 216, 677
Charisma 387
Compliance-Regeln 437
conditio humana 570, 653, 703
Convention on the Rights of Persons with Disabilities and Optional Protocol s. Behindertenrechtskonvention der UN
Converging Technologies 591, 638–640

decent maximum, minimum 313, 322
Dekalog 22, 25, 46 f., 48 f., 62 f., 76, 86, 142, 203, 301, 353 f., 362, 473, 480, 506
Demenz 424, 428, 479, 537, 556 f., 561
Demographischer Wandel 431, 445, 458, 508
Demokratie 67, 186, 197 f., 209, 216, 218, 220 f., 223–229, 231–234, 237, 240, 242, 245–251, 253–256, 281, 291–294, 366 f., 414, 417, 437, 440, 537, 572, 631, 633
Deontologie 26, 29, 36, 54, 110, 114, 546
Dezisionismus 131 f.
Dilemma 101, 103, 110 f., 385, 429, 574 f., 594
Diskretion 441
Diskriminierung 159, 188, 272, 318–320, 426, 493, 495, 499, 512, 519, 525, 568
Diskursethik 31 f., 464 f.
Dogmatik 22–24, 61–64, 199, 614 f., 629
dominium terrae 454, 668, 678, 701
Doping 426, 568–570
Doppelwirkung 105–107
Drei-Ständelehre 51, 473

Egalitarismus 285, 529, 698 f.
- egalitär 156 f., 205, 209, 224, 245, 292, 296, 424, 481, 696, 698
Ehe 52 f., 60, 135, 139, 148, 173 f., 240, 269, 309, 319, 455–460, 470–479, 481, 484 f., 487 f., 491–498, 506–508, 557
- als Institution 475–477, 503, 506
Ehekonflikte 433–467, 476
Eherecht 467, 472, 476 f., 484
Ehrfurcht 595 f., 598–601, 603, 605, 607 f., 615 f., 627, 640, 662–666
Ehrfurcht vor dem Leben 595, 598–601, 603, 605, 607 f., 615, 640, 666
Eigengesetzlichkeit 52, 64, 211 f., 339 f.
Eigeninteresse 31 f., 41, 43, 87 f., 91, 93, 225, 248, 337, 351, 366, 383, 588, 660
Eigennutz 38, 348, 351, 381
Eigentum(srecht) 55, 109, 138, 140, 173 f., 179, 269, 278 f., 280, 290, 300, 307, 352–355, 361, 364 f., 376, 381, 562, 636 f., 693, 700
Eltern 111, 168, 307, 314 f., 362, 409, 422, 431, 443, 457, 467 f., 470, 473, 480–482, 484–489, 495, 500 f., 503 f., 510, 543, 549, 601
Embryo 75, 100, 139, 165–170, 519, 521, 537, 541 f., 544, 548–550, 598, 603, 622
Empfängnisverhütung 167, 504 f.
Energie 257, 272, 379 f., 593, 632, 671, 681, 683, 686, 689–692, 694 f., 701
- erneuerbare 691 f., 695 f.
- fossile 652, 684, 690–692, 695
enhancement 569–571, 601, 638
Enthaltsamkeit 207, 460, 462 f., 495, 497, 504
Entwicklungspolitik 244
Ermächtigung 131, 220, 274, 303
Erotik 461, 465–469, 477
Ethik
- analytische 17
- angewandte, konkrete 18 f., 94–96, 98, 100, 594, 638

- Begriff der 18, 35, 81 f., 268 f., 334, 410, 428, 457, 587 f., 592, 638, 653 f., 669, 701
- deskriptive 16 f., 336
- feministische 19, 43
- integrative 12, 71, 74, 80, 605
- normative 16 f., 56, 129, 336, 341
- philosophische 20, 22, 24, 54 f., 58 f., 61, 67, 96, 102, 134, 621, 702
- politische 19, 44, 67, 139 f., 197, 204, 210–232, 234–258, 267–271, 408
- des Sozialen 265, 267, 270 f., 273 f., 276, 283 f., 293, 301, 304 f., 322
- theologische 20–24, 59, 61, 63, 67, 69–71, 82, 134, 136–138, 189, 222 f., 227, 231, 236, 413, 417 f., 454, 457, 460 f., 463, 466, 512, 524, 527 f., 533–535, 537, 539, 543, 546, 549, 558 f., 561, 565, 573, 594–596, 602, 621, 625, 703
Ethos 14–17, 20 f., 24, 41, 44, 61, 65, 71, 75 f., 77–79, 86–89, 93, 97 f., 100, 109, 113, 138, 141, 185, 189, 274, 318, 336, 342, 352, 366, 383 f., 387–389, 413, 436 f., 480 f., 487, 528 f., 543, 554 (s. a. Standesethos; Weltethos)
- des Sprechens 406, 410, 436
Evangelium 46–50, 52, 62–64, 66–68, 78 f., 88, 148, 201, 220, 230, 471, 525, 529
Evolution 593–595, 611, 615, 628 f., 641, 677
Evolutionstheorie 595, 611, 655, 667, 680, 702
Exklusion 250, 308, 404, 410

Familie 56, 86, 139, 144, 289, 358, 435, 443, 455–458, 467–470, 473 f., 476, 479–489, 493 f., 498–501, 503–505, 509 f., 547
Feindesliebe 293, 350, 469
Fertilisation 540–543, 548 f.
Finanzmärkte 258, 365, 371–379
Folgenkriterium 35–37
Forschung 7, 100, 167–170, 406, 416, 418, 519, 537, 572–577, 590, 619, 631, 639, 664, 692

Fortschritt, wissenschaftlich-technischer 14, 237, 362, 508, 523, 541, 641 f., 652 f., 667, 669
Fortschrittsglaube 526, 652
Frau(en) 13, 67, 111, 139, 148, 174, 233, 247, 306, 308 f., 311, 315, 319, 455, 459, 462, 471–477, 483 f., 487–489, 498 f., 506 f., 544–548, 550 f.
Freiheit
– christliche, eines Christenmenschen 47 f., 79, 352, 442, 463 f., 470, 477, 492, 503, 533 f.
– gemeinschaftliche (intersubjektive) 237–242, 244, 291–293
– geschöpfliche 63 f., 84–86, 304, 702
– individuelle 237–242, 255, 276, 291–293, 353, 355 f., 410, 415, 468–470
– kommunikative 85, 282, 360, 533
– menschliche 72 f., 84–86, 154 f., 158, 227–229, 232–235, 303 f., 352–356, 359 f., 365–367, 421, 653, 660–665, 670, 674–679, 697
– negative 172, 210, 277 f., 280–282, 312
– positive 210, 276 f., 281 f.
– wirtschaftliche 353, 367, 390
Freiheitsbegriff 276–282
Freiheitspotential 671
Freiheitsprinzip 295–297
Freiheitsrechte 66, 177, 179, 227, 242, 246, 270, 275, 279 f., 282, 296, 355, 364, 366
Freiheitsstrafe 179, 181 f.
Freizeit 422, 425, 461, 483, 499, 511, 568, 617, 620
Freundschaft 30, 99, 291, 319, 405, 456, 466, 468–470, 510
Frieden 66, 68, 93, 139, 149, 158, 161, 202, 214, 383, 406, 434, 615, 655, 668, 678, 684
Fundamentalethik 18
Fundamentalismus 21, 95, 236
Fundamentismus 95 f., 98, 100
Fürsorge 43, 71 f., 75, 81, 99, 166, 203, 234, 351, 354, 484, 486, 521, 534, 537 f., 551–553, 558, 616

Gabe 63, 84 f., 92, 162, 304, 387, 394, 412, 418, 464, 479, 497, 530, 547, 555, 562, 577, 640, 662, 697
Gaia-Theorie 615
Ganzheitlichkeit 12, 432, 461–464, 466, 469 f., 478, 491 f., 597
Gattungsethik 601 f.
Gebote 15, 25 f., 30, 37, 46, 49, 51 f., 62–65, 79, 85–88, 95 f., 98, 103, 110, 142, 174, 187, 214, 290, 298, 301, 320 f., 347 f., 350 f., 359, 364, 461, 479, 482, 489, 547, 576 f.
Gebotsethik 25, 43, 546
Geburt 165, 167, 388 f., 419, 486, 493 f., 505, 513, 521, 540, 547–550
Gedächtnis 403 f., 474, 598, 622
Gefühl 43, 58, 60 f., 73, 83, 280, 286, 349, 419, 421, 425, 433, 435, 440, 539
Geheimnis 426, 440 f., 472, 474, 529, 538 f., 542
Geist 50, 59 f., 90, 92–94, 114, 203 f., 207, 209, 219 f., 403, 415, 424, 474, 532, 565, 592, 612, 653, 655, 701 f.
Geisteswissenschaften 407, 592, 640, 688 f., 702
Geld 13, 173, 299, 307, 372, 376 f., 425, 428, 460, 505, 690
Gemeinde 60, 65–67, 76, 204 f., 213 f., 216 f., 222, 224, 430, 468, 471 f., 481
Gemeinschaft 44, 52, 161, 198, 208 f., 228 f., 238–240, 288–293, 299, 302, 318–320, 348, 352 f., 408, 418, 440, 466, 468, 478–485, 495, 506, 526
Gemeinschaftstreue 301, 360, 533 f.
Gemeinwesen, politisches 44, 67, 113, 215, 318
Gemeinwohl 38, 187, 205, 225, 229, 249, 289 f., 351, 366, 381–383, 559, 631 f.
Gender 19, 273, 454 f.
Generationen 158, 313, 322, 361–364, 458, 486, 508, 625 f., 651 f., 666, 673, 679, 685, 693, 696–698, 700 f.
Genetik 168 f., 312, 504, 519, 525,

721

541 f., 550, 566–568, 590, 601, 636, 640
Gentechnik 621, 628, 630–634, 636 f., 639–641
Gerechtigkeit 31, 38, 40–43, 47 f., 67 f., 103, 112, 128, 130, 133 f., 145, 153, 160–163, 173, 175–178, 185, 234, 284, 288, 290 f., 293 f., 297–302, 304, 313, 317, 322, 352, 356 f., 358–360, 365, 470, 505, 521 f., 525, 559, 603, 668, 678–680, 682, 693–700 (*s. a.* Befähigungsgerechtigkeit; Beteiligungsgerechtigkeit; Gemeinschaftstreue; Tausch, Tauschgerechtigkeit)
– biblisches Verständnis 88, 90, 161 f., 301 f., 533, 697
– Gerechtigkeitstheorien 31, 137, 162 f., 176, 277, 279, 283, 294, 296, 299, 301, 680, 699
– globale 693
– Gottes 42, 65, 88, 137, 162, 301 f.
– intra-, intergenerationelle 625 f., 674, 696–698
– *iustitia legalis, correctiva* 160, 163
– und Rechtsprechung 176
– soziale 160, 237, 267, 269, 276 f., 279, 290, 293 f., 300, 303 f., 311 f., 360, 366, 383
Geschlecht 19, 312, 315, 319 f., 404, 424, 454–456, 470, 490, 498
Gesellschaftsentwicklung 61, 82, 163, 254, 256, 279, 335 f., 457 f., 625
Gesellschaftsvertrag 172, 206, 283, 294 f.
Gesetz 25 f., 28–31, 43–47, 49 f., 52, 62–64, 67 f., 73, 77–79, 85–89, 92, 96, 110–112, 116, 129–130, 133, 142, 144–147, 150, 152 f., 161 f., 169, 172, 177, 185, 188, 206, 220, 290, 292, 338 f., 476, 503, 525, 558, 563, 593, 613, 618, 655
– Gebrauch (*usus legis*) 46 f., 50, 63 f., 147
– göttliches (*lex divina*) 45 f., 92, 147
– natürliches (*lex naturalis*) 45–47, 64, 77, 145 f.

Gesetzgebung 29, 131 f., 170, 188, 234, 345, 358, 381 f., 544, 548
Gesinnungsethik 81 f., 343
Gesundheit 27, 44, 109, 168 f., 297, 404, 418, 423, 500, 511, 525, 533, 564–567, 590, 631–633, 638, 693
Gewaltmonopol, staatliches 151 f., 182, 184, 243
Gewissen 50, 52, 77–79, 136, 145, 203, 281, 441, 497, 547, 602
Glaube 41 f., 47–52, 58 f., 64, 66, 79 f., 84 f., 92 f., 162, 177, 186 f., 223, 230, 235 f., 238 f., 242, 252, 282, 304, 340, 361 f., 388, 530 f., 547, 552, 566, 616
Gleichheit 54, 67, 74, 90, 133 f., 150, 152, 157 f., 172, 228 f., 232, 247, 252, 267, 276, 283–287, 291, 293, 295, 299, 307, 321, 356, 471, 473, 477, 481, 487, 502 f., 601, 603, 693, 697–699
Globalisierung 7, 13 f., 137–139, 237, 256, 365, 370–374, 379, 386, 443
Glück(seligkeit) 12, 30 f., 33–39, 54, 70, 131, 155, 349, 603, 605
Gnade 41 f., 47, 53, 62 f., 67, 79, 147, 156, 162, 200, 213, 216, 302
Goldene Regel 47, 87–89, 146, 351
Gott *s.* Gerechtigkeit Gottes; Mensch und Gott; Menschwerdung Gottes; Reich Gottes
Gottebenbildlichkeit 82, 84 f., 90 f., 100, 110, 114, 154, 347 f., 442, 477, 512, 529–532, 604, 616, 641
Gottes Gebot 30, 34 f., 62–64, 67 f., 86, 607
Gottes Geist 203
Gottes Wille 30, 65, 92, 94 f., 202 f., 208, 219, 457
Grundbedürfnisse 308, 619, 698 f., 701
Grundrechte 167 f., 355, 441, 488, 492
Gut, das Gute 15, 25, 27, 31, 33–35, 41–46, 49, 69–72, 75, 83–85, 87, 90–93, 103 f., 207 f., 232, 280, 286, 297 f., 304, 321, 421, 428, 462, 467, 656, 664, 680

Gut, Güter 39, 43, 81, 94, 101 f., 105, 111, 114 f., 216, 222, 239, 269 f., 272–277, 284, 290, 294, 299 f., 305 f., 308, 310, 312–314, 318, 337, 339, 355 f., 359–363, 374, 381, 388, 408, 412, 415, 431, 460, 474, 482, 507, 536 f., 607, 693 f.
- höchstes Gut 34 f., 54, 57, 59, 70, 82–84

Güterabwägung 107, 110, 608, 620, 627, 631 f.

Güterethik, -lehre 24 f., 33, 39, 54–56, 58 f., 70, 75, 82, 108

Güterkonflikte 109, 167

Güterordnung 108

Handeln
- darstellendes, wirksames 60
- göttliches 218, 222 f., 244, 301, 304, 641
- menschliches 54–57, 77–79, 92–96, 110–112, 177, 179 f., 205, 213 f., 248, 404, 536–538, 593, 602 f., 616, 629, 641, 652 f., 656 f., 659–661, 663–665, 672–678, 681, 704
- richtiges 14–16, 24–29
- staatliches 197 f., 217–219, 224 f., 241, 244, 253 f., 367
- wirtschaftliches 334–347, 349–352, 355, 361 f., 364–367, 369, 384–388, 392–394

Handlungsfähigkeit, -vermögen 41, 48, 69, 72–74, 87, 90, 92, 108 f., 353, 661, 672, 678

Handlungsfolgen 29, 31 f., 35–37, 39, 43, 57, 81–83, 101, 104–107, 114–116, 268, 286, 343 f., 502, 537, 589, 626 f., 670–673, 675

Handlungsfreiheit 29–31, 140, 162 f., 171–175, 280 f., 676

Heidelberger Thesen 230

Heilsordnung 239, 241

Hermeneutik 49, 66, 642

Hirntod 519, 560–562

Homo ludens 421–426

Humanexperimente 572–577

Idealismus 136, 207

Imperativ 27, 86, 89, 551, 671
- kategorischer 27–29, 32, 39, 54, 73, 77, 88, 114, 292, 295, 465, 522, 553, 572, 606, 656

Indikationsregelungen 168 f.

Inklusion 85, 247, 292 f., 317, 410, 424, 444, 549 f., 573 f., 577

Institution(en) 671–673
- kulturelle 428, 431 f.
- soziale 161, 222, 268 f., 294, 312, 320, 500
- staatliche 66, 296, 304 f.

Institutionsethik 18 f., 31, 140 f.

Internationalisierung 13, 319, 322

ius divinum 135, 149

ius humanum 135, 138

Kapital 273 f., 338, 352, 361, 363, 365, 373, 375–377, 626
- kulturelles 273 f., 306, 314, 318
- ökonomisches 273–275, 282, 306 f., 314, 318
- soziales 273 f., 306, 318

Kapitalismus 296, 336, 338, 345, 388

Kardinaltugenden 41, 474

Kasuistik 97 f., 230

Keuschheit, keusch 462 f., 478, 497, 506

Kind(er) 60, 111, 168–171, 282, 307, 309, 314–316, 350, 362, 421–424, 431 f., 444, 457–459, 464–466, 468, 473 f., 479–489, 493–505, 510–512, 543, 545, 547–551, 573, 575, 601, 603
- Entwicklung 488 f., 495, 502

Kinderrechte 247, 500–503

Kirche
- christliche 13, 21 f., 50–53, 148–150, 155, 186, 249–252, 364, 376, 414, 417, 419 f., 432 f., 441, 522–524, 528 f., 534, 542, 544, 549, 555, 558, 570 f., 607, 625, 629
- und Ehe 471 f., 474, 476, 496 f., 507
- und Homosexualität 490, 492
- und Staat 66 f., 144, 197–200, 202–207, 210–221, 223–237, 433

Klima 407, 551, 568, 651, 683, 686, 690, 693 f., 698 f.
Klimawandel 624, 653, 681–698
Klimaerwärmung 682, 685
Klimaschutz 18, 685, 690, 694 f.
Kohärentismus 98 f., 101, 115
Kompromiss 101, 111, 116, 536, 576
Konflikt(e)
– bioethische 525, 534 f., 537–539, 543 f., 573 f., 576 f.
– ethische 101, 111, 164 f., 429, 599 f., 602
– kulturelle 405–407
– militärische 241, 406
– religiöse 143, 435
Königsherrschaft Christi 215, 219 f.
Konsequentialismus 33, 35, 70, 81 f., 107, 525, 548
Konsum 314, 337, 367, 381, 390–393, 438
Kontextualismus 97 f.
Körper 208, 404, 424 f., 532, 550, 559 f., 568, 576, 590, 635
Kosmos 128, 200, 654, 656, 664 f., 677
Krankheit 167, 170, 210, 307, 321, 418, 490, 521, 525, 549, 551, 564–568, 619, 622, 632, 638, 684
Kreativität 54, 422, 432, 702
Kreuz 387, 432–434
Kult 60, 411
Kultur 53, 55 f., 58–61, 113, 144 f., 158 f., 160, 198, 212, 238, 292, 299 f., 345, 385, 393, 403–421, 428–441, 444, 454 f., 555, 559, 589–591, 627, 654, 670, 688
Kulturkampf 406, 411, 415, 548
Kulturpessimismus 439
Kulturpolitik 415
Kulturprotestantismus 23, 53 f., 414 f., 417
Kulturrevolution 438
Kunst 40, 56, 60, 168, 338, 412 f., 416–418, 420, 425, 427–433, 461, 656
Kunstfreiheit 407, 429, 433–435

Leben
– christliches 53 f., 66, 84, 93
– gutes, gelingendes 16 f., 32 f., 43 f., 69, 71 f., 78, 108, 114, 206, 210, 313, 535, 549, 554, 698 f., 701
– kreatürliches 361 f.
– menschliches 65, 75, 139–141, 157, 165–169, 171, 296 f., 421, 529 f., 534 f., 537–544, 546–548, 587, 597 f., 629 f., 635, 658, 661 f.
– nichtmenschliches 588–591, 596, 600, 604, 607 f., 610–616, 619–630, 633–635
– *zoë* 592 f., 634
Lebensanfang 500, 526, 539–544, 551, 608, 629
Lebensbegriff 592–594, 598–601
Lebensdienlichkeit 335, 393
Lebensende 508, 521, 551 f., 554, 559, 608
Lebensformen 7, 12 f., 16, 19, 51, 58, 91, 93, 139, 148, 180, 198, 219, 224, 228, 233 f., 239, 247, 255, 269, 319 f., 403 f., 419, 423, 455–458, 466–470, 478, 484 f., 495 f., 498 f., 551, 588, 594, 603–605, 633, 689
Lebensführung 14, 18, 24, 28, 33, 44, 69, 90, 181, 197, 199–201, 234, 238 f., 242–244, 252, 254 f., 271, 281 f., 336, 348, 351, 353 f., 357, 387 f., 390, 418, 440, 521, 530, 532–535, 552, 564, 588, 592 f., 630, 641, 661 f.
Lebensgemeinschaft 18 f., 148, 478, 491–494, 496, 498 f., 609
Lebensgestaltung 172, 353, 564, 654
Lebenskunst 404
Lebenslage 306 f., 309 f., 369
Lebenspartnerschaft 457 f., 467, 469, 479, 488 f., 491, 493 f., 498 f., 507
Lebensqualität 269, 508 f., 511, 551, 633, 700
Lebensraum 493, 612, 616, 623, 629, 651
Lebensschutz 111, 167, 185, 228, 235, 278, 480, 521, 537, 546, 551, 598
Lebenswelt 11, 270, 335, 338, 394, 403, 412, 414, 419, 459, 589, 652, 670

Lebenswissenschaften (*life sciences*) 139, 164, 519, 587, 591 f., 620, 637–639, 642
Legalität 27, 136, 150
Legitimation 31, 50, 142, 183, 188, 197–199, 201 f., 204, 207, 210–212, 215, 217, 223 f., 226, 228, 232, 239, 248, 253, 256, 258, 269, 339, 488
Leib 67, 92, 187, 423 f., 482, 492, 521, 532, 550, 559, 565, 571, 595, 614
Leid 12, 35 f., 212, 548 f., 551, 555, 598, 608, 618 f.
Leistung 12, 127, 144, 173, 179, 242, 250, 275, 285, 303, 306, 311, 316, 356, 391, 412, 424 f., 439, 508, 529, 548, 635, 662, 687
Leistungsgerechtigkeit 311
Leistungsprinzip 277
Leitbilder 208 f., 366, 379 f., 381–384, 391, 455, 484, 493, 510–512, 625, 628, 696
Leitkultur 405, 434
Liebe 34, 41 f., 48, 51, 66, 84–89, 91–94, 114, 282, 287, 299, 301 f., 313, 321, 348, 350 f., 428, 456, 463, 466–470, 473, 479, 547, 549, 599
Liebesgebot 47, 51 f., 76, 86–88, 321, 350 f., 576
Liebespflicht 103
Lohn 113, 272, 307, 312, 355, 358–360
Lust 30, 33, 37, 44, 60, 92, 423, 429, 433, 466, 472, 477, 496, 603

Macht 47, 49 f., 52, 66 f., 79, 92, 133, 135 f., 140, 144, 157, 200–202, 206 f., 210 f., 213, 226, 242, 270, 299, 336, 338, 346, 352, 367, 404, 418, 429 f., 435, 467, 486, 593, 676
Mandat 53, 253, 269, 357, 359
Mandatenlehre 667
Mann, Männlichkeit 13, 139, 148, 209, 310 f., 315, 353, 424–426, 455, 459, 466, 471 f., 475–477, 487, 489 f., 495–498, 505–507, 592
Marketing 390
Markt, Märkte 13, 38, 257, 270, 278 f., 296, 312, 316, 322, 337 f., 345, 367, 371 f., 374 f., 381, 390 f., 393, 411, 445, 503, 567
Marxismus 233, 345
Masturbation 463, 465
Maximen 28–30, 32, 98, 145, 164, 335, 344, 391, 470, 593, 633
Medienethik 438
Medizin 19, 75, 430, 438, 508, 563, 566 f., 573 f., 587, 590 f., 620, 628 f., 636, 638
– personalisierte 566 f.
Meinungsfreiheit 407, 433–435
Mensch
– gläserner 440 f.
– und Gott 34, 41, 45–50, 53, 62–68, 70, 84 f., 110, 147 f., 238, 301–304, 347 f., 357, 388, 412, 440, 454, 491–493, 497, 525, 529–533, 607–610, 629, 703
– innerer, äußerer 48 f., 89–92
– als kulturelles Wesen 403, 454 f.
– als Mängelwesen 30, 459, 511–513, 612, 661, 665
– perfektibler 425
– als Vernunftwesen 31, 54, 532 f., 612
Menschenbild 136, 394, 413, 429, 488 f., 512, 526, 548 f., 558 f., 563, 591, 612, 641
Menschenrechte 14, 66, 136 f., 154–165, 183, 186, 236 f., 240 f., 252, 257, 270, 292, 348, 408, 426, 500, 525, 528 f., 553 f., 574, 607 f., 617, 619, 638, 651, 693, 697 f.
Menschenwürde, Würde des Menschen 26, 85, 110, 114, 136, 138, 154, 156 f., 165–167, 178, 227, 270, 283, 285, 287, 318, 321, 348, 352, 366, 465 f., 477, 488, 500, 502, 504, 512, 522, 528 f., 531, 533, 551, 559, 572–574, 598, 607 f., 616, 629–631, 637, 651, 693, 697 f.
Menschwerdung Gottes 53, 64, 67, 90, 389, 474, 566
Metaethik 16 f.
Metaphysik 84, 103, 136, 214, 216, 247, 655
Migranten, Migration 272, 306, 319, 409 f., 695
Missbrauch, sexueller 139, 462, 466

Mitbestimmung 229, 310, 355, 369, 382
Mitleid 593, 595, 599, 616
Mittel und Zweck 16, 28 f., 34 f., 40 f., 73,
    81 f., 88, 91, 95, 102, 105–107, 109, 156,
    167, 181, 281, 347 f., 359, 465, 508, 606,
    629, 632, 657 f.
Mitwelt 339, 347, 352, 363, 659 f., 678, 681,
    693
Moderne 14, 26, 35, 69 f., 82, 143, 146, 151,
    205, 256, 283, 287, 294, 302, 356, 372, 389,
    414 f., 417 f., 483, 520 f., 528, 533, 577,
    670, 682, 701
Moral 12, 14–17, 26, 29–31, 35, 54, 73 f.,
    77, 88 f., 128 f., 137, 140, 142 f., 146, 149,
    180, 205, 304, 385, 464, 588, 594, 599,
    601 f., 617, 635
Moralität 14, 27, 48, 54, 73, 136, 150, 303,
    341, 419, 603, 634
Moraltheologie 22, 41, 97, 102, 105
Musik 406, 418, 423, 461
Mutter 102, 167, 169, 284, 361, 459, 473,
    480, 483 f., 489, 540, 543, 545

Nachbarschaft 468
Nachhaltigkeit 352, 361, 363–365, 379 f.,
    391, 624–628, 631, 682, 686–689, 693,
    696, 699
Nächstenliebe 34, 37, 88 f., 98, 292, 302 f.,
    321, 347 f., 350 f., 364, 387, 442, 469 f.,
    562, 576 f.
Nationalsozialismus 53, 61, 212 f., 215 f.,
    219, 222, 269, 572
Natur
 – und Freiheit 674–679, 701–703
 – und Kultur 403 f., 412, 417 f., 454 f.,
    590 f.
 – des Menschen 40 f., 44, 289 f., 497, 549,
    594, 638, 653 f., 657, 664
 – und Vernunft 55 f., 61
Naturalistischer Fehlschluss 492
Naturbegriff, *physis* 145, 628, 653, 667
Naturerfahrung 660, 700
Naturgüter 362 f., 365, 460, 626, 687

Naturordnung 26, 600
Naturrecht 22, 25, 45–47, 64, 67, 77, 128–
    131, 135, 144–149, 206 f., 219, 289–291,
    301, 553, 596
Naturschutz 623, 660
Naturwissenschaft 444, 630, 652,
    666–668, 670, 688 f., 702
Naturzerstörung 651 f.
Nidation 166, 540, 543
Norm, normativ 14–17, 31 f., 42–44, 85–
    89, 110–116, 276, 285 f., 289–293, 336 f.,
    342, 345, 363–365, 394, 406 f., 456 f., 492,
    508
 – Basisnorm 501–503
 – moralische 62, 72, 74 f., 77, 85 f., 89, 111,
    113, 522, 527, 535, 594
Nutzen 36 f., 41, 48, 57, 107 f., 337, 349,
    422, 572, 574 f., 607, 626, 633, 657, 659,
    687, 693 f. (*s. a.* Eigennutz)
 – kollektiver 107, 443

Obrigkeit 49–51, 53, 151 f., 197 f.,
    200–204, 206 f., 213, 245, 353, 473
Obrigkeitsstaat 242, 245, 256
Öffentliche Theologie 231, 524
Öffentlichkeit 227, 385 f., 391 f., 424, 433,
    438, 462, 476, 480, 567, 631, 667
Ökologie 405, 438, 587, 609, 611, 668, 686
Ökonomie 14, 85, 221, 335, 341 f., 345, 361,
    365, 373 f., 393 f., 438, 602, 626, 637, 663,
    686, 688, 699 f.
Ökonomismus 340, 461
Orden, Kommunitäten 468, 473
Ordnung
 – göttliche 349, 473
 – objektive 127, 130 f.
 – politische 31, 47, 51–53, 64, 134, 143 f.,
    197, 214, 217, 227 f., 393, 414 f., 473
 – staatliche 197, 204, 214, 220 f., 227 f.,
    240–242, 473, 476, 651
Organisation 159, 199, 236, 242, 249, 274,
    279 f., 292, 296, 319, 345 f., 367, 520, 527,
    696

Organismus 57, 208 f., 293, 510, 614, 622, 640
Organtransplantation 139, 519, 561 f.
Orientierungswissen 17, 442, 611, 641

Parteien 32, 172, 176, 249–251, 255, 274, 292
Partikularität 157, 288, 290 f., 417
Partizipation 45, 152, 155, 198, 210, 228, 233, 235, 256, 272, 274, 278, 357, 386, 536, 630, 700
Partizipationschancen 272
Partizipationsrechte 246–248, 359 f.
Partner(schaft) 62, 101, 301, 382, 391, 462, 465, 467–470, 472, 477–479, 484 f., 488, 491–495, 497–499, 506, 546 f., 549 (s. a. Lebenspartnerschaft)
Patentrechte 635–637
Pathozentrismus 596 f., 604, 626
Patientenverfügung 556–558
Patriarchalismus 467 f., 470 f., 479, 481, 503, 507
Perfektionierung 414, 519, 521, 549, 568 f., 571
Person 42 f., 51 f., 73–75, 100, 135, 158, 165–167, 173, 184, 284–286, 355 f., 364 f., 417, 464 f., 492, 547, 562, 573, 577, 617
– Unterscheidung von Person und Tat 157, 177 f.
Personalität 347 f., 352, 365, 461, 510, 542, 606, 678, 700
Pflanzenethik 587, 617, 621, 624
Pflanzenrechte 606–609, 617
Pflicht 24–31, 39, 44, 54, 59, 101–104, 111, 113–115, 128, 143, 145, 149, 171 f., 177, 188, 203, 247 f., 314, 317, 482, 488, 491, 504, 531, 559, 562, 571–573, 576, 602, 606, 608, 695, 697 f. (s. a. Rechtspflicht; Tugendpflicht; Liebespflicht; *prima-facie*-Pflicht)
Pflichtethik, -lehre 24–26, 54, 59, 70
Physiozentrismus 596, 598, 604, 626, 658, 660

Pluralismus 96, 138, 230, 410, 415, 425, 535, 577
– religiöse Pluralisierung 143, 150
Präferenzutilitarismus 38, 602–604
Präimplantationsdiagnostik 168 f., 539, 548 f.
Pränataldiagnostik 548
prima-facie-Pflicht 103 f., 111, 113
Preise 278, 367, 381, 391 f.
Prinzipien 26, 43 f., 55, 58, 74, 77, 95–100, 115, 294–296, 299, 367 f., 404, 631, 635, 639, 656, 699
Privatsphäre 231, 440 f., 483, 638
Produktion 56, 271, 337, 356, 359, 361, 364, 367, 374, 381, 389, 391, 505, 590, 621, 689
Produktivität 271, 311, 370
Professionsethik 19, 139, 438
Prostitution 463, 465

Qualifizierung 307, 316, 322, 464, 612

Rasse 52, 215, 424, 590
Rationalisierung 139, 338
Rationalität 11, 21, 41, 91, 335 f., 340–342, 394, 461, 532, 654, 671 (s. a. Vernunft)
Recht (s. a. Unrecht)
– und Gerechtigkeit 161–163, 177, 303 f., 697 f.
– und Gewalt 182–184
– und Moral 128 f., 137, 140, 180
– politisches 158, 204
– und Staat 31, 56, 58, 206 f., 216
– subjektives 127 f., 138, 148
Rechtsgüter 167 f., 179
Rechtsordnung 46, 50, 128, 148–151, 176, 186, 206, 236 f., 253
Rechtsperson 80, 127, 165, 171, 318
Rechtspflicht 103, 149, 617
Rechtspositivismus 29, 132 f., 215, 219
Rechtsprechung 132, 150, 152, 175 f., 258, 382
Rechtsprinzipien 148, 150 f., 154, 164, 289
Rechtsrealismus 130

Rechtfertigung 42, 47, 64, 66, 79, 86, 89, 147, 157, 162, 177, 215, 242, 318, 413, 530 f., 599, 620
Rechtsstaat 66 f., 140, 150, 152 f., 181, 372, 546, 556
Reformation, Reformatoren 20, 22, 25, 45, 51, 53, 66, 76, 89, 135 f., 146–149, 199–205, 214, 238, 287, 300, 303, 350 f., 357, 388, 390, 412, 430, 441 f., 454, 460, 462 f., 470, 473 f., 477, 482, 492, 497, 533
Reich Gottes 49 f., 59, 61, 67, 84, 88, 221, 413 f., 481, 496, 513, 614, 616
Reichtum 306, 313, 418, 626, 660
Religion 12–14, 235–237
– und Kultur 411–416
– und Moral 30 f., 54, 70 f., 128, 142–144
– und Recht 143, 185 f.
Religionsfreiheit 136, 150, 154 f., 186–188, 255, 434
Religionsgemeinschaft 150, 168, 187 f., 218, 237, 245, 427, 520, 523
Reproduktionsmedizin 75, 139, 539, 541, 548, 587
Responsibility to Protect s. Schutzverantwortung
Ressourcen 37, 109, 247, 270 f., 273, 278, 281–284, 297, 303, 306, 361, 381, 390, 405, 509–512, 565, 622, 624, 626, 632, 673, 681, 686, 694–696
Ressourcenverbrauch 379 f., 394, 651, 681, 695, 701
Ritus 90, 168
Romantik 207–209, 467, 476, 621

Sabbat 46, 359, 461
Sakralisierung 202–205, 225 f.
– der Person 157, 528–533, 535, 539 f., 543, 562, 565, 577
Säkularisierung 13 f., 150 f., 202, 204, 214, 240
Scharia 143
Schöpfung 45, 64 f., 67, 84 f., 197, 238–240, 243 f., 304, 348, 361 f., 412, 454, 459 f., 512, 595, 607–609, 612 f., 615 f., 621, 627, 629 f., 635, 640 f., 659, 665–669, 676–679, 681 f., 701–704
Schöpfungsglaube 84, 594 f., 604, 612, 629 f., 637, 640 f., 667 f., 701
Schöpfungsordnung 52, 64, 66, 129, 208, 269, 490, 667
Schuld 81, 83, 102, 110, 178, 181, 183, 428, 526, 602, 703
Schuldfähigkeit 171
Schutzverantwortung 159
Schwangerschaft 169, 505, 544–547, 549 f.
Schwangerschaftsabbruch 18, 111, 168–170, 505, 519, 537, 539, 542, 544–547
Schwangerschaftskonflikt 18, 99, 111, 167–169, 544–547, 550 f.
Seinsordnung 46, 52
Sekundärtugenden 69, 387
Selbst 71–73, 75 f., 78–80, 82, 84 f., 89, 92, 412, 422, 531–533, 542, 552, 560, 622, 660, 679
Selbstausdruck 423, 431 f.
Selbstbestimmung 13, 29, 81, 111, 136, 158, 170 f., 233, 290 f., 316–318, 321, 352, 388, 443, 458, 464, 477, 501, 532 f., 537 f., 544, 549, 551 f., 554–556, 558 f.
(*s. a.* Autonomie)
– politische 155
– religiöse 138
Selbstbewusstsein, christlich-religiöses 58–60, 71, 75 f., 84 f.
Selbstliebe 30, 34, 73, 350 f., 469
Selbstverantwortung 349
Sexismus 386, 426
Sexualität 44, 112, 139, 180, 297, 319, 454–456, 459–466, 468, 471 f., 475, 490, 492, 496, 504, 513, 544
Sicherheit, Unsicherheit 106, 299, 309 f., 313, 357, 457, 522, 560, 562, 631, 639, 664, 671 f., 685, 691, 693
Sicherungsverwahrung 182
Single 458, 469, 495, 498 f.

Sitte 14–16, 26, 58 f., 103, 136, 191, 413, 597, 637, 662
Sittlichkeit 14–17, 54, 232, 237, 413
Solidarismus 288–290, 292
Solidarität 187, 267 f., 287–293, 313, 322, 360, 383, 391, 521, 533 f., 559, 565, 568, 680 f., 693, 695–697, 699
Solidarrechte 270
Sollen 25, 27, 39, 43 f., 54, 63, 70, 78, 111, 114, 455, 594, 599, 662
Sonntag 359
Sonntagsschutz 461
Souveränität 68, 151, 153, 199, 204, 206, 213, 241, 304, 553
Soziale Marktwirtschaft 336, 351, 364–375, 379, 381 f., 393 f.
Sozialethik 18, 222 f., 267–270, 300, 335, 365, 382, 417 f., 473, 546, 565, 625
Sozialisation 268, 274, 455
Sozialpartnerschaft 381–383
Sozialpolitik 268 f., 274, 300, 305, 345, 358, 360, 368 f., 425, 455, 487, 521, 689, 700
Sozialstaat 198, 233–235, 372 f., 546
Sozialwissenschaften 11, 342, 688
Spiel 44, 60, 375 f., 421 f., 424–428, 461
Spielraum 116, 346, 392, 412, 422, 558, 563, 674
Staat 51 f., 56, 64–67, 136, 140, 144, 149–156, 177–188, 197–199, 203–220, 224–229, 232–235, 239–242, 244 f., 255–257, 307, 345, 366–369, 371–377, 380, 476–478, 488, 490, 494 f., 546, 651
Stammzellen, embryonale 168–170, 620
Stammzellforschung 639
Ständelehre 51 f., 209, 473
Standesethos 19
status confessionis 252, 535
status ecclesiasticus, oeconomicus, politicus 200–204, 207
Sterbehilfe 18 f., 105, 113, 437, 537, 554
Stil 345, 405, 436, 534, 689
Strafe, staatliche 65, 179–181, 490
 (s. a. Todesstrafe)

Strafrecht 60, 140, 179 f., 182, 288, 490
Straftheorien 179 f.
Strafvollzug 180 f., 241
Strafzumessung 180
Strebensethik 33, 70
Stufenprinzip 631, 633
Subjekt 21, 26, 29 f., 32 f., 54, 68, 71–76, 80, 90, 156, 205, 207, 246, 273, 275 f., 283, 297, 362, 364, 440, 443, 445, 481, 502, 532, 546, 588, 592, 594, 601 f., 657, 659, 672, 674, 676 f.
Suizid, Suizidbeihilfe 519, 551–556
Sünde, Sünder 41 f., 46–50, 59 f., 62, 64–66, 85, 89–92, 102, 147, 157, 178, 198, 201, 210, 213, 216, 226, 282, 286 f., 304, 352, 460, 462, 464, 474, 478, 490, 511, 552, 610, 618, 679
Symbol 90, 406, 425, 434, 474, 520 f., 569

Talionsregel 142
Tarifvertrag 358 f.
Täter-Opfer-Ausgleich 181 f., 190
Tausch, Tauschgerechtigkeit 87, 173, 277 f., 303, 306, 311 f., 356, 358, 577, 560, 679 f., 682, 697
Technik 418, 549, 591, 631, 637 f., 640 f., 652, 662, 664, 670–673, 688, 692
Technikethik 404, 591, 638 f.
Technikfolgenabschätzung 638 f., 664, 672 f., 688 f.
Technisches Handeln 652, 661, 670–672
Technologien 337, 445, 551, 638, 652, 671 f., 688, 690 f.
Teilhabe 84 f., 91, 158, 233, 242, 271–274, 305–310, 314, 316, 322, 356, 358, 369, 402, 430, 434, 565, 568, 633, 697
Teilhabechancen 273, 306, 316
Teilnahme 41, 53, 228, 247, 266 f., 270–272, 274, 278, 305–308, 310, 314, 322, 502, 521, 576
Teilnahmechancen 273, 306, 316
Teleologie 32, 81, 595
Tier 454, 586–590, 594, 596–598

Tierethik 594, 614, 617 f., 620
Tierrechte 606–608, 617
Tierschutz 617 f.
Tierversuche 590, 616–620, 631, 666
Tod 12, 44, 65 f., 68, 102, 105, 119, 191, 447, 467, 513, 521, 552, 554, 559, 561 f., 566, 575
Todesstrafe 60, 65, 178, 181, 183, 506
Toleranz 39, 187, 526
Tora 86, 142
Tötung 96 f., 105, 518, 525, 527, 546, 551, 553–556, 559, 561 f. 562, 610 f., 618
Treibhausgase, Treibhauseffekt 652, 671, 683 f., 686, 690, 694
Treue 68, 78 f., 162, 174, 472, 474 f., 477–479, 483, 507
Tugend 24 f., 31, 39–44, 49, 55, 59, 70, 89, 91–93, 112, 114 f., 136, 161, 254, 268, 294, 404, 435, 525, 693 (s. a. Kardinal-; Sekundär-; Verstandestugenden)
– affektive 49
– ethische 39, 43, 49, 74, 82, 89, 311, 404, 605, 616
Tugendethik, -lehre 24 f., 39, 41–44, 54, 70, 90, 103, 117, 405 f., 435, 605
Tugendpflicht 104

Übel 29, 81, 94, 102, 105–107, 284, 425, 464, 507
Überlegungsgleichgewicht 98–101, 164, 344, 518, 524–528, 535 f., 545, 561
Umwelt 391, 454, 542 f., 624 f., 651–654, 657–660, 674, 676–678, 687–689, 693, 701 f.
Umweltzerstörung 339, 587, 668
Ungleichheit 174, 233, 245, 272, 275 f., 279, 283, 285 f., 291, 295 f., 300, 308, 311 f., 314 f., 320, 354, 356, 570
Universum 621, 654, 656 f., 661
Unrecht 48, 51, 130, 132–134, 160 f., 177, 214, 219, 482
Unverfügbarkeit 12, 204, 628–630
Urteil 17, 40, 79, 85, 94, 96, 98 f., 101 f., 113, 115 f., 162, 168, 176, 180, 285, 466, 488, 525–527, 673
– ethisches, moralisches 17, 95–101, 112–114, 116, 180, 335, 466, 525–527, 548, 553, 601 f.
– normatives 17, 457
Urteilskraft 41, 74 f., 89, 91, 93 f., 96 f., 419 f., 422, 432, 443
Utilitarismus 35–38, 82, 95, 101, 107 f., 172, 295, 595, 603

Vater 26, 172, 221, 459, 473, 480, 483 f., 546
Verantwortung 77, 80–82, 91, 185, 212, 227, 234, 245 f., 253, 255–257, 343–345, 347, 352, 354 f., 364, 381–385, 387, 390, 454, 479, 482, 503–505, 587–589, 599, 602, 607, 630–633, 659 f., 665, 669–683, 703 f.
Verantwortungsethik 35, 80–82, 332, 343, 363, 589, 597, 605, 608, 630
Verantwortungsfähigkeit 487, 563, 658, 671, 678
Verantwortungsträger 80, 235, 486, 510, 543, 659
Verdienst 178, 277, 299, 368, 595, 699
Verfassung 116, 155, 210, 218, 224, 228, 243, 288 f., 291
Verfassungsrecht 154, 525
Verfügungswissen 641
Vergewaltigung 463, 466
Vermögen 26, 30, 56, 77, 79, 273, 278, 306, 309 f., 313, 362, 422, 476, 478
Vernunft 20 f., 25–27, 40, 44–46, 50–52, 55–58, 73, 85–89, 91, 103, 149 f., 205–207, 532 f., 614, 674 f. (s. a. Rationalität)
– praktische 26, 31, 44, 78, 86, 91
Vernunftrecht 126, 131, 135, 146, 149, 154
Versöhnung 63 f., 197, 239–241, 244, 304, 321, 413, 415, 462, 612, 676, 679 f., 703 f.
Verstandestugenden 40, 94
Verteilung 267 f., 270–273, 275–277, 285, 299, 303–306, 311, 315, 318, 322, 327, 332, 356, 369, 483, 487, 511, 693, 696

Verteilungschancen 271
Vertrag 31, 171–173, 175, 206, 636
Vertragsfähigkeit 171
Verwirklichungschancen 266, 281, 284, 296 f., 310, 317, 324, 356, 358, 360
Vielfalt, multikulturelle 409
Völkerrecht 153
Vorbilder 93, 204, 213, 218, 254, 350, 409 f., 639 f.
Vorsorgeprinzip 631–633
Vorzugsregeln 102, 107, 109–111
Vulnerabilität 512, 571

Wachstum, ökonomisches 337, 373, 380
Wähler, Wahlen 196, 216, 223, 246
Welt
– und Gott 53, 58, 67, 84 f., 222, 604, 627, 703
– unerlöste 287, 304, 460, 506
Weltanschauung 21, 66 f., 82, 96, 115, 189, 218, 224, 232, 236, 415 f., 599
Weltbild 100, 212, 243, 526, 591
Weltbürger 292 f.
Weltethos 14
Weltgesellschaft 402, 405 f., 408, 411, 443
Weltgestaltung 236, 357, 418, 491, 681
Welthandel 371–375, 391
Weltlichkeit 196, 198, 239–241, 254
Weltoffenheit 661, 664, 670 f.
Weltwirklichkeit 137 f., 361
Werte 35 f., 82 f., 85, 221 f., 289, 366, 492 f., 596 f., 602, 604, 606, 621, 659, 666
Wertung 82 f., 100, 108, 164, 280, 406, 412, 600, 658
Wettbewerb 174, 283, 322, 337, 367, 370, 371, 393
Widerstand 60, 155, 183–185, 204, 220, 233, 236, 248
Wille 29–31, 46, 54 f., 65, 73, 92, 94 f., 202 f., 208, 213, 215, 219, 379, 463, 564, 575, 593, 599, 617
Willensfreiheit 171, 675
Wirtschaft 144, 240, 269, 271, 294, 305, 317, 355, 369 f., 383, 407, 419, 428, 438, 498, 656, 689 f., 692
– Entwicklung der 339 f., 373–376, 390, 393, 625
Wirtschaftsordnung 336 f., 341, 345 f., 365–370, 374, 382 f.
Wirtschaftspolitik 371–373, 377–381
Wissenschaft 11 f., 55–58, 175, 420, 430, 444 f., 637 f., 654–657, 663, 702
Wissensgesellschaft 443
Wohlfahrtsstaat 267, 271 f., 274, 276 f., 290, 300, 307, 373 (s. a. Sozialstaat)
Würde 29, 85, 109 f., 154, 156 f., 166 f., 178, 282 f., 286 f., 303 f., 347 f., 352, 359, 492, 500, 507, 551 f., 602, 606–608, 616 f., 634 f., 660, 697 (s. a. Menschenwürde)
– der Kreatur 607 f., 616
– der Natur (von Tieren und Pflanzen) 607 f., 616, 699

Ziviler Ungehorsam 130, 185
Zivilgesellschaft 140, 199, 218, 245, 249–251, 255, 274, 319, 335, 393, 443, 524, 558
Zölibat 319, 458, 495–497
Zukunft 243 f., 248, 361–363, 673–676, 679–682, 697
Zukunftsfähigkeit 198, 243–245, 248, 361 f., 365, 370, 379, 385, 394
Zukunftsprinzip 631
Zusammenleben 64, 67, 71 f., 127 f., 137 f., 142 f., 146 f., 161 f., 179–181, 197, 206, 655 f., 658, 661 f.
Zweck s. Mittel und Zweck
Zwei-Reiche-Lehre 49–53, 211, 213, 215–220

VERZEICHNIS DER BIBELSTELLEN

Altes Testament

Genesis
Gen 1: 703
Gen 1 f.: 609
Gen 1,3 ff.: 84
Gen 1,11 f.: 613
Gen 1,15: 609
Gen 1,21: 701
Gen 1,22.28: 609
Gen 1,26 f.: 84
Gen 1,26.28: 609, 616
Gen 1,27: 477, 529
Gen 1,27 f.: 282, 604
Gen 1,27–29: 286
Gen 1,28: 65, 604
Gen 1,29 f.: 609
Gen 1,31: 85, 630
Gen 2: 613
Gen 2,4b: 609
Gen 2,15: 65, 362, 454, 616, 630
Gen 2,18: 459
Gen 2,18 ff.: 609
Gen 2,19: 610
Gen 2,19 f.: 612
Gen 2,24: 459, 479
Gen 3,5: 91
Gen 3,16 ff.: 91
Gen 3,17 ff.: 65
Gen 3,18: 357
Gen 4: 85
Gen 4,4: 610
Gen 4,6–8: 92
Gen 6: 85
Gen 6,6 f.: 610
Gen 6,19 f.: 610
Gen 7: 85
Gen 7,7: 480
Gen 8,20: 610
Gen 8,22: 704
Gen 9,2: 610
Gen 9,3: 610
Gen 9,4: 610 f.
Gen 9,12.15 f.: 610
Gen 11,1 ff.: 357
Gen 25,8: 552
Gen 35,29: 552
Gen 36,6: 480

Exodus
Ex 1,11 ff.: 357
Ex 3,14: 84
Ex 20,1 f.: 301
Ex 20–23: 142
Ex 20,1–17: 142
Ex 20,2: 86, 353
Ex 20,12: 480
Ex 20,12–17: 86
Ex 20,13: 182
Ex 21,2–11: 354
Ex 21,24: 143
Ex 22,20–26: 267
Ex 23,11: 354

Leviticus
Lev 17–26: 142
Lev 18,19: 491
Lev 18,22: 489
Lev 19,9 f.13: 301
Lev 19,18: 86
Lev 19,32: 480
Lev 19,33 f.: 301
Lev 20,10: 506
Lev 20,13: 489
Lev 24,20: 143
Lev 25: 354

Deuteronomium
Dtn 4,38: 354
Dtn 5,1–21: 142
Dtn 5,6: 86
Dtn 5,12–15: 359
Dtn 5,16: 480
Dtn 5,16–21: 86
Dtn 6,5: 86
Dtn 14,26 ff.: 354
Dtn 15: 354
Dtn 16,11–15: 143
Dtn 22,6 f.: 361
Dtn 22,22: 506
Dtn 24,1–4: 506
Dtn 24,14 f.: 358
Dtn 24,17–22: 143

Richter
Ri 6,15: 480

Verzeichnis der Bibelstellen

1 Samuel
 1Sam 8: 267

2 Samuel
 2Sam 14,17.20: 91
 2Sam 19,28: 91

1 Könige
 1Kön 3,9.12: 92

Hiob
 Hi 31,38.40: 362

Psalter
 Ps 1: 613
 Ps 8: 85, 529
 Ps 19,1: 613
 Ps 52,10: 613
 Ps 71: 480
 Ps 71,9 f.: 480
 Ps 85,11: 162
 Ps 92,13–15: 613
 Ps 111,10: 665
 Ps 119: 63
 Ps 139: 529
 Ps 148: 613
 Ps 148,9: 613

Sprüche
 Spr 3,18–21: 611
 Spr 3,19 ff.: 611
 Spr 3,21: 611

Prediger
 Pred 3,2: 555
 Pred 4,9 f.: 459
 Pred 8,6: 467

Jesaja
 Jes 5,23: 162
 Jes 11,4 f.: 162
 Jes 11,6–8: 615
 Jes 11,66 f.: 610

 Jes 29,21: 162
 Jes 44,23: 613
 Jes 55,12: 613
 Jes 65,25: 610

Jeremia
 Jer 17,8: 613
 Jer 29,7: 528
 Jer 31,33: 92

Ezechiel
 Ez 11,19 f.: 92
 Ez 36,26 f.: 92

Hosea
 Hos 2,18: 610

Amos
 Am 2,6: 162
 Am 5,11–15.24: 301
 Am 5,7: 162
 Am 6,12: 162
 Am 8,6: 354

Micha
 Mi 2,1 f.: 354

Neues Testament

Matthäus
 Mt 5,20: 88
 Mt 5,21–48: 162
 Mt 5,32: 506
 Mt 5,38: 143
 Mt 5,38–42: 182
 Mt 5,38–48: 49
 Mt 5,42: 355
 Mt 5,45b: 282
 Mt 6,28–30: 614
 Mt 6,44: 293
 Mt 7,12: 146, 302, 576
 Mt 7,12a: 87

 Mt 7,12b: 88
 Mt 19,12: 493
 Mt 19,19: 506
 Mt 22,21: 143
 Mt 22,37–40 parr: 86
 Mt 25,31–46: 162
 Mt 25,36: 552
 Mt 28,19: 474

Markus
 Mk 2,17: 302
 Mk 2,27: 577
 Mk 7,9 f.: 355
 Mk 10,9: 479, 506
 Mk 12,25: 470, 513
 Mk 12,30 f. par: 293

Lukas
 Lk 1,46–55: 302
 Lk 6,31: 87
 Lk 10,25–37: 302
 Lk 10,30 par: 354
 Lk 10,31 ff.: 351
 Lk 22,19: 474

Johannes
 Joh 8,7: 178
 Joh 18,36: 201

Apostelgeschichte
 Apg 2: 354
 Apg 4: 354
 Apg 5,29: 143

Römerbrief
 Röm 1,17: 177
 Röm 1,26 f.: 489 f.
 Röm 2,14 f.: 25, 145
 Röm 2,15: 47, 77
 Röm 3,9–28: 162
 Röm 3,19–24: 286
 Röm 6,23: 552
 Röm 7,12 f.: 62

Röm 7,18 f.: 41
Röm 7,18–24: 92
Röm 8,18–25: 616
Röm 8,19–23: 610
Röm 8,20: 611
Röm 8,20–23: 611
Röm 9,3: 350
Röm 12,1 f.: 282, 387
Röm 12,2: 94
Röm 13: 206, 220
Röm 13,1: 201, 206
Röm 13,1 ff.: 51
Röm 13,1–7: 49, 143
Röm 13,8–10: 86
Röm 13,10: 89

1 Korintherbrief
1Kor 6,9–11: 489
1Kor 6,19: 532, 565
1Kor 7,1 ff.25 ff.: 495
1Kor 7,12 ff.: 506
1Kor 7,26.28: 471
1Kor 8: 78
1Kor 9,5: 471
1Kor 10: 78
1Kor 12,13: 481
1Kor 13,13: 41, 92

1Kor 15: 532
1Kor 15,49 ff.: 90

2 Korintherbrief
2Kor 3,18: 90
2Kor 4,4: 90

Galaterbrief
Gal 3,19 ff.: 481
Gal 3,27 ff.: 90
Gal 3,28: 471, 481
Gal 5,1: 281
Gal 5,22 ff.: 93

Epheserbrief
Eph 4,2 f.: 93
Eph 4,24: 90
Eph. 5: 474
Eph 5,9 f.: 94
Eph 5,21 ff.: 471
Eph 5,25: 471

Philipperbrief
Phil 1,9 f.: 94
Phil 2,5: 93

Kolosserbrief
Kol 1,25: 201

Kol 3,10 f.: 90
Kol 3,12 ff.: 93
Kol 3,18 ff.: 471

1 Thessalonicherbrief
1Thess 5,21: 94

1 Thimotheusbrief
1Tim 3,2: 496
1Tim 3,16: 474
1Tim 4,3: 496
1Tim 5,1 ff.: 481 f.

1 Petrusbrief
1Petr 2,9: 92
1Petr 2,13 ff.: 51
1Petr 2,18 ff.: 471

2 Petrusbrief
2Petr 1,5–7: 92

Jakobusbrief
Jak 5,4: 358

Offenbarung des Johannes
Apk 21,1 f.: 613
Apk 22,1 f.: 613

AUTORINNEN UND AUTOREN

Anselm, Reiner, Prof. Dr. theol., geb. 1965, Professor für Systematische Theologie und Ethik an der Evangelisch-Theologischen Fakultät der Ludwig-Maximilians-Universität München.

Bahr, Petra, Dr. theol., geb. 1966, bis 2005 Referentin für Theologie, Recht und Politik an der Forschungsstätte der Evangelischen Studiengemeinschaft e. V. (FEST) in Heidelberg, 2006–2014 Kulturbeauftragte des Rates der EKD. Seit September 2014 Leiterin der Hauptabteilung Politik und Beratung der Konrad-Adenauer-Stiftung Berlin.

Dabrock, Peter, Prof. Dr. theol., geb. 1964, Professor für Systematische Theologie (Ethik) am Fachbereich Theologie der Friedrich-Alexander-Universität Erlangen-Nürnberg.

Gräb-Schmidt, Elisabeth, Prof. Dr. theol., geb. 1956, Professorin für Systematische Theologie und Direktorin des Instituts für Ethik an der Eberhard-Karls-Universität Tübingen.

Huber, Wolfgang, Prof. Dr. theol. Dres. h. c., geb. 1942, 1994–2009 Bischof in Berlin, 2003–2009 Vorsitzender des Rats der Evangelischen Kirche in Deutschland. Honorarprofessor für Systematische Theologie in Berlin, Heidelberg und Stellenbosch (Südafrika).

Jähnichen, Traugott, Prof. Dr. theol., geb. 1959, seit 1998 Professor für Christliche Gesellschaftslehre an der Evangelisch-Theologischen Fakultät der Universität Bochum.

Körtner, Ulrich H. J., Prof. Dr. theol. Dres. theol. h. c., geb. 1957, seit 1992 Professor für Systematische Theologie, Vorstand des Instituts für Systematische Theologie und Religionswissenschaft der Universität Wien sowie seit 2001

Vorstand des Instituts für Ethik und Recht in der Medizin der Universität Wien.

Meireis, Torsten, Prof. Dr. theol., geb. 1964, Professor für Systematische Theologie mit Schwerpunkt Ethik an der Universität Bern und Direktor des Instituts für Systematische Theologie.

Reuter, Hans-Richard, Prof. Dr. theol., geb. 1947, bis 2013 Professor für Theologische Ethik und Direktor des Instituts für Ethik und angrenzende Sozialwissenschaften der Universität Münster. Seither Seniorprofessor am Exzellenzcluster «Religion und Politik».

Surall, Frank, Prof. Dr. theol., geb. 1966, außerplanmäßiger Professor an der Evangelisch-Theologischen Fakultät der Universität Bonn (Abteilung für Sozialethik und Systematische Theologie) und Studienrat an der Integrierten Gesamtschule Horhausen.